CW01472001

ISBN 978-0-331-00362-8
PIBN 11001148

Forgotten Books is a registered trademark of FB &c Ltd.
Copyright © 2018 FB &c Ltd.
FB &c Ltd, Dalton House, 60 Windsor Avenue, London, SW19 2RR.
Company number 08720141. Registered in England and Wales.

For support please visit www.forgottenbooks.com

·EVUE DE PARIS

CINQUIÈME ANNÉE

TOME DEUXIÈME

Mars-Avril 1898

43112/98

PARIS

BUREAUX DE LA REVUE DE PARIS

85bis, FAUBOURG SAINT—HONORÉ, 85bis

—

1898

AUTOMNE

C'était par une radieuse après–midi d'octobre. Dans les
allées du Thiergarten roulaient des flots de promeneurs. Avec
l'ardeur d'une femme qui se sent mûre pour l'abandon, la
grande ville recevait la dernière et mélancolique caresse de
l'été agonisant.

Un fourmillement de points noirs, qui rappelait un peu,
ce jour-là, celui des Champs-Élysées, remplissait la large
avenue qui mène en droite ligne jusqu'à Charlottenburg.
Berlin, qui, pour le luxe des équipages, n'est guère en état
de rivaliser avec les autre capitales de l'Europe, semblait avoir
mobilisé toutes ses réserves.

Les braves landaus de famille étaient en majorité, car il
faisait trop beau pour sortir en coupé. Parfois seulement une
calèche élégante et légère passait rapidement, ou bien quelque
aristocratique attelage à quatre fendait les rangs des piétons,
qui s'éloignaient avec frayeur.

Un dog-cart jaune foncé, attelé d'un splendide trotteur
orloff, attirait l'attention des connaisseurs. Le noble animal, qui se sentait tenu par une main ferme, tirait en écu-
mant sur le mors. Il semblait voler, les jambes de derrière

légèrement écartées, la croupe immobile, comme il convient à un fils de sa race. Celui qui le conduisait était un homme grand, musculeux, approchant de la quarantaine, aux yeux gris clair. Un nez aquilin accentuait son profil, et sa moustache retroussée accusait encore le coup de fer du matin. Quelques cicatrices balafraient ses joues brunes et maigres, et deux plis olympiens se creusaient entre les sourcils minces.

La tenue révélait le sportsman : — pardessus gris asphalte à grosses coutures, chemise de couleur, gants rouges et fines bottes vernies.

On le saluait souvent, et il répondait avec l'indifférence polie de ceux qui dédaignent l'opinion de leurs semblables. Lorsqu'un homme connu de lui passait en compagnie d'une dame, il s'inclinait très bas, comme pour marquer son profond respect, mais il n'effleurait pas la femme d'un regard.

On se retournait pour le suivre des yeux, et on prononçait son nom :

— Le baron de Stückrath.

— Ah! ah! c'était lui?

Et l'on se retournait encore une fois.

Près du grand carrefour, il tourna à gauche, longea la Sprée, puis, dépassant les Zelten, il s'arrêta, non loin de l'établissement Kroll, devant une haute maison d'aspect sérieux et comme il faut. Un étroit jardin, sur lequel ouvrait une grille en fer forgé, la séparait de la rue.

Il jeta les rênes au groom qui avait trôné derrière lui, immobile dans sa splendeur galonnée, et lui donna l'ordre de rentrer.

En sautant de voiture, il s'aperçut que son « couteau de chaleur » était encore fiché dans la tige de sa botte gauche. Il le prit et le lança sur le siège, puis il pénétra sous le porche. Le concierge le salua comme une vieille connaissance, de l'air à la fois dévot et familier d'un homme accoutumé aux pourboires.

Stückrath s'arrêta au second étage et tira la sonnette ; le bouton de cristal pendait au-dessus d'une plaque en cuivre poli qui portait : « Ludowika Kraissel ».

Une femme de chambre vint lui ouvrir ; elle avait la tenue correcte des domestiques de maison bourgeoise, avec le tablier blanc à bavette et le petit bonnet en dentelle des Hambourgeoises. Il entra et lui donna son chapeau.

— Mademoiselle est chez elle?

— Non, monsieur le baron.

Il l'examina sous ses paupières demi-closes, et il s'aperçut que son petit visage laiteux de madone rougissait jusqu'à la racine des cheveux blonds, lissés en bandeaux plats.

— Où est-elle donc?

— Mademoiselle devait aller... chez sa couturière... et faire d'autres courses...

Elle détournait les yeux, troublée. Depuis trois mois à peine qu'elle était en place, elle n'avait pas encore appris à mentir.

Il sifflota entre ses dents, et passa au salon. Un violent parfum de chypre frappa désagréablement son odorat. Il fit la grimace.

— Ouvrez une fenêtre, Meta.

Elle glissa sans bruit à travers la pièce et fit ce qu'il demandait.

Alors, le sourcil froncé, il regarda autour de lui et, une fois de plus, ses yeux furent blessés par le luxe de mauvais goût qui l'entourait. La personne qui habitait là possédait un talent tout particulier pour encombrer le moindre coin d'inutilités banales et communes.

Lorsqu'il l'avait installée dans cet appartement, c'était un nid intime, aux tons doux, aux meubles d'un rococo discret. Elle en avait fait, en quelques années, une boutique de bric-à-brac.

— Monsieur le baron désire-t-il du thé... ou autre chose? demanda la femme de chambre.

— Non, merci. Enlevez-moi mes bottes, Meta. Je ne ferai que changer de costume pour ressortir.

Et tandis que timidement, presque humblement, elle se baissait pour saisir avec précaution la botte par l'éperon et la semelle, il laissa reposer un regard complaisant et distrait sur sa nuque blonde. Pourquoi ne flanquerait-il pas sa maîtresse à la porte et ne mettrait-il pas cette jeune fille à la place?

Mais il abandonna bien vite cette idée. Il avait vu quel-

ques-uns de ses amis faire cet essai. En moins d'un an, la
fillette la plus timide, la plus pudique, se pervertissait au
point de n'avoir plus rien à envier aux pires rouleuses du
trottoir.

« C'est qu'il se dégage de nous autres, hommes, un
souffle pestiféré qui perd toutes les femmes, se dit-il. Tout
au moins, des hommes de num espèce. »

— Monsieur le baron n'a pas d'autres ordres à me donner?
demanda la jeune fille, tandis que d'un geste gracieux elle
s'époussetait les mains avec le coin de son tablier.

— Non, merci.

Elle se dirigea vers la porte.

— Dites-moi, Meta, quand mademoiselle doit-elle rentrer?
Elle devint cramoisie.

— Mademoiselle n'a rien dit de précis. Elle m'a chargée
de l'excuser auprès de monsieur. En tout cas, elle sera cer_
tainement de retour pour dîner.

Il la congédia d'un signe, et elle poussa un soupir de sou_
lagement en tirant doucement la porte derrière elle.

Il continua de siffler entre ses dents, tout en levant les yeux
vers une suspension qui, avec sa guirlande de fleurs artifi_
cielles, se découpait en sombre dans l'encadrement lumineux
de la fenêtre.

Au fond de cette suspension, qui se balançait trop
haut pour qu'on pût y atteindre du sol, Stückrath avait,
par le plus grand hasard, l'année d'avant, découvert toute
une moisson de billets doux déposés là par sa maîtresse :
elle n'avait pas jugé, apparemment, les tiroirs de son secré_
taire fussent une cachette assez sûre.

Il ne la chassa pas : il ne lui demanda ni explications ni
protestations d'innocence : il savait trop bien qu'il ne pou_
vait rien espérer de mieux et qu'une autre le tromperait tout
autant.

Il garda donc bien tranquillement pour lui le secret de la
suspension et il se contenta, dans ses accès d'humeur sarcastique, de contrôler, au moyen des lettres qui s'accumu_
laient, les caprices de ce cœur volage. Il put s'assurer de la
sorte que Ludowika l'avait trompé avec tous ses meilleurs
amis, à tour de rôle.

Et son mépris pour l'humanité s'en accrut d'une manière prodigieuse et devint en quelque sorte l'unique jouissance sentimentale dont son égoïsme fût encore capable.

Il étendit le bras pour prendre une chaise et sembla, un instant, vouloir monter dessus pour vérifier le contenu de la cachette.

Mais il laissa retomber sa main. Qu'importait, après tout, le nom du privilégié actuel ?

Et puis, il était las : — il avait eu une rude journée. Un pur sang de trois ans, qui arrivait de Hull, s'était montré rétif et ombrageux et l'avait exaspéré par ses écarts et ses lubies. Pendant des heures, il l'avait fait travailler à la longe, mais, au lieu de se calmer, l'état nerveux du cheval n'avait fait qu'empirer. Il risquait de perdre une forte somme si l'animal avait quelque vice irrémédiable.

Il éprouvait le besoin de faire part de ses préoccupations à quelqu'un, mais il ne savait à qui s'adresser. Mademoiselle Ludis, dans son naïf égoïsme, ne lui demandait que de réussir ; quant aux voies et moyens, plus ou moins laborieux, elle ne s'en inquiétait jamais.

Au club, chacun luttait pour ses propres intérêts ; et puis, là, il s'agissait d'être circonspect : la moindre parole trop franche risquait d'influencer l'opinion de façon fâcheuse.

Volontiers il aurait rappelé la jeune bonne, pour lui parler à cœur ouvert de ses soucis.

Puis, il s'irrita lui-même de tant de sensiblerie. Il s'était accoutumé à traverser la vie dans un isolement orgueilleux et à provoquer, par ses succès, l'ébahissement de la foule. Que lui fallait-il de plus ?...

Il s'étendit en bâillant sur la chaise longue ; le temps lui semblait long.

Encore trois heures à attendre, sans doute, avant la rentrée de Ludis. Et il s'était si bien habitué à la société de cette fille qu'elle lui manquait presque. Son bavardage vide lui faisait du bien, elle savait l'égayer par ses minauderies, et enfin — surtout — il en prenait à son aise avec elle.

Il pouvait à son gré la caresser ou la brutaliser, l'appeler ou la repousser comme un petit chien, il pouvait lui infliger tout son mépris sans qu'elle eût un tressaillement.

Elle était faite à ces manières. Il passait chaque jour trois ou quatre heures auprès d'elle : il fallait bien tuer le temps. Parfois même, il l'emmenait au cirque ou au théâtre. Il avait depuis longtemps rompu toute relation de famille et pouvait se permettre de se montrer en public avec une femme.

Et pourtant, l'atmosphère dont elle l'entourait lui **répugnait** ; un sentiment de malaise lui remplissait l'âme dès qu'il se trouvait près d'elle. Non pas qu'il se sentît abaissé par sa présence : ce n'était qu'une fille, il le savait et il ne demandait rien de mieux, car une fille seule pouvait se laisser traiter comme il la traitait ; c'était plutôt une sorte de désespérance sourde qui l'étouffait.

En serait-il toujours ainsi ? Jusqu'à la fin ? La vie valait-elle la peine d'être vécue si elle n'avait rien de mieux à lui offrir, à lui, un favori de la fortune, maître de sa volonté et de ses actions ?

— Décidément, j'ai le spleen ! — dit-il en se levant brusquement pour aller changer de costume.

Il s'était fait mettre une armoire dans le cabinet de toilette de Ludis, afin de ne pas être obligé de rentrer chez lui lorsqu'il voulait s'habiller pour sortir le soir.

II

Il allait être quatre heures. Le soleil, dont les rayons de pourpre se nuançaient de violet, entrait gaiement par la fenêtre et illuminait la masse rousse des arbres du Thiergarten.

Il lui prit l'envie de se promener par les allées du parc, — en flânant, sans but, — tout au plus pour faire, de temps à autre, l'aumône à un petit mendiant.

En quittant la maison, il passa derrière les jardins de Kroll et suivit les sentiers détournés qui mènent à la grande route de Charlottenburg. Les senteurs douces des plantes défleuries montaient du sol, et sous son pied bruissaient les feuilles mortes que le vent avait poussées dans le chemin.

Le soleil, déjà bas, semait de taches rouges les troncs verdâtres des arbres, que l'humidité striait de longues veines plus foncées.

Tout était solitaire ici. De l'autre côté de la route seule_
ment, où la foule bariolée passait devant lui comme dans
un kaléidoscope, des rires, des cris joyeux d'enfants réson_
naient dans les allées.

Près de l'île de Rousseau, il rencontra un homme qu'il
connaissait, dont il avait même été l'ami dans sa jeunesse.
Le visage rond entouré d'une barbe courte, il allait, l'air
satisfait, tenant par la main deux fillettes vêtues de rouge ;
devant eux, un garçon en costume de matelot, faisait l'avant-
garde en galopant sur la canne de son père.

Ils se saluèrent froidement quoique sans raideur. Ils
s'étaient simplement perdus de vue en suivant des voies
différentes : le fonctionnaire laborieux, l'heureux père de
famille, n'avait rien à faire dans un monde où tout le travail
du jour consiste à jouer, à parier et à monter à cheval.
Stückrath s'assit sur un banc et suivit le groupe des yeux.
Les petites jupes rouges flambaient de loin dans la verdure
et, par instants, la voix du père s'élevait, calmant ou répri-
mandant la turbulence du gamin, qui dans sa main fermée
imitait la trompette.

« Est-ce là le bonheur ? se demanda Stückrath. Est-il possible qu'un homme d'action et d'énergie trouve du plaisir à
ces distractions puériles ? »

Chose curieuse, pourtant ! ces pères de famille, ils travaillent
pour le bien de l'État et de la société, ils occupent de hautes
situations, ils font des découvertes importantes ou écrivent
des livres utiles ; et tous ils ont les yeux riants et un air de
santé ! Le fardeau qu'ils traînent derrière eux ne semble pas
leur enlever la force de vivre. Ils vont de l'avant, malgré les
mains d'enfants qui s'accrochent à leurs habits, malgré les
niaiseries dont ils remplissent leurs heures de loisir.

Un indéfinissable sentiment d'envie pénétrait son âme. Il
le chassa et, se levant, poursuivit son chemin à travers la
foule qui encombrait les allées du Thiergarten.

Il croisait des groupes de femmes aux robes de soie grin_
çantes, aux bijoux trop riches. C'étaient des femmes de ban_
quiers ; il ne les connaissait pas et ne se souciait pas de les
connaître. Parmi leurs maris non plus il n'avait guère de
relations. Les parvenus de la finance qui ont mis la main sur

le quartier ouest de Berlin ne se rencontrent pas souvent sur les champs de course.

Des équipages suivaient au pas afin d'expliquer, d'excuser même la fantaisie momentanée des dromeneuses car, dans ce monde-là, l'absence trop marquée de voiture risquerait d'entamer le crédit.

Par-ci, par-là, la noblesse militaire se trouvait aussi représentée. Une calèche, à couronne de comte, emportait une jeune femme pâle, souriante, dont l'élégance raffinée était de meilleur goût que ne l'est d'habitude celle de l'aristocratie allemande.

— La femme d'un diplomate étranger, murmurait-on.

« Ah ! tout s'expliquait !... »

En face, sur les vitres des palais et des villas, le soleil couchant versait ses plus riches couleurs ; il empourprait les façades grises et semblait mettre le feu aux masses à demi fanées des vignes vierges qui reposaient lourdement sur les grilles et les portiques : — un incendie de teintes décomposées.

Et soudain, l'indolent Stückrath vit s'avancer vers lui, tout enveloppée de cette lumière, une haute et mince silhouette de femme. Avec mille précautions, elle conduisait par le bras une vieille dame qui se traînait péniblement sur le gravier de l'allée. Un coupé armorié suivait au pas à quelque distance.

Le baron eut un mouvement de recul involontaire, comme s'il avait envie de s'engager dans un des sentiers latéraux ; mais il se maîtrisa aussitôt, et observa curieusement la jeune femme qui approchait.

Elle se détachait toute noire, toute mince, sur le fond de lumière, les membres grêles, la taille grêle ; des vêtements d'une simplicité monacale pendaient, presque fripés, le long de son corps.

Elle aussi le reconnaissait. Une vive rougeur, qui fit bien vite place à une pâleur mortelle, passa comme une ombre sur son visage sérieux et fin.

Ils s'examinèrent fixement.

Il salua avec respect ; elle répondit par un léger sourire qui voulait être indifférent.

« Comme elle est fanée ! » se dit-il.

Les traits cependant portaient encore l'empreinte d'une

beauté pure et noble, mais le temps et le chagrin les avaient cruellement ravagés. Au coin des lèvres pâles et serrées se marquaient profondément, comme creusés au couteau, deux ou trois petits plis ; les yeux avaient perdu leur expression douce et animée d'autrefois pour prendre un éclat dur et triste, et tout autour s'étendait comme un réseau de menues rides.

Il s'arrêta songeur et la regarda s'éloigner.

Elle avait toujours sa démarche de reine, mais la silhouette était désolante : c'était l'image de la déception, du renoncement à tout espoir.

Il calcula. Elle pouvait avoir trente—cinq ans. Treize ans plus tôt, il l'avait connue... et aimée ? Peut-être. Le fait certain, c'est qu'il s'était retiré la veille des fiançailles parce que son futur beau-père s'était permis quelques observations sur sa façon de vivre.

Il entendait garder sa liberté ; il la préférait à la fiancée riche, belle et fière qui s'attachait à lui de toute son âme exquise et chaste.

Un mot d'elle, un signe de regret l'aurait pu retenir, qui sait ?... Mais ce mot ne fut pas prononcé.

Et ainsi son bonheur s'évanouit, leur bonheur à tous deux peut-être... Bah !

Depuis lors, il ne regardait plus qu'avec dédain les jeunes filles du monde. Les autres... du moins, elles n'avaient pas de prétentions, elles ne mettaient pas d'entraves à sa liberté.

Longtemps, il suivit des yeux la jeune femme. Parfois des groupes de promeneurs la lui faisaient perdre de vue, puis elle reparaissait, fine et svelte sur le fond roux du feuillage.

De temps à autre, elle se penchait avec tendresse vers la vieille dame qui avançait craintivement, à pas pressés et courts, comme les gens âgés.

C'est à ce débile petit amas d'os, avec ces yeux de myope, cette voix perçante, — oh ! cette voix, il s'en souvenait trop bien, c'était elle surtout qui avait contribué à lui faire prendre la fuite, — c'est à cette vieille femme, à cette étrangère de caractère antipathique et soupçonneux, qu'il aurait dû donner le nom de mère... Quelle folie ! quel mensonge !

Mais il était tellement tourmenté par cette soif de bonheur impossible à apaiser, qu'il cherchait à se représenter ce qui aurait pu être, si de cette jeune fille il avait fait sa femme.

Un flot d'amour, tendre, brûlant, dévoué aurait inondé son âme, en aurait animé et fécondé le vide. Elle-même, au lieu de s'aigrir et de se dessécher, se serait à ses côtés magnifiquement épanouie.

Maintenant, il était trop tard ! Pauvre vieille fille, longue et sèche, elle suivait son chemin et disparaissait dans l'éloignement.

Mais au fond de l'âme il ressentait l'ardent besoin d'une affection féminine, le besoin d'une femme qui n'en eût pas seulement le nom et le corps, qui valut mieux que cette fille gardée par lâcheté et par paresse.

Il remonta le cours de sa vie. Elle était riche en aventures galantes de toutes sortes. Plus d'une femme jeune et passionnée s'était jetée à son cou, — pour disparaître bientôt de son existence, repoussée par la froideur qu'il lui témoignait.

Il aimait sa liberté. Même un amour libre lui devenait une chaîne dès qu'il exigeait le moindre sacrifice de temps ou de pensée.

D'ailleurs, il ne voulait pas donner moins qu'il ne recevait ; et se résoudre à accepter froidement le don d'une vie qu'il rejetterait bientôt suivant son bon plaisir, il ne le pouvait plus depuis qu'il sentait s'éloigner la jeunesse, l'âge où l'on n'a pas de scrupules. Aussi, dans ces dernières années, s'était-il bien calmé.

Il se souvint d'une de ses dernières conquêtes, — c'était même la dernière, — et il sourit.

L'image d'une petite brune grassouillette, aux yeux rêveurs, aux bouclettes folles tombant sur les oreilles se dressa devant ses yeux. Il la revit modeste, tendre, pleine d'abnégation extatique et de naïveté enfantine.

Elle n'était pas du monde. Il l'avait rencontrée dans un dîner, chez un banquier : c'était la femme d'un fondé de pouvoir assez connu parmi les gens d'affaires. Et elle contemplait avec une curiosité ravie ce « grand monde » qui, pour la première fois, lui ouvrait ses portes. Il la conduisit à table et s'amusa de sa naïveté de pensionnaire, qui laissait lire en son âme, comme en un miroir, ses impressions si nouvelles. Il accueillait avec un sourire d'indulgence les témoignages ingénus d'admiration qu'elle prodiguait au sportsman célèbre, au viveur fameux.

Alors, il lui fit un brin de cour, et il tourna si complètement, si irrémédiablement cette petite tête sans cervelle, qui, dans ses rêveries solitaires, avait aspiré à la faute élégante et romanesque, — que le lendemain, dans un billet impayable, elle lui demandait un rendez-vous mystérieux près de la place d'Ancône ou rue des Vignerons, quartiers plus inconnus à Stückrath que le cap Nord ou Yokohama.

Il y alla deux ou trois fois. Confuse, craintive et toujours amoureuse, elle arrivait tenant à la main un bouquet de violettes pour lui, et, dans sa poche, une surprise quelconque pour son mari.

Puis l'aventure lui parut monotone, et il lui écrivit pour mettre fin à ces rendez-vous.

Un soir, — c'était à la fin de novembre, — elle entra chez lui, le visage caché sous une épaisse voilette, et elle tomba en sanglotant sur sa poitrine.

C'était fini, « elle ne pouvait plus vivre sans le voir, l'inquiétude et l'angoisse l'avaient rendue à demi folle, elle était à lui, il pouvait faire d'elle ce qu'il voulait... »

Il la consola, la réchauffa et fit fondre sous ses baisers la neige qui lui poudrait les cheveux.

Mais lorsque le plaisir et l'espoir de la posséder enfin rendirent plus vives les caresses de Stückrath, elle fut prise de peur et de remords... « Elle était une honnête femme, et si elle sortait coupable de ses bras, elle irait tout droit se jeter dans le canal. Elle le suppliait d'avoir pitié d'elle, de la respecter...»

Il eut pitié d'elle, et la laissa repartir avec un baiser paternel sur le front. Puis il donna l'ordre à son domestique de ne plus la recevoir désormais.

Alors, elle lui écrivit plusieurs lettres débordantes de passion et d'anxiété. Perdant toute retenue, elle s'offrait à lui...
Il ne répondit pas.

Sur ces entrefaites, il lui prit la fantaisie de remonter le
Nil en dahabieh, — sans raison spéciale, parce qu'il s'en-
nuyait et qu'il avait un rhume de cerveau.

La veille de son départ, en rentrant, il la trouva chez lui.

Que voulait-elle?

— Emmène-moi.

Comment savait-elle?

— Emmène-moi.

« Emmène-moi... emmène-moi. » Elle n'en démordait
pas. Il fallait bien la consoler : les adieux furent célébrés en
conscience, mais à la condition que ce serait l'unique et dernière fois, et qu'ils ne se reverraient plus jamais. Et le pacte
avait été tenu.

Depuis son retour, — il y avait plus de deux ans, — il
n'avait plus reçu d'elle aucun signe de vie.

Et voilà qu'il se souvenait de cette femme, et qu'il se sentait repris de désir en songeant au doux ovale de son visage,
au timbre grave de sa voix.

De nouveau, il aurait voulu être serré dans ses bras ronds
et fermes, être baisé par ses lèvres ardentes et inquiètes.

Pourquoi l'avait-il donc abandonnée? Comment avait-il pu
si brutalement se débarrasser d'elle? L'idée de la rechercher,
maintenant, sur l'heure, lui traversa l'esprit. Il se rappelait
vaguement où elle demeurait. Pour en être sûr, il lui suffisait
d'entrer dans le premier magasin venu.

Puis ses préoccupations habituelles lui revinrent. Maidenhood, son nouveau pur sang, l'inquiétait. Il avait joué gros
sur une seule carte. S'il perdait, ce serait une brèche difficile
à réparer. Et soudain, il se trouva dans un débit de tabac,
feuilletant l'almanach des adresses. Rue Frédéric-Guillaume,
tout près de là : c'était bien ce qu'il pensait...

Il n'avait pas à se creuser l'esprit pour chercher un prétexte. A cette heure-ci, le mari ne devait pas encore être
rentré de son bureau : il n'y aurait pas de comptes à lui
rendre. Et au besoin, il pouvait parler de la grande fête hip-
pique pour laquelle il demanderait à la jeune femme de placer des billets.

Mais si elle l'avait oublié? Si elle allait prendre ainsi une revanche de son ancienne faiblesse? Peut-être lui en voulait-elle, et ne le recevrait-elle même pas?... Enfin, à mettre les choses au mieux, il devait s'attendre à un accueil froid, compassé, ou bien à ces reproches dont l'amertume cache d'ordinaire l'amour déçu.

Bah! c'était une femme, après tout.

Il entra dans un vestibule où des colonnes de stuc et des « chemins » en imitation de Smyrne donnaient à la maison cette apparence de luxe dont aime à s'entourer maintenant la bourgeoisie aisée.

Il monta trois étages. Une vieille bonne en tablier d'indienne le toisa d'un air méfiant.

— Madame reçoit?

Elle prit sa carte et répondit qu'elle allait voir.

Le sort en était jeté.

Et tandis qu'il se penchait un peu pour écouter, il entendit à travers la porte entr'ouverte un cri, non pas d'effroi, mais de bonheur, de triomphe, une vraie clameur d'allégresse, comme seule peut en arracher à l'âme une passion ardente, effrénée, désespérée.

Il aurait cru s'être trompé si le visage tout à coup souriant de la vieille bonne qui reparaissait ne lui eût assuré qu'il était le bienvenu.

« Madame attendait monsieur. »

III

Il entra.

Elle vint à lui, les mains tendues, les yeux remplis de larmes et le visage contracté par l'effort qu'elle faisait pour se dominer.

— Vous voilà donc, enfin... vous voilà, enfin... vous voilà, enfin....

Gêné, anéanti par cette explosion de bonheur sans scrupules et qui semblait tout pardonner, il restait debout devant elle, ne trouvant pas un mot.

Qu'aurait-il pu dire qui n'eût paru stupide ou grossier?

Elle ne demandait du reste ni excuses ni explications.

1er Mars 1898.

Il était là... cela lui suffisait.

En la regardant. il dut s'avouer qu'elle ne ressemblait plus
à l'nuage qu'il gardait en sa mémoire. Elle paraissait avoir
grandi de corps et d'âme; ses traits exprimaient la force, la
possession de soi-même et laissaient deviner une violente tension morale. La flamme claire des yeux se fixait sur lui et la joie
contenue à grand'peine soulevait la gorge de la jeune femme.
Elle le pria de s'asseoir.

— Là. dans ce coin. — dit-elle en le conduisant vers un
canapé minuscule au-dessus duquel un palmier étendait ses
feuilles jaunissantes. — Je me suis assise là si souvent, si
souvent. pour penser à vous, toujours, toujours!... Vous prendrez du thé avec moi, n'est-ce pas?

Il allait refuser. mais elle se hâta de l'interrompre.

— Non. il le faut, il le faut, je n'accepte pas d'excuse. Ç'a
toujours été mon rêve de prendre une fois, une seule fois, le
thé avec vous ici, de vous offrir la tasse et de vous passer la
coupe de cakes... Tenez, cette petite table japonaise en laque
avec ces jolis oiseaux de nacre, regardez-la; l'année dernière, à
Noël, je me la suis fait offrir exprès afin de pouvoir y prendre
le thé avec vous... « car il est habitué au grand chic! » me disais-
je. Et maintenant que je vous ai enfin, vous seriez capable de
refuser? Non. non, ce n'est pas possible, je ne le souffrirai pas.

Elle courut à la porte et cria ses ordres à la bonne.

Il la suivait des yeux avec étonnement et avec joie.

Rarement il avait rencontré chez une femme une grâce
aussi naturelle. des mouvements aussi souples. Sa robe, d'une
élégance sobre et sans calcul. tombait en plis harmonieux le
long de son corps élancé; ses lignes pures gardaient un
charme tout féminin qui en adoucissait la sévérité.

Et tout cela était à lui!...

Il pouvait disposer de ce corps jeune et exquis aussi bien
que de cette exquise et jeune âme, car tout cela n'aspirait
qu'à lui appartenir de nouveau.

« Prends-la! lui criait une voix intérieure, prends-la! et
fais t'en du bonheur. »

Elle revenait. Arrêtée à trois pas de lui, elle joignit les mains
sous son menton et. le regardant avec de grands yeux ravis,
elle murmura :

— C'est lui, c'est bien lui...

Il commençait à se sentir mal à son aise devant l'exubérance de cette tendresse et se disait : « Je parierais que j'ai l'air d'un imbécile. »

— Mais je vais être raisonnable, — fit-elle en s'asseyant sur une chaise basse à côté du canapé. — En attendant le thé, racontez-moi tout ce que vous avez fait depuis si longtemps, car il y a longtemps, très longtemps...

Il crut deviner un reproche sous ces paroles, et coupant court un peu brusquement à ses questions, il parut s'intéresser d'autant plus vivement à son existence à elle.

— Oh! moi! s'écria-t-elle avec un geste d'indifférence, moi, j'ai été heureuse! En pourrait-il être autrement? J'ai joui de la vie comme un enfant, car je trouve la vie bonne, c'est ma spécialité. Chaque jour m'amène quelque chose de nouveau, et, d'ordinaire, quelque chose d'agréable... surtout depuis que je suis amoureuse de vous... N'allez pas croire, mon cher monsieur, que je vous fasse là une déclaration banale! Imaginez-vous que vous êtes un tiers auquel je conte mes petites affaires, — Inès, la confidente, si vous voulez — et je vous parle de mon bien-aimé, de celui que j'adore de loin sans qu'il se soucie d'une pauvre sotte comme moi... mais qu'importe!... Il suffit à mon bonheur de savoir qu'*il* vit, que j'ai le droit de trembler et de prier pour *lui* et que le soleil, quand il se lève, l'éclaire *lui* aussi... Ah! voyez-vous, c'est un sentiment délicieux quand on s'éveille, à l'aube, de voir les rayons dorés qui traversent les rideaux rouges et de se dire : « Dieu merci! il aura aujourd'hui une belle journée! »

Il se tâta le front, croyant rêver.

« Ce n'est pas possible! se disait-il, sommes-nous encore sur la terre? »

Et elle continuait à parler sans songer qu'il aurait peut-être aussi quelque chose à dire.

— Je ne sais pas si beaucoup de gens ont le bonheur d'être si heureux; mais moi je l'ai, oh! Dieu, oui! je l'ai, moi!... Et savez-vous? le meilleur, le plus exquis, le plus brillant de ce bonheur, c'est à vous que je le dois. Tenez, par exemple, l'été passé, nous étions à Helgoland, et, cette année, à Schwarzburg, — connaissez-vous Schwarzburg? N'est-ce pas

que c'est beau. là-bas?.. Eh bien! par exemple, on se réveille,
on ouvre les yeux, il ne fait pas jour encore; alors, on se lève
sur la pointe des pieds pour ne pas déranger son mari, on va
à la fenêtre, tout doucement, pieds nus... Oh! Dieu! que c'est
beau! Les forêts sont si sombres, si paisibles, il y a encore
sur toute la nature un tel calme qu'on aurait envie de pleurer.
A l'horizon s'étend une large bande d'or rouge, et les sapins
des crêtes se découpent sur ce fond comme de petits hommes
noirs aux bras étendus... Quelques oiseaux commencent à
pépier... Et l'on joint les mains en pensant : « Où est-il?... S'il
dort, fait-il de beaux rêves?... Ah! s'il pouvait être ici et voir,
lui aussi, tout cela?» Et l'on pense à lui, alors, avec une telle
intensité que l'on finit par croire qu'il est là réellement et
qu'il regarde aussi... Mais peu à peu on commence à grelotter,
car, vous savez, il fait toujours frais, le matin, dans les montagnes. Aussi est-on forcée de se fourrer de nouveau sous les
couvertures et l'on est agacée à l'idée qu'il va falloir dormir
encore pendant quatre heures au lieu de pouvoir songer à lui.
Et lorsqu'on se réveille pour la seconde fois, le soleil éclaire
déjà la chambre joyeusement et le déjeuner est prêt sur le
balcon. Et le mari, depuis longtemps levé, attend sans impatience; sa bonne figure calme sourit derrière la porte vitrée.
Et alors, semble-t-il, votre cœur va éclater de gratitude envers le Créateur qui vous a donné une si belle part dans la
vie, on va étouffer de bonheur et... Ah! voici le thé.

La vieille bonne reparut avec le plateau qu'elle posa un peu
brusquement sur le piano, afin de mettre le couvert sur la
petite table japonaise où une belle serviette damassée était
déjà préparée.

Sa maîtresse la gronda en riant : il ne fallait pas rayer le
piano! Que dirait leur hôte d'un ménage si peu soigné?

La domestique sortie, elle prit la théière et, d'un air rayonnant, elle demanda :

— Fort ou faible, mon noble seigneur?

— Fort, je vous prie.

— Un ou deux morceaux de sucre?

— Deux, je vous prie.

Avec un geste solennel, elle lui tendit la tasse en disant :

— Voilà donc le grand moment arrivé! Voilà l'apogée

d'un bonheur que je me suis figuré si longtemps... Voyons, avouez-le... n'ai-je pas de la chance? Je n'ai qu'à former un désir pour qu'il se réalise... toujours!... Oh! l'année dernière, il m'est arrivé une bonne aventure, à Helgoland. Nous étions en train de canoter le long des dunes; voilà que je pique une tête dans l'eau... Au moment où je perdais connaissance, il me sembla que vous étiez là et que vous me sauviez. Naturellement, après coup, lorsqu'on m'eût étendue sur le sable, je vis bien que ce n'était qu'un vilain vieux pêcheur, mais j'avais eu une impression si délicieuse que je me serais volontiers jetée à l'ean une seconde fois... A propos, prenez-vous du cognac?

Il refusa. Ce babil, qui d'abord l'avait enchanté, commençait à l'attrister. Il ne se sentait pas au diapason. Depuis trop longtemps son esprit avait perdu sa fraîcheur et son âme la gaieté.

Et tandis qu'elle continuait à bavarder, ses pensées, à lui, reprenaient leur tour habituel, comme un cheval qui parcourt chaque jour le même chemin. Il pensait au jockey dont il était mécontent, au pur sang dont les nerfs ne se calmaient pas. En somme, cette femme, en quoi l'intéressait-elle?

— Au fait, dit-elle soudain, j'ai encore quelque chose à vous demander. Est-ce que Maidenhood est arrivé?

Il sursauta et la regarda stupéfait, Avait-il bien compris?

— Comment connaissez-vous Maidenhood? balbutia-t-il.

— Mais, cher ami, répliqua-t-elle en riant, croyez-vous que je ne connaisse pas la plus belle de vos recrues? Maidenhood, par Blue Devil et Nina... Ah! ah! attrapé! Je crois que je sais même les noms des grands-parents. Du reste, tous mes compliments! Les Anglais enragent. A en juger d'après cela, vous aurez un succès monstre.

— Mais, au nom du ciel! d'où savez-vous?...

— Mon Dieu! votre acquisition était mentionnée dans tous les journaux de sport.

— Vous les lisez donc?

— Évidemment. Voyez, j'ai ici le dernier numéro de l'*Éperon* et j'ai même fait relier le *Journal du sport*.

— Mais pourquoi?...

— C'est que je suis une femme de sport, mon noble sei-

gueur, je m'intéresse aux événements hippiques! C'est bien
permis, n'est-ce pas?

— Mais, autrefois, vous ne m'aviez jamais dit un mot...

Elle rougit un peu et baissa les yeux :

— Autrefois, oui, autrefois... Cela ne m'est venu que plus
tard.

Il comprit, et pourtant il n'osait croire qu'il avait compris.

— Ne me regardez pas ainsi, fit-elle. Qu'y a-t-il là de si
extraordinaire? Je me suis dit : « Puisqu'il ne veut plus rien
savoir de moi, eh bien! de loin, je vivrai de sa vie...» Il n'y a pas
d'indiscrétion, n'est-ce pas?... Et, d'ailleurs, les courses étaient
le seul endroit où je pouvais vous apercevoir encore de temps
en temps... Et quand vous montiez vous-même, ah! que le
cœur me battait!... à se rompre, à éclater!... Et quand vous
gagniez, quel orgueil pour moi! j'aurais voulu le crier sur les
toits. Mon pauvre mari en avait des bleus tout le long du
bras, tant je le pinçais, d'inquiétude d'abord, de joie ensuite...

— Ah! votre mari partage, heureusement, cette...

— Mon Dieu! vous savez, au début, il n'y mordait guère;
mais il est si bon, si bon! Et comme je ne pouvais pas aller
toute seule aux courses, il a bien fallu qu'il m'accompagnât
bon gré mal gré... Et finalement, il est devenu aussi enragé
que moi. Nous passons des heures tous les deux à discuter les chances... Et quel enthousiasme vous lui inspirez!
il est encore plus emballé que moi! Oh! qu'il serait heureux
de vous trouver ici! Il faut que vous restiez jusqu'à ce qu'il
rentre, oui, vraiment, il faut que vous lui fassiez ce plaisir...
Pourquoi vous moquez-vous de moi? fi donc!

— Je vous jure que...

— Si, si, vous avez souri; je l'ai bien vu, vous avez souri.

— C'est possible, mais sans mauvaise pensée. Et maintenant, permettez-moi de vous poser une question sérieuse...

— Je vous en prie...

— Aimez-vous votre mari?

— Si je l'aime? Naturellement, je l'aime!... On voit bien que
vous ne le connaissez pas, car vous ne me feriez pas une question pareille! Comment pourrait-on ne pas l'aimer?... Nous
vivons ensemble comme deux enfants, mais nous ne sommes pas
seulement unis pour nous amuser; les soucis nous rapprochent

aussi. Souvent, quand je le vois dormir, quand je regarde
son front honnête et ridé, sa bouche sérieuse, quand je songe
avec quelle fidélité, avec quelle sollicitude il me guide par la
vie, quand je me dis que son unique pensée, qu'il veille ou
qu'il dorme, c'est de me faire l'existence douce et heureuse,
alors, je m'agenouille près de lui et je baise ses mains jusqu'à ce qu'il se réveille. Une fois, il a cru que c'était notre
petit chien et il a crié : « Couche! couche!... » Ah! ce que
nous avons ri! Et si vous croyez que ceci ne peut pas s'accorder avec mes sentiments à votre égard, vous vous trompez
absolument. Cela n'a aucun rapport...

— Et vous êtes heureuse ainsi?

— Tout à fait heureuse, tout à fait! dit-elle en joignant les
mains avec une physionomie radieuse.

Elle ne se doutait point qu'elle côtoyât l'abîme de si près,
qu'elle fût si désarmée devant lui ; et elle ne s'était pas encore
demandé ce que signifiait sa visite.

Il n'aurait eu qu'à ouvrir les bras, elle serait tombée sur
sa poitrine, toute prête à s'abandonner de nouveau à son
caprice.

Un vague sentiment de responsabilité monta en lui et para-
lysa son désir. Il avait là, sous les yeux, ce qu'il lui fallait
pour le préserver, quelques années encore, de l'isolement
qui le menaçait, pour mettre une fraîcheur, une allégresse
nouvelles dans son existence... C'était la source de vie à
laquelle il aspirait ; et il n'avait pas le courage de se pencher
pour y tremper ses lèvres altérées.

Il y eut un silence qui menaça d'assombrir leur humeur.

Alors il se secoua :

— Vous ne me demandez pas pourquoi je suis venu, chère
amie?

Elle haussa les épaules en souriant :

— Un caprice... un moment de solitude... pas autre
chose, sans doute.

— Et pas un peu de remords?

— Des remords? pourquoi? Qu'avez-vous à vous reprocher?
vous avez agi selon nos conventions.

— J'ai cependant l'impression de n'être pas tout à fait
libre... comme si mon silence absolu... je veux dire...

quelque chose, il me semble, doit être demeuré en vous...
quelque chose capable d'empoisonner le souvenir que vous
avez gardé de moi...

Elle tournait sa cuiller dans son thé d'un air pensif.

— Non, dit-elle, je ne suis pas si sotte. Votre souvenir, je
le garde pieusement : autrement aurais-je pu continuer à
vivre?... A ce moment-là, il est vrai, j'avais résolu d'en finir
tout de suite : je me l'étais juré avant même d'entrer chez
vous, car ne jamais revoir un homme qui vous... jamais je
n'aurais cru cela possible... mais tout s'apprend. On apprend
tout... Et je vais vous dire aussi comment il se fait que je ne
me suis pas tuée ce soir-là... Quand je me retrouvai dans la
rue, devant votre porte, je me dis : « Voilà... maintenant, à la
Sprée ! » Je pris une voiture découverte, malgré la pluie et le
vent... oh ! quel temps il faisait !... et je me fis conduire
au Thiergarten. Près du grand carrefour, je descendis et
je me mis à courir sous l'averse en pleurant, en pleurant...
Les larmes m'aveuglaient au point que je ne trouvais même
plus mon chemin... « Ce sera pour six heures », me disais-je.
Je regardai ma montre, encore quatre minutes. Je demandai à un gardien : « Où est Bellevue? » car je savais que
le fleuve coulait juste derrière le château. Il me répondit :
« C'est là, où l'horloge sonne ». Au même moment, elle sonnait
six heures. En l'entendant, une pensée me vint à l'esprit : « Le
voilà qui rentre à la maison, il est fatigué, il a faim, et je ne
suis pas là : pourvu qu'il ne m'attende pas pour souper !... Mais
il m'attendra, pour sûr : il aimera mieux mourir de faim que
d'avaler une bouchée... Et il sera inquiet... Son anxiété gran-
dira d'heure en heure, et il courra à la police... et demain
matin, quand on m'aura repêchée, on lui télégraphiera de venir
à la Morgue. Alors il sera écrasé par le désespoir, et je ne serai
pas là pour le consoler. » A cette pensée, je me mets à crier :
« Cocher ! Cocher ! » Et, comme je ne trouve pas de voiture,
je retourne au grand carrefour, je me précipite dans le tramway, je rentre dare-dare à la maison, et je tombe dans ses bras
en sanglotant tout mon soûl.

— Et votre mari ne vous a pas questionnée? Il n'a pas eu
de soupçons?

— Oh ! non... il me connaît trop. Bien souvent, je rentre

ainsi bouleversée, quand j'ai éprouvé une émotion quelconque,
joyeuse ou pénible : la vue d'un bel enfant dans la rue, —
car moi, je n'en ai pas, — ou bien un beau morceau de musique, ou même le Thiergarten en fleurs, un monument de
marbre blanc au milieu des verdures sombres, ou n'importe,
j'arrive toute brisée; il pose sa main froide et ferme sur
mon front et, tout de suite, je me sens plus calme.

— Cette fois-là aussi?

— Oui, cette fois-là aussi. D'heure en heure, mon angoisse
disparut. « Tu as là un homme honnête et bon auquel tu peux
faire du bien, me disais-je. Et quant à l'autre, c'est pure présomption de vouloir te mêler à sa vie... » Car vouloir donner
de l'amour, c'est toujours, au fond, réclamer de l'amour
en échange. Et qu'auriez-vous pu faire d'une pauvre exaltée
comme moi? Vous avez de bien autres femmes, et vous
n'avez qu'à étendre le petit doigt pour que les cœurs des
comtesses et des duchesses volent vers vous.

« Ah! bon Dieu! » se dit-il, en songeant à la fille vénale
qui suffisait à ses besoins sentimentaux.

Elle, pourtant, continuait à parler et à lui peindre, trait
pour trait, l'image qu'elle s'était faite de lui pendant ces
deux années.

Tous les héros de Byron, de Pouchkine, de Spielhagen, de
Walter Scott, s'y fondaient dans une gloire. Il n'y avait pas
de grandeurs au monde que cette imagination prodigue n'eût
amoncelées sur son front.

Et lui, le cœur las, usé, impur, il l'écoutait avec un sourire douloureux et il pensait :

« Dieu merci! elle ne me connaît pas!... Si je n'avais mes
triomphes de sportsman, le contraste serait insoutenable. »

Il n'y avait rien de gênant, aucun étalage de mérites trop
personnels dans ces joyeuses rêveries: C'était vraiment comme
si elle avait chanté devant un tiers l'hymne d'amour au bien-
aimé... Et ainsi le sentiment pénible de la fatuité fut épargné
à Stückrath.

Qu'allait-il arriver cependant?

Cette visite aurait nécessairement des suites, cela allait de
soi ; elle avait le droit d'exiger qu'il ne la prît pas une
seconde fois pour la rejeter selon le caprice du moment.

Presque timide, il hasarda une phrase sur l'avenir.

— N'en parlons pas, s'écria-t-elle ; vous ne reviendrez certainement plus.

— Comment pouvez-vous croire ?...

— Non, non, vous ne reviendrez plus. Que feriez-vous ici ?... Vous laisser adorer par moi ? Cela vous ennuie bien vite, vous autres hommes blasés. Faire la conversation avec mon mari ? Voilà qui vous amuserait encore moins. C'est un silencieux, il ne s'anime que quand nous sommes seuls ensemble, et... Mais n'importe ! vous êtes venu ici et le souvenir de cette heure me sera toujours cher et précieux. J'ai une raison de plus d'être heureuse.

Une douleur contenue le torturait. Il aurait voulu se jeter à ses pieds, se cacher le front sur ses genoux, mais cette majesté que porte avec soi le bonheur le tenait en respect.

— Et si j'avais le désir...

Ce fut tout ce qu'il dit, tout ce qu'il osa dire ; il se tut devant le rayonnement de ce visage et, écoutant les conseils de prudence que lui soufflait sa vieille expérience, il laissa à son ardeur le temps de se calmer.

Mais elle l'avait bien compris.

Muette de joie, elle appuya sa tête au dossier de son siège, puis elle murmura, les yeux fermés :

— Heureusement que vous vous arrêtez... je risquerais de devenir vaniteuse et je recommencerais à souhaiter... mais si vous...

Elle se tut et ouvrit les yeux tout grands : son clair regard faisait au bien-aimé l'abandon complet de tout son être.

Soudain elle redressa un peu la tête pour écouter.

— Mon mari ! — s'écria-t-elle, maîtrisant une légère émotion qui fit aussitôt place à une satisfaction réelle. — Quel bonheur qu'il puisse vous voir !... Donnez-moi vite encore une fois la main...

Trois doigts brûlants effleurèrent ceux de Stückrath, puis elle s'élança vers la porte.

— Devine qui est là ! devine qui est là ! — cria-t-elle dans le corridor.

Sur le seuil parut un homme vigoureux, de taille moyenne, au visage maigre et dont la pâleur n'excluait pas un air de santé. Sa barbe, d'un blond foncé, s'allongeait en pointe ét, devant ses yeux tranquilles et bienveillants, un pince-nez placé trop bas le forçait à cligner des paupières et à relever un peu la tête pour regarder en face.

Il considéra non sans surprise l'élégant étranger ; en s'approchant il le reconnut, bien que la pièce fût dans la pénombre. Et il lui tendit la main avec une nuance d'embarras et de joie.

Ni étonnement ni question ne se lisait sur ses traits fatigués de travailleur. Stückrath sentit qu'en face d'une si paisible confiance, tout prétexte et tout mensonge seraient déplacés : il expliqua franchement qu'il était venu renouer une ancienne relation dont il avait gardé un très agréable souvenir.

— Je ne veux pas parler de moi, monsieur le baron. — répondit le mari, — mais vous ne pouvez vous figurer la joie qu'a dû éprouver ma femme.

Et il la regardait en souriant. Elle, tout à fait à l'aise en apparence, et heureuse comme une maîtresse de maison flattée dans son amour-propre, se pendait affectueusement à son bras.

On échangea quelques paroles amicales. La prudence n'exigeait pas que l'on poursuivît la conversation, car la confiance de ce brave homme paraissait illimitée ; mais Stückrath éprouvait de la sympathie pour lui et il aurait craint, en s'éloignant trop vite, de lui faire sentir le peu de cas qu'il faisait de sa personne.

Il se rassit donc, et causa de courses, de ses dernières acquisitions, et il fut presque confus de voir avec quelle satisfaction le mari se montrait au courant de tout ce qui concernait son écurie. Il invita gracieusement les deux époux à venir la visiter et prit congé.

Ils l'accompagnèrent jusque sur le palier ; il n'aurait su dire lequel des deux lui donna la poignée de main la plus cordiale.

Arrivé au premier étage, dans l'obscurité, il releva par hasard la tête et il les vit, en haut, appuyés sur la rampe, qui le suivaient d'un regard ému...

Lorsqu'il se retrouva sur le trottoir, au milieu de la cohue indifférente, il lui sembla qu'il revenait d'une île exotique et

lointaine et qu'il retombait dans la banalité de son existence
habituelle.

Il eut un haut-le-corps et frissonna en songeant à la vie
qui l'attendait.

Alors, il se dirigea vers le Thiergarten.

Un crépuscule rougeâtre luisait encore à travers les branches. Dans le firmament scintillaient de petites lueurs bleues
qui s'atténuaient en un vert d'opale, et des nuages d'un blanc
irisé baignaient leur bord dans la pourpre de l'horizon.

Entre les lignes de réverbères à la flamme vacillante, le flot
des promeneurs continuait de parcourir les allées ; on voulait
jouir encore des derniers rayons du jour prêt à s'éteindre.

Rêveur, étranger aux autres, Stückrath traversa la foule
pour gagner un sentier solitaire qui s'enfonçait tout noir sous
les arbres.

Il eut de nouveau une seconde de regret lancinant :

« Prends-la et fais-t'en du bonheur !... »

Mais, lorsqu'il voulut analyser cette impression, elle lui
avait déjà échappé, ne lui laissant qu'un arrière-goût fade,
comme celui qui reste dans la gorge après qu'on a fumé.

Des feuilles sèches bruissaient sous ses pas, d'autres étaient
dispersées sur un étroit cours d'eau qui luisait le long du
sentier comme un miroir d'argent.

« Briser le bonheur paisible de ces deux pauvres âmes,
se disait-il, serait un crime, c'est évident; mais, somme
toute, n'est-ce pas sur de pareils crimes que repose la société?
La vie des uns cause la mort des autres, le bonheur des uns
exige la misère des autres... »

En admettant même qu'il en résultât un bonheur réel et
que le sacrifice de cette idylle servît à quelque chose !...

Hélas! à quel point il était devenu incapable d'un sentiment fort et persistant, il n'en avait fait que trop souvent la
décourageante expérience.

Que pourrait-il offrir à cette femme qui se jetait sur son
cœur, l'âme pleine d'un chaos de passion, de dévouement,
de naïve immoralité? — La lie éventée d'un breuvage divin,
les restes d'un cœur usé en de niaises voluptés, le vide, la
fatigue, le désir de sensations neuves et aussi le besoin de
repos, voilà tout ce qu'il pourrait lui donner.

Et puis, comme il en aurait vite assez! Qu'elle témoignât le moindre remords, la moindre inquiétude, et elle lui deviendrait importune, bientôt même odieuse.

« Sois son bon ange et laisse-la passer son chemin! » se dit-il, et il poussa un sifflement strident qui se perdit sous les arbres.

Il se laissa tomber sur un banc et prit une cigarette. A la flamme de l'allumette, il s'aperçut que la nuit était venue.

Un grand calme emplissait le parc qui peu à peu se vidait. Comme une harmonie très douce, les rumeurs de la vie venaient, du lointain, mourir dans la solitude.

Il considéra, dans l'ombre de sa main, attentivement, le petit point de feu rond d'où montaient, en tourbillonnant, des nuages légers et parfumés.

— Dieu merci, murmura-t-il, il vous reste au moins la cigarette!

Alors, il se leva et, pensif, il reprit sa promenade.

Sans savoir comment il y était arrivé, il se trouva soudain devant la porte de sa maîtresse. Par les fenêtres, au second, filtraient des lueurs roses, de ce rose d'abat-jour qu'aiment tant les filles galantes.

— Brrr..., fit-il en frissonnant.

Mais, après tout, là-haut, son couvert était mis, là-haut il trouverait une compagnie, des rires, de la chaleur et une paire de pantoufles...

Il poussa la grille.

Un coup de vent secoua les branches et fit voltiger les feuilles mortes. Elles tournoyèrent le long du trottoir, comme de petits fantômes errants, et finirent par échouer dans le ruisseau.

L'automne!.,.

H. SUDERMANN

Traduction de N. VALENTIN et M. RÉMON.

JULES SIMON[1]

M. Jules Simon était né en 1814. Il est mort en 1896. Sa
vie a donc été chargée d'années. Elle a été plus chargée
encore d'œuvres, d'actes et d'événements. Pour la raconter,
même en abrégé, c'est un chapitre de l'histoire philosophique
de la France et plusieurs chapitres de son histoire politique,
qu'il faudrait écrire. Je ne l'essaierai pas. D'ailleurs, l'œuvre
n'est plus à faire. Il y a plus d'un an déjà, les principales
péripéties de cette ample existence aux cent actes divers ont
été retracées par M. Georges Picot, dans une large peinture,
franche d'exécution comme une fresque, ordonnée comme
un tableau d'histoire. Je n'essaierai pas davantage de fixer
tous les aspects de l'homme. Ils échappent à la définition.
M. Jules Simon ne fut pas de ceux qu'un caractère plus
saillant que les autres permet de classer à coup sûr dans une
catégorie déterminée. Il eut tant de facultés différentes qu'on
est fort embarrassé de discerner entre elles une faculté
maîtresse, et il les eut toutes à un tel degré que selon les
époques, selon les circonstances, chacune d'elles apparaît à son
tour comme la dominante des autres. Professeur, philosophe,

1. Notice lue en séance de l'Académie des sciences morales et politiques, le
5 février 1898.

écrivain, orateur, journaliste, politique d'opposition, poli‑
tique de gouvernement, il brilla dans chacun de ces rôles, et
toujours on l'eût dit spécialement fait pour ce qu'on le
voyait faire. Et telle était la ductilité de ses qualités natives et
de ses qualités acquises, leur plasticité à former des assem‑
blages divers, qu'en un seul et même homme, il parut à ses
contemporains plusieurs personnages différents, personnages
extérieurs, disons‑le vite, mais qui plus d'une fois donnèrent
le change sur la personne morale qu'ils recouvraient, comme
les feux mobiles d'un cristal n'en laissent pas voir le noyau per‑
manent. C'est ce noyau, qui fut en M. Jules Simon très solide
et très pur, que je voudrais essayer de mettre à nu et de décom‑
poser.

Avant toute autre chose, M. Jules Simon a été un philosophe,
et c'est de sa philosophie qu'il faut partir pour le comprendre.

Sa pensée personnelle commence à poindre vers la ving‑
tième année de son âge, alors qu'il était élève à l'École nor‑
male. Il y était arrivé, venant de Bretagne, où il avait poussé
en plein milieu catholique, d'abord au village de Saint‑Jean‑
Brévelay, sous l'aile d'une mère pieuse, douce et charitable
autant que le fut jamais créature du bon Dieu ; puis au col‑
lège de Vannes, dans cette bien curieuse maison d'éducation
si souvent dépeinte par lui, qui n'avait jamais vu et ne devait
jamais revoir pareil écolier, ni si vaillant petit homme dans
un écolier. Ses lettres, datées de l'École normale, nous le
montrent dans une crise d'âme bretonne exilée, et aussi dans
le trouble de la puberté intellectuelle. La question qui l'agite
est la question religieuse. Il était arrivé de sa Bretagne croyant
et pieux. Pieux et croyant il restait toujours, mais sans la
certitude de l'être encore le lendemain. Il avait senti quelque
ébranlement dans ses croyances, et il faisait tout le possible
pour l'arrêter, cherchant partout des étais, dans les prédica‑
tions de Lacordaire, alors à ses débuts, dans de longues sta‑
tions à Notre‑Dame, où il trouvait des harmonies « avec ses
pensées vagues, sublimes et douces, » dans d'interminables
entretiens métaphysiques et religieux avec les rares camarades
qu'il fréquentait, dans une correspondance assidue avec ses
amis de Bretagne.

Ce souci et cette appréhension décidèrent probablement de son avenir intellectuel. Sa vocation de professeur était arrêtée ; mais entre les lettres, l'histoire et la philosophie, il n'avait pas encore pris parti. A l'École normale, il reçut la secousse de deux hommes supérieurs, Michelet et Victor Cousin, et l'histoire et la philosophie lui furent révélées en même temps. Il semble qu'entre les deux il ait hésité un instant. S'il avait suivi l'histoire, certains de ses derniers ouvrages montrent quel lumineux historien il eût été. Ses préoccupations religieuses fixèrent son choix. Si le Dieu de son enfance devait se dérober, il voulait garder du moins le Dieu de Descartes et de Malebranche. S'il devait demain cesser de croire aux dogmes, il entendait ne pas être un sceptique, un athée. Il n'était pas homme à résister à sa raison quand elle lui parlerait clairement : mais il lui demandait de transformer en convictions réfléchies celles de ses croyances qu'il tenait pour essentielles. Elle lui donna Dieu, la Providence, l'immortalité de l'âme, le devoir et la justice. Il la suivit, et jusqu'à sa mort il lui resta fidèle.

Bien qu'il l'ait contesté sur le tard, il n'est pas douteux qu'en philosophie, M. Jules Simon doive être rattaché à l'école éclectique. Il y tint par ses contributions à l'histoire de la philosophie, et c'est d'elle qu'il reçut la fibre de sa doctrine.

On sait que l'éclectisme se proposait — dessein qui ne fut pas réalisé — de constituer une doctrine définitive, universellement acceptable, en réunissant, après les avoir ventilées, les parties de vérité contenues, avec des parties d'erreur, dans les systèmes de tous les temps. Mais, comme on n'avait pas alors de tous ces systèmes une connaissance exacte et complète, une immense besogne préparatoire s'imposait tout d'abord. Elle fut entreprise avec ardeur, avec foi, par une admirable équipe de jeunes philosophes, presque tous élèves de Victor Cousin. Dans cette équipe, M. Jules Simon avait tout naturellement sa place, et sa tâche s'y trouva déterminée par sa prédilection pour les questions de haute métaphysique et par son grand savoir de la langue grecque. Après la traduction d'un dialogue de Platon, — trouvée si parfaite par Victor Cousin qu'il la jugea digne de paraître sous son nom,

— ce furent deux thèses de doctorat sur le Dieu d'Aristote et
sur le Commentaire du Timée par Proclus, puis une étude
sur la théodicée de Platon et d'Aristote, et, quelques années
plus tard, après quatre ans d'enseignement sur le sujet, cette
belle et durable histoire de l'École d'Alexandrie, si claire, si
translucide, qu'elle en paraît moins profonde.

. Comme doctrine, ce que M. Jules Simon reçut de Victor
Cousin, ce ne furent pas les fulgurations hégéliennes du cours
de 1828, mais une métaphysique apaisée. La question philosophique par excellence, la question perpétuelle, est celle des
premiers principes, identique au fond à celle des fins dernières.
Sous ce qui apparaît et fuit, saisissons-nous ce qui demeure?
Et, ce qui demeure, est-ce simplement le réseau des lois de
l'univers, ou un absolu distinct des phénomènes? Et cet absolu,
s'il existe. qu'est-il, matière, vie, esprit, liberté? Le pouvons-
nous connaître pleinement, ou seulement en partie? Et quelles
lueurs répand-il sur les obscurités du monde, en particulier
sur celles de notre vie humaine? Toujours la même à travers
les siècles, la question se pose et se débat, suivant les siècles,
en termes différents. A l'époque où M. Jules Simon abordait
la philosophie, la métaphysique venait d'être restaurée, en
France, par Victor Cousin. Elle avait eu à s'établir contre le
sensualisme, une forme temporaire de l'empirisme, pour qui
toute connaissance réelle est limitée aux résultats de l'expérience sensible. Elle avait.à se défendre contre certains théologiens qui, pour la perdre dans l'opinion, et avec elle
l'Université, où elle était enseignée, l'accusaient de panthéisme,
partant de fatalisme et d'immoralité.

Les solutions doctrinales de M. Jules Simon sont l'affirmation, contre le sensualisme, d'une connaissance directe de
l'absolu, et, contre les théologiens, de la validité de la raison,
sans recours à la foi. Elles peuvent se résumer ainsi : l'expérience n'est pas pour l'homme le seul moyen de connaître.
Nous n'apercevons pas que des faits et des rapports, en nous,
par la conscience, hors de nous, par les sens. L'intelligence
humaine n'est pas uniquement liaison, elle est aussi raison,
et par raison il faut entendre, non pas la dialectique allant du
sensible au rationnel, et dans le rationnel s'élevant par degrés
vers des idées à chaque démarche plus générales, et par là

s'éloignant du réel à chaque démarche davantage, pour se perdre à la fin dans l'abstrait, mais l'intuition immédiate, dans la conscience limitée d'une personne, de l'infini réel, extérieur et supérieur à toutes les personnes, et se révélant à elles par l'idée qui se trouve de lui dans leurs esprits. Cet infini, c'est l'absolu, c'est-à-dire ce qui, à l'inverse des phénomènes où rien n'est que par autre chose, existe en soi, et par soi. L'idée que nous en avons est innée en nous, et la nier c'est nous dénaturer, car, en nous, elle gouverne tout, la science et la conduite. Sans doute l'intuition que nous en avons n'est pas totale, — autrement nous ne ferions qu'un avec l'absolu lui-même, — mais, bien que partielle, elle nous découvre assez de cet absolu souverain pour nous faire voir ce qu'il n'est pas et ce qu'il est. Il n'est pas la matière en ce qu'elle a de concret et de sensible ; il n'est pas l'abstraction mathématique de la matière ; il n'est pas davantage une de ces idées organiques, comme sont les créations de l'artiste, qui ne prennent réalité vivante que dans des signes et des organes. Il est l'être à qui rien ne manque pour exister pleinement en soi et par soi ; par conséquent l'être distinct du monde, puisqu'il n'a pas besoin du monde pour exister ; par conséquent encore, l'être absolument libre, puisque toute fatalité extérieure et toute nécessité interne sont également limitation, dépendance, insuffisance ; par conséquent enfin, l'être créateur, l'être providence. puisque, inutile à l'absolu, le monde existe et qu'il est ordonné.

Cette métaphysique rapide n'est pas à coup sûr d'un spéculatif qui se complaît, s'attarde et se perd dans d'obscures questions comme celles du moi et du non-moi, du subjectif et de l'objectif. du phénomène et du noumène ; mais elle est certainement d'un homme pressé de mettre sa conscience en accord avec sa raison, pour la mettre en repos. Ce qui la domine, en effet, c'est une préoccupation religieuse. Il s'agit par-dessus tout de savoir s'il est possible à l'homme d'avoir une religion en dehors des dogmes révélés ; une fois cette assurance acquise, on peut vaquer à la vie, sans autre souci des spéculations rationnelles.

M. Jules Simon a écrit, ce qui, sous la plume d'un philosophe, est d'une grande humilité ou d'un grand courage :

« Le vrai philosophe abhorre l'originalité. » Il a écrit
encore : « La philosophie tout entière roule sur des idées que
tout le monde possède et que les philosophes aspirent à posséder plus parfaitement que les autres, après les avoir éclairées par l'analyse. » Aussi estimait-il que le philosophe est
un prêtre à sa façon, et qu'après avoir trouvé la vérité pour
lui-même, il doit la prêcher aux autres, non pas à quelques
initiés, mais à tout homme en ce monde, tout homme en ce
monde étant, comme le philosophe, doué de raison et de
conscience. Convaincu pour sa part de la vérité de la religion
naturelle, il s'en fit l'évangéliste.

Les méditations qu'il publia sur ce sujet ont eu des milliers
de lecteurs. Il faut les avoir lues pour bien savoir ce qu'était
M. Jules Simon philosophe. J'ai dit que la fibre de sa doctrine
lui venait de Cousin ; la fibre sèche ; mais la sève qui l'anime
ne lui vient de personne ; elle est le suc même de son être
moral, toute sa sensibilité, toute son âme, et, dans les canaux
du raisonnement, hors de ces canaux, elle circule et se répand,
abondante et douce, portant les persuasions du sentiment là
où faiblissent ou manquent les raisons démonstratives. Car,
pour lui, Dieu ne sort pas comme une conclusion nécessaire
des termes enchaînés d'un syllogisme, ou d'une série de
syllogismes. Sans doute, des philosophes ont donné de son
existence des démonstrations en forme, et ces démonstrations,
il faut les recueillir et les reproduire, aucune aide n'étant
négligeable en une pareille matière ; mais l'important est de
faire sentir Dieu dans le monde et dans l'homme, dans la
nature et dans la conscience, partout où sa marque se trouve,
visible ou latente. La *Religion naturelle* ne vise pas à être
une géométrie de Dieu. Elle est un manuel d'édification philosophique écrit par un Fénelon laïque du xixᵉ siècle, et, si l'on
n'y entend pas sonner la parole d'un croyant, il me semble
bien qu'au fond, tout au fond, on y sent cette piété du cœur
qui, dans les âmes tendres, survit souvent aux croyances.

La libre pensée de M. Jules Simon fut donc une philosophie religieuse. Cela, y a-t-on pris assez garde, ou plutôt ne
l'a-t-on pas méconnu, lorsque sa libre pensée à lui se trouva
en désaccord et en conflit avec d'autres libres pensées ? Pourtant il ne se faisait pas faute de le rappeler. Ainsi, pour ne

citer qu'un exemple, au plus fort de sa lutte contre le second
Empire, au moment même où les libres penseurs de toute ·
marque votaient pour lui, il écrivait : « La campagne intellectuelle de la Révolution française n'est pas achevée; nous
la terminerons comme elle a été commencée, il y a quatre-
vingts ans, au nom de Dieu. » Vraiment, il eût été difficile
de parler plus net et plus clair.

Ainsi entendue, la philosophie n'est pas la satisfaction d'une
curiosité spéculative; elle est une vie, et à la vie elle doit
donner une règle. La morale de M. Jules Simon sort de la
même source que sa métaphysique, de la source absolue.
C'est en effet la morale du devoir, cet absolu de la raison
pratique. Il emprunte à Kant sa maxime de fond, à savoir
que la personne humaine, cet être à part, libre et obligé, est
un être respectable, et qu'en toute circonstance il faut le traiter comme une fin, non comme un moyen. D'où découlent
le droit et la justice. Mais il ne s'en tient pas aux rigidités de
cette règle juridique. Chez lui le dur noyau s'enveloppe d'une
pulpe tendre. Il ne se cantonne pas dans l'impératif catégorique: mais, à l'ordre du respect, il joint le précepte de
l'amour. Nos modernes êtres complexes sont tout pleins d'alluvions différentes, aryennes et sémitiques, païennes et chrétiennes, religieuses, métaphysiques et scientifiques. De toutes
on trouverait certainement en M. Jules Simon ; la plus abondante y est sans contredit de provenance religieuse et chrétienne.
Sa morale est un kantisme humanisé de christianisme. Elle
ne se borne pas à dire qu'il faut respecter les hommes; elle
ajoute qu'il faut aussi les aimer et les servir.

*
* *

De telles conceptions sont impulsives. Elles poussent le philosophe dans la cité. M. Jules Simon ne demandait qu'à s'y
laisser pousser. Non pas qu'il s'imaginât avec Platon que les
philosophes sont prédestinés à gouverner les autres. Même après
l'exemple de Cousin devenu ministre du roi Louis-Philippe,
il n'était pas homme à commettre pareil anachronisme.
Mais il croyait, et très sérieusement, — sa correspondance en
fait foi, — que les qualités du sage sont nécessaires au poli-

tique. Or, il se savait un sage, et il l'était vraiment, par l'élévation et la modération de la pensée, par un très réel courage,
une honnêteté absolue, un désintéressement entier et une
fidélité à toute épreuve. Et puis il se connaissait d'autres qualités, plus pratiques, plus particulières au politique, de la finesse,
de l'habileté, de la souplesse, un art éprouvé déjà de prendre
les cœurs et d'agir sur les volontés. Enfin il se savait éloquent
et, par là, il se sentait en main le levier de l'action démocratique et l'instrument offensif et défensif des luttes parlementaires. Avec de tels dons, quelles ambitions n'étaient pas légitimes? Celles de M. Jules Simon furent grandes, très grandes
même, si, comme il semble bien, ce mot, tombé incidemment
dans un de ses derniers ouvrages : « Les maîtres de la pensée !
les maîtres des foules ! » est l'aveu et peut-être la plainte des
espérances d'autrefois. Dans tous les cas, ce mot seul suffirait à l'attester, ce furent de nobles ambitions, et c'est de
leur noblesse même que vinrent, après les joies et les triomphes, les déboires et les amertumes.

Sa méthode est celle des philosophes du xviiie siècle,
Montesquieu mis à part, et des révolutionnaires de 1789. Il
n'opère pas d'après les faits, mais d'après les idées. Ce n'est
pas des réalités mêmes, observées par les procédés de l'historien, qu'il essaie de tirer les lois qui les gouvernent et les fins
vers lesquelles il faut les diriger. Ces lois et ces fins, il les
voit au contraire jaillir de haut, de très haut, des principes
mêmes où la raison du métaphysicien trouve la raison des
choses, et, pour lui, la philosophie appliquée à la politique
devient, le mot est à noter, « la lutte des principes contre les
faits ». Sans doute il ne dit pas que la cité doit se construire
a priori, les formules aux arêtes tranchées s'accordant mal
avec les nuances et les tempéraments de sa forme; mais au
fond il le pense, et toute sa propagande, par le livre, par la
parole, par l'écrit périodique, tout son combat contre l'Empire,
toute sa lutte pour l'établissement de la République sont une
affirmation incessante de l'existence et de la suprématie de
l'idéal. Sans doute encore, il ne néglige pas les appels à l'histoire; dans certains de ses livres, ils sont même si nombreux
qu'en comparaison la trame des idées pures y semble l'accessoire; mais toujours pour lui l'histoire n'est qu'une preuve

indirecte. une illustration. une confirmation. Au fond les éléments de sa doctrine sont si nets, ils s'articulent entre eux si
justement. que s'il eût voulu les dégager de l'opulente matière
dont il les enveloppe. il eût pu les formuler par axiomes, pos-
tulats et théorèmes.

A l'inverse de la république de Platon, sa république à
lui. sa république idéale. n'est pas le sacrifice de l'individu à
l'État. Elle serait plutôt le sacrifice de l'État à l'individu. Non
pas qu'il propose de supprimer l'État. Il reconnaît qu'il faut
de l'autorité et qu'il en faudra probablement toujours, parce
que les volontés individuelles sont loin d'être toutes bonnes,
et qu'il n'est guère à prévoir qu'elles le deviennent jamais
toutes également. Mais s'il en faut, il en faut le moins possible. L'État est nécessaire ; mais il n'est légitime que dans la
stricte mesure où il est nécessaire. Ce qui est le droit, c'est la
liberté. et l'autorité n'a qu'une seule raison d'être. la protection du droit. Là est le point d'attache de sa politique à sa
morale et à sa métaphysique. C'est dire en effet que l'État est
« le représentant et la personnification de la morale », « qu'il
ne doit jamais être en contradiction avec elle, et qu'il ne peut
gêner la liberté que quand son intervention est nécessaire
pour défendre des droits réels ou pour défendre sa propre existence et ses moyens d'action légitimes ». C'est dire encore que,
s'il n'adopte en particulier aucune forme religieuse, — la liberté
religieuse de tous les citoyens étant un de ces droits impres-
criptibles pour la protection desquels il existe, — il a cependant une religion, celle de la raison, puisque la loi qu'il fait
et qu'il applique est fondée sur la justice, et qu'il n'y a pas de
justice sans Dieu. C'est dire enfin que la fonction de l'État
est de faire « ce que la liberté ne saurait faire » et que par suite
son action, toujours limitée au minimum, « doit décroître
proportionnellement aux progrès de la raison et à ceux de
la moralité humaine ». En un mot, ce qui dans ce domaine
est absolu. ce n'est pas l'État, c'est la liberté. Seule elle est
une fin. L'État n'est qu'un moyen pour la réaliser et la maintenir. « L'autorité pourrait être absolue si l'homme était radicalement incapable de se conduire. Elle pourrait être supprimée. si tous les hommes étaient capables de comprendre leur
devoir et de lui obéir. L'autorité ne doit s'ingérer de régler

l'activité individuelle que quand cette activité est notoirement incapable de se diriger elle-même sans produire dans la société un trouble profond, et elle ne doit se charger d'une fonction que quand cette fonction est indispensable et ne peut être exercée ni par les individus, ni par l'association libre et volontaire. »

Une en son principe, en fait la liberté se divise ; mais, parce qu'elles dérivent toutes du même principe, toutes les libertés sont solidaires, et entre elles il y a génération mutuelle. Libertés civiles, libertés politiques, liberté de conscience, liberté religieuse, liberté de toutes les manifestations de la pensée, ne sont qu'organes divers de cette liberté primordiale et fondamentale qui est la liberté intérieure de la personne humaine. Les libertés même d'ordre matériel, liberté du travail, liberté des échanges, qui ont une valeur propre comme causes de richesse, ont aussi comme les autres une valeur morale, et sont, comme les autres, des agents d'affranchissement.

C'était là, au cercle le plus intérieur de sa pensée, sa cité idéale, et c'est de là qu'il partait pour les combats de chaque jour, et c'est là qu'il venait se ravitailler. Le programme d'idéalisme républicain qu'il traçait il y a plus de trente ans est, trait pour trait, une expression de sa doctrine. « Quelle doit être la doctrine de l'école radicale en matière de presse? la liberté totale ; en matière d'enseignement? la liberté totale ; en matière de droit de réunion, de droit d'association? la liberté totale ; en matière de liberté religieuse, de liberté de conscience? la liberté totale ; point d'autorisation préalable : point de restriction ; point de salaire du clergé, point d'alliance avec Rome, point de concordat. Quelle doit être la théorie de l'école sur l'origine des fonctions? le suffrage universel ; sur l'organisation de la justice? l'élection des juges, la généralisation du jury ; sur l'impôt? l'impôt unique ; sur les douanes, sur l'octroi? abolition ; sur les patentes? abolition ; sur les ministres? responsabilité ; sur les agents administratifs à tous les degrés? responsabilité ; sur les communes? affranchissement de la tutelle administrative ; liberté totale dans la gestion de leurs affaires ; élection des maires par le suffrage universel. Plus d'arcanes dans la politique étrangère ; point de guerre de conquête ; point d'armée permanente ; point d'autre alliance politique que nos alliances naturelles, c'est-à-dire l'alliance avec les peuples libéraux, les alliances commerciales fondées sur le principe de la liberté absolue du commerce et sur celui de la réciprocité. » En un mot, « la revendication complète de tous les droits de la personne humaine ».

La politique radicale de M. Jules Simon fut donc un libéralisme à peu près illimité. Cela encore, y a-t-on pris assez garde, ou plutôt ne l'a-t-on pas méconnu plus tard, quand son radicalisme à lui ne se trouva plus en accord avec d'autres radicalismes? A trente ans de distance, après tant d'événements, un tel libéralisme peut paraître effréné, et M. Jules Simon lui-même n'attendit pas trente ans pour en rabattre. Mais il faut convenir qu'il était soutenu, excité, justifié par une foi absolue dans la liberté et dans la vertu des idées. « Je suis toujours prêt à me lier à la liberté, disait M. Jules Simon, parce que, sous l'empire de la liberté, celui qui l'emporte doit sa victoire à une force qu'il porte en lui-même. » « La force de la vérité, disait-il encore, est en elle. Laissez donc la vérité à elle-même; entre elle et les esprits, ne placez rien. » Il était convaincu que toute liberté réalisée devient immédiatement génératrice d'autres libertés. Et c'est pour cela qu'il mettait tant d'ardeur à demander, par exemple, la séparation de l'Église et de l'État, c'est-à-dire la liberté de l'Église. « Je suis convaincu que, si la religion catholique avait le courage d'accepter pour elle-même la liberté, aussitôt que cette grande affranchie serait dans le monde, la nécessité d'affranchir absolument la pensée se ferait jour, et qu'il n'y aurait plus d'entraves ni pour la parole parlée, ni pour la parole écrite. » Il savait bien pourtant — et comme s'il eût craint de passer pour dupe, il a pris soin de le dire — que « tout le terrain que la liberté a ôté à l'État a été immédiatement envahi par le clergé catholique ». Mais cela ne l'empêchait pas de conclure à la liberté, car, selon ses paroles, « cela n'empêche pas la liberté d'être bonne ». Et quand on se rappelle tous les sacrifices faits par l'homme à son idée, on demeure convaincu que s'il y eut de la rhétorique dans son programme, ce ne fut pas le programme d'un rhéteur.

Radical en théorie, parce que les idées sont les idées, et qu'il faut les prendre telles qu'elles se présentent à la raison et à la conscience, M. Jules Simon ne l'était pas dans la pratique. Nul politique au contraire ne fut plus modéré. « J'ai péché toute ma vie, disait-il, par excès de modération. » Et il ajoutait plaisamment : « J'ai toujours eu la chance de passer pour un réactionnaire parmi les avancés et pour un avancé parmi les réactionnaires. » Ce qui explique qu'il ait pu dire encore : « J'ai toujours été le chef d'un parti qui n'a jamais existé. » Même sous l'Empire, au plus fort de l'opposition, alors qu'il allait partout formulant, développant, propageant le programme de la politique radicale, il n'avait pas l'illusion de croire qu'il suffisait de donner le vol à ses idées pour en faire des réalités présentes. Il affirmait « une adhésion ardente à la justice de sa cause et à la vérité de ses principes, une confiance opiniâtre dans l'avenir, un dédain généreux pour les expédients et les équivoques »; il feignait, pour les besoins de la cause, « une ignorance volontaire des difficultés et des obstacles ». Mais ces difficultés et ces obstacles, il les savait réels, il ne s'abusait pas sur leurs résistances, et son tort fut, non de les avoir ignorés, mais de ne pas les avoir assez fortement signalés à ceux qu'enflammait sa parole.

Sa politique pratique peut se résumer d'un mot qui est de lui : « Politique est la même chose que mesure exacte. » Mesure exacte de l'autorité, mesure exacte de la liberté, selon les temps apparemment, selon les lieux, selon les hommes, et c'est ici qu'il apparaît, après les affirmations systématiques de la doctrine, que la politique, la politique pratique, n'est pas une science, mais un art, le plus délicat, le plus scabreux et aussi le plus grave de tous les arts, car cette « mesure exacte » de laquelle dépend, à certains jours, la vie ou la mort des nations, qui peut se flatter de la tenir toujours, alors que la mesure des grandeurs purement physiques est déjà, avec les instruments de précision de la science, une opération difficile? Qui peut se flatter aussi d'avoir, en ces matières mouvantes et troubles, une constante unité de mesure, selon qu'il opère dans l'opposition ou au pouvoir?

Au pouvoir, comme dans l'opposition, M. Jules Simon fit toujours très large la part de la liberté. Dans la pratique, comme dans la théorie, la liberté fut un de ses absolus, et autant il se montrait accommodant avec toutes les contingences

du monde, autant, sur les absolus de sa raison et de sa conscience, il restait inflexible, Il revendiquait la liberté contre
tous et pour tous; il la voulait pour lui et pour les autres,
pour ceux mêmes qui ne la réclamaient pas, pour l'Église par
exemple, non par esprit sectaire, mais par libéralisme et par
respect, pour la protéger contre l'humiliation d'obéir à l'État
ou contre la tentation de l'asservir.

La liberté, en même temps que sa foi, ou plutôt parce
qu'elle était sa foi, fut l'aliment principal et la flamme de son
éloquence. La merveilleuse éloquence, quand elle ne se gonflait
pas au-dessus de ses surfaces naturelles! Comme la source en
était abondante, les nappes larges et limpides, les ondulations
caressantes! Comme les courants en savaient s'infléchir, enve-
lopper les obstacles et doucement les submerger! Et, avec ces
dons qui sont de l'esprit, ceux-ci qui sont du corps, mais qui
achèvent l'orateur : une de ces voix mélodieuses, qui, sans les
paroles, sont déjà une persuasion, et une mimique de tout
l'être, si expressive, qu'à elle seule elle était un discours. Oui,
la merveilleuse éloquence, et quels souvenirs elle a laissés en
particulier chez ceux qui étaient jeunes à la fin de l'Empire!
J'étais alors à l'École normale. M. Jules Simon y était notre
oracle. Le jeudi, quand il devait parler, nous allions l'entendre
au Corps législatif, et nous l'applaudissions, silencieuse-
ment, du cœur, avec un orgueil de cadets. Les autres jours,
quand il avait parlé et que nous n'avions pu l'entendre, nous
l'applaudissions encore, mais alors bruyamment, des mains
et de la voix. Le *Moniteur* était le seul journal qui pût entrer
ouvertement à l'École. Il nous apportait ses discours. Réunis
en récréation, dans une de nos salles d'étude, un de nous,
monté sur le poêle, les déclamait, comme d'une tribune, et
c'était une ivresse pour nos jeunes cervelles, éprises de droit,
rêvant de libertés.

De quelle façon M. Jules Simon essaya toujours de tenir,
suivant son mot, « la mesure exacte », à quelle degré aussi
cette nature, faite de l'addition d'un Lorrain et d'une Bretonne,
était ferme et fidèle, nul exemple, dans toute sa carrière, ne
le montre mieux que la longue querelle de la liberté de l'enseignement à laquelle il fut mêlé du début à la fin. M. Picot
a cité sa profession de foi de 1848 aux électeurs des Côtes-du-

Nord, et, la confrontant avec ses actes, il a dit très justement qu'elle avait été la profession de foi de toute sa vie. Il lui eût été possible de remonter plus haut encore, à une première campagne électorale, celle-là malheureuse, où M. Jules Simon fut moins attristé d'avoir échoué que d'avoir été combattu, en sous main, par des philosophes de Paris, qu'il croyait ses amis. Le manuscrit de la circulaire qu'il écrivit alors, pour des électeurs dont la plupart n'entendaient que le breton, a été conservé, et voici ce qu'on y lit sur la liberté de l'enseignement.

« Je ne connais qu'une liberté, c'est la liberté réglée. En dehors de la surveillance de l'État, il n'y a qu'anarchie. Que tout citoyen soit libre d'ouvrir une école, pourvu qu'il ait les grades nécessaires et qu'il prouve d'ailleurs sa capacité spéciale; qu'il fasse cette preuve devant un jury qui offre toute garantie d'impartialité et de lumière; que l'Université, si l'on veut, en soit exclue; que les écoles libres soient mises pour les certificats d'études sur le même pied que les collèges de l'État, voilà suivant moi la liberté de l'enseignement constituée. Que reste-t-il à l'État? les grades et la surveillance. Mais qui donnera les grades? les Facultés, c'est-à-dire des corps électifs inamovibles. Et qui exercera cette surveillance? des fonctionnaires amovibles, dépendant du ministre, nommés par lui, mais chargés d'examiner, non de juger, et dont tout l'office se borne à déférer les coupables, s'il y a lieu, à la justice du pays. Avec de telles garanties, l'État n'a rien à craindre de l'esprit antinational et du mercantilisme. Les familles ne perdent aucun de leurs droits. »

Dès lors, dans cette querelle de près d'un demi-siècle, sa position est prise, et définitivement. Qu'on relise son rapport de 1849 à l'Assemblée constituante, ses discours de 1875 à l'Assemblée nationale, son rapport et ses discours de 1880 au Sénat; en 1880 comme en 1875, en 1875 comme en 1849, c'est toujours la substance des déclarations de 1846 : à la liberté, le droit commun; à l'État, les garanties d'ordre public qui sont sa raison d'être. L'attitude est invariable; pas l'ombre d'un changement de front; tout au plus l'inclinaison de l'homme sûr de son équilibre, qui, sans risquer de le perdre, se porte tantôt au soutien de l'État, tantôt à la défense

de la liberté, selon que la liberté ou l'État lui paraissent
sortir de la « mesure exacte ».

J'ai pris comme exemple cette question de la liberté de
l'enseignement, parce que là furent ses désaccords les plus
profonds et ses dissentiments les plus aigus, d'abord avec ses
amis de l'Université, plus tard avec ses amis politiques. J'en
aurais pu prendre une autre, au hasard. La constatation finale
eût été la même. Partout, à y bien regarder, en perçant la
couche des apparences, sous les essais de conciliation et les
tentatives de synthèse, sous les alliances de surface et les
concessions de forme, sous les manèges de tactique et les
coquetteries d'allure, sous les sourires, l'onction, le velours et
les fleurs, partout on retrouverait la couche de fond, les solides
assises.

***

L'erreur et le danger de toutes les politiques *a priori* est de
s'attacher à ce que Platon appelait l'*idée* de l'homme, et de
traiter les hommes réels comme des groupes d'abstractions,
isolés de leur temps, de leur milieu, de leur chair, de leurs
entrailles. Comme correctif aux tendances abstractives et
déductives de son esprit, il y avait, en M. Jules Simon, un
sens réaliste, sa sensibilité; non pas cette sentimentalité qui
va se diffusant à mesure que s'élève la généralité des idées,
mais ce mode très déterminé du sentiment qui s'attache à
des êtres concrets, à des êtres vivants, et qui est bonté, pitié,
amour. Par essence, l'esprit est abstracteur, le cœur est réaliste. L'esprit conçoit l'humanité; le cœur perçoit des êtres
humains et les aime, et cela est si vrai, que l'amour, quand
il se tourne vers Dieu, fait de Dieu une personne. J'ai dit en
commençant que, dans la métaphysique de M. Jules Simon,
les éléments purement rationnels se doublaient de sentiment,
et que là avait été son originalité dans l'école de Victor Cousin;
j'ai dit aussi qu'en morale, il ne s'en tenait pas à la formule
abstraite de la justice, mais qu'il y joignait la charité. Dans
sa politique, et plus généralement dans son action, — et par
là il est bien le fils de la pieuse Bretonne que les malheureux
de Saint-Jean-Brévelay appelaient la bonne sainte Marguerite,
— toute impulsion ne lui vient pas de l'esprit; la plus large

part lui vient du cœur. De là, en lui et dans sa vie. un mélange à doses variables d'idéalisme de pensée et de réalisme
de sentiment.

Un second correctif fut la réalité elle-même. Longtemps
il avait suivi les idées pures, les parant de beaux mots, pour
séduire, pour conquérir. Un jour vint où, brusquement, les
réalités apparurent à nu, et il en reçut une terrible leçon de
choses. C'était la République rêvée, espérée, appelée, au
triomphe de laquelle il avait tant travaillé ; mais, avec la
République, c'était l'invasion, et, quelques mois plus tard,
c'était l'anarchie. Il ne se déroba pas aux responsabilités
écrasantes que les circonstances lui imposaient ; il les accepta
toutes, virilement, courageusement, en citoyen, en homme
d'État, et il fut de ceux de qui l'histoire, négligeant comme
toujours les faits d'arrière-plan, dira qu'avec Gambetta ils ont
sauvé l'honneur de la France, qu'avec M. Thiers ils ont
sauvé l'ordre et la liberté, et refait les pièces essentielles de
l'organisme national.

En quelques mois de pouvoir, M. Jules Simon apprit
diverses choses, notamment qu'il est des circonstances où les
armées permanentes valent mieux que les gardes civiques,
que l'hégémonie de la Prusse n'était pas sans péril pour la
France, que la force des mots même sublimes, admirable
pour entraîner les hommes, est impuissante à les arrêter, et
que, pour réaliser un idéal, il ne suffit pas de le lancer à
pleine volée dans les cerveaux. Cette leçon, cette seconde
éducation, et les changements de méthode qu'elle entraînait,
M. Jules Simon ne les taisait pas, il les proclamait au contraire. « Que de choses nous avons apprises en 1870 ! »
disait-il, l'année suivante, aux élèves de l'École normale. Et
aussitôt après : « Le souci des faits en même temps que la
recherche des principes, la méthode expérimentale présidant
aux nouveautés même, ce n'est pas la routine, c'est la
sagesse. »

Ses doctrines sur l'école tiennent à la fois de son premier
état et du second. Il aimait l'école en patriote, en citoyen.
« Le peuple qui a les meilleures écoles, écrivait-il en tête
d'un de ses livres, est le premier peuple. S'il ne l'est pas
aujourd'hui, il le sera demain. » En elle aussi il voyait un

instrument d'affranchissement et de liberté. Mais il l'aimait encore en homme. Dans l'école, il aimait les enfants. L'enfant ignorant lui semblait un être misérable, digne de pitié.

Pour toutes ces raisons, il voulait l'école partout, avec prodigalité. Il la voulait ouverte à tous, aux pauvres comme aux riches. Il la voulait obligatoire, estimant que le père de famille n'a pas plus le droit de priver son enfant d'instruction que de le priver d'aliment. Mais — et ce fut la rupture de son parti avec lui — il s'en tenait là. De la trilogie scolaire de la République, obligation, gratuité, laïcité, il n'admettait que les deux premiers termes. Sous l'Empire, il avait réclamé l'obligation et la gratuité de l'école. Ministre de la République, il les eût réalisées, si l'état des finances publiques, et d'autres résistances, alors insurmontables, n'y eussent pas fait obstacle. Mais dans sa propagande — et c'est un autre des points où il fut toujours fidèle à lui-même, — jamais il n'avait parlé de laïcité. Sa doctrine philosophique, un de ses absolus, y était opposée ; sa doctrine libérale, un autre de ses absolus, y était également contraire ; sa doctrine même de l'État s'y opposait aussi, car, on l'a vu, pour lui il n'y a pas plus de neutralité de l'État en morale, que de morale sans Dieu. Ce n'est pas qu'il veuille pour l'école un caractère confessionnel : encore moins qu'il consente à la remettre aux prêtres et aux congrégations, — aux congrégations et aux prêtres il n'accorde que la liberté et non le privilège — mais dans l'école publique, il lui faut, avec ou sans emblèmes, le Dieu de la religion naturelle, parce qu'il est la source de la justice, du droit et de la loi.

Dans l'enseignement secondaire, son unique souci fut de former des hommes. L'ancien fort en thème du collège de Vannes avait vite senti les insuffisances des vieux errements classiques passés en bloc des Jésuites à l'Université, et dès 1849, à l'Assemblée constituante, il adjurait l'Université d'en « finir avec des préjugés surannés, d'accueillir les idées et les méthodes nouvelles », d'ouvrir, par exemple, à côté de ses écoles classiques, des écoles spéciales et des écoles industrielles. Une fois ministre, ce souci s'accrut en lui du sentiment même de sa responsabilité. Dans cette visite à l'École normale dont j'ai déjà parlé, il prévoyait qu'il aurait « à lutter au

nom de la réalité et de l'expérience». Il rencontra en effet de
très vives résistances. Une de ses lettres intimes, écrite moins
d'un an avant sa mort, contient ces mots : «... Mais Duruy
était soutenu par l'Empereur et l'Université, tandis que l'Université, quand j'étais au plus fort de la lutte, m'accusait d'être
un clérical... Après tout, Duruy a été un grand ministre... Il
a mis le feu au ventre à beaucoup de conseils municipaux, et
il a tenu tête à Dupanloup et à Veuillot. » Et pourtant, que
reprochait-il, lui, Jules Simon, à l'enseignement classique ?
De cultiver la mémoire et de laisser « le jugement marcher
sur sa bonne foi »; d'apprendre à l'enfant à écouter, à noter
ce qu'on lui enseigne, à le répéter servilement ; en un mot de
faire de l'esprit un « garde-magasin »; toutes choses qui sont
vice, non de fond, mais de méthode. Et que se proposait-il
d'y introduire de nouveau ? Des choses qui vraiment, maintenant qu'elles sont en grande partie acquises, semblent fort
simples et fort peu révolutionnaires : plus de gymnastique,
des exercices militaires, l'équitation, l'escrime, la natation,
l'hygiène, un enseignement plus large et plus pratique des
langues vivantes, et, dans l'enseignement du grec et du latin,
dont il savait tout le prix, des méthodes moins littérales, un
appel plus fréquent à l'intelligence et à l'initiative de l'élève.
Mais il voulait mal de mort au vers latin. Le vers latin
menacé se redressa, et il fut plus fort que le ministre.

A l'enseignement supérieur, M. Jules Simon demandait de
former des esprits libres, impartiaux, tolérants, uniquement
soucieux de vérité, et de contribuer au progrès de la science,
cette seconde assise, avec la « vertu », du régime républicain.
Il n'eut pas le temps d'y faire de grandes réformes. Mais il eut
la clairvoyance et le très grand mérite, à un instant où les soucis des politiques étaient ailleurs, d'en affirmer le rôle nécessaire dans une démocratie, d'en montrer les misères et les
lacunes, d'en réclamer l'amélioration comme un des moyens de
relever la patrie. Son discours de 1873 aux Sociétés savantes fut
un acte et un programme.

*
* *

Son mot d'ordre à tous ceux qui enseignent était, comme
avait été sa devise : « Il faut que le cœur s'en mette. » Il en

est de l'école comme du régiment : le règlement n'y suffit pas, il y faut le drapeau. « Il faut que le cœur s'en mette, » fut aussi sa devise, son mot d'ordre, sa pratique et son exemple dans les questions sociales. Dois-je dire qu'il eut l'honneur, dans le parti républicain, d'être un des premiers. le premier peut-être, à poser ces questions et à les aborder? Le mot ques-tions sociales répond-il bien à sa pensée? N'est-ce pas plutôt devoirs sociaux qu'il faudrait dire? Quoi qu'il en soit, ques-tions sociales ou devoirs sociaux, il y alla de tout son cœur, et c'est au cœur qu'il s'adressa pour les résoudre, si ce sont des questions, pour les remplir, si ce sont des devoirs.

Sa morale générale est théorique et abstraite; les amples développements d'histoire et de psychologie à travers lesquels elle s'avance, n'empêchent pas sa démarche d'être déductive et juridique. Sa morale sociale est au contraire toute con-crète et toute vivante. Elle ne part pas de la conception *a priori* d'une cité bienheureuse, pour tracer le plan de ce que devrait être la cité humaine et, pour formuler des revendi-cations. Elle se place dans la cité réelle, telle qu'elle est, telle que l'ont faite les hommes. Elle y voit des maux, des dou-leurs, des misères et des plaies. Elle les constate ; elle les décrit ; et c'est de l'émoi de la pitié, excitée par la réalité, qu'elle attend les adoucissements et les remèdes.

Son livre sur l'*Ouvrière* eut quatre éditions, l'année même où il parut, ce qui, pour l'époque, était un vrai succès de roman. Ce n'est pourtant pas un roman que ce livre, mais une histoire très simple, très véridique, et c'est parce qu'elle est très simple et qu'on la sent très vraie, qu'elle vous saisit et vous serre. L'auteur a vu et il fait voir. Rien d'imaginaire dans ses tableaux des petits métiers de l'industrie parisienne, des ateliers de la fabrique lyonnaise et des grandes manu-factures du Nord. Rien d'imaginaire dans ses descriptions du logement de l'ouvrier, meurtrier pour les âmes comme pour les corps, foyer de vices autant que de maladies. Rien que du réel, et pas une exagération, pas une déclamation. Et c'est justement pour cela que, de tout le livre, monte au cœur une chaleur d'humanité.

La méthode d'amendement et de progrès social de M. Jules Simon n'a rien de l'utopie. Il constate, par exemple, **que** le travail qu'impose à la femme la nécessité de vivre et de contribuer à la vie du ménage, est souvent pernicieux. Il ne part pas de là pour demander qu'on interdise aux femmes tout travail mercenaire. Une loi de ce genre serait injuste, et le législateur ne saurait vraiment « ôter aux femmes le droit de vivre en travaillant, et ajouter à leur faiblesse naturelle une incapacité légale ». Il constate de même qu'à tout point de vue, mieux vaut pour l'ouvrière et sa famille le travail isolé que le travail de l'atelier, et celui-ci que le travail de la manufacture. Il ne demande pas pour cela qu'on brise les machines, qu'on ferme les manufactures et qu'on revienne au travail isolé. Si grands que soient ses sentiments de philanthrope et ses soucis de moraliste, ils n'obscurcissent pas en lui le sens très net des réalités économiques. Il n'ignore pas que plus va l'industrie, plus se développe, et fatalement, le travail collectif, et que rebrousser chemin serait la ruine pour tous, d'abord pour l'ouvrier. Il ne rêve pas davantage, pour le travail, une de ces organisations décrétées qui achèveraient l'asservissement de l'individu, et feraient de l'être humain une bête soumise au régime de la ration, incapable d'effort, parce qu'elle serait sans espérance. En cette matière, ce n'est pas de la loi qu'il attend le progrès. Fidèle à sa maxime qu'il ne faut demander à l'État que ce que ne peuvent faire les individus et les associations d'individus, il ne fait à la loi qu'un appel très discret. Tout au plus réclame-t-il d'elle protection pour le travail des enfants et des femmes, et seulement contre les abus. Pour tout le reste, et ce reste est presque tout, il s'en remet à l'initiative individuelle, à celle des patrons, à celle des ouvriers, à celle de tous les gens de bien et de tous les gens de cœur.

Et que là fût le remède, l'unique remède, le seul efficace, était chez lui conviction d'expérience. Il avait vu par exemple à Mulhouse, qu'il n'est pas impossible d'assurer à l'ouvrier un logement clair, propre, spacieux et salubre quand il se rencontre un Jean Dollfus. Il avait vu de même à Sedan ce qu'un carré de jardin à cultiver et à fleurir peut donner de santé et de joie à des familles d'ouvriers. Il avait vu, à l'étranger comme en France, les miracles des œuvres d'assistance, de prévoyance, de mutualité, de coopération et d'enseignement,

et, de tout ce qu'il avait vu, il concluait que le meilleur moyen
de lutter contre les mille formes du mal social, était d'y
opposer les mille formes des œuvres spontanées, surgissant à
point partout où le mal apparaît ou menace d'apparaître,
pour le prévenir, le limiter, le refouler, animées toutes
du sentiment de la fraternité humaine, et, par là, ne s'enfermant pas dans l'égoïsme d'une sorte d'antisepsie sociale, pansant les plaies non par sentiment de préservation personnelle
pour en arrêter la contagion, mais les pansant pour les guérir,
par pitié, par amour de ceux qui souffrent.

La propagation de la bonté active fut le but de la prédication sociale de M. Jules Simon, comme la revendication du
droit et de la liberté avait été, aux jours où le droit était
violé et la liberté absente, le but de sa prédication politique.
Et, au fond, bien que dissemblables, son action sociale et son
action politique eurent ceci de commun que l'une et l'autre
firent également appel à l'association des initiatives. Comme
correctif à l'individualisme et à l'émiettement qui peuvent
naître de la liberté, M. Jules Simon opposait, en toute circonstance, la mise en faisceau des énergies. Groupez-vous, associez-vous, ne cessait-il de dire ; c'est le vrai moyen d'étendre
la liberté, de l'assurer et de la prévenir contre les mauvaises fruc-
tifications qui parfois sortent des germes les plus sains. Groupez-vous, associez-vous, disait-il de même en matière d'action
sociale ; c'est le vrai moyen d'agir efficacement, largement,
profondément, et de multiplier les puissances et les effets de
la bonté.

Et, prêchant d'exemple, il allait, allait toujours, d'une jeunesse d'esprit et d'une jeunesse de cœur à rendre invraisemblable la date inscrite sur son acte de naissance, suscitant les
initiatives, les encourageant, s'y associant, les dirigeant, ministre spontané des œuvres de la bienfaisance sociale, par droit
de grandeur de cœur, confirmé bientôt et perpétué, dans cette
magistrature morale, par la reconnaissance et l'admiration de
tous. Il n'est pas, en ces vingt dernières années, une œuvre
de sauvetage, une œuvre de protection, une œuvre de pitié, une
œuvre de paix, qu'il n'ait vivifiée de son action, et je ne connais
pas de dénombrement plus touchant et, en un sens, plus glorieux, que celui de toutes ces sociétés de petits, d'humbles,

de souffrants, de vaillants aussi, dont M. Frédéric Passy, un cœur frère du sien, lui apporta l'hommage au jour de ses funérailles.

Ce qu'il en faisait, c'était pour le bien-être des hommes ; mais, par leur bien-être, c'était pour leur moralité. Il était de ceux qui croient que, dans ce monde, les grandes forces sont les forces morales, et c'est parce que la misère matérielle, comme un acide, les ronge et les dissout, qu'il luttait avec tant d'énergie contre la misère matérielle. Dans la réforme des logements d'ouvriers, le bien-être de l'ouvrier est sans doute ce qu'il poursuit immédiatement. Mais ce but n'est qu'un moyen. Dans la maison rendue salubre et habitable, il voit le foyer, la famille, les berceaux, et dans tout cela il voit la moralité. Là est son grand souci, souci de penseur et d'homme, de patriote et de citoyen. Péril moral est pour lui péril social et péril national. Voilà pourquoi, partout où la morale lui parait menacée, jusqu'au dernier jour, il se porte de toutes les puissances de son être.

* * *

Ces puissances, pour les besoins de l'analyse et de l'expression, il m'a fallu les isoler. En fait elles furent toujours mélangées et fondues. Seules les proportions allèrent en se modifiant, à mesure que se rétrécissait en lui le champ des abstractions, et que s'élargissait celui des réalités. L'effet en est visible jusque dans sa forme littéraire. Sans rien perdre de sa clarté, de sa souplesse et de sa grâce, peu à peu elle se resserre. se précise et devient plus directe. Comme premier affleurement d'une veine jusque-là secrète, on avait eu de lui, en pleine production philosophique, l'*Affaire Nayl*, ce récit simple et pathétique qui restera dans les lettres françaises. De la même veine, plus largement ouverte, sortirent plus tard des livres d'histoire, les *Souvenirs du Quatre-Septembre,* le *Gouvernement de M. Thiers,* livres lumineux, qu'on sent d'un spectateur, mais qu'on ne dirait pas d'un acteur des événements racontés, tant l'annaliste s'efforce d'être exact et complet, et se défend contre toute tentation de mise en scène ou d'apologie. Puis des articles de journaux, vifs, alertes, étincelants, acérés parfois. où l'abeille attique fit sentir qu'elle avait un dard. Enfin, un

livre unique, comme il nous en faudrait beaucoup, charmant
et sain, imagination et réalité mêlées, œuvre à la fois d'un
conteur, d'un romancier, d'un moraliste, les *Mémoires des
Autres*.

L'heureux titre et l'ingénieux passeport pour une autobio-
graphie qui ne veut pas s'avouer, et qui dépiste le lecteur en
se mêlant à la biographie des autres et à la fiction ! On ne
saura pas le mot de l'énigme, et il ne faut pas le chercher,
puisque l'auteur a voulu le cacher. Pourtant, sur un point
surtout, comme on voudrait l'avoir ! Qui donc est ce vieillard
du dernier récit des *Derniers Mémoires des Autres*, ce vieillard qui plus d'une fois a couru le risque de perdre la vie
pour défendre la liberté, qui a fait à ses convictions le sacrifice de sa popularité, qui, pour obéir à sa conscience, a brisé
sa carrière de ses propres mains, qui, après avoir vécu longtemps dans la politique et y avoir porté toujours des visées
hautes, du calme, de la lucidité et nul intérêt personnel, en
a été éliminé sans égards pour ses services, pour son désintéressement, pour la noblesse et la sincérité de ses idées, et qui,
revenant sur son passé, confesse que ce qui fut grand en lui,
ce furent surtout ses sentiments, ce vieillard enfin qui dit de
l'oubli où tombe la vieillesse qu'il est injuste mais qu'il est
nécessaire, et qui, s'effaçant pour faire place aux jeunes, se
contente de leur dire qu'il serait beau pour eux de respecter
un peu et d'aimer un peu, qui donc est-il ? Si ce n'est pas
M. Jules Simon, et ce n'est pas lui, puisqu'il ne l'a pas dit,
c'est quelqu'un qui lui ressemble comme un frère. Amertume
pacifiée, douceur, indulgence, pardon, bonté, un seul trait y
manque, l'optimisme inaltérable que je trouve dans ces lignes
d'une lettre intime, tout à fait de la fin : « Faites-moi un
petit poème, écrivait-il à un poète de ses amis. Les adieux du
monde au vieillard ; il l'oublie et le dédaigne. Les adieux du
vieillard au monde ; il l'encourage et le bénit. »

LOUIS LIARD
de l'Institut.

APRÈS SOLFÉRINO

CORRESPONDANCE

La partie des « Souvenirs » du général Fleury[1] relative à la guerre d'Italie de 1859[1] est un récit entremêlé de lettres adressées à madame Fleury. Au moment où commence notre extrait, l'auteur vient de raconter quelques épisodes de la journée de Solférino et de faire l'examen critique de la bataille. Datées d'abord de Cavriana, l'ancien quartier général de l'empereur François-Joseph devenu quartier général de l'empereur Napoléon après la retraite des troupes antrichiennes derrière le Mincio, — puis de Valeggio, en avant de Peschiera, dont l'investissement est commencé, ces lettres racontent la préparation de l'armistice du 8 juillet.

COMTE FLEURY

*
* *

29 juin.

Nous sommes encore dans ce vilain trou de Cavriana, quatre dans une espèce de grenier dans nos lits-cantines, et je ne sais encore si nous partons demain.

Il nous faut, pour passer le Mincio et pour attaquer Pes-

---

1. Au tome II, qui paraîtra prochainement à la librairie Plon.

chiera, nous mettre en mesure, attendre le corps du prince Napoléon, attendre l'arrivée de notre artillerie de siège, louvoyer afin de ne pas échouer au port. Toutes ces considérations me font penser que l'Empereur a été frappé de ses pertes, et que le succès énorme que nous avons remporté lui fait cependant désirer de ménager un peu la vie de ses officiers et de ses soldats.

J'attends tes lettres avec impatience, parce que tu pourras répondre sans doute à celle que je t'ai écrite il y a quelques jours et dont peut-être tu as parlé à Walewski.

Le moment me semble venu de préparer des armes diplomatiques, si l'on ne veut pas voir fondre l'orage sur la France.

Nous avons été glorieux, nous avons été heureux ; mais à tout il faut un but, une fin. A toi je dis tout, et à toi *seule* j'écris. Ce que je dis à ma femme, tout le monde le pense, mais pas un ne l'écrit, pour ne pas se compromettre.

J'ai toujours la même confiance dans nos armes, notre bravoure admirable. Je trouve que l'**Empereur**, en résumé, mène bien tout cela, mais, je le répète, c'est trop cher ! Le bonheur de l'Italie qui ne veut pas être heureuse, l'agrandissement d'un roi qui a peine à se considérer comme notre obligé, ne valent pas le sanglant sacrifice imposé à l'armée d'un pays.

Après cette tirade politique et philosophique, où je suis bien désintéressé, je te dirai cependant que le succès a été considérable.

Nous savons maintenant que les Autrichiens ont perdu beaucoup de monde et que la désertion se met un peu dans leurs rangs. L'empereur François est furieux, et, au moment de l'orage, il s'est écrié : « Que la foudre écrase nos armées ! » Il est reparti pour Vérone. L'encombrement était si grand dans la retraite que c'est à coups de pistolet que son état-major a pu lui frayer un passage ! Tous les détails que nous aurons de cette grande journée seront d'un immense intérêt, et, comme toi, j'attends les journaux avec la plus vive impatience.

Tu ne peux te figurer la chaleur qu'il fait. J'en ris, tant
c'est particulier. Tout le monde est en nage et ne répète
qu'une phrase : « Comme il fait chaud ! Il y a tant de degrés !
Il fait plus chaud qu'en Afrique. » Jusqu'à présent je ne
souffre pas trop et conserve mon appétit, ce qui est le meilleur signe de santé.

L'Empereur continue à être étonné, transpire pour la première fois, déboutonne sa redingote ouatée et a même hier
revêtu sa petite robe de chambre.

Ce serait étonnant si cette température tropicale ne nous
faisait pas beaucoup de malades, si les fontaines ne tarissaient
pas, et si l'effectif de l'armée n'allait pas bientôt être sensiblement diminué. Beaucoup, qui font bonne contenance, se
disent à eux-mêmes : « Maintenant que j'ai recueilli, je voudrais bien m'en aller. » De la question d'Italie il est si peu
question que chacun se contente des victoires obtenues, sans
se préoccuper du motif et du but des batailles qui se sont
livrées. Quel esprit mobile que le nôtre !

Le prince Napoléon en est le type exagéré. Je l'ai revu ce
matin. Il dit tout bonnement que l'Empereur devrait rentrer
à Paris, aussi bien que l'empereur d'Autriche à Vienne, et
que le moment de négocier est venu.

Je suis de son avis pour la seconde partie, mais j'avoue
qu'il m'ébouriffe quant à la première. Il me semble que
l'Empereur ne peut guère quitter avant que la diplomatie lui
ait fait quelque ouverture. Le Prince m'assure avoir dit tout
cela à Sa Majesté, qui ne lui a rien répondu. Il voudrait que
je parle dans ce sens, ou à peu près. Je n'en ferai rien. La
pression doit venir de Paris.

J'ai su, comme te le disait Walewski, que Persigny se faisait
jouer encore par les Anglais. Il écrit des lettres très guer-
rières à l'Empereur et ne parle de rien moins que de prendre
Mantoue, Vérone, de poursuivre le programme jusqu'au bout,
d'humilier l'Autriche. Il le grandit tout à fait. Il ne se rend
pas compte, le pauvre égoïste, que les Anglais ne parlent
autant de remplir le programme que dans le but de nous
laisser un peu nous éreinter, de nous faire dépenser beaucoup
d'argent, de mettre l'Empereur en face d'une situation diffi-

cile, espérant qu'il acceptera la perche qu'ils lui tendront.
Palmerston fait du libéralisme sur notre dos, et **Persigny**
gobe tout cela.

Il y a cependant un bon article dans le *Morning Post* de
ce matin, qui semble poser, dès à présent, la possibilité de la
paix. Persigny, en véritable Anglais, prend la politique du
Times.

Nous sommes ici encore au moins pour quinze à vingt
jours. Nous allons faire le siège de Peschiera et n'attaquerons
pas l'armée autrichienne pour les raisons que je t'ai déduites
hier. Je ne sais ce qui va se passer dans l'âme de l'Empereur
pendant ce temps de désolante et fatigante inaction, mais il
est certain qu'il ne peut manquer de réfléchir qu'il faudra
peut-être passer deux mois semblables devant Vérone, et que
d'ici là l'on aura peut-être oublié ses victoires de Magenta et
de Solférino !

Dis donc à Walewski que le moment est venu de frapper
un grand coup, de faire proposer par l'Angleterre, la Prusse
et la Russie, ou un armistice, ou un projet de médiation.

Il est bien présumable que l'Empereur n'attend qu'une issue
possible pour sortir d'une entreprise dont les risques et les
difficultés matériels l'effrayent !

Valeggio, 1er Juillet.

Il fait très chaud et je suis presque sans courage pour écrire.
Nous venons d'arriver à Valeggio et d'y poster le quartier
général. Tout à l'heure, après déjeuner peut-être, nous retour-
nerons à cheval pour aller visiter les abords de Peschiera,
dont l'armée sarde a commencé l'investissement.

L'Empereur, que soutient et qu'anime la sublime idée de
la gloire et du commandement, est vraiment infatigable. Nous
autres, qui sommes complètement en dehors des deux éléments nécessaires pour entretenir notre exaltation, nous nous
apercevons davantage de la chaleur du jour et de la poussière
du chemin.

Il faut, je le répète, que la diplomatie commence son petit
métier. L'armée a conquis assez de gloire et de renom. Une
autre bataille sera, comme les autres, gagnée, mais elle se

comptera encore par douze ou quinze mille hommes tués ou blessés. Il vaut mieux tout de suite que l'on sache où l'on va.

Que l'on prenne Vérone ou non, j'avoue que je m'en soucie peu, et cependant, pour parler raison et politique, il est évident que plus nous aurons obtenu par les armes, moins nous serons obligés de faire de concessions à l'Europe quand elle interviendra pour régler le résultat de la lutte.

Ce que je désire savoir de toi, c'est ce que tu auras appris ou démêlé de la conversation du grand comte. Ses idées sont-elles en rapport avec les miennes? Va-t-on commencer l'attaque diplomatique avant, pendant ou après Vérone? Le cadre est-il déjà préparé?

La Prusse veut-elle la guerre, ou, comme je te l'ai écrit, veut-elle seulement dans la personne du prince régent jouer un rôle important de modérateur à la tête d'une armée de cinq cent mille hommes?

Le prince Napoléon va revenir dans deux ou trois jours avec son corps d'armée. On pourra deviser politique. Je serai bien aise qu'il soit ici, mais je crains sa déplorable influence. Recommande bien à Walewski d'avoir les yeux sur les menées hongroises; non seulement on fait une légion hongroise, — rien de mieux, — mais je soupçonne le Prince de travailler très fort au soulèvement de la Hongrie.

Évidemment, la Hongrie soulevée serait un utile dérivatif et prendrait bonne partie de l'armée autrichienne pour la combattre. Ceci est vrai : mais c'était bon au commencement de la guerre, quand la Prusse était neutre, quand la Russie semblait notre alliée; — aujourd'hui la Russie verrait, dans l'insurrection de la Hongrie, une menace pour la Pologne, la Prusse un motif de guerre générale, un danger révolutionnaire que l'Allemagne exploiterait. Le mieux est de localiser cette guerre et de la terminer comme nous pourrons, le mieux que nous pourrons, sans susciter de nouvelles difficultés.

Nous causons souvent très intimement avec le maréchal Vaillant, et, derrière la fumée glorieuse de Magenta et de Solférino, nous voyons bien des points noirs, si l'on n'y prend garde.

En attendant nous allons, dans deux jours, je crois, nous

mettre en marche pour Vérone. Le roi Victor fera le siège de
Peschiera.

Les canonnières de l'Empereur sont arrivées à Desenzano.
On les remonte, et bientôt elles vont prendre leur essor sur
le lac. Elles auront à lutter avec les trois vapeurs autrichiens
et quelques chaloupes ; mais comme le lac de Garde cesse
d'être autrichien à hauteur de Sermione pour devenir fédéral,
il s'ensuit que cela sera une partie de barres et que chacun
rentrera dans son camp. L'amiral du Pouy a pu cependant
gagner les Autrichiens de vitesse. Cette petite lutte sera
d'ailleurs intéressante et nécessaire pour achever l'investissement de Peschiera du côté du lac. Un ballon Godard fait
aussi merveille. Les trois Godard et le père Godard sont sous
la direction de leur Barnum, M. Prévost, que tu connais. Ce
dernier, qui ne *s'enlève* jamais, dit toujours : « *Nous* avons
fait deux ascensions, *nous* allons encore en faire une, *nous*
avons signalé, etc.. etc. » Mais c'est égal, il m'est très utile
pour donner des instructions à la bande des aéronautes et
mettre un peu d'ordre dans leur petite smalah.

Nous attendons un superbe ballon double qui pourra contenir le gaz huit et quinze jours. Comme il n'y a pas de gaz
à Brescia, il faudra qu'il soit rempli à Milan. Il viendra donc
tout plein et captif, amené par des hommes à pied se relayant
et montant tour à tour en voiture. Quand Peschiera sera
pris, nous le remplirons à nouveau.

Nous avons ici Yvon, à qui j'ai donné des indications.
J'aurai l'honneur d'être dans les deux tableaux qu'il doit
faire. Nous soignerons cette affaire-là quand le moment viendra. Cela sera agréable pour les petits garçons, n'est-ce pas ?

Meissonier est aussi au quartier impérial. Il vit à l'état-
major. Il rapportera des dessins pour faire de petites toiles.

Tout va bien. Il y a, je crois, du mieux dans l'ensemble.
On est plus entre soi. Nous ne sommes plus que trois géné-
raux aides de camp, Gustave [1], Edgard [2] et moi. Béville est à
Milan, Roguet toujours à Alexandrie.

La jeunesse va bien et semble très aimable et très reconnaissante pour moi,

1. Général comte de Montebello.
2. Général prince de la Moskowa.

L'Empereur m'a dit ce matin que les Autrichiens avouaient de grandes pertes pour les deux armées et les portent à quarante mille. S'ils donnent ce chiffre, c'est qu'ils ont perdu au moins trente mille pour leur part. Tous les contingents le confirment. Le jeune Empereur est parti furieux. On le dit à Vienne en ce moment.

Le prince Napoléon est arrivé hier soir, précédant son corps d'armée de deux marches. Il le rejoint aujourd'hui.

J'ai beaucoup et longuement causé avec lui. Il m'a paru non seulement raisonnable, désireux de voir l'Empereur profiter de sa victoire pour assurer les bases de la paix, mais singulièrement effrayé de la gravité et de l'étendue que doit fatalement prendre la guerre, si l'on ne sait pas à temps la limiter. Il voudrait que l'Empereur amenât le prince de Prusse à s'expliquer catégoriquement sur les motifs et le but de son armement. Il pense que l'Empereur devrait envoyer le maréchal Vaillant ou un aide de camp, et que, sous l'apparence d'explications, on demandât ou laissât deviner les intentions de modération

En résumé, le prince Napoléon m'a étonné plus que je ne puis le dire. On dirait que cet esprit inquiet, turbulent, ingénieux à créer des complications, ne se plaît que dans la lutte préparatoire et devient incapable d'affronter le péril qu'il a lui-même causé.

C'est l'Empereur, selon lui, qui est le *joueur*. C'est l'Empereur qui a voulu cette guerre, et si lui, tout l'hiver, poussait hautement à la préparer, c'est parce qu'il était convaincu qu'elle ne pouvait être évitée. Aujourd'hui, et avec la même franchise, il pousse à la paix le lendemain d'une grande victoire, parce que l'obstination à remplir le programme des Alpes à l'Adriatique nous amènera infailliblement la guerre européenne : « Dans ce cas, alors, que l'Empereur s'explique : faisons la guerre de révolution, mais dépêchons-nous de nous préparer à cette lutte gigantesque ; pas de demi-mesures : ayons une armée sur le Rhin, etc., etc... » Son esprit, comme tu le vois, ne pouvant supputer l'aspect de la situation actuelle dans sa réalité, s'abandonne volontiers à des tableaux plus sombres, qu'il serait pareillement incapable d'envisager de sang-froid.

De tout ceci il découle cependant un excellent résultat, c'est que le Prince n'est pas d'un mauvais conseil *pour le moment*.

Si l'Empereur ne lui cède pas pour l'exécution un peu hâtive de ses ambassades pacifiques, il ne sera pas aussi pressé de rejeter les propositions admissibles quand elles viendront.

Quant aux projets de guerre révolutionnaire, j'aime à penser que l'Empereur ne la désire pas; mais je dois dire qu'il se laisse trop aller, peut-être, au désir bien naturel de créer des difficultés à l'Autriche en soulevant la Hongrie. Ce soulèvement nous serait d'un grand secours, serait un dérivatif puissant. Pour mon compte personnel, je le désire ardemment, mais il faut bien prendre garde aussi d'y avoir travaillé.

L'Angleterre et l'Allemagne seraient les premières à nous en faire un crime; la Russie elle-même, malgré ses promesses d'amitié, ne ferait-elle pas des réflexions au sujet de la Pologne ?

Piétri est arrivé ce matin, flanqué de Kossuth. J'ai reconnu ce dernier, et, avec Cadore, nous nous sommes donné le mot pour dire à tout le monde que nous ne savions pas qui c'était. Sa présence ici, au quartier impérial, m'a paru une imprudence. Tu feras bien d'en prévenir le comte Walewski, sous le sceau du secret.

Nous continuons notre petit siège de Peschiera, qui est confié à l'armée sarde. L'armée française, pendant ces deux jours-ci, prend ses positions en avant du Mincio, se repose un peu et se prépare à de nouvelles luttes. La chaleur est très grande et commence à nous incommoder. L'état sanitaire n'est pas aussi bon chez les soldats; mais cependant il a été satisfaisant dans l'ensemble.

Le Prince va faire après-demain sa jonction avec son corps de vingt-cinq mille hommes et dix mille Toscans.

Tu pourras dire quelques passages de ma lettre à Walewski, en le priant, cette fois, de ne pas me trahir. Je ne pourrais davantage servir la cause commune, la cause de la raison, s'il venait encore me compromettre aux yeux de l'Empereur.

L'Empereur n'a pas adopté le projet du Prince, au sujet de la Prusse, mais il n'a pas dit non d'une manière absolue : Walewski a donc le champ libre pour proposer quelque chose.

Tout me fait croire que l'Empereur est très indécis, très préoccupé même de la seconde phase des difficultés matérielles
et politiques qu'il va bientôt aborder, et qu'il accepterait des
bases de négociations si on pouvait avoir l'esprit de lui persuader que l'idée vient de lui-même.

Adieu, ma chère enfant. Voici encore une longue lettre
politique; mais elle n'est pas sans utilité, si tu sais t'en servir.

Valeggio, ce 4 Juillet.

Je suis de belle humeur aujourd'hui. Ta lettre était bien
longue et me fera vivre jusqu'à demain. Si je venais à manquer de ces précieuses marques d'affection, je serais bien
malheureux. Aussi, combien je plains les pauvres officiers de
corps qui sont parfois plusieurs jours sans nouvelles, par
suite des marches et des changements de cantonnement! Nous,
au contraire, nous sommes, sous ce rapport, les heureux de
l'armée. Chaque matin, à cinq heures, nous recevons nos
lettres, et notre première pensée, en ouvrant les yeux, est
pour nos femmes et nos enfants. Il faut avoir pitié de ceux
qui n'ont pas cette douce consolation de l'absence!

Nous sommes, je le crains bien, pour quelque temps à
Valeggio. Ainsi que je te l'ai déjà dit, les Sardes doivent faire
le siège de Peschiera, et, comme d'habitude, il nous faudra
les aider. Je crois même que l'Empereur combine quelque
attaque de vive force avec les armées réunies, pour en finir
plus tôt. Il a eu de fréquents entretiens avec Le Bœuf et Fros-
sard, chefs de l'artillerie et du génie, et il doit y avoir quelque
projet de ce genre. Somme toute, ce temps, que nous passons
en apparence inoccupé, n'est pas perdu. Nos projectiles, nos
parcs de siège arrivent; nos canonnières se montent pour
couper la retraite de la garnison de Peschiera sur le lac de
Garde, et nos ballons vont bientôt arriver. Pendant ce temps,
l'armée autrichienne se concentre entre Vérone et Legnano
et se contente d'envoyer des reconnaissances dans la plaine.

Hier matin nous nous sommes levés à deux heures et
demie, pour monter à cheval à trois heures. Le bruit avait
couru, venant du corps Niel, que l'armée autrichienne marchait pour nous attaquer. Cette nouvelle était sans fonde-

ment. Toutefois, comme une bataille ne nous serait pas utile en ce moment même, puisque nous sommes attachés à Peschiera, que nous attendons vivres et canons, l'Empereur a resserré un peu ses lignes, pris des positions très fortes dans les montagnes et, par ce fait, éloigné très probablement la chance d'une attaque que nous ne désirons pas.

Nous avons ici deux nouveaux venus à l'état-major général. D'abord le comte Cipriani, que tu as vu à Paris, puis le jeune comte Schouwaloff[1], aide de camp de l'empereur de Russie, porteur d'une lettre autographe de son souverain, et qui vient suivre les opérations de la campagne,

C'est un jeune colonel très gentil, très intelligent et dont on peut tirer quelque chose. Je l'ai déjà fait beaucoup causer. Il m'a dit, entre autres choses, qu'il avait vu à Berlin, en passant, la grande-duchesse Hélène, — qui est très bien pour nous, — et qu'il avait appris d'elle que le prince de Prusse était positivement jaloux des lauriers et de l'influence de l'empereur Napoléon ; qu'il passait son temps à étudier sa carte, à piquer des épingles et à se préparer à devenir à son tour un grand guerrier.

L'esprit allemand serait décidément très mauvais · mais la grande-duchesse ajoutait que la Russie et l'Angleterre peuvent encore arrêter cette explosion. Le prince de Prusse affecte de dire, s'il ne le pense pas, que l'empereur Napoléon trompe tout le monde et veut, après l'Autriche, attaquer l'Allemagne, et que son devoir est de se mettre en mesure de faire face au danger. Il retourne évidemment la question. Le colonel Schouwaloff ajoutait que, si la Prusse pouvait être édifiée d'une manière certaine sur les sentiments et les intentions modérés de la France, on verrait bientôt arriver des propositions acceptables d'intervention. La Prusse, au fond, doit craindre la Russie. L'empereur Alexandre a positivement trois corps prêts à marcher, si la guerre devenait générale ; mais il fera tout ce qu'il pourra, tout ce qu'il faudra pour éviter cette conflagration désolante. La Russie n'est pas encore remise de la secousse profonde de la Crimée. Les chemins de fer sont encore dans l'enfance. L'œuvre d'affran-

1. Comte Paul Schouwaloff, aujourd'hui ambassadeur de Russie à Berlin.

·chissement des paysans n'est pas achevée, de graves intérêts
·réclament la ·paix pour quelque temps encore. Ainsi donc la
·Russie nous serait acquise, soit pour la guerre, soit pour la
·paix, mais ses efforts tendent de préférence à arrêter la
Prusse dans son aspiration belliqueuse. Quant au secours
effectif et immédiat qu'un instant le public avait cru devoir
trouver en Russie contre l'Autriche, il faut complètement y
renoncer.

J'ai fait ensuite causer mon jeune Russe diplomate sur la
Hongrie.

Je lui ai demandé ce que la Russie dirait si la Hongrie se
soulevait, et si ce soulèvement se faisait (comme on nous en
accusait bien à tort) à l'instigation de le France et du Pié—
mont.

— Nous en serions très satisfaits, m'a-t-il dit, pourvu que
l'empereur Napoléon eût bien soin de se mettre diplomatique-·
ment en dehors de la question, pourvu qu'il n'y eût pas de
preuve de connivence, parce que, a-t-il ajouté, une révolution
en Hongrie est toujours d'un mauvais exemple pour la Pologne. Cette dernière, cependant, a obtenu tant de libertés,
son gouvernement est si paternel, si fusionné avec le nôtre
aujourd'hui, que nous n'avons absolument rien à craindre.

Tout ceci m'a été dit avec l'accent de la bonne foi, et je
puis dire que je le lui ai arraché pied à pied, mot à mot. Tu
peux le raconter au comte Walewski, qui en fera l'usage qu'il
croira nécessaire.

Le résumé, c'est que la Prusse interviendra dès qu'elle
saura que l'Empereur a des intentions modérées et qu'il n'est
pas absolu dans son programme ; que la Russie ne prendra
l'offensive qu'à la dernière extrémité, si l'Allemagne nous
déclare la guerre ; que la Hongrie peut se révolter sans que
la Russie y trouve à redire, pourvu que la France ne se mette
pas ostensiblement à la tête du mouvement !

Je t'envoie de la pâture pour tes prochaines soirées de
Saint—Cloud. Envoie—moi en échange des détails et des nouvelles.

Je reste toujours persuadé, quels que soient les succès qui
nous attendent, auxquels je crois, que l'Empereur est plus sûr
de terminer la guerre aujourd'hui sans de nouveaux succès,

et, comme le dit Mocquard, l'Empereur sera d'autant plus grand qu'il sera modéré. Il faut redouter l'esprit de l'Allemagne, lorsque l'Autriche, humiliée, viendra la supplier de prendre sa défense contre l'esprit dominateur de Napoléon. Gare la guerre générale ; alors gare l'abandon de l'Angleterre, et gare surtout la révolution et l'abandon de la France ! Mais il faut se hâter d'ajouter que, pour être modeste et accepter certaines conditions, encore faut-il que l'Empereur reçoive des propositions acceptables. C'est donc à la diplomatie de se hâter de travailler.

Il est bien entendu que, tout en te servant de mes arguments, tu ne dois pas me faire trop parler, ni me compromettre. Je pense que la paix est possible ; mais je suis de ceux qui, poursuivant la lutte, veulent plus de patience et d'énergie. Je donne ma façon de penser et voilà tout.

Je ne sais ce qui se passe dans l'âme de l'Empereur. Il est évidemment très indécis. Il rêve un nouveau triomphe, il voudrait Vérone, il voudrait voir l'effet de ses canons rayés ; mais au fond les détails matériels, les difficultés le fatiguent, les chaleurs l'accablent, la santé de l'armée le préoccupe. Si ses canons agissent contre Peschiera, peut-être se contentera-t-il de ce résultat !

J'espère que tu me conteras des petits détails. Le siège me laisse du temps : si nous étions au siècle de Louis XIV, on ferait venir les dames. Je les plaindrais cependant par le temps qu'il fait. Pas une feuille ne remue : heureusement que j'ai une bonne chambre, bien fraîche, parce que je ferme les volets, et je t'écris à la bougie pour ne pas être mangé par les mouches, qui font la grande réputation de Valeggio.

Valeggio, ce 8 Juillet [1].

Depuis que je ne t'ai écrit, grande nouvelle ! L'armistice a été signé ce matin par le maréchal Vaillant, major général, le

[1]. À la nouvelle que le prince régent de Prusse menaçait, au nom de l'unité allemande, de concentrer sur le Rhin l'armée fédérale, Napoléon III venait de se décider à traiter. N'ayant pu obtenir de lord Palmerston le concours efficace de l'Angleterre, il accepta la médiation de la Prusse et fit des offres personnelles à l'empereur d'Autriche. Les négociations de paix s'ouvrirent à Villafranca.

général de Martimprey, aide-major, et le général della Rocca, pour l'armée sarde ; le feld-maréchal baron de Hess et le comte Mensdorff pour les Autrichiens ; le rendez-vous était à Villafranca.

Pour ce qui me concerne, je vais maintenant te donner quelques détails qui t'intéresseront :

Dans la journée du 6 juillet, l'Empereur avait fait une longue reconnaissance sur les hauteurs de Somma Campagna. Le but apparent était d'étudier le terrain, en vue d'une prise d'armes générale pour le lendemain.

La chaleur était horrible : l'Empereur paraissait soucieux et préoccupé. Nous avions rencontré plusieurs corvées marchant péniblement ; l'air était lourd et faisait présager de grandes difficultés pour les longs sièges qui nous attendaient. Je m'étais figuré que Sa Majesté était attristée par cette pensée que les succès à venir seraient chèrement achetés. Moi-même, je me tenais silencieux derrière l'Empereur, instinctivement persuadé qu'une préoccupation absorbante hantait son esprit.

Nous étions à peine rentrés à Valeggio et descendus de cheval que le maréchal Vaillant, major général, me faisait appeler.

— Il s'agit d'une mission délicate et d'un homme d'initiative pour la remplir, me dit-il. L'Empereur m'a demandé mon avis sur le choix qu'il faisait de vous. Je l'ai approuvé. L'Empereur vous envoie à Vérone ; tenez-vous prêt pour partir dans dix minutes, donnez vos ordres à la voiture et rendez-vous chez Sa Majesté, qui vous attend. Moi-même je vous rejoins.

Ainsi s'expliquait pour moi l'air absorbé de l'Empereur lorsque, des hauteurs de Somma Campagna, il contemplait Vérone d'un air méditatif.

Je ne dis rien à personne, je rentre dans ma chambre, je commande mon équipage, postillon, grande tenue. Je fais demander un trompette des Guides pour sonner l'appel de parlementaire aux avant-postes. Je mets mes épaulettes les plus propres, je me fais beau enfin, et je monte chez l'Empereur.

— Je suis prêt à partir, Sire.

Je trouve l'Empereur avec le roi de Sardaigne.

J'ai vu le moment où l'Empereur me disait : « *Vous savez* — comme à l'ordinaire, — vous partez pour Vérone. »

Il me dit donc :

— Voici une lettre pour l'empereur d'Autriche. Je dis à Sa Majesté que la Prusse me propose une médiation qui a des chances d'aboutir : je fais appel à ses sentiments d'humanité pour les combattants des deux armées, et je lui propose de suspendre les hostilités pour laisser le temps à la diplomatie de négocier les conditions de la paix.

Puis, l'Empereur entra dans quelques explications. Dans l'entrevue que j'allais avoir avec l'empereur d'Autriche, j'étais chargé de développer cette pensée d'armistice. Au besoin, pour appuyer la proposition de l'empereur Napoléon, je devais informer François-Joseph que la flotte française occupait l'île de Lussin, d'où elle menaçait les principaux établissements de l'Adriatique : je devais aussi insister sur l'ordre donné à l'amiral Romain Desfossés, commandant la flotte, d'attaquer le lendemain les défenses extérieures de Venise.

En terminant, l'Empereur me dit ces mots gracieux :

— J'ai besoin que l'ambassadeur soit aimable et intelligent. Je vous ai choisi, ajouta-t-il en riant.

Le roi de Sardaigne opinait du bonnet.

Je partis donc à sept heures du soir, accompagné de Verdière, dans une voiture de la poste impériale conduite par un postillon à cheval. Sur le siège de derrière étaient montés un courrier et un trompette des Guides, porteur d'un drapeau parlementaire. Une fois en dehors, mon trompette avait l'ordre de sonner de temps en temps, conformément au règlement militaire en pareille circonstance. Cette précaution n'était pas inutile. A peine avions-nous dépassé les grand'-gardes françaises, que nous étions entourés de fantassins autrichiens sortant subitement des fossés et des taillis bordant la route. Cette escorte improvisée nous accompagna avec le luxe de précautions qui est le propre des armées étrangères. Il est probable que chez nous, après quelques mots d'explication, nos soldats eussent laissé le parlementaire poursuivre tranquillement son chemin !

J'arrivai dans cet équipage jusqu'à une grand'garde de

uhlans. Le commandant de poste remplaça mon escorte de fantassins et surenchérit encore sur les rigueurs de mes premiers gardiens; — je dis gardiens, car nous ressemblions vraiment à des prisonniers.

Enfin, à une lieue de Vérone, à Santa Lucia, village de quelque importance, je trouvai un poste de la valeur d'une brigade commandé par un vieux général. En apprenant que le parlementaire qui venait d'arriver était un officier général, mon collègue vint me saluer très gracieusement et me donna un capitaine de uhlans avec une douzaine d'hommes pour me conduire au quartier général. Toutefois, il ne se départit pas de la sévérité déployée jusqu'ici, et il me recommanda de me conformer aux prescriptions d'usage. Ne voulant pas me faire bander les yeux, il m'invita à tenir mes stores entièrement baissés, surtout au moment où la voiture entrerait dans la place.

Bientôt nous passions entre deux des lunettes qui forment le camp retranché. Contrairement à ce que je devais croire, cet ouvrage de défense qui couvre les abords de Vérone était entièrement inoccupé.

Je savais en effet — l'Empereur m'en avait prévenu avant mon départ — que les Autrichiens méditaient une attaque générale, avec des forces considérables venues du haut de l'Adige, et que des ordres préventifs avaient été donnés à l'armée française lui indiquant sa place de bataille. La non-occupation du camp, jointe à un mouvement de troupes dont j'avais constaté le bruit aux alentours de Vérone, devait me confirmer dans l'idée que les colonnes autrichiennes étaient déjà en marche.

Dans le cas où l'empereur d'Autriche aurait quitté Vérone, j'avais mission de le rejoindre partout où il serait.

Il n'en était rien. Le camp étant devenu inhabitable pour les troupes, à cause de la grande chaleur, on les avait envoyées de l'autre côté de l'Adige, sur le flanc de la montagne.

Quelques instants après, la voiture roulait sur le pont-levis et entrait dans Vérone.

Depuis plus d'une heure la nuit était venue et, dans les rues brillamment éclairées par le gaz, allaient et venaient des

promeneurs. Devant les portes des cafés, un assez grand
nombre d'officiers autrichiens. Ces lumières éclatantes, ces
rues spacieuses, ce confortable de la vie formaient un con—
traste étrange avec l'aspect sombre et presque misérable de
notre quartier impérial de Valeggio.

Une voiture française, aux armes de l'Empereur, traversant les rues de Vérone, les stores baissés et escortée par un
piquet de uhlans, causait sur son passage un vif mouvement
de curiosité. L'étonnement fut encore plus grand lorsque la
voiture s'arrêta devant la porte du palais et que le poste et
les officiers de service virent en descendre un général avec
son aide de camp.

Introduit immédiatement auprès du maréchal de Hess, je
fus reçu non seulement avec les marques de déférence et de
considération dues à un officier général envoyé par son souverain, mais avec une affable cordialité à laquelle l'âge du
chef d'état-major général donnait un double prix. Après avoir
échangé quelques mots sur le but de ma mission, le vieux
maréchal voulut me conduire lui-même auprès du comte de
Grünne, premier aide de camp et grand écuyer.

L'empereur était déjà couché. Il me fit dire qu'il allait se
lever et me recevoir dans un instant.

Un quart d'heure s'était à peine écoulé que j'étais introduit
chez l'empereur.

C'est un jeune homme agréable de figure, distingué de
tournure, d'un aspect plutôt modeste, et ayant, si l'on cherche
bien, quelque ressemblance avec le duc de Rutland.

Je lui ai remis ma lettre.

J'ai vu qu'en la lisant, il paraissait à la fois étonné et
touché.

Après lecture, il me dit :

— Mais, mon cher général, c'est une très grave chose que
vous m'apportez là. Je ne saurais vous répondre de suite.
Il faut que je réfléchisse : veuillez attendre jusqu'à demain
matin huit heures, j'ai besoin de me recueillir.

J'ai répondu que j'étais à ses ordres. Puis, demandant au
jeune souverain la permission de développer le commentaire
de ma mission, je fis l'exposé des considérations qui mili_
taient en faveur de la suspension d'armes.

— Quelle que soit la décision de Votre Majesté, dis-je en finissant, elle me permettra de lui dire combien il est urgent que cette réponse soit prompte lorsqu'elle saura, ce qu'elle ignore peut-être, que la flotte française occupe en ce moment l'île de Lussin. Au premier signal vont commencer les attaques sur le littoral de la Vénétie. Un corps expéditionnaire de quatre mille hommes, sous les ordres du général de Wimpffen, a rejoint l'amiral Romain Desfossés.

— En effet, me dit l'empereur, je viens d'apprendre l'occupation de Lussin par les troupes françaises. Mais je n'ai rien reçu d'officiel des Cours, et j'ai besoin de réfléchir. Demain matin, général, je vous donnerai ma réponse.

En quittant l'empereur d'Autriche, je fus l'objet des prévenances les plus empressées de la part du maréchal de Hess et des officiers de la maison militaire. Le comte de Grünne voulut me céder sa chambre pour la nuit ; on nous apporta à souper et, avec une extrême courtoisie, le comte Clam et le prince de Hohenlohe, aide de camp de l'empereur, ne me quittèrent qu'après s'être assurés que mon aide de camp était bien installé et mon monde hébergé comme il convenait.

Le maréchal de Hess vint alors et s'entretint avec moi de la bataille de Solférino. Nous en repassâmes tous les épisodes. C'était à la nouvelle artillerie, invention de l'Empereur, qu'il attribuait en grande partie le succès de la journée. « Ah ! vos canons, disait-il, quel mal ils nous ont fait ! A quelle distance vos boulets sont venus nous chercher ! » De fait, les pièces de quatre avaient fait des prodiges !

Enfin à minuit on nous a laissés nous reposer. J'ai peu dormi, comme tu penses, agité sur le résultat de ma mission qui pouvait parfaitement ne pas réussir, et même se terminer désagréablement par une fin de non-recevoir. A quatre heures j'étais debout. Vers cinq heures est arrivé le prince de Metternich, que j'avais beaucoup connu à Paris.

Il est l'ami particulier de l'empereur, son intermédiaire avec le ministre des affaires étrangères. J'ai bien vu, par l'affectation exagérée de son accueil, qu'il venait pour sonder le terrain. Tu penses que je sus dire ce qu'il fallait.

Devinant sans peine l'intérêt que le prince pouvait avoir à me rendre visite de si grand matin, je m'appliquai à mon

tour à profiter de son canal pour faire connaître à François-
Joseph les difficultés de la situation, s'il n'acceptait pas l'armistice. « Si l'empereur d'Autriche compte sur sa forteresse,
dis-je à M. de Metternich, l'empereur Napoléon compte à
bon droit sur sa flotte », et de bonne amitié je conseillai à
mon interlocuteur, auquel je feignais de me livrer avec une
franchise toute militaire, de rendre un compte fidèle à son
souverain de notre entretien. « Si, comme je l'espère, ajou-
tai-je, la paix sort de l'armistice, je ne désire qu'une chose,
c'est de vous voir ambassadeur à Paris. » Vers sept heures le
prince de Metternich partit.

Nouvelle visite du feld-maréchal et du comte de Grünne.
Enfin, vers huit heures, l'empereur m'a fait demander. Il
m'a donné lecture de sa réponse, qui est pleine de noblesse
et de dignité. En vue d'arriver à des conclusions pacifiques,
il acceptait l'armistice, priait l'Empereur de désigner lui-
même le lieu où les conditions de la paix pourraient être dis-
cutées. Puis Sa Majesté, après avoir cacheté la lettre, m'exprima le désir que la flotte fût immédiatement prévenue de
la suspension d'armes qui allait être conclue.

Il n'y avait pas de temps à perdre, en effet, car le commandant en chef des forces navales devait, dès le lendemain [1],
commencer les hostilités.

En vertu des instructions que j'avais reçues j'obtempérai
aussitôt au désir de l'empereur François-Joseph, et, sur sa
table même, j'écrivis à l'amiral Desfossés d'avoir à donner
contre-ordre [2].

Encore un mot sur l'empereur d'Autriche, dont l'attitude
et la manière d'être m'ont tout à fait séduit. Sachant combien
je suis dévoué à l'Empereur, il est entré dans des détails intimes, me questionnant sur sa santé, ses habitudes, le tout
avec un air de déférence qui m'a beaucoup plu.

---

[1] 8 juillet

[2] Cette lettre expédiée aussitôt à Venise au gouverneur général de la Vénétie,
était remise dans la même journée au contre-amiral Jurien de la Gravière, qui
croisait devant les plages vénitiennes. Le 7 au soir, l'*Eylau* était détaché par
l'amiral Jurien pour porter cette dépêche à l'amiral Romain Desfossés; le 8 au
matin, elle était dans ses mains, au moment où le vaisseau amiral allait quitter
Lussin, à la tête de la flotte entière. (*Note de l'Auteur.*)

Nous avons ensuite causé de la bataille assez longuement, et j'ai pris congé.

Quelques instants après, un des aides de camp est venu me dire que Sa Majesté, sachant que j'avais mon aide de camp avec moi, désirait le voir, et Verdière a eu les honneurs de la présentation.

Je suis revenu comme j'étais venu, mais, naturellement, non·plus en parlementaire gardé à vue, mais en envoyé de l'Empereur, ma voiture avec ses glaces ouvertes et ses stores levés. Comme la veille, j'avais une escorte de uhlans, mais, cette fois, ils constituaient une escorte d'honneur; soit qu'ils eussent deviné, soit qu'on leur eût appris le résultat de ma visite, tous ces cavaliers semblaient prévenants et joyeux. Les postillons et le trompette des Guides avaient beaucoup de succès, et partout nous étions salués avec un air de sympathie. Quand j'arrivai au village de Santa Lucia, je retrouvai mon vieux général qui m'avait fait si bon accueil en passant. Cette fois, il me fallut descendre de voiture et, bon gré mal· gré, boire à la paix prochaine et à la gloire des deux nations.

A onze heures et demie, enfin, je dépassai les avant-postes français. Mon apparition éveillait autant de surprise que mon absence avait causé d'étonnement. Une demi-heure après, j'entrais dans le cabinet de l'Empereur, à Valeggio.

J'étais attendu avec une très vive impatience. En vue d'une attaque possible des Autrichiens, toute l'armée, dès le point du jour, avait pris des positions de combat. Cette situation, dans l'attente de l'ennemi qui ne se présentait pas, ne pouvait indéfiniment se prolonger. Aussi, quand je dis seulement ces mots : « Bonnes nouvelles », et que je fis le geste de prendre dans ma poche la lettre dont j'étais porteur, avant que j'eusse parlé, je vis combien la certitude d'une réponse causait déjà de plaisir à l'Empereur. Il eut beau reprendre son calme habituel après cette première émotion dont il n'avait pas été maître, j'avais surpris sur ses traits, comme une lueur, l'impression d'un grand soulagement et d'une satisfaction réelle... Je lui remis la lettre de l'empereur d'Autriche, qu'il lut avec empressement, et lui racontai ensuite toutes les périipéties de ma mission.

Comme toujours bon et affectueux, l'Empereur me remercia

avec les compliments les plus flatteurs. Le maréchal Vaillant, qui assistait à l'entrevue, me serra obligeamment la main et me dit ces mots : « Eh bien, avais-je raison, monsieur l'ambassadeur? »

Mais je termine cette longue lettre, qui prend les proportions d'un rapport. Je ne pense pas, du moins, que tous ces détails soient inutiles. Hier, l'Empereur a envoyé Cadore pour porter la réponse au sujet du rendez-vous demandé pour la conclusion de l'armistice, et, ce matin, comme je te l'ai dit plus haut, la convention a été signée.

Je crois que l'Empereur a fait là un acte de grande libéralité. Il se donne un brevet de modération et de sagesse, en profitant d'une médiation puissante qui lui est offerte. Il ménage le soldat et la France, et nous fait espérer la paix.

Il se sépare, d'un autre côté, du parti révolutionnaire, qui commençait à l'investir, et il obtient à l'amiable de l'Autriche ce que le canon aurait pu lui donner, comme lui faire perdre. Si les négociations n'aboutissent pas, il aura, pendant ce repos heureux, évité l'effusion du sang, réparé ses pertes, fortifié son armée, fait venir ses canons, ses vivres de toutes sortes, et il aura bien dit, à la face de l'Europe, qu'il a offert de négocier.

Cela me paraît un coup de maître.

GÉNÉRAL FLEURY

SAINT-CENDRE[1]

— MŒURS DU XVIe SIÈCLE —

VIII

Quand elle eut assisté au service funèbre de François de Champoisel — « retourné, suivant l'expression du Père Chaussade, dans la paix des Justes pour prendre sa place parmi les brebis pures et sans tache du divin troupeau », — Gilonne courut à l'appartement de Gabrielle. Elle y venait appelée autant par une naturelle sollicitude pour son amie qu'elle savait malade, que par le désir de tromper le temps. Elle trouvait cette matinée interminable, se désolant de ne pas voir arriver les messagers qui annonceraient l'arrestation du marquis. Et mademoiselle de Bonisse cherchait aussi à se renseigner sur d'autres points utiles.

« S'il est amené ici, se disait-elle, j'irai le visiter dans sa prison, car il n'est pas de spectacle plus doux à une femme que l'humiliation de son ennemi. Je me promets bien de n'avoir aucune pitié de sa détresse, et je m'amuserai de tout mon cœur à le promener par des promesses illusoires. S'il ne tient qu'à moi, ce misérable aventurier passera par l'estrapade avant que d'aller au gibet. Mon Christophe m'a

1. Voir la *Revue* des 15 Janvier, 1er et 15 février.

juré que Saint-Cendre serait pendu avant que le soleil soit
couché. Et si ce sont les gens de Bellac qui s'emparent de cette
brute abominable, nous irons la voir accrocher à la potence
où, n'était le respect que je dois à mon rang, j'attacherais la
corde de mes mains. Et puis, je suis sûre que ce bandit
mourra mal ; car, pour être brutal comme il s'est montré à
mon égard, il faut habiter dans la peau d'un lâche. Il sera
certainement damné. »

Mais une réflexion vint troubler la pupille et fiancée de
M. de Lanclet dans ses projets de vengeance : Si Saint-Cendre,
averti à temps, s'était sauvé ? — Oui, mais qui aurait pu le
prévenir ?

Et Gilonne, tout d'un coup, cessa de gravir l'escalier qui
menait à la chambre de la marquise. Elle s'arrêta, subitement
découragée et craintive. Une foule d'idées l'assaillit. Furieuses,
pressées, elles l'assiégeaient de toutes parts.

« C'était sûr. Saint-Cendre avait été prévenu !... S'il n'avait
rien su, pourquoi les gens du Breuil auraient-ils attaqué les
courriers quand ceux-ci n'avaient certainement pas insulté
les murs de Dartigois ? De pareilles aventures ne sont que
rarement fortuites. »

Et Gilonne se remémorait les circonstances. A en peser les
détails, elle se sentait ramenée vers une certitude unique. Là
était la vérité, le reste ne présentait qu'obscurité et mensonge. Et d'abord, comment se faisait-il que les hommes de
la Haute-Gaume ne fussent point revenus ensemble ? Comment
Lubert avait-il échappé aux coups, et quelle raison avait-il
de rapporter le corps de François, fardeau bon seulement à
l'alourdir dans un danger si pressant et d'où la seule vitesse
pouvait réussir à le tirer ?

Et tout en se promettant d'interroger Lubert et de le faire
parler par les offres d'argent et les menaces, Gilonne
entra chez Gabrielle. Marchant sur ses pointes, imposant du
geste silence à Peyrusse qui, timidement, voulait lui refuser
le passage, elle pénétra dans la chambre. Légèrement elle
souleva un des pans de la tenture du lit. Gabrielle, couchée
de côté, la joue sur son bras replié, dormait d'un sommeil
profond.

Promenant son regard par toute la pièce, Gilonne aperçut

sur une table le flambeau dont la bobèche de cuivre en forme
de calice retenait la cire fondue débordante. et puis une lettre
ouverte. Sans perdre des yeux la marquise dont le souffle
irrégulier dénonçait le repos agité, la jeune fille se rapprocha
de la table. gardant le rideau dans sa main. Elle put lire à
distance la grande écriture du marquis, contempler sa signature insolemment dressée au milieu de son vaste paraphe.
Elle eut envie de cracher dessus. un flot de sang monta à
son visage. Tremblant d'une rage impuissante, elle réprima
une interjection de colère. Attirée vers le papier où les lettres
dansaient devant ses yeux comme pour la braver, elle relisait
les phrases faciles et hautaines de Saint—Cendre, et il lui
semblait que ce pli avait été envoyé là comme pour elle, en
particulier outrage.

« Donc, se disait Gilonne haineuse. Gabrielle aime ce
criminel et lutte contre nous tous, dans l'ombre, pour le
soustraire au châtiment qu'il mérite. Et elle met cet exécrable
hérétique bien au—dessus de moi, elle me méprise, puisqu'elle est insensible à l'infâme violence dont j'ai été la
victime. et que tous ses efforts tendent vers un rapprochement avec son mari. »

Un moment elle eut envie de porter la lettre à M. de Lanelet, de dénoncer Gabrielle, de demander qu'elle fût punie
sans mesure. Se retournant vers le lit où son amie continuait
de dormir en gémissant avec des mouvements gauches de
rêve, elle la considéra d'un œil mauvais.

« Ainsi, la voilà. celle que je chéris entre toutes ! Sa
douceur n'est qu'un masque savamment maintenu et qui
abrite toute sa fausseté. Va, Gabrielle, ma chérie, je ne serai
jamais ta dupe ; et. malgré toi, je saurai bien te débarrasser
de cet homme odieux contre qui tout mon sang et toute ma
jalousie se lèvent !... Mais, à ton endroit, je ne saurais garder
jamais une colère bien longue ! »

Inclinée sur la couche, elle allait saisir le cou de la marquise et la réveiller d'un baiser. Mais, brusquement, elle se
releva. Gilonne s'était ravisée, parce qu'elle pensait à la lettre :

« Elle se doutera bien que je l'ai vue. Et l'écriture en est
telle qu'il faudrait être aveugle pour ne point la lire à
trois pas. »

Gilonne saisit le papier, et lut encore les lignes où son ennemi s'exprimait avec une orgueilleuse assurance. Puis, le quittant comme à regret, elle le cacha sous un ouvrage de broderie abandonné sur la table, en ayant soin de laisser passer un coin.

« C'est là qu'elle portera tout d'abord son regard, se disait Gilonne, et, à voir ce point blanc, Gabrielle se trouvera rassurée. Plus tard, peut-être, si sa mémoire la sert, s'apercevra-t-elle qu'on avait changé la lettre de place ; mais j'aurai eu le temps d'agir. Il faut pourtant que je l'appelle, sans quoi Peyrusse lui dira que je suis entrée, et certainement quelque soupçon ne manquera pas de lui venir à l'esprit. Quand on se sent en faute, tout vous est sujet de crainte. »

Et Gilonne attaqua Gabrielle en l'embrassant vivement sur les yeux :

— Bonjour, bonjour, ma mignonne ! C'est votre galant qui vient vous chercher !

Effarée, la marquise, qui, en songe, se voyait serrée de près par François et son mari, se dressa avec des cris d'effroi. Mal tirée de son sommeil, les sens engourdis, elle s'imaginait que le mort et le vivant menaient une sarabande autour de son lit.

— Calmez-vous, Gabrielle, mon cœur ! disait Gilonne. On n'est pas sensible à ce point... Je vous laisse, car je ne fais que passer, en courant, vous demander si vous descendrez pour le dîner.

— Je ne sais encore, — répondit Gabrielle tremblante, tandis que son regard scrutait la surface de la table où elle ne distinguait plus la lettre de son mari. — Je vais essayer de me lever, mais je suis encore très faible, et j'ai passé une bien mauvaise nuit.

Quand Gilonne fut partie, la marquise demanda à Peyrusse si elle n'avait pas vu une lettre ouverte sur la table. La chambrière ne se rappelait rien. Mais le coin du papier engagé sous la broderie appelait les yeux. Peyrusse souleva l'ouvrage et tira le pli, ce dont Gabrielle fut grandement soulagée, car Marie ne savait pas lire, et elle pensa encore qu'ainsi cachée la lettre n'avait pu être remarquée par Gilonne.

Mais celle-ci, installée dans sa chambre, sous plusieurs

verrous, était occupée à écrire. Penchée sur quelques billets
de la main de la marquise, elle s'exerçait avec une attention
opiniâtre, à en imiter les caractères.

— Gabrielle ne se doutait pas, — murmurait la jeune fille
en faisant crier sa plume sur un carré de vélin, — que lorsqu'elle m'adressait ces tendres correspondances à mon couvent, j'en tirerais parti, plus tard, pour faire pendre monsieur
son mari... Je ne pourrai jamais contrefaire ces *t,* et les
o encore moins... Voici qui est bien mal tracé. Déchirons
celui-là... Essayons toujours !

Et elle s'acharnait sur sa besogne de faussaire, étudiait,
comparait.

« Je suis bien bonne, — se fournit-elle enfin comme consolation ou comme encouragement suprême, — d'attacher tant
d'importance à une copie servile. Depuis que ce Saint-Cendre
a perdu Gabrielle, et cinq années se sont écoulées sinon plus,
il a dû oublier la forme de son écriture comme la couleur de
son style. »

Satisfaite de son œuvre, elle relut :

Mes désirs sont vôtres, et je veux vous les exprimer cette nuit même.
Pourquoi avoir tant tardé? A onze heures du soir, je serai à la brèche
du mur d'enceinte, en cet endroit du parc qui regarde le chemin des
Charmettes. Là, vous trouverez qui ne cesse de penser à vous.

GABRIELLE.

Et, tirant de l'aumônière pendue à sa ceinture de soie un
cachet qu'elle avait dérobé sur la table de la marquise, elle
alluma une petite bougie rose dressée dans un bougeoir
d'agate, scella la lettre et n'y mit pas d'adresse, car elle avait
toute confiance dans le messager Geoffroy Lubert. Elle ne
s'était pas donné la peine de l'interroger, une fois sortie de
chez la marquise. L'aventure de la nuit, pour son esprit
délié, ne présentait plus maintenant de mystère. Évidemment, Lubert était l'homme qui avait porté et l'envoi de
Gabrielle et la réponse du marquis. Il convenait de l'employer pour la suite. Après quoi, on saurait l'obliger à se
taire ; les moyens ne manquaient pas. Pour le moment il
fallait, avant tout, ne pas le mettre en défiance. Et made-
demoiselle de Bonisse fit appeler Geoffroy.

— Voici, lui commanda-t-elle, ce que tu porteras au mar-

quis de Saint-Cendre. C'est de la marquise sa femme.
N'en dis pas plus en remettant ce papier, soit entre ses mains,
soit entre celles de Dartigois, ce qui serait mieux encore. En
tout cas, fais-moi serment de dire que c'est la marquise elle-
même qui t'a chargé de ce billet.

Lubert jura et reçut, avec des coups de bonnet sans nombre, la somme de cinq écus.

« Cela fait toujours une petite somme, — calculait-il tout en
poussant son courtaud sur la route —. Voici une singulière
aventure, et où il y aura beaucoup à gagner, si toutes les
dames du château se mettent sur le pied d'écrire à ce
M. Saint-Cendre. Mais je crains bien que tout cela ne finisse
par une méchante histoire et où je laisserai ma peau. En tant
que mon principal bien, celle-ci me demeure précieuse, à tel
point que j'ai bien envie ne pas retourner, après ce coup, à
la Haute-Ganne ! »

Il se promit cependant d'y revenir pour toucher ses gages,
car le terme approchait, et aussi pour d'autres raisons. Mademoiselle de Bonisse lui demanderait compte de son message
et lui donnerait, peut-être, une petite gratification, encore
qu'il n'eût point une confiance trop vaste dans la libéralité
des femmes. Mais des craintes lui vinrent, tant il redoutait
le sévère M. de Croisigny et l'auguste comte de Lanelet
avec sa barbe de fleuve. Lubert, dit la Solive, n'osait quitter
le château pour aller chercher du service ailleurs, car il considérait le bras de l'oncle Christophe comme capable de
l'atteindre au loin, sans soupçonner de combien il en exagérait la longueur. Et puis il était contrarié par l'idée de laisser
sa femme et ses enfants à la ferme des Charmettes, sous le
pouvoir capricieux du despotique châtelain. Et, tout en prenant le parti définitif de se modeler sur les circonstances, le
valet entra au Breuil bien après que les gens de justice en
furent sortis. Car le censier des Charmettes avait un vin de
haut goût pour lequel Lubert professait une estime sérieuse ;
et c'était là ce qui l'attirait dans ce lieu, au moins autant que
sa famille employée à garder les oies et aussi le menu bétail.
Comme tels, la femme et les enfants de Geoffroy la Solive
étaient aux champs, et le père de famille ne les vit point. Il
s'estima cependant heureux de boire deux pots de vin sous le

toit qui avait abrité leurs têtes, et remonta à cheval tremblant d'émotion, comme s'il ne devait plus jamais revoir ces lieux familiers.

Mais, juste au moment où le maigre valet d'armes entrait sous le porche du Breuil, dont les murs semblaient tourner sous ses yeux, Dartigois parut. Suivant sa coupable habitude, il menaça l'inattendu Lubert de nombreux coups de bâton : car le maître du Breuil ne pouvait croire que cet être d'apparence misérable fût appelé au domaine par un autre mobile que celui de réclamer les écus promis. Ennemi de la prodigalité, et encore plus des gens de Lanclet, Dartigois s'avança menaçant. Mais, enhardi par le vin de Saint-Sornin, Geoffroy déclara que c'était pitié que d'entendre ainsi crier, et que le marquis de Saint-Cendre le recevrait, lui, la Solive, comme un mourant les saintes huiles, quand il saurait de quelle part on venait. Le marquis accueillit, en effet, le messager avec cette habituelle bonhomie par quoi il se gagnait tous les cœurs. Il voulut que l'on servît à boire et aussi que l'on comptât les écus promis au valet.

— Ce gaillard sèche, mon ami, — dit-il à Dartigois, — tout comme un arbrisseau privé d'eau. Dévoré par la soif du gain et celle du vin en proportions égales, il nous offre le rare exemple d'un homme à qui une heureuse fortune permet de s'abreuver, comme il lui convient, en portant la main à sa bourse, et non pour la vider, mais bien pour la remplir... Taris donc ce bochet, mon garçon, à la santé de ma femme et aussi de la tienne, si tu en as une, et fais danser les écus. Entre toutes j'en trouve la musique admirable. Si les nouvelles que tu m'apportes sont d'importance, tu recevras encore quelques-unes de ces belles pièces bonnes à empiler ou à faire rouler : c'est au choix. A ne te rien cacher, le second parti me paraît, en tout, préférable.

Et, attirant dans un coin le valet qui voyait déjà devant lui deux marquis, il lui donna à entendre qu'une bonne somme allait tomber encore dans le gousset de son haut-de-chausses en peau grise que Lubert était en train de serrer, sur les espèces remises, par des aiguillettes ferrées.

— Seulement, mon garçon, tu vas m'apprendre qui t'a remis ce billet. Quelque chose me dit qu'il n'est pas de ma femme. Le parfum dont est imprégné le papier n'est point celui dont usait habituellement la marquise. Et pourtant, — continuait Saint-Cendre en flairant avec attention, — il me semble que je reconnais cette odeur où il entre plus de musc que de civette.

— Ce quelque chose n'a pas tort, monseigneur, aussi vrai que Gajoubert se laisse voir du clocher de Saint-Barbeau. Et c'est mademoiselle Gilonne de Bonisse qui m'a confié ce billet de la part de votre femme en me recommandant de le bailler, de préférence, à M. Dartigois. Mais j'ai tenu à le remettre entre vos mains, tant votre noble générosité me touche.

— Je t'en fournirai des preuves encore plus effectives si tu dis à mademoiselle de Bonisse que tu as donné le papier à Dartigois. Et elle te saura un gré infini de ta délicatesse. Dans les choses de l'amour, les femmes ne prisent rien autant que l'adresse. Si tu veux rester à son service, comme au mien, et me rendre compte de tout ce qui se passera au château, je te promets des écus par douzaines.

— Sans doute, monseigneur, sans doute! Mais ces écus, pour nombreux qu'ils soient, ne m'empêcheraient point d'être pendu quelque jour au bout d'une belle corde, si M. de Croisigny...

— Comment? — fit le marquis, avec un accent de mécontentement non feint, — Croisigny est encore à la Haute-Ganne?

— Oui, monseigneur, et, en quelque sorte, secrétaire des commandements de M. de Lanelet. Et, comme tel, il dispose de tout dans la place. Il est en train de nous soumettre à une discipline militaire sous laquelle nous plions comme des petits garçons. C'est tout juste si on ne nous fouille pas quand nous entrons ou sortons. Mais, comme dit le vieux Florian, ça va finir.

Le marquis se tut, rêveur. Si Croisigny demeurait au service de Lanelet, enlever le château deviendrait une opération bien difficile et chanceuse. Car tous considéraient Gaspard comme un des plus habiles à mener ou à déjouer les travaux des sièges.

— Occupons-nous d'abord de cette lettre, murmura-t-il.

Elle a la mine douteuse d'un traître, aurait dit M. Turnèbe qui, si je dois en croire M. Ramus, mettait mal à propos dans ses discours pâteux des métaphores dépourvues de toute élégance. Attends un peu ici, mon garçon. Peut-être y a-t-il une réponse à faire?

Et, montant chez Catherine, Saint-Cendre s'arma d'un canif de Bayonne emprunté au nécessaire, don de la Bastoigne. A la flamme d'une bougie, il fit chauffer la lame, la passa sous la cire du cachet, ouvrit le pli.

— Voilà, dit-il, qui est grossier. C'est vouloir me faire prendre de l'armoisin pour du taffetas, ou la peau d'une brune pour celle d'une blonde, toutes choses qui se reconnaissent dans l'obscurité de la nuit. Cette lettre n'a jamais été de Gabrielle : elle n'aurait pas terminé en signant autrement que « Vignes », puisque le sceau est à ses armes. L'écriture est malaisément contrefaite, et la phrase est pauvre. Gabrielle, ma mie, vous êtes trop instruite et trop fine pour coucher sur le papier de pareilles lourdeurs. On veut encore m'assassiner. Mais quelle est la nature exacte de cette machination oiseuse? Telle une jeune et faible araignée qui se flatterait d'arrêter un frelon dans ses rets, la triste Gilonne, que j'ai corrigée sans colère, tend autour de moi la trame fragile de ses ruses. Mais, très frêle pupille de l'oncle Christophe, je vais vous envoyer à ma place un mannequin que vous trouverez à vos souhaits, et ce sera le jeune Gaston d'Aultry... Dartigois, mon ami, fais-moi vite préparer un cheval : je dois me rendre à Seissat pour une affaire très urgente.

Quand il eut rétabli le cachet sur le pli refermé avec le canif chauffé, le marquis descendit et congédia Geoffroy Lubert qui buvait un dernier pot de vin :

— Tu peux partir. Et voici quatre autres écus pour ta peine. Mais ne manque pas de dire à mademoiselle de Bonisse que l'on t'a fait attendre ici et que Dartigois t'a transmis ma réponse : « On y sera ».

Et M. de Saint-Cendre s'en fut à Seissat. Quand il arriva, au bout d'un quart d'heure, devant l'hôtellerie dont l'enseigne peinte représentait un saumon d'argent couronné d'or, dansant sur une mer d'azur, il s'enquit de Gaston d'Aultry. M. Antoine Jacquemart, maître de léans, reçut M. Gillot avec des salutations profondes. Et, à voir le gros homme parler, son bonnet blanc dans la main, à ce cavalier nouveau venu, les assistants se sentirent pénétrés de respect ; car le célèbre hôtelier, dont les tartes aux anchois étendaient la notoriété jusqu'à l'Isle-Jourdain et Abzac, était connu pour sa morgue altière à l'endroit des gens de petit état.

— M. d'Aultry doit, en ce moment, dormir dans sa chambre, — déclara-t-il en recoiffant sa face rubiconde. — Il n'est pas encore trois heures, et sa sieste n'est pas finie. Voulez-vous patienter un peu, monsieur Gillot, avec un flacon d'anis ou de quelque autre liqueur? Ce me serait un particulier honneur que de vous faire tâter de mon nouveau vin épicé. M. de la Bastoigne en a fait enlever, ce matin même, une dame-jeanne de vingt pintes que ses valets portèrent dans un panier attaché sur des brancards, telle une demoiselle qu'on promène. J'ai fait cuire le vin sur un feu doux, comme il convient, pendant des heures, avec poivre long, gingembre, graine de paradis et clous de girofle. Cette rare potion ferait gigoter un mort. Et c'est un aphrodisiaque sans pareil. M. de la Bastoigne en tire le meilleur de sa condition ; M. de Lanclet, sans aucun bruit, en envoie toujours acheter quelques flacons. Mais vous, monsieur Gillot, vous n'en êtes pas encore à user de pareilles pratiques, et les filles de Seissat le savent tellement bien que votre réputation est faite...

— Essayons de ce vin, maître Jacquemart, mon compère! interrompit le marquis avec une modeste condescendance. Et menez-moi dans quelque salle où nous puissions deviser loin des regards du commun, autant que possible à l'étage. Ne manquez pas d'avertir le jeune monsieur dès qu'il passera la porte : je lui vais donner une nouvelle qui le fera courir comme une chèvre vers un bouquet de cytises.

— Montez donc par cet escalier, monsieur Gillot, et entrez dans la petite chambre qui s'ouvre sur le palier. Je vous rejoins avec la bonne bouteille.

Une belle femme, dont les cheveux bruns disposés en bandeaux plats apparaissaient sous la coiffe de cambrésine ourlée

de broderie, se présenta au tournant des marches. Sans modestie, le marquis, laissant errer ses mains dans l'ombre,
reconnut son corsage et lui prit trois baisers. Il se disposait
même à pousser la dame contre une porte entre-bàillée qui
laissait entrevoir un petit réduit favorable, mais le pas lourd
de l'hôtelier se fit entendre, et la femme, s'échappant des
bras du marquis, disparut derrière l'huis refermé. Saint-
Cendre éprouva de cet échec un mécontentement considérable.
Négligemment il demanda à Jacquemart, qui avec des précautions infinies lui versait son vin illustre :

— Quelle donc cette fille ou femme qui demeure sur le
premier palier? Il m'a semblé, à la voir passer, qu'elle
avait assez bonne tournure.

— Oh! c'est tout bonnement mon épouse. Un peu revêche,
Isabeau n'est point toujours dans ses bons jours, et c'est un
dragon de vertu. Au contraire des femmes de Seissat, elle
ne vous chérit guère, et je suis obligé de la gronder souvent
sur ce point.

— Que voulez-vous, compère Jacquemart! — dit Saint-
Cendre en vidant le hanap en verre peint qui brillait dans sa
monture de cuivre, — on n'est pas écu d'or pour savoir plaire
à tout le monde! — Mais parlons de nos affaires.

L'hôtelier en parla longuement. Un mouvement se produisait à Seissat. le curé lui-même ouvrait l'oreille aux bruits
qui lui arrivaient de toutes parts. Depuis la victoire des
huguenots à Bassac, il penchait plutôt vers la religion réformée, car il ne possédait point de biens en dehors de la cure :
comme tel, la sécularisation l'inquiétait peu. Si on lui promettait un temporel, il ne s'opposerait pas à ce qu'on célé-
bràt le nouveau culte, et il dirait même la messe à la façon de
Genève. Quant au pillage de l'abbaye du Repaire, ce projet
le trouvait indifférent. Un homme à ménager était le barbier
dont la boîte peinte en bleu rechampi d'or, dressée au-dessus
de sa porte s'apercevait de la fenêtre. Saint-Cendre y jeta
un regard.

— La forme de cet étui donne à entendre que le barbier
peut panser les plaies et faire toutes les besognes de chirurgie.
Il faut donc nous assurer son concours... Continuez, mon compère : tout ce que vous dites est plein d'un particulier intérêt.

Il en trouvait surtout à se figurer la femme de l'hôtelier
dans un vêtement moins montant. Et tandis que Jacquemart
lui développait les ressources de Scissat, il cherchait à créer
des occasions de rencontre.

— Oui, monsieur Gillot, je nourris avec ce barbier, qui
est un personnage important, des rapports qui, de jour en
jour, se font meilleurs...

Approuvant de la tête, Saint-Cendre pensait qu'avec la
femme de Jacquemart les rapports seraient aussi, au premier jour, mis à leur meilleur point. Il pensait à la fermeté
probable de sa chair, à sa belle stature, et puis il commençait à en avoir assez de Catherine. Un moment, il songea à
s'installer à Scissat.

Mais l'hôtelier poursuivait son rapport. Le concours du boucher, maître Dindaux-Perrinet, était absolument assuré. Ennemi
des prêtres, d'autant que le champ continuant son jardin était en-
clavé dans le bien d'un chanoine, il ne permettait plus à sa
femme de se confesser. Aussi avait-il perdu la pratique de plusieurs personnes notables, dont celle du juge guêtré. Celui-ci,
poussé par les femmes de son entourage, ourdissait contre le
boucher de sourdes intrigues et le lésait ouvertement chaque
fois qu'il rendait la justice sous l'orme de la place. Et il y
avait bien d'autres gens encore qui attendaient un mouvement
pour profiter et pêcher en eau trouble. Chantagrelle, le bon-
netier, apparaissait comme le particulier ennemi du sergent
blavier Rachaux, qui lui avait naguère refusé sa fille. Mais le
bedeau Lacassagne, par ses relations avec les Vinchat des moulins de Cheliveau, était un des adversaires les plus dangereux
que pût trouver Dartigois sur sa route.

— Je vais vous expliquer pourquoi. Vous comprenez, monsieur Gillot...

— Oui, oui, j'entends, — murmura Saint-Cendre qui songeait : « Elle doit avoir une ceinture et des flancs magnifiques... »

— Les gens des moulins, reprenait Jacquemart, sont au
moins une trentaine, et parfaitement armés d'arquebuses,
mousquets et autres bâtons qu'ils ont achetés aux maraudeurs
de Bassac. Et ils en possédaient déjà. Les six fils du vieux
Vinchat sont tellement grands qu'on les aperçoit de deux

lieues dans un pays plat. et ils s'amusent tous les dimanches
à tailler les arbres avec des épées à deux mains. Encore
qu'ils ne soient qu'une demi-douzaine. ils démolissent une
haie de piquiers comme on fauche un champ.

Quant au messier Jean Villesot, c'était un homme simple
et stupide que l'on pouvait avoir pour une pomme. Et l'hôtelier donna d'autres renseignements encore. Mais le complot
se tramait toujours dans l'ombre et personne n'osait se mettre
en avant.

Saint-Cendre rassura maître Jacquemart par des encouragements discrets. Les temps étaient proches. On verrait arriver sous peu de jours le grand chef à la voix de qui se soulèverait le pays. D'ici là il ne fallait rien entreprendre. En
tout cas, l'histoire que l'on faisait courir sur la présence d'un
grand seigneur au Breuil était un conte à dormir debout.
Dartigois, comme d'habitude, avait fait la mauvaise tête à
propos de faits de braconnage. Et si des gens de la Haute-
Ganne avaient été tués, — ce qui n'était peut-être qu'un
mensonge, — la rixe n'avait pas été commencée par Dartigois.
Au milieu de tous ces commérages, on ne savait à qui entendre.

— Il faut de la prudence, mon compère, et se défier des
faux bruits. Avant que Dartigois l'ait commandé, il ne
faut rien mettre en branle. Un coup de main malheureux
pourrait tout faire avorter.

Aussi, bien qu'excitant Jacquemart à redoubler d'énergie
dans sa propagande, le marquis demeura vague. Il lui recommanda seulement de se garder des femmes :

— Leur principal rôle dans les conjurations est de les
faire misérablement avorter.

— Il faut, déclara l'hôtelier, nous méfier de l'épouse du
boucher. Julie Thouron. Entre toutes, elle m'apparaît comme
pernicieuse et néfaste. Sa grande beauté lui assure sur son
mari et sur bien d'autres un très important pouvoir, car elle
trompe Dindaux-Perrinet sans mesure pour se pousser dans
le monde. Et, par sa famille, riche et bien posée à Saint-
Sornin, par ses sœurs mariées à des collecteurs des gabelles
ou à des fermiers de l'impôt, elle tient ici le haut du pavé.
Apparentée aux seigneurs de Blanzac et de Berneuil, elle
incite son mari à acheter une ·charge et ne désespère pas

d'acquérir la noblesse. En tout cas elle pourrait nous mettre sur les bras ceux de Blanzac et de Berneuil.

Saint-Cendre leva les sourcils avec dédain :

— Ceux-là, dit-il, ne sont pas à craindre, compère Jacquemart, car ils ont trop à faire de surveiller les bandes qui passent tous les jours du côté de Saint-Amand. Il y a eu des incendies et des pillages au Dorat, et les forces de Bellac regardent de ce côté du pays. Le jour où nous marcherons, personne ne nous dérangera, soyez-en sûr. Mais est-il vrai que cette demoiselle de boucher soit d'une si parfaite beauté? Cela me cause toujours une émotion agréable d'entendre parler d'une belle femme.

— Julie Thouron, monsieur Gillot, est une friande et assurée commère. Et, moi qui vous parle, malgré mes cinquante ans bien sonnés, dût mon estimable épouse m'arracher les yeux, je ferais bien encore une folie pour voir la doublure de ses cottes. Elle a des yeux qui brillent comme des cerises noires, des cheveux blonds couleur des blés mûrs, et une taille qu'on ne prendrait pas dans ses deux mains, il est vrai, mais qui est ronde comme le tronc d'un bouleau. Je pense que son corset abrite, sans besoin de les soutenir, les plus beaux seins du monde... Enfin, pour tout dire, elle est blanche comme la crème elle-même, rosée comme un cochon de lait, pour employer des expressions qui peignent exactement ma pensée. Et elle n'a pas plus de vingt-six ans, je pense. De telle sorte que ses deux filles semblent être plutôt ses sœurs et que le tout forme un très présentable trio.

— Je serais très heureux, — fit Saint-Cendre, qui souriait avec des yeux allumés, — de connaître cette intéressante famille. Vous ne manquerez pas, mon maître, de m'y mener quelque jour.

— Je veux, monsieur Gillot, vous présenter tout de suite ces Dindaux-Perrinet! s'écria Jacquemart.

Mais Gaston d'Aultry entra, qui lui coupa la parole, et l'hôtelier se retira sur un léger signe de M. Gillot.

— Je vous apporte, mon jeune ami, dit celui-ci, un message admirable et qui vient d'une grande dame. Comme je prenais le frais sous le porche du Breuil, une sorte de valet à cheval m'appelle et me demande si vous vous trouvez là.

« J'ai, dit-il, à remettre à M. d'Aultry, une lettre écrite par madame la marquise de Saint—Cendre. »

Gaston en demeura étourdi. Tremblant, il essaya de se lever, mais ses jambes se dérobaient sous lui.

— Vous ne vous moquez pas de moi? supplia-t-il d'une voix altérée.

— Je n'oserais pas, mon jeune monsieur; et la plaisanterie serait pauvre et détestable, en tout indigne de moi. D'ailleurs voici la lettre; je vous laisse avec elle. Sans doute votre bonheur gagnera-t-il à être goûté dans le silence.

Mais Gaston supplia M. Gillot de rester. Et. tandis que le marquis de Saint—Cendre le regardait avec un sourire vague qui éclairait à peine son long visage maintenu dans une expression lourde et grave, l'enfant lisait, haletant, les lignes tracées par Gilonne:

Mes désirs sont vôtres, et je veux vous les exprimer cette nuit même. Pourquoi avoir tant tardé? A onze heure du soir, je serai à la brèche du mur d'enceinte, en cet endroit du parc qui regarde le chemin des Charmettes. Là vous trouverez qui ne cesse de penser à vous.

GABRIELLE.

Il ne pouvait détacher ses yeux du papier où les lignes lui semblaient danser. Et il sentait vibrer dans son cœur une amoureuse chanson : « Que je suis heureux! que je suis heureux! Et cela est-il possible?,.. »

Elle avait donc compris le muet langage de ses regards timides, la souffrance qui s'augmentait par son trouble, quand il ne pouvait trouver une phrase où son âme sût parler.

« Comme elle est intelligente, et bonne! se disait-il. Comme elle est douce, et que ce sera chose délicieuse d'être aimé par elle! »

Il étouffait dans sa poitrine trop étroite, tant elle s'enflait de joie et de fierté. Allant et venant par la pièce, il regardait le papier, puis le portait à sa bouche. Orgueilleux, il examinait le cachet où les armoiries ténues disparaissaient dans les éclats et les brisures de la cire. Il se crut maître de tout, des hommes comme de la terre, prêt à mépriser sa part de paradis. De Gabrielle, un instant, il oublia la beauté pour ne plus

penser qu'à son titre et à sa richesse. Et il répétait machinalement :

— Gabrielle. madame Gabrielle. Gabrielle de Vignes ! Je
la verrai ce soir, ce soir !

« Tu ne verras rien du tout. mon bonhomme, — disait à
part soi Saint-Cendre. — que trois ou quatre camarades qui
t'enverront courtiser l'affable et riante Proserpine chez le gracieux Pluton. C'est une chose singulière de penser comme il
est facile de mener un enfant, voire un homme, à sa déconfiture par un piège aussi grossier. »

Mais Gaston continuait sa promenade. Enfin il se rappela
l'existence de M. Gillot. Il courut à lui, saisissant ses mains.
il voulut l'embrasser, ce à quoi M. Gillot consentit de bon
cœur en souvenir de l'homme de Cariote.

— Pardon, — disait Aultry se confondant en regrets, —
pardon, mon digne. mon brave, mon excellent ami ! Et vous
avez pris la peine de faire tout ce chemin pour m'apporter
cette admirable nouvelle ! Je veux que vous lisiez cette lettre,
elle est à vous autant qu'à moi...

— Non, vraiment, mon jeune monsieur, vous me comblez.
Elle est pour vous tout seul, et vos remerciements sont superflus. J'ai voulu vous apporter moi-même ce billet, tant je
tenais à ce qu'il ne s'égarât pas en route par quelque hasard
malheureux. Si vous ne l'aviez pas reçu, j'en aurais été très
marri...

Et Saint-Cendre ajouta en lui-même :

« D'autant que je n'aurais su qui envoyer à ta place. »

Il ne s'arracha qu'avec peine aux étreintes de M. d'Aultry.
Il lui donna quelques derniers conseils, comme celui de
prendre le bon cheval qu'il lui avait prêté, le Roland. Et,
tout en suivant le chemin accidenté qui, par Géraud, abou-
tissait à l'allée maîtresse du Breuil. il se félicitait de son
invention.

« Je vais les mettre dans un bel arroi, à la Haute-Ganne !
Et je donnerais gros, encore que pour l'instant tout mon bien
soit en espérances, pour voir la mine de l'oncle Christophe
quand il recevra le moineau qu'on lui apportera au lieu et
place du faucon son neveu ! Va, mon brave Lancelet, je te
rendrai ton coup de la rue de la Limace en prenant ta tau-

pinière et ma femme par la même occasion. Si je suis rempli
de tendres désirs à l'endroit de Gabrielle, j'en nourris
de non moins vifs à l'égard de ses biens, car ils sont à
moi, quoique l'on m'en prive. Quant à toi, Christophe,
si tu n'es pas tué dans la bagarre, je jure que tu étren-
neras un collier de chanvre tout neuf, et qu'à l'instar d'un
évêque des champs tu béniras avec tes pieds les bons
compagnons qui divertiront Gilonne, les dames et les
demoiselles que l'on trouvera dans ton château. Après quoi,
on mettra le feu aux quatre coins, sans préjudice du milieu,
et tout le monde y trouvera son compte... Je voudrais bien
voir la femme de ce boucher. Jacquemart m'est apparu, en
diverses occasions, comme un grand et merveilleux connaisseur, et ce qu'il me dit de cette Julie Thouron mérite d'être
noté. J'y penserai par la suite, et aussi à sa femme, l'hôtelière,
qui a de si beaux bandeaux. S'il se produit à Seissat quelque
tumulte, mon premier soin sera de m'assurer de ces deux
commères comme particulière part de butin. Je les garderai
dans mon quartier, dût Catherine en sécher de désespoir. Mais
tout me porte à croire qu'elle fera bon ménage avec elles, et,
d'ailleurs, de cette dolente blondinette je commence à me
lasser. »

Par une suite naturelle, les pensées du marquis le rame-
nèrent vers son oncle. Il eût désiré assister à sa confusion :
« Quelle figure a-t-il dû faire en entendant le rapport de
ses sergents ? De colère, le vieux fleuve, *Eridanus pater,* en
dévore sa barbe... Il y aura des fouettés, ce soir, à la Haute-
Ganne. Mais je crois qu'hommes et femmes seront battus plus
rudement que ne le fut la pimbêche Gilonne de Bonisse dont
les reins ont frémi sous ma noble main. Cette péronnelle,
pour fraîche et soignée qu'elle fût, ne m'a donné aucun désir.
J'en tire de favorables signes pour la conservation de mon
énergie. Car j'ai entendu beaucoup de gens, grands
experts en la matière, dire que le goût des tendrons nous
vient comme un signe de première décadence. Celle de l'oncle
Christophe doit être à son dernier terme, et il en est de même
de son ami La Bastoigne, qui s'enrichit au sac de Rome où il se
distingua comme secrétaire d'un baron allemand. Aujourd'hui,
ce pillard nous apparaît comme une figure de marionnette

façonnée par quelque artiste macaronique pour représenter ces grotesques qui abondent sur les tapisseries. Mais La Bastoigne a de grands moyens et il dispose dans son château de Vaucreuse, je le sais, de quelque canons. Il ne faut point qu'il les prête à Christophe. La semaine prochaine, je m'occuperai de cette affaire... Que ne puis-je jouir, en ce moment, de la mine apoplectique de l'oncle, et, par surcroît, de la femme de Jacquemart ! Je tâterai Dartigois pour voir si cette demoiselle ne pourrait, par hasard, passer quelques jours au Breuil... Qui me donnera le spectacle de l'admirable Christophe ? »

La colère de M. de Lanclet éclata, en effet, formidable, hors de toute mesure. Lorsque, sur le coup de trois heures, ses sergents à verge blanche vinrent lui rendre compte de leur infructueuse mission, et lui remirent les oppositions formées par le marquis et Dartigois, le vieux gentilhomme fut pris d'un étourdissement. On craignit un coup de sang, et on voulut le mettre au lit. Mais, jetant sa canne à la tête du mire Hélion Pélissier qui s'approchait pour le saigner, avec sa lancette et son bassin porté par l'apothicaire Benoît Flicotcaux, il se leva, tira son épée et chargea les sergents qui, sautant par les fenêtres, se sauvèrent à travers le jardin. Et Lanclet lança son arme dans les jambes du dernier.

— Qu'on me raconte la scène, s'écria-t-il, et mieux que cela ! Par le pied fourchu, que personne ne mente ! Je vais en faire pendre quelqu'un, c'est sûr !

Mais la galerie était vide, tous s'étaient enfuis, à l'exception du seul Croisigny qui, ramassant l'épée dont la pointe s'était fichée dans le stylobate de chêne, fit remarquer froidement au vieillard que ce n'était pas là le moyen de s'éclairer.

— Ah ! voilà qui est bien rentré de pique noir. — s'écria Lanclet. — que d'entendre cet animal avec sa morale stoïque... Il faut que tu n'aies pas de sang dans les veines ! Tu subirais tout, toi, sans rien dire ! A quoi m'es-tu bon ? Je me le demande.

— Cette parole est de trop, mon cousin ! — répondit gravement le comte de Croisigny. — De vous à moi elle sera la dernière. Dès ce soir je quitterai votre château, emportant pour tout bien le regret d'avoir été assez sot pour vous servir. Adieu.

Et, lentement, après avoir lâché l'épée qui tinta sur le plancher, Gaspard s'éloigna. Mais Lanelct le rejoignit, lamentable : « Il n'abandonnerait point son vieil ami dans des circonstances pareilles... » Et comme l'autre tirait toujours vers la porte, il saisit son bras, l'arrêta :

— C'est une félonie, une trahison ! Tu n'as pas le droit, Gaspard ! Ou plutôt... non... pardon, mon enfant ! Oui. je m'humilie, j'ai mal agi, j'ai eu tort. Tu comprends, toi qui es sage, que la colère peut égarer un malheureux dans mon cas. Voyons, Gaspard, mon enfant, embrasse-moi ; je te jure...

Croisigny lui obéit, par bonté. Il sentait que tout allait au désordre dans le château et que s'il partait, Saint-Cendre y entrerait dans quelques jours. Sans connaître les plans de Dartigois et de son maître, il en augurait mal pour la Haute-Ganne et il songeait à emprunter à La Bastoigne ses canons. Il s'en ouvrit à Lanelet, mais celui-ci le pria d'attendre encore, rien ne pressait. A ce moment, Gilonne entra, elle voulait parler à son tuteur, en particulier. Il l'emmena dans sa chambre. Là, tout d'abord, il aperçut un grand pli scellé de rouge déposé au milieu d'une table. Qu'était-ce encore, et qui avait apporté cela ?

Gilonne déclara qu'elle ne savait rien sur cette lettre. Cependant elle croyait se rappeler qu'un courrier l'avait remise comme venant de Bellac. Lanelet rompit les sceaux où l'avers de francs à cheval demeurait empreint. Ces anciennes monnaies avaient servi de cachet. Sur le dos du vélin il n'y avait pas d'adresse. Quand il eut ouvert le pli, il s'étonna, car des caractères imprimés, découpés dans un livre et collés, s'alignaient côte à côte en un assemblage insolite.

— Qu'est-ce, dit-il, que cette mosaïque ? Et à quoi rime ce ridicule et curieux travail ? Regarde donc, Gilonne.

Mais la jeune fille venait de s'esquiver en criant qu'elle reviendrait tout à l'heure. S'armant de ses besicles dont les verres ronds étaient unis par un fil d'or coudé, M. de Lanelet lut :

Ce soir, à onze heures, devant la brèche du mur d'enceinte qui regarde les Charmettes, le marquis de Saint-Cendre viendra pour l'amour d'une dame. La justice des hommes y trouvera peut-être son compte.

« Voilà, se dit Lanelet perplexe, une nouvelle intrigue

qui se trame. Suis-je le maître ici? C'est ce dont je commence à douter. Pour aujourd'hui, je ne prendrai conseil
que de moi-même et je ne parlerai à personne de cette singulière prophétie. Ou elle est vraie, et j'en profiterai comme il
convient, ou bien elle est une pauvre plaisanterie, et je ne
veux pas qu'on se moque de moi. Rien n'est plus fâcheux
pour l'auteur d'une plaisanterie adroitement machinée que de
n'en plus avoir de nouvelles. »

Et, sifflant dans un tube de vermeil pendu à sa chaîne de
cou, le comte de Lanelet cacha le parchemin dans un tiroir.
Un valet de chambre parut.

— Qu'on fasse venir Florian Farnetz, sur l'heure !

Le vieil écuyer arriva. Depuis l'affaire de Gilonne, il n'o-
sait plus se montrer, et ses jambes tremblaient sous lui.

« Que va-t-il m'arriver? » pensait-il. Car il avait appris, en
route, la formidable colère du maître.

— Florian, mon brave, — lui dit le comte sans rudesse, —
tu peux profiter d'une belle occasion de réparer ta faute. Je sais
que ce soir l'homme qui a frappé mademoiselle de Bonisse
viendra, vers onze heures, à cette brèche du parc que l'on
n'a pas encore aveuglée, du côté des Charmettes. Avec quelques valets et des arquebuses, la chose sera facilement réglée,
et vous m'apporterez votre gibier dans la galerie des Armes,
aussitôt le coup fait... Va, mon vieux, et que Dieu t'assiste !

Sans dire un mot, l'écuyer sortit. Gilonne rentrait alors dans
la chambre, et, souriant ingénument, elle demanda à son
tuteur s'il y avait encore quelque nouvel incident.

— Non, ma mignonne, — dit avec majesté M. de Lanelet. —
Mais si tu veux veiller avec moi, ce soir, dans la galerie des
Armes, tu verras un spectacle qui te réjouira, je pense. A ce
propos, n'avais-tu pas quelque chose de particulier à me dire?

— J'aurais désiré savoir, mon cher tuteur, — dit-elle en
s'asseyant sur les genoux du vieillard. — si ce Saint-Cendre
a été puni suivant ses mérites.

— La nuit ne se passera point qu'il ne soit mort. Ne m'en
demande pas plus, et embrasse-moi. J'entends que personne
ne parle ici de cet homme, et surtout que Gabrielle ne reçoive
aucun avis.

— Vous serez obéi, monseigneur, — fit d'un ton cérémonieux la jeune fille, en s'échappant des mains tremblantes qui s'égaraient autour de sa taille.

Mais elle sut retrouver Gaspard de Croisigny, qui lui raconta la bravade de Saint-Cendre devant les gens de justice. Et elle comprit que le gentilhomme se réjouissait de ce que le marquis, son ami en somme, n'avait pas été arrêté. Aussi, pour le payer de ce qu'elle croyait une particulière confidence, elle lui déclara pour rompre l'entretien :

— Vous êtes, monsieur Gaspard, tout aussi bavard que les femmes, pour qui vous semblez nourrir un philosophique dédain. Et ce n'est pas d'un homme d'honneur de confier à la première venue...

Irritée du sourire pâle de Croisigny, qui n'ignorait pas que Gilonne était le conseil attitré de M. de Lanelet, elle continua, rouge de colère, les yeux luisants :

— Oui, vous pouvez vous moquer... Vous agissez mal en me racontant ces secrets que vous avez juré de garder !

Sa méchanceté retomba comme une flèche qui a émoussé sa pointe, et elle avait dépassé le but. Sans même relever son propos, Gaspard lui donna la main pour la conduire dans la salle à manger. Mais là, toutes les sages combinaisons de l'oncle Christophe furent déjouées par l'arrivée inopinée de M. de la Bastoigne. Vêtu de drap d'or et de damas à fleurs comme un courtisan d'Italie, le châtelain de Vaucreuse s'arrogea les honneurs du banquet. Il apportait des nouvelles du fameux Saint-Cendre. Cet homme admirable faisait parler de lui dans le pays. Et, sans se soucier de la colère de Lanelet qui devenait blanc comme un linge, de la figure empourprée et contractée de Gilonne, il continuait de narrer les détails de l'arrestation manquée.

— Jamais les gens du Roy n'ont rencontré une réception aussi bien ordonnée. Chacun s'est retiré satisfait, hors le jeune de Vaudrezelles qui a voulu faire le fendeur de naseaux. Sans ma mie Catherine, le butor aurait été passé à l'épée.... Je crois, entre nous, que Catherine lui a sauvé la vie pour l'amour de moi, parce que cet enfant est mon neveu, à la mode de Bretagne, comme on dit.

Et La Bastoigne, suçant un os de coq de Limoges avec délicatesse pour ne point léser ses dents frettées d'or, donna d'autres détails importants. Le prévôt lui-même, chez qui il était allé faire la partie de tric-trac, les lui avait fournis. Saint-Cendre et Dartigois devenaient des personnages dans le pays, et il était dans les choses possibles qu'ils y devinssent maîtres et rois.

— Prenez garde à vous, mesdames! car ces gaillards exerceront les anciens droits, si j'en crois la renommée, avec une luxure continue.

Penchée en arrière, Gabrielle sourit faiblement. Tous remarquèrent son attitude. Allait-elle prendre parti contre son oncle? Mais madame de Folenbrais raconta quelques-unes des plus scandaleuses amours du beau Saint-Cendre.

— C'est trop, — dit Lanclet impatienté, — s'occuper de ce mauvais sujet.

Et il affecta de parler à voix basse avec Gilonne, qui était assise à sa gauche. La voix cassée de La Bastoigne avait repris son discours.

— Enfin, mon vieil ami, ton neveu me devient sympathique. A ta place, je recevrais l'enfant prodigue; et je suis prêt à fournir le plus gras de mes veaux. Que lui reproche-t-on, après tout? Quelques histoires de voleurs et de jupes! Il n'y a pas là de quoi fouetter un page. A Bellac, Saint-Cendre commence à rallier les suffrages. Et cela, sous le simple nom de Gillot : car peu de gens, là-bas, connaissent sa qualité véritable. Sans m'occuper de savoir par qui il a été dénoncé, — et chacun dit que ce ne peut être que par un de ses anciens valets...

M. de Lanclet devint très rouge tandis que Gilonne, pâle comme la cire, envoyait au vieillard garancé et doré un regard chargé de haine.

Sans le remarquer, La Bastoigne continuait :

— On dit là-bas que tu as eu tort de prêter tes gruyers et tes sergents à verge pour cette mauvaise besogne...

— C'en est assez, n'est-ce pas, La Bastoigne? Je dis nettement que je ne veux plus que le nom de Saint-Cendre soit prononcé chez moi!

— D'autant qu'il devrait être enfermé avec la robe jaune des détenus insolvables, — appuya un certain M. de la Touaille qui se faisait héberger au château.

Un « parfaitement, monsieur, vous avez mille fois raison ! »
fut le remerciement de l'oncle Christophe. Mais Gabrielle,
attachant sur le détracteur de son mari ses grands yeux luisants, le toisa de telle sorte que le jeune homme rentra sa
tête dans sa fraise qui se redressa autour de lui, comme ces
fleurs qui, le soir venu, referment les pétales de leur corolle.
Lanclet, fort de cet appui inespéré, approuva encore M. de la
Touaille : « Saint-Cendre avait été un fléau pour chacun,
pour sa femme tout la première. »

Avec un sourire que certains trouvèrent singulier, Gabrielle
haussa les épaules. Elle leva le nez vers le plafond, puis considéra madame de Folenbrais. Et elle vit très distinctement
celle-ci passer, dans les plis de sa jupe couleur d'Espagnol malade, un billet à M. de Palloys, tandis que ce page ramenait
un plat d'argent par-dessus son épaule. Alors Gabrielle pensa
au petit François, à la pollution de sa chair, au meurtre. Et
elle demeura comme insensible à tout ce qui se disait autour
d'elle. D'ailleurs, rien ne l'intéressait plus à cette heure. Elle
avait appris l'essentiel, c'est que Louis-Alexandre n'avait pas
été arrêté. Il lui donnerait quelque jour de ses nouvelles, mais
pour lui en faire tenir elle n'avait confiance en personne.

Elle regagna sa chambre et dormit encore dans les bras de
Saint-Cendre qui ne quittait plus ses songes. Mais elle croyait
entendre des coups de feu, des murmures confus, des pas
lourds : un moment, elle se demanda si elle rêvait encore ou
si elle était éveillée. Dressée sur son séant, elle n'entendait
plus que les battements de son cœur. Appelant Peyrusse, elle
demanda d'où venait tout ce bruit.

—· Je ne sais pas, madame. J'ai vu passer des lumières, et
je suis sûre qu'on marche dans la galerie des Armes.

— Va donc voir par le guichet ce qui se passe, et reviens
me le dire.

Au bout d'un instant, la fille d'atour rentra tremblante :

— Ah ! madame ! C'est M. d'Aultry qu'on vient de tuer !
Et il est couché tout de son long sur une planche, éclairé par
vingt flambeaux.

En effet, les verdiers de la Haute-Ganne embusqués par
Florian Farnetz, qui les avait choisis parmi les plus habiles
tireurs, venaient d'arquebuser le petit Gaston d'Or au

moment où, penché sur l'encolure de son cheval, il envoyait
un timide appel dans la 'nuit. Sous les coups de feu il avait
roulé dans la douve, précipité en contrebas de quinze pieds.
Le Roland s'était enfui au galop sans qu'on pût le rejoindre.
Mais à la lueur des décharges le verdier Rutière avait reconnu
l'habituelle monture de M. Gillot du Breuil. Quant à l'homme
on l'avait tiré du fossé et entré dans la salle sur un battant
de porte.

Devant cet enfant mort, le vieux Lancelet demeurait béant;
et Gilonne, qui avait battu des mains tout d'abord, en voyant
arriver ce corps les pieds en avant, s'était assise, morne et
abattue sur un coffre. Posé sur deux chaises, l'huis de chêne
peint en gris présentait son fardeau d'où le sang encore chaud
filait et descendait, vermeil. Et tous se taisaient, de telle sorte
qu'on percevait le bruit des gouttes lourdes qui s'écrasaient
sur le plancher. Jamais mademoiselle de Bonisse n'avait vu
un homme tué; et elle tremblait, claquant des dents, si fort
qu'elle serrât les mâchoires, et ses mains semblaient lui échapper pour danser sur la quille brodée de sa robe en baudequin
minime.

— Oh! le pauvre! murmurait-elle. Qu'il est mince, et qu'il
a l'air malheureux!

Allongé sur la tablette, le petit homme doré apparaissait
grêle et chétif, délicat comme une demoiselle prise dans des
vêtements masculins. Seul, son visage apparaissait nu, et sa
tête, car son bon bonnet était resté dans la douve. Ses mains
serraient leurs doigts repliés sous les gants de velours sombre
à boutures de soie claire. Les traits effacés et mous s'étaient
figés dans une expression de stupeur, de saisissement, d'horreur. De ses yeux vitreux, grands ouverts, qui épouvantaient
Gilonne, des larmes avaient perlé, laissant sur son visage
décoloré et blafard des traînées luisantes.

Car, à ce moment où il avait expiré, s'étaient fixées, dans
son cerveau déchiré par le plomb, les mêmes pensées qu'au
jour où, pour la première fois, il avait rencontré madame
Gabrielle :

« Si cette dame me disait d'aller me faire tuer quelque
part, je m'y rendrais sur l'heure. Et ce serait chose douce de
mourir pour elle, si ce n'était par ses mains. »

Mais la marquise n'avait jamais posé sa main sur ces cheveux, maintenant souillés de la boue sanglante qui masquait toute une moitié de la mine. Et la fange tachait pareillement le costume de velours noir galonné d'or, les chausses écarlates dépassant au-dessus des bottes blanches dont les éperons dorés retenaient les pieds en l'air. De chaque côté de la porte, les manches pendaient, doublées de taffetas couleur de Roy; à un gond était accrochée la grande épée d'Allemagne dans son fourreau de peluche rouge. Troué de dix coups de feu, l'enfant perdait son sang jusqu'à tarir ses veines. car on avait usé d'arquebuses de gros calibre. Son front était ouvert à la racine du nez, la tempe gauche fracassée, le cou traversé. La poitrine hachée, tant on avait tiré de près, semblait béante, et dans la sanie brune qui empoissait les rayures d'or, un morceau de papier apparaissait.

— Par quelle fâcheuse erreur a-t-on assassiné cet innocent? disait M. de Lanelet. Et n'avez-vous donc pas pu voir sur qui vous dirigiez vos balles?

Mais les gruyers déclarèrent que la nuit était si noire qu'ils avaient fait feu au juger. Tous croyaient avoir affaire à M. Gillot, dont on connaissait le cheval; la chose était inexplicable.

— Que pouvait-il chercher à cette heure dans mon château? se demandait Lanelet.

— Il y a, monseigneur, opina le vieux Florian, une lettre qui dépasse du pourpoint. En la lisant, peut-être...

— Prends-la donc, et donne-la-moi!

Gilonne s'approcha, malgré sa terreur : elle voulait savoir. Et elle reconnut le billet qu'elle avait fait porter à Saint-Cendre. Oubliant le cadavre, elle ne pensa plus qu'à sa haine. C'était encore cet homme qui prenait l'avantage sur elle; tout ce qu'elle entreprenait tendait donc toujours à sa propre confusion !

M. de Lanelet, malgré le sang qui teignait le papier, put déchiffrer les caractères écrits. Ses sourcils se froncèrent.

— Emportez ce malheureux, dit-il, et que le barbier s'occupe de faire sa toilette. A toutes fins utiles on constituera un procès-verbal que vous signerez, et le mire Hélion Pélis‑

1ᵉʳ Mars 1898.

sier me fera une déclaration écrite. Après quoi, on mettra
M. d'Aultry dans un suaire, puis un cuir de cerf, et le père
Chaussade, ou mon chapelain, fera sur lui des prières. J'avi-
serai demain pour les funérailles.

« Après tout, pensa-t-il, ce blanc-bec venait pour les beaux
yeux de Gabrielle. C'est à n'y pas croire. Je ne puis pourtant pas le faire ensevelir à Seissat. Les esprits y sont si mal
disposés que cela donnerait lieu, sans doute, à une mauvaise
histoire. »

Et, quand il fut seul avec Gilonne, il s'écria, profondément
affligé :

— Ah ! ma mignonne, que de soucis me donne cet abominable Saint-Cendre ! Avec lui, je n'aurai jamais ni paix ni
tranquillité sur la terre… Gabrielle maintenant est d'accord
avec lui, qui l'eût cru ?

Il voulut que Gilonne lût le billet, car en elle seule reposait maintenant sa confiance.

— Crois-moi, mon enfant, marions-nous le plus tôt possible, quand il en est temps encore. Tu m'aideras dans ces
affaires difficiles, où je ne sais qui employer.

Et il continuait, exagérant ses tracas. Il avait besoin d'une
âme dévouée, d'un cœur qui battît à l'unisson du sien. Il parla
à Gilonne de charité, la compara à Antigone. Car, sur sa nièce
Gabrielle, M. de Lancelet ne pouvait plus compter depuis
qu'elle donnait des rendez-vous à des hommes qui n'étaient
pas même son mari.

Mais Gilonne prit la défense de son amie : Gabrielle était
incapable d'une pareille félonie et personne à la Haute-
Garine, non plus qu'ailleurs, n'avait le droit de soupçonner
sa vertu.

— Qu'est-ce alors que cette lettre ? — soupira le vieux
seigneur désespéré. — Et ne suis-je plus le maître ici, que
tout le monde me berne ?

— Je vais donc vous dire la vérité, mais promettez-moi,
mon bon tuteur, de ne pas me punir ?

— Eh quoi ! mon Rayon de Soleil, serais-tu donc, — gémit
l'oncle Christophe, — mêlée en quelque chose à ce meurtre ?

— Hélas ! oui. C'est moi qui ai fabriqué cette lettre ; et je
l'ai fait porter au marquis de Saint-Cendre. J'ai pareillement

composé l'avis anonyme où l'on vous annonçait sa visite pour cette soirée. Punissez—moi donc si vous croyez que j'ai mal agi. Je voulais me venger de votre abominable neveu.

— Et tu as bien fait, ma Gilonne! s'écria Lanelet. Tu es une fille de courage et de tête. Si tu n'as pas mieux réussi. c'est que, par quelque précaution ténébreuse, le bandit a déjoué nos artifices. Il importe peu que ce d'Aultry soit mort, puisqu'il venait pour parler à Gabrielle, dans la nuit, avec des intentions coupables. Rayon de Soleil, mon amour, jure—moi que tu te laisseras épouser demain, dans la chapelle du château... Viens... je veux...

— Non, je vous en supplie, Christophe, — murmura faiblement Gilonne, tandis que le vieillard, dont elle exaspérait les désirs, la saisissait, frémissant de luxure. — Non, laissez-moi!... Pas ici...'près de ce sang! Et surtout pas avant notre union devant Dieu. Je crois que je mourrais de honte...

Froissée, la chevelure en désordre, la fraise retournée, elle s'échappa vivement. Puis elle s'écria :

— Pas avant que le marquis de Saint-Cendre ait été tué!... Si vous me laissiez faire, ce serait bientôt, demain, je pense... Et alors, mon Christophe, je serai toute à vous.

— Fais donc à ta guise! — déclara le vieux châtelain, dompté. — Fais pour le mieux. Mais, par le Dieu juste! ne commets pas d'imprudence.

La jeune fille se retira, sans se douter que Gabrielle, attentive, n'avait perdu ni un mot ni un geste de la scène. La marquise en tressaillit d'horreur.

« Comment croire. — se disait-elle en se remettant au lit, — que cette charmante fille puisse former des complots aussi abominables. et faut-il que mon nom serve pour mener à bien de pareilles noirceurs? Ainsi ces deux enfants, François de Champoisel et Gaston d'Aultry sont morts par ma faute ou à mon occasion... Puisse le sang de ces innocents ne point retomber sur ma tête! Et je jure de prier chaque jour et de faire dire des messes pour le repos de leurs âmes, comme je prie pour Louis—Alexandre.

Et Gabrielle s'endormit en priant la Vierge et le Christ de protéger son mari, Cependant elle ne ressentait pas de terreur : car elle avait une trop ferme croyance dans l'habileté

de son mari pour craindre qu'il pût tomber dans les pièges
de Gilonne.

— Et elle-même, je ne puis la haïr! soupirait-elle. Louis
l'a fouettée, ce qui est une grave injure, et elle se venge comme
elle peut. Depuis tous ces événements, Gilonne se montre
envers moi moins confiante, et, par moments, elle me fait
peur, tant ses yeux brillent à s'attacher sur moi... Il faut que
je la confesse quelque jour. Dès demain, je veux lui parler
longuement.

Mais Gabrielle n'en put trouver l'occasion. De grand matin,
Gilonne était allée aux écuries, où l'on dressait pour elle une
haquenée d'Espagne, achetée par M. de Lanelet comme cadeau
de fiançailles. Suivie de Florian Farnetz et de trois piqueurs,
elle galopa dans le parc, se fit montrer la brèche où M. d'Aultry avait été tué, demanda quelle était la largeur du fossé.

— Il a perdu son revêtement, mademoiselle, et, comme
vous voyez, on travaille à le refaire : ainsi comblé, il ne mesure point deux toises, car l'éboulement a été tel à la suite
des dernières pluies, qu'un cheval pourrait franchir l'espace,
surtout à dix pas d'ici. Oui, là... Au nom du ciel!....

Tandis que le vieil homme continuait son explication,
Gilonne, qui avait reconnu l'endroit, enlevait lestement sa bête
qui retomba sur le glacis où elle se reçut sur ses quatre pieds
juste au bord de la douve. Pour deux longueurs de fer en
moins, elle aurait roulé en contrebas.

A l'exclamation désespérée de Florian répondirent les cris
d'admiration des terrassiers qui, du pied de la courtine éven-
trée, avaient vu passer Gilonne sur leurs têtes. Mais aucun
des valets, non plus que Florian, n'avait risqué semblable
saut. Ils durent faire un grand tour pour gagner la porte principale dont le pont était levé, de telle sorte qu'au bout d'un
grand quart d'heure ils retrouvaient les seules traces de
la haquenée marquées dans la boue. Mais au défaut du
chemin des Charmettes les empreintes se perdaient dans la
terre labourée.

— Je pense, dit un des valets, que la demoiselle aura
poussé du côté de la Villotière. Elle se rend souvent dans le
pays pour visiter les malades, chez Peyrussaud, ou ailleurs.

— Essayons! fit l'inquiet Florian. Et plaise à nos saints

patrons qu'il n'arrive pas encore quelque mauvaise histoire.
Cette belle demoiselle coule entre les doigts comme de la
neige fondue. C'est un lourd souci que celui de la garder.

Près de la Villotière, où ils arrivèrent à grand travail d'éperons, tant les sentiers étaient malaisés et glissants, les gens
de M. de Lanclet retrouvèrent mademoiselle Gilonne. Elle
causait avec un beau garçon qui, dans l'enclos précédant sa
maison, cueillait des fleurs qu'elle réunissait en bouquet.
Devant cet entretien pacifique, Florian sentit son sang se
calmer : car, depuis que Gilonne avait disparu après son
saut, le bonhomme avait pris la fièvre et ne vivait « quasi-
ment plus ». Chargé par le comte du soin de surveiller sa
pupille dans ses chevauchées aventureuses, le vieil écuyer
se comparait à un homme qui porte un oiseau sans liens
sur son poing, et qui a peur de le voir s'envoler à la première occasion propice. L'amour respectueux et comme
paternel qu'il portait à la charmante fille dont il menait
les exercices était plus grand encore que la crainte à lui
inspirée par l'oncle Christophe. Florian, soulagé, respira
longuement :

— Nous pouvons nous arrêter ici, les enfants ! Quand la
demoiselle aura fini de grappiller la treille de Jean Leychanaud, elle nous reviendra sans dommage. Sa haquenée est
attachée là, rongeant l'écorce d'un arbre comme si c'était
du pain blanc.

— Tu m'entends, Leychanaud, — disait Gilonne tout en
suçant des grains de raisin que le maçon voyait rouler avec
envie entre ses lèvres vermeilles. —Tu peux me regarder, et ce
n'est point la peine de trembler comme cela. Je me doute bien
que tu me trouves plaisante et belle. C'est marché conclu, et
je vais, comme nous le disait la sœur Agathe qui nous apprenait l'écriture à Poitiers, te mettre les points sur les i. Le
jour où tu auras tué le marquis de Saint—Cendre, ce bandit
qui se cache sous le nom de M. Gillot, je viendrai ici, et tu
feras de moi à ton plaisir. Est-ce clair ?

L'œil luisant, la figure froide et hautaine, elle dit cela
avec une tranquillité parfaite. Mais un brouillard entoura
Jean Leychanaud, qui vit monter comme une épaisse nuée
rose où il pensa disparaître. Sa treille dansait. Il s'appuya à

la haute barrière pour ne point tomber. La bouche sèche, les
yeux éblouis, il resta longtemps silencieux. Et ce fut son
visage à lui qui rougit, à se sentir toisé par mademoiselle de
Bonisse.

— Ah! ce serait trop beau! — balbutia-t-il. — Mais ce
serait encore plus mal, mademoiselle Gilonne, de vous moquer d'un pauvre tenancier comme moi, en lui promettant
ce qu'il voudrait payer de tout son sang! Et vous ne ferez
jamais cela, parce que...

— Ce n'est pas ton sang que je demande, Leychanaud,
— interrompit-elle. — Je te le répète encore : le jour où
tu auras tué Saint-Cendre, foi de fille noble, je viendrai chez
toi... Au-dessus de ta cheminée je vois deux bonnes arquebuses, et moi, je suis une jolie fille, fraîche au delà de ce
tu peux croire. Et tu trouveras doux le temps où tu me
feras compter à ta guise les solives de ton plafond... Tiens,
imbécile !

Elle lui mit un grain de raisin dans la bouche. Puis elle
lui présenta une fleurette pourprée qu'elle tenait serrée entre
ses lèvres. Ivre, stupide de luxure, comme engourdi, le géant
prit la fleur et la couvrit de baisers.

— Oh! laissez-la-moi, mademoiselle Gilonne, je vous en
prie.

— Elle est pour toi. Et tu m'auras aussi! Tu me cueilleras
le premier, m'enlevant ce qu'une fille sage a de plus précieux
sur la terre! Après quoi, tu pourras me mépriser, comme de
juste.

— Oh! mademoiselle Gilonne, comment pouvez-vous dire
cela ? — géuit-il doucement avec des larmes dans la voix.

S'éloignant un peu dans la direction de ses gens, elle
reprit :

— Enfin, tiens-tu le marché ?

— Pourrais-je refuser, mademoiselle? Et quel honneur
me faites-vous! La chose sera réglée demain, au plus tard.

— Et le même jour, tu entendras pleurer ma vertu...
Mets-moi donc à cheval.

Mais, avant que les lourdes mains maladroites et tremblantes eussent pu saisir autre chose que les raides plis cas-
sés du velours de sa longue robe, mademoiselle de Bonisse

était emboîtée dans sa selle à corne et faisait tourner sa
monture.

— Pense à moi! — cria-t-elle à Jean qui, le bonnet à la
main, pâle d'émotion, la regardait manœuvrer.

Elle le salua avec sa gerbe et lui murmura, penchée sur
la crinière fauve de sa jument alezane :

— Vise bien à hauteur du foie, c'est la meilleure place; et
charge d'au moins trois balles fendues en quatre. Ne tire
point à plus de sept ou huit pas. Adieu, ou, pour mieux
dire, au revoir! Il ne tient qu'à toi, mon cher, de savoir
comme j'ai la peau fine!

Gilonne s'éloigna, sans regarder derrière elle. Au tournant du chemin, elle donna la botte de fleurs à un de ses
valets.

— Porte cela avec soin, et tu le donneras à madame de
Folenbrais en lui disant que Jean Leychanaud la salue avec
respect. Elle saura ce que cela veut dire.

Un rire insolent passa dans les livrées d'azur échiquetées
d'or.

— Cette dame, déclara un des valets, est en chasse pour
trouver des garçons partout. Elle fait, en quelque sorte,
Marie la Ribaude. Et il faut que mademoiselle Gilonne soit
assez simple et faible pour se charger de ses belles commissions!

Sur le seuil de sa porte, où, dans le lierre et la clématite,
s'enguirlandaient des fleurs d'automne, Jean Leychanaud se
disait :

« Quand je n'aurais pas la joie de jouir de cette adorable
fille, je tuerai cet hérétique Saint-Cendre parce qu'il a osé
la fouetter. Et il l'a battue lâchement, parce qu'elle n'a pas
voulu le contenter platement et salement, au milieu d'un
champ, sous le regard des gens du Breuil. Mais mademoiselle
Gilonne me trompe, sans doute?... Et, cependant, quelque
chose me dit que ce n'est pas ça absolument. Peut-être aussi
est-ce un caprice de grande dame?...

Et, tout en se forgeant des rêves que sa nature primitive
n'osait trop étendre dans la volupté charnelle, tant il se
sentait le cœur dolent à cause de mademoiselle Gilonne,
Jean rentra chez lui, visita ses armes. Il arrêta son choix sur

une grande arquebuse presque de la taille des butières, et qui les égalait en portée comme en justesse. Depuis long-temps elle lui valait de beaux succès dans les assemblées du pays : à chaque fois, il avait gagné le plus haut prix. La batterie à mèche lui apparaissait comme plus sûre que le chenapan ou le rouet, tant un raté était à craindre. Frot-tant avec une peau de chamois ointe de graisse de cerf les pièces d'acier brillantes couvertes de rinceaux gravés qui couraient de plus en plus fins sur les huit pans du canon, il caressait avec amour le fût de néflier précieusement incrusté d'ivoire.

« C'est par toi, Madelon, — ainsi Jean nommait-il son arquebuse, — que j'aurai la plus merveilleuse des vierges ! »

Et il murmurait :

— Tu ne me tromperas pas.

Il cherchait, tout en continuant sa besogne, à se bien péné-trer des habitudes de Saint-Cendre qui, depuis cinq jours, rôdait du côté de la Villotière. Cette ferme perdue sur un petit plateau abrupt portait adossées au mur de ses greniers, du côté de Bellay, des maisonnettes basses. D'autres, un peu plus loin, se blottissaient comme perdues dans les brous-sailles. Et Jean se demandait quel motif pouvait bien amener le marquis vers cette misérable bourgade, dont l'habitation à lui, Leychanaud, était la seule qui eût bon aspect.

« On me l'a dit grand amateur de femmes. Sans doute vient-il pour quelqu'une du pays? Mais je n'en connais pas une qui mérite seulement un regard. Cependant la grande Macée Labourlade... Peut-être?... Oui, ce doit être sa peau fraîche et ses cheveux couleur de tan qui attirent ici notre homme. D'autant que la belle-fille du père Boucheron est peu surveillée dans la ferme. Et son mari ne veut point qu'elle durcisse ses mains blanches dans d'autres travaux que la couture. Il est à croire que la Macée prend ses rendez-vous avec son marquis chez la mère Françoise Labourlade, sa tante, qui est réputée comme une des plus hardies procu-reuses de la Bastoigne... »

Et, à se rappeler les circonstances, Jean Leychanaud s'af-fermit dans une certitude.

Tous les soirs, vers huit heures, Saint-Cendre arrivait à

cheval. prenait le sentier des Quignons, évitant la ferme ; et, passant par le petit bois, entrait dans la maison de la vieille Labourlade, en filant derrière un petit lavoir.

« Je n'ai donc qu'à me mettre en embuscade sous les gros chênes à gauche du sentier des Quignons. J'arquebuserai l'homme à dix pas et le lieu est tellement désert et écarté, qu'on n'entendra point le coup. Ou bien on croira que c'est un des Boucheron qui s'en va braconner un lièvre... »

Sans se douter de ce qu'on tramait contre lui autour de la chair tendre de la belle Macée Labourlade qui n'avait point dix-neuf ans, le marquis causait alors de cette gracieuse personne avec M. Dartigois. C'était par le maître du Breuil que Saint-Cendre avait connu Macée, un jour qu'elle apportait une guimpe brodée pour Catherine. Assis sur le banc de la cour, il conseillait à Dartigois d'envoyer Catherine à Bellac. Il fallait que la demoiselle partît le plus tôt possible, car la région devenait de moins en moins sûre, et Saint-Cendre ne voulait pas que « notre Catherine » devînt, par quelque mauvais hasard, la proie d'un stradiot ou d'un argoulet. Pour les soins du ménage et la bonne cuisine, on demanderait à l'hôtelier de Seissat de prêter sa femme Isabeau Chesneau, pendant quelques jours, et on ferait venir Macée Labourlade à la semaine pour soigner le linge de chacun.

Dartigois savait ce que parler veut dire :

— Monseigneur, la chose est raisonnable. Dès ce soir vous trouverez Isabeau installée ici, et à votre particulier service. J'en fais mon affaire. Je vais conduire moi-même Catherine chez l'oncle des Chazeaux et j'irai ensuite chercher la femme de Jacquemart à Seissat. Quand il vous plaira, j'enverrai Catherine pour qu'elle vous fasse ses adieux...

— Non, mon ami, j'aime mieux ne point la voir. Son chagrin me pèserait ; et, si nécessaire que soit cette séparation aux grands intérêts que nous avons à débattre, mon courage s'amollirait devant les larmes de ta touchante et séraphique épouse. Les circonstances m'obligent, d'ailleurs, à m'absenter, et je ne rentrerai que tard. Donne-moi aussi quelque argent, s'il t'en reste encore... Ah ! à propos, as-tu sous la main un garçon qui sache se servir d'une arbalète ?

— Monseigneur, la Charité, avec la sienne, tue les petits oiseaux au vol. Et, à quarante pas, je l'ai vu abattre des hirondelles.

— Voilà qui est merveilleux. Cède-moi cet aimable garçon pour aujourd'hui, et qu'il m'attende ici avec deux chevaux et son arbalète. Je vais écrire quelques lettres, et, sans doute, demain, je te fournirai des nouvelles rares qui te réjouiront...

Dartigois s'éloigna. Il admirait son maître, tant il le trouvait abondant en solutions ingénieuses pour les cas les plus difficiles. Et, à se comparer au marquis, il s'estimait moins que poussière. L'accident du petit d'Aultry, dont il venait d'apprendre tous les singuliers détails, l'avait particulièrement enchanté. D'autant qu'il avait vu, aux premières heures du matin, revenir le Roland avec la bride rompue, les chasse-mouches du poitrail pleins de sang ; et il y avait deux balles dans le rembourrage d'une bâte. A ce spectacle, le maître du Breuil avait cligné de l'œil en faisant la grimace de celui qui casse une noix entre ses dents mâchelières.

— Ça t'apprendra, mon garçon, à t'en aller faire le Jacques, à un âge aussi tendre, autour des jupons de notre marquise !

Telle avait été l'oraison funèbre de Philibert-Henri-Gaston d'Aultry de Véragues, prononcée par M. Hannibal-Juste-François Dartigois.

Dans la chambre du rez-de-chaussée, le marquis de Saint-Cendre écrivait :

Monsieur mon oncle, c'est animé par le grand désir de vous plaire que je vous fais tenir cette lettre. Le messager aérien qui vous l'apportera n'a point à craindre le sort que vous réservez aux gentilshommes qui viennent vous visiter la nuit. Car, au contraire de M. d'Aultry, dont la déconfiture nous apparaît évidente, celui-ci porte une tête de fer, et, semblable au dieu Mercure, il vole par ses pieds ailés. Ceci dit, comme il convient toujours d'aller vers le nécessaire, je vous informe que si vous ne me rendez pas Gabrielle de Vignes, ma femme, que vous détenez avec votre habituelle hypocrisie, beaucoup plus afin de profiter de ses biens que pour lui être secourable, je me verrai dans la nécessité de vous punir. Et, dût votre barbe trois fois teinte, chaque matin, en prendre un mauvais pli qui serait le dernier, je vous ferai pendre à la maîtresse porte de votre bicoque, que vous avez récemment fait embellir bien inutilement, car je la brûlerai à en faire un petit tas de charbon. D'autre part, je vous conseille d'épouser au plus tôt votre prude et maigre pupille Gilonne afin d'être sûr de profiter des prémices de sa vertu. Encore que j'y croie peu, cette vertu courra, le jour de votre pendaison, de nombreux et mauvais hasards.

J'ajoute à ces propositions honnêtes la promesse de prendre, à la Haute-Ganne, tout le monde, hormis vous, à quartier. Car je vous considère comme la seule cause de tous les malheurs qui font pleurer votre entourage.

En attendant avec une impatience, qui s'augmente sans cesse, le moment où je pourrai vous revoir, je vous salue, monsieur mon oncle, comme il convient. Et comptez que je vous rendrai ce qu'à la cour vous et les autres appelez encore « le coup de la Limace ». Je demeure ce neveu respectueux et empressé que depuis quelques années vous poursuivez comme un loup gris. Quand la bête se retourne, on passe ordinairement par ses dents.

» Ceci est pour l'oncle Christophe. S'il n'en étouffe pas d'apoplexie, tant sa nature est apaisée et douce, il arrivera un phénomène contraire, et il trépassera de la caquesangue. Songeons maintenant à Gabrielle, ce qui est une autre façon de mortifier Lancelet, car il lira, tout le premier, ce billet :

Je vous rends mille grâces, madame, pour la peine que vous avez prise de me faire arquebuser. Et, n'était une naturelle timidité qui me tient, je viendrais, de ma personne, vous baiser les mains et mieux même, en signe de particulière reconnaissance. Vous avez eu l'admirable attention de tuer l'homme sans offenser le cheval, et vous saviez sans doute combien je tiens à ce courtaud qui va aux trois allures d'une façon à nulle autre pareille. C'est là un procédé dont je suis touché jusqu'aux larmes et qui augmente, s'il est possible, la violente amour que j'entretiens depuis plus de sept années pour vous. Et, certes, ma flamme n'est point près de s'éteindre, je la sens même se diviser en deux faisceaux, dont le premier vous est tout spécialement attaché, mais dont le second, moindre sans doute, s'en va vers mademoiselle Gilonne.

» Ce pathos imbécile produira sur l'oncle l'effet d'un coup de sang. Continuons :

J'aurai bientôt, laissez-moi me flatter de cet espoir, le moyen de vous donner, tout comme à votre aimable secrétaire, mademoiselle de Bonisse, les preuves de mon ardeur qu'un aussi petit accident n'est point fait pour diminuer. Croyez, madame, que je n'ai jamais brûlé d'un feu plus violent à l'égard de votre peau, qui est une belle œuvre de Dieu et plus douce que ces lys des champs dont le grand Salomon a chanté la gloire. Aussi, comme eux, n'a-t-elle pas besoin de vêtements filés. À la seule idée de vous tenir entre deux draps, ou sur un seul, car je ne voudrais en rien vous déplaire, mon courage se double et me pousse à une résolution courageuse qui serait de donner à cette charmante Gilonne une part du plaisir quasi divin que je prendrai avec vous.

En appelant de tous mes vœux ces heureux moments, je vous baise tendrement, madame, et demeure en tout votre humble et obéissant valet.

« Après ces balivernes, attaquons le principal !... »

Et, comptant ses lignes avec soin, Saint-Cendre écrivit :

Tenez, madame, en fermant cette lettre, je me demande si vraiment vous n'êtes pas folle, et si je ne dois supplier le Roy de vous faire mettre en quelque maison de fous. Ce serait pour moi la seule façon d'avoir la paix. Il est fâcheux de voir un tel spectacle. Il faut vraiment que vous ayez perdu l'esprit pour croire que je vous laisserai tromper ainsi ma confiance. À dire vrai, je soupçonne notre oncle Christophe de vous en donner à garder. Mais tout cela, ma chère, prend sa fin, et c'est moi, Louis-Alexandre, qui vous le dis.

(J'ajoute ceci dans votre spécial intérêt.)

« Gabrielle, — se dit-il en terminant, — a été initiée par moi aux mystères des correspondances secrètes. Elle saura lire ce que je veux lui dire dans ces dernières lignes. Car elle est trop délicate pour se laisser prendre à la plate banalité du premier morceau.

Il appela la Charité. Louis Nogeaud parut.

— On te déclare le plus habile au tir de l'arbalète. Je vais donc te couler une commission rare : elle ne saurait être remplie par un maladroit. Regarde ces deux lettres. Te chargerais-tu, avec ton arme, de les envoyer au château de la Haute-Ganne ?

— C'est une chose facile, monseigneur, et que ferait un enfant. Il faudra sans doute, les adresser chacune dans une fenêtre différente ?

— Non, parce que nous ne connaissons pas suffisamment les êtres. Il serait bon que les flèches vinssent se ficher dans

un volet de la façade habitée, afin qu'elles soient bien remàr-
quées et qu'on ne puisse les supprimer sans témoins.

— Ce sera fait, monseigneur. Je vais choisir deux viretons.

Il les tira de la trousse en peau de truie d'où dépassaient
les pointes à ailerons. Soigneusement Nogeaud enroula le
papier autour du court fût de chêne renflé. Après quoi, le
marquis cacheta, écrivit les adresses, et il expédia la Charité.

— Si par hasard tu peux adresser un de ces fers empennés
dans le dos de mon oncle Christophe, sois bien sûr de toute
mon indulgence ; et même tu recevras une forte et considérable récompense, surtout si tu loges tes barbillons dans son
manteau, sans le blesser gravement.

— On fera en sorte, monseigneur.

Quand Nogeaud fut parti, Saint-Cendre écrivit encore. Il
voulait répondre au comte de Clérambon qui lui avait fait, il
ne s'était pas écoulé une semaine, parvenir un billet. Il le
relut avec attention :

Très cher ami, ce que tu m'écris m'intéresse fort, et je crois, tout
comme toi, qu'il y aurait à gagner. Mais si grand que soit mon
désir de faire l'expédition avec toi, je ne pourrai t'envoyer du secours
ou marcher de ma personne avant deux longs mois. Je n'ai pas
d'hommes, ou si peu que rien. Et encore suis-je obligé de les faire
passer par les verges, quand je ne les pends pas par trois et par quatre,
tant leur indiscipline me fâche. Il est à peu près impossible de changer les Français en gens de guerre. Toutefois Casimir de Taubadel
est arrivé ici avec cent reîtres, et il veut tenter quelque chose de
compte à demi avec moi. Son frère Christian-Ernest doit le rejoindre
avec quelques lansquenets. Si je pouvais le décider...

« Voici qui mérite considération, se disait Saint-Cendre.
Évidemment, Clérambon est, comme toujours, plein de ressources. Mais il se défie de moi. Les affaires de cette importance ne se règlent pas par lettres. Il faut que je me décide
à partir pour La Roche-Thulon. Nous touchons à la mi-
septembre. Encore dix jours, et je me mettrai en route. Je
vais faire part de cette décision à Dartigois, qui réglera tout
ici, et pour le mieux, en mon absence. Nous approchons du
moment où l'on va bouter les fers au feu. Pourvu que l'Amiral, emporté par son entêtement sauvage, ne se laisse pas aller à
quelque imprudence irréparable, pourvu qu'il tienne la cam-

pagne deux mois encore. je reprendrai ma femme et négo-
cierai. en temps utile, une bonne et solide paix avec le Roy.
On me reverra alors à Paris. avec plaisir, comme précédemment. »

IX

Tout en suivant la lisière du Bois du Roy pour gagner la
Villotière par la traverse des Granges, Saint-Cendre pensait
toujours à M. de Clérambon. Il se demandait si son ami con-
sentirait à l'aider de ses hommes et de son argent dans ce
qu'il voulait entreprendre. Supputant les chances, il rejetait
les conditions défavorables, s'exagérait les avantages de l'opération : car, en toutes choses, le marquis envisageait, par une
naturelle audace, les conséquences les meilleures, sans s'inquiéter en rien de celles qui pouvaient être les pires. A se
figurer la forte position de la Haute-Ganne, la solidité et la
continuité de son enceinte, la profondeur de ses douves, il
s'obligeait cependant à reconnaître que, par ses seules ressources, il ne pourrait jamais enlever ce château. Depuis deux
mois qu'il en relevait les approches, qu'il en avait établi un
plan avec Dartigois sur le témoignage des gens du pays, il
n'avait pas encore pu découvrir le point faible. Si M. de Clérambon ne venait pas à son secours avec des hommes et
du canon, la fortune du marquis de Saint-Cendre échouerait
misérablement devant le logis de l'oncle Christophe, quatrième comte de Lanelet.

« Opiniâtre et vaniteux, ainsi que je le connais, se disait
Saint-Cendre, il n'en viendra jamais à un accord avec moi,
et il empêchera Gabrielle de me rejoindre. Puis, quand la
paix sera faite, je me retrouverai Jacques comme devant,
ruiné et proscrit. réduit à me terrer chez Clérambon ou
ailleurs. car M. l'Amiral ne prendra pas plus de soin de moi
qu'aux fois précédentes. Il faut donc aviser et profiter de ces
troubles pour conquérir ma femme de haute lutte, et par là
je retrouverai ma situation dans le monde. Autrement, tout
le bien de la marquise profitera à Lanelet qui l'exploitera de

concert avec quelque communauté religieuse, où il dirigera Gabrielle sans lui laisser le moyen de se réconcilier avec moi. Tant que je ne mettrai pas, au matériel, la main sur Gabrielle, aucune influence morale ne pourra la rejeter dans mes bras. Il faut donc que je la possède effectivement et que j'en aie un enfant dont j'administrerai la fortune. »

C'était là le point le plus important à ses yeux. De Gabrielle de Vignes, Saint-Cendre se souciait comme un poisson d'une pomme. L'émotion vive dont il s'était senti saisir lorsque François de Champoisel lui avait remis la tresse de cheveux, n'avait point longtemps troublé son cœur. Vivant dans le moment présent, le marquis n'était pas accessible aux sentiments de durée non plus que de profondeur, tant une impression nouvelle venait vite remplacer la dernière qui, toujours fugitive, avait éveillé ses sens. A cette heure, son désir était pour l'hôtelière de Seissat, si blanche sous ses bandeaux noirs, et aussi pour Macée Labourlade, dont les cheveux couleur de tan étaient encore plus fins, plus soyeux et plus riches que ceux de Catherine, maintenant exilée dans sa famille à Bellac. Cette grande Macée, jeune femme exquise et délicate, bourgeoise confinée dans une habitation campagnarde, le ravissait par son excessive docilité et ses appétits inconscients qui ne s'égaraient point en discussions sur la moralité des cas.

« Quand j'aurai repris mon rang dans le monde, je ferai jouer quelque belle comédie en mon hôtel, où cette jolie fille paraîtra sous des voiles légers, pour figurer une Hamadryade sortant de l'écorce grossière d'une yeuse. Je ne connais point à la cour de jambes mieux modelées ni plus fières, et le galbe de ses flancs serait un modèle particulièrement précieux à ce Jean Goujon qui taille dans la pierre des figures de nymphes. Mais, si peu que je connaisse la femme de l'hôtelier Jacquemart, elle se distingue encore comme de beaucoup préférable. et ce doit être tout le portrait de Junon. dont les bras ne connurent point de rivaux. A traduire le poète Martial, j'ai appris que cette belle reine des dieux se montrait avec son époux Jupiter d'une complaisance sans pareille, tout comme Cornélie. mère des Gracques, avec M. Gracchus. La demoiselle Isabeau ne saurait avec moi plus mal faire. et elle me séduit par son apparence de statue.

car je déteste particulièrement ces femmes qui, semblables en tout à des garçons, ne présentent à nos yeux que des formes pauvres et indécises. Plaise au dieu Cupido que je la trouve ce soir occupée à fermer les volets de ma chambre et aussi les rideaux de mon lit ! »

Et, trompant les ennuis de la route par ces méditations plaisantes, le marquis atteignit le sentier qui menait au pays de la Villotière. Indifférent au paysage doux et harmonieux qui étendait sous ses yeux ses tons bruns, gris et bleuâtres, comme au charme de cette soirée d'automne où des vapeurs montaient des terres retournées, il continua de pousser son cheval. S'ébrouant dans la paix du soir, le Roland mêlait l'haleine humide de ses naseaux aux buées roussâtres qui par endroits se faisaient violettes, aux légères nuées accrochées par traînées diffuses entre les rameaux ténus des halliers. Sous les sabots de la bête s'écrasaient les feuilles mortes que la brise enlevait, par moments, en tourbillons pressés. Puis tout retombait dans le calme où la nature s'endormait comme une belle femme mûre sûre de sa beauté, dans la tranquillité et le silence, drapée par les premières ombres de la nuit.

Saint-Cendre évita les constructions massives de la ferme de son oncle. Sur la droite, il prit la petite sente abrupte et mal tracée des Quignons, longea le coteau accidenté des Rulières, dont les cimes boisées disparaissaient comme bues par l'ombre. Un oiseau de nuit passa avec un gémissement.

« Cette sotte bête présage quelque fâcheuse histoire ! pesta-t-il. Et ce chemin est si mauvais que jamais je ne rattraperai le temps perdu. Je suis affreusement en retard. Il est beaucoup plus de huit heures, et Macée m'attendait pour sept. Elle va me recevoir avec des pleurs qui lui donneront la mine d'une Madeleine échevelée et dolente. Mais je suis à même de les sécher. Ce que je vois de moins gai, c'est que mon souper sera froid... Ah ! qu'est ceci ? Les vers luisants n'ont point cette couleur ; à cette époque de l'année, ils sont d'ailleurs généralement rentrés dans la terre !... Ou je ne connais plus rien des choses de la guerre, ou ce point rouge que j'aperçois là-bas, à cinquante pas, est une mèche d'arquebuse tirée de l'étui et que le souffle d'un homme attise. Ça ne peut être que dans quelque intention malveillante... Ou bien, un braconnier peut-être ? »

Et, arrêtant son cheval, le marquis vit en effet briller une tache en tout pareille à une braise incandescente, dans le massif sombre des chênes dressés sur la gauche. Il reconnut le feu. Sans doute n'y avait-il là qu'un seul homme : le danger n'était donc pas très grand. Et Saint-Cendre se décida à continuer son chemin vers mademoiselle Macée qu'il avait hâte de rejoindre. Mais il descendit de sa monture ; il arma un des pistolets à rouet pendus à l'arçon de sa selle, dégaina son épée, qu'il mit, la pointe en arrière, sous son bras gauche, et il commença d'avancer caché par l'épaule de son cheval, qu'il tenait de la main droite. Au bout de cinq pas, il se ravisa :

« Que je suis simple ! se dit-il. Si le coup m'est destiné, on verra bien que le cheval n'a pas de cavalier, et on me tirera quand j'aurai le dos tourné. Rappelons-nous une de ces bonnes ruses que Dartigois m'a si souvent enseignées... »

Il marcha avec précaution dans la direction opposée au feu de la mèche, qui brillait toujours dans le brouillard grisâtre et attacha son cheval à un baliveau. Puis, entrant dans le bosquet, il coupa avec son épée un fort bâton de la longueur d'une toise, ôta son manteau, le disposa sur la branche et le coiffa de son large chapeau de pluie. Poussant son cheval dans le sentier, marchant courbé en avant pour s'abriter mieux, il maintenait le mannequin sur la selle à hauteur convenable. Le chapeau vola en l'air tandis qu'un éclair rougissait le tronc des chênes. une forte détonation retentit, répétée trois fois par l'écho. Le manteau et le bâton suivirent le chapeau dans sa chute tandis que le cheval maintenu pirouettait en masquant Saint-Cendre, mais sans se cabrer ni s'écarter dans une défense violente, car le Roland était un roussin dressé au bruit des armes et qui n'avait peur de rien.

Jean Leychanaud avait quitté son abri. Il démasqua sa haute stature, qui atteignait six pieds ; et sa taille était forte comme le tronc des chênes qui l'entouraient. Sans précautions, il s'élança sur la masse noire qui gisait à terre, s'inclina avidement pour dévisager le marquis de Saint-Cendre qu'il

avait été assez heureux pour tuer sur la place, car rien ne
remuait. Mais un coup de botte lui arriva sur l'oreille, qui le
trouva en faux aplomb, et Jean roula à terre en poussant un
sourd hurlement de terreur. Quand il voulut se relever, le
pied de Saint-Cendre pesait sur sa poitrine et la pointe d'une
épée était appuyée sur son cou, lui piquant déjà la pomme
d'Adam à travers le collet de son épais balandran. La lame
tranchante se dressait devant ses yeux ahuris ; à l'écarter, il
se fut détaché les doigts. Et, au premier mouvement qu'avait
fait le maçon pour échapper au pied lourdement chaussé qui
lui foulait l'estomac, l'acier aigu lui avait entamé la peau.
Jean Leychanaud n'était pas un homme de grand courage,
et dans sa condition rien ne l'obligeait à en déployer. Sa
force physique et son adresse au maniement de l'arquebuse
lui avaient toujours jusque-là attiré le respect, et c'était lui
qui, aux grandes soirées de village, à Scissat comme ailleurs,
se chargeait d'arrêter les rixes et de mater les ivrognes.
Jamais il ne s'était trouvé en face de plus fort que lui. Ainsi
renversé, il succombait sous la terreur, attendant le coup de
la fin où le fer le saignerait comme un porc, prêt, pour sauver
sa peau, à abandonner tout son bien.

Désespéré, abattu, plein d'une rage impuissante dont il
s'efforçait de réprimer la poussée, il resta étendu, immobile,
dompté, farouche comme un Titan foudroyé. Et il cherchait en soi un moyen pratique de se tirer honnêtement
d'affaire. Mais Saint-Cendre parla :

— Écoute, mon garçon, et surtout ne bouge pas, sans
quoi je serai obligé, à la confusion des géants tes parents, si
je m'en rapporte à ta taille, de te piquer sur la terre comme
un de ces scarabées que des maniaques conservent dans leur
cabinet. Si pauvre que soit ici la lumière, je crois voir, à ta
personne connue à tes habits, que tu n'es pas de la condition
des vagabonds et bandouliers qui attaquent les gens pour
leur prendre la bourse. Il me semble même que ta figure
m'est déjà connue...

Et le marquis se pencha sur le maçon qui essaya de
détourner la face ; mais la pointe de l'épée l'empêcha de dissimuler ses traits à la bienveillante attention de Saint-Cendre
qui dit sans colère :

—Prends garde, tu vas te faire blesser, mortellement sans doute, tant les plaies au cou sont mauvaises. J'ai tout lieu de croire que je vois en toi ce gigantesque gaillard, admiration naturelle des filles et terreur habituelle des hommes. qui habite non loin d'ici, à la corne du champ Nicot ? Oui, je ne me trompe pas, tu es bien ce Jean Leychanaud dont chacun chante la gloire égale à celle du guidon de M. de Montpensier, effroi prodigieux des pucelles.

— Eh oui, c'est bien moi, monsieur le marquis, mouseigneur... Puisque vous connaissez tout le monde, et que vous êtes sorcier, faites-moi grâce... Je vous dirai...

— J'y compte bien. Et puisque tu sais si bien mon nom, je devine aisément de quelle part tu es venu ici, et cela m'afflige, car je te prêtais quelque bon sens. Lève-toi donc et ramasse ton immense arquebuse, comme aussi mon chapeau et mon manteau que tu as troués sans motifs, et ne prends pas ce bâton coupé en deux par une balle, encore qu'il ait représenté mon corps dans notre petite comédie... Et marche devant moi, me précédant vers la maison de la vieille Labourlade. Je t'y invite à souper. Entre deux bouchées que tu es sans doute porté à mettre doubles, tu me raconteras les détails de cette conspiration ridicule. N'essaye point de t'enfuir. Car j'ai dans une main mon épée et dans l'autre un pistolet tout armé.

Étourdi encore par l'émotion, tant il avait vu sa fin proche, vacillant sur ses jambes, Leychanaud obéit et se tint à la tête du cheval, sous la menace du pistolet du marquis. Car celui-ci, ayant rengainé son épée, gardait dans sa droite l'arme à feu dont le maçon, si peu qu'il se retournât, voyait étinceler le canon gravé et doré sur ses huit pans.

— Ce n'est point la peine de me menacer, monseigneur, gémit-il d'un ton grondeur, je n'ai pas d'autre arme que ma dague, et mon arquebuse est déchargée. Foi de Leychanaud, je ne tenterai rien contre vous.

Ils étaient arrivés devant la maison basse, dont la porte. entr'ouverte laissait passer un long filet de lumière. Au bruit, une femme apparut sur le seuil. Et, inondée par la lueur des flambeaux dressés derrière elle, la chevelure de Macée. Labourlade sembla s'enflammer subitement. Vêtue d'une longue robe blanche dont les manches largement évasées découvraient ses bras nus, relevés dans un geste où, pour mieux voir, elle tenait ses deux mains en toit au-dessus de ses yeux, elle s'avança vers le cheval. Mais, à la vue du grand Leychanaud, elle recula, se sauva effrayée vers la porte.

— Macée, ma mignonne, — lui cria Saint-Cendre, — en vous enfuyant ainsi vous nous donnez le spectacle ravissant de ces belles et grandes comètes qui épandent dans le ciel la gerbe étincelante de leur queue. Mais il fait meilleur vous voir de face, car vos yeux sont de la couleur du lapis lazuli ou pierre d'outremer, et votre bouche ressemble à deux arcs de corail. Accourez, ma mie, que je vous baise. Et ne vous effrayez pas de ce grand garçon : c'est un ami qui vient souper avec moi pour continuer une conversation utile.

Jetant sur le maçon, qu'elle connaissait un peu de vue, le regard mécontent et envieux d'une femme dont on traverse inconsidérément les amours, Macée s'approcha de Saint-Cendre qui déjà, tandis que le maçon lui tenait l'étrier, avait mis pied à terre. Elle se suspendit à son cou, sans aucune honte, devant Jean qui maussade, tenant le cheval au mors, assistait à la scène en songeant à ce qu'il perdait dans cette néfaste soirée. Mais, sur l'invitation du marquis, il remit la bête à un petit garçon qui l'emmena dans la cour, et il entra dans la maison.

— Macée, ma toute belle, mon petit cœur gauche, — disait le marquis. — commande à notre mère Labourlade qu'elle fasse au mieux et qu'elle nous traite bien, et laisse-nous seuls. Il s'agit d'affaires graves et importantes. Je te verrai, après le repas, s'il en est temps encore. Je te dirai, par surcroît, que j'ai l'intention de te faire venir au Breuil, où Dartigois a besoin de toi pour son administration domestique : car sa femme a dû partir pour Bellac. Je t'engage donc à arranger cette petite chose avec les tiens et à te faire conduire au Breuil le plus tôt possible; demain matin sera le mieux.

Il la laissa, tout heureuse, oublieuse déjà de la désagréable surprise que lui avait produite l'apparition inopinée du triste Jean Leychanaud.

Elle ne lui pardonna pas toutefois complètement;

— Comme si cet animal, — soupirait-elle, en aidant la mère Labourlade, qui, courte, ronde et maffluc, semblait une citrouille qui eût roulé dans une robe de bureau noire munie d'un tablier blanc, — comme si cet animal n'aurait pu choisir un autre moment !... C'est encore un pique-assiette ce pauvre M. Gillot.

Mais Saint-Cendre avait fait asseoir Leychanaud, en face de lui, à la table qui étalait sur sa nappe blanche des plats et des pots pleins dont l'étain brillait sous la clarté de six bougies. Et le maçon admirait ce luxe domestique qui resplendissait avec le chêne et le noyer ciré des arches et des coffres. Le feu de sarments pétillant dans l'âtre vaste et profond s'y mirait par larges traînées rougeâtres. A manger du civet de lièvre arrosé d'un vin vieux qui lui réchauffait le cœur, il se trouva les foies plus chauds. Touché par la bonne grâce du marquis, il regrettait presque, maintenant, son action.

— Sers toi, mon garçon, dit Saint-Cendre d'un ton aisé, et ne te crois pas obligé à garder vis-à-vis de ce lièvre, bien passager de mon oncle Christophe, une modération qui ne serait point de mise... Ainsi, mon pauvre ami, Gilonne de Bonisse a voulu te faire le coup de Poitiers ?

Jean Leychanaud s'arrêta dans le geste qui portait un morceau de viande brune à sa bouche. Le marquis était-il donc sorcier pour connaître son secret ? Et qu'était-ce que ce coup de Poitiers ?

— Ne prends pas cet air d'étonnement propre à un fondeur de cloches, ami, et parle-moi en confiance. Mais je vais te raconter tout d'abord ce que nous appelons « le coup de Poitiers », car il ne saurait demeurer dans mon esprit aucun doute touchant le mauvais marché qu'a dû te proposer la charmante pupille de M. de Lanelet.

Et, partant au hasard sur une piste que sa seule perspicacité lui signalait comme bonne, le marquis inventa une histoire à dormir debout. Il gardait comme seul indice le renseignement que lui avait fourni Macée, tandis qu'auprès de son cheval il la tenait dans ses bras :

— Prenez garde à Jean, m'a chargé de vous dire maman Labourlade, il paraît que ce matin on a vu Gilonne de Bonisse causer avec lui sur le pas de sa maison.

Partant de cette dénonciation, Saint-Cendre brocha un petit conte. Gilonne, lorsqu'elle était aux Annonciades de Poitiers, aurait eu à se plaindre d'un cadet de Fromenteau. Pour s'en venger, elle aurait poussé un des jardiniers du couvent à assassiner son offenseur, sur la promesse qu'elle fit à ce rustre simple et luxurieux de payer le meurtre par l'abandon de son corps. Une fois le Fromenteau tué, Gilonne avait laissé le domestique pénétrer dans sa chambre, à la faveur de l'obscurité de la nuit. Mais, quand il mit la main sur elle, mademoiselle de Bonisse poussa des cris affreux qui réveillèrent la communauté tout entière. Les mortes-payes prirent les armes et se saisirent du trop confiant jardinier qui, jeté en prison, dévoila toute la conspiration tant la torture l'aida utilement dans ses confidences. Le témoignage de mademoiselle Gilonne fut entre tous écrasant ; et cet homme mourut, accroché à un gibet pour le double crime de viol et de meurtre, tandis que la jeune fille recevait des félicitations publiques pour sa vertueuse et désespérée résistance.

Les sourcils froncés, le rouge de la confusion à la face, le grand Leychanaud écoutait, et il se trouvait malade de colère. Ce qui était le plus clair dans l'aventure, c'est que la demoiselle du château avait voulu se jouer de lui pour le mener à sa perte.

— Tudieu ! s'écria-t-il, la méchante bagasse ! Cette petite peste s'est bien moquée de moi ! Eh bien, monseigneur, vous avez deviné juste, et je vais tout vous dire !

Et il exposa toute la machination, appuya sur les détails, dépeignit les coquetteries éhontées de Gilonne ; sa haine éclairait sa mémoire.

— Ah ! si je pouvais la tenir !...

— Tu la tiendras quand tu voudras, — déclara tranquillement le marquis en poussant une jatte de faïence pleine d'écrevisses devant Leychanaud. — Remplis ton verre et bois à sa confusion ! Tu auras cette pimbêche à toi. Et, si elle n'est point soumise, tu l'attacheras aux quatre colonnes de son lit, ce qui est extrêmement commode. Oui, tu l'auras, et plus tôt que tu ne crois. Cela dépend de toi. Et, moi qui te parle, je m'engage ici, sur ma parole, à te la donner le jour où je prendrai le château du vieux Lanclet. car j'y mettrai tout à sac.

Les yeux du maçon s'éclairèrent de concupiscence et de mauvaise gaieté:

— Voilà qui serait bien beau !... Ah ! monseigneur. quand vous monterez à l'assaut, ce sera moi, pas un autre. qui vous couvrirai de ma rondache. Et je ferai travailler mon arquebuse pour votre gloire. C'est alors qu'on ne me fera pas prendre des bâtons pour des chrétiens ! Quant à la jolie demoiselle, je jure Dieu qu'elle pourra invoquer la Vierge et les saints, elle saura de quel bois je me chauffe !

— C'est bien, mon garçon, j'approuve ta généreuse colère. Tu viendras donc avec nous quand il sera temps. Et ton art de maçon pourra nous être utile pour mener certains travaux du siège.

Le marquis avait dit cela un peu au hasard. Mais il devint subitement attentif, sans perdre son air détaché et indifférent. car le maçon murmurait. comme parlant à son hanap où étincelait le vin couleur de sang :

— Prendre la Haute-Canne? Cela n'est pas si difficile que le croient certains. Tout ça dépend du point où on dirigerait la sape.

Et il vida le bocal d'un air entendu.

Tout en versant à boire à Leychanaud, que le vin rendait loquace, communicatif et confiant, Saint-Cendre répondit d'un ton froid :

— Je crois connaître le bon endroit. Il faudra percer d'abord la chemise crénelée du parc, puis attaquer la seconde enceinte du côté de la grande écurie où le mur a moins d'épaisseur et où des brèches mal aveuglées...

Mais Leychanaud haussa les épaules avec un sourire de pitié, il osa même interrompre le marquis :

— Tenez, monseigneur, pour donner des coups et même pour en recevoir, à vous autres nobles demeurera toujours l'avantage. Mais en ce qui concerne la bâtisse, vous n'y comprenez pas grand'chose...

Il se reprit, car il craignait d'être allé trop loin,. Mais, rassuré par la mine bienveillante du marquis, il continua :

— Sauf votre respect. monseigneur, la maçonnerie c'est

mon affaire. Eh bien, je vais vous dire, moi, comment vous entrerez dans la Haute-Canne, en trois ou quatre jours, sans que personne puisse vous en empêcher l'accès.

— Dis-nous ça, mon ami, et buvons à cette prochaine victoire. Elle t'enrichira tout d'abord par le droit que tu auras au butin, et elle te permettra de te divertir, à discrétion, avec la sucrée Gilonne, comme aussi avec beaucoup de filles, demoiselles et dames renfermées dans le logis fortifié de l'oncle Christophe. Ce ne sera pas moi qui arrêterai tes débordements sur ce point !

D'une voix basse et lente, comme s'il craignait qu'on n'entendît ses paroles, le maçon parla. Adroitement, il pétrissait un tranchoir, et, sous ses lourdes mains aux doigts noueux et courts, la pâte prenait la forme du château de la Haute-Canne, avec ses enceintes et ses six tours. Incliné devant son architecture de mie de pain, Leychanaud dévoilait les mystères des fortifications, assez récemment établies par un architecte poitevin : lui, Jean, y avait travaillé.

Le flanc à ruiner était celui-là même qui apparaissait comme le plus inaccessible et le plus fort. La tour du sud-ouest, dite du Maréchal, greffée sur la roche escarpée du plateau, se trouvait en faux aplomb parce qu'on n'avait jamais pris la peine de combler les vieux souterrains du réduit dont le sous-sol était percé avant la construction de cet ouvrage, qui datait seulement de cent ans. On avait abattu l'énorme donjon, et ses fondations avaient servi à établir la grande pièce d'eau en fer à cheval qui précédait la cour d'honneur. Et, en remaniant tout cela, on n'avait pas pensé aux anciens appareils. Le sol était resté miné et toute l'aile gauche du château était intéressée dans cette rupture d'équilibre, car on avait supprimé du coup une énorme courtine qui unissait le réduit à l'ancienne tour aujourd'hui reconstruite en l'air. Les souterrains se creusaient à cinquante pieds de profondeur, lorsque les fondations de la tour nouvelle n'en atteignaient pas vingt. Leychanaud se chargeait de pratiquer à flanc de coteau un puits par où l'on accéderait à ces caves. En affaiblissant les fondements par une galerie de mine facile à mener parmi des matériaux abandonnés et des remblais, en les cimentant par places, en les soutenant partout par de grandes poutres reposant sur des étançons, on suspendrait la tour du Maréchal sur ces arcs-boutants. Puis on mettrait le feu aux pièces de bois et on amènerait la chute définitive de l'ouvrage, en s'aidant aussi de quelques barils de poudre.

Mais ici le marquis éleva des objections. Les fourneaux produisaient souvent de singuliers accidents. On avait vu des tours ainsi minées et attaquées se soulever, puis retomber dans un meilleur et plus sûr aplomb. Et il cita le château de l'Œuf, et la tour de Maître Odon, au château de Coucy. Encore que les Bourguignons eussent mené, en ce dernier lieu, le travail de sape sous la direction de pionniers liégeois, une moitié seulement de cette tour avait glissé en contre-bas et le résultat avait été petit.

Leychanaud déclara qu'un pareil mécompte n'était pas à redouter. Les parties excavées étaient vastes à contenir la tour tout entière. Par l'emploi judicieux de quelques tonneaux de poudre, son équilibre serait détruit, et elle ne résisterait pas au choc à cause de son mauvais appareil où les parpaings n'étaient point régulièrement opposés aux boutisses. Sa chute amènerait d'abord celle de la courtine du sud; la muraille du château, du fait de ses encorbellements sottement compris, serait alors précipitée dans la douve. Et, ensuite, la masse énorme de moellons et de pierres de taille écraserait la digue mal construite sur les plans de Palissy; en partie ruinée, elle arrêtait tout juste l'eau des fossés. Leychanaud avait, l'année dernière encore, découvert et signalé des suintements; mais M. de Lanelet avait déclaré que « cela n'avait point d'importance ». La digue tomberait sous la poussée des eaux qui, se ruant dans les cavités du sous-sol, disparaîtraient par les pentes en laissant les douves à sec. Ainsi se démasqueraient les poternes des sous-sols, dont les portes de fer sauteraient facilement sous les pétards. Et d'ailleurs cette dernière entreprise serait inutile. Par la brèche béante au-dessus des débris de la tour cornière, la Haute-Canne s'ouvrirait devant les envahisseurs comme un vaste pâté entamé devant l'appétit d'un goinfre.

Quand ils se quittèrent, vers onze heures, à cet endroit même du château où Leychanaud avait tenu à mener Saint-Cendre pour lui dévoiler son plan à la favorable clarté de la lune, le marquis et le maçon étaient absolument d'accord. Saint-Cendre

avait maintenant une garantie morale à apporter au soupçonneux Clérambon, dont il détenait depuis quinze jours le
courrier Justas sans se décider à lui donner une lettre.
Mais, en rentrant au Breuil, le marquis prit le ferme propos
d'aller à la Roche-Thulon, de sa personne.

Une surprise heureuse l'attendait au logis de Dartigois.
Quand il entra dans la chambre de Catherine, où il couchait
d'habitude, il vit la belle Isabeau Chesneau qui vaquait, par
la pièce, aux soins de sa toilette de nuit. Et le marquis
de Saint-Cendre sut un grand gré à Dartigois d'avoir si bien
servi ses intentions les plus chères. Il put se consoler du contre-
temps où il avait failli perdre la vie tout d'abord, et qui l'avait
obligé à abréger, au détriment de son plaisir, les caresses
qu'il avait l'habitude de prodiguer à mademoiselle Macée,
avant comme après le souper. Puis il s'endormit, content de
soi comme des autres, rassuré sur les événements dont il
entrevoyait le dénouement raisonnable. A la fin des troubles, il aurait repris son rang dans le monde. Mais la belle
hôtelière de Seissat, éveillée, dans le désordre profond et inattendu de sa chair, se demandait si elle avait encore le droit
de faire sa prière après ce qu'elle avait subi pour n'avoir pas
osé refuser.

MAURICE MAINDRON

(A suivre.)

SOUVENIRS

DE 1872 ET DE 1876

Le labeur quotidien que je poursuis depuis plus d'un quart de siècle a été jugé en France de cent manières diverses, presque toujours de parti pris, et sans que ceux qui en semblaient parler de la façon la plus pertinente se fussent imposé le devoir, ou l'ennui, de le vouloir connaître.

Cependant, l'heure approche où, saisi par la main du temps, je devrai entraîner, à ma suite, en l'inévitable oubli, mon œuvre éphémère tout entière, sans qu'elle puisse témoigner après moi contre des ressentiments que mon départ n'aura point apaisés.

Je veux donc arracher à cet oubli quelques-unes des pages écrites au courant du jour, ou conservées en ma mémoire, et la Revue de Paris veut bien livrer au public deux fragments détachés du volume que je prépare : Un Complot au champagne, lueur rapide et précise, projetée sur une figure demeurée historique, et sur un épisode curieux, submergé déjà par le flot incessant des événements, — et les Prétendants, esquisses, saisies au vol, de ceux qui, il y a une vingtaine d'années, aspiraient au pouvoir suprême, et dont le dernier, monseigneur le duc d'Aumale, vient de disparaître à peine.

UN COMPLOT AU CHAMPAGNE [1]

Le 31 juillet 1872, le comte de Kératry, alors préfet du
département des Bouches-du-Rhône, était venu à Versailles
pour obtenir de M. Thiers qu'il portât devant l'Assemblée
nationale le grave conflit qui existait entre lui et le maire de
Marseille.

M. Thiers l'avait accueilli avec une bonne grâce parfaite,
l'avait écouté, et l'avait ensuite, en guise de réponse, invité à
déjeuner.

Il lui avait fait les honneurs de la table, tels qu'il convenait de les faire à un homme de cette valeur, titulaire d'une
des plus grandes préfectures de France ; il l'avait assis à droite
de madame Thiers, en face de lui. Cette rectitude de protocole
était en même temps de la haute stratégie, car M. Thiers avait
ainsi fait asseoir M. de Kératry à la seule place d'où il lui
était impossible de discuter avec son hôte la question qu'il
était venu traiter avec lui.

M. de Kératry le comprit. Aussitôt que le déjeuner fut fini,
M. Thiers s'étant montré fort pressé, il prit congé de lui, et
nous sortîmes ensemble.

— Il a craint, me dit M. de Kératry, que je ne l'oblige à
retarder la séparation de l'Assemblée nationale.

C'était vrai. M. Thiers devait partir le lendemain matin
pour Trouville, où il devait passer quelques semaines. L'Assemblée nationale devait interrompre, dans l'après-midi
même, ses travaux, pour prendre ses vacances. La perspective de son séjour à Trouville ravissait M. Thiers ; il en éprouvait une joie d'enfant, car, chez lui, grâce à la forme pou-
ponnière de sa petite et replète personne, les joies et les
colères prenaient facilement des aspects enfantins.

Il avait loué à Trouville le chalet Cordier. Tout était
arrangé, préparé et prévu. Une partie de sa maison s'était
installée déjà au chalet, et se tenait disposée à recevoir le maître
à tout instant. Le train qui devait l'emporter était remisé dans

1. Souvenirs inédits.

la gare de Versailles, en état de partir. Les localités où devait s'arrêter le train présidentiel avaient été prévenues et averties de l'heure du passage et de l'arrêt; en un mot, toute cette préface agitée et joyeuse qui précède un départ éclatant et un peu triomphal, donnait à l'esprit de M. Thiers une gaieté impatiente qui lui rendait insupportable l'idée d'un délai apporté à son départ.

M. le comte de Kératry en fut pour la peine de son voyage; l'Assemblée nationale se sépara; M. Thiers pouvait partir.

Le départ était fixé au 1er août, à une heure matinale.

Une animation inusitée succéda dans Versailles au silence qui s'était fait après le départ de l'Assemblée nationale. Un groupe assez nombreux stationnait devant la grande grille de la préfecture, où des voitures découvertes attendaient le chef de l'État, pendant que sa maison civile et militaire, debout, en grande tenue, s'était rangée dans la cour. Le soleil était radieux, moins radieux pourtant que M. Thiers lui-même, lorsque de noir habillé, la redingote boutonnée, ganté avec soin, le chapeau gris sur la tête, accompagné de madame Thiers et de mademoiselle Dosne, il descendit dans la cour.

Le colonel Lambert, le capitaine Fayet, le lieutenant de Salignac-Fénelon, immobiles, alignés, souriants sous le salut militaire; MM. Leroux et Andrieux, à la tête du secrétariat mobile, le chapeau à la main, formaient le cortège qui devait accompagner le président à Trouville.

La petite foule poussa quelque cris confus, lorsque, au sortir de la grille, les voitures, d'un pas cadencé. mais lent, se dirigèrent vers la gare.

Au passage, les têtes se découvraient avec respect. Les voyageurs formaient la haie, les démocrates restant tête nue, les réactionnaires affectant de demeurer la tête haute, couverte et pleine de défi. On avait légèrement décoré la gare, et un inspecteur de la ligne, précédant M. Thiers au wagon qui lui était réservé, fut à ses ordres jusqu'à destination.

C'était le départ d'un souverain en petite tenue, et qui voyageait incognito.

Le train, par la ligne de bifurcation, se rattacha, je ne sais plus où, à la ligne principale, et aussitôt, sur le quai de la petite gare d'arrêt, nous vîmes apparaître un homme gros, rouge, le ventre ceint d'une écharpe tricolore, qui se plaça devant M. Thiers, entouré de quelques autres hommes de figures variées, mais de rougeur égale ; l'homme tira un petit papier: sa voix monotone et lente ne parvint pas jusqu'à nous.

M. Thiers, qui nous tournait le dos, salua à plusieurs reprises, souleva légèrement son chapeau, puis, avec des gestes gracieux et précipités, de sa voix fine et claire, répondit. Autour de lui, on applaudit. On poussa quelques cris, auxquels répondit la foule qui se tenait en dehors de la gare, contre la palissade du quai, et M. Thiers causa ensuite pendant quelques minutes. Il s'informa naturellement des besoins de la commune, mais il arrêta le maire dans son énumération, et le salua, au moment où celui-ci avait encore le bras en l'air, continuant la nomenclature des faims et soifs dont souffrait le pays.

Nous ne voyions M. Thiers que de dos, mais il devait être ravi, car, positivement, son dos riait aux éclats.

Le Président, laissant le maire un peu surpris par la fin inattendue de l'entrevue, regagna son wagon, et nous nous remîmes en route.

A Trouville, la gare était très gracieusement décorée. Les voitures de M. Thiers stationnaient dans la cour ; la foule y était assez nombreuse, le maire attendait avec son conseil municipal. C'était un homme connu de M. Thiers et de nous tous, et son petit discours sonnait très bien à l'oreille.

M. Thiers et sa suite, à travers la ville décorée par endroits, se rendirent au chalet Cordier, sympathiquement accueillis par la population, tandis que, au sommet de la route de Honfleur, derrière l'hôtel des Roches-Noires, retentissaient quelques coups de canon, tirés par un hasard un peu ironique, car ils ne s'adressaient pas à l'arrivée du Président, et fournissaient seulement, à l'opposition qui se promenait sur les planches, un facile prétexte à quolibets.

✳
✳ ✳

M. Thiers s'installa sans grande solennité au chalet Cordier. Mais, dès le lendemain de son arrivée, on pouvait s'apercevoir que Trouville était devenu le séjour de quelqu'un et le centre de quelque chose. Les trains amenèrent des voyageurs dont la physionomie particulière fixait l'attention. C'était la cohorte des solliciteurs qui s'abattait sur la plage : hommes impérieux ou décavés qui venaient solliciter pour eux, pour leurs cousins, leurs amis, leurs fils, des préfectures, des sous-préfectures, des consulats, des perceptions surtout, des perceptions de tous lieux et de toutes classes ; — femmes outrageusement maquillées, qui, sur le passage du vieux président, se poussaient au premier rang, et là, avec des mines provocantes, bombardaient de l'œil le dispensateur des faveurs qu'elles pensaient obtenir.

Tous, ils avaient la conviction que M. Thiers disposait de tout à son gré et qu'un sourire de sa bouche valait un minimum de six mille livres de rente.

L'heure de la grande curée semblait d'ailleurs avoir sonné. L'Empire en s'écroulant avait laissé derrière lui les veuves du budget et les orphelins de la liste civile. Les dix-huit ans de ce règne avaient aiguisé les dents de ceux qui n'avaient vu le festin qu'à distance, et tous, ceux d'hier et ceux d'aujourd'hui, demandaient leur part de la chair contribuable.

A côté de ces faméliques ordinaires, qui faisaient la planche, comme on disait alors à Trouville, il y avait aussi des personnalités plus hautes, plus intéressantes, plus en état de faire la conquête des situations. Des ambassadeurs, des membres de l'Assemblée, des ministres d'hier et de demain, des financiers véreux ou arrivés, des visiteurs exotiques, des femmes simplement élégantes ou titrées, qui voulaient voir de près les hommes du jour et raconter, *de visu*, ce qui pouvait donner de l'intérêt à leurs réceptions ou à leurs dîners ; des hommes d'État étrangers qui subitement éprouvaient le besoin de visiter les plages normandes, toute cette foule de partout, ce jeu de cartes humaines que mêle le hasard ou la stratégie politique ou sociale, affluaient autour de M. Thiers. Le salon du chalet Cordier, le plus souvent, offrait un mélange rare, et comme, en fin de compte, tout le monde se croyait plus ou moins libre de parler tout haut, rien n'était plus vivant, plus piquant, plus suggestif, que ces soirées de la cour de Trouville, pendant lesquelles, parfois, le Prési-

dent s'endormait doucement dans son fauteuil, au milieu du
bourdonnement discret des voix qui murmuraient autour
de lui.

⁎

Le tir d'essai, de ce qu'on appelait l'essai du canon Reffye,
sur la hauteur de la route de Honfleur, était alors une des
distractions de cette plage. On avait formé sur ce plateau une
sorte d'enceinte légèrement gardée.

Quelques pièces de canon, sans attelage, mais avec leurs
desservants et leurs munitions, y avaient été établies.

Le drapeau français flottait au sommet d'un mât. Quelques
artilleurs montaient gravement la garde, et une foule de
curieux et d'élégants ne cessait de stationner.

M. Thiers, presque tous les jours, après son déjeuner, s'y
rendait, suivi de sa maison militaire.

Les soldats portaient les armes. Les officiers d'artillerie se
rangeaient autour de lui, à côté des trois officiers de sa maison. Quelques attachés militaires étrangers montaient la côte
et venaient assister aux expériences.

Au loin, sur le flot mouvant, un vieux chaland noir, troué
comme un drapeau de combat, ballotté et inconstant, servait
de cible. M. Thiers, le chapeau gris légèrement repoussé en
arrière, la grande lorgnette de campagne à l'œil, la redingote
boutonnée et prenant parfois la pose traditionnelle de Napoléon, suivait la ligne décrite par les boulets, se rendait compte
des coups, et soulevait son chapeau en un geste d'euthon-
siasme lorsqu'un coup bien porté secouait le chaland, lui
imprimait des soubresauts, et, dans cette carcasse déchiquetée, creusait un trou béant.

La foule applaudissait. M. Thiers saluait de nouveau,
félicitait les pointeurs et les desservants, rejoignait madame
Thiers et mademoiselle Dosne, et, suivi d'un cortège imposant, reprenait sa promenade quotidienne sur les planches
ensablées. Du haut du balcon que j'occupais, je pouvais le
voir, soulevant sans cesse son chapeau gris, tandis que,
sur son passage, les têtes se découvraient, et la vieille garde
coloriée, toujours de front, se rangeait ou s'inclinait autour

de lui, comme un champ de blé ravagé par la grêle et mélangé de marguerites. de bleuets et de coquelicots.

* * *

Cependant mon séjour à Trouville se prolongeait au delà du terme qui m'avait été assigné. M. Thiers se montrait mécontent lorsque je parlais de rentrer à Paris, et je me demandais comment je sortirais de cet embarras, lorsque le 13 août. dans l'après-midi, j'appris que le Président, que j'avais vu dans la matinée. venait de partir pour Paris.

Un de ses secrétaires m'informa que le Président avait été appelé brusquement pour présider un conseil. qui devait avoir lieu le lendemain. et à l'issue duquel il retournerait à Trouville.

Le lendemain, sans avoir le moindre conseil à présider. je suivis la même route que le Président et je revins à Paris.

Ce fut avec un étirement de bien-être que je rentrai chez moi, que je fermai ma porte, et que, me calfeutrant contre les bruits du dehors, je défendis que l'on me remît lettres ou journaux, car ceci, depuis vingt-cinq ans, a toujours été ma méthode absolue de repos. Mais, le 15 au soir, malgré ma consigne sévère, le monde extérieur pénétra chez moi sous forme d'une dépêche officielle : « Revenez, je vous prie, le plus tôt possible. On vous attend avec impatience. » La dépêche sur papier jaune était signée par un des secrétaires de M. Thiers. C'était la fin rapide de mon repos.

J'étais navré. Je partis le lendemain par le premier train. seul dans mon compartiment; je n'ouvris pas un journal, et je me rendis directement de la gare au chalet Cordier.

Dès le premier moment je fus frappé des allures inusitées que je remarquais. A la grande grille, on avait établi une sorte de poste de soldats et de sergents de ville. On vous passait en revue avec des airs de méfiance visible, et, bien que je fusse connu de tous, ce n'est que sous une sorte d'inspection progressive que je franchis ce premier

cercle. Mais, depuis la grande grille jusqu'au chalet, des
précautions extraordinaires semblaient avoir été prises. Des
espèces de patrouilles parcouraient les allées, et, à travers le
feuillage des bosquets, je voyais les disciples de sainte Détec-
tive, en tenue de rentiers de la banlieue, se promener avec
précaution et veiller au salut de l'État.

L'huissier de service m'introduisit, sans même m'annoncer. J'étais attendu. M. Thiers était seul dans le grand salon,
dont la porte principale donnant sur le perron était ouverte
au soleil. Il se leva avec vivacité, me serra la main et me dit :

— Eh bien, qu'en dites-vous?

— Mais, monsieur le président, lui répondis-je, de quoi
voulez-vous parler?

— Comment ! de quoi je veux parler! Vous avez donc dormi
depuis vingt-quatre heures?

Le reproche était plus que juste, car c'était bien depuis qua-
rante-huit heures que j'avais dormi. Je m'inclinai en silence.

— Ah! vraiment, monsieur, continua M. Thiers en riant,
voilà un correspondant bien informé! Comment, vous ne connaissez pas le complot dont j'ai failli être victime, hier, dans
l'après-midi?

— Non, vraiment, répondis-je, j'avais des vacances, et
comme mon travail est de tout savoir, mes vacances consistent à tout ignorer.

— Eh bien, reprit M. Thiers avec sa petite voix sifflante,
hier 15 août, fête de l'empereur, une bande de conspirateurs,
embarquée sur un bateau russe, a abordé la plage au bruit
du canon et au cri de « Vive l'Empereur ! » à l'heure même
où j'ai coutume de me reposer sur la terrasse des Roches-
Noires. Ils se sont dirigés vers l'hôtel des Roches-Noires,
devant lequel des barques d'aspect inoffensif louvoyaient près
de la plage, tandis que le bateau avait regagné la haute mer
où il courait des bordées. Le plan consistait à m'enlever et à
me transporter sur le navire. Vous voyez d'ici les conséquences. L'Assemblée est en vacances. Il y a, sans doute, un
mot d'ordre tout prêt, et des complices attendaient à travers
toute la France que la nouvelle de mon enlèvement leur fût
donnée. Ils auraient provoqué un mouvement général; l'Empereur aurait débarqué sur un point de la côte, et l'Empire

aurait tenté une restauration. Je n'ai pas encore la liste de tous les conspirateurs, mais je connais les deux principaux : d'abord M. Gunsbourg. le propriétaire du navire russe. Oh ! celui-là. il peut être tranquille... Orloff est accouru : il m'a déclaré qu'il ferait rappeler Gunsbourg et brûler son bateau. Quant à l'autre, c'est M. Bertrand de Valon. le fils de la comtesse de Valon que j'ai vue, il y a peu de jours. et à laquelle j'ai promis de m'occuper de son fils que je ne savais pas être bonapartiste. Je les ferai passer tous en cour d'assises sous la prévention de complot à main armée !...

Je demeurai littéralement foudroyé par ce récit. Comment avais-je pu avoir le malheur d'ignorer une chose aussi grave? Par quelle malchance, moi qui avais suivi M. Thiers à Trouville. qui, pendant quinze jours, avais tenu mes lecteurs au courant de ses faits et gestes, qui m'étais, suivant une expression qu'il voulait et savait rendre aimable. constitué son « historiographe affectueux », comment avais-je pu laisser passer un tel événement, sans même en faire mention !

A l'expression de mon visage. M. Thiers comprit ce qui se passait en moi. Il me regarda par-dessus ses lunettes en s'approchant très près, comme il avait coutume de faire quand il voulait scruter la pensée de quelqu'un, et me dit :

— Nous allons rattraper tout cela. Je suis enchanté que vous n'en ayez pas encore parlé; vous n'avez pas encore. comme on dit. pris position.

Et il me donna les détails, et me pria de venir lui lire la lettre que je devais adresser à mon journal le soir même.

C'était la première fois qu'il me demandait une chose pareille, et je le quittai un peu froissé de sa demande et sans avoir pris d'engagement.

En entrant aux Roches-Noires, j'y trouvai M. Gunsbourg fort penaud. On savait que j'étais revenu, que j'avais vu M. Thiers. — Trouville était trop petit pour que cela ne se sût pas, — que j'étais allé directement au chalet Cordier. que j'en sortais après une conversation d'une heure et demie. et vingt personnes, en même temps que M. Gunsbourg. se pressaient autour de moi.

A Trouville, on connaissait « la grande colère de M. Thiers ». et on me pressait pour savoir à quelles terribles résolutions

le vieillard indigné s'arrêterait. Je refusai de répondre, et je
fis seulement entrer M. Gunsbourg dans l'appartement du rez-
de-chaussée qu'on m'avait réservé.

Jamais je n'oublierai la figure consternée de ce jeune
homme, lorsque je l'interrogeai sur le complot auquel il
s'était si activement associé.

Puis, revenant de sa surprise et comprenant que M. Thiers
se trompait, qu'on le trompait ou qu'il voulait se tromper,
avec un accent de vérité sur lequel il n'y avait pas à se
méprendre, prenant la plage tout entière à témoin, il me
raconta l'événement tel qu'il s'était réellement produit.

Il était venu à Trouville avec son yacht en faisant le tour
des plages de la Manche. Le matin du 15 août, avec quelques-
uns de ses jeunes amis, dont M. Bertrand de Valon, ils
étaient sortis pour faire une promenade et pour déjeuner en
mer. Ils avaient copieusement arrosé un bon repas, et, en
approchant de la plage, s'étant, malgré les vapeurs du champagne, souvenus que c'était le 15 août, la fête de l'Empereur,
au milieu du bruit des bouchons qui partaient et du canon
de parade chargé à poudre, dont l'un d'eux avait allumé la
mèche, fous et joyeux, ils s'étaient mis, aux éclats de rire de
la foule qui comprenait l'incident, à pousser le cri de « Vive
l'Empereur ! ». La police avait voulu s'emparer d'eux, le public
avait pris parti pour eux, naturellement ; on s'était bousculé,
et les conspirateurs, dégrisés et un peu honteux, avaient disparu, pendant que l'on avait verbalisé contre le propriétaire
du yacht et contre M. Bertrand de Valon, qui était demeuré
auprès de lui. M. Gunsbourg, au nom de ses camarades,
venait me prier d'expliquer à M. Thiers comment les choses
s'étaient passées, de lui dire le regret que ces jeunes écervelés
en éprouvaient, et d'ajouter qu'ils étaient prêts à les lui
exprimer de vive voix.

Aussitôt après le départ de M. Gunsbourg, je fis chercher
les journaux de Paris, du 15 au soir et du 16 au matin, que
je n'avais pas lus (car tout cela se passait le 16), et je me mis
à les parcourir. Ils variaient de ton, de style et de version
suivant la nuance du journal, ou suivant le tempérament du
reporter.

On comprend avec ce système combien devaient être divers

les récits fournis à la presse sur l'incident du 15 août ; mais, de la lecture attentive de ces récits et des renseignements que j'obtins en dehors, il était clair pour moi que l'on avait grossi l'événement outre mesure, et que si les jeunes gens étaient loin d'être tout à fait innocents, ils étaient loin aussi d'être vraiment coupables.

*
* *

Vers la fin du dîner, le soir, M. Thiers me prit à part et me demanda si ma lettre était écrite. Je lui répondis qu'il eût été trop tard pour l'expédier le soir même, que je l'avais remise au lendemain, qu'il n'y avait pas de temps de perdu, puisque je ne devais pas donner la nouvelle mais exposer et juger l'événement, et que je le priais de vouloir bien en causer encore avec moi.

Mais aussitôt que j'essayai d'atténuer la nature et la portée de l'incident, M. Thiers se cabra et me regarda d'un œil méfiant. Il était toujours en une grande colère ou il feignait de l'être.

Au fond, à l'étranger, on n'avait pas tardé à se rendre compte de ce qui s'était passé, et la comtesse de Valon en résumait bien le sentiment, lorsqu'elle m'écrivait quelques jours après ;

« Ces jeunes gens avaient un peu trop gaiement déjeuné en mer et ont, en grands enfants, simulé un débarquement de l'Empereur, — à sept ! Cela a plutôt l'air d'une charade. C'est ainsi que j'avais compris l'équipée ; c'est ainsi qu'elle a été comprise à l'étranger, et M. Thiers a bien trop d'esprit et de jugement pour donner à cette gaminerie plus d'importance qu'elle n'en comporte. Mais sans doute des agents trop zélés ont cru servir M. Thiers ou le flatter en grossissant l'incident et en se donnant le mérite de l'avoir sauvé d'un danger. »

J'écrivis donc ma lettre. Elle était fulgurante. Un procureur de la République, chargé de requérir, l'aurait signée des deux mains. Je la lus à M. Thiers qui en fut ravi. Il me pria même d'en adoucir quelques passages. Comme nous étions

déjà au 17, que la chose commençait à vieillir, il me fit remarquer qu'elle n'arriverait à Londres que le 18 et que, à
cause du dimanche, elle ne paraîtrait que le 20. Je lui répondis qu'elle partirait le soir même, par le fil, et, en effet, dès le
soir, le télégraphe en communiqua l'original à ses bureaux.

Ai-je besoin de dire que la lettre ne devait jamais paraître,
et qu'elle ne parut jamais? Mon journal, dès le 17 au matin
était informé de ce qui s'était passé, de ce qui se passait, de
ce qui se passerait.

Mais grâce à la lecture que je lui en avais donnée,
M. Thiers se radoucit beaucoup à l'endroit des conspirateurs.
Il me permit même de dire que je craignais que la sévérité
de mon réquisitoire n'eût dépassé la gravité de l'événement.

Une instruction était commencée. On la traîna en longueur, car elle apportait des atténuations singulières aux
premiers rapports. M. Thiers lui-même se rangeait à mon avis
et trouvait que ma lettre avait peut-être dépassé la mesure.
Pendant plusieurs jours, il réclamait le Times. Ses secrétaires,
avertis par moi, trouvèrent divers prétextes pour expliquer
l'absence du journal, qui prenait des fausses directions, qu'on
avait égaré tantôt d'un côté et tantôt de l'autre: M. Thiers,
après trois ou quatre jours, fit semblant de n'y plus penser.

Vers la fin de la semaine, comme un soir je prenais congé
de lui, d'un air un peu narquois, il me dit :

— Est-ce vous qui avez payé la dépêche?

— Non, monsieur le président, c'est mon journal.

M. Thiers s'approcha de moi et me regarda par-dessus ses
lunettes.

— Saviez-vous qu'elle ne devait pas paraître?

— Le journal était libre de la publier, monsieur le président. .

— Ah ! Eh bien, c'est de l'argent bien sagement jeté par
la fenêtre... je ne le regrette pas...

Puis, après un instant :

— Ils auront sans doute trouvé comme moi, que votre
lettre était trop sévère...

***

Quinze jours plus tard, les conspirateurs furent cités devant le tribunal de Pont-l'Évêque, qui les condamna chacun à seize francs d'amende, pour tapage diurne.

Mais M. Thiers avait reçu de toutes parts des lettres, des messages, des télégrammes, et il en était charmé.

Il savait que, pour être vraiment cousin de rois, il faut inspirer aux peuples qui ont le bonheur de vivre sous votre règne, le désir violent de se délivrer à tout prix de votre présence.

LES PRÉTENDANTS

Juillet 1876.

Depuis quelques jours, on se plaît à répandre ici des rumeurs vagues, qui prêtent tantôt à l'un, tantôt à l'autre des prétendants français l'intention de publier, sous une forme ou sous une autre, une sorte de manifeste. On a d'abord annoncé que le prince Napoléon allait publier un manifeste républicain : puis que le comte de Chambord avait écrit une lettre-manifeste qui serait publiée dans *l'Union;* ensuite que le Prince impérial, à l'occasion d'un discours prononcé à Ménilmontant, avait écrit à M. Raoul Duval une lettre-manifeste également : puis que M. Thiers avait adressé une lettre, sorte de manifeste patriotique, à l'Europe entière, et enfin que le duc d'Aumale était venu à Chantilly, et qu'on y avait débattu la question de savoir si lui aussi n'exprimerait pas sa pensée sous une forme directe quelconque. Je n'ai pas besoin de rappeler que M. Gambetta a prononcé, il y a peu de temps, deux discours qui constituent un double manifeste, l'un à l'enterrement d'Edgar Quinet, et l'autre à Belleville.

Il n'est pas étonnant que de telles rumeurs se propagent et que de tels faits se produisent sans cesse dans un pays qui possède une véritable collection de prétendants dont les uns aspirent à gravir les marches d'un trône, et dont les autres rêvent de s'asseoir sur le fauteuil présidentiel de la Répu-

blique; et un journal qui prendrait pour titre : *Journal des
Prétendants*, comblerait une lacune vraiment regrettable dans
le journalisme français d'aujourd'hui.

Il est très naturel, en effet, que des hommes qui aspirent
à gouverner un pays, lui rappellent de temps en temps qu'ils
existent, lorsque ce pays cesse de se souvenir d'eux, et chaque
manifeste d'un prétendant est comme le cri de détresse d'un
homme qui se noie dans les flots de l'oubli. Mais la France
commence à ne plus s'émouvoir beaucoup de cette prose,
dont la forme varie, et dont le fond renferme toujours l'offre
généreuse de faire, à de certaines conditions, — toujours les
mêmes, — le bonheur du pays.

Il y a quarante-cinq ans que cette littérature s'est sérieusement établie ici, et l'on peut dire que le chef de cette école
littéraire, le comte de Chambord, en est aujourd'hui l'écrivain le plus élégant et le plus lu.

La France possède aujourd'hui sept prétendants, dont six,
au moins, sont prêts à se charger immédiatement de son
bonheur, et dont le septième, M. le comte de Paris, s'est
déclaré l'héritier présomptif d'un roi éventuel, ce qui constitue
une situation absolument unique dans l'histoire.

I

C'est toujours M. le comte de Chambord, le doyen des prétendants français, qui occupe le premier rang. Il est l'alpha
et l'oméga de cette institution, dans sa forme actuelle. Il est
le prétendant par excellence, celui qui entend vivre et mourir
en cette qualité. Il a la passion de son état, et cette passion
a rendu à la France un service moral immense, lorsque,
pour ne point changer de condition sociale, le comte de
Chambord a écrit sa fameuse lettre d'octobre 1873, dans
laquelle il a montré au monde un homme capable de renoncer à un des trônes les plus enviés de la terre. Ceux qui le
connaissent savent pourtant qu'il a les qualités personnelles
voulues pour être un roi attrayant. Son attitude est à la fois
digne et bienveillante, sa bouche aux lèvres pleines sourit

avec grâce, à travers sa barbe légèrement grisonnante ; son
œil bleu et clair encourage et pénètre à la fois ; et il est
rare que ceux qui l'approchent le quittent sans regret et ne
le revoient avec plaisir. Mais l'observateur attentif arrête son
regard à ce front légèrement comprimé au sommet, où, sous
des cheveux châtains, devenus rares, réside une inflexible
obstination.

C'est cette dépression légère, — et son encrier, — qui font
du comte de Chambord un éternel prétendant. C'est dans
ce coin inaccessible à l'éloquence de la raison qu'il a logé
le drapeau blanc, et son encrier est l'image exacte de la
boîte de Pandore. Aussitôt qu'il l'ouvre, il s'en échappe tout
ce qui peut empêcher son avènement, et il le ferme juste à
temps pour y conserver l'espérance obstinée du retour. Écrire
est sa passion funeste. Lorsqu'il n'écrit point de manifeste, il
adresse à ses fidèles des lettres de condoléance à l'occasion
des deuils qui les frappent. Il excelle dans cette littérature
nécrologique, et il y excelle si bien, que chacun de ses mani-
festes est comme une oraison funèbre, prononcée au bord du
fossé, où dort sa royauté sans aurore.

II

On n'a encore célébré qu'une fois l'anniversaire de la proclamation officielle du Prince impérial, comme prétendant,
mais en voyant que l'heure de son avènement réel tarde à
sonner, on commence à craindre qu'on ne le fasse vieillir
trop vite, l'ayant émancipé trop tôt. Physiquement, il est
plus connu en Angleterre qu'en France. Politiquement, ses
amis lui accordent les qualités de son père, et ses adversaires
lui attribuent les défauts de ses amis.

De sa littérature, on ne connaît que le manifeste de sa
majorité, et, fort heureusement pour le Prince, c'est à un
autre qu'à lui-même qu'on en attribue la paternité. Ses partisans ont eu le tort de se cantonner dans la doctrine du plé-
biscite, oubliant que, pour poser les questions plébiscitaires,
il faut commencer par disposer du pouvoir. Aujourd'hui, les

plus zélés d'entre eux reconnaissent qu'il faut franchir une
étape nouvelle — la future Assemblée — avant d'arriver à
l'Empire. Mais avec un parti aussi pressé, tout délai peut se
changer en défaite, et tout fait supposer que c'est encore à
l'état de prétendant que le Prince impérial quittera sa robe
d'adolescent pour endosser le manteau viril. Ce retard, il
serait injuste d'en accuser ses partisans. Ils ont plutôt fait
trop que pas assez. Ne voyant en leur prince qu'un instrument
de leur passion personnelle, ils voudraient faire de lui le serviteur des haines qu'ils éprouvent, et, en attendant, ils lui
font expier celles qu'ils inspirent. C'est pourquoi la France
attendra sans doute qu'il dégage sa propre personnalité de
leur enlacement dangereux, et qu'il montre ce qu'il peut avant
de lui accorder ce qu'il veut.

III

Lorsque j'aurai nommé le comte de Paris, j'aurai nommé
le troisième et dernier prétendant au trône. Encore celui-ci
n'est-il pas un prétendant, mais bien l'héritier d'un prétendant, M. le comte de Chambord, qui semble vouloir mourir
en cette qualité. Dans ces conditions, le comte de Paris joue
aujourd'hui le rôle le plus effacé que puisse jouer un prince,
héritier direct d'une branche royale. D'ailleurs, à l'observer
de près, on se met à admirer ce hasard étrange ou ce dessein
de la Providence qui a donné à ce Prince un tempérament
moral et physique absolument approprié à sa situation. Grand,
fort, la figure à la fois franche et placide; l'œil clair, intelligent, loyal et sans éclair; la bouche bienveillante, ferme et
sans mélancolie; la taille droite; solide sur ses jambes, mais
affaissé par le haut; les épaules carrées, mais tombantes; la
barbe forte, mais fine; les cheveux abondants et doux, les
sourcils et les cils fournis, mais de nuance claire; le nez fort
aux narines arrondies; tout en lui dénote un homme qui a
l'énergie voulue pour attendre, sans se laisser aller à cette
faiblesse de femme qu'on nomme l'impatience. Il aime les
travaux longs et sérieux, il se complaît dans la solution des

problèmes sociaux, qui peuvent occuper une vie entière, il
craint le luxe plutôt qu'il ne l'aime, et, bien souvent, doit
regretter sa taille haute qui l'empêche de passer inaperçu.

A ce modèle du prétendant qui ne prétend à rien, le ciel a
donné des partisans qui se plaisent aux luttes de coulisses,
qui évitent volontiers le bruit, qui dissimulent leurs victoires,
qui s'accommodent philosophiquement de leurs défaites, et
qui, mettant en œuvre toute leur éloquence et toute leur
finesse, ont combiné cette mystification historique, dont ils
ont été les victimes : « La visite à Frohsdorff ». Depuis lors
cette armée sans chef, ni drapeau, s'est morcelée. Les uns
sont sur le point de prendre des actions de la Société bonapartiste ; d'autres se glissent sous les voûtes de l'église légiti-
miste ; d'autres encore, après avoir compris que la grandeur
des événements avait vaincu la médiocrité de leurs conceptions, ont consenti à s'asseoir au banquet de la République.
C'est ainsi que le comte de Paris attend aujourd'hui les choses
à venir. Les légitimistes l'entourent à la fois bruyamment et
froidement, de façon à le compromettre, sans l'adopter, et,
sans en faire un des leurs, l'empêchent d'appartenir aux autres.
Pour les siens, il est devenu un signe de ralliement négatif,
il est le point d'où ils partent, et a cessé d'être le centre
vers lequel on converge. Il attend ainsi, sans ardeur ni regret,
l'heure marquée par la Providence. Si jamais cette heure
vient à sonner, la France trouvera en lui un roi respectueux
des droits du pays, dévoué à son repos, lui donnant l'exemple
de la probité et du travail, et calmant, par sa seule présence,
cette fièvre stérile qui la dévore. Ce prétendant qui se fait
oublier par la France, demeure une de ses forces. Le jour où
le jeu légal du pays l'appellerait au pouvoir, — et ce jour-là
ne viendra sans doute jamais, — il montrerait au monde un
roi dévoué, aux pieds duquel une nation s'endort, sans crainte
de se réveiller esclave ou déshonorée. Ce ne sera ni un grand
général, ni un grand réformateur ; héritier d'un roi absolu, il
sera la personnification du monarque constitutionnel ; et,
gardien vigilant de l'honneur de la nation, il la voudra
grandie au dehors, en la pacifiant au dedans.

IV

Dans ce pays-ci. où tout est contradiction, la République compte deux princes parmi ses prétendants. Aussi ce sont les deux ennemis les plus francs parmi tous les autres. Le duc d'Aumale et le prince Jérôme Napoléon étaient appelés, il y a bien longtemps. à se trouver face à face, l'épée à la main. Mais. à l'époque où devait avoir lieu cette rencontre, la partie n'était pas égale. Le prince Napoléon était assis sur les marches d'un trône. le duc d'Aumale était en exil. et, à ce duel. l'un avait à gagner autant que l'autre avait à y perdre. Du refus de l'un et de la provocation de l'autre, on ne peut inférer ni au courage de celui-ci. ni à la faiblesse de celui-là. Mais la chute de l'Empire a presque renversé les rôles, et le général qui commande à Besançon ne songe plus à provoquer le prince qui n'a pu se faire réintégrer dans son rôle de général. Au physique comme au moral, le contraste est complet entre les deux princes. Le duc d'Aumale, svelte, correct, traînant légèrement la jambe gauche. comme un soldat guéri d'une blessure lointaine. a la tête fine. le nez d'un raffiné, le front intelligent et les pommettes légèrement saillantes. Sa bouche aux lèvres minces qu'ombrage une moustache militaire marque un caractère peu expansif et comprimé ; la barbiche grisonnante donne à sa physionomie le cachet de soldat propre à sa race ; ses mains sont à la fois élégantes et nerveuses. et ses yeux d'un bleu séduisant ont plus d'ombres que de lumières. et regardent d'un air vague vers un point indécis. Il porte la tête penchée vers l'épaule. et sa voix grave et métallique a cette vibration naturelle qui cache les émotions inattendues. Ce qu'il aime avant tout. c'est la France, non pas avec la dévotion d'un enfant. mais avec la passion d'un amant. Il aimerait la voir grande pour s'y trouver heureux ; et il la servirait avec ardeur. à la fois pour remplir un devoir et pour goûter à une jouissance nouvelle.

Exilé pendant de longues années. il a la soif contenue de ceux qui n'ont pas bu depuis longtemps, et il voudrait trem-

per ses lèvres à toutes les coupes à la fois. Il a éprouvé une
joie âpre à présider à Trianon. c'était l'inconnu qu'il savou-
rait. Académicien, général, riche, homme du monde, il s'entoure de bruit pour chasser le silence que le deuil a fait
autour de lui, et son ambition ne devient ardente qu'à l'heure
où sa douleur se réveille. Il n'a que des éclairs de volonté.
et sa lassitude dure plus longtemps que son ardeur. Il a pour
les hommes une admiration médiocre, et pour les femmes
une estime intermittente. Il s'entoure volontiers d'hommes
qui seraient aussi incapables de le trahir qu'ils sont incapables de le servir, et que sa prudence désavouerait, si leur
audace allait jusqu'à le défendre. Il a la grande qualité d'écouter et le grand défaut d'oublier ce qu'il écoute ; son attention
n'est qu'une politesse, et l'homme du monde s'efface prompte-
ment pour faire place au prince. Durant la dernière crise, il
aurait pu monter au pouvoir, s'il avait eu des partisans hardis, mais il a une telle horreur d'un exil nouveau que les
jouissances du pouvoir ne vaudraient pas pour lui les angoisses de la tentative. Si jamais il arrive, il devra son avènement à ses malheurs, plus qu'à ses amis. Sans héritier
direct, il aime, suivant une expression qu'on lui prête, « son
neveu plus que tout autre, et l'histoire plus que son neveu ».
Cela veut dire que si les républicains l'appellaient au pouvoir, il ne ferait pas de coup d'État, et c'est là une de ses
chances. Mais, à l'heure actuelle, rien ne fait prévoir son
triomphe ; et le silence qui se fait autour de lui n'est ni l'effet
d'un calcul, ni le précurseur d'un orage. — c'est un commencement d'oubli.

V

Tout autre est le prince Napoléon. Contrairement au duc
d'Aumale, qui a commencé par l'exil, c'est en quittant les
marches d'un trône qu'il passe à l'état de prétendant. Il a
contre lui, non un passé qu'on ignore, mais un passé que
l'on connaît trop ou que l'on connaît mal. Depuis l'avènement de l'Empire, le prince Napoléon en a toujours été une

des faiblesses, jamais un des appuis. C'est autour de lui que se groupaient volontiers les ennemis de Napoléon III, ceux qui n'osaient l'attaquer ouvertement; et, malgré tous ses efforts, l'instinct populaire, auquel l'ingratitude répugne, n'a pu voir en lui un compétiteur sérieux à la succession napoléonienne. Aujourd'hui, il vit à Paris, occupé, en apparence, de ses devoirs intérieurs, et ne prêtant à la politique qu'une oreille distraite. Mais, de temps en temps, le prétendant se réveille, et les rares organes qui le représentent jettent aux échos de l'opinion publique un de ces appels à double entente, qui rappellent en même temps César et Brutus. A l'observer, d'ailleurs, on s'explique à la fois son attitude et son langage. Par un de ses plus bizarres caprices, la nature a planté une tête césarienne sur les épaules robustes d'un faiseur de barricades et sur le corps arrondi d'un bourgeois florissant. Les yeux, la bouche, le front et le nez du prince expriment et les désirs du peuple et la volonté des empereurs ; et c'est avec une surprise profonde que, sur ce corps fait pour les jouissances de la paix, on aperçoit cette tête, qui rappelle le plus insatiable des guerriers modernes.

Attaqué par les bonapartistes, c'est dans une couche démagogique, impénétrable à l'œil nu, que se cachent ses rares adhérents, et la popularité de ce prétendant chemine de bas en haut, et non pas de haut en bas. L'approche des élections le rend perplexe. S'y présenter, c'est devoir vaincre ou vouloir mourir. Ne s'y présenter point, c'est reculer pour de longues années encore la chance de figurer parmi ceux qui sont entrés en scène. Pour vaincre, le scrutin d'arrondissement lui est indispensable, car aucun parti ne le voudrait sur sa liste, et une liste formée par lui-même, et surtout dans les départements inféodés au bonapartisme, ne ferait échec à aucun parti. Mais le scrutin d'arrondissement pourrait bien l'envoyer à la prochaine Assemblée, et, une fois là, il n'aurait ni les scrupules, ni les hésitations du duc d'Aumale, il voterait hardiment ce qui servirait à ses desseins. N'ayant aucun espoir de devenir le chef d'un parti modéré quelconque, il se ferait l'interprète de toutes les impatiences, et prêterait aux aspirations révolutionnaires une force qui leur manque. De tous les prétendants de la France actuelle, il est aujourd'hui le plus éloigné du pouvoir, mais son entrée dans l'Assemblée lui ferait franchir d'un bond la distance qui l'en sépare, et le projetterait, d'un seul coup, tout près du sommet ou tout au fond des abîmes.

Mais on le jugerait mal si on croyait qu'il nage entre deux eaux ; non, il joue avec deux feux : il manie la démagogie, qui mène à la guerre civile, et le césarisme, qui conduit à la guerre étrangère ; et, par une dernière contradiction, il provoque ainsi précisément la seule passion dont il ait l'horreur la plus profonde : la lutte.

Jusqu'à la fin de ses jours, il sera le collaborateur le plus inventif de ses ennemis, et il fournira des pierres non à ses admirateurs qui voudraient lui élever un monument, mais à ses détracteurs, qui essayeront de lapider sa mémoire.

VI

Il n'y a plus à décrire la physionomie de M. Thiers, qui est le troisième prétendant de la République. Cette figure rose et blanche, moitié femme et moitié enfant, qu'éclairent deux yeux pleins de malice derrière des lunettes d'or ; cette bouche mobile, ce nez qui veut tout flairer, ce front large et poli que surmonte une chevelure touffue et blanche comme la neige, et qui contourne, par une courbe correcte, deux oreilles larges et curieuses ; tout cet ensemble caractéristique, ce corps petit, mais bien proportionné, cette façon de se traîner comme un homme qui craint de perdre sa chaussure ; tout, jusqu'à son chapeau gris et jusqu'à sa redingote brune, tout cela, en dépit de ses détracteurs, appartient à l'histoire, et c'est de l'histoire déjà. En lui aussi, il y a des contradictions bizarres qu'explique sa figure, car, au moral comme au physique, il tient de la femme et de l'enfant. Il a toutes les curiosités, toutes les finesses, toutes les habiletés, toutes les séductions de l'une, avec les impatiences, les emportements irréfléchis, les bouderies injustifiables de l'autre. Quand il veut séduire, c'est une coquette, et l'on perd tout charme à ses yeux, aussitôt qu'il est sûr de vous avoir conquis. Comme les femmes, il s'est toujours méfié de tout le monde, hormis de lui-même. Comme les enfants, il excelle à démolir, et chaque fois que, par situation, il a été appelé à édifier, il s'est empressé de quitter le pouvoir pour redevenir démolisseur. Comme les femmes et comme les enfants, il a plus de finesse que d'audace ; mais le jour où il a accompli le trait le plus audacieux de sa vie, le jour où il a protesté courageusement contre la dernière guerre, ce jour-là, il a conquis le pouvoir suprême de son pays.

Quoi qu'en disent ses calomniateurs, il a été un chef patriotique et dévoué. Il a su apitoyer un ennemi disposé à se montrer inflexible, et c'est à lui, à ses efforts, à sa tactique que la France doit d'avoir échappé deux ou trois ans plus tôt aux horreurs de l'occupation étrangère. La difficulté n'était pas de payer la rançon, elle était plutôt de la faire accepter, et il fallait toute la souplesse d'un tel caractère pour triompher à cet égard des hésitations du vainqueur. Mais, pendant qu'il libérait son pays, il divisait l'Assemblée, et il plaça la France délivrée en face d'une réunion tumultueuse, où régnait la discorde. Quand il quitta le pouvoir dans un accès de bouderie enfantine, il était convaincu qu'on allait le retenir à tout prix. Dans sa chute, il se montra plus femme que philosophe, et, au lieu de garder l'attitude d'un homme méconnu, il ressaisit avec rage sa petite pioche de démolisseur, et s'amusa à jeter des cailloux sous les roues de son successeur. Grâce à cette faiblesse, ses ennemis purent lui imputer tous les obstacles que rencontra le nouveau gouvernement, et, au lieu de les obliger à se montrer ingrats en attaquant ses services passés, il leur fournissait des prétextes pour le mêler à toutes les intrigues qui se trament dans les coulisses parlementaires.

Ses alliés d'aujourd'hui, en le voyant préoccupé de venger sa défaite personnelle, se croient autorisés à se servir de lui, tout en combattant son retour. Il a d'ailleurs contre lui le plus grand obstacle que puisse rencontrer un prétendant français : celui d'avoir déjà gouverné, et il ne peut compter sur la grande auxiliaire de ceux qui, dans ce pays, aspirent au pouvoir, la curiosité de les connaître. Il croit volontiers que, dans les futures Assemblées, il pourrait retrouver une

majorité. Mais le Sénat sera comme une collection de toutes
les volontés qui lui sont opposées, et, dans la nouvelle Assemblée, ses alliés même lui trouveront des idées trop conservatrices, des volontés trop impérieuses et des exigences trop
irréfléchies. Son influence pourtant y sera assez grande pour
s'imposer aux préoccupations de tous. et, sans être pour les
autres prétendants un rival dangereux, il leur sera un redoutable antagoniste.

VII

Toutes les révolutions, dans ce pays, laissent derrière elles
de nouveaux prétendants : la Révolution de 89 a laissé les
Bonapartes ; la Restauration, le comte de Chambord ; la
Révolution de Juillet, la famille d'Orléans : et le 4 Septembre a donné à la France le prétendant Gambetta.

De toutes les personnalités qui apparaissent maintenant sur
la scène, Gambetta est certainement la plus étrange, car rien
n'est plus inattendu que sa carrière politique.

Il apparaît tout à coup : une page de Salluste qu'il récite,
au Palais de Justice le rend populaire, et cette popularité
aussi soudaine que son apparition, le porte au Corps législatif. Un discours qui force l'attention de la Chambre, brusquement l'impose à l'opinion publique ; et, le 4 Septembre.
la Révolution le conduit à l'Hôtel de Ville. d'où un ballon le
transporte en province. C'est un dictateur qui tombe des
nues. Pendant quatre mois. il devient la préoccupation universelle ; pendant quatre mois il excite la pensée de la France,
il enflamme son imagination. il soulève toutes les passions
et tous les dévouements ; et pendant que sa plume et que
ses lèvres prédisent des victoires et annoncent des triomphes.
les armées que sa voix a rassemblées se réduisent et succombent ; et il conduit la France, de harangue en harangue, de
proclamation en proclamation, vers cette issue douloureuse
qu'on appelle le traité de paix.

La paix signée et la nation vaincue, le dictateur passe en
Espagne, et brusquement disparaît de la scène.

À ce moment, les accusations passionnées des uns provoquent les protestations ardentes des autres, et il doit aux attaques violentes de ses ennemis de ne point perdre sa popularité dans le pays.

Séparé du reste du monde, Paris ne se souvenait que de l'avocat du procès Baudin, de l'orateur qui avait parlé de la République dans la Chambre de 1869, du patriote qui avait confié sa vie à un ballon, pour aller organiser la France.

Séparé de la France, Strasbourg gardait un souvenir ardent du dictateur qui avait espéré jusqu'à la dernière heure, et Paris et Strasbourg protégèrent et ravivèrent sa popularité. À l'heure actuelle, M. Gambetta demeure le prétendant de la foule, le porte-voix du mécontentement social, le champion de tous ceux qui rêvent de bâtir ce qui ne peut pas être, sur les ruines de ce qui est.

Cette popularité, faite de haine et de passion, qui le force à être modéré dans la Chambre, et violent au bord des sépultures démocratiques, qui lui impose des luttes incessantes et de constantes stratégies, il fera tous ses efforts pour la conserver.

C'est pour la conserver qu'il montre, sur les sommets de Belleville, cette longue chevelure, qui, là, tombe en désordre sur ses épaules, et qu'il ramène soigneusement à Versailles ; c'est pour la conserver qu'il sourit dans la galerie des tombeaux, et qu'il tonne dans les banquets populaires ; c'est pour la conserver que ses épaules robustes s'abaissent mollement à la tribune de la Chambre, et se redressent avec vigueur en face de ses vrais clients ; c'est pour la conserver, enfin, qu'il déploie à la fois toute la véhémence et toute la souplesse de sa nature italienne.

Mais ceux qui voudraient voir en lui le maître de la populace qu'il flatte, se tromperaient fort. Souple et impérieux, ambitieux et patient, passionné et sceptique, il n'est pas toujours dirigé par sa propre volonté, ni, exclusivement, par des principes ; les principes, il sait les sacrifier au moment voulu, et pour se faire valoir par ce sacrifice ostensiblement accompli.

Ceux qui le connaissent affirment qu'il abandonne ses opinions sans effort, et que son scepticisme est tel qu'il pourrait

embrasser toutes les causes. sans en trahir aucune. Il possède le grand art de parler une langue qui excite la foule.
comme le drapeau rouge excite le taureau, et il sait revêtir
des idées courantes d'un vêtement éclatant qui les fait briller
comme des conceptions nouvelles aux yeux de la foule. Il
est quelquefois le premier à rire de la sonorité de ses décla-
mations, et il n'est pas toujours le dernier à être surpris de
son succès. Physiquement, il est beaucoup plus l'homme du
Forum que l'homme de la législature. et sa voix détonne dans
les murs du château de Versailles. Sa forte tête, entourée
d'une profusion de chevelure et de barbe qui commencent à
grisonner; sa face florissante, ses yeux fixes et pénétrants qui
brillent avec une soudaineté impérieuse ; ses mains qui frappent involontairement le marbre de la tribune; la violence de
ses gestes, les mouvements exagérés de son corps, son cou
épais et ses épaules larges et voûtées, tout cela a le don d'irriter profondément les individus et de remuer les foules; car
tout cela les personnifie. Il possède leur appétit et leur soif.
leurs haines et leurs aspirations, leurs faiblesses et leurs violences.

On sait ce qu'il était hier, ce qu'il est aujourd'hui ; ce
qu'il sera demain, on peut le pressentir, mais on n'oserait le
prédire.

S'il fait triompher cette révolution dont il est l'apôtre, plus
sceptique que passionné, il sera l'instrument de tous les
appétits inassouvis, l'avocat persuasif de toutes les revendications inquiétantes. Il sera le premier que la foule portera
à travers la brèche faite à la légalité ; il sera le premier à
prêcher l'ordre et le premier à tolérer le désordre ; le premier
à invoquer la loi. et le premier à supporter qu'on la viole ;
le premier à flétrir l'échafaud. le premier à le laisser relever.
et peut-être le premier à y monter.

BLOWITZ

LES THÉATRES

EN

ALLEMAGNE ET EN AUTRICHE[1]

Ce qui frappe, tout d'abord, lorsqu'on pénètre sur une scène allemande, c'est l'ordre et le calme qui y règnent. Point de cris, point d'appels inutiles. Chacun est à sa place, enfermé dans le cercle étroit de sa fonction : et cette fonction s'adapte à celle du voisin comme les pièces d'une machine s'emboîtent les unes dans les autres.

C'est le triomphe de l'organisation. Rien n'est laissé au hasard. Tout est prévu, réglé, mesuré, combiné à l'avance, et si cette façon militaire de traiter les choses de l'art a de quoi nous surprendre un peu, du moins convient-elle à merveille au tempérament de nos voisins et à leur goût pour la discipline.

Les théâtres lyriques des grandes villes d'Allemagne et d'Autriche-Hongrie sur lesquels j'ai particulièrement fixé mon attention, sont théâtres de cour (*Hoftheater*), placés sous la dépendance des grands maîtres de la cour, tel Son Altesse le prince de Lichtenstein à Vienne ou Son Excellence le

---

[1] Par un arrêté ministériel en date du 14 août 1896, M. Albert Carré avait été chargé d'étudier l'organisation des principaux théâtres en Allemagne et en Autriche, etc. On sait que, récemment, il a été nommé directeur du théâtre national de l'Opéra-Comique : nous avons pensé qu'un extrait de son Rapport à M. le Ministre des Beaux-Arts intéresserait tous ceux qui s'occupent des questions théâtrales.

comte Hochberg à Berlin, et sous la direction effective d'un intendant *impérial* à Berlin et à Vienne, *royal* à Munich, Prague, Dresde, Wiesbaden et Stuttgart, *grand-ducal* à Carlsruhe et à Darmstadt, ou simplement *municipal* à Francfort.

Ces intendants ne participent ni aux charges ni aux bénéfices du théâtre; ils reçoivent des appointements qui varient entre vingt-cinq et trente mille marks par an. Toute liberté leur est laissée pour la réception des pièces, l'engagement des artistes, le choix du programme, et ils ne doivent compte de leur exploitation qu'au souverain dont la liste civile fournit la subvention, comble les déficits et contribue, en outre, au règlement des pensions de retraite du personnel.

Ce système était en usage à Paris avant 1830. En 1828, sous l'administration du vicomte de la Rochefoucauld, l'Opéra coûta au Roi 966 000 francs, malgré la subvention de l'État et les 300 000 francs perçus à titre de redevance sur les théâtres secondaires et sur les « spectacles de curiosité ». Aussi Louis-Philippe, en 1830, s'empressa-t-il de débarrasser la liste civile de ce coûteux fardeau. C'est alors que le docteur Véron offrit de prendre à ses risques et périls la direction et les charges de l'Opéra pendant six ans, avec une subvention de 800 000 francs, qui est encore la somme fournie par l'État à notre première scène lyrique.

L'Opéra de Berlin reçoit une subvention annuelle de 900 000 marks (1 125 000 francs). Le droit des pauvres étant inconnu en Allemagne et la salle de l'*Opernhaus* étant de dimension moyenne (1 600 places), avec des frais d'éclairage, de chauffage et d'entretien proportionnels, il s'ensuit que la subvention de l'Opéra de Berlin est certainement la plus belle du monde, et supérieure de près du double à celle de l'Opéra de Paris.

L'intendant, M. Pirson, dirige à la fois l'*Opernhaus* (Opéra d'hiver) le *Krolltheater* (Opéra d'été) et le *Schauspielhaus*, théâtre de comédie, affecté autrefois aux représentations d'une troupe française.

La subvention de l'Opéra de Vienne n'est que de 300 000 florins (630 000 francs) pour une saison de dix mois et demi. Mais je me suis laissé dire que le déficit, couvert chaque année par la cassette impériale, était considérable depuis la construction du nouveau *Burgtheater*. Ce théâtre

de comédie, également subventionné par l'empereur, qui
l'honore d'une affection toute particulière, réalisait jadis des
bénéfices qui lui permettaient de venir au secours de son
confrère l'Opéra; mais, depuis qu'au vieux *Burgtheater* on a
substitué le luxueux et vaste édifice qui, aujourd'hui, sert aux
représentations de la troupe de comédie, il arrive que les
pertes de l'Opéra se doublent de celles du *Burgtheater*.

Les directions artistiques des deux scènes restent cependant
distinctes. Celle de l'Opéra est confiée à M. Jahn [1], l'un des
trois chefs d'orchestre (Richter, Jahn et Fuchs) qui se succèdent au pupitre; celle du *Burgtheater* appartient à M. Burckardt. Les œuvres, choisies et distribuées par lui, sont mises
en scène par les cinq principaux artistes de la troupe (dont
le célèbre comédien Sonnenthal), chacun d'eux remplissant,
pendant un mois, au *Burgtheater*, des fonctions analogues à
celle des semainiers de la Comédie-Française.

Le Roi de Saxe met 480 000 marks (600 000 francs) à la
disposition du comte Seebach, l'intendant royal chargé de la
direction des deux théâtres de Dresde; 437 000 marks seulement ont été employés l'an dernier. — Le fait est assez rare
pour être relevé.

Il est vrai que l'orchestre n'est pas compris au budget du
théâtre. Ses membres sont pensionnaires royaux, engagés à
vie et payés par la couronne.

Il en est de même à Munich, où l'orchestre est à la charge
de la liste civile du régent de Bavière. Il lui en coûte
250 000 marks (312 500 francs), et une somme égale est
allouée à l'intendant M. Possart, comédien de talent, pour
les deux théâtres placés sous sa direction *(Hof et Residenz)*,
ce qui porte la subvention totale à 500 000 marks (625 000
francs). La saison, à Munich comme à Dresde, est de onze mois.

Wiesbaden vient ensuite avec une subvention de 400 000 marks
(500 000 francs) fournie par l'empereur d'Allemagne, en sa
qualité de roi de Prusse. La saison théâtrale est de dix mois.

Le théâtre de la cour, à Stuttgart, est ouvert pendant dix
mois, il est dirigé par le baron de Putlitz, et la subvention
royale est de 300 000 marks (375 000 francs).

---

1. Remplacé en octobre 1897 par M. Gustave Mahler.

Même somme est accordée par le grand-duc de Bade au théâtre de Carlsruhe, pour une saison de dix mois. Intendant : M. Ruppert.

La subvention du théâtre de Darmstadt n'est que de 250 000 marks, mais la saison n'y dépasse pas neuf mois. Intendant : M. Werner.

Les États de Bohême attribuent aux théâtres de Prague une somme de 180 000 florins (378 000 francs), dont 80 000 florins (168 000 francs) aux Théâtres Allemands (ancien et nouveau) placés sous la direction de M. Angelo Neumann, et 100 000 florins (210 000 francs) au Théâtre national Tchèque, dirigé par M. Subert. — Saison : onze mois.

La ville la moins favorisée de toutes celles que j'ai visitées, c'est Francfort, ancienne ville libre, qui ne jouit, comme telle, d'aucune prébende princière et dont la municipalité n'accorde à son Opéra (pour une saison théâtrale de onze mois) qu'un subside de 200 000 marks; encore reprend-elle la moitié sous forme d'un impôt de 30 pfennigs par billet, laissant à la charge du théâtre tous les frais d'entretien. d'éclairage, de chauffage et de ventilation de la salle.

Une société d'exploitation, au capital de 250 000 marks, s'est formée pour soutenir le directeur, mais sa protection ne s'exerce pas sans contrôle. Limité en ses pouvoirs, d'un côté par son cahier des charges, de l'autre par ses actionnaires, incapable d'engager une dépense sans l'aveu du Conseil d'administration, ni d'augmenter le prix de ses places sans une autorisation de la Ville, M. Claar, l'intendant municipal du théâtre de Francfort, doit souvent porter envie à ses confrères des scènes impériales ou royales.

J'ai dit déjà que l'exorbitant droit des pauvres, cette dîme qui, si injustement, frappe les recettes des scènes françaises sans aucun égard pour leurs charges, n'existe pas en Allemagne.

J'ai dit aussi que, non contents de fournir aux théâtres de cour ces grasses subventions, les princes allemands interviennent encore de leurs deniers en cas de déficit.

Ces divers avantages permettent aux intendants de mettre le prix des places et des abonnements à un taux qui ne les

réserve pas, comme chez nous, aux seuls privilégiés de la
fortune. Le fauteuil d'orchestre (que je prends comme place
type) coûte. à l'Opéra de Paris, au bureau : *14 francs*. et en
location : *16 francs.*

Il est tarifé (sans augmentation s'il est pris d'avance) :

		fr. c.
A Vienne (prix moyen[1]) . .	4 florins	(8 40)
A Berlin	6 marks	(7 50)
A Munich. ⎫		
A Wiesbaden. ⎬	5 marks	(6 25)
A Francfort. ⎭		
A Prague (au Théâtre Tchèque)	3 florins	(6 30)
— (au Théâtre Allemand).	2 fl. 50	(5 25)
A Dresde. ⎰		
A Stuttgart. ⎱	4 marks	(5 00)
A Darmstadt	3 m. 50	(4 35)
A Carlsruhe	3 marks	(3 75)

Les prix des autres places en proportion ; et ils sont réduits
encore de façon très notable en faveur des abonnés.

Ainsi, tandis qu'un fauteuil d'orchestre est payé par
l'abonné de Paris 728 francs pour 52 représentations. ce qui
fait exactement 14 francs pour chacune d'elles, soit le prix
de la place prise au bureau. ce même fauteuil pris à l'année
ou seulement à la série revient aux prix suivants, par représentation :

			Fr. c
Vienne (prix moyen). .	3 florins 07	(6 45)
Wiesbaden —	5 marks	(6 25)
Berlin —	4 marks 50	(5 65)
Francfort —	3 marks 51	(4 38)
Munich —	3 marks 47	(4 33)
Darmstadt —	2 marks	(2 50)
Prague —	1 florin	(2 10)

Les représentations d'abonnement se divisent ordinairement en quatre séries donnant droit chacune à un ou deux
spectacles par semaine. On peut. à volonté, s'abonner pour
une ou plusieurs séries.

1. Le prix varie suivant le rang.

L'abonnement entier, e'est-à-dire à l'année, se compose, à Berlin ou à Prague de 280 représentations ; de 260, à Vienne ; de 228, à Munich ; de 200 à Wiesbaden, et de 188 à Francfort.

*
* *

L'abonné allemand est légion : — c'est au point qu'à Wiesbaden on a dû limiter le nombre. — Par exemple, il en veut pour son argent. Il passe volontiers sur la qualité de l'interprétation ou de la mise en scène, accepte des coupures dans le répertoire étranger de façon à ne s'aller pas coucher trop tard, mais il se révolte si une pièce lui est offerte plus de deux fois dans la même saison.

C'est pour satisfaire l'abonné en variant le plus possible leur programme que les théâtres allemands se livrent à l'incessant travail de production dont quelques chiffres donneront une idée.

Dans le courant de la saison théâtrale 1895-96 :

L'Opéra de Berlin a monté *60 ouvrages* différents : 52 opéras et 8 ballets.

L'Opéra de Vienne *74 ouvrages* : 53 opéras et 21 ballets [1].

Le Nouveau-Théâtre-Allemand de Prague : *59 œuvres* 45 opéras, 12 opérettes, 2 ballets.

Le Grand-Théâtre de Francfort *88 ouvrages :* 60 opéras, 11 opérettes, 4 ballets et 13 pièces à grand spectacle.

Ces quatre théâtres sont uniquement lyriques.

Les représentations de drame et de comédie se donnent, à Berlin, au *Schauspielhaus*; à Vienne, au *Burgtheater*; à Prague, à l'Ancien-Théâtre-Allemand (où fut créé le *Don Juan* de Mozart); à Francfort, au *Schauspielhaus,* qui montrent la même activité.

Les théâtres suivants sont mixtes, possédant une double troupe, lyrique et dramatique, dont les représentations se succèdent sur la même scène :

Carlsruhe, qui, dans la même saison, a donné *97 ouvrages,* dont 47 opéras, 49 comédies et 1 ballet ;

1. Les ballets sont très prisés à Vienne. *Puppenfee* y a été joué 279 fois depuis 1888, *Wienerwalzer* 249 fois depuis 1885.

Wiesbaden : *104 ouvrages* (43 opéras, 6 ballets, 55 comédies et drames);

Darmstadt : *109 ouvrages* (48 opéras, 2 opérettes, 5 ballets. 47 drames et comédies. 7 vaudevilles);

Hanovre : *109 ouvrages* (37 opéras, 69 drames et comédies. 3 vaudevilles);

Prague (Théâtre-Tchèque) : *127 ouvrages* (48 opéras, 6 ballets. 73 comédies et drames);

Stuttgart : *128 ouvrages* (53 opéras, 5 ballets, 70 comédies ou drames).

Les théâtres de Munich et de Dresde, enfin, sont mixtes, mais ont à leur disposition deux scènes sur lesquelles leurs troupes d'opéra et de comédie jouent alternativement. Cet avantage leur a permis de l'emporter sur leurs concurrents et d'arriver à un chiffre de production vraiment incroyable.

Munich a donné, en onze mois : 53 opéras, 2 ballets. 23 drames. 30 comédies et 44 vaudevilles; au total : *152 œuvres différentes !*

Dresde. dans le même espace de temps : 56 opéras, 5 ballets, 4 oratorios. 12 drames, 36 comédies, 49 pièces comiques; en tout : *162 œuvres !*

Tout le répertoire allemand, français, italien, russe, anglais, espagnol ne suffirait pas à une pareille consommation. Aussi les scènes allemandes ne craignent-elles pas de demander le rajeunissement de leur programme aux œuvres nouvelles, aux auteurs nouveaux.

Il y a en Europe (Allemagne, Suisse, Antriche-Hongrie) 94 théâtres lyriques de langue allemande, dont 79 en état d'aborder les grands opéras de Wagner, Meyerbeer. etc., et 15 voués à l'opéra-comique et à l'opérette.

Chacun de ces théâtres produit, chaque année. un certain nombre d'ouvrages inédits. dont les autres villes ont vite fait de s'emparer s'ils ont été accueillis avec faveur. Ainsi se forme et se renouvelle incessamment le répertoire, ainsi chaque scène apporte sa pierre à l'édifice qui demain constituera le patrimoine commun.

Une liste complète des opéras créés dans les 94 centres musicaux de l'Allemagne tiendrait une place considérable.

Quelques citations pourtant me semblent nécessaires pour montrer l'heureux résultat de ces mœurs artistiques si différentes des nôtres.

Sans remonter jusqu'aux œuvres de Gluck et de Mozart : — *Orphée et Eurydice* en 1762, *Alceste* en 1767, *l'Enlèvement au Sérail* en 1782, *les Noces de Figaro* en 1786, *Cosi fan tutti* en 1790 et *la Flûte enchantée* en 1791, — nous voyons que, depuis une centaine d'années. VIENNE a fait connaître les œuvres suivantes : *Fidelio*, de Beethoven (1805); *Euryanthe*, de Weber et *Rosamunde*, de Schubert (1823); *l'Hôtellerie de Grenade*, de Kreutzer (1834); *Linda di Chamouni*, de Donizetti (1842); *Martha* (1847). *Indra* (1852), de Flotow ; *Fierabras*, de Schubert (1861); *les Enfants de la Bruyère*, de Rubinstein (1861); *la Reine de Saba*, de Goldmark ; *la Paix*, d'Ignace Brüll (1877); *Merlin*, de Goldmark (1886); *le Vassal de Szigeth*, d'Antonio Smareglia (1889); *le Chevalier Pasman*, de Johann Strauss (1892); et enfin, en 1896, la dernière production de Carl Goldmark : *le Grillon du Foyer*.

BERLIN : *Freischütz* et *Preciosa*, de Weber (1821); *Hans Heiling*, de Marschner et *le Nid de l'Aigle*, de Gläser (1833); *Un Camp en Silésie*, de Meyerbeer (1844), — dont, plus tard, il a tiré *l'Étoile du Nord;* — *Les Joyeuses Commères*, de Nicolaï (1849); *le Retour du Voyage à l'Étranger*, de Mendelssohn (1851); *les Nibelungen*, d'Heinrich Dorn (1854); *Macbeth*, de Taubert (1857); *Hermione*, de Brüch (1872); *les Macchabées*, de Rubinstein, et *la Croix d'Or*, d'Ignace Brüll (1875); *Héro*, d'Ernst Franck (1884); *Donna Diana*, de Hofmann (1886); *Loreley*, de Neumann (1889); *Boabdil, le dernier roi maure*, de Moszkowski ; *Genesius*, de Weingärtner ; *la Reine Berthe*, d'Otto Kurth. et *le Marché aux Fiancés*, de Zepler (ces quatre ouvrages en 1892); *Margita*, de Meyer Helmund (1893); et, en 1895, *l'Evangelimann*, le drame très émouvant de Wilhelm Kienzl qui, depuis deux ans, a fait verser bien des larmes en Allemagne et dont le ténor Van Dyck a donné quelques représentations à Londres.

MUNICH : *Idoménée*, de Mozart (1781); *Catherine Cornaro*, de Lachner (1841); *Tristan et Yseult* (1865); *les Maîtres Chanteurs* (1868); *l'Or du Rhin* (1869) et *la Walkyrie* (1870),

de Richard Wagner ; *Raimondia,* de Karl von Perfall (1881) ;
la Reine Mariella, d'Ignace Brüll, et *le Roi Hiarne,* de
Marschner (1883) ; *les Fées,* de Wagner (1888) ; *Gringoire,*
d'Ignace Brüll (1892) ;

DRESDE : *Rienzi* (1842), *le Vaisseau Fantôme* (1843),
Tannhaüser (1845), de Wagner ; *Feramors,* de Rubinstein
(1863) ; *Der Haideschacht,* de Fr. von Holstein (1868) ; *Die
Folkunger,* de Kretschmer (1874) ; *Armin,* d'Hofmann (1877) ;
Don Pablo, de Rehbaum (1880) ; *Lorle,* d'Alban Forster
(1891) ; *la Bataille d'Amour,* de Meyer Helmund (1892) ;

LEIPZIG : *le Vampire* (1828) et *le Templier et la Juive*
(1829), de Marschner, — romantique prédécesseur de Wagner ;
— *Tsar et Charpentier* (1837), *les Deux Arquebusiers* (1837),
Hans Sachs (1840), *Casanova* (1841), *le Braconnier* (1842), de
Lortzing, qui fut le créateur de l'opéra-comique en Allemagne ; *Genorefa,* de Schumann (1850) ; *Henri le Lion,* de
Kretschmer (1877) ; *le Chasseur de Rats* (1879) et *le Trompette de Säckingen* (1884), deux opérettes populaires de Ness-
ler ; *Heliantus,* de Goldschmidt (1884) ; *les Trois Pintos,*
de Weber (1888) ; *Die Almohaden,* d'Abert (1890) ; *Der
Asket,* de Schræder (1893), et, récemment, *le Chevalier
d'Industrie,* opérette de Gustave Meyer (1897) ;

HAMBOURG : *Alexandre Stradella,* de Flotow (1844) ;
Undine, de Lortzing (1845) ; *l'Armurier,* du même (1846) ;
Aennchen von Tharau, de Hofmann (1878) ; *Néron* (1879) et
Entre Brigands (1883), de Rubinstein ; *Auf hohen Befehl,* de
Reinecke et *les Faiseurs d'Or de Strasbourg,* de Mühldorfer
(1886) ; *la Guerre des Femmes,* de von Woyrsch (1890) ;

FRANCFORT : *Silvana,* de Weber (1810) ; *Faust,* de Spohr
(1818) ; *Zémire et Azor,* du même (1819) ; *Robin Hood,* de
Dietrich (1879) ; *la Chatte d'Heilbronn,* de Reinthaler (1881) ;

PRAGUE : *Don Juan* (1787), *Titus* (1791), de Mozart ; *la
Fiancée vendue* (1866) et d'autres œuvres de Smetana ; *les
Templiers* (1890), de Litolff ; *Cornelius Schutt* (1893), de
Smareglia ;

WEIMAR : *Lohengrin,* de Wagner (1850) ; *le Barbier de
Bagdad,* de Peter Cornelius (1858) ; *le Cid,* du même (1865) ;
Samson et Dalila, de Saint-Saëns (1877) ; *A qui la Couronne ?*
de Ritter (1890). — et, le 23 décembre 1893, *Hänsel et Gretel,*

de Humperdinck, le plus grand succès de ces dernières années... C'est un conte renouvelé du Petit Poucet, l'histoire de deux enfants, perdus dans la forêt, dont l'innocence triomphe de la traditionnelle ogresse. La musique de Humperdinck, c'est le Petit Poucet chaussé des bottes de sept lieues de l'ogre Wagner.

Une telle faveur a accueilli partout ce petit ouvrage qu'on a pu, dans la même saison, en 1895, l'offrir jusqu'à huit fois aux abonnés de Stuttgart, dix fois à ceux de Munich, vingt-six fois à ceux de Prague, et cinquante-huit fois à ceux de Berlin.

Les scènes de Mannheim, Cobourg, Brême, Stuttgart, Hanovre, Gotha, Mayence, Cassel, Wiesbaden, Breslau, Brunswick, Nuremberg, Ratisbonne, Darmstadt, Graz, Riga, Sondershausen, ont été de tout temps aussi largement ouvertes aux œuvres inédites.

C'est à MAGDEBOURG que Wagner a débuté et fut sifflé. Son essai s'appelait *le Novice de Palerme*.

BAYREUTH eut la primeur de ses dernières œuvres : *Siegfried* et le *Crépuscule des Dieux* en 1876, *Parsifal* en 1882.

CARLSRUHE, enfin, mérite une mention spéciale pour l'hospitalité particulière que le très éminent *Kapellmeister* Félix Mottl offre aux auteurs français. Le premier, il a mis à la scène, en 1890, *la Prise de Troie*, de Berlioz, et, l'an dernier, il accueillait *le Drac*, intéressant opéra des frères Hillemacher, qui, ne trouvant pas à faire jouer leur œuvre à Paris, étaient allés la porter à Carlsruhe, où elle a été fort appréciée.

En France, un ouvrage ne vaut que lorsqu'il a été créé, consacré tout au moins, à Paris. Et c'est grand dommage : si nous jouissions des bienfaits de la « décentralisation », si les grasses subventions de Lyon, Bordeaux, Rouen, Lille, Nantes, etc., pouvaient profiter à nos jeunes musiciens et leur ouvrir des débouchés que Paris est impuissant à leur assurer, — quelle magique moisson d'œuvres, de chefs-d'œuvre, peut-être !

***

Cette fièvre de production, ce perpétuel changement de programme imposent aux artistes allemands un travail formidable, que facilitent cartains usages : l'heure du spectacle par exemple. Commencé ordinairement vers six heures et demie ou sept heures, celui-ci se termine à dix heures ou dix heures et demie au plus tard, avec un seul entr'acte qui, vers neuf heures, permet au public d'aller se restaurer au buffet.

Les chanteurs, qui se couchent tôt, se lèvent de même pour assister à la répétition qui, dès neuf heures du matin, les rappelle au théâtre. Les ténors les plus délicats, les femmes même prennent vite l'habitude de s'y rendre, et reconnaissent que ce travail matinal est à la fois plus salutaire et moins fatigant que celui de l'après-midi. Il y a, de la sorte, deux répétitions par jour, l'une à neuf heures, l'autre à deux heures. Les artistes qui chantent le soir ne sont dispensés que de la seconde : ils ont ainsi un repos suffisant. Chez nous, ce serait toute une journée perdue.

Autre avantage : un tableau de service, imprimé tous les samedis et distribué à tous les artistes et employés du théâtre, fixe tous les spectacles, toutes les répétitions, jusqu'aux moindres leçons de la semaine suivante et indique, en outre, un ou deux mois à l'avance, les ouvrages en préparation avec la date de leur représentation. Ce tableau est arrêté dans la réunion hebdomadaire des chefs de service présidée par l'intendant, assisté du chancelier (administrateur). Le secrétaire, chargé des rapports avec la presse et de la première lecture des manuscrits, les chefs d'orchestre, commis à l'examen des partitions, y présentent leur rapport, appelant l'attention de l'intendant sur les ouvrages qui leur paraissent dignes d'intérêt.

Mais j'étais au-dessous de la vérité en parlant de deux répétitions par jour. Chaque théâtre possède une ou deux salles d'études, avec petites scènes, ce qui double et triple le travail de la journée. Lorsque la troupe est double (opéra et comédie), ces salles d'études sont utilisées dans la soirée par celle des deux troupes qui ne joue pas.

Un opéra nouveau est inscrit au programme des études. Les rôles sont aussitôt distribués, et une première lecture a lieu en présence du *Kapellmeister* (chef d'orchestre), lecture raisonnée où les lignes générales de l'ouvrage, le caractère des personnages, les mouvements sont indiqués de façon sommaire.

Puis les répétiteurs s'en vont à domicile apprendre leurs rôles aux artistes. Ce sont de jeunes élèves-chefs d'orchestre. Ils assistent à toutes les répétitions et à toutes les représentations. « Leurs fonctions sont multiples et participent de celles de chefs de chant, de chef des chœurs, de souffleur, de répétiteur et d'accompagnateur ; ils sont constamment disséminés sur le théâtre, les uns, à poste fixe, à droite et à gauche du rideau, les autres suivant les chanteurs, en se dissimulant derrière les portants et les décors, tous une partition à la main, s'occupant sans cesse à guider les acteurs, à leur donner le ton, à battre la mesure pour les faire « partir », à assurer la concordance absolue entre la manœuvre des trucs et le texte musical, à donner le signal pour les effets de lumière, etc. » Ce sont les officiers d'ordonnance du chef, les *assistants*, dont j'emprunte ici la définition à l'excellent ouvrage de M. Lavignac : *Voyage artistique à Bayreuth.*

Les rôles sont sus, les artistes sont convoqués dans les salles d'études pour procéder aux « ensembles ». Des leçons, pendant ce temps, ont été données aux chœurs dans un local spécial disposé en amphithéâtre, avec bancs et pupitres, et l'orchestre a été réuni, d'abord par groupes (1° le quatuor, 2° les instruments à vent) pour lire et corriger les parties *(Correctprobe)*, puis, dans son entier, pour répéter l'ouvrage, acte par acte, en plusieurs séances. Les artistes, les chœurs se joignent à l'orchestre, puis l'ensemble s'établit sur le théâtre, avec la mise en scène et les décors ; et les répétitions générales viennent achever le travail.

Le tout dure un mois, au minimum, pour un ouvrage en trois actes ; six semaines, si l'opéra est de grande importance et ressemble à ce qui se fait chez nous ; mais, tandis que ces études absorbent tout notre temps, les théâtres allemands, grâce à la division du travail, à sa préparation, à la multiplicité des salles de répétition, peuvent mettre à la fois sur le chantier cinq ou six ouvrages différents et en pousser les études simultanément, de façon à varier leur répertoire autant que je l'ai indiqué. Cette méthode est, avec la décentralisation, le secret de la grande production musicale de nos voisins.

Pour mener à bien une tâche aussi compliquée, un personnel nombreux est nécessaire. — personnel artistique ou *exécutant,* d'une part : chanteurs, coryphées, choristes, musiciens d'orchestre, danseurs et danseuses. — et personnel *non-exécutant* composé de tous les fonctionnaires, employés ou simples ouvriers chargés d'assurer les innombrables services de l'administration, de la salle, de la scène ou du matériel.

Pourtant il y a quelque exagération, ce me semble. à doubler. comme le font la plupart des théâtres allemands, le chiffre des exécutants par celui des non-exécutants, secrétaires, commis, inspecteurs et sous-inspecteurs. dont l'armée encombre les bureaux et surcharge le budget.

A Francfort. pour les deux théâtres municipaux, j'ai compté, sur 517 personnes : 173 exécutants et 244 non-exécutants.

A Vienne, le *Hof-Oper* réunit 757 personnes, dont 391 exécutants et 366 non-exécutants.

Le personnel de non-exécutants, à l'Opéra de Paris, n'excède guère 270 personnes, pour 360 exécutants. Je n'ai retrouvé cette proportion, plus raisonnable, qu'à Dresde (270 non-exécutants. 386 exécutants).

Les 391 exécutants, à l'Opéra de Vienne, se décomposent de la façon suivante :

32 chanteurs (17 hommes, 15 femmes).

112 choristes (19 premiers ténors; 10 seconds ténors; 11 premières basses; 11 secondes basses, 2 élèves: 33 soprani. 3 élèves; 22 altos, une élève).

112 danseurs et danseuses. (hommes: 5 solistes, 2 mimes, 24 danseurs, 2 élèves: femmes: 1 première, 1 seconde, 9 solistes. 3 mimes, 3 coryphées. 32 danseuses, 30 élèves).

3 figurants-conducteurs.

109 musiciens d'orchestre (4 chefs. 2 violons solos, 15 premiers violons. 15 seconds, 12 altos. 10 violoncelles, 10 contrebasses, 2 harpes, 4 flûtes, 4 hautbois, 4 clarinettes. 4 bassons. 8 cors, 8 trompettes, 5 trombones, 1 tuba. 2 timbales. 1 grosse caisse, 1 tambour, 1 cymbale et triangle).

23 musiciens de scène (fanfare).

────────

391

Les non–exécutants sont :

Le grand-maître de la cour.

L'intendant général.

Le directeur du théâtre et son adjoint.

Le chancelier (administrateur).

Le secrétaire général.

Le contrôleur général.

L'archiviste.

Le directeur de la caisse.

L'inspecteur général du bâtiment et son adjoint.

Le chef du matériel de secours.

Quatre médecins.

Un rédacteur, un comptable, deux secrétaires et deux sous-secrétaires attachés à l'administration.

Un contrôleur, un caissier, quatre employés et deux garçons pour le service de la caisse.

Le secrétaire particulier du directeur.

Un représentant du directeur (?)

Un chancelier archiviste de la musique.

Un chancelier chargé des inventaires.

Trois garçons des bureaux de la direction, soit, pour le personnel dirigeant : trente-sept personnes.

Le service de la scène emploie :

Pour la direction du personnel : un régisseur général, un régisseur d'opéra, un régisseur du ballet. un metteur en scène, un chef des chœurs, un chef des comparses, un inspecteur de la figuration. trois répétiteurs des solistes, un répétiteur des chœurs, un inspecteur général et deux inspecteurs de scène. deux souffleurs, un bibliothécaire des chœurs, deux avertisseurs, trois répétiteurs du ballet, une maîtresse de ballet, un avertisseur du ballet, un régisseur d'orchestre, un accordeur de piano, un inspecteur des instruments, deux garçons d'orchestre. — Soit vingt–neuf personnes.

Pour les décors : un inspecteur général du matériel, un peintre des décors, un inspecteur de la scène, un premier chef machiniste, un deuxième chef machiniste. un premier et un second chefs du service des cordages, un magasinier, un chef menuisier, un conservateur chargé des inventaires, quatre

tapissiers, quatre poseurs de coulisses, un préparateur des
trappes, deux charpentiers. un préparateur-magasinier, deux
brigadiers des dessous, trente-sept machinistes, quatorze aides-
machinistes, un préparateur-menuisier, huit menuisiers, un
aide-menuisier, un veilleur. — Quatre-vingt-six personnes.

Pour l'éclairage : un inspecteur, un chef, un monteur,
treize employés, trois ouvriers chargés de l'entretien des appareils d'éclairage et de téléphonie. — Dix-huit personnes.

Pour les armes et accessoires : un conservateur, cinq distri-
buteurs, deux armuriers. — Huit personnes.

Pour les costumes : un chef costumier, un magasinier, trois
aides-magasiniers, trois habilleurs et quatre habilleuses pour
les solistes, douze habilleurs pour les petits rôles et les
chœurs. un coupeur pour les costumes d'hommes, deux cou-
penses pour les costumes de femmes, un coupeur-chemisier,
un préparateur, un ouvrier et deux ouvrières pour la machine
à coudre. dix tailleurs, quinze couturières, une repasseuse,
une conservatrice du linge et une autre du matériel, un cor-
donnier, un dégraisseur, un garçon d'atelier. — Soixante-
trois personnes. (Le nombre des ouvriers et des ouvrières se
double parfois dans les moments de presse.)

Pour la coiffure : un coiffeur, deux aides, pour les hommes ;
une coiffeuse, trois aides, pour les femmes. — Sept personnes.

Le service de la salle et de la conservation du bâtiment
emploie cent dix-huit personnes : un architecte, un contrôleur en chef. un inspecteur des vestiaires, deux portiers principaux et six surveillants-portiers, trois gardiens des loges
impériales, six ouvreurs des loges, cinquante-cinq placeurs
ou employés aux vestiaires, deux garçons de salle, un serru-
rier. un garçon chargé du matériel du contrôle, un porteur
de billets, un mécanicien et deux chauffeurs pour les machines. un hydraulicien, deux inspecteurs du nettoyage. six
balayeurs. neuf balayeuses. un ramoneur et dix-huit pompiers.

Au total : trois cent soixante-six non-exécutants.

* *

La belle tenue, la précision d'exécution des masses chorales
et orchestrales allemandes ne s'explique pas seulement par l'es-

prit de discipline, par l'habitude d'obéissance propres à nos voisins. Il est juste d'en faire honneur à l'éducation plus complète des artistes musiciens et choristes, à la considération dont ils sont l'objet. au soin que l'on prend mieux que chez nous de subvenir aux besoins de leur vie matérielle et d'assurer le pain de leurs vieux jours.

Chaque théâtre, en Allemagne, possède une « École de chœurs ». Les jeunes filles y sont admises à partir de quinze ans, les garçons à dix-sept ans. On leur apprend le solfège et les œuvres principales du répertoire. Les cours ont lieu le matin, de bonne heure, pour permettre aux élèves de continuer, avec leurs études artistiques, l'exercice de leur profession, chacun d'eux recevant néanmoins du théâtre une petite pension de 600 marks (750 francs) par année.

Ce stage dure deux ans environ, au cours desquels les élèves sont employés souvent à renforcer les chœurs dans les ouvrages importants ou simplement à figurer. Ces services leur sont payés à part.

Au sortir de l'école, ils passent un examen qui consiste en une lecture à première vue, et ils sont nommés choristes avec des appointements progressifs de 1 000 à 1 800 marks (1 250 à 2 250 francs) par année, et une indemnité particulière nommée *Spielgeld*, par représentation. Cette indemnité ou ce « feu », pour employer l'expression en usage en France, varie de 1 mark 50 (1 fr. 87) à 2 mark 50 (3 fr. 12), selon les théâtres, pour un choriste ordinaire. et de 2 marks à 5 marks (2 fr. 50 à 6 fr. 25) pour un soliste.

Si l'on compte que le choriste peut prendre part, dans la saison théâtrale, à deux cent cinquante représentations environ, qui lui sont payées à raison de 2 marks (2 fr. 50) l'une, c'est une somme de 500 marks (625 francs) à ajouter au traitement fixe qui lui est servi pendant l'année entière : soit, s'il a atteint au chiffre de 1 800 marks, un total de 2 300 marks ou 2 875 francs par an. Et tous les costumes lui sont fournis par le théâtre, y compris maillots et chaussures.

Un choriste, dans une grande ville de France comme Lyon, Marseille ou Bordeaux, gagne de 150 à 180 francs par mois, pendant six à sept mois d'hiver. Les plus heureux passent la saison d'été dans un casino ; c'est un total de 900 à

1200 francs par année, pour les uns. de 1500 à 1800 pour les autres. Et les hommes ont à se fournir de linge et de maillots. et les femmes. dans la plupart des villes, ont à leur charge tous leurs frais de costumes !

Et aucune mesure de prévoyance n'est prise en vue d'assurer l'existence de ces infortunés, quand l'âge ou quelque maladie leur a brisé la voix ou paralysé les jambes.

Il n'en est pas de même en Allemagne.

Partout, dans les plus petites villes, dans les théâtres les plus modestes. j'ai constaté l'existence d'une *Caisse des pensions* au profit des artistes, choristes, musiciens, employés et ouvriers du théâtre.

Cette caisse est alimentée :

1° Par une donation annuelle et spéciale que la cassette princière ajoute à la subvention ;

2° Par une retenue de 1 à 5 pour cent faite sur le traitement des adhérents ;

3° Par le produit de représentations et concerts donnés au profit de l'œuvre ;

4° Par toutes autres recettes, telles que retenues sur les honoraires des artistes en représentation, dons. legs, amendes, etc.

A Stuttgart. c'est le roi qui prend à sa charge toutes les pensions. sauf celles des veuves et des orphelins, qui proviennent d'un fonds spécial formé par une retenue de 2 pour cent faite sur les appointements de tout artiste ou employé en possession d'un engagement de cinq années, *fût-il célibataire !*

A Munich. le roi a versé le fonds primitif, soit 200 000 marks (250 000 francs). Ce fonds dépasse aujourd'hui le million. On est pensionné après huit ans.

Il ne faut que six ans à Prague ; mais la règle habituelle, en usage à Vienne. à Francfort. à Darmstadt, exige dix années de service pour avoir droit à une pension qui, après le décès du titulaire. est continuée par moitié soit à la veuve, soit aux enfants jusqu'à leur majorité.

Quiconque a atteint l'âge de soixante ans et cessé tout service actif au théâtre est retraité de droit. Il ne peut l'être avant cette époque que si ses forces physiques ou intellectuelles ne lui permettent plus de pratiquer utilement son art ou de remplir son emploi. La pension est alors liquidée d'après la catégorie de l'intéressé (la caisse de retraite des chanteurs étant généralement distincte de celles des musiciens. choristes ou employés) et d'après le temps pendant lequel il a versé sa cotisation.

Cette cotisation est de 4 à 5 pour cent de son traitement pour un chanteur et de 1 pour cent seulement pour un choriste. On peut estimer le montant à 22 pour cent de ce traitement après dix ans. à 33 pour cent après quinze ans, à 50 pour cent après vingt-cinq ans, à 66 pour cent après trente-cinq ans. Le minimum de la pension accordée à un choriste est de 600 francs. La pension d'un artiste peut atteindre 6 000 francs. C'est le chiffre de ce qu'on appelle à Vienne la « grande pension », accordée après trente-quatre ans de service.

Un notable avantage offert à la prévoyance des artistes allemands. c'est qu'il leur est permis, en continuant à verser leur quote-part. de s'assurer une pension dans chacun des théâtres auxquels ils auront appartenu pendant plus de dix ans, et de se trouver ainsi, à la fin de leur carrière, pourvus de trois ou quatre pensions d'origine différente représentant au total ce qui leur eût été accordé pour le même temps passé dans un même théâtre.

L'Opéra de Vienne, outre les pensions de retraite, offre à ses artistes, musiciens, choristes et employés une prime d'ancienneté qui, par périodes de quatre années, s'ajoute à leurs appointements.

Enfin une Société des artistes *(Deutsche Bühnengenossenschaft)*, qui a été fondée à Berlin (Charlottenstrasse. n° 85), sur le modèle de celle que nous devons, en France, au baron Taylor. assure à ses adhérents des pensions qui viennent s'ajouter à celles qui leur sont servies par les caisses de retraite des théâtres. Ces pensions sont, selon les versements annuels, divisées en quatre classes : celle de la première classe est de 1 400 marks (1 775 francs), celle de la deuxième classe de 1 000 marks (1 250 francs), celle de la troisième classe de 600 marks (750 francs), celle de la quatrième classe de 400 marks (500 francs).

L'Opéra de Paris a possédé jadis une caisse de retraites organisée à peu près dans les mêmes conditions et avec les mêmes ressources que celles des théâtres allemands. Elle fut supprimée en 1831, lorsque Louis-Philippe rendit ce théâtre à l'entreprise privée, puis rétablie en 1856, lorsque son administration rentra dans les attributions du ministre de la maison de l'Empereur. En 1866, l'Opéra ayant de nouveau cessé de dépendre du gouvernement, il fut décidé que le régime des pensions ne serait continué qu'au profit des artistes et employés titulaires à cette date.

En 1879, on essaya de faire cesser l'inégalité choquante existant entre ces privilégiés et ceux qui, depuis 1866, étaient entrés à l'Opéra; mais on s'y prit mal, la caisse ne put résister aux charges nouvelles que l'on fit peser sur elle, et on en arriva à une liquidation définitive de la caisse des retraites de l'Opéra le 26 mars 1887[1].

La considération attachée, en Allemagne, à la personne des artistes, les avantages matériels qui leur sont assurés, font qu'il n'est pas rare de trouver parmi eux des fils de famille dont personne n'aura songé à combattre la vocation. Une jolie voix et des dispositions musicales sont, chez un enfant, jugées comme une bénédiction, comme les signes d'une existence heureuse, aisée ou riche, parfois glorieuse.

Il n'y a pas de Conservatoire national, mais une foule d'écoles de musique libres excellemment dirigées. Une petite ville comme Darmstadt en compte jusqu'à trois.

Les appointements des premiers chanteurs sont très variables. Ils n'atteignent point, sauf pour tel artiste hors pair comme le ténor Van Dyck de Vienne, les gros prix accordés aux chanteurs français et italiens. Vogel, le fameux ténor de Munich, n'a jamais dépassé 36 000 marks par année (45 000 francs). Un baryton est coté 18 000 marks (22 500 francs); une basse, 12 000 marks (15 000 francs.)

Les comédiens, par contre, sont mieux traités qu'en France. La troupe du Burgtheater de Vienne coûte, par an, 300 000 florins ou 610 000 francs. A Munich, les appointements des premiers emplois de comédie atteignent tous 18 000 et 20 000 marks, non compris l'indemnité de toilette à laquelle ils ont droit. La jeune première reçoit, de ce chef, une somme

---

1. Voir l'historique de la question dans le *Théâtre et sa législation* par Georges Bureau, avocat à la Cour d'appel (Ollendorf, 1898).

de 6000 marks (7500 francs) en dehors de son traitement.

Les gages des musiciens d'orchestre sont de 400 marks pour un élève, de 1200 marks et au-dessus pour un musicien ordinaire, 2400 marks pour un chef de pupitre, 2500 à 3000 marks pour le *Concertmeister* (violon-solo). Ces chiffres varient selon les villes. A Dresde, à Munich, l'orchestre est royal et les instrumentistes, engagés *à vie*, sont assurés d'une pension qui, servie par la cassette princière, se reporte, à leur mort, sur la tête de leur veuve et de leurs enfants.

Les musiciens d'orchestre sont payés toute l'année ; ils sont tenus de jouer tous les soirs et de répéter tous les matins. Ils sont autorisés à prêter leur concours aux sociétés musicales de la ville et à accepter, pendant la fermeture du théâtre, un engagement dans un orchestre d'été. Ceux qui vont à Bayreuth y sont logés gratuitement et reçoivent, pour un travail de deux mois, une somme de 500 marks (625 francs) qui s'ajoute à leur traitement annuel.

Un orchestre se compose ordinairement de soixante exécutants : c'est le nombre adopté à Carlsruhe, à Wiesbaden, à Darmstadt, à Stuttgart. — Francfort en compte soixante-dix, et Munich quatre-vingt-douze, pour ses deux théâtres. — Ils sont plus de cent à Vienne.

Il y a en Allemagne et en Autriche cent quarante-quatre premiers chefs d'orchestre (dont 25 pour cent sont israélites), quatre-vingt-quinze seconds chefs, quarante-six chefs des chœurs, — cet emploi n'étant distinct que dans les grandes villes et se fondant ailleurs avec celui de chef d'orchestre.

Les principaux chefs d'orchestre sont :

A *Vienne* : Richter, le bras droit de Wagner, qui, pendant de longues années, a dirigé les représentations de Bayreuth ;

A *Berlin* : Weingärtner,

A *Munich* : Richard Strauss,

(deux jeunes maîtres de haute valeur) ;

A *Carlsruhe* : Mottl, — bien connu des Parisiens ;

A *Dresde* : Schuch ;

A *Wiesbaden* : Rebizek ;

A *Stuttgart* : Aloïs Obrist ;

A *Weimar* : E. Lassen ;

A *Darmstadt* : de Haan ;

A *Hambourg* : Krzyzanowsky;

A *Buda-Pest* : Erkel;

— tous fort estimés.

*
* *

Jetons un coup d'œil sur le budget d'un théâtre allemand, et examinons de quels éléments se composent ses recettes et ses dépenses.

Voici, pour l'année 1894-95, le bilan de la direction de Francfort, qui a deux salles de spectacle à sa disposition, l'une pour l'opéra, l'autre pour le drame et la comédie, — par conséquent deux troupes et tous les autres services à l'avenant.

A Francfort, la saison théâtrale dure onze mois par an, pendant lesquels l'opéra joue de trois cents à trois cent vingt fois et la comédie trois cent cinquante fois environ, au total six cent soixante-dix représentations en moyenne.

Voyons, d'abord, les recettes :   *Marks*

La subvention fournie par la ville est de.	200 000	»
(La ville rentre dans une partie de cette subvention au moyen d'une surtaxe dont elle frappe les entrées.)		
Les recettes journalières des deux théâtres, déduction faite de cet impôt particulier, ont produit	533 176	09
Les abonnements	443 712	12
Les vestiaires	24 773	»
Les buffets	3 100	
La visite de la salle par des étrangers de passage	708	60
Les intérêts du capital placé, le change, etc.	4 525	68
TOTAL. . . .	1 209 995	49

Les dépenses :

Appointements du personnel des deux théâtres (artistes, orchestres, chœurs, ballet, employés)	782 156	91
Feux des artistes.	178 270	32
A reporter. . .	960 427	23

Report. . .	960 427 23
Artistes en représentation	40 456 35
Droits d'auteur (en moyenne 3 1/2 pour cent)	33 537 50
Figuration	10 511 80
Musiciens supplémentaires.	13 471 »
Éclairage.	55 759 74
Chauffage	14 360 88
Costumes	24 046 »
Décors.	5 423 42
Accessoires.	3 386 30
Meubles	713 57
Outils	142 15
Partitions de musique (éditeurs)	4 803 90
Bibliothèque	834 25
Entretien du bâtiment	4 171 79
Imprimés divers, affichage.	6 430 64
Frais d'exploitation et d'administration .	26 438 27
Réduction sur un concert.	432 57
Bénéfices.	4 648 13
TOTAL ÉGAL.	1 209 995 49

Le résultat fut maigre. Il fait cependant grand honneur à la sage administration de M. Claar, le directeur de Francfort, dont j'ai comparé plus haut le sort avec celui de ses collègues, intendants des théâtres royaux.

J'ajoute que, si les recettes que nous venons d'examiner avaient été frappées du droit des pauvres d'un onzième, en usage en France, c'est une perte sèche de 85 000 marks qui se serait trouvée au bas du bilan de Francfort en 1894-95.

Les droits d'auteur varient. L'Allemagne ne possède pas une société qui règle à son gré, comme la nôtre, les rapports entre directeurs et auteurs. Les directeurs allemands s'entendent avec les éditeurs, payant fort peu de chose pour les œuvres anciennes qui composent leur répertoire, et de 5 à 7 pour cent pour les œuvres nouvelles, suivant leur importance et la réputation de l'auteur. Le matériel musical est acheté par les théâtres (1 000 à 2 000 marks) et entre dans leur bibliothèque.

Les costumes, fournis par l'administration à tous les artistes, aux choristes hommes et femmes, — y compris les maillots, le linge et les chaussures, — sont ordinairement fabriqués dans le théâtre même. A l'Opéra de Vienne il y a cinquante à soixante-dix tailleurs et couturières en permanence, sous la direction d'un costumier, d'une costumière et d'un dessinateur qui a le titre de « peintre d'histoire » ! Wiesbaden, Dresde, possèdent aussi des ateliers de costumes dans le théâtre. Les étoffes et fournitures sont mesurées par les soins de contrôleurs spéciaux. Tous ces costumes sont généralement d'un goût douteux, quoique très exacts et fort luxueux.

Ceux de *Théodora*, à Wiesbaden, coûtèrent 75 000 marks (93 750 francs) et le prince Georges de Prusse, grand amateur de bibelots byzantins, en rehaussa encore l'éclat en prêtant au théâtre les bijoux les plus précieux de sa collection.

Les décors sont peints, soit dans le théâtre, quand il s'y trouve une salle assez vaste appropriée à cet usage, comme à Wiesbaden, à Vienne, soit chez les peintres décorateurs.

Le prix de la peinture de décors est sensiblement meilleur marché qu'en France. Antoine Brioschi, peintre décorateur de l'Opéra de Vienne, reçoit 1 florin 35 (2 fr. 88) par mètre carré sur toile neuve et 0 florin 90 (1 fr. 89) sur vieille toile. Il est vrai que le théâtre lui fournit un atelier éclairé et chauffé et que M. Brioschi figure en outre au budget, comme conservateur du matériel, pour un traitement de 1 500 florins (3 150 francs). Cependant, Burckardt, peintre réputé de Vienne, qui travaille chez lui (Zentagasse, n° 43), ne fait payer que 1 fl. 50 (3 fr. 15) le mètre carré d'architecture simple et paysage, *y compris la toile*, et 2 florins (4 fr. 20) le mètre carré d'architecture riche, toujours *avec la toile*. Les trames de filet, fort en usage en Allemagne, découpage compris, 1 florin 25 (2 fr. 62) le mètre carré. La même peinture se paie à Paris de 5 à 10 francs le mètre carré *sans la toile*.

Tous les décors sont construits dans les ateliers du théâtre, sous la surveillance du chef machiniste, personnage important, jouissant sur la scène de l'autorité d'un capitaine à son bord. Il se nomme Kranich à Bayreuth, Rudolff à Vienne, Lautenschläger à Munich, Göldner à Dresde, etc.

*\
* *

Il me reste maintenant à donner quelques notes sur la construction et l'aménagement des théâtres que j'ai visités, sur la disposition de leur salle, de leur scène et de ses dépendances.

Jusqu'au xviiie siècle, on s'était contenté — le plaisir du théâtre étant le privilège de l'aristocratie — d'aménager de façon pompeuse l'intérieur des salles de spectacle, tels le *Residenztheater* à Munich et le théâtre *rococo* des margraves de Bayreuth ; la façade ne se distinguait guère de celle de l'hôtel voisin dont rien ne la séparait. Ce n'est qu'au xixe siècle, à mesure que le goût du théâtre se popularisa, pénétra plus avant dans les masses, que le besoin se manifesta de marquer ce lieu de réunion en lui donnant un aspect extérieur plus monumental, et que l'on commença d'élever à l'opéra et au drame, en les isolant au milieu des places et des promenades, ces imposantes constructions, sortes de cathédrales de l'art. Tous les styles y furent appliqués, depuis l'antique *Schauspielhaus* de Berlin, élevé par Schinkel en 1821, le style Renaissance employé par Siccardsburg et Van der Müll pour l'Opéra de Vienne (1869), jusqu'au style polychrome dû à Charles Garnier, le célèbre architecte de l'Opéra de Paris (1874).

« Il ne suffit pas, à un édifice, et surtout à un théâtre, que ses formes extérieures soient purement et simplement agréables à l'œil ; il faut encore qu'il présente une expression bien définie, et s'adapte manifestement à la disposition du dedans. Il faut que l'œuvre s'organise du dedans au dehors, et que rien, dans l'aspect extérieur, ne soit là seulement pour le remplissage. Il faut que chaque monument ait son caractère particulier et laisse percevoir déjà du dehors l'usage auquel il est destiné et pour lequel il a été érigé. »

Tels furent les principes que Gottfried Semper appliqua à la construction de l'ancien théâtre de Dresde (élevé en 1838, incendié en 1869, réédifié en 1878), — et qui peuvent se résumer comme il suit :

1° Au lieu d'une façade rectiligne, l'arrondissement de la partie antérieure du théâtre, afin de conformer l'aspect extérieur à la disposition intérieure de la salle de spectacle, en

enveloppant cette partie par des arcades monumentales semblables à celles des théâtres romains ;

2° Séparation du corps de bâtiment qui renferme la salle de
l'édifice surélevé de la scène, par l'emploi d'une architecture
spéciale et d'un système de toiture différent ;

3° Adjonction, sur les faces latérales, de deux annexes ou
ailes renfermant les vestibules d'entrée, les escaliers et antichambres.

Ce fut Gottfried Semper que le roi Louis II chargea d'établir les plans du « Théâtre de Gala » qu'il voulait bâtir à
Munich et qui devait être uniquement consacré aux œuvres
de Richard Wagner. La formidable opposition qui s'éleva en
Bavière contre ce projet en empêcha l'exécution, et Wagner
se retira sur son mont Sinaï de Bayreuth.

Le théâtre qu'il s'y lit élever par Brückwald, d'après ses
idées personnelles, marque une tendance contre toute disposition normale d'architecture. Cependant il n'est pas nécessaire de le considérer de très près pour y retrouver la trace
des principes fondamentaux établis par Gottfried Semper et
pour reconnaître ce que les « idées personnelles » de Wagner
durent à celles de son premier architecte, dont Brückwald ne
lit que simplifier le projet.

Lui aussi, il procéda de l'intérieur à l'extérieur en partant
d'une donnée négative : l'orchestre qu'on ne devait pas voir.
Cette préoccupation l'obligea à supprimer les places de côté,
d'où les spectateurs auraient pu plonger dans ce que Wagner
appelait « l'abîme mystique », pour adopter une disposition
de salle imitant l'amphithéâtre antique.

Le projet élaboré par Gottfried Semper pour le théâtre
wagnérien du roi de Bavière, coûta fort cher... à l'empereur d'Autriche, car on eut la fâcheuse idée de se servir des
plans de l'architecte de Munich pour la construction du nouvel *Hofburgtheater*, achevé et décoré par un homme de
beaucoup de goût, le baron de Hasenauer, qui y dépensa des
millions. C'est le plus magnifique des théâtres ; mais il faut
reconnaître que les proportions en sont on ne peut plus défavorables à l'art de la comédie, et que cette coûteuse construction
ne répond guère à sa destination artistique. La voix se perd
dans ce vaste vaisseau, et les nuances délicates du dialogue

n'y sont point saisies par l'auditeur. J'ai dit ailleurs ce que le seul entretien de ce monument coûtait au budget de la cour.

Le théâtre d'opéra de Buda-Pesth, dû à Nicolas de Ybl (1884) et celui de Wiesbaden, inauguré le 16 octobre 1894, passent à juste titre pour être des modèles de « théâtres modernes ». Je parlerai plus spécialement de ce dernier, qui a été construit par les architectes Helmer et Fellner, de Vienne, spécialistes du genre et auteurs de nombreuses salles de spectacle, tant en Allemagne qu'en Amérique.

Les salles de spectacle, surtout celles qui sont consacrées à la musique, sont généralement hautes et spacieuses. — Opéra de Vienne : largeur 19^m,60, profondeur 25^m,85 ; hauteur 18^m,50 ;

Contenance de quelques salles :

L'Opéra de Vienne contient . . . . 2 352 places, dont 862 debout.

Le nouveau théâtre en construction à Vienne, le *Kaiser-Jubiläums-Stadttheater,* en contiendra. 2 004 —

L'Opéra de Dresde et le nouveau théâtre de Prague en contiennent . . . . 2 000 —

L'Opéra de Munich . . . . 1 900 —

Celui de Francfort et le Théâtre-Tchèque de Prague. . . . . 1 800 —

L'Opéra de Berlin . . . . 1 600 —

Le Burgtheater de Vienne. . . . . 1 474 —

Le théâtre de Bayreuth . . . . 1 344 —

Celui de Wiesbaden . . . . 1 300 —

Celui de Buda-Pesth . . . . 1 267 —

Celui de Darmstadt . . . . 1 260 —

Enfin Berlin, plus modeste que Vienne, se contente, pour son théâtre de comédie, d'une salle de 1 044 places (*Schauspielhaus*), et Munich de 800 places (*Residenz*).

De larges passages ménagés dans le milieu et sur les côtés des fauteuils, aux rangs très espacés, de vastes couloirs de dégagement, de nombreux escaliers et des sorties pratiquées tout autour du bâtiment, généralement isolé, offrent au public,

avec une libre circulation, la plus grande sécurité en cas d'accident.

La salle est éclairée et ouverte au public une heure avant le
lever du rideau. La queue des spectateurs qui se mouillent et
grelottent à la porte de nos théâtres est inconnue en Allemagne.

Il n'y a pas de contrôle. Le spectateur se rend directement
à sa place, muni du billet à souche qu'il a pris au bureau ou
d'avance (le prix en est le même), et dont il conserve le talon
qui lui sert de contremarque. L'autre partie du billet, déta-
chée par le placeur, est mise par lui dans une boîte scellée et
sert à la vérification.

Le vestiaire, installé derrière de larges comptoirs, desservi
par un nombreux personnel, se paie d'avance suivant une
taxe fixe d'un prix modéré.

Le spectacle commence ordinairement vers six heures et
demie ou sept heures et finit entre neuf heures et demie et
dix heures. Il n'y a, dans la soirée, qu'un seul entr'acte
prolongé, pendant lequel les spectateurs s'en vont luncher
au buffet du théâtre en attendant leur souper. Parfois une
horloge est placée au-dessus du cadre de la scène, et le programme marque l'heure de chaque lever de rideau.

Il n'y a pas d'ouvreuses, mais des placeurs à l'uniforme
militaire (nous sommes en Allemagne!) chargés d'indiquer
les places et de distribuer des programmes.

Durant bien des années, on ne s'était préoccupé que des
améliorations à apporter à la salle de spectacle, et l'antique
machinerie avec ses coulisses, ses frises, ses trappes, ses cas-
settes et ses praticables manœuvrés à bras et à contrepoids
restait en faveur sur la scène. Le secret de son fonctionnement se transmettait de père en fils et personne ne songea,
avant 1880, à la nécessité de l'améliorer.

Pourtant, à la suite du terrible incendie du Ringtheater à
Vienne (8 décembre 1881), où périrent trois cent quatre-
vingts personnes, les architectes et les ingénieurs, poussés par
l'opinion publique qui réclamait des réformes, s'avisèrent de
jeter les yeux sur le matériel de scène.

Une société se fonda qui, sous le nom d'*Asphaleia*, entreprit de réorganiser les théâtres et d'en modifier l'architecture en même temps que l'agencement de la scène. Elle s'occupa en premier lieu de garantir la sûreté du public et du personnel du théâtre et prescrivit, à cet effet, l'usage du fer dans toutes les constructions et celui de la lumière électrique. Les cordes de chanvre auxquelles on suspendait les décors devaient être remplacées par des fils métalliques, et la machinerie entière mue par la force hydraulique.

Rappelons que, sur ce point, Paris avait pris les devants ; dès 1870, l'ingénieur Quéruel avait proposé pour notre Grand–Opéra, l'emploi des transmissions hydrauliques que l'architecte Garnier chercha à utiliser pour soulever son plancher de scène.

Cette idée fut reprise par l'*Asphaleia*. Les « praticables » à tréteaux en usage jusque-là pour figurer les terrains accidentés, encombraient dangereusement la scène : cette société proposa un plancher de scène entièrement divisé en trappes ; chacune de ces trappes reposait sur un piston ou cylindre hydraulique, pouvait ainsi être élevée jusqu'à 6^m,50 au-dessus du niveau, abaissée à 5 mètres de profondeur, et prenait s'il le fallait une position en pente. De cette façon, les escaliers, ponts, monticules, balcons, etc., devaient être figurés par le plancher lui-même.

La manœuvre des coulisses, rideaux et trappes devait se faire d'un seul point, — comme dans les postes centraux d'aiguillage des chemins de fer. — Enfin pour supprimer les frises, ces bandes de toile qui pendent dans le vide au-dessus de la scène et qui, sans donner jamais l'illusion du firmament, offraient, surtout à l'époque du gaz, un appât constant à l'incendie (Opéra-Comique, 1887), l'*Asphaleia* préconisa l'emploi d'un « horizon », c'est-à-dire d'un rideau circulaire colorié, représentant l'air et le ciel, commençant à 2 mètres du sol et montant si haut (19 mètres environ) que les spectateurs du premier rang, même en se penchant, n'en pussent apercevoir la fin. Ce rideau devait se dérouler d'un côté et s'enrouler de l'autre au moyen de deux grands cylindres, afin de varier l'état de l'atmosphère du bleu intense jusqu'au ciel le plus orageux.

Pareil « horizon » fut employé par le peintre Jusseaume, de

Paris, au théâtre du Gymnase, dans *Idylle tragique*, et au théâtre de la Porte-Saint-Martin dans *la Montagne enchantée*.

Ce mode de décoration avait l'avantage de supprimer, en même temps que les frises, les coulisses placées trop symétriquement à droite et à gauche de la scène : l'espace de deux mètres, ménagé dans le bas de l'horizon, pour le va-et-vient des acteurs, devait être marqué par des maisons véritables, des rochers et des plantations d'arbres *nature*.

Par malheur, on reconnut, en Allemagne comme à Paris, que la pose de toutes ces constructions nécessitait de trop longs entr'actes et l'on revint, pour la décoration courante, à l'antique système de la toile de fond et des coulisses latérales, en réservant l'« horizon » pour des cas tout à fait particuliers.

La théorie de l'*Asphaleia* fut également simplifiée sur d'autres points par la pratique.

La société avait envoyé son projet, réduit au dixième, à l'Exposition d'électricité de Vienne en 1883. Ses indications furent suivies au nouvel Opéra royal de Buda-Pesth, inauguré en 1884 ; puis, avec certaines modifications, à Halle en 1886. Les théâtres de la cour à Berlin, en 1888, le Burgtheater de Vienne en 1888, et l'Opéra de Wiesbaden en 1894, adoptèrent le système hydraulique.

Cependant, peu à peu, l'application des principes de l'*Asphaleia* se faisait moins rigoureuse.

En premier lieu, il parut plus avantageux de ne faire monter les trappes que jusqu'au niveau du plancher et non au-dessus. On renonça également à leur donner une position inclinée. En second lieu, la manœuvre des portants et frises par le système hydraulique fut abandonnée. Il aurait fallu, en effet, un nombre trop considérable de moteurs pour mouvoir isolément, à distance, chacune de ces parties décoratives. On ne put appliquer la force hydraulique de façon vraiment pratique qu'à la machinerie du plancher de scène et des dessous. Tous les décors partant du haut de la scène ou des côtés continuèrent à être manœuvrés à bras, à l'aide des contre-poids et des chariots.

C'est ainsi que cela se passe à Wiesbaden.

La scène de ce théâtre, tout nouvellement construit, a une superficie de 546 mètres, dont 26 mètres de largeur, — de

Proportions des principales scènes d'Europe.

THÉÂTRE	LARGEUR DU CADRE	LARGEUR DE LA SCÈNE DE MUR A MUR	PROFONDEUR DE LA SCÈNE	HAUTEUR DE LA SCÈNE	SUPERFICIE DE LA SCÈNE	PROFONDEUR DE L'ARRIÈRE-SCÈNE	PROFONDEUR DES DESSOUS
Alexandra. – St-Pétersbourg	17m,20	23m	25m,50		586m2,50		
Opéra de Berlin	12m,40	28m	23m,10		646m2,80		
Opéra de Vienne	15m	29m,08	24m,65		716m2,80	23m	
Opéra de Munich	13m,30	29m,90	27m,20		813m2,28		
Opéra de Francfort	13m	26m,75	22m	25m	588m2,50	9m,50	7m,50
Opéra de Wiesbaden	12m	26m	21m	25m	546m2	9m	7m,50
Opéra de Darmstadt	11m,75	22m	20m	22m	440m2	10m,50	
Opéra de Dresde	15m	30m	22m	26m	660m2	8m	
Scala, – Milan	15m	26m,35	23m,90		629m2,76		
San Carlo, – Naples	15m,90	20m,40	22m,60		461m2,04		
Burgtheater, – Vienne	11m	31m	21m		651m2	14m	
Bayreuth	15m	27m	42m	40m	1.234m2	10m	14m
Paris (ancien Opéra)	13m,20	24m	24m		576m2		
Paris (nouvel Opéra)	16m	32m,30	26m Sans le proscenium	35m	839m2,80		15m

mur à mur, — et 21 mètres de profondeur de la rampe à l'*arrière-scène* [1].

L'*arrière-scène*, d'une profondeur de 9 mètres, séparée de la scène par un rideau de fer pareil à celui qui la sépare elle-même de la salle, est d'un usage constant dans les théâtres allemands. Elle sert à préparer et à remiser les constructions telles que maisons à plusieurs étages, rochers praticables, apothéoses, qui, pendant l'entr'acte, n'ont plus qu'à être amenées en scène sur des plateaux roulants.

La scène est divisée en six plans de 3 mètres, chaque plan se composant de deux *trappillons* (longueur 19 mètres, largeur 0ᵐ,45 à 0ᵐ,60) destinés au passage des fermes ou châssis qui viennent du bas, de trois *costières* où passent les coulisses latérales portées par des chariots glissant sur rails dans le premier dessous, et d'une *rue* par où montent les apparitions et praticables. Cette rue est divisée, dans sa longueur, en trois trappes, reposant sur trois presses hydrauliques. Elle peut donc s'abaisser ou s'élever, à volonté, dans son ensemble ou partiellement.

Ces diverses ouvertures sont closes du premier dessous, celles des trappes par des glissières ou coulisses latérales, celles des trappillons au moyen de soupapes longues de 1ᵐ.10, que supportent des consoles de fer reliées ensemble, les costières par des traverses ou tringles de bois.

La consolidation des coulisses latérales aux chariots s'obtient par leur suspension dans des crochets fixés à des tuyaux en fer, qui s'adaptent aux chariots par des sortes de bouchons ou tiges arrivant au ras du sol.

Deux escaliers de fer conduisent aux dessous où sont installées les machines hydrauliques.

J'ai dit que chaque trappe était portée par une presse hydraulique : cette presse est composée d'un piston-plongeur d'un diamètre de 275 millimètres et d'une longueur de 6ᵐ,90 qui repose dans un cylindre de fonte et est mû par une pompe refoulante [2]. Les plus grandes précautions sont nécessaires

---

1. Voir ci-contre le tableau comparatif des proportions des principales scènes.

2 On peut, sur le détail de cette installation, consulter la *Revue technique (Technische Rundschau)* de Berlin, numéros 49 et 50 de l'année 1896. L'ingénieur Philippi y a publié une intéressante étude de la machinerie hydraulique du théâtre de Wiesbaden.

pour éviter l'humidité qui rapidement détériore les décors placés dans les dessous. C'est un des inconvénients de ce système, dont l'avantage est de réduire considérablement le nombre des machinistes. Ils sont plus de quatre-vingts à l'Opéra de Paris, sans compter les aides supplémentaires. Ils ne sont que vingt à Wiesbaden.

Mais la force hydraulique rend d'autres services. C'est elle qui fait mouvoir le rideau de fer de l'avant-scène et celui de l'arrière-scène, qui actionne les ascenseurs et monte-charges, et sert à abaisser le plancher de l'orchestre toutes les fois que cela est jugé nécessaire, comme par exemple pour l'exécution des grands opéras de Wagner. Ce plancher, d'une surface de 75 mètres carrés, repose sur deux pistons plongeurs qui permettent de l'élever au niveau du parterre ou de le baisser de 3 mètres. Le siège du souffleur, lui-même, placé sur un piston, peut à volonté disparaître ou reparaître.

On a ménagé, sur les côtés de la scène et de plain-pied avec elle, une resserre pour les châssis et, sous le théâtre, à l'arrière-plan, un magasin pour les rideaux de fond. On y loge le matériel du répertoire courant, extrêmement variable, comme on sait.

Les autres décors sont conservés, à proximité du théâtre, dans de vastes bâtiments reliés parfois à la scène, comme à Dresde, par un petit chemin de fer à voie étroite.

Le transport, ailleurs, se fait par des voitures. J'ai noté celles du Burgtheater de Vienne : wagonnets de fer, très légers, suspendus dans de grandes roues, et dont le plancher arrive au ras du sol. Ils sont couverts en zinc et fermés sur les côtés par des bâches goudronnées et mobiles. Les décors, ainsi, se trouvent à l'abri du mauvais temps et peuvent être manœuvrés sans difficulté : on n'a qu'à les glisser hors la voiture pour les livrer au monte-charges.

Pour les amener en scène ou pour faire monter au niveau du théâtre les rideaux remisés dans les dessous, ou bien encore pour transporter toiles et châssis jusqu'à l'atelier du peintre décorateur, situé au-dessus de la scène, à 20 mètres de hauteur, on a installé, à Wiesbaden, deux ascenseurs hydrauliques d'une force de 500 kilos, sortes d'armatures de fer de 18 mètres de long.

D'autres ascenseurs ont été établis pour le service des artistes, des costumes, etc. Est-il nécessaire d'envoyer rapidement un machiniste au cintre, il n'a qu'à prendre place sur un petit siège disposé à cet effet et, en un instant, le voilà à son poste.

Rien n'a été négligé, on le voit, pour faire du théâtre de Wiesbaden un théâtre modèle, où l'air, la lumière, l'espace et le confort le plus intelligent sont prodigués.

Ce sont d'abord, aux étages inférieurs, les foyers, bureaux du directeur, de l'administration, des régisseurs, des chefs d'orchestre, des inspecteurs, la bibliothèque, les salons de coiffure, les magasins de meubles et d'accessoires et les loges d'artistes, propres et spacieuses, avec leurs grandes armoires, leur installation d'eau courante chaude et froide, leurs lampes mobiles et leurs appareils électriques pour chauffer les fers à friser.

Plus haut, les grands vestiaires, où la promiscuité habituelle du personnel des chœurs, du ballet et de la figuration est évitée par la disposition des salles en autant de petits *boxes* séparés qu'il y a de personnes ;

Les salles de répétition avec scène et coulisses, les salles d'études, en forme d'amphithéâtre, pour l'orchestre et les chœurs, le foyer de la danse.

Plus haut encore, l'atelier du peintre et les magasins où costumes, bijoux, chaussures, armes et maillots sont rangés et étiquetés aussi méthodiquement que dans un musée.

Enfin, les ateliers de confection des costumes : — celui de la modiste, de la lingère, du sellier, du bottier, de l'armurier, etc.

C'est la ville de Wiesbaden qui a pris à sa charge les frais d'entretien, de chauffage et d'éclairage de son nouveau théâtre, — déjà si largement pourvu par l'empereur, qui lui sert une subvention de 400 000 marks (500 000 francs) prise sur sa cassette particulière.

La salle est aérée et chauffée par le système adopté à Francfort et à Vienne, c'est-à-dire par une combinaison d'air et de vapeur condensée.

L'air est capté à l'extérieur dans les jardins qui entourent le théâtre et amené à l'intérieur de la salle par une puissante turbine. Il traverse d'abord un tunnel où il est réchauffé en hiver et rafraîchi en été au moyen d'une pluie d'eau, pénètre ensuite dans les dessous de la salle où il est mélangé à la vapeur produite par quatre chaudières, dont une de réserve, puis il est réparti à travers la salle, la scène et leurs dépendances, et s'échappe enfin par une large ouverture ménagée dans le plafond de la salle et formant cheminée d'appel. L'air est, de la sorte, renouvelé constamment.

Des thermomètres sont installés dans les différentes parties de l'édifice : leurs indications s'inscrivent sur un grand tableau placé dans une pièce, au-dessous de l'orchestre, où se tient en permanence un surveillant. Sans quitter son poste et d'un simple tour de roue, celui-ci assure aux différents locaux la température réglée pour chacun d'eux, en envoyant un surcroît de vapeur ou bien en hâtant la sortie de l'air par la cheminée d'appel.

Un autre tableau, non moins ingénieux, est destiné à indiquer au surveillant les portes restées ouvertes sur la scène ou dans les cintres, et lui permet d'éviter, par un signal rapide, les courants d'air si nuisibles aux chanteurs.

Ce système de chauffage n'a qu'un inconvénient : il revient assez cher.

Deux théâtres d'Allemagne étaient encore, quand je les visitai en 1896, éclairés au gaz, celui de Dresde et celui de Francfort. Partout ailleurs, c'est l'éclairage électrique. L'installation qui en a été faite au théâtre de Wiesbaden par la maison Siemens et Halske, de Berlin, est une des plus récentes et, partant, une des plus complètes.

Elle se compose de deux machines à vapeur d'une force de soixante chevaux et d'une autre de cent vingt chevaux, ainsi que d'une batterie accumulatrice de cent vingt cases ou cellules qui, par mesure de précaution, est, pendant la représentation, actionnée parallèlement avec les deux dynamos.

Tous les appareils d'éclairage servant sur la scène sont distribués en trois couleurs : une rangée de lampes blanches, une de lampes rouges et une de lampes vertes ou bleues. Pour certains effets de soleil, on remplace ces dernières par des lampes jaunes ou orangées que l'on marie aux lampes rouges. — Les différentes colorations s'obtiennent à l'Opéra

de Paris au moyen de masques en gélatine teinte, mais la gélatine, qui se gondole, absorbe une quantité considérable de
lumière : il est à espérer que ce système trop primitif sera
abandonné au moment de la réfection projetée de l'éclairage
de notre première scène.

A Wiesbaden, le distributeur général est placé dans la salle
des machines et le jeu d'orgue régulateur sur la scène, côté
« jardin ». Tous les appareils y sont rattachés par des câbles
très souples ayant une conductibilité particulière pour chaque
couleur, avec une conduite en retour commune. Les fils conducteurs sont rigoureusement isolés, enveloppés de caoutchouc et munis de nombreux coupe-circuits, pour parer aux
surcharges de courant. Le régulateur ou jeu d'orgue est partagé en deux services : celui de la salle et celui de la scène.
Celui-ci se compose de trois tableaux peints en blanc, en
rouge et en bleu, correspondant aux lampes de même couleur, et divisés en autant de rainures verticales et graduées
qu'il y a d'appareils d'éclairage sur la scène. De petites poignées, glissant le long de ces rainures. allument ou éteignent
à distance. très rapidement ou très lentement. chacun de ces
appareils, séparément, plusieurs à la fois ou tous ensemble, en
les accouplant au moyen d'une roue placée sur le côté du
tableau. Un *rhéostat* de 120 spirales, intercalé devant chaque
embranchement, permet de graduer la lumière et de l'amener
de façon tout à fait insensible, sans secousse. de la clarté
maxima à la complète obscurité, par 120 degrés différents dont
l'œil ne peut distinguer les intervalles.

L'éclairage de la scène de Wiesbaden emploie 1560 lampes
à incandescence de 25 bougies. De puissants projecteurs,
munis de lampes à arc, fortes chacune de 16 ampères, peuvent être, en outre. installés soit sur les côtés du cadre, soit
sur les cintres.

L'installation totale du Ringtheater, à Vienne, se compose
de 3300 lampes (dont 2000 pour la scène) reliées par 110 kilomètres de fils conducteurs!

Est-il besoin d'ajouter que tous les services du théâtre de Wiesbaden sont rattachés entre eux à la scène et aux bureaux du personnel dirigeant par des sonneries électriques et par le téléphone?

A ce propos, il me faut signaler un ingénieux tableauavertisseur imaginé par Rudolff, le chef machiniste de Vienne.

Placé à portée de la main du régisseur, il est en communication avec toutes les parties de la scène et ses annexes, avec les dessous, les cintres, avec la chambre des machines, les loges d'artistes, les foyers, magasins, ateliers, etc. Ce tableau, servant à la fois à avertir le personnel et à transmettre aux différents plans de la scène les signaux relatifs à la manœuvre des décors ou aux bruits de coulisse, a ceci de particulier que chacune de ses sonneries se double, au même point, par l'allumage simultané d'une lampe de couleur rouge. Précaution indispensable, m'assurait un guide peu galant, lorsqu'il s'agit d'avertir les dames, dont la conversation couvrirait le bruit du tocsin! Bonne précaution, dans tous les cas, pour les signaux à faire en scène pendant un *forte* de l'orchestre ou des chœurs.

L'avertisseur Rudolff est « à réponse », c'est-à-dire que tout signal (timbre et lampe) se reproduit au tableau de départ, et se contrôle ainsi lui-même.

Au moment du lever du rideau, un levier mû par le régisseur allume dans tout le théâtre les lampes rouges d'avertissement. Cela veut dire : « On va commencer »; puis le rideau se lève et la lumière rouge disparaît : « C'est commencé. »

Pour indiquer la mesure aux choristes ou musiciens placés dans les coulisses, ainsi qu'à l'organiste qui tient les grandes orgues placées au deuxième cintre, on se sert d'une lampe à incandescence posée dans une cage où une fente étroite est fermée par un clapet. Le chef d'orchestre, en pressant du bout de son pied sur un bouton installé près de son pupitre, fait agir ce clapet, et le rayon lumineux qui apparaît alors indique très exactement et sans bruit la mesure aux artistes qui se tiennent sur la scène.

Mais, plus que l'intelligent aménagement intérieur de l'Opéra de Wiesbaden, plus que l'ordonnance classique de sa façade, dont l'élégant portique à fronton et à colonnade rappelle les grandes basiliques romaines de Saint-Jean de Latran et Sainte-Marie-Majeure, ce qui m'a frappé d'étonnement, c'est le prix auquel les architectes Hellmer et Fellner ont pu livrer leur œuvre.

Le nouveau théâtre de Wiesbaden n'a coûté, en tout, que 2 750 000 marks, soit *trois millions quatre cent trente-sept mille cinq cent francs*. Celui de Buda–Pesth avait atteint *huit millions de francs*.

Celui de Francfort : de *dix à douze millions*.

Le Burgtheater de Vienne : neuf millions de florins, soit plus de *dix-huit millions de francs* (et l'on vient d'y dépenser environ 400 000 francs pour remédier aux défauts d'acoustique et pour modifier l'orientation des loges).

Enfin, le nouvel Opéra de Paris n'a pas coûté moins de *trente-six millions* de francs (chiffre officiel).

Le Burgtheater de Vienne est certainement un merveilleux théâtre. d'un luxe et d'une richesse que l'on ne se peut figurer sans l'avoir vu ou, tout au moins, sans avoir feuilleté l'ouvrage illustré que le Dr Joseph Bayer lui a consacré.

Une des curiosités de ce théâtre, c'est sa scène mobile. Pour abréger les entr'actes, on a imaginé de diviser le plancher de la scène, dans le sens de sa profondeur, en deux plateaux de 11^m,50 sur 8 mètres. Ces deux plateaux. placés sur les pistons hydrauliques dont il a été question plus haut, s'enfoncent à volonté jusque dans les dessous, entraînant avec eux décors, meubles et accessoires. Un troisième plateau de même dimension. manœuvré à la main, glisse au niveau de la scène et vient remplacer le plateau disparu. Trois décorations peuvent être ainsi préparées à la fois et se succéder sans interruption.

A Münich, le chef machiniste Lautenschläger a imaginé un autre système, non moins ingénieux, pour arriver à représenter, au Residenztheater, le *Don Juan* de Mozart avec un seul entr'acte. Il a couvert sa scène d'une plaque tournante de 16 mètres de diamètre glissant sur une roue centrale et sur deux rails excentriques et manœuvrée par un petit moteur électrique disposé dans les dessous ; puis il a combiné les diverses décorations de l'ouvrage de façon à pouvoir les préparer les unes derrière les autres et à n'avoir plus qu'à les faire défiler aux yeux du public à l'aide de sa plaque tournante. Le changement se fait sans baisser le rideau, chaque décoration emportant son appareil d'éclairage et les frises se remplaçant à la main, tandis qu'un « manteau d'Arlequin » mobile ferme à droite et à gauche la «découverte» du premier plan [1].

Cette installation a coûté 12 000 marks (15 000 francs).

C'est à Munich encore qu'il m'a été donné de visiter un théâtre dont la machinerie entière se meut par l'électricité. Il est, je le crois bien, unique en son genre. Inauguré au mois d'octobre 1896, il a coûté quatre millions de marks, soit *cinq millions de francs*, et s'appelle *Deutsches Theater*. C'est un théâtre populaire, non subventionné, où l'on joue de préférence le drame.

Il est tout en fer. La charpente des dessous ne pèse pas moins de 130 000 kilos. La scène a une hauteur de 17^m,50. Un électromoteur de 26 chevaux manœuvre toutes les pièces de cet immense mouvement d'horlogerie et remplace la brigade des machinistes. Un seul homme suffit qui, placé devant un tableau indicateur, fait à son gré, et du bout du doigt, descendre les rideaux et les frises, s'ouvrir les trappes, surgir les fermes et les praticables, glisser sur leurs rails les portants de fer et, enfin, monter ou s'abaisser le plancher de la scène qui, posé sur treize pivots en forme de vis, peut être amené au niveau de la salle et former avec elle une grande salle de bal. C'est le souffleur lui-même qui fait lever ou baisser le rideau, à l'aide d'un petit déclenchement.

Il paraît toutefois que ce système est très fragile, qu'il pourrait, à la longue, se fausser, que le jeu de ses engrenages est destiné à être obstrué par la poussière... Bref, on n'a pas confiance.

L'avenir est là cependant.

L'ingénieur Tresca, dans un rapport qu'il fit en 1871 sur l'application du système hydraulique à la machinerie de l'Opéra de Paris, avait déjà dit : « L'emploi de grands accumulateurs conduirait aux mêmes résultats. »

C'est l'histoire éternelle : nous proposons, nous essayons parfois, puis nous nous rebutons ; l'Allemand recueille l'idée, l'applique avec plus de patience et de soin, elle réussit et nous la reprenons.

Le théâtre électrique de Munich en fera surgir d'autres, de

---

[1] Un système analogue vient d'être inauguré à Paris, au théâtre des Variétés.

plus en plus perfectionnés, et dans vingt ans nous en aurons un à Paris.

« Il est difficile de changer en quoi que ce soit les habi-tudes routinières ; l'architecte qui construit un théâtre est toujours placé entre deux alternatives : s'il fait du nouveau, il froisse toutes les manies et on l'appelle révolutionnaire ; s'il fait de l'ancien. il trahit toutes les espérances et on l'appelle réactionnaire !! »

En dépit de cette déclaration un peu bien pessimiste, et que je m'étonne de trouver sous la plume de M. Charles Garnier, je me suis efforcé de rechercher partout le progrès, heureux si quelqu'une des améliorations que j'ai signalées dans ces notes peut ainsi être connue et appliquée en France.

ALBERT CARRÉ

Décembre 1897.

DE L'AUBE A LA NUIT

RÊVES DU MATIN

Sous les rideaux, voici l'aube odorante et blanche.
Ta main ensommeillée, au devant de tes yeux,
Arrête un songe encor fuyant et gracieux,
Tu t'éveilles, tu ris, et ta tête se penche.

Les cloches dans les prés annoncent le dimanche;
L'aube candide joue et luit au bas des cieux,
Et dans mon cœur aussi, subtil et soucieux,
A travers tes cheveux l'aube douce s'épanche.

Comme tes yeux, mon cœur est blessé de rayons :
Retiens, dans tes cheveux noirs où nous sommeillons,
Les rêves de la nuit effrayés par l'aurore...

Ils volent, ils s'en vont, ils passent sous tes mains,
Les beaux songes tremblants et gracieux encore,
Et l'aube mollement confond leurs longs chemins.

SIESTE AU BORD DE LA MER

Ma pensée à midi revient des flots, lassée,
Elle tournoie encore au vent de l'horizon.
Ivre de la lumière en mes yeux amassée,
Je m'endors à demi sur un lit de gazon.

Dans l'herbe, je ne veux rien voir et rien entendre...
Quand bourdonne une abeille et que j'ouvre les yeux,
La mer, comme une soie aérienne et tendre,
Se tisse, ensoleillée, à la clarté des cieux.

Au dessus de la haie, un trois-mâts, dans la brume,
Semble du ciel à l'eau balancé tour à tour ;
Au loin, est-ce un nuage, est-ce un remous d'écume ?
Est-ce un dieu qui sourit dans les vagues du jour ?

Une hirondelle crie aux fleurs de la fenêtre,
Une mouette passe et repasse, — et soudain,
Rêvant, les yeux mi-clos, que Vénus va renaître,
Je te vois sans surprise au milieu du jardin.

LA MUSIQUE DE LA LUNE

Ton âme chante : — écoute ! et l'automne murmure.
De feuilles effleurée, à travers la ramure,
La harpe des rayons soupire dans le soir.
Tout repose et tout pleure ; un céleste encensoir
De l'été qui succombe enivre l'agonie ;
Vénus, mélodieuse en la nuit infinie,
Allonge un calme rêve au sein triste des eaux ;
Les chiens hurlent au loin longtemps, et les oiseaux
Ténébreux, en criant, rôdent parmi les chênes.
L'écluse rauque et lente où gémissent des chaînes
Retentit de rumeurs et de confuses voix ;
Un chariot lointain disparaît dans les bois ;
On ne voit plus monter les paisibles fumées,
— Et tout à coup, naissant dans les fleurs parfumées
Dans la pluie odorante, au bas de l'horizon,
La lune, dont la robe enchante le gazon,
Prélude, et, d'un nuage où le vent se balance,
Délicieuse, accroît les accords du silence.

LOUIS DE LA SALLE

HARRIET BEECHER STOWE[1]

La famille des Beecher est une des plus anciennes d'Amérique. John Beecher, puritain originaire d'Écosse, débarqua en 1638 dans une anse de la terre qui devait s'appeler plus tard le Connecticut, sous l'estuaire du Saint-Laurent. A l'ombre d'un chêne qui s'élevait près de la mer, John Beecher célébra son premier service; puis, à cette même place, il se construisit une maison.

La religion puritaine est une chose extraordinaire, qu'en France nous comprenons à peine : directement inspirée de la Bible. elle a renouvelé le sentiment sémitique de la crainte de Dieu ; elle commande l'obéissance, non l'amour ; elle est hostile à toutes les joies humaines. Poussée à ses conséquences extrêmes, elle se rencontre avec l'islamisme pour proscrire l'art et la représentation par la peinture des personnes vivantes. Elle forme l'âme par la contrainte; elle la vide. mais développe son énergie, et imprime dans les consciences simplifiées les notions de devoir, de justice et de liberté.

1. *Life and letters of Harriet Beecher Stowe*, edited by Annie Fields (London, 1896)

Soumis de père en lils à cette discipline, les Beecher restèrent pendant plus d'un siècle sur la terre du Connecticut,
En 1785. le chef de la famille était forgeron ; il prit part à la
lutte contre l'Angleterre ; il était grand liseur, et très occupé
de théologie et de politique. Son fils, puritain exalté comme
lui, s'instruisit et se fit pasteur. Il manqua cependant aux
traditions de sa race : il s'éprit d'une jeune fille qu'il trouva
lisant des romans dans une ferme ; elle était rêveuse, poétique, et nullement puritaine ; il demanda sa main, l'obtint, et
l'emmena dans la paroisse qui venait de lui être confiée, à
East Hampton (Connecticut).

C'était un lieu sauvage : la civilisation avait à peine touché le sol de la primitive Amérique. Entre la mer et des forêts où des Indiens vivaient encore, une rue s'étendait au
long d'une interminable grève de sable ; à chacune des extrémités de cette rue, un moulin ; au milieu, une église ; et
c'était toute la ville. Le quart des baleines échouées sur la
grève appartenait au pasteur, et c'était tout son traitement.
La jeune femme dépérit dans ce milieu trop rude ; son mari
chercha quelque autre paroisse et choisit enfin Lichtfield, bourg
assez important, que Washington, La Fayette, Rochambeau
avaient visité pendant la guerre ; la population, composée de
fermiers cultivés, avait des traditions républicaines et intellectuelles. C'est là que naquit Harriet Beecher. le 14 juin 1811.

*
* *

Elle avait six ans quand sa mère mourut. Cette femme,
dont rien n'a subsisté que les souvenirs vagues de sa fille et
l'impression laissée en tous ses enfants, traversa la vie occu-
péc par la prière, le soin des fleurs, les ouvrages d'aiguille,
les broderies, la lecture, silencieuse parmi ces durs puritains :
« Son caractère, écrit madame Harriet Beecher Stowe, était
particulièrement tranquille et apaisant. Son union spirituelle
avec Dieu, jamais interrompue. jamais troublée, depuis sa
première enfance, lui donnait un équilibre. une tranquillité
bienfaisante qu'aucun accident terrestre ne pouvait altérer. »

Elle mourut comme elle avait vécu, sans effort. Elle dépérit, et quitta la vie insensiblement tandis que son mari lui

récitait ces paroles de la Bible : *Vous êtes venue à la montagne de Sion, la cité du Dieu vivant ; à la Jérusalem céleste...*

Quelques jours après, on trouva un des enfants, Henry, creusant un grand trou au milieu d'une plate-bande du jardin. On l'interrogea : « Que fais-tu ? — Je vais rejoindre maman », répondit-il. Il avait entendu dire que sa mère était au ciel ; il l'avait vu déposer dans la terre : et sa petite tête logique avait travaillé là-dessus.

On envoyait souvent Harriet à Nutplain, dans la famille de sa mère : elle y connut une vie moins rigide, moins exclusivement religieuse. La grand'mère bavardait avec la petite fille ; vieille femme ardente et liseuse, elle adorait les romans et son imagination animait jusqu'aux Évangiles ; elle se faisait une idée très nette du caractère de chacun des apôtres, des amis, des ennemis du Christ, et parlait d'eux comme de personnes vivantes. Elle ne citait jamais une parole de Pierre sans sourire avec indulgence : « Ce Pierre ! le voilà bien, toujours prêt à s'en laisser conter... » La vieille femme était réactionnaire et anglaise au fond du cœur. Elle ne l'osait avouer à personne qu'à l'enfant, sa confidente ; elle ouvrait devant elle son livre de prières, lui montrait les formules traditionnellement dédiées au roi, à la reine, à la famille royale, et lui disait son chagrin de ne plus entendre au prêche ces noms vénérés. Puis, il y avait l'oncle Georges, qui savait par cœur toutes les poésies de Burns ; un cabinet rempli de gravures ; et enfin, tous les dimanches, le plaisir d'un service musical et pompeux à l'église épiscopale.

Harriet savait aussi écouter et comprendre les conversations républicaines des amis de son père. « L'élément héroïque était fort en moi, a-t-elle écrit ; il me venait naturellement d'une longue ascendance puritaine, et dès l'enfance m'inspira le désir de faire quelque chose de grand, je ne savais quoi. » Pourtant elle se plaisait moins à Lichtfield qu'à Nutplain ; elle n'y causait pas si agréablement, et la bibliothèque était garnie de livres rébarbatifs.

En 1825, la lointaine tempête romantique qui agitait l'Europe jeta comme un souffle d'air vif dans la maison austère du pasteur Beecher. « Enfants, dit-il un jour, vous pouvez lire ceci. » Il leur tendait *Ivanhoe* ; les enfants saisirent le livre et le relurent

sept fois en un seul été. Ils entraient dans un monde nouveau : Harriet et son frère savaient par cœur de longues
scènes qu'ils se récitaient de bout en bout et mot à mot.

Après le roman de Walter Scott, Harriet connut un poème
de Byron, *le Corsaire,* qu'elle découvrit dans un volume
dépareillé, et lut sans trop comprendre. Elle questionna une
de ses tantes : « Tante, qu'est-ce que cela veut dire : « *one
I never loved enough to hate...* une personne que je n'aimai
jamais assez pour la haïr » ?... — Enfant, répondit sagement
la tante, ce sont là de ces choses comme Byron en dit. »
L'enfant n'oublia pas le nom de cet homme qui disait des
choses difficiles à comprendre, et, chaque fois qu'elle entendit
parler de lui, dressa l'oreille. Un jour, à table, son père
annonça : « Byron est mort. » Elle sentit que c'était un grand
deuil. Le dimanche suivant, M. Beecher prit pour texte de
son sermon : « *Le nom du juste est comme le feu, mais la
mémoire du méchant pourrira.* » Ce méchant était Byron ; le
pasteur déplora qu'un tel génie eut vécu pour le mal, et
Harriet, en l'écoutant, songea qu'il serait beau d'être poé-
tesse et chrétienne.

Elle avait seize ans, quand, à la sortie du prêche, un
dimanche, elle se jeta dans les bras de son père en lui disant
qu'elle voulait vivre pour le Christ :

— Bien vrai ? répondit le pasteur ; c'est donc une fleur
nouvelle qui s'ouvre aujourd'hui dans le royaume de Dieu.

La phrase, trop poétique, ne pouvait être vraie : les âmes se
réalisent avec plus d'efforts qu'il n'en faut aux fleurs pour
s'ouvrir. Harriet Beecher voulait se donner au Christ parce
qu'elle était pieuse, aimante ; mais elle était américaine aussi,
et protestante ; son père, ses frères, ses sœurs, ses amis,
étaient tous enrégimentés dans des sectes, et les mœurs voulaient qu'elle aussi fût méthodiste, anglicane ou calviniste.
On lui fit étudier la Bible et lire des ouvrages de morale.
Sa foi naïve se flétrit. Elle connut à dix-sept ans la maladie
du scrupule. Elle avait de l'ambition et l'amour de la beauté :
la rigueur puritaine lui en faisait un crime : « Je suis pour-
chassée de tous les côtés, écrivait-elle, et mes péchés me
dérobent tout mon bonheur. Mais ce qui m'inquiète constamment, c'est l'orgueil ; j'attribue à l'orgueil presque tous

mes péchés. » Elle aimait l'amitié : autre crime : « Je voudrais parvenir à me rendre tout à fait indifférente aux opinions des autres. Je ne crois pas que personne ait jamais
été plus que moi soumis aux opinions favorables ou défavorables de ceux qui m'entourent. Ce désir d'être aimé est, je
le crains, le grand motif de toutes mes actions... » Cette discipline terrible. et si mal appropriée à sa nature, la brisa : « Je ne
me crois bonne à rien, écrit-elle à sa sœur ; mieux vaudrait
pour moi mourir jeune, et sceller dans la tombe les souvenirs de mes péchés, que vivre comme je vivrai, je le crains,
inutile, et gênante pour tous. Tu ne peux savoir à quel point
je me trouve quelquefois malheureuse. isolée, faible, et sans
énergie... Je me suis écrit des règles ; j'ai établi une division
régulière de mon temps : mais j'ai les sentiments si variables
qu'il m'est impossible d'être régulière. »

Pourtant Harriet parvint à savoir ce qu'elle désirait. à
oser le formuler. Elle protesta contre la sévérité puritaine, et
exprima en termes charmants les sentiments d'indulgence que le
péché lui inspirait. « Dis-moi, écrivait-elle à son frère, si tu
crois que Dieu aime réellement les coupables avant qu'ils ne
retournent à lui? On nous recommande de leur dire que
Dieu a pour eux horreur et haine et qu'ils doivent commencer à l'aimer avant qu'il soit adouci. Dire à ceux
qui sont profondément dans la détresse : « Dieu s'intéresse à vous. il sympathise avec vous. il vous aime », c'est
donc mal faire? » Elle conçut un Dieu plus abordable, plus
humain. « Je voudrais pouvoir vous dire. écrit-elle à
son frère. ce que j'éprouve, quand je prie. Je sens que
j'aime Dieu. — c'est-à-dire que j'aime le Christ. — qu'il me
donne repos. et bonheur, — et cependant ce n'est pas cette
sorte de repos qui naît d'un libre épanchement des désirs et
des chagrins entre amis. Quelquefois il me semble que j'aimerais
voir le Sauveur présent en ce monde : alors je pourrais l'approcher et lui demander d'alléger quelques-uns des soucis de
ma vie... Crois-tu. cher frère. qu'à force de foi on puisse
rendre Dieu si proche. si présent, qu'il prenne enfin dans
nos vies la place d'un ami terrestre? J'aimerais beaucoup
savoir ce que tu penses de cela... »

Un jour que son frère lui recommande le *Livre de Job,*

elle se révolte : « Non, dit-elle, ce n'est pas le Dieu que j'aime, et que tu m'as toi-même enseigné, tel que dans le Nouveau Testament le caractère de Jésus me le révèle, toute compassion et toute bonté — juste le Dieu qu'il me faut... » — phrase exquise où les théories les plus sceptiques se trouvent implicitement avouées: les hommes cherchent, non la vérité, mais leur vérité ; Harriet avait enfin trouvé la sienne : « *juste le Dieu qu'il me faut...* »

« Il y a de grands changements en moi, écrit-elle à une amie ; j'ai résolu de sortir de moi-même et de laisser la pernicieuse habitude de la méditation au premier pasteur méthodiste qui voudra bien la prendre... *Horas non numero nisi serenas;* j'ai la ferme résolution de ne plus compter que mes heures sans nuages, et de laisser toutes les autres glisser hors de ma mémoire aussi vite que possible. Je veux cultiver en moi un esprit de tendresse universelle. Au lieu de me renfoncer dans un coin et d'examiner la conduite des gens; désormais, je tendrai la main de droite et de gauche, et je serai l'amie de tous ceux que je rencontrerai... »

En l'automne de 1832, la famille Beecher se déplaça. Le vœu de la mère était réalisé, et au delà : non seulement les garçons s'étaient faits pasteurs, mais les filles aussi, cédant à l'esprit évangélique, s'étaient faites institutrices et travaillaient avec leurs frères. Il s'agissait d'aller fonder à Cincinnati un *Séminaire théologique*. Ils partirent ensemble : M. Beecher et sa seconde femme, Catherine, Harriet, Georges, Isabelle, James, et la tante Esther, sœur de M. Beecher. Ce fut un voyage vraiment biblique : on chantait des hymnes en chœur pour se distraire, et Georges distribuait à ses compagnons de hasard les *tracts* dont il avait les poches pleines. « Il saupoudre de moralité les pays que nous traversons », écrit gaiement Harriet.

Mais bientôt elle fut reprise d'inquiétude. Elle avait réussi à connaître sa vraie nature, et ne pouvait la réaliser : elle avait résolu de rompre avec l'esprit de secte, de vivre la main tendue, le cœur ouvert; pourtant elle vivait toujours dans ce monde protestant, sec, fermé ; ni son père, ni sa sœur, l'impérative Catherine, personne enfin ne répondait autour d'elle aux besoins de son imagination et de son cœur;

elle avait besoin d'expansion et se trouvait de nouveau recluse en elle-même. « Quelle femme du monde te voilà devenue ! écrivait-elle à une amie. Comme cela me ferait du bien de me trouver dans une situation qui me distrairait de mon inquiétude et arrêterait ma pensée ! La pensée, l'intense émotion de pensée, voilà mon tourment. Comme cela me ferait du bien d'être dans une situation qui m'obligerait à être sans pensée !... »

Elle se consolait en disant des contes à ses élèves, commençant au hasard : « Il y avait une fois... » et poursuivant à l'aventure. Mais cet exercice un peu simple ne suffisait pas à détendre son âme. « Il me semble, écrit-elle à une amie, que l'intensité de mes pensées et de mes émotions a produit son effet. Elle m'a flétrie, épuisée ; et, quoique jeune, je ne sympathise plus avec les sentiments de la jeunesse. Tout ce qu'il y a d'enthousiaste, de passionné dans l'admiration de la nature, de l'art, du caractère, dans la piété, ou dans les émotions du cœur, je l'ai senti avec une véhémente et absorbante intensité, — senti jusqu'à épuiser mon esprit, qui, maintenant, sombre dans l'engourdissement. La moitié du temps, je me trouve heureuse, oisive, indifférente, occupée à des riens, puisqu'il faut souffrir pour penser, souffrir pour sentir. »

Pourtant, à son insu, sa vie se développait normalement. Harriet Beecher publia, dans une revue de Cincinnati, une série de lettres humouristiques. — « J'ai l'intention d'écrire dans l'avenir sur un grand nombre de sujets... »

Elle aurait eu besoin de se dépenser ainsi ; mais elle avait besoin d'aimer en même temps que d'agir, — d'imposer sa pensée comme un homme et de se donner comme une femme. Ses premiers essais venaient de paraître lorsqu'elle perdit une amie, qui laissa dans un chagrin profond son mari, M. Stowe. C'était un homme bon, mais très faible : Harriet Beecher vit combien il souffrait d'être seul, et s'occupa de lui comme une sœur, s'intéressant à ses controverses théologiques, l'intéressant à ses entreprises pédagogiques ; deux années s'écoulèrent, et M. Stowe demanda la main d'Harriet, qui n'eut pas la dureté de refuser.

*
* *

Harriett Beecher Stowe commença une existence nouvelle. Elle eut un, deux enfants ; peu riche, elle s'occupa beaucoup de son intérieur, et dut renoncer à la littérature. D'ailleurs, elle trouva largement matière à déployer son activité : elle apprit à connaître l'institution de l'esclavage.

Fille du nord, ni les conditions du climat ni celles de la culture ne favorisaient le développement de cette institution, elle ne l'avait jusqu'alors pas connue. A Cincinnati, ville située en terre libre, mais voisine des frontières d'un État esclavagiste, le Kentucky, les noirs étaient nombreux ; la plupart d'entre eux avaient déserté les fermes de leurs maîtres, et venaient là chercher la protection de lois plus humaines. Libres, mais sans expérience de la liberté, ils végétaient dans les faubourgs humides. Harriet Beecher Stowe n'eut pas plus tôt connu ces grands enfants capricieux, mais fidèles en somme, rieurs dans l'indigence et jusque dans la mort, que son âme maternelle s'émut, et sentit qu'il y avait une tâche à remplir. Elle ne se rallia pas aux sectaires abolitionnistes, unanimement considérés alors — en 1834 — comme de purs utopistes ; Harriet Beecher Stowe, trop femme pour concevoir immédiatement des idées révolutionnaires, ne voulut d'abord qu'adoucir ce qui lui paraissait être une des plus terribles nécessités de la vie. Sa maison devint l'asile des esclaves fugitifs ; elle accueillit les enfants, et leur donna pour camarades les siens.

Pourtant le nombre des fugitifs croissait ; la population servile augmentait dans les États du sud. Une découverte, dite humanitaire, avait déterminé cet essor imprévu de l'esclavagisme. L'invention de la machine de Whitney avait immensément développé l'industrie cotonnière ; mais, loin de faciliter, d'ennoblir le travail humain, elle l'avilit : le labeur inhabile des noirs acquit la même valeur que celui des ouvriers américains ; les États sudistes firent en Afrique de grands achats d'esclaves. La population noire décupla en trente ans : ce fut un des premiers résultats du machinisme. La plainte qui montait des États du sud se faisait donc d'année en année plus douloureuse, plus cruelle à subir, et le mouve-

ment anti-esclavagiste devenait plus fort dans les États du nord.
Un individu, Garrisson, avait commencé la campagne absolument seul : il soutenait que l'existence de l'esclavage dans un
pays anglo-saxon était une contradiction intolérable et dangereuse. Sa faiblesse était de dire des choses si vraies que tout
le monde les savait déjà ; sa force fut d'oser les dire et d'oser
affirmer qu'une vérité spéculative devient nécessairement
une vérité pratique. On ne pouvait le réfuter : on le déclara
vain, avide de réclame, et fou par-dessus le marché. Garrisson fonda un journal ; des amis, peu nombreux, mais énergiques, lui vinrent en aide. Les abolitionnistes avaient une
seule chose pour eux : la vérité. On ne leur disait pas :
« Taisez-vous, vous avez tort ! » On leur adressait une som-
mation beaucoup plus redoutable : « Taisez-vous, disait-on,
vous avez raison ! » C'est alors qu'on craint les gens et qu'on
est violent contre eux, violent parce qu'on sent sa faiblesse :
car l'homme, qu'il le veuille ou non, est, entre autres choses,
un animal logique, et cède enfin à la raison, non par devoir,
mais par instinct. — Malgré les injures, malgré les menaces,
le nombre des abolitionnistes augmentait toujours. En 1835,
Channing, vieux, comblé de gloire, publia une brochure intitulée : *L'Esclavage*. Il posait la question et disait avec force
qu'il fallait la résoudre. « Si les abolitionnistes sont toqués,
disait Emerson, c'est du bon côté. »

En 1838, un de ces hommes hardis voulut éditer un journal anti-esclavagiste sur les frontières d'un État esclavagiste ;
il choisit Cincinnati. Aussitôt les propriétaires du Kentucky
lancèrent des bandes qui envahirent la ville ; toute la racaille
du pays, soudoyée par la bourgeoisie réactionnaire, se joignit
à eux pour chasser et assommer les nègres dans la rue, pour
assiéger les bureaux du journal et briser les presses. M. Stowe,
sa femme, ses beaux-frères, s'étaient aussitôt faits les défenseurs du docteur Bailey ; ils accueillirent les nègres poursuivis
et s'armèrent pour les défendre. La lutte dura plusieurs jours ;
enfin, le docteur Bailey dut quitter la ville, qui s'apaisa : mais
ces troubles eurent un résultat, en apparence minime, en
réalité considérable : Harriet Beecher Stowe s'était convertie
à l'abolitionnisme.

Elle avait trouvé ce que, jeune, elle avait tant cherché. Un désir exclusif s'établit en elle. Seule contre les Églises, qui par esprit conservateur désapprouvaient les abolitionnistes, seule contre son pays, qu'elle voyait unanime contre la cause, libre, enfin, et maîtresse d'elle-même, elle conçut cette tâche : donner la liberté, le bonheur à plusieurs millions d'êtres proscrits.

Mais, en même temps, elle sentit peser plus lourdes les charges de la vie qu'elle avait acceptée. Son mari, de plus en plus faible et dépendant, ses enfants en bas âge, la maisonnée entière à faire subsister avec peu d'argent, tout cela impliquait mille soins dont Harriet Beecher Stowe s'acquittait en conscience : sa vie intellectuelle en était gênée. « Cuisine, blanchissage, couture, écrivait-elle à une amie, le mariage est cela, chère, chère Georgiana, — oui ; mais, après tout, j'en dirai du bien : car, dès que j'ai la liberté de penser assez longtemps pour distinguer ma tête d'avec mes talons, je me trouve, je dois le dire, une femme heureuse d'avoir un tel mari et de tels enfants. Mes enfants, je les préfère à l'aisance, au loisir, aux plaisirs que j'aurais sans eux ; ils sont un capital placé à intérêt, et dont la valeur augmente sans cesse. »

Pourtant Harriet Beecher Stowe était femme de lettres et savait combien fait souffrir une pensée inexprimée. Il y avait dans son âme une force latente qui put un jour soulever l'Amérique et passionner le monde civilisé ; comprimée, cette force de pensée exerçait les mêmes ravages qu'une force physique dont l'expansion est contrariée.

« Je suis malade, avait dit une fois le vieux père d'Harriet, parce que je ne peux plus exprimer ma pensée. » Sa fille, pour la même raison, tomba malade : prise de neurasthénie. elle dut aller se reposer dans sa famille, à Hartford. « Ma chère amie, lui écrivait son mari, vous devez être femme de lettres : Dieu l'a voulu ; qui peut lutter contre lui ? Donc, préparez-vous à écrire pendant tout le reste de votre vie... » Mais elle répondait : « En pensant à ma famille, dont je suis depuis si longtemps séparée, je me sens pénétrée par un sentiment nouveau, solennel, de ma responsabilité. Il ne me semble pas que je sois destinée à une longue vie, en tout cas, je suis très frappée par l'idée que je dois consacrer toutes mes forces à finir au plus tôt la tâche qui m'a été con-

liée, et qui n'a rien de grand ni de brillant au regard du
monde : elle est toute dans un petit cercle de famille, dont je
dois être le centre. » — « Depuis des semaines, écrit-elle dans
son journal, je pense à l'importance de la première éducation
des enfants. C'est un sentiment si fort qu'il m'oppresse... »

Harriet rentra chez elle, mais, quoique son mari l'en eût
priée, ne put se décider à écrire. Les choses allaient mal : le
séminaire de M. Stowe coûtait plus qu'il ne rapportait. La vie
intellectuelle y était excellente, les jeunes gens nombreux ;
seulement, les idées avancées qu'on leur enseignait plaisaient
peu aux classes riches et aux églises constituées. D'ailleurs,
les deux époux, généreux, imprévoyants, dépensaient en au—
mônes le peu qu'ils avaient, et on aurait connu la détresse
au foyer sans le dévouement d'une amie et d'une vieille
négresse.

« Je ne sors pas, je me surmène, — écrivait Harriett à son
mari, qui était allé chercher dans les régions puritaines de
l'Est un peu d'argent pour son séminaire ; — je suis déjà
malade à demi. Je passerais un mois à coudre tous les jours
que je n'aurais pas achevé la moitié de ce que j'ai à faire,
et je m'en trouverais encore plus incapable d'accomplir mes
autres devoirs ». Sa tête, naturellement un peu faible, faiblit
encore : « Sans moi, écrit-elle, rien ne va dans la maison ; et,
quand la tête s'en va, comme souvent il arrive à la mienne,
et quand on ne peut ni penser, ni se souvenir de rien, alors
que reste-t-il à faire ? La fatigue ordinaire, la maladie, l'épuisement ne sont rien, comparées à cette détresse ».

Harriet Beecher Stowe n'est pas une femme héroïque : elle
est trop femme, elle se plaint, se désespère, et, quand elle
reprend courage, ce n'est ni orgueil ni volonté, mais subit
retour de pensée à la bienfaisante grandeur de Dieu. Parce
qu'elle était faible et reconnaissante, on l'aimait mieux : les
amis s'empressaient autour d'elle et l'aidaient. « J'ai bien des
ennuis, écrivait-elle en mars 1845, mais je ne puis penser à
rien qu'à la générosité, à la richesse de la pitié divine qui m'a
donné de tels amis, et toujours si bien entourée dans toutes
mes misères. Pas un jour de cet hiver que je ne me sois
répété cela. Toujours il s'est trouvé des amis pour entrer à la
maison, me réconforter et m'aider : ainsi je n'ai manqué de

rien. Mon mari a fait des progrès merveilleux comme père
de famille et comme bonne d'enfants. Vous ririez, si vous le
voyiez, avec ses lunettes, mettant gravement au lit la petite
troupe de nos sept bambius en chemises de nuit, et courant
après eux, il le dit lui-même, comme une vieille poule après
un troupeau de canards... Tout montre la sollicitude de
notre Père et m'encourage à me réjouir, à espérer en lui. »

L'état neurasthénique de Harriet Beecher Stowe s'aggrava,
et elle dut quitter sa famille pour se faire soigner dans un
établissement d'hydrothérapie. Alors il n'était plus question
d'écrire, mais de vivre; épuisée, elle n'avait plus de forces que
pour un désir : celui de voir grandir et mûrir ses enfants.
« Mon cher mari, écrivait-elle dans la solitude de sa mai
son de santé, je pense à vous, et je vous assure que je vous
plains d'avoir une femme telle que moi. Il me semble que
j'ai toujours été un embarras pour vous, jamais un secours ; et je prie Dieu tous les jours pour qu'il me rende
la santé et me remette en état de faire quelque chose pour
vous et ma famille. Je pense que, si j'étais à la maison, au
moins je pourrais épousseter, balayer, laver les pommes
de terre et faire un peu de cuisine, et parler aux enfants —
travailler pour vous, si peu que ce soit. Mais l'espoir de guérir
me soutient. En pensant aux enfants, je supporte ces bains si
ennuyeux, si fastidieux, et j'endure cette terrible douche.
Jamais ils ne sauront combien je les aime... Que Dieu me donne
cinq années de santé morale et physique ! » Harriet Beecher
Stowe allait réellement mieux vers la fin de l'automne 1847,
quand elle reçut de son mari des lettres inquiétantes : seul,
il se surmenait et tombait malade à son tour. « Soignez-
vous, cher ami, écrit-elle désespérément; ou vous m'oblige-
riez à revenir. Pourquoi guérir, si, pendant ce temps,
vous vous épuisez? » Un an après, elle était au foyer, et
son mari l'avait remplacée à l'établissement médical qu'elle
quittait enfin. Il y resta quinze mois.

« J'ai trente-sept ans, écrivait-elle courageusement à une
amie; et je suis heureuse de vieillir, et d'avoir six enfants, et
des soucis indéfiniment. » Si le martyre était son vœu, elle
fut largement exaucée. Tandis qu'elle était seule avec ses
enfants à Cincinnati, le choléra éclata dans la ville et décima

la population comme il fit partout dans son terrible essor de ce milieu du siècle : un des enfants tomba malade, puis un deuxième, le dernier né. Charley, qui mourut. « Mon cher mari, écrit-elle à M. Stowe absent, — c'est fini, notre cher petit enfant nous a quittés, — maintenant il est heureux. Mon Charley, — mon magnifique, aimant, joyeux bébé, si caressant, si doux, si plein de vie et d'espoir et de force, — maintenant il gît crispé, pâle et froid, dans la chambre d'en bas. Jamais il ne m'a donné que des consolations. Plus d'une de mes tristesses a passé grâce à lui. Pendant plus d'une de mes nuits d'anxiété, je l'ai tenu contre mon cœur, et j'ai senti mon désespoir et mon découragement passer sous les caresses de ses petites mains chaudes. Je viens de le veiller pendant son agonie, et lui me regardait, m'implorait, et je ne pouvais rien pour l'aider, rien pour le consoler ; je ne pouvais rien faire, rien, pour atténuer ses souffrances cruelles ; je ne pouvais rien que prier, dans ma détresse. pour hâter sa mort. J'écris comme si aucun chagrin n'égalait mon chagrin, et cependant ici, comme dans la terre d'Égypte, il n'y a pas eu de maison sans mort. Cette douleur, cette angoisse, a été partout ; et quand elle cessera, Dieu seul peut le dire. »

Cette malheureuse année fut la dernière passée à Cincinnati. La situation du séminaire était de plus en plus difficile, et M. Stowe accepta une chaire qui lui était offerte dans l'est, à Brunswick. La famille s'y trouva tout entière au commencement du printemps de 1850 ; mais le déplacement, l'installation, avaient coûté très cher, et Harriet Beecher Stowe se mit à écrire dans une revue. pour gagner un peu d'argent. Il semble qu'elle n'eut pas d'autre but, et que vingt années d'infortune eussent brisé son ambition ; elle était pourtant à la veille de connaître la gloire la plus retentissante, la plus pure.

⁎
⁎ ⁎

C'était vers la fin de 1850 ; les États-Unis traversaient une crise dramatique. Esclavagistes. anti-esclavagistes, formaient deux partis irréductibles ; toutes les questions s'étaient peu à peu groupées autour de celle-là : il commençait à paraitre aux yeux de tous qu'entre la loi barbare et la culture moderne. la contradiction était radicale, et que l'une ou l'autre devait succomber. Les abolitionnistes avaient si évidemment raison que, pour les réduire au silence, il fallait ouvrir les prisons : les États du sud demandèrent aux États du nord des restrictions à la liberté de la presse. Une pétition signée par trois cent mille abolitionnistes fut portée au Sénat : les États du sud demandèrent aux États du nord de restreindre le droit de pétition.

Forts de la situation acquise, et tolérés, sinon soutenus par toute l'opinion modérée, les États du sud prirent la direction de la politique générale, et lui imprimèrent un caractère nouveau. Gouvernant contre la justice, ils voulurent donner au peuple un peu de gloire militaire, et déclarèrent au faible Mexique une guerre spoliatrice, à tous points de vue injustifiable: le coup de force après l'atteinte au droit. Cette agression indigna si vivement les populations puritaines du nord, que le gouvernement victorieux se trouva mis en minorité par le suffrage universel, fait unique dans l'histoire. Les suites de la guerre, plus que la guerre elle-même, inquiétaient : les territoires annexés allaient constituer de nouveaux États, qui sans doute reconnaîtraient l'esclavage et ajouteraient encore à l'autorité du sud, dont toute la politique visait à balancer, par l'adjonction d'États esclavagistes nouveaux, la puissance des vieux États du nord, sans cesse accrue par l'immigration européenne et l'industrie. Le sud enorgueilli réclamait encore davantage; il voulait assurer par une loi sévère la restitution des fugitifs que les habitants du nord accueillaient et protégeaient. La demande était légitime : l'autorité devait garantir l'exercice d'un droit qu'elle reconnaissait. Le 12 septembre 1850, un compromis entre les États du sud et du nord fut voté : le sud renonçait à imposer l'institution de l'esclavage aux nouveaux états admis dans l'Union ; d'autre part, le nord s'engageait à voter la loi sur les esclaves fugitifs. Celui-ci était vainqueur en définitive. Il accordait une loi révocable, et s'assurait en retour d'avantages irrévocables et certains : le nombre des États libres était augmenté. Pourtant le compromis ne satisfit personne et ne pouvait en aucune façon satisfaire.

L'institution de l'esclavage était si contradictoire aux données fondamentales de la société américaine que cette loi sur les fugitifs. quoique légitime, était inapplicable. Il allait falloir repousser ces malheureux qu'on plaignait, et, bien plus, restituer à leurs anciens maîtres ces noirs depuis longtemps échappés, qui se croyaient libres, et protégés à jamais par les lois des États du nord. Les infortunés s'enfuirent; leurs bandes, traversant les forêts neigeuses, les fleuves glacés, gagnèrent la terre libre du Canada. Les populations du Nord s'agitèrent, frémirent : on leur demandait de ratifier une institution détestée ; elles ne le pouvaient pas. Il était visible que le temps des compromis était passé, et qu'il faudrait enfin recourir à la force ; pourtant l'explosion ne se produisait pas. On maudissait la loi, mais on l'acceptait; il aurait fallu déclarer la guerre au sud, agir révolutionnairement : les Américains sont prudents ; ils différaient.

Or, le cri d'une femme inconnue retentit soudain ; un livre avait paru : *la Case de l'Oncle Tom*. Il fut aussitôt dans toutes les mains ; on le lisait dans le sud, dans le nord, dans les fermes, dans les salons ; on s'interrogeait : « Quelle est cette femme? Elle débute, elle est jeune, sans doute? » — Non pas : c'était Mrs Harriet Beecher Stowe, mariée à un vieil et médiocre professeur de théologie, âgée de quarante ans, jusqu'alors silencieuse... En quelques mois, elle avait écrit son livre, où éclatait dans toute leur force une indignation et un amour depuis vingt ans inexprimés.

* *

La biographie de notre héroïne est ici terminée. Désormais. Harriet Beecher Stowe n'a plus d'histoire. Semblable à une fleur épanouie, elle se montre, s'effeuille et meurt.

Sa gloire se répandit dans le vieux monde. Elle fut traduite en français. en allemand, en italien. George Sand la célébra. C'était au lendemain du Deux-Décembre : le roman de Mrs Stowe vint d'au delà des mers comme un écho du passé ; on se passionna pour les esclaves d'Amérique, et ce fut un des derniers efforts du romantisme politique. Harriet Beecher Stowe vint en Europe ; elle formait de vastes projets : tout un système d'écoles primaires et normales à fonder pour organiser l'instruction des nègres. Elle espérait trouver de l'argent en Angleterre, en France ; elle fut exaucée. Son voyage fut un long triomphe. En Écosse, sur ce vieux sol dont les traditions tenaces et les vieilles mélodies avaient bercé son enfance, des villages entiers vinrent à sa rencontre. A Paris, dans une école du Faubourg Saint-Antoine, sur les deux sous affectés au goûter, les enfants prélevèrent un sou pour les noirs d'Amérique.

Enfin la guerre inévitable éclata. Le président Lincoln voulut voir Harriet Beecher Stowe.

— Voilà donc, s'écria-t-il en lui prenant la main, voilà donc cette petite femme qui a fait cette grande guerre !

Elle montra pendant ces jours terribles l'inflexibilité de sa race puritaine. Elle avait deux fils aux armées, l'un officier, l'autre aumônier ; mais il ne paraît pas qu'elle ait jamais éprouvé un sentiment de remords ou de trouble. Au plus cruel moment du conflit, elle écrivait : « Si la lutte doit durer jusqu'à ce qu'il n'y ait plus dans le pays une maison où l'on ne pleure un mort ; si tous les trésors amassés par le travail impayé des esclaves doivent être dissipés ; si chaque goutte du sang versé par les fouets doit être rachetée au prix du sang versé par le sabre, nous ne pourrons que nous incliner et dire : « Tes voies sont justes et certaines, ô Roi des saints ! »

Cependant, après six années d'efforts épiques, le Nord imposa au Sud les conditions de la paix : Harriet Beecher Stowe était victorieuse.

Elle résolut d'aller vivre dans le Sud et de consacrer le reste de sa vie au relèvement des esclaves libérés. Beaucoup d'entre eux s'établissaient en Floride. Elle acheta une ferme et s'y installa avec son mari, avec son fils, blessé pendant la guerre : un climat doux hâterait, pensait-elle, son rétablissement. Elle voulut fonder des églises et des écoles dans les villages de noirs qui entouraient sa demeure. L'entreprise exigeait beaucoup d'argent. Pour en gagner, elle se remit à écrire. Ces livres furent médiocres. En 1850, la force d'un désir longtemps contenu, la violence d'une passion avaient suppléé au manque d'art : elle avait écrit *la Case de l'Oncle Tom*. Ensuite, elle bavarda, papota, moralisa, — mais resta la femme d'un livre.

Harriet Beecher Stowe fut durement éprouvée par la mort. Elle perdit presque tous ses enfants, et demeura seule avec son mari, dans sa villa de Floride, qu'elle aimait de plus en plus. Ce pays méridional, beau de couleur et beau de forme, lui plaisait comme l'Italie plaît aux septentrionaux. Il semble qu'elle fût la sœur intellectuelle de ces lyriques anglais, Shelley, Keats, Byron, Browning, qui portaient en eux un besoin de splendeur mal satisfait par les tristesses du Nord. Ils vécurent tous en Toscane, en Vénétie ; Harriet Beecher Stowe vécut en Floride. « Je me crois à Sorrente... », écrivait-elle à George Eliot, qui passait l'hiver en Sicile.

Elle commençait à vieillir en paix, lorsqu'un accident troubla son existence ; l'église, l'école à peine construites furent brûlées ; beaucoup d'efforts et beaucoup d'argent se trouvèrent dépensés en vain. Harriet Beecher Stowe avait soixante et un ans ; elle était bien faible : elle se livra néanmoins à des impressarios qui organisèrent une tournée de conférences.

Des foules vinrent l'entendre ; mais elle sentait qu'on la regardait, qu'on l'écoutait plus qu'on ne la comprenait. Elle était vieille ; on l'examinait comme une relique ; on accordait un sourire d'indulgente pitié à cette vieille idéaliste ; on regardait, puis on passait.

En Amérique aussi bien qu'en Europe ces vies de héros du XIXe siècle s'achèvent toutes dans la tristesse : la force et l'argent ont vaincu les idées. Même parmi ces populations du nord qu'elle avait connues si passionnées, Harriet Beecher Stowe ne rencontrait que sèche curiosité. Victorieuses, elles délaissaient le noble rêve qui les avait soutenues dans la lutte, et leur aristocratie industrielle, profitant du triomphe, élevait les taxes prohibitives qui aujourd'hui séparent comme un mur le vieux et le nouveau monde. Le sud, agricole et libre-échangiste, s'opposait à ces taxes : la guerre civile, qui fut une victoire de la justice, fut une défaite de la liberté. En visitant ces égoïstes et puissantes régions, Harriet Beecher Stowe eut froid au cœur : elle se demandait, par instants, si les plaintes du sud vaincu n'étaient pas fondées. « Le nord, disait-il, le nord, qui n'a pas d'esclaves, nous enlève les nôtres, pour nous ruiner, et fortifier ses industries. »

Henriette Beecher Stowe traversait des villes où elle avait eu beaucoup d'amis : tous étaient morts. « Il est triste d'être seule à l'hôtel par un vilain temps, écrivait-elle de Portland à son mari resté en Floride ; et ici personne ne m'invite. nos vieux compagnons sont des choses du passé. Ils ont passé la rivière. Je vous envoie quelques vers qui me plaisent. L'amour des vieilles gens a sa poésie, il est riche et sacré. J'ai hâte d'être avec vous, et de reprendre nos bonnes et longues causeries. » — « Je suis partie ce matin dans l'obscurité d'un temps maussade et brumeux, écrivait-elle de Newport. Voyagé d'abord en bac, puis en chemin de fer, puis dans un petit bateau à vapeur bien froid. Personne à la gare, malgré toutes mes lettres ; pris une voiture. été à l'hôtel. Le patron, très poli pour moi, me dit qu'il a vu mon nom sur les paquets, etc., etc. Tout ce que je voulais, c'était une chambre bien chaude, un bon lit, et du temps pour dormir. — Je pense bien à vous, mon cher vieux ; votre femme, — H. B. S. »

A la longue elle fut libre. et dans l'église reconstruite les nègres s'assemblèrent de nouveau. « M. Stowe a prêché un sermon pour montrer que le Christ va enfin arranger les choses ; c'est réconfortant », écrit-elle à une amie.

En vieillissant, elle s'attacha de plus en plus au bons noirs. Elle aimait leur façon imaginative et enfantine de penser. Ils préféraient à la sécheresse puritaine les pompes de la religion épiscopale : Harriet Beecher Stowe entra dans cette église pour être mieux à même de prier avec eux. Elle s'éloigna tout à fait du protestantisme, dans cette Floride si douce « que le plus rude vieux calviniste, écrivait-elle, y deviendrait un saint. Que serait-il advenu de la théologie de la nouvelle Angleterre, si, au lieu d'aborder sur les rochers de Plymouth, nos pères avaient abordé ici?... »

Ses facultés intellectuelles baissèrent. De tout temps, elle avait eu des faiblesses de tête : ces faiblesses devinrent plus fréquentes et plus longues. Son mari. dont la santé défaillante exigeait beaucoup de soins, la retenait encore dans la vie active. Il mourut au mois d'août 1886. Dès lors, Harriet Beecher Stowe se trouva seule. Ses amis étaient disparus, ses enfants disséminés : elle ne résista plus à l'assoupissement qui précède la mort. Elle s'abandonna joyeusement, sachant qu'elle montait à la vie éternelle. Dans sa dernière lettre à sa dernière amie, elle écrit : « Mon soleil est couché. Le temps du travail est passé pour moi. J'ai dit toutes mes paroles, pensé toutes mes pensées ; je sens vaciller en moi les lueurs d'un feu qui s'éteint ; mon repos est si profond que la voix d'un vieil ami ne peut m'en tirer qu'un instant, et je retombe... »

Un jour qu'elle errait dans son jardin, les yeux grands ouverts et le regard vague, absente parmi ces fleurs qu'elle avait tant aimées, un vieux marin, son voisin, l'aborda. Il se découvrit devant elle, et dit :

— Quand j'étais jeune, j'ai lu avec beaucoup de plaisir et de profit *la Case de l'oncle Tom*. C'est un livre qui m'a beaucoup ému, et je suis heureux de vous serrer la main, mistress Stowe.

— Je n'ai pas écrit ce livre, répondit-elle.

— Vous n'avez pas écrit... et qui donc, sinon vous ?....

— Dieu : il me l'a dicté.

— Amen, fit en s'inclinant le pieux capitaine.

Harriet Beecher Stowe mourut le 1er juillet 1896, âgée de quatre-vingt-cinq ans.

DANIEL HALÉVY

LA VIE ITALIENNE

ROME ET L'OMBRIE

A Henri Costa.

Au cœur d'une des plus admirables vallées de l'Ombrie fleurie, on découvre soudain la voie Flaminienne : un pont brisé en marque la direction ; une des arches est encore debout, solitaire et colossale ; elle s'élève à dix-neuf mètres au-dessus de la rivière qu'elle franchit. La vue de cette arche unique et intacte que les siècles ont respectée et qui est entourée de débris, est comme un symbole grandiose de ce passé romain que rien dans le temps ne peut effacer.

Le grand événement de notre siècle pour l'Italie est assurément l'histoire de son *Risorgimento* (résurrection). L'Italie actuelle a été créée d'une infinité de souffrances et de sacrifices ; beaucoup de ceux qui en peuvent porter témoignage vivent encore : et pourtant, sauf la figure populaire de Garibaldi, toute l'histoire de ce temps relativement si récent tombe rapidement dans l'oubli, étouffée sous l'évocation d'un passé écrasant.

Il convient de se rappeler que l'Italie moderne a été faite par Cavour, qui ne savait pas le latin et très mal l'histoire romaine. Il ne pouvait pas prévoir, il n'a pas prévu le déplacement de vision que la possession de Rome devait amener, et combien mesquines, insignifiantes et fragiles ses traditions de bonne et saine politique devaient paraître dans ce milieu qui veut des choses immortelles, et absorbe, comme un sable mouvant. celles qui sont passagères. Rome a été le noyau du monde, et précisément à cause de cela je ne suis pas sûr qu'elle puisse être jamais tout à fait le cœur de l'Italie. Aujourd'hui encore, les mères nourrices du monde antique, les louves romaines, de leur cage, sous les lauriers, au pied du Capitole, regardent la ville nouvelle avec leurs yeux de feu.

L'entité morale païenne et chrétienne. a dominé l'individu, a fait la race. l'a conservée et règne toujours.

Les grands bouleversements de l'ordre social, comme le fut notre Révolution, créent pour ainsi dire de nouveaux cieux et une nouvelle terre, tandis qu'ici le renversement d'une partie de l'édifice s'est accompli dans une sorte de paix, laissant subsister côte à côte les plus étranges anomalies. Lorsqu'on arrive au seuil du Vatican, après avoir parcouru les rues de la ville, remplies des signes de notre civilisation fatigante, on se trouve soudain en face du poste de garde, formé d'hommes habillés à la mode du xvᵉ siècle. Ils sont là un petit groupe de soldats, en pourpoints et chausses tailladés jaunes, rouges et noirs. comme des lansquenets de cartes ; l'officier, en bas groseille et godron au cou, se promène, sous la haute voûte, au pied de cet escalier très doux qui mène à la chapelle Sixtine. Et après cette évocation vivante du passé. au-dessus du large chemin de ronde qui entoure Saint-Pierre, dominant une cour intérieure du Vatican, s'aperçoit, le fusil à l'épaule, la petite sentinelle noire italienne. Là finit un monde, ici en commence un autre : à travers les longs siècles, pareil contraste ne s'est jamais vu.

⁕
⁕ ⁕

Jusqu'à une époque récente, il est indubitable que la joie de vivre, telle que l'entendait Talleyrand, lorsqu'il parlait des années qui avaient précédé la Révolution, s'était conservée en Italie, et notamment à Rome. d'une façon spéciale : le gouvernement était curieux et despotique, les mœurs indulgentes,

et le respect apparent de l'autorité, la décence extérieure,
maintenaient la politesse dans les rapports sociaux, sur lesquels les institutions démocratiques et libérales paraissent
invariablement avoir une influence funeste. La longue paresse
de ce peuple habitué à vivre de Rome toujours, de la Rome
antique et de la Rome catholique, lui a laissé une beauté de
formes incomparable. La race est pleine de vitalité : nobles et
massives, les femmes ont, dans le peuple, un véritable cachet
de grandeur; leur habillement convient à leur grâce un peu
fière. Toutes portent apparent le corset sur leur chemise à
manches demi-longues. Presque sans exception, elles sont
coiffées d'un large mouchoir carré qu'elles relèvent sur les
côtés et laissent tomber par derrière; il n'est pas d'arrangement plus simple, plus seyant et plus pratique que celui-là.
Beaucoup ont sur l'épaule un châle de laine de couleur, qui
sert de coussin à l'amphore ou au panier qu'elles y posent.
Les vieilles sont superbes; parmi les jeunes, on voit des
créatures d'une beauté achevée avec des teints bruns admirables, et une rondeur de contour et un duvet de fraîcheur,
qui tend de plus en plus à disparaître, même dans la jeunesse, chez nos races fatiguées. Le goût noble de ces femmes
dans leur ajustement est un plaisir pour les yeux : elles affec-
tionnent une certaine nuance bleu turquoise très pure et très
douce, qui leur sied à merveille. J'observe la grâce toute particulière avec laquelle elles tiennent et bercent leurs nourris-
sons, emmaillotés comme des momies, et dont la tête seule est
vivante : ils sont coiffés de singuliers petits bonnets phrygiens
auxquels on aurait mis un bavolet.

Rien de curieux comme d'observer en ces minces détails
la fidélité à la vieille Rome latine. Ainsi, dans les quartiers
populaires, on continue à donner au pain la forme même qu'on
voit dépeinte sur les plus anciennes fresques des catacombes;
et la sorte de tourte ronde à laquelle est attaché un *fiasco*
d'huile se vendait sans doute ainsi il y a deux mille ans.
A l'heure présente, dans cette capitale d'un État moderne, le
latin est encore d'un usage courant pour les choses vulgaires.
Est locanda est la formule ordinaire sur les écriteaux indiquant
les appartements vacants : et, au fronton des maisons, selon la
coutume latine, on lit constamment, gravés sur la pierre, les

titres de propriété — *Libera proprieta* — de tel ou tel. Toutes les
fonctions de la vie semblent encore s'accomplir avec une grandeur naturelle et primitive ; la vue du marché de la place aux
Herbes est typique ; à l'abri de leurs vastes parasols de couleur,
ayant devant leurs évents leur balance à trépied antique, les
femmes du peuple n'ont rien de bas ni de trivial, et leurs voix en
général sont graves, pleines et harmonieuses. La plupart des
enfants sont étonnamment beaux et prospères, et cela, je
pense, au mépris de beaucoup de nouvelles lois d'hygiène :
j'ai vu de superbes petits gars de six à neuf ans pirouettant
dans la poussière des routes, et, bien que vêtus de guenilles,
leurs membres arrondis, leurs visages de jeunes faunes
heureux ne donnaient nullement l'impression d'une misère
souffrante.

Les hommes sont plus rudes d'aspect ; mais il y a des adolescents qui ont l'air et la mine de jeunes dieux faits pour
s'ébattre dans un rayon de soleil ; ce n'est naturellement pas
le sort qui leur est réservé, mais il faudra plus d'une génération pour créer chez cette race les caractéristiques d'un
peuple moderne et tristement laborieux.

*
* *

La configuration extérieure de Rome paraît singulièrement
impropre à ses fonctions de capitale d'un État asservi à une
étroite centralisation. Il y a, en effet, plusieurs Rome : la
Rome antique, la Rome des papes, la Rome du peuple,
chacune jetée sur ses collines ; et la vie nouvelle qu'on veut
infuser à la Rome capitale trouve un sol qui ressemble à
celui de l'*agro romano*, à la fois le plus fertile et le plus difficile à cultiver.

Le gouvernement italien, bien ou mal, plutôt mal il semble,
s'est efforcé de détruire, de transformer la Rome papale.
L'inspiration de ces réformes n'était pas sans grandeur, et
répondait à la nécessité de frapper les yeux des populations
que les conquêtes de droits abstraits laissaient plus ou moins
indifférentes.

L'œuvre qui s'est accomplie en Italie est immense, et à
Rome seule, en vingt-six ans, on a entrepris et achevé des

choses qui auraient pu occuper un siècle. Quatre-vingt-quatre
millions, par exemple, ont été dépensés pour régler et rétablir
le cours du Tibre : des quais magnifiques existent aujourd'hui,
donnant à la ville une physionomie de prospérité active ; mais,
pour la population tant de travaux et de sacrifices aboutissent
surtout au fait palpable de l'augmentation énorme des impôts [1],
à la disparition des cérémonies et des fêtes qu'elle aimait, et
à la destruction partielle des jardins qui étaient la parure de
la Ville Éternelle.

Sur une des places de Rome se dresse un buste tronqué et
à demi effacé par l'usure des siècles ; c'est « Pasquino » porte-
voix antique du peuple sous le gouvernement des papes, et
dont les dialogues satiriques avec son compère « Marforio »,
le vieux triton à barbe de fleuve, qui lui faisait face, rensei-
gnaient mieux sur la vérité que ne le font les enquêtes parlementaires d'aujourd'hui. Et pour ne pas se tromper, peut-être
serait-ce encore à « Pasquino » qu'il faudrait demander son
avis sur ce qui se passe : je me figure qu'il se rirait de
bien des efforts.

Le temps seul pourra tasser tant d'éléments hétérogènes.
Il faut se représenter l'état moral presque unique d'une
race qui est familiarisée par une habitude journalière avec
les choses et les noms qui sont sacrés, mystérieux et lointains
pour une partie considérable de l'humanité, et combien à
un pareil peuple, à la fois enfantin et vieux, il est difficile
d'imprimer le cachet de la vie moderne. De l'avis unanime
des hommes politiques les plus sages, pour répondre aux véritables besoins de l'Italie, chaque province devrait avoir des
lois spéciales ou du moins modifiées selon le tempérament
particulier de cette province. Car, malgré l'unité apparente,
pour le peuple italien, la patrie locale conserve une importance prédominante. Tout y contribue : le dialecte d'abord
qui sépare nettement les provinces et nourrit l'amour du terroir ; puis une véritable différence physique de race qui n'existe
pas seulement de province à province, mais de ville à ville.
L'Italien du nord, en général, méprise le Romain qu'il juge
un être inférieur, dépourvu de toutes les qualités qu'il prise ;

popolo fiacco [1], dit-il avec dédain pour le caractériser. Aussi,
quand il s'agit de faire vivre et agir de concert le Piémontais ou le Lombard, et le Romain, on se heurte à un
antagonisme profond, car ils incarnent des idées radicalement opposées. En outre, l'ambiance de Rome, où l'Italie
nouvelle est malgré tout sur la défensive, où elle se sent observée, surveillée par des yeux perspicaces et hostiles, produit
chez les gouvernants un état d'énervement et de malaise continuel qui, probablement, n'a pas été sans influence sur bien
des décisions téméraires. Aussi le gouvernement parlementaire a-t-il encore plus d'inconvénients ici qu'ailleurs ; et la
stabilité immuable du principe dont dérivait le pouvoir des
papes n'a pas trouvé un équivalent dans le prestige d'une
dynastie royale qui s'est affaiblie en étant transplantée du sol
où elle avait des racines profondes.

* *
*

L'aristocratie romaine qui ne ressemble à aucune autre, qui
est une force, avec des traditions magnifiques, s'est vue, du
jour au lendemain, placée dans une situation anormale au milieu
de laquelle elle a grand'peine à se soutenir. Les majorats et
les fidéi-commis ont été abolis, et les familles contraintes à
un partage destructeur. Néanmoins, par une contradiction
flagrante, on a conservé à leur détriment d'anciennes défenses
prohibitives, que les papes savaient sagement laisser dormir
pour n'en user qu'à bon escient : aujourd'hui, au contraire,
on les applique avec une rigoureuse injustice, et, après les
désastreuses spéculations sur les terrains qui ont ruiné tant
de familles patriciennes, l'impossibilité pour celles-ci (sans
risquer la prison et l'amende exorbitante [2]) d'aliéner une partie
de leurs richesses artistiques, est une servitude presque intolérable.

A l'heure qu'il est, la collection de tableaux des Borghèse,
qui, réalisée, aurait renouvelé la splendeur de la famille, est
mise en séquestre et protégée par un tourniquet devant lequel

1 Fiacco, mou, lâche

2. Elle a été de deux millions pour le prince Sciarra.

chacun dépose sa pièce d'un franc! Sûrement il serait préférable d'avoir en Italie quelques Titiens de moins, et qu'aux portes de Rome ne s'élevât pas cette sorte de ville morte, faite de maisons inachevées faute d'argent, et qui est d'une tristesse lamentable...

On ne cesse de parler en Italie et beaucoup à Rome des impôts et de la ruine financière, et pourtant l'impression qui domine à Rome est celle du luxe et d'un luxe très aristocratique; l'empreinte patricienne y subsiste ineffaçable. A la porte ouverte des somptueux palais dont on aperçoit les vastes cours intérieures pleines de verdure et de fleurs, se tiennent, le jour durant, domesticité oisive, les grands portiers solennels, le chapeau emplumé mis en bataille, et, en main, la grande hallebarde à grosse pomme tout enroulée de galons.

L'extrême grandeur et la magnificence des habitations correspondaient à un état social qui, dans les classes supérieures, ne comportait pas la lutte pour la vie. La plante humaine se ressent longtemps d'une telle atmosphère : les femmes romaines de la noblesse sont belles en général, d'une beauté très spéciale, faite d'une sorte d'aisance libre et fière comme celle des animaux de race très pure; presque toutes sont remarquables par la beauté des yeux et de la bouche, une des grâces les plus rares dans les visages de femmes, et qui disparaît presque chez certaines races ultra-civilisées, où les bouches flexibles et douces ne se voient plus; les hommes ont souvent des figures fortes et fermées, et une sorte d'indifférence du regard qui témoigne de l'état d'esprit que Saint-Simon exprime lorsqu'il dit qu'un homme « sentait fort ce qu'il était ».

*
* *

Il y a évidemment une espèce d'impossibilité à déplacer le courant d'existence d'une population, et à changer des habitudes qui n'ont d'autre raison d'être que la routine. A Rome, par exemple, où depuis vingt ans le nombre des habitants a doublé, où la vie morale et politique s'est modifiée du tout au tout, où un élément presque étranger domine, où des voies commodes et belles ont été créées en dehors des portes, le

centre de la vie est resté là où il était jadis, et, le long de
l'étroit Corso, entre les boutiques et les cafés, se déroule toujours, selon la vieille coutume, le défilé des voitures qui
ensuite iront, l'une après l'autre, monter la côte dure et resserrée du Monte-Pincio, pour s'arrêter sur la terrasse d'où l'œil
domine Rome et voit le soleil s'affaisser derrière le mont Jani-
cule. C'est là que se croisent journellement les livrées rouges de
la Maison de Savoie et les livrées galonnées des princesses du
parti noir.

Le grand flot humain et mouvant, qui vient de toutes les
parties du monde se verser à Rome, imprime à certaines parties de la ville un caractère unique. Dans le plus fort tumulte
de l'après-midi, au milieu des fiacres et des tramways, j'ai
vu, sur la place Colonna, marchant l'air extatique, une pèlerine, pieds nus, en robe grise, voile noir, bourdon au côté,
chapelet en mains; elle passait sans presque attirer l'attention, tellement ce peuple est familiarisé avec les spectacles
les plus inattendus.

L'aspect des rues de Rome est particulièrement brillant et
animé, mais non de l'animation affairée et dure de gens occupés;
on a plutôt l'impression d'une foule bariolée se pressant vers
un but d'agrément ou de plaisir; et, du reste, dans ces rues
étroites, sans chaussée, la circulation démocratique des tramways est fort peu commode; le conducteur se voit parfois
obligé de descendre et de garder l'entrée de la voie là où
deux véhicules ne peuvent passer de front.

*
* *

Un des traits les plus saillants de Rome est le nombre
incroyable de ses fontaines, dont presque chacune porte le
nom d'un pontife; et le *Pont. Max.*, qui éclate sur tant de
frontons, a quelque chose d'impérieux et de triomphant :

*Tu es Pastor ovium, Princeps Apostolorum; tibi traditæ sunt
claves regni cœlorum.*

Voici de ces inscriptions qui demeurent, et qu'il est impossible d'effacer, comme à tour de rôle, on a fait disparaître les
lys et les aigles de nos monuments. J'imagine que ces grands
caractères latins, hauts, fins et nets, qui racontent les papes

disparus, sont à eux seuls et dans leur silence un sérieux obstacle à l'assimilation du nouvel état de choses. Cette abondance et cette fraîcheur des eaux vives, « eau vierge », dit une inscription, « eau pieuse » *(pia)*, dit une autre, a une séduction extraordinaire. Ses seules fontaines feraient aimer cette ville unique ; leur influence est réelle sur l'être humain ; je la crois calmante, et par conséquent politique. Aussi les papes tour à tour continuèrent, jusqu'à Pie IX, premier reclus du Vatican, la tradition des grandes masses d'eau courante jetées dans Rome ; l'eau et les jardins ont été une des meilleures joies de ce peuple.

La promenade aux villas suburbaines, patrimoines de la noblesse, ouvertes au public à des jours fixes et divers, est un des agréments délicieux de Rome.

C'est dans ces jardins qu'on respire pleinement cette atmosphère toute romaine qui ne ressemble à aucune autre, dans son mélange de sensualisme antique et de spiritualité mystique.

La villa Mattei, avec ses jardins enchanteurs, a un charme, une séduction qui donnent le goût d'une délicieuse paresse ; la vie y éclate dans une beauté rayonnante, et il y pousse des lauriers dont les feuilles paraissent d'émail, et prêtes à être tressées pour les couronnes des triomphateurs ; les iris bleus, comme des ailes de papillons monstrueux, bordent des allées faites pour les ébats des déesses et des faunes, et, dans ce cadre voluptueux, se conserve vivante et vénérée la mémoire d'un des saints les plus populaires à Rome : ici a vécu humblement saint Philippe de Néri. Sur une terrasse qui domine la campagne romaine, et d'où le regard s'étend jusqu'aux collines que couronnent les ruines d'un temple de Jupiter, s'élève un bosquet. Ce bosquet, formé d'un treillis de fer couvert de fleurs, s'enchâsse entre deux colonnes antiques à têtes de femmes ; et le banc de marbre qu'il abrite était le lieu de repos favori du saint : « là (dit une inscription), il s'entretenait avec ses disciples des choses de Dieu. »

*
* *

Les jardins du Vatican ont une beauté sereine, avec quelque chose de complet et de défini qui leur imprime un caractère spécial. Le parterre intérieur, rempli de roses et de citronniers, resserré entre les arbres verts et les palmiers, et que surplombe au loin la coupole blanche de Saint-Pierre, est vraiment le jardin fermé de la Sulamite, le jardin liturgique, plein d'aromes, d'eaux vives, et de paix odorante. Tout l'univers, sauf cette coupole dominatrice de Saint-Pierre, a disparu derrière cette verdure éternelle. Il y a là une sensation à savourer lentement et à ne jamais oublier.

Plus loin, dans la profondeur des grands jardins, se découvrent ces « casinos » des papes, lieux exquis de repos. Celui de « Papa Pio » est une oasis de marbre : une vasque légère remplie d'une eau limpide forme le centre d'une cour de marbre, qu'entourent des bancs et des colonnettes de marbre; au delà sont les longs parterres de gazon, les bois sacrés de buis et de lauriers, les fontaines abondantes et les tranquilles terrasses qu'ombragent les pins parasols; ici et là des jardiniers paisibles taillent le feuillage qui tombe tout vert sur le gravier blanc, et on a le sentiment d'être très loin des rumeurs de la terre. Dans un coin abrité, creusé en contrebas d'une allée, parque un petit troupeau : béliers, brebis et agneaux; ces quelques bêtes douces et inquiètes, réunies là, ont je ne sais quoi d'infiniment touchant. J'y ai vu un petit agneau noir tout faible qui s'appuyait au mur, arc-boulant son dos et laissant tomber ses pattes informes dans le mouvement prêté à l'agneau expiatoire. Tout proche, derrière un grillage léger, sont des paons, des paons blancs, frémissants et fiers, symbole antique d'immortalité, emblème favori des catacombes; ils se meuvent au milieu des colombes qui, comme Dante l'exprime,

> . . . . l'uno all'altro pande
> Girando e mormorando l'affezione;

et, en haut, partout, volent, ces grands corbeaux noirs qui sont si nombreux à Rome.

⁂

Saint-Pierre est, dans son immensité, recueillie, comme l'asile de la pensée humaine, le lieu élevé où le cœur des homme prend un essor involontaire.

Voici qu'aujourd'hui le pavé de marbre est, en signe de fête, parsemé de buis coupé, et, au milieu même de la basilique, dans l'ombre tombante, sur des tapis orientaux, trois prêtres vêtus de chasubles somptueuses, rouges et violettes. se tiennent à genoux, immobiles; un groupe d'ecclésiastiques, en surplis est devant eux, serré derrière la croix qui est portée haut et à côté de laquelle tremble un cierge; tout autour,. à genoux çà et là sur le pavé, des hommes et des femmes du peuple, et quelques prêtres. Ils restent là longtemps, au milieu des allées et venues, et dans cette indifférence du monde extérieur qui est si fréquente dans les églises italiennes; puis le suisse habillé de violet donne le signal du mouvement, et clergé, femmes et peuple prennent, en chantant une mélodie traînante, le chemin de la sacristie, à la porte de laquelle ils se dispersent.

C'est un endroit assez étonnant qu'une sacristie de Saint-Pierre, toute pleine d'une petite racaille tonsurée, avec des soutanes couvertes de taches de cire; des monsignors à l'air délicat s'y promènent dans leurs robes violettes que couvrent des surplis fins et courts comme des canezous de femme; et des chanoines au masque accentué parlent entre eux. On ne peut s'empêcher d'observer à Rome avec quelle aisance et quelle dignité ce même clergé officie : les chanoines paraissent tous avoir été choisis de bonne mine et l'air imposant.

J'ai vu à Saint-Jean de Latran pontifier un évêque jeune encore; il était. sous les ornements blanc et or, harmonieux et magnifique, tantôt traversant avec aisance d'un pas mesuré le sanctuaire pavé de marbre sur lequel se reflétait doucement la lumière des cierges, tantôt assis, absorbé dans une pensée tranquille, tenant d'un geste hiératique sur ses genoux ses mains gantées de blanc. Nulle emphase, nulle raideur; l'office se déroule dans une sorte de paix heureuse, sans aucune impression de fatigue.

L'aspect du clergé romain et son élégance spéciale se modifieront peut-être maintenant que les fils de l'aristocratie ne font plus carrière dans l'Église: si par hasard il y a une vocation elle va aux ordres religieux, mais le clergé séculier se recrute dans le peuple, ou tout au plus dans la petite bour-

geoisie; — il est vrai que le séminaire les prend et les façonne
dès l'enfance.

Les séminaristes sont une curiosité des jardins de Rome; on
les rencontre en bande avec leurs soutanes, tantôt rouges
comme celles des cardinaux, violettes comme celle des évêques,
ou bleues ou noires avec des ceintures claires. Cette soutane
qui ne les gêne en rien — ils la troussent sans façon pour
courir sur les pelouses de la villa Borghèse — finit cependant
par leur prêter une dignité factice, et crée entre eux une véri-·
table égalité.

L'importance donnée au « costume » a été une des grandes
pensées sociales du passé, une de celles que nos institutions
démocratiques négligent de plus en plus. Tandis que les
hallebardiers du Vatican sont tous de tenue sévère et imposante, la force publique, *guardia civile*, qui se voit dans les
rues est d'aspect en général presque ridicule. En Italie, la
police, à laquelle s'attache encore l'odieux des anciennes polices
secrètes, n'est nullement respectée : mal recrutée, hostile à la
population qui la déteste, elle est heureusement supplantée
par les carabiniers qui, moitié gendarmes, moitié soldats,
sont un corps d'élite. Avec un uniforme à la Raffet — habit
à queue et tricorne sur le front — leurs dos plats et leur air
martial, ils forment un contraste complet avec la police veule,
râpée et mal tenue. Les carabiniers donnent l'idée que la
loi est en effet une force morale : à cheval, le fusil en ban-
doulière, la peau de mouton sous la selle, ils sont fort beaux ;
et, les jours de revue. leurs officiers, avec d'énormes panaches
blancs et rouges, sont d'allure très fière. Il est singulier que
dans ce pays où les officiers ne quittent jamais l'uniforme ils
manquent en général tout à fait de l'air raide et cassant qui
fait le militaire impeccable. L'accoutumance, jointe au naturel
du caractère italien. les dispose, dès qu'ils ont passé la jeunesse,
à porter l'uniforme comme n'importe quel habillement, et l'on
voit de bons pères de famille qui paraissent l'avoir chaussé
comme une pantoufle. Seul peut-être le vieux fonds militaire
piémontais a gardé l'allure soldatesque. C'est dans les milieux
militaires qu'il faut vivre pour se rendre compte de la loyauté
d'attachement qu'inspire encore la maison de Savoie. Il y a
chez beaucoup d'officiers une sorte de passion dynastique qui

étonne presque nos esprits déshabitués de cet ordre d'idées.

L'armée, du reste, est l'amour de la nation qui l'admire en bloc, et qui trouve en elle l'expression tangible de l'unité de la patrie. Et pourtant la force des choses a établi un conflit entre cette armée, et ceux qui ont fait l'unité de l'Italie, tous plus ou moins rattachés aux anciennes sociétés secrètes.

Ainsi, au vingt-cinquième anniversaire de l'entrée à Rome, les délégations de la franc-maçonnerie ont eu le pas sur celles de l'armée, et le scandale a été grand. La hantise du spectre clérical porte le pouvoir à encourager ceux qui attaquent le catholicisme, sans réfléchir que ces mêmes hommes sont fatalement destinés à combattre le gouvernement qui les protège aujourd'hui. Aussi ce sont les catholiques qui, en Italie, ont les yeux ouverts sur les dangers du socialisme montant, et, par les œuvres et par la parole, tentent de l'enrayer.

*
* *

Le silence tombe de bonne heure dans les rues de Rome : et alors domine dans les carrefours la rumeur des inlassables fontaines. Rien de beau, rien de noble comme ces vastes silhouettes de palais immenses. L'aspect des rues se modifie comme dans une fantasmagorie ; d'une artère moderne, on débouche sur un temple en ruines. Je monte vers la haute masse du Capitole. Des parfums très forts, magnolias et jasmins, arrivent à tous moments en bouffées par-dessus les grands murs. Au pied du Capitole, comme au fond d'un lit de fleuve desséché, le Forum se découvre avec ses colonnes droites comme des tiges de lys, les portiques de ses triomphateurs, et l'emplacement désert du feu sacré. Les lumières d'une station de fiacres piquent la chaussée au-dessus du Forum ; les grandes lignes majestueuses du Palatin se découpent dans la nuit, et quelque chose d'aussi puissant que le vertige vous saisit devant l'abîme de ce passé grandiose. Au bout de la Voie Sacrée aux dalles lisses, se lèvent dans la clarté douce de la nuit les ruines du Colisée ; son immense enceinte se dessine noire, déchiquetée. A cette heure tardive on pénètre dans l'intérieur par une arcade profonde à peine éclairée, et, une fois dans la vaste arène sombre, la ville et les humains disparaissent même du souvenir. On n'entend pas un bruit, on ne perçoit pas un souffle ; les gradins vides s'élèvent en rangs formidables jusqu'aux vastes baies qui paraissent des yeux privés de leurs prunelles ; sous les pieds, se creusent les dessous mystérieux du cirque, on en découvre les corridors sur lesquels s'ouvrent d'étroites cellules. Ce lieu vu la nuit est tout plein d'un remous subtil des milliers de créatures vivantes qui y ont palpité, ou d'ivresse féroce, ou d'ivresse héroïque. L'effort de l'antiquité romaine, pour tirer de la vie un maximum de sensations fortes. se lit dans ces amas de pierres, dont la fierté a résisté à tous les outrages, et qui, même là où elles fléchissent, donnent l'impression d'une domination intangible.

La cité léonine avec ses murs sans fin, murs si hauts, si redoutables qu'ils semblent avoir été consacrés par les augures, paraît vide. Une vieille porte franchie, et on entre dans le Transtévère plus abandonné encore ; de temps en temps toutefois dans une embrasure obscure se soulève un de ces épais rideaux qui servent de portes, et on découvre les lumières d'un cabaret, on entend un bruit de chants, puis le rideau s'abaisse, et le grand silence retombe. Sur une place, très haut au fronton d'une maison, brille une lampe votive qui projette sur le mur l'ombre d'une croix noire. Elles sont devenues rares maintenant, ces lampes votives dont. il y a quarante ans. plus de mille brillaient jour et nuit dans Rome. On a supprimé aussi presque totalement les trois mille images de la Madone et des saints qui tenaient compagnie au petit peuple ignorant. J'ose dire qu'il l'est toujours et peut-être plus. malgré ces exécutions dont la sagesse et l'opportunité sont au moins discutables.

Par une rue étroite on arrive à Saint-Pierre; la grande place est absolument déserte. dominée par l'immense église qui semble une pieuvre puissante faite pour attirer tout à elle. A droite, dans les hauts bâtiments fermés du Vatican, deux ou trois fenêtres sont encore éclairées, et. dans la nuit environnante. ces fenêtres demeurent l'impression suprême. Car, de quelque façon qu'on envisage le catholicisme, il est indéniable qu'à travers la barbarie des siècles écoulés, il a conservé et gardé précieusement l'étincelle à laquelle le

monde civilisé, menacé encore aujourd'hui, viendra rallu-
mer sa torche ; il est la représentation d'un passé qui, dans
ses caractères les plus élevés, est le patrimoine de l'humanité.

Quand on pénètre dans l'Ombrie mystérieuse et douce, on
y retrouve le sentiment qui domine tout ici ; une certitude
que les conditions anciennes d'existence conviennent toujours
à cette race demeurée si profondément elle-même. Tant de
faits qui sont lointains et presque incertains pour nous, sont
des réalités tangibles pour ce peuple, et, à Rome comme en
Ombrie, on marche pour ainsi dire sur les pas des apôtres
Pierre et Paul qui ne sont pas ici des mythes effacés, mais des
êtres en chair et en os, ayant laissé partout des témoignages
de leur passage. On ne se fait pas idée de la force et de la
persistance des traditions locales ; alors que les événements
récents s'effacent et s'oublient, elles demeurent. Ainsi, sur une
des collines ombriennes, en dehors de la route frayée, existe
encore un petit village composé d'une dizaine de familles,
toutes portant le même nom : « Cancelli » (grille) et qu'une
légende populaire fait descendre d'humbles habitants de ce
lieu, qui accueillirent un jour l'apôtre Pierre errant sur ces
montagnes. En échange de leur hospitalité, ils reçurent, pour
eux et leurs descendants mâles, le pouvoir de guérir la scia-
tique, maladie dont le voyageur inconnu avait miraculeuse-
ment délivré son hôte malade. Et, cette puissance, ils l'exer-
cent depuis des siècles avec foi et conviction, en face et en
dépit de toutes les contradictions. Pie IX fit appeler un des
Cancelli à Rome. La parole transmise était leur seule justification, et rien même ne donnait à supposer qu'au premier
siècle de notre ère une ville existât au lieu où aujourd'hui
quelques habitations sont groupées : mais voilà qu'il y a quatre
ou cinq ans, un des Cancelli, creusant son jardin, a mis à
jour un grand nombre d'objets antiques, dieux lares, dont la
qualité prouve que, du temps des Romains, sur ce même site

devaient s'élever des maisons occupées par des gens aisés, et qu'ainsi l'apôtre Pierre se rendant à Rome put s'y reposer avant de reprendre sa route.

Sous le soleil de midi, elles s'étendent, ces routes d'Ombrie, blanches comme des ruisseaux de lait; de chaque côté, les églantiers ouvrent leurs corolles étoilées, les talus sont blancs de fleurs sauvages, et des champs entiers éclatent en une allégresse de fleurs violettes, jaunes et mauves; les coquelicots rouges font de larges taches brillantes, et les fèves à la fleur mauve et au cœur noir croissent en abondance. Les ormes à feuilles fines, les oliviers d'argent, les cyprès noirs, les mûriers festonnés de girandoles de vigne, comme pour une fête-Dieu, remplissent la vallée qui s'étend au pied des Apennins. Dans les champs, les femmes travaillent, sveltes et gracieuses : elles sont, par le type physique, telles que les maîtres du xive siècle les ont peintes ; ovale arrondi, yeux doux, bouche en fleur; c'est une merveille de voir une telle beauté chez ces créatures de la glèbe. Elles sont coiffées comme les filles des Pharaons : leur mouchoir de couleur s'abaisse, roulé sur leur front, modelant la forme de la tête, et se rattache en arrière, laissant de chaque côté tomber des pointes qui leur donnent un air de sphynx; elles ont un charme inexprimable. J'ai vu sur la montée d'Assise deux toutes petites mendiantes qui, dans la grâce parfaite de leurs traits mignons, avec des teints bruns comme une lune d'été, étaient une joie pour les yeux: sur cette route, elles sautillaient comme des louvettes, et faisaient l'effet de deux petites oisilles de Dieu.

Les villes grises à teinte rosée, qui étaient autrefois vertes, bleues et rouges, comme les vieilles fresques nous les font voir, sont jetées sur le flanc des collines et resserrées entre leurs murs et leurs portes. Elles ne sont, à l'intérieur, ni misérables ni sordides dans leur abandon paisible, mais au contraire nettes et solides, parfois avec une allure romaine extraordinaire. En voici une dont la porte consulaire est encore ornée de trois statues romaines — *Ispello Colonia Giulia Citta Flavia,* est-il écrit. — et les femmes qui, le dimanche, sortent des remparts pour aller par la campagne suivre les processions, portent sur la tête et jusqu'à mi-corps un châle de soie noire légère qu'elles drapent comme le voile des matrones

antiques. Elles se déroulent dans la vallée, ces lentes processions ; le peuple, bien vêtu et l'air prospère (nous sommes
dans un pays de mezzadria), s'y presse en foule. Chaque
paroisse arrive avec sa confrérie et sa croix, qu'abrite un
baldaquin de soie claire ; les grosses lanternes dorées, comme
des lanternes de carrosse, brillent dans la clarté du jour,
entourant l'image du saint protecteur. Ce sont pour ces gens
simples des fêtes réelles qui donnent une dignité à la vie et
l'élève au-dessus des nécessités purement matérielles. La jeunesse vient pour se voir ; la race est aimable et courtoise, et
les belles filles, gaies comme des enfants, trouvent qu'il est
aussi naturel de penser à son *damo* à l'église qu'autre part, et
que certainement saint Isidore ne songera pas à s'en forma-
liser.

Les vieux palais des anciennes villes de l'Ombrie ne sont
plus habités que par des gens tranquilles et endormis, vivant
de ressources diminuées, mal à l'aise au milieu des traces du
luxe évanoui ; d'autres palais sont maintenant propriété de
l'État et déshonorés par toutes sortes d'usages serviles ; et,
sous les armoiries des papes, on a placé les petites tables
noires des employés. L'insigne couvent d'Assise est devenu
un collège pour les fils d'instituteurs, et dans le réfectoire où
se lisaient les effusions franciscaines, un théâtre a été élevé
pour le divertissement de la jeunesse ! A San—Pietro, près de
Pérouse, les Bénédictins donnaient presque gratuitement un
excellent enseignement agraire, dont profitaient des centaines
de jeunes gens. Les derniers religieux ont été expulsés, le mo-
nastère est devenu une école d'agriculture qui périclite chaque
année ; le patrimoine des Pères paraît s'en être allé en fumée :
et les exemples de ce genre pourraient se multiplier, puisque
les biens ecclésiastiques sont représentés aujourd'hui par
un passif ! Il faut, pour l'amour de la vérité et le respect de
l'humanité qui n'a pas été pendant des siècles béatement
imbécile, comme on voudrait nous le faire croire, répéter que
tous ces couvents étaient comme de grands feux dont la chaleur
rayonnait au loin. L'Italie actuelle ne manque pas, certes,
d'hommes compétents de toute sorte. Mais tant de bonnes
volontés, tant de désirs véhéments de progrès échouent et
échoueront longtemps encore devant le défaut de cohésion. On

n'a pas voulu tenir compte de l'expérience du passé. Il paraît
bien évident, au contraire, que les institutions qui firent
surgir tant de villes magnifiques, qui donnèrent une moisson
humaine si merveilleuse, possédaient, par certains côtés au
moins, des conditions de vie infiniment favorables au développement de la pensée et à la grandeur de la race. J'ai toujours constaté avec une sorte de joie triste, que ce sont les
morts, bien plus que les vivants, qui influencent les hommes;
il y a là obéissance à l'un des instincts les plus forts de l'humanité, et l'accomplissement, peut-être, d'une loi mystérieuse. Ce pauvre qui, un samedi soir, à l'heure du coucher
du soleil, regarda Assise pour la dernière fois avant de mourir, attire au lieu où il est né, et où repose sa cendre, les
hommes de tous les points du globe.

BRADA

L'Administrateur-Gérant : LOUIS SCHOUÉ

ALPHONSE DAUDET

AVANT-PROPOS

Sa tombe est à peine fermée et je me mets à écrire ceci. Je le fais d'un cœur vaillant, brisé par une douleur atroce, car celui dont je parlerai ne fut pas seulement un père et un mari exemplaire, il fut aussi mon éducateur, mon conseiller et mon grand ami. Il n'est pas une ligne de moi que je ne lui aie lue aussitôt écrite, il n'est pas une de mes pensées dont je ne lui aie demandé la valeur, il n'est pas un de mes sentiments dont je lui aie caché la force ou la naissance.

Cette vie que je tenais de lui et dont il me faisait chaque jour comprendre la dignité et l'importance, cette vie qu'il guidait scrupuleusement, jalousement et qu'il enorgueillissait par son exemple, je la lui présentais à mesure pour qu'il la jugeât et la fortifiât.

Maintenant même qu'il n'est plus, et par cette nuit doublement noire où je marche vers sa lumière, c'est d'après le son de sa voix, d'après le feu tendre de ses regards que je persévère en ma tâche.

Mon cœur déborde ; je l'ouvrirai. Tant de choses belles et

15 Mars 1898.

nobles, qu'il m'a dites, frémissent en moi, cherchant une
issue; je les laisserai s'éparpiller vers ses admirateurs innombrables. Ceux-ci n'ont rien à craindre. Leur doux consolateur
fut sans tache. Si je me retourne en arrière, sur la route âpre
déjà, quoique brève de mon existence, je le vois calme et souriant. malgré ses tortures. d'une indulgence qui, à certaines
heures graves. m'a jeté tremblant d'admiration à ses pieds.

Et ce n'est pas seulement par ce qu'il fut pour moi, pour
mon frère. ma sœur ou ma mère que je l'aime, c'est aussi et
surtout pour son humanité si profonde qu'il en brillait d'une
splendeur sereine, pour sa large et pitoyable compréhension de
toutes choses et de toutes gens, telle que rarement, certes, elle
parut ici-bas, jamais dans un plus beau modèle.

C'est pour vous que j'écris, jeunes gens, pour vous aussi,
vieillards, hommes faits ou femmes, pour vous, de préférence,
déshérités que le monde rebute, vagabonds, malheureux ou
incompris. La merveille de cet écrivain fut qu'à tous autres
il préféra les humbles. C'est de leurs pâles fleurs qu'il fit sa
grande couronne. C'est en soulageant leur détresse par le
verbe et l'action discrète qu'il ferma le circuit des cœurs et
créa, pour sa dure époque, comme une forme de pitié
nouvelle.

Circuit du sang le plus généreux ! Je n'ai vu mon père
irrité que lorsqu'on faussait la justice. Or, il n'abandonnait
celle-ci que par l'entraînement de la pitié. Et son école enfin
venait de la douleur qu'il supporta héroïquement pour l'amour
des siens et l'honneur de la vie humaine.

Ne rien gâcher, ne rien détruire, c'était son habituelle devise.
Je m'en inspire auprès de son tombeau. Je ne dois pas être
le seul à bénéficier de son expérience. Je ne dois pas être le
seul à me diriger d'après son exemple. Je crois l'imiter
aujourd'hui, en écartant ces voiles obscurs qui s'étendent après
l'agonie, laissant l'œuvre seule lumineuse. D'ailleurs, son
œuvre venait de lui, comme son souffle ou son geste. Et, pour
que vous le connaissiez mieux, pour que vous l'aimiez davantage, vous tous, petits ou grands, dont il enchanta la misère,
j'abandonne, en partie, mon privilège filial, je vais laisser
parler ces voix dont l'hérédité et l'affection paternelle ont
empli mon âme respectueuse.

I

HIER ET AUJOURD'HUI

Il y avait certes de longues années que mon père était malade. Mais il supportait si vaillamment ses souffrances, il acceptait, avec une si souriante résignation, la vie réduite, que nous avions fini, ma mère, mon frère et moi—même, par nous délier un peu de l'inquiétude d'autrefois, alors qu'il débutait dans la douleur.

Tel quel, marchant au bras de l'un de nous, appuyé sur sa canne à bec d'argent au sujet de laquelle il conta à notre sœur et à son petit—fils tant d'histoires merveilleuses, tel quel, la tête droite, l'œil vif, la main tendue vers l'ami qui entrait, il faisait la joie, la vie de la maison. Il la tenait serrée autour de lui, cette famille qu'il chérissait, qu'il illuminait des plus doux regards, il l'abritait de sa force morale immense, toujours intacte, même grandissante. Il créait, autour de lui, une atmosphère de bonté et de confiance à laquelle les plus froids, les plus fermés n'échappaient point.

J'en appelle au témoignage des innombrables amis, camarades de lettres, inconnus, qui venaient rendre visite à l'écrivain. Ils le trouvèrent immanquablement prêt au conseil, au service, prêt à la précieuse parole qui entr'ouvre la confidence, apaise et guérit.

Nul ne sut, comme lui, le chemin des cœurs. Il avait eu des débuts pénibles, et son extrême sensibilité lui représentait, avec un relief et une vigueur de détail inouïs, toutes les difficultés, toutes les rebuffades, toutes les hontes. Lorsqu'un homme était devant lui, le visage en pleine lumière, il le devinait, le jugeait avec une précision magique. Mais il s'abstenait de paroles, ne se servait que de ses yeux doux, voilés, si pénétrants. « Son regard réchauffait », telle est l'expression qu'en ces jours de deuil, j'ai retrouvée sur tant de lèvres, et j'en admirais la justesse. Aussi l'aveu, ce baume des âmes qu'a closes l'indignation ou le mépris, consolation des affligés,

des abandonnés. des révoltés. l'aveu sortait sincère des poitrines les plus rudes. et les oreilles de mon bien-aimé ont
entendu d'étranges confessions.

Je crois aussi qu'on devinait. en lui. une véritable ferveur
d'indulgence. Il devait à son sang catholique l'amour du
pardon et du sacrifice. Il croyait que toute faute se rachète,
que rien n'est absolument irréparable. en face d'un repentir
sincère. Tant de malheureux sont prisonniers du mal qu'ils
ont causé! Mon père avait un suprême argument : il se montrait lui-même. frappé en pleine vigueur. se maintenant par la
volonté. Il s'offrait en exemple, et sa force était telle que bien
peu résistaient.

Aussi. quelle éloquence intime! Ses paroles et ses intonations demeurent intactes dans ma mémoire. Son timbre n'était
pas le même. lorsqu'il contait quelque histoire. en termes
déliés. splendides et précis. ou lorsqu'il s'adressait à une souffrance... Il employait. en ce dernier cas, des mots d'abord assez
vagues. plutôt chuchotés que parlés. accompagnés de gestes
d'une persuasion discrète. Peu à peu, avec des précautions et
une délicatesse infinies. cela s'accentuait, se rapprochait, enserrait l'être de mille petits liens sensibles et insensibles, réseau
ténu et minutieux du cœur, où le cœur. bientôt, battait plus
vite. Ainsi faisait-il le stratège. Et ce que je ne puis exprimer. c'est la spontanéité. la grâce irrésistible de ces manœuvres. demi-méthodiques. demi-instinctives. et dont le dernier
résultat était de soulager une misère.

Il attendait beaucoup du silence. En ce silence vibraient
ses dernières paroles qui gagnaient ainsi de la grandeur. J'en
vois certains. debout devant sa table. les yeux humides. les
mains tremblantes. J'en vois d'assis. tournés vers lui dans
un mouvement de reconnaissance. étonnés d'une pareille
sagesse. J'en vois d'intimidés. de bégayants. qu'il savait rassurer d'un sourire. Ou bien. guettant l'effet de son discours.
il feint de chercher une feuille de papier. sa plume. sa pipe,
son monocle. sur sa table toujours encombrée.

Dépositaire de tant de secrets, mon père les garda pour lui
seul. Il les a emportés dans la tombe. Souvent, je devinais
certaines choses, mais. lorsque je le questionnais. il m'échappait tendrement et raillait ma curiosité.

Tout au loin, tout au fond de ma petite enfance, j'aperçois la *bonté* de mon père. Elle se manifeste par des caresses. Il me serre contre lui; il me conte de si belles histoires! Nous nous promenons dans les rues de Paris et tout a un aspect de fête. Je sens la tiédeur du soleil, puis une autre tiédeur plus douce et proche de moi, qui m'est transmise par la chère main robuste. Je sens, dans ma poitrine étroite, quelque chose de matériel par quoi ma respiration est plus vive et que j'appelle déjà *le bonheur*. Et je me répète, en marchant, que *je suis très heureux aujourd'hui*. Mon père me parle. Il n'a, pour moi, ni traits, ni visage; il n'a pas de nom; il n'est pas glorieux. Il est tout simplement *mon père*. Je l'appelle souvent : *papa, papa,* pour la simple joie de ce mot auquel se rattachent tous rudiments d'idées brillantes et sensibles. Je l'interroge sur tout ce qui passe, pour entendre le son de sa voix qui me paraît la plus belle musique, qui me paraît en accord avec la lumière, l'allégresse et tous mes désirs.

Nous passons par des places pleines de monde, nous entrons dans de grandes maisons. Ceux qui nous accueillent sont gais, et toujours papa les fait rire. Je comprends à merveille qu'il y a en lui quelque chose de plus que dans les autres. C'est vers lui qu'on se tourne, c'est à lui qu'on s'adresse.

Nous sommes, lui, ma mère et moi, dans le cabinet de travail. Nous habitons alors, rue Pavée au Marais, 24, l'ancien hôtel Lamoignon. Il y a encore du soleil, cette fois sous forme d'un grand filet jaune qui prolonge les dessins du tapis et que je m'obstine à faire reluire en le frottant avec mes mains. Ma mère est assise et écrit. Mon père écrit aussi, mais debout, sur une planchette fixée au mur. Parfois il s'interrompt, se retourne, interroge ma mère. Parfois il quitte son poste, marche de long en large, à grands pas, répétant à mi-voix des phrases que je sais être *son travail*.

Ils font partie de mon atmosphère enfantine, ces colloques de mon père avec lui-même, lorsqu'il « se plonge dans son travail ». Cette expression me fait souvent rêver. Mais le labeur le plus acharné ne l'empêche pas, lorsqu'il passe près de moi. de me soulever dans ses bras, de m'embrasser, de me poser debout sur un fauteuil ou sur la table. exercice dangereux et charmant, où j'ai pleine confiance en sa force.

Parmi tous mes camarades, il est celui qui sait le mieux jouer. Nous avons dans un coin un grand tas de boulettes de papier pour faire la *bataille de neige*. Nous avons un angle du salon où deux fauteuils juxtaposés forment notre *réelle* cabane, où nous ne redoutons point les sauvages, où croissent, en abondance, tous les fruits des îles fortunées.

Lorsque l'hiver nous groupe autour du feu, l'abri de Robinson se trouve entre les genoux mêmes de mon père. Le toit de la cabane. c'est son éternelle couverture qui prend les formes les plus étranges. des destinations imprévues. L'état de mon esprit est double. Je sais que mon père imagine, qu'il tient les fils de l'intrigue; cependant je crois en mon rôle. j'habite une contrée solitaire qu'éclaire un sinistre incendie.

Chose douloureuse. plus tard, bien plus tard, il y a un an et demi, alors que j'avais la fièvre typhoïde, que mon père me veillait chaque nuit, ma pauvre tête vague et flottante ranimait ces souvenirs lointains. Telle qu'une convalescente infirme, ma mémoire s'en allait cueillir ces fleurs de mon extrême jeunesse. Je refaisais la route des années et je considérais, avec une inexprimable tendresse. le visage bien-aimé, tourné vers moi. sous la lueur de la lampe. Il ne me semblait point changé.

Souvent je me suis rappelé nos promenades dans les champs à mi-côte, qui forment la vallée de Champrosay. Pieux chemins. chemins de mon cœur! J'avais alors quatre ans à peine. Mon père me tenait par la main. Je me figurais le guider et je lui répétais sans cesse : « Prenez garde, papa. aux petites pierres. » Depuis, ô destinée! il eut besoin de mon bras d'homme. On suivait les mêmes sentiers, devenus doucement mélancoliques. Par les prés, les plaines de l'automne dont il célébrait la noblesse en quelques phrases intimes et courtes. par les ruelles de genêts et d'herbes familières. nous nous remémorions ces heures fragiles. Le passé joignait le présent. Notre silence était lourd de regrets, car nous avions formé les plus beaux rêves : voyages à deux, voyages à pied. toutes les émotions. toutes les surprises que mon ami tirait des moindres épisodes. La maladie rendait ces choses impossibles.

— Sais-tu, Léon, sous quel aspect je vois les routes? Comme des issues à ma douleur. Fuir, m'évader à un tournant! Comme elles sont belles, ces longues routes roses de France, que j'aurais tant aimé à parcourir avec toi et ton frère !...

Il levait ses yeux noirs avec un grand soupir, et je sentais mon amour pour lui s'augmenter d'une pitié immense.

* *

Au sortir de l'enfance, mon père est toujours devant moi, fier et vaillant et paré par la gloire naissante. Je sais qu'il écrit de beaux livres et les amis le félicitent, ses grands amis que j'appelle des *géants,* qui viennent dîner à la maison, *Monsieur Flaubert, Monsieur de Goncourt.* Je l'aime beaucoup, Monsieur Flaubert. Il m'embrasse avec un gros rire. Il s'exprime très fort et très haut en frappant des coups de poings sur la table. Lorsqu'ils sont partis, on parle d'eux avec admiration.

Puis mon éducation commence. Mon père et ma mère la font tout entière. Voici seulement deux souvenirs :

Nous sommes à la compagne, en Provence, chez nos amis les Parrocel. Par une matinée admirable, vibrante d'abeilles et de parfums, mon compagnon a pris son Virgile, sa couverture et sa courte pipe. On s'installe au bord d'un ruisseau. L'horizon, d'une clarté divine, où tremblent des lignes dorées et roses, se rehausse de fins cyprès noirs. Mon père m'explique *les Géorgiques.* Voici que la poésie m'apparaît. Et la beauté des vers, et le rythme de la voix chantante, et l'harmonie du paysage pénètrent mon cœur d'un seul coup. Une immense béatitude m'envahit. Je me sens tout gonflé de larmes. Comme il sait ce qui se passe en moi, il me serre dans ses bras et prend part à mon enthousiasme. Je suis ivre de beauté.

Maintenant, c'est le soir. Je rentre du lycée, après plusieurs classes de philosophie. Notre maître, Burdeau, vient de nous analyser Schopenhauer avec une incomparable puissance. Les images noires m'ont labouré l'âme. Positivement j'ai

mordu là le fruit de la mort et de la détresse. Par quelle disproportion les mots du sombre penseur ont-ils, dans ma cervelle impressionnable, acquis subitement cette valeur réelle?
Mon père a compris mes terreurs. Je ne lui ai presque rien
dit, mais il a vu naître, en mes regards, quelque chose de
trop dur pour un adolescent. Alors il me prend comme autrefois, il m'approche tendrement : et lui, déjà rempli de sombres
présages, me célèbre la vie en termes inoubliables. Il me
parle du travail qui ennoblit tout, de la bonté rayonnante, de
la pitié où l'on trouve un refuge, de l'amour, enfin, seul consolateur de la mort, et que je ne connais que de nom, qui va
bientôt m'être révélé, qui m'éblouira d'allégresse. Que ses
paroles sont fortes et pressantes! De cette vie où je m'aventure, il fait un radieux tableau. Les arguments du philosophe
tombent un à un devant son éloquence; cette première et
décisive attaque de la métaphysique, il la repousse victorieusement. Ne souriez pas, vous qui me lisez. De ce petit drame
familial, je comprends aujourd'hui l'importance. Depuis
cette soirée, je me suis gorgé de métaphysique et je sais qu'un
subtil poison s'est glissé, par là, dans mes veines et dans
celles de mes contemporains. Ce n'est point par le pessimisme
que cette philosophie est redoutable, mais bien parce qu'elle
masque la vie. Je regrette amèrement de n'avoir point fixé le
discours de mon père. Il serait, pour beaucoup, un réconfort.

*
* *

J'atteins ainsi les dernières années, ne m'arrêtant qu'aux
stades lumineux de cette vie filiale. Si je parle de moi, c'est
encore de lui qu'il s'agit, car je fus son champ d'expérience,
hélas, parfois revêche et sans moissons!

Mon père eût souhaité pour moi la carrière des lettres sous
la forme de l'enseignement. Élever de jeunes esprits jusqu'aux
idées, les suivre pas à pas, former en eux la morale et développer la puissance sensible, lui semblait le plus beau des devoirs.
Il admirait tous ceux qui, à notre époque, ont pris, comme
il le disait : « charge d'âmes » et il témoignait à mes maîtres
de Louis le Grand, MM. Boudhors, Chabrier, Jacob, etc.,

une sympathie et un respect dont la plupart, sans doute. se souviennent. Comment et pourquoi la destinée m'entraîna-t-elle d'abord vers la médecine? Ses maladies, à lui. et les visites aux grands docteurs y furent sans doute pour quelque chose, tant la jeunesse est prompte à l'imitation.

Mais le jour où cette carrière me déplut, où je me dégoûtai du charnier, des examens et des concours, il respecta mon évolution. Mes premiers essais, que je lui lus aux eaux de Lamalou. furent résolument encouragés par lui, et, dès ce moment, entrant dans une allée où il avait planté et fait croître de si beaux arbres, je profitai. chaque jour, de ses conseils et de son expérience.

Dans son curieux exemplaire de Montaigne qui ne le quittait jamais, même au bain, qui superpose, sur ses pages jaunes et vertes, les empreintes de maintes stations thermales. dans ce livre où il puisait tout enseignement et tout réconfort, je trouve, marqué et annoté avec un soin spécial, le fameux chapitre : *De la ressemblance des enfants aux pères*. Sans doute, depuis plusieurs années, il sentait s'éveiller en moi, et presque à mon insu. cet étrange démon littéraire auquel il n'est point permis d'échapper. Quand je me confessai à lui de ce zèle nouveau qui m'envahissait, il me tint un beau discours que je me rappelle parfaitement. Cela se passait dans une chambre d'hôtel banale et nue. Ma mère avait dû rester à Paris par une circonstance exceptionnelle, auprès de mon frère Lucien et de ma toute jeune sœur Edmée. Il me parla près de mon cœur, près de mon esprit, comme il savait le faire, avec une gravité émue. Il me représenta les charges de cette profession d'homme de lettres, où l'on n'a pas le droit d'être un artiste pur, où l'on est encore responsable de ceux qui vous lisent et que l'on trouble. Il ne me cacha pas les difficultés nombreuses et variées que je rencontrerais sur ma route, en admettant même que le succès me favorisât. « ce qui est rare ». Il joignit à cela quelques préceptes très simples, mais si vrais, sur la sincérité et l'effort du style, la part de l'observation et de l'imagination. l'architecture d'une œuvre, la méthode et le relief des personnages et des tempéraments.

Je l'écoutais avec religion. Je comprenais bien qu'il me livrait là le résultat de sa patience et le meilleur de son esprit.

Vers cette époque, le soir, de chambre à chambre et de lit à
lit, nous lisions, à haute voix, du Pascal. Il m'offrit ce maître
sublime à côté de son cher Montaigne. Il m'entretint aussi de
sa souffrance, d'une façon presque philosophique, afin de ne
point m'attrister et il m'insinua que la littérature était un soulagement pour une multitude d'âmes inexprimées, qui trouvent, en elle, un miroir. Il me cita les modèles plus proches
de Flaubert, des frères de Goncourt. Il conclut par un éloge
de la vie sous toutes ses formes, même douloureuses.

La lampe baissait, mais éclairait encore son fier et délicat
visage. Je suivais ses paroles jusqu'à leur source, et aux
motifs profonds qu'il me taisait, avec une sorte de confiance
sacrée. Il y avait entre nous deux un peu de joie et beaucoup de crainte. Je ranime, en les évoquant, ces heures décisives.

Depuis ce jour, jusqu'à sa fin, il ne cessa de me conseiller,
de me guider. Nous avions une telle habitude de la causerie
que j'interprétais ses silences, et qu'un seul mot de lui me
valait de longues phrases. Il me fut désormais, sans trêve,
un critique impartial et tendre.

Plus récemment, la crainte de le perdre m'envahissait,
mais me rendait, par un triste privilège, attentif à ses moindres
paroles. J'ai vécu comme dans un sanctuaire où brillait une
flamme perpétuelle. Notre jardin de Champrosay et son cabinet de travail sont peuplés de conversations où je me bor-
nais à l'interroger. J'essaierai de donner l'idée de son langage
bref, elliptique et pittoresque, se rapprochant beaucoup du
regard par l'intensité, la rapidité, l'accumulation des images.
Certes, le romancier fut puissant, mais l'homme n'avait pas
son pareil pour le trésor d'expérience et de vérité qu'il mon-
nayait de l'aube à la nuit.

Ses amis connaissent sa divination. Il analysait les événements les plus lointains, les plus divers, avec une perspicacité
presque infaillible. Ses rares erreurs devenaient, pour lui,
autant de motifs d'observations nouvelles. Sa pitié et sa charité se rehaussaient de grâces ironiques, mêlaient les larmes
au sourire. À notre table de famille, entre ma grand'mère
qu'il adorait, sa femme qu'il admirait plus que tout, sa petite
fille et ses deux fils, à notre chère table que sa disparition

laisse vide et silencieuse, il se mettait autant en frais que pour une réunion d'amis.

***

C'est là que la mort est venue le prendre, le 16 décembre 1897, pendant le dîner. J'étais arrivé un peu en retard; je trouvai notre petit monde réuni, comme à l'ordinaire, dans son cabinet de travail. Je lui donne le bras jusqu'à la salle à manger et je l'asseois dans son grand fauteuil. Il commence à causer en prenant le potage. Rien, dans ses mouvements, ni dans sa façon d'être n'annonçait une telle catastrophe, quand, tout à coup, dans un bref et terrible silence, j'entends un bruit affreux que l'on n'oublie pas, un râle voilé, suivi d'un autre râle. Au cri de ma mère, on s'élance. Il a rejeté la tête en arrière, sa belle tête déjà couverte d'une sueur glacée ; les bras défaillent le long du corps.

Avec des précautions infinies, nous le soulevons, mon frère et moi, nous l'étendons sur le tapis. En une minute, voici l'horreur funèbre en notre malheureuse maison, voici les gémissements et les plaintes et les supplications vaines à celui qui sut nous donner tout, sauf un petit peu plus de lui-même. Les médecins arrivent en hâte. Le docteur Potain, qui l'aimait, tente le possible et l'impossible. Affreux et déchirant spectacle d'un corps qui nous prêta la vie, de qui la vie s'est enfuie en éclair ; tant de bonté, de douceur, de beauté, de pitié, tant de généreux enthousiasmes ne sont plus pour nous qu'un souvenir...

Une heure plus tard, il repose sur son lit, beau comme son image en nos cœurs, parmi les sanglots étouffés, à la lueur immobile des flambeaux. Les liens qui nous attachent à lui ne se rompront que par notre mort, mais ils se perdent, maintenant, dans les ténèbres. Nos mémoires deviennent des tombeaux où sont ses gestes et ses paroles, ses regards et sa tendresse. L'amour, ici-bas, ne retient personne. La vertu ne retient personne. Le génie ne retient personne. Mais comme brisé et désespéré je me penchais vers son front si pur, il me parut entendre ceci : « Console-toi, l'exemple demeure. »

II

VIE ET LITTÉRATURE

Mon père n'a jamais séparé la vie de la littérature. C'est le secret de son influence. L'art, pour lui, c'était l'achèvement. Créer des types et consoler des cœurs, voilà ce qu'il souhaitait avant tout.

Il m'a raconté maintes fois que l'amour de la vie dévora sa jeunesse et qu'il dut à ma mère, « son collaborateur dévoué, discret et infatigable », de ne point dissiper follement les dons reçus de la nature qu'il employa, plus tard, d'une manière si noble.

Je lui lus, un jour, une phrase de Lamartine dans le *Cours de littérature,* qui le frappa, qu'il me fit répéter, comme lorsqu'il ensemençait sa mémoire. Le poète y signale « ce merveilleux frisson de sensibilité, présage du génie, s'il ne sombre dans la passion ». Ce frisson de sensibilité, mon père l'estimait la source de toute œuvre durable. Dans certains articles nécrologiques, par ailleurs bien intentionnés, j'ai lu cette phrase qui m'a fait sourire, qu'Alphonse Daudet n'était point « un penseur ». Penseur à la façon pédante, faiseur d'abstractions et jongleur, cela, certes, il ne le fut jamais. Mais j'ai là, sur ma table, ses cahiers de notes où, journellement, infatigablement, avec un scrupule et une patience incroyables, il inscrivait l'incessant travail de son cerveau. On trouve de tout, dans ces petits livres recouverts de moleskine noire, griffonnés en divers sens, raturés sur la page, lorsque cette page a servi. C'est d'abord un tumulte, un bourdonnement, un frémissement singulier; et j'imagine que cette belle âme s'est révélée là tout entière, avec ses soubresauts, ses tourbillons, départs et retours, ses flammes brèves ou ses nappes de feu. Puis, avec plus d'attention, se décèle une sorte de rythme, un mouvement harmonieux de l'esprit qui part de la sensation simple, s'inspire de tableaux pittoresques, visions de voyages, rêves ou souvenirs, traverse ces régions colorées et sonores où s'accomplit le miracle de l'art. où une impression vive devient, par le mystère de la genèse. l'origine d'un livre ou d'une pièce. Ensuite le ton s'élève. Cela reste vivant et clair, mais devient plus serré. plus précis. Les mots, tout gonflés d'expérience, juxtaposés sans liens apparents, néanmoins selon une attraction profonde. tels que les couleurs ou les traits dans une ébauche de Vélasquez ou de Rembrandt, les mots d'un réalisme parfois cruel, tremblants d'angoisse et de sincérité, éveillent des réflexions innombrables. Et de cette manière abrégée, de ce tissu de chair et de nerfs, sortent d'étonnantes formules, de fulgurants témoignages sur soi-même, d'une généralité plus grande que les idées où se perd la métaphysique.

En résumé. ce travail d'analyse perpétuelle. d'une bonne foi qui va jusqu'au cri, montre, dans la pensée de l'écrivain, une ascension. une épuration continues. un zèle de porter la lumière dans tout le brumeux réseau de l'être. et comme une idéale patience.

Il y a plus que de la patience. Il y a l'esprit de sacrifice. Je disais parfois à mon père : « Tu es de sang catholique ! » Ces cahiers nous dévoilent, en dernier examen. l'état de sensibilité complexe d'une âme où le dogme s'est, sans doute, obscurci, mais où la religion a laissé son empreinte en ce qu'elle offre de touchant et d'implacable. Il est dur de se scruter sans relâche. Il est dur d'inscrire, sans réserve. tout ce que l'on éprouve, tout ce que l'on subit. Les jeux de la vie et de la mort, la lente attaque de nos tissus. sont un effroi pour la plupart des hommes. C'est cette terreur, ce sourd besoin de s'évader de la conscience qui nous rend somnambules, hésitants devant la confession que notre cœur fait à notre cœur, par le silence des nuits et des jours, comme nous menons notre vie obscure.

Montaigne, Pascal et Rousseau, trois admirations foncières, forcenées de mon père. Son Montaigne ne le quittait pas. Il annotait Pascal, il défendait Rousseau contre les reproches honorables de ceux qui ont honte de la honte, qui se détournent du charnier. Sans trève. il descendait en ces puissants modèles, se perdait dans leurs cryptes, consultait les silences redoutables qui s'étendent entre leurs aveux. Il prenait une de leurs pensées et vivait avec elle, comme avec une amie, comme avec une sœur oubliée dont il examinait les ressemblances, les dissemblances, d'après le grave scrupule qu'il portait aux choses sensibles. Il interrogeait son entourage, ceux qui passaient et jusqu'aux faits du jour. De ces trois génies si mûrs et si vastes, il chérissait la sincérité. Il se les proposait en exemple. A force de converser avec eux, il s'était imprégné de leur substance. N'est-ce point là besogne de penseur?

*
* *

Or, de tous les livres grands ouverts, celui qu'il feuilleta davantage, ce fut le *livre de la vie*. Impressionnable comme nous le connaissions, ses années de jeunesse avaient dû être, pour lui, une accumulation inouïe de sensations, d'énervements de tous genres qu'il sut classer dans son âge mûr. Mais la maturité, et c'est là une de ses caractéristiques les plus surprenantes, ne fut, pour lui, ni un desséchement, ni un arrêt. Il conserva intacte jusqu'au bout, élargie seulement par la souffrance, la faculté de s'émouvoir. Cette faculté précieuse et si rare, dans nos entretiens nous la comparions à une plaie par où la force circule, s'épanchant de l'être vers la nature, montant de la nature à l'être. Je me rappelle qu'il l'assimilait à la blessure de la Sainte Lance :

— Voici, me disait-il, une de mes visions. Notre Seigneur est sur la croix. C'est l'aube, une aube froide et poignante. Vers le martyr, amoureux de la vie jusqu'au point de la perdre afin qu'elle se répande sur tous en charité et en rédemption, vers le Maître, montent les bruits de la ville qui s'éveille, des sons et des odeurs de parfums, de grillades, de foules, puis, plus près, les gémissements, les longues plaintes au pied de la croix. Il boit cela par tous les pores et le goût du fiel s'assoupit, tandis que s'apaise la torture des clous, de l'exposition et de la lance.

Il n'allait pas plus loin, mais pesait sur les derniers mots pour que je suive les prolongements. Il n'insistait point sur ces beaux rêves, laissant à l'auditeur le soin de les compléter, sachant qu'il comprend mieux, celui qui ajoute un peu de lui-même.

Cette sensibilité, aiguë souvent jusqu'à l'inexprimable, restait cependant directe, et n'attaquait jamais la règle de vie. Celle-ci, toute simple et limpide, demeurait en lui intransigeante. Mon père détestait la perversité, les jeux malsains de la conscience où se complurent certains hommes remarquables.

Cette sensibilité était toujours en éveil. Dans ses petits cahiers, il parle des heures *sans grâce*, où le prêtre voit s'éloiguer la foi, où l'amoureux épouvanté se consulte sur son amour. C'était une de ses préoccupations de ne point s'endurcir dans la douleur, de rester accessible à toutes les émotions. Je ne lui ai pas connu d'heures *sans grâce*.

*
* *

Il avait une façon de raconter qui n'appartenait qu'à lui, que n'oublieront jamais ses amis, ni ceux qui, une fois, l'ont entretenu. Son récit suivait le souvenir, s'y adaptait. Il reproduisait, dans leur ordre, les faits et les sensations, supprimant les intermédiaires, ne laissant, comme il disait, « que les dominantes ».

« Les dominantes... » Ce terme revenait souvent sur ses lèvres. Il entendait par là les parties essentielles, indispensables, les sommets du livre ou de la nouvelle. « C'est là-dessus, ajoutait-il, qu'il faut faire porter la lumière. »

Il répétait aussi : « Les choses ont un sens, un endroit par où on peut les prendre. »

Nous pénétrons par là le secret de sa méthode, moins simple qu'elle ne le semble d'abord.

Amant du réel et du vrai, il n'interrompit jamais sa quête. Tant qu'il put sortir, il fréquenta les milieux les plus divers, ne négligeant aucune occasion, surtout ne méprisant personne. Il détestait le mépris comme une des formes de l'ignorance. Qu'il s'agît d'un homme de cercle, ou d'un artiste, ou d'un malade, qu'il s'agît d'un indigent sur la route, d'un garde forestier, d'un passant, d'un ouvrier rencontré par hasard, mon père se servait de sa sociabilité prodigieuse ou de son exquise bonté pour dépasser la région banale où ne s'échangent qu'hypocrites confidences, et pénétrer au cœur de l'être. Il inspirait cette confiance étrange qui vient de la joie d'être compris. J'ai vu les gens les plus discrets se livrer à lui. Combien souffrent de leur secret! Combien se sentent seuls sur la terre, ne rencontrant partout qu'égoïsme!

J'ai prononcé le mot de « méthode ». Il sonne faux pour une action si humaine. Mon père, avant tout, suivait son penchant qui était d'aimer son semblable, de se plaindre ou de se réjouir avec lui. Ma mère, mon frère et moi lui faisions des plaisanteries tendres sur la colère où le mettait le récit de telle injustice, sur la part personnelle qu'il prenait aux phénomènes les plus éloignés de lui.

Lorsqu'une cruelle maladie restreignit son existence, dans des proportions moindres d'ailleurs qu'on ne l'a affirmé, il ouvrit sa porte grande. Il accueillait toutes les misères. Il écoutait patiemment le récit de toutes les détresses. Jamais on ne l'entendit se plaindre d'avoir interrompu son travail pour soulager une douleur vraie. Très peu le dupèrent et abusèrent de lui, car il savait découvrir le mensonge par une extraordinaire sagacité. Mais cela même ne l'irritait point : « Le pauvre diable, nous disait-il souvent, avec son délicieux sourire, le pauvre diable a cru me tromper. Je lisais la fausseté sur son visage, je la devinais au tressaillement d'un petit muscle que je connais bien, là, à l'angle des lèvres; elle m'apparaissait par l'ambiguïté de ses yeux. Un moment, j'ai failli me trahir... Bah! Un malheureux tout de même. »

L'homme parti, il notait de la conversation ce qui lui avait paru singulier. Et sa mémoire même était infinie, car, malgré sa myopie, à plusieurs années de distance, il se rappelait un nom, une figure, un geste, un tic, une parole. A un de ses anciens condisciples du lycée de Lyon, qu'il n'avait pas vu depuis trente ans, il demanda tout à coup :

— Vous avez bien encore sur l'ongle d'un pouce, je crois, cette petite marque sanglante qui m'étonnait, quand vous écriviez?

Ses souvenirs les plus vifs étaient ceux de ses émotions, qu'il nous restituait avec une fidélité intégrale. J'ai, dans les oreilles, le récit d'un incendie, où les flammes crépitaient encore, où se poursuivaient, en désordre, des silhouettes de femmes demi-nues et de pompiers. Il se montrait aspergeant, aspergé, une lance à la main. Il avait dix ans! « Reste là petit », lui avait dit un des sauveteurs. Il y resta jusqu'à ce que les flammes vinssent griller ses sourcils et lui lécher les mains. Il n'avait oublié ni les cris, ni le craquement des poutres, ni les lueurs, ni l'effroi sur les figures, ni son propre émoi mêlé d'allégresse. Et comme il rendait tout cela ! En quels traits justes et saisissants !

Une autre fois. c'est une inondation, la brusque crue du Rhône. les « coups de bélier » de l'eau par les caves, qu'il évoque, ajoutant le détail au détail. les regards tournés vers le passé. Des barques, la barque où il était, son ivresse du danger. les inondés, par grappes, sur les toits des maisons, les gouffres grondants, les tourbillons, l'*irrésistible* des eaux furieuses.

* *
* *

Le propre d'un esprit pareil, c'est de faire une tapisserie avec tant d'images disparates, de tout grouper, de tout classer, à son insu, par le lent travail de la réflexion, par l'agglomération des images, par cette descente des impressions vives qui les mettent en contact les unes avec les autres, et forment le faisceau. Le propre d'un esprit pareil, c'est d'utiliser les moindres traits pour son labeur, de comparer, de déduire, d'amplifier, sans déformation, comme le cœur bat et le poumon respire.

Prenez les œuvres des grands écrivains. Notez, avec soin, les dominantes. Il serait bien surprenant que vous ne remarquiez point, à travers les descriptions riches et nombreuses. deux ou trois tableaux fixes qui reviennent périodiquement. chargés de nouvelles couleurs. Parmi tant de caractères qu'ont créés Balzac, Gœthe, Dickens ou Tolstoï, il est quelques tournures primordiales, quelques éléments de nature fonciers qui sont des centres et des repères. La vie les donna au génie. Le génie les rend à la vie, en les ornant de tout son prestige.

Ainsi en fut-il pour mon père. Je me rappelle son étonnement quand. ayant prié son ami Gustave Tondouze de faire un « selecta » de ses œuvres où ne se trouveraient que des exemples d'amour maternel, il constata, le long de ses romans et de ses drames, le retour perpétuel de ce motif de

« la mère », laquelle est le summum de la tendresse humaine.
La figure de celle qui nous conçoit, nous porte, nous nourrit,
nous élève, souffre de nos souffrances, s'illumine de nos
joies, et se sacrifie incessamment pour nous, cette figure
admirable et sans tache l'avait envahi à son insu. Elle était,
pour lui, le plus grand, le plus profond problème du cœur,
et ce problème l'avait tourmenté sous toutes ses formes sans
qu'il y prît garde.

Il attachait un prix immense aux émotions qui nous
ouvrent la vie. « Il est un âge, s'écriait-il, où l'on est *achevé*
d'imprimer. Ensuite viennent des seconds tirages. » Et souvent
je l'ai trouvé occupé par cette pensée corollaire de la précédente : « Il y a, dans l'homme, un centre, un noyau qui ne
change pas, ne vieillit pas, n'acquiert pas de rides. De là,
l'étonnement devant la chute si prompte des années, les
modifications fonctionnelles et physiques. »

Quand une de ces remarques le tenait, il ne se satisfaisait
point d'une formule même nette et définitive. D'abord, la
formule l'effrayait. Il voyait en elle l'image de la mort. Il
voulait la nourrir d'exemples. Il pensait que le jour où elle
ne s'appliquerait plus directement à la vie, elle perdrait sa
sincérité, elle deviendrait une feuille morte. « L'humanité »,
grand mot qui renferme toutes ces tendances que je déplisse
ici pieusement, mot de sang et de nerfs qui fut la devise de
mon tendre ami.

⁂

Nous sortions fréquemment ensemble. Tant qu'il put
choisir lui-même sa voiture à la station, ce fut toujours
la plus minable, la plus sordide, celle qu'il pensait que nul
n'accepterait. Je me rappelle un très vieux cocher, conduisant à peine un très vieux cheval, assis sur le siège bran-
lant d'un de ces fiacres fantastiques, comme on en trouve
aux trains de nuit. Mon père avait adopté le triste attelage et nous étions sûrs, en contournant la rue de Bellechasse,
de le voir caboter vers nous. Le vieux, de son côté,
était devenu amoureux de ce facile client qui, jamais, n'in-
criminait la lenteur ou la malpropreté. Une des dernières fois

qu'il nous conduisit, avant qu'il sombrât dans les ténèbres de Paris, n'avait-il pas eu l'idée d'inscrire, à l'encre rouge, les initiales A. D. sur les panneaux et sur les glaces, s'affirmant ainsi propriété de celui qui l'avait pris en compassion ?

Une multitude de petits souvenirs semblables se pressent autour de mon cœur. Je n'hésite point à en transcrire quelques-uns pour que, quand vous lirez ces grands livres trempés d'émotion et de douceur, vous sachiez qu'ils furent les fruits d'une âme sincère, aussi belle en ses moindres mouvements qu'en ses longs et patients efforts.

Nos promenades donc variaient peu. Nous nous faisions conduire, par l'avenue des Champs-Élysées, jusqu'à l'Arc de Triomphe. Mon père aimait cette grandiose descente qui lui rappelait tant de souvenirs que je suivais en ses yeux vifs, toujours tournés vers le pittoresque, saisissant et fixant l'humanité avec une vitesse fabuleuse. S'il se sentait plus mélancolique, nous allions au quai de Béthune, où l'histoire de Paris frémit dans la vieille pierre que chauffe un pâle soleil d'hiver.

Ah! ce soleil, comme mon père l'aimait! Quoique maigre et blême, il lui rappelait sa Provence embaumée, dont le nom changeait son visage, ramenait des couleurs à ses joues mates. « Le plaisir primordial : se cuire le dos au soleil. » — « Un bon cagnard, là-bas, vers la Durance!... » disait-il, doucement appuyé à mon bras, regardant la Seine capricieuse. Aussitôt, comme ailé par le rêve, il partait vers un de ces mirages qui faisaient de la moindre causerie un perpétuel enchantement.

Cela débutait par une petite remarque : un rayon de lumière sur ce balcon de fer forgé, une vitre incendiée, un reflet du fleuve. Stimulé par une image juste, — nul n'aima autant la justesse, — il me serrait le bras plus fort et sa fantaisie s'éveillait. Le pittoresque le lassait vite. Il fallait que l'humanité intervînt. Il lui suffisait d'une fenêtre entr'ouverte, pour imaginer tout un intérieur, avec la précision poétique des maîtres hollandais. Silhouette inquiète de femme, vieillard qui boit ses dernières gorgées de lumière, tendresse bourgeoise, enfance, décrépitude, il devinait, combinait, évoquait, joyeux de ses propres trouvailles, dispersant à l'air léger sa verve, sa richesse verbale : « Chacun de ces braves gens

habite son île étroite. fort zélé pour sa nourriture et la satisfaction de ses intérêts. »

Par une terrible ardeur d'été, sur ce même quai de Béthune. nous vîmes un ouvrier, nu jusqu'à la ceinture, riant
sous le jet vigoureux dont le douchait un « arroseur ». Ce
torse puissant, cette mâle attitude, ces reins cambrés, le cou
trapu. la tête droite, furent le point de départ d'une improvisation magique. Comme il vanta la robustesse et la simplicité
des lignes! Que de grandes choses il dit sur la sculpture, les
muscles au soleil. la sueur et l'eau, les cariatides de Puget, et
cette vision antique au détour d'une rue parisienne!...

*
* *

Voici son sourire prompt, délié. J'entends son rire. Car,
malgré ses souffrances, il garda sa gaieté qui profitait du
moindre répit. jaillissait spontanément, irrésistiblement, de
cette nature avide de la nature, apte à saisir les visions
comiques dans le même instant où elle s'attendrissait. Il n'était
pas une de ses rares colères que n'eût désarmée un mot drôle.
C'était charmant alors de voir comme il quittait son visage
sévère, comme il cédait avec délices. heureux de revenir à
son habituelle mansuétude.

Près de son ami Frédéric Mistral, ou bien chez les
Parrocel. encore en Provence, c'est là que je l'ai vu le
plus tumultueux, le plus propagateur d'allégresse. Sa race.
son milieu. le contact de ses compatriotes exaltaient, en
lui. ces forces vives, imprévues. étourdissantes. Il imitait la gamme d'accents qui vibre de Valence à Marseille,
les attitudes. la gesticulation. Il jouait les *deux voix* du
même narrateur, celle qui s'accorde tous les avantages.
conseille, ordonne et définit. celle que l'on prête à la contradiction. qui balbutie. s'effare et se déroute. Il faisait le
prudhomme. le « Caton à méplats » porteur de sentences.
libidineux et grave. que redoutent les demoiselles dans les
processions: il faisait le tribun, l'échevelé, glissant, par véhémence. aux plus périlleuses métaphores. Il était « le bon père
onctueux ». la dévote qui confit dans le confessionnal, — la

même injuriant un chef de gare, — un douanier, un domestique, l'enfant qui réclame son orange, la foule aux courses
de taureaux.

A un de nos premiers voyages là-bas, nous sommes dans
une salle d'auberge, par une pluie battante. La présence de ses
chers amis Aubanel, Roumanille, Mistral et Félix Gras, la fierté
de les « montrer » à sa femme, à sa Parisienne, réveille en lui
les souvenirs de sa plus turbulente jeunesse. La tablée de
poètes s'enflamme. Ce sont des chansons de terroir, les vieux
Noëls où les stances sourient dans les larmes, les riches bal-
lades des Iles d'Or, les cris de passion de la *Grenade entr'ouverte*. La voix juste et chaude de mon père domine, me révèle
la poésie par le rythme. L'enthousiasme est sur les figures.
Le vrai soleil luit dans l'auberge.

C'est cette frénésie, ce miroitement de joie qui font de
Tartarin, de *Roumestan*, des livres si rares, de véritables
fruits du sol, chauds, savoureux, juteux et brillants. Les
caractéristiques de mon père étincelaient dans sa vie, avant
d'orner ses livres. L'un d'eux ouvert, j'entends son accent
doux et grave.

Aussi sa fameuse ironie fut-elle la fleur de sa tendresse. Par
elle, il échappait au convenu. Par elle, il évitait l'artifice. Doué
d'un esprit spontané, il fuyait le comique vulgaire. Doué d'une
sensibilité âpre et souvent cruelle, il la tempérait de sourires, il
l'apaisait avec ces détours qui laissent l'âme du lecteur émue et
frissonnante, au lieu de l'inonder de fiel. On l'a comparée au
grincement d'Henri Heine, cette ironie du pur génie latin.
De tels parallèles sont, presque toujours, faux. Heine fut un
poète exquis, mais dépaysé, mais nomade, sans adhérence avec
un sol propre, souffrant de se chercher une nature. Il rend
le monde responsable de son inquiétude. Il nous déroute
par un rictus amer, l'émotion à peine engagée. Il raille notre
cœur et son cœur. Doué d'une harmonie merveilleuse, il
désordonne ses sensations, et, comme on s'approche pour le
plaindre, il nous échappe par une grimace. Mon père savait
les routes de ses ancêtres. Il parlait d'une chanson du Nord
où pleure celle qui revoit son mari, après une longue absence;
la même, dans la version méridionale, ne peut s'empêcher de
sourire. Par cette brève allégorie, il se définissait lui-même.

Je lis, dans les « Petits cahiers », un reproche aux maris
qui racontent à leurs jeunes femmes leurs aventures d'autrefois. « Imbécile, tu verras plus tard ! » conclut la note.
Sous sa forme simple, voici l'ironie. Elle est le masque de la
pitié. Le tableau des « Ratés » dans *Jack*, le banquet des
vieilles gardes, dans *Sapho*, telle page vireuse de *l'Immortel*,
sont l'extension de ce penchant à émouvoir par la voie biai-
sée, si la voie directe semblait trop battue. C'est la ressource
d'un cœur ardent qui a la pudeur de pulsations trop vives,
apparentes.

✻
✻ ✻

Par là, l'auteur des *Femmes d'Artistes*, de *Tartarin*, du *Nabab*
et de *l'Immortel*, atteignit à la haute satire, qui n'est qu'une
sorte de lyrisme inverse, la revanche des âmes généreuses.
Le poète irrité et blessé fait vibrer la corde d'airain. Mais
dans les élans les plus vifs, rien de trop dur. « Implaca-
bilité ! » ce terme le rendait rêveur. Tout travers lui semblait
corrigible, tout vice remédiable : à toute faute, il cherchait
son excuse. Dans sa vie si simple, au grand jour, j'ai trouvé
les plus beaux arguments en faveur de la liberté humaine.

Et celui auquel on a puérilement reproché de ne pas émettre
d'idées métaphysiques, me parut, au contraire, incessamment
troublé par ces grands problèmes intérieurs qui sont tantôt
mirages de l'imagination et tantôt ressorts de nos actes. Parmi
les philosophes, il admirait Descartes et Spinoza, tant pour
leur lucidité que pour leur enquête méticuleuse sur le jeu des
passions humaines. Si son amour de la vie s'étonnait devant
la forme extra-terrestre de ces mathématiques appliquées à la
chair et à l'esprit, s'il préférait la méthode de Montaigne, il
aimait aussi, comme il disait, à « respirer sur les hauteurs »
de *l'Éthique*.

Il avait pour Schopenhauer un goût très vif. Cette alliance
de l'humour incisif et de la dialectique, ce tissu de raisons
noires et d'aphorismes pittoresques, l'enchantaient. Je lui en
lisais de longs morceaux ; avec la conscience qu'il portait en
tout, il réfléchissait à ces lectures et les résumait le lendemain,
les enrichissant de remarques subtiles. Nous causions toujours

et partout. Il aimait à m'enfermer avec lui dans son cabinet de toilette. Je le vois s'interrompre, pour une discussion, son peigne ou sa brosse à la main, puis, quand nos idées s'embrouillaient, plonger dans sa cuvette, « afin de les rendre plus claires » :

— L'action de l'eau fraîche le matin, sur le cerveau, mon petit, est, à elle seule, un grand problème. Celui qui, après une nuit blanche, ne s'est débarbouillé, ni lavé, est capable des pires sottises et incapable des moindres raisonnements !

J'ai parlé de sa conscience. Il revenait sur les mêmes sujets, sans ostentation, ni lourdeur, tant qu'il restait quelque chose d'obscur. Il ne se payait point de mots. « Des marchands de phrases », ainsi désignait-il les raisonneurs qui traitent le monde moral par les mathématiques et d'après des lois fixes. « Je hais le point de vue automatique », s'écriait-il aussi, devant les analyses glacées et retorses. Et, « ce point de vue automatique », il le montrait tuant toute franchise, tout élan de primesaut jusqu'aux joies naïves de la création : « La douce lune, si molle, si persuasive, a des phases périodiques. Le chant du rossignol peut nous inspirer le dégoût d'une délicate machine remontée. Quelle poésie dans la chute des feuilles, le ralentissement des eaux qui se figent, si l'on songe aussitôt à l'alternative invariable des saisons?... »

Ou je me trompe, ou la métaphysique elle-même, s'occupant enfin de la sensibilité, tiendra compte, dans un proche avenir, de ces raisons dites de poésie qui correspondent, si profondément, au besoin de liberté intérieure. Ou je me trompe, ou le grand systématique de demain mettra l'émotion en première ligne et lui subordonnera les autres facultés.

* *

D'une probité intellectuelle absolue, en proie à l'incessant scrupule, mon père n'hésita jamais à s'avouer ignorant de quelque chose : « Je ne sais pas. Tiens... je ne savais pas ! ». Aussitôt son œil s'allume. Tout à l'ardeur de se renseigner, il oublie les autres personnes, ne se préoccupe que de celle qui lui apporte un point de vue nouveau. un récit peuplé de conséquences.

Son savoir était vaste et précis. Il me surprenait quelquefois. quand la causerie tombait sur un sujet scientifique ou social. par la justesse de ses renseignements et l'ampleur de ses aperçus. Il lisait énormément. méthodiquement. s'assimilait les questions ardues avec une promptitude merveilleuse. Il démontait le fort et le faible. éludait le paradoxe. Son amour de la vérité le servait là comme ailleurs. le soustrayait aux préjugés. renouvelant sa vigueur logique. Les longues théories l'inquiétaient : « Passons au tableau... » Je vois le mouvement de sa main qui déblaye les mots inutiles.

Du latin et du grec. il avait l'amour réel. Comme il admirait l'éducation et faisait d'elle un des grands ressorts de l'humanité. il s'élevait vivement contre les nouveaux pédagogues qui cherchent à restreindre l'enseignement des langues mortes : « Certains et certaines, s'écriait-il. possédant le don inné du style. ont, par instinct. le goût. le tact des termes qu'ils emploient. Telle la mère. écrivain de race. Mais. c'est là l'extrême exception. La plupart retirent des études classiques un bénéfice que rien ne remplace. Celui qui sent Tacite. Lucrèce. ou Virgile. est bien près d'être un créateur... »

Il a. d'ailleurs. par la translation en francais de l'admirable prose provençale de Baptiste Bonnet, donné la preuve de son adresse de traducteur. Quant à ce qui est des *Annales*, je l'ai vu, pendant des heures. chercher fiévreusement l'expression fidèle et concordante, soucieux des droits poétiques de l'oreille autant que de ceux de l'esprit. Les difficultés le ravissaient. Que de fois. pendant mes études. rebuté par un texte trop aride. trop serré. je le lui ai laissé sur sa table. le soir ! Je le retrouvais. le lendemain matin, avec le français en regard. Mes professeurs me complimentaient. donnaient mon travail en exemple. Je me rappelle. au concours général. une tirade d'Eumolpe. dans Pétrone. où les plus forts avaient déplorablement pataugé. Ce vers m'en est resté dans la mémoire.

Et cortina sonet. celeri distincta meatu.

Mon père prit la page maudite. et, pendant un tour de jardin. me la traduisit. sans hésiter. dans une langue aussi

ferme, robuste et brillante que celle de l'auteur. Il ajouta pour
me consoler :

— Certaines pages, et non des moins belles, de mon cher
Goncourt, seront une aussi rude difficulté pour les collégiens
de l'avenir.

Il me façonna au latin par la lecture des vers ou fragments
de prose exemplaire dont Montaigne entrelarde ses *Essais*.
« Pour nous autres gens du Midi, le verbe méditerranéen n'est
jamais mort. Regarde ce Gascon du seizième. Il a l'ivresse des
manuscrits rouverts. Les parchemins conservés dans les couvents et les bibliothèques ont, pour lui, l'autorité d'oracles, de
messages venus du passé. Il revêt de toges et de cothurnes
ses arguments modernes. Il greffe, sur son arbre touffu, les
feuilles sibyllines. La *Renaissance*, as-tu jamais compris
toute la valeur de ce mot superbe? Le grand Pan ressuscite.
Un immense frisson, issu des vieux bouquins poudreux, traverse les esprits bouillonnants. *Et que le gascon y aille,* dit
Montaigne, *si le français n'y peut aller!* Mais le latin aussi,
le grec aussi. Le vois-tu le bienheureux Michel, qui nous
montre Michel et reconnaît en lui tous les hommes, le
vois-tu, dans sa librairie confortable, devant la grande nature,
trépignant d'enthousiasme, gesticulant en bon méridional, au
souvenir d'un vers de Lucrèce qui rejoint, corrobore sa pensée!
L'antiquité bat selon son cœur. La soif de savoir le dévore.
Par-dessus tout le presse ce besoin de s'épancher, de se raconter, si vif chez les natures de chez nous. »

Ces fragments de causerie sont intacts dans mon cœur.
Je m'aperçois, hélas, qu'il y manque le chaud accent. Comme
il arrive dans les fréquents entretiens, nous retrouvions les
mêmes sujets, mais, chaque fois, mon père y ajoutait; sa
vie jusqu'à la mort fut en crue perpétuelle.

Quelques rares amis ont pu garder le souvenir d'une page
de Rabelais lue par lui à haute voix. Dans la forêt de Gargantua et de Pantagruel, il avait retrouvé beaucoup d'arbustes,
de feuillages, de fleurs du Midi. Le séjour de l'auteur à Montpellier explique ces réminiscences. Mon père note les principales à la fin de son exemplaire. Elles surexcitaient naturellement sa verve. Il nous mimait toute la tempête ou les exploits
de Jean des Entommeures, enflant sa voix, son geste jusqu'au

diapason frénétique, riant lui-même, rejetant ses cheveux, rajustant son monocle, enivré par la puissance verbale. Un autre jour, c'était Diderot qu'il prenait, célébrait par la déclamation des pages les plus vibrantes, telles que dans : *Ceci n'est pas un conte*, ou encore : *le Neveu de Rameau*. Un autre jour, Chateaubriand, auquel il trouvait le souffle du large, le rythme sûr des vagues puissantes. Il faisait valoir ce ton épique appliqué aux souvenirs familiers, cette magnificence de l'âme jamais défaillante, toujours mélancolique, drapée à plis antiques dans le deuil de ses illusions.

Il me faudrait passer en revue toute la littérature française pour citer les dieux de mon père, ceux qu'il adorait, invoquait, auxquels, dans les heures les plus tristes, il demanda le réconfort. Miracle de l'intelligence ! Notre ami est sombre. Il souffre. Nous hésitons à l'interroger, connaissant trop bien sa réponse. Tout à coup un nom prononcé, une citation par un de nous raniment son regard autant que l'arrivée d'un ami ou un air de musique. Aussitôt, il s'informe, il s'exalte. Il lui faut le livre, la page. Lucien ou moi courons à la bibliothèque. Le plus souvent, ma mère se dévoue, parce qu'elle a la voix nette et douce et point précipitée. Voici le : *Confessions, les Mémoires d'outre-tombe*. Dès les premières phrases, mon père n'est plus le même. Il approuve et savoure, la tête inclinée, dans une attitude de méditation. Il interrompt. Il veut qu'on recommence. Il interpelle l'auteur, il discute. L'enthousiasme a chassé la souffrance et la morosité, ravivé les flammes de la jeunesse. C'est à nous d'écouter maintenant, et le temps passe comme en rêve, et ces grandes paroles d'autrefois retrouvent une vie furtive. Ainsi communient, à travers les âges, ceux qui aiment et recherchent la beauté.

⁂

La curiosité d'un tel cerveau étant universelle, je ne saurais la déployer. C'est le malheur d'une semblable étude de se limiter forcément. Une des vertus de mon modèle fut sa continuité, son harmonie, l'architecture, si l'on peut dire, de ses joies et de ses douleurs. C'est ainsi qu'amateur de mots, toujours environné de dictionnaires, il aimait à examiner les dépouilles successives du serpent, les métamorphoses étymologiques. De là viennent sa justesse et sa clarté de style. Il jugeait le verbe à l'oreille, qu'il avait d'une finesse et d'une puissance suprêmes, à l'œil, car. malgré sa myopie, il fut un voyant; il le pesait, enfin, d'après son ancienneté et le savonrait en connaisseur. Car il est tel substantif qui nous évoque toute une période, tel adjectif dont l'importance historique est plus grande que celle d'un manuscrit ou d'une armure.

Il évitait l'exceptionnel et le précieux. sachant ce qu'il y a de rare dans un vocable d'apparence ordinaire, laissant à chaque terme son sens vrai, ennemi des contorsions du langage parce qu'il en connaissait la structure. C'est une sottise de notre temps de croire que la limpidité exclut la profondeur.

Il répétait · « Je hais la disproportion. » Les *Entretiens* d'Eckermann qui furent, un long temps, son bréviaire (car il variait ses amours intellectuelles et ne montra qu'à Montaigne une fidélité continue), les *Entretiens* d'Eckermann renferment plusieurs développements de cette pensée. Mon père se rangeait à l'avis de Gœthe dont la devise : « Vérité et Poésie », lui semblait résumer la sagesse littéraire. Il disait aussi : « Rien de trop, » et la santé d'esprit, la haine de l'excessif qu'on remarque chez la plupart des Méridionaux avait, en lui, son expression la plus haute. « Avec Gœthe contre Jean-Paul ! » — Que de fois avons-nous discuté ces tendances ! « L'art, m'objectait-il, n'est pas seulement l'expression d'un tempérament. Il est aussi une maîtrise et une composition de soi-même. Celui qui ne bannit pas de son esprit les monstres est bientôt dévoré par eux. »

Quand nous étions sur ce sujet, nous glissions rapidement à la disposition, à la structure de l'œuvre, auxquelles il accordait une importance capitale, condition, selon lui, de la durée : « Un livre est un organisme. S'il n'a pas ses organes en place, il meurt, et son cadavre est un scandale. »

Et, comme il avait la préoccupation d'ordonner ses romans ou ses drames, il voulait aussi harmoniser sa vie intérieure ou manifeste. L'afflux de connaissances et de lumières lui semblaient nécessaires à cette règle.

*
* *

Dans sa bibliothèque, à côté des grands maîtres, figu-
raient en première place des récits de voyages et d'aventures. Il prétendait que l'amour pour les hommes d'action
s'était développé chez lui par la nécessité d'une existence
sédentaire : « J'accomplis par l'imagination ce que mon corps
ne me permet plus ».

Il connaissait par le détail les campagnes de son héros
Napoléon, celles de son autre héros, Stanley, les expéditions au
Pôle Nord. Quand on lui parlait de ce siècle, le dix-neuvième,
si inquiet, si tumultueux, le plus couvert, peut-être, de monuments inachevés, il le définissait par deux noms : Hamlet et
Bonaparte, — « l'un prince, non seulement de Danemark, mais
encore de la vie intérieure; le second, source de hauts faits. »

Les ouvrages de Stanley ne le quittaient point. Il les lisait
sans relâche. Pendant ma récente fièvre typhoïde, qu'il
m'arrive de citer encore comme un des sommets lumineux de la tendresse paternelle, pendant ces heures où je
gisais, inerte, à côté de ma mémoire et de mon intelligence, il essayait le retour de mes facultés par quelques
pages des *Ténèbres de l'Afrique* ou de *Cinq années au Congo*...
Il est près de mon lit, vers le jour tombant, ce jour tiède de
la fin de mai qui torture la convalescence. Il tient le gros
livre en ses mains débiles. Il veut m'emporter loin, bien loin,
par le remède qui soulage ses maux, à la suite de l'intrépide
voyageur : « Imagine sa fièvre plus lourde que la tienne, en
ces pays de plantes redoutables, sous le dôme ténébreux du
feuillage. Sa seule confiance est dans ses compagnons, Jephson,
que tu as vu chez nous, garçon vaillant aux joues roses, le
cher docteur Clarke. Et, malgré le délire, il garde le sens de
la responsabilité. Il demeure « le chef » en dépit des souffrances. Quel étonnant réservoir d'énergie! »

Il expliquait à ses convives que Stanley n'est pas un cruel,
comme l'ont insinué des envieux, qu'il est, au contraire, le
plus humain, le moins féroce des conquérants, qu'il fut juste
autant que tenace.

Quand nous vîmes à Londres celui qu'il vénérait, à l'occa-

sion d'un voyage aujourd'hui précieux en ses moindres épisodes. quand il le tint à côté de lui, sur un petit canapé bas,
ce fut le plus touchant des spectacles que le voisinage affectueux de ces deux hommes se comprenant si bien. Je l'affirme,
celui pour qui mon père eut une si réelle amitié n'est point
un méchant. On reconnaît, en lui. un des plus beaux types
de la race anglo-saxonne, qui appartient à toutes les races par
une lucidité égale à sa vaillance, par un jugement net et sans
hypocrisie.

Lors de cette même escapade qui mit mon père à même de
comprendre l'Angleterre, il eut la joie de fréquenter Hamlet.
en même temps que Napoléon. Je veux parler de George
Meredith, ce romancier extraordinaire dont la gloire s'allume
tout en haut, sur les plus fiers sommets de l'esprit, et descendra
vers les foules, lorsque les flambeaux marcheront. Touchante
visite à la verte contrée de Box-Hill, parée d'arbres et d'eaux
vives, où l'auteur de l'Égoïste, d'Amour moderne, et de vingt
chefs-d'œuvre, accueillait à la gare son confrère et la famille
de ce confrère. par une tendresse d'un charme spontané. Je
vous ai chéri, ce jour-là, maître de la pensée la plus âpre,
la plus robuste, je vous ai compris jusqu'aux larmes. Que
de choses entre vos regards et ceux de votre frère par
l'esprit! Quelles heures dignes de vous et de votre analyse. en
ce cottage où le mystère et la clarté se jouent parmi votre
auréole, cœur vaste et subtil, ami des Français jusqu'à les
défendre en 1870 par une pièce de vers d'une générosité
unique, génie que le cerveau dévore, qui raille le mal par un
sourire! Hamlet, vous fûtes Hamlet, en tant que miroir de
Shakespeare, pour Alphonse Daudet et sa suite, cette après-
midi de printemps, où la nature se fit morale. où les pins
noirs frémissaient, où les pelouses eurent la douceur des
chairs. Au delà de l'amour, il est un autre amour, et vous
en fîtes don à votre camarade, aussi ardent que vous pour
la vie, aussi désireux de beauté. Je songe à vous. en ces heures
sombres. comme au porteur de ces secrets qu'étreignent les
arrachés au monde. comme à ces évocateurs qui poursuivent
les ombres errantes. L'image de vos traits glorieux et purs
ne se sépare point de ceux que je pleure, parce qu'ils ont
perdu leur forme périssable.

Quant à Bonaparte. un homme satisfaisait la passion de
mon père, notre ami Fréderic Masson. Depuis longtemps, il
réclamait des livres où l'existence du Demi-Dieu fût quotidien-
nement poursuivie. où l'on démêlât les mobiles, le tempérament et l'aventure. Quand parurent ces ouvrages maintenant
classiques, il ne les quitta plus. Il les vantait à tout venant.
Il déclarait accomplie cette tâche dont il rêva souvent : restituer l'homme en son entier, propager son amour et réveiller
la race. L'auteur de cette œuvre définitive ne me démentira
point si j'affirme qu'il trouva en « son bon Daudet » les
meilleurs encouragements.

Il ne s'attachait pas seulement aux héros de l'acte, il célébrait aussi les obscurs. les dévoués. les sacrifiés de la gloire,
depuis Rossel. « le Bonaparte à rebours ». « sans étoile », dont
le nom revient plus de cinquante fois. dans les « Petits
cahiers », jusqu'à Raousset-Boulbon. aux audacieux de Port-
Breton. aux Icariens. à Blanqui. qu'a illustré Gustave Geffroy,
au prodigieux Rimbaud. au marquis de Morès, à tous ceux
qui nourrirent de vastes projets et pour qui l'action, comme
il le répétait. d'après la formule saisissante de Baudelaire, ne
fut jamais « la sœur du rêve ». Ses tiroirs étaient remplis d'une
multitude de brochures relatant les faits et gestes de ces
errants, de ces imaginaires, de ces fuyards de la vie codifiée,
qui se risquent sans espoir de retour. raillent et tentent la
destinée, livrent leurs chairs en pâture aux corbeaux, ouvrent
des voies nouvelles. méprisent la mort. « Ce mépris de la
mort qui fait l'homme invincible », il le mettait au-dessus
de tout. Il se passionnait pour les trappistes. qu'il avait
fréquentés en Algérie. pour la Légion étrangère, pour
les abris de la révolte. de l'énergie inemployée, pour les
vaillances qui se trouvent à l'étroit, sans air respirable,
dans nos sociétés contrefaites et que l'orthopédie des lois
rebute.

Cet enthousiasme conciliait deux faces de sa nature : le goût
du risque, l'amour des humbles. Pendant plusieurs semaines,
il fut hanté par la défense de Tuyen-Quan. par Dominé, par
Bobillot. Sa faculté fantastique de réviviscence que j'exami-
nerai en détail. lui permettait d'entrer dans le rôle de chaque
personnage. de suivre les affres. les défaillances, les reprises :

« Toi qui aimes la philosophie, fais donc deux monographies, une du *scrupule* et une du *risque*. Montre les points de contact... De forts exemples... Ne crains pas d'appuyer. Le vieux père te donnera des images. » Quand, un mois avant sa mort, à mon retour d'un stage chez les « Alpins », je lui racontai avoir fait la connaissance du capitaine Camps, un de Tuyen-Juan, sa joie fut infinie : « Tu n'as pas su le faire parler !... Que mangeaient-ils ? Quand dormaient-ils ?... Les cris des Chinois dans la nuit ! Les mines successives !... Raconte... Raconte. » Hélas ! je n'ai point sa faculté de « feuilleter un homme comme un livre ».

Cette expression lui plut toujours. Elle justifiait sa méthode. Une de ses dernières satisfactions fut la dédicace de Grosclaude en tête du livre : — *Madagascar*. « Grosclaude, un Parisien, le fin causeur, l'artiste délicat. Il est tout énergie. Il ne connaissait pas ses ressources. Ah ! l'admirable race française ! »

*
* *

La guerre de 1870 fut, pour lui, une révélation. Elle le fit homme. Il racontait avoir eu, sous la neige, un soir de grand'garde et en même temps, la première attaque de ses douleurs et le remords de son indolence qui le laissait chanter, écrire des vers légers ou de la prose cursive, sans besogne sérieuse ni durable. Il respectait l'appareil militaire. La musique des régiments l'enfiévrait « comme un cheval de colonel ». Le titre d'officier ouvrait sa porte et son cœur : « Ceux qui ont fait l'abandon de leur vie sont au-dessus des autres êtres. » Une des rares questions où il ne transigeait pas était celle de patriotisme. L' « Année terrible » marquait, pour lui, non seulement sa métamorphose, mais un changement. de la nation. des mœurs, des préjugés, de la culture. Si je vantais un Allemand. il murmurait avec mélancolie : « Oh ! les petits de la conquête ! » Plus vivement que personne, il avait senti le désarroi de cette époque tragique. Il voulait que mon frère et moi, à défaut de souvenirs, fussions exactement renseignés. Il s'entourait de tous les ouvrages, français ou étrangers, qui traitent de la guerre franco-allemande. Cet été même. à

Champrosay, il me conta. par le détail. ses impressions, ses
colères. Ce fut une sorte de testament patriotique. Il sonhai-
tait que la Défense de Châteaudun fût mise en œuvre par
un poète, et lue. relue dans les humbles écoles.

Sa force de persuasion était telle qu'il me faisait semblable
à lui. et je l'en voyais heureux. Je pense qu'il aimait ses fils
comme aucun, mais il nous eût donnés au drapeau, sans
l'ombre d'une hésitation. Je lui reprochais de n'avoir point
écrit, sur nos désastres, l'ouvrage dont seul un témoin était
capable. Il secouait la tête : « On n'élève pas les âmes par un
tel récit. Un pays guerrier comme le nôtre a besoin qu'on lui
claironne la victoire. »

Chose admirable, cet homme qui avait fait tout son devoir
se taisait pudiquement là-dessus. Mais la plaie demeurait sai-
gnante. Quand madame Adam venait le voir, la causerie roulait tout naturellement sur la Revanche. Ma chère patronne
et lui ne désespéraient de rien.

(A suivre.)

LÉON DAUDET

SAINT-CENDRE[1]

— MŒURS DU XVIᵉ SIÈCLE —

— Je crois, dit au matin le marquis à Dartigois, que nos affaires se portent vers une condition meilleure. Hier, j'ai appris des choses considérables et tu vas les connaître. Mais c'est par grand hasard que je n'ai point été assassiné.

Et il raconta sa dernière aventure, s'enquit ensuite de Catherine.

— Ah! monseigneur! Elle a versé toutes les larmes de son corps et rien n'a pu la consoler! Votre nom ne quittait point ses lèvres et elle me demandait pardon, se roulait à mes pieds, se confessait pour des crimes extraordinaires. Des bêtises, enfin! Il a fallu que nous l'emportions de force hors du logis, et on a dû, pendant une partie du chemin, la maintenir sur sa mule; de telle sorte qu'avec mes valets j'avais tout l'air de ces gens qui mènent une fille au marché des Turcs. Son père et sa mère auront soin d'elle comme d'une petite reine; et elle se calmera, oubliera aussi son désir qui est maintenant d'entrer dans un couvent.

— Bast! fit Saint-Cendre gracieusement, c'est une linotte

---

1. Voir la *Revue* des 15 Janvier, 1ᵉʳ et 15 février, 1ᵉʳ mars.

qui tôt ou tard saura se faire une raison. Il est préférable que
notre Catherine ne soit pas ici quand nous aurons des troupes,
car on doit craindre tout de l'habituelle licence des gens de
guerre. A ce propos, je te remercie de m'avoir amené cette
sage demoiselle de Scissat. Elle a...

Et, pinçant le bras de Dartigois, le marquis lui parla à
l'oreille avec un rire gras et narquois d'homme fat qui salit
une femme. Sous la confidence, le maître du Breuil ronfla
en pointant ses yeux comme s'ils fussent ceux d'un crabe
naturellement dressés au bout de tentacules mobiles.

— Enfin, mon ami, c'est comme cela. Et parlons de choses
plus graves. Car l'inaction me pèse et je veux entreprendre
contre mon ennemi, tant je me sens plein de courage. Je ne
sais rien de plus fâcheux que de voir une bonne arme se rouil-
ler sans jamais luire au soleil. Vois-tu, Dartigois, l'épée,
comme la femme, n'est vraiment belle que toute nue.

Assis sur son banc, Dartigois se frotta le dos au mur en
signe d'approbation, tels ces lourds animaux des forêts qui
s'ébrouent entre les troncs pressés des grands arbres.

— Y a-t-il du nouveau à Scissat?

Dartigois déclara que le parti gagnait en importance. Le
curé préparait un sermon pour acheminer les esprits vers la
réforme, et on l'avait entendu prononcer des paroles élo-
gieuses sur Calvin. L'hôtelier donnait à boire à tous ceux qui
paraissaient le mériter. La petite guerre de chicane se continuait avec M. de Lanclet, mais on ménageait systématique-
ment les terres du vieux La Bastoigne qui avait déjeuné la
veille chez le boucher entre Julie Thouron et sa fille aînée.

Ce repas, pour populaire qu'il fût, avait laissé le châtelain
de Vaucreuse dans les dispositions les meilleures; et il
essayait de faire partager à son ami Lanclet ses prévisions
optimistes. Mais l'oncle Christophe était extrêmement mortifié.
Se promenant avec son fastueux voisin sous la treille de son
jardin en broderie, il pestait contre Saint-Cendre et le déni-
grait sans mesure.

— Son insolence passe les bornes. Crois-tu qu'il m'a
adressé au moyen d'une arbalète une lettre de menaces et
d'injures. J'ai trouvé cette adresse provocatrice enroulée
autour d'un vireton. Ce trait, en se fichant dans un volet,

à la fenêtre de ma chambre, m'a réveillé au milieu de la nuit...

— C'est une espièglerie misérable, mon cher, déclara La Bastoigne. Tu sais que ton neveu a toujours été un polisson sans respect pour les hommes comme pour les femmes. Tu ferais mieux, ce me semble, de lui rendre sa Gabrielle qui, prétend-on, ne demande qu'à retourner avec lui. Ne fronce pas ta mine et ne prends pas cet air furieux, car il n'y a personne ici pour te voir. Ce que je t'en dis, mon vieux Lanelet, est dans ton intérêt et aussi sans témoins. Ainsi pour tes affaires de Seissat, ton obstination t'attirera, tôt ou tard, des ennuis dans le pays. Il n'est point sage de provoquer la colère des mouches dans leurs guêpiers. Sois bien convaincu, mon bonhomme, que ton neveu fait la loi dans nos bourgs, qu'il y apparaisse comme Saint-Cendre ou en simple qualité de Gillot...

Mais M. de Lanelet éclata. Il blâma La Bastoigne qui nourrissait de pareilles idées. Les seigneurs devaient se soutenir entre eux, et il se plaignit amèrement de ses tenanciers. Depuis que Saint-Cendre était dans le pays, le comte avait avec eux des difficultés continuelles au sujet des bois des Guerreaux où les paysans voulaient s'arroger le droit complet de pacage comme celui de coupe dans l'ensemble des ventes.

— Je leur ai offert l'abandon en toute propriété des futaies s'ils voulaient renoncer à déboiser par les forêts de la Bétoule, encore que j'aie racheté jadis une partie des droits de fouage; Les misérables n'ont pas accepté. Aujourd'hui, ils étendent leurs dégâts jusqu'aux bois du Roy que ne suffisent plus à protéger les gardes-marteaux ni les verdiers.

Au reste, il les croyait tous excités par ceux du Breuil. où Dartigois faisait le roitelet tout comme à la Ribière et à Goutepagnon. Et, dans sa rancune contre l'injurieux personnage, l'oncle Christophe s'écria :

— A Dieu plaise que nous puissions bientôt faire rentrer les cornes à tous ces gueux qui deviennent ingouvernables !

M. de la Bastoigne approuva cette colère. Mais, sans s'essayer à la diminuer, il objecta que les temps n'étaient point favorables aux redditions de comptes. Il fallait promettre

beaucoup et voir venir. Sans doute, les temps changeraient.
Pour l'heure. il était impossible d'empêcher les vilains de
couper les arbres. D'autant que chez lui—même, comme
ailleurs, ils n'en demandaient plus la permission, bien qu'il
fût d'usage constant de ne la leur point refuser. A la vérité,
il attendait la première occasion pour faire un accord avec
Saint—Cendre, dont il commençait à soupçonner les projets.
Mais il ne fit point cette confidence à Lanclet.

Celui—ci, toujours rouge de colère et gesticulant, reprit en
menaçant de sa canne quelque ennemi invisible qui se fût
caché derrière ses raisins :

— Sous prétexte de faire des poutres pour leurs maisons,
ceux de la Couture m'ont abattu deux cents pieds de chênes,
et je ne compte point les ravages des bestiaux. Cela t'est
facile, à toi, de prêcher la patience !

Et, frémissant de rage contre Dartigois et Saint—Cendre, il
s'éloigna en brandissant sa baguette sans écouter La Bastoigne
qui, poussif et cassé, courait après lui le long de la treille.
Son indignation s'augmentait par la lettre hautaine de son
neveu et ce qu'il y disait de Gilonne. Sans s'arrêter un instant
sur l'idée que le marquis pût accomplir ses menaces, car il
le considérait comme dépourvu de moyens, Lanclet s'irritait de trouver maintenant partout des contradicteurs. Seule.
Gilonne demeurait en tout de son avis au milieu des mauvais
conseillers qui lui criaient, sur divers tons, de rendre Ca-
brielle à son mari. Outre que cette séparation d'avec sa nièce l'eût
fortement gêné dans son argent, tant il s'était habitué facilement à considérer la fortune de la marquise comme sienne,
il ne voulait, à aucun prix, entendre parler d'un rapprochement qui eût permis à Saint—Cendre de rentrer en grâce,
par l'influence dont Gabrielle disposait dans l'entourage du
Roy. Et il redoutait que Nemours eût laissé assoupir sa haine
et que ce Savoyard refusât de s'employer pour détruire Saint-
Cendre définitivement.

« Et puis — se dit-il pour se consoler — tout cela ne
rime à rien. Songeons plutôt à Gilonne et à vaincre son obstination qui me désole. Quel besoin si pressant a-t-elle de la
mort de ce mauvais sujet qui videra bientôt le pays ? Et pourquoi retarder tant mon bonheur ? Elle seule ici m'apparaît

comme pleine d'intelligence et de cœur. Ah! que je suis mal
servi! Que fait Croisigny? Et pourquoi n'a-t-il pas déjà donné
la chasse à ce maraud de Saint-Cendre, épouvantail bon pour
les oiseaux? Mais au lieu de s'appliquer à cette besogne utile,
il perd son temps à réparer mes fortifications et à remettre
toute la Haute-Ganne sur l'ancien pied de guerre, comme si
mon bandoulier de neveu pouvait, avec le rustique Dartigois
et quelques paysans effrontés, s'emparer d'une forteresse qui
soutint jadis victorieusement un siège de trois ans contre les
Anglais! »

Et, avec l'espoir de rencontrer Gilonne, M. de Lanelet
s'enfonça dans le parc. Mais, au détour de l'allée des Dames,
non loin de l'étang où les cygnes battaient des ailes dans une
pluie de perles liquides, il aperçut la silhouette de Gabrielle,
assise sur un banc de pierre, M. de Lanelet s'enfuit précipitamment. car il évitait tout entretien particulier avec sa nièce,
et il se garda bien de passer par une autre allée où toutes les
petites filles d'honneur dansaient des rondes ou tressaient un
chapeau de fleurs, dans la crainte qu'elles n'allassent annoncer sa venue. Redoutant toujours une explication, il ne voulait voir Gabrielle qu'en public, sachant que par une dignité
naturelle la marquise de Saint-Cendre ne parlait jamais alors
de ses affaires avec son oncle le châtelain dont elle respectait
le cérémonial exact.

Mais Gabrielle ne devina point la présence de M. de Lanelet.
Elle réfléchissait dans le silence de cette matinée d'automne où
la tristesse des arbres, semant leurs feuilles que retenaient à
l'aventure les draperies des statues, répondait à l'angoisse
secrète de son cœur. Inclinée sur l'accoudoir du siège taillé en
hémicycle, elle voyait devant elle les termes de marbre engai-
nés qui semblaient sortir de la terre ; et les masques des faunes
qui riaient d'un air insolent et mâle lui rappelaient le visage
de son mari. Un mince filet d'eau, s'échappant par la bouche
d'un mascaron parmi les végétations parasites, tombait avec
un bruit clair dans la conque soutenue par des dauphins en-
roulés. Sous la mousse qui les mangeait comme une lèpre,
s'amollissaient les contours des sculptures ; les herbes glau-
ques pendaient de la vasque comme la chevelure d'une Néréide
morte, et dans une fêlure qui s'élargissait entre deux moitiés

du pétoncle, se dressait une touffe d'iris. Et, à entendre goutter cette eau, Gabrielle demeurait dolente comme si ce fussent des larmes qui seraient tombées sur son cœur.

Dans une échappée de la muraille verdoyante formée par les chênes plus vieux que le château lui-même, elle voyait aussi les hauts peupliers, sveltes comme les nymphes des sources, dont le rideau tremblant cachait en partie l'étang. La superbe ordonnance des jardins s'étalait au delà, où les longues treilles régulièrement cintrées alternaient avec les parterres de broderie; là des fleurs de toutes nuances variaient leurs teintes dégradées vers les centres clairs, à l'instar d'un immense tapis. Un grand paon bleu et vert, perché sur la balustrade de cipolin supportant des vases de faïence peinte, prêtait sa traîne d'émeraude, ocellée d'or et d'azur, aux caresses du soleil de septembre, sous quoi elle paraissait vibrer en se glaçant de longs reflets de pourpre. Puis, l'oiseau déploya sa queue, et des pierres précieuses semblèrent voltiger dans l'air. A Gabrielle ce paon disait l'orgueil morne et la vanité de toutes choses; le luxe dont elle jouissait la ramenait vers celui qui, loin d'elle, traînait une vie misérable. Aujourd'hui, dépouillé de tous ses biens, il était proscrit et honni par tous ceux qui jadis courbaient le front devant lui avant que de tendre la main.

Où était-il maintenant? Peut-être, à regarder au delà des murailles du parc, le verrait-elle passer dans quelque champ? Mais la surveillance de l'enceinte était devenue telle que Gabrielle ne daignait plus s'en approcher. D'ailleurs, peut-être était-il parti. Pourrait-elle jamais le rejoindre? Et elle se désespérait devant les sourdes menées de Gilonne qui toutes tendaient à faire assassiner le marquis. Jamais elle n'avait tant aimé Louis-Alexandre qu'en cette matinée solitaire, et à son souvenir elle frissonnait, puis se laissait aller à une torpeur douce où s'engourdissait tout son être. — Ah oui!... elle l'avait bien dans le sang, son Louis-Alexandre!

Pour le revoir, il lui semblait qu'elle eût tout accepté. Car pour essayer de le sauver, elle s'était imposé un sacrifice dont elle ne saurait plus jamais oublier la lourdeur... D'autant que cela était resté entre elle et Dieu. Et son confesseur, le Père Chaussade, n'en avait pas été instruit.

— Je voudrais, — murmurait-elle, comme si le marquis pût l'entendre, — tomber ici dans vos bras, Louis, et puis mourir auprès de vous... Mon Louis !... Mon Louis !

Et sa plainte s'élevait. douce, de son sein palpitant : ses yeux riaient. on eût pu la croire folle.

Ah ! comme elle se trouvait changée !... Jadis le souvenir de l'affreux inceste la rendait implacable ; aujourd'hui, le seul souvenir de François de Champoisel la rendait tellement humble qu'elle se fût indignée de nourrir encore quelque pensée de révolte. Elle comprenait que sa religion ne privait aucune faute de pardon et que l'expiation suffit à effacer le crime ; à Dieu seul appartient le droit de ne pas accorder ce pardon, mais il apparaissait à Gabrielle comme trop misé-ricordieux pour ne pas fléchir... Et, plus que jamais elle aimait son Louis. toute sa chair le demandait comme son âme, et, même à soutenir en soi le contraire, elle sentait qu'elle aurait menti.

Mais une secrète angoisse la tourmentait, sans répit, comme aussi la terreur. Tout semblait lui présager une fin prochaine, et elle avait peur de mourir, parce qu'alors elle serait privée même de l'espoir, et ne jouirait plus jamais des caresses de Louis. Si elle s'enfuyait du château. dans la nuit, peut-être pourrait-elle le rejoindre ?

Elle ne devait point le faire : les ordres du marquis étaient là. Sa dernière lettre était formelle. Sans s'arrêter au bavar-dage licencieux de ce billet qu'une main inconnue avait planté avec un carreau d'arbalète au volet fermé de sa croisée, Gabrielle avait lu ce qu'il y avait d'utile. Le premier mot de chaque ligne, au dernier paragraphe, s'enchaînait avec le suivant en une phrase bien nette :

Tenez-vous-en-paix,-ayez-confiance-en-moi.

LOUIS—ALEXANDRE.

Ainsi elle ne devait pas quitter le château. — Mais aurait-elle le courage de mener cette vie plus longtemps ? — Désespérée, sans force, elle enfouit son visage dans ses mains, longues et fines malgré leurs gants épais de velours brodé. Elle essaya de se reprocher sa lâcheté, mais, à se voir si misérable, elle se laissait aller en une grande pitié de soi-même.

Et, adossée à une gaine de marbre. Gabrielle pleura. Elle
pleura parce qu'elle trouvait le monde atroce ; la vie, mauvaise en soi. pour tous, avait été pour elle amère au delà du
pire. quelle qu'eût été la modestie de ses désirs. On n'avait
pas le droit de séparer ceux que Dieu avait unis, surtout
quand ils voulaient se rejoindre... Mais alors. elle n'aurait pas
dû demander cette séparation qui avait poussé son mari vers
sa ruine.

Maintenant. sans indulgence, elle se reprochait sa complicité
avec Nemours. cette alliance avec l'homme au cœur bas qui.
tremblant sûrement devant l'épée d'Alexandre comme il avait
tremblé devant les Rohan. l'avait étouffé sous les sacs des
légistes. Sans doute. elle avait mal agi, et Dieu l'en punis-
sait sans mesure. Les encouragements de son confesseur la
trouvaient sans joie et ses promesses sans confiance : elle soupçonnait le Père Chaussade d'être un instrument de son oncle
Lancelot. Elle n'attendait plus rien du ciel parce qu'elle se
croyait indigne. Et elle avait eu conscience de cette indi-
gnité tout entière au jour où elle avait compris que si.
d'aventure, Louis-Alexandre mettait la main sur elle, elle
tomberait sans force dans ses bras. esclave d'une volupté
dont la seule pensée faisait alors monter la rougeur à son
front. Ainsi, pour sacrifier à son amour-propre trahi, pour se
glorifier au regard du monde, elle avait séparé sa chair de sa
chair. et son corps meurtri en criait.

Et c'est pourquoi Gabrielle chérissait de jour en jour Gaspard de Croisigny d'une amitié plus vive, tant elle le
sentait habile à lire dans son cœur ; elle avait foi en sa
ferme et délicate affection. Une communauté de souffrances
les unissait. Et puis Gaspard était le seul au château qui
ne déversât point sur le proscrit l'immondice des calomnies les plus basses. Plus d'une fois il avait fait l'éloge
de Saint-Cendre. La veille encore, au souper, sa parole s'était
élevée grave et froide, encouragée, sans doute, par les yeux
de Gabrielle qui le caressaient d'un remerciement furtif. Et.
contre tous. il avait continué. parlant de justice. exaspérant
Gilonne comme si M. de Croisigny eût trouvé un amer
plaisir à faire luire de colère ces prunelles claires qui, en tout
autre temps. ne reflétaient pour lui qu'indifférence et dédain.

Et Gabrielle cherchait à se rappeler les paroles de Gaspard :
« Je n'en ai pas connu de plus courageux à la guerre,
et auprès de lui nous sommes tous de petits garçons. Je l'ai
vu, l'épée à la main, seul contre cinq, en abattre quatre, faire
reculer... »

Mais Gilonne avait haussé les épaules, laissant tomber d'une
voix sifflante :

— Vous avez, tous qui êtes ici, une fâcheuse peur de ce
monsieur.

Et elle s'était emportée de telle sorte que l'oncle Christophe lui-même, avalant sa barbe, s'était vu obligé de lui imposer silence.

Mais, si Croisigny pouvait dire la bravoure de Saint-Cendre,
son éclat sans pareil dans les joutes, sa main terrible dans
les rencontres, seule Gabrielle aurait pu parler de sa tendresse hautaine, de la fascination puissante qu'il exerçait sur
toutes les femmes. Et elle se demandait si après tout elle
avait bien le droit de tant blâmer sa mère de n'avoir
pas su y résister ? Madame Héliette de Vignes eût bien été la
première...

« Ce n'est la faute de personne. Pourquoi les demoiselles
le suivaient-elles, en laissant tomber leur masque, dans les
rues, l'attendaient-elles sur le pas des portes, s'offraient-elles
à lui de toutes manières, effrontées ou discrètes, suivant leur
mérite ou leur condition ? — Un astrologue que j'ai consulté,
au grand péril de mon âme, m'avait établi son horoscope où
prédominait le signe du Taureau. Il m'a parlé de Pasiphaé,
d'autres choses encore, mais je les ai oubliées ! Ce que je
n'oublierai jamais c'est que, quand Louis vous a tenue dans
ses bras, on ne saurait se consoler de son absence. »

Et pourtant, c'était elle qui l'avait voulue, cette absence.
Elle se revoyait chez le procureur dont les paroles tombaient
comme une hache dont chaque coup tronçonnait une joie de
sa vie. Devant les questions brutales de l'homme au rabat,
sa délicatesse se révoltait ; et, ne sachant pas mentir avec une
suffisante discipline, elle se voyait chaque jour assaillir par
de nouvelles questions qui se tournaient comme autant
d'outrages. S'insurgeant contre les textes dont la dureté frois-
sait ses sentiments les plus chers, sans jamais contenter ses

rancunes, Gabrielle rendait les procureurs responsables des dispositions de la coutume. Aussi changea-t-elle souvent de conseils, tant elle se désolait de ne point rencontrer une opinion qui demeurât invariablement de tous points d'accord avec son désir. Et puis les insinuations, les sous-entendus, les sourires faux et licencieux de tous ces robins l'exaspéraient. La basoche lui faisait tout l'effet d'un antre de prostitution et elle se révoltait à chaque écueil qui se dressait devant sa pudeur outragée. Elle voulait que cette pudeur fût respectée sans que sa vengeance en souffrît.

Mais, un jour, comme elle pleurait son malheur chez madame Catherine et s'étendait sur la désolation de sa vie, la Reine-mère laissa entendre, en fixant sur Gabrielle ses gros yeux au regard lourd et profond, qu'elle s'intéressait à cette disgrâce. Et, le lendemain, l'illustre avocat Versoris vint la visiter dans le couvent des Augustines où elle s'était retirée. Celui-là parla à la marquise avec autorité et douceur. Elle se soumit devant une volonté qu'elle devinait conforme à la sienne. Elle répondit aux questions, se défendit les appréciations inutiles ; la mine grave et attentive du grand légiste lui avait rendu confiance, elle se laissa conduire et guider.

— Nous avons, madame, plus d'un moyen pour vous soustraire à l'autorité mauvaise de votre mari, avait déclaré Versoris. L'habitation séparée, que demande en principe toute femme qui a subi de mauvais traitements, est pour nous le point essentiel. J'écarte le chef d'adultère, car ici la loi ne vous fournit pas de recours. Le mettant hors du blâme de l'épouse, quand il est commis par l'époux, elle reconnaît cet époux comme sire et baron de sa femme ; comme tel, il n'a point à recevoir sa censure. Ne discutons pas sur ce point, tout débat serait stérile. Il est heureux pour vous que le marquis de Saint-Cendre n'exige pas votre réintégration au domicile conjugal, car vous seriez contrainte de l'y rejoindre et de cohabiter avec lui. Nous ne reconnaissons pas, en effet, de séparation volontaire, parce que la séparation des biens devant intervenir fatalement, il pourrait y avoir fraude...

» Et c'est pourquoi, madame, si vous voulez me suivre,

il y a toujours action de juge. Et dans votre affaire, c'est le juge séculier du domicile de votre mari qui seul est constitué compétent. Ne vous inquiétez point de ce détail, nous lui avons fait parler, et le plaisir du Roy est que vous ne souffriez en rien, tant il vous trouve intéressante. Mais, suivant l'usage, ce juge doit vous faire entrer tous deux, vous et votre mari, dans la salle du conseil, et il essayera de vous réconcilier, vous ayant entendus ensemble. Ne vous émouvez pas sur mes paroles. Cette démarche est toute dans la théorie, en ce qui touche votre cas. Le marquis ne se présentera pas, soyez-en sûre. Et, dès demain, je vous conduirai moi-même devant le magistrat. »

En effet, M. de Saint-Cendre ne se donna pas la peine de comparaître. Vivant dans le lit d'Héliette de Vignes, il n'avait que faire de se lever de si grand matin. Aussi le juge ordonna-t-il que Gabrielle se retirerait pendant six mois dans un couvent où son mari aurait la liberté de la voir. Et on expliqua à la marquise que cette disposition tendait à rendre un rapprochement possible, s'ijamais elle en venait à le désirer.

Mais elle se jura de ne jamais l'accepter. Et elle trouvait abominable cette loi qui réservait tous les droits de l'époux adultère, voire incestueux, au détriment de l'épouse, même quand elle n'avait point fauté. Alors Versoris lui cita, par habitude, le vers de Juvénal que les procureurs lui avaient déjà récité. Aujourd'hui encore, dans le parc de la Haute-Ganne, Gabrielle en murmurait les mots qu'elle n'avait pas cessé de comprendre :

Dat veniam corvis, vexat censura columbas...

Versoris, après cet hexamètre, avait su la consoler d'un mot :

— Nous allons, madame, faire maintenant traîner le procès de la séparation des biens jusqu'à ce que le marquis, votre mari, commette quelque irréparable faute. Je puis vous dire, en confidence, que l'hérésie le guette. Asile des mécontents et des turbulents de tout rang, l'Église réformée ouvrira tôt ou tard son sein à M. de Saint-Cendre dont la place est toute marquée parmi les huguenots d'État. Nous l'attendons aux premiers troubles. Déjà j'ai obtenu le séquestre de votre fortune, et

vous pouvez ainsi être sûre qu'elle ne sera pas dilapidée. C'est
là le point essentiel. Et, comme il faut tout prévoir,. je vais
introduire une action auprès des tribunaux ecclésiastiques.

Pour suivre de plus près son conseil. Gabrielle se plongea
dans l'étude du droit canon. Elle vécut parmi les docteurs en
théologie. Elle connut les cas *de fœdere matrimonii*. Mais aucun n'entraînait la nullité du mariage, son confesseur l'avait
bien éclairée sur ce point. Ainsi rien ne venait lui apporter un espoir. Elle maudit le concile de Trente pour avoir
proclamé irrévocablement. le 11 novembre 1563, dans sa
vingt-quatrième session, l'année même où elle s'était mariée,
l'indissolubilité du mariage, « avec anathème contre les
contrevenants ».

— Ainsi, madame — lui expliquait le bénédictin Dom Dufour,
de Vannes, — le principe canonique demeure incontesté ; et,
comme maitre Versoris a dû vous le dire. le droit civil reste
muet sur le divorce encore qu'il l'établisse en quelque sorte
par la séparation matérielle. et il convient de...

Mais Dom Gustier. de Najac, avait interrompu son confrère :

« Il y avait divorce et divorce, et cela variait aussi suivant
la qualité des personnes. Tout en respectant la valeur du
sacrement, l'église reconnaissait au moins dix-sept causes de
nullité de mariage. Et le droit canonique permet alors une
nouvelle union... »

Dom Dufour répliquait vivement :

— La marquise me permettra de lui dire : Oui. si le mariage n'a pas été consommé.

Gabrielle avait refusé sur ce terrain toute intervention des
casuistes. Bien qu'on lui prédit des choses merveilleuses.
elle n'aurait jamais risqué le salut de son âme à commettre
le mensonge que certains lui conseillaient, comme si son enfant
mort n'avait pas dû se lever de la tombe pour venir témoigner
contre elle. Elle ne pouvait pas dire qu'elle n'était pas devenue
avec son mari une seule et même chair. Et, devant son alti-
tude obstinée. les docteurs s'étaient retirés en déclarant que le
pape lui-même y mettrait son *Non possumus*.

Le procès traîna cependant assez longtemps pour ruiner
Saint-Cendre et l'obliger à disparaitre après l'enlèvement
de madame Héliette de Vignes. Après quoi, les accusations

politiques s'amassèrent contre lui; en trois ans, il fut proscrit,
rebelle, contumace, hérétique. En quelque point du royaume
que le marquis se trouvât, le glaive fut sur sa tête. C'est alors
que M. de Lanelet avait décidé Gabrielle à se mettre sous sa
protection; elle accepta avec l'autorisation du Roy, qui l'avait
jusque-là tenue en garde. Et aujourd'hui la marquise de
Saint-Cendre regrettait cette décision prise trop à la légère;
elle regrettait son indépendance dans le couvent où se passait
sa vie calme et simplement magnifique. A la Haute-Ganne, la
tyrannie de l'oncle Christophe l'enserrait de toutes parts.
Dans le fait, il l'emprisonnait, disposait de son bien contre
tout droit, en la promenant avec une demande en nullité de
mariage qui devait toujours revenir avec le sceau du Saint-
Père. Longtemps elle avait vécu dans l'attente de la bulle
pontificale sans découvrir la fraude de Lanelet prolongeant
ainsi la tutelle qu'il exerçait sur son bien. Croisigny, un
jour où il la trouvait trop triste, l'avait édifiée sur ce point.

Mais, molle, douce et prudente, Gabrielle n'avait jamais
fait éclater l'explication d'où elle devait sortir indépendante.
Elle vivait au jour le jour, dans des espoirs vagues, jusqu'à
l'heure où Lanelet lui avait annoncé sans ménagements,
tant il comptait lui plaire, la mort de Saint-Cendre.
Alors Gabrielle oublia tout, ses rancunes et ses haines;
abîmée dans sa douleur, elle s'accusa de la perte de son mari,
ne voulut plus rien se rappeler du marquis hors ses belles qualités et sa tendresse. La nouvelle de sa résurrection, qui lui
arriva avec une brutalité pareille, ne fit qu'augmenter ses
re:rets. Elle sentit que Louis-Alexandre était toujours dans
son sang. Elle entrevit le moyen de connaître encore des joies.
Et aujourd'hui, appuyée contre le terme de marbre où gri-
maçait une tête à front cornu, elle se remémorait les seules
paroles de Versoris qui lui parussent dignes d'être maintenant retenues :

« La réconciliation après séparation était toujours possible... »

Elle en était là, quand la voix claire de Gilonne arracha
Gabrielle à ses réflexions. Mademoiselle de Bonisse s'avançait
dans une robe verte en velours de Gênes dont la queue était
portée par deux petites filles soigneusement parées. Trois

autres suivaient tenant une mandoline, une viole, un parasol fermé, des raquettes.

— Allez jouer, mes mignonnes, avec vos amies sous les arbres. Chantez, dansez, amusez-vous. Quand il en sera temps je vous rappellerai ! Bonjour, Gabrielle, ma chérie. Comme vous êtes belle, ce matin, avec vos grandes manches italiennes, et comme vos chiffres y sont richement brodés ! Mais vous avez encore pleuré ? Ne pouvez-vous donc pas être sage et vous conduire mieux en ne nous causant pas de chagrin ?

Elle embrassait Gabrielle gentiment sur les yeux, et la marquise lui dit de cette belle voix chaude et grave qui lui valait partout beaucoup de respect et dont le seul Louis-Alexandre avait jamais su changer le ton :

— Assieds-toi près de moi, Gilonne, et parle-moi franchement. Pourquoi n'as-tu jamais voulu me dire ce qui s'était passé entre toi et mon mari, le jour où il a levé la main sur toi, et pourquoi nourris-tu à son endroit une haine aussi féroce ? Et pourquoi, enfant, as-tu voulu faire assassiner cet homme auquel ses ennemis les plus acharnés ne marchandent pas leur estime ?

Gilonne avait baissé les yeux sous le regard franc de son amie. Elle sourit avec candeur comme une vierge intimidée :

— Gabrielle, ma chérie, — murmura-t-elle en prenant la marquise par la taille et en couchant sa tête, frisée au petit fer, sur la poitrine ronde qui bombait le corselet busqué, —je vous en prie, ne parlons pas de cette vilaine histoire, elle me met la honte au front.

— Voyons, Gilonne, mon cœur, reprit Gabrielle, parle-moi en toute franchise. Je suis, tu peux en être sûre, celle qui t'aime le plus sur la terre. Pourquoi t'obstines-tu à marcher contre moi, quand tu connais mon secret désir ? Et n'ai-je point le droit, tout comme toi, de jouir enfin de la vie ?

Une mauvaise lueur s'alluma sous les paupières brillantes de la jeune fille. Mais, gardant son expression insoucieuse et naïve, elle s'écria drôlement :

— Eh ! mon Dieu, que me dites-vous là, la plus belle ?... C'est un logogriphe avec quoi vous voulez m'intriguer ?

— Gilonne, — insista Gabrielle avec plus de fermeté, —

mon oncle m'a souvent priée de prendre sur toi l'autorité d'une
mère, ou d'une sœur aînée, si tu préfères. Je veux donc
aujourd'hui que tu me répondes quand je t'interroge comme
telle. Tu as essayé de faire assassiner le marquis de Saint—
Cendre. Ce malheureux M. d'Aultry est mort, percé de coups.
par ton abominable ruse. Je le sais... Non!... pas de déné-
gations, Gilonne... Entends-tu!.

Et saisissant la pupille de l'oncle Christophe par les poi-
guets. elle l'obligea de la regarder en face :

— Je ne veux pas, entends-tu, de ces hésitations, de ces
mensonges. Je veux savoir enfin si tu es pour moi une amie.
Si tu m'aimes...

— Oh ! Gabrielle ! — s'écria Gilonne en jetant sa tête
blonde sur le giron de la marquise, où sa face se perdit dans
les broderies de la quille en baudequin moins doré que ses
cheveux en désordre ; — ne me parlez pas avec une pareille
dureté !

Mademoiselle de Bonisse pleurait avec des cris convulsifs.
mouillant le drap de soie de ses larmes, et son corps jeune et
souple palpitait. frémissant, sous les sanglots plaintifs et lents.

— Au nom du ciel. s'écria Gabrielle épouvantée. qu'as-tu,
ma fille, mon enfant!... Gilonne... écoute-moi !

Mais la tête pâmée de mademoiselle de Bonisse roula décoif-
fée dans ses faisceaux de crins cendrés, elle demeura inerte. La
marquise appela. sans oser la lâcher. tant elle craignait de la
voir tomber dans quelque accès, de mal caduc peut-être. Les
petites filles accoururent : toutes. sous la conduite d'une gouvernante, s'empressèrent. On mit sur une chaise pliante
Gilonne qui ne reprenait pas ses sens. et on la charria à
grand'peine, comme des fourmis qui entraînent un papillon
velouté vers leur fourmilière. Enfin, trois jardiniers se rencontrèrent qui portèrent la demoiselle dont la gouvernante
Lebureau soutenait la tête ; et ils déposèrent la chaise sur le
perron du château avec son précieux fardeau. où les femmes
de service la reçurent. Mais. aussitôt déposée à terre, Gilonne
déclara qu'elle allait mieux. que c'était un étourdissement
passager, qu'elle voulait avant tout être tranquille. Et seule.
dans sa chambre, rongeant ses petits poings gantés de vert,
elle murmurait :

— Ah ! Gabrielle, Gabrielle... Je ne veux pas que ton mari te rejoigne !... »

« Quelle singulière enfant, se disait Gabrielle, comme elle est sensible, et combien fine est la pâte dont elle a été modelée ! »

Songeuse, elle remonta vers le château, suivie par son escorte de petites filles qui avançaient sérieuses et compassées dans leurs robes à plis raides qui atteignaient jusqu'à terre. Et elles ressemblaient à autant de cloches qui auraient marché. Quatre d'entre elles soutenaient la double queue carrée, tandis que les manches du corsage à la bolonaise pendaient à toucher le sable. D'autres portaient des mouchoirs, des chasse-mouches, des flacons ; et, semblable en tout à une petite vierge, tant son visage était pur, la jolie Anne de Champoisel était chargée d'un grand bouquet. Coiffée, par dessus son attifet bleu brodé à points d'œillets d'argent, d'un large chapeau noir à taillades d'où pendait un plumail d'autruche blanche, Gabrielle marchait doucement, alourdie par son costume de baudequin découpé, chargé d'appliques, de galons, où l'or, le bleu et le blanc s'unissaient en parties égales. Croisigny, qui rentrait par le même chemin, s'écria en l'apercevant :

— Voici la reine de Saba qui vient visiter le bienheureux ermite Antoine ! Je vous salue, marquise ; telle une tour d'ivoire, vous vous dressez majestueusement parmi ces enfants qui devraient vous encenser avec des cassolettes de vermeil. Et si ce peintre d'Italie que j'ai connu jadis, il se nommait Titien, je crois, vit encore, il arrivera quelque jour ici, sur votre renommée de parfaite beauté, pour demander la faveur de vous figurer en pied.

Gabrielle, souriante et gracieuse, s'appuya sur le bras de Gaspard, encore qu'il fût couvert de poudre et que ses chausses fussent tachées de boue. De celui-ci toute appréciation lui paraissait importante et tout compliment précieux. Flattée de son opinion, elle le remerciait du regard, tandis que l'autre, sa toise à la main, gardait le nez dirigé vers la terre, comme livré à des calculs intérieurs.

— Tu es bon, Gaspard, lui dit-elle. Et je t'aime, ami, en toute confiance, tant tu es désintéressé et grand. Mais ta mine

est soucieuse, attentive et triste, parce que tu travailles toujours.

— Il faut bien — reprit Gaspard de sa voix morne, ironique et sans joie, — mettre notre Troie en mesure de conserver
sa nouvelle Hélène... Mais pardonnez-moi, Gabrielle, de me
laisser aller à ces plaisanteries indiscrètes. Vous savez ce que
je pense de tout cela. Si Lanelet n'avait pas reçu ma parole,
je vous conduirais moi-même à votre mari : car vous méritez
mieux, l'un et l'autre, que l'existence à quoi vous vous trouvez condamnés. Mais la vie est ainsi faite que nous sommes
toujours dirigés dans des voies où ne voudrions pas librement
cheminer. Vous avez, dans votre malheur, encore qu'injuste
et atroce, une consolation, Gabrielle : c'est de vous adresser
à Dieu. Pour moi, il y a beau temps que cette ressource dernière m'a irrémédiablement échappé.

Gabrielle eut envie de répondre à Gaspard qu'elle ne trouvait plus, à sa honte, la consolation suffisante. Mais elle s'arrêta, de peur d'être entendue, et serra doucement le bras vêtu
de peau grise où s'appuyait sa main.

X

Sur la maîtresse tour de son château, le comte Odet de
Clérambon écoutait l'astrologue Galéas Chrysogoni qui mar-
mottait des phrases confuses en suivant le décours des astres.
La longue silhouette du Grec se dressait sur la dernière plate-
forme, exagérant sa hauteur sous la lumière de la lune, et la
nuit était si claire qu'on distinguait jusqu'à l'éclat de ses yeux.
Couché sur un lit de repos, M. de Clérambon regardait les
étoiles qui palpitaient dans l'espace, et la couleur du ciel était
celle d'un bouclier d'acier bleu. Son visage pâle et fatigué
semblait figé dans une expression maussade, dure et pensive ;
la forme de son corps se perdait dans les plis de la vaste robe
fourrée qui l'enveloppait du cou jusqu'aux talons ; et une
femme, adossée contre ses genoux, jouait avec les bagues sans
nombre qui chargeaient la main gauche de l'homme, égarée
parmi les colliers de son cou. Repliée sur elle-même, la femme

se perdait à demi dans le drap de la robe où elle faisait une tache pâle, car elle était vêtue de soie jaune et blanche. De ses pieds, chaussés de babouches dorées, on n'apercevait que les pointes crochues comme des becs de galère; et, par places, étincelaient les joyaux massifs et énormes dont ses bras, sa gorge et sa taille étaient cerclés. Sa tête, petite et ronde, coiffée d'un casque d'or d'où retombaient des pendeloques qui sonnaient à chacun de ses mouvements comme le mors et la muserolle d'un cheval, semblait plier sous le poids de la chevelure trop lourde, serrée en épaisses nattes brunes qui s'échappaient de la coupole d'or pour serpenter sur les épaules et fuir le long des reins. Certaines de ces tresses encadraient la face qui en paraissait plus blanche, tant était profond le noir des cheveux et aussi des yeux qui semblaient occuper plus que la moitié de la face. Veloutés, lumineux et doux, en tout semblables à ceux des gazelles du désert, ces yeux s'allumaient dans l'ombre à considérer M. de Saint-Cendre qui bâillait dans une chaise à dossier de cuir, en attendant que Galéas Chrysogoni voulût bien se décider à parler.

Mais, silencieux, celui-ci maniait son arbalète. Avec une minutieuse attention, il la dirigeait contre la milice céleste et prenait des hauteurs. Puis, abaissant son instrument, il l'abandonnait pour s'armer d'une baguette divinatoire, consultait un grimoire, une sphère armillaire de cuivre, et il demeurait plongé dans des problèmes sans fin, dont la difficulté l'amenait à mettre son menton dans sa main. Comme à regret, il finit cependant par dire :

— J'aperçois plus d'un tracas majeur dans la troisième maison. Et comme Aldébaran s'est voilé tout à coup, ce que j'ai déjà remarqué pour toi l'an dernier...

Clérambon tressaillit légèrement, tandis que l'astrologue demeurait hésitant. Et Saint-Cendre ne put cacher un mouvement de colère et de dépit. La fille de Chypre ne le quittait pas du regard.

— Tu médites en ce moment sur une entreprise, continuait l'astrologue; et les signes du ciel sont là pour t'avertir : ils ne sont pas favorables.

Les sourcils froncés, Saint-Cendre haussa les épaules, et ses doigts battaient la mesure d'une marche pressée sur les

accoudoirs de son siège. Il envoyait au diable ce Galéas Chrysogoni dont la figure longuement drapée lui faisait l'effet d'un
disgracieux éteignoir. Car, outre qu'il ne nourrissait aucun
amour ni confiance à l'endroit des nécromants, il voyait bien
que celui-là, juif cabaliste, sans doute, et dangereux entre
tous, était décidé, par des raisons encore inconnues, à empêcher Clérambon de partir pour la Haute-Ganne. Alors toutes
ses espérances. à lui, s'en allaient dores et déjà en fumée.

— Examine avec soin, Galéas ! — proféra la voix tranchante de Clérambon. — C'est une chose importante et il ne
faut point en juger avec légèreté. Si tu es fatigué, repose-toi :
nous avons tout le temps, l'heure passe à peine minuit, et
rien ne présage que des nuages fâcheux viennent nous obscurcir le ciel.

Et M. de Clérambon retomba dans son mutisme sans qu'un
seul geste eût accompagné ses paroles. Au-dessous de lui, la
demoiselle de Chypre allongeait et ployait son corps élancé,
se détendant avec des mouvements onduleux et souples de
bête. Puis elle glissa à terre et coula, dans sa démarche molle
et oblique, rythmée par le claquement de ses pantoufles et la
résonance de son orfèvrerie, jusqu'à atteindre. Galéas Chrysogoni. Et elle lui parlait d'une voix brève et saccadée que son
souffle entrecoupé brisait par instants. En langue grecque,
elle l'objurguait, pendant qu'indifférents en apparence, ac-
coudés sur le parapet de fer forgé qui unissait deux merlons,
ils paraissaient s'intéresser au seul spectacle de La Roche-
Thulon qui s'étendait endormie à leurs pieds dans ses enceintes
et ses tours dont les toits pointus dressaient leurs girouettes
à vingt pieds en contrebas.

Du fond de la chaise où il semblait sommeiller, Saint-
Cendre examinait Hélène Haïssa et la déshabillait avec cette
bonne expérience qui ne le trompait jamais. Et l'on eût dit
que la jeune femme sentait l'autorité de son regard qui la
dévêtait : car, à chaque pensée du marquis, elle avait la sensation de voir glisser sa longue et étroite tunique rayée d'un
blanc cendal vergeté d'or, ses caleçons de satin jaune étroits
aux chevilles où sonnaient des anneaux d'argent lourds comme
des entraves, sa chemise en mousseline de Calicut, sa camisole d'arani vermeil. Un moment, elle frissonna comme si

elle se trouvait nue. Se détournant légèrement elle considéra par-dessus son épaule Saint-Cendre dont elle croyait sentir le souffle embrasé sur sa nuque, à cette place où sa chevelure mourait en frisons ténus et soyeux. Mais il était toujours enfoncé dans sa chaise. Elle le caressa d'un clin d'yeux furtif où tremblèrent ses paupières lourdes et fardées. Ses prunelles sombres, striées d'or, se fixèrent sur celles du marquis, et la Grecque en ressentit comme un grand choc...

« Cette belle fille qui a l'air de toujours dormir, pensait Saint-Cendre, vient seulement de s'éveiller, on dirait. Suivant toute justice, je dois désirer que ce soit à mon particulier profit. Le carême-prenant qui a nom Clérambon ne me paraît pas idoine à opérer un pareil miracle. »

— Il faut, — fit Hélène troublée au plus profond de son être, comme une femme qui subit une violence sans y vouloir résister, — il faut. Galéas, que ce seigneur réussisse dans ce qu'il entreprendra. Je désire que tu défendes ses intérêts avec le langage des étoiles, et tu auras les trois tasses en or que tu sembles tant convoiter.

Sans se détourner. le juif de Grèce répondit :

— Cela doit être. Et si tu ne m'avais point fait de promesse, les choses iraient de même : les tasses d'or n'y peuvent rien. Cet homme est né sous le signe du Taureau. A lire dans sa main, je suis sûr que j'y verrais les particularités du Moloch. Partout où il passera, les femmes tourneront leurs regards vers lui comme les fleurs s'inclinent sous la chaleur du soleil. Mais, comme le soleil. ton étranger brûle ce qu'il touche, et c'est le Baal dévorateur qui vit en lui. adoré par les anciens Mages, fidèles au culte du feu. Au Dieu-Taureau il convenait de livrer des vierges. Prends garde à toi, Hélène, à cause de lui il te faudra endurer de grandes et profondes tristesses.

— Dussé-je fondre au contact de ses lèvres comme la cire tombée dans la braise ardente, j'ai soif de ses baisers. Toute ma chair s'est levée quand il a paru. Ce serait ma joie de vivre comme aussi de mourir par lui et pour lui. Je veux, Galéas, que tu le protèges.

— La cabale pénètre tout. Ignores-tu, Hélène. que son entreprise tend à le rapprocher d'une autre femme, qu'il en a amené ici une autre avec lui. qu'il en est encore d'autres?...

Tremblante, la Grecque, dans un sanglot qui trahissait son angoisse, l'interrompit :

— La fatalité nous pousse, murmura-t-elle. Par la tristesse nos cœurs sont secoués comme les feuilles sèches par le vent d'hiver et broyés dans le tourbillon. L'arbre de la vie ne nous laisse tomber qu'avec la connivence des astres. Tout se fait par eux qui règlent jusqu'au vol de l'oiseau. Il convient que les événements s'accomplissent. J'aime ce seigneur de France. Je veux qu'il soit heureux et content.

« Il y a des années, — se disait Saint-Cendre, — que je n'ai goûté à la chair des filles de Grèce. Entre toutes, celle-ci est élégante, délicate et fine. Ce serait une bonne chose de dormir entre ses bras frais, et sa gorge me serait un merveilleux oreiller pour ce faire. Je tâcherai de décider Clérambon à me la céder quand je serai nanti de quelque argent et je la mettrai dans la suite de Gabrielle. Si peu que j'aie laissé d'écus à la Roche-Thulon avant la ridicule affaire de Mensignac, je dois les réserver, pour l'heure, vers un usage plus pratique. Enfin, j'y réfléchirai. »

Et Clérambon, toujours perdu dans ses rêveries, songeait à la vanité des richesses et de toutes choses, à la sottise des hommes, et surtout à la passion malheureuse qu'il nourrissait encore malgré ce qu'en pouvait sa raison. Sans se faire d'illusions sur la fausseté de cet amour tout de commande et où sa tête seule le maintenait engagé, il se moquait de lui-même, et aussi de mademoiselle Françoise Duhalier dont il ne pouvait se consoler. Il se laissait toujours aller, en souvenir, ne voulant se rappeler d'elle que sa parfaite beauté. Il rejetait l'espoir, mais aspirait vaguement à une condition meilleure. Il se taxait de fou, sans indulgence. Chaque jour faisait sa mélancolie plus profonde, aggravait son intime misère ; et il s'enfonçait sans joie dans un système de violences qui ne satisfaisait point ses rancunes. Car il ne se forgeait aucune excuse sur leur pauvreté et leur injustice. Il était sombre et dur sans conviction ; sa volonté s'usait et versait dans l'indifférence, encore qu'il la méprisât comme trop voisine du bien. C'est pourquoi, ne s'intéressant point aux projets de Saint-Cendre, il attendait pour se décider que Chrysogoni lui dévoilât la signification des astres, et lui évitât la peine de choisir une détermination nette, tant le dégoût de 'la vie le tenait.

La demoiselle de Chypre retourna vers Clérambon. Mais, en passant, elle effleura Saint-Cendre de ses vêtements et l'enveloppa dans la flamme chaude de ses yeux baissés. Doucement ému par le frisson de la soie vibrante qui semblait continuer la chair, le marquis admira Hélène dans la pureté de son profil, la pâleur mate de son teint, le balancement de ses hanches. Et il respira avec une volupté sans retenue le parfum pénétrant et violent de jasmin qui persista après que la fille grecque se fut éloignée. Sans paraître même soupçonner le manège dont il ne perdait pas un geste, M. de Clérambon, appuyé à demi sur son esclave allongée contre lui, demanda à l'astrologue s'il ne lui plaisait pas de remettre au lendemain l'étude des astres.

— Parleras-tu cette nuit, mon père? Ou devrons-nous attendre quelque plus favorable soirée?

—Celle-ci — déclara lentement Galéas Chrysogoni—se fait propice entre toutes. Les conjonctions parlent d'or, de bataille et d'amour. Les dangers se mêlent aux succès, la gloire des armes appelle la gloire de l'or. Et la Balance est là pour dire qu'on le pèsera par quantités énormes. Il y a du sang. Non point pour vous, messeigneurs : comme le Dragon menace Andromède, des femmes seront sacrifiées sans que Persée intervienne. Le juste cependant prévaudra. Dans les ruines, comte de Clérambon, tu cueilleras la fleur d'or. Au champ de la Fortune, ton étoile brille d'un éclat sans égal. Vois comme elle scintille entre toutes les autres. Vénus et Mars livrent bataille à Saturne. Mais ici ce n'est pas dans ta maison. Saturne y règne, ainsi qu'avant, en maître. Mets-toi donc en route pour l'or, puisque tu ne cours pas risque de la vie.

Pendant plus d'un quart d'heure, Clérambon demeura silencieux. Sur la plate-forme de la tour, personne ne parlait. A demi enfouie sous la courtepointe brodée, Hélène regardait Saint-Cendre qui commençait à souffrir d'une envie immodérée de sommeil. Dans la paix de la nuit, on entendait seulement l'appel lent et mesuré des sentinelles qui s'excitaient à veiller. L'horloge sonna une heure. Enfin M. de Clérambon prononça les paroles que le marquis de Saint-Cendre comptait ouïr chaque jour depuis une semaine :

— Je crois, Villebrune, que nous ferons bien de descendre vers nos chambres, car la nuit d'octobre est fraîche. Dors bien et repose tranquille. Demain nous attaquerons les points importants de ton affaire. Pour aujourd'hui, veuille bien te contenter de savoir que j'irai avec toi à l'attaque de la Haute-Ganne, suivi de tout mon monde. Tu as ma parole.

Machinalement, engourdi par le froid, Saint-Cendre lui serra la main, en murmurant :

— Je n'attendais pas moins de toi.

Et, à part soi, il reprocha au comte de Clérambon d'avoir trop tardé à prendre une résolution si conforme à ses intérêts.

Depuis que le marquis avait quitté le Breuil, quinze jours s'étaient écoulés, dont sept avaient été pris par la route, tant les chemins étaient difficiles et mauvais.

Et, cette nuit du 6 octobre 1569, Saint-Cendre réfléchit profondément dans son lit drapé où le souffle doux de la belle Isabeau Chesneau s'élevait régulier et discret, comme si, même dans l'abandon du sommeil, la timide hôtelière demeurât sensible à l'honneur que lui faisait le marquis, en lui permettant de partager sa couche. Mais, sans s'occuper de la dévouée compagne de son voyage, Saint-Cendre se demandait si les premiers froids n'allaient pas arriver, qui l'empêcheraient d'investir la Haute-Ganne. Car, malgré les assurances formelles du maçon Leychanaud, il doutait de la réussite rapide d'une escalade et n'osait pas escompter la ruine possible de la Tour du Maréchal.

« Les reîtres consentiront-ils à marcher si le temps se met à la gelée? »

Cette idée le tint longtemps éveillé. Et, contre son habitude, il ne s'occupa point de l'endormie, dont les longs cheveux, noir d'encre, à reflets bleuâtres, échappés du bonnet de nuit en satin bleu piqué, s'épandaient sur l'oreiller marqué d'arabesques rouges, éclairés par un nautile de cristal suspendu contre le fond du lit.

« J'ai la parole de Clérambon, — se disait Saint-Cendre, — et c'est là l'essentiel. Le baragouin de son juif cabaliste m'a servi en cette affaire, et je dois admirer le hasard partien-

lièrement harmonieux des choses. Mais quand mon ténébreux
ami consentira-t-il à se mettre en route? Voilà huit jours que je
vis ici reclus, claustré pour des raisons qu'il me donne comme
politiques, et je n'ai rien vu du château non plus que des
troupes qu'il renferme. Cette maussade ville de pierre est en
tout semblable à ce cheval de Troie qui contenait toute une
phalange armée dans ses flancs sans que rien ne permît de le
soupçonner du dehors. Tel est l'esprit d'ordre et de discipline qui anime Clérambon qu'il ne faut s'étonner d'aucune
singularité à la Roche-Thulon. Sans doute, demain, me fera-
t-il passer avec lui quelqu'une de ces revues où se complaît
son amour pour les alignements corrects et les manœuvres
exactes. C'est toujours un divertissement de voir les reîtres
mener leurs caracoles et dérouler régulièrement leur limaçon.
Et puis, cela se termine invariablement par un grand dîner.
En somme, tout est au mieux pour l'instant. Et, si j'avais
cette fille grecque ici couchée en place de l'uniformément
douce et résignée Isabeau, je prendrais le temps en patience.
Mais que doit penser Dartigois de mon silence? Je lui avais
promis des nouvelles, et je n'ai rien pu lui annoncer, car
les Trois Vertus Théologales sont ici prisonnières a ce moi.

Et le marquis sourit tout à coup à se rappeler l'étonnement de Dartigois, le dernier jour de sa présence au Breuil.
Quand l'écuyer, de grand matin, — il y avait de cela deux
semaines, — avait pénétré dans la chambre, il avait vu une
tête blonde et une tête brune, pareillement décoiffées, à chaque épaule du marquis. Et Dartigois avait loué cette domesti-
cation intime que son maître savait imposer aux plus rebelles.
Car Macée Labourlade ne passait point pour absolument facile,
on la réputait demoiselle hautaine, despotique et capricieuse,
et Isabeau Chesneau était crainte pour sa morgue et sa
pruderie qui faisaient loi à Bellac comme à Seissat.

— Ah! monseigneur, — s'était-il écrié avec une tendresse
émue, — vous vous entendez à les mener, nos belles! Et ce
n'est pas à vous qu'on en remonterait sur ce point. Si
madame la marquise vous voyait, elle ne vous trouverait pas
changé!

Dressant l'oreille, Macée et Isabeau se sentirent secouées
d'un même trouble. Leurs pressentiments ne les avaient pas

trompées : M. Gillot était bien un grand seigneur, et sûrement
sous ce nom se cachait le fameux marquis de Saint-Cendre. Et
toutes deux se serrèrent plus étroitement contre lui, à confondre leurs têtes sur sa poitrine. En ce moment, heureuses de leur
bonne fortune, elles ne se haïssaient plus comme la veille.

— Il faut, monseigneur, avait continué Dartigois, abandonner ce petit monde, pour gentil et distrayant qu'il soit.
Les chevaux vous attendent, et je vous conduirai, sauf votre
bon plaisir, jusqu'à Saint-Pardoux. Je vais appeler un valet
pour vous apprêter, si vous le jugez utile.

Mais, d'une seule voix, les deux demoiselles, rassurées et
fières, avaient déclaré qu'elles étaient là pour son service.
Empressées à l'aider dans sa toilette, elles soupiraient à
l'idée de ne plus le revoir. Son absence durerait longtemps,
peut-être ?

— Je vous en prie, monseigneur, essaya timidement l'hôtelière de Seissat en s'appuyant contre Saint-Cendre, tandis
qu'elle unissait par des aiguillettes des manches de velours à
son corps de peau de cerf, — emmenez-moi avec vous ! S'il est
nécessaire, je prendrai le costume d'un homme. Je couperai
mes cheveux. Je vous suivrai partout. Je me battrai même :
pour vous, j'en trouverai le courage. Et je suis endurante
et forte ! Je me tiens très bien à cheval.

Souriant, de cet air auguste et bienveillant qui faisait rire
ses yeux alors même qu'il pensait à autre chose, et qui lui
gagnait tous les cœurs, Saint-Cendre avait daigné approuver :

— Va donc t'en entendre avec Dartigois, ma fille.
Pour éviter tout inutile scandale auprès des gens de Seissat,
tu diras au maître du Breuil qu'il doit t'amener jusqu'à
Berneuil en criant à tout le monde qu'il te conduit à Bellac
pour une affaire dont je te laisse le choix. Il vaut mieux que
tu voyages sous des habits de femme et sur un bât à planchette, soit avec un valet, soit sur une haquenée d'allure
douce, car nous mènerons une chevauchée de quinze jours
par des chemins malaisés. Et surtout ne nous encombre pas
de valises et accessoires inutiles.

Et sans que Macée, occupée à brosser un manteau, soup-
çonnât cet arrangement qu'elle n'eût point subi sans murmure, le marquis s'était mis en route, après avoir séché les

larmes de la blonde lingère, qui lui envoya avec un dernier baiser :

— Monseigneur, je ne vous oublierai jamais. Dites-moi que vous m'aimiez mieux que cette grande femme noire qui n'a même pas eu la délicatesse de vous mettre à cheval !

Et elle glissa dans la main de Saint-Cendre, qui allait faire tourner son roussin, un sachet brodé. Sous l'étoffe piquée il sentit glisser une épaisse boucle de cheveux, qu'il serra dans sa ceinture en se promettant de l'unir à la tresse de Gabrielle en un commun bracelet.

« Je recommencerai ainsi cette belle collection que j'ai sottement perdue à Mensignac, avec tant de choses bonnes à conserver. »

Par Saint-Pardoux, où il rejoignit Dartigois et Isabeau Chesneau qui avait su réduire tout son bagage à la charge d'un sommier, il avait atteint Puypérier où il coucha. On le prit, dans l'hôtellerie du *Coq Limoges,* pour un riche bourgeois voyageant avec sa demoiselle, escorté par de bons et solides valets. Car, outre le courrier Justas, et deux domestiques de la ferme, les Trois Vertus Théologales étaient là qui devaient rester attachées à la personne du marquis pendant toute la durée du voyage. Près du relais de Saint-Pardoux, où tous les chevaux avaient été, la veille, enlevés par des coureurs huguenots ou catholiques, car on n'avait pu connaître le vrai, Dartigois s'était écrié en confiant à M. de Saint-Cendre ces compagnons choisis entre tous :

— Aussi vrai, monseigneur, qu'il n'est rôti que de perdrix, vous ne pourrez jamais trouver meilleurs serviteurs. Et ils sont armés comme ne le furent jamais les arquebusiers de M. de Strozzi. A vous quatre, vous valez un corps de troupes !

Et il avait ajouté mélancoliquement, en prenant congé du marquis de Saint-Cendre :

— Adieu, monseigneur. En me séparant de vous, je crois perdre mon petit cœur gauche. Aussi vrai qu'il n'est bonne écarlate qu'à Loudres, je sèche de chagrin à me voir retourner vers Scissat pour vous préparer la besogne. Daignez me donner de vos nouvelles. Corps et bien, comme devant, je reste à vous, tout acquis. Je pleurerais, si une pareille

chose n'était en soi injurieuse et capable de faire croire que
je puisse douter de votre succès! Quant à mes Trois Vertus,
c'est comme si je laissais partir mes petits boyaux eux-
mêmes.

Et saisissant brusquement la main droite dégantée de Saint-
Cendre, il la baisa en laissant échapper une larme qu'il chercha à rattraper dans un vague grognement. Piquant son
cheval, Dartigois s'éloigna, morose. Mais, un instant après, il
revint à grande allure.

— Ah! monseigneur, cria-t-il essoufflé, pardonnez-moi.
J'ai pour vous une commission importante.

Et, se rapprochant botte à botte avec le marquis, il murmura :

— C'est une lettre de Catherine pour vous. et je l'avais oubliée! Mais, que le diable m'enchaîne, si je sais où je l'ai mise!

Et, se frappant le front, sous son chapeau de fer recouvert
de feutre. Dartigois se rappela qu'il avait laissé, dans la pré-
cipitation du départ, le pli dans sa chambre :

— Je vous dépêcherai, monseigneur, dès mon retour, un
homme monté qui vous l'apportera.

— Ce n'est pas la peine, mon bon ami, — fit le marquis de
son air le plus gracieux. — Ne crève pas tes chevaux pour une
pareille affaire. Je sais ce que Catherine veut me dire. Tu lui
diras que je la remercie et que je lui baise les joues.

Et Dartigois, sous les feux du soleil d'automne, poussa sa
bête dans la direction du Breuil, heureux que le marquis de
Saint-Cendre ne se fût point montré irrité de son inqualifiable
distraction.

A Sauzet, le troisième jour de route, le marquis et ses gens
s'étaient querellés avec des rôdeurs protestants qui prétendaient faire la loi dans l'auberge et obliger Isabeau à les servir
comme une ribaude. Saint-Cendre avait tué deux des bandouliers avec son épée, Louis Nogeaud avait brûlé la cervelle
à un troisième, et François Voullaud, dit la Foi, avait, d'un
d'un grand fendant, ouvert le ventre du chef principal qui
tomba parmi les brocs en répandant ses entrailles. C'est pourquoi, sans modération, le courrier Justas s'était réjoui en
demandant à l'agonisant s'il n'était point naturellement appa-
renté à ces barriques grossières qui laissent échapper leur lie

en même temps que leur vin. La bande, réduite à cinq hommes, s'était enfuie en criant qu'on reviendrait en force. De telle sorte que le marquis jugea utile de ne pas attendre une nouvelle attaque où il n'y avait rien à gagner, tant ses hommes trouvèrent peu dans les dépouilles des morts. Au milieu de la nuit il quitta Sauzet, doubla l'étape. Mais quand, sur le coup de midi, il atteignit Villard, car il avait dû descendre vers le sud, à cause des partis que l'on signalait vers Saint-Silvain, les chevaux étaient fourbus et celui de mademoiselle Chesneau, qu'elle avait laissé butter, boitait plus bas que l'âne d'un marchand de sauce verte. Il fallut perdre deux jours dans une petite hôtellerie où une rixe éclata entre des rouliers et des marchands de pied fourchu. Quelques cavaliers arrivèrent de Montaigut pour réprimer le tumulte, car un sergent blavier avait été meurtri sur la place. Afin de mettre tout le monde d'accord, les hommes de la maréchaussée tapèrent sur les deux partis et fêlèrent des crânes. En se retirant, ils emmenèrent le cheval de Jean Nantiat. Mais l'Espérance ne fut pas longtemps sans s'apercevoir du larcin. Le marquis voulut donner de sa personne. Il partit avec François Voullaud et Louis Nogeaud, déclarant qu'avec la Foi et la Charité il saurait remonter l'Espérance, car dans les plus mauvaises aventures M. de Saint-Cendre ne manquait jamais d'un bon mot. Il chargea si âprement et d'un tel élan sur les gens du Roy que ceux-ci, gênés par leurs prisonniers, se firent cruellement frotter. Quatre des meilleurs restèrent par terre, les autres prirent le galop comme allure de retraite, et les rouliers enchaînés demeurèrent maîtres de s'en aller. Mais Saint-Cendre se garda bien de les délivrer de leurs fers, estimant qu'il n'y aurait pas de sûreté devant leur nombre, et il flétrit leur révolte ; puis il s'en retourna avec deux chevaux de plus. Ainsi l'Espérance récupéra son courtaud et mademoiselle Isabeau fut nantie d'un roussin aux frais de la ville de Montaigut. Cette aventure, pour plate et banale qu'elle fût, obligea le marquis à dissimuler sa route. Il remonta vers Villette, fila par Saint-Léger et se retira dans la forêt de Fayolles où il passa deux jours à attendre Justas qu'il avait envoyé en avant, et qui faillit se faire tuer sous les murs de la Chapelle-Taillefert, où il était connu.

Car dans tout le pays de Guéret on baïssait fort les gens du comte de Clérambon pour leurs cruautés et leurs rapines. Trois fois ils avaient pillé les bourgs avoisinant Saint-Christophe, et la veille on les avait vus ramener de Montmauri plus de trente filles et femmes assez belles, des charrettes de butin, deux cents têtes de bestiaux, et ils avaient massacré ou noyé le reste dans l'étang de la Garnèche. Toute la nuit on avait vu les flammes monter.

Deux jours plus tard, M. de Saint-Cendre faisait son entrée à la Roche-Thulon, le 30 septembre 1569. Le comte de Clérambon avait reçu son ami dans la première cour ; et, sans se perdre en discours superflus, il l'avait félicité sur sa marche rapide, la beauté de sa compagne. la bonne mine de ses valets.

— Tu vas demeurer ici quelques jours, — déclara-t-il en terminant, — et dans un certain isolement. Mais je pense que tu as une trop agréable maîtresse pour t'effrayer de cette retraite. Nous nous verrons la nuit. seulement : car je mène. en ce moment, des affaires politiques si particulières et si étrangement compliquées que, dans ton intérêt comme dans le mien, il faut que personne ici ne soupçonne ta venue. Jusqu'au jour du départ, on ignorera ton nom. Ici, comme au Breuil, tu seras M. Gillot.

Connaissant la haine de Clérambon pour les paroles inutiles, Saint-Cendre n'avait pas insisté. Et il avait vécu six jours entiers à la Haute-Ganne sans sortir de son appartement aménagé avec un luxe somptueux dans la troisième tour de l'Est, que l'on appelait la Marceline. A l'étage supérieur, les Trois Vertus Théologales étaient également captives avec les deux valets du Breuil, et Saint-Cendre passait son temps à mal user de la belle Isabeau Chesneau qui souhaitait que cette détention durât toujours. Mais le marquis la quittait la nuit, conduit vers la terrasse de la maîtresse tour par des passages secrets où l'on ne rencontrait pas un homme. Guidé par l'intendant Berruyer, homme sec et froid qui ressemblait à un bedeau de paroisse riche avec son costume de bombasin noir où une chaîne d'or brillait sur la poitrine, Saint-Cendre montait l'interminable escalier disposé en vis de saint Gilles. Sur la haute plate-forme du donjon, il assistait aux

pratiques de l'astrologue Galéas Chrysogoni qui l'assassinait
avec ses longues phrases oiseuses. Mais il se distrayait en
éprouvant sur la demoiselle de Chypre, invariablement pelotonnée aux pieds du silencieux Clérambon, la force amoureuse de son regard.

Et maintenant, encore éveillé, Saint-Cendre trompait l'in-
smunie en songeant à la taille souple et longue de la Grecque,
au galbe délicat et arqué de ses hanches, à la pureté de ses
flancs déclives comme la panse d'une amphore et que n'avait
jamais meurtris un corps de baleine ou d'acier, à la force de
ses jambes dont il devinait la forme sculpturale et fière sous
la soie et les anneaux d'argent.

Quand il fut réveillé, de grand matin, par Jean Nantiat
qui grattait à sa porte, il l'envoya promener comme de coutume, et lui déclara qu'il n'avait rien de mieux à faire que
de dormir.

Mais l'Espérance insista :

— Monseigneur, M. de Clérambon m'a chargé de vous dire
qu'il y aurait parade à huit heures et qu'il vous priait de
bien vouloir y assister. Nous sommes ici qui attendons votre
bon plaisir pour vous armer.

Tout en ajustant sur le collet de buffle, lacé au droit de la
poitrine et couvert d'œillets et de boucles, les diverses pièces
d'une armure noire à minces liteaux gravés et dorés, l'Espérance se désespérait. Jamais il ne pourrait enclore le buste
du marquis dans l'étroit halecret dont il ne parvenait pas à
joindre la dossière avec le plastron.

— Serre, mon ami, serre sans crainte, — disait paternellement Saint-Cendre ; — il est certain que, dans mon inaction au
Breuil, j'ai cruellement engraissé. Avant que de partir pour
cette fâcheuse déconfiture de Mensignac, il y a un an de cela
maintenant, j'avais laissé ce harnois à la Roche-Thulon,
parce que je le trouvais trop large. Aujourd'hui je ne m'y
peux plus loger sans quelque peine. Ainsi vont les affaires
humaines, elles ne se contiennent jamais dans une juste
mesure. Nos désirs...

Mais ces remarques bienveillantes et philosophiques prirent
brusquement fin, car le souffle lui manqua tout à coup.
Enserré dans sa courroie de ceinture maintenue par la Charité,

tandis que le genou de l'Espérance faisait bélier contre la dossière et que les bras vigoureux de la Foi lui comprimaient le ventre, le marquis, enlevé de terre, ne reprit sa respiration qu'en retombant hermétiquement bouclé dans son corps d'acier noir, où il semblait élancé comme une jeune fille. qui eût porté une braguette de fer.

Isabeau Chesneau en conçut une vive admiration. Et, s'interrompant de dresser les barbes rebelles d'un grand plumail d'autruche noir et jaune qui surmontait la bourguignote à mascarons repoussés, elle déclara avec une joie décente et tranquille :

— Ah! monseigneur! vous avez à cette heure une taille plus fine que la mienne. Comme vous êtes beau!

— Oui, ma mie, — répondit Saint-Cendre en lui envoyant un baiser du bras qui lui restait libre, car le gauche était tenu par Nantiat qui passait le brassard. Et je ne saurais choisir un plus gentil modèle et dont j'aime autant à faire le tour... Ah! mes enfants, quelle entreprise difficile! Voilà ce que c'est que de se laisser amollir loin des utiles travaux de la guerre... Et dire, — conclut-il avec une mélancolie hautaine, — que pareille cérémonie se renouvelait jadis chaque fois qu'Héliette de Vignes se faisait corseter!

Mais, comme la mine d'Isabeau s'allongeait dans une expression de véritable tristesse, il reprit :

— Ne te fais pas de chagrin, mignonne, et viens ici que je t'embrasse. Cette dame Héliette était une de mes parentes, et tu n'as en rien à la jalouser. C'est un gros défaut que l'envie.

Pressée contre la cuirasse striée d'or, Isabeau murmura :

— Pardonnez-moi, monseigneur! On n'est jaloux que de ce qu'on aime.

Et, doucement, dans sa démarche molle où ondulait le balancement superbe de ses hanches, elle retourna vers son travail, heureuse de tenir sur ses genoux le grand casque dont elle supportait le poids, fière à l'idée que son seigneur était capable de le coiffer sans fatigue.

Saint-Cendre, tout armé, descendit pour gagner la première cour. Derrière lui on portait ses gantelets, sa bourguignote, son épée et ses éperons. Pris du cou aux genoux dans son anime à longs cuissots écaillée comme une queue d'écrevisse. il avançait, telle une haute et svelte statue de bronze noirci damasquiné d'or. Quand il eut chaussé ses éperons, ceint son épée de guerre à garnitures bleuies, mis ses gantelets et armé sa tête, il monta sur un cheval dont la sellerie était de velours, de cuir et de soie à ses couleurs, avec des chasse-mouches à clous argentés et un hausse-queue de clinquant. Un plumet s'épanouissait en gerbe sur le carrefour de la têtière, une pissière de satin brodé habillait le poitrail. et l'arrière-train se cerclait d'une semblable croupière.

« C'est, paraît-il, — se dit le marquis, — une rare et belle cérémonie qui se prépare pour que les montures soient ainsi habillées et à tous crins comme celles dont on use pour aller au sacre d'un roi. Clérambon, selon son habitude, a mené les choses avec libéralité. Son luxe, poussé à la profusion, éclate dans les livrées de mes sept valets vêtus de neuf. »

Tous portaient, en effet, des dalmatiques aux couleurs de Saint-Cendre. où le velours de Lyon, le taffetas et le drap d'or n'avaient point été épargnés.

« Ce cher ami a dû faire confectionner tous ces vêtements brodés, tandis qu'indifférent en apparence à mes sollicitations pressantes il me laissait mourir au Breuil tout à la fois d'impatience et de gras fondu. Mais je ne dois pas nourrir à son égard une reconnaissance trop vive. Et d'ailleurs. au prix qu'il les paye. la soie et le galon ne peuvent pas manquer à cette Roche-Thulon où s'entassent les produits de ses rapines. Et puis, selon le probable. la dépense sera acquittée par moi, et avec usure, quand nous règlerons nos comptes après la campagne. finie. Ce sera l'oncle Christophe qui payera la note. Mais, en tant que naturelle héritière, Gabrielle sera lésée ; et moi, par conséquent. je souffrirai dans mes intérêts immédiats. Ce sont là. d'ailleurs. des détails en tout indignes d'arrêter plus longtemps mon attention. Comme le dirait Dartigois, on ne fait pas une crème sans casser quelques œufs. Voici venir un trompette vert et noir ainsi que deux hérauts d'armes empanachés qui. sans doute, me cherchent. Nous allons voir Clérambon et sa bande. et MM. les reîtres, en merveilleux appareil. »

Suivant l'homme au clairon, dont le cheval blanc encensait en secouant son mors souillé d'écume, tant le savon avait été appliqué en épaisseur à l'embouchure, le marquis pénétra sous l'énorme porche cintré de la maîtresse tour, où cinq cavaliers pouvaient passer aisément de front. Il traversa trois cours avant que d'atteindre la dernière porte qui donnait sur la vaste esplanade où, plus d'une fois, il avait assisté Clérambon dans la direction des exercices. Au milieu du grand terrain soigneusement battu, enclos de toutes parts par une chemise dont les créneaux surmontaient la banquette coupée de place en place par des bastions qui dépassaient comme des avants de galères, se dressait le maître de la Roche-Thulon. Monté sur un cheval d'armes noir bardé d'acier gravé et doré, le comte de Clérambon portait par-dessus son harnois de même travail une robe étroite de velours écarlate, insigne du commandement suprême, indiqué aussi par le démesuré plumail blanc qui recourbait ses pennes en crosse à trois pieds au-dessus de son armet, dont le bec pointu semblait celui d'un gigantesque passereau aveugle.

A la sonnerie du trompette, il leva son mézail, et sa face blême apparut, encadrée dans le fer étincelant chargé de bandes dorées et dans le velours cramoisi de la coiffe qui dépassait à border les joues. S'avançant avec sa suite où dix officiers et cinquante pages formaient un groupe où l'éclat des métaux se confondait avec le chatoiement des soies et des plumes, des brocarts et des damas, il salua le marquis de l'épée. Puis, quand celui-ci l'eut rejoint, Clérambon le prit par la main et le mena devant le front des troupes qui portèrent les armes. Cent cinquante cavaliers divisés en deux masses flanquaient de leurs escadrons profonds la triple ligne des gens de pied rangés sur un déploiement de soixante hommes. Tous ces fantassins avaient les corselets et les morions suivant le modèle de Pise, une manche de velours noir et vert, des bras de mailles ; la plupart avaient des arquebuses et des mousquets, quelques autres des piques, et leurs épées, leurs dagues étaient engainées dans des fourreaux de velours. Mais les reîtres étaient tous pris dans des armures noires et blanches, leurs chevaux étaient gris de fer, et de tous ces soldats les plumets et les aigrettes étaient noirs, uniformément,

— Messieurs, — clama M. de Clérambon d'une voix haute

et vibrante. je vous présente en ce jour le marquis de Saint-Cendre, mestre de camp de MM. les Princes, qui va vous mener à la guerre avec moi.

Les exclamations des gens de pied se mêlèrent aux rauques vivats des Allemands, car tous connaissaient le fameux marquis, et chacun se réjouissait à l'idée de marcher sous ses ordres, tant on savait qu'il y aurait à gagner.

Une sonnerie de clairons rétablit le silence, et M. de Clérambon parla :

— Je vous ai réunis. messieurs. pour que M. de Saint-Cendre puisse vous regarder en bel ordre. Vous allez défiler devant nous. Et, si nous sommes satisfaits de vos manœuvres, nous saurons vous en montrer notre contentement. Apprenez, à cette heure, que nous partirons demain pour la guerre.

Des clameurs étourdissantes accueillirent ce propos qui visait le principal. Mais, après une pirouette. mettant son cheval au galop sur deux pistes, M. de Clérambon recula pour laisser aux troupes l'espace nécessaire à leurs manœuvres. Au milieu de la musique des trompettes, des hautbois et des fifres, du roulement des tambours, du grincement des violons, les corps se mêlèrent, tourbillonnèrent avec art, et reprirent leur place comme des objets emportés par le remous d'un fleuve se tassent. accumulés dans un bief, suivant leur ordre de naturelle densité.

Sous les yeux attentifs de Clérambon et de Saint-Cendre. la petite armée défila sans qu'une pointe de pied dépassât une autre, et les muserolles des chevaux étaient alignées de telle sorte que les serre-files se laissaient seuls voir par le flanc et que les jambes des chevaux indiquaient par leur nombre la profondeur des rangs. Quand un gros passait, le rittmestre, trottant de côté, se détachait, venait saluer le colonel, — car M. de Clérambon faisait porter. à ce titre. derrière lui la grande enseigne blanche. et aussi son guidon coupé de sable et de sinople sur quoi était figuré un moine pendu, — et demeurait à sa droite. à trois longueurs en avant, jusqu'à ce que ses hommes fussent passés.

Mais le colonel des reîtres, M. Casimir de Taubadel, se tenait botte à botte près de M. de Clérambon, sous la main de l'épée. et M. de Saint-Cendre était du côté du montoir.

Raide et ferme sur sa selle de velours, le cadet poméranien approuvait ou blâmait d'un léger mouvement de sa mâchoire saillante terminée par une courte barbe rousse taillée en pointe. Sa mine était hautaine, dure, revêche et chagrine. et la table de son nez semblait rentrée dans, son crâne, car il avait reçu du margrave Alcibiade de Brandebourg-Culmbach un coup d'estramaçon dans une affaire d'intérêt privé. Sous l'avance de sa bourguignote façonnée en mufle de bête, ses yeux luisaient, fauves, couleur d'escarboucle, inquiets et continuellement en mouvement dans le calme absolu de la face. Ses longues moustaches blondes étaient tordues en vrille et dépassaient d'un demi—pied les jouées à oreilles bombées qui défendaient les côtés de sa tête longue et solide. Son drapeau, couleur de poil, était dressé derrière lui aux mains d'un rittmestre de six lustres plus vieux que lui, paraissant au moins soixante ans. avec sa barbe blanche divisée en menues tresses nattées, qui retombait jusqu'à la ceinture de son plastron d'acier noirci.

Et tous les cavaliers d'Allemagne, quel que fût le rang où ils combattissent. montraient sous leurs armures à longs cuissots en écrevisse, noirs striés d'argent, des manches et des chausses démesurément vastes. à crevés, à taillades, par où passaient des doublures de soie claire ; et ces vêtements s'étranglaient sous les courroies reliant les diverses pièces des harnois. Les reîtres défilèrent par rangs de quinze hommes sur une profondeur de dix cavaliers par file, et à leur tête marchaient des timbaliers empanachés comme des coqs, faisant résonner leurs cuves de cuivre voilées par des tabliers de cendal brodé, couleur de tan, avec l'aigle de Brandebourg étalé. Et les mêmes armoiries marquaient les sayes des hommes, qui levaient haut leurs courtes baguettes. Elles descendaient et montaient à la cadence de la marche, soutenant le son âpre des cuivres. Derrière, en queue, les valets, armés plus à l'aventure. avaient des airs de maîtres, tant leurs bêtes de bât ou de selle étaient bien tenues ; beaucoup menaient des chevaux de main, des faucons et des chiens. Les vivandières, les femmes et les enfants gardaient une tenue militaire, et ils ne se confondaient pas comme les têtes d'un troupeau pressé. Des bas-officiers, qui les surveillaient de près, Clérambon admira

l'exacte police ; car, sans souci des personnes, ils donnaient
à propos de la canne sur ceux qui semblaient entrer en
désordre. Et toutes ces femmes passèrent sur leurs mules,
leurs courtauds ou leurs sommiers ; beaucoup tenaient des
petits nouveau-nés dans leurs bras, et l'on se réjouit à voir
une d'elles qui portait un singe, une autre qui sous son manteau
avait un renard à collier d'orfèvrerie. Toutes ébouriffaient des
chevelures rousses ou fauves, d'un blond ardent, queue de
vache, et la plupart étaient teintes. Et leurs joues lourdes,
leurs yeux indifférents et fixes ajoutaient à leur air obstiné,
indifférent et sauvage. Les larges jupes étalées sur le flanc
des montures découvraient leurs pieds, arrêtant aux chevilles
les plis des étoffes riches et luisantes, chargées de bandes de
velours bleu, orangé, écarlate, couleur de safran, avec des
broderies, des appliques, des empiéçures, des guimpes tuyau-
tées où brillaient des chaînes, des jaserans bossués d'émaux,
des pendeloques, des cœurs d'argent, des grains d'ambre.
Leurs chapeaux de feutre ou de peluche, à tons chauds et
violents, étalaient des ailes démesurées, refendues, dont la
portion dressée sur le front retenait accrochée une enseigne
de vermeil ou de plomb. Une toute jeune fille, très pâle,
vêtue de baudequin ormuz et de damas minime, se distinguait entre toutes par son élégance et sa beauté. M. de Saint-
Cendre ne dissimula pas un mouvement d'impatience à voir
un des caporaux directeurs la frapper sans mesure avec sa
baguette parce qu'elle ne pouvait retenir son gros mulet
blanc, qui voulait gagner un rang. Car le marquis estimait
que, s'il est régulier de violenter une femme dont la beauté
vous allume, c'est toujours un tort de la frapper même au
nom de la discipline militaire.

En dernier, défilèrent les pages. On trouva leur tenue médiocre, et, sauf les vingt premiers qui manœuvrèrent avec
fermeté, l'éperon au flanc des bêtes, ils furent taxés de mollesse. La plupart de ces adolescents avaient des mines rési-
guées et craintives comme celles de bêtes que l'on a chargées
de coups et qui ont peur de la main. Et le sévère M. Berruyer, monté sur un roussin poil de loup, les houspillait
plus que de raison avec une verge de baleine noire munie
d'un pommeau d'argent.

— Cet animal, se dit Saint-Cendre, a l'air d'un sacristain qui mène des écoliers volages. C'est étrange, mais que le feu saint Antoine soit au fond de mes chausses si ce ne sont pas là des filles que Clérambon a revêtues de grègues et de pourpoints avec des épées qui battent en tous sens ! Elles se cramponnent assez mal à ces selles où elles meurtrissent leurs mignons séants. Cet ami, facétieux comme beaucoup de gens tristes, a trouvé là, sans doute, quelque nouvelle manière, rare et inattendue, de nous divertir en mystifiant ce beau sexe avec qui il n'est point cependant autant brouillé qu'on le dit : à m'en rapporter aux seules apparences, je dois croire que la demoiselle de Chypre...

Il fut tiré de sa méditation par le comte de Clérambon qui le priait de passer avec lui une revue de détail :

— Je sais — murmura-t-il légèrement à l'oreille de Saint-Cendre, qui, logée derrière une fénestration en rosace de la jouée, pouvait entendre facilement — je sais, très cher ami, que ces soins méticuleux t'ennuient au delà de tout dire. Il faut cependant y sacrifier aujourd'hui, si tu tiens à garder l'estime de ces Allemands. Tu as produit sur eux une impression excellente : ne fais donc rien qui puisse la diminuer. Quant à mes gens de pied, tu te les concilieras en levant leurs punitions et en leur promettant des pillages sans fin ni mesure. Tu peux aussi leur annoncer la distribution prochaine d'une belle quantité de vivres apportés par des filles qui serviront à les divertir. Prépare ton discours, tu parleras quand on aura sonné au ban.

Lentement, pendant trois longues heures, M. de Saint-Cendre examina les soldats. Avec une attention patiente il releva les fautes de détail, rectifia les défauts des harnachements. En langue allemande, il interrogea les reîtres, s'enquit du nom des rittmestres, des qualités de leurs hommes, de leurs forces et de leurs désirs. Tous admiraient la régularité de ses remarques, sa connaissance des choses militaires. Trois clous manquaient aux courroies d'un brassard, le marquis s'en aperçut, et, par d'autres minuties encore plus fines, il prouva à tous qu'on ne lui en donnerait pas à garder sur le moindre point de l'équipement ou du service en campagne. Après les reîtres, les gens de pied devinrent l'objet particulier

de ses soins, et il leur fit des observations sur la manière de
compasser la mèche, comme aussi de fixer une dague de
Bayonne dans le canon des mousquets. Il blâma avec modération les piquiers qui ne faisaient point l'exercice avec une
suffisante perfection, encore que les hampes des piques fussent
de cinq pieds plus courtes que celles des Espagnols. Pour
mieux juger de leurs moyens, il commanda trois manœuvres
difficiles. Puis, ayant formé les fantassins en un hexagone
qui devait entourer le bagage, il se tint au milieu et envoya
l'ordre aux reîtres de les venir charger. Durant un quart
d'heure, ce fut un tumulte assourdissant de coups de pistolet, de décharges d'arquebuses où retentissaient les âpres sonneries des cuivres, la voix des capitaines. Et la fumée devint
si épaisse qu'on ne reconnaissait plus personne. Plusieurs
hommes furent blessés, d'autres foulés aux pieds des chevaux.

Enfin, quand tous les corps se furent reformés en bel
ordre, M. de Saint-Cendre adressa une allocution aux gens
de pied, cependant que les reîtres regagnaient leurs quartiers
établis dans les communs de la troisième cour, où trois cents
chevaux pouvaient manger leur avoine, à l'abri, dans des
auges de chêne.

— Messieurs, à ne point être content de vous, on serait
accusé justement d'une ignorance absolue à l'endroit des
choses de la guerre. Vous avez manœuvré avec précision et
ensemble, vos alignements sont demeurés corrects : et, pour
tout dire, je ne sais ce qu'il convient d'admirer le plus en
vous, de votre discipline ou de votre solidité sous les armes.
Recevez ici tous mes compliments, capitaines, officiers, bas-
officiers et soldats !

Et, dans un roulement de tambours, sur un commandement de M. de Clérambon, un peloton s'avança. Vingt
hommes désarmés étaient menés par les prévôts, et l'auditeur
lut un long rapport annonçant qu'ils allaient être pendus
pour la bonne règle, car la plupart s'étaient rendus coupables
de rébellion. Saint-Cendre demanda leur grâce :

— Ce serait grand dommage, monsieur le colonel, de faire
exécuter ces braves gens que la chaleur naturelle de leur
sang, comme aussi une impatience extrême d'en venir aux
mains, a poussés dans les mauvais sentiers de la mutinerie.

Il nous est indiqué. par la sagesse comme par les usages, de
flétrir leur indiscipline, rien ne saurait l'excuser : le soldat qui
n'obéit point à ses chefs est un criminel qui peut causer, à
certaines heures, le désastre de ses compagnons ; partout il
est honni. à juste titre, comme préjudiciable et funeste ; hors
de l'obéissance, le soldat ne peut qu'errer et se perdre...

Continuant de dévider la plate monotonie de ses phrases,
toutes faites, M. de Saint-Cendre parla longtemps dans le
silence morne des lignes cuirassées d'acier.

— Aujourd'hui, conclut-il, je vous demande, monsieur le
colonel, au nom de tous ces braves gens comme au mien,
de vouloir bien pardonner. Ces garçons combattront au pre‑
mier rang. dès la prochaine affaire. Et ils nous prouveront, en
se faisant tuer sans lâcher pied, que si la clémence est un
devoir du commandement, l'observance exacte de la disci‑
pline est le principal mérite du soldat.

Et, comme M. de Clérambon déclarait qu'en l'honneur de
M. de Saint-Cendre, il consentait à faire grâce, le marquis se
retira. salué par des cris enthousiastes. Un anspessade sortit
des rangs et annonça, pour toute la compagnie, qu'on remer‑
ciait M. le Mestre de Camp, et que l'on se tenait prêt à mar‑
cher pour lui tant qu'il y aurait une balle à tirer, tant qu'un
pied de fer resterait emmanché dans les mains. Et les dra‑
peaux s'abaissèrent devant Saint-Cendre qui était revenu sur
ses pas.

— Il est bien fâcheux — se disait le marquis en rentrant
dans le château avec M. de Clérambon et sa suite — que
l'oncle Christophe ne soit pas présent à cette belle cérémonie.
Sans doute entrerait-il en accommodement sur l'heure, à
moins qu'il ne succombe, de ce coup, sous une attaque de
haut mal.

Quand on l'eut débarrassé de son armure, le marquis se
prépara à se rendre chez M. de Clérambon qui l'avait prié
pour un grand festin. On le revêtit de ses meilleurs habits et
Isabeau lui dit, tandis qu'elle nouait les aiguillettes de ses
chausses :

— Il paraît, monseigneur, que j'aurai l'avantage de vous
servir pendant le banquet. Je m'y amuserai fort, car jamais
je n'aurai vu tel spectacle. M. de Clérambon m'a envoyé une

femme d'atour avec des vêtements de page où est une manche bleue et rouge brodée richement à vos armes. Ainsi déguisée, je devrai me tenir derrière votre chaise avec une touaille et un bassin. J'en suis bien heureuse, et je tâcherai d'être assez belle pour vous faire honneur, encore que vous n'ayez pas besoin de cela pour briller entre tous les seigneurs qui seront placés près de vous.

Saint-Cendre approuva la mesure. Et il pensait :

« Si seulement ce Clérambon se faisait servir par sa demoiselle de Chypre !... J'aurais le plaisir de voir cette charmante jeune fille serrée dans un pourpoint; et ses yeux me distrairaient pendant cette beuverie tudesque. Ils m'aideraient à passer le temps. Car, avec les Allemands, on sait bien quand on se met à boire, mais on ne sait jamais quand on en finit. »

Assis en face de M. de Clérambon, au bout extrême d'une longue table ployant sous l'argenterie de dix châteaux, Saint-Cendre se trouva pris entre deux rittmestres silencieux et sauvages, qui ne desserraient les mâchoires que pour manger. Des trente convives alignés, dix seulement étaient Français, et il y avait un Anglais, un Danois et deux Suisses. M. de Taubadel étirait ses moustaches à la droite de M. de Clérambon, et le porte-étendard à la barbe tressée venait immédiatement ensuite. Saint-Cendre apprit que ce vieillard était un oncle maternel du margrave au nez brisé, et il lui porta, après qu'on eut bu à M. l'Amiral, comme de raison, sa particulière santé. On mangea des hérons dressés tout rôtis sur des farces, des coqs de Limoges montés avec toutes leurs plumes, des pâtés de truites et des compotes de pruneaux où s'allongeaient de petits cochons dorés au four. Des râbles de lièvre hérissés de lardons et de clous de girofle vinrent accompagnés de brochets qui nageaient dans du lait d'amandes. Et chacun s'extasia sur une carpe longue de deux pieds et qui pesait vingt-cinq livres : M. Berruyer lâcha sa baguette pour la dépecer avec une truelle d'or.

Le second service suivit sans que l'on rompît le silence. Se gorgeant de petits gibiers et d'œufs au gingembre, les Allemands vidaient sans cesse leurs bocaux armoriés. Des valets s'empressaient de les emplir avec des brocs d'argent qui

tenaient plus de dix pintes, et ils les levaient à grands efforts
de bras. Les sommeliers s'empressaient dans l'office, et, du
guichet à la table, c'était une chaîne continue de pots qui
s'échangeaient taris et remplis. Par les verrières chargées
de cabochons épais, le jour filtrait, verdâtre. Et, au dehors,
la pluie tombait du ciel couleur d'encre, de telle sorte que
l'on voyait bien juste les viandes sur les tailloirs et les sauces
dans les assiettes. Sur la vaisselle plate résonnaient les
les couteaux.

Mais, au troisième service, où l'on présenta un sanglier
entier, les écrevisses furent distribuées avec profusion, arrosées
de vin du Rhin. Alors des voix se laissèrent entendre. Car
M. de Taubadel, ayant porté la santé de M. de Saint-Cendre
avec son hanap à deux anses où s'étaient vidées deux bouteilles,
les carrousses coururent le long de la table et chacun salua
son voisin en criant *Vivat!* Et M. de Taubadel cria par-
dessus tout le bruit, à tue-tête, un *Gaudeamus* qui lui
concilia la bienveillance des lettrés. Ceux-ci, sans compter
Saint-Cendre qui regrettait les repas de femmes nues où
avait paru le grand Antoine Muret, étaient nommément
deux capitaines de gens de pied, MM. de Gouges et de Bastardy qui, déjà saouls comme des bourdons, s'interrogeaient
sur les opuscules d'Erasme. Et M. de Bastardy, connu pour
son avarice, loua fort cet auteur pour l'éloge ingénieux qu'il
avait présenté de la fourmi. M. de Gouges affirmait que cette
apologie s'étalait dans la Nef des Fous. Mais la parole lui
fut coupée, au plus beau moment. par le marcgrave qui
déclara, à travers la table, que si lui, Casimir-Maximilien
Ernest de Taubadel-Frauenbries, s'était trouvé à Mensignac,
jamais ce petit M. de Strozzi n'aurait gardé l'avantage. Saint-
Cendre et Clérambon échangèrent un pâle sourire pendant
que tous tombaient d'accord pour considérer le colonel général de l'infanterie comme un pauvre homme.

L'obscurité devenait plus épaisse. Alors, comme on dressait pour le quatrième service, entrèrent trente pages qui
portaient chacun un flambeau. Et certains, parmi les convives,
remarquèrent que beaucoup de ces enfants semblaient succomber sous le poids. Uniformément pris dans des habits de
taffetas noir où le pourpoint à longue taille s'unissait par des

aiguillettes ferrées à des grègues longues et de dimensions
énormes, les pages remirent les lumières aux valets qui les
posèrent sur la table. Ils s'avancèrent vers le buffet à
l'orfèvrerie où le majordome leur mit aux mains des aiguières
et des serviettes. Puis, un à un, ils se dirigèrent vers les
sièges des convives que leur désignait M. Berruyer avec sa
baguette. Et ils se tinrent immobiles et droits sous les grands
bonnets qui les coiffaient jusqu'aux sourcils.

« Par la messe ! — se disait Saint-Cendre, — ce sont là les
demoiselles amazones que j'ai vues ce matin emmenées par
leurs chevaux derrière les pages mâles du château... Isabeau
est parmi elles. Et c'est bien elle qui me rejoint ; j'en aimerais autant une autre... Ah ! voici qui va mieux ! Au dossier de
Clérambon, qui la cache aux trois quarts, je vois la demoiselle
de Chypre et elle me dit bonjour, joyeusement, de ses yeux. »

Et, tout en se nourrissant de foies de volaille qu'il chérissait avec une particulière faiblesse, Saint-Cendre réfléchissait
sur les moyens possibles de s'emparer d'Hélène Haïssa, qui
lui souriait d'un air sournois, quand elle ne sentait plus peser
sur elle d'autre regard que celui du marquis.

L'entrée des pages passa inaperçue de beaucoup. Une
vapeur lourde se répandait lentement dans la salle où les
bougies semblaient mourir dans la danse de leurs petites
flammes rouges. Les fumées des vins rendaient les idées
incertaines, et les yeux s'obscurcissaient. Mais tous les
dîneurs s'occupaient activement à boire le vin vieux de
Bourgogne qui circulait sur un petit chariot. C'était un
affût de canon en bois du Brésil ; ses flasques et ses roues
étaient frettées d'acier doré, et il supportait une dame-jeanne
clissée en guise de fauconneau ou de sacre. Chacun, après
avoir rempli son verre ou son bocal, faisait rouler la machine
sur la nappe, et les voix montaient, surtout celle de M. de
Bastardy qui, ému jusqu'aux larmes, déclarait l'invention
admirable. Et il ne souhaita plus aller à la guerre qu'avec
une telle artillerie. Un rittmestre qui n'avait pas encore parlé
fit alors une gageure que son voisin traduisit en français :
M. de Lieberkühn se faisait fort de porter son cheval d'armes
sur ses épaules et de se promener ainsi chargé, tout autour
de la table. Personne ne releva son dire. Et M. de Taubadel,

dont l'insolence était notoire, haussa les épaules en demandant si Samson ne se trouvait pas là, d'aventure, avec les
portes de Gaza. M. de Saint—Cendre en profita pour proposer la santé de Dalila. Et il fit comprendre à la Grecque, qui
ne le quittait pas des yeux, que c'était à elle qu'il s'adressait
sous ce nom.

Mais M. de Clérambon s'était levé. De sa voix dure et
claire il parla :

— Messieurs, c'est aujourd'hui le dernier jour que j'ai
l'honneur de vous traiter dans ma maison. Vous excuserez la
petitesse de mon hospitalité : nul n'est tenu à plus que ne le
comportent ses véritables moyens.

Ici chacun sourit. L'excès de modestie apparaissait par trop
ironique. Des exclamations flatteuses se mêlèrent aux grogne-
ments des estomacs satisfaits. Et beaucoup supputaient la
valeur de l'argenterie, sans doute de peu inférieure à la
somme de deux cent mille livres. Quelques-uns, à voir les
dimensions des pièces, regrettaient en soi de ne pouvoir
adroitement dissimuler une saucière ou un plat dans leurs
hauts-de-chausses. Un alfier fut assez habile pour s'emparer
d'un moulin à poivre.

— Mais, messieurs, continuait Clérambon, si je pouvais
croire que vous vous soyez trouvés satisfaits de mon traitement, je tirerais ma meilleure récompense de l'idée que j'ai
pu être agréable aux meilleurs comme aux plus durs soldats
dont puisse s'enorgueillir le parti...

Ce fut un tonnerre d'applaudissements, de clameurs sauvages, de cris de toutes sortes. Deux voisins, un Allemand
et un Français, les yeux humides d'émotion, s'embrassèrent
le verre en main, de telle sorte qu'un troisième reçut la contenance d'un grand pot dans son col. Au hasard, il envoya
un coup de poing qui atteignit un page à l'épaule. Avec un
faible cri d'angoisse qui se perdit dans le tumulte, l'enfant
laissa tomber son aiguière ; le liquide parfumé de lavande,
de verveine et d'ambre, se répandit sur les dalles. Tous
les autres pages devinrent plus pâles que leurs touailles,
renfonçant entre leurs épaules leurs têtes coiffées de bonnets
à l'arbalète. Mais un regard furieux de M. Berruyer rétablit
l'ordre. L'aiguière fut relevée vivement, remplie de nouveau,

« J'ai cru — pensait Saint-Cendre — que jamais cet ami ne se tirerait de l'entortillement de sa phrase, longue et plate comme une épée bâtarde. Antoine Muret comparait cette rhétorique aux écheveaux embrouillés par la patte malicieuse des chats pendant le sommeil des filandières. De pareils discours sont cependant bien suffisants pour ces brutes. »

— Et parmi eux, débitait Clérambon, parmi ces hommes excellents qui livrent le bon combat, vous brillez du plus vif éclat, messieurs les Allemands. Nous sommes heureux que vous vouliez bien vous associer à nos guerres pour nous apprendre vos excellentes pratiques, car entre tous vous valez dans le difficile métier des armes.

La figure morose et hautaine du marcgrave Taubadel se déforma comme s'il voulait rire, son nez parut rentrer, en basculant dans sa face. Mais sa mine revêche ne put exprimer la joie. Un *Hoch !* admiratif proféré à mi-voix, et répété par les reîtres, appuya cette marque de bienveillance.

— Je bois à vous, monsieur de Taubadel, et à vos ritt-mestres ici présents ! Mais ce n'est point tout que de boire ; si je vous ai fait goûter à nos vins de France, — et cela n'est point fini, laissez-moi me flatter de cet espoir, — je veux aussi vous faire tâter de nos filles. A votre intention, messieurs, j'ai fait un choix parmi mes captives de guerre. Derrière chacun de vous il s'en trouve une, et je vous donne ces filles en tout bien. Toutes, comme vous pourrez le voir, sont belles et elles sont de famille noble...

Sur un signe du majordome, tous les bonnets étaient tom-bés. Des têtes de jeunes femmes apparurent, blondes, brunes, fauves, rousses, couleur d'ocre, couleur de châtaigne. sombres. claires ou ardentes. Et à un autre signe, venu du buffet, les chevelures s'épandirent sur les épaules, en cas-cades de jais, en coulées d'or, en gerbes de blés mûrs.

— Vous en disposerez comme vous voudrez. Toutes ont été dressées aux exercices de la guerre, à la pratique des chevaux, afin qu'elles puissent vous suivre dans vos cam-pagnes, au hasard des marches. Mêlées aux pages, elles ont ce matin défilé devant vous. J'ajoute qu'elles sont, pour la plupart, sages et pucelles, et la plus vieille n'a point dépassé seize ans. Si toutefois mon choix n'a pas su aller au-devant de vos goûts, je vous laisse, messieurs, naturellement libres d'échanger ces enfants à votre convenance...

Les exclamations laudatives coupèrent la parole au comte de Clérambon. Mais les Allemands ne se donnèrent pas la peine de regarder les demoiselles qui, tremblant sur leurs jambes, se tenaient aux dossiers : car les fauteuils paraissaient danser sous leurs yeux agrandis par l'épouvante. Les Français, se retournant à demi, considéraient leurs proies d'un air insolent, gracieux, allumé et railleur, et certains étaient ivres au point qu'ils virent deux femmes au lieu d'une. Mais, par circonspection et cautèle, ils ne dirent absolument rien, car ils comptaient profiter d'une erreur.

Au bout opposé de la table, la voix de Saint-Cendre s'éleva tout à coup.

— Dis-moi, Clérambon, puisque les échanges sont autorisés, ne voudrais-tu pas troquer ce merveilleux page noir, qui se tient derrière toi, contre celui qui se trouve derrière ma chaise ?

Croyant à une plaisanterie, Isabeau Chesneau baissa le nez en souriant, très gênée. Mais Clérambon qui la toisait depuis quelques instants, répondit :

— Avec plaisir, très cher ami. Nous nous devons au commun exemple. Je me sépare d'Hélène, et je vous la donne ; d'autant que je trouve votre amie très belle, et elle me convient parfaitement. Allez, Hélène, rejoignez M. de Saint-Cendre, il devient dès aujourd'hui votre maître.

Un éclair brilla dans les yeux de la Grecque qui, baisant la main que le comte de Clérambon lui abandonna distraitement, se hâta vers la place qu'elle désirait le plus occuper sur terre. Étourdie, accablée, sans voix, se croyant victime d'un mauvais songe, l'hôtelière de Scissat s'éloigna à son tour. Elle mendia un regard où Saint-Cendre lui laissât comprendre qu'on se moquait d'elle et que c'était un simple jeu. Mais la honte et la terreur, l'embarras de trahir sa faiblesse en s'évanouissant sottement au milieu de tous ces hommes qui, par bonheur encore, ne s'occupaient pas d'elle, lui tinrent lieu de courage. Se glissant derrière les pages femelles et les valets, Isabeau vint se ranger derrière M. de Clérambon. Sans même la regarder, celui-ci lui tendit ses mains pour

qu'elle les baignât dans le bassin sous l'eau de l'aiguière.
Quand ce fut fini, il les essuya dans les longs cheveux bruns,
bouclés et soyeux dont il admira la finesse. Puis il se remit à
causer avec M. de Taubadel qui, le nez sur son assiette,
n'avait même point remarqué une vierge blonde dont le galbe
pur était celui des madones peintes par l'Italien Raphaël
Santi.

— C'est une Lamothe–Gondrin, lui expliquait Clérambon.
Elle est tellement belle que, lorsqu'on me l'a amenée, j'avais
d'abord arrêté de la garder pour moi–même. Mais je trouve
aujourd'hui à la placer comme il convient. Sa famille vous la
rachètera, vous pouvez en être sûr, sans regarder à la
somme. Si bien que vous trouverez là et plaisir et profit.

Tout en entretenant le marcgrave, M. de Clérambon faisait des signes à Saint-Cendre. Mais, occupé d'Hélène sous
l'œil de la défaillante Isabeau, celui-ci ne semblait pas comprendre. Impatienté, le comte appela un maître d'hôtel, lui
parla à l'oreille. Le domestique s'approcha du marquis et
lui dit à voix basse :

— M. de Clérambon vous prie, monsieur, de vouloir bien
dire quelques paroles en allemand à messieurs les reîtres.

Saint-Cendre se leva et il parla avec assez d'élégance la
langue qu'il avait apprise au cours de ses voyages en Bavière.
Il se perdit en considérations générales sur la valeur tudesque,
les bienfaits de la guerre, le plaisir qu'il y a à jeter les gens
par les fenêtres de leurs maisons, à se divertir avec leurs
femmes et leurs filles, et aussi à leur prendre leur argent.
Pour ce faire, tous les prétextes étaient bons. La différence
de religion suffisait à expliquer les violences. Car on n'est
pas obligé à garder de ménagements envers les hérétiques.
Les papistes le sont tous; et il n'y a point de meilleur Dieu,
ni plus véridique que celui de Luther. C'est pourquoi les
catholiques, adorateurs d'idoles, étaient tous des bandits de
la plus détestable espèce, et leurs compagnes des prostituées
dont on pouvait, dont on devait même, user et abuser sans
méchef. Et il signala, comme le plus mauvais de tous, M. de
Lanclet qui, pareil à Nabuchodonosor, était ivre d'injustice
et d'orgueil. Ce fou furieux tenait son repaire à la Haute-
Ganne, où il détenait captives les compagnes des meilleurs

protestants en général, et celle de M. de Saint-Cendre, en particulier. Mais Dieu ne permettrait pas longtemps à une pareille iniquité de fleurir. M. de Taubadel, plus semblable à Josué qu'à tout autre roi ou juge, n'aurait qu'à apparaître, les murailles de la Haute-Ganne tomberaient au premier choc, le colosse aux pieds d'argile s'effondrerait. Derrière les fortifications ruinées on trouverait de l'or à ramasser à la pelle, du vin à remplir vingt celliers, des demoiselles et des dames à livrer aux chiens comme Jézabel, et des gens à pendre, dont Lanelet tout le premier. Et le marquis termina en se comparant au pauvre Naboth, et il dépeignit son oncle sous les traits d'Achab.

Les reîtres en pleurèrent d'émotion. Et M. de Taubadel, se levant à son tour, parla avec majesté et lenteur :

— C'est bon, monsieur de Saint-Cendre. Ne vous laissez pas aller au chagrin; notre pasteur, M. Blasius Apfelkopf, vous consolera, je le ferai appeler quand vous le jugerez couvenable. Nous voulons tous servir et nous faire tuer avec vous!

Quand on quitta la table, sur ces paroles qui soulevèrent un émoi généreux, beaucoup d'Allemands, et tous les Français qui avaient voulu leur tenir tête, furent emportés par les laquais, car ils n'auraient pu utilement poser un pied devant l'autre. Saint-Cendre se retira avec la demoiselle de Chypre qui tenait son épée dont elle embrassait la poignée; M. de Clérambon, après avoir annoncé que le départ était pour le lendemain matin, à six heures, avait disparu au bras de la brune Isabeau. Pâle, comme si elle fût déjà morte, l'hôtelière de Seissat sentait son cœur sauter comme s'il voulait quitter sa poitrine. Il lui semblait que son sang s'était figé dans ses veines, rien en elle ne vivait que ce cœur haletant qui demandait à fuir son enveloppe glacée. Machinalement, elle reçut l'épée, le manteau dont la chargea le majordome, longea des couloirs dont elle n'apprécia pas la longueur; elle entra dans la chambre du comte.

Là, tremblante, attendant le furieux assaut de violence ou les objurgations obscènes, elle recula, comme une bête menacée, jusqu'à un angle obscur où elle se blottit. Mais, de sa voix lente, morne et distraite, M. de Clérambon lui dit, sans dureté :

— Calmez-vous, mademoiselle. Il faut que vous soupiez

tranquillement, après quoi l'on vous mènera coucher. Je vais vous envoyer des femmes qui auront soin de vous.

Et il s'éloigna : car il voulait connaître les derniers rapports des bas-officiers. recevoir un courrier annoncé, modérer l'orgie des soldats qui avaient dû abuser du vin et se disputer les femmes qu'il leur avait fait distribuer. A mesure qu'il se se rapprochait des quartiers, le bruit des voix montait plus distinct, et M. de Clérambon sentait croître sa colère contre ces gens qui, sans désordre, ne pouvaient point s'amuser.

Seule dans la chambre, Isabeau s'enferma à trois tours de clef, puis elle se laissa aller sur une chaise où elle pleura longuement. Réfléchissant sur la condition de sa vie, désormais impossible, elle s'affermit dans la nécessité de mourir. Pour elle, tout était fini, à cette heure. Du moment que le marquis de Saint-Cendre l'abandonnait à un autre, c'était qu'il ne l'aimait plus, qu'il ne voulait même plus lui permettre, à elle, de l'aimer. Donc ce n'était plus la peine de vivre. Sans s'apitoyer sur son existence brisée par le scandale de la fuite, sur la honte qui l'accompagnerait partout, Isabeau ne regretta rien. Au jour où elle s'était offerte à M. Gillot. dans l'escalier de sa maison, elle avait senti que cet homme était pour toujours maître d'elle, de son corps comme de son âme. Et cette âme allait retourner vers Dieu, qu'il lui convenait maintenant de fléchir par ses prières.

Agenouillée contre le lit de l'homme qui était maintenant son maître, elle s'abîma dans les oraisons. Insensible au bruit que menaient les chambrières, heurtant à l'huis, annonçant qu'elles apportaient le souper, la suppliant d'accepter leurs soins, Isabeau répondit qu'elle était couchée, que M. de Clérambon avait la clef, et qu'elle l'attendait au lit. Les femmes s'éloignèrent, et le silence se rétablit, calme et profond. Alors Isabeau chercha une arme pour se frapper. Avisant une dague sur la table, elle la tira du fourreau, reconnut en perçant le bois l'acuité de la lame, mesura la force du coup. La chair était sans doute plus facile à traverser qu'une planche de chêne. Une simple piqûre, profonde, sous le sein gauche, et elle entrerait dans l'oubli de tout, dans la paix absolue de la mort. Sa nature froide et réfléchie, peu ouverte aux spéculations religieuses, lui laissait soupçonner que cette mort est un éternel sommeil dont un Dieu, plutôt indifférent, ne vient point tirer les hommes.

Lentement. elle dégrafa son pourpoint. écarta sa camisole de satin bleu, son corps de cambrésine brodé, sa chemise de batiste à entre-deux ajourés. Sa gorge jaillit, pointa, comme le poitrail d'une bête cabrée, blanche et ferme, dressant ses globes d'albâtre entre quoi M. de Saint—Cendre avait souvent oublié les tribulations journalières. Isabeau ne s'attendrit pas sur la parfaite beauté, sur la fière maturité de sa chair. Saisissant la dague. elle ferma les yeux et frappa. L'arme mal dirigée glissa sur une côte, une douleur âpre et cuisante de coupure fit frémir la peau déchirée. Et Isabeau comprit que jamais elle n'aurait le courage de se poignarder. Alors elle chercha autre chose.

Un collet de buffle, suspendu à un crochet, lui indiqua ce qu'elle devait faire. Ce vêtement de guerre, qui gardait la forme d'un homme, ressemblait à un pendu. Son fort lacet, de fil et de soie tressés, à travers un œillet, descendait jusqu'à terre. Isabeau le détacha, le disposa en boucle par un nœud coulant où elle passa son cou plein et gras, cerclé de deux plis fins et d'une courbe parfaite. Une fiche de fer. dont la tête pyramidale brillait à huit pieds de haut au milieu d'un panneau, lui sembla ce qu'il y aurait de meilleur. Elle approcha une chaise, se dressa sur ses pointes jusqu'au grand clou où elle fixa le lacet par plusieurs tours, solide— ment. Et alors. avec des précautions qui rassuraient sa lâcheté trop prudente, elle piétina le siège par mouvements saccadés et brefs jusqu'à le faire osciller. A une secousse involontaire qu'elle donna pour reprendre son équilibre, la chaise bascula. Les pieds menus chaussés de velours noir rencontrèrent le vide. Et avec un faible cri, un instinctif mouvement d'affreuse terreur qui porta les mains à sa mâchoire coupée par le cordon, Isabeau Chesneau tomba étranglée. Quelques longs spasmes agitèrent ses jambes, replièrent ses bras, firent saillir sa langue hors de sa bouche distendue. Puis elle demeura immobile, détachant sa grande masse. sombre, sous ses cheveux épandus, le long de la tapisserie où M. de Clé— rambon, en rentrant vers onze heures du soir, par la porte d'un couloir secret, la trouva appliquée.

15 Mars 1898.   6

Et comme le comte était convaincu qu'il inspirait une haine singulière aux femmes, il demeura persuadé que la belle créature dont il ignorait jusqu'au nom s'était tuée pour ne point subir ses caresses. Il la fit vivement décrocher et porter chez M. de Saint-Cendre pour qu'il en disposât selon son plaisir. Et tout en s'endormant il se dit :

« Saint-Cendre porte malheur à tout ce qui l'approche. Il est cause que cette magnifique commère s'est donné sottement et vilainement la mort. Et, ce qui est bien plus grave, il m'entraîne, comme précédemment, vers une affaire pourrie et dangereuse. Voici que M. l'Amiral accumule sottises sur sottises. Qu'est-ce encore que cette nouvelle, reçue à l'instant, d'une défaite éprouvée par le parti ? La lettre de Puysieux est formelle. Il me mande que tous nos gens de pied ont été taillés en pièces à Moncontour, il n'y a pas cinq jours. Les courriers qui nous apportent les mauvais messages semblent voler sur les ailes du Temps sans se régler sur son sablier. Tout cela me trouble. Il faut que j'en aie le cœur net. »

Et M. de Clérambon, se levant, en bonnet de nuit et en robe de chambre, s'en fut trouver l'astrologue Galéas Chrysogoni qui, tenant à ses vases d'or, lui déclara que le désastre de l'Amiral, prévu par lui, du reste, ne pouvait en rien diminuer les chances de M. de Saint-Cendre. Et le comte de Clérambon retourna vers son lit, rassuré.

« L'important, se dit-il, est que les reîtres ne connaissent point cette histoire avant que nous ayons enlevé la Haute-Ganne. »

MAURICE MAINDRON

(La fin au prochain numéro.)

LA LÉGENDE DU TANNHÄUSER[1]

Quand Richard Wagner, en 1842, composa son drame musical de *Tannhäuser*, il n'était pas encore en pleine possession de toutes les idées qu'il devait plus tard saisir et réaliser avec tant de force, mais elles flottaient déjà dans son esprit, et il avait au moins indiqué, dans le *Vaisseau fantôme*, celle qui les domine et les résume toutes et qu'il devait plus puissamment incarner dans le *Tannhäuser*. Je veux parler de cette conception grandiose d'après laquelle la musique, étroitement unie à la poésie et sortant de la même âme, doit être l'interprétation la plus profonde et la plus pathétique du mystère de la destinée humaine, suspendue entre l'amour et la mort, entre

1. On trouvera dans cet article le héros de la légende et du drame appelé tantôt *le Tannhäuser*, tantôt simplement *Tannhäuser*. C'est la première forme qui est la plus authentique : le *Minnesinger* dont nous ignorons le prénom n'était désigné, de son temps, que par le nom de la famille des Tannhausen, à laquelle il appartenait. Mais de bonne heure on a dit simplement *Tannhauser*. J'ai ramené à cette forme consacrée les variantes (*Tanhuser, Danhuser*, etc.) qu'on trouve dans les documents anciens. — Je ne m'attache pas ici à établir minutieusement les idées que j'émets; j'en reprendrai ailleurs la discussion. Je renvoie une fois pour toutes à l'excellente étude de M. Erich Schmidt, parue dans le numéro de novembre 1892 de la revue allemande *Nord und Süd*. Je me réfère aussi à l'article que j'ai publié dans la *Revue de Paris* (15 décembre 1897), *le Paradis de la reine Sibylle*, ainsi qu'au travail de M. Söderhjelm que j'y ai cité.

l'égoïsme et le sacrifice, entre l'aspiration idéale et la fascination des sens. La musique se prêtait à ce rôle transcendant par
son pouvoir unique de soulever au fond des cœurs toutes les
vagues des passions humaines et de les apaiser en même temps,
de faire tout pressentir sans rien expliquer nettement, d'être
ce qu'il y a dans l'art à la fois de plus intime et de plus général, de plus expressif et de plus indéfini. Le drame musical
devenait ainsi une sorte de religion : aux plus sublimes révélations des mystères purificateurs il pouvait opposer les orgies les
plus déchaînées des bacchanales ; il célébrait sous mille formes
diverses la lutte de l'homme et contre les forces aveugles de
la nature et contre son propre cœur.

C'est dans les mythes traditionnels, dans les vieilles
légendes populaires que cette âme de musique et de poésie
étroitement unies devait, d'après Wagner, trouver à s'incorporer. Là, en effet, s'étaient traduites, en des symboles d'autant
plus précieux qu'ils étaient à demi inconscients, cette même
angoisse de la destinée, cette même recherche du bonheur,
cette même lutte entre le désir individuel et l'ordre immuable,
cette même succession d'ardent espoir et de morne désenchantement, d'immolation de soi-même et d'immolation des
autres, qui constituaient pour le cœur agité et pour la pensée
inquiète du maître le drame éternel de la vie humaine
comme le drame passager de sa propre vie. L'histoire, où ces
éléments ne sont pas moins en jeu, ne lui semblait pas se
prêter aussi bien à fournir la base de l'interprétation rêvée :
elle précise trop les caractères et les faits, en même temps
que les événements y sont trop fortuits, et ne naissent pas des
données psychologiques et morales, tandis que les mythes et les
légendes, n'étant que l'incarnation d'idées et de sentiments,
subordonnent nécessairement les événements à ces données
mêmes. En outre, le poète est beaucoup plus libre avec les
légendes qu'avec l'histoire : il lui suffit de s'inspirer de l'idée qu'il
croit y reconnaître ; il la développe ensuite à sa guise, connue
ont fait à travers les siècles ceux qui nous les ont transmises en
les variant à l'infini. Il fallait s'adresser au moyen âge plutôt
qu'à l'antiquité. Les chefs-d'œuvre classiques ont leur perfection
en eux-mêmes : la poésie n'ose pas les transformer, la musique
qu'on leur ajoute n'est qu'un ornement accessoire, un lierre

qui s'enroule autour d'une colonne. Au contraire, le moyen
âge a produit en masse des œuvres imparfaites. où des idées
profondes, des pressentiments sublimes, ont pris des formes
souvent vagues et imprécises qui permettent à l'imagination
moderne de les interpréter et de les compléter à son gré.

Le moyen âge que Wagner voulait faire revivre, en le
transfigurant par le sentiment moderne, c'était le moyen âge
allemand. Il croyait sentir en lui l'âme germanique des anciens
temps, et il rêvait de lui donner une pleine consc'ence d'elle-
même, de remplacer par une voix claire et puissante le naïf
et mystérieux bégaiement de son enfance. Mais ici se place
un de ces « malentendus féconds » dont aimait à parler Renan.
Plusieurs des sujets que Wagner a traités avec amour parce
qu'il les croyait profondément allemands ne le sont pas. Il les
a bien pris dans des poèmes allemands du moyen âge, mais
ces poèmes étaient traduits ou imités du français. Tel est le
cas pour *Tristan et Iseut*, pour *Perceval.* sans doute pour
Lohengrin. A vrai dire, derrière la forme française copiée
dans les poèmes allemands on entrevoit pour ces thèmes
une forme primitive bien plus ancienne, mais elle n'est
pas germanique, elle est celtique, elle est née dans cette
race poétique par excellence, dont faisaient partie les Gaulois,
nos pères, à laquelle appartiennent aujourd'hui les Irlandais, les Gaëls d'Écosse, les Gallois d'Angleterre et les Bretons de France. C'est dans l'imagination rêveuse, mélancolique et passionnée de cette race que se sont élaborées, sinon
formées, — car beaucoup d'entre elles remontent à un passé
plus lointain encore, — les plus belles fictions du moyen âge.
Elles se sont perdues dans leur langue originaire, mais au
xııᵉ siècle, ayant exercé sur les Français une incomparable
fascination, elles prirent une forme française où elles se modi-
fièrent notablement, et passèrent ainsi, grâce à l'influence
extraordinaire de la poésie française, dans tous les pays de
l'Europe et notamment en Allemagne.

⁂

La légende du Tannhäuser a une histoire analogue, bien
que l'intermédiaire français y fasse défaut. La source directe où

Wagner l'a puisée n'est pas, cette fois, un poème allemand du
XIII⁰ siècle ; c'est une chanson populaire sensiblement plus
récente. Il l'avait trouvée chez Henri Heine, auquel il devait
déjà le thème du *Vaisseau fantôme*. « Quel admirable poème ! —
avait dit Heine en parlant du vieux *Volkslied* qu'il reproduisait
et dont il devait écrire plus tard une sorte de parodie à
moitié bouffonne, à moitié pathétique. — Avec le cantique du
Grand Roi (c'est le roi Salomon que je veux dire), je ne
connais pas de chant plus enflammé d'amour que le dialogue entre dame Vénus et le Tannhäuser. Cette chanson est
comme une bataille d'amour ; il y coule le plus rouge sang
du cœur. »

Wagner s'éprit aussi de cette légende, où il trouvait,
comme Heine, un thème éminemment dramatique. Le problème qu'il y sentait obscurément formulé revient souvent
dans son œuvre et se posait au fond de sa propre nature, à la
fois très sensuelle et très idéaliste. C'est la lutte qui se livre
dans le cœur entre deux formes de l'amour, l'amour charnel et passionné, l'amour pur et idéal ; Tannhäuser ne peut
longtemps, même aux bras de Vénus, se contenter du premier,
mais quand il l'entend dénigrer par des gens qui ne sauraient en comprendre les ivresses, il proteste avec toute l'ardeur de son imagination et de ses souvenirs. La conciliation se
ferait par la tendresse d'Élisabeth, qui saurait apaiser et épurer les flammes trop dévorantes de celui qu'elle aime, si l'imprudent défi jeté par Tannhäuser à toutes les conventions
sociales ne mettait entre elle et lui une barrière qui ne peut
se briser sur terre. C'est par le sacrifice volontaire d'Élisabeth
que cette barrière est renversée, mais seulement dans le ciel,
c'est-à-dire en dehors de la réalité humaine et présente.

Voilà ce que le poète-musicien a trouvé dans la légende
du Tannhäuser, et cette conception est émouvante, humaine
et dramatique. Mais elle est étrangère à la légende. Celle-ci
n'est qu'une variante — relativement assez moderne — d'un
thème très antique et très répandu, l'aventure du mortel
qui, grâce à l'amour d'une déesse, pénètre tout vivant dans
la région surnaturelle où brille un éternel printemps, où
règne un immuable bonheur.

Une des formes de ce thème se distingue des autres en ce

que le héros, après avoir joui quelque temps — souvent, pendant des siècles qui lui ont paru des jours — des voluptés du pays enchanté où il a eu la merveilleuse chance d'être accueilli, éprouve le besoin de revoir le monde des vivants, y reparaît en effet, et finit par rentrer dans le séjour féerique où l'attendent l'amour et l'immortalité. C'est à cette classe qu'appartient la légende qui fait le fond de la chanson de Tannhäuser ; seulement elle remplace la nostalgie tout humaine des vieux contes païens par le sentiment nouveau du « péché », et elle présente comme un acte de désespoir le retour du héros dans le « paradis » infernal. Le rêve de volupté est devenu un mystère de perdition ; le sort du héros, qui remplissait d'enthousiasme et d'envie les auditeurs primitifs, est aux yeux des hommes du moyen âge un objet d'horreur et d'effroi, tout en gardant un périlleux attrait pour les âmes.

Wagner a, autrement encore, remanié la légende : il n'a pas laissé s'accomplir le retour désespéré de Tannhäuser ; il l'a remplacé par un dénouement édifiant, où la religion, l'amour et la pureté d'âme triomphent des forces de l'enfer ; la dissonance tragique et douloureuse qui terminait le vieux chant s'est transformée en un accord céleste, où les voix des anges font taire les derniers appels des démons.

C'est à une autre source que Wagner avait puisé cet élément purificateur et consolant, qui était absent, tout comme le personnage d'Élisabeth, de la légende même du Tannhäuser.

*
* *

Cette légende, en effet, ne lui a point paru suffisante pour lui fournir tout son drame. Il y a mêlé celle de la « guerre poétique de la Wartburg », qui n'a rien à faire avec elle.

Un poème assez bizarre de la fin du XIII⁰ siècle nous raconte qu'au commencement de ce même siècle, chez le landgrave Hermann de Thuringe, — dans ce beau château de la Wartburg qui rappelle tant de souvenirs et qu'on a si brillamment restauré, — cinq « chantres d'amour » soutinrent contre un sixième, Henri d'Ofterdingen, une lutte poétique où celui-ci, vaincu, appela à son aide le magicien Klingsor. Cet Henri d'Ofterdingen, d'ailleurs inconnu, a donné lieu, de la

part des érudits allemands, à toutes sortes de conjectures : l'un
d'eux avait proposé, dès 1838, de l'identifier au Tannhäuser.
Wagner a-t-il connu et adopté cette conjecture? L'idée a fort
bien pu lui venir à lui-même. Pour cette partie de son œuvre,
il s'est largement inspiré d'une fantastique et ultra-romantique
nouvelle d'Hoffmann, *Henri d'Ofterdingen*, où le mystérieux
Minnesinger de la Wartburg est représenté comme ayant une
nature à moitié satanique, où une chanson lascive célèbre les
joies indescriptibles du séjour de Vénus, et où la belle Mathilde,
nièce du landgrave, se sent gagnée par les accents audacieux
d'Ofterdingen, qui remplissent d'horreur et d'indignation les
représentants du pur amour chevaleresque : c'est, on le voit,
tout le second acte du drame; Mathilde est devenue Élisabeth,
en empruntant un reflet mystique à l'auréole de la sainte qui
devait être la belle-fille du landgrave Hermann, et Henri
d'Ofterdingen a été remplacé par Tannhäuser, auquel le poète
a même laissé le prénom d'Henri. Wagner a ainsi, avec une
remarquable habileté, « corsé » le thème principal de son
œuvre. Du même coup, il a mis au premier plan le problème
qu'il voulait traiter, l'opposition de l'amour idéal à l'amour
charnel. Mais il en est résulté, dans le caractère du héros,
quelque incohérence, et, dans la donnée même du drame,
quelque incertitude. Au lieu d'aller droit à Rome, pour se
purifier de son péché, en sortant du *Venusberg*, Tannhäuser
s'y rend parce que sa criminelle aventure a été, par sa faute,
révélée à tous, et pour en revenir digne de l'amour d'Élisabeth : dès lors, le miracle de la grâce octroyée par Dieu malgré le pape perd sa vraie signification, et le salut final du
pécheur semble dû beaucoup plus aux prières et à la mort
d'Élisabeth qu'à son propre repentir. Ce salut même, qui
satisfait les spectateurs, est moins grandiose et moins émouvant que le dénouement terrible et mystérieux du vieux *lied*,
la rentrée de Tannhäuser, désespéré, dans le paradis infernal
qui se referme à jamais sur lui.

*
* *

L'histoire du chevalier Tannhäuser, de son séjour et de
sa rentrée dans le *Venusberg* n'apparaît pas en Allemagne

avant le milieu du xvᵉ siècle. En 1453, un rimeur appelé Hermann de Sachsenheim écrivit un long poème sur la montagne enchantée où règnent tous les plaisirs dans un éternel printemps, et où Vénus tient sa cour avec son époux le Tannhäuser : cela suppose que déjà la légende existait avec ses traits essentiels. A la même époque à peu près appartient un petit poème dans lequel Tannhäuser exprime son repentir d'être allé dans le *Venusberg* et raconte le refus du pape Urbain IV de lui pardonner ; il espère néanmoins obtenir sa grâce par l'intercession de la Vierge. La même inspiration miséricordieuse semble animer un petit poème dialogué, aussi du milieu du xvᵉ siècle, où Tannhäuser, dans la montagne, déclare à Vénus, malgré ses objurgations, qu'il va la quitter et qu'il compte, pour obtenir son pardon, sur Jésus-Christ et sa douce mère. Mais c'est au xvıᵉ siècle seulement que remonte la belle chanson populaire qui a fait la célébrité de la légende, et qui lui a donné sa forme la plus poétique en traduisant par un gracieux et profond symbole le dur refus de pardon du pape et le blâme infligé par Dieu même à son représentant.

Cette chanson existe, sous des formes assez diverses, en haut-allemand, en bas-allemand, en néerlandais, en danois ; on la trouve dans des manuscrits et des imprimés des xvıᵉ et xvııᵉ siècles ; on en a recueilli de nos jours, en Suisse et en Autriche, de précieuses variantes orales. Voici une traduction de ce naïf chef-d'œuvre que Heine mettait à côté du *Cantique des Cantiques*[1] :

Tannhäuser était un bon chevalier, — et il désirait voir des merveilles ; — il voulut entrer dans la montagne de Vénus, — où elle est avec d'autres belles femmes.

Une fois qu'une année fut passée, — ses péchés commencèrent à lui faire peine : — « Vénus, noble dame fine, — je veux me séparer de vous.

— Sire Tannhäuser, je vous aime, — vous ne devez pas l'oublier ; — vous m'avez juré par serment — de ne pas vous séparer de moi.

— Dame Vénus, je ne l'ai pas juré, — cela je le conteste ; — si quelqu'un d'autre le disait, — j'invoquerais le jugement de Dieu.

— Sire Tannhäuser, que dites-vous là ? — Il vous faut rester

---

1. Je traduis la forme la plus ancienne, dont s'écartent peu les autres versions en haut-allemand, anciennement recueillies ; j'indiquerai en note quelques variantes des versions bas-allemande, néerlandaise, danoise et suisses.

parmi nous. — Je vous donnerai une de mes compagnes — pour
être toujours votre femme.

— Si je prenais une autre femme — que celle que j'ai dans la
pensée, — au feu de l'enfer — il me faudrait brûler éternellement [1].

— Vous parlez tant du feu de l'enfer, — et pourtant vous ne
l'avez pas senti : — pensez à mes lèvres rouges — qui rient à toute
heure.

— Que me font vos lèvres rouges ? — Je ne m'en soucie pas [2]... —
Donnez-moi congé, noble dame, — de votre corps orgueilleux.

— Tannhäuser, ne parlez pas ainsi ! — Revenez à d'autres pensées : — allons dans ma chambrette, — et jouissons du noble jeu
d'amour !

— Votre amour m'est devenu déplaisant; — je devine vos
mauvaises pensées : — je vois au feu de vos yeux — que vous êtes
une diablesse [3]... »

Il partit ainsi de la montagne — dans le trouble et le repentir. —
« Je veux aller à Rome — et me confesser au pape.

Me voilà joyeusement en route : — Que Dieu me protège toujours ! — Je vais trouver le pape Urbain, — voir s'il pourrait me
sauver. »

— « Ah ! pape, mon cher seigneur, — je vous avoue en pleurant le
péché — que j'ai commis dans ma vie, — comme je vais vous le
raconter.

Je suis resté pendant un an — auprès d'une dame nommée
Vénus. — Je veux me confesser et recevoir une pénitence, — savoir
si je pourrais voir Dieu. »

Le pape tenait à la main un bâton sec ; — il le ficha en terre [4] :

1. Dans la version suisse, Vénus promet « sa plus jeune fille » La réponse de
Tannhäuser (pareille dans toutes les versions) est peu claire : a-t-il une fiancée, ou
veut-il parler de la Vierge Marie ?

2. Je passe ici huit vers qui répètent à peu près les précédents.

3 Je traduis ce quatrain d'après des variantes et j'omets ensuite trois quatrains,
qui appellent cependant quelques remarques. Vénus finit par donner congé à
Tannhäuser et lui recommande de la célébrer ; la chanson ne donne pas de suite
à cette indication, dont Wagner s'est inspiré pour la scène de la Wartburg. — Elle
lui dit aussi : « Prends congé des vieillards », désignant sans doute les plus
anciens des habitants de la montagne, auxquels, dans les habitudes courtoises du
moyen âge, il devait demander congé avant de partir. S'appuyant sur la leçon
d'une seule version (la plus ancienne il est vrai) : « du vieillard », — on a voulu
trouver là la mention du « fidèle Eckart », personnage de la vieille épopée germanique qu'on trouve mêlé à quelques descriptions du Venusberg; mais c'est tout
à fait invraisemblable. Il est même possible que la variante danoise, qui dit :
« Nous vous montrerons le chemin », ait ici conservé la forme primitive (Voir le
récit d'Antoine de la Sale). Dans un Meisterlied, qui est peut-être du xve siècle,
on lit : « Prends congé du vert rameau. »

4 Ce vers est emprunté aux leçons bas-allemande, néerlandaise et danoise.

— « Aussi bien que ce bâton peut verdoyer — tu peux obtenir la
grâce de Dieu [1] ! »

Il repartit de là — en trouble et en douleur : — « Ah ! Marie.
pure Vierge mère, — il me faut me séparer de toi [2] ! »

Il rentra dans la montagne, — pour toujours jusqu'à la fin : —
« Je retourne auprès de ma dame si tendre, — puisque Dieu m'y
renvoie. »

— « Soyez le bienvenu, Tannhäuser ! — Je vous ai attendu longtemps. — Soyez le bienvenu, cher sire — mon amant choisi
entre tous ! »

Le troisième jour était venu, — quand le bâton se mit à verdoyer : — le pape envoya par tous pays — savoir ce qu'était devenu
Tannhäuser.

Il était rentré dans la montagne, — il avait choisi son amour,
— et à cause de cela le quatrième pape Urbain — fut perdu pour
l'éternité.

Aucun pape, aucun cardinal — ne doit damner un pécheur : —
que le péché soit aussi grand qu'il voudra, — Dieu peut toujours le
pardonner [3].

Il y a dans ce beau poème, si pénétrant avec son allure
elliptique, son dialogue passionné, son mélange d'ardent
paganisme et de mysticisme chrétien, divers éléments à distinguer. D'abord le fond de la légende : un mortel entre
dans le royaume d'une déesse, s'arrache aux délices qui l'y enchaînent, revient à la région des humains et finit par retourner

---

1. La plupart des versions intercalent ici un quatrain qui ne va pas avec le reste ·
« Et si je vivais encore un an, — un an sur cette terre, — je ferais confession
et pénitence — et gagnerais la grâce de Dieu. » Dans quelques unes, cette pensée
est suivie de malédictions contre les prêtres, qui perdent tant d'âmes que Dieu
aurait volontiers sauvées.

2. Très jolie variante dans la version suisse : « Quand il sortit par la porte de
la ville, — il rencontra Notre Dame : — « Adieu, Vierge pure ! — Je n'ai plus le
droit de te regarder ! » — La variante bas-allemande est d'une beauté antique :
« Quand il arriva devant la montagne, — il regarda de tous côtés autour de lui :
— « Adieu, soleil, — adieu, lune, — et aussi tous mes chers amis ! »

3. La fin est assez différente suivant les versions : la dernière strophe n'est que
dans deux leçons. Les leçons bas-allemande et danoise ont supprimé la damnation
du pape ; elles disent : « Le pape se chagrina beaucoup, — et il pria sans cesse — que
Dieu exauçât le vœu de Tannhäuser — et lui pardonnât son péché. » La chanson
néerlandaise intercale trois strophes, qui ne manquent pas de poésie, sur l'attitude
de *Daniel* (c'est ici le nom du héros) quand il est rentré dans la montagne : il s'assied sans mot dire, et c'est en vain que Vénus lui offre un repas délicat et une coupe
d'or : il ne boit ni ne mange ; elle fait danser devant lui sept jeunes filles rieuses :
« Sire Daniel reste silencieux. » La chanson danoise ajoute deux quatrains édifiants
sur les dangers de l'amour, prouvés par l'exemple de *Danyser*.

auprès de celle qu'il avait quittée ; — puis la couleur religieuse
donnée à son aventure, à son départ et à son retour ; — la doctrine d'après laquelle il n'y a pas de si grand péché dont le
repentir n'obtienne le pardon ; — enfin le symbole par lequel
s'exprime cette pensée : — ces éléments appartiennent soit au
folklore de presque tous les peuples, soit aux conceptions les
plus chères des peuples du moyen âge catholique ; — il y a
enfin un élément spécialement allemand, qui se marque uniquement par le nom du héros et par celui du *Venusberg*.

Il a existé au xiiie siècle un *Minnesinger* appelé le Tannhäuser, dont les chansons, écrites souvent d'un style bizarre
et pédantesque, offrent un singulier mélange de joie de
vivre et de piété, de licence et de repentir. Est-ce à cause de
cela qu'on en a fait le héros de notre légende ? On ne
lisait plus guère au xve siècle les poésies des *Minnesinger,* et rien
d'ailleurs dans celles du Tannhäuser ne suggérait l'idée d'une
aussi fantastique aventure. Mais si le poète n'était plus connu
directement, son nom était resté célèbre parmi les *Meistersänger*.
Il y avait un *ton*, c'est-à-dire une forme rythmique et musicale, qui se rattachait à une des formes inventées par lui, et
qui fut longtemps employé avec deux variétés, « le ton court »
et « le ton long » de Tannhäuser. Les plus anciennes poésies
où apparaisse la légende sont composées « dans le ton long de
Tannhäuser », et l'introduction de ce nom dans la merveilleuse histoire n'a peut-être pas d'autre cause. On a cependant pensé que c'était bien le *Minnesinger* du xiiie siècle
qui en était le héros. « La légende, dit un savant critique, dut entourer de bonne heure le poète vagabond ; le
pécheur repentant, dans la chanson populaire, adresse son
cri d'angoisse au pape Urbain IV, et cela s'accorde bien avec
l'époque où vécut le Tannhäuser historique [1]. » Cet accord
même paraît suspect : la légende ne connaît guère de
telles précisions. Il n'est pas d'ailleurs aussi complet qu'il en
a l'air. Le Tannhäuser paraît être né vers 1200, et nous n'avons
aucune trace certaine de lui passé 1255 ; admettons même qu'il
ait vécu jusqu'au temps du pape Urbain IV (1261-1264): est-ce
à un sexagénaire qu'on aurait attribué l'aventure du *Venus-*

1. E. Schmidt, p. 179.

berg ? Je crois bien plutôt que le nom du pape Urbain est
venu d'Italie avec la légende elle-même [1], et que, par un motif
quelconque, peut-être simplement pour remplir un vers, on
l'a spécifié « quatrième [2] ».

Le nom du *Venusberg* est propre aussi à la légende
allemande, mais il n'y a pas de raison de croire qu'il appar-
tienne à une ancienne tradition. On ne le rencontre pas
en Allemagne antérieurement à la légende du Tannhäuser
elle-même, et il paraît être simplement le produit d'une
substitution du nom de Vénus à celui de la Sibylle, moins
connu [3]. On a dit, il est vrai, que Vénus n'était ici que
le prête-nom d'une vieille divinité nationale, Holda ou
Berchta ; mais il est aujourd'hui démontré que Holda et
Berchta ne sont pas d'anciennes divinités germaniques, que
leurs noms n'apparaissent pas avant le xive siècle, et qu'elles
n'ont rien de commun avec Vénus. On a voulu aussi reconnaître dans la Vénus de notre légende la déesse germanique
de l'amour, Freia ; mais rien, dans ce que nous savons sur
cette épouse de Wotan, ne nous la montre en possession d'un
royaume souterrain où elle attire les mortels. La « basse
mythologie » allemande connait des montagnes où habitent des êtres surnaturels, et où l'on voyait des entrées de
l'enfer ; mais ce sont des séjours d'effroi et non de volupté.
Le *Venusberg* souvent mentionné dans la littérature allemande des xve et xvie siècles provient sans doute de notre
légende et n'est nulle part bien défini : il n'a pas de locali-
sation propre ; c'est seulement dans notre siècle qu'on s'est
plu à l'identifier avec une montagne de Thüringe, le Hörsel-
berg. Vénus a d'ailleurs si bien remplacé la Sibylle, en Allemagne, dans notre légende que les Allemands, au xve siècle,

1. Antoine de la Sale hésite entre Urbain VI et Urbain VII.

2. On a cependant fait remarquer qu'Urbain IV, Français de naissance, avait
été un adversaire passionné des Staufen et avait pu laisser une mauvaise réputation
en Allemagne.

3. Il y a peut-être une trace curieuse de la pénétration en Allemagne de la tradition italienne sous sa vraie forme dans ce même poème de la *Guerre de la Wartburg* dont Wagner devait mêler le thème à l'histoire du Tannhäuser. On y parle de
Félicia, *fille de Sibylle*, qui, avec Junon (!) et Arthur, vit dans une montagne.
Cette Sibylle, mère de la Félicité, et son empire souterrain doivent provenir de
la légende italienne. Or cette allusion remonte au xiiie siècle.

s'enquéraient en Italie de la « montagne de Vénus », que personne n'y connaissait, et arrivaient à la retrouver, par une sorte de divination, dans la « montagne de la Sibylle », dont les Italiens racontaient des choses toutes pareilles[1].

Le *Venusberg* et le Tannhäuser écartés, reste la légende religieuse. Celle-ci ressemble tellement à la légende italienne sur la Sibylle[2] qu'il faut que l'une provienne de l'autre. Dans toutes deux, nous voyons le héros s'arracher, par remords, aux délices du « paradis » souterrain où il a pénétré ; dans toutes deux, il se rend de là directement à Rome et demande l'absolution au pape, qui la lui refuse; dans toutes deux, il retourne, désespéré, à la montagne fatale, et les messagers du pape, envoyés pour lui annoncer qu'il est pardonné, arrivent trop tard. Certains traits, conservés seulement dans quelques variantes du *Lied*, augmentent encore la précision de ces rapprochements : une chanson suisse nous dit que, quand Tannhäuser était chez « dame Frene », un an lui semblait un jour, tout comme au héros de La Sale ; une autre, suisse également, rapporte que, le dimanche, les belles dames de la montagne « sont des vipères et des serpents », comme les habitantes du paradis de la Sibylle. Il faut noter que ces traits archaïques se trouvent dans des chansons qui appartiennent à une région intermédiaire entre l'Allemagne et l'Italie[3].

Le seul critique qui, jusqu'à ces derniers temps, eût rapproché de la chanson allemande le récit d'Antoine de La Sale, Alfred de Reumont, croyait que c'était la légende allemande qui avait pénétré en Italie. M. Soderhjelm pense aussi que

---

1. Ils voulaient la retrouver partout. Le franciscain Jean Faber, qui fit, en 1483, un voyage en Terre Sainte, qu'il a raconté dans son *Evagatorium*, la reconnaissait dans le mont Sainte-Croix, de Chypre, l'ancien promontoire d'Aphrodite : « Le bruit court parmi le peuple en Allemagne qu'un noble de Souabe, appelé le Danhuser, vécut quelque temps dans cette montagne avec Vénus. Pressé par le remords, il vint se confesser au pape, mais l'absolution lui étant refusée, il retourna dans la montagne et ne reparut plus. Il y vit, dit-on, dans les délices, jusqu'au jour du jugement... Pourtant Vénus est morte et damnée, sans aucun doute. » J'emprunte cette citation curieuse à M. E.-M. de Vogüé, *Syrie, Palestine, Mont-Athos*, p. 25.

2. Voy. la *Revue de Paris* du 15 décembre 1897.

3. Dans ces mêmes chansons, Frene offre à Tannhäuser une de ses compagnes, ou « sa plus jeune fille ». C'est donc comme dans la version d'Antoine de La Sale ; dans la « vulgate » du *Lied*, elle lui donne elle-même son amour, mais il reste un vestige de la conception plus ancienne (Voyez ci-dessus, p. 314).

la légende du Tannhäuser a été apportée au *Monte della Sibilla* par ces visiteurs allemands que mentionne La Sale et dont le bon Arnold de Harff fut le dernier. Mais cette hypothèse soulève de grandes difficultés. Il faut admettre, en effet, que deux légendes presque pareilles, comprenant également des traits fort particuliers, comme la métamorphose des habitants de la montagne en serpents et le voyage à Rome du pécheur repentant, s'étaient formées indépendamment en Allemagne et en Italie, et qu'elles se sont fusionnées dans l'histoire racontée à La Sale par les gens de Montemonaco ; la légende allemande aurait donné au pape un rôle odieux parce que Urbain IV était l'ennemi des Staufen, tandis que la légende italienne, représentée par *Guerino il Meschino,* aurait attribué au pape un rôle bienveillant et fait absoudre par lui le héros de l'aventure. Cela ne paraît pas vraisemblable. Le récit de *Guerino* est bien plutôt, comme je l'ai dit, une variante édifiante de l'histoire originaire : si Guerino reçoit l'absolution du pape, cela s'explique fort bien, puisqu'il a résisté aux séductions de la Sibylle.

Mais la présence même de ce récit dans un roman écrit en Toscane avant la fin du xive siècle nous fait remonter, pour la légende italienne, à une époque bien plus reculée que celle où apparaissent en Allemagne les premières allusions à l'aventure du Tannhäuser. Je crois donc, pour ma part, que la légende, dans sa forme religieuse, s'est constituée en Italie et a de là passé en Allemagne. Dans la version qu'Antoine de La Sale recueillait en 1420 à Montemonaco, nous voyons, comme dans la chanson allemande, le pape refuser l'absolution au visiteur de la caverne enchantée, s'en repentir ensuite, mais trop tard, et lui envoyer des messagers porteurs de sa grâce, qui n'arrivent qu'après qu'il est rentré pour toujours dans le royaume de perdition. Seulement la dureté du pape a été atténuée dans ce récit, — soit par Antoine, soit par ceux de qui il la tenait, — avec une visible gaucherie. Elle n'aurait été qu'apparente : le pape aurait eu dès le premier moment l'intention de pardonner, et c'est grâce aux machinations de son écuyer[1] que le chevalier, se croyant à tort condamné,

---

1. Tout le rôle inutile de l'écuyer a été ajouté pour amener cet incident.

serait retourné auprès de la Sibylle [1]. C'est sans cette atténuation maladroite que la légende italienne passa en Allemagne, sans doute par l'intermédiaire de la Suisse. Le nom de la Sibylle y fut remplacé par celui de Vénus, et le *Venusberg* devint longtemps pour les Allemands un objet de terreur et de désir; seulement. comme je l'ai dit. on ne savait où le placer : on le cherchait non en Allemagne, mais en Italie, peut-être par une vague réminiscence de l'origine de la légende. Quant au héros, sans doute anonyme dans les récits italiens, il reçut le nom de Tannhäuser, pour les raisons que j'ai essayé d'indiquer plus haut.

Est-ce aussi en Allemagne que fut ajouté à la légende le trait du bâton sec qui se couvre de verdure ou de fleurs [2]. ce beau symbole qui donne tant de poésie au récit et lui a sûrement valu la plus grande part de son succès? On peut le croire, car il manque dans tous les récits italiens et aussi dans les plus anciens textes allemands. Je ne le crois pas cependant. Si nous admettons que la façon dont La Sale présente le rôle du pape est une atténuation voulue. il s'ensuit que dans la forme primitive le pape refusait pour de bon l'absolution et était averti ensuite par un miracle qu'il avait eu tort de la refuser. Ce miracle devait être celui que nous trouvons dans les chansons allemandes. le bâton sec qui reverdit ou fleurit. emblème du repentir qui transforme l'âme du pécheur. Comme le dit Dante en son admirable style. les prêtres ont beau maudire le pécheur :

> *Per lor maledizion sì non si perde*
> *Che non possa tornar l'eterno amore,*
> *Mentre che la speranza ha fior del verde* [3].

Ce qui paraît impossible aux hommes. Dieu peut le faire, voilà ce que signifie ce symbole. C'est la mise en action, sous une autre forme, de la parole évangélique : « Il est plus facile

1. On pourrait voir un indice de l'origine allemande du récit de La Sale dans le fait que le héros en est un chevalier allemand ; mais cela peut très bien avoir été ajouté par La Sale, qui voulait le reconnaître dans ce Hans von Bramburg qui avait si hardiment gravé sur le mur du vestibule . *intravit*. D'ailleurs il parle de personnages d'autres nations qui avaient aussi pénétré dans le paradis.

2. Il verdoie simplement dans la version la plus répandue, mais dans plusieurs chansons suisses et dans la chanson néerlandaise il porte des fleurs.

3. *Purg.*, c. III, l. 45.

à un chameau de passer par le trou d'une aiguille qu'à un
riche d'être sauvé. — Aucun riche ne peut donc être sauvé?
— Rien n'est impossible à Dieu. »

Cet emblème du bâton desséché qui reverdit ou fleurit se
retrouve dans quelques légendes pieuses ; c'est un produit
charmant et spontané de l'imagination populaire. Déjà dans
Homère, quand Achille jure par le bâton qu'il tient à la main
et « qui ne portera plus de feuilles ni de branches et ne reverdira plus, car l'airain lui a enlevé son feuillage et son écorce »,
il veut certainement dire qu'il ne changera pas plus de résolution que le bâton ne reverdira.

La morale qui se dégage de la forme religieuse donnée à
notre légende est une de celles que le moyen âge a le plus
aimées, et il l'a souvent, comme ici, appliquée à des histoires
auxquelles elle était d'abord tout à fait étrangère. C'est l'idée,
éminemment catholique, qu'il n'est pas de si grand péché que
Dieu ne pardonne à la confession et au repentir sincère. Les
légendes de saint Grégoire, incestueux et parricide, de saint
Jean Bouche d'Or, fornicateur et assassin, de Robert le Diable,
chargé de tous les crimes, de bien d'autres saints, ne sont,
dans leurs versions médiévales, que des illustrations de cette
pensée. Ce qui est propre à la nôtre, c'est l'antagonisme
qu'elle exprime entre l'inflexibilité de l'Église et l'infinie misé-
ricorde de Dieu. Cet antagonisme donne au récit son caractère
original et tragique, car on ne sait au juste si le héros est finalement pardonné ou s'il sera, par la faute du pape, damné irré-
missiblement. Il rentre, il est vrai, dans le paradis infernal, et
semble par là renoncer au vrai paradis ; mais le miracle du
bâton peut signifier qu'il est néanmoins sauvé, et qu'au jugement dernier, quand s'accomplira la destinée des hôtes de la
montagne mystérieuse, il aura la joyeuse surprise de se trouver rangé à droite, tandis que le pape qui l'a témérairement
condamné ira subir dans l'enfer la peine de sa présomptueuse
dureté. Il semble cependant que ce ne soit pas tout à fait la
l'esprit de la légende, et que l'ami de la Sibylle doive, par la
damnation, expier sa désespérance, — le seul péché impar-
donnable, car Judas lui-même, s'il s'était sincèrement re-
penti, aurait obtenu sa grâce, — comme le pape expiera son
manque de foi en la clémence divine.

15 Mars 1898.

C'est en Italie que la légende doit avoir pris cette forme
religieuse. qui s'est localisée à la montagne de la Sibylle, où
sans doute on ne logeait d'abord qu'une voyante et non une
séductrice. Le voyage de Rome semble l'indiquer : des monts
Sibyllins à Rome la route n'est pas longue, et on prétend
même que. par un temps clair, on peut, de leurs hauteurs
apercevoir le dôme de Saint-Pierre. L'esprit du récit convient
au génie italien, et nous avons vu que dès le xive siècle,
et sans doute même dès le xiiie. ce récit devait exister en
Italie avec ses traits essentiels. La légende du Tannhäuser, telle
qu'elle apparaît en Allemagne au xve et au xvie siècles, n'est
donc pas d'origine allemande ; elle remonte à la légende du
Monte della Sibilla, dont nous pouvons constater l'existence à
une époque bien plus ancienne.

*
* *

La légende italienne n'est d'ailleurs. nous l'avons vu, que
l'adaptation aux idées chrétiennes d'un thème antérieur au
christianisme. Ce thème paraît de formation celtique, comme
j'essaierai peut-être de le démontrer dans une étude plus
générale, et il a dû être apporté en Italie, avec bien d'autres,
des bords lointains de l'océan britannique. Il contient, si on
veut le presser, un problème psychologique plus haut et
plus vaste que la lutte de l'amour sensuel et de l'amour
pur. un problème que Wagner touche en passant lorsqu'il
nous montre Tannhäuser, au milieu des délices du séjour
de Vénus, aspirant à la lutte et à la souffrance humaines.
C'est le problème même du bonheur. que l'humanité, depuis
qu'elle pense, qu'elle sent et qu'elle songe. se pose toujours et
n'arrive pas à résoudre.

Le héros de notre légende est accueilli dans un séjour où
tous les maux de la terre sont inconnus. où le temps s'écoule
sans faire sentir sa fuite, sans amener les dégradations de
la vieillesse et la menace, chaque jour plus voisine, de la
mort, où toutes les jouissances, ici laborieusement conquises.
disputées à la souffrance. précaires et fugitives, sont données
sans mélange et obtenues sans travail, où l'amour, enfin, « le
seul bien d'ici-bas ». est à la fois éternel et toujours nouveau.

Mais dans ce « paradis », dans cette « terre de la joie », dans
ce « pays de l'éternelle jeunesse », il éprouve au bout de
quelque temps la satiété de voluptés sans lutte, d'une vie
sans activité et sans travail ; il ressent l'impérieuse nostalgie
de la vraie vie humaine avec ses désirs rarement satisfaits,
avec ses peines qui assaisonnent les joies, avec ses efforts qui
donnent du prix aux résultats atteints... Ainsi ce bonheur
parfait que l'âme humaine rêve toujours, elle a beau le construire librement d'après son rêve, dès qu'elle essaie de le réaliser, elle sent qu'elle ne saurait en jouir.

Le sentiment qui est au fond des vieux mythes sur le séjour
de la joie sans mélange s'est retrouvé — tant il est vraiment
humain — dans l'âme du poète philosophe qui, de nos jours,
a essayé, sans recourir à ces mythes et sans les connaître, de
donner, lui aussi, un corps à notre rêve de bonheur. Sully-
Prudhomme nous montre deux amants, — il a réuni dans
son paradis deux êtres qui s'aimaient sur terre, et cela est
plus délicat et plus touchant que les amours du mortel, dans
les vieilles légendes, avec une déesse ou une fée, — il nous
les montre, — en un séjour où est rassemblé tout ce qui peut
charmer les sens et l'âme, où il n'y a ni douleur, ni fatigue,
ni mal d'aucun genre, où le besoin de savoir est satisfait
aussi bien que celui de sentir, — jouissant d'abord avec ivresse
et de tout ce qui les entoure et de leur amour que rien ne
menace plus. Mais bientôt la mélancolie se glisse dans l'âme
de Faustus : il ne peut se contenter de jouir sans *mériter*, sans
valoir; il pense aux hommes, ses frères, qui gémissent encore
sous le poids de l'ignorance, de la misère, de la douleur et
du vice, et, d'accord avec sa chère Stella, il demande à
retourner sur la terre, à reprendre la seule vie qui convienne
à l'homme, celle où il y a de la lutte, de l'effort et du mérite.
La vague conception des anciens âges est ici singulièrement
ennoblie par une pensée où ont passé le souffle de la philosophie idéaliste et la flamme de la charité chrétienne ; mais
elle est essentiellement la même, et elle répond à l'éternelle antinomie qui fait le fond de la nature humaine. Elle
semble au premier abord bien pessimiste ; à la méditer, elle
apparaît consolante. Elle nous réconcilie avec notre destinée en nous montrant que cette destinée nous est imposée

par notre nature même et que nous en rêverions vainement
une autre tant que nous garderons cette nature, dont nous
ne pouvons nous défaire sans cesser d'être nous-mêmes. Elle
nous fait accepter les fatigues, les incertitudes, les souffrances, la vieillesse, la mort, comme les données mêmes de
notre condition ; elle nous rend plus précieuses les joies que
nous arrachons à tant de menaces ; elle rehausse, enfin, en
nous le sentiment de notre dignité : méritant sans cesse par
l'effort les biens que nous pouvons atteindre, nous nous sentons supérieurs à ce que seraient des bienheureux auxquels la
félicité tomberait du ciel toute prête et toujours renouvelée,
sans qu'ils fissent rien pour la conquérir par eux-mêmes.

Cette idée si profonde, où se mêlent d'une façon si poétique
l'enchantement de l'espérance et le désenchantement de la
réflexion, n'est à vrai dire que suggérée par le vieux conte,
elle n'y est pas nettement indiquée, car il fait rentrer le héros,
et pour toujours, dans le paradis qu'il a quitté. Encore
moins a-t-elle pu être celle des premiers mythes d'où ce conte
s'est peu à peu développé, et qui ne connaissent pas même
le retour passager du héros. A l'origine, il s'agissait sans
doute simplement de la possibilité pour l'homme d'arriver,
même avant sa mort, à la félicité dont quelques héros jouissent, après la mort, dans la « terre des bienheureux ». Plus
anciennement encore, cette terre de la mort, devenue la terre
de l'immortalité, n'était que le reflet du vague rêve qui se levait
dans l'âme enfantine des premiers hommes pensants lorsqu'ils
voyaient le soleil disparaître derrière une montagne ou, au
bout de l'horizon, se plonger dans la mer. Ils imaginaient le
pays mystérieux où l'astre séjourne jusqu'à ce qu'il repa-
raisse de l'autre côté du ciel ; ils se plaisaient à y voir un
monde enchanté, d'où l'astre éternellement jeune ressortait
chaque jour aussi brillant, et où peut-être était réalisée cette
félicité parfaite qui ne se trouve pas sur la terre.

C'est ainsi que les rêves des vieux âges, passant de lieux
en lieux, et de générations en générations, se colorent des
pensées changeantes des époques, des races et des patries qui
se les transmettent. L'antique « Hespérie », la terre que le
soleil visite au delà des mers du couchant, est devenue le pays
féerique, peuplé de femmes d'une incomparable et éternelle

beauté, où règne la félicité sans mélange. Des mortels y sont allés, et l'on en a vu revenir vivants quelques-uns qui y sont retournés pour toujours. Ailleurs, c'est dans une de ces montagnes qui semblent former la barrière de l'empire nocturne du soleil, qu'on a placé le palais de l'éternelle jeunesse. Le christianisme est venu : l'Église voit dans ce faux paradis un véritable enfer, et refuse d'absoudre le téméraire qui assure y avoir pénétré ; mais le peuple croit que Dieu aurait pardonné à celui qu'a égaré le rêve indomptable du bonheur. Et le poète philosophe de nos jours ne trouve que vanité dans le rêve lui-même, tandis que pour le dramaturge la lutte entre l'enfer et le paradis devient la lutte entre deux formes de l'amour… C'est toujours, sous des masques différents, le même visage qui nous apparaît, le même sphinx qui nous fascine. Nous voudrions accorder les joies éphémères de la vie avec une félicité plus parfaite et plus durable, la jouissance avec la noblesse morale, l'amour pur et dévoué avec la volupté aux appels puissants, et, ballottés entre nos inconciliables désirs, nous écoutons avidement et nous écouterons toujours les contes qui nous parlent, fût-ce pour nous faire frémir, de mortels comme nous qui ont pénétré, vivants, dans le monde de nos rêves et qui, revenus un moment parmi les hommes, ont pu leur en révéler quelques secrets.

GASTON PARIS
de l'Académie française.

LES ALLEMANDS

CONSTANTINOPLE

I

Guillaume II, empereur d'Allemagne, entra dans les Dardanelles, à bord de son yacht *Hohenzollern*, le 1er novembre 1889. Il venait d'assister, à Athènes, au mariage de sa sœur avec le duc de Sparte, et son orgueil avait souffert au contact des réalités démocratiques de la Grèce. Car le peuple athénien est difficile à éblouir. Sur le chemin du Parthénon, il rencontre des royautés en veston de voyage ; dans la rue d'Hermès, son propre roi, le plus libre de tous les rois, se mêle à la plus libre des foules. De sa part, l'accueil au tout-puissant empereur avait été non pas froid, mais indifférent, et le monde officiel n'avait pas su se plier aux minuties d'une étiquette inusitée : le roi Georges lui-même, dérangé dans ses habitudes, fut en retard de quelques minutes pour recevoir son hôte au Pirée. En partant d'Athènes, Guillaume II était donc de mauvaise humeur. A Constantinople, où son père avait passé, comme prince royal, quelques jours sans joie, il ne savait pas bien ce qui l'attendait. La jeune diplomatie allemande voulait faire de lui un ami du Sultan, en dépit des gronderies du vieux Bismarck. Lui-même avait peut-être à la fois des rêves et des projets ; des rêves religieux et chrétiens : il se rappelait son père entrant à Jérusalem, en 1869, sous des arceaux d'épées nues, les épaules couvertes du manteau des chevaliers de Saint-Jean ; quant à ses projets utilitaires, il entrevoyait sans doute la nouvelle forme du *Drang nach Osten*, la poussée du commerce et de la finance allemande vers cet ancien domaine de l'influence française.

Il trouva aux Dardanelles une réception splendide et cordiale. Au bruit du canon, clairons sonnant, les soldats, alignés sur les rives, présentaient les armes avec cette raide correction apprise de leurs instructeurs prussiens. Deux yachts impériaux, mouillés dans le canal, avaient amené de très hauts dignitaires. porteurs des saluts de bienvenue de Sa Majesté Abd-ul-Hamid. A cette même heure, Constantinople achevait de se parer. Pour la première fois depuis des années, peut-être même depuis des siècles, elle avait fait un peu de toilette. Partout où allait passer l'empereur, on avait restauré le pavé, recrépi les murs, voilé les misères les plus choquantes. Les bâtiments en rade préparaient leur grand pavois, et les mosquées leurs illuminations, comme pour les nuits de Ramazan. Dans l'arsenal, la flotte de guerre, subitement rajeunie, alignait les coques repeintes de ses bateaux.

Le lendemain, le soleil se mettait du complot : il allait jouer un grand rôle, et l'empereur, dans ses dépêches au prince de Bismarck, devait le glorifier à l'égal du Sultan. A midi, sur la Marmara flamboyante, entre la couronne des mosquées de Stamboul et Scutari « la Ville d'or », l'empereur apparut à la tête d'une escadre. Il se tenait debout, sur la passerelle de son gros cuirassé, le *Kaiser*, entre le prince Henri et l'ancien grand-vizir Edhem-Pacha. Derrière lui venaient l'impératrice, à bord du *Hohenzollern,* puis le comte Herbert de Bismarck, à bord du *Dantzig,* puis les yachts du Sultan ; et même deux des vieux cuirassés d'Abd-ul-Aziz s'étaient, par miracle, remis à voguer, après quinze ans de station dans la Corne-d'Or. Une flottille de bateaux de plaisance et de commerce, loués par les colonies allemande, autrichienne et suisse-allemande, s'allongeait au pied des vieux murs, jusque vers Psamatia et Jedicouli. Du rivage, on avait

vu l'empereur sur la passerelle, en petite tenue d'amiral; il
disparut et reparut dans une embarcation, en grand uniforme de général de cavalerie, dolman rouge et casque
d'acier. Le peuple turc, peu habitué à ces changements de
costume, fut émerveillé.

Le Sultan attendait sur le perron de Dolma–Bagtché,
ayant à ses côtés le grand–vizir Kiamil–Pacha. Le canot
impérial ayant abordé, il s'avança au–devant de l'impératrice
et lui offrit le bras. Puis des voitures de la cour emportèrent
les souverains vers Yildiz–Kiosk, dans une double haie de soldats criant : *Tchok yacha*. La Turquie officielle, si pleine de
préjugés et de superstitions, faisait, dès le premier instant,
un triple sacrifice au protocole des cours étrangères. Abd-ul-
Hamid, qui n'aime pas à sortir d'Yildiz-Kiosk et encore moins
à visiter les lieux peuplés de ses souvenirs de famille, s'était
rendu au devant de ses hôtes jusqu'à Dolma-Bagtché. En
outre, il prenait sur lui d'oublier que son oncle Aziz avait
été déclaré fou par les ulémas pour avoir offert son bras à
l'impératrice Eugénie. Enfin, il avait ordonné aux troupes de
modifier leurs vivats réglementaires : leur habituel *Padichahim
tchok yacha* (longues années au Padischah) était devenu
tchok yacha tout court, comme si, dans le cœur et les souhaits
d'un soldat de l'Islam, il voulait faire une place pour un
autre que le khalife. Et tout cela n'était que le prélude.

La cour ottomane mène une vie assez médiocre, dans un
gros luxe apparent, mais peu solide. Sa splendeur est mêlée
de mauvais goût, et son confort mitigé par le désordre de
certains services, par l'absence de besoin des Orientaux : le
train de vie du Sultan mettrait les plus humbles roitelets
d'Occident à un régime de véritables privations. L'empereur
d'Allemagne n'eut pas à souffrir ; on avait prévu tous ses
besoins et tous ses désirs. Un kiosque venait d'être construit
pour lui au milieu des jardins. Les grands pachas avaient
suppléé à la pénurie du Palais en prêtant des meubles, des
tapis, des bibelots d'art. La garnison, rasée de frais, avait été
vêtue de neuf. L'empereur n'assista pas à de grandes manœuvres, comme chez ses alliés ; mais les casernes lui furent
ouvertes, tout simplement, et il eut le plaisir de surprendre
les troupes averties. Connaissant d'ailleurs sa fièvre d'études

commerciales, on lui avait aussi préparé une exposition de
l'industrie indigène, pour laquelle on avait fait en Europede
nombreuses commandes; on lui présenta les élèves des écoles
des arts et métiers; on étala devant lui des échantillons et l'on
déroula des statistiques. Entre Allemands, on ne parla guère
que de travail et de profit: Guillaume II semblait présider à
l'inauguration du marché nouveau ouvert à ses sujets; un
journal de Péra lui décerna même, avec un malséant à-propos,
le titre d'impérial commis-voyageur; mais la police releva cette
fausse note et suspendit le journal. En public, la colonie,
dans son adresse, lui rappelait la première venue à Constantinople d'un empereur germanique, de Frédéric Barberousse
en 1189 : ce n'était que pour mieux faire ressortir le
caractère inattendu de ce septième centenaire. Frédéric Barberousse avait apporté avec lui la guerre : Guillaume II était
le chevalier de la paix et du « travail paisible ». Ses sujets,
laborieux et pratiques, l'invitaient à se réjouir des progrès
accomplis : « Le travail allemand, disaient-ils, a trouvé ici
succès et prestige. » Quinze jours après la fermeture de l'Exposition de Paris, l'Allemagne industrielle et commerciale
invitait son empereur à la prise de possession d'une conquête
pacifique, sur le terrain des luttes et des triomphes séculaires
de la France : il semble qu'on ne s'en soit absolument pas
douté à Paris.

Cependant, tout souriait à l'empereur. Le Sultan fut le
maître enjôleur qu'il sait être. Entre lui et Guillaume II, la
presse officieuse découvrit des raisons de vieille intimité: « Il
y a plus de vingt ans, écrivait un journal, Sa Majesté Abd-
ul-Hamid, lors de son excursion en Europe avec le défunt
sultan Aziz, fut à Coblentz l'objet d'honneurs spéciaux de
la part du roi Guillaume Ier. Au banquet qui eut lieu le
soir, S. M. Abd-ul-Hamid fut distinguée par S. M. le roi
de Prusse. A la revue de la garnison, S. M. Abd-ul-Hamid
fut frappée de l'excellence de l'armée allemande, et de cette
époque date son désir de réorganiser l'armée ottomane
d'après le modèle allemand. Pour les soldats tures, ce sera
un immense honneur de défiler sous les yeux du généralis-
sime de la meilleure armée du monde. »

Au charme de l'accueil vint s'ajouter la splendeur des ca—

deaux : selon la rumeur publique, l'exposition de l'industrie indigène fut tout entière déménagée à Berlin. Guillaume II reçut des propres mains du Sultan un sabre considérablement enrichi de pierreries, l'impératrice Augusta-Victoria une broche et un diadème de perles valant trente mille livres (sept cent mille francs), le prince Henri des étoffes et des tapis, les personnages de la suite des décorations et des objets d'art. Le bon peuple raconte que les libéralités d'Abd-ul-Hamid montèrent à plus de six millions de francs.

On prétend que Guillaume II avait longtemps résisté aux séductions d'un pareil voyage et que son ambassadeur avait eu quelque peine à l'y attirer ; il s'en alla, conquis par l'exquise courtoisie et par les ingénieuses flatteries du Sultan. Son enthousiasme ne ménagea pas les expressions. Il dit au grand-vizir : « L'hospitalité de S. M. I. le Sultan est vraiment fraternelle ; elle m'accable de son amabilité inépuisable. Votre souverain fait du mot « mon frère », employé par les rois entre eux, une véritable réalité. » Il n'oublia pas l'armée : « Avec de pareilles troupes, s'écria-t-il, on peut tout oser et tout faire ! » Il repartit le 6 novembre. Au moment de s'embarquer, la joie déborda de son cœur et il télégraphia au prince de Bismarck : « S. M. le Sultan et la population entière, de toutes les classes et de toutes les confessions, se sont étudiées à m'exprimer leur parfaite sympathie. » Et, des Dardanelles, il télégraphia encore : «Après un séjour semblable à un rêve, rendu paradisiaque par l'hospitalité la plus généreuse du Sultan, je vais passer les Dardanelles par un beau temps. »

*
* *

Depuis qu'à la fin du siècle dernier Frédéric-Guillaume II avait arrêté la grande Catherine sur le chemin de Constantinople, on connaissait en Turquie l'existence de la Prusse, mais vaguement. En 1841, le pieux Frédéric-Guillaume IV avait fondé l'évêché anglo-allemand de Jérusalem ; la même politique, plus religieuse que nationale, avait, entre 1850 et

1860, établi en Syrie des missionnaires allemands et des diaconesses, puis attiré l'ordre des chevaliers de Saint-Jean, qui venait de se reconstituer à Berlin sous sa forme protestante, et auquel fut confié l'hospice prussien de Jérusalem. Une *Société berlinoise* de Jérusalem créa même des écoles. La secte des Templiers allemands colonisa en Terre Sainte. Puis, la Prusse sembla négliger les Turcs ; mais sa victoire sur l'Autriche lui valait de la considération au Sérail. Le Sultan ayant fait don au roi Guillaume, en 1869, des ruines du couvent de Saint-Jean à Jérusalem, le prince héritier s'y rendit en pèlerinage. Toutefois, jusqu'en 1870, la Prusse joua à Constantinople un rôle effacé. Flottant de la Russie à l'Autriche, sans jamais prendre bien nettement parti, elle mettait tour à tour sa petite influence au service de l'une ou de l'autre. L'Allemagne n'avait que des intérêts médiocres au Levant. Quand, par extraordinaire, un pavillon hambourgeois était signalé dans l'Archipel ou la Marmara, tout le monde courait au quai pour voir cette merveille. L'allemand était une langue ignorée dans les Échelles.

Longtemps après 1870, le prince de Bismarck, qui jadis avait eu le mot fameux : « Moi, je n'ouvre jamais le courrier de Constantinople », répétait encore que tout cela ne valait pas les os du moindre grenadier poméranien. Pourtant il luttait d'intrigues sur le terrain religieux, cherchant à escamoter, tantôt au profit de l'Allemagne, tantôt au profit de l'Autriche ou même de l'Italie, le vieux droit protecteur de la France, qu'il dut cependant reconnaître, plus tard, au Congrès de Berlin. La légation allemande fut transformée sans bruit en une ambassade, dans le courant de 1873. On y envoya comme titulaire le doux baron Werther, qui n'aimait pas les grandes entreprises et avait horreur du bruit.

Même quand le traité de Berlin eut rompu l'accord des trois empereurs, et quand l'Allemagne fut libre de marcher vers l'Orient derrière l'Autriche, son alliée exclusive, le vieil empereur Guillaume évita de chasser sur les terres de son parent de Russie. M. de Bismarck, lui-même, ne semble pas avoir eu un goût bien marqué pour cette aventure, ni surtout pour une politique turcophile. Il n'avait aucune confiance dans la sagesse du Turc, et aucun espoir d'assister à son relèvement.

Après le congrès de Berlin, le jour de l'échange des signatures, il fit venir chez lui les plénipotentiaires ottomans et leur dit : « Eh bien, messieurs, vous devez être contents, nous vous avons assuré une bonne paix pour vingt ans. Pendant cette période, vous pourrez appliquer des réformes, ouvrir votre pays au progrès et épurer son administration. C'est peut-être la dernière chance de salut de la Turquie. Mais je suis bien sûr que vous n'en ferez rien. » Beaucoup plus tard, en 1886, l'Allemagne ayant déjà à Constantinople des missions civiles et une mission militaire, il disait encore au Reichstag : « Si une crise venait à éclater en Orient, nous attendrions que *les puissances plus intéressées* aient choisi leur attitude avant de fixer la nôtre. » En 1889, il s'était encore opposé à la visite de Guillaume II. Pourtant, tout semblait attirer l'Allemagne en Turquie. L'Autriche l'appelait auprès du Sultan qu'elle venait de dépouiller et dont elle allait se faire l'humble servante. Les marchandises allemandes réussissaient chez les Orientaux d'une façon inespérée. Le commerce s'était fait une situation avant la diplomatie et réclamait les bons secours de celle-ci pour sauvegarder ses nouveaux intérêts. La Bulgarie se brouillait avec la Russie et ouvrait à l'Europe centrale les grandes voies commerciales du Danube et de la Maritza vers Constantinople. On n'avait pas négligé, dans le traité de Berlin, de s'assurer le concours des Serbes pour l'ouverture de la route de Macédoine, vers Salonique. Tout invitait l'Allemagne à suivre de près les affaires ottomanes, que les anciens surveillants semblaient un peu négliger ou ne pouvaient plus conduire à leur fantaisie. La Russie faisait une politique de sourires à Constantinople, mais sans chances de durée, car si le Tsar est le seul, en Europe, qui n'ait pas besoin de plaire au Sultan et puisse se contenter de lui faire peur, il ne saurait, par contre, à aucun moment, lui inspirer une vraie confiance. La France avait bien d'autres soucis en tête, et l'Angleterre était devenue suspecte depuis le traité de Chypre et depuis l'avènement d'un ministère libéral, nettement turcophobe.

Une place était donc à prendre avec tous les avantages qu'elle comportait. Seule, une puissance, dont les frontières ne touchent pas à l'empire ottoman, pouvait devenir

l'amie, l'indispensable amie, prête à sacrifier les intérêts européens au profit des intérêts turcs confondus avec les siens.
Mais, pour profiter des avantages offerts, il fallait, en retour,
une complaisance poussée jusqu'à la complicité. La France
avait des traditions de loyauté et des engagements envers les
chrétientés placées sous sa protection. L'Allemagne, peu maritime, très novice encore dans les entreprises d'outre-mer,
dépendant, pour son commerce, de toutes les flottes étrangères, était forcée de pousser devant elle l'Autriche, en courrier du *Drang nach Osten*. Surtout, n'ayant pas d'attaches
anciennes et solides dans le pays, elle ne pouvait exercer
d'emblée une influence comparable à celle que l'Angleterre
avait eue.

Le véritable initiateur de la politique turcophile fut M. de
Hatzfeld, ambassadeur d'Allemagne à Constantinople. Son
prédécesseur, le prince de Reuss, grand seigneur très authentique, avait ébloui par son faste le Palais, la Porte et la ville,
et répandu dans le peuple une très haute idée de l'empereur
son maître dont, jusqu'alors, on ne savait pas grand chose,
sauf qu'il était le parent du Tsar et ne possédait pas assez de
bateaux pour les envoyer au loin dans le Bosphore. Le comte
de Hatzfeld arriva au commencement de l'année 1880. Il eut
de suite une vision très nette du rôle que son gouvernement
et la nation allemande pourraient jouer auprès de la Turquie
et surtout auprès du Sultan. Il ne cessa de répéter dès lors :
« Toutes les routes du Levant nous sont ouvertes. L'Allemagne sera l'amie de la Turquie. Elle maintiendra en Europe
l'idée de la force des Turcs, de la puissance du Sultan.
Si vraiment ces grandeurs sont passées, elle les ressuscitera
dans la mesure de ses moyens. Au besoin, elle en fera durer
l'illusion. » Et il commença l'application de ce système à
Constantinople, avant même de l'avoir fait adopter définitivement à Berlin.

Le Sultan alla au devant de ses désirs en manifestant l'intention de faire une place aux Allemands dans ses conseils.
Il continuait en cela son ordinaire politique. Car, durant son
règne qui ne fut qu'une longue réaction contre les réformes
de ses prédécesseurs, il eut toujours l'habileté de recourir à
l'Europe, soi-disant pour réorganiser les administrations,

qu'il brisait en sous-main ou démoralisait par l'espionnage, la délation, l'irrégularité des paiements et les empiètements du pouvoir personnel. Successivement ou parallèlement, il demandait à tous les États des hommes capables, **qui** venaient s'user dans les ministères et dans l'armée, sans pouvoir y trouver la confiance et la collaboration nécessaires, étant, par avance, des suspects ou des gêneurs. Il avait alors l'intention de reconstituer l'ancienne mission militaire française. dissoute en 1870, et de demander à l'Allemagne des fonctionnaires civils. M. de Hatzfeld ne laissa pas traîner l'affaire. Le 15 août 1880, un M. de Wettendorf entrait au ministère des Finances avec vingt-cinq mille piastres d'appointements mensuels pour commencer (5 000 francs) et un titre de conseiller qui fut remplacé plus tard par celui de *mustechar* (sous-secrétaire d'État). A la fin de l'année, un M. Gescher, docteur en droit, entrait aux Affaires étrangères, comme conseiller-légiste. et un M. Bertram dans la haute administration des douanes. En juin 1882, arrivait un spécialiste pour les fermes impériales de Panderma et, en septembre. on installait deux nouveaux *mustechars* allemands aux Travaux publics et au Commerce.

M. de Wettendorf avait une belle carrière financière derrière lui. Devenu Wettendorf-bey, il fut impuissant à marquer son passage dans l'administration intérieure de la Turquie. Il travailla à de beaux plans de réorganisation et même à des budgets. Mais où sont les budgets, où sont les plans de Wettendorf-bey?... Il ne renouvela pas son contrat au bout de trois ans. Bertram-effendi eut plus de bonheur. Il rendit quelques services aux douanes. sans arriver cependant à établir les statistiques vraisemblables et les tarifs réguliers qu'il avait promis au commerce. Finalement lassé à son tour, il refusa l'année dernière une très belle situation au ministère des Finances. Gescher-effendi rentra, en 1893, dans la carrière consulaire. Les autres avaient disparu en cours de route.

On leur trouva des successeurs. L'Allemagne n'a pas cessé de procurer des employés supérieurs à la grande administration ottomane; hormis deux Français à la police et quelques Anglais à l'arsenal maritime, elle n'y a pas de concurrents. Cependant — est-ce découragement de sa part? — elle a un

peu négligé ses avantages. Elle occupe des situations de second
ordre et ne maintient plus que trois ou quatre personnages
dans les postes importants. Elle a encore aux Travaux publics
un fonctionnaire, dont le poste est surtout honorifique et
rémunérateur ; il ne parle aucune des langues indispensables
dans les bureaux, ni le turc, ni le français, et le ministre a,
dit-on, ironiquement réclamé un crédit de cent mille francs,
pour faire apprendre l'allemand aux employés. Le nouveau
conseiller aux finances, après avoir posé des conditions et
différé son arrivée, vient seulement de prendre sa charge ;
celui des postes vient de prendre sa retraite. Il y a crise sur
le personnel allemand, mais M. de Marschall s'en est inquiété,
et de nouveaux engagements vont, paraît-il, être conclus entre
lui et la Sublime Porte.

Le découragement de ces missionnaires est excusable. Ces
hommes d'un réel mérite, voyant les richesses gâchées et les
forces perdues, entreprirent vainement, avec l'esprit méthodique de leur race, quelques indispensables réformes. Mais
la caractéristique de l'administration en Turquie est précisément l'absence de toute méthode, de tout principe d'ordre
et d'économie. Un bon conseiller dans un ministère turc
est aussi déplacé qu'un livre de comptes dans les mains
d'un bohème. Pour la besogne quotidienne, un Occidental, à
moins d'être fortement teinté de levantinisme, est à peu près
inutile ; il est bientôt submergé par des usages qui, pour être
fort éloignés des siens, n'en ont pas moins leur signification
dans l'esprit local et la tradition ; il ne peut même pas repré-
hender des actes qui lui paraissent immoraux parce qu'ils
offensent sa morale particulière. Il étonne les Turcs sans lasser leur admirable patience. On le trouve ennuyeux, mais on
le supporte ; tout lui manque, jusqu'à la contradiction qui le
soutiendrait. Alors, très fatigué, ne pouvant se faire révoquer,
il abdique et se donne tous les torts d'une défection dont on
feint d'ignorer les causes... Ceux qui restent ont considéré
seulement que les traitements sont ici dix fois supérieurs à ce
qu'ils auraient pu rêver de plus enviable en Allemagne. Leur
ambition ne dépasse pas l'idée médiocre d'une retraite dans
leur petite ville natale. Leur âme est celle de petits employés,
non de héros ; ils sont gens de discipline et non réformateurs.

Dans les administrations civiles, l'Allemagne n'eut donc pas grande influence; mais elle avait trouvé un meilleur terrain du côté de l'armée.

*
* *

A Constantinople, le vendredi matin, les rues et les quais sont pleins de fanfares, de piétinements de chevaux, de frémissements de bannières et d'éclairs de sabres. C'est le jour où le grand solitaire d'Yildiz–Kiosk va dire ses prières à cent pas de son château-fort. Toute la matinée les troupes défilent, poussant leurs lourdes colonnes vers la montagne impériale. Ce qui frappe tout d'abord l'étranger, ce sont les sonorités graves des musiques militaires et l'allure très lente et très saccadée des fantassins. Cela lui rappelle quelque chose, ou plutôt, l'imitation légèrement caricaturale de quelque chose, vu ailleurs. Raides, la poitrine scellée sous de gros boutons de métal, relevant le menton, jetant devant eux leurs pauvres petites bottes et tendant le jarret, tandis que leur bras arrondi marque la cadence avec toute l'épaule, d'un mouvement ample de pendule, tous défilent de même : Lazes trapus et sveltes Albanais, zouaves félins de Syrie et Tcherkesses aux grâces sauvages, sombres Kurdes et zeibeks et yourouks et nègres du Fezzan, tous s'avancent le buste raidi en détendant de la même manière le ressort de leur jarret. Les officiers aiment les longues redingotes pincées à la taille, les deux rangs de boutons écartés qui élargissent la poitrine, les cols d'écarlate très hauts et les pantalons très étroits, dessinant trop souvent des jambes déformées par les habitudes accroupies de l'oriental. Dans cette armée, tout aujourd'hui est à la mode allemande.

Car ce ne fut pas à la France qu'Abd-ul-Hamid demanda des officiers. S'il en eut d'abord l'idée, on dit que le gouvernement français et son ambassade ne mirent aucun zèle à satisfaire son désir. On dit aussi qu'un officier français, au service de la Porte, qui devait sa haute fortune à l'Empire, voulut faire échec à la République : lorsque le Sultan lui confia ses projets, il se fit le thuriféraire de l'armée allemande, seule capable, disait-il, de fournir aux troupes de Sa Majesté des instructeurs dignes d'elle. Le Sultan, déjà sollicité et ébranlé. fit des ouvertures à Berlin.

Le gouvernement allemand ne mit pas beaucoup d'empressement à entreprendre cette besogne. En 1880, la chose est résolue en principe, et M. de Hatzfeld s'en occupe beaucoup. Mais le Sultan paraît avoir des repentirs. C'est seulement en janvier 1882 qu'il fait communiquer à l'ambassadeur allemand la liste détaillée des officiers qu'il désire avoir à son service. Ce sont : « un officier pour l'intendance militaire. deux pour l'exécution des lois et la discipline. un pour l'état-major, un pour l'infanterie, un pour la cavalerie, un pour l'artillerie et deux pour la gendarmerie, à organiser selon le système allemand ».

La mission, ainsi composée, ne prit son service qu'au cours de l'année 1883. Son premier chef fut le général von Kœhler, qui mourut à la peine au bout de trois ans. C'était un brave et bon officier, très apprécié en Allemagne. Il n'eut que du talent et ce n'était pas assez pour construire une armée avec les seuls instincts militaires épars dans une race. Il y fallait presque du génie. L'œuvre entière, avec ses imperfections et ses très grands mérites, est due au général von der Goltz, qui commande aujourd'hui une division à Francfort-sur-l'Oder. Sa carrière ottomane dura douze ans. Arrivé en 1883, avec le grade de général de brigade et le titre d'inspecteur des écoles militaires, il devint chef de la mission à la mort du général von Kœhler, puis général de division, sous-chef de l'état-major général et enfin maréchal.

A tous les points de vue, von der Goltz était bien l'homme de sa tâche. Sorti du grand état-major allemand, ancien professeur d'histoire à l'Académie de guerre, écrivain de premier ordre. auteur du célèbre ouvrage la Nation armée, et aussi féru d'idéal patriotique que de science militaire, il avait assez d'enthousiasme pour faire une ardente génération de jeunes officiers, et assez d'expérience pour donner d'excellents conseils. Très simple, bon enfant et surtout tenace, il conquit les sympathies et opposa à toutes les résistances une invincible bonhomie. Il s'en allait volontiers. au travers des rues de

Péra. dodelinant de la tête et le manteau flottant, avec des apparences d'un gros maître d'école. Mais la supériorité de son esprit. la droiture de son caractère, et sa grande aménité lui valaient des admirateurs et des disciples fidèles, de cette fidélité orientale. Un peu servile. qui flatte les plus insensibles.

Le Sultan n'avait pas tardé à prendre ombrage de ce génie d'organisation qui s'imposait au milieu de la désorganisation générale. Il sentait douloureusement s'élever au pied de son trône une autorité nouvelle. celle de la science. de l'ordre et du bon sens. Aussi von der Goltz-Pacha fut-il continuellement gêné dans son activité infatigable. L'espionnage s'attacha à sa personne : voyageait-il dans un but stratégique ou topographique, on le rappelait télégraphiquement au Palais sous un prétexte quelconque ; cherchait-il à mettre en pratique un des principes élémentaires de la discipline des armées modernes. on lui dépêchait en catimini des contradicteurs. On le tenait éloigné de la troupe : sous-chef de l'état-major de l'armée. il n'eut jamais le pouvoir d'infliger à un soldat vingt-quatre heures de salle de police. Dans les dernières années, le Sultan le tracassait. tout en ne voulant pas le laisser partir et, tout en le couvrant d'amabilités, refusait l'avancement aux officiers proposés par lui : en revanche, des incapables recevaient l'égalité de son propre grade. L'intrigue voltigeait autour de von der Goltz sans qu'il y prît garde ; quand. par hasard. elle l'effleurait. ses colères étaient terribles. Un jour. avec ses élèves de l'état-major. il avait étudié les collines qui dominent Yildiz-Kiosk. Le soir, le Sultan lui reprocha d'avoir enseigné à des officiers le moyen de prendre sa demeure d'assaut. A ces mots le général, ne se contenant plus, répondit qu'il ne resterait pas à la tête d'un état-major dont un officier était assez « canaille » pour se faire le mouchard de son chef. Puis il sortit. On eut beaucoup de peine à lui rendre sa démission ; il exigea auparavant que l'officier dénonciateur fût révoqué et dégradé.

Il parvint à faire passer dans la pratique les grandes idées de son plan de réorganisation. On lui doit les lois de recrutement. l'amélioration du contrôle des recrues, un remaniement utile des divisions territoriales, un commencement d'organisation des services auxiliaires et une loi sur la réqui-

sitiou et les moyens de transport. Mais ce qui lui donnera
des titres impérissables à la reconnaissance de l'armée ottomane, c'est de l'avoir dotée d'un plan de mobilisation et
d'un état-major général. Il a créé un esprit d'état-major,
jusque-là inconnu des Turcs, en communiquant l'amour du
métier et le sentiment du devoir à une poignée de jeunes
gens, chez lesquels il a réveillé, par surcroît, toutes les nobles
ardeurs du patriotisme. L'un de ses élèves fut le général
Seifoullah–Pacha, la cheville ouvrière de la campagne de
Grèce, celui qu'il avait surnommé « la carte vivante de la
Thessalie », et qui fit preuve à un si haut degré de cet *Offen-
sivegeist* recommandé aux officiers. à l'égal d'une vertu, dans
les manuels de tactique allemande.

Après le départ de von der Goltz, qui avait ainsi groupé,
éduqué et moralisé une génération d'état-major, son œuvre
risquait de sombrer dans la paresse orientale, plus forte que
tout. Mais elle se renouvela continuellement par l'apport
d'officiers turcs venant d'Allemagne. Car l'armée allemande
s'est faite elle-même éducatrice. Elle reçoit annuellement treize
jeunes gens turcs dans ses écoles militaires, d'où ils passent
dans les régiments, comme stagiaires. Quelques–uns d'entre
eux ont porté pendant six années consécutives l'uniforme allemand. Von der Goltz s'était aisément rendu compte de l'in–
suffisance des écoles militaires de l'Empire turc. Il en avait
amélioré les programmes, et, à sa grande satisfaction, entre
1883 et 1895, le nombre de leurs élèves monta de quatre
mille à quatorze mille. Mais quel espoir peut-on fonder sur
elles ? Dans la grande école de Pancaldi à Constantinople,
l'espionnage est installé à demeure et répand la pire des dé–
moralisations. Il recrute ses agents parmi les maîtres et parmi
les élèves. Les arrestations en masse, les séquestrations et
l'exil, avec toutes ses conséquences, y sévissent chaque jour.
Un brevet de Pancaldi condamne presque sûrement un officier aux garnisons éloignées, à l'Arménie ou au Hedjaz, et lui
ferme l'accès des bons régiments de Roumélie et de l'Aïdin.
Le Sultan n'a pu oublier le rôle des écoles militaires dans le
complot contre Abd-ul-Aziz. Par système, l'instruction y est
des plus négligées. Dernièrement encore, six fusils du dernier
modèle étaient, avec toutes sortes de précautions, confiés aux

professeurs, pour quelques centaines d'élèves. Quant à armer toute l'école de ces instruments dangereux, qui oserait le demander ? Un jour, à la suite d'ordres mal donnés, deux bataillons se présentèrent à la grille, au lieu d'un seul, que devaient encadrer les élèves pour un exercice hebdomadaire de commandement. On cria à la conspiration militaire et, désormais, l'exercice fut interdit. Quand ils obtiennent leur brevet, les jeunes officiers n'ont encore commandé que des compagnies de cordeaux... Par contre, il revient d'Allemagne des hommes très capables de figurer en bon rang dans n'importe quelle armée ; ils savent beaucoup de choses et, entre autres, la langue allemande, qu'ils parlent volontiers entre eux. La Turquie n'est pas seule à y trouver son avantage.

Von der Goltz avait donc réussi dans une partie de sa tâche. Ses compagnons ou successeurs, le maréchal Kamphœvener-Pacha, le général de division von Grumbkow-Pacha et l'amiral Kalan von Hofe furent moins heureux. Le premier, qui sort de l'infanterie, vient d'être nommé membre d'une commission maritime ; il est probable qu'on enverra quelque jour l'amiral acheter des chevaux. L'amiral, homme fort distingué, eût été bien embarrassé de se faire une situation : il a attendu quatorze ans pour voir sortir une escadre de la Corne d'Or. Seul, Grumbkow-Pacha participa effectivement à la dernière guerre, et sa participation fut médiocre, car aucun des officiers allemands n'exerça jamais un commandement direct en Turquie. Le Sultan n'est pas en humeur d'émietter dans des mains européennes, même allemandes, l'unique prérogative de la race et de la religion conquérantes. Un chrétien étranger peut donner des avis et recevoir des grades, mais, partout où il faut un chef, il y a un musulman. Grumbkow-Pacha, impatient de donner des preuves de son très réel courage, parvint à arracher au Sultan et à l'empereur d'Allemagne un ordre de départ pour la Thessalie. Il franchit l'Olympe dans la suite d'Edhem-Pacha et, sans toucher barre à Tournavo, il s'en alla, au travers de la plaine, avec une forte patrouille, prendre possession de Larissa évacuée. Mais, à peine avait-il fait quelques foulées de galop à la tête de sa batterie montée, qu'il vit passer une ombre à ses côtés. Le colonel Seifoullah venait se joindre à lui : le principe de la souveraineté islamique était sauvé. Après Larissa, M. de Grumbkow reçut la plaque en brillants de l'Osmanié ; mais, auparavant, Seifoullah-Bey avait été fait général et pacha sur la position enlevée.

Ce fut l'unique fait d'armes d'un Allemand dans la campagne de Thessalie. M. de Grumbkow fut subitement rappelé de Larissa. C'est à peine s'il avait passé huit jours à l'armée. Dans l'armée de seconde ligne, il n'y eut aussi que quelques officiers en civil dont les attributions furent mal définies. et entre autres un capitaine de l'état-major des chemins de fer, qui organisa les voies de concentration pendant la période de mobilisation. Néanmoins, la Turquie militaire partagea son triomphe avec l'Allemagne. dont lui étaient venus les seuls encouragements au début de la campagne. Elle lui fit hommage d'une part de sa gloire militaire, pieusement, comme à une mère héroïque, difficile à égaler et à contenter. Les journaux turcs du 4 mai dernier publièrent cette petite note qui trahissait la préoccupation générale : « Les feuilles militaires du continent approuvent en général le système suivi par la Turquie dans les hostilités : offensive rigoureuse sur terre, défensive sur mer. On remarquera que ce système est celui que pratiqua l'Allemagne en 1870. » La veille ils avaient relevé avec orgueil l'action d'un Allemand, touriste et lieutenant en congé, qui, « voyant passer des blessés turcs, s'est jeté sur l'un d'eux et, après l'avoir embrassé, a acheté dans un débit voisin des paquets de tabac qu'il a distribués à ces hommes ».

La campagne n'a pas été de celles où l'on peut très utilement expérimenter les forces d'un pays. Toutefois, on aura mesuré assez exactement la portée de l'œuvre des officiers allemands. Il y a grand progrès dans le service des états-majors, dans la mobilisation et dans la préparation des plans stratégiques[1]. Il n'y a rien de changé pour le reste. Jamais on n'aura mieux vérifié la preuve — qui n'est plus à faire — de la supériorité dans la guerre moderne d'un officier instruit et brave sur un officier brave et ignorant. En maintes circonstances, des hommes sans passé ni gloire, très jeunes et très

---

1. On a dit que von der Goltz-Pacha avait laissé un plan complet d'action offensive contre la Grèce et que le général Edhem-Pacha reçut l'ordre de l'exécuter strictement.

inconnus, se sont substitués à Edhem-Pacha qui eut le mérite
et le bon sens de les laisser faire. Ils étaient là une poignée ;
ils sont à Constantinople une cinquantaine de la même trempe.
Si le Sultan leur en donnait l'ordre, ils lui feraient une
armée. Il n'a encore que de braves soldats, les meilleurs du
monde, dit-on, mais les plus mal encadrés. Faut-il s'en tenir
à cette cohue de héros ou chercher, dans la voie des réformes,
une organisation digne de cette bravoure ? Devant la conscience du souverain, la guerre vient de poser nettement la
question entre la vieille Turquie et une Turquie moderne.

Mais cette campagne aura permis aussi d'évaluer le profit
retiré par l'Allemagne de sa mission militaire : dans le
peuple turc, l'idée de la grandeur militaire de l'Allemagne
est entrée et, avec elle, a grandi l'influence et le prestige du
nom allemand. C'était bien par l'amour des choses militaires,
leur première et leur dernière passion, qu'il fallait gagner
l'esprit des Turcs. En germanisant les troupes, on germanisait
la Turquie.

* *
*

La présence à Constantinople de missions allemandes avait,
dès 1884, développé le commerce allemand : les grosses commandes d'armes faites à son industrie offrirent à l'Allemagne
des éléments solides, dont sa diplomatie allait, formant un
faisceau d'intérêts, prendre la haute surveillance. L'idée chère à
M. de Hatzfeld entrait dans la voie de l'application. L'ancien
ambassadeur devint sous-secrétaire aux Affaires étrangères.
Son successeur, M. de Radowitz, n'eut qu'à marcher dans la
direction indiquée. Avec lui, débute la vraie politique d'intérêts. Ce qu'on appelait alors le concert européen, c'est-à-dire
l'accord apparent des puissances signataires du traité de
Berlin, disparaît devant l'âpreté de l'Allemagne dans sa lutte
pour la vie industrielle et commerciale. L'ambassade met au
premier rang de ses préoccupations les questions d'affaires.
Les Krupp et les Mauser deviennent des fabricants officiels, et
le placement de leur lourde marchandise, une question d'État.

La diplomatie couvre de son ombre la *Deutsche Bank* qui fait son entrée en 1888 dans les chemins de fer ottomans. Le petit commerce se faufile partout et profite de l'aubaine.

Le groupement diplomatique est assez curieux à ce moment-là. Naturellement, l'Autriche voit avec satisfaction cette entrée en scène d'un ami fidèle, et l'Italie jouit de la joie de ses alliées. Le trio devient un quadrille lorsque l'ambassadeur d'Angleterre, sir William Wight, vient s'y joindre dans tout l'élan des sympathies allemandes qui ont été l'erreur de sa fin de carrière orientale. Ils se promènent souvent tous quatre, en été, le long du Bosphore. On les appelle les conspirateurs de Thérapia et, en effet, ils conspirent. Le concert européen « boycotte » la Russie et la France. qui se rapprochent petit à petit sur le terrain même où elles sont, où elles doivent rester des ennemies. M. de Radowitz sait se servir de ses amis. Sir William Wight se vantera plus tard de lui avoir donné un fameux coup de main en 1888, lors de la constitution de la compagnie allemande des chemins de fer d'Anatolie, et même d'avoir beaucoup travaillé à préparer la venue de l'empereur Guillaume.

M. de Radowitz poursuivait son chef-d'œuvre : le traité de commerce avec la Turquie. Ce traité, négocié entre 1886 et 1890, peut être considéré comme l'acte politique le plus important de l'Allemagne en Orient. Aujourd'hui encore. il reste suspendu, frappé de nullité par la clause de la nation la plus favorisée. jusqu'au jour où tous les États auront traité à leur tour dans les mêmes conditions. Mais tel qu'il est, signé et paraphé, il constitue une grave atteinte — la première — au vieux droit des capitulations. Ce fut un bon tour des diplomates allemands d'offrir à la Turquie cette concession énorme. Ils savaient bien que les puissances les plus intéressées ne céderaient jamais sur le principe des capitulations. L'Allemagne avait donc toutes les chances de conserver longtemps le bénéfice des usages anciens, mais c'était beaucoup déjà que de risquer l'aventure et de soulever la question. On comprit tout de suite à Constantinople que l'Allemagne faisait, au fond, peu de cas d'une législation créée par les puissances latines et d'un traité dont elle n'avait bénéficié que comme État secondaire et sous un autre nom. Elle avait des colonies restreintes. un faible intérêt dans la navigation, et des idées assez jeunes sur les difficultés de la vie pacifique et commerciale dans le Levant. Aussi les négociateurs turcs avaient-ils obtenu très facilement d'elle l'abandon des franchises dont jouit la navigation européenne. Quelque illusoires que fussent les avantages ainsi remportés sur l'Europe, le Sultan en eut une joie profonde. Aucun de ses prédécesseurs n'a souffert autant que lui des entraves imposées à sa souveraineté. Comme la date du renouvellement des traités approchait, il n'avait qu'une préoccupation : en répudier désormais le caractère unilatéral, imposer à chacun des engagements réciproques et corrélatifs, et biffer les formules qui faisaient, pour ainsi dire, l'Europe suzeraine en Turquie. L'Allemagne favoriserait ses tendances sans marchander. Aussi put-il, dans les négociations avec les autres pays, imposer le fait accompli, le traité allemand, comme base de la discussion, et obtenir de quelques-uns d'entre eux un certain adoucissement des termes et une restriction des droits consacrés par les actes antérieurs.

M. de Radowitz gagna ainsi, avant même l'échange des signatures. la reconnaissance du Sultan : Abd-ul-Hamid le couvrit d'hommages et de présents. Et dans cette âme d'ambassadeur, il se produisit un phénomène humain. Cet homme connut l'orgueil et se crut plus puissant qu'il ne l'était en réalité. Capter définitivement la puissance ottomane au profit des visées politiques de son gouvernement lui parut une entreprise facile. Dans ses plans. la Turquie était destinée à se joindre. par traité. à la Triple-Alliance ; il la vit prête à régulariser sa situation, à faire une bonne fin dans le mariage ; il oubliait trop quel bénéfice elle sait tirer de ses relations illégitimes, du don provisoire de sa personne, et de ses infidélités. C'est par l'appât de cette heureuse combinaison, que M. de Radowitz détermina l'empereur à entreprendre le voyage de Turquie. Mais pour tous ceux qui, le connaissant un peu. virent le jeune empereur à Constantinople, son voyage devait avoir une conséquence certaine. Guillaume II allait inaugurer en Orient une politique personnelle et ne plus compter que sur lui-même pour la diriger. Il n'avait pas caché son admiration presque enthousiaste pour la manière dont le système ottoman interprète et maintient le principe d'autorité. Au delà de sa pensée politique, dans le fonds intime de ses sentiments, il devrait désormais trouver des motifs sincères pour rester, malgré tout, l'ami d'un Sultan à la fois si puissant et si courtois.

M. de Radowitz paya cher son orgueil : le diplomate de chancellerie, l'ambassadeur accoutumé en même temps au jeu de la hiérarchie et à une certaine indépendance, ne pouvait devenir l'instrument aveugle d'une politique de cour. Son successeur, le prince Radolin, passait pour avoir plus de souplesse; mais, grand seigneur, homme d'une certaine trempe, il ne fut pas encore le parfait agent, l'automate suspendu à un bout du fil, dont certains chefs d'État et certains ministres prétendent tenir constamment l'autre bout. L'homme prédestiné, M. de Saurma, vint s'installer à la fin de 1894 dans le palais de brique, trop vaste pour lui, de l'ambassade d'Allemagne. Cette fois, le choix était louable. C'était un cadet de famille, sans grande fortune ni grande apparence. Il se contenta de recevoir des ordres de Berlin et de les exécuter, ne prit intérêt à rien et fit des économies. Dans les réunions des ambassadeurs, il insistait lui-même sur son peu d'autorité et sur son impuissance à se prononcer jamais avant d'en avoir référé en haut lieu. Il craignait naturellement les responsabilités, et on l'aimait ainsi à Berlin, où l'on disait de lui avec satisfaction : *Er schwenkt ein wie ein Unteroffizier*.

Sous lui, le baron de Testa, drogman de l'ambassade, prit une importance considérable. Il était d'origine levantine, connaissait l'Orient mieux que personne, et savait le manier. Il avait la tradition des drogmans de jadis et reprenait leurs façons d'agir : à côté de son ambassadeur, il eut sa politique et ses moyens à lui, pas toujours les plus rapides ni les plus directs, mais souvent les plus sûrs. M. de Testa savait admirablement à quoi voulait en venir le cabinet de Berlin, et il pouvait tout oser. Un drogman désavoué n'est pas un homme perdu, ni même diminué, et c'est là le plus gros avantage de sa fonction spéciale. M. de Testa savait aussi ce qu'on pensait à Berlin jour par jour et il en faisait son profit. M. de Testa était un véritable ambassadeur, avec le bénéfice d'une quasi irresponsabilité. Il carac-

térisait lui–même admirablement sa situation vis–à–vis de
son chef, en disant : « Mon ambassadeur aime beaucoup à
écrire et c'est heureux, car, moi, j'ai en horreur cette be-
sogne-là. » En effet, M. de Testa parlait beaucoup et parlait bien ; le baron de Saurma tenait la plume.

Pour le sultan Abd-ul-Hamid, la période de l'âge d'or allait
prendre fin avec les massacres d'Arménie. Elle avait duré
de 1880 à 1895, et, dans les dernières cinq années, l'amitié
de Guillaume II l'avait particulièrement embellie. Depuis
M. de Hatzfeld, tous les ambassadeurs d'Allemagne avaient
entouré le souverain ottoman de prévenances, de petits soins
et de flatteries. Les représentants des autres puissances, les
uns pour se rapprocher du trône, les autres pour défendre
leur position attaquée, adoptèrent peu à peu les mêmes
usages. La Russie, elle-même, adoucit sa rude voix. Ce fut
la longue saison des grâces, des échanges de sourires, de
présents et de décorations. Les Européens, qui ont passé ou
séjourné à Constantinople durant ces années-là, vanteront toujours l'esprit de bonne compagnie d'Yildiz–Kiosk, la douceur
de ce palais et la courtoisie de ses hôtes. On n'obtenait plus
rien du Sultan que par la flagornerie, et lui, de son côté,
avec sa prodigieuse connaissance du cœur occidental, rendait
à chacun fleur pour fleur, ruban pour ruban, or pour paroles
dorées. Il y gagna de pouvoir, avec l'approbation générale,
anéantir ce qui restait des libertés de ses peuples, réduire définitivement la Sublime–Porte au rôle de servante de son
Palais, revivifier son titre de khalife et ressusciter la ter-
minologie asiatique, odieuse à son grand–père Mahmoud.
Il redevint « l'ombre de Dieu sur la terre », « le victorieux »,
« le bienveillant », et autres choses encore. Il crut n'avoir
plus rien à craindre de personne ; il lâcha Kurdes, soldats et
softadjis sur son peuple arménien. Son étonnement égala son
indignation quand des hommes, au milieu de la foule de ses
adorateurs, eurent le courage de se dresser devant lui et de
protester au nom de l'Europe civilisée.

Les événements de 1895 jetèrent le trouble dans les combinaisons de la diplomatie allemande. Sans traditions d'aucune
sorte dans les affaires arméniennes, elle était cependant fort
empêchée de choisir librement son attitude, et de plus gros

intérêts la reléguaient au second plan. Longtemps, elle sembla ne plus avoir de rôle, et la querelle parut devoir se vider entre deux puissances, dans un colossal corps à corps. L'opinion publique anglaise poussait à une intervention. Mais le prince Lobanof, résolu à envisager les troubles d'Anatolie comme une affaire d'ordre purement intérieur, allait imposer au monde la solution russe, toute diplomatique, pas pressée et fort anodine, qui fut de promettre changements et réformes, de n'imposer au Sultan ni les unes ni les autres. et d'appeler enfin les autres puissances au secours du malade.

L'Allemagne rentra en jeu, non plus avec ses anciennes ardeurs et son esprit d'entreprise, mais visiblement embarrassée. Elle ne pouvait revendiquer immédiatement un ancien monopole de sympathie pour la personne du Sultan auquel la Russie venait de rendre de si éminents services. L'armée. qu'elle avait tenté de préparer à la guerre moderne. faisait dans les bazars ensanglantés d'Anatolie la besogne que l'on sait. La poursuite des « conquêtes pacifiques » était au même instant interrompue par la crise des mines d'or. Constantinople avait versé dans une grande folie de jeu. Les quais de Thérapia rappelaient la rue Quincampoix de jadis. Ce fut un désastre effroyable, ruines sur ruines dans toutes les grandes places du Levant et, en même temps, les routes barrées, les ports fermés par l'insécurité générale : la finance et le commerce tombèrent en catalepsie. Le grand stimulant de la politique allemande, l'espoir du lucre, disparaissait pour faire place à l'angoissante responsabilité des millions enfouis dans les chemins de fer d'Anatolie et de Macédoine, des gros crédits risqués par les négociants, et des créances non payées dues aux industries officielles. En cet automne de 1895, l'avenir était encore plus sombre. On redoutait le retour du printemps chassant les neiges, libérant les voies et ouvrant des perspectives sur le champ de carnage le plus désolé qu'aient vu jamais des yeux humains. Une forte intervention semblait inévitable et, d'après une opinion assez répandue à Constantinople, la Russie n'avait repoussé les bons offices de l'Angleterre que pour agir elle-même à la belle saison. La Turquie était perdue, le Sultan condamné ; que devenait

alors la formule de M. de Hatzfeld, et comment l'Allemagne
pourrait-elle donner encore à l'Europe l'illusion de la vitalité
du Turc?

Pourtant, la diplomatie allemande ne se départit jamais de
la plus extrême prudence, et elle ne détourna jamais les yeux
de la colline d'Yildiz, terme de ses sympathies et de ses espérances. Lorsque le concert européen obtint pour chaque
nation le droit d'introduire un second stationnaire dans le
Bosphore, l'Allemagne fut seule à ne pas profiter de la permission : elle ne voulut pas faire au Sultan l'affront d'un canon
de plus devant Constantinople. Elle dut pourtant se joindre
aux autres puissances dans leurs démarches assez sèches auprès
de la Porte, lorsque éclata l'insurrection crétoise, et lorsque le
général Abdullah-Pacha entreprit son œuvre de sanglante paci-
fication. Mais le printemps était revenu, chassant les neiges
d'Anatolie, libérant les voies, ouvrant des perspectives sur le
champ de carnage le plus désolé qu'aient jamais vu des yeux
humains... et, de toutes les puissances, veillant sous les armes,
pas une n'avait jeté un cri d'horreur : personne n'était intervenu.

La situation se transforme alors. On tient une solution,
négative mais certaine, car la preuve est établie de l'incapacité des puissances concertantes, qui n'agiront ni isolément
ni en commun, et pas plus aujourd'hui que demain. Le Sultan
savait depuis longtemps que le concert européen était un
corps sans vie; aussi l'a-t-il traité dès le premier jour comme
une assemblée d'hommes malades. Ses conseillers les plus
intimes ne cessaient de lui répéter : « Courage, sire, résistez;
ils sont, à six, moins dangereux qu'un seul. » Mais d'où leur
venait, à lui et à eux, cette certitude? Les promesses de la
Russie n'auraient pas suffi à maintenir le calme dans l'âme
impériale, si pleine de méfiance envers l'ennemi héréditaire.
D'ailleurs, quand la mesure fut comble, quand la fureur des
assassins à gage s'abattit sur Constantinople le 26 août 1896,
quand le prince Lobanof fut mort le lendemain, et quand la
Russie enfin se fâcha, le Sultan ne se sentit pas isolé un seul
instant. L'Allemagne s'était dressée à ses côtés.

Quelques jours après les grands massacres de Constantinople, l'empereur Guillaume envoya sa photographie à Abd-ul-

Hamid : les ambassadeurs, qui avaient tous vu le sang couler
devant leurs portes, envoyaient alors leurs protestations en
des termes qui froissaient très vivement une cour accoutumée
depuis quinze ans aux douceurs de langage. Il y eut surtout
une certaine dépêche en clair, déposée à l'office télégraphique
de Buyukdéré et adressée *à Sa Majesté Abd-ul-Hamid II, à
Yildiz-Kiosk*, qui fut une menaçante mise en demeure. Le
baron de Saurma se joignit sans difficulté à ces démarches et,
même en présence du ministre des Affaires étrangères Tewfik-
Pacha, il donna libre cours à son indignation. Mais la gracieuseté de l'empereur corrigea ce que la conduite de l'ambassadeur avait eu d'un peu trop spontané, et l'on prit moins
garde à l'initiative de M. de Saurma qu'à l'attitude rassurante
des officiers de la mission allemande.

Marc Twain a dit quelque part que deux choses échappe-
ront toujours à la compréhension d'un homme blanc : ce qui
se passe dans la cervelle d'un nègre et ce qui se passe dans
la cervelle d'un roi. Il aurait pu ajouter que la majorité des
hommes modernes ne comprendra jamais ce qui se passe
dans la cervelle d'un junker prussien. Il y a là un sens particulier de la discipline et un respect du principe d'autorité
dont nous ne saurions mesurer l'étendue : un des officiers
allemands au service turc comprit dès le premier instant et
expliqua les massacres comme un acte de haute justice.
Pour lui, l'explosion de quelques bombes à la Banque ottomane excusait tout le reste. Il ne vit que l'anarchie d'un
côté, la force publique de l'autre, et il appuya son opinion sur
un verset du *Coran :* « Quand la troupe est impuissante à
rétablir l'ordre, le peuple doit sortir des maisons avec des
bâtons. » Le *Coran* contient-il vraiment cette prescription ?
On passerait l'incident sous silence s'il n'avait eu des conséquences. Mandé au Palais, l'officier fut envoyé à Berlin avec
un message particulier pour l'empereur. Il profita de son
séjour en Allemagne pour répandre sa version des événements de Constantinople ; il prêcha le respect pour le gourdin
réglementaire, agent de l'autorité. Les journaux allemands
recueillirent ses déclarations et même ses articles. Pendant ce
temps, le chef de la mission militaire allemande siégeait à
Constantinople dans la commission chargée de l'enquête sur

la conduite de l'armée pendant les sanglantes journées d'août. On lui présenta un rapport tout rédigé, constatant que les soldats s'étaient admirablement et humainement comportés. Il le signa avec deux Anglais et un Autrichien ; seul, un Français, le général Lecoq-Pacha, professeur à l'École militaire, repoussa avec indignation la plume qu'on lui tendait.

L'Allemagne n'avait plus à chercher sa voie ni à cacher son jeu. Par les actes de déférence de l'empereur, par mille petites complaisances de ses agents civils et militaires, elle revenait à son système ancien qui est celui d'aujourd'hui : elle voulait tout devoir à la faveur personnelle du souverain. La généreuse attitude de M. de Nélidof pendant les massacres et la courageuse conduite de son premier drogman avaient amassé sur la Russie les rancunes impériales. De nouveau, la place était libre sur les marches du trône : l'Allemagne s'y campa. Qu'importaient désormais au Sultan les menaces du reste de l'Europe ? La flotte russe pouvait croiser à l'entrée du Bos- phore ; l'Archipel pouvait se garnir d'escadres européennes : le bon peuple, sur les toits, pouvait, halluciné par la peur, en voyant des fumées sur la haute mer, crier : « Les voilà, ils viennent !... » Lui, il savait que le concert européen ne prendrait pas vie sans l'unanimité des puissances ; la dissi- dence d'une seule suffirait à le paralyser. Un long automne, un long hiver, passèrent dans le désarroi le plus complet. Sans trêve, des Arméniens venaient dans les ports chercher l'abri des pavillons consulaires, puis s'en allaient, par familles, dans le vaste monde. Tous les pays voisins s'ouvrirent généreusement à ces exilés, à l'exception de la Roumanie, poste avancé de la Triple-Alliance, sous le sceptre d'un autre Hohenzollern.

L'insurrection musulmane éclata en Crète au commence- ment de février. La guerre devint inévitable entre la Grèce et la Turquie. On s'aperçut à Constantinople que le Sultan ne la voulait à aucun prix. Mais l'Allemagne la voulait. Elle voulait relever le prestige militaire ottoman, car elle rêvait d'une force rajeunie, sur laquelle s'exercerait toute son in- fluence : alors, captant la Turquie au profit de sa politique et de ses intérêts matériels, elle deviendrait l'arbitre dans la question d'Orient. Elle voulait aussi provoquer entre la

Russie, protectrice des Slaves, et l'opinion française phil-
hellène, un malentendu qui nécessiterait sa médiation et la
mettrait en tiers dans le tête-à-tête du Tsar et de la République. Elle poursuivait les intérêts de ses financiers à
Athènes. L'empereur assouvissait du même coup une vieille
rancune contre sa sœur, la duchesse de Sparte, malencon-
treusement baptisée dans la religion orthodoxe. Enfin une
envie le tourmentait d'essayer les canons et les fusils qu'il
avait fournis à l'armée turque.

Les entreprises de l'Allemagne n'eurent rien de secret : sous
ses auspices, naquit un parti militaire qui se réclamait d'elle
ouvertement. Dès les premiers jours de mars 1897, il n'est
question à Constantinople que des encouragements donnés
par l'ambassade d'Allemagne à ce parti militaire. dont les
chefs se montrent forts de la haute bienveillance de l'empereur
Guillaume ; un mouvement considérable se propage dans les
masses islamiques ; un patriotisme endormi se réveille à tous les
coins de l'empire ; dans le peuple, anéanti sous le régime de la
police secrète, règne un saint délire qui donnera lieu plus tard
à de très beaux actes de dévouement. Le Sultan résiste encore.
Mais auprès de lui, le premier drogman de l'ambassade d'Allemagne veille en permanence... On dit qu'une dépêche de l'empereur Guillaume a vaincu les répugnances d'Abd-ul-Hamid
à l'égard de la marine ; la flotte invalide restaurée en hâte
prend la mer le 20 mars. Les provocations de la Grèce
viennent alors au secours de l'Allemagne. La partie est engagée ;
il s'établit entre les Turcs et les Allemands de Constantinople
une communauté d'espoirs et d'enthousiasmes ; l'irritation
contre les Grecs est plus violente chez les Allemands que chez
les Turcs. Le 20 avril, le personnel des ambassades et des
légations, au grand complet, descend aux quais de l'Arsenal,
pour prendre congé du ministre de Grèce qui s'embarque
pour le Pirée. Seule, l'ambassade d'Allemagne n'est pas
représentée à ces adieux un peu tristes, et l'un des membres de
la légation de Grèce peut dire en montant à bord : « Il paraît
donc que nous sommes aussi en guerre avec l'Allemagne ! »

Quelques jours après, Grumbkow-Pacha entre le premier
dans Larissa. Le Tsar intervenant alors personnellement fait
conclure un armistice. Mais l'Allemagne garde l'espoir de

recommencer la guerre. Elle s'applique à faire traîner les négociations. Le 22 mai, les ambassadeurs rédigent une note pour
les entamer. Elle ne peut-être remise que le 25, l'ambassadeur
d'Allemagne n'ayant pas eu jusque-là l'autorisation de la signer.

Le Sultan lui-même aurait voulu faire vite. Mais l'Allemagne n'était pas pressée. Avec de la patience, elle est arrivée
à ses fins, car les préliminaires de la paix ont été rédigés
entièrement pour elle. Ils donnent au Sultan et au parti
militaire des satisfactions d'amour-propre. des lambeaux de
terre conquise le long de la frontière, et une revision des droits
de capitulation des sujets hellènes. Mais le vrai bénéfice est
pour d'autres : « L'occupation de la Thessalie est le gage des
anciens créanciers de la Grèce ! » s'est écrié M. de Marschall
dans une récente conférence diplomatique. et d'autres résultats vont découler, pour cette « conquête pacifique » dont
l'Allemagne rêve depuis un demi-siècle.

GEORGES GAULIS

(La fin prochainement.)

LETTRES A « L'ÉTRANGÈRE »[1]

— TROISIÈME SÉRIE[2] —

XXI

A MADAME HANSKA, A WIERZCHOWNIA (UKRAINE)

Paris, 31 mai 1837.

Que votre lettre m'afflige ! Il y règne une profonde tristesse à travers les idées religieuses que vous y exprimez. Il semble que vous ayez perdu tout espoir sur la terre,

Cette lettre est arrivée dans un mauvais moment. Elle a singulièrement ajouté au chagrin sourd qui me ronge et qui me tuera. J'ai trente-huit ans, je suis criblé de dettes, je n'ai qu'incertitudes dans ma position ; à peine ai-je pris deux mois pour me reposer la tête, que je m'en repens comme d'un crime en voyant tout ce qui arrive de malheurs par mon inaction. Cette vie précaire, qui peut devenir un ressort dans la jeunesse, devient, à mon âge, un accablant fardeau. Ma tête se couvre de cheveux blancs, et, quelque chose agréable que l'on puisse dire à cet égard, il est clair que je dois perdre toute espérance d'agréer. Le bonheur pur, tranquille, avoué, pour lequel j'étais fait, m'échappe, et je n'ai eu que tour-

1. Nous rappelons que ces lettres sont inédites, — comme tout ce que publie la *Revue*, — il ne s'en trouve aucune dans la *Correspondance* de Balzac, éditée en 1876.

2. Voir la *Revue* des 1er et 15 octobre 1896.

ments et ennuis, à travers lesquels j'ai connu quelques échappées de ciel bleu.

Mes travaux sont peu compris, peu appréciés ; ils servent à enrichir la Belgique et me laissent dans une profonde misère. La seule amie qui s'est présentée au début de ma vie [1], et qui m'a été une mère véritable, a revolé dans le ciel. Et vous, vous me dites qu'il y a entre nous autant d'*idées* que de distance. et vous me dissuadez de venir !

Votre lettre m'a fait beaucoup de mal. Croyez-moi, il y a dans les idées religieuses une certaine mesure au delà de laquelle tout est vicieux. Vous savez quelles sont mes religions. Je ne suis point orthodoxe, et ne crois pas à l'Église romaine. Je trouve que, s'il y a quelque plan digne du sien, ce sont les transformations humaines faisant marcher l'être vers des zones inconnues. C'est la loi des créations qui nous sont inférieures : ce doit être la loi des créations supérieures. Le *swedenborgisme,* qui n'est qu'une répétition, dans le sens chrétien, d'anciennes idées, est ma religion, avec l'augmentation que j'y fais de l'incompréhensibilité de Dieu. Cela dit, et je vous le dis parce que je vous sais si catholique romaine que rien ne peut influer sur votre esprit, je dois donc voir plus clairement que vous ne le voyez ce que cache votre détachement des choses d'ici-bas, et le déplorer s'il repose sur des idées fausses. Il a fallu pour me consoler que je relusse une lettre où vous m'avez dit que vous vouliez être vous-même, vous montrer avec vos heures de mélancolie, de piété. de retours printaniers.

1er Juin.

Cette lettre m'a laissé de longues traces, et je ne saurais dire quelles impressions j'ai éprouvées en lisant l'endroit où vous séparez vos lectures en profanes et en religieuses. Il y a tout un monde entre votre avant-dernière lettre et celle-ci ; vous avez pris le voile. Je suis triste à mourir.

2 juin.

J'avais commencé *la Femme supérieure* de manière à la finir en quatre jours. et voilà qu'il m'est impossible d'en faire une

---

1 Madame de B..., morte l'année précédente.

ligne. Il me semble que mes facultés sont détendues. J'avais décidé ma mère à aller passer deux ans en Suisse, pour lui éviter le spectacle de ma lutte, dont j'ajourne le triomphe à cette date. Mais la voilà qui est malade. Deux neveux à élever, ma mère à soutenir, et mon travail insuffisant, voilà une des faces de ma vie. Une continuelle injustice, des calomnies constantes, des trahisons d'amis, en voilà une autre. Les embarras dans lesquels me jettent la faillite de Werdet et mon traité nouveau me réduisent à la plus excessive misère, en voilà une autre. Les difficultés littéraires de ce que je fais et la continuité du travail, en voilà une autre. Je suis usé sur les quatre faces du carré par une égale pression de douleurs. Si mon âme trouve fermée la porte d'ivoire par laquelle elle s'échappait dans le pays des illusions, des rêves de bonheur, que devenir? La solitude, un adieu au monde? Il est douloureux, pour qui vit par le cœur, de ne plus avoir de vie possible qu'au cerveau.

Quand vous recevrez cette lettre, le portrait de Boulanger [1] sera en route, car on l'emballe cette semaine. Je voulais le faire rouler, mais le savant marchand de couleurs et restanrateur de tableaux à qui je me suis adressé, m'a dit qu'il arriverait sans malheurs dans une caisse carrée de la dimension du tableau. Vous aurez une belle œuvre, à ce qu'ont dit plusieurs peintres. Les yeux surtout sont bien rendus, mais plutôt dans l'expression psychique générale du travailleur qu'avec l'âme aimante de l'individu. Boulanger a vu l'écrivain, et non la tendresse de l'imbécile que l'on attrapera toujours, et non la mollesse devant la douleur d'autrui, qui fait que tous mes malheurs viennent d'avoir tendu la main à des faibles qui tombaient dans l'ornière du malheur. En 1827, pour rendre service à un ouvrier imprimeur, je me vois, en 1829, accablé de cent cinquante mille francs de dettes et jeté, sans pain, dans un grenier. En 1833, au moment où ma plume faisait mine de rapporter assez pour éteindre mes obligations, je m'attache à Werdet, je veux le faire mon seul libraire et, dans mon désir de le faire prospérer, je signe des engagements, et, en 1837, je me vois ayant toujours cent cinquante mille francs

1. Le portrait de Balzac par Louis Boulanger.

de dettes et poursuivi, pour son compte, par une contrainte
par corps qui m'oblige à me cacher. Chemin faisant, je
me fais le Don Quichotte des faibles : j'espère donner du
courage à Sandeau, et je laisse sur cette tête quatre à cinq
mille francs qui auraient sauvé d'autres que lui ! J'ai besoin
d'une barrière entre le monde et moi ; il faut me contenter de
produire sans dépenser, et m'enfermer dans un cercle étroit,
à peine de succomber !

3 Juin.

J'ai encore pour sept années de travaux, en comptant par
année trois ouvrages comme *le Lys*, et j'aurai quarante-cinq
ans quand les lignes principales de mon ouvrage seront dessi-
nées et les cadres à peu près remplis. A quarante-cinq ans,
on n'est plus jeune, de forme du moins ; il faut, pour se
réserver quelques beaux jours, se plonger dans les glaces
d'une solitude profonde.

Je n'ai pas l'esprit assez tranquille pour faire du théâtre.
Une pièce est l'œuvre la plus facile et la plus difficile de
l'esprit humain : ou c'est un jouet d'Allemagne, ou c'est une
statue immortelle, un polichinelle ou la Vénus, *le Misanthrope*
et *Figaro*, ou *la Camaraderie* et *la Tour de Nesle*. Les misérables mélodrames de Hugo m'effraient. Il me faudrait tout
un hiver à Wierzchownia pour ajuster une pièce, et j'ai pour
quatre mois de travaux écrasants avant de savoir si j'aurai de
l'argent, et quand je l'aurai, et comment je l'aurai !

Peut-être prendrai-je une de ces sublimes résolutions qui
retournent la vie comme un gant. Cela est très possible. Je
laisserai peut-être la littérature pour m'enrichir, et la reprendrai après si cela me convient ; je réfléchis à cela depuis
quelques jours.

N'êtes-vous pas fatiguée de m'entendre varier ma chanson
sur tous les modes ? Cette continuelle *égoïsterie* d'un homme
qui se débat dans un cercle donné ne vous ennuie-t-elle pas ?
Dites-le : car, après votre lettre, vous me paraissez disposée à
me planter là, comme un mauvais pauvre qui ne sait que le
pater et dit toujours la même chose.

Cara, je tiens Florence pour une grande dame, pour une
belle ville, où respire le moyen âge : mais je vous ai dit que

Venise et la Suisse sont deux conceptions qui, seules, ne ressemblent à rien. Je n'ai pas osé vous dire du mal de votre buste, parce qu'il m'a donné trop de joie. Quant à la bouche, ne vous plaignez pas de Bartolini ; il l'a faite belle et vraie. Votre bouche est une des plus suaves créations que je sache ; elle a, en effet, l'expression que lui reprochent votre tante et autres ; mais ceci est la superficie de la chose. Sans votre bouche, votre front serait d'un hydrocéphale. Il y a là la balance exacte entre les sensations et les idées, entre le cœur et le cerveau ; il y a surtout, dans l'expression reprochée, une incroyable noblesse et une infinie douceur, deux attributs qui vous rendent adorable pour qui vous connaît bien. Personne. mieux que moi, n'a analysé votre tête et votre visage. La dernière fois que j'ai pu vous étudier, que j'ai eu assez de sang-froid pour cela, c'était chez Daffinger[1], et ce n'est que là que j'ai trouvé dans les lèvres quelques légers symptômes de fureur cruelle. Ne vous étonnez pas de ces deux mots : ce sont ces indices qui donnent à votre bouche l'air dont se plaignent ces deux dames ; mais ces mouvements sont réprimés par la bonté. Vous avez quelque chose de violent dans le premier moment, et puis la réflexion, la bonté, la douceur, la noblesse, reviennent aussitôt. Mais je ne regarde pas ces choses comme des défauts. Si vous étiez exclusivement bonne, vous seriez un mouton, ce qui est trop fade.

XXII

A MADAME HANSKA, A WIERZCHOWNIA (UKRAINE)

Paris, 8 Juillet 1837.

L'explication de mon silence est dans la *Femme supérieure*, qui tient soixante-quinze colonnes de *la Presse*, et qui a été faite en un mois, jour pour jour. J'ai passé les trente nuits de ce damné mois, et ne crois pas avoir dormi plus de

---

1. A Vienne, en mai 1835, pendant que ce peintre faisait le portrait en miniature de madame Hanska.

soixante et quelques heures dans ce temps ; je n'ai pas pu me
faire la barbe, et moi, qui suis ennemi de toute affectation,
j'ai la barbe de bouc des *Jeunes-France*. Après vous avoir
écrit cette lettre, je prendrai mon premier bain, non sans
effroi, car j'ai peur de détendre les fibres montées au dernier
degré, et il faut recommencer pour faire ce *César Birotteau*,
qui devient ridicule à force de retards. D'ailleurs, voici dix
mois que *le Figaro* m'en a remis l'argent. Enfin, dans dix
jours, j'aurai terminé le troisième dixain[1].

Rien ne peut vous exprimer l'entraînement de ce travail
fou ; je veux à tout prix ma liberté d'esprit, car, encore un an,
je crèverais à la peine. J'ai fait, pendant ce mois, *les Martyrs
ignorés*, *Massimilla Doni* et *Gambara*. Quand j'aurai fini *César
Birotteau*, il faudra faire encore *la Maison Nucingen et C*[ie].
et un autre ouvrage, pour voir la fin de ces misères qui me
donnent tant de travaux et point d'argent. J'ai trouvé le temps
de veiller à l'emballage et au départ du portrait que vous
devez avoir reçu quand cette lettre vous arrivera.

Je ne vous entretiendrai plus des difficultés de ma vie, car
l'affaire que vous savez les a rendues énormes et insurmontables. Pendant que je travaille nuit et jour à libérer ma
plume, mes gens ne veulent me rien donner, attendant pour
cela que je travaille pour eux, en sorte que je m'endette
et que tous mes ennuis d'argent vont recommencer. La faillite de Werdet m'a tué ; je l'avais fort imprudemment ga-
ranti, et l'on me poursuit ; il a fallu me cacher et lutter. Les
gens chargés d'emprisonner les débiteurs m'ont trouvé, grâce
à la trahison, et j'ai eu la douleur de compromettre les personnes qui m'avaient généreusement donné asile[2]. Il a fallu,
pour ne pas aller en prison, trouver dans l'instant l'argent de
la dette de Werdet, et, par conséquent, m'en grever vis-à-vis
de ceux qui me l'ont prêté. Songez à ce qu'a dû être ce petit
épisode au milieu de mes travaux !

Je ne veux donc plus vous navrer le cœur des détails de
cette lutte. Il faudrait, d'ailleurs, des volumes pour vous la
raconter en détail et vous l'expliquer. A la lettre, je ne vis pas.

1. Des *Contes drolatiques*.

2. M. et Madame Guidoboni-Visconti.

Toujours le travail! Je ne puis soutenir cette vie que pendant trois ou quatre mois, J'en ai encore pour quarante-cinq jours; après, je serai tout à fait à bas, et j'irai me refaire dans la solitude de l'Ukraine, si Dieu le permet. J'espère aller jusqu'à la fin de *César Birotteau*.

Non seulement je n'ai pas clos l'abîme des misères, mais je n'ai pas clos non plus le gouffre des affaires. J'ai tant de fois espéré que je me suis lassé, comme je vous le disais. Je suis en proie à un dégoût profond et me renferme dans une solitude complète. Néanmoins, il se prépare une grande affaire pour moi dans une impression complète de mon œuvre, avec vignettes, etc., et appuyée sur une combinaison piquante et attrayante pour le public. C'est de donner un intérêt dans une tontine créée avec une portion des bénéfices au profit des souscripteurs, divisés en classes, par âges : un à dix, dix à vingt, vingt à trente, trente à quarante, quarante à cinquante, cinquante à soixante, soixante à soixante-dix, soixante-dix à quatre-vingts ans. Ainsi, l'on aurait un magnifique ouvrage, comme exécution typographique, et la chance de trente mille francs de rente pour avoir souscrit. Encore le capital de la rente restera-t-il acquis aux familles.

Cela est bien beau; mais il faut trois mille souscripteurs par classe, pour que cela se fasse. Figurez-vous que, malgré l'ardeur de mon imagination, j'ai reçu tant de coups que je vais voir jouer cette partie d'un œil indifférent. Il faut une somme énorme rien que pour les annonces, et quatre cent mille francs pour les vignettes seulement. L'œuvre aura cinquante volumes, publiés par demi-volumes. Elle comprendra les *Études de mœurs* complètes, les *Études philosophiques* complètes, et les *Études analytiques* complètes, sous le titre général de : *Études sociales*. En quatre ans tout sera publié. La vignette sera dans le texte même et il y en aura soixante-quinze par volume, ce qui empêchera toute contrefaçon à l'étranger.

Mais ceci dépend encore de quelques points administratifs à régler. Veuille le sort que cela réussisse! Il est temps; je sens qu'encore quelques jours semblables aux derniers, je suis vaincu.

Moi qui sais bien amplement ce que c'est que le malheur,

je vous crie du fond de mon cabinet : Jouissez du bien-être matériel que vous donne M. de Hanski et que vous me vantez justement. Je souhaite de toute la puissance de mon âme, qui en ceci retrouve sa force, que jamais vous ne connaissiez pareilles misères !

Vous lirez quelque jour *la Femme supérieure*, et si jamais j'ai eu besoin d'un avis sérieux et sincère sur une composition, c'est sur celle-là. Il arrive vingt lettres par jour de réprobation au journal, de gens qui cessent leurs abonne- ments, etc., disant que rien n'est plus ennuyeux, que ce sont des bavardages insipides, et on m'envoie ces lettres-là ! Il y en a un, entre autres, qui se dit mon grand admirateur, et ne peut concevoir *la stupidité d'une semblable composition*. Si cela est, je me suis donc bien lourdement trompé.

Cette défiance, où de semblables aventures mettent un auteur, est bien peu propice à se lancer dans l'œuvre de *César Birotteau*, que j'aborde aujourd'hui même, et qu'il faut pousser avec une grande célérité. Je vous ai dérobé les manuscrits et épreuves de *la Femme supérieure* au profit de *Cara sorella*, qui n'a rien de ces choses-là, et qui a vu chez moi apporter des épreuves reliées, à vous. En sorte qu'elle a dit mélancoliquement : « Je n'aurai donc jamais rien, moi ! » Et alors j'ai pensé à lui donner celles de *la Femme supérieure* ; je vous garderai celles de la réimpression.

Que d'événements et de pensées se sont écoulés sous l'arche depuis sept ans ! Et combien de terreurs on peut avoir en se voyant avancer sans que la tempête se calme ! Mais il ne faut pas penser à ces sortes de fantaisies heureuses qui se dessi- nent à l'horizon, surtout quand l'âme est toujours en deuil !

Je n'ai pas terminé *Berthe la Repentie* sans penser, à chaque ligne, que je l'avais commencée avec rage au Pré-l'Évêque en 1834, au mois de janvier, voici bientôt quatre ans passés. J'aurais dû ne point avoir de dettes, vivre comme un cha- noine, en Ukraine, en n'ayant d'autre fonction que de chasser vos *blue devils*, et faire chaque année un dixain. C'eût été une trop belle vie. Il y a entre le repos et moi douze mille ducats de dettes, et, plus je vais, plus la somme s'accroît. Chateaubriand meurt de faim ; il a vendu son passé d'auteur et il a vendu l'avenir. L'avenir lui a donné douze mille francs de rente, tant qu'il ne publie rien, vingt-cinq mille quand il publiera. C'est pour lui la misère, et il a soixante-dix ans, âge auquel tout génie est éteint, excepté les souvenirs de jeunesse qui refleurissent. Aussi aime-t-on deux fois : la première en réalité, la seconde en souvenir.

Addio, cara. Il faut vous quitter pour se mettre sur le dixain et sur *César Birotteau*, alternativement. Je donnerais je ne sais quoi, tout, excepté notre chère amitié, pour avoir fini ces deux travaux-là, qui ne me rapporteront plus rien que des injures.

J'ai conçu hier un grand ouvrage, par sa pensée, et petit par le volume; c'est un livre que je vais faire au plus tôt. Il sera intitulé d'un nom d'homme quelconque, comme *Jules, ou le nouvel Abeilard*. Ce sera les lettres de deux amants conduits à la vie religieuse par l'amour, un vrai roman héroïque, à la Scudéry.

Mille tendres hommages. J'ai écrit cette lettre en quatre jours, interrompu à chaque instant par les épreuves.

XXIII

A MADAME HANSKA, A WIERZCHOWNIA (UKRAINE)

Paris, 19 Juillet 1837.

Cara, vous finirez par tant vous ennuyer de mes jérémiades que. quand vous recevrez une de mes lettres, vous la jetterez au feu sans l'ouvrir, sûre que c'est un grenier de diables bleus, et le plus ample magasin de mélancolie qui soit au monde. Si ma grasse et hardie figure est dans ce moment chez vous, installée, vous ne mettrez jamais mes chagrins sur ce front bombé, moins ample et moins beau que le vôtre, sur ces joues rebondies de moine fainéant. Mais c'est ainsi. Celui qui fut créé pour le plaisir et le sans-souci, pour l'amour et le luxe, travaille comme un forçat.

Hier, je parlais à Heine de faire du théâtre, et il me disait : « Prenez-y garde ! celui qui s'est habitué à Brest ne peut pas s'accoutumer à Toulon. Restez dans votre bagne. »

C'est vrai que je travaille comme un forçat, mais j'ai pensé
que c'était bien assez de la distance qui nous sépare, sans
l'alourdir du poids de ma misère, et, décidément, je veux
vous entretenir gaiement de mes chagrins, de mes ennuis, de
mes peines, qui font une triple enceinte à mon âme et à
ma vie.

Je suis plus léger de trois ouvrages : voici le troisième
dixain achevé en manuscrit, et pas en épreuves ; voici *Gambara*
fini, et me voici à la fin des épreuves de *Massimilla Doni*.
Enfin, dans trois jours, je vais me mettre à finir le manuscrit
de *César Birotteau*. J'espère que le bûcheron abat du bois ;
j'espère que le manœuvre n'y va pas de main morte. Mais je
rencontre toujours de bonnes gens, des Parisiens, qui me
disent : « Eh bien, vous ne faites donc rien paraître ? » Hier,
après Heine, sur le boulevard, j'ai rencontré Rothschild,
c'est-à-dire tout l'esprit et tout l'argent des Juifs. Rothschild
n'a pas manqué de me dire : « Que faites-vous ? » *La Femme
supérieure* venait d'inonder pendant quatorze jours *la Presse!*

Cara, vous me parlez toujours de ma dissipation et de
courses, et de monde. C'est mal à vous. Je voyage quand il
m'est impossible de réveiller mon cerveau abattu. Quand je
reviens, je m'enferme et je travaille nuit et jour, jusqu'à ce
que mort s'ensuive (du cerveau bien entendu, quoique l'on
puisse mourir de travail). J'ai eu le tort de ne pas avoir été
en Ukraine, mais je suis le premier puni ; mon tort vient de
ma misère. Mais je viens de découvrir un moyen de transport
économique dont j'userai aussitôt que je serai libre. C'est
d'aller d'ici au Havre, du Havre à Hambourg, de Hambourg
à Berlin, de Berlin à Breslau, de Breslau à Lemberg, et de
Lemberg à Brody ; je crois cette route très peu chère, à cause
des trajets par eau. De Paris à Hambourg, quatre jours, et
deux cents francs, tout compris. Seulement, viendrez-vous me
chercher à Brody, où je serai sans voiture, et ne parlant pas
la langue du pays ? Voilà le projet que je caresse et qui me
fait hâter mes travaux.

Il n'y a rien de nouveau sur la grande affaire de ma publication par mode de tontine. Mais voici déjà que les petits
journaux se moquent de cette entreprise sans la connaître,
par cela seul qu'elle se fait à mon profit.

Chère et belle châtelaine, vous parlez de la misère comme une personne qui ne l'a pas connue et qui ne la connaîtra jamais. Les malheureux ont toujours tort, parce qu'ils commencent par être malheureux !

Faut–il, pour la cinquième ou sixième fois vous expliquer le mécanisme de ma misère, et comment elle n'a fait que croître et embellir ? Je le ferai, ne fut-ce que pour démontrer que je suis le plus grand financier de l'époque. Mais nous n'y reviendrons plus, n'est–ce pas, car il n'y a rien de plus triste que de raconter le malheur dont on souffre encore.

En 1828, j'ai été jeté dans cette pauvre rue Cassini, sans que ma famille voulût même me donner du pain, par suite de la liquidation à laquelle on m'avait contraint, devant cent mille francs, et n'ayant pas un sou. Voilà donc un homme à qui il faut six mille francs pour payer ses intérêts et trois mille francs pour vivre ; total, neuf mille francs par an. Or, durant les années 1828, 1829 et 1830, je n'ai pas gagné plus de trois mille francs, parce que M. de Latouche n'a payé *les Chouans* que mille francs, que le libraire M... a fait faillite et n'a payé que sept cent cinquante francs, au lieu de quinze cents, les *Scènes de la Vie privée*, et que la *Physiologie du Mariage* n'a rapporté que mille francs par la mauvaise foi du libraire, et que M. de Girardin ne me payait que cinquante francs la feuille, à *la Mode*. Ainsi, pendant trois ans, j'ai augmenté ma dette de vingt-quatre mille francs.

1830 arrive : désastre général dans la librairie. *La Peau de Chagrin* m'est payée sept cents francs; trois mille francs plus tard, en y ajoutant les *Contes philosophiques*. Puis, voici la *Revue de Paris* qui me prend dix feuilles par an, à cent soixante francs, total, seize cents francs. Ainsi 1830 et 1831 ne me donnent pas dix mille francs, tout ensemble, et il fallait payer dix-huit mille francs, en comprenant les intérêts et ma vie. Ainsi, j'augmente la dette de huit mille francs. Le capital de la dette monte donc à cent trente-deux mille francs.

Arrive 1833, où, en faisant le traité avec madame Béchet, je pouvais me trouver au pair de ma vie et de ma dette, c'est-à-dire vivre, et payer mes intérêts, puisque de 1833 à 1836 j'avais dix mille francs par an, et que je devais alors six mille deux cents francs d'intérêts et que je supposais pouvoir vivre avec quatre mille francs. Mais, au moment du succès, sont arrivés les désastres.

Un homme qui n'a que sa plume et qui doit faire face à dix mille francs par an, quand il ne les a pas, est obligé à bien des sacrifices. Ce n'était pas cent trente-deux mille francs que je devais, c'était cent quarante mille, car comment ai-je combattu la nécessité qui me pressait? Avec un aide de camp, qui peut se comparer au vautour de Prométhée[1], avec les usuriers qui me prenaient neuf, dix, douze, vingt pour cent d'intérêts, et qui dévoraient cinquante pour cent de mon temps en démarches, en courses, etc. Enfin, j'avais signé des traités avec des libraires qui m'avaient avancé de l'argent sur des œuvres à faire, et alors, quand j'ai eu signé le traité Béchet, il a fallu prélever sur les trente mille francs que devaient me donner les douze premiers volumes des *Études de mœurs*, dix mille francs pour désintéresser Gosselin et deux autres libraires, etc. Ce n'était plus trente mille francs, mais vingt mille seulement, et ces vingt mille se sont réduits à dix mille par la perte que je fais aujourd'hui des exemplaires qui me représentaient cet argent. L'incendie de la rue du Pot-de-Fer a consumé les volumes que m'avait revendus Gosselin.

Ainsi, ma position de 1837 est donc exacte avec ces faits, quand elle me donne cent soixante-deux mille francs de dettes, car tout ce que j'ai gagné n'a jamais couvert ma dépense, et ma dépense de luxe, ce que vous me reprochez quelquefois, est produite par deux nécessités. La première : quand un homme travaille comme je le fais, et que son temps vaut vingt francs l'heure ou cinquante francs, il lui faut une voiture, car la voiture est une économie. Puis, il lui faut de la lumière la nuit, du café à toute heure, beaucoup de feu, trouver tout à point, ce qui constitue une *vie chère* à Paris. La deuxième : à Paris, ceux qui spéculent sur la littérature n'ont pas d'autre pensée que de la rançonner, et si j'étais resté dans un grenier, je n'aurais rien gagné. C'est ce qui dévore tous les gens de lettres de Paris, Karr, Gozlan, etc, Ils ont besoin, on le sait ; on leur achète cinq cents francs ce qui en vaut trois mille. J'ai donc regardé comme une excellente affaire d'affi-

---

1. Allusion à Werdet.

cher tous les dehors de la fortune pour ne pas être discuté et pouvoir faire mon prix.

Voilà, belle Émilie, à quel point nous en sommes.

Si vous n'admirez pas un homme qui, portant le faix d'une dette pareille, écrivant d'une main, se battant de l'autre, *ne commettant jamais de lâcheté*, ne pliant ni sous l'usurier, ni sous le journalisme, n'implorant personne, ni son créancier, ni son ami, n'a pas chancelé dans le pays le plus soupçonneux, le plus égoïste, le plus avare du monde, et où l'on ne prête qu'aux riches, que la calomnie a poursuivi, poursuit encore, que l'on a mis à Sainte-Pélagie quand il était auprès de vous à Vienne, vous ne savez rien de ce monde l

L'entreprise de *la Chronique de Paris* a été faite pour jouer un coup hardi, afin de payer cette dette: Au lieu de gagner, j'ai perdu.

C'est un revers horrible.

Et, au milieu de cet enfer d'intérêts contrariés, de jours nombreux sans pain, d'amis qui vous trahissent, de jaloux qui veulent vous nuire, il faut sans cesse écrire, penser, travailler, avoir des idées drolatiques quand on pleure, écrire des amours quand le cœur saigne par une plaie profonde et que l'espérance est à peine à l'horizon, et que l'espérance se fait grondeuse et demande à un preux chevalier qui revient de la bataille où et pourquoi il a été blessé ?...

Cara, ne condamnez pas au milieu de cette longue tourmente le pauvre lutteur qui cherche un coin pour s'y asseoir et reprendre haleine, pour respirer l'air parfumé de la rive au lieu de l'air poussiéreux du cirque ; ne me blâmez pas d'avoir dépensé quelques misérables billets de mille francs à venir à Neuchâtel, à Genève, à Vienne, et deux fois en Italie. (Vous ne comprenez pas l'Italie ; ici, vous devenez bête ; je vous dirai pourquoi.) Ne me blâmez pas de rêver encore à venir passer un ou deux mois près de vous, car, si je n'avais pas eu des haltes, je serais mort.

Gravez cette explication très succincte dans votre belle, et noble, et pure, et sublime tête, et ne revenez plus sur ces idées que je joue, que, etc. : car je n'ai jamais joué, je n'ai jamais eu d'autres désastres que ceux où m'a entraîné mon obligeance.

Nous ne sommes pas du même avis sur les questions religieuses, mais je serais au désespoir que vous prissiez mes idées : j'aime mieux vous voir les vôtres, et je ne ferai jamais rien, même croyant avoir raison, pour les détruire. Seulement, vous sachant belle et bonne catholique, je préfère les pages dont vous me frustrez à celles où vous me prêchez le catholicisme, et cependant, elles me font le plus grand plaisir. C'est vous dire que je veux les unes et les autres. Je conçois le catholicisme comme poésie, et je prépare un ouvrage où deux amants sont conduits par l'amour vers la vie religieuse : c'est alors que *ce cent de clous* que vous appelez votre tante m'aimera bien et dira que je fais un bel usage de mes talents!

Pour vous.

Je serais bien injuste si je ne disais pas que de 1823 à 1833 un ange m'a soutenu dans cette horrible guerre. Madame de B..., quoique mariée, a été comme un Dieu pour moi. Elle a été une mère, une amie, une famille, un ami, un conseil ; elle a fait l'écrivain, elle a consolé le jeune homme, elle a créé le goût, elle a pleuré comme une sœur, elle a ri, elle est venue tous les jours, comme un bienfaisant sommeil, endormir les douleurs. Elle a fait plus : quoiqu'en puissance de mari, elle a trouvé moyen de me prêter jusqu'à quarante-cinq mille francs, et j'ai rendu les derniers six mille francs en 1836, avec les intérêts à cinq pour cent, bien entendu. Mais elle ne m'a jamais parlé de ma dette que peu à peu ; sans elle, certes, je serais mort. Elle a souvent deviné que je n'avois pas mangé depuis quelques jours ; elle a pourvu à tout avec une angélique bonté ; elle a encouragé cette fierté qui préserve un homme de toute bassesse, et qu'aujourd'hui mes ennemis me reprochent comme un sot contentement de moi-même, cette fierté que Boulanger a peut-être un peu trop poussée à l'excès dans mon portrait.

Aussi, ce souvenir est-il pour beaucoup dans ma vie ; il est ineffaçable, car il se mêle à tout. Il n'y a plus chez moi de larmes que pour deux personnes, pour elle, qui n'est plus, et pour celle qui est encore, et qui, j'espère, sera toujours. Aussi, suis-je inexplicable pour tous, car nul n'a le secret de ma vie, et je ne veux le livrer à personne. Vous l'avez surpris, gardez-le-moi bien.

Addio. Il était bien naturel de ne pas mêler cette grande histoire du cœur au récit de mes désastres et d'une vie matérielle si difficile. Mais je n'aurais pas voulu que votre front d'analyste vînt jeter une pensée sur mon aveu de misère, en disant que j'y ai oublié celle qui m'a donné la force d'y résister, et celle qui continue ce rôle.

Mais, laissons tout cela désormais. Laissez-moi recharger mon fardeau ; moi seul le porte, et je ne peux que rire de ceux qui demandent pourquoi je ne cours pas, ainsi chargé.

Je ne voudrais pas non plus qu'en pensant à moi, vous me vissiez toujours souffrant et harcelé ; il y a aussi des heures où je regarde à ma fenêtre, les yeux au ciel, et où j'oublie tout, perdu que je suis dans mes souvenirs. Si les malheureux n'avaient pas la puissance d'oublier leurs maux, et ne se faisaient pas une oasis où se trouve une source et des palmiers, que deviendrions-nous ?

Adieu ; ne me grondez jamais sans bien penser à tout, afin de ne pas dire que je vous cache quelque grande catastrophe. Croyez-vous que j'aie perdu des millions dans le boudoir d'une fille de l'Opéra ?

XXI\

A MADAME HANSKA, A WIERZCHOWNIA (UKRAINE)

Sacré, 25 août 1837.

J'ai fini par avoir une inflammation de poitrine et suis venu en Touraine par ordonnance du médecin, qui m'a recommandé de ne pas travailler, de me distraire et de me promener. Me distraire est impossible ; il n'y a plus que les voyages qui puissent être opposés à mes travaux ; ne pas travailler, c'est impossible encore, et, pour avoir écrit le peu de lignes que voici, j'éprouve une intolérable douleur dans le dos, entre les deux

épaules ; me promener, c'est encore impossible, car je tousse
si *vieillardement*, **que** je dois justement redouter par la chaleur
qu'il fait de passer d'un endroit chaud à un endroit frais,
de faire arrêter une sueur en parvenant sur un plateau aéré.
J'ai cru que la Touraine me ferait du bien. Mon mal y a
empiré. Ce sont les travaux excessifs auxquels je me suis livré
qui m'ont donné cette maladie. J'ai tout le poumon gauche
entrepris, et je retourne à Paris pour me soumettre à un
nouvel examen. Or, comme il faudra, dans quelque état que
je sois, reprendre mes travaux, sortir du régime lacté et doux
pour rentrer dans les excitants, je suis sûr que les travaux
m'emporteront.

J'en suis arrivé à un point où je ne regrette plus la vie : les
espérances sont trop éloignées et la tranquillité est trop laborieuse. Si je n'avais que du travail modéré, je me soumettrais
sans murmure à ce sort ; mais j'ai trop de chagrins et trop
d'ennemis. La troisième livraison d'*Études philosophiques* a
été mise en vente ; aucun journal n'en a dit un mot. On en
a vendu quatorze exemplaires, et presque tout est inédit ! Les
garanties que j'ai si imprudemment données pour ce misérable
Werdet donnent lieu, envers moi, à des poursuites plus vives
que jamais je n'en ai éprouvé pour une véritable dette, car je
n'ai point connu ces rigueurs, depuis que je suis au monde
ayant toujours été de la dernière exactitude. Jamais maladie
n'est venue plus mal à propos pour mes affaires.

Vous devez penser que votre chère lettre a été comme un
bienfait de la Providence au milieu de la solitude de Saché.
Comment, chère, vous aussi faites, comme les méchants petits
feuilletonistes et tant d'autres, le faux raisonnement de rendre
un auteur coupable de ce qu'il met dans la bouche de ses
acteurs, et, parce que je peins un journaliste sans foi ni loi,
que je le fais parler comme il pense, et que je commence le
portrait de cette effroyable et cancéreuse plaie, il s'ensuit que
je fais de la littérature de commis voyageur ? Vous avez trop
tort pour que j'insiste ; seulement, je n'aime pas à trouver
mon étoile polaire en faute, ni à me surprendre le sourire
sur les lèvres en baisant une de ses pages. Vous êtes infaillible
pour moi. Ne me querellez pas trop pour le peu de jours que
j'ai à vivre.

La grande affaire marche. On grave, on dessine et on imprime à force. Mais, s'il y a succès, le succès arrivera trop tard. Je me sens décidément mal à mon aise. J'aurais mieux fait d'aller passer six mois à Wierzchownia que de rester dans ce champ de bataille, où je finirai par être renversé. Quand on n'a ni soutiens ni munitions, il y a un moment où il faut capituler. Le monde entier de Paris se lève contre les vertus inflexibles ; il les abat à tout prix.

Je médite de me retirer en Touraine, mais je ne voudrais pas y être seul. Il n'y a personne à y voir. Il faut tout avoir chez soi.

Je n'ai plus guères que pour huit jours de travaux sur le troisième dixain. Puis, j'ai *César Birotteau* à achever, qui demande une vingtaine de jours, et, après, il me faudra faire le dernier ouvrage dû, *Nucingen et Cie*, pour *la Presse*. Là, ma plume sera quitte et libre ; mais je n'aurai pas encore grand'chose. Il me faudra trois mois avant d'entrer dans mon traité qui me donne quinze cents francs par mois, ou cent cinquante ducats, somme bien insuffisante. Encore faut-il terminer les *Études philosophiques*, qui ont dix volumes in-douze de moins encore[1]. Vous voyez que je ne suis pas au bout de mes peines.

Les moments où mon énergie m'abandonne deviennent plus fréquents, et, dans ces terribles phases, il est impossible de répondre de soi. Il n'y a ni raisonnement, ni sentiment, ni doctrine qui puissent dompter les excès de cette crise, où l'âme est pour ainsi dire absente. Enfin, les voyages veulent beaucoup d'argent, et me voici ruiné pour un an environ : ainsi, je suis forcé de rester dans ce pays. La loi sur la garde nationale me pousse à venir vivre en Touraine, car il m'est impossible de me soumettre à cet impôt. Aussi, je crois bien que, vers la mi-septembre, j'aurai choisi une petite maison sur la côte du Cher ou de la Loire. Je suis même en marché pour une qui me conviendrait très fort ; mais il y a des difficultés graves.

Je suis on ne peut pas plus étonné que vous n'ayez pas reçu déjà la toile de Boulanger, car on m'a bien assuré qu'elle allait par un roulage accéléré qui allait si vite que, dans un

---

1. Annoncées en trente volumes, on venait d'en réduire à vingt le nombre total.

mois, à partir du jour du départ, elle serait rendue à Brody. Or, voici plus de deux mois que je vous ai annoncé le départ. Je n'ai pas de nouvelles de la statue de Milan.

Cet éloignement est quelque chose de bien affreux. Votre lettre a tant tardé que je m'imaginais encore des maladies. Je croyais que vos fatigues avaient altéré votre santé. Je vois que vous et les vôtres, vous allez bien. Je vous écrirai un mot à Paris, après avoir vu le docteur.

Pourquoi m'en voulez-vous de ne pas vous avoir parlé de madame Contarini ? Moi, je vous en voudrai jusqu'à la mort de toujours croire qu'il faille des sermonneuses étrangères pour me rafraîchir la mémoire de *ma patrie*. Hélas ! je n'y pense que trop, et j'ai trop subordonné toutes mes pensées à ce que vous croyez si loin de moi, pour être heureux. Enfin, je ne suis ni converti ni à convertir, car je n'ai qu'une religion, et je ne partage point mes sentiments. Si ma religion est toute terrestre, *la faute en est à Dieu qui la fit ce qu'elle est.* Madame Contariri ne savait pas tant aller sur vos brisées religieuses, car c'est vous qui avez entrepris ma conversion.

Vous êtes toujours la providence de quelqu'un. Cette pauvre Suissesse vous aimera-t-elle mieux que l'autre [1], car on ne doit jamais juger les gens qu'on aime ? Je suis très à cheval sur ce principe. L'affection qui n'est pas aveugle n'est pas.

J'ai repris cette lettre à minuit, avant de me coucher. Ma chambre, que les curieux viennent déjà voir ici par curiosité, donne sur des bois deux ou trois fois centenaires, et j'embrasse la vue de l'Indre et le petit château que j'ai appelé Clochegourde. Le silence est merveilleux.

Je pars demain 26 pour Tours, avec M. de Margonne, et le 28 pour Paris où m'appellent mes déplorables affaires. Je quitte toujours à regret ce vallon solitaire.

Ma mère est très souffrante. Elle succombe au chagrin que lui donnent les positions précaires de ses enfants, car nous prenons tous soin, mon beau-frère, ma sœur et moi, des enfauts de ma pauvre sœur morte, et, ce qui me fait tant hâter, le principe de tout mon courage, est mon désir d'arriver à temps pour lui dorer sa vieillesse.

---

1. Sans doute cette Suzette, qui avait quitté le service de madame Hanska.

J'ai bien souhaité d'aller vous voir ; mais cette affaire de réimpressions exige que je voie toutes les épreuves. Si elle réussit, me voilà cloué pour quatre ans en France, sans pouvoir disposer de plus d'un mois pour un voyage. Si elle ne réussit pas, je me consolerai en allant en Ukraine. Hélas! j'irai peut-être, et pour y trouver ma tranquillité qui me fuit! Si j'avais été y travailler, en me soumettant à toutes les chances d'une disparition, peut-être serais-je sauvé à cette heure! Une belle pièce de théâtre est, en ce moment, une fortune, car nos théâtres sont aux abois.

Savez-vous que votre lettre est datée du 27 juillet et que je l'ai reçue le 21 août, ce qui fait un mois? Un mois, sans avoir de vos nouvelles, c'est un temps bien long, pour une amitié qui veille à toutes les heures et qui se met souvent, entre deux épreuves, la tête entre ses mains, en se demandant : « A quoi pense-t-on? »

Je suis ici sans mes autographes, sans autre chose que du papier. Vous aurez celui de George Sand ; mais il faut le temps pour tout. Vous aurez bientôt Lord Byron. Hélas ! je ne puis vous envoyer d'autres marques d'affection que cette persistance dans ces *menus*.

Allons, adieu : car voici ma fatigue qui me reprend ; je vais me coucher en pensant à tout ce que je ne vous dis pas, aux oublis qu'entraîne une aussi petite lettre ; puis, à Paris, j'aurai plus à vous dire. Mais, quoi que je vous dise, vous pouvez toujours trouver ici les fleurs les plus pures et les plus embaumées d'une affection qui ne se lasse d'aucune distance, qui les franchit souvent par la pensée, et qui vous est connue; et, avec un seul mot, elle sera toujours prolixe.

XXV

A MADAME HANSKA, A WIERZCHOWNIA (UKRAINE)

Paris, Vendredi 1er septembre 1837.

Cara, je me hâte de vous apprendre que cette inflammation a tourné en une bronchite qui est maintenant guérie. Mais il faut que je reprenne mes travaux, et Dieu sait ce qui va m'arriver par suite de l'excès nouveau ! Si tout va bien physiquement, tout va plus mal pécuniairement, et je ne veux plus vous donner de détails, car ils me valent des soupçons trop injustes.

Je commence ce soir une comédie en cinq actes intitulée : *Joseph Prudhomme*, car il faut arriver à cette dernière ressource ; j'en suis à : *Mon royaume pour un cheval*.

D'ici à trois mois, vous aurez trois œuvres bien capitales, qui seront : *César Birotteau*, le troisième dixain, et *Lettres de deux amants, ou le nouvel Abeilard*. Je ne compte la comédie pour rien.

Je ne crois pas avoir jamais fait quelque chose qui puisse être comparé à *Berthe la Repentie*, le diamant du troisième dixain. Vous avez porté bonheur à ce poème, car le premier chapitre en fut fait à Genève, trois jours après mon arrivée.

Je ne veux vous rien dire des *Lettres de deux amants* ; c'est une surprise que je veux faire à ma chère prêcheuse, pour lui faire comprendre que, quand on a entrepris de peindre le monde moral en entier, il faut y mettre des gens de foi et des incrédules, le peindre sous toutes ses faces, y mettre chacun à sa place. A propos de la comédie que je vais tenter et jeter sur la scène, j'admire combien la persistance est nécessaire dans l'art. Cette comédie est dans ma tête depuis dix ans ; elle y est revenue sous toutes ses faces ; elle s'y est vingt fois fondue et refondue ; elle s'y est modifiée ; elle y a été faite, défaite, refaite, et, enfin, elle va surgir, neuve et vulgaire, grande et simple. J'en suis ravi ; je pressens un beau succès, et une œuvre qui se maintiendra peut-être au répertoire, entre les vingt pièces qui sont la gloire du Théâtre-Français. J'ai la seconde vue ouverte là-dessus, comme sur *la Peau de Chagrin*, comme sur *Eugénie Grandet*. Après avoir été rassuré par l'ami auquel je me suis confié, dans le premier doute où j'étais, j'y vois les éléments d'une grande chose. Il y a comique et tragique sourd, du rire et des larmes. Il y a cinq actes aussi longs, aussi féconds que ceux du *Mariage de Figaro*. Cette œuvre, conçue au fond de mes misères présentes, est, en ce moment, comme une escarboucle qui luit dans les ténèbres d'une grotte boueuse. Il me prend une terrible envie d'aller la faire en Suisse, à Genève ; mais la cherté des séjours chez ces Suisses m'effraie.

Je viens de voir les dessins faits pour l'illustration de *la Peau de Chagrin*. C'est merveilleux. Cette entreprise est gigantesque. Quatre mille gravures sur acier, tirées en taille douce, à même le texte ! Cent par volume ! Enfin, si cette affaire réussit, les *Études sociales* se produiront dans leur entier, et sous un magnifique costume, avec des atours royaux.

Avouez que si, dans quelques mois, la fortune vient visiter mon seuil, je l'aurai bien gagnée, et soyez sûre que je me cramponnerai à ce qu'elle daignera me jeter.

Jamais je ne me suis trouvé dans une tourmente pareille à celle où je suis, et jamais l'espérance ne s'est montrée plus sereine ni plus belle ; elle reluit de ses turquoises, elle me sourit, et je me laisse aller à ce sourire qui m'aide à supporter l'infortune. Sans ces célestes apparitions, que deviendraient les poètes et les artistes malheureux !

Adieu, chère : il ne faut pas trop vous fatiguer des échos de la tempête, à moins qu'ils ne vous rendent Wierzchownia plus doux, et la longue étendue de l'Ukraine plus unie à l'œil.

Je ne comprends pas comment je ne suis pas, en août, installé dans quelque coin de votre maison, bien et dûment encadré, avec la monastique prestance que le peintre m'a donnée.

Vous ne sauriez imaginer combien Paris devient beau. Il nous fallait le règne d'une truelle pour arriver à d'aussi grands résultats ; cette magnificence, qui tous les jours fait un pas et gagne de tous côtés, nous rend dignes d'être la capitale du monde. Les boulevards parquetés en bitume, éclairés par des candélabres de fer bronzé, et au gaz, la richesse croissante des boutiques, de cette foire de deux lieues de long, éternelle, et qui varie en œuvres nouvelles, composent un spectacle sans égal. Dans dix ans nous serons propres, la boue de Paris aura été rayée du dictionnaire, et nous deviendrons si magnifiques, que Paris sera vraiment une grande dame, la première des reines coiffées de murailles.

Je renonce à la Touraine, et reste citoyen de la métropole

intellectuelle. Mais je vais me soustraire aux draconiennes
exigences de la garde nationale, en me mettant à trois lieues
de cette terrible reine. Le respect est de bon goût avec ces
majestés. Un obscur village recevra mes misères et mes grandeurs. Votre moujik aura quelque chaumière bien humble,
d'où, parfois, il partira vers six heures et demie pour être
aux Italiens à huit heures, car la musique est une distraction,
la seule qui lui reste. Ces bienfaisantes voix me rafraîchissent
l'âme et l'esprit.

Adieu, chère. Vous assistez aux douleurs; il faut bien vous
envoyer aussi quelques rayons de la douce espérance, quand
elle fait une échancrure bleue dans le dais de nuages gris.
Veuille cette étoile ne pas filer comme tant d'autres, et me
conduire à quelque trésor !

Je me plais à croire que vous êtes contente, que votre vie
a pris, après le départ de vos hôtes. ses accoutumances, que
Paulowska vous rapporte de belles toisons d'or, que l'on ne
vous vole plus vos livres, et que nulle méchante page de moi
ne plisse ce beau front, plein d'éclatantes majestés ; enfin,
que vous avez ce petit bonheur en miettes, qui est beaucoup:
ces matérialités, qui sont la moitié de la vie, ne vous manquent point, et, si elles donnent de la monotonie, elles
n'usent point l'énergie, qui peut se répandre en plein dans
les régions religieuses, où vous la portez au détriment de la
pauvre terre passionnée. Vous savez depuis longtemps quels
souhaits je fais pour que cette vie vous soit légère. J'espère
qu'Anna, que toutes vos grandes filles, et que le maître. que
la Suissesse, enfin que toute votre gent est bien portante,
et que vous n'avez aucun grief qui vous fasse lever les yeux
au ciel !

Après cette phrase, je reporte ma pioche, c'est-à-dire ma
plume, en plein champ des *Birotteau*, qui veulent encore un
coup de bêche, de rouleau, de rateau, d'arrosoir, et, quand
vous lirez la lettre de François à César, vous vous rappellerez que c'est là que ma pensée s'est interrompue pour venir
à vous, et vous envoyer cette lettre au milieu de votre steppe,
comme une fleur d'amitié qui vient vous demander asile dans
votre terre, et qui, malgré les neiges, l'hiver, sera toujours
colorée, embaumée. par une sincère affection.

XXVI

A MADAME HANSKA, A WIERZCHOWNIA (UKRAINE)

Sèvres, 10-12 octobre 1837.

Voici bien du temps passé sans vous écrire, et j'ai vécu si orageusement que j'ignore si, à mon retour de Touraine et après ma convalescence, je vous ai écrit pour vous dire que j'étais rétabli et que ma poitrine n'avait pas la moindre chose.

Il m'a fallu, pour me mettre en dehors d'une atroce loi faite pour la garde nationale du département de la Seine, déménager de la rue Cassini, de la rue des Batailles[1], et quitter légalement Paris, c'est-à-dire aller à trois mairies, et déclarer que j'abandonnais la capitale ; puis m'installer et demeurer ici, à Sèvres. Ainsi, mettez en note qu'à partir de cette lettre reçue, il faut m'adresser vos lettres ainsi : *à monsieur Surville, rue de Ville-d'Avray, à Sèvres, Seine-et-Oise*, car il faut que je reçoive mes lettres sous ce nom encore pendant quelques mois, afin que mon adresse ne soit pas connue à la poste ; d'abord, pour des raisons cachées, qui sont la faillite Werdet et les poursuites qui en résultent pour moi et que je dois endurer jusqu'à ce que j'aie l'argent pour payer ; puis, pour éviter la grande quantité de lettres dont m'accablent des inconnus et inconnues.

J'ai acheté ici un petit terrain d'une quarantaine de perches, sur lequel mon beau-frère va me faire bâtir une maisonnette où je vais dès lors demeurer jusqu'à ce que ma fortune se fasse, et où je resterai toujours, si je reste gueux. Quand elle sera bâtie et que j'y serai, ce qui pourra être pour le mois de janvier prochain, je vous en aviserai, et vous pourrez alors m'écrire sous mon nom, en mettant le nom de mon pauvre ermitage, qui est *les Jardies*, celui de la pièce de terre sur

1. On se souvient que Balzac avait, à cette époque, deux appartements, dont l'un à Chaillot. Il avait déjà voulu quitter la rue Cassini, en 1836 ; mais ce ne fut qu'en octobre 1837 qu'il abandonna décidément ce dernier domicile.

laquelle je me pose comme un ver sur sa feuille de laitue. Les terres sont si divisées autour de Paris qu'il a fallu avoir affaire avec trois paysans pour pouvoir réunir ce lot de quarante perches, et la perche n'a que dix-huit pieds carrés. Je suis là à une distance qui me permet d'aller et de venir à Paris en deux heures. Ainsi, je puis aller au spectacle et revenir chez moi. Je suis à Paris sans y être. Il n'y a ni entrées ni impôts excessifs ; la vie y est à meilleur marché, et le jour où je pourrai disposer de mille francs par mois, j'y puis avoir voiture. Enfin, j'échapperai à cette perpétuelle inquisition qui publie chaque pas que je fais et chaque mot que je dis. Je ne verrai ni ne recevrai personne. Puis, au lieu de dépenser vingt mille francs chez les autres quand je me loge, je les dépenserai chez moi, et rien ne pourra plus me chasser de là. Vous ne sauriez croire combien j'aime la fixité. La constance est une des pierres angulaires de mon caractère.

Vous comprenez facilement que ces tracas ne m'ont pas laissé une minute à moi. J'ai vu cent maisons autour de Paris ; j'ai été en négociations pour plusieurs ; j'ai été un mois à courir autour de Paris pour trouver ce qu'il me fallait sur la limite juste du département de la Seine et de Seine-et-Oise.

J'ai failli en acquérir une ; mais, après m'être convaincu que j'avais partout vingt mille francs à dépenser en réparations et arrangements pour m'établir, j'ai pris le parti d'acheter un terrain et de bâtir, car une maison ne coûtera pas douze mille francs, bâtie à mon gré, et le terrain, avec la maison de paysan, ne revient pas à plus de cinq mille francs ; en comptant l'intérieur pour trois mille, elle me reviendra à vingt mille francs, et, en mettant cinq mille francs d'erreurs, cela fera vingt-cinq mille francs, ou douze cents francs de loyer et l'agrément d'avoir sa cabane à soi et de ne pas avoir les ennuis du bruit, car je suis adossé au parc de Saint-Cloud.

J'ai conservé encore pour quelques mois la rue des Batailles, comme garde-meubles, jusqu'à ce que je sois installé [1].

1. Balzac, en fin de compte, ne quitta cet appartement que le 15 avril 1839, après avoir été mis en demeure d'en sortir.

Je me hâte de vous écrire, car demain je me mets à faire *la Maison Nucingen, ou la Haute Banque*, pour *la Presse*. C'est encore une cinquantaine de colonnes qu'il faut avoir pondues pour la fin du mois, et puis après?... Après, ma plume sera libre, car mes éditeurs ont transigé avec le défunt *Figaro*, qui va renaître de ses cendres, et j'ai terminé le troisième dixain.

Ainsi, vers le 1er novembre, ma plume ne devra plus rien à personne et je commencerai l'exécution de mon nouveau traité par la publication de *César Birotteau*. Mais, comme il ne paraîtra guère que pour le mois de janvier et que j'ai reçu deux mois, je ne commencerai à toucher de l'argent qu'en mars.

Ma détresse ira donc encore pendant six mois, et elle est affreuse.

Cette maladie m'a perdu six semaines irréparables. Je pense toujours, si j'étais trop embarrassé, à aller me réfugier pour trois mois chez vous. Je garde ce projet pour ma dernière ressource, et je me repens déjà beaucoup de ne pas l'avoir mis à exécution, car, quand on me dit et on me sait en voyage, tout le monde attend et personne ne dit rien ; et, revenant avec une ou deux pièces de théâtre, toutes mes affaires d'argent seraient apaisées. Mais je ne puis faire cela qu'après avoir acquitté mes dettes de plume et donné un ouvrage à mes nouveaux éditeurs, ce qui me rejette au mois de février, si toutefois ma maison est finie, et que je m'y sois installé.

Je ne saurais vous donner une idée du mouvement dans lequel j'ai été depuis six semaines, et quel décousu dans mon existence, ordinairement si paisible (comme corps). Il a fallu toujours lire des épreuves et travailler. Vous ignorez, dans votre Ukraine où chacun a sa maison, ce que sont les déménagements parisiens, que rien ne saurait peindre que ce mot proverbial : *trois déménagements équivalent à un incendie*.

Au milieu de ces tourments et de ces fatigues, j'ai eu deux joies : ce sont vos deux lettres, auxquelles je répondrai dans quelques jours, car je les ai réunies à leurs aînées et les ai mises dans un précieux coffret que j'ai porté chez ma sœur, pour ne pas les mêler aux agitations mobilières, et je ne les ai pas reprises. Je crois avoir quelque chose à vous y répondre.

Il est probable que je n'irai pas aux Italiens, et je vous assure que ce sera une grande privation, parce qu'il n'y a que la musique qui me distraie, et que je ne saurais comment détendre mon âme.

Il ne me restera que la contemplation des mers bleues de l'espérance, et je ne sais pas si de voltiger à pleines ailes sur cet infini qui se recule quand vous vous y élancez, n'est pas une douleur qui plaît, mais qui n'en est pas moins douloureuse.

J'ai eu beaucoup de chagrins depuis que je vous ai écrit. Dans la crise momentanée où je suis, tout le monde m'a fui comme un lépreux. Me voilà tout seul, et j'aime mieux cette solitude dans ma solitude, que cette haine doucereuse qu'à Paris on nomme amitié.

J'ai encore un conte à faire dans mon troisième dixain, pour en remplacer un qui est trop leste, et voilà plus d'un mois que je cherche à le remplacer, sans le pouvoir. Il n'y a que cette feuille de moins qui arrête la publication. Ainsi, durant ce mois d'octobre, je publierai *la Femme supérieure*, en deux volumes in-octavo, le troisième dixain et *la Maison Nucingen*.

Massimilla Doni ne pourra paraître qu'en janvier à cause de *Gambara*, publié dans *la Gazette musicale*, et dans la possession duquel je ne rentre qu'à cette époque. Cela formera la quatrième livraison des *Études philosophiques*, à la publication desquelles mes libraires nouveaux renoncent dans le format in-douze.

C'est sans doute dans le mois prochain que paraîtront les annonces de notre tontine sur les *Études sociales*, et du 1er au 15 que paraîtra la magnifique édition. On a commencé par *la Peau de Chagrin*. Le deuxième volume sera *le Médecin de Campagne*, et le troisième *le Lys dans la Vallée*. Dieu veuille que l'affaire réussisse !

Je vous en prie, écrivez-moi donc un petit mot pour me prévenir de l'arrivée de la *toile* à Brody. Voici deux fois plus de temps qu'il n'en faut pour qu'elle soit arrivée, et je suis très impatient de savoir s'il n'est rien arrivé de fâcheux pendant le transport. Je n'ai aucune nouvelle de la statue de Milan. Ces Italiens sont réellement bien singuliers.

Vous m'aviez écrit que vous iriez peut-être à Vienne, et vous ne m'avez plus reparlé de ce projet. Si vous alliez à Vienne, je pourrais vous y apporter la *bibliothèque* de manuscrits qui vous appartient, et qui commence à être difficile à transporter.

Voici la première fois que je réponds à deux lettres, car, si vous comptiez, vous verriez qu'en ma qualité d'écrivain, c'est à moi l'avantage, malgré ce que vous nommez si injurieusement vos bavardages. Quels qu'ils soient, je suis très chagrin quand ils me manquent, et voici plus de quinze jours que je n'ai vu entrer Auguste portant avec respect le petit paquet bien plié, bien propret, qui vient de si loin et qui n'a rien de l'immensité des steppes dans la forme.

Ma pièce de théâtre, la comédie en cinq actes, est résolue, et comme déjà votre opinion a fait changer et modifier celle par où je devais commencer, je n'ose vous dire celle-ci, parce que votre lettre arrivera quand elle sera faite, et, si vous êtes contre, vous me jetterez en de terribles perplexités. N'est-ce pas se mettre à genoux devant son critique ? Aussi voyez-m'y. Je m'y mets de bonne grâce pour vous prier de n'avoir aucun égard à ce que je viens de vous dire, et d'aller votre train avec vos ciseaux de femme dans la trame, de couper mon calicot dramatique, et sans pitié, car, dans la situation où je suis, cette pièce représente cent mille francs, et il faut faire un chef-d'œuvre vite et bien, ou succomber.

Vous connaissez *Monsieur Prudhomme*, le type trouvé par Henri Monnier. Je le prends hardiment, car, pour surprendre un succès, il ne faut pas avoir une création à faire accepter. Il faut, comme l'ambassadeur anglais faisant l'amour, l'acheter tout fait. Dès lors, il n'y a plus d'inquiétude sur le personnage ; j'ai pour moi un rire certain. Seulement, il faut assassiner Monnier, et que mon Prudhomme soit le seul Prudhomme. Il n'a fait, lui, qu'un misérable vaudeville à travestissements ; moi, je ferai cinq actes au Théâtre-Français.

Prudhomme, comme type de notre bourgeoisie actuelle, comme image des Ganneron, des Aubé, des gardes nationaux, de cette classe moyenne sur laquelle s'appuie *il padrone*, est un personnage bien plus comique que Turcaret, plus drôle que Figaro. Il est tout le temps actuel. Or, voici le sujet :

A trente-sept ans, Prudhomme s'est pris de passion pour la fille d'une portière, charmante personne qui étudie au Conservatoire et qui a remporté le prix. Elle voit devant elle la carrière de mademoiselle Mars ; elle a de la distinction, du jargon ; elle est tout à fait comme il faut ; elle a dix-huit ans ; mais elle a déjà été trompée par un premier amour ; elle a eu un fils d'un jeune élève du Conservatoire, qui s'est enfui en Amérique par amour pour son enfant, effrayé de sa pauvreté et voulant faire fortune. Paméla l'a pleuré, mais elle a un enfant sur les bras. Le désir de nourrir et d'élever son enfant lui fait épouser Prudhomme, à qui elle cache sa situation. Prudhomme, à trente-sept ans, possédait trente mille francs d'économies ; il les a placées dans les mines d'Anzin en 1815, et ses actions valent, en 1817, déjà trois cent mille francs. Cela l'incite au mariage. Le mariage se fait. Il a une fille de sa femme. Les actions d'Anzin, de mille francs, valent, en 1834, cent cinquante mille francs. Ceci est l'avant-scène, car la pièce commence en 1834, dix-huit ans après.

M. Prudhomme a réalisé quinze cent mille francs de la moitié de ses actions, et a gardé le reste. Il s'est fait banquier, et, comme il arrive à tous les imbéciles, il a prospéré, sous les conseils de sa femme, qui est une femme angélique et supérieure, pleine de convenance et de bon ton. L'actrice a su jouer le rôle d'une femme de bien. Mais son attachement à son mari, inspiré par les qualités réelles de cet homme ridicule, fortifié par la passion qu'il a pour elle, par le bonheur qu'il donne, par sa fortune, est corroboré par le sentiment maternel exalté au dernier point que Paméla porte à son premier enfant, car, grâce à cette fortune, elle a pu le faire élever, lui donner de quoi vivre d'une main invisible ; puis elle l'a depuis deux ans introduit chez elle, et sans qu'il se doute de rien. Adolphe est premier commis, et la pauvre mère a si soigneusement joué son rôle horrible, que personne, pas même Adolphe, ne se doute de l'immense amour qui l'enveloppe. M. Prudhomme aime beaucoup Adolphe. Mademoiselle Prudhomme a dix-sept ans. La pièce est intitulée *le Mariage de mademoiselle Prudhomme*. M. Prudhomme, riche de quinze actions dans les mines d'Anzin, riche de plus de deux millions par sa maison de banque, et possesseur d'immeubles, doit donner près d'un million à sa fille. Sa fille est donc, avec un million et les espérances, l'un des plus riches partis de Paris.

Il faut vous dire qu'au rebours des *Antony*, Adolphe est un garçon gai, positif, heureux de sa position, enchanté de n'avoir ni père ni mère, ne s'inquiétant pas d'eux. Là est un épouvantable drame entre la mère et le fils, car cette pauvre madame Prudhomme est assassinée vingt fois par jour par l'insouciance de son fils à l'endroit de sa mère, et par une foule de traits qu'il est impossible d'expliquer; c'est la pièce même.

La fortune de mademoiselle Prudhomme a tenté un jeune notaire, qui doit sa charge à son prédécesseur, très avide d'en être payé. L'ancien notaire est ami de Prudhomme, et il a introduit son successeur dans la maison. La tendresse de madame Prudhomme pour Adolphe n'a pas échappé à l'œil du vieux notaire, qui croit que madame Prudhomme lui destine sa fille, et alors ils ouvrent les yeux à Prudhomme sur l'amour de sa femme pour Adolphe. Voilà la femme injustement accusée d'une faute imaginaire et qui ne saurait se justifier. Le comique vient, vous le sentez, du *pathos* de Prudhomme et de tous ses efforts pour convaincre sa femme. Sa femme accepte le singulier combat de faire taire son mari, comme si elle était coupable, ce qui est une moquerie tout à fait à la Molière. Mais elle voit d'où est venu le coup. Elle ruse avec les deux notaires, et, pressée par eux, elle leur démontre l'infamie de leur conduite, et leur déclare qu'elle ne donnera pas sa fille à un homme capable de salir l'honneur de la mère pour obtenir la fille. Ils sont forcés de chanter la palinodie à Prudhomme, et la mère, pour assurer la tranquillité de son mari, est forcée de se séparer de son fils.

Voilà le gros de la pièce, car vous comprenez qu'il y a énormément de situations, de scènes, de mouvement. Les domestiques sont mêlés à cela. Il y a une peinture de la bourgeoisie actuelle. Il y a le retour du père d'Adolphe, qui complique tout cela et qui fait le dénouement. Il y a l'horrible scène de Prudhomme qui, pour s'éclairer sur la passion de sa femme, invente de vouloir marier le frère et la sœur, et qui s'arme de l'épouvante de sa femme. Il y a là le sujet le plus fécond, une grande moquerie des hommes et des choses, par les amplifications de Prudhomme. Madame Prudhomme est une Célimène de la Banque, le caractère vrai de nos femmes d'aujourd'hui. Mais il y a surtout une satire fine des mœurs. Prudhomme acceptant son faux malheur, vaincu par la supériorité de sa femme, est une figure qui manquait au théâtre. Le bonheur si plein, troublé par les médisances de gens intéressés, et ramené pur par eux-mêmes, est d'un bon ton de comique. Mademoiselle Prudhomme ne se marie pas. En apparence, tout ceci vous semble indécis ; mais c'est indécis et sans contours comme est *le Misanthrope*, dont le sujet tient en dix lignes. Le rôle de madame Prudhomme, qui a quarante ans, ne peut être joué que par mademoiselle Mars, et, avec sa maternité tacite et accablée à tous moments, elle peut être superbe.

Ecco, cara, la carte sur laquelle je vais jouer tout mon avenir, car je n'ai plus que cette chance, tant est déplorable l'état de la librairie, et je veux, si notre grande affaire manque, avoir une fiche de consolation. Je ne ferai pas que cette pièce-là. J'en veux faire à la fois deux autres, afin d'avoir les recettes de deux théâtres, au moins.

Addio. Je vous écrirai d'ici au 1ᵉʳ novembre. aussitôt que j'aurai expédié plusieurs besognes pressées. Mais, je vous en prie, ne m'oubliez pas, et continuez-moi le récit de votre tranquille vie ukrainienne. J'ai sous mes fenêtres des fleurs, des dahlias, des plantes, qui me font penser à vos jardins. Quand j'ouvre mon livre où j'ai mis toutes les pensées de mes ouvrages, et tant de choses, je reviens toujours à : *je serai Richelieu pour le conserver.* C'est, dans ce grand parc de mes idées, la fleur que je caresse le plus de l'œil.

Ayez de l'indulgence pour le pauvre troisième dixain, dont le tiers a été écrit à l'hôtel de l'Arc, aux Eaux-Vives. Décidément, *Berthe la Repentie* est maintenant le plus beau morceau des *Cent Contes.* Je vous bavarde toutes mes pauvres pensées ; ma vie est si déserte, et il y a tant de mécomptes, de trahisons récentes, de difficultés, que je n'ose pas vous parler de ma vie matérielle. Elle est trop triste.

Le conte est refait et envoyé à l'imprimerie, et je puis dire que je suis bien heureux d'avoir enfin terminé cet éternellement *sous presse* dixain. J'ai beaucoup de choses à terminer ainsi, car *Massimilla Doni* manque d'un chapitre sur *Mosé,* qui exige de longues études sur la partition, et, comme il faut que je les fasse avec un musicien consommé, je ne suis pas maître de mon travail. Puis, j'ai une préface à coudre, en forme de collerette, à *la Femme supérieure,* et une quatrième partie, en forme de tournure, car les soixante-quinze colonnes de *la Presse* n'ont fourni qu'un petit volume. De là la préface et une moitié de volume. Vous ne sauriez imaginer comme ces raccommodages, ces replâtrages, m'ennuient ; je suis excédé par ces travaux après coup.

Allons, adieu. Quoique je n'aie pas de lettres de vous, je me plais à croire que vous allez bien, que vous n'avez ni chagrins, ni malades, car vous me faites trembler avec un retard. J'imagine que votre tour est venu d'être malade et que vous souffrez.

J'ai oublié de vous parler, je crois, de mademoiselle de Fauveau, qui se souvenait de vous très bien. Elles sont si catholiques que sa sœur faisait des difficultés pour épouser le fils de Bautte, le millionnaire bijoutier de Genève, où nous sommes allés ensemble, vous souvenez-vous ? A cause de la religion, et ces pauvres femmes sont dans la misère ! N'est-ce pas superbe de foi ? Mademoiselle de Fauveau, à qui je disais que beaucoup de gens avaient crié de ce que je faisais dire à madame de Mortsauf avant de mourir, s'est mise dans une sainte colère à propos de ces profanes, car elle avait en admiration *le Lys dans la Vallée.* Quand je lui dis que j'avais modifié les criailleries de la chair :

— Au moins, n'ôtez pas : « J'apprendrai l'anglais, pour vous dire : *my dee* », me dit-elle.

Elle trouvait là le thème catholique magnifiquement posé, car il est le combat de l'esprit contre la matière.

— Malheureusement, lui ai-je dit, il paraît qu'il n'y a que nous deux qui comprenions cela.

C'est une charmante personne, mais par trop mystique et

mythique. Elle m'a fait aller à San—Miniato pour voir des triglyphes primitifs, superbes, par rapport à la Trinité, et je n'ai rien vu de tout cela. Ne m'appelez pas *commis voyageur* derechef, à cause de cet aveuglement. Je veux bien être voyageur et partir pour votre *cara patria*, mais non *commis*.

Adieu; j'espère que ce pauvre frêle papier vous dira tout ce que je pense, et que vous ne penserez pas à ma détresse, ni à mes chagrins, mais que vous ferez comme moi : que vous lèverez gaiement et tristement tout ensemble la tête vers le ciel, où j'attends, depuis l'âge de raison, l'Orient du bonheur plein.

Ne me grondez pas trop, *cara*, de mon silence, car il n'y a eu ni trêve ni repos depuis ma dernière lettre. Un jour, au coin de votre feu, faites—moi raconter ce mois-ci ; vous verrez ce qu'il a été. Ce sont de ces romans réels qu'il faut conserver pour les causeries.

Mille affectueuses choses à tous ceux qui vous entourent, et qu'ils vous soient doux et bons, à vous qui le méritez tant, comme je voudrais l'être à vous, pour qui je n'ai que douceur et affection.

H . DE BALZAC

(La fin prochainement.)

PROBLÈMES ALGÉRIENS

Des émeutes antisémitiques d'une réelle gravité se sont récemment produites en Algérie. Dans les polémiques auxquelles la presse s'est livrée à ce sujet, les uns ont accusé l'ancien gouverneur, M. Jules Cambon ; les autres s'en sont pris à son successeur, M. Lépine. Maintenant que l'affolement est passé, ne conviendrait-il pas, au lieu d'accuser les hommes, de voir si les institutions ne seraient point les vraies coupables? Ne serait-il pas urgent d'examiner si ces accidents ne sont pas le symptôme d'un état profondément troublé, s'il n'y a pas quelque chose de pourri dans la plus belle de nos colonies françaises, si ces vices, enfin, ne comportent pas un remède?

Il faut d'abord rendre justice à l'œuvre accomplie par nous en Algérie, et nous pouvons ici produire le témoignage des étrangers, plus justes envers nous que nous ne le sommes souvent nous-mêmes. Ils ont déclaré avec Tchihatcheff que « ce qui a été fait en Algérie, égalé rarement, n'a été surpassé nulle part »; avec Rohlfs, que « quiconque a pu voir les prodigieux travaux exécutés par les Français en Algérie n'éprouvera que de la pitié pour ceux qui, en présence de toutes ces œuvres

admirables. oseraient prétendre que les Français ne savent pas
coloniser ». Plus récemment enfin, M. Th. Fischer, de Mar-
bourg. qui a visité l'Algérie l'année dernière et qui est un des
hommes les plus compétents pour tout ce qui concerne les
pays méditerranéens, exprimait des sentiments analogues. Il
ne faut pas se lasser de répéter que nous avons accompli
une tâche coloniale de premier ordre dans ce pays, malgré
des obstacles de toutes sortes. Mais, justement parce que
l'Algérie autorise les plus belles espérances, parce qu'elle est
pour nous « la chance suprême. et la dernière ressource de
notre grandeur », il faut prendre garde de ne point laisser
compromettre le bénéfice de soixante années d'efforts. L'auteur
des remarquables articles adressés au journal *le Temps*[1] et qui
signait : « *un Vieil Algérien* ». a décrit le *Mal de l'Algérie* au
point de vue agricole : « Je m'aperçois en terminant, disait-il.
que j'avais tort de reléguer au second rang les questions
administratives. Non. il n'est pas indifférent à l'Algérie d'être
organisée d'une manière ou de l'autre. Pour exécuter une
œuvre. le premier soin est. au contraire, de choisir le meilleur
instrument. » — Essayons donc d'indiquer « le mal de l'Algérie ». cette fois au point de vue administratif et politique.

*
* *

Sur le territoire de l'Algérie vivent un certain nombre de
groupes sociaux. subdivisés eux-mêmes en un grand nombre
de sous-groupes. et qui s'opposent l'un à l'autre par la
langue. la religion. le genre de vie et les intérêts économiques. Les Français. qui sont une vieille nation parfaitement
homogène. ont quelque peine à se figurer une pareille situation. Il faut aller dans l'Europe orientale. en Turquie ou en
Autriche-Hongrie. pour savoir ce que sont des éléments
ethniques juxtaposés et non fondus. D'un groupe à l'autre,
ni le costume. ni les mœurs. ni le degré de culture ne sont
semblables.

---

1. Reproduits dans le *Bulletin de l'Afrique française*, 1895.

Prenons le plus nombreux de ces groupes, celui des indigènes musulmans, et, dans ce groupe, examinons les rares débris de l'aristocratie indigène, les représentants des quelques vieilles familles que nous avons respectées. Plusieurs d'entre eux parlent un français correct et élégant, et savent accompaguer de quelques verres de champagne les couscouss et les diffas qu'ils offrent à leurs visiteurs, députés ou simples touristes. Mais observez-les, par exemple, dans les fêtes que donnent, en leur palais d'Alger, les gouverneurs généraux. Ils viennent là par ordre. drapés dans leurs burnous rouges, insignes du commandement, semblables à ceux que Rome donnait jadis à leurs ancêtres. Ils sont parqués dans une salle, impassibles, dédaigneux, les jambes à demi repliées. Les jolies danseuses décolletées qui passent les regardent comme des bêtes curieuses, et trouvent qu'ils sentent le suint. Et c'est peut-être là que se vérifie le mieux la justesse du proverbe : si on faisait bouillir dans la même marmite un chrétien et un musulman, les bouillons ne se mêleraient pas.

« Les Arabes ne comprennent qu'une chose, disait Sidi Ali ben Embarek à Léon Roches[1] : c'est qu'ils sont les plus faibles et que vous êtes les plus forts. Ne cherchez donc pas à nous faire apprécier les bienfaits d'une civilisation que nous repoussons, puisque vous nous apprenez vous-mêmes que ce mot signifie absorption des musulmans par les chrétiens. Croyez-moi, restez forts et toujours forts, car le jour où les Arabes découvriraient que vous êtes faibles, ce jour-là, ils oublieraient et votre clémence et votre justice et tous vos bons procédés, et, ne se souvenant que de vos deux titres de chrétiens et de conquérants, ils vous jetteraient à la mer qui vous a apportés. »

Si l'on descend dans l'échelle sociale, les mêmes contrastes se reproduisent et s'accusent. L'indigène a ses fêtes et ses distractions, ses cafés et ses lieux de plaisir : l'Européen a les siens. Ils ne se comprennent pas, et les quelques mots arabes ou français qu'ils apprennent sont pour échanger des injures. Que serait-ce si nous cherchions à pénétrer leurs idées et à analyser leurs sentiments ! Pour le musulman, la

---

1. Léon Roches, *Trente-deux ans à travers l'Islam.* T. II, p. 323.

religion est le tout de l'homme. et les choses de ce monde ne
sont qu'une ombre qui passe ; l'Européen est d'une indifférence religieuse absolue. Leur conception de la vie diffère
aussi complètement qu'il est possible.

Qu'on n'objecte pas les quelques douzaines d'indigènes
superficiellement assimilés. Car ceux-là mêmes sont peut-être
les exemples les plus topiques. Ils sont un objet d'horreur et
de dégoût pour leurs anciens coreligionnaires. qui les désignent d'un mot expressif : les *intourni*. Les sympathies assez
vagues qu'ils trouvent auprès des Français ne remplacent pas
pour eux ce qu'ils ont perdu, l'estime de soi-même. l'équilibre
moral. et jusqu'aux raisons mêmes de vivre : ils vont à l'aveu-
ture. pauvres plantes arrachées à la terre maternelle.

Dans les campagnes. les indigènes musulmans et les Européens sont rarement réunis sur les mêmes points, et la
pénétration des deux éléments est réduite au minimum.
Le système qui établit les colons dans des villages par l'expropriation des indigènes n'a pas peu contribué à cet isolement [1]. Les rapports entre les deux populations ne sont
point les mêmes partout : les indigènes ne sont pas partout
identiques. et les colons diffèrent aussi d'une région à une
autre. Il y a heureusement des exemples de très bonne
entente entre les uns et les autres. Nous pourrions citer tels
de nos compatriotes qui ont su se faire estimer et aimer : le
Français. lorsqu'il n'est pas gâté par le milieu, est si dépourvu
de morgue. si « bon enfant ». si bien doué de toutes les qualités qui peuvent séduire des populations primitives ! Mais ces
exceptions sont trop peu nombreuses. et. trop souvent. les
colons et leurs voisins Arabes ou Kabyles se regardent
comme des ennemis et se traitent en conséquence.

On va disant que les souvenirs de la conquête et des in-
surrections. que la religion musulmane et le fanatisme. que
les instincts pillards des indigènes sont cause de tout le mal.
Il y a une autre cause bien plus active et plus immédiate :
l'indigène se souvient que la terre sur laquelle le village a
été bâti et les colons établis appartenait jadis à sa tribu, qu'il

---

1. M. Jules Saurin *Le peuplement français en Tunisie*, *Revue de Paris*, 15 novembre 1897, a parfaitement montré les inconvénients du système algérien des
centres : nous n'insistons donc pas sur ce point.

la cultivait, fort mal assurément, mais enfin qu'il en récoltait les fruits. Vienne une mauvaise récolte, et, poussés par la faim. la *malesuada fames*, ils rôdent autour des habitations des colons et volent leurs bestiaux. Ils errent aussi autour des forêts ou des soi-disant forêts qui leur servaient jadis de pâturages et d'où on les a chassés[1] ; et, au jour propice, ils se vengent par l'incendie. cette forme dernière de l'insurrection.

M. Leroy-Beaulieu. M. Zaborowski, d'autres encore, avec plus ou moins de mesure et de justesse, reprochent aux colons leurs mauvais sentiments et leurs mauvais traitements à l'égard des indigènes. Ils seraient moins sévères s'ils avaient. comme eux, des souvenirs de bétail volé. de récoltes pillées, de coups de feu reçus en guettant la nuit pour défendre sa propriété, ses biens et sa vie même contre les chacals humains qui rôdent autour des centres. A un économiste comme M. Leroy-Beaulieu. nous répondrons par une citation de Stuart Mill[2], d'autant plus convaincante qu'elle n'a point été écrite pour les besoins de la cause :

« S'il est un fait prouvé par l'expérience, dit Mill, c'est que, lorsqu'un pays en gouverne un autre. les individus du peuple gouvernant qui vont dans le pays étranger pour faire fortune sont, entre tous. ceux qu'il faut contenir le plus fortement. Ils sont toujours une des principales difficultés du gouvernement. *Ils regardent le peuple du pays comme de la boue sous leurs pieds ; il leur semble monstrueux que les droits des indigènes barrent le chemin à leurs moindres prétentions ; le plus léger acte de protection envers les habitants, ils l'appellent et l'estiment réellement une injustice.* »

⁂

Que dans des villes comme Vienne ou Paris on puisse faire renaître quatre-vingts ans après la Révolution française des

1. Voir l'éloquent article de Mascueray, *Journal des Débats*, 15 sept. 1892.
2. Stuart Mill, *Du Gouvernement représentatif*, p. 396, 397.

haines qu'on croyait à jamais disparues. c'est une honte et c'est un acte sans excuse, car, en France. les israélites français font corps avec les autres habitants du sol. En Algérie la situation est très différente. La question est épineuse et délicate; il faut la traiter franchement.

Il est clair d'abord que la religion n'est pour rien dans la haine dont on poursuit en Algérie les israélites ; tout le monde est d'accord sur ce point : il est donc superflu d'y insister.

Un journal anglais [1]. rédigé à Alger. par et pour des Anglais. a écrit sur les troubles récents des choses très raisonnables. « Tout d'abord. dit ce journal. pour quiconque a vécu quelque temps à Alger. le fait saute aux yeux que les juifs algériens sont une race à part. dont les défauts l'emportent de beaucoup sur toutes les autres qualités humaines. Ensuite, il ressort jusqu'à l'évidence que toutes les races implantées en Algérie haïssent les juifs. » Si. au mot vague de race — car l'indice céphalique et la forme du crâne ne sont pas plus en cause ici que la religion. — nous substituons celui de *groupe social*. nous verrons que les deux faits énoncés par le journaliste anglais sont rigoureusement exacts.

Les israélites d'Algérie *sont des indigènes*. Pour savoir ce qu'ils étaient avant la conquête française. il faut recourir au portrait des israélites marocains qu'a tracé de Foucauld. l'homme qui les a le mieux connus. puisqu'il a lui-même parcouru le Maroc déguisé en juif [2]. « Ceux des régions soumises au Sultan (*blad-el-makhzen*). dit cet explorateur [3]. vivent grassement. sont paresseux et efféminés. ont tous les vices et toutes les faiblesses de la civilisation. sans en avoir aucune des délicatesses. Sans qualités et sans vertus. plaçant le bonheur dans la satisfaction des sens et ne reculant devant

---

1. *The Atlas*. Febr. 2. 1898.

2. L'appréciation du degré de moralité d'un groupe social quelconque est toujours des plus délicates. et les saines méthodes historiques apprennent à s'en abstenir. De Foucauld convient lui-même que la règle qu'il pose a des exceptions, celle notamment du grand rabbin de Fez. « un des hommes les plus justes de son temps ». Nous laissons donc à de Foucauld la responsabilité de son opinion, qui. néanmoins. est très caractéristique.

3. De Foucauld, *Reconnaissance au Maroc*, p. 395.

rien pour l'atteindre. ils se trouvent heureux et se croient sages. Les juifs des contrées indépendantes (*blad-es-siba*) ne sont pas moins méprisables, mais ils sont les plus infortunés des hommes. pressurés sans mesure. sans sécurité ni pour leurs personnes, ni pour leurs biens. Paresseux, avares, gourmands. ivrognes. menteurs. voleurs. haineux surtout, sans foi ni bonté, ils ont tous les vices des juifs du *blad-el-makhzen*, moins leur lâcheté. Les périls qui les menacent à toute heure leur ont donné une énergie de caractère inconnue à ceux-ci, et qui dégénère parfois en sauvagerie sanguinaire. » — « J'écris, ajoute de Foucauld, des juifs du Maroc moins de mal que je n'en pense ; parler d'eux favorablement serait altérer la vérité. »

Tels étaient assurément aussi les juifs algériens en 1830. Qu'ils se soient modifiés à notre contact, entre 1840 et 1870. nul ne le met en doute. Mais quand on voit la lenteur de l'évolution dans la société musulmane. on a peine à croire qu'elle ait été bien rapide dans la société juive. Or, un décret du 26 octobre 1870. connu sous le nom de décret Crémieux. a naturalisé collectivement et en masse les israélites algériens, et a fait d'eux des citoyens français [1].

On s'accorde généralement à reconnaître que cette mesure fut prématurée et inopportune [2]. Elle s'appliquait à une population qui n'avait encore complètement adopté ni nos mœurs. ni nos idées, ni même notre langue : un certain nombre d'israélites pratiquaient encore la polygamie. Cette naturalisation n'a pas été. comme on l'a prétendu. une improvisation de Crémieux. car elle avait été demandée par les trois Conseils généraux de l'Algérie, et un projet de loi [3] avait été soumis au Conseil d'État. Cependant M. Crémieux « tout à la joie, une des plus grandes de sa vie. de donner à 30 000 de ses coreligionnaires le titre de citoyen français, lança son décret sans avoir consulté les autorités civiles et militaires de l'Algérie, sans même avoir pris l'avis du Consistoire israélite central,

---

1. Le Rapport La Sicotière, sur les actes du Gouvernement de la Défense nationale, contient sur ce décret beaucoup de renseignements (*Algérie*, p. 288 et suiv.).

2. Maurice Wahl, *l'Algérie*, 2me édition, p. 215 et suivantes.

3. Et non de décret, comme le dit M. Wahl.

sans attendre les résultats de l'instruction dont le Conseil d'État avait signalé la nécessité [1] ».

D'autre part, on ne peut pas soutenir, comme on a essayé de le faire, que le décret Crémieux ait été la cause unique de l'insurrection musulmane de 1871 : il fut seulement une des causes principales, « non pas peut-être comme motif déterminant pour ceux qui la dirigèrent, mais comme moyen d'influence sur ceux qu'ils entraînèrent à leur suite [2] ».

Les juifs algériens sont très nombreux : près de 50 000 contre 320 000 Français. Dans l'Europe occidentale, la proportion des juifs est bien moindre, et, en même temps, leur qualité est bien supérieure. « L'Angleterre [3] possède 65 000 juifs, dont *10 000 à peine* sont Anglais. Ils ont donné des hommes d'État comme Disraëli, l'homme qui a le plus contribué, pendant ce siècle, à la grandeur de l'Angleterre, comme Goschen, comme Herschell. Ces juifs-là ne sont plus des juifs. »

A cause même du nombre des juifs algériens, le décret Crémieux était une mesure grave. Dans la pratique, on a reconnu qu'en ouvrant aux juifs l'accès à certaines professions, il était dangereux. M. Wahl a parfaitement raison de dire [4] que tous les juifs algériens ne sont pas des usuriers et des corbeaux, et qu'il existe beaucoup d'usuriers et de corbeaux algériens qui ne sont pas des juifs. Les spéculations de la vente à réméré, la dépossession des Arabes à la faveur des facilités d'aliénation introduites par nos lois, ne sont pas exclusivement le fait des juifs. Cependant la présence d'israélites indigènes nombreux parmi les avoués, les huissiers, les notaires, parmi les interprètes surtout, constitue un très sérieux danger pour nos relations avec la société musulmane.

Ce ne sont pas, selon toute apparence, des considérations de cet ordre que roulaient dans leur cervelle les émeutiers d'Alger. Ils partageaient simplement à l'égard des juifs les sentiments des musulmans, aux yeux desquels, dit de Foucauld, les israélites ne sont pas des hommes. Depuis 1871,

1. Enquête La Sicotière, p. 295.
2. La Sicotière, p. 308.
3. Article déjà cité de *The Atlas*.
4. P. 218.

la question juive n'a pas cessé d'avoir en Algérie un caractère aigu : émeutes à Alger en 1871 ; troubles à Tlemcen.
Constantine, Sétif. Batna. vers 1875-78 ; troubles à Alger.
Constantine et Mostaganem en 1897 ; émeutes d'Alger en
1898. Toutes les fois qu'un prétexte quelconque sera donné
à l'animosité publique, il en sera de même.

Les sociétés d'étudiants. de gymnastique. de tir. excluent les
juifs. Autrefois, dans les tribus. l'épithète de juif. équivalant à
celle de bâtard, était passible d'une amende. De même, à l'école
primaire. les enfants, en jouant aux billes, s'appellent « sale
juif », et c'est la plus grosse injure qu'on puisse se dire entre
Algériens. Lors des troubles récents une famille de petits bourgeois, badauds paisibles. se promenait dans les rues :

— Qu'est-ce que tu fais du juif? demande le père à son
fils, bambin de huit ans.

— Je le tue.

— Avec quoi?

— Avec une grande barre de fer.

Et les parents d'approuver et de s'extasier.

Quelle est la raison de ces sentiments abominables?

Le refrain de la chanson antijuive dont Alger n'a pas cessé
de retentir du matin au soir pendant quinze jours, nous
l'apprendra :

> Y a trop longtemps que nous sommes dans la misère.
> Chassons l'étranger,
> Ça f'ra travailler.
> Ce qu'il nous faut c'est un peu plus d'salaire ;
> Chassons du pays
> Toute cette bande de youdis.

Les Algériens haïssent en l'israélite le concurrent commercial qui détient l'argent. De même, un certain nombre d'Algériens — une minorité, je le sais — haïssent en l'indigène
musulman le concurrent agricole, qui détient la terre.

Parmi les Européens même. le Français voit d'un mauvais
œil le cultivateur espagnol, le pêcheur italien, plus sobres,
plus résistants, qui usurpent, à ce qu'il lui semble, ses gages
et ses salaires. Et cette mosaïque de populations. amusant
kaléidoscope pour l'artiste et le passant, est une difficulté

profonde pour la politique et l'administrateur. Certes le colon
français est laborieux, énergique ; c'est lui qui a mis en valeur
ce pays au prix des plus grands sacrifices ; il a peiné, il a
pris la fièvre, supporté les mauvaises récoltes, les sauterelles,
les sécheresses, l'insécurité : il est digne de toute notre admiration. Il n'est point tel que le dépeignent ceux qui le connaissent mal, et qui ne savent pas quelles solides qualités se
cachent sous son exubérance de méridional. Mais, Stuart Mill
nous en a avertis : « le plus léger acte de protection envers les
indigènes, ils l'appellent et l'estiment réellement une injustice ». La métropole est là pour défendre le colon contre lui-
même, contre ses excès et son imprévoyance, car il ne peut
se passer ni de la main-d'œuvre musulmane, ni des capitaux
israélites. La mère-patrie, la bien-nommée, est là pour veiller.
— Une colonie est une mineure dont il faut garder la
conduite et surveiller les intérêts, jusqu'à ce qu'elle soit d'âge
et de taille à le faire elle-même.

**

Cette mineure, nous l'avons émancipée trop tôt. Nous lui
avons fait un présent funeste, en lui donnant les droits politiques et le régime parlementaire.

L'erreur fondamentale commise en Algérie, celle qui lui a
le plus nui dans le passé et qui pèsera le plus lourdement sur
elle dans l'avenir, c'est celle que Burdeau a résumée d'un
mot, lorsque, parlant de l'enseignement primaire, il a dit qu'il
avait été *trop conçu sur le type français*[1]. On peut dire de
l'Algérie tout entière qu'elle a été trop conçue sur le type
français.

Les géographes ont fait remarquer combien les pays qui
bordent la Méditerranée se ressemblent entre eux. Ils ont fait
voir que les montagnes de l'Afrique du Nord sont la continuation de celles de l'Espagne et de l'Italie. Ils n'ont pas eu
de peine à montrer que le climat, la végétation ressemblent

1. Burdeau, *L'Algérie en 1891*, p. 208.

fort à celles de l'Andalousie, voire même de la Provence. Comme, d'ailleurs. Alger est à 770 kilomètres de Marseille, distance que nos vapeurs franchissent en vingt-six heures, les politiques et les économistes en ont conclu que l'Algérie est un prolongement de la France, une continuation du territoire de la Métropole, une partie intégrante de la vraie France plutôt qu'une colonie proprement dite. On ne saurait s'imaginer tout le mal qu'a causé cette dangereuse illusion.

Que les caps et les montagnes, se profilant sur un ciel lumineux, rappellent la côte d'azur, c'est l'affaire des artistes. Que l'on se trouve dans la zone de l'olivier et du lentisque, nous en demeurons d'accord avec les botanistes. Mais ce qui est certain, c'est qu'au point de vue politique et humain nous sommes ici dans la zone du musulman, ce qui change tout. En un mot, la nature peut être semblable, mais l'homme diffère. Il faut donc lui appliquer des lois spéciales, faites exprès pour lui, tenant compte de son passé, de ses idées, de ses sentiments et de ses aspirations. C'est parce que l'on a conçu l'Algérie *sur le type français* qu'en 1871, en même temps qu'on naturalisait les israélites indigènes, on lui a donné une représentation politique au Parlement. Si notre énoncé est exact, la conclusion en découle tout naturellement : la suppression des députés et sénateurs algériens s'impose, et cette suppression doit être immédiate. C'est la réforme sans laquelle toutes les autres sont impossibles.

Il est à peine besoin de dire que la personnalité des représentants de l'Algérie n'est pas en cause. Il y a parmi eux des hommes d'une réelle valeur, qui pourront rendre au pays les plus grands services à la tête de quelqu'une de nos jeunes colonies ou de quelque grande Compagnie coloniale, si on se décide à en fonder. Ce n'est pas aux hommes que nous en avons, mais aux institutions. Les députés algériens fussent-ils tous des hommes de génie, il n'en faudrait pas moins supprimer la représentation algérienne. Il n'est pas à croire que dans un pays qui a vu la nuit du 4 Août, une demi-douzaine de personnes refusent un tel sacrifice au salut public.

Partons de la question juive, puisque c'est elle qui a donné à tous ces problèmes algériens un caractère d'actualité : que reproche-t-on au décret Crémieux ? D'avoir naturalisé les Juifs en masse. Et pourquoi s'élève-t-on contre la naturalisation des juifs? Serait-ce parce qu'elle les oblige à payer l'impôt ou parce qu'elle exige d'eux le service militaire? Il est difficile de l'admettre. La question juive est, au fond, une question électorale. Que faut-il voir dans les récentes émeutes, sinon le début de la période électorale? Comment expliquer, autrement que par la préoccupation du mandat législatif, l'insuffisance de la répression, les conflits d'autorités, l'attitude des maires d'Alger et de Mustapha? Chacun, dans ces émeutes, a cherché uniquement à poser sa candidature en vue des élections prochaines.

« Les jeunes gens israélites d'Alger, lisait-on dernièrement dans une feuille algérienne, ont de nombreuses conférences et sont d'avis de garder dans les prochaines élections la plus complète abstention. C'est peut-être la solution aux troubles actuels. et nous croyons que cette décision, si elle se généralise. apaisera mieux les esprits que quoi que ce soit. » On le voit. « tout ce déchaînement, dans lequel la violence n'exclut pas le calcul, procède de rancunes et de combinaisons électorales[1] ».

Tout le monde convient que les juifs auraient pu user plus discrètement de leurs droits électoraux. « Il s'en faut que leurs votes aient toujours été éclairés. Trop souvent, ils ont suivi avec une docilité moutonnière les meneurs qui se posaient comme leurs guides, ils ont été les dupes des maquignons électoraux, quelquefois la matière passive de vilains marchés[2]. » Il n'est douteux pour personne que le décret de 1870, en faisant entrer dans le corps électoral une masse d'individus mal préparés à l'exercice du droit de suffrage, a introduit dans la population française de l'Algérie des ferments de nature à troubler la paix publique.

On a cherché et imaginé quelques palliatifs. Les israélites sont conduits au scrutin par le président du consistoire, et votent tous dans le même sens, suivant ses indications : il faut limiter les attributions des consistoires israélites d'Algérie, « puissance avec laquelle non seulement les corps électifs,

1. M. Wahl. p. 221.
2. Id , ibid.

mais le gouvernement lui-même sont obligés de compter[1] ».
Il faut les obliger à se renfermer dans leur rôle purement
religieux, car « ils se départissent trop souvent de la réserve
nécessaire pour s'adonner à une action politique provoquant
des représailles dont la gravité n'échappe à personne[2] ».

On a aussi revisé les listes électorales et rayé de ces listes
les israélites étrangers indûment incrits. Ne sont tenus pour
israélites algériens bénéficiant du décret Crémieux que ceux-là
seuls qui ont justifié de leur indigénat en 1871. La revision
s'est faite par application d'une circulaire du gouverneur,
du 15 décembre 1896, concertée avec le ministre de l'Intérieur ; elle a amené la radiation définitive, après arrêt de la
Cour de cassation, de quinze cents israélites sur environ
neuf mille inscrits, soit une radiation sur six inscriptions.
On voit quel intérêt il y avait à boucher les fissures par
lesquelles se glissent les israélites des autres pays musulmans,
Marocains et Tunisiens[3].

Il reste environ 7 500 électeurs israélites. La proportion, par
rapport à la population française ou naturalisée, est de 1 à 7
ou de 1 à 9 (on m'a donné des chiffres assez variables). C'est
donc une minorité. Mais cette minorité peut, en se portant
dans un sens ou dans l'autre, décider du résultat. En mêlant
les israélites algériens à nos luttes politiques, en faisant d'eux
l'appoint et l'enjeu de la partie électorale, le décret Crémieux
—c'est l'opinion de beaucoup d'israélites algériens — leur a
fait un présent funeste.

On a parlé d'abroger ce décret : la presse algérienne tout
entière, même la plus modérée, a réclamé cette mesure, avec
la certitude, il est vrai, de ne point l'obtenir. Il faut voir là
seulement une « plate-forme » en vue des élections prochaines.
Il est superflu, croyons-nous, de démontrer que cette abro-
gation serait à la fois une injustice flagrante, une illégalité et
une mesure impolitique. Comme l'a proclamé M. Jaurès, aux
applaudissements de toute la Chambre, dans son excellent et
éloqnent discours sur les affaires d'Algérie, ce serait pour la

---

1. Rapport Pourquery de Boisserin sur le budget de l'Algérie, 1895, p. 257.

2. Rapport Chaudey sur le budget de l'Algérie, 1898, p. 17.

3. On devrait aussi supprimer le vote hébraïque, c'est-à-dire écrit en hébreu,
qui présente de gros inconvénients.

France une véritable faillite morale. Seuls les pachas tures, nos prédécesseurs à Alger, auraient pu violer à ce point le droit et l'équité. Depuis trente ans bientôt, toute une génération d'israélites algériens s'est graduellement francisée ; elle a subi les charges militaires, et, ce qui est plus important, bon nombre de jeunes hommes ont pris, en même temps que le costume, des idées et des sentiments réellement français. Ce n'est pas au moment où une mesure assurément prématurée a cessé en partie de produire ses mauvais effets, qu'il conviendrait de retourner en arrière, en admettant même que la chose fût possible. Or, elle ne l'est pas. « Si l'on abrogeait le décret de Tours, quelle serait la situation légale des israélites ? Les replacerait-on sous le régime du statut personnel ? Ce serait un véritable bouleversement social dont tous les intérêts, et non pas seulement les leurs, ressentiraient le contre-coup[1]. » Il ne resterait plus qu'à enfermer les juifs dans le ghetto, à leur imposer un costume spécial et à les souffleter avec leurs sandales quand on les rencontrerait dans la rue, ainsi que cela se passait sous la domination turque[2] ; à moins qu'on ne préférât l'expulsion et la déportation en masse, comme le demandent certains Algériens. Mais si l'on ne peut songer un seul instant à rapporter le décret du 24 octobre 1870, on peut facilement en supprimer tous les inconvénients en supprimant les élections mêmes et en remaniant le régime politique de l'Algérie.

Ce ne sont pas seulement les juifs qui pèsent lourdement dans la balance électorale, au point de la fausser. Il faut tenir compte aussi des étrangers fraîchement naturalisés, Espagnols ou Italiens d'hier, que la loi du 26 juin 1889 admet trop facilement dans la patrie française, — ou plutôt auxquels elle impose la qualité de Français. Que nous cherchions à nous

1. M Wahl, p. 333

2. « Au Maroc, dit de Foucauld (p. 395), le juif se reconnaît à sa calotte et à ses pantoufles noires : il ne lui est pas permis de les porter d'une autre couleur. Dans la campagne, il peut aller à âne et à mulet, mais s'il rencontre un religieux ou une chapelle, il met pied à terre ou fait un détour. Aux péages et aux portes, il est soumis à une taxe comme les bêtes de somme En ville, il se déchausse et marche à pied. Il demeure hors du contact des musulmans, avec ses coreligionnaires, dans un quartier spécial appelé *mellah* ; le mellah est entouré de murs : une ou deux portes lui donnent entrée ; on les ferme à huit heures du soir. » Est-ce de ce côté que l'Algérie de 1898 doit chercher des modèles ?

annexer ces éléments en général fort bons, et à avoir des Français d'adoption, puisque les Français de naissance deviennent rares. rien de plus désirable en principe ; mais la situation n'est pas du tout la même en Algérie qu'en France. En Algérie, l'afflux étranger est beaucoup plus fort que dans la métropole, pour un noyau français beaucoup plus faible. Voici qu'on commence en Algérie à s'effrayer des conséquences de la loi de 1889 sur la naturalisation des étrangers, comme de celles du décret de 1870 sur la naturalisation des israélites, et pour les mêmes raisons : influence trop grande donnée aux étrangers dans les élections. L'accession des étrangers. même par masses assez compactes, perdrait la plupart de ses inconvénients, si on ne conférait pas à ces nouveaux Français des droits politiques qu'ils ne sont pas dignes d'exercer [1]. Il n'y aurait là rien de contraire aux principes de notre droit, puisqu'aux termes de l'article 7 du Code civil, l'exercice des droits civils est indépendant de l'exercice des droits politiques.

Mais voici qu'au lieu de retrancher du corps électoral les israélites et les étrangers naturalisés, on parle d'y ajouter au contraire les indigènes musulmans. ou certaines catégories de ces indigènes musulmans ; M. Jaurès, est d'accord, sur ce point. avec M. Leroy–Beaulieu [2]. « Ce n'est pas, a dit le grand orateur socialiste, par l'exclusion systématique d'une population. mais par l'élargissement des portes de la cité française qu'on résoudra le problème algérien. » Les colons devront-ils suivre le conseil « d'appeler les Arabes à leur secours contre l'influence juive » ?

Si l'on se borne à joindre aux électeurs politiques actuels un certain nombre d'indigènes musulmans, c'est renouveler un acte dont tout le monde s'accorde à reconnaître les conséquences déplorables. Sous prétexte de rétablir l'équilibre détruit en 1870, on amplifierait l'erreur commise à cette époque. L'expérience du décret Crémieux suffit. Les musulmans seraient incontestablement des électeurs moins préparés encore

---

1. Jean Olier. Les *Résultats de la législation sur la nationalité en Algérie.* (*Revue politique et parlementaire,* septembre 1897.)

2. Leroy-Beaulieu, *l'Algérie et la Tunisie,* 2e édit., p. 295 et suiv.

que les israélites. Si les électeurs musulmans sont constitués
en collèges spéciaux et élisent des députés et des sénateurs
musulmans. le danger devient plus grave. Ce seront ces députés musulmans (avec sans doute des députés indo-chinois,
car les populations de l'Extrême-Orient sont beaucoup plus
mûres pour la vie politique que celles de l'Afrique du Nord)
qui décideront du sort des ministères. et. le cas échéant, du
sort même de la patrie française. Le Parlement aura peut-être
ses députés protestataires. comme le Reichstag allemand a ses
Polonais et ses Alsaciens-Lorrains[1]. D'autre part, on se plaint
déjà que les caïds et tous les indigènes à qui nous conférons
quelque pouvoir. en usent souvent fort mal vis-à-vis de leurs
coreligionnaires : que sera-ce des députés indigènes. détenant
une part de la souveraineté nationale. et combien vendront-
ils à leurs électeurs leurs recommandations et leur influence?
L'idée de M. Jaurès et de M. Leroy-Beaulieu. de faire entrer
tous les musulmans dans la patrie française, est grande et généreuse ; nous nous trouvons d'accord avec eux pour penser
que les indigènes doivent avoir le moyen de faire entendre leur
voix et qu'il faut leur donner des représentants: mais ce n'est
pas au Parlement français que nous voudrions voir siéger ces
représentants, et ce n'est pas la participation aux élections
législatives que nous réclamerons pour eux.

Les colons français eux-mêmes ne sont guère mieux en
état que les israélites. les étrangers ou les musulmans, de
nommer des députés et des sénateurs. Il faut savoir qu'il n'y
a point de partis politiques en Algérie. On n'y rencontre ni
réactionnaires, ni modérés. ni radicaux. et ces étiquettes.
lorsqu'on juge bon de les employer. n'ont pas la même signification qu'en France. On ne trouve en Algérie que des Ber-
tagnistes et des anti-Bertagnistes. des Manguinistes et des anti-
Manguinistes. des juifs et des anti-juifs. C'est ce qu'on appelle
les *çofs*. du nom des partis. acharnés à se détruire. que l'on
rencontrait jadis dans les villages kabyles[2]. Le but du *çof*

---

1. L'analogie est évidente, puisque M. Leroy-Beaulieu (P. 294) demande pour
les indigènes de l'Algérie « ce qu'ont obtenu les Irlandais dans l'empire britannique. les Tchèques dans la monarchie autrichienne ». On ne se lance pas de
gaieté de cœur dans de pareilles aventures.

2. Letourneur et Hanoteau, *la Kabylie*, t. II. p. 11.

est assez bien défini par le vieil adage Kabyle: *Aide les tiens, qu'ils aient tort ou raison.*

Est-ce influence du milieu ou analogie des circonstances ? Toujours est-il que les Français d'Algérie ont emprunté aux indigènes leurs divisions en *çofs* et pratiquent le même genre de haines. Ajoutez un peu de pronunciamento espagnol et de vendetta corse, vous aurez le ton général des luttes politiques : on se bat pour ou contre des personnes ou des groupes, jamais pour ou contre des idées. Entre ces clans ennemis qui se livrent des assauts acharnés, le rôle du gouverneur général ressemble à celui du podestat dans les républiques italiennes du moyen âge : maintenir l'équilibre entre les *çofs*, les favoriser tour à tour et s'appuyer alternativement sur l'un ou sur l'autre.

S'il est difficile, dans une société encore mal assise et dépourvue de toute homogénéité, d'empêcher ces dissensions et ces animosités, au moins faudrait-il éviter de les exaspérer. Continuer à pratiquer le système politique actuel, c'est violer le bon sens et la logique les plus élémentaires. C'est méconnaître les réalités, les circonstances de temps et de lieu, le degré de développement des sociétés. La grande supériorité de la Tunisie sur l'Algérie, on l'a dit souvent, n'est ni dans son sol, ni dans son climat, ni dans telle ou telle autre différence : c'est qu'elle a le bonheur de ne pas avoir de députés et de ne pas connaître les luttes de *çofs* qui sont en Algérie la forme et la matière même des agitations électorales. Donner à l'Algérie d'aujourd'hui le régime parlementaire et les droits politiques des Français de la métropole, c'est mettre un revolver aux mains d'un enfant : faut-il après cela s'étonner s'il le retourne contre lui-même, s'il se blesse ou se tue ? — Il faut hâter de le lui arracher, avant qu'un irréparable malheur se produise.

**

Une fois la représentation parlementaire algérienne supprimée, un grand nombre d'autres réformes deviendront possibles.

Il faudra d'abord fortifier le gouvernement général et en accroître les attributions. Nous n'avons pas l'intention de traiter ici cette question; elle l'a été de main de maître par Jules Ferry. On n'a qu'à relire son rapport si profond, si lumineux. qui devrait être le bréviaire de quiconque s'intéresse à l'Algérie[1]. Les formules définitives y abondent, et il suffira d'en rappeler ici quelques-unes.

« Le gouverneur général, a dit Jules Ferry, n'est plus qu'un beau nom et un grand souvenir; il n'est qu'un décor coûteux autant qu'inutile, tout au plus un inspecteur de la colonisation dans le palais d'un roi fainéant... » Telles sont les conséquences de la théorie des rattachements et de l'assimilation des départements algériens aux départements continentaux. Et Jules Ferry fait le procès décisif des décrets de 1882, qui, par une centralisation malencontreuse, ont livré la direction des affaires algériennes au jeu des influences parlementaires, à l'incompétence des bureaux de Paris, aux tiraillements des administrations rivales : « Les colonies, pas plus que les batailles, ne se commandent de loin dans les bureaux d'un ministère. Les colonies auraient parfois intérêt à couper le fil télégraphique qui les relie à la métropole. »

Depuis l'époque où Jules Ferry écrivait ces lignes, la situation n'a changé qu'en apparence : elle est demeurée la même au fond. Les rattachements ont bien été abrogés en principe par le décret du 31 décembre 1896, mais ce décret est un chef-d'œuvre de l'habileté des bureaux : « On commence par rapporter les rattachements, mais. aussitôt qu'on entre dans le détail de l'administration, tout ce qui vient d'être donné au gouverneur lui est retiré. Sauf en matière de travaux publics. le gouverneur général n'a pas toute l'autorité que le Parlement a exprimé le désir de lui voir donner, et tous les inconvénients de sa situation effacée subsistent avec le régime nouveau[2]. » Il continue à ne pouvoir obtenir le déplacement ni d'un garde-forestier. ni d'un juge de paix. ni d'un instituteur. L'administration des douanes, dont l'influence est si

---

1. Jules Ferry. *Le Gouvernement de l'Algérie* (Rapport au nom de la commission des questions algériennes). Paris, A. Colin 1892.

1. Rapport Chautey sur le budget de l'Algérie, p. 15, 20 et suiv.

grande sur le développement économique d'un pays, n'est pas placée sous l'autorité du chef de la colonie.

Si l'on ne veut pas faire du gouverneur ce qu'il devrait être, une sorte de ministre sans portefeuille, ayant son administration et sa résidence en Algérie, commissaire permanent du gouvernement pour la discussion des affaires algériennes devant les Chambres, il faut du moins le rattacher au seul ministère capable de résoudre les questions qui se posent chaque jour, au ministère des Colonies[1]. Sans doute tous les ministères français ont les mêmes habitudes centralisatrices et bureaucratiques ; ici pourtant, l'étiquette aurait son importance ; elle indiquerait que le gouverneur de l'Algérie n'est pas une sorte de préfet d'une classe supérieure, qu'on aurait mis, par une inexplicable anomalie, à la tête de trois départements, sans d'ailleurs lui laisser, en de certaines matières, les pouvoirs qu'on octroie au préfet de la Corrèze ou à celui des Basses-Alpes.

L'exemple de l'Angleterre atteste que « l'autonomie nécessaire d'un gouvernement colonial n'est pas incompatible avec une organisation sérieuse de la responsabilité parlementaires[2] ». Au-dessus du vice-roi des Indes, investi d'attributions bien autrement importantes que celles du gouverneur de l'Algérie, le secrétaire d'État de l'Inde assume toutes les responsabilités devant le Parlement. Aux pouvoirs locaux la libre initiative ; au pouvoir métropolitain le contrôle[3]. Il ne s'agit pas de bâillonner les Algériens, de leur imposer une dictature. Il est seulement à souhaiter qu'on leur donne des libertés qui puissent leur être profitables et accroître la prospérité de l'Algérie, au lieu de prétendus droits qui les rendent semblables aux citoyens de France, mais qui ne peuvent que leur nuire.

Il n'y a pas de partis politiques en Algérie, mais il y a des

1. Rapport Chaudey, p. 4.

2. J. Ferry, p. 75.

3. Peut-être l'Inde anglaise pourrait-elle nous fournir un modèle sur d'autres points. Par exemple, le vice-roi est nommé pour cinq ans, et cette période ne peut être ni abrégée ni prolongée. On évite ainsi qu'un gouverneur soit toujours à la veille de partir, comme cela s'est vu, et perde ainsi toute autorité.

questions économiques; elles sont urgentes et vitales, et
les Algériens ont le droit d'être consultés sur la solution.
A côté des destructions nécessaires il y a des reconstructions
nécessaires.

Il faut fortifier et réorganiser le Conseil supérieur. Ce
Conseil, assemblée purement consultative, composée par fractions à peu près égales de fonctionnaires, chefs des principaux services de l'Algérie, et de membres élus, délégués des
trois conseils généraux, a joué jusqu'ici un rôle à peu
près nul. Comme son attribution principale est la préparation
du budget de l'Algérie, son importance se trouvera accrue, dès
que la suppression des rattachements aura restitué au gouverneur l'initiative budgétaire. Mais il faut aller plus loin. On
devrait faire de ce conseil une importante assemblée coloniale,
et nous croyons qu'on pourrait adopter sans inconvénient
des principes vraiment démocratiques et en apparence audacieux. Sans insister sur les détails, bornons-nous à indiquer
quelles idées générales présideraient à la composition et
aux attributions de ce Conseil.

Il n'y aurait aucun intérêt à en éliminer les fonctionnaires.
On ne fera croire à personne qu'un commandant de corps
d'armée, un recteur, soient moins libres de leur vote et
moins indépendants que les membres élus. Cependant l'essentiel est qu'ils apportent aux délibérations l'appui de leur
compétence spéciale, et qu'ils aient entrée au conseil. Leur
vote n'est pas indispensable. — Il faut d'autre part renforcer
l'élément élu et accroître sa part. Quant au mode d'élection
des délégués, on pourrait imiter la Conférence consultative
tunisienne, où sont représentés depuis 1890 les chambres de
commerce et d'agriculture et, depuis 1896, un troisième collège électoral. Peut-être y aurait-il lieu de se montrer moins
timide et d'admettre des bases beaucoup plus larges, telles que
le suffrage universel et direct. Il est infiniment probable que
cette assemblée coloniale serait vraiment *la représentation des
intérêts économiques*, et que les Algériens auraient assez de
bon sens pour en exclure les politiciens de profession. Un des
meilleurs moyens d'y parvenir serait d'avoir des sessions très
courtes, afin que les colons, petits et grands, et les commerçants puissent y siéger sans nuire à leurs propres affaires.

Je ne vois aucun motif d'exclure les indigènes d'une telle représentation vraiment *locale*. C'est ici que les généreuses théories de M. Jaurès trouveraient parfaitement leur application. Les indigènes sont des contribuables très importants ; ils ont déjà accès dans les Conseils municipaux et généraux, il faut leur donner un certain nombre de sièges au Conseil colonial (9 sur 33, d'après certains projets). Il faut éviter à la fois qu'un petit noyau d'Européens puisse administrer seul, e'est-à-dire pressurer la masse indigène, et que l'élément français se trouve submergé. Les conseillers musulmans seraient élus en territoire civil par un collège électoral restreint [1] ; en territoire militaire, ils seraient nommés par le gouverneur.

Quant aux attributions du Conseil. on s'accorde à penser qu'il devrait être obligatoirement consulté sur toutes les questions de législation intéressant la colonie. On parle quelquefois de « soustraire les colonies au régime des décrets » ; il vaudrait mieux les soustraire au régime des lois faites par le Parlement de la métropole, et qui leur sont appliquées lors même qu'elles sont vraiment inapplicables. On a mille fois signalé le danger de l'application intégrale des lois françaises en Algérie : « Assimiler l'Algérie à la métropole, a dit Jules Ferry [2], leur donner à toutes deux les mêmes institutions, le même régime législatif et politique, leur assurer les mêmes garanties, les mêmes droits, la même loi, c'est une conception simple et bien faite pour séduire l'esprit français... Aujourd'hui, après nombre d'expériences, il faut avoir le courage de reconnaître que les lois françaises ne se transplantent pas étourdiment, qu'elles n'ont pas la vertu magique de franciser tous les rivages sur lesquels on les importe, que les milieux sociaux résistent et se défendent, et qu'il faut en tout pays que le présent compte grandement avec le passé. *... Il vous apparaît avec une grande clarté qu'il n'est peut-être pas une seule de nos institutions. une seule de nos lois du*

---

1. Le collège électoral pourrait comprendre : 1° les électeurs pour les conseillers municipaux indigènes dans les communes de plein exercice ; 2° les membres des djemaâ de douars dans les communes mixtes.

2, P. 14, 58.

*continent qui puisse, sans des modifications profondes, s'accom-
moder aux populations de notre empire algérien.* »

En matière financière, le Conseil sera-t-il purement consultatif ou sera-t-il une véritable assemblée délibérante ?
Les opinions diffèrent. Nous nous prononcerions volontiers pour la solution la plus libérale et la plus large.
En mettant à part les dépenses de souveraineté, qui concernent l'intérêt supérieur de la métropole et doivent rester aux
mains du Parlement métropolitain, on pourrait laisser à la
disposition du Conseil supérieur toutes les dépenses purement
coloniales. Cette assemblée examinerait les propositions for-
mulées par le gouverneur, les Chambres votant seulement un
chiffre global et ayant un droit de veto dont elles ne devraient
user qu'avec discrétion. L'Algérie serait responsable de ses
destinées, et ce serait une sorte de *self government* algérien,
sous le contrôle du gouverneur général et du Parlement
français.

Il faudrait qu'il fût bien entendu que l'Algérie ne doit ni
ne peut *rapporter* à la métropole. au sens où une ferme rapporte à son propriétaire. Ce système qu'ont appliqué certaines
nations de l'Europe, la France aurait tort de l'adopter. au
moins dans l'Afrique du Nord. Ce n'est pas en versant sa
goutte d'eau dans la mer du budget métropolitain, c'est en
accroissant son commerce, sa vitalité, sa puissance dans le
monde. que l'Algérie rend et rendra au centuple à la mère-
patrie les sacrifices que celle-ci a faits pour elle.

Si l'Algérie ne doit pas « rapporter » à la France, il est
juste. d'autre part. qu'elle lui coûte le moins possible. Elle
pourrait. à l'aide d'un emprunt, « donner une vigoureuse
impulsion à la mise en valeur de son sol ». selon l'heureuse
formule du gouverneur général. Elle pourrait développer ses
voies de communication, étudier des chemins de fer à voie
étroite et à bon marché. sans instituer. comme cela s'est vu.
une enquête en plein Sahara avec toutes les formalités qu'on
observerait en Beauce ou en Champagne. Elle pourrait étudier
l'utilisation de la main-d'œuvre militaire et de la main-
d'œuvre pénitentiaire pour les travaux publics. Donnez aux
Algériens le pouvoir d'examiner les questions urgentes d'où
dépend leur existence économique. question des forêts, ques-

tion des phosphates. question des irrigations, et ils auront bien vite perdu l'habitude de piller les boutiques juives, et d'aller ramasser un mandat de député dans la boue et le sang.

« Ressaisissez l'indépendance de l'administration et faites aimer la France par ses sujets musulmans », avait dit le président Carnot à M. Jules Cambon, en l'envoyant à Alger. Les instructions données à M. Lépine ne doivent guère différer de celles-là. Le gouverneur est avant tout le tuteur et le protecteur des indigènes, ces grands enfants imprévoyants. Nous avons besoin de leurs bras, comme nous avons besoin des capitaux des juifs. Sans eux, l'Algérie eût été presque entièrement peuplée d'Italiens et d'Espagnols ; leur présence, leur nombre, leur fidélité même à leurs cadres et à leurs traditions sont notre sauvegarde dans l'Afrique du Nord.

« Les colons n'ont pas de vues générales sur la conduite à tenir avec les indigènes ; ils ne comprennent guère, vis-à-vis de ces quatre millions d'hommes, que la compression [1]. » La France ne saurait être de cet avis. Nous avons fait une part aux indigènes dans le Conseil colonial, après leur avoir refusé l'accès du Parlement métropolitain. Mais le moindre grain de mil. c'est-à-dire la moindre amélioration économique de leur sort, hôpitaux, institutions de prévoyance et d'assistance. etc., ferait bien mieux leur affaire. « Les musulmans n'ont pas la. notion du mandat politique, de l'autorité contractuelle et limitée ; mais ils ont, au plus haut degré, l'instinct. le besoin. l'idéal du pouvoir fort et du pouvoir juste [2]. »

La Chambre des députés a clos une récente interpellation sur les affaires d'Algérie en votant un ordre du jour où elle se déclare « convaincue qu'une politique indépendante des querelles de races et de religions peut seule assurer la tranquillité et la prospérité en Algérie ». Ceci repose sur une équivoque. Il n'y a pas de querelles de religions en Algérie ; il n'y a pas non plus de querelles de races. Il y a seulement des groupes sociaux très distincts les uns des autres. La mé-

1. J. Ferry, p. 82.

1. Id , p. 81.

tropole et ses représentants doivent se tenir au-dessus de leurs
querelles, les surveiller et les modérer. Mais on ne peut ni
les ignorer ni se refuser à en tenir compte, pas plus que le Parlement anglais ne peut, selon le proverbe, changer un homme
en femme. On peut modifier les faits ; on ne les supprime
pas tout d'un coup. Jules Ferry était plus sage lorsqu'il
déclarait que l'Algérie est *nécessairement* livrée au conflit et
aux rivalités des races, c'est-à-dire des groupes sociaux.

Est-ce à dire que dans l'avenir le rapprochement de ces
groupes soit impossible? Assurément non. Mais c'est une
œuvre de longue haleine, qui demandera peut-être des siècles.
A vouloir brusquer le mouvement, on l'entrave. Les Romains
assimilaient mieux les indigènes de leur empire parce qu'ils
ne professaient pas de théories et laissaient faire les choses.
Ils n'ont pas contraint les Gaulois de bâtir, au confluent du
Rhône et de la Saône, l'autel de Rome et d'Auguste ; ils ne
les ont pas contraints d'entrer dans la cité romaine : ils ont
attendu, pour leur accorder cette faveur, qu'on la leur demandât, qu'on les en suppliât. La nature sait mieux que nous par
quelle voie se produira, si elle doit jamais se produire, l'évolution qui transformera quatre millions de Berbères et d'Arabes
musulmans en citoyens français. Nos discussions à ce sujet
sont prématurées et oiseuses ; il sera temps d'en reparler au
XXIe ou au XXIIe siècle.

UN ALGÉRIEN

LES PETITS MANCHONS

— Assez pour aujourd'hui, mes enfants. Répétition demain
à midi pour le quart. Et qu'on soit exact ! Nous passons dans
huit jours.

A ces mots du directeur, les comédiens poussent un soupir
de satisfaction. et, comme un vol de moineaux, quittent la
scène. gagnent la rue. Poignées de main. adieux. Tout cela
bref, hâtif : cinq heures sonnent, on est en décembre et le
froid pique furieusement.

Un coupé bien attelé avance. Lucy Aubert, l'actrice aimée,
y monte d'un saut.

— Avenue Kléber. a-t-elle dit au cocher.

La voiture file.

Lucy Aubert va chez son ami. le baron S..,. bien connu
pour son faste et pour son avarice. Chevaux, voitures,
tableaux, chasse royale en Seine-et-Marne, maîtresse au
théâtre, en vedette ; et de même, en vedette, à la première
ligne des souscriptions ouvertes par les grands journaux, son
nom suivi de la forte somme, — parfait ! Mais l'aumône dis-

crête, anonyme, à quoi bon ? Vingt francs, alors, lui coûtent
plus que mille « bien dépensés ». Lucy, bonne fille, le plaisante volontiers là-dessus et ne manque jamais l'occasion de
lui faire faire quelque charité qui restera inconnue, par
taquinerie.

La voiture s'engage dans la rue de la Paix : chaudement
pelotonnée, lasse et la tête lourde après cinq heures de répétition, Lucy ne prête qu'une vague attention à ce décor
familier. Ces grandes paroles du directeur : « Nous passons
dans huit jours », bourdonnent entre ses tempes, sous son
chapeau léger, sous ses boucles folles. Tout à coup, un soubre-
saut :

— Ma fourrure !... J'oubliais !...

Son doigt nerveux a pressé le bouton avertisseur. La voiture s'arrête devant une boutique étincelante.

*
* *

Glaces, tapisseries, lumières : une délicate harmonie de
formes et de couleurs. Après le premier salon, voici la salle
centrale, confortable, intime, comme ouatée, où les bruits de
la rue n'arrivent qu'étouffés. Au fond, une galerie ajourée, où
se dresse magnifiquement, sur un écusson d'hermine, le portrait de l'Empereur de toutes les Russies. Des employés vont et
viennent, vêtus de blouses plates qui leur donnent un faux air
de moujiks. Dans des armoires s'allongent des files de pelisses
rigides, pendues col à col. En haut, une collection d'ours, de
loutres, de phoques, de renards et autres animaux, empaillés
dans des attitudes féroces. — Hall parisien et muséum !...
De leur observatoire, les rudes animaux contemplent avec leurs
yeux en verre jaune les peaux de leurs frères, réduites par les
manipulations habiles de l'homme à des ténuités invraisem-
blables, à des joliesses efféminées : tours de cou, manchons,
pèlerines. Demeuré longtemps classique et peu variable, l'art de
la fourrure a fait, depuis quelques années, de singuliers progrès.
On l'a « travaillée », cette matière primitive, on la plie à
des combinaisons nouvelles, ou en éclaire la sévérité par
mille fanfreluches : satins, broderies de perles, dentelles,

fleurs artificielles. Si bien qu'un rude ours de Sibérie, ex-habitant des banquises, peut voir au-dessus de lui quelque délicieux collet confectionné avec la peau d'un sien cousin, collet destiné aux frêles épaules d'une Parisienne, collet-bijou dont le poil sauvage semble s'adoucir sous la caresse d'une dentelle délicatement chiffonnée, se parfume à la grâce mourante d'un bouquet de violettes de Parme.

— Un collet, oui. tout simplement... zibeline ou renard bleu... ou loutre... ou chinchilla... je ne suis pas encore décidée... mais quelque chose d'un peu riche, quelque chose de beau... Je joue une princesse russe..., vous comprenez !...

— Nous allons vous montrer cela ! — dit avec avec ce ton de familiarité mi-protectrice, mi-déférente. particulier aux vendeuses parisiennes, mademoiselle Irène. une grande fille blonde. pâle, à la taille souple, vêtue d'une robe longue en satin noir. avec col de toile et broche en or.

Sous les yeux de Lucy, assise devant une table en ébène mat, les fourrures se succèdent : zibeline couleur feuille morte, souple et douce au toucher ; renard bleu aux poils longs, soyeux. d'un gris de taupe ; loutre aux poils ras, serrés. semblable à quelque féerique velours marron foncé ; chinchilla argenté, brillant à l'œil, la plus légère et la plus gaie des fourrures ; astrakan noir, frisé comme une toison de caniche.

— Quatre mille cinq cents... six mille... huit mille... tout ce qu'on fait de plus beau dans ce genre-là... C'est ce qu'il vous faut. madame. — dit en souriant mademoiselle Irène.

Lucy a retiré un de ses gants. Sa main petite et blanche, étincelante de bagues, se joue voluptueusement, avec des lenteurs subtiles, aux caresses des fourrures. Elle y prend un plaisir délicat, presque sensuel. Il fait bon. dans cette boutique élégante, pleine de choses rares et chères ; un parfum singulier, âcre et troublant, la grise un peu. Fille d'un petit menuisier de Belleville, élevée à la dure, ne connaissant que depuis quelques années les douceurs d'une vie facile, la comédienne. sans le vouloir prolonge son choix. Et vaguement passent dans son esprit des souvenirs d'enfance. L'hiver était alors l'ennemi redouté, la période sombre de l'année, attendue, supportée avec angoisse. Elle se revoit fillette, en sa robe mince de laine, achetant deux sous de marrons au coin d'une rue, pour s'y réchauffer les doigts. Pas de renard bleu, alors ; mais une pauvre mantille de laine noire, rapiécée, blanchie par places. Elle croit la revoir encore, la misérable petite mantille, et aussi ses mains rouges luisantes d'engelures, ses mains aujourd'hui si soignées, dont les ongles roses, polis chaque matin, brillent comme des agates parmi les richesses des fourrures qu'on lui présente.

Dans le salon, une femme est entrée.

— Madame désire ? — demande, en s'avançant, mademoiselle Claire, une autre vendeuse, vêtue comme mademoiselle Irène, d'une robe de satin, mais aussi brune et replète que l'autre est blonde et allongée.

Autant mademoiselle Irène a mis d'empressement à « s'occuper » de Lucy, autant mademoiselle Claire en montre peu à l'égard de la nouvelle venue ; un regard lui a suffi, rapide et connaisseur, pour s'assurer qu'elle a affaire à une acheteuse de mince importance.

L'aspect de la femme ne plaide guère pour elle, en effet : frêle, effacée, timide, d'âge indécis, entre quarante et cinquante, une casaque propre, mais défraîchie, des gants douteux, un chapeau à la mode d'avant-hier. Distinguée cependant : quelque provinciale, ou même une Parisienne, une femme du monde ayant connu des temps meilleurs, aujourd'hui gênée, ruinée peut-être.

Elle s'est assise, gauchement, comme mal à l'aise dans tout ce luxe, et, d'un papier rude, elle a tiré une palatine, une palatine d'hermine, très ancienne, telles qu'en portaient nos grand'mères. La fourrure blanche à queues noires, illustrée jadis par les manteaux des rois, apparaît jaunie çà et là, piteuse. Parmi les splendeurs des fourrures modernes et cossues, elle semble une vieille aïeule pauvre, malingrette.

Rapidement, d'une voix sans timbre, la femme explique son désir à mademoiselle Claire :

— Voilà, mademoiselle... je voudrais, avec cette palatine, que vous me fassiez deux manchons pour mes deux nièces... deux jumelles... je leur ai promis ces manchons pour le jour de l'an... Est-ce possible ? Et combien croyez-vous que... ?

Mais mademoiselle Claire, dédaigneusement :

— Nous ne faisons pas les rafistolages, madame !

La figure pâle de la femme se colore vivement :

— Ah ! je pensais... on m'avait dit... Je sais bien que c'est ici une très grande maison... mais je supposais que pour une fois... pour des enfants... Enfin, puisque c'est impossible...

Et les mains mal gantées s'étendent vers la palatine, la plient, l'enveloppent dans le rude papier, sans que mademoiselle Claire, jugeant cette besogne indigne d'elle, les y aide en rien.

Cependant, comme la dame s'est levée, par acquit de conscience :

— Nous avons de petits manchons tout faits, très bon marché, en castor ou en skungs.

— Si vous voulez bien avoir l'obligeance de me faire voir...

La dame s'est rassise, fluette, son paquet sur les genoux ; Lucy, intéressée, regarde, écoute.

Sans hâte, mademoiselle Claire est revenue du fond de la boutique. Elle pose sur la table quatre ou cinq cartons verts, cylindriques. Et, un à un, elle en tire de petits manchons humbles, à doublures modestes, faits à l'économie.

La dame les examine, sans oser les toucher presque. Puis, désignant le plus petit, celui qui doit être le meilleur marché :

— Celui-là, combien ?

Mademoiselle Claire consulte l'étiquette; et tout bas, comme si des prix aussi minimes étaient une honte pour la maison :

— Vingt-cinq francs.

— Et si j'en prenais deux pareils ?

— Le même prix, madame... Nous vendons toujours au prix marqué...

— Pourtant... il me semble,.. Je vous l'ai dit, c'est pour des enfants... vous pourriez peut-être... Vous devez faire beaucoup d'affaires en ce moment... Noël... le Jour de l'An... Voyons, mademoiselle, si vous me laissiez les deux pour quarante francs... je pourrais peut-être... quoique... mais ils sont si jolis... ça leur ferait tant de plaisir, à ces pauvres mignonnes !

— Impossible... Je regrette beaucoup...

Et prenant un à un les manchons. mademoiselle Claire les
réintègre dans leurs étuis verts.

La dame s'est levée. elle tente un dernier effort :

— Si vous pouviez en parler. mademoiselle, peut-être con-
sentirait-on... Quarante francs... c'est cher... mais tant pis !
je les prendrais pour quarante francs... Si on peut me les
laisser à ce prix-là... j'en serai bien contente... et les petites,
donc ! Parlez-en, mademoiselle, voulez-vous ?...

— Monsieur n'est pas là.

— Eh bien... quand il rentrera... Je repasserais bien
demain pour savoir sa réponse... mais j'habite si loin !... à
l'autre bout de Paris !... Si je vous laissais mon adresse... vous
pourriez m'écrire... Voulez-vous que je vous laisse mon
adresse ?

— Comme vous voudrez... mais c'est inutile...

— Prenez-la toujours.

Négligemment, pour en finir avec cette vente ratée. mademoiselle Claire a pris l'adresse. La dame s'est levée, enfin !
et, son paquet sous le bras. gagne la porte et disparaît.

— En voilà une « colle ! » — murmure la vendeuse entre
ses dents.

Et elle se dispose à emporter les petits manchons dans le
fond du magasin.

Mais Lucy ;

— Mademoiselle !

— Madame ?

— Vous voudrez bien faire écrire à cette dame qu'elle peut
venir chercher les deux manchons.

— Madame veut... ah ! que madame est bonne !... Je sais
bien que c'est si peu de chose pour madame... cinquante
francs !..

— Lui offrir ? vous n'y pensez pas ! Ce serait la blesser !
Vous lui écrirez seulement que vous les lui laissez à quarante
francs... et vous porterez les dix francs en plus sur ma note...
comme ça. elle ne se doutera de rien...

— Bien, madame.

— Et surtout qu'elle ne sache pas !...

— Madame peut être tranquille... Madame veut-elle connaître le nom de cette dame ?

— A quoi bon ?... Ça fera plaisir aux petites... c'est tout ce qu'il faut...

Tout entière à son idée, Lucy s'est levée, à son tour, oubliant de se décider entre les fourrures. Cela ne fait pas le compte de mademoiselle Irène :

— Eh bien. madame. vous ne choisissez rien ?

— Ah ! c'est vrai... eh bien... voyons... c'est la zibeline que j'aime le mieux.

— Madame a bien raison.

— Combien m'avez-vous dit, ce collet-là ?

— Huit mille...

— Eh bien, apportez-le moi demain matin, pour l'ajuster à mon cou.

*
* *

Dans son fumoir, les pieds sur les chenets, le baron S... lit un journal du soir. Mais il interrompt fréquemment cette lecture pour regarder l'heure. Lucy n'arrivera donc pas ? Il s'impatiente, s'inquiète même un peu. Il a pour elle un goût très vif : celui d'un homme mûr pour une jeune femme, et d'un homme vaniteux pour une femme à la mode.

— Enfin !.., Que vous est-il arrivé ?

— Rien du tout !

— Qu'est-ce qui vous a retenue ?

— Une commande... Vous savez bien... ce collet dont je vous ai parlé...

— Vous avez trouvé ce qu'il vous faut ? Joli ?... Nous ferons de l'effet ?

— Vous recevrez la note.

— Combien ?

— Huit mille dix francs.

— Oh ! on rabattra bien les dix francs !

— Ça, impossible !

— Si vous pensez qu'on aime mieux rabattre les huit mille ?...

— Non, non, c'est huit mille francs d'une part, et dix de l'autre ; il n'y a rien à rabattre... Et ces dix francs-là, justement, je tiens à les payer ; je les paierais plutôt de ma poche !

— Laissez donc, je m'en charge : vous paierez le reste.

— Vous ne le voudriez pas !

— C'est vrai ! Mais enfin expliquez-moi...

— Huit mille francs pour le collet ; dix francs pour une charité que j'ai faite en votre nom, une charité anonyme...

— A qui ?

— A une personne que vous ne connaissez pas, ni moi non plus.

— Quelle folle !

— Comment ! je vous fais dépenser huit mille francs pour vous...

— Merci.

— Et dix francs pour les autres !... Est-ce que la proportion n'y est pas ?

JACQUES NORMAND

AU PALAIS DE JUSTICE

— EN PROVINCE —

J'ai fait mes débuts de journaliste au *Flambeau des Pyré-nées*, paraissant à X... tous les jours, le dimanche excepté. Le journal s'imprimait à huit cents exemplaires, sur lesquels deux cents étaient envoyés gratis à des instituteurs du département. Il portait en tête le nom de son directeur, Z... député radical ; — avocat, de son métier, est-il besoin de le dire?

D'abord conseiller d'arrondissement, puis conseiller général, puis député, tout en restant conseiller général, Z... appelait cela « suivre la filière ». Il avait pris ses grades auprès des élec-teurs, hiérarchiquement. Et le sentiment de la hiérarchie était si enraciné en lui que de voir un ambitieux s'offrir tout d'un coup pour être député, sans passer par les échelons du conseil d'arrondissement et du conseil général, cela le met-tait hors de lui. Il y voyait une dérogation aux lois de la nature.

Pour lui, il avait mis des années à gagner des élec-teurs. Dès qu'il avait eu barbe au menton, il s'était juré de se faire entretenir à Paris par ses concitoyens. Il n'avait jamais perdu ce but de vue. Il y avait ramené tous ses actes. Il y avait marché, poussé par l'instinct qui fait chercher au

canard, à travers champs, la pièce d'eau nécessaire. Par le
vague de son esprit et par la vigueur de ses poumons, Frousse
se sentait porté à la politique : il avait donc fait tout ce qu'il
avait fallu. Il avait présidé une société de libre-pensée, assisté
à des enterrements civils, déposé des couronnes d'immortelles sur des tombes. fondé un club d'ouvriers où, le samedi
soir. de crédules maçons, serruriers, menuisiers, clamaient
avec lui contre le budget des cultes ; provoqué des réunions
publiques où, juché sur une estrade. il prenait des poses
napoléoniennes ; plaidé cinq. six heures d'affilée. Car à X...,
l'excellence d'une plaidoirie se mesure à sa longueur.

. Quoiqu'il ne fût point myope, il portait binocle, car à
X... le binocle est le signe d'une fatigue des yeux par excès
de lecture. Il avait soin de laisser fort avant dans la nuit sa
lampe allumée, de manière que les promeneurs nocturnes.
voyant de la lumière à sa fenêtre, se disaient : « Il travaille.
Il travaille pour le bien du peuple. » De bonne heure. il avait
proscrit veston, jaquette, vêtement, chapeau et cravate de
fantaisie, pour ne porter que redingote noire et col droit,
signes d'un sérieux précoce de l'esprit. Pas un village de la
circonscription qu'il guignait où il n'eût fait au moins une
conférence « sur les hommes de la Révolution »: car avant
la Révolution, tout ce qui s'était passé en France plongeait
dans les ténèbres. Et ce qu'il savait de notre histoire avant
1789 tenait aux dix lignes souvent citées de La Bruyère :
« On voit certains animaux farouches... » Et encore Z... les
avait-il lues dans un journal de polémique. Par ses conférences. il s'attirait les instituteurs, gens qui ont pour principe
d'exécrer l'ancien régime. Chez les paysans, il plaçait des
sourires, prodiguait les poignées de main, faisait des avances
de tapes caressantes et de berlingots à la marmaille, s'exta-
siait sur la beauté des femmes, parlait patois familièrement,
après avoir parlé solennellement français. bref, donnait à dire :
« C'est un monsieur, mais il n'est pas fier. »

Ce fut par un jour d'avril. aux approches de Pâques, que
j'allai voir Z.... venu dans le pays passer les vacances. Il
avait besoin d'un rédacteur, d'un petit rédacteur, d'un unique
rédacteur. qui fît ce qu'on appelle la cuisine du journal,
les faits divers. la polémique avec les confrères, le compte

rendu du conseil municipal et celui du conseil général, les réunions publiques, les conférences, les grands enterrements, le théâtre, les cafés–concerts et les spectacles forains ; qui accommodât la prose des correspondants, qui formulât les plaintes des abonnés contre le train des choses, qui amplifiât les dépêches, qui racontât les tribunaux et qui servît de prote par-dessus le marché. — le tout pour 150 francs par mois (cent cinquante francs).

Il me dit :

— Laissez–moi la grande politique et occupez–vous des petites choses locales. Faites–moi de bons comptes rendus. Ne vous mêlez pas d'avoir des idées. Et surtout pas de style ! pas de littérature ! (A ce mot de « littérature », il fit la grimace.) Et vous verrez que ça marchera.

Les frais du journal étaient faits par quatre boutiquiers de la ville à qui Z... avait jeté l'appât d'une faveur gouvernementale, décoration ou autre chose. Un de ces quatre soutiens du *Flambeau des Pyrénées* tenait un café fort achalandé. Ses apéritifs et sa bière avaient déjà fertilisé à l'avantage de Z... le terrain électoral. Mais, comme il n'avait pas ménagé son liquide, Z... n'avait pu acquitter ce fleuve. Et le cafetier était son créancier. J'avais donc pour souverain, en outre du député, ces quatre notables. Tous les quatre conseillers municipaux, ils entendaient que le journaliste célébrât leur mérite, comme il célébrait celui du député.

Il n'y avait pas longtemps que j'étais sorti du collège. J'y avais vécu, sous des professeurs désintéressés, en compagnie de Régulus, d'Epaminondas et autres héros de cette trempe. Je m'étais exalté le cœur et l'esprit à toutes les grandeurs vraies ou fausses de l'histoire. Et, pour commencer mon existence d'homme, me voilà, moi, la fierté en personne, lancé pour le compte de gens méprisables dans la bataille d'intérêts sordides. Cette honte ne m'apparut pas, tout d'abord. Je ne fis que l'entrevoir. Je la chassais de mes réflexions, chaque fois qu'il me venait des regrets de ne pas avoir pris comme les camarades un emploi dans l'État : aurais-je pu souffrir la dépendance que l'État impose à ceux qu'il fait subsister ? J'espérai que l'intérêt de nos cinq mauvais apôtres ne se mettrait pas constamment à la traverse de ma plume.

*
* *

Z... m'avait dit : « Allez au Palais de Justice. Suivez-en les audiences. » J'y allai.

A certain jour de la semaine, le tribunal correctionnel condamnait. sans les entendre, trois ou quatre douzaines de chemineaux. Ils n'avaient pas méfait. Ils avaient contenté leur humeur vagabonde en courant sur les grandes routes. Leurs réponses étonnées, leur résignation stupide, faisaient rire les juges ainsi que les avocats. L'audience terminée, les uns flânaient sur la Grande Place en fumant la cigarette ; les autres défilaient sur la Grande Place. menottes aux mains, entre des gendarmes.

De temps à autre, une affaire d'adultère animait le train-train demi-somnolent de ces juges et de ces avocats. L'amant de la jeune femme était-il du monde bourgeois ? On négligeait de le poursuivre. Elle seule comparaissait. « A la première interrogation du président, lui avait recommandé son avocat, vous vous trouverez mal. » Et elle se trouvait mal. On appelait un médecin ami. qui certifiait qu'on ne saurait faire parler l'accusée sans risques pour sa santé. On apportait une chaise sur laquelle elle s'asseyait, le visage dans son mouchoir. Son défenseur se levait. Il s'emparait du mari trompé. le prenait, le reprenait, le soupesait, le jaugeait, l'évaluait au physique et au moral, touchait les tares. Je vous laisse à penser si le public riait. à ce déshabillage et à cet examen. On était venu tout exprès, on était venu en foule. On considérait la jolie femme qui était là, sur cette chaise. à pleurer. On la rapprochait du portrait de son mari, tel que l'avait tracé le défenseur. On admirait qu'il eût l'outrecuidance de garder. pour lui seul, indigne, tant de beauté. Tout d'un coup. on entendait tomber quelque chose : c'était elle qui s'affaissait. roulait par terre en gémissant : ses nerfs n'avaient pu supporter plus longtemps la honte de son mari. La pitié et l'indignation, — pitié pour elle. indignation contre lui, — se partageaient le public. L'audience était interrompue. Le mari, incapable de tenir sous l'exécration générale, le mari filait, disparaissait. Quelques jours après. il se voyait obligé de quitter la ville.

Cependant les journaux de X... prolongeaient la raillerie par leurs articles. La sottise, la lâcheté, les prétentions à l'esprit y aboutissaient à d'ignobles sous-entendus. Cela était intitulé : *Cause grasse*.

J'eus dès lors le soupçon de mon désaccord avec le train courant du monde et j'eus le pressentiment des tribulations auxquelles ce désaccord me condamnait. Un moment, je me demandai s'il ne serait pas sage de tourner le dos à toute espérance, de me terrer dans un coin de montagne où j'échapperais aux spectacles qui me faisaient tant de mal. Je devinai qu'ayant pour idéal la justice, c'était une inconséquence de chercher à servir cet idéal au moyen de journaux dont les intérêts commandaient une politique et une morale contraires aux miennes. Quelle torture d'enregistrer une injustice de la même plume qui tremble de l'impatience de la dénoncer !

* *

Je n'en retournai pas moins au Palais. C'était un lieu d'émotion. Il s'y passait des scènes de beau drame. La politique s'emparait de certains crimes et les roulait dans de la passion. Un meurtre, un incendie volontaire partageait en approbateurs et en exécrateurs la population du village où le crime s'était commis... Le jour où les débats doivent s'ouvrir, tout ce peuple arrive au Palais-de-Justice avec femmes et enfants, faisant escorte aux témoins qui déjà forment une bande. L'accusé a dans cette foule son dénonciateur, son accusateur, son ennemi personnel, son rival. Arrive le tour de ce témoin. Il fait feu d'apostrophes et d'injures. L'accusé riposte. Les invectives sont vomies et revomies. C'est un duel dont l'avocat prend la suite en fouillant dans le passé de l'accusateur et en y déterrant des ordures. Le public compte les coups. Le public sourit ou écume, suivant sur les lèvres de l'avocat ses propres élans d'amour ou de haine. Une atmosphère de bataille enivre les jurés. Qu'ils absolvent ou qu'ils condamnent, leur verdict sent l'exaltation de la sympathie ou de l'antipathie.

En ai-je vu s'asseoir en face du banc réservé à la presse, des malheureux et des malheureuses, les uns finalement acquit-

tés, les autres condamnés, sans que vraiment une raison
froide pût distinguer lequel était le plus coupable : de celui qui
regagnait entre deux gendarmes la prison de la ville, ou de
celui à qui parents. amis et connaissances venaient, après l'ac-
quittement, serrer la main ! En ai-je vu passer des notaires,
convaincus d'avoir aventuré, perdu, dissipé l'argent que des
doigts noueux de paysans leur avaient confié, encore tremblants, ces doigts, de la peine prise à l'amasser ! En ai-je vu
passer, des servantes engrossées par leur maître et qui avaient
fait périr leur nouveau-né ; des institutrices à qui des rêves
de grandeur avaient tourné la tête et qui, glorieuses de quelques bribes d'instruction, s'étaient jugées dignes de séduire le
jeune homme riche du canton ! Elles aussi avaient tué leur
enfant. Et elle avait aussi tué le sien, cette receveuse des
postes et télégraphes, étrangère aux paysans parmi lesquels
elle souffrait d'ennui, et qui, trop fière pour les rustres,
avait fini, après s'être gâté l'esprit avec des romans parisiens. par tomber dans les bras d'un homme mûr, marié,
un des rois du pays. Et toutes se plongeaient le visage dans
un mouchoir. Et toutes pleurnichaient, s'évanouissaient,
avaient des attaques de nerfs, s'affaissaient sous le poids
énorme de la morale sociale. Pas une qui osât crier la vérité.
le cri de son cœur, lever la tête, confesser qu'elle aurait tant
désiré aimer, se marier, trouver dans ce village quelqu'un à
qui donner le bras ouvertement, publiquement. Mais les préjugés « de rang », comme on dit à X..., avaient décidé :
« Non ! C'est impossible. » Pas une qui osât dévoiler le nom
de l'homme qui l'avait abandonnée une fois grosse. Les jurés
le savaient. Le procureur de la République le savait. Le
public parfois le savait. Et cependant il n'était pas prononcé. Celui qui le portait, ce propriétaire campagnard,
n'ignorait point qu'à cette heure où il surveillait ses travailleurs courbés sur le sol, une femme qu'il avait tenue dans
les bras, à qui il avait dit : « Je t'aime », qu'il avait couverte de baisers. subissait à cause de lui la honte publique ; il
ne bougeait pas.

Au sortir de ces audiences, ma sensibilité grondait.
débordait en articles torrentiels, qui effrayèrent les quatre

antimousquetaires du *Flambeau des Pyrénées*. Un beau jour, ils sortirent de leur comptoir, porteurs chacun de son numéro subversif dont ils avaient marqué au crayon rouge le passage criminel. Mais leurs natures n'étaient pas tellement pareilles que leur mécontentement se manifestât de la même manière : un, dès la cour, commença de vociférer; l'autre ne s'emporta que dans l'atelier de composition; celui-ci traversa comme un obus cour et atelier pour éclater à mes pieds. Le dernier, l'administrateur de semaine, comprit que la dignité de sa fonction lui commandait les propos gravement sermonneurs. A nous voir débattre sur le sens des mots que j'avais employés, on aurait dit une réunion de lexicographes. Il y avait là un Dictionnaire Littré : on l'ouvrit souvent pour me condamner.

Enfin ces messieurs convinrent, qu'à l'heure où le journal était prêt, ils quitteraient à tour de rôle leur boutique, fût-elle comble d'acheteurs, pour lire les quatre pages, de la première ligne à la dernière, et s'assurer qu'elles ne contenaient rien d'hostile aux gens en place. Par un serment solennel, ils se jurèrent de ne pas manquer à cette police quotidienne. Quand ils se furent ainsi calmés :

— Voyons, — me dit l'un, désireux de me prendre par le bon sens, — je vends du café, et j'affiche qu'il est de la Martinique. Je sais bien qu'il n'en vient pas. de la Martinique !... Un journal, c'est la même chose. Nous affichons qu'il est radical-socialiste...

Je lui fis la grâce de paraître convaincu par ce raisonnement.

*
* *

Je finis tout de même par avoir mon tour. C'est toute une histoire. Je la raconte parce qu'elle est dramatique, et qu'elle me tient au cœur.

Un soir de tempête, un soir que le vent du nord cassait, le long des routes, les branches des platanes, mugissait, sifflait, gémissait, arrachait les volets, s'apaisait pour se lancer, d'un élan plus fort, sur les vitres qu'il brisait, sur les passants qu'il renversait, un soir sinistre, une vieille bonne frappait à la porte d'une maison de faubourg au delà de laquelle s'étendait la campagne. « Au secours! » criait-elle. Elle raconta

aussitôt, tremblant, pleurant, s'arrêtant pour étouffer un sanglot, elle raconta qu'on venait d'assassiner son maître, aumônier
d'une maison de retraite pour vieillards, située à deux cents pas
de là, et avec lui un autre prêtre, un ami, qu'il avait invité
à dîner. Elle était dans sa chambre ; les assassins s'étaient
hissés jusqu'à la fenêtre, l'avaient encapuchonnée, bâil-
lonnée, attachée à une chaise de manière qu'elle n'avait pu
bouger ni crier. Ils avaient descendu l'escalier, tué les deux
prêtres à coups de couteau dans la salle à manger du rez-de
chaussée, et dévalisé la maison. Puis ils avaient fui. Une
heure était passée sur ces deux cadavres et sur la vieille bonne
presque aussi morte qu'eux. Quand le silence de la pièce ne
lui avait plus permis de douter qu'elle fût bien seule, elle
avait remué faiblement un bras, puis une jambe, puis les
deux bras, puis les deux jambes, puis tout, jusqu'à ce qu'elle
se fût déliée. Elle était descendue. L'horreur l'avait arrêtée
béante à la porte de la salle à manger, où des lampes reuver-
sées éclairaient le sang en nappe sur le parquet. Elle n'était
sortie de son saisissement que pour prendre son galop jusqu'à
la première maison habitée.

Lorsqu'on se fut assuré que ce n'étaient pas des propos de
vieille femme battant la berloque, on courut aux autorités. Le
procureur de la République n'était pas chez lui. On le chercha.
On finit par le trouver dans un restaurant de nuit, avec de
joyeux convives. Il se dirigea en maugréant vers le bureau du
télégraphe et par dépêche enjoignit aux brigades de gendarmerie du département d'arrêter tous les Espagnols, munis de
papiers ou non, que l'on trouverait sur les routes.

Dans ce pays frontière, les Espagnols suspects courent
volontiers les grands chemins en costume national : espa-
drilles découvertes, mante, veste courte de velours, bonnet
rouge. Ils vont en France ou s'en retournent en Espagne. Et
les kilomètres de la route poudreuse ne leur font pas peur. Ils
ont le couteau facile et maints égorgements nocturnes sont de
leur main. L'opinion publique, qui se laisse volontiers aller
aux généralisations hardies, leur impute tout méfait. Et leur
physionomie, qui est plutôt farouche, donne apparence à ces
imputations.

Le lendemain, jour de soleil et de grand vent, les oisifs

qui se chauffaient sur les glacis des fortifications virent
d'épais nuages qui, sur les routes aboutissant à X..., marchaient et s'avançaient. C'étaient des foules d'Espagnols,
menottes aux mains, menés entre des gendarmes, qui soule-
vaient ces nuages de poussière. Les habitants se mirent sur
les portes pour voir passer ce bétail humain, souriant d'aise
et admirant l'ingéniosité de la justice qui arrêtait cinq cents
innocents dans l'espoir vague de trouver parmi eux les deux
ou trois coupables. La prison fut trop petite. Mais, comme
c'était un dimanche et que la justice se reposait, on entassa
les prisonniers. La plupart ne mangèrent pas de la journée.
Le lendemain, on fut obligé de les relâcher tous. C'était
un échec.

Un immense éclat de rire sonna de tous les points de la cité
aux oreilles du procureur de la République. A cette raillerie
succéda la peur. Des gens se verrouillèrent. Et l'un des propriétaires du *Flambeau des Pyrénées* rendit le Parquet responsable d'un cauchemar que sa femme avait eu. L'assassinat
d'un roulier découvert un matin, l'artère carotide coupée,
sur le bord d'un fossé, augmenta la terreur. Le prestige du
Palais de Justice était décidément compromis. On réclamait un coupable. On soupçonnait le procureur d'être plus
occupé de ses chiens que des assassins. Je le voyais traîner
ses guêtres à travers rues et promenades, toujours suivi
d'énormes chiens qu'il sifflait, attachait, détachait, réatta-
chait à une chaîne d'acier. Je le voyais au café contempler tristement son absinthe. Et toujours, même au plus fort
de l'été, portant redingote et chapeau noir, il incarnait le
fonctionnaire qui « s'embête à mort », qui ne sait pas combler
par l'étude le vide de la vie provinciale.
    Le juge d'instruction, lui, était un vieux galantin qui
passait sa journée à deviser, faute de mieux, avec les dames.
Sa figure ne prenait du sérieux que lorsque ces dames
essayaient de lui tirer et de pénétrer les mystères de son
cabinet : « Que savait-il? Était-il sur une piste? » Le silence
du galantin semblait en dire long. Ce silence nourrit de
quelque espoir les imaginations. Cependant les jours s'é-
coulaient. La vieille bonne du prêtre assassiné, empri-

sonnée comme complice, refusait d' « entrer dans la voie
des aveux ». Et une troisième gorge coupée se découvrait :
nouvelle qui affolait tout le monde, faisait baisser le nez du
procureur de la République et du juge d'instruction.

Il y allait de leur amour-propre. Il y allait de leur place.
Pour se rattraper, voici ce qu'ils imaginèrent.

Alors étaient retenus à la prison de X... trois fils de
famille qui avaient volé pour ne pas refuser à leur maîtresse
des robes et des chapeaux. L'un d'eux avait été mon condisciple. Ce n'était pas un mauvais diable; mais il avait ses passions : il avait dérobé une certaine somme à son patron, un
négociant. Les deux autres en avaient fait autant. Histoire
banale. Ce fut sur nos trois garnements que procureur et
juge s'avisèrent de déverser les soupçons épars de la foule.
On ne pouvait se résoudre à ignorer les coupables. On en
découvrait tous les jours un nouveau parmi les gens mal
famés de la ville. Procureur et juge avaient sous la main un
journal complaisant : — il y en a toujours un; — ils commencèrent par des notes contournées, laissant entendre que
la vérité était loin de ce que supposait le public : on le verrait
bientôt. Une tentative d'évasion des trois fils de famille servit
les accusateurs. Ils insinuèrent que ces jeunes gens devaient
se reconnaître bien coupables pour tenter de s'évader. Vou-
laient-ils se soustraire à un châtiment autrement terrible
que celui de leur vol? On fit si bien que les soupçons,
volant de-ci de-là comme des abeilles, comme des abeilles
se fixèrent sur un point et s'y amassèrent.

Mon ancien condisciple avait sa mère, une veuve, dont la vie,
avec son mari débauché, avait été un supplice, et qui regra-
vissait maintenant son calvaire. La pauvre femme n'osait
presque plus se montrer. Elle attendait, pour sortir, la tombée
du soir; les regards obliquement jetés sur elle lui piquaient la
peau comme autant d'aiguilles. Elle s'en défendait par un
voile noir, épais, derrière lequel son visage, creusé comme
celui de la Notre-Dame des Sept Douleurs au fond de la chapelle où elle priait aux heures obscures, était impénétrable.
Personne, heureusement, ne pouvait la voir quand, dans sa
chambre, le journal étalé sur la table, elle lisait et relisait
les notes ténébreusement rédigées qui ne disaient rien et qui

disaient tout, peu à peu ouvrant aux haineuses conjectures un champ aussi large que la méchanceté humaine.

Elle aurait dû ignorer, ne pas comprendre. L'accusation n'était nulle part assez clairement énoncée pour commander une justification, une protestation hautaine. Mais un cœur de mère ne connaît pas la prudence. Elle écrivit. Elle écrivit au journal que son fils avait passé chez elle toute la soirée de l'assassinat. Sa lettre ne fit qu'appesantir sur les lèvres des habitants le nom incriminé. On admira cette mère qui essayait de sauver son fils. On s'étonna de son aveuglement. On rapporta le crime du fils à la débauche du père. On se sut gré de plaindre une femme qui avait été belle et riche. La malignité provinciale donna la main à l'amour-propre de deux imbéciles vaniteux. Le journal n'avait pas inséré la lettre sans l'envenimer d'un petit commentaire, disant que, si respectable que fût la douleur d'une mère, le cours de la justice ne pouvait en être arrêté.

Pour les trois fils de famille, le grand jour des assises était venu. Au lieu de les transporter en voiture de la prison au tribunal, faveur habituellement accordée aux accusés de quelque éducation, on les mena à pied, théâtralement, à une heure que le journal complaisant avait eu soin d'indiquer. Tout X... se pressait sur leur chemin. Les gamins, galopant à leur passage, criaient : « Voilà les assassins des curés ! » J'y étais comme tout le monde ; mais placé derrière plusieurs rangs de la foule : d'un côté ma curiosité me poussait, de l'autre ma pudeur me commandait, à quelques pas d'un ancien camarade humilié, enchaîné, de ne regarder qu'à la dérobée. Bien m'en prit de m'être effacé. Mon ancien condisciple, loin de tenir les yeux à ses pieds, les fixait sur les figures connues. Les amis de naguère lui feraient-ils, en guise de bonjour, un signe sympathique ? Il n'en recueillit aucun. Peut-être moi-même n'aurais-je pas osé. Il va sans dire que son expérience amère ne fut comprise de personne. On supposa : bravade, provocation !

Le procès dura deux jours, par la prolixité du procureur et des avocats. Leur bavardage contrastait avec la concision des accusés. Ils avouèrent leurs vols avec la tranquillité de gens qui, ayant mesuré le trou au fond duquel ils sont tombés, jugent que leurs bonds pour en sortir ne seraient pas assez hauts. Le courage de l'homme qui accepte sa chute ne fut pas compris davantage. Sans doute les accusés ne lâchaient si aisément l'aveu de ce qui était avéré que pour s'épargner les questions sur ce qui ne l'était pas.

On leur en posa néanmoins, mais insidieusement. Alors s'exerça la manie régnante en province de bâtir, à propos de rien, des histoires romanesques : organisations de bandits, rendez-vous la nuit dans des endroits sinistres, serments de franc-maçonnerie malfaisante. La foule, nourrie de romans-feuilletons, invente ces sornettes, les avocats y trouvent un aliment à leur bavardage : et tout le monde en profite pour monter l'affaire en drame. Dès qu'un accusé, par un ensemble de circonstances mystérieuses, éveille cette imagination délirante, il est perdu. On le punit pour les romans-feuilletons, pour les drames populaires où le traître, au dénouement, ne porte pas une peine convenable à sa traîtrise. Rien de plus dangereux que l'opinion publique pesant sur une affaire criminelle. Or la rareté des motifs de passion est telle, en province, que l'opinion publique est trop heureuse de cette occasion. Comment les jurés pourraient-ils s'y soustraire, alors qu'ils sortent du café, du cercle, où règne, selon le cas, une atmosphère de rigueur ou d'indulgence?

Les accusés, dans leurs réponses, ayant négligé de raconter par le menu les soirs de débauche qu'ils s'étaient payés avec le produit de leurs vols, justement à l'époque du double assassinat, le procureur de la République s'écria : « Leur audace m'épouvante! Et je tremble de ce qu'ils cachent. » Ce tremblement leur coûta cher : mon ancien condisciple s'entendit condamner à vingt ans de travaux forcés pour un crime qui n'était ordinairement puni que de cinq ans au maximum.

Je dus enregistrer le verdict, comprimer mon bon sens indigné, faire chorus avec la commune voix. J'étais prisonnier de mes lecteurs comme de mes quatre boutiquiers. Mais l'affaire me réservait une revanche. La sottise et l'infatuation du juge d'instruction me la préparaient.

***

C'est une observation courante que celui qui répand une fable, à force de l'accréditer, en devient dupe. Voyant tous les autres s'y prendre, on se dit : « Tiens ! si c'était vrai ! » Une fois condamnés, le parquet pensa que nos gaillards n'étaient peut-être pas seulement des voleurs. Il commanda qu'on les retînt dans la prison de X..., au lieu de les expédier dare dare sur l'île de Ré. La vieille bonne qui s'était prétendue encapuchonnée par les assassins était toujours en prison, elle aussi. Elle niait toujours ; et quoiqu'il y eût de longs mois qu'elle niait, on ne désespérait pas de la faire avouer par la menace réitérée de la tenir toute sa vie sous clef. Deux mois se passèrent ; puis cette bombe éclata : un des trois condamnés, un nommé Bertrand, ayant descellé un barreau, avait failli en assommer un gardien, au moment où il entrait pour lui donner sa pitance. La nouvelle session des assises s'ouvrant quelques jours près, on y traîna le malheureux.

Je n'avais jamais vu pareille audience, et j'espère n'en revoir jamais. Ce fut court : une demi-heure environ. L'accusé, assis, disparaissait dans son banc. On ne se doutait de rien.

— Levez-vous ! commande le président.

Il se lève. C'était un petit homme pâle, terreux, maigre. nerveux, fiévreux, les cheveux en ronces, la barbe sale.

— Pardon ! fit-il, interrompant la première question.

Et aussitôt, retroussant ses manches, son pantalon jusqu'aux cuisses, ouvrant sa blouse et sa chemise, il montra bras, jambes et poitrine, toute sa chair. Et déjà tout le monde était debout, scandalisé de cette impudeur, et les paroles allaient sortir pour exprimer l'indignation... mais les paroles restèrent dans les gorges. Les yeux perdirent de leur feu. On ne bougea plus : on contempla la chair de l'accusé. Par places elle était rouge, par places bleue, par places noire. Elle évoquait les horreurs et les difformités de ces musées de cire qui se plantent dans les foires pour spéculer sur la curiosité malsaine des adolescents.

On comprit enfin : l'homme que voici avait été frappé.

torturé. Il le cria lui–même, une fois que sa nudité eut fait son effet de dégoût et d'attendrissement. Il cria le nom du gardien qu'il avait essayé d'assommer et qui était son tor- tureur. Il profita de la liberté de langage que lui laissait la stupeur de la cour et des jurés pour raconter que ce gardien lui liait les mains derrière le dos et lui donnait sa pitance par terre. en lui disant : « Mange comme un porc que tu es... » Et il avait mangé à même « comme un porc... »

— Assez! cria le chef du jury. Assez! Je demande qu'on acquitte cet homme !

Une femme dans l'assistance cria :

— *Ecce homo !*

Parmi cet émoi, le gardien de la prison apparut. appelé par un huissier. L'accusé n'eut pas plutôt aperçu son uniforme qu'il fit mine de lui lancer je ne sais quoi à la tête. Appréhendé, contenu par des gendarmes, il invectivait, écumait, gigotait, se démenait. Le défenseur voulait dire son mot. Il ne voulait pas perdre sa plaidoirie. Mais tout le monde sentit que des phrases d'avocat, en ce drame si puissamment clamé et mimé, seraient comme une tirade tragique après une tragédie véritable. On lui imposa silence. Bertrand était acquitté.

Du Palais de Justice au journal où je courus aussitôt, je ne sentis pas les pavés pointus. Au journal, il n'y avait personne. J'allai voir, l'un après l'autre. les quatre propriétaires. Je les arrachai à leurs affaires. Je leur dépeignis en paroles enflam- mées cette audience unique. Je me gardai bien, les connais- sant. de faire appel à leur pitié : je dis que c'était le cas de prendre les lecteurs en associant son indignation à la leur ; que, seul, le *Flambeau des Pyrénées* pouvait le faire, les autres journaux étant liés par leur complaisance habituelle envers tout ce qui détient un peu de l'autorité. La pas- sion me rendit-elle éloquent? Ils consentirent.

Retrouverai-je jamais la joie de m'attabler à cette table de rédacteur et d'y écrire pour huit cents personnes, sous la dictée de mon cœur? Enfin, je satisfaisais mon goût de reven- dication! Enfin, don Quichotte, la plume au lieu de la lance à la main, je prenais contre l'organisation sociale le parti du faible et même du misérable! Enfin. j'exerçais humainement, grandement, mon métier de journaliste. Car c'est l'abaisser, ce métier-là, que de le réduire à une besogne faite par besoin de vivre. Je racontai donc ce que je venais de voir et d'entendre. La violence n'y jaillissait que des faits eux-mêmes, par l'impression que j'en avais reçue. En finissant, je demandais des poursuites contre le procureur de la République, contre le juge d'instruction, contre le directeur de la prison, contre le gardien qui avait torturé Bertrand, contre l'économe qui l'avait privé de nourriture.

*
* *

Cet article fut ma première prise de journaliste sur l'opinion. Petite ville et huit cents lecteurs. N'importe ! Pour être circonscrite, ma victoire sur l'injustice n'en fut que plus nette et plus visible. Le préfet, que je priais de prendre l'affaire en main, la prit. Le gardien de prison fut disgracié, déplacé. De quel œil le procureur de la République et le juge d'instruction, rencontrés à la promenade, regardèrent-ils ce tout jeune homme qui n'était rien, pauvre, gauche, timide, inconnu, n'ayant ni situation, ni fonction, ni titre, ni décoration, mais qui disposait d'une arme et qui en jouait avec avantage contre des gens en place, respectés, redoutés? Quelle puissance, me disais-je, que celle d'une plume indépendante et qui écrit la vérité ! L'emploi de redresseur de torts, tenu au moyen âge par le chevalier armé, casqué, lance au poing et courage au cœur, pourquoi un journaliste ne le prendrait-il pas? Seul il y est propre. L'injustice aujourd'hui se faisant non par violence, mais par astuce, c'est à l'esprit qu'il appartient de la réprimer.

Mais sur quoi exercer mes facultés de paladin? Sur quoi, dans ce coin de province? Un beau matin, les journaux de Paris changèrent en désespoir ma tristesse: ils contenaient sur l'affaire Bertrand des articles écrits d'après le mien. Je me voyais, écrivant au fond d'un puits, des articles qu'à l'aide d'une corde des journalistes amenaient à eux en plein soleil : — comparaison naïvement téméraire, mais qui, pour moi, exprimait la vérité. Le hasard allait la justifier encore.

Un jour, le gamin qui faisait les courses m'annonça la visite d'une femme : — si elle avait été bien vêtue, il aurait dit : « une dame » ; — une femme du peuple, une Espagnole qui parlait assez de français pour se faire entendre. On reçoit dans les journaux tant de doléances ! Devant cette pauvre femme assise au bord de la chaise, craintive, un papier sur les genoux, coiffée d'un fichu qui venait se nouer sous le menton, et drapée d'un châle, je ne me doutais pas du bruit que pendant quelques semaines son nom ferait dans le monde. Son mari, menuisier à Narbonne, avait été, deux ans auparavant, condamné à perpétuité par le jury de Carcassonne pour complicité dans un assassinat. Il n'en était pas moins innocent.

Ah ! toute ma vie je me reprocherai le sourire d'indulgence et de scepticisme à la fois qu'amena sur mes lèvres cette confidence ! Je la regardai, cherchant les indices d'une amoureuse, admirant cet amour de femme qui rend le cœur victorieux de la mésestime. Indifférent à la cause de son mari, pour ne m'attacher qu'à la constance de son amour, je lui fis raconter les étapes de son infortune.

Quand son mari avait été condamné, elle ne connaissait pas un mot de français. Elle avait commencé par apprendre notre langue. Chaque soir, cette courageuse créature, au lieu de s'abîmer dans des larmes et de se coucher fatiguée de sa journée d'ouvrière, chaque soir elle se rendait chez des sœurs qui lui donnaient des leçons. Au bout d'un an, elle en savait assez pour rédiger un mémoire que, de ses économies, elle fit imprimer, envoyer aux députés, sénateurs, ministres, et aux journaux de la région.

De ces centaines d'imprimés, tous tombèrent dans le gouffre de la négligence et de l'oubli, tous, sauf un. La fortune voulut qu'un sénateur s'arrêtât sur ce papier, parmi tant d'autres, y reconnût cet accent de vérité qui vivifie les mots les plus fourbus, sentît se réchauffer sa glace de vieux sceptique à cette vaillantise de femme et prît l'affaire en main. Le premier branle donné par sa foi avait décuplé son espoir. De Narbonne elle était allée à Montpellier, Cette, Nîmes, Béziers, Perpignan, frappant aux journaux, déposant des copies de son mémoire. La puissance de la publicité, dont un homme d'affaires ne se rend compte qu'après expérience, elle l'avait conçue du premier coup. Un inventeur cherchant à répandre son invention n'aurait pas été plus exact à monter l'escalier des journaux, plus minutieux à expliquer son cas, plus tenace à attendre que s'ouvre une porte fermée derrière laquelle il y a quelqu'un capable de vous servir. Cette entreprise de publicité, elle l'accomplissait méthodiquement, patiemment. en femme de tête.

— Monsieur *** (c'était le nom du sénateur) fait en ce moment des démarches, me dit-elle. Pourvu que le ministère ne soit pas renversé !

« Pourvu que le ministère ne soit pas renversé ! » Et Z... qui écrivait article sur article pour demander que le ministère fût renversé ! C'était navrant et comique à la fois d'entendre cette pauvre femme, étrangère à tout parlementarisme, souhaiter. à l'encontre de Z..., que le ministère ne fût pas renversé. Elle disait cela simplement, posément. Le point d'exclamation que je mets après ces mots : « Pourvu que le ministère ne soit pas renversé ! » elle ne le mettait presque pas. Elle se taisait. Mais son regard continuait le souhait par ce quelque chose de craintif et de suppliant que certains peintres ont su donner à la vierge Marie. Le souvenir de ces paroles, de ce silence et de ce regard, m'a rendu médiocres plus tard les douleurs les plus célèbres mises sur les scènes ou dans les livres, les gémissements, larmes, exclamations, interjections, toute la fanfare de la douleur. Cette femme ne me disait pas : « Je l'aime. mon mari, je l'adore ! Je ne peux pas vivre sans lui ! » Non ! mais quel amour dans cette visite, dans ce dossier qu'elle me remettait, dans ce français parlé avec acharnement. dans ces deux ans employés comme elle venait de me dire... Elle ne devait repartir pour Narbonne que le lendemain ; je la priai de repasser. Je lirais son dossier pendant la nuit.

Je lus l'acte d'accusation, le compte rendu sténographié des débats. Aucune preuve contre son mari, aucune. Les deux autres accusés, s'étant reconnus coupables, l'avaient d'eux‑mêmes disculpé. Il n'avait pas, comme on dit, de mauvais antécédents. Pourquoi donc condamné à mort ? Parce que le cri public s'était élevé contre les Espagnols, assassins de grandes routes, parce qu'il avait exigé un exemple, quel qu'il fût.

15 Mars 1898.

Mon opinion était faite. Je le déclarai le lendemain à madame Borras.

— Oh! merci, fit-elle. merci!

Elle ne put en dire davantage.

* *

Bien entendu, le récit de cette visite passa pour une fable chez mes concitoyens. On me tint pour fou. Il ne me manquait plus que cela : découvrir des innocents parmi les gibiers de guillotine!... M'émouvoir d'une façon désintéressée, c'était « un genre que je me donnais »; je « posais », quoi! Le radical épicier entra, bouillonnant, dans mon bureau. Pas plus que ses copropriétaires, il n'avait tenu le solennel serment de vérifier le journal avant le tirage. Le comptoir absorbait tous ses instants :

— Que vous fait, cria-t-il, ce Borras! Que vous importe qu'il pourrisse au bagne! Etc..., etc...

Quelques heures après, je recevais de madame Borras une lettre de remerciement. C'est une relique. J'en ai comme cela quelques-unes que je relis pour me remettre le cœur chaque fois que me prend le dégoût du métier.

Borras ne tarda pas à être relâché. Une souscription ouverte par un journal de Paris lui rapporta quelques billets de mille. Au fond de mon trou, j'applaudis à cette réhabilitation où j'avais ma part obscure. Les pensées qui naguère, après la montée jusqu'à Paris de l'affaire Bertrand, m'avaient attristé, me revinrent avec une nouvelle force, et ma province me parut de plus en plus à délaisser.

ÉDOUARD CONTE

MULHOUSE

— 15 MARS 1798 —

Il y a aujourd'hui un siècle, la ville de Mulhouse se donna librement à la France. Au moment où fut consommée cette union, que tous alors croyaient devoir être éternelle comme la patrie française elle-même, la petite République pouvait à bon droit se glorifier — et c'était là sa très grande originalité parmi les autres membres de la famille alsacienne — de plusieurs siècles d'autonomie et de liberté. A l'occasion du centenaire, nous avons pensé qu'il était bon de faire connaître les faits essentiels de ce long passé avec son aboutissement suprême, l'union volontaire de Mulhouse à la France.

Mulhouse, si l'on en croit la tradition, fut d'abord un moulin bâti sur les bords de l'Ill, à l'entrée de la grande plaine d'Alsace, à peu près à égale distance du Rhin et des Vosges. De quelques misérables habitations, huttes ou cabanes, groupées autour de ce moulin, une bourgade naquit. Quand? on ne sait. Cette bourgade devint plus tard une ville ceinte de murs, qui fut rattachée au royaume de Ger—

manie par les hasards des partages carolingiens; plus tard
encore, un acte de l'empereur Frédéric II, dans la première moitié du xiiie siècle, en fit une ville impériale. La
ville impériale était gouvernée par un prévôt impérial qui
jugeait souverainement, percevait les impôts, commandait
la milice, veillait au maintien des droits et de l'autorité des
empereurs. Il était assisté d'un vice-prévôt et d'un conseil de
douze membres appelés échevins, dont huit choisis parmi
la noblesse de la haute Alsace. et quatre dans les familles
bourgeoises notables qui formèrent plus tard une véritable
classe patricienne.

De ce point de départ, Mulhouse s'achemina lentement
vers l'indépendance. Les pauvres empereurs des xiiie. xive et
xve siècles. qui aimaient les villes, parce qu'elles étaient à peu
près seules à aimer l'empereur, et qui leur accordaient volontiers
des privilèges parce qu'elles les payaient. reconnurent aux
bourgeois de Mulhouse le droit d'être jugés uniquement par
les juges de la ville, et le droit de choisir leur bourgmestre ;
il s'obligèrent à prendre le bourgmestre parmi les bourgeois.
et finirent par supprimer la charge même de prévôt impérial. A la fin du xive siècle, Mulhouse n'avait plus de rapport
avec l'empereur que par le paiement de quelques revenus ;
quand elle eut racheté les droits impériaux en 1457. la ville
devint une véritable république. Elle s'était organisée pour
vivre d'une vie distincte et indépendante. Sa population était
répartie en tribus ou corporations. dont les chefs étaient de
droit membres du conseil de la cité. En réglementant la production et la consommation. elle réalisa, sur une petite échelle,
ainsi que le dit fort bien un de ses historiens. ce que nous
appellerions aujourd'hui l'organisation du travail. Elle pourvut à tous ses intérêts matériels et moraux. Bref. elle était
devenue un État minuscule. — son territoire était de deux à
trois lieues carrées. — mais se suffisant à lui-même. libre et
autonome.

C'est un miracle que cette ville ait pu défendre son existence.
du xiiie à la fin du xve siècle. contre les ennemis acharnés
qui de près ou de loin menaçaient son indépendance. Elle est
d'abord assaillie par les évêques de Strasbourg. et. conjoin-
tement avec eux. par les féodaux dont les repaires se dressent

à deux pas des murailles de la cité. Mulhouse est industrieuse.
laborieuse, riche relativement, bien résolue à ne partager avec
personne le fruit de son travail. Les féodaux le savent ; ils la
bloquent, l'affament, détruisent les cultures, s'entendent avec
quelques familles nobles établies dans la ville, où elles jouissent
du droit de bourgeoisie et sont toujours prêtes à trahir les compatriotes bourgeois. Vains efforts ! Les Mulhousiens rendent
coup pour coup. Comme on n'a guère de libertés au moyen âge
que celles qu'on a conquises et dont la force assure le maintien,
ils s'acharnent à se rendre forts et y réussissent. Tout comme
les seigneurs et en manière de représailles, ils arrachent les
vignes, ravagent les cultures, pillent, massacrent. Ils ne se
contentent plus d'attendre l'ennemi derrière leurs murs ; ils se
risquent en rase campagne et vont enfumer dans sa tanière
la bête féodale.

Décidément, la petite cité s'obstine à vivre. Mais, voici que,
de tous les points de l'horizon, à la noblesse féodale, cet
ennemi permanent soutenu un moment par l'Autriche, viennent s'ajouter d'autres ennemis, et combien plus redoutables !
Ce sont les routiers des Grandes Compagnies, auxquels la
paix de Brétigny a fait des loisirs, les bandes des Armagnacs,
retour de Bâle et de la bataille de Saint-Jacques ; c'est le grand-
duc d'Occident, Charles le Téméraire, auquel le landgraviat
d'Alsace vient d'échoir comme garantie d'une somme prêtée
à la maison d'Autriche, etc. C'est miracle, on ne saurait assez le dire, que Mulhouse ait pu résister. Il est vrai
qu'elle faisait partie de la Ligue des dix villes impériales de la
Décapole d'Alsace. Mais, comme elle était située à l'extrémité
méridionale du territoire confédéré, il était rare qu'elle pût
être secourue par des alliés d'ordinaire très lents à se mouvoir. D'ailleurs la Ligue était elle-même en proie à des dissensions, et ne tenait que médiocrement à entrer en conflit
avec la maison d'Autriche.

Mulhouse se détacha peu à peu de ses confédérés d'Alsace dont elle n'avait rien à attendre. Elle ne se souvenait
déjà presque plus de l'Empire ; mais au moyen âge, et prin-
cipalement dans cette Germanie anarchique, en proie à tous
les déchaînements de la force brutale, vivre dans l'isolement,
c'était se condamner à périr. Mulhouse le comprit et pourvut

à sa sûreté : elle s'agrégea aux cantons helvétiques; l'acte d'Union date des premières années du xvie siècle. C'était de bonne politique : les Suisses et Mulhouse avaient le même ennemi, l'Autriche; de plus, les cantons étaient alors une puissance militaire redoutable, avec laquelle toutes les puissances de l'Europe étaient obligées de compter.

En 1516, François Ier conclut avec eux la fameuse paix dite perpétuelle. Mulhouse se trouva comprise dans ce traité qui donnait à la France le droit, moyennant une pension annuelle de sept cent mille écus d'or, de recruter des soldats dans les cantons confédérés. Désormais les Mulhousiens versent leur sang au service du pays dont les rois les appellent dans leurs lettres : « très chers et grands amis alliés et confédérés ». La petite République est à un des tournants de son histoire : désormais, se détournant de l'Allemagne, c'est vers la Suisse et la France qu'elle regarde.

Survient la grande crise de la Réforme religieuse. Les désordres du clergé, le relâchement des ordres monastiques, la fiscalité de la cour de Rome, les scandales des indulgences, l'élimination à peu près complète de Jésus du christianisme, toutes ces causes agirent à Mulhouse, comme dans le reste de la chrétienté, et notamment dans les villes de la rive droite et de la rive gauche du Rhin. A Mulhouse, comme dans les autres villes de la région, la révolution religieuse ne se fit pas brusquement et par une seule et violente secousse. Pendant plusieurs années, dans les débuts de la Réformation, dit un historien éminent, cette partie de l'Allemagne n'aurait pu dire si elle était protestante ou catholique. Catholique romaine, il est fort clair qu'elle ne l'était plus ; mais protestante, au sens que prit ce mot plus tard quand il impliqua des croyances communes en dépit des diversités confessionnelles, certainement, elle ne l'était pas encore. Dès 1523, le conseil municipal de Mulhouse décide qu'on chantera les psaumes en allemand et que la communion sera faite sous les deux espèces. Deux ou trois ans après, la messe est abolie, la confession auriculaire supprimée. En 1528, les biens du clergé sont convertis en propriétés communales; le catholicisme est interdit, la religion réformée seule permise. La révolution religieuse est consommée.mais une partie de la population était restée sinon catholique, tout au moins flottante : il faut l'admettre, ou renoncer à expliquer, par des raisons plausibles. les désordres sanglants dont Mulhouse fut le théâtre dans les dernières années du xvie siècle.

En effet, vers 1580, une effroyable guerre civile y éclate sous l'œil médiocrement bienveillant des confédérés suisses, divisés eux-mêmes en cantons catholiques et en cantons protestants. C'est pour la domination qu'on s'égorge. Au plus fort de la lutte. le chef d'un des partis abjure la Réforme, fait retour au catholicisme, invoque l'appui des cantons catholiques, se faisant fort auprès d'eux, s'il l'obtenait, de ramener Mulhouse à l'ancienne foi. La lutte prend un caractère de plus en plus atroce : les cantons catholiques et les cantons protestants interviennent tour à tour, ces derniers à main armée, et, à la fureur de la mêlée, sans pitié, sans merci, on sent bien que les passions religieuses sont en jeu. Aucun des deux partis ne dispose de forces suffisantes pour écraser l'adversaire ; le vainqueur de la veille est le vaincu du lendemain, et la guerre se poursuit ainsi jusqu'à la fin du siècle, implacable, avec son cortège ordinaire d'exils, de délations, d'amendes, de confiscations. de supplices. Par centaines on compte les morts. C'est la première page sanglante dans l'histoire de Mulhouse. c'en sera aussi la dernière.

La petite République sortit de cette épouvantable crise brisée, anéantie, réduite à l'alliance des cantons protestants, à peu près exclue de la Confédération helvétique, où l'hostilité des cantons catholiques ne lui permettra de rentrer qu'en 1777. Ses ennemis relevèrent la tête. La maison d'Autriche crut que le moment était enfin venu de l'assujettir. Il fallut l'intervention d'Henri IV pour couper court à des convoitises qu'aucun échec n'avait pu décourager. La guerre de Trente Ans vint s'ajouter à toutes ces misères ; · l'Alsace fut en proie aux Suédois, aux Français, aux Impériaux. Coupée de ses communications, Mulhouse faillit deux ou trois fois mourir de faim. La paix de Westphalie rendit enfin pour un moment la paix à l'Europe (1648). L'Alsace fut cédée à la France, et Mulhouse reconnue comme État libre et partie intégrante de la Confédération helvétique. Après quelques

années de paix précaire, la guerre reprit, une longue guerre
d'un demi-siècle. soutenue par la France de Louis XIV contre
l'Europe coalisée. Mulhouse en souffrit cruellement, malgré
ses rapports généralement bons avec le gouvernement français.

Les cantons protestants durent plusieurs fois l'aider à protéger sa neutralité : ce qui ne l'empêcha pas de leur résister,
lorsque. un jour, à propos d'un incident d'assez mince importance, ses alliés firent mine de méconnaître sa pleine et entière
souveraineté de juridiction. L'épreuve passée. Mulhouse, avec
la décision des peuples qui voient les abus et ont la volonté d'y
remédier, porta résolument la main à sa constitution, afin d'y
introduire des modifications reconnues nécessaires. La ville était
sagement démocratique ; le caractère démocratique se marqua
davantage. A partir de 1739. le gouvernement se composa,
comme dans la plupart des États suisses. d'un grand et d'un
petit Conseil, et, en matière civile, il y eut appel du petit au
grand Conseil. « Ce changement apporté à la constitution de la
République fut le dernier, dit un de ses historiens. et elle continua d'exister sous cette forme jusqu'à sa réunion à la France.
C'est aussi à peu près à cette époque, vers le milieu du
XVIIIᵉ siècle. que Mulhouse entre dans la période moderne de
son histoire, et que commence à s'y développer ce génie
industriel et commercial qui en a fait un des centres les plus
importants de la France et du monde. »

*
* *

Avant le XVIIIᵉ siècle. l'industrie de Mulhouse était à peu
près insignifiante. On y exerçait quelques petits métiers ; on y
fabriquait des cuirs, des draps de qualité médiocre. en petite
quantité. car la loi se montrait toujours attentive à réglementer la production et la consommation, de façon à maintenir
entre les fortunes un certain équilibre qu'à tort ou à raison on
jugeait indispensable au bon ordre et à l'harmonie de la cité.
Ses relations commerciales étaient renfermées dans de très
étroites limites : son existence était presque exclusivement
agricole. L'introduction de l'industrie cotonnière vint modifier
profondément cet état de choses. Elle existait depuis quelques
années à Bâle et sur quelques autres points de la confédé-

ration helvétique. C'est de Bâle qu'elle passa à Mulhouse.
Jacques Schmaltzer. Samuel Kœchlin et Jean-Henri Dollfus
y fondèrent. en 1746, la première fabrique d'indiennes. Six
ans après, un autre établissement fut créé. En 1768, on
comptait déjà quinze manufactures d'indiennes ; l'élan était
donné et rien désormais ne pouvait l'arrêter, ni la réglementation
légale, ni la jalousie des autres corporations, ni les
imperfections de l'outillage et de l'installation très imparfaite
au début. C'est de Bâle et de Neuchâtel que, dans le principe.
les fabricants mulhousiens avaient fait venir leurs ouvriers.
graveurs, imprimeurs, etc. ; ils en trouvèrent bientôt chez eux
qui furent supérieurs à ceux des pays voisins. leurs maîtres.
Les procédés de fabrication s'améliorèrent ; les débouchés
se développèrent rapidement et des industries complémentaires
ne tardèrent pas à s'établir à côté de l'industrie principale.
Mulhouse prenait de plus en plus l'aspect d'une ville industrielle moderne.

Aussi bien, la situation douanière de Mulhouse était alors
on ne peut plus favorable : elle avait liberté entière de
commerce avec la Suisse, l'Allemagne et l'Alsace. Il ne faut
pas oublier que l'Alsace, bien que française depuis plus d'un
siècle, n'en était pas moins, au point de vue économique.
traitée comme pays étranger ; les Mulhousiens, commerçant
avec l'Alsace, ne rencontraient donc pas l'obstacle des douanes
françaises. Quant à la France, elle était, pour Mulhouse. un
incomparable débouché. Les produits manufacturés mulhousiens y étaient frappés, à l'entrée, de droits assez élevés ;
mais ils n'y trouvaient d'autre concurrence que les indiennes
proprement dites. les indiennes de l'Inde ; la Compagnie des
Indes orientales avait fait interdire l'établissement dans le
royaume de manufactures de toiles peintes.

Cité à peu près fermée jusqu'alors, Mulhouse, en s'enrichissant, fut obligée de s'ouvrir ; les paysans y affluèrent, attirés
par l'appât d'un salaire relativement élevé ; des étrangers
vinrent s'y fixer. Au-dessus de la médiocrité générale et vraiment démocratique des temps passés, des fortunes s'élevèrent ; une prospérité générale se développa. dont le maintien était intimement lié à la conservation du marché français. Retenons bien ce fait capital, où se trouve l'explica-

tion des événements qui préparèrent la réunion de Mulhouse
à la France. En effet, ce marché hors de pair, la France
le tenait ouvert ; mais, pour des raisons dont elle seule était
juge, elle avait incontestablement le droit de le fermer ; et
alors, c'était une catastrophe ; c'était la ruine de l'industrie
cotonnière, et, par suite, de toute industrie. Mulhouse était
donc à la merci de la France.

En 1785, une ordonnance royale du mois d'avril créa
une nouvelle Compagnie des Indes orientales, et une ordonnance du mois de juin de la même année interdit d'une manière absolue, au profit de la Compagnie, l'importation des
toiles de cotons étrangères. Appliquée dans toute sa rigueur,
cette mesure entraînait la cessation de la fabrication mulhousienne. Le magistrat s'alarma et se hâta d'envoyer à Paris
une députation à la tête de laquelle se trouvait un homme
respectable entre tous, le plus dévoué, le plus éclairé des
serviteurs de la République, Josué Hofer. Des pourparlers
s'engagèrent. Les députés demandèrent que Mulhouse fût
traitée comme le reste de l'Alsace. Le gouvernement français
leur fit observer que la situation de leur cité était tout à fait
particulière : soustraite à l'action de l'autorité française, elle
deviendrait un dépôt de marchandises de contrebande ; il
leur donna à entendre qu'on accorderait à Mulhouse les privilèges les plus étendus, si elle consentait à se mettre sous
la puissance du roi. Bref, les pourparlers n'aboutirent pas,
et, en mars 1789, un nouveau règlement soumit l'importation
de ses toiles à des droits sensiblement supérieurs à ceux qui
pesaient sur les produits similaires de l'Alsace.

Ces mesures, dont les premiers troubles de la Révolution
aggravèrent encore les fâcheux effets, frappèrent si cruellement Mulhouse que plusieurs maisons durent renvoyer la
plus grande partie de leurs ouvriers. En 1790, la situation
empira. L'Assemblée constituante substitua les départements
aux provinces, et, en matière d'impôts, d'administration
et de douanes, elle fit disparaître, au grand profit de l'unité
française, ces diversités locales et provinciales sur lesquelles l'ancien régime n'avait pas osé porter la main. L'Alsace
cessa d'être considérée comme pays étranger, et la ligne de

douanes. qui s'arrètait auparavant à la frontière de Lorraine. fut portée jusqu'à la ligne du Rhin. Enclavée dans le département du Haut-Rhin, par quelque côté que Mulhouse tentât de sortir, c'est à l'Alsace complètement assimilée à la France, ou, pour mieux dire. c'est à la France qu'elle venait se heurter. Pour communiquer avec la Suisse et l'Allemagne. c'est par le territoire français qu'il fallait passer. En présence d'une situation si menaçante, les deux Conseils. renforcés de quarante bourgeois élus par les tribus. envoyèrent à Paris une députation composée de Josué Hofer. de Nicolas Thierry, Hartmann Kœchlin et Jacques Dollfus. avec mission d'obtenir. si possible, du gouvernement français. que le commerce mulhousien fût admis aux mêmes avantages et soumis aux mêmes charges que celui de l'Alsace.

Ils furent reçus à l'Assemblée constituante le 18 novembre; la demande qu'ils exposèrent fut renvoyée au comité du commerce et, par celui-ci. au pouvoir exécutif. La réponse fut que c'était à Mulhouse et non au gouvernement français de se prononcer sur la nature et les bases du traité qu'elle entendait conclure. Mis en demeure de faire connaître leurs prétentions. les députés demandèrent un traité de commerce ; ils l'obtinrent. et plus avantageux même qu'ils n'avaient osé l'espérer. Malheureusement pour Mulhouse. toutes conventions devaient être approuvées par l'Assemblée avant ratification : or. la Constituante touchait à son terme; il fallait attendre l'Assemblée législative. D'autre part, la situation générale devenait de plus en plus sombre : la journée du 10 août 1792 avait consommé la chute de la royauté, et une coalition se formait contre la France. Le traité ne fut même pas discuté. Les députés rentrèrent à Mulhouse.

Dès lors. les événements se précipitent. Les intérêts opposés à Mulhouse l'emportent définitivement ; les mesures les plus rigoureuses sont prises. Le 2 mars 1792, un arrêté du département du Haut-Rhin déclare la ville et ses dépendances territoire étranger et l'enserre dans un cercle de douanes, établies, au nombre de douze, dans les villages les plus rapprochés. La situation devenait intolérable : non seulement tout commerce était anéanti. mais l'existence même de la ville était en jeu ; les denrées n'entraient plus que par contrebande. la nuit, à

des prix inabordables ; le blocus était complet. Coupée de
toutes ses communications avec le dehors, prise comme dans
un étau, Mulhouse étouffait. Les négociations furent donc
reprises. Il ne pouvait plus être question des exigences primitives : la députation mulhousienne se borne à demander le
transit, la libre communication avec l'étranger. Un arrêté du
comité de Salut public rendu en mars 1794 veut bien autoriser
le transit, mais pour certaines marchandises nettement spéci-
fiées, dont la quotité devra être débattue par deux bureaux de
douanes, sous peine de confiscation, et cette faveur était
accordée pour la durée d'une année seulement, bientôt étendue à quinze mois.

Avec sa décision habituelle, Mulhouse se hâte de profiter du
répit. Elle se remet au travail ; elle rétablit ses relations commerciales avec l'Allemagne et la Suisse ; elle renouvelle ses
ressources à peu près épuisées. Quand les quinze mois sont
révolus, la convention est maintenue d'un consentement
tacite jusqu'à la fin de l'année 1796. C'est la dernière faveur
de la fortune. Il faut sortir à tout prix d'un provisoire énervant pour les deux parties. Le gouvernement français devient
pressant. Le Grand Conseil envoie à Paris une nouvelle députa-
tation, toujours avec mission d'obtenir, si possible, un traité
de commerce et, au pis-aller, la continuation du transit.
Mais, dès les premières démarches, les députés comprennent
l'inutilité de toute négociation qui n'aurait pas pour base la
réunion de Mulhouse à la France. Peu de temps après,
comme pour leur enlever toute illusion à cet égard, le Direc-
toire ordonne que toutes les mesures de rigueur soient reprises contre la petite République, et déclare aux membres de
la députation qu'il est temps de mettre un terme à des hésitations qui ne peuvent plus que retarder, au détriment de
tous, un événement désormais inévitable.

La nation qui parlait sur ce ton venait de vaincre l'Europe
coalisée et de signer la paix de Campo-Formio. Du dehors,
rien à attendre, pas même de la confédération helvétique,
dont les rapports avec la France commençaient à se tendre.
Que faire? céder à d'inéluctables nécessités. Les députés le
comprennent, et leur opinion ne va pas tarder à devenir celle
de l'immense majorité de leurs concitoyens. Le bourgmestre

et le syndic sont invités à faire au Grand Conseil un rapport
fidèle sur la situation. Le 3 janvier 1798, le Grand Conseil
et les Quarante sont assemblés pour entendre la lecture du
rapport et du projet de traité de réunion avec la France. On
procède au vote : quatre-vingt-dix-sept voix contre cinq se
prononcent pour la réunion. Le lendemain, les bourgeois, au
nombre de six cent six, se rendent à l'église Saint-Étienne,
où, suivant la coutume, ils sont appelés individuellement à
donner leur avis. C'est, pour ainsi dire, à l'unanimité (cinq
cent quatre-vingt-onze contre quinze) qu'ils confirment le
vote de leurs magistrats. Le même jour, noblement, simplement, avec une sorte de gravité religieuse, les cantons helvétiques autorisent Mulhouse à reprendre sa liberté et lui
envoient un suprême et fraternel adieu. Le 28, le traité est
signé ; le 29, il est soumis au peuple réuni à l'église Saint-
Étienne et reçoit de lui une formelle et définitive ratification.
La France le ratifie le 1er mars, et la fête de la Réunion est
fixée au 15 du même mois. Un vaillant petit peuple venait
de se donner librement à la France.

Oui. librement, en dépit des apparences qui semblent entacher
de contrainte le vote du traité de réunion. Il faut s'expliquer sur
ce point. Qu'on veuille bien se rappeler. d'abord, que la vieille
monarchie avait toujours été respectueuse des droits de ses chers
alliés et confédérés ; et ceux-ci, à leur tour, sans rien abandonner de leur autorité, sans rien compromettre de leur dignité
de peuple libre, n'avaient jamais laissé échapper une occasion
de montrer combien ils étaient sensibles aux bons procédés du
peuple puissant qu'ils avaient pour voisin. En 1790, il est
vrai, ces rapports avaient perdu quelque chose de leur ancienne cordialité ; les années suivantes ils s'étaient tendus ;
vers 1796-97 ils menaçaient de se rompre. Mais, dans ce fait.
peut-on raisonnablement voir autre chose qu'une de ces fatalités historiques qui déconcertent toutes les combinaisons de
la sagesse humaine ? Ce conflit entre Mulhouse et la France.
peut-on l'isoler de l'histoire générale de ce temps, et, si l'on
veut avoir un juste sentiment de la réalité, ne faut-il pas se
représenter l'Europe d'alors : les États du pape diminués.
Venise rayée de la liste des nations, le pays de Vaud éman-

cipé de la domination de Berne, la constitution de la Suisse
menacée dans ses œuvres vives. la rive gauche du Rhin
faisant retour à la France?

Au milieu de cette Europe ébranlée jusque dans ses fondements. à côté de cette France glorieuse. agrandie, débordant par
delà les frontières que la vieille monarchie lui avait léguées.
pouvant réduire son adversaire à merci sans employer la force,
rien qu'en usant en toute rigueur de son droit strict, était-il
possible que Mulhouse conservât son autonomie? Était-il possible que. lorsque tout changeait en Europe, elle restât ce
qu'elle était avant 1789? Évidemment non. — C'est ce que
comprirent les vieux Mulhousiens ; ils firent résolument le
sacrifice de leur indépendance, et la petite République con-
fondit ses destinées avec celles de la France.

Ce ne fut pas sans émotion. Le jour où fut voté le traité de
réunion, lorsque fut définitivement consommée la rupture avec
le passé, avec les ancêtres, avec la liberté plusieurs fois séculaire, un des assistants éclata en sanglots ; beaucoup se sentirent
atteints au plus douloureux de leur cœur. Mais combien
d'autres, parmi les jeunes surtout, s'élancèrent. pleins
d'espérance, vers un avenir qui ouvrait à l'action et au rêve
un champ illimité! Ce n'était pas un honneur si méprisable,
après tout, celui de faire partie d'une nation qui faisait alors
si grande figure dans le monde.

D'ailleurs Mulhouse n'était point restée fermée. tant s'en
faut, aux idées qui passionnèrent le xviii⁰ siècle et furent le
programme de la Révolution française commençante. Et
nous pouvons affirmer. en forçant un peu la valeur des
termes, qu'antérieurement à cette date de mars 1798, il y
avait depuis longtemps à Mulhouse un parti français ; en 89,
il était déjà assez fort. et depuis il ne fit que grandir. Nul
doute que son active propagande n'ait incliné les esprits vers
les idées françaises d'abord. et, plus tard, vers la France
tout court. Oubliés, méconnus, démodés aujourd'hui, ces
principes d'humanité, de justice, de progrès étaient alors
dans tout l'éclat de leur rayonnement, avec je ne sais quelle
fraîcheur d'aube. Même dans les mots, signes de ces idées.
une vertu résidait, une sorte de charme fascinateur. Comme
tant d'autres, les Mulhousiens se laissèrent *charmer*. Si la

réunion eut lieu, ce fut, sans doute, par calcul, par intérêt, par nécessité de vivre, sous la pression de cette fatalité qu'on appelle la force des choses. mais aussi par sentiment, entraînement, pour ces *raisons du cœur* où la raison n'a rien à voir. Ce ne fut pas à une France quelconque, banale, que Mulhouse s'annexa, ce fut à la France de la Révolution, de la République, des Droits de l'homme. Ce que l'intérêt et la nécessité avaient commencé s'acheva paternellement par une sorte de communion dans un noble idéal, un idéal de liberté, de justice, de large et généreuse humanité.

La fête de la Réunion avait donc été fixée au 15 mars. La veille, les délégués du gouvernement français arrivèrent à Mulhouse ; le 5, au point du jour, des salves d'artillerie annoncèrent la solennité. De nombreux arbres de la liberté attiraient les regards. Un beau cortège se forma, composé des anciens magistrats, des autorités françaises. de détachements de troupes françaises et mulhousiennes, de jeunes gens tenant en main des bêches et des pioches ornées de banderoles, de jeunes filles soutenant un coussin de satin blanc sur lequel était posée la Constitution française, d'un autre groupe de jeunes gens portant des rameaux et des fleurs, etc. Ce cortège se rendit à la grande place où deux tribunes avaient été préparées, l'une pour les magistrats mulhousiens, l'autre pour les autorités françaises. Le commissaire français adressa une allocution à l'ancien Conseil, et lui demanda s'il y avait encore quelque acte de souveraineté qu'il désirât accomplir. En réponse, le magistrat délia les habitants d'Illzach de tous leurs devoirs envers Mulhouse — ces petites républiques avaient des sujets — et leur remit leur lettre d'affranchissement. Le traité de réunion fut lu une dernière fois. La nouvelle municipalité fut installée ; vers deux heures de l'après-midi, banquet, où de nombreux toasts furent échangés. On y but à la République, à la liberté fondée sur les lois, à l'égalité, aux nations alliées de la République. On parla des enfants de la victoire, du temple de la liberté, du bonheur du monde, de la perfide Albion, des délices de la paix. — Le langage du temps était déclamatoire, mais les sentiments n'avaient rien d'artificiel. Peu de temps après Fructidor, sous la menace de Brumaire,

on croyait sincèrement à la liberté, et, à la veille d'une guerre
de dix-sept ans, pendant une embellie, on croyait non moins
sincèrement à la fraternité des peuples.

Ce que cette ville, industrielle entre toutes, avait été avant sa
réunion à la France, elle le fut après. c'est-à-dire une personne. une individualité ; telle elle est restée, sous un régime
de centralisation extrême, pendant près de trois quarts de
siècle. C'était là. dans la patrie française, sa marque propre.
A Mulhouse. point de trace de ce qu'on appelle l'esprit fonctionnaire ; les enfants étaient élevés pour être des commerçants
et des industriels. Comme par une sorte d'atavisme, Mulhouse
avait jusque dans les moelles. avec l'impérieux besoin de l'action. les mœurs, la passion et les pratiques de la liberté. Pays
protestant. l'instruction à tous ses degrés. y était en honneur : écoles de filature. de tissage. de chimie, cours d'enseignement secondaire pour jeunes filles. société industrielle. cités
ouvrières. dispensaires, cercles d'ouvriers, cercles de vieillards. établissements d'instruction. de bienfaisance, de perfectionnement industriel. toutes ces institutions qu'on aurait
eu bien du mal à trouver disséminées ailleurs. on les avait là.
sous la main. accumulées sur un seul point ; et tout cela sans
le moindre concours de l'État. par le seul et libre jeu de l'initiative individuelle. Grand et salutaire exemple ! Que ne nous
a-t-il été donné d'en jouir plus longtemps ! Nous en aurions
peut-être tiré un encouragement à agir par nous-mêmes et
à déployer librement toutes nos énergies.

Mulhouse en était là de son magnifique épanouissement
lorsque la politique de fer et de sang vint l'arracher à la
mère-patrie. Celui qui écrit ces lignes était de ceux qui espé-
raient fêter à Mulhouse le centenaire de la réunion à la
France. Hélas ! il a vu de ses yeux la séparation ; il était là.
et il garde au cœur un deuil éternel.

X X

L'Administrateur-Gérant : LOUIS SCHOUÉ

VUES POLITIQUES

Il y a quelques jours, dans son discours de réception à l'Académie. M. le comte de Mun disait « que la vie de Jules Simon s'est dépensée dans ce rude labeur *de servir l'esprit de la Révolution et de combattre ses effets* ».

Toute l'histoire de la crise que traverse, en ce moment, le parti républicain — et avec lui la République elle-même — pourrait se résumer dans ces quelques mots.

Le parti républicain se considère légitimement comme l'héritier de la Révolution. Ses chefs, à toutes les heures graves du siècle. se sont réclamés d'elle. Mais l'organisation de la société française. sur le plan tracé par la déclaration des droits. n'est point achevée. Peut–elle l'être? Doit-elle l'être? Et le parti républicain a-t-il encore, dans les principes de la Révolution, une foi assez ferme pour terminer son œuvre?

C'est là, en vérité, sous les aspects changeants que les polémiques quotidiennes donnent aux réalités. la question qui sera posée au pays dans les élections générales pro-chaines.

1ᵉʳ Avril 1898.

Mon éminent camarade, Ernest Lavisse, a écrit quelque part : « La France est la première nation qui ait essayé de fonder chez elle le gouvernement de la raison. »

La Révolution française a eu en effet pour but la formation d'une société nouvelle où la puissance publique fût mise au service — non pas de certains *intérêts* particuliers, auxquels la longue possession, la tradition historique, ou même la révélation surnaturelle donnait une apparence de *droits* — mais bien du *droit commun* à tous les hommes, considérés par la raison comme libres, égaux et frères.

L'entreprise était hardie. Joseph de Maistre a pu dire sans inexactitude :

« La Révolution française a légiféré pour un homme abstrait. »

L'effort de ce siècle a été de rapprocher chaque jour davantage la réalité de l'abstraction. Aussi les changements politiques dus à la Révolution sont-ils loin d'en marquer le vrai caractère et la signification définitive. Elle est, à la fois, intellectuelle, politique et sociale, elle procède à la fois de Voltaire, de Montesquieu et de Rousseau. Elle vise l'homme tout entier.

Pour les Constituants, la révolution civile et sociale est le but, la révolution politique n'est que le moyen. La déclaration proclame les droits de l'homme avant de définir ceux du citoyen. L'abolition des castes, la révolution fiscale, l'établissement de la liberté du travail, la suppression des ordres monastiques et des biens de mainmorte, précèdent l'organisation politique, et la constitution du 3 septembre 1791 définit et « garantit » dans son titre Ier « les droits naturels et civils » avant de régler, dans les titres suivants, les attributions, des « pouvoirs publics ». C'est là ce qu'exprime fortement l'article 16 de la Déclaration des droits « Toute société dans laquelle la garantie des droits n'est pas assurée... n'a point de constitution. »

Aujourd'hui, la révolution politique paraît achevée. Lorsque la Constitution de 1791 disait : « La souveraineté appartient

à la Nation ». elle préparait, elle rendait inévitable l'institution républicaine. Il a fallu cependant près d'un siècle de
luttes, souvent sanglantes, pour que l'événement fût accompli.
Certes, la Constitution de 1875 est loin d'avoir donné à la
souveraineté nationale son organisation normale et définitive.
et les républicains de gauche qui demandent actuellement la
revision de cette Constitution, expriment une pensée qui, en
1875. était celle des plus modérés. Mais, en somme, la République existe ; elle dure depuis plus de vingt-cinq ans ; elle a
chaque jour vu diminuer le nombre de ses adversaires ; et
l'avenir lui semble assuré sans retour par le ralliement de la
plupart des hommes de droite, conforme aux instructions du
chef de l'Église catholique.

Mais si la révolution politique est faite. les conséquences
civiles et sociales de cette révolution sont-elles réalisées?
L'homme abstrait de Joseph de Maistre est-il devenu l'homme
réel? Qui le prétendrait? Et la question qui se pose est précisément celle-ci : La révolution s'achèvera-t-elle? Ceux qui
l'ont acceptée dans l'ordre politique. l'accepteront-ils dans
l'ordre civil et social? Ou bien, au contraire. n'ont-ils accepté
provisoirement l'instrument politique que pour mieux s'opposer à l'achèvement de l'œuvre sociale?

II

L'adhésion des conservateurs à la République devait nécessairement amener un classement nouveau des partis.

Pendant longtemps, les attaques contre l'institution républicaine avaient suffi à maintenir l'union des républicains
dans les moments difficiles. Tous s'étaient retrouvés du même
côté du champ de bataille en 1873, en 1877, en 1889.

Le danger commun disparaissant. le lien ne pouvait manquer de se relâcher et de se rompre.

Et l'on entendit en effet parler aussitôt de la nécessité d'une politique nouvelle. La République n'était-elle pas
à tout le monde? De quel droit exclure certains citoyens de
son gouvernement? A la politique « sectaire et jacobine ». il

fallait enfin faire succéder la politique « libérale et tolérante »
qui seule pouvait enfin rendre à la France, trop longtemps
divisée, la paix, la prospérité et la puissance.

Ces appels semblaient dictés par les sentiments les plus
généreux, et conformes aux directions les plus élevées de la
doctrine républicaine elle-même ; comment s'expliquer la résistance qu'y opposèrent un si grand nombre de républicains ?

C'est d'abord que les périls passés étaient bien récents,
qu'on se souvenait de l'attaque furieuse que les plus éminents
parmi les hommes politiques ralliés à la République avaient,
encore en 1889, au moment du boulangisme, dirigée contre
elle. Si l'on ne doutait point de leur loyauté personnelle, on
ne pouvait pas ne point s'étonner de la rapidité de leur
conversion. Enfin, l'on disait qu'il y a ralliés et ralliés, et,
puisque ce titre de ralliés paraissait devoir suffire pour
prendre place, non pas dans la République qui est la chose de
tous, mais dans la direction des affaires, dans le gouvernement
de la République, beaucoup pensaient qu'il était sage de distinguer entre ceux qui venaient à la République parce qu'ils
la croyaient en effet la forme de gouvernement la meilleure,
la plus propre à procurer le bien du pays, et ceux qui l'ac-
ceptaient comme un pis-aller, comme un mal nécessaire ;
qu'en deux mots il fallait appeler à la direction d'un gouvernement ceux-là seuls qui étaient résolus à la défendre, et non
point ceux dont M. d'Haussonville disait l'autre jour « que la
meilleure moitié de leur âme » était restée avec la monarchie,
et que « leur joie serait sans réserve, le jour où quelque vent
propice ramènerait au rivage le navire qui les emportait
vers la République ».

Il faut avouer que les conditions dans lesquelles s'est
accompli le ralliement des conservateurs à la République
semble bien fait pour justifier ces défiances. S'agit-il donc
d'un mouvement spontané ? Avons-nous jamais entendu un
seul de nos adversaires de la veille rendre hommage au principe républicain, en affirmer la force bienfaisante ?

Qui peut oublier que l'initiative de ce mouvement vient de
Rome, qu'il a fallu des conseils, des instructions, des ordres
même, donnés à vingt reprises par le Pape aux catholiques
de France, pour que leur évolution s'accomplît ? Ce n'est

donc pas à eux-mêmes, c'est à l'autorité plus haute. qui seule
a conçu, décidé et fait exécuter cette vaste opération de stratégie politique, que nous devons nous adresser pour en comprendre la raison et le but.

L'élévation d'esprit de Léon XIII. l'étendue de ses vues
sont reconnues de tous ; ses Encycliques sur la condition des
ouvriers manifestent une remarquable connaissance des besoins de notre temps, une ferme volonté de faire pénétrer
dans les rapports sociaux plus de justice et d'humanité. Mais
il est avant tout le chef de l'Église catholique ; il est le successeur du Pontife qui a publié l'Encyclique *Quanta cura.*
et nul n'a jamais entendu dire qu'il ait songé à en répudier
la doctrine ; il condamne, comme le *Syllabus* de 1864 les a
condamnées, l'ensemble des maximes sur lesquelles est fondé
depuis 1789 le droit public des Français, la liberté de la
conscience et des cultes que Grégoire XVI appelait « un délire [1] », la souveraineté de l'Etat en matière temporelle[2], le
droit pour la nation d'organiser un enseignement public non
confessionnel[3] ; il maintient l'anathème contre ceux qui oseraient dire « que le Pontife romain peut se réconcilier avec le
progrès, le libéralisme et la civilisation moderne [4] ».

Comment s'étonner que beaucoup de républicains, qui
n'entendent point séparer la forme de l'institution politique
de l'ensemble des idées que cette institution a pour objet de
défendre et de garantir, aient refusé de faire alliance avec
ceux qui ne venaient à la République que pour servir les
idées contraires ?

Comment ceux qui ne séparent pas ces deux causes :
la défense de la République et la défense de l'héritage intellectuel, civil et social de la Révolution française, auraient-ils
pu faire accord avec ceux qui espèrent trouver, dans la forme
politique de l'institution républicaine, l'instrument nécessaire
pour détruire l'héritage de la Révolution ?

Mais est-il besoin d'insister ? N'a-t-on pas entendu, il y a
quelques jours à peine, dans un langage magnifique, le plus

1. Encyclique *Quanta cura.*
2. *Syllabus*, §§ 39 à 55.
3. *Ibid.* §§ 45 à 47.
4. *Ibid.* § 80

éloquent des ralliés faire, devant l'Académie française assemblée, le procès de la Révolution. et n'a-t-il pas fallu, chose admirable, que ce fût un orateur monarchiste, celui-là même que nous citions tout à l'heure, qui prît en mains, contre l'honorable M. de Mun, la défense des maximes de la liberté civile, et repoussât, pour la France, le périlleux honneur de redevenir « le soldat de l'Église et le sergent du Christ » ?

III

« C'est du théâtre ! » doit certainement dire M. Francisque Sarcey, en admirant les développements de l'œuvre savante qui se déroule depuis quatre années aux yeux des Français.

Et ce qui doit étonner les spectateurs désintéressés, les étrangers, par exemple, ce n'est pas que la majorité des républicains se soient refusés à jouer un rôle dans la pièce, c'est, au contraire, qu'un certain nombre d'entre eux, et des plus considérables, aient bien voulu y prêter la main.

On a fait sonner bien haut la peur du collectivisme. L'explication est insuffisante.

Certes, de même que les libéraux de la seconde République sont allés, en 1849, demander à la puissance de l'Église, et, bientôt après, à celle de César, une protection contre les menaces du socialisme d'alors, il peut se rencontrer aujourd'hui quelques hommes disposés à renoncer à leurs idées politiques pour assurer la sauvegarde d'intérêts matériels qu'ils s'imaginent être menacés. Mais nous n'aimons pas à prêter légèrement des calculs de cet ordre à des adversaires, et telle n'a pas dû être, consciemment du moins, la raison d'agir du plus grand nombre.

Il faut, pour juger exactement leurs motifs, distinguer entre eux deux groupes très distincts par leurs origines, par leur situation. par leur âge même.

Parmi les républicains, même en dehors des ralliés, il y a, comme on dit au collège, les anciens et les nouveaux.

Les anciens, ce sont ceux qui datent de 1870, qui ont pris part à toutes les luttes pour la fondation et le développement

de la République. Ceux-là, qui méritent et auxquels nous
accordons sans compter notre reconnaissance et notre respect,
ont donné les meilleures années de leur vie à la lutte purement politique. Après l'écrasement de la Commune, et pendant de longues années, la question politique, dans notre
pays, a primé constamment les questions sociales. La défense
de la République contre les trois monarchies, la longue
lutte pour les lois scolaires, plus tard, la courte et rude bataille contre l'insurrection boulangiste. voilà les campagnes
inscrites sur leurs drapeaux. Pouvaient-ils, au moment où
l'on venait enfin déposer les armes et reconnaître cette République pour laquelle ils avaient tant combattu, ne pas éprouver
le désir de déposer les armes à leur tour, et considérer enfin
le temps du repos comme arrivé? Et quand les revendications
violentes des partis socialistes se firent entendre pour la première
fois dans le Parlement, n'est-il pas naturel, humain, que ces
vétérans se soient non pas effrayés, mais irrités? Leur œuvre
n'était-elle donc pas assez grande et assez belle? Quel trouble
nouveau venait-on jeter dans cette République si lentement
fondée, si difficilement organisée? Il n'y avait qu'à maintenir
les résultats de ce quart de siècle, la constitution républicaine, l'égalité des charges militaires, la laïcité de l'État, et
rien n'était à craindre pour ces conquêtes : ceux qui les avaient
faites étaient bien de taille à les conserver. Quant au reste, ils
avaient fondé la liberté politique et assuré par elle toutes les
libertés ; ces libertés devaient suffire à résoudre tous les problèmes. La République politique étant faite, la Révolution
française était achevée.

Et par des motifs absolument contraires, la jeune génération
concluait de même. Les anciens avaient toujours vécu dans la
politique formelle et ne connaissaient plus qu'elle. Les jeunes
l'avaient ignorée et ne pouvaient mesurer la valeur des biens
primordiaux qu'elle leur avait procurés. La liberté est comme
la bonne santé ; on n'en sent le prix qu'au moment où elle est
menacée ou perdue. L'Empire, la dictature, les coups d'État,
histoires du passé! Les prétentions politiques de l'Église, ren-
gaines! Le cléricalisme, plaisanterie[1]! Sur ce dernier point,

---

1. Voir du reste le discours de M. Méline, à Remiremont.

certains d'entre eux étaient d'autant plus prompts à railler
que la loi de 1850 a déjà versé dans la bourgeoisie française
40 p. 100 de jeunes gens sortis des écoles congréganistes, et
cette attitude s'accordait à merveille avec la mode, le bon ton,
l'intérêt de la profession, de la carrière privée.

Ainsi se développait rapidement une jeune école politique
pour laquelle tous les grands objets de la passion républicaine
— même libérale — du passé étaient tournés en dérision ;
une jeune école de républicains qui n'ont plus de républicain
que le nom, et dont Lavisse a pu faire le portrait trop exact
dans ces quatre lignes vengeresses : « Depuis sont apparus
d'inquiétants jeunes hommes d'État. Ceux-là me font l'effet,
comment dirai-je ? d'aimer le gouvernement pour lui-même...
Tout un je ne sais quoi me donne à croire qu'ils seraient aussi
aussi de bons ministres sous un autre régime [1]. »

Enfin, dans le même temps, une conception toute nouvelle des conditions d'existence et de durée d'un ministère
républicain était formulée et pratiquée par le gouvernement
lui-même et complétait le trouble et la confusion des esprits.

Pour la première fois, depuis que la République est aux
mains des républicains, un gouvernement a entendu vivre et
a vécu en effet en s'appuyant non plus exclusivement sur les
républicains, mais sur une majorité *mi-partie*, la majorité des
républicains pouvant se prononcer, et s'étant en fait plus d'une
fois prononcée contre lui sans qu'il parût s'en émouvoir.

Pour la première fois, il a paru convenable de concerter
l'action gouvernementale, non avec tout ou partie des républicains, — divisés sur des questions particulières, mais unis
en somme sur les directions générales et permanentes, — mais
avec une coalition où le désaccord est absolu sur l'essentiel et
l'accord seulement fait sur l'accessoire et le contingent.

Une telle conception du gouvernement parlementaire n'était
possible qu'à la condition de s'abstenir de tout programme
politique véritable, car on n'en pouvait formuler un qui fût
commun aux divers partis. Et c'est bien ce qui s'est produit.
On a banni ce qu'on appelle dédaigneusement la politique
des idées, et l'on s'en est tenu à celle des affaires ; un jour—

1. L. Lavisse, Lettres libres au *Temps*.

naliste officieux pouvait écrire : « Qu'importe au vrai peuple,
au peuple qui travaille et par son travail alimente le budget,
que lui importe la lutte des partis ? » ou encore : « Les cultivateurs sont plus heureux que M. Méline ait obtenu des
indemnités pour les propriétaires obligés d'abattre des animaux tuberculeux, que s'il avait fait reviser la Constitution. »
Et M. le Ministre des colonies donnait, il y a quelques jours
à peine, comme conclusion à un livre sur l'histoire de la politique intérieure du xixe siècle ces paroles singulières : « Tandis qu'elle s'éloigne des commotions profondes de 1789 et des
grandes querelles doctrinales du milieu du siècle, la France
paraît s'accoutumer peu à peu à ne chercher dans la vie publique
que l'*art de gérer ses intérêts* sous le couvert de la liberté. »

Paroles singulières, disons-nous, et dont l'auteur n'a certainement pas mesuré la gravité et la tristesse ! Nous n'avions
point depuis l'Empire entendu de semblables conseils. A-t-on
donc oublié déjà les leçons qu'a reçues notre pays pour les
avoir, de 1851 à 1870, trop aveuglement écoutés ? Comme
Guizot avait dit : « Enrichissez-vous », l'Empire avait dit : « Pas
de politique » ; les intérêts avaient mis leur confiance dans ces
gouvernements forts qui prétendent toujours être seuls capables
d'en assurer la protection, et la ruine était arrivée, déjà bien
cruelle en 1848, où tant d'industries, d'entreprises, furent
détruites, tant d'épargnes perdues ; plus terrible encore en
1870, puisqu'en même temps que les intérêts particuliers,
ceux de la patrie furent sacrifiés, et puisque vingt-cinq après,
— si l'on veut ne mettre en compte que les pertes matérielles, si l'on ne veut parler ni des cent mille morts, ni des
deux provinces arrachées, — les contribuables français paient
encore sur leur travail de chaque jour l'intérêt des milliards
perdus pour s'être confiés à la force et s'être désintéressés
des idées et du droit.

IV

Une situation politique semblable ne peut avoir de chances
de durée. Elle n'est que le moment d'équilibre tout à fait
instable de plusieurs forces contraires, dont chacune tend

constamment à reprendre sa direction normale et sa liberté.

Sans l'échéance prochaine des élections générales, qui a syndiqué en vue d'une réélection commune un certain nombre de députés ayant besoin du gouvernement, et ayant obtenu la promesse de l'investiture officielle, il y a plusieurs mois déjà que les courants naturels des opinions se seraient reformés.

Aussi bien, mille indices permettent de prévoir dès maintenant ce que sera, dans la Chambre prochaine, le nouveau classement où chacun de nous retrouvera la place que lui assigne la force des idées permanentes, plus puissante que la combinaison des intérêts passagers.

Chose remarquable, les conservateurs ont semblé vouloir les premiers dénoncer — non dans le Parlement, bien entendu, mais devant le suffrage universel — cette coalition des intérêts. Ils ont déjà pris soin de dire qu'une politique ainsi déterminée était à leurs yeux étroite, inféconde, — ils diraient volontiers, indigne de leur adhésion. Il y a quelques semaines, une scission se produisait dans le comité dit « du Commerce et de l'Industrie » formé pour assurer aux élections générales l'alliance des hautes influences d'argent et des forces du parti clérical rallié. Un comité « républicain catholique » se détachait du grand comité et se constituait à part; et les motifs de la scission étaient nettement exprimés par M. Leféburc dans les termes suivants :

« Dans leur déclaration aux électeurs, nos confrères ne s'occupaient que de la propriété et des intérêts matériels menacés, laissant de côté les grands principes de morale et de religion... Cette déclaration ne satisfaisait pas tous nos amis qui la trouvaient incomplète ; ils auraient voulu qu'on n'oubliât pas la morale[1]... »

Cruelle leçon donnée aux républicains ralliés à la politique des intérêts, par des conservateurs, protecteurs-nés de l'ordre social, et refusant de se rallier à l'action politique des républicains si elle ne doit plus être qu'une opération de défense des intérêts matériels !

Parmi les véritables hommes politiques du parti républicain modéré, en même temps, un mouvement non moins

1. Journal l'Éclair du 17 Janvier 1898.

significatif se produisait. A plusieurs reprises, dans ses discours, M. Poincaré enveloppait des formes les plus courtoises et les plus discrètes ses vives et profondes critiques de la politique d'égoïsme et d'immobilité. Alors que la question de l'impôt sur le revenu apparaissait depuis deux années comme l'obstacle insurmontable à tout rapprochement entre les deux grandes fractions du parti républicain, M. Deschanel, il y a quelques jours, déclarait accepter ce qu'il y a d'essentiel dans la réforme, admettant la nécessité d'un impôt *de redressement* établi en tenant compte de l'état de fortune de chaque personne et calculé, pour compenser la progression à rebours qui résulte des contributions indirectes. suivant une échelle *non proportionnelle*, si bien qu'il reste uniquement à rechercher les moyens pratiques les plus propres à faire aboutir et accepter la réforme, et qu'on ne peut admettre qu'une telle recherche, faite de bonne foi des deux côtés, ne puisse pas aboutir à un accord prochain et décisif.

Enfin, c'est au Sénat même que les avertissements se multiplient. Nous disions tout à l'heure que, chez les anciens, une lassitude de la lutte s'était produite, et qu'ils y avaient cédé d'autant plus facilement qu'il leur semblait impossible de voir remettre en question les conquêtes politiques dues à leurs efforts. La confiance croissante des adversaires, imprudemment manifestée, avant l'heure, par les impatients et les passionnés, a réveillé les inquiétudes. Ceux qui avaient livré et gagné les batailles pour la laïcité de l'école, pour la neutralité de l'État dans les questions de conscience et de foi, n'ont pu entendre sans tressaillir les appels publics à l'intolérance, les cris de haine contre les croyants d'une religion quelle qu'elle soit. les menaces de mort même éclater sur les points les plus divers comme en vertu d'un mot d'ordre depuis longtemps attendu.

Et les mêmes hommes se sont émus et ont protesté quand ils ont aperçu les tentatives faites pour séparer l'armée de la nation républicaine, pour créer entre elles les plus perfides, les plus redoutables malentendus ; entreprise impie mais heureusement impossible, puisque c'est la République qui, des morceaux de la vieille armure, brisée en 1870 sur la poitrine de la France sans avoir pu la préserver des blessures profondes

et des mutilations qui saignent encore, a forgé, en donnant les
trésors de toute son épargne et les bras de tous ses enfants,
l'appareil puissant de la défense nationale, et qu'ainsi, par la
loi républicaine, l'armée ne fait qu'un corps avec la nation.

Ainsi, de toutes parts, se révèlent la fausseté, les contradictions invincibles de la situation politique, et les dangers
qu'elle fait courir à l'ordre véritable, à la paix des esprits et
des consciences, sans laquelle la prospérité matérielle elle-
même est toujours menacée, à la liberté et à la patrie.

Ainsi éclate aux yeux cette vérité qu'on semblait avoir
oubliée, qu'un gouvernement n'est pas un groupement, un
syndicat d'intérêts, qu'il ne peut vivre qu'en se réclamant
sans cesse des idées générales, des principes dont il est la
représentation dans l'État. Dès qu'il les abandonne, dès qu'il
s'appuie sur les hommes qui les ont jusque-là combattus et
condamnés, quelles que soient ses intentions, il se livre et il
se perd. L'Empire a eu ses ralliés, et le jour où, manquant à
son principe, la force, il a appelé à la direction de ses affaires
ceux qui avaient combattu ce principe et prétendaient, en
venant à lui, lui faire accepter la liberté, il se condamnait à
l'impuissance et à la ruine. Il l'a si bien compris qu'il a
cherché dans la guerre une victoire qui lui eût permis de détruire de nouveau la liberté. La guerre l'a tué; mais, sans la
guerre, il était également perdu. M. Émile Ollivier, républicain rallié à l'Empire, en entrant au pouvoir, y avait apporté
avec lui la contradiction irréductible, la cause de mort.

L'idée républicaine est heureusement assez vivante, et les
républicains sont, désormais, assez avertis ; la République
n'abandonnera pas son principe comme l'Empire avait abandonné le sien ; la République n'aura pas son Émile Ollivier.

Il nous reste à dire comment, sur quel plan, le classement
normal des partis nous semble devoir se refaire, après cette
heure de trouble que rendait presque inévitable le ralliement
en masse des partis conservateurs.

Herbert Spencer a remarqué, fort justement, « que l'habileté des hommes à faire des compromis entre deux croyances
contradictoires est tout à fait extraordinaire ». Aux heures
décisives, cette habileté devient pourtant vaine ; au moment
d'une consultation générale du pays, devant le suffrage universel nécessairement simpliste, il faut bien arriver à parler clair.

Or, pour ceux qui sont, pendant ces derniers mois, sortis
de l'enceinte parlementaire et ont tenu à se mettre, un peu
partout en France, en contact direct avec la nation, il n'est
pas douteux que ce que j'appelle la politique « de contradiction » — celle qui consiste, pour les uns, à accepter la
République en en repoussant les lois et l'esprit, et, pour les
autres, à la défendre en acceptant l'esprit de ceux qui l'ont
toujours combattue — satisfait de moins en moins le besoin
de clarté qui marque le trait essentiel de l'esprit français. Je
sais que le scrutin d'arrondissement n'est qu'un miroir brisé en
cinq cent soixante fragments : dans son morceau de miroir,
chacun des électeurs cherche pourtant à reconnaître, dans ses
lignes d'ensemble, le visage de la France de demain.

Et, chacun voulant préciser, deux courants s'établissent, de
plus en plus distincts, vers les idées essentielles. Certes, il
demeurera nécessairement en dehors du classement général
deux groupes distincts et irréductibles : d'un côté, les collectivistes révolutionnaires qui n'acceptent pas l'évolution pacifique et rêvent d'établir, au besoin par la force, un régime de
despotisme public et privé, où disparaîtraient en même temps
la propriété et la liberté individuelles ; de l'autre, les monarchistes demeurés fidèles au droit divin, mais chaque jour
moins nombreux, semblant abandonnés par leur prince lui-
même, et ne pouvant plus attendre que d'événements surnaturels la réalisation de leurs espérances. Mais, entre ces frontières extrêmes, comme à toutes les crises de ce siècle, les
partis se retrouveront bientôt, logiquement orientés vers les
deux pôles permanents de notre politique intérieure. La Révolution française, a dit M. de Mun dans le discours que nous
avons déjà cité, reste « le point de partage entre les hommes
et la pierre de touche de leurs idées ». C'est bien ainsi que.
dans la République désormais acceptée, après comme avant
le ralliement, devra se faire et se fait peu à peu la division

inévitable: chacun devra choisir entre ces deux buts nettement opposés : l'achèvement ou la destruction de l'œuvre
politique, civile et sociale de la Révolution française.

Et c'est ainsi que se formeront normalement les deux partis définitifs : le parti démocratique et le parti conservateur.

Ce n'est point ici le lieu de développer des programmes;
il est possible cependant de montrer en quelques mots comment, des deux côtés de la ligne de partage, vont s'opposer
les réponses des uns et des autres sur les questions fondamentales.

La Révolution a eu avant tout une conception *nationale* de
la politique française. C'est un principe premier de la politique de la Révolution qu'aucune influence extérieure ne
puisse pénétrer dans les affaires de la République. Ce principe vient de subir une atteinte grave : pour la première fois
dans ce siècle, le Souverain Pontife, par de nombreux actes
publics, est intervenu pour déterminer, non dans des matières
de conscience et de foi, mais dans des questions politiques,
et même électorales, l'attitude des catholiques français;
l'Église — non point l'Église nationale, ce qui soulèverait un
autre problème, mais l'Église romaine — pèse depuis deux
années, et va certainement, dans les prochaines luttes électorales, peser encore sur nos affaires temporelles de tout le poids
que son autorité spirituelle lui donne sur les consciences. Il ne
s'agit point de savoir si, en fait, cette intervention du chef de
l'Église a été bonne ou mauvaise, favorable ou non à la République et à la paix intérieure: il s'agit de savoir si, en principe,
en droit, semblable intervention peut être acceptée sans qu'il
y ait péril prochain pour la souveraineté de la nation. Nous
savons ce qu'eussent répondu à cette question Portalès ou
Dupin et, dans la vieille France, ce qu'en eussent pensé Bos-
suet ou Pierre Pithou. Qu'y répondent, en 1898, les néo-
républicains? Voilà bien, comme dit M. de Mun, la pierre de
touche, le point de partage entre les héritiers et les adversaires de 89.

La Révolution a *laïcisé* l'État. « La solidarité qu'un même
principe religieux avait établie entre l'Église et l'État n'existe
plus depuis 1789... L'État n'est point devenu athée comme
on a eu le tort de le dire ; il est devenu laïque. Il ne mécon-

naît ni ne proscrit la religion, mais il entend que la loi civile, fondée sur les droits de l'homme et du citoyen, soit indépendante de tout dogme et de toute église ; qu'elle repousse avec fermeté tout empiètement sur son domaine, et qu'en cas de conflit provoqué par une atteinte à ses droits le dernier mot lui reste toujours[1]. » La laïcité de l'enseignement public, le service militaire obligatoire même pour les «clercs» sont les conséquences contemporaines de ce principe de la Révolution. L'Église, on le sait, condamne les conséquences comme elle condamne le principe. Elle disait, en 1790, par la voix de l'évêque de Clermont : «L'État ne peut renoncer à la glorieuse prérogative d'être le garant des engagements formés avec le ciel[2] » : et elle dit aujourd'hui, avec M. de Mun combattant la laïcité : «La contre-révolution, c'est le principe contraire : c'est la doctrine qui fait reposer la société sur la foi[3]. » Aujourd'hui M. de Mun est républicain. C'est donc entre républicains que va se livrer de nouveau la bataille, et, dans la République, la laïcité de l'État classera encore définitivement à droite et à gauche du point de partage les deux partis définitifs.

La Révolution a voulu faire de la France *une démocratie.* La démocratie est le gouvernement de tous par tous et pour tous. La République est la forme politique de l'état démocratique ; la liberté et l'égalité des droits et des devoirs pour tous les citoyens, la souveraineté réelle du peuple, en sont les conditions nécessaires. Or, qui pourrait soutenir que la Constitution politique actuelle soit l'expression vraie du système démocratique ? C'est la majorité réactionnaire de l'Assemblée nationale qui a rédigé la Constitution de 1875 ; elle a très résolument voulu créer sous le nom de République une institution toute semblable à une monarchie constitutionnelle, et rendu aussi indirect, aussi difficile que possible, l'exercice de la souveraineté des citoyens. Malgré deux revisions, les choses n'ont pas sensiblement changé. C'est le Sénat, qui n'est ni directement ni proportionnellement issu du suffrage universel,

1. Debidour, *Histoire des Rapports de l'Église et de l'État*, p. 633.

2. Assemblée constituante, 11 février 1790

3. Discours à la Chambre, novembre 1878.

qui, par la durée de son mandat, par le droit qu'il a de dissoudre l'autre Chambre et que nul n'a contre lui, par les
attributions législatives et financières qu'il revendique sans
limites, a la main haute et le dernier mot. Est-ce vraiment
là une République démocratique?

Sur ce point encore on devra prendre position. Des critiques s'élèvent de toutes parts contre le fonctionnement de la
machine parlementaire et législative. Les plus modérés sont
d'accord avec les plus avancés pour signaler le mal. Ils proposent seulement de simples réformes d'ordre intérieur, une
amélioration des conditions du travail dans la Chambre, — et
il y a certainement beaucoup à faire en ce sens, — mais ce
sont là retouches de détail et remèdes à la surface. Le mal
est plus profond. Faut-il définir plus exactement le rôle des
deux Chambres, établir entre elles des différences d'attributions, en un mot, la division du travail? Faut-il rétablir
entre le Sénat et le suffrage universel un lien plus direct?
Faut-il enfin et surtout prévoir les conflits entre les deux
Chambres et en assurer le règlement dans le sens des volontés
de la nation souveraine? En 1875, tous les républicains
avaient répondu affirmativement. Pourquoi répondraient-ils
aujourd'hui d'une autre manière? Auraient-ils perdu la foi
dans la justesse et la fécondité de l'idée démocratique, et re-
noncent-ils sur ce point à l'héritage de la Révolution? Puisse-
t-il n'en être pas ainsi, et la ligne de partage ne laisser encore
ici, comme au moment des revisions de Gambetta et de Jules
Ferry, aucun des véritables fils de la Révolution.

Enfin la Révolution a inscrit dans sa devise le mot de *fraternité* à côté des mots de liberté et d'égalité. C'était le signe
de toute une politique sociale nouvelle. Le temps manqua, et
aussi la préparation des esprits, pour dégager de cette pré-
misse ses conséquences, et la proposition de Camus, de Mou-
nier et de Grégoire, demandant, le 4 août 1789, qu'à la
déclaration des droits fût ajoutée une déclaration des devoirs,
ne réunit à la Constituante que 433 voix contre 570. Mais
l'idée était née du *devoir social* et d'une solidarité véritable à
établir entre les hommes, considérés désormais non comme
des êtres isolés, étrangers les uns aux autres, armés les uns
contre les autres pour la stricte défense de leurs intérêts et de

leurs droits, mais comme des membres d'une association véritable « où chacun doit vivre non seulement de sa vie propre,
mais de la vie commune, où l'accroissement de la vie individuelle et l'accroissement de la vie sociale sont inséparables [1] ».
Il a fallu de longues années pour que le germe se dévelop-
pât; mais, depuis un quart de siècle, l'idée a fait son chemin :
protection de l'enfance, assistance du malade, de l'infirme,
du vieillard. de tout être incapable physiquement ou moralement de subvenir à ses besoins, mutuelle assurance contre les
risques du travail, de la maladie, de la vieillesse, association
du travail et du capital dans les profits des entreprises, toute
une législation de « fraternité » a pris sa place dans nos codes,
et chaque jour se précise et s'étend à de nouveaux objets.

A l'heure actuelle, une des applications les plus directes
du principe de solidarité est soumise au jugement du pays.
Il s'agit d'introduire dans le système des impôts la notion de
la progression limitée des charges fiscales. A la proportionnalité mathématique des contributions réelles qui ne tient nul
compte de la situation personnelle du contribuable, qui
frappe indistinctement et par là même injustement, qui, par
exemple. en matière d'impôts indirects portant sur des objets
de première nécessité. les frappe en raison non de leurs ressources mais de leurs besoins, faut-il, sinon substituer. du
moins associer, comme un instrument de redressement et de
compensation. la progression d'une taxe générale, portant sur
l'ensemble du revenu de chacun des citoyens? Tout le monde
s'accorde à dire que le premier billet de cent francs est le
plus difficile à gagner ; et sous ce dicton populaire se cache
cette vérité profonde que la fortune de chacun tend à s'accroître non proportionnellement au capital déjà épargné mais
suivant la loi d'une accélération, lente au début et qui devient.
au-dessus d'un certain degré de richesse. extraordinairement
rapide. Faut-il tenir compte, dans l'établissement des impôts,
de ce phénomène incontesté et dont les effets s'aggravent à
mesure que les découvertes scientifiques transforment les industries? Faut-il. en d'autres termes. tenir compte de la différence des efforts que doit faire le contribuable. suivant qu'il

1. Fouillée, *Science sociale*, p. 1.

1er Avril 1898.

prélève l'impôt sur son nécessaire ou sur son superflu ? Non,
répondent les théoriciens de l'individualisme économique : ce
sont là les charges inévitables de la libre lutte pour l'existence.
Oui, répondent les partisans de la solidarité sociale : car la
loi de la société humaine doit être, non un simple code de
duel, mais le quasi contrat d'une association de fait, fondé
sur une pensée de mutuelle justice et satisfaisant pour la
conscience comme pour la raison. Et ils ajoutent qu'en parlant ainsi, ils donnent simplement la formule d'application
de l'idée de fraternité et tendent ainsi à l'achèvement de la
conception sociale de la Révolution française.

Cette notion de la progression dans l'impôt, accueillie tout
d'abord par tant de protestations, gagne peu à peu les esprits.
Les républicains les plus modérés l'ont admise d'abord pour
l'impôt sur les successions ; des manifestations récentes montrent qu'elle est désormais acceptée, au moins dans son principe, par ceux d'entre eux qui considèrent la politique d'un
point de vue supérieur aux petites combinaisons du moment.

Là encore sera le point de partage. Là encore les deux
grands partis se distingueront l'un de l'autre définitivement.

Politique nationale et laïque, politique démocratique, politique de solidarité sociale : tels sont, à nos yeux, les caractères essentiels du programme que les républicains de gauche
soutiendront aux élections générales prochaines.

Mais n'est-ce pas, à y regarder de près, purement et simplement, le programme traditionnel de la République, et ne
voyons-nous pas, à des signes certains, que, mieux éclairés
par les dangers croissants de la crise actuelle, tous les républicains fidèles à la doctrine de la Révolution tendent à venir
reformer l'union sur ce terrain ?

Ce serait, en vérité, une chose curieuse que l'effet du ralliement des droites fût simplement, après quelques années
d'incertitude, de remettre toutes choses à leur place : toute
la gauche à gauche, toute la droite à droite, — la Révolution
et la contre-Révolution, — avec cette seule différence que,
sans que personne ait changé d'opinions, tout le monde aura
pris le nom de républicains.

LÉON BOURGEOIS

LA RANÇON D'ÈVE

I

Sur le quai de la gare de Dudley-Port, par un brumeux après-midi de février, quelques personnes attendaient le train de Birmingham. Un vent du sud-ouest avait chargé l'air d'humidité qui de temps en temps se résolvait en pluie fine, tombant lentement d'un ciel morne et noir. Les lampes, qu'on venait d'allumer, jetaient sur le bois et le métal mouillés une lueur jaune pâle ; les voix résonnaient avec une netteté singulière, ainsi que le roulement d'un truc chargé de bagages. D'une fonderie des environs arrivait le tonnerre sourd, rythmique, des coups d'un puissant marteau-pilon ; ce grondement et la note longue et aiguë du sifflet d'une machine semblaient rendre plus intense encore le calme pesant de l'atmosphère, tandis que le jour morose peu à peu faisait place à la lugubre nuit.

Par un temps clair, du quai d'embarquement, élevé et dé-couvert, on aurait eu la vue de la localité avoisinante, mais à ce moment l'horizon était singulièrement restreint. Les bâti-ments les plus proches, masses énormes de briques d'un rouge sale, se détachaient sur un fond grisâtre et confus, et au

milieu d'eux s'élevait une petite tour vomissant des torrents
de flamme empourprée. Cet éclat brutal, diabolique, paraissait n'avoir pas les propriétés rayonnantes des feux terrestres ;
ses contours durs, mais toujours changeants, se tordaient
dans les ténèbres et y dessinaient de fantastiques volutes.
Dans la direction opposée, au delà de Dudley–Ville apparaissaient des taches de lumière blafarde. Mais sur la plaine travaillée, torturée, qui s'étend vers Birmingham, était descendue
une obscurité si épaisse, les vapeurs du ciel s'étaient à tel
point mêlées aux fumées de la terre que tous les phares du
labeur humain étaient comme voilés et éteints sous l'impénétrable brume.

Parmi les voyageurs qui attendaient en cet endroit, deux
se tenaient à l'écart, arpentant le quai dans telle ou telle
direction. mais chacun de son côté. L'extérieur de ces deux
hommes n'avait aucun point de ressemblance : l'un était vêtu
d'une façon confortable et même cossue, il devait avoir cinquante ans environ et à ses allures on devinait le commerçant; l'autre était plus jeune de vingt ans. au moins, et, à première vue, il eût été difficile de déterminer sa position sociale.
Il jetait autour de lui des regards qui ne dénotaient rien
moins que le calme d'esprit ou l'intime satisfaction. De temps
à autre, les yeux des deux voyageurs se rencontraient : le personnage au chapeau de soie et à l'ulster à pèlerine prenait évidemment intérêt au jeune homme qui, à son tour, ne perdait
aucune occasion d'observer l'autre de loin, croyant le reconnaître, sans toutefois en être bien certain.

Le cliquetis d'un signal électrique suivi du son éclatant
d'une cloche les fit s'arrêter brusquement, à l'instant où ils
se trouvaient à quelques pas l'un de l'autre. Tout à coup une
lueur rouge déchira le crépuscule opaque, puis ce ne furent
plus qu'horribles grincements, mugissements furieux, hurlements de roues mises à la torture sous l'action des freins.
Marchant aussitôt vers le compartiment de troisième classe le
plus voisin. l'homme au pardessus râpé s'y s'élança, s'assit à
la première place venue et se laissa aller négligemment en
arrière. Il fut suivi de près par le second voyageur, qui s'assit
dans le coin opposé de la voiture. De nouveau ils se regardèrent. mais sans changer d'attitude.

On vint contrôler les billets, car il n'y avait pas d'arrêt avant Birmingham ; puis la porte fut fermée et les deux hommes restèrent seuls.

Quelques minutes après le départ du train, le plus âgé se pencha en avant, fit un mouvement léger de la tête et dit :

— Pardon... vous vous appelez bien Hilliard, n'est-ce pas ?

— Et quand cela serait ? riposta l'autre d'un ton brusque.

— Vous ne vous souvenez pas de moi ?

— Les filous sont assez nombreux, — répondit le jeune homme en croisant les jambes ; — pourtant, monsieur Dengate, je me souviens parfaitement de vous.

L'insulte était lancée avec une insolence inouïe : elle stupéfia celui à qui elle était adressée au point qu'il resta un moment les yeux écarquillés et la bouche entr'ouverte ; puis le sang lui monta à la face.

— Si je n'étais pas deux fois plus fort que vous, mon petit, répondit-il avec colère, je vous ferais repentir de ce mot-là et vous apprendrais à tenir votre langue en bride à l'avenir. Maintenant, prenez-y garde ! Nous avons un bon quart d'heure devant nous, et je pourrais changer d'idée.

Le jeune homme eut un rire de défi. Il était de haute taille mais de structure assez frêle et ses mains étaient délicates.

— Ainsi vous avez mal tourné ? poursuivit son compagnon. On m'a dit un mot de ça.

— On vous a dit ?... qui vous l'a dit ?

— On m'a dit que vous buviez et je suppose qu'à cette heure encore vous êtes gris.

— Eh bien, non ! pas pour le moment, — répondit Hilliard.

Il s'exprimait d'une façon assez distinguée, mais avec une nuance d'accent du Midland. Le langage de Dengate était moins raffiné.

— Alors, qu'est-ce que c'est que ce ton insultant ? Je vous parlais poliment, moi !

— Et je vous ai répondu comme j'ai cru bon de le faire.

Le respectable citoyen, les mains sur les genoux, scruta la physionomie blême de son interlocuteur.

— Vous avez bu, je le vois bien. J'avais quelque chose à vous dire, mais ce sera pour une autre fois, quand vous serez à jeun.

Hilliard lui lança un regard de mépris :

— Je suis à jeun, comme vous l'êtes vous-même, je suppose. — dit-il froidement.

— Alors. répondez poliment à des questions polies.

— Des questions ? Et quel droit avez-vous à m'en adresser ?

— C'est pour votre bien. Vous m'avez appelé un filou. Qu'entendez-vous par là ?

— J'ai coutume de donner ce nom aux individus qui font faillite pour se débarrasser de leurs dettes.

— Vraiment ! fit Dengate avec un sourire de supériorité. Cela montre combien peu vous connaissez le monde, mon garçon. Vous tenez de votre père, sans doute : il avait une façon brutale de parler.

— Oui, il avait la fâcheuse habitude de dire la vérité.

— Je sais ce qu'il en est. Votre père n'était pas un homme pratique et ne savait pas considérer les choses à un point de vue pratique. J'ajouterai simplement ceci : entre la faillite commerciale et la **filouterie**, il y a un abîme. Si vous allez à Liverpool et si vous demandez à des hommes honorables leur opinion sur Charles-Edward Dengate, vous aurez là une leçon qui pourra vous être utile. Je vois que vous êtes de ces blancs-becs qui ont d'eux-mêmes une haute idée. Quand j'en rencontre. — et ils ne sont pas rares par le temps qui court, — je leur sers généralement un plat de ma façon.

Hilliard sourit d'un air moqueur :

— Ce doit être un plat assez peu appétissant.

— **Comment ?**... Oui, je vois... vous avez bu un verre ou deux, et ça vous donne de l'esprit. Mais gare ! J'ai été diantrement près de vous flanquer une volée, il y a quelques minutes. Eh bien, non, en somme. dites ce que vous voulez. A quoi bon se colleter comme des portefaix ? Je déteste ça.

— Je ne le déteste pas moins, repartit Hilliard, et je ne me suis plus battu depuis que j'ai quitté l'école. Mais, pour votre propre **édification**, je puis vous dire que vous faites sagement de ne pas vous attaquer à moi. La tentation de débarrasser le monde d'un homme de votre espèce pourrait être trop forte.

Il y avait dans ces paroles. prononcées pourtant d'un ton

doux et tranquille, quelque chose de résolu qui fit impression sur Dengate.

— Vous finirez mal, mon garçon.

— Non ! il n'est pas probable que je devienne jamais riche.

— Ah ! ah ! nous sommes de cette bande-là ! Socialiste ! J'ai rencontré pas mal de socialistes sur ma route... Mais voyons ! Je vous parle poliment et je vous répète que c'est pour votre bien. J'avais du respect pour votre père et j'aimais votre frère. Ça m'a fait de la peine d'apprendre qu'il était mort.

— Vous pouvez garder votre peine pour vous.

— Parfait ! parfait !... Si j'ai bien compris, vous êtes dessinateur chez Kenn et Bodditch.

— Je crois, en vérité, que vous êtes capable de comprendre cela.

Hilliard planta son coude sur la portière de la voiture et demeura ainsi la joue appuyée sur la main.

— Cela et quelques petites choses encore, répondit l'autre. Comment on gagne de l'argent, par exemple... Vous n'avez plus d'insulte prête ?

Le jeune homme suivait des yeux une ligne de cheminées flambantes que le train dépassa avec la rapidité de l'éclair ; il garda le silence.

— Allez à Liverpool, poursuivit Dengate, et informez-vous de moi. Vous verrez que j'ai une réputation aussi bonne que personne au monde.

Il insistait sur ce point. Il était clair qu'il désirait vivement convaincre le jeune homme de son importance, sinon de sa probité. D'ailleurs, rien ni dans son extérieur ni dans son langage ne rendait, à première vue, cette prétention inadmissible. Ses traits étaient durs, mais non désagréables et laissaient deviner un bon caractère.

— Payer ses dettes, dit Hilliard, est chose fatale à la réputation d'un homme.

— Vous employez des mots que vous ne comprenez pas. En fait de véritable dettes, il n'y a que ce que la loi reconnaît comme tel.

— Je ne serais nullement étonné que vous songiez à entrer au Parlement. Vous êtes bien l'homme qu'il faut pour fabriquer les lois.

— Eh ! qui sait ?... Enfin ce que je veux vous fourrer dans la tête, c'est que si votre père vivait encore, il n'aurait pas le droit de me réclamer un sou.

— J'ai saisi la chose depuis longtemps, et c'est pour cela que je vous ai appelé un filou.

— De la prudence, mon garçon, de la prudence ! — s'écria Dengate, frémissant de nouveau sous l'injure ; — la patience pourrait m'échapper, et j'en serais fâché ensuite. Je suis entré dans cette voiture... il va sans dire que j'avais un billet de première... mais je suis venu ici parce que je voulais me faire une opinion sur vous. On m'avait dit que vous buviez et je vois qu'on a dit vrai... Tant pis ! tant pis ! vous perdrez votre place, ça ne ratera pas. et puis vous dégringolerez. Écoutez maintenant : vous m'avez insulté. et vous avez voulu me faire sauter hors de ma peau. Eh bien, moi, je m'en vais vous faire rougir de votre conduite.

Hilliard continuait à fixer sur son interlocuteur un regard de mépris ; les derniers mots excitèrent pourtant sa curiosité.

— Je puis excuser beaucoup de la part d'un homme dont la poche est vide, — poursuivit l'autre. — J'ai connu ça, moi aussi, et je sais ce qu'on éprouve alors... A propos, combien gagnez-vous ?

— Occupez-vous de vos affaires.

— Merci. Je mets ça à cinquante francs par semaine environ. Voulez-vous savoir ce que je gagne, moi ? Quelque chose comme cinquante francs l'heure, à raison de huit heures par jour. C'est une différence, hein ? Ça vient de ce que je m'occupe de mes affaires. Vous n'arriverez jamais là. Vous aimez mieux injurier les gens qui travaillent que de travailler vous-même. Et maintenant si vous allez à Liverpool et que vous demandiez comment je suis arrivé à ma position actuelle, vous apprendrez que c'est par un travail acharné, et un travail honnête. Vous entendez : honnête !...

— Et par un honnête oubli de payer vos dettes, — interrompit le jeune homme.

— Il y a huit ans que je ne dois plus un sou à personne. Les gens dont j'étais le débiteur étaient tous hommes pratiques et sensés, sauf votre père, qui n'a jamais pu voir les choses sous leur véritable jour. J'ai comparu devant la cour des faillites et j'ai pris des arrangements qui ont satisfait mes créanciers. J'aurais satisfait votre père aussi, mais il est mort.

— Vous avez payé un pour cent?

— Non pas : vingt-cinq ! et mes créanciers, gens pratiques et sensés, se sont déclarés satisfaits. Je devais à votre père dix mille neuf cents francs, mais il ne prenait pas rang parmi les créanciers ordinaires, et si je l'avais payé, une fois la faillite déclarée, c'eût été parce que j'avais de l'estime pour lui et non à cause de ses droits au point de vue légal, car il n'en avait aucun. Je voulais le payer, comprenez bien cela !

Hilliard sourit. Juste à ce moment, l'allure du train se ralentit. L'obscurité était venue et des lumières scintillaient dans les chaumières le long de la ligne.

— Vous ne me croyez pas? ajouta Dengate.

— Non.

L'ancien failli se mordit les lèvres et considéra la lampe de la voiture. Le train s'arrêta. On n'entendait d'autre bruit que le souffle haletant de la machine.

— Eh bien, écoutez ! reprit Dengate. Vous tournerez mal, c'est sûr; et l'argent qui vous tombera entre les mains, vous en ferez mauvais usage, c'est presque sûr aussi. Mais — il prit un air solennel — peu importe, écoutez...

— J'écoute !

— Pour vous montrer quel homme je suis, et pour vous faire rougir de votre conduite, je vais vous payer la somme.

Pendant quelques instants, un profond silence régna. Les deux hommes se regardaient dans le blanc des yeux, Dengate superbe et triomphant, Hilliard incrédule, mais trahissant malgré tout une certaine émotion.

— Je vais vous payer les dix mille neuf cents francs, répéta Dengate; ni plus ni moins. Ce n'est pas une dette légale, je ne paierai donc pas d'intérêts. A notre arrivée à Birmingham, vous m'accompagnerez, et je vous remettrai un chèque de dix mille neuf cents francs.

Le train se remit en marche. Hilliard avait décroisé les jambes et se tenait penché en avant, les yeux dans le vague.

— Cela change-t-il votre opinion sur mon compte? demanda l'autre.

— Je ne croirai la chose que quand j'aurai touché le chèque.

— Vous êtes de ces jeunes gaillards qui pensent tant de bien d'eux-mêmes qu'il n'en reste plus pour les autres. Et voilà, j'ai presque envie encore de vous rosser à fond avant de vous donner le chèque. C'est le moment, et ça pourrait peut-être vous faire du bien. Vous auriez besoin qu'on vous rabaisse un peu le caquet, mon cher garçon.

Hilliard sembla ne pas avoir entendu ces derniers mots. De nouveau il fixa un regard perçant sur le visage de son interlocuteur.

— Vous dites que vous allez me payer les dix mille francs? demanda-t-il lentement.

— Dix mille neuf cents. Avec ça vous irez... le diable sait où, mais ce n'est pas mon affaire.

— Il me reste une chose à ajouter. Si tout ceci est une farce, ne tombez pas sous ma patte quand vous me l'aurez jouée !

— Ce n'est pas une farce, et il me reste aussi une chose à vous dire. Je conserve le droit de vous flanquer une volée, si l'idée m'en prend.

Hilliard se mit à rire, puis il se rejeta dans son coin et ne souffla plus mot jusqu'à l'arrivée du train en gare de Birmingham.

II

Une heure plus tard il était à Old Square, et prenait le tramway d'Ashton. De lourds véhicules à vapeur allaient, venaient, traversaient la place en faisant retentir leur cloche. Hilliard trouva une place à l'impériale, au milieu de gens qui regagnaient le logis, leur journée de travail terminée, et il alluma sa pipe. Il ne semblait plus être le même homme qui, tout à l'heure, attendait le train à Dudley-Port, d'un air si sombre, presque désespéré. Ses yeux pétillaient de vie; il répondit à une remarque que lui adressait un voisin et se mit à causer gaiement.

Il ne pleuvait pas, mais le pavé humide et boueux reluisait sous la lueur blafarde des réverbères. Juste au-dessus des toits la pleine lune montrait son disque rougeâtre, parfois à demi masqué par des vapeurs flottantes. La voiture, au sortir de la région des rues larges et des grands édifices, entra dans un sordide quartier d'usines, de petites boutiques et de ruelles populeuses. A Aston Church, le jeune homme descendit et marcha d'un pas rapide jusqu'à ce qu'il arriva à une rangée de petites maisons de construction moderne. Socialement, elles étaient au deuxième ou troisième degré de l'échelle qui, à Birmingham, commence à la cité ouvrière 'et se termine aux hôtels d'Edgbaston.

Il frappa à une porte qui s'ouvrit aussitôt; une jeune fille l'accueillit d'un signe de tête familier.

— Mrs. Hilliard est à la maison? Dites-lui que je suis là.

Il parlait avec une certaine brusquerie naturelle, mais le timbre de la voix était sympathique et un bon sourire se dessinait sur ses lèvres. Après un moment d'attente, il fut invité à monter au premier, où on l'introduisit dans un petit salon. Là se trouvait une jeune femme pâle, frêle et mignonne, qui le reçut avec une joie mêlée d'un peu d'embarras.

— Je vous attendais plus tôt.

— J'ai été retenu par la besogne. Bonsoir, ma petite !

La table était mise pour le thé : à un bout, sur une haute chaise, était assise une enfant de quatre ans. Hilliard l'embrassa, caressa sa chevelure bouclée et lui parla avec une affection câline. Cette fillette était sa nièce, l'enfant de son frère aîné, mort trois ans auparavant. L'appartement pauvrement meublé et la toilette plus que simple de Mrs. Hilliard laissaient deviner que celle-ci, dans son veuvage, disposait de bien minces ressources. Elle ne paraissait pas non plus femme de grand courage; les larmes avaient amaigri sa joue et ses mains délicates avaient visiblement souffert de travaux domestiques dont elle n'avait pas l'habitude.

Hilliard remarquait quelque chose d'étrange dans ses manières : elle était agitée, parfois elle le regardait à la dérobée d'un air presque craintif. Une lettre, où elle disait simplement qu'elle désirait lui parler, l'avait amené, ce soir-là ; en général ils ne se voyaient qu'une fois par mois.

— Pas de mauvaises nouvelles, j'espère ? fit-il en s'asseyant à table.

— Oh ! non... Je vous dirai ça tout à l'heure.

Aussitôt le repas terminé, Mrs. Hilliard alla coucher l'enfant. Pendant son absence le visiteur resta assis, pensif, tandis qu'un sourire tout particulier éclairait son visage. Elle revint, approcha une chaise du feu, mais resta debout.

— Eh bien, voyons que se passe-t-il ? — demanda son beau-frère, à peu près du ton dont il aurait parlé à la fillette.

— J'ai quelque chose de très sérieux à vous dire, Maurice !

— Si sérieux que ça ? Eh bien, je vous écoute.

— Je... mais j'ai peur que cela ne vous fâche !

Le jeune homme se mit à rire.

— Ce n'est pas probable. De votre part je puis supporter bien des choses.

Elle appuya les mains sur le dossier de la chaise et lorsque Hilliard la regarda. il vit une subite rougeur empourprer ses joues pâles.

— Cela va vous sembler bien étrange, Maurice.

— Rien ne me semblera étrange après une aventure qui m'est arrivée cet après-midi. Je vous la conterai tout à l'heure.

— Racontez-la d'abord.

— Ça, c'est bien femme, par exemple ! Soit, je vais vous la dire. J'ai rencontré ce bandit de Dengate et... il m'a payé ce qu'il devait à mon père.

— Il a payé ?... C'est vrai ?

— Tenez !... voici un chèque, et il me semble assez probable que je pourrai le convertir en espèces. Le scélérat a fait de bonnes affaires à Liverpool. Je ne suis pas sûr d'avoir compris les mobiles qui font agir ce drôle, mais il m'a tout l'air de m'avoir donné de l'argent parce que je l'ai insulté. J'ai blessé son orgueil, et il n'a pu résister à la tentation de m'étonner. Il pense que je vais aller proclamant partout qu'il est un noble cœur. Dix mille neuf cents francs... voilà !... houp !

Il jeta en l'air le morceau de papier, dans un accès de joie gamine, et le rattrapa au vol juste au moment où il allait tomber dans le feu.

— Oh! prenez donc garde! — s'écria Mrs. Hilliard.

— Je l'ai traité de filou et il m'a d'abord menacé de me battre. Je suis content qu'il n'ait pas essayé; nous étions dans le train et je sens que je l'aurais étranglé, ce qui eût été une assez sotte histoire.

— Oh! Maurice, comment pouvez-vous...

— Enfin, l'argent est là; et la moitié est à vous.

— A moi. Oh, non! non! Après tout ce que vous m'avez donné déjà! Et puis... je n'en aurai pas besoin.

— Comment cela?

Leurs yeux se rencontrèrent. Hilliard remarqua de nouveau la rougeur fugitive et commença à en deviner la cause. Il parut inquiet et intrigué à la fois.

— Est-ce que je le connais? demanda-t-il.

— Trouvez-vous que c'est mal à moi? — fit-elle en esquivant son regard. — Je ne savais pas comment vous prendriez la chose!

— Ça dépend. Qui est-ce?

Reculant encore davantage, vers un endroit où Hilliard ne pouvait plus aisément l'observer, la jeune veuve lui conta l'histoire. Elle avait consenti à épouser quelqu'un dont son beau-frère ne connaissait guère que le nom, un certain Ezra Marr, homme ayant dépassé la quarantaine, veuf sans enfants, et appartenant à une classe d'entrepreneurs-ouvriers connus à Birmingham sous le nom de « petits-patrons ». Le contraste entre un tel homme et le frère de Maurice Hilliard était assez bizarre, mais la veuve déploya une éloquence passionnée pour présenter Ezra Marr tout à son avantage.

— Et puis, — ajouta-t-elle après un moment de silence, tandis que Hilliard restait songeur, — je ne pouvais continuer à vous être à charge. Combien peu d'hommes auraient fait ce que vous...

— Un instant!... Est-ce là la vraie raison? Dans ce cas...

Elle l'interrompit vivement :

— C'est une des raisons... seulement une !

Hilliard savait fort bien que son frère et sa belle-sœur n'avaient pas été des plus heureux en ménage; il ne lui semblait pas improbable qu'un artisan, un homme vigoureux et hardi, fît bien mieux l'affaire de la frêle petite créature. Son cœur se serrait en songeant à sa nièce, mais là encore, sans doute, le sentiment devait céder au bon sens. Après enquête sommaire, il vit clairement qu'il n'avait rien de sérieux à objecter.

— C'est bien. Selon toute apparence, vous agissez sagement... Et la moitié de cet argent est à vous ; cela ne vous sera pas inutile.

Le débat sur ce point fut interrompu par un petit coup frappé à la porte. Mrs. Hilliard sortit et revint, l'instant d'après, toute rose et toute émue.

— Il est là, murmura-t-elle. Je voudrais bien vous faire faire sa connaissance ce soir. Voulez-vous ?

M. Marr entra. C'était un spécimen qui représentait heureusement le type en question : robuste, avenant, le regard et la parole pleins de franchise. Une conversation amicale entre les deux hommes confirma la sympathie mutuelle éprouvée dès l'abord. A la fin, Mrs. Hilliard parla de l'offre d'argent faite par son beau-frère.

— Je ne pense pas y avoir droit, — dit-elle, après avoir exposé l'affaire en détail. — Vous savez ce que Maurice a fait pour moi. Il m'a toujours semblé que je le volais...

— Je veux dire mon mot là-dessus ! — s'écria Ezra de sa voix de basse profonde. — Je veux vous dire, monsieur Hilliard, que vous êtes un homme à qui je suis fier de serrer la main. Et si mon avis a quelque poids auprès d'Émilie, elle ne prendra pas un sou de ce que vous lui offrez. Je trouverais cela injuste et mesquin. Il est temps — ceci est ma manière de voir — que vous songiez à vos propres intérêts. Émilie n'a aucun droit à partager avec vous cet argent et, qui plus est, je serais fâché de le lui voir prendre.

— Bien, dit Hilliard ; voici comment nous arrangerons la chose : cinq mille francs seront placés au nom de la petite. A cela vous ne pouvez faire aucune objection.

La mère, hésitante, regarda son futur, mais l'attitude énergique de Marr ne se démentit pas.

— J'en ferai une, pourtant. Excusez-moi de vous parler ainsi, monsieur Hilliard, mais je suis parfaitement capable de pourvoir au sort de l'enfant, et, pour tout dire, je veux qu'à l'avenir elle me regarde comme son père et qu'elle tienne tout de moi. Comprenez bien, tout ce que je dis est de bonne amitié, mais j'aimerais autant que Winnie n'ait rien à voir avec cet argent-là.

L'homme avait l'habitude de dire carrément sa pensée. Hilliard sentit qu'en insistant davantage il risquait de rompre la bonne harmonie qui avait existé jusqu'alors. Il sourit, fit signe de la main comme pour écarter ce sujet délicat, et l'on parla d'autre chose.

Vers neuf heures il s'en alla et reprit la direction d'Aston Church. Comme il était là, attendant le tramway, une voix qui frappa son oreille le fit se retourner. Près de l'entrée du cimetière était accroupi un mendiant aux haillons crasseux, la face hideuse à demi cachée sons des bandages ; et, devant lui, sur la pierre, s'élevait un petit tas de boîtes d'allumettes. Ce pauvre diable ânonnait sans relâche un refrain idiot, soit qu'il fût en effet privé de raison, soit qu'il eût imaginé ce stratagème pour attirer l'attention et exciter la pitié ; c'était quelque chose comme : la-i-la-ou li, la-i-la-ou-la ! répété vingt fois et repris après un silence. Hilliard regarda et écouta, puis il plaça un sou dans la main tendue et se détourna avec dégoût :

— Le sacré monde que celui où nous vivons ! murmurat-il.

Monté sur le tramway, il laissa seulement alors errer librement son regard autour de lui : la pleine lune qui s'était élevée dans un ciel à présent débarrassé des vapeurs grossières, faisait pâlir sous son éclat argenté les lumières tremblotantes de la terre. Autour d'elle, mais sur une surface si vaste que l'œil avait quelque peine à en embrasser d'un coup la circonférence, s'étendait un halo dont le rayonnement était d'une exquise douceur. Ce spectacle ne put pas longtemps fixer son attention, mais de temps à autre il levait les yeux, laissant monter son rêve vers cette splendeur froide et sereine, et jusqu'aux limites de ce halo dont la lueur confuse glissait, triomphante, à travers les champs étoilés.

III

Au lieu de se rendre à la gare et de reprendre le train pour Dudley, Hilliard traversa la ville du nord au sud et, vers dix heures il se trouvait dans une des rues qui aboutissent à Moseley Road. Là, dans une de ces maisons où habitent les jeunes employés, il demanda M. Narramore et il fut aussitôt introduit.

Robert Narramore, une longue pipe à la bouche, était assis au coin du feu : sur la table on voyait les restes d'un souper assez plantureux : une volaille froide, un jambon, un fromage de Stilton et une bouteille de vin.

— Ah !... c'est toi? s'écria-t-il sans se lever. J'allais t'écrire ; merci de m'avoir épargné la peine. Tu manges?

— Oui, et je bois par la même occasion.

— Veux-tu sonner ? Je crois qu'il reste une bouteille de bourgogne. En tout cas, du Bass, en quantité.

Il tendit une main languissante et sourit amicalement. Narramore était la vivante image de la voluptueuse indolence ; il avait des traits agréables, une chevelure brune légèrement ondulée, une forte carrure que faisaient valoir des habits de chez le bon faiseur. Ses appointements dans la maison de commerce où il occupait un poste de confiance lui auraient permis de se payer le luxe d'un logement moins exigu ; mais il habitait celui-ci depuis dix ans, et il préférait quelques incommodités légères aux ennuis et aux fatigues d'un déménagement. La fatigue épouvantait Narramore. Son avancement rapide dans la hiérarchie commerciale semblait dû plutôt à la chance. qui favorise la jeunesse aimable et de bonne mine. qu'à aucun talent particulier ou à aucun effort personnel. Le son même de sa voix avait une monotonie qui assoupissait, quand elle n'agaçait pas celui qui l'écoutait.

— Fais faire le lit de camp, — dit Hilliard quand il eut tiré la sonnette. — Je passerai la nuit ici.

— Bon !

Leur conversation se composa presque uniquement d'inter-jections jusqu'à ce que l'appétit du visiteur eût commencé à s'apaiser et qu'une seconde bouteille d'ale fût débouchée.

— C'est un grand jour que celui-ci ! s'écria alors Hilliard. J'ai quitté Dudley, cet après-midi, tout disposé à me jeter à l'eau. A présent je suis un homme libre, et je vois le monde ouvert devant mes yeux.

— Comment ça ?

— Émilie va se remarier.., et d'un !

— Dieu soit loué ! c'est une chance inespérée.

Hilliard entra dans les détails ; puis il tira de sa poche un papier oblong et le tendit à son ami.

— Dengate ? s'écria Narramore. Comment diable as-tu attrapé ce chiffon?

L'explication ne se fit pas attendre. Ils discutèrent le ca-ractère de Dengate et les motifs qui l'avaient fait agir.

— Je crois comprendre, dit Narramore. Quand j'avais douze ans, je mis dedans, un jour, une vieille marchande de pommes... une affaire de trois sous. A seize ans, je revis la vieille et j'éprouvai une immense satisfaction à lui donner un shilling. Ce n'est qu'alors, vois-tu, que mon vol de trois sous fut expié : ma conscience ne me reprochait plus rien et dorénavant je pus regarder en face les marchandes de pommes.

— C'est cela, évidemment. Il paraît s'être élevé à une cer-taine position dans la société de Liverpool et il n'aime pas penser qu'il y a à Dudley un pauvre diable répétant à tous les échos que le sieur Dengate est un scélérat... A propos, quel-qu'un lui a dit que je buvais et que je courais droit à la per-dition. Je ne m'imagine pas qui cela peut être.

— Oh ! nous avons tous de bons amis qui disent du bien de nous !

— Il est vrai que dans ces derniers temps je me suis grisé quelquefois. Etre gris, il n'y a encore rien de tel pour voir la vie en rose ! disent les pochards.

— C'est exact, — approuva philosophiquement Narramore.

Hilliard acheva son souper ; son ami lançait des bouffées de fumée épaisse, tout en regardant indolemment le chèque qu'il tenait encore à la main.

— Et que comptes-tu faire? demanda-t-il enfin.

La question resta sans réponse et quelques minutes se passèrent en silence. Alors Hilliard se leva, arpenta deux ou trois fois la chambre, prit un cigare dans une boîte, en coupa le bout, et dit tranquillement :

— Je compte vivre... voilà !

— Attends un peu. Nous allons faire desservir et mettre la bouilloire au feu.

Tandis que la bonne vaquait à ces soins, Hilliard, debout, le conde sur la cheminée, fumait son cigare d'un air pensif. A la demande de Narramore, il prépara deux grogs, but une gorgée du sien, et reprit sa position première.

— Ne peux-tu pas rester assis ? dit Narramore.

— Impossible !

— Quel type ! Avec des nerfs comme les tiens, il y a des années que je serais dans la tombe... Tu dis que tu vas vivre ?

— Je vais n'être plus une machine, enfin ! Puis-je prétendre au nom d'homme ? Où est la différence entre un être comme moi et la sacrée mécanique grinçante que je passe ma vie à dessiner, qui hurle toute la journée à mes oreilles et me fend la tête ?... Finie, cette existence-là ! Voici dix mille neuf cents francs de vie. Tant que durera l'argent, j'aurai la sensation d'être une créature humaine !

— Pas si bête, en somme, cette idée-là ! — murmura Narramore en manière de commentaire impartial et nonchalant.

— J'ai offert la moitié de la somme à Émilie. Elle n'a pas accepté ; Marr, son futur, n'a pas voulu qu'elle acceptât. J'ai offert de placer l'argent au nom de la petite, mais Marr s'y est encore opposé. Je peux donc dire que tout est à moi, bien à moi.

— Incontestablement.

— Pense donc ! La première fois de ma vie que j'ai de l'argent dont je puisse disposer à ma guise !... Lorsque notre père mourut, Will et moi eûmes en commun la charge de la maison. Notre sœur ne pouvait rien gagner : elle avait assez à faire à soigner la mère. Notre mère morte et Marianne, notre sœur, mariée, il semblait que je n'eusse plus à songer qu'à moi : alors survint la mort de Will, et la moitié de ce que je gagnais fut consacrée à sauver du *workhouse* sa femme et son enfant. Tu sais si j'ai jamais rechigné... Je crois fermement que nous faisons ce que nous faisons parce que toute autre chose serait moins agréable. J'aimerais mieux vivre avec vingt-cinq francs par semaine que de savoir Émilie et la petiote dans le besoin. Je n'ai droit pour cela ni à des louanges ni à de la gratitude. Mais enfin il était temps que cela finît : certain jour de pluie j'aurais pu fournir un paragraphe aux faits divers de la *Gazette de Dudley*.

— J'en avais peur, dit Narramore d'un air pensif.

Il laissa s'écouler une minute tandis que son ami arpentait de nouveau fiévreusement la chambre, puis il ajouta sur le même ton :

— Nous avons de la chance tous les deux en même temps : ce matin, mon oncle Sol a été trouvé mort.

— L'héritage est considérable?

— Nous ne savons pas encore ce qu'il a laissé, mais je suis couché pour une belle somme dans un testament qu'il a écrit il y a trois ans, c'est un fait. Il était fou, fou à lier depuis six mois, mais tout le monde l'ignorait. Il avait loué une chambre Bordesley Way, sous un faux nom, et l'avait remplie jusqu'au plafond de boîtes de conserves, viandes et légumes. C'est là que son hôtesse l'a trouvé ce matin étendu par terre, et mort; il avait en poche quelques papiers qui ont établi son identité. On sut qu'il avait lié connaissance avec un vieil ivrogne du voisinage ; il lui répétait sans cesse que l'Angleterre était à la veille d'un cataclysme financier et que la moitié de la population mourrait de faim. Pour échapper au désastre, il se mit à faire des provisions, et les boîtes s'empilèrent dans la chambre. On ne peut s'empêcher de rire quand on y songe... Pauvre vieux oncle Sol!... Vois-tu, c'est le résultat d'une existence passée à suer pour gagner de la monnaie. Étant jeune, il a mené une vie trop dure et quand il eut réussi à lancer son invention, ça lui donna un coup de marteau. Je me suis souvent dit qu'il avait dans les yeux quelque chose de fou. Peut-être qu'il a fait des bêtises et qu'une partie de la fortune est à l'eau... Qui sait?

— C'est la fin qui attend la race humaine, dit Hilliard : rendue folle et tuée par la machine!. Bientôt il y aura des

machines pour laver les gens et pour les habiller, des machines
pour les nourrir, des machines pour…

Son imagination débridée le conduisit à des idées grotesques et. pour conclure, à un éclat de rire.

— Eh bien, j'ai une année ou deux devant moi. Je saurai
ce que signifie le mot s'amuser. Et puis…

— Oui, et puis quoi?

— Je n'en sais rien. Peut-être je reviendrai ; peut-être
préférerai-je en finir. Impossible de prévoir l'état d'esprit où
je serai après avoir vécu d'une façon humaine pendant un an
ou deux… Et toi, que feras-tu si tu hérites d'une grosse somme?

— Il n'est pas probable que ça dépasse de beaucoup
cent mille francs, — répliqua Narramore, — et, selon toute apparence, je continuerai à aller mon petit bonhomme de train.
Cent mille, ce n'est pas le Pérou, et puis je n'ai pas assez
d'énergie pour m'en aller et m'amuser comme toi. Un de ces
jours il peut me prendre fantaisie de me marier, et le mariage,
vois-tu, est diantrement dispendieux. Je voudrais avoir de
soixante-quinze à cent mille francs de rente : on ne peut pas
entrer en ménage à moins ,ou bien il faut s'attendre à être vexé
par une foule de petits ennuis, pires que la mort… Peut-être
deviendrai-je associé dans notre maison. J'ai commencé la vie
dans les lits de cuivre et il est probable que j'y resterai jusqu'à
la fin de mes jours : le commerce ne semble pas près de péricliter. Veux-tu remplir mon verre?

Hilliard, sur ces entrefaites, avait vidé son second grog. Il
se mit à parler à bâtons rompus.

— J'irai à Londres, tout d'abord. Je puis aller à l'étranger.
Comptons vingt-cinq francs par jour. Trois cent… combien
de jours dans une année? Trois cent soixante-cinq. Ça ne me
donne pas deux ans. Il me faut deux ans de vie… Eh bien! la
moitié alors, douze francs et des centimes… On peut faire
quelque chose avec douze francs par jour… qu'en dis-tu?

— Pas grand chose, si tu es difficile pour le vin.

— Le vin importe peu. De bonne ale et du whisky, c'est
tout ce qu'il me faut. Entendons-nous : je ne vais pas faire
une noce insensée ni jouer au rastaquouère de pacotille. Il n'y
a aucun plaisir à s'abrutir et aucun, pour moi du moins.
à se ballader par les rues comme un mannequin ambulant

descendu de la devanture d'un tailleur. Ce que je veux, c'est connaître le goût de la vie libre, de la vie humaine, au vrai sens du mot ; c'est oublier que je me suis jamais assis à un bureau, dessinant de damnées machines ; c'est, enfin...

Il s'arrêta. Narramore le regarda avec curiosité.

— Ce qui m'étonne, Hilliard, — dit-il, comme son ami se détournait, — c'est que tu aies été si peu embobiné par les femmes. A te voir, cependant, on croirait que tu es justement le gaillard à clocher de ce pied-là !

— C'est possible, murmura l'autre. Oui, c'est étonnant... Ce qui m'a sauvé, je suppose, c'est la nécessité où je me suis trouvé d'aider ma famille. J'ai tant vu de femmes se débattant contre la misère, que j'ai pris l'habitude de ne voir en elles qu'une charge pour l'homme.

— Ce qu'elles sont presque toujours, en effet.

Narramore avait émis cet axiome avec son ineffable sourire ; Hilliard, un moment morne et pensif, chassa bientôt toute idée noire et parla avec une exaltation croissante de la vie nouvelle dont l'aurore se levait pour lui.

IV

L'appartement de Hilliard — représenté par une seule chambre — commandait un paysage qui n'éveillait plus en lui qu'ennui et dégoût, mais qui aurait assez vivement impressionné l'observateur le contemplant pour la première fois.

L'après-midi du dernier jour qu'il devait passer à Dudley, il se mit à la fenêtre et se félicita, avec une intensité d'émotion défiant toute appréhension pour l'avenir, de ce qu'il ne verrait plus jamais le théâtre de sa servitude passée.

La maison faisait partie d'une rangée d'habitations située sur un plateau qui dominait une pente boueuse sillonnée de nombreux sentiers. Elle avait vue sur un vaste terrain inculte, où, çà et là, poussait une herbe maigre, mais couvert presque partout de scories et de cendres.

En face, à quelque trois cents mètres, s'élevait une haute colline en forme de dôme, couverte d'arbres de la base au sommet, et, au-dessus des branches encore nues des arbres, se dressait le donjon ruiné du château de Dudley. Au pied de cette colline courait la grande route qui descend de Dudley–Ville, cachée par une autre élévation à gauche, vers la gare construite dans un pli de terrain. Au delà, le regard s'étendait sur une immense plaine jusqu'au point où la terre et le ciel se confondaient dans une nuée grise. Un rayon du soleil couchant effleurait la hauteur et son diadème de ruines ; au zénith, apparaissait une échappée de ciel bleu pâle : sauf en ces deux endroits lumineux, le paysage était sans couleur et uniformément sombre. Jusqu'à la limite d'horizon ce n'étaient que cheminées vomissant une fumée plus ou moins épaisse, gros jets de vapeur dont la blancheur de neige tranchait sur l'arrière-plan brumeux, nuages blafards montant des fours à chaux et chassés en longues traînées par la plaine, volutes d'un noir opaque échappées des puits et des forges, tournoyant dans l'air et portées au loin par le vent calme du soir.

Né à Birmingham, fils d'un professeur de dessin, Maurice Hilliard avait passé son enfance et sa jeunesse dans la ville principale du Midland ; son instruction moyenne était juste suffisante pour le rendre impropre aux travaux manuels, sans pour cela lui donner accès aux carrières libérales.

Au début de la vie, il avait fait le rêve d'être un jour un artiste, mais son père, lui-même peintre raté et triste épave d'une existence mi–bohème, mi–bourgeoise, avait brutalement brisé les ailes à cette ambition naissante : en manière de compromis entre le métier, où l'on gagne de l'argent, et l'art, qui mène à l'hôpital, il devint dessinateur de machines. En ces dernières années s'était développé chez lui un goût prononcé pour l'architecture ; ses loisirs étaient pour la plupart consacrés à l'étude, et tout l'argent qu'il pouvait épargner passait à l'achat de livres et de gravures pouvant développer ses connaissances techniques. Quand il était d'humeur à espérer, il se demandait s'il ne lui serait pas possible d'échapper à l'esclavage des dieux de fer et de feu et de gagner sa vie comme employé d'un architecte. Ce projet était oublié maintenant que l'ardente passion de jouir de la liberté, sans songer à l'avenir, s'était emparée de lui.

Tout ce qu'il possédait, sauf les objets de toilette qu'il emportait avec lui, fut emballé dans deux malles qui devaient être envoyées le lendemain à Birmingham, où elles resteraient confiées aux soins de l'ami Narramore. En fait de parents dont le souvenir lui était cher, il n'avait plus au monde que sa sœur. Elle demeurait à Wolverhampton, mariée et mère de famille ; sa situation était modeste, mais nullement malheureuse, et il lui avait fait une courte visite d'adieux quelques jours auparavant. Il ne voulait pas être présent au mariage de sa belle-sœur ; il lui suffisait de savoir qu'elle était à l'abri du besoin et de se sentir à son sujet la conscience désormais en repos.

Car il avait une conscience, et un cœur ; et seule, la nécessité d'étouffer à jamais les aspirations naturelles, le conflit, durant de longues années, entre la jeunesse ardente et la vie de misères et de privations, avait pu l'amener à la crise actuelle, crise de désespoir trop longtemps concentré. Toute idée de prudence, tout bon sens étaient balayés par un vent de sauvage révolte.

Encore un an de cette servitude, et il aurait été la victime de ces puissances bestiales qui ne s'assoupissent plus, une fois éveillées au cœur de l'homme. A présent, il était poussé par l'instinct de conservation à fuir un péril où menaçait de sombrer tout ce qui restait en lui de bon et de généreux.

Comme la dernière lueur du jour s'éteignait dans la pièce, on frappa à la porte.

— Le thé est prêt, monsieur Hilliard ! — dit une voix de femme.

On lui servait ses repas en bas, dans la chambre de l'hôtesse. D'appétit, il n'en avait guère en ce moment, mais, sous prétexte de prendre quelque nourriture, il trouverait le moyen de tuer le temps ; il descendit donc et se mit à table.

Son œil distrait tomba sur l'un des ornements de la chambre, l'album de Mrs. Brewer. Lors de son arrivée dans la maison, deux ans auparavant, il avait examiné cette collection de portraits de famille, et parfois, dans la suite, il avait repris l'album pour regarder une photographie qui l'intéressait. Au

milieu d'une collection d'images où la laideur de la physionomie le disputait au grotesque du costume. — vieillesse brisée par le travail, âge mûr sans caractère et jeunesse sans
grâce, types dont l'album du pauvre est toujours presque exclusivement rempli. — on voyait un portrait féminin, et ce
portrait étrange, plus Hilliard l'examinait, plus il y découvrait les qualités qu'il désirait chez une femme. Faisant sauter le fermoir, il ouvrit aussitôt le volume à l'endroit où se
trouvait cette figure bien connue. Un mois ou deux s'étaient
écoulés depuis qu'il ne l'avait vue. et elle le tint sous le
charme tout comme autrefois.

C'était le portrait d'une jeune fille qui devait avoir un
peu plus de vingt ans. A la différence de ses voisins dans
l'album, elle ne s'était pas endimanchée avant de poser devant
l'appareil. Sa chevelure abondante était simplement et gracieusement ramenée en arrière; elle portait un col de toile
et, autant qu'on en pouvait juger par la partie représentée, une modeste robe de cotonnade. Ses traits agréables
et intelligents étaient empreints de douceur, presque d'humilité, mais sans ombre d'affectation. Avait-elle l'air joyeux
ou triste? C'était une question que Hilliard n'avait jamais
pu trancher. Ses lèvres paraissaient sourire, mais si légèrement que peut-être il ne fallait voir là qu'une ligne naturelle, car. si l'on cachait la bouche, une mélancolie profonde régnait aussitôt sur le reste du visage.

Qui était cette personne? Hilliard n'en avait aucune idée.
Plus d'une fois il avait été sur le point d'interroger Mrs. Brewer
mais, par une singulière délicatesse, il s'était tu : il craignait
les commentaires que son hôtesse pourrait se faire à part elle,
mais redoutait surtout d'apprendre qu'il avait admiré, qui
sait? une bonne ou quelque créature d'encore plus basse
condition. Il ne pouvait pas se fier à son jugement sur cette
physionomie : peut-être ne brillait-elle qu'à la faveur de
l'atroce laideur dont elle était environnée; peut-être, dans
l'état de famine où ses sens en étaient réduits, devait-il fatalement trouver adorable tout minois féminin qui n'était pas
franchement repoussant.

Et pourtant, non : cette figure était vraiment jolie. Jolie, c'est-
à-dire, du moins, profondément intéressante, dans son

énergique appel aux émotions de l'âme. Un autre homme aurait pu la remarquer à peine ; à lui cette figure parlait comme nulle autre ne l'avait jamais fait. Elle éveillait en lui une intime sympathie.

Il était encore à table, quand son hôtesse entra. Une digne femme pour sa condition, point du tout portée aux bavardages vulgaires. Son intention, en entrant dans la chambre, à ce moment, était de demander à Hilliard s'il ne pourrait lui donner un de ses portraits comme souvenir.

— Je regrette beaucoup de n'en pas posséder un seul, — répondit-il en riant, surpris que cette femme tînt assez à lui pour lui adresser pareille requête. — Mais, à propos de photographies, pourriez-vous me dire qui est cette personne ?

L'album était ouvert à côté de lui, et un sentiment d'embarras, à sentir le regard de Mrs. Brewer fixé sur lui, le poussa à cette question décisive.

— Celle-ci ? c'est une amie de ma fille Marthe... Ève Madeley. Ça ne m'étonne pas que vous l'ayez remarquée. Et encore on ne l'a pas flattée : elle est mieux, beaucoup mieux. Ce portrait a été tiré il y a plus de deux ans... Tenez, juste avant que vous entriez chez moi, monsieur Hilliard. Elle partait alors pour Londres.

« Ève Madeley... »

Il répéta cela tout bas et le nom lui plut.

— Elle a eu bien du chagrin dans sa vie, la pauvre fille, poursuivit l'hôtesse. Nous étions tristes de la voir partir, mais nous nous disions que sûrement elle serait plus heureuse là-bas. Depuis lors, nous ne l'avons pas revue et nous n'avons pas entendu dire qu'elle était revenue chez elle, et, pour sûr, personne n'en est étonné. Mais notre Marthe a eu de ses nouvelles, il n'y a pas bien longtemps... tenez, c'était vers Noël.

— Est-elle...

Il était sur le point d'ajouter « en service », mais ces mots expirèrent sur ses lèvres...

Elle a un emploi, à Londres ?

— Oui, elle est teneuse de livres et gagne ses cent francs par mois. Elle a toujours aimé les chiffres. A l'école, elle apprenait si bien qu'on voulait en faire une institutrice, mais le métier ne lui disait pas. Alors M. Reckitt, le quincaillier,

un ami de son père, la prit pour l'aider le soir à ses écritures ;
et lorsqu'elle eut dix-sept ans, comme les affaires augmen-
taient et que lui-même n'avait pas trop la tête aux chiffres, il
la prit comme vraie employée dans son magasin. Elle, bien
contente de ne plus donner de leçons, car elle n'avait jamais
pu s'y faire !

— Vous disiez qu'elle a eu beaucoup de chagrins ?

— Oh ! oui, qu'elle en a eu ! Et tous de la faute de son
père. Sans lui, la vieille bête d'homme, les Madeley auraient
maintenant de l'argent gros comme eux. Du reste, il a à se
mordre les doigts, lui aussi, à présent ! Il habite là, sur la
colline, dans une pauvre bicoque, et vit de ce qu'il gagne
comme surveillant, chez Robinson, alors que c'est lui qui
aurait dû avoir des surveillants sous ses ordres. La boisson !...
c'est toujours la même histoire. Quand notre Marthe fit leur
connaissance, ils demeuraient à Walsall, et, si Ève n'avait pas
été là, je ne sais pas ce que la maison serait devenue. Marthe
et Ève se sont connues à l'école du dimanche : Ève faisait une
classe. Il y a de ça sept ou huit ans ; elle avait seize ans à
peine, mais c'était déjà une petite femme et ils avaient joli-
ment de la chance de l'avoir. Souvent à peine s'il y avait
un morceau de pain dans l'armoire, et le père n'avait pas
plus tôt touché sa semaine qu'il la dépensait au cabaret.

— La famille était nombreuse ? demanda Hilliard.

— La famille ?... Voyons, en ce temps-là, il y avait Ève,
deux sœurs et un frère. Deux autres enfants étaient morts et
la mère était morte aussi. Sur elle je ne sais pas grand'chose,
mais on dit que c'était une brave femme, et probablement que
sa fille aînée tient d'elle. On n'a jamais vu une jeune fille
plus douce et plus modeste qu'Ève. Notre Marthe vivait avec
sa tante à Walsall : c'était mon unique sœur : elle était impo-
tente, la pauvre créature, et Marthe la soignait. Et quand
elle fut morte et que Marthe revint chez nous, la famille
Madeley vint ici aussi, parce que le père avait trouvé du
travail à Dudley. Mais il se fit bientôt renvoyer, et il s'en alla
Dieu sait où, et Ève eut toute la maisonnée sur les bras. Nous
faisions tout ce que nous pouvions pour l'aider, mais c'était
tout de même une triste vie pour une fille de son âge, juste
l'âge de jouir de la vie, pourrait-on dire.

L'intérêt de Hilliard allait grandissant.

— Alors, poursuivit Mrs. Brewer, la sœur cadette d'Ève, Laure, comme on l'appelait, entra à Birmingham chez un confiseur, et depuis lors ni vu ni connu ! Ce n'était pas une fameuse nature et je ne crois pas qu'elle ait bien tourné ; du reste, si elle est vivante ou si elle est morte, personne n'en sait rien. Ç'a encore été un chagrin pour Ève... Six mois après, l'autre sœur attrapa l'érésipèle et elle mourut, et, juste comme le cercueil sortait de la maison, voilà-t-il pas que le père arrive ! Depuis deux ans, il avait disparu, envoyant un peu d'argent de temps en temps, et il ne savait même pas que la petite avait été malade. Et quand il vit le cercueil, ça lui fit un tel effet qu'il tomba par terre comme mort. On n'aurait pas pensé ça, mais qui sait ce qui se passe dans l'âme des gens ? Eh bien, vous pouvez me croire, à partir de ce moment il est changé, que c'est à ne plus le reconnaître. Il est devenu dévot, il va régulièrement à l'église, et ça a toujours continué ainsi ; et pour un empire vous ne lui feriez pas avaler une goutte de quoi que ce soit. S'il y a jamais eu un cas de conversion, c'est bien celui-là.

— Il ne restait donc plus qu'Ève et son frère ?

— Oui ; un garçon rangé, Tom Madeley, qui n'a pas été longtemps à charge à sa sœur. Il gagne aujourd'hui ses trente-cinq francs par semaine. Et puis, quand Ève vit son père rentré dans la bonne voie, elle quitta la maison. Moi, je ne vois rien d'étonnant à cela. On ne pouvait pourtant pas lui demander d'oublier tout le mal qu'il leur avait fait et tous les chagrins qu'il leur avait causés. Elle alla à Birmingham et, après quelques mois, elle revint un jour et nous dit qu'elle avait trouvé une place à Londres. Et elle nous a donné sa photographie en souvenir d'elle. Mais, comme je le disais, elle n'est pas à son avantage.

— Semble-t-elle être plus heureuse, à présent ?

— Elle ne nous a écrit qu'une ou deux fois, mais elle est contente, et, en tout cas, elle n'est pas fille à se plaindre. C'est une chance pour elle d'avoir toujours eu une bonne santé. Sans doute, elle a fait des connaissances à Londres ; pourtant, jamais elle ne nous en a rien dit. Marthe espérait qu'elle viendrait pour Noël, mais il paraît qu'il y avait trop à faire là-bas

pour quitter à ce moment. Je vous aurais donné son adresse,
mais ça m'est sorti de la tête. Je n'ai jamais été à Londres de
ma vie. Marthe la connaît, sûrement. Si elle vient ce soir, je
la lui demanderai.

Hilliard laissa passer cette dernière phrase sans commentaires. Désirait-il connaître l'adresse de miss Madeley ? Il n'en
était pas bien sûr lui-même.

Mais, tard dans la soirée, quand, après avoir erré pendant
deux ou trois heures par les chemins glacés et sombres, il
rentra pour souper, Mrs. Brewer lui tendit en souriant un
bout de papier.

— Tenez, dit-elle, c'est là qu'elle demeure. Londres est
une bien grande ville et il se peut que vous n'habitiez pas
par là. Si jamais vous allez de ce côté. dites-lui bonjour de
notre part, vous serez bien aimable ; et dites-lui aussi que
nous attendons de ses nouvelles et espérons que ça va toujours
comme elle veut.

Avec un mélange de répugnance et de satisfaction, le jeune
homme prit le papier, l'examina et le plia pour le mettre en
poche. Mrs. Brewer le regardait et il sentit que son silence
devait paraître peu aimable.

— J'irai lui faire visite et lui donnerai de vos nouvelles,
dit-il.

Là-haut. dans sa chambre, il resta longtemps assis, rêveur,
le billet déplié devant lui. Quand il se fut endormi, il fit en
songe d'interminables pérégrinations, par le dédale des rues
de Londres, à la recherche de cette figure, mi-triste, mi-
souriante qui avait enfiévré son imagination.

Longtemps avant le jour, il s'éveilla au bruit des cloches
et des coups de sifflets stridents. qui conviaient au travail la
population ouvrière de Dudley. Pour la première fois, il
écouta avec plaisir ces sinistres appels : ils lui disaient que
l'heure de la délivrance avait sonné. Incapable de rester
au lit plus longtemps, il se leva et sortit dans l'air glacé du
matin. L'image d'Ève Madeley n'occupait plus sa fantaisie :
une sensation de fierté à l'idée de la liberté reconquise
chassait tout souvenir de sa vie passée, et il errait sans but,
avec un refrain dans le cœur.

Au déjeuner. la vue de l'album de Mrs. Brewer lui suggéra

le désir de regarder une dernière fois le portrait, mais il résista à cette tentation.

— Est-ce que nous vous reverrons un jour ? — demanda son hôtesse quand arriva le moment du départ.

— Si Dudley me revoit, vous me reverrez aussi, — répondit-il en souriant.

Mais, tandis qu'il se dirigeait vers la gare, il sentait en lui la joyeuse assurance que jamais le destin n'aurait le pouvoir de le ramener dans cet abîme de tortures inconnues à l'enfer.

V

Deux mois plus tard, par une claire matinée de mai, Hilliard s'éveillait encore après un sommeil agité et plein de rêves étranges, mais les bruits qui frappaient son oreille n'avaient aucun rapport avec ses tourments passés. De la cour sur laquelle donnait sa fenêtre, montait un rire perlé suivi d'un joyeux babil féminin. Les cloches d'une église voisine sonnaient. Tout à coup on entendit des pas précipités dans le corridor, et une voix impatiente crier à plusieurs reprises :

— Jean, hé ! Jean ! viens donc.

Il était à Paris ; il y avait passé six semaines et s'éveillait, ce matin-là, avec une sensation d'isolement, un désir de se trouver de nouveau au milieu de compatriotes.

A Londres il était resté quinze jours seulement et ce n'était pas là une période vers laquelle il aimât à reporter sa pensée. A peine s'était-il trouvé dans la capitale, seul et libre, la poche pleine d'argent, qu'une sorte de délire le saisit. En dépit de toutes ses belles résolutions, il se plongea dans les plaisirs les plus grossiers de Londres. Tout ce dont il se souvenait était une série d'extravagances, sous un ciel sans soleil, avec des compagnons de hasard qu'il n'aurait pas reconnus s'il les avait rencontrés cinq minutes après s'être séparé d'eux. L'argent fondait dans ses mains : au bout de la seconde semaine, il constata que son capital avait diminué de plus de

six cents francs. Dans une heure de nausée physique et morale,
il boucla sa valise, partit pour Newhaven et, comme pour
s'imposer une pénitence, il prit pour traverser la Manche un
billet de troisième classe. Arrivé à Paris, il se sentit en sûreté
et eut bientôt recouvré la raison.

Grâce à ses habitudes studieuses il lisait le français couramment ; alors, pour son plus grand avantage intellectuel ,et
dans une pensée d'économie, — car les Anglais non polyglottes
sont singulièrement exploités à l'étranger, — il s'attaqua à la
langue parlée avec un tel succès qu'il réussit à se loger à
très bon compte dans un hôtel qui ne méritait pas, sans
doute, le nom de *pension de famille*, et à manger dans des
restaurants où le dîner composé de plusieurs plats coûtait
deux francs cinquante. Sa vie était irréprochable; il étudiait
Paris au point de vue artistique, historique et littéraire. Mais
forcément il restait isolé et la solitude commençait à lui peser.

Ce matin-là précisément, tandis qu'il prenait son café avec
le petit pain obligé, un certain souvenir l'obsédait particulièrement. Hier était tombé de sa poche un bout de papier sur
lequel il avait lu ces mots :

93, Belmont Street, Chalk Farm Road, Londres N. W.

C'était cette adresse qui lui trottait maintenant par la cervelle comme un refrain dont on ne peut fuir l'odieuse impor-
tunité.

Il se reprochait de n'avoir pas tenu la promesse faite à
Mrs. Brewer. Bien plus, il s'accusait de manquer follement
une occasion qui pouvait avoir pour lui une importance incal-
culable. Cela seul semblait suffisant pour motiver son retour
à Londres. La seconde alternative qui s'offrait à lui était de
poursuivre son voyage et de voir d'autres pays étrangers : idée
séduisante si elle n'avait eu pour corollaire la crainte de
l'isolement. Non ! il retournerait au pays et nouerait des relations nouvelles. Le plus beau voyage présente peu d'attraits,
lorsqu'on ne peut faire part de ses impressions à un ami.

Continuant son système de sage économie, il s'en alla
comme il était venu, arriva à Londres dans la matinée et,
laissant son bagage à la gare de Victoria, après un déjeuner
sommaire, il se dirigea aussitôt vers les quartiers nord. Du

ciel sombre tombait une pluie fine ; mais cette circonstance ne l'affectait guère ; il avait la sensation d'un homme qui relève de maladie ; il lui semblait avoir écarté un danger menaçant son existence même, et il se demandait comment il lui avait été possible d'habiter Londres sans chercher aussitôt la demeure d'Ève Madeley.

Il découvrit Belmont Street. La rue était composée de maisons d'apparence plus que modeste, et l'aspect général en était lugubre. Comme il cherchait le numéro 93, une émotion soudaine le saisit ; il eut tout à coup conscience de l'étrangeté de sa situation. A cette heure, il n'était pas probable qu'Ève fût chez elle : si, après information, il s'acquittait verbalement de son message, il aurait tenu sa promesse ; mais il se proposait plus que cela. Il voulait voir Ève en personne, examiner cette physionomie dont l'image, sans cesse devant ses yeux, lui était devenue si familière. Pourtant, jusqu'à ce moment même, il ne s'était pas représenté les difficultés de l'entreprise. Pouvait-il, sur la seule recommandation de Mrs. Brewer, espérer un accueil amical de la part d'une jeune fille qui n'avait jamais entendu prononcer son nom ? Et s'il parvenait à la voir, quel prétexte invoquer pour lui rendre une seconde visite ?

Il était possible qu'il ne désirât pas la revoir et qu'Ève en chair et en os le désenchantât dès l'abord.

Sur ces entrefaites, il avait trouvé la maison et, sans plus délibérer, il frappa. La porte fut ouverte par une femme de type vulgaire, à la mise malpropre et au regard méfiant.

— Miss Madeley a demeuré ici, dit-elle, mais elle est partie il y a plus d'un mois.

— Pouvez-vous me donner sa nouvelle adresse ?

Après avoir examiné le visiteur des pieds à la tête, elle répondit négativement, et sans plus de façons, elle fit mine de fermer la porte. Grandement désappointé, Hilliard ne put se résoudre à s'en aller sans poser une dernière question.

— Peut-être savez-vous où elle est, ou, du moins, où elle était employée ?

Mais il n'obtint aucun renseignement du cerbère femelle ; d'ailleurs en pareil cas il est très rare qu'on en obtienne, car une hôtesse, rusée par état, est naturellement portée

à garder le silence sur le compte de ses anciens loca-
taires. Si elle s'est séparée d'eux en bons termes, d'instinct
elle les protégera contre la menace qu'implique toute enquête ;
si elle est mal disposée à leur égard, elle refusera de donner
des indications qui pourraient tourner à leur avantage. Sans
compter que, dans la grande majorité des cas, elle n'en a
vraiment aucune à fournir.

La porte se referma avec cette amabilité exquise particulière aux portes de Londres, et Hilliard s'en alla désespéré.
Il se disait pour se consoler que sans doute Ève, avant qu'il
fût longtemps, enverrait sa nouvelle adresse à ses amis de
Dudley et que par eux il pourrait l'apprendre à son tour,
lorsqu'une gamine mal débarbouillée, qui s'était tenue aux
écoutes tandis qu'il parlait et l'avait suivi ensuite jusqu'au
coin de la rue, l'aborda avec son petit air effronté :

— Vous demandiez après miss Madeley, m'sieur ?

— Oui... tu la connais ?

— Ma mère était sa blanchisseuse, et quand elle est partie
j'ai porté des affaires là-bas.

— Où ça, là-bas ?

— C'est à un bon bout de chemin d'ici, m'sieur. Faut-il
que j'aille avec vous ?

Hilliard comprit. Comme le bon Samaritain de jadis, il
tira de sa poche une pièce de deux sous. La figure de la petite
s'illumina soudain.

— Dis-moi l'adresse : ça me suffira.

— Connaissez-vous Gower Place, m'sieur ?

— Ce n'est pas loin de Gower Street, je suppose.

Sa supposition était fondée, et on lui apprit le numéro de
la maison où miss Madeley avait transporté ses pénates. Il
en prit aussitôt le chemin.

Gower Place est située dans le voisinage immédiat d'Euston Road ; Hilliard se rappela qu'il avait passé par là
quand il était arrivé pour la première fois à Londres,
par la gare d'Euston, et qu'il s'était mis en quête d'un logement. C'était pur hasard s'il n'était pas entré dans la rue,
même au lieu de poursuivre sa route, car à beaucoup de
fenêtres on voyait des écriteaux d'appartements à louer. En
somme, l'endroit était plus riant que Belmont Street et ses

alentours. Ce changement de domicile pouvait faire présager que la position de la jeune fille s'était améliorée.

La maison indiquée avait un seuil soigneusement balayé et des fenêtres étincelantes de propreté. A peine eut-il frappé qu'une femme jeune et accorte l'accueillit avec son plus gracieux sourire.

— Miss Madeley demeure ici, je crois?

— Parfaitement, monsieur.

— Y est-elle maintenant?

— Non, elle est sortie aussitôt après le déjeuner, et je ne pourrais pas vous dire quand elle rentrera.

Cette incertitude excita chez Hilliard un certain étonnement. La jeune femme le remarqua et ajouta, avec un empressement sympathique :

— C'est pour affaires que vous désirez la voir?

— Non ; une visite toute personnelle.

La jeune femme eut un sourire malicieux.

— Mon Dieu, je vous dirai qu'elle n'a pas d'heures bien régulières à présent. Quelquefois elle rentre pour dîner, quelquefois non. Quelquefois elle vient prendre le thé, mais tout aussi souvent elle ne rentre que tard dans la soirée... Vous ne voudriez pas laisser votre nom?

— Je préfère revenir.

— Vous croyiez la trouver à la maison? — demanda la jeune femme dont la curiosité allait croissant à mesure qu'elle examinait la physionomie de Hilliard.

— Peut-être, — répondit-il sans faire attention à la question, — peut-être la trouverais-je demain matin?

— C'est cela : je lui dirai que vous viendrez!

— Vous serez bien aimable.

Là-dessus il tourna les talons pour échapper au feu roulant de questions toutes prêtes sur la langue de l'hôtesse.

Il regagna Gower Street en songeant à la réception étrange qui l'attendait le lendemain. Avertie de son arrivée, miss Madeley viendrait, sans doute, lui parler dans le vestibule. A supposer même qu'elle eût un salon à sa disposition, il n'était pas probable qu'elle invitât à entrer quelqu'un qui lui était parfaitement inconnu. Comment faire connaissance avec elle sur le seuil de la porte? Il était, il est vrai, porteur d'un message, mais il avait tant tardé à s'en acquitter qu'il éprouvait désormais une certaine gêne à le faire. En tout cas, la situation aurait quelque chose de bizarre et l'embarras serait grand des deux côtés.

Comment expliquer ce manque de régularité dans les habitudes d'Ève ? Nécessité de métier, peut-être, mais il s'était attendu à tout le contraire. D'après ce qu'avait dit Mrs. Brewer du caractère de la jeune fille, il s'était imaginé que sa vie était réglée comme une pendule. C'était un détail trivial, sans doute, mais qui jetait le trouble dans ses idées et, jusqu'à un certain point, le rendait soupçonneux.

Cependant il fallait qu'il trouvât lui-même à se loger. Pourquoi ne pas chercher dans Gower Place ?

Après avoir erré pendant dix minutes, il revint sur ses pas et prit le côté de la rue opposé à celui où Ève demeurait.

Presque en face de la maison même, une fenêtre portait un écriteau. Il entra et demanda à voir le logement à louer. Il n'était guère confortable, mais il convenait pour le moment au but qu'il se proposait. Il retint un petit salon au rez-de-chaussée et une chambre à coucher au premier ; puis il alla chercher ses bagages à la gare de Victoria.

Sur le bateau, la nuit précédente, il n'avait pu dormir ; dès qu'il fut au gîte, une fatigue insurmontable le força de se coucher et lui ferma les yeux. Aussitôt il devint insensible à ce qui se passait autour de lui et resta étendu sur le sofa délabré jusqu'à ce qu'il fût réveillé en sursaut par l'entrée d'une bonne qui apportait le thé.

De la fenêtre du salon il pouvait aisément observer les maisons d'en face sans être remarqué des occupants ; et, sans intention formelle d'espionner, il surveilla longtemps la porte de la demeure d'Ève, tant qu'enfin cette besogne lui sembla fastidieuse. Personne n'était entré, personne n'était sorti. A sept heures et demie, il prit son chapeau et quitta la maison.

A peine fut-il dans la rue qu'il remarqua une jeune fille vêtue de façon assez voyante qui arrivait à petits pas pressés sur le trottoir en face ; elle fit retentir le marteau de la maison qui captivait son intérêt. Il regarda, vivement intrigué. Il n'était pas possible qu'une personne ainsi vêtue et d'allure aussi sautillante fût Ève Madeley. Le visage n'était pas tourné de son côté, et d'ailleurs, à cette distance, il n'aurait pu distinguer les traits. Était-il même bien certain de reconnaître Ève au premier abord d'après un portrait fait plus de deux ans auparavant?... La jeune fille entra. Craignant d'être remarqué, il poursuivit son chemin.

Il avait à droite la station du Métropolitain, à gauche une longue perspective vers le sud. N'étant pas fixé encore sur la direction qu'il allait suivre, Hilliard regarda derrière lui. De la maison qui attirait toujours son attention il vit sortir la jeune fille qui était entrée quelques minutes plus tôt, mais accompagnée, cette fois, d'une autre jeune personne. Toutes deux s'avancèrent vivement vers l'endroit où il se trouvait.

Il resta immobile, et les deux jeunes filles approchèrent si rapidement qu'il put bientôt observer leurs traits. Dans la seconde il reconnut — ou crut reconnaître — Ève Madeley.

Sa mise était d'un goût sensiblement meilleur que celle de sa compagne. et pourtant son extérieur contrastait étrangement avec celui que, dans son imagination, présentait Ève Madeley. Il se l'était toujours figurée vêtue simplement, sinon pauvrement, tandis que cette toilette élégante devait coûter cher ; autant qu'il en pouvait juger, elle était à la dernière mode. Comme aspect physique, Ève était plus imposante qu'il ne l'avait cru. Son cœur battait avec force tandis qu'il l'examinait ainsi.

Mais, nécessairement, l'examen fut de courte durée. Marchant à une allure rapide, les jeunes filles arrivèrent bientôt tout près de lui. Il fit un pas de côté, et, à ce moment, il saisit au vol quelques bribes de leur conversation :

— Je te dis que nous arriverons trop tard ! — s'écriait la jeune fille inconnue d'un ton de reproche amical.

— Qu'importe ! — répondit Ève... si toutefois c'était Ève.

— Je déteste attendre à la porte. Nous trouverons toujours bien deux places !

Son ton enjoué et insouciant étonna le jeune homme. Machinalement il les suivit. Arrivées au coin du trottoir de Gower Street, elles s'arrêtèrent : il entendit distinctement la suite de leur conversation.

— Par l'omnibus, ça va être long.

— Zut pour l'omnibus !... — un tel langage dans la bouche
de miss Madeley, l'hypothèse était invraisemblable. — Nous
allons prendre un cab. En voilà justement un qui s'amène.
Hé ! cocher !

— Sur ma vie, Ève, tu ne te gênes plus !

Ce fut la dernière phrase qui frappa l'oreille de Hilliard. Il
les vit trottiner vers le cab qui, de son côté, s'avançait à leur
rencontre. Elles y montèrent et le cocher fouetta sa bête.

« Sur ma vie, Ève, tu ne te gênes plus ! » Le doute était
donc désormais impossible ; l'identité était confirmée par le
nom. Mais l'étonnement clouait Hilliard sur place.

Elles allaient au théâtre, sans doute, et Ève semblait traiter
la question d'argent avec un superbe mépris. Elle avait l'allure,
le ton d'une personne toute disposée à jouir de la vie et
lancée à la recherche du plaisir sous ses formes même les plus
frivoles.

Sa compagne avait une voix de volume moindre et de
timbre plus aigu, indices d'une nature inférieure. L'accent
était londonien, tandis que celui d'Ève sonnait d'une façon
plus sympathique à l'homme du Midland. Ève était la plus
âgée et il était évident qu'elle exerçait une sorte d'ascendant
sur l'autre jeune fille, plus vulgaire et moins énergique.

Ève Madeley, — cette personne douce, mélancolique, pieuse,
durement éprouvée par la vie... l'original et le portrait semblaient n'avoir aucun rapport !

Le jeune homme marcha au hasard du caprice, erra par
les rues pendant une heure ou deux, absorbé dans ses réflexions. Il se demandait si, oui ou non, il rendrait visite à
miss Madeley le lendemain matin, ainsi qu'il l'avait annoncé,
et il ne pouvait prendre de résolution définitive. Tantôt il
regrettait d'avoir loué un logement dans Gower Place ;
tantôt il était décidé à mettre à profit cet avantage et à jouer
sans scrupule le rôle d'espion. L'intérêt qu'Ève avait jusqu'ici excité chez lui n'était rien en comparaison de l'émotion qui lui avait étreint le cœur à son seul aspect. Le pressentiment d'un danger inconnu lui disait de s'éloigner sans
retard ; le tumulte de ses sens rendait l'avertissement inutile.

A onze heures il était à son poste d'observation, assis,
dans l'obscurité, devant la fenêtre de sa chambre, au premier.

VI

Minuit sonnait quand Ève parut. Elle marchait d'un pas rapide et était seule ; la lueur des réverbères l'éclairait suffisamment pour qu'on la reconnût ; c'était elle, à n'en point douter. Elle tira une clef de sa poche et rentra. Peu après, une lumière apparut à une fenêtre du premier étage et une ombre se dessina sur les rideaux. Quand la lumière se fut éteinte, Hilliard se décida à se coucher, mais cette nuit-là il ne dormit guère.

La matinée du lendemain se passa dans une fiévreuse indécision. Il ne traversa pas la rue : la pensée de parler à Ève sur le seuil de la porte, comme un intrus, lui était décidément intolérable. Toute la journée, il resta à son poste. Il vit d'autres personnes entrer et sortir, mais miss Madeley demeura invisible. Il semblait impossible pourtant qu'elle eût trompé sa vigilance car il avait poussé la précaution jusqu'à se faire servir ses repas près de la fenêtre. Peut-être avait-elle quitté la maison dès le point du jour, mais c'était peu probable.

Pendant tout l'après-midi il plut, et ce ciel morose paraissait conspirer contre lui pour augmenter encore sa lassitude et son abattement. A six heures, épuisé physiquement et moralement, il avait enfin détourné les yeux de cette porte fatale, quand soudain les sons d'un orgue de Barbarie le firent tressaillir : il tourna les yeux dans la direction accoutumée... Se lever d'un bond, saisir son chapeau, s'élancer hors de la chambre, puis de la maison, tout cela fut l'affaire d'un instant. Là-bas, sur le trottoir en face, il venait d'apercevoir Ève qui s'en allait. Elle portait la même mantille de couleur claire, le même chapeau à fleurs jaunes que la veille. La pluie avait cessé ; au couchant, le ciel dégagé de nuages promettait une délicieuse soirée.

Hilliard la suivit. Au bout de la rue, elle traversa la chaussée et vint de son côté ; il la laissa passer et marcha der-

rière elle. Elle entra à la station de Gower Street et se
dirigea vers le guichet ; il approcha autant qu'il put et l'entendit demander un billet :

— *Healtheries*, troisième et retour.

Le terme d'argot désignant l'Exposition d'hygiène (*health*)
de Kensington lui était connu par les journaux anglais qu'il
avait lus à Paris. Aussitôt qu'Ève fut passée, il prit un billet
semblable et descendit vivement l'escalier à sa poursuite.
Deux minutes plus tard, il était assis en face d'elle dans le
compartiment.

Il put alors l'examiner à loisir et comparer ses traits réels
à ceux représentés sur la photographie. Mrs. Brewer avait dit
vrai : le portrait n'était pas à son avantage ; la ressemblance
était indéniable, mais quelle différence entre l'image qui l'a-
vait rendu rêveur à Dudley et la physionomie qu'il avait là,
vivante, devant les yeux ! Et cette différence ne devait pas
être attribuée seulement au temps écoulé. « Elle ne peut, se
disait-il, avoir beaucoup changé en ces deux ou trois dernières
années... car, quand elle a fait faire ce portrait, elle devait
avoir au moins vingt et un ans ». Elle ne paraissait pas plus
âgée qu'il ne se l'était imaginé : le visage était encore jeune ;
mais ce qu'il trouvait étrange, c'était cette absence d'embarras
et d'anxiété devant la vie. Elle était là parfaitement à l'aise,
tournant négligemment la tête de temps à autre. Quand, un
instant, ses yeux tombèrent sur lui, il tressaillit, mais elle
ne parut pas faire plus attention à lui qu'aux autres voyageurs.

Tout à coup elle parut s'absorber dans ses pensées et baissa
le regard. Alors la ressemblance avec le portrait devint plus
visible. Ses lèvres dessinèrent cette ligne bien connue, ce
demi-sourire trahissant l'ordinaire tristesse.

L'attention opiniâtre de Hilliard la rappela à elle-même, et
aussitôt le caractère de la physionomie se modifia complètement. Ses yeux eurent une expression de réserve froide, sinon
méfiante, et la ligne des lèvres perdit toute sa douceur. Il se
sentit au cœur un vague soupçon et, pour la seconde fois, il se
demanda si c'était bien là cette Ève Madeley dont on lui avait
raconté l'histoire.

Mais voici que de nouveau elle parut rêveuse et qu'une
inquiétude plissa son front. Comment reconnaître encore la

jeune fille qui, la veille au soir, parlait et riait si gaiement ?
Vers la fin du voyage, elle devint agitée, nerveuse ; Hilliard
crut que son observation persistante l'avait importunée et il
s'efforça de détourner les regards. Mais non ; le trouble auquel elle semblait en proie avait une autre cause : selon toute
apparence elle ne faisait nulle attention à lui.

A Earl's Court elle descendit précipitamment. Hilliard commençait à comprendre tout l'odieux du rôle qu'il jouait ;
mais il n'avait pas le choix : une force invincible le poussait
à suivre et à épier la jeune fille. Dès qu'il put se mêler à la
foule entrant à l'Exposition, il lui devint plus facile de ne pas
la perdre de vue sans toutefois se faire remarquer. Ève était
venue à un rendez-vous, il le sentait, il en était certain, et à
tout prix il voulait voir la personne qu'elle rencontrerait.

L'événement justifia ses prévisions plus tôt qu'il ne s'y
était attendu. A peine eut-elle passé le tourniquet qu'un
homme s'avança vers elle et la salua respectueusement. Ève
lui serra la main et ils marchèrent côte à côte.

Une rage folle saisit Hilliard et le fit trembler comme dans
la fièvre. Ce rendez-vous n'avait pour lui rien d'imprévu
et pourtant une jalousie atroce le mordait au cœur.

L'ami d'Ève avait l'extérieur d'un vrai gentleman. Ce n'é-
tait pas là, évidemment, un commis ou un boutiquier tiré à
quatre épingles pour aller en bonne fortune. Ses traits étaient
assez ordinaires, mais son regard était franc et honnête et ses
manières à l'égard de la jeune fille témoignaient non seulement d'une bonne éducation, mais de l'intérêt très vif et sans
doute très tendre qu'il lui avait voué. Il pouvait avoir trente
ans ; sa mise était élégante et d'un goût irréprochable.

Ève se montrait envers lui d'une réserve qui semblait
toucher à la froideur ; rarement elle tournait les yeux de son
côté tandis qu'il parlait, et ses réponses paraissaient être des
plus brèves. Son attention se portait sur les objets devant
lesquels ils passaient.

Absolument indifférent à tout ce qui l'environnait, Hilliard suivit le couple pendant plus d'une heure. Il vit, à un
certain moment, l'homme consulter sa montre, et de ce fait
insignifiant il tira un favorable augure : peut-être Ève serait-
elle bientôt débarrassée de la compagnie de cet individu. Ils

arrivèrent enfin à un endroit où était installé un orchestre, et
là ils s'assirent; Hilliard réussit à trouver place derrière eux,
mais le bruit des instruments étouffa leurs voix, ou plutôt la
voix de l'homme, car Ève semblait garder un silence absolu.
Parfois, quand la tête de son voisin se rapprochait un peu de
la sienne, elle faisait un léger mouvement de côté.

Lorsque la musique cessa, l'ami d'Ève regarda de nouveau
sa montre.

— Comme c'est désagréable! — Sa voix était parfaitement
distincte maintenant. — Je ne puis rester plus longtemps.

Ève recula sa chaise comme si elle s'apprêtait à prendre
congé de lui, mais elle ne dit mot.

— Croyez-vous que vous verrez miss Ringrose?

Ève répondit, mais Hilliard ne put saisir ses paroles.

— Je suis extrêmement contrarié. S'il y avait eu un seul...

La voix tomba, et tout ce que Hilliard put deviner d'après
la physionomie de l'homme, c'est qu'il mettait toute son éloquence à s'excuser de ce départ précipité. Puis tous deux se
levèrent et firent quelques pas ensemble. Enfin, avec un sentiment de joie féroce, Hilliard vit s'éloigner le maudit personnage.

Pendant quelque temps encore, Ève resta à regarder les
musiciens qui s'apprêtaient à jouer un nouveau morceau.
Aussitôt que retentit la première note, elle partit, les yeux
baissés. Le cœur battant avec force, plein de pensées, de désirs,
d'espérances qu'il n'aurait pu lui-même définir, Hilliard se
mit de nouveau à la suivre. La nuit était venue; les jardins
de l'Exposition s'illuminaient de lampions multicolores; la
foule allait grossissant. Il fallait qu'il se tînt près de la
personne, objet de son étrange intérêt, afin de ne pas la perdre
de vue; d'ailleurs maintenant cela lui était facile.

On entendait un cliquetis d'assiettes, de tasses et de verres.
Les gens étaient attablés en plein air et les garçons couraient
de-ci de-là, ne sachant où donner de la tête. Après un moment
d'hésitation, Ève prit place à une petite table ronde à l'écart;
lui, choisit un endroit d'où il pouvait l'épier. Elle donna un
ordre à un garçon qui lui apporta un verre de sherry et un
sandwich.

Hilliard se fit servir une bouteille de bière; la soif le dévorait.

« L'aborderai-je? se demandait-il. Est-ce possible? et si c'est possible, est-ce utile, enfin? »

La difficulté était d'expliquer comment il avait pu la reconnaître. Sinon, y avait-il indiscrétion de sa part à lui adresser la parole?

Elle avait vidé son verre et jetait les yeux autour d'elle. Le regard alla vers Hilliard et pendant un moment resta fixé sur lui. Alors, avec une audace dont il se serait cru incapable. il se leva, s'avança et salua avec déférence.

— Miss Madeley...

Le ton était presque interrogateur, mais la voix s'étrangla avant qu'il pût proférer une syllabe de plus. Ève se redressa avec cette vivacité qu'excite chez la femme l'instinct de défense.

— Je suis pour vous un étranger, put enfin ajouter Hilliard. Mais je viens de Dudley; je connais quelques-uns de vos amis...

Ses paroles, toujours précipitées, étaient déjà moins confuses. Au nom de Dudley, les traits de la jeune fille s'éclairèrent.

— Est-ce vous qui êtes venu chez moi avant-hier?

— Oui. Votre adresse m'a été donnée par Mrs. Brewer, chez qui j'ai longtemps demeuré. Elle m'a chargé d'une foule de choses aimables, de vous dire combien elle serait heureuse d'avoir de vos nouvelles...

— Et c'est ainsi que vous vous êtes acquitté de votre mission!

Son sourire, aimable et doux, le mettait à l'aise.

— Je n'ai pu vous rendre visite au moment fixé. Je me proposais de le faire demain.

— Mais d'où me connaissez-vous? Moi, — ajouta-t-elle sans attendre la réponse, — il me semble vous avoir vu quelque part; mais je ne pourrais dire où.

— Peut-être ce soir même, dans le train.

— Oui, c'est cela... Vous me connaissez donc?

— J'ai cru vous reconnaître quand vous êtes sortie de chez vous comme je sortais de chez moi... Il faut que je vous dise que j'ai loué un logement Gower Place... Nous avons fait route presque côte à côte jusqu'à la station de Gower Street.

Je ne voulais pas vous aborder en pleine rue, mais puisque j'ai le plaisir de vous rencontrer de nouveau...

— Je ne comprends pas encore, — dit Ève qui parlait sans la moindre trace d'émotion dans la voix ; — je ne suis pas la seule personne demeurant dans cette maison... Comment avez-vous pu deviner que j'étais miss Madeley ?

Hilliard n'avait pas osé s'asseoir ; il se tenait devant elle, tête nue, dans une attitude respectueuse.

— Chez Mrs. Brewer, j'ai vu votre portrait.

Elle baissa les yeux.

— Mon portrait ! C'est vraiment d'après cela que vous m'avez reconnue ?

— Oh ! sans hésiter !... Vous me permettez de m'asseoir ?

— Assurément. Je serai bien aise d'avoir des nouvelles du pays. Je ne pouvais imaginer qui était venu pour me voir. Mais, j'y pense : Mrs. Brewer ne devait pas avoir mon adresse ; je n'ai plus écrit à sa fille depuis que j'ai déménagé.

— C'est l'ancienne adresse qu'elle m'a donnée. J'aurais dû vous le dire, mais j'oubliais : tout d'abord, j'ai été à Belmont Street.

— Mystère sur mystère ! s'écria Ève. Là-bas on ne pouvait pas savoir où j'étais allée.

— Une enfant qui vous avait apporté un paquet à Gower-Place s'est offert à me renseigner.

En apparence fort amusée de cet enchaînement de circonstances et faisant parade d'un calme extérieur inaltérable, miss Madeley ne réussit pourtant pas à supprimer tout indice de trouble intime.

Poussé par la curiosité à l'étudier de près, le jeune homme fut bientôt persuadé qu'elle jouait un rôle habilement composé ; mais qu'elle le jouât avec cette perfection, voilà ce qui était prodigieux. Sans doute, Londres avait été pour elle une excellente école. Douée d'une intelligence peu commune, elle s'était transformée dans des conditions nouvelles d'existence et il aurait été désormais difficile de reconnaître en elle la fillette de province qui se tuait au travail pour tenir en ordre le ménage d'un père ivrogne. Hilliard se rappela cette sœur qui était allée à Birmingham et avait disparu ; il y avait peut-être là quelque chose de caractéristique chez les Madeley, quelque chose dont il fallait tenir compte pour interpréter le caractère d'Ève.

Elle s'accouda sur la petite table.

— Ainsi, Mrs. Brewer vous a demandé de vous informer de moi si vous alliez à Londres?

— C'est simplement une idée qui lui est venue, et, si vous voulez, je vais vous dire comment. Je prenais d'ordinaire mes repas dans le salon de Mrs. Brewer et. parfois, pour me distraire, je feuilletais son album. J'y vis votre portrait et... et cette image m'intéressa, je l'avoue, et je demandai le nom de la personne qu'elle représentait.

Hilliard avait maintenant repris tout son empire sur lui-même; il parlait avec simplicité et netteté sous l'inspiration de ses désirs.

— Et, dit Ève en détournant les yeux, Mrs. Brewer vous a parlé de moi?

— Elle m'a parlé de vous comme de l'amie de sa fille, répondit-il évasivement.

Ève parut se contenter de cette réponse, que suivit un long silence.

— Je m'appelle Hilliard, reprit le jeune homme. Je me paie mon premier congé digne de ce nom, je jouis des premières heures de liberté dont il me souvienne. A Dudley, mon métier était de dessiner des machines, et je mentirais si je disais que j'avais le cœur à la besogne.

— Et vous allez vous y remettre?

— Non, pas pour le moment du moins. Je suis allé en France et il se peut que je reparte bientôt.

— Vous voyagez pour votre agrément? fit Ève avec intérêt.

— Oui, mais pas uniquement pour cela. J'ai un autre but : apprendre à vivre.

Elle leva vivement les yeux comme pour lire sur son visage le sens de ces paroles, puis elle les détourna et ses traits prirent une expression grave et pensive.

— Par un heureux hasard, poursuivit Hilliard, il m'est tombé entre les mains une somme assez forte pour me permettre de vivre en rentier pendant un an ou deux. Quand je serai au bout de mon rouleau, il se peut que je rentre dans la galère et redevienne la machine vivante de jadis. Mais au moins pourrai-je me rappeler que pendant deux ans j'ai été un homme.

Ève jeta sur lui un regard interrogateur : ce langage semblait avoir produit sur elle une sorte d'impression troublante.

— Cela doit vous paraître un peu fou ? dit-il en souriant.

— Non... non !... je crois vous comprendre.

Elle parlait lentement. et Hilliard. qui ne pouvait détacher les yeux de son visage, le trouva, cette fois, d'une ressemblance frappante au portrait qui vivait dans son souvenir. La voix, douce et profonde, était aussi celle qui s'accordait avec cette image, bien plus que la parole un peu brève entendue jusque-là.

— Avez-vous toujours vécu à Dudley ? demanda-t-elle.

Il esquissa rapidement son existence, sans faire mention des affaires de famille.

Avant qu'il eût terminé, il vit le regard de la jeune fille se diriger vers un point à quelque distance derrière lui ; elle sourit et enfin elle eut un petit signe de tête à l'adresse d'une personne qui s'approchait. Alors une voix le fit se retourner.

— Ah ! le voilà ! Il y a un siècle que je te cherche de tous les côtés !

Aussitôt que Hilliard aperçut celle qui parlait ainsi, il n'eut aucune peine à la reconnaître. C'était la compagne d'Ève, celle de l'avant-veille, la jeune fille avec qui il l'avait vue partir pour le théâtre.

Elle fut, naturellement, un peu surprise en trouvant son amie en conversation avec un homme qu'elle-même ne connaissait pas. Mais Ève était prête à la répartie et ne manifesta aucun embarras :

— Monsieur est un compatriote... un citoyen de Dudley. Monsieur Hilliard — Miss Ringrose.

Hilliard se leva. Miss Ringrose. après un essai de salut grave et cérémonieux, tendit la main, sourit d'un petit air fripon et dit avec une vivacité comique :

— C'est vrai, bien vrai ? Vous arrivez de Dudley ?

— Bien vrai, miss Ringrose. C'est donc pour vous une chose extraordinaire?

— Oh! je ne veux pas dire que c'est extraordinaire... (Elle avait une voix aiguë, mais d'un timbre assez agréable, parlait très vite et jetait à son interlocuteur des regards qui voulaient être timides.) Mais Ève... miss Madeley... m'avait mis en tête que les gens de Dudley étaient de grands, gros diables noirs comme de l'encre. Ne vous moquez pas de moi, ce n'est pas gentil. Tu sais bien, Ève, que tu m'as dit ça cent fois. A coup sûr, je pensais bien qu'il devait y en avoir d'autres, mais... mon Dieu! vous me rendez confuse, et, vrai, je ne sais plus ce que j'allais dire...

C'était une petite personne au visage fluet, mais assez agréable sous ses cheveux châtains. Appartenant à une classe de la société qui, surtout dans sa partie féminine, ne brille pas par l'intelligence, elle rachetait ce qu'il pouvait y avoir d'un peu vulgaire dans ses manières par une franchise mutine et une inaltérable bonne humeur. Hilliard rit de bon cœur de son idée de grands, gros diables, noirs comme de l'encre.

— Je suis aux regrets de devoir vous enlever cette illusion, miss Ringrose.

— Non, mais, réellement, quelle espèce d'endroit est-ce, Dudley? C'est-il vrai qu'on l'appelle le Pays noir?

— Promenons-nous, fit Ève. Monsieur Hilliard vous dira tout ce qu'il sait sur le Pays noir.

Elle ouvrit la marche, et tous trois se mirent à flâner au hasard, parmi les commis et les boutiquiers fumant leur cigare, chacun avec une femme de sa condition; parmi les groupes de famille, petits bourgeois des faubourgs et artisans — ceux-ci franchement tapageurs, ceux-là affichant une dédaigneuse supériorité; — çà et là un homme en toilette de soirée, raide dans sa cravate blanche et sa chemise empesée, puis l'essaim errant des guêpes nocturnes, butinant dans le parterre humain. Hilliard, encouragé par le succès de ses avances, enivré par le passage sans transition de la solitude à la jeune et joyeuse compagnie, parlait avec feu, plaisantait, riait, ne se reconnaissait plus lui-même. La conversation se poursuivait, la plupart du temps, entre lui et miss Ringrose; Ève était distraite, répondait à peine quand on lui adressait la parole,

riait d'un air contraint et parfois laissait percer cette inquiétude que Hilliard avait déjà remarquée pendant le voyage.

Bientôt elle déclara qu'il était temps de s'en aller.

— Il n'y a rien qui presse, dit son amie. Est-il dix heures
et demie, monsieur Hilliard? Pas même! ainsi!...

— Je ne veux pas rester plus longtemps. Mais cela ne doit
pas te faire partir si tu n'en as pas envie, Patty.

Hilliard avait compté retourner avec elle; à son grand
désappointement, Ève opposa à sa requête un refus glacial
qui ne permettait pas d'insister.

— Mais vous me laissez au moins l'espérance de vous
revoir?

— Nous demeurons presque porte à porte, répondit-elle:
il est donc presque certain que nous nous rencontrerons.
Viens-tu, Patty, ou restes-tu encore?

Le jeune homme échangea une poignée de main, assez
cérémonieuse avec Ève; avec Patty Ringrose, une autre, aussi
cordiale que s'ils étaient de vieux amis. Et bientôt il les eut
perdues de vue dans la foule.

GEORGE GISSING

(Traduit de l'anglais par G. Art.)

(A suivre.)

VUES POLITIQUES

Il y a quatre ans, M. Spuller prononçait un mot fameux :
« Esprit nouveau », qui provoqua beaucoup d'applaudissements et de cris de fureur. Il répondait à une question que,
ne m'attendant guère à tant d'honneur et tant de bruit,
je lui avais posée à propos d'un arrêté de M. le maire de
Saint-Denis, défendant au curé de la ville de suivre à pied
le convoi de ses paroissiens pauvres. On célébra ou on maudit
à grands cris la hardiesse du ministre et l'esprit nouveau.
Le débat, comme on dit en style parlementaire, s'était prodi-
gieusement élargi. Mais je n'ai jamais pu savoir si M. le curé
de Saint-Denis aurait ou non la permission d'aller enterrer
ses morts.

Le mot a fait fortune en ce temps-là. Et, depuis lors, les
mots d'apaisement, de tolérance mutuelle, ont été prodigués.
Certainement, beaucoup d'intentions sont dirigées en ce sens.
Ont-elles été suivies de beaucoup d'effets ? Je crains que, jus-
qu'àprésent, les choses se soient passées souvent comme à
Saint-Denis. Le débat s'est élargi, mais les réformes pratiques

n'ont point été obtenues. Des causes de division profonde subsistent, qui pourrait le nier? entre les conservateurs et le gouvernement des républicains modérés. Il n'est pas difficile de rappeler ces causes de division, car toutes ont été signalées, et dans les polémiques de la presse conservatrice, et dans les discussions parlementaires.

Au point de vue de l'apaisement religieux, l'esprit nouveau n'a point encore, et tant s'en faut, procuré au pays les libertés désirables.

La loi scolaire, les lois fiscales contre les congrégations demeurent entières, et sont des mesures de guerre. Le budget de l'enseignement dépasse 200 millions — je parle de celui de l'État — ; les villes y ajoutent des sommes énormes, la ville de Paris seule plus de 30 millions. Et l'enseignement religieux libre a gardé 1 600 000 élèves dans les écoles primaires, tandis que les écoles laïques en ont 3 800 000 ; 80 000 élèves dans les écoles secondaires, tandis que les lycées et collèges en ont aussi 80 000. Presque un tiers de la population primaire, la moitié de la population secondaire, et cela sans budget. Il y a donc là un besoin public, un désir des familles, qui ne trouvent pas à l'école officielle une éducation morale suffisante. Les vagues notions de vertus civiques proposées à l'esprit précis et inquiet des enfants n'ont pas remplacé la morale chrétienne. Fâcheuse lacune que nombre de philosophes et de pédagogues sincères, qui souvent n'étaient nullement cléricaux, ont signalée.

Si l'école chrétienne ne peut être *adoptée* par la commune, comme en Belgique, au moins devrait-elle pouvoir être dotée d'une subvention équitable, quand il est constant qu'elle rend des services aux habitants. Mais cela est interdit. La commune peut entretenir un théâtre, un cirque, un café-concert, non une école chrétienne : le Conseil d'État le défend. Encore est-il, dans notre jurisprudence, deux poids et deux mesures. Ce qui est défendu aux villes de Vitré et de Muret, est permis à la ville de Paris : elle distribue deux millions par an à des chefs de pensions libres, mais dûment reconnues non chrétiennes.

Et comment a-t-on continué à faire payer des impôts d'exception aux congrégations qui, sans aide, se chargent des

services publics de l'enseignement, de l'éducation des orphelins, du soin des malades, de l'hospitalisation des vieillards?
L'impôt du revenu, dit la loi de 1893, sera calculé sur un
revenu de cinq pour cent du capital brut, à moins que ce
revenu soit reconnu supérieur. Et cela, même quand le capital
est affecté, en vertu de décrets, à un service d'utilité publique,
comme il arrive pour les congrégations reconnues. Si les
Petites Sœurs des Pauvres reçoivent un legs d'un million,
l'État veillera à ce qu'elles emploient la somme à hospitaliser
gratuitement des vieillards indigents. Et le même État pré-
tendra qu'elles ont cinquante mille livres de rente. Telle est
la loi. Ce ne sont pas là des impôts : ce sont des amendes
destinées à réprimer le délit de bienfaisance.

Ces abus survivent à un état d'esprit qui s'en va. Peu de
gens ont gardé la haine de l'idée religieuse. Mais on retourne
la formule des voltairiens de l'ancien régime. Ceux-là pensaient qu'il faut une religion pour le peuple, mais non pour
les grands. Les seigneurs d'aujourd'hui en veulent bien pour
leurs femmes, leurs enfants, pour eux-mêmes, mais n'en
veulent pas pour le peuple. On a vu des ministres confier
l'éducation de leurs filles aux maisons religieuses les plus re-
nommées, et ne pas savoir toujours retenir de petits tyrans
de village qui révoquaient des cantonniers ou des gardes
champêtres coupables d'envoyer les leurs chez les Sœurs de
la Charité.

Il était pour l'opposition de Droite d'autres raisons de
désaccord avec le gouvernement des modérés. Nous avons
en bien des circonstances critiqué la politique étrangère du
gouvernement. Tâche toujours fâcheuse : car tandis qu'on
peut, à l'intérieur, espérer combattre par avance et empêcher
les mauvaises mesures, les fautes commises à l'extérieur ne
sont connues qu'après qu'elles sont commises ; et on ne peut
plus que récriminer. Il est inutile de rappeler les massacres
d'Arménie, les crimes impunis de la Turquie, les souffrances
de la Crète, l'écrasement de la Grèce, aux lecteurs d'une *Revue*
où ont été publiés les écrits de M. Lavisse et de M. Bérard.
Ils sont édifiés, et savent si à travers les événements d'Orient
notre prestige a grandi, et si nos traditions nationales ont été
respectées.

En matière économique, le gouvernement actuel a donné satisfaction à la Droite quand il a rejeté l'impôt sur le revenu. Mais l'impôt sur la rente et les mesures qui l'accompagnaient ne pouvaient être acceptées par nous. Et M. le Ministre des finances ne vient-il pas de faire prévaloir, en votant avec la gauche du Sénat, le principe de la progression dans les droits d'héritage ?

Enfin la Droite doit-elle être moins attaquée que par le passé aux élections ? Elle n'y compte guère. Elle sera attaquée d'abord parce qu'elle est la Droite ; ensuite, parce que les fonctionnaires regretteront le régime si commode pour eux de la concentration républicaine : serviteurs de la concentration, ils ne voyaient jamais tourner contre eux les luttes entre opportunistes et radicaux.

Or, le règne de la concentration paraît terminé. Le bloc est fendu, et la fente s'élargit de jour en jour. On s'est jeté des défis, on s'est lancé des injures : suppôts de la réaction, complices du socialisme. On aura peine à se réconcilier.

Ce résultat n'est pas négligeable. Il n'eût point été atteint si, pendant un long temps, malgré beaucoup de griefs, nous n'avions le plus souvent donné notre appoint aux modérés. — Votre appoint ! ont dit des critiques. Vous n'êtes bons qu'à donner un appoint. — On ne peut pas faire autre chose quand on est en petit nombre. Nous pouvions donner notre appoint soit aux modérés, soit à la coalition radicale-socialiste. Nous avons choisi le premier parti. Nous avons cru que le danger le plus imminent était dans les menaces des socialistes et des collectivistes, et que le plus pressant devoir était de les combattre. Nous n'avons vu aucun intérêt pour la patrie à réinstaller le gouvernement des radicaux et à la doter de l'impôt sur le revenu. Nous avons considéré d'autre part qu'il ne fallait à aucun prix troubler un courant conservateur qui commençait à se produire. Non. ce devoir n'était pas de ceux dont l'exécution peut être ajournée, dans une Chambre qui avait fait vivre le ministère radical, qui certainement contenait au début une majorité de concentration. et à laquelle il a bien fallu répéter qu'elle était modérée, pour qu'elle finît par le croire. et le paraître.

II

Mais avons-nous eu raison de compter sur un mouvement conservateur? Avons-nons été dupes en attendant quelque progrès de l'Esprit nouveau? Ce ne serait pas un esprit nouveau qui se manifesterait, mais l'ancien esprit français. Cet esprit-là n'est nullement enclin au socialisme. Il est individualiste, ce qui ne signifie, en aucune façon, égoïste. Il n'a pas une confiance aveugle dans les mots sonores et vides de *réforme* et de *progrès*. Il n'est pas sectaire. Il est franchement libéral et conservateur.

Oui, l'esprit conservateur est celui du plus grand nombre des habitants de ce pays, où la fortune est divisée en parts petites et nombreuses, accrue par l'économie ou par un patient travail, rarement risquée (malgré quelques célèbres et fâcheux exemples) dans les entreprises aventureuses.

Je ne crois pas qu'on nous voie jamais devenir des gens très remuants et très riches, à la manière des Américains. Nous sommes des agriculteurs, ayant un goût très marqué pour le militaire et un penchant pour les fonctions publiques; joignez à cela une crainte salutaire des spéculations et l'habitude de l'épargne.

Un père de famille américain perd, gagne, dépense beaucoup de dollars, sans distinguer toujours son capital de son revenu, et dit à ses enfants : « Faites de même. » Un père de famille français se livre peu aux entreprises, mais réalise des économies; et, s'il a quelque aisance, aime à voir son fils officier, magistrat, professeur, adonné enfin à quelque fonction honorable et mal rétribuée. Ses économies pareront à l'insuffisance du traitement. Et c'est ainsi, je le disais un jour à la Chambre, que la fortune acquise, dont M. Casimir-Perier avait si légèrement parlé, vient souvent chez nous en aide à l'État.

Un peuple agriculteur, militaire, fonctionnaire par goût, économe par nature est forcément conservateur. Il se défie des changements et voudrait pouvoir compter sur la stabilité du gouvernement.

« Vous nous représentez, me dira-t-on, vos concitoyens
sons des couleurs bien pâles.

» Vous n'avez pour votre pays qu'une ambition bien modeste. Quoi! l'activité prodigieuse de l'Amérique ne vous
inspire point d'envie! Vous vous contentez de vivre dans un
pays de petits bourgeois où l'on ne verra trôner ni le roi du
pétrole, ni le roi du fer, ni le roi des cuisines roulantes et
des wagons-lits! »

Nous avons des rois moins riches et plus puissants, auxquels ceux-là d'outre-mer doivent leurs royaumes, car toutes
les découvertes dont ils profitent ont été faites chez nous.
Ne pourrait-on, d'ailleurs, concevoir quelques doutes au sujet
de la grandeur de la République des États-Unnis et des espérances qu'elle avait fait naître? Elle devait réunir trois caractères : être savante, démocrate et libérale. Or, elle n'a point
ou presque point de savants. Elle en a donné au monde, en ce
siècle, beaucoup moins même que le royaume de Naples, qui
a possédé Avogadro et Melloni; et moins que la Russie.
D'autre part, trois cents personnes environ sont, dit-on, en
possession de la moitié des richesses de cette République. Voilà
pour l'égalité démocratique et le rapprochement des conditions
sociales. Enfin, tous les quatre ans, elle installe dans une
petite maison blanche un César. Toute la vie politique du
pays se résume en efforts pour ou contre l'élection de ce
maître, qui n'a point à attendre des Chambres le vote d'un
budget annuel, qui suspend les lois par son veto, et peut
les faire casser comme contraires à la Constitution par
une Cour suprême dont les membres sont inamovibles, mais
remplacés par son choix. Voilà pour la liberté politique.
Serait-ce une grande déception à signaler dans l'histoire des
entreprises humaines?

Je ne vois pas que notre pays ait rien à envier à ce pays
des millions. Nous travaillons aussi, et jusqu'à présent les
idées naissent de notre côté de l'Atlantique. Nous ferions
un mauvais commerce en échangeant Ampère contre Edison
ou Paris contre Chicago. Hélas! cette dernière vérité est celle
que nous eussions voulu faire entendre aux constructeurs
d'expositions colossales et de gares centrales!

Si de nouvelles conditions économiques nous obligent à

pousser plus activement en avant la marche de notre industrie. si nous sommes forcés aussi, ce qui coûte beaucoup à des Français, d'envoyer nos enfants loin du pays créer de nouvelles Frances en Afrique et en Asie, nous trouverons des émules à imiter et à suivre, toujours de ce côté de l'Atlantique, dans les monarchies de la vieille Europe, qui demeure, en ce monde, le foyer de la pensée, de la science, et par conséquent de la véritable et féconde activité.

Comment un peuple conservateur a-t-il descendu jusqu'à l'extrême limite la pente qui mène au radicalisme ?

Les peuples, comme les individus, subissent des entraînements. Lorsqu'une passion violente s'empare de tout leur être, les traits distinctifs de leur physionomie, les caractères les plus profondément gravés semblent se fondre et s'effacer. Mais c'est là une apparence, et les traits reparaissent quand la passion est refroidie.

Non, ce n'est pas un esprit nouveau qui naît. Le vieil esprit avait subi une éclipse. Les petits propriétaires, les fonctionnaires qui se taisent et attendent aujourd'hui rentreront, au premier signal sérieux, en rangs serrés dans le camp des conservateurs. Ils ont courbé la tête et laissé passer l'orage, mais ils n'étaient point changés au fond. Ainsi sortirent au premier jour, battant joyeusement leur caisse, les tambours de la Pépinière. Ils avaient continué à s'exercer dans les caves de la caserne, respectant une malencontreuse consigne du général Farre, mais n'y croyant pas.

Un parti nouveau s'est constitué. Il s'est donné le nom de progressiste. Il a de bonnes chances de succès, s'il ne s'entête pas à trop bien mériter son nom, et s'il reste convenu que progressiste, en français de proclamation électorale, veut dire conservateur.

III

Que peut-on espérer de l'avenir ? Les astronomes, connaissant la base d'un triangle et les deux angles à la base, calculent l'angle au sommet, qui est appuyé à une étoile. Les

politiques voudraient faire de même. Ils connaissent à la
rigueur la base et les deux angles : où sera le sommet? Leurs
calculs sont moins certains. Le temps est plus insondable que
l'espace ; et quand il s'agit des actions humaines, la raison
ne peut jamais deviner ce que décidera le libre arbitre, l'une
et l'autre n'étant pas toujours en parfait accord.

« Ceci durera bien autant que nous », disait Louis XV.
C'était encore montrer en la stabilité de son gouvernement une
certaine confiance. Je ne sais si beaucoup d'hommes politiques,
même ayant passé la cinquantaine, en diraient autant aujour-
d'hui. Ils affirment volontiers que ceci ne peut durer.

Mais qu'est-ce que ceci ?

La forme n'est rien, a-t-on dit. Que nous importent la
forme, le nom, l'étiquette? Ayons un gouvernement sage et
tout ira bien. — Est-il sûr que cette maxime n'ait pas à tort
séduit beaucoup de gens? La forme, le nom, l'étiquette de
notre constitution n'ont-elles pas été la cause de ce que nous
voyons, plus encore que ne l'ont été les hommes qui ont
détenu le pouvoir ?

Chez nous, l'État est tout et le Gouvernement n'est rien.
Le Gouvernement est à la merci d'une interpellation, d'un
incident de séance, d'un article de journal. Et ce faible pilote
qu'un souffle jette à la mer tient la barre d'un colossal navire
dont tous les jours les décisions du Parlement viennent com-
pliquer les machines, et alourdir la cargaison.

L'État est tout. L'État et les Villes absorbent dans leurs caisses
le quart des revenus du pays. L'État, les Villes et les grandes
Compagnies de chemins de fer emploient le quart aussi des
citoyens. Tant de gens sont occupés à administrer, à percevoir
les impôts, à entretenir les routes et les canaux, à chauffer les
locomotives, qu'il ne reste plus assez de gens à gouverner, à
taxer, à transporter. Si les fermes ne trouvent point de pre-
neur, ni les fonds de commerce d'acquéreur, ce n'est pas
toujours parce qu'on n'y peut pas vivre et prospérer ; c'est
que le goût d'être fonctionnaire a détourné tous les jeunes
gens des professions indépendantes. A l'Opéra-Comique,
Blaise et Colin se disputent la ferme du nouveau seigneur et
la main de la fille du bailli. Aujourd'hui, ce seigneur ne
saurait à qui louer sa ferme. Et la fille du bailli, dédaignant

les gens de campagne, irait à la petite ville épouser un sous-chef de gare ou un employé du télégraphe.

L'État est tout et chacun en accepte la suprématie et l'universelle ingérence.

Ceux des nôtres qui, par hasard, ne sont pas fonctionnaires, supplient l'État de se mêler de leurs affaires. Il faut qu'il les mène par la main dans le chemin de la fortune, écartant de leurs pas les concurrents étrangers, et leur distribuant même des bénéfices sous le nom de primes. Les droits protecteurs exigent de l'étranger les charges qui pèsent sur nos concitoyens : telle est leur raison d'être, et nous ne faisons, en nous protégeant, qu'imiter nos voisins. Le système des primes est plus difficile à défendre, même quand nos voisins nous donnent l'exemple. Cette ingérence de l'Etat en matière économique finirait par nous préparer au socialisme. Les économistes libéraux peuvent-ils prétendre que, sur un marché restreint, et avec de semblables tutelles, leurs lois, ces lois qui ont pour eux une rigueur scientifique, ne soient pas toujours faussées?

Mais la confiance en l'État, et l'exigence montrée en revanche à l'État, règnent partout. Et ceux qui font de la soie, et ceux qui cultivent le lin, et ceux qui produisent le sucre, et ceux qui élèvent le bétail, non seulement demandent à l'État aide et protection, mais ne sont pas loin de se regarder comme exerçant une fonction à laquelle une rémunération doit être assurée par l'État.

L'État se mêle de religion, de philosophie, même de science, quelquefois.

D'où provient cet accroissement exorbitant du rôle de l'État? Il provient expressément du fait d'un parlement, en lequel se confondent tous les pouvoirs, et qui est occupé pendant neuf mois à légiférer.

On peut gouverner ou par des conseils, des encouragements venus de haut, des appels adressés par une autorité respectée à la confiance et à l'initiative des particuliers ; ou bien par des lois et des règlements. Un parlement qui gouverne ne peut procéder que par lois et règlements.

Il les multiplie donc, et par là il grossit et complique chaque jour cette formidable et coûteuse machine : l'État.

Le parlement est le meilleur, le seul instrument de contrôle ; mais un très mauvais instrument de gouvernement. On maudit le parlement et on a tort : qui songe à s'en passer? Qui donc, même parmi les plus las du régime actuel, suppose que notre pays voudra jamais confier à la fantaisie d'un maître populaire ses finances et ses lois? Il le faudra momentanément, disent certains hommes hardis ; il est des réformes dont les Chambres sont incapables et que ce maître seul pourra nous donner. Quelle chimère ! Comment choisir ce maître? Quel espoir nous jettera dans ses bras? Et qui donc, ayant compris et aimé la liberté, peut chercher des remèdes dans l'avènement d'une dictature même temporaire !

Cela n'empêche pas de reconnaître les défauts des parlements détournés de leur vrai rôle et, on peut le dire, dégénérés. A travers nos longues et fastidieuses querelles, il est un mal dont sont atteints même de très brillants esprits, et qu'on pourrait appeler le mal parlementaire. Il consiste à considérer les questions non pour ce qu'elles valent en elles-mêmes, mais pour ce qu'elles valent comme arme de parti. On est tout au jeu, et on oublie les conséquences de ce terrible jeu. On pousse une carte à droite ou à gauche, et on ne voit plus que, hors du grand cercle du Palais-Bourbon, le résultat de la partie sera d'inquiéter des consciences, de décourager des industries, ou au contraire de leur donner une prospérité artificielle : quelquefois même de provoquer des troubles.

Il est un autre mal, trop connu : celui des manifestations électorales faites aux dépens du budget.

Quelquefois aussi, dans des disputes si longues et si répétées, la guerre de personnes a remplacé la lutte pour des idées. Les idées s'oublient, les caractères distinctifs des partis s'effacent, et les fossés qui les séparaient se comblent : la cause de ce mal très grave est dans les *concentrations*, dans les *syndicats de mécontents*, les marches parallèles qui, trop souvent, ont réuni des hommes que tout devait séparer. Que deviennent les doctrines contraires quand on voit les hommes qui les professent marcher ensemble? Elles perdent de leur valeur et inspirent moins de confiance à leurs adhérents.

Et, phénomène étrange, plus les opinions sont effacées, et plus les polémiques sont violentes. On entend des imprécations effroyables, et on se demande parfois ce qui peut irriter les uns contre les autres les combattants. — L'important est de retrouver des idées générales claires et précises, et de s'y tenir, ce qui est, pour la carrière politique, l'honneur professionnel.

IV

Dans les conversations politiques courantes, on entend souvent répéter les mêmes formules. J'en ai déjà cité deux. C'est : « La forme importe peu » et « Ceci ne peut durer ». Il en est une troisième très usitée et qui généralement clôt l'entretien. C'est : « Comment en sortirons-nous ? »

Comment ? Il n'y a que deux portes de sortie, comme il y en avait deux aux enfers de Virgile, et que le poète avait appelées la porte de corne et la porte d'ivoire.

Un César militaire aura, Dieu merci, peine à grandir au sein de la paix, et la paix semble heureusement devoir durer. Les sommes énormes que tous les peuples d'Europe dépensent pour l'entretien de leurs armées sont comme de lourdes primes d'assurances payées pour avoir la paix. Cependant le prestige des armées grandit chez nous, d'abord parce que notre vaillante armée le mérite, ensuite parce que le prestige de tout le reste, parlement, pouvoir exécutif, magistrature, a diminué.

C'est ce que nous ont montré de récents événements.

Qui aura droit à notre confiance et à notre foi, quelle convention sociale, quelle institution restera debout, si nous doutons des officiers de notre armée siégeant en conseil de guerre ? Le peuple de Paris a compris tout de suite que le fait seul de discuter le jugement de Dreyfus, même avant les gros mots de M. Zola, était une injure formidable à l'armée. Il était déjà disposé à crier : Vive l'armée ! n'ayant à acclamer qu'elle et pour crier vive quelque chose. Il a redoublé ses cris. Aussitôt quelques augures, même attachés à la politique modérée, ont frémi. Ils ont cru à un retour offensif du militarisme. Ils se sont figuré, dans un éclair, voir passer l'image d'un César. Ils n'ont dû voir que l'éclair : où serait le César ?

La porte de sortie césarienne n'a même pas été entr'ouverte cette fois. Elle pourra l'être.

Je crois qu'il en est une autre.

J'entendais, il y a quelques jours, dans un salon, un habitant très considérable d'un pays monarchique voisin, lequel à la vérité n'est point prospère : il s'entretenait avec un de mes collègues, député républicain fort versé dans les affaires étrangères.

— La plus grande épreuve pour un pays, disait poliment le républicain français, c'est de perdre sa dynastie. Nous avons subi cette épreuve. Il a fallu nous arranger autrement.

— Qu'est-ce qu'un roi? reprenait l'étranger avec non moins de prévenance. Un homme habitué dès l'enfance à se dire qu'il ne dépend de personne et n'est d'aucun parti.

Ce n'est pas là une qualité négligeable, lorsque de plus cet homme, par sa race, est le représentant d'une antique tradition nationale, et que, depuis des siècles, son nom est confondu avec le nom de son pays. Il est au-dessus des partis et l'hérédité seule a pu lui conférer cette indépendance : autrement il ne pourrait, comme en Amérique, être poussé au pouvoir que par la victoire de l'un ou de l'autre parti, et pour y faire les affaires de ce parti.

Il arrive par l'empire de la tradition nationale, par droit de naissance et non par la supériorité du génie. Mais le choix, tel que nous le pratiquons au Congrès, n'est-il pas de nature à écarter quelquefois les génies qui auraient trop d'éclat?

Il rend un constant service en écartant les compétitions du rang suprême. Un danger menace toujours les républiques démocratiques : le sauveur qui surgit après des troubles, ou après des années de disputes byzantines dont tout le monde s'ennuie et s'inquiète. C'est là un mal chronique, comme diraient les médecins. Nous avons échappé récemment au sauveur chronique, mais nous subirons d'autres crises. La reine d'Angleterre, en soixante ans, a dû procurer à son pays l'économie d'au moins sept ou huit Boulanger.

Il règne, et gouverne même par le respect, la reconnaissance, et la confiance, sans avoir besoin de légiférer sur tout, de réglementer toute chose, et d'étouffer toute initiative privéc. Avec lui le gouvernement est plus fort, et l'État moins envahissant.

Et, grâce à la Constitution, la volonté du pays se fait entendre dans la discussion parlementaire.

Tel est l'avenir que souhaitent les hommes qui sont libéraux sincères et qui ne sont pas républicains. Cela est bien permis. Et le nombre en sera peut-être bientôt plus grand. quand le régime actuel nous aura menés aux frontières du césarisme et du socialisme combinés. Alors, tous les libéraux de France auront à choisir entre leur amour de la liberté et leur préjugé contre la monarchie.

Ce préjugé, plusieurs causes ont pu l'entretenir. D'un côté on a pu craindre que la Fusion, contrairement au sens de ce mot en chimie, ne fût l'anéantissement complet d'un des deux éléments qu'il s'agissait d'unir. D'un autre côté, on nous dit : « A quoi servirait la monarchie constitutionnelle et libérale que vous croyez la seule possible, la seule désirable ? Ce ne serait que la meilleure des républiques. » Le bienfait déjà serait grand pour un pays qui possède une république fort médiocre, et est menacé de la plus mauvaise. Mais nous attendons plus encore de la monarchie.

DENYS COCHIN

ALPHONSE DAUDET[1]

Favorisé par le succès, mon père ne le chercha jamais d'une façon basse. Les « gros tirages » le surprirent, mais ne le grisèrent pas. Je n'ai connu personne qui méprisât l'argent autant que lui. D'une modestie extraordinaire dans sa vie quotidienne, ennemi du luxe et de l'étalage, d'une simplicité touchante dans ses vêtements, son intérieur et toute sa conduite, il considérait la richesse comme le piège le plus dangereux, la source de corruption où s'empoisonne celui qui boit, la cause majeure des dissolutions et des haines dans la famille et la société.

— L'infamie de l'or! s'écriait-il. Elle fut décrite et prophétisée par le sublime Balzac dont l'œuvre, perpétuellement surchauffée et tendue, me représente le poème de la convoitise. Il ne se sert de gnomes ni de géants, comme Wagner, mais il n'en a pas moins la force légendaire, s'il généralise les tortures, les hontes, les infamies, spécialise les figures, les grimaces, les mots définitifs et gravés sur la chair ardente. L'or ne donne aucun des bonheurs fonciers, primordiaux et

1. Voir la *Revue* du 15 mars.

réels, aucun. En revanche, il contrarie la nature, creuse la ride et le bourbier, déchire et corrompt. Les économistes racontent qu'il circule... oui, comme l'alcool ou l'opium, rendant lâche ou furieux, avilissant celui qu'il exalte, ne s'amoncelant que pour la ruine, ne s'accumulant que pour le vice... Quand je passe devant une magnifique demeure, hôtel ou château, parc aux eaux jaillissantes, je me demande ce que cela cache de douleur et de désordre.

Il croyait qu'en littérature, le succès rapide et l'argent sont choses mauvaises, détournant l'artiste de sa vraie voie qui est de se perfectionner, selon sa propre nature et d'après sa conscience, sans nulle visée pécuniaire.

Ce qui le préoccupait avant tout : la responsabilité de l'écrivain.

— Notre époque joue, disait-il, terriblement avec des forces imprimées, pires que des explosifs.

Je découvris un jour, sur un de ses « Petits cahiers », une liste des injustices sociales, des principaux torts à combattre.

— Je l'ai dressée, m'avoua-t-il, en vue de sujets de livres. Or, s'il est une chose consolante, c'est qu'en face de chaque abus se dresse un faible, oh ! bien faible essai de réparation. Tantôt une œuvre, tantôt un simple cri, tantôt un murmure. Malheureusement, l'humanité compatissante dispose de ressources restreintes, ne peut être partout à la fois.

Il revenait alors à la politique des « marchands de phrases », qui, au lieu de s'occuper uniquement à soulager les détresses sociales, ne s'absorbent que dans les scrutins :

— *Un tout petit peu chaque jour,* telle devrait être leur devise. Mais ils s'occupent bien de cela !

On devine donc qu'il fut libéral et le plus libre des esprits, encore qu'attaché à la tradition. Mais une étiquette parlementaire lui eût été aussi insupportable qu'une étiquette littéraire. Il s'indignait seulement qu'on l'accusât d'avoir sali la mémoire de son ancien « patron », le duc de Morny :

— Je ne me mêlais point des affaires, j'occupais une sinécure d'homme de lettres. Je suis certain de n'avoir pas écrit une ligne du *Nabab* qui eût déplu au duc vivant.

De fait, *le Nabab* est un livre d'histoire, sans invectives.

La silhouette de Mora est tracée avec discrétion et grandeur.
Mon père représenta toujours l'homme d'État dans sa grâce
élégante et souple, respectant, en lui, le « connaisseur
d'hommes ».

— J'étais alors insouciant et fantasque, comme la plupart
de mes contemporains...

Sur ces temps significatifs, j'ai entendu bien des causeries.
Les plus frappantes furent avec Auguste Brachet, l'auteur de
L'Italie qu'on voit et l'Italie qu'on ne voit pas, un des hommes
pour qui mon père professait l'estime la plus vive.

— Si je vois les individus, si je discerne leurs mobiles,
Brachet, lui, juge les masses, les nations et les événements
avec une sagacité sans exemple. Écoute-le attentivement et
profite. Tu as devant toi un des premiers cerveaux d'aujourd'hui.

J'écoutais et je profitais. Cela se passait aux eaux de Lamalou, où Brachet soignait de simples douleurs névralgiques.
Les deux amis ne se quittaient pas. Ils enchaînaient les souvenirs. Ce furent des heures merveilleuses. L'auteur de l'*Italie*,
livre qui fut divinatoire et souleva tant de colères, préparait
un grand travail sur la *Psychologie comparée* des Européens. Il
« parlait » les principaux chapitres avec une verve à la Diderot, une clarté, une puissance, une érudition qui nous éblouis-
saient. Professeur de l'impératrice Eugénie, il « faisait voir »
les Tuileries et la société, les personnages et l'entourage, dans
un relief à la Hogarth.

*
* *

C'est une sottise courante que d'assimiler le réalisme à la
photographie. Tout organisme a sa réfringence, bien plus
compliquée que celle d'un objectif, et l'organisme de mon
père fut un des milieux les plus délicats et les plus impressionnables où pût se dévier le monde extérieur.

Il avait une oreille d'une finesse et d'une justesse exquises.
À une table de vingt couverts, il démêlait les conversations
même tenues à voix basse. Il surprenait jusqu'aux bavardages
des enfants. Les moindres bruits de la nature se gravaient en
lui et le ravissaient. De là vint sa passion pour la musique,
laquelle fut un adjuvant à son travail.

Il est à sa table, dans son cabinet. Ma mère au piano, dans la pièce à côté. Mozart, Beethoven, Schumann ou Schubert se succèdent, exaltent ou apaisent l'imagination de l'écrivain :

— La musique est une autre planète, — soupire-t-il. — J'adore toute la musique, la plus vulgaire et la plus haute.

Mais nul n'analysa et ne comprit mieux les maîtres de l'harmonie, nul n'exalta le génie de Wagner en termes plus magnifiques, en plus vives images. Lorsqu'il allait au concert, souvent, ses yeux se mouillaient de larmes, tant son émotion était vive. Je le sentais frémir tout entier. Sa mémoire auditive n'avait pas de limite. De quelle voix délicate et pénétrante il fredonnait les airs de son pays et de tous les pays ! Les beaux vers, rehaussés de sons, l'attiraient vers une lente mélancolie. Autrefois Raoul Pugno, Bizet, Massenet, qu'il admirait et chérissait, en ces dernières années Reynaldo Hahn furent, pour lui, de vrais enchanteurs. Les mélodies de son « petit Reynaldo ». qu'il lui faisait jouer trois fois de suite, d'un génie si précoce, si savantes et si déliées, si perspicaces et si mollement sensuelles, le mettaient positivement en extase. Il ferme à demi les yeux, assis dans son grand fauteuil. Sa main nerveuse presse le bec de sa canne. Ses lèvres entr'ouvertes paraissent boire le son... Plus loin dans le souvenir, à l'Exposition de 1878, je l'aperçois, écoutant les Tsiganes, un verre de tokay doré devant lui, les encourageant de « *bravos* ». Plus près, c'est à Venise. Du canal ténébreux montent les frissons de l'eau, du violon et des voix humaines. Lui, n'est plus avec nous. Il voyage au pays du rêve. en compagnie de sa jeunesse, de sa vigueur et de ses espérances. Quand la musique se tait, une autre commence, qui vient de sa bouche, célèbre les jeux de l'onde et du rythme et les marbres polis qui revivent... Et de jadis aux heures ultimes, il m'apparaît ivre d'harmonie, qu'il interroge son savant ami, Léon Pillant, sur les « lieds » et les vieux refrains, sur la guimbarde, l'alto et le hautbois, qu'il écoute, à l'orée d'un champ de Provence, faisant arrêter la voiture, le mystère du roseau pastoral, que, dans le jardin de Champrosay, il savoure la gamme infinie des oiseaux réglant, pour lui, les heures printanières.

Ses yeux qu'aiguisait la myopie, qu'il prétendait rebelles à la peinture. aux arts plastiques. recevaient néanmoins les couleurs et les formes avec une grande vivacité. Un des premiers. il apprécia les « impressionnistes », Monet, Renoir, etc. Quant aux maîtres, ses préférences allaient naturellement aux réalistes. aux Hollandais, surtout à Rembrandt et Franz Hals. et à l'école française de paysage qu'illustrèrent Troyon. Rousseau. Millet et vingt autres. Il rappelait volontiers les heures délicieuses passées chez ses amis les experts Bague et Gouvet. Bague l'enchantait par son éloquence robuste, gouailleuse, où se bousculaient. rehaussés d'argot, de vrais élans d'une verve artistique. Je me souviens d'une journée entière passée à feuilleter les planches de Goya ; il dit là des choses essentielles sur la vérité, dont le paroxysme est la cruauté, l'alliance de largeur et de minutie qui distingue les « Courses de taureaux », les ressources crues d'ombre et de lumière. le dérèglement militaire et bohème spécial à cette époque. le dessèchement vireux, les angles brusques, la torsion voluptueuse de l'Espagne. Comme il s'agissait du Midi, il lut facilement les énigmes. nous déchiffra à première vue les « Proverbes » et les « Songes ». Cela se termina par un tableau de la frénésie spéciale aux peuples du soleil : — le soleil, « cet alcool du Sud ».

Lors de notre voyage à Londres. il demeura de longues heures. assis au British Museum, devant les *Parques* et les *Frises du Parthénon :*

— N'est-ce pas que. de ces groupes. il se dégage une souveraine musique? *Vérité et Poésie* : il n'est rien autre chose. Ces gens ont copié la nature : la nature dansait dans l'air bleu. Nulle discontinuité entre le monde extérieur et le monde intime, nulle saccade du désir, aucune inharmonie. Toutes les fois qu'il y a rythme. il semble qu'il y ait perception heureuse.

— Et la douleur, père?

— Elle ne *désaccordait* pas l'être. Il ne se révoltait pas contre elle. Elle ne servait pas le désordre.

L'idée de ces frises devenues violentes, filles du Nord et Walkyries, l'amena au cerveau de Wagner où luttaient *deux sens de la beauté :* l'un. en quelque façon. statique, immuable.

aux ondes très lentes. proche de l'idéal grec ; l'autre, furieux, excessif : la bouillonnante source saxonne.

C'est une paresse de l'imagination de classer les intellectuels en analystes et synthétiques, d'après les œuvres ou les paroles. Alphonse Daudet cherchait les causes et triomphait dans le détail. mais son instinct l'avertissait là où fragmenter eût été dissoudre. Si l'œuvre s'offrait complète, il l'admirait en masse ; ami des proportions et de la mesure *(ne-quid-nimiste,* s'intitulait-il), il n'eut rien du miniaturiste. Il voyait large ; il ne ratiocinait, ni ne discutait son plaisir. Il avait le respect de toute émotion. Les querelles de mots l'ennuyaient, ainsi que ces jeux oratoires où chacun juge d'après son tempérament particulier, sans tenir compte de celui d'autrui. Quoi qu'en aient cru les critiques superficiels, trompés par son monocle et son scrupule, le microscope n'était pas son affaire.

La meilleure preuve de ceci est la *courbature* que lui procurait ce qu'on est convenu d'appeler « l'art pour l'art ». Il répétait cette formule avec une physionomie étonnée, car nul n'admit moins le « cliché » de conversation ; l'insincérité le faisait bâiller :

— Ce qui n'a point ses racines dans la nature est mort. Je connais bien, parbleu ! l'apologie de l'artifice. Baudelaire l'inventa comme arme de guerre en haine des sots et des bourgeois. Rien ne vieillit, ne perd ses dents comme l'étrange. Les *Fleurs du mal*, les *Petits poèmes en prose*, sont des merveilles, quintessence de vérité, poèmes précieux arrachés aux profondeurs du sol moral. Mais les imitateurs en *toc* se sont figuré qu'eux aussi pourraient construire et habiter le *kiosque en marqueterie* dont parle Sainte-Beuve. Quelle erreur !

*
* *

S'il aimait le contact des hommes, s'il excellait à *lire* les plus humbles caractères et à coordonner toutes tendances d'esprit, toutes habitudes. tous « plis » fonctionnels, il chérissait aussi la solitude, « où se condensent et s'épurent la force de l'observateur, la vision du poète, la justesse de l'écrivain ». Dans sa jeunesse mouvementée, quand il commençait

à craindre pour sa santé spirituelle et physique, il fit de véritables retraites. Il allait s'enfermer dans un mas de Camargue.
une ferme, jusque dans le phare des Sanguinaires :

— Les deux gardiens forcés de vivre côte à côte se haïssaient. Un Plutarque, marqué par les gros doigts rudes, formait la bibliothèque. ô Shakspeare ! emplissait ces imaginations naïves d'un murmure de batailles et d'héroïsme pareil à
celui de la mer mugissante. La lueur de la lanterne tournante
attirait, le soir, d'imprudents oiseaux qui se brisaient le
crâne contre l'énorme lentille de verre. De leurs cadavres.
on faisait la soupe. Une fois par semaine, si la tempête ne
« bouffait » point, la barque au ravitaillement nous apportait des vieilles nouvelles et des provisions fraîches. J'ai passé
là de belles heures, parfois tristes, lentes, anxieuses, mais où je
prenais conscience de moi-même, où je me jugeais, où j'écoutais d'autres tourbillons que ceux de la bourrasque. Heureux
ceux que la nécessité sépare brusquement du tourbillon social
et qui se trouvent en présence de leur « moi ». On ne saura
jamais ce que l'exil a donné de grandeur à Hugo, à Voltaire.
La prison de Blanqui, comme elle a amplifié son rêve !

Il ajoutait, après un silence :

— Et, dans la solitude, l'homme d'un seul livre : *unius
libri*. Lequel emporterais-je ? Montaigne ou Pascal; ou triche-
rais-je par une anthologie des maîtres de la prose, la *Littérature anglaise* de Taine... Ce Plutarque de mes gardiens...
Entre *son* livre et l'isolé qui pense, il se fait un continuel
échange. C'est une bibliothèque, une encyclopédie que les
mouvements de l'âme greffent sur l'imprimé; et. par l'imprimé. l'âme bouillonne. Double fécondation du conte
d'Hamlet. mince brochure de colportage, et de l'auteur
d'Hamlet. Quand je vivais avec les *Essais* comme Bible. il
n'est pas une de mes songeries à qui je n'aie trouvé réponse
et réconfort...

À son goût de la solitude. il dut renoncer comme chef de
famille, car nous ne nous quittions jamais, mais ma mère fit
en sorte de satisfaire toujours la passion de campagne qu'il
conserva si vive jusqu'aux derniers instants.

Cette chère vallée de Champrosay, qui joua un si grand

rôle dans notre existence, va de Juvisy à Corbeil, par les méandres de la Seine et le caprice correspondant des bois de Sénart. La rive droite, où nous habitâmes trois demeures successives, — dont l'une avait appartenu à Delacroix, — la rive du village et des bois, exposée en corniche au soleil, tiède, bienfaisante, est semée de châteaux historiques, Étiolles, La Grange, Grosbois, qui rappellent le xviiie siècle, la Révolution et l'Empire. La rive gauche, vers Monthléry et Étampes, traversée par l'aqueduc de la Vanne, évoque des souvenirs en partie semblables, en partie bien plus reculés : certains villages sont du xiie siècle.

Jadis, mon père adorait le canotage. Avec ses voisins Gustave Droz et Léon Pillant, avec ses amis Gonzague Privat et Armand Silvestre, avec son beau-frère Léon Allard surtout, il passait sa vie sur la Seine, fréquentant les auberges de rouliers, remontant ces jolis affluents qui se perdent dans des propriétés, des parcs ombreux ou des usines :

— Nous arrivons à un petit bras si étroit, si resserré, qu'il nous faut débarquer, porter « l'Arlésienne » sur nos épaules. Nous sommes dans un jardin. Une jeune fille étonnée, interrompant sa lecture, nous voit, ton oncle et moi, tels que des Indiens de Cooper, chargés de l'embarcation, du gouvernail, des rames et de la gaffe...

Alors aussi, on courait les bois à la recherche des champignons et des châtaignes. Il était fier de connaître les cèpes, de distinguer les bons à leur *tulle*. Il bondissait dans les taillis, moi sur ses épaules, entraînant ma mère. Le soir, on mangeait la récolte.

Il racontait comment, dans une partie avec le sculpteur Zacharie Astruc, dont il aimait l'indépendance et le talent robuste, il s'était, en luttant, cassé la jambe. On le rapporta, gémissant, fiévreux, préoccupé de ne pas « faire gronder son camarade ». Ce même soir d'été lourd, orageux, les journaux apportaient une terrible nouvelle : la déclaration de la guerre franco-allemande. Il n'eut plus qu'une idée : guérir au plus vite, être capable de servir son pays :

— Période horrible et stupéfiante, où chaque courrier annonçait une défaite, où les visages de paysans reflétaient la crainte et la bassesse !...

Enfin, il fut debout, capable de tenir un fusil!

Plus tard, l'état de sa santé ne lui permit plus que des promenades dans les allées du grand parc. Il n'est pas un banc, pas une seule où ne soit le souvenir de mon ami. Son allure à mon bras, à celui de mon frère, demeurait alerte et rapide. Il ne s'arrêtait que pour allumer sa pipe, expert comme un gardien de Camargue à déjouer les ruses du vent et de la poussière, amoureux des « bons petits abris bien chauds », s'intéressant aux fleurs, aux plates-bandes, aux légumes, heureux du moindre embellissement, joyeux de montrer « son domaine ».

C'est là qu'il faut le voir et l'entendre, excité par la grande nature, attentif au chant des oiseaux, à la crécelle du grillon, aux jeux de la lumière, aux frissons du feuillage. Pour mon tout jeune fils, son petit Charles, et pour ma sœur Edmée, il improvise d'extraordinaires histoires où tout ce qui nous entoure a son rôle, des récits magiques et charmants qui mettent la beauté des choses au niveau de ces frêles intelli-gences, les émeuvent, les tiennent attentives jusqu'à clore les petits regards, pour mieux savourer. Il est là qui palpite, le secret de son génie; il touche les âmes en quelques paroles justes, en quelques naïves images dont les répondants sont près de nous. Voici le mot et voici l'objet. Il anime jusqu'aux grains de sable, aux brindilles de bois, aux écorces. Il affirme que cet insecte a emporté la fin du conte et il ajuste son monocle pour suivre le voleur. En ce qu'il organise ainsi, pressé par les mains mignonnes et les « merci, papa, merci, grand-père », en ces tableaux familiers et féeriques, on retrouve son art subtil et simple, aux mille nuances délicates, tel qu'une de ces fleurs qui embaument.

Quand décroît la chaleur du jour, nous partons en voiture, dans le landau familial. Ma mère a le goût du passé : elle découvre maintes vieilles résidences, comme à Savigny, cette demeure de madame de Beaumont qu'envahissent l'herbe et la mousse. L'automne est la plus belle saison; les feux d'herbe brillent sur les vastes plaines. Mon père exprime son souhait de bonheur :

— Une vieille maison, large, un peu basse, prolongée par

la ferme et la basse-cour. Du sarment dans les cheminées.
Quelques amis de choix et la neige au dehors. Une confiance
absolue et tendre. Des causeries. de nobles lectures. Les
vieux sont sans morosité. les jeunes ni pédants ni amers. On
savoure.

Dans une de ses dernières lettres reçues à Grenoble, pendant mon service aux « Alpins », il m'écrivait :

« Imagine-toi un de ces jolis artistes consommateurs
comme j'aurais rêvé d'en être un, habitant un vieux domaine
aux portes d'une petite ville à mail et à remparts, passant
deux mois à Paris, quelques semaines sur le Nil ou au Spitz-
berg, finissant par se fatiguer de courir et faisant toute sa
joie de quelques chambres d'amis habitées aux jours traditionnels de l'année : Noël, Jour de l'An, moissons, feux de
la Saint-Jean. Cet homme-là pourrait imprimer un livre
aux tomes innombrables. faits de notre meilleure moelle. Il
mettrait à la fin du dernier volume : *A continuer*, et le *Livre
de la vie* ou de *la Science de la vie* serait en train. »

* *
*

Les intermèdes des « Petits Cahiers » sont de ravissants, de
fulgurants paysages... Là, comme ailleurs. il ne marquait
que les *dominantes* : ce qui nous saisit et nous trouble dans
un spectacle de nature est peint en quelques mots justes.
précis et vibrants, aussi prompts, aussi aigus que la sensation
elle-même. Comme je feuilletais je lui dis un jour :

— Tu me rappelles le vieil Hokousaï, *fou de dessin*, qui
affirmait. au déclin de l'âge, connaître à peu près la forme
des créatures vivantes. spécialiser la ligne et le point.

Il répliqua :

— Elle m'est amère, la disproportion entre ce que ma
plume détermine, et ce qu'a reçu mon esprit. J'ai la souffrance de l'inexprimable. Comment rendre sensible le battement plus vif de nos artères devant un arbre doré par l'automne, un petit lac où la lumière se décompose, un horizon
aux lignes pures, un ciel d'orage, cuivré, noirci, sombre
abîme dans le bleu du ciel ! Comment exprimer la palpi-
tation du souvenir autour de l'heure, ce qu'il y a de nous

dans les choses. ce qui pleure et sourit avec elles ! Par
mes lèvres. se sont enfuies tant d'impressions rebelles à la
forme !

Pourtant, si méthode de travail fut soumise aux règles de
la nature. ce fut la sienne. Durant sa turbulente jeunesse.
il ne s'assit jamais à sa table qu'enflammé par son sujet.
Il affirmait que le talent est une « intensité » de vie. Dans
la suite. sous l'heureuse influence de sa « discrète colla-
boratrice ». il canalisa et ordonna ses admirables facultés
d'improvisateur. Il prit l'habitude du labeur quotidien, et.
comme il arrive d'ordinaire. son cerveau s'assouplit, répondit
à l'appel, subit la discipline. *Fromont Jeune et Risler Aîné.
Jack, le Nabab. les Rois en Exil, l'Évangéliste.* autant d'efforts continus. acharnés. Été comme hiver. il se levait de
grand matin. se mettait à la besogne, sans autre excitant qu'une ablution d'eau fraîche, et il couvrait les pages
après les pages de sa petite écriture serrée, nerveuse. élégante,
que la maladie affina davantage. sans la priver d'aucun de
ses attributs. J'ai maintes fois remarqué les analogies de son
« type graphique », avec celui de Jean-Jacques Rousseau.
Même distinction minutieuse. mêmes intervalles les lettres et
des mots. même souci de la ponctuation, même acuité du
trait. Entre le manuscrit de la *Nouvelle Héloïse* que j'ai pu
feuilleter, un soir. au château des Crêtes, grâce à l'obligeance
de madame Arnaud de l'Ariège. et un manuscrit de mon
père, les similitudes sont évidentes.

Il raturait courageusement et fréquemment. Un premier
brouillon. du premier jet, servait en quelque sorte de canc-
vas. Ma mère et lui reprenaient ce « monstre ». apportant le
souci du style, conciliant l'harmonie et le besoin de réalité
qui, toujours. poursuivit l'écrivain :

— Sans ma femme. je me serais abandonné à ma dangereuse facilité. La perfection ne me tourmenta que tard.

Après cette lente et dure épreuve, venait une troisième et
définitive copie. Ceux que leur imagination enflamme. com-
prendront le singulier mérite de sacrifier la verve à la justesse. et de proportionner l'enthousiasme. Dans l'esprit de
mon père. le mot était évocateur. Alors que chez un forma-
liste. comme Baudelaire, par exemple. il bride ses consé-

quences lyriques. limite au lieu de susciter. chez Alphonse
Daudet il éveillait un monde de sensations et de formes. Or.
celui que le « verbe » grise, ignore la joie de l'achèvement.
Mon père. génie latin. possédait la mesure et respectait les
proportions.

Sans entrer dans le domaine de la critique, qui messiérait
à mon rôle actuel. il m'est permis de marquer l'évolution
continue de ce tempérament si viril et si clair. Les premières
œuvres. ardentes, surabondantes, témoignent d'un moindre
souci que celles qui suivent, quant à la propriété du langage
et l'équilibre. Elles viennent plus du tempérament que du
caractère, cette absolue maîtrise de l'écrivain. Ce qui appar—
tient en propre à mon père, c'est une concision dans le pittoresque. un tissu de la nature morale et de la nature physique,
un dédain des ornements inutiles qu'aucun. même parmi les
plus grands. ne montra à un degré supérieur. Les êtres sont
caractérisés à mesure qu'ils sentent, pensent et agissent ; leur
type se complète par leurs passions ; aucun hors—d'œuvre
n'est en surcharge. Chaque trait marque, concorde à l'ensemble. Le livre est tel qu'au souvenir ; il suit le mouvement
de la vie. fondu pour l'accessoire, exalté pour le principal.
violent dans les passages de nerfs. calme après les détentes.
Chaque personnage a son atmosphère, chaque scène son
point culminant : tout vise à un but·unique. Une multitude
d'exemples particuliers embellissent le modèle central. De là.
cette puissance classique dont les contemporains eux—mêmes
se sont rendu compte, cette vigueur élégante et cohésive qui
soustrait l'œuvre à toute détermination momentanée de
« naturalisme ». de « réalisme ». la rattache à la tradition
nationale. au bien-fonds harmonieux de notre race.

C'est que l'effort ne commence point au moment où l'auteur prend la plume. Il est dans la réflexion soutenue. dans
la pensée qui accumule et élimine, fait la récolte et le tri des
images, demande à la vie de contrôler le rêve. au rêve de
magnifier et d'élargir la vie. Les héros de ces romans et
de ces drames, les propos qu'ils tiennent. les lieux qu'ils fré-
quentent. ne sont pas les produits d'une surchauffe imaginative. Ils ne sont point, comme il arrive souvent, des parcelles

de l'âme créatrice, habilement grossies et diversifiées, les empreintes hardies d'un même homme qui s'hallucine de passions opposites. Alphonse Daudet fut une porte merveilleuse ouverte aux phénomènes naturels. Les sens transmirent à son cerveau les observations les plus justes, les plus déliées, les plus vraies... Son cerveau fit le choix et organisa la mise en œuvre.

Il vivait avec ses personnages comme avec des amis. Il les interrogeait sur toutes choses et il écoutait leurs réponses. Il les tentait par des vices et des vertus dont il suivait le travail en eux jusqu'à obtenir des figures complètes, jusqu'à ces mystérieuses limites du visible et de l'impénétrable. Il aimait mieux les faire agir que raisonner, n'ignorant point qu'un geste sincère est la ruine immédiate de mille théories, qu'une altération soudaine du visage l'emporte sur les plus subtiles discussions. Il savait que les caractères se trahissent en paroles typiques, que les individus hybrides, à physionomie molle et flottante, dont notre époque est comme ralentie, ont des minutes particulières de vie intense et déterminée. Il accordait aux lâches des reprises courageuses ; aux courageux, des pentes de lassitude ; aux faibles, des sursauts ; aux menteurs, des élans ; aux hypocrites, des chutes de masques ; aux bavards, des phases de silence ; aux contractés, d'étranges rémissions ; aux chastes, des rêveries louches : aux vicieux, des crises de chasteté. Il avait interrogé et confessé la femme dans ses alternatives de mère, d'épouse et d'amante, dans ses générosités, ses songes pervers, ses goûts familiers, ses défauts, ses terreurs, ses angoisses. Il savait le goût de toutes les larmes et tenait la clef de toutes les détresses. Aucun méandre du remords ni du scrupule ne lui échappait. Il n'était pas jusqu'aux enfants dont il n'eût étudié l'âme miroitante et retorse. Et sur toutes ses constatations, sur sa patiente enquête, sur son savoir précis, il jetait le manteau pitoyable du philosophe qu'aucun spectacle n'a endurci, qu'aucune horreur humaine n'a dégoûté, lassé de l'homme.

Nous riions souvent entre nous de la facilité dédaigneuse avec laquelle ceux pour qui le Midi tient tout entier dans une bestiole, le traitaient aimablement de « cigale ». Dans maintes

notices nécrologiques. d'ailleurs sympathiques ou enthousiastes, j'ai retrouvé ces qualificatifs d'« enchanteur ». de
« troubadour », de « poète léger ». Rien de plus faux qu'une
telle conception. Mon père fut assez réaliste pour admettre
que « la joie » et « le charme » font *aussi* partie de l'existence
où rien n'est uniformément noir ni cruel. Mais un battement
d'élytres, un cliquetis dans le soleil expriment mal cet âpre
travail. cette perpétuelle enquête sur soi-même. Lorsque nous
publierons intégralement les pensées des « Petits Cahiers ». on
verra avec quel zèle il cherchait, pour toutes les idées, des
formes plus tangibles, plus humaines. Poète admirablement
doué. il se méfiait des métaphores autant qu'un philosophe
ou qu'un biologiste, comme il se méfiait des moindres causes
d'erreur.

La vie lui apporte un épisode. un trait saillant. Il le fixe
en quelques mots nets. puis continue la besogne commencée.
Cette première remarque l'obsède par des analogies : voici
parfois la genèse d'un livre. Mais ce livre même se présente
à lui sous plusieurs aspects que je ne puis mieux comparer
qu'aux attitudes d'un homme vivant. C'est alors une série
d'ébauches. d'esquisses plus ou moins intenses, et certaines
sont déjà marquées de lignes constructives et directrices.
Comme les idées s'associent entre elles. ces embryons moraux
se rejoignent. On distingue des parties éclairées. Types.
situations, portraits. causeries naissent de deux origines distinctes : l'une primordiale et foncière ; la seconde. quotidienne, fragmentaire. et toujours en voie d'expérience. C'est
la *mulatière* du souvenir et de l'improvisation.

Quelle allégresse. quand il croit tenir son sujet. qu'il n'a
plus à examiner que les rôles secondaires, que les *utilités !*

Ce dernier choix, pourtant, demeure laborieux et subtil.
L'intention d'Alphonse Daudet était que tel détail offrît
une image abrégée de l'ensemble. C'est ce par quoi le roman
nous hallucine et fait. de chaque lecteur, un témoin.

Prenez Delobelle tel qu'il nous apparaît. D'un bout à
l'autre de sa biographie, il demeurera conforme à sa
silhouette. jamais vous n'apercevrez la ficelle, la main ni
le bras de l'auteur. De même pour le Nabab, le père Joyeuse.
Numa, Bompard, Paul Astier et les autres.

Cette remarquable continuité nous prouve une assimilation complète du créateur à la créature. L'imagination n'a
pas de ces saccades qui déroutent l'observation, et soustraient
à la vérité ce que gagne la verve lyrique.

Ceci explique comment, à côté du Daudet écrit, il y a un
Daudet vivant et parlé dont il est nécessaire de laisser une
figure même incomplète, telle que je la trace ici. Ce que
mon père ne mettait pas dans ses livres, le trop-plein de son
cerveau, ce dont il eût redouté la surcharge, cette vapeur
inemployée se retrouvait dans sa causerie, ses actes. L'arbre
a laissé des fruits immortels, mais la sève courait par les
branches et jusqu'à l'extrême pointe des feuilles et des fleurs.

*
* *

J'ai dit qu'il travaillait avec acharnement. Toutefois, aucun
labeur ne l'empêchait de recevoir un ami, d'aider un confrère,
de conseiller un jeune homme. Nos brusques entrées ne l'ir-
ritaient pas. Il nous accueillait par un mot aimable, une
drôlerie. Il s'intéressait à toute la maison. Il n'avait point
d'heures régulières, en ce sens que toute heure lui était
bonne. Depuis qu'il ne sortait presque plus, il passait sa
vie à sa table, écrivant, lisant ou prenant des notes. Il se
levait à sept heures et demie, été comme hiver, et se
couchait à onze heures, sauf le jeudi où la veillée se prolongeait.

C'était sa récréation, ce jeudi soir. Son extrême aménité
se faisait un très grand plaisir de ces réceptions simples, mais
si intéressantes, où nous avons vu en activité les plus nobles
intelligences de ce temps. Mon père animait tout, élevait et
maintenait la discussion, enflammait les timides, conciliait
les furieux, dissolvait les hostilités, les rancunes, renforçait
les sympathies. Dans le pitoyable « éreintement » où s'est
essayé un pauvre raté symboliste, j'ai lu cette étrange affirmation qu' « Alphonse Daudet ne pardonnait jamais ».
D'abord, il ignora la majeure partie des attaques que ne
lui ménageaient pas les jeunes vieillards des petites revues,
pour la bonne raison qu'il ne les lisait pas. Puis, les eût-il
lues, qu'elles auraient amené tout au plus, sur ses lèvres, un

sourire d'indulgence. tant de pareilles appréciations lui demeuraient indifférentes. Mais plusieurs de ses adversaires. devenus ses sincères amis, pourraient témoigner de sa man- suétude et de la faculté d'oubli qu'il apporta toujours aux débats littéraires. Il disait :

— La plupart du temps. on s'ignore. Les antipathies féroces et anciennes ne résistent pas à un contact de quelque minute.

Et. si aux réunions du jeudi brillaient les *arrivés* et les *illustres*. les débutants ne manquaient pas. car il avait la passion du talent neuf. inquiet de soi. il respectait ces forces obscures qui s'amassent chez un jeune écrivain d'avenir et sortent en paroles excessives et paradoxales. en frénésie de critique ou d'enthousiasme aveugle. La plupart de ceux qui tiennent le premier rang aujourd'hui furent, à leurs débuts. encouragés et soutenus par lui. Que de lettres aux éditeurs. directeurs de journaux. de théâtres, que de recommandations. d'apostilles !

— Hélas. disait-il. je n'ai plus la présence réelle.

Il savait la puissance de sa parole. ce qui manque de geste persuasif et d'accent sincère au billet le plus éloquent.

Cet amour de la jeunesse jusque dans ses défauts et outre- cuidances faisait partie de sa curiosité. Il désirait *voir et connaître*. Une attitude. une poignée de main. un regard, un mot. lui en révélaient plus sur un être qu'une pièce de vers ou un article. Il adorait Plutarque, lequel, en ses biographies. a suivi la règle sensible qui rattache au portrait d'un grand homme sa façon de boire, manger et marcher. ses préfé- rences et jusqu'à ses manies. De petits détails en apparence. sont, de fait, de mystérieux couloirs par lesquels nous attei- gnons à la clarté des temps anciens. nous pénétrons le laby- rinthe des âmes mortes. Les opinions sont chose verbale. transitoire et insignifiante. C'est ce qui fait, à l'ordinaire, si banale et piteuse la vie des personnages politiques. L'agora. le prétoire. les antichambres du souverain. les États généraux ou les Chambres et les propos qui s'y tiennent. ne sont que larves. fantômes, masques. Telle habitude, tel vice. telle par- ticularité de langage, de costume, de gourmandise ou de luxure. de Démosthène, de Cicéron, de Talleyrand, de

Napoléon Ier. prennent à nos yeux une importance extrême
et un relief « confidentiel ». C'est ce que les pédants appellent « la bonhomie ». les autres. plus justement. « l'humanité ».

Lorsqu'il créait. mon père *voyait*: lorsqu'il écrivait, il
entendait. Un certain nombre de médecins du nouveau modèle
sont venus l'interroger là-dessus et ont simplifié, en phrases
difficiles. une méthode naturelle et complexe. On nous ressasse
indéfiniment la distinction scolastique entre « auditifs » et
« visuels ». catégories qui n'ont rien d'absolu. ne valent que
comme facilité clinique. S'il entendait. il *parlait* aussi. Il
essayait le ton de ses dialogues et l'harmonie de ses descriptions.
L'horreur de la verbosité qui. sans cesse, augmenta chez lui,
le portait. surtout, dans ses derniers ouvrages, à une concision
pittoresque où chaque sensation a son éclair brusque, où la
réflexion ne paraît pas. émane en silence des caractères. On
lui a reproché fort puérilement sa syntaxe brève et nerveuse.

Je n'ai oublié aucun des beaux préceptes qu'il appliquait
scrupuleusement :

— Qu'il s'agisse d'un livre ou d'un article, d'une création directe ou d'une critique, ne prends jamais la plume
que *si tu as quelque chose à dire*. Si la furie littéraire continuait à se développer. il n'y aurait bientôt plus un Français
qui ne préparât son volume...

» Décors. idées. situations. personnages. ne sont à *point*
qu'après une gestation très lente. instinctive. où toute la
nature, en ses moindres spectacles. collabore avec l'écrivain.
Vous sommes pareils à des femmes enceintes. Cela se voit à
nos visages. Nous avons le *masque*...

» Le style est une *intensité*. Le plus de choses dans le
moins de mots. Ne pas craindre de se répéter. selon le conseil
de Pascal. Il n'y a pas de synonymes...

» Allez toujours vers la clarté, vers la limpidité concise.
Votre langue a ses lois morales. Quiconque s'y soustrait ne
dure point. Votre langue est plus souple qu'aucune, intellectuelle autant que logique. plus serrée que déclamatoire. à
reflets vifs et courts. à formes précises. Elle ne favorise point
l'ambiguïté. Elle est plus pour l'esprit que pour l'oreille. Il

est peu de nuances qu'elle n'exprime. Elle triomphe aux sous-entendus...

» Fils des Latins qui furent constructeurs, nous avons le goût du solide. L'harmonie aussi est indispensable : même pour la peinture des passions où le désordre est une beauté. que ce désordre ne soit qu'apparent ; que l'on sente une règle profonde ; cela d'ailleurs est conforme au vrai : le pire tumulte subit ses lois...

» La description d'un caractère, poursuivie jusqu'à l'achèvement, ne doit se faire que peu à peu, selon que l'être se révèle et que la vie réagit sur lui...

» Ce qui nous environne, la société, le paysage, la circonstance, participent à notre état d'âme. Il faut entrer dans le personnage, *dans sa peau*, et voir le monde avec ses yeux et sentir avec ses sens...

» Elle est exagérée, par contre, la théorie de *l'impassible*. Celui qui raconte a le droit de s'émouvoir, discrètement, à la cantonade. après héros et héroïnes, sans détruire l'illusion qui fait le charme. L'expression du réel réclame toutes les forces vives de l'écrivain. Lyrisme, réalisme, frénésie même. cela se joint et crée la puissance. La beauté n'a pas d'étiquette. La sincérité renferme tout...

» Il faut respecter le lecteur : moralement l'auteur a charge d'âmes. Pouvant corrompre et sûr de ses moyens, il est coupable s'il en abuse, s'il amoindrit la noblesse vitale, s'il ne va point de *bas en haut*. direction d'une conscience honnête..,

» La vérité, c'est l'accord parfait entre l'écrivain et ce qui l'entoure, entre ce qu'il conçoit, perçoit et ce qu'il. exprime. Le rêve, lui-même. a sa vérité. On ment sur le Parnasse comme dans la rue...

» L'art n'est pas seulement un choix. Il est de plus une décision et une audace. Nulle hypocrisie, nulle fraude. Les routes de la vie sont ouvertes. Il n'est permis ni de dévier, ni de s'arrêter en chemin...

» Il y a le courage de l'écrivain, qui est d'accomplir sa mission jusqu'au bout. Les intrépides sont toujours vainqueurs. Les timorés demeurent incomplets. On n'aide point son œuvre, elle va toute seule. Nul obstacle. franche et valide. ne l'empêchera de triompher...

» Penser à plaire est un péril. Vouloir étonner en est un autre. La notoriété fuit toujours ceux qui la recherchent par des moyens bas.

Énumération bien incomplète ! Mon père présentait les mêmes principes sous les formes les plus riches et les plus nombreuses. Mais le fond demeurait immuable.

Ces quelques règles profondes et solides, qu'il n'énonçait même plus quand nous étions en tête à tête, lui permettaient une délicieuse mobilité d'images et d'impression pour tout l'éphémère, le transitoire de la vie. De même qu'en conversation. il n'était jamais à court. que la riposte venait de lui. soudaine, ailée. brillante. telle que d'un escrimeur consommé, de même les phénomènes journaliers, les plus minces épisodes ne le prenaient en aucun cas au dépourvu.

Nous avions une telle habitude de nos chers et doux entretiens. où les heures fondaient sur ses lèvres, qu'il s'était établi entre nous. pour notre usage personnel, un langage elliptique ; on ne formulait que l'essentiel.

Vous retrouvez ceci dans son œuvre, décalque fidèle de son âme. Le grand bon sens. ce don magistral au prix duquel les plus brillantes qualités sont peu de choses. ce bon sens « le moins partagé ». dit Descartes. anime l'ensemble d'un souffle permanent. Il imprègne si bien qu'il ne s'exprime plus, laisse le champ à la fantaisie. dès lors libre comme une déesse, souriante. furtive et court vêtue. L'homme est sans cesse derrière l'auteur et l'auteur inspire la confiance. Prenez un poète, Carlyle, pluie stellaire de métaphores qui traversent le ciel et la nuit du verbe. Pourquoi. malgré tout son génie, Carlyle n'a-t-il qu'une place restreinte dans la rêverie humaine ? C'est qu'il manque de cette harmonie intime que réclament les esprits éperdus de mirage. Il n'a point dompté notre confiance. Dans la bouche de celui qui nous a définitivement conquis par sa sagesse. le moindre mot prend une valeur magique. Où qu'il monte. nous le suivons. Nous fraternisons d'enthousiasme. Autrement l'écart se fait entre le génie le plus magnifique et le lecteur. On s'étonne. on ne subit point.

III

LE MARCHAND DE BONHEUR

Mon père répétait souvent :

— Je voudrais. ma tâche achevée. m'établir *marchand de bonheur*. Mon bénéfice serait dans mon succès.

Il ajoutait :

— Tant d'hommes sont des somnambules, traversent l'existence sans voir, butant contre les obstacles; se brisant le front à des murailles qu'il eût été facile de contourner ! J'ai mis, dans la bouche d'un de mes personnages : *Les choses de la vie ont un sens, un endroit par où on peut les prendre.* Ce n'est point là une métaphore.

Puis. il secouait la tête et soupirait :

— Il n'y a pas de banalité dans le monde, il n'y en a que dans les esprits. Renan s'attriste quelque part de ce que Gavroche est aussi savant que lui. Mais Gavroche est un perroquet. Les mots, en son cerveau, n'ont aucune valeur. Un adolescent parle de la mort : il est bien rare qu'on devine, en lui, le gouffre noir que cette terrible syllabe ouvre aussitôt dans l'âme d'un vieillard. Tu connais l'émoi qui nous saisit. tout à coup, devant tel substantif. tel verbe que nous répétions de confiance, jusqu'au jour où le sens réel, profond. nous est apparu. Ces révélations-là sont l'épreuve des années. Je ne me vante point, je fus un précoce. De bonne heure, j'ai compris, *dans ma chair*, la valeur réelle de bien des termes auxquels la jeunesse prête son inconstance. La maladie, la douleur, sont une autre maturité. Elles donnent de la sincérité au langage. On vit alors *sur son capital.* au lieu de vivre de ses rentes ; on n'ignore pas qu'une émotion, qu'une idée même un peu ardente, correspondent à une perte de substance, *à un pas de plus.* Oh ! sagacité des petits infirmes, yeux brillants et trop renseignés ! J'en rencontre dans les jardins publics, traînés en voiture. dont les regards m'épouvantent...

— Alors, père, le marchand de bonheur ?...

— Ce n'est pas une allégorie. Il irait aux infirmes, à

tous. Il gagnerait leur confiance avec de la tendresse. Tel
qu'un médecin patient et doux. il examine la plaie morale.
Il distingue son étendue. ses progrès. il rassure le malade
par le spectacle de ses congénères. immanquable argument de
l'égoïsme. et, de là. il s'élève peu à peu vers l'image d'une
destinée réduite. mais noble cependant. si elle sait s'employer,
sécher les larmes autour d'elle. consoler en se consolant.
Placer le but hors de soi-même. placer l'idéal hors de soi-
même, c'est échapper un peu au *Fatum*.

Parfois je lui disais :

— Sois marchand de bonheur pour toi-même.

Il répondait :

— Mon existence est un effort journalier. J'ai la plus grande
confiance dans ces minimes essais de la volonté, qui me font
me lever à une heure fixe, me mettre à ma table malgré mes
souffrances, dédaigner mon mal, le braver. Imagine cette
torture du cercle qui se rétrécit peu à peu, des impossibilités
successives. Qu'il est vrai, le mot navrant de la coquette à son
miroir : « Dire que je regretterai cela demain ! » Eh bien, les
innombrables charges d'un père de famille, les soucis de ma
maison me sont d'un grand secours. Le sentiment de la responsabilité suffit à tenir l'homme debout, lorsque ses forces
l'abandonnent. Puis, je songe à mes congénères si la misère
se joint à leur supplice, s'ils n'ont point le secours du feu, de
la viande, du vin, de la chaude affection, et je m'estime encore
heureux. Je préserve ma pitié en me répétant qu'il est
des détresses pires que la mienne, et je ne l'use point toute
pour moi.

» Tu sais que la pitié fut, par beaucoup de philosophes,
bannie de leur république, comme une faiblesse, un avilissement, comme une défaite de l'énergie.

» Le marchand de bonheur prêcherait la pitié active, et
non les larmes inutiles. A celui qui souffre, la souffrance est
toujours nouvelle ; pour les témoins, même empressés et tendres, la souffrance vieillit et tombe dans l'habitude. Je dis au
malade : « Distrais-toi et lutte. par l'esprit. jusqu'au bout.
Ne fatigue point, ne harcèle point ton entourage. » Les stoï-
ciens savaient le plaisir qui réside dans l'exercice continu
de l'énergie. Au patient doué d'imagination, je suggère-

rai mille artifices. A celui qui ne mêle point le rêve au réel, je conseillerai de regarder en face sa douleur, jusqu'à ce point où la beauté de la lutte apparaît et grandit tout. C'est une griserie particulière qui rend les moins subtils étrangement compréhensifs; *c'est une des clefs de la nature.*

» Et d'abord, chaque chose prend sa place, s'accorde à son plan naturel. Les petites misères, que nous grossissent la jouissance et la paresse morale, reculent, descendent à leur niveau. Sans mon mal, j'eusse peut-être été « un auteur », en proie aux niaiseries du métier, tremblant devant la critique, exalté par la louange, dupé par les satisfactions vaniteuses ; certes, il me reste des faiblesses. Néanmoins, je suis épuré...

» Aux eaux de Lamalou, j'ai rencontré des *sosies de souffrances*, dans les professions les plus diverses. Ils étaient tous *au-dessus d'eux-mêmes*, éclairés par ces lueurs brusques qui traversent leurs tissus, pénètrent leurs âmes. Entre tant de confidences que j'ai reçues, celles des damnés de *là-bas* ont un caractère spécial d'âpreté, de franchise. Les mots mêmes dont ils se servaient avaient plus de relief, plus d'ampleur.

* *

Elles sont, à ce sujet, bien typiques et bien belles, les notes prises par mon père pendant ses stations thermales. Elles étonneront les médecins, ces observations d'un homme de lettres, plus complètes et raffinées que n'eût pu les recueillir un savant, sans idées préconçues, sans théories intercalaires, d'une netteté de procès-verbal. Les pires hontes, les misères secrètes d'hommes, de femmes, de vieillards, sont indiquées discrètement, avec une sagacité de clinicien-poète. La plupart de nos voisins d'hôtel, quelques-uns étrangers, d'Amérique, d'Espagne, de Russie, s'arrangeaient pour faire coïncider leur traitement avec celui du romancier, qui les rassurait, les rassérénait, complétait l'œuvre du docteur. Quelques-uns se confiaient à lui, avec un zèle de détails, cette ardeur, cette fierté bizarre qu'ont les porteurs d'une maladie grave et mystérieuse encore. Les troubles nerveux les plus étranges, les manies, les craintes, les désordres chroniques ou soudains, il notait, classait, comparait, et, souvent, ces

déviations de la nature l'aidaient à comprendre la nature, servaient sa perpétuelle enquête. « Le mal dans la famille et
dans la société », les modifications qu'il apporte aux caractères, aux tempéraments, aux métiers, l'ingéniosité des
égoïstes, des riches et des pauvres, voilà surtout ce qui le
passionnait, l'enfiévrait, ce qu'il recueillait à toute heure, avec
une méthode et un scrupule extraordinaires.

Ce sont des vies entières résumées en quelques traits :
des « avares devenus prodigues », des « violents devenus
timides », des « chastes tourmentés de passions inavouables ».
Les initiales me rappellent des noms, des figures, de douloureuses silhouettes. Un mot évoque tout un être. « Carrières
brisées », voilà un en-tête de chapitre. De terrifiants bouts
de dialogues : « Ce que je redoute le plus, monsieur : les
moments où je ne souffre pas. Ce soir, j'ai la tête libre,
mon imagination travaille... Je vois mes espérances à bas,
l'amour. l'avenir... Ah !... »

Parfois. un sourire, une parole comique éclairent ces
affreux tableaux. *Une phrase-aveu*, telle la foudre, le paysage,
illumine les arcanes d'un être. ce labyrinthe où se perd jusqu'à l'observation intime.

De là, était venue à mon père cette idée qu'il m'exprima
souvent :

— Si réaliste que l'on soit, on recule devant le réel. Les
discours que l'on tient, les vanités que l'on recherche, les
passions où l'on se rue, tout cela parade devant la baraque.
Il y a un fond que l'on n'ose point remuer, une vase qui n'a
pas de nom. molle et fangeuse, où sont les ébauches de tous les
vices, de tous les crimes, qui n'arrive même pas au contes-
sionnal du prêtre. Serait-il possible de plonger une fois
là dedans ? Je me le suis demandé. Imaginer alors un endroit
secret. ténébreux. une clinique pour maladie des yeux, par
exemple, où les personnages, couchés les uns près des autres,
dans l'obscurité complète, ignorant leurs noms, leur âge,
presque leur sexe, ne devant jamais se revoir, pourraient
s'exprimer librememnt, avouer ce qui les tourmente, de lit à
lit. et comme à tâtons !...

L'axiome célèbre : « Poésie, c'est délivrance », il l'appli-

quait à ses douleurs. De là, ce projet d'un livre : *La Doulou*,
dont il avait recueilli les éléments, mais que, sur nos prières,
il ne publia point. J'ai là. devant moi, ce terrible et implacable bréviaire ; certes, il fallait un fier courage pour *se
délivrer* ainsi. mais n'ai-je pas déjà signalé, chez mon père,
l'âpre besoin de confession ? La science a. de nos jours, pris
des allures prétentieuses. Elle a cru conquérir l'esprit.
Alphonse Daudet était trop sagace pour croire aux étiquettes
de la psychologie, de la physiologie, de la pathologie, que le
vent balaie, que la pluie efface. Le dogme d'Auguste Comte
n'avait point eu ·de prise sur cette imagination toujours
claire, toujours en marche, et qui ne se payait pas de grands
mots. Nous nous divertissions ensemble de cette audace à
tout expliquer et systématiser, qui est la marque du pédant
moderne : « La paille des termes pour le grain des choses »,
d'après Leibniz. Il avait eu de longues conversations avec
Charcot. puissant et lucide, avec Brown-Séquard, tourmenté
de génie, avec Potain, le maître des maîtres, chez qui la pitié
s'est augmentée sans cesse, avec la connaissance. Il n'ignorait donc rien de cet autre côté de la médaille humaine, qui
porte des signes différents et nous renseigne par d'autres
voies. Sa force de compréhension l'avait servi là comme
ailleurs. Mais il se tenait, par la pensée. au point où s'entre-
croisent l'art, qui différencie et individualise, la science qui
classifie.et généralise, de sorte qu'il m'arrivait de lui dire, en
riant : « Tu crées une méthode nouvelle ».

Ce que l'on sait de la douleur, scientifiquement, tiendrait
en quelques pages ; ce que l'on induit sur la douleur, méta-
physiquement, s'exprime en quelques lignes. Ce qu'un
observateur poète récolte, par l'étude de la douleur chez les
individus, est infini. Dans ce trésor, devront puiser le métaphysicien et le savant, même le mystique, s'ils veulent s'enrichir. Non seulement mon père a souffert, mais il a vu
souffrir les autres. Il a pu ainsi reconnaître certains domaines
de l'empire du mal où l'ignorance actuelle, s'inspirant des
vieux géographes. met encore *des tigres et des lions*, c'est-
à-dire des formules creuses. Un jour, que je lui expliquais l'en-
trecroisement des faisceaux nerveux dans la moelle et dans le
cerveau, il s'écria :

— L'attelage de Platon !

Le rêve ainsi rejoignait le réel. C'est cette tendance que je remarque en toutes ses notes sur la douleur. En un endroit, il compare ceux que la paralysie envahit aux satyres changés en arbres, aux dryades pétrifiées. En un autre, il soupire : « Je pourrais dater ma douleur, comme cette charmante mademoiselle de Lespinasse, son amour, *de tous les instants de ma vie.* »

Ou bien, c'est une ironie douce : « Hypocondrie, lisez ignorance des médecins. »

Que devient l'orgueil chez celui qui souffre, que devient la tendresse, que devient la charité, que deviennent les passions vives, la volupté, la haine? Comment s'altèrent la vie de famille, les rapports entre les époux, père et enfants, amis? Comment s'habitue-t-on au mal, se résigne-t-on, ou quelle est la révolte, quelles formes prend-elle, selon quels efforts? Autant de questions troublantes auxquelles il répond avec une franchise absolue, d'après sa dure expérience, ou qu'il laisse dans le doute, si telle est son humeur. Les variations mêmes de cette humeur, il les passe en revue, avec une philosophie résignée; et il est admirable de voir comme il résiste par la volonté, comme il oppose aux attaques les ressources d'un moral opiniâtre. Je le vois encore assis dans le petit jardin de l'hôtel Mas, à Lamalou, entouré de malades, leur prêchant l'énergie, rassurant les inquiets, s'acharnant aux désespérés, leur faisant entrevoir un arrêt, une régression possible :

— Les médecins n'en savent pas plus que nous. Ils en savent même moins, parce que leur connaissance est faite d'une moyenne d'observations, en général hâtives et incomplètes, et que chaque cas est particulier. Vous, monsieur, vous avez tel symptôme, vous, tel autre. Il faudrait vous joindre à madame, pour obtenir quelque chose qui ressemblât à mon martyre, à moi. Les instruments du bourreau sont très divers. S'ils ne vous effraient pas trop, examinez-les. Il en est de nos tortures, comme des ténèbres. Elles s'éclaircissent, se dissipent par l'attention. Changeons un peu les beaux vers de Hugo :

Il n'est point *de douleurs*, comme il n'est point d'algèbre,
Qui résiste, au milieu des *êtres* ou des cieux,
À la fixité calme et profonde des yeux !...

» Tenez, maintenant je parle, je fais : aïe ! Et mon sermon me soulage moi-même. Je me frictionne en frictionnant... Puis, que ceux d'entre vous qui ont une famille qu'ils chérissent considèrent leur mal comme un paratonnerre. La destinée se satisfait sur eux. Évitez l'égoïsme. Il renforce la souffrance. Il la rend atroce et plus rude. N'ouvrez pas les gros livres. Vous n'y récolterez que terreur, car ils ne traitent que des cas extrêmes. La figure effarée de Diafoirus suffira, si vous lui présentez un signe inédit, *qui ne se trouve pas dans le dictionnaire*. Cet émoi m'amuse tellement que j'en inventerais, des signes, mais il ne faut point abuser, car on vous traite ensuite de *malade imaginaire*, on cesse de vous plaindre. Or, nous autres, gens du midi, qui sommes ici en majorité, nous aimons qu'on nous dorlote. Molière l'avait bien vu, quand il vint à Pézenas. Argan, c'est Orgon, prononcé à la provençale, et Orgon se retrouve dans *Tartufe*. On devrait jouer le *Malade*, avec l'accent de chez nous. Ce serait d'un comique irrésistible.

Par ces discours et par bien d'autres, par son exemple et sa verve, mon père ragaillardissait les malheureux en ce triste pays que, remonté dans sa chambre, il comparait à l'enfer du Dante, tellement l'on y trouvait des échantillons de tous les supplices. Et cette action, en partie double, d'*observateur* et de *consolateur*, est l'image fidèle de sa nature.

On devine qu'il s'intéressait aux illustres patients d'autrefois. Il connaissait à fond la maladie de Pascal, celle de Rousseau, celle de Montaigne, celle, plus proche, d'Henri Heine. Mais il se gardait soigneusement des hypothèses saugrenues où se sont rués nos plus récents psychologues, et l'assimilation du génie à la folie, par exemple, lui faisait lever les épaules.

L'alliance de la pitié et de la douleur était, pour lui, un thème incessant :

— Celui qui n'a pas eu faim, qui n'a pas eu froid, qui n'a pas souffert, ne peut parler ni du froid, ni de la faim, ni de la souffrance. Il ne sait même pas très bien ce que c'est que le pain, ce que c'est que le feu, ce que c'est que la

résignation. Dans la première partie de mon existence, j'ai
connu la misère ; dans la seconde. la douleur. Ainsi, mes
sens se sont aiguisés ; si je disais à quel point, on ne me
croirait pas. Certain visage en détresse, au coin d'une rue,
m'a bouleversé l'âme et ne sortira jamais de ma mémoire. Il
y a des intonations que j'évite de me rappeler pour ne pas
pleurer bêtement. Ah ! les comédiens ! Quel génie il leur faudrait pour reproduire ce qu'ils auraient éprouvé ! Ni trémolo,
ni exagération… L'accent juste… le merveilleux accent juste…
qui sort des entrailles !

Aussi toute note fausse. tout essai de sensiblerie menson-
gère, les simagrées philanthropiques, la « bonne dame » et le
« bon monsieur », ce qu'il appelait la *voix de gorge*. l'exaspéraient. J'ai vu des maladroits, le sachant charitable, se
vanter, devant lui. de sacrifices, de bienfaits imaginaires.
L'ironie s'amoncelait dans ses yeux soudain noirs et brillants. Il « coupait » l'hypocrite par une exclamation déconcer-
tante. ou bien exprimait son incrédulité avec une douceur
sournoise qui mettait la franchise en joie. Les lecteurs n'ont
qu'à se reporter aux portraits de d'Argenton, de madame
Hautmann, d'Astier-Réhu. Mais, aux figures de roman les
plus complètes, manque, comme il le disait, « la moiteur
du réel.. »

Nous sommes en landau. Le ciel est clair. Au bord de la
grande route, est assis un loqueteux : face obscure, pas de
linge, des yeux de colère et de lassitude. La splendide nature
étincelle autour du vagabond. comme pour exaspérer sa détresse. Bon gré. mal gré, il faut qu'on s'arrête : mon père
ne peut descendre. mais il parle à l'homme. tandis que je
transmets l'aumône du « monsieur riche », et il s'informe
familièrement, avec une bonhomie conciliante, le désir, si
vrai. d'excuser la disproportion, que la maigre figure s'apaise
et se détend. On repart. Alors, mon doux ami :

— Les chevaux, le cocher, la voiture, tout conspire pour
qu'on passe au large. tout lutte contre la charité, tout s'indigne contre le traîne-savate. C'est cela, la fortune. Des
coussins du landau. on ne voit pas les pauvres : ils font partie
d'un autre monde ; les favorisés se détournent. Mais les

regards du malchanceux amassent de la haine... Rien ne se perd... comme en chimie.

***

Parmi les œuvres en préparation, une des plus importantes, dont nous possédons de nombreux fragments et le plan général, a pour titre : *la Caravane*. Le lien du livre est un voyage en *roulotte* réalisé par deux couples d'amis, hommes et femmes de caractères opposés, de vive intelligence, entre lesquels se joue un drame de passion et de jalousie, tandis qu'ils parcourent les plus beaux paysages de France.

Mon père admirait et connaissait les principales contrées de notre pays, si divers. Il insistait sur l'influence du terroir, des habitudes locales. Traditionnaliste dans l'âme, bien que, par d'autres côtés, révolutionnaire, il célébrait, par la causerie, les merveilleux aspects de la Bretagne, de la Normandie, de la Touraine, de l'Alsace, de l'Ardèche, du Lyonnais, de la Bourgogne, de la Provence, du Languedoc. Il avait fait une étude approfondie des caractères régionaux. Sa première question à un inconnu, à un débutant, était : « Où êtes-vous né ? » Sitôt renseigné, il cherchait, dans sa vaste mémoire, les « dominantes » de l'endroit. A force d'examiner ses propres origines, il s'était fait une méthode, et les sautes de tempérament, le long de tel fleuve ou de telle vallée, excitaient sa curiosité au plus haut point : « Le Normand, c'est le Gascon du nord. » — « La finesse lorraine, une vue nette, parfois un peu sèche, des hommes et des événements. » — « Ne pas confondre la Provence avec le midi des pierres, l'Hérault, le Languedoc. Elle tient à l'Italie. Ils préparent l'Espagne. » — « L'imagination logique de la Touraine, (Rabelais, Descartes) diffère profondément de la *cuvée* bourguignonne, de la fougue méditerranéenne. » — « Colère de femme, colère de Méditerranée, en surface. Dix pieds de calme sous un pied d'écume. » — « Le type du Parisien, Panurge, ne s'est pas modifié depuis *Gargantua*. Je le retrouve semblable à lui-même chez dix de mes camarades. » — « Le mensonge du nord, pesant, tenace et triste, bien différent de *notre* mensonge, qui court, change de sujet, rit, gesticule, aboutit brusquement à la sincérité. »

Il avait un *schéma* très significatif de la ville de Lyon, et du tempérament lyonnais, fréquenté pendant toute sa jeunesse :

— Les deux coteaux, Fourvières et la Croix-Rousse ; les deux fleuves, la Saône et le Rhône : mystiques et *canuts*. La tendance aux idées générales, d'une part : Ballanche, Blanc-Saint-Bonnet ; de l'autre, le goût du minutieux : Joséphin Soulary. Ici, Puvis de Chavannes ; là, Meissonier. Ce parallèle doit se poursuivre jusque dans les esprits scientifiques.

» Pourquoi des hommes sincères et amis du réel n'écriraient-ils pas soigneusement, au lieu de se perdre dans des volumes de vers que nul ne lit, l'histoire du *coin* qu'ils cultivent ? La forme romanesque s'y prêterait admirablement : habitudes, légendes, ce qui frappe l'enfance, le parti que tire l'imagination populaire ou puérile de la forêt, de la montagne, du ruisseau, du village ; ce qui subsiste d'autrefois ; ce qui ne s'est point dégradé. Je ne demande point, pour chaque clocher, son Mistral. Le grand poète est rare. Mais il ne manque pas d'esprits consciencieux pour cette admirable besogne. On serait stupéfait des richesses intellectuelles et morales de la France ; c'est un trésor qu'on gâche : les coutumes, les patois, les récits. O les beaux contes gascons de Bladé !...

Un tel livre, assez compact, sur le Périgord, l'enchanta. *Le Moulin du Frau*, par Eugène Le Roy. Il le vantait à tous ses amis. Il me le prêta. C'était une œuvre complète où l'auteur se donnait entièrement, racontait sa *petite patrie* avec un souci prodigieux du vrai :

— Que ne l'imite-t-on ! s'écriait mon père. Je suis, avec joie, les conséquences de l'impulsion qu'a donnée notre Mistral. Le retour à la tradition ! voilà ce qui peut nous sauver, dans la déroute contemporaine. Toujours, j'ai eu l'instinct de ces choses. Elles ne me sont apparues nettement que depuis quelques années. Il est mauvais de perdre entièrement ses racines, d'oublier son clocher. Il est singulier que la poésie ne s'attache qu'aux objets venus de loin, d'un long usage. Ce qu'on appelle le *progrès*, mot vague et bien douteux, suscite les parties basses de l'intelligence. Les parties hautes vibrent mieux pour ce qui a touché, exalté une longue série d'imaginations issues les unes des autres, fortifiées par la vue des mêmes paysages, la senteur des mêmes aromes, le toucher des mêmes meubles polis. Les vieilles, très vieilles empreintes, descendent jusqu'au fond de la *mémoire* obscure, de cette *mémoire de la race* que tisse la foule des mémoires individuelles. Elles se rejoignent, les vieilles empreintes, à tout l'effort des laboureurs, des vignerons, des forestiers. Il en est d'elles, comme de ces racines qui serpentent et se mêlent à la terre nourricière, s'enchevêtrent, confondent les sucs. Les poèmes didactiques sur la vapeur, l'électricité, les rayons X, ne sont pas des poèmes. Je devine bien, parbleu ! l'objection exceptionnelle : oui, le chantre de l'avenir, l'Américain sublime, le lyrique Walt Whitmann. Mais il est du pays sans ancêtres.

C'était là un de ses thèmes habituels. Il le traitait avec une vigueur, une richesse d'images incomparable, car toute sa sensibilité se mettait en branle. L'amour de *sa Provence* lui montait aux lèvres :

— Sachez-le, marchand de bonheur, je le suis, lorsqu'au jeune homme qui vient me voir, arrogant ou timide, son petit volume à la main, je dis : « De quel pays ? — De là... monsieur. — Il y a longtemps que vous avez quitté la maison et les vieux ? — *Tant de temps.* — Y retournerez-vous ? — Je ne sais. — Pourquoi pas tout de suite, maintenant que vous avez tâté de Paris ?... Sont-ils pauvres ? — Oh ! non, monsieur, dans l'aisance. — Alors fuyez, malheureux ! Je vous vois indécis, jeune, impressionnable. Je ne crois pas qu'il y ait en vous, actuellement, cette énergie d'un Balzac, qui bouillonne et fermente dans sa mansarde. Écoutez mon conseil, vous me remercierez plus tard. Rentrez au bercail ; faites-vous une solitude dans un coin de la maison ou de la ferme. Promenez-vous dans votre mémoire. Les souvenirs d'enfance sont la source vive et non empoisonnée de tous ceux qui ne possèdent pas un pouvoir d'évocation magistral. D'ailleurs, vous verrez... Vous avez le temps... Faites causer ceux qui vous entourent, les fermiers, les chasseurs, les filles, les vieux, les vagabonds. Laissez cela se rejoindre. Et vous écrirez un livre personnel, qui aura votre marque, qui intéressera vos confrères d'abord,

le public ensuite. si vous avez la chance de trouver, pour ce
cadre. un bout d'intrigue bien menée. »

— Mais. père. il doit être rare que le jeune homme
t'écoute? Il te croit envieux de sa future gloire. Il a toute
prête la réponse : « Vous même. monsieur, n'avez pas agi de
cette manière. et ne vous en êtes pas trop mal trouvé ! »

Il sourit. réfléchit une seconde, secoue la cendre de sa pipe
et répond :

— Certains m'ont écouté. Je cite l'exemple de Baptiste
Bonnet. de cette *Vie d'Enfant* que suivront deux autres
volumes. pareillement réussis, je l'espère. Bonnet s'est manifesté poète admirable. rien qu'à raconter ce qu'il avait eu
devant les yeux. ses yeux de lyrique observant. Imagine ce
qu'eût été de lui une ébauche de roman ou de poème en
français. cette langue qu'il possède mal. sur un sujet qui
ne viendrait pas de son cœur. Oui. Bonnet. et combien
d'autres ! Le marchand de bonheur n'est pas un entêté.
A ceux qui ont eu la joie des voyages. des séjours en pays
étrangers. il demande le récit de leurs impressions. Profitez
de la chance inestimable qui vous a rempli le cerveau de
sons. de couleurs, d'odeurs nouvelles. Pauvre petit Boissière,
mort aujourd'hui. dont le premier. le seul effort, *Fumeurs
d'Opium.* annonçait un si grand talent ! Certes Loti est un
écrivain génial. mais il n'a point fermé la route des navigateurs et des rêveurs. Et. quant aux glorificateurs de leur
berceau. voici Rodenbach, le plus exquis, le plus raffiné des
poètes et des prosateurs. tout trempé dans les brumes
flamandes. dont la phrase a la douceur des carillons, la
tendre dorure des châsses et des vitraux : voici Pouvillon, à
qui nous devons la physionomie complète et pleine de
charme de la région montalbanaise. Voici Pol Neveux, avec
ce merveilleux *Golo* dont l'âme rêveuse et précise réflète la
Champagne entière. Les exemples sont infinis. Nomades ou
sédentaires. que tous conforment leur œuvre à leurs désirs
et chantent ce qui les enchanta !

Nous ne sommes pas loin de *la Caravane...* De telles causeries embellissent les journées des voyageurs, sont tenues à un
tournant de route. devant le parc d'un vieux château, tandis

que la nature s'assoupit par le crépuscule et que les domestiques préparent le repas. Selon son caractère. chaque personnage devient l'avocat d'une théorie conforme à sa structure morale. Les sujets sont amenés par les hasards du dehors, comme cela arrive, quand nous nous laissons délicieusement aller au cours de nos pensées.

— Mais. ajoutait mon père, je ne leur permettrai pas de longtemps philosopher. de fatiguer le lecteur. Leurs opinions suivront la courbe de leurs aventures. Je ne veux point de marionnettes chargées de sentences ou de récits. Il faudra que le sang circule.

*
* *

Quand le « marchand de bonheur » s'entretenait, par hasard, de politique, il insistait grandement sur la lutte sourde et continue de Paris et de la province. Il y a quelques années, madame Adam, que mon père admirait pour ses *facultés divinatoires.* son *don de prophétie*, son ardent patriotisme et tant de hautes et nobles qualités, madame Adam. à laquelle il gardait une chaude reconnaissance pour ses bontés à mon endroit, eut l'idée de transformer la *Nouvelle Revue.*

Elle s'adressa à son ami Daudet dont elle connaissait la sagacité pour tout ce qui touchait aux « périodiques » et aux journaux. Il fut catégorique :

— Ma grande amie. ma chère amie, j'ai longtemps songé. moi-même, à établir une *Revue de Champrosay*, où j'aurais eu, je crois, le tact de distribuer l'ouvrage selon les aptitudes de chacun. Vous n'ignorez point qu'une des plus graves questions contemporaines est l'antagonisme latent de Paris et de la province. Cela s'est manifesté très vivement en 1870 ; et, après la guerre, les inimitiés des petits clochers contre Notre-Dame, les souvenirs du Siège, de cette étrange et mémorable séparation du cœur d'avec les vaisseaux. ces rancunes se perpétuèrent. Vous en trouveriez encore quelques reflets dans les polémiques de la presse provinciale. de cette presse que tuent le télégraphe et la rapide propagation des nouvelles.

(Je puis bien rappeler le tour des paroles et le sens général du discours, mais ce que je suis impuissant à reproduire, c'est la pittoresque levée d'arguments, l'éclair des regards, le cher sourire, les gestes minutieux de la main tenant encore le porte-plume.)

— Ce n'est pas à vous, chère amie, que j'apprendrai les ressources considérables de la province, *matérielles et morales,* pour parler comme un député ; mais ce que nous sentons l'un et l'autre, plus vivement que n'importe quel parlementaire, c'est la nécessité de donner un peu d'air et de vie à ces membres que la tête est en train de fatiguer et de ruiner. *Décentralisation* est un de ces grands mots qui ne disent rien à l'esprit. Avec votre *Revue,* vous avez une arme. A votre appel répondront les professeurs d'Université, ces journalistes instruits et renseignés qu'on trouve dans la presse provinciale subsistante. Ainsi, vous constituerez chez vous une sorte de *ministère fédéraliste,* où vous accepterez les réclamations régionales, où, sans épouser les querelles de clocher, vous vous tiendrez au courant de ces querelles, où vous nous parlerez des industries d'ici, de là, de la grande culture, des récoltes, des « eaux et forêts » ; grâce à votre activité et à un effort continu, vous réussirez, peut-être, à rétablir les communications malheureusement coupées entre les esprits rapides des Parisiens et les intelligences plus lentes, plus sérieuses parfois, de la province. Or, dans notre France, quand une étincelle a jailli, il y a bientôt le feu partout.

Séance tenante, madame Adam organisa une série d'adroits questionnaires qui furent envoyés aux provinciaux, fonctionnaires et autres, et, aujourd'hui, une partie importante de la *Nouvelle Revue* sert de ralliement et de chaire à des paroles qu'on n'entendait pas. A cette occasion même, je fus chargé de l'article de début, *Paris et la Province,* que j'écrivis, en quelque sorte, sous la dictée paternelle.

Nul doute que mon père vieillissant eût donné suite à ce projet de la *Revue de Champrosay.*

Il n'était pas semblable à beaucoup de ses contemporains qui maudissent la presse, quittes à lui demander des services. Autant il méprisait la *réclame,* autant il s'intéressait à ces formes diverses du renseignement qui ont, en quelques années, modifié la physionomie des grands *quotidiens.* S'il avait dans son amitié des polémistes comme Rochefort et Drumont, il admirait, en madame Adam, l'esprit d'ordre, d'organisation, cette compétence universelle qui stupéfie quiconque approche la grande patriote ; il n'était jamais plus heureux que quand la « maudite politique » permettait à son vieux camarade, Adrien Hébrard, de venir causer avec lui. Quelles parties de rire, alors, faisaient ces deux méridionaux, renseignés sur tant d'hommes et d'événements, ayant acquis tant d'expérience, et néanmoins sans amertume. Or, ceux-là qui sont au sommet, aussi bien que les plus modestes reporters qu'il recevait avec sa gentillesse et sa bonhomie ordinaires, peuvent témoigner de sa sagacité, de son flair. Nul ne devina, mieux que lui, le goût, les bizarreries, l'humeur changeante du public. Nul n'avait étudié davantage les variations de « la foule lisante », laquelle n'est point la même que la foule agissante et bruyante. Il était partisan de la liberté totale de la presse, « merveilleuse soupape de sûreté ». Il répétait :

— Il n'y a pas, en France de gouvernement capable de réprimer la parole écrite ; tout effort, en ce sens, ainsi que sous l'Empire, n'aboutira qu'à renforcer l'ironie, empoisonner l'allusion, doubler, tripler l'étrange puissance du *bec de fer*. On ne s'imagine pas, aujourd'hui, la stupeur générale que fut le terrible article de Rochefort à la mort de Victor Noir, ce « tonnerre encadré de deuil », qui transforma, figea la capitale en une multitude de silhouettes immobiles, pesant la virulence de chaque trait...

Il ne prit aucune part au Boulangisme, car il ne se passionnait que lorsqu'il s'était fait une opinion claire et indépendante, mais il s'intéressa à ce mouvement comme « à la combinaison d'un sourd malaise antiparlementaire, avec une poussée patriotique ». Le jugement de la Haute Cour, qui condamnait Rochefort à l'exil pour des articles de journaux, l'indigna :

— C'est la revanche mesquine d'hommes sans esprit, de bas politiciens, contre un écrivain d'infiniment d'esprit. Ils affectent de mépriser le pamphlétaire qui fut, pourtant, une des causes première du régime actuel dont ils s'engraissent, et ils le redoutent assez pour le bannir. Ils paieront cher, cette infamie.

Le Panama s'est chargé de réaliser la prédiction.

On nous plaisantait, lui et moi, à la maison, pour l'avidité
avec laquelle, dès le matin, nous nous disputions les journaux. Il lisait avec une promptitude remarquable ; rien d'important ne lui échappait. Il ne résistait pas au plaisir d'écrire
aussitôt un mot de félicitations à l'auteur de l'article qui lui
avait plu. Il retenait les noms nouveaux ; là, comme dans le
livre, toute apparence de talent l'enfiévrait. Il voulait voir le
signataire, le faire causer, l'aider dès le début. Il arrivait
parfois qu'il renversât les rôles et confessât le reporter envoyé
pour recevoir sa confession. Plusieurs, aujourd'hui célèbres,
se rappellent ses encouragements et la manière affable dont
il rassurait la timidité.

— Accueillir les petits confrères, cela rentre dans le rôle
du *marchand de bonheur*. Quand je reçois un de ces jeunes
gens qui gagnent péniblement leur vie à tant la ligne, je me
rappelle mes débuts et je songe que j'ai peut-être, devant
moi, un homme d'avenir, de vrai talent.

A tous, il distribuait semblables conseils :

— Ce métier que vous faites et qui vous rebute, vous
servira plus tard. Par lui, vous aurez pénétré dans beaucoup
d'intérieurs, apprécié pas mal de caractères, assisté à plusieurs
comédies. L'information, telle qu'on la pratique, n'est pas
venue de New-York ou de Chicago. Elle est sortie du roman
réaliste. Elle correspond au besoin de sincérité qui, de plus
en plus, étreint les esprits.

Quand ses paroles étaient rapportées de travers, il s'écriait
avec indulgence :

— Les historiens se trompent bien, les plus austères, les
plus sûrs d'eux-mêmes ! Pourquoi ce garçon ne se trom-
perait-il pas ? La vérité est une terrible déesse fuyante.
Tout ce qu'il y a de subjectif dans le narrateur, depuis ses
passions, jusqu'à sa myopie, jusqu'à une chaussure trop
étroite, lutte contre son désir d'être un témoin fidèle. Voyez
le plus petit fait, le plus mince épisode, comme il se déforme en une seconde ! Comme il prend une autre tournure
dans la bouche de l'un ou de l'autre ! Rappelez-vous le
conte symbolique d'Edgard Poë, *le Double Assassinat dans*

la rue Morgue, les multiples interprétations des spectateurs ...

Il s'amusait à distribuer par avance la besogne dans la
Revue de Champrosay :

— *De Champrosay*... c'est-à-dire que je ne subirai point
la pression de Paris, l'optique de Paris ; que je tâcherai de
classer les événements selon leur importance. A un tel, qui
a de bons yeux, du jugement et le don du style, je confierai
les Tribunaux ; à tel autre, qui a des facultés humoristiques,
la Chambre. Beaucoup perdent leur force dans des contes.
des fictions qui, appuyés par le réel. acquerraient une vigueur
imprévue. Surtout, je voudrais que ma revue fût *vivante*.
qu'elle apportât au lecteur la sensation d'un « organisme en
activité ». Je voudrais payer mes collaborateurs largement,
pour les libérer du souci d'argent, et pouvoir beaucoup exiger
d'eux. Je ne ferais point un périodique dogmatique parce que
je redoute le mensonge convaincu, mais je donnerais la parole
à toute opinion éloquente.

Il faisait alors l'examen des richesses inexploitées, des
mines de renseignements et d'anecdotes que seraient les industries, les branches de commerce, les physionomies des
divers quartiers, les « confessions des humbles », du marchand de marrons au cocher de fiacre.

— Je tâcherais que, dans chaque numéro, il y eût une
enquête solide sur une injustice, un tort grave, un abus de
pouvoir, et, afin d'avoir les mains libres, je paierais mes
billets de chemin de fer, de théâtre...

Il fut empêché de réaliser ce projet par la maladie d'abord.
puis par son œuvre même, qui accaparait sa puissance de
travail et lui rendait impossible toute besogne de surveillance
et de direction. Il dut se contenter de suivre les efforts d'au-
trni. Jean Finot n'ignora pas l'intérêt qu'il prit à la *Revue
des Revues*, à ses curieuses enquêtes. à ses généreuses campagnes en faveur des Arméniens. On a raconté dans des notices nécrologiques, comment, sur l'instigation de Finot, il
eut la joie de sauver la vie à un illustre écrivain de là-bas,
prisonnier des Turcs, dont le supplice était déjà prêt. Il ne fit
point, à cette occasion, un manifeste à grand fracas, qui eût

été sonore et vain. Il préféra l'action directe et discrète dont
les compatriotes du malheureux, libre aujourd'hui, gardent,
à sa mémoire, une grande reconnaissance. L'Europe, d'ailleurs, ne les a point gâtés.

*
* *

Mon père avait promis à *la Revue de Paris* une étude de
mœurs intitulée : *Quinze ans de Mariage*, laquelle serait le
résumé de son expérience conjugale et paternelle. Ce petit
groupement qu'est *la famille*, avait particulièrement attiré
son attention :

— Les circonstances ordinaires de la vie, les plus humbles
et les plus fréquentes, sont aussi les moins étudiées. Montaigne, Diderot et Rousseau mis à part, j'ai toujours été
frappé du dédain que les esprits supérieurs témoignent à ce
que j'appellerai « la menue monnaie de l'existence ».
Admirable sujet, s'il en fut ! Balzac a écrit *le Contrat de
Mariage*, *l'Interdiction*. Le drame de l'héritage est, chez lui,
complet. Il projetait une *pathologie des corps sociaux*. Pourquoi le philosophe éluderait-il les problèmes familiers, qui
sont, peut-être, les plus ardus ?

A mon frère et à moi, il disait :

— Jamais je n'ai contrarié vos désirs, vos soubresauts, ces
variations de la jeunesse que, parfois, l'on a peine à suivre
et qui indignent les hommes graves. C'est que j'ai réfléchi
aux droits et devoirs de père du famille. Où s'arrête sa puissance ? Dans quelles limites peut-il en user ?

Nous éprouvions chaque jour le bénéfice de sa largeur
d'idées. Il désirait surtout avoir notre confiance entière. On
se livrait à lui pleinement, sans retenue, sans fausse honte.
On s'abandonnait à son indulgence, aucun aveu ne nous
coûtait. Il usait peu de la réprimande. Au récit d'une de mes
sottises, il gardait son plus tendre sourire, puis, revenant sur
sa vie passée, me citait telle circonstance, une erreur analogue, qu'il avait rachetée de telle façon.

Avant tout, il avait l'horreur du mensonge :

— Ne cherche pas à me tromper; tes yeux, ton accent, te
trahissent. Comment veux-tu que je te conseille, si tu me
lances sur une fausse piste ?

Il ajoutait :

— Quant à vous, mes petits, je revis dans votre jeunesse. Cette prolongation est admirable. Lorsque vous m'embrassez à la hâte, désireux de fuir ma sagacité, je pourrais énumérer une par une toutes les malices par lesquelles vous comptez échapper au vieux père. Faites vos écoles vous-mêmes. Mais racontez-moi vos scrupules, vos regrets, ces hontes de la jeunesse qui font que, dans la nuit obscure, on mord en gémissant son oreiller.

Il pensait que le premier devoir d'un père est d'être le camarade moral de ses fils. Il rappelait, avec terreur, une page émouvante de Montaigne où le vieux maréchal de Montluc, je crois, se désespère d'avoir perdu son garçon, sans lui avoir jamais laissé deviner quelle passion il avait pour lui.

Il écoutait patiemment nos théories les plus extravagantes, laissant aux circonstances le soin de nous calmer. Il semblait surtout désireux de nous voir penser par nous-mêmes, à l'abri des influences. Car, dans le domaine intellectuel, il avait horreur de l'imitation :

— Une des plus terribles paroles est celle de Lucrèce, que « le genre humain vit pour peu de personnes ». J'ai le souvenir d'une multitude de physionomies et de causeries. Je pourrais facilement faire le compte des individualités et des idées neuves. Les uns, trop impressionnables, répètent les leçons apprises dans les livres et les journaux. D'autres sont les ilotes d'un parti, d'une doctrine; que de suiveurs! Quelle joie aussi, quand on entend un accent sincère! On a de ces surprises. Celui-là, que l'on n'avait pas remarqué, qui se confondait avec les autres, entre tout à coup en lumière, prend du relief, se détache... Ils sont l'image de la vie, ces couloirs de théâtre, un soir de première. Chacun interroge son voisin, tremble de s'exprimer seul : « Ne pensez-vous pas?... Quel est votre avis, cher maître? » N'est-il pas étrange que, malgré le troupeau, les œuvres se classent, qu'il se fasse un partage du beau et du laid, que de justes réputations émergent!

Que de fois nous avons agité ce difficile problème de la personnalité artistique! Certains donnent de grandes espérances, débutent par une œuvre vigoureuse et nouvelle et, subitement, s'arrêtent, comme épuisés, à bout d'invention. Il échappe à la critique, le rouage intime des cerveaux. Souvent, la réflexion s'empoisonne avec ce qu'elle élabore en secret. Voilà pourquoi mon père conseillait, en première ligne, l'étude de la nature, de ses formes et de ses nuances. La pensée qui dévore sa propre substance l'inquiétait :

— Cet admirable écrivain possède un pouvoir d'*auto-destruction* surprenant, disait-il, en parlant du philosophe Nietzsche.

— La forme continûment amère et sarcastique de ses aphorismes le rebutait aussi. Mais il lui reprochait surtout de ne pas suffisamment *prendre l'air*.

Depuis peu d'années seulement, je comprends la profondeur de cette doctrine qui pousse l'écrivain à sortir de lui-même, à ne pas perdre le contact avec la vie. La première condition de la joie intellectuelle est d'organiser des sensations, des sentiments. L'épuisement arrive vite, si les uns et les autres ne se renouvellent pas, se laissent user jusqu'à la trame. C'est là le piège de *l'analyse*.

Or, mon père analysait sans cesse, mais s'arrêtait au point de lassitude. Il avait porté sa machine pensante à la plus haute tension possible. Des plus petites, des plus ordinaires circonstances, il tirait un parti surprenant. Ceci nous explique comment, malgré ses transes et ses douleurs, malgré les attaques d'une implacable maladie, il conserva jusqu'au bout cette clairvoyance et cette fraîcheur d'impressions qui émerveillèrent quiconque l'approchait.

LÉON DAUDET

(La fin au prochain numéro.)

VUES POLITIQUES

Je ne puis esquisser le programme d'action du parti socialiste dans la prochaine législature, sans quelques remarques
préliminaires. Les autres partis, en effet, peuvent s'exprimer
tout entiers dans leur programme. Ils n'ont pas besoin d'affirmer, au-dessus de leur programme, leur doctrine. Car leur
doctrine est affirmée, si je puis dire, par les faits mêmes.
Tous, en effet, depuis les conservateurs proprement dits jusqu'aux radicaux socialistes, acceptent, dans son principe, dans
son fond, qui est la propriété capitaliste, la société d'aujour-
d'hui. Tous ils pensent que les moyens de production doivent
appartenir à des individus, non à la communauté sociale.
Le centre et le fond de leur pensée coïncident donc avec le
centre et le fond du régime capitaliste ; leur idéal fait corps
avec la société présente ; il leur suffit donc d'affirmer leur programme d'action. Il n'en est pas ainsi du parti socialiste. A
ses yeux. la société d'aujourd'hui est une forme transitoire,
et dès maintenant condamnée, de l'infatigable évolution humaine. La propriété capitaliste, après avoir servi le progrès,
a épuisé ses effets utiles ; elle doit faire place à une nouvelle
forme de propriété. Certes, cette propriété nouvelle, la propriété collective des moyens de production, est préparée, selon

nous, par le système capitaliste même, et nous ne nous jetons pas, d'un saut brusque, hors de la loi d'évolution. Mais ce n'est pas par des modifications de détail que la société se transformera. Nous vivons donc dans le régime capitaliste à l'état d'attente révolutionnaire, si l'on veut bien donner an mot Révolution son sens tranquille et profond. Il n'y a d'action possible que celle qui est conforme aux lois essentielles, aux principes dominants de la société où l'on vit ; nous ne pouvons donc pas formuler aujourd'hui, sans une contradiction mortelle, un programme socialiste : nous pouvons simplement déterminer l'action provisoire du parti socialiste dans le système capitaliste. Nous ne pourrons produire un programme vraiment socialiste que quand le principe même du socialisme aura triomphé. Quand la propriété collective des moyens de production aura été substituée par la volonté de la nation à la propriété capitaliste. quand notre idéal sera devenu fait. quand notre doctrine se confondra avec l'organisme social, alors de graves questions d'application seront posées.

Par exemple, comment rattachera-t-on au système de la propriété sociale ce qui subsistera encore de petite propriété individuelle? Ou encore, quelle part devra être faite, dans la direction et la coordination des efforts sociaux, à une autorité centrale ou à la spontanéité des groupes locaux? Sur ces questions diverses, des partis se formeront, qui se disputeront la conduite de l'ordre socialiste, de même que les partis non socialistes d'aujourd'hui se disputent la conduite de l'ordre capitaliste. Jusque-là, si l'on veut prendre les mots à la rigueur du sens, nous ne pouvons formuler que le programme capitaliste du socialisme; nous sommes dans la terre d'Égypte, et nous n'y pouvons bâtir notre demeure définitive.

Notre effort essentiel doit donc être de faire comprendre notre doctrine. Il nous faut faire entendre à tous que peu à peu, par la grande industrie et la concentration des capitaux, les moyens de production cessent partout d'être la propriété de ceux qui les mettent en œuvre. comme Gabriel Deville l'a montré si nettement dans son livre sur les *Principes socialistes* [1] ; et que les moyens de production perdent ainsi leur caractère

---

1. Librairie Giard et Brière.

de propriété vraiment individuelle, ils deviennent propriété capitaliste. Et notre but suprême est de confondre à nouveau, dans les nouvelles conditions techniques de la production, la propriété et le travail. La production n'étant pas morcelée, il est impossible de morceler la propriété : il n'est donc plus qu'un moyen d'universaliser la propriété ; c'est de donner la forme de la propriété sociale à la grande production, à la production capitaliste. Tous les producteurs ayant ainsi un droit préalable de co-propriété cesseront d'être des prolétaires ; et ce droit de co-propriété, la nation en assurera l'exercice de façon à porter au maximum la liberté et l'énergie des individus. Voilà le but suprême du parti socialiste.

De même qu'il a un but distinct, il a ses moyens propres : c'est la lutte des classes qui est le ressort de son action. Qu'on n'imagine point par là que le socialisme veut exclure de ses rangs les hommes d'origine bourgeoise ; toute son histoire proteste contre cette absurde interprétation. Il leur demande seulement de rompre avec la conception bourgeoise de la propriété. Qu'on n'imagine pas non plus qu'il veut perpétuer les antagonismes et les haines ; son but est au contraire de préparer un ordre social où la distinction des capitalistes et des salariés aura disparu, et où l'unité des intérêts fera l'unité des cœurs. Il ne crée pas, dans la société d'aujourd'hui, la lutte des classes ; il la constate, et il veut l'utiliser pour son œuvre de justice. Il sait que les grands mouvements de l'histoire sont accomplis seulement, dans l'ensemble, par ceux qui y ont un intérêt direct. Ni l'Église, par ses médiations illusoires qui consacrent toujours la force des forts, ne peut apaiser le conflit ; ni le patronat, malgré la générosité de bien des consciences individuelles, ne peut résoudre le problème : il est trop engagé dans le système capitaliste par toute sa vie, par tous ses intérêts, par toutes ses habitudes de pensée et de conscience ; il ne peut que s'essayer, aux heures nobles, à une vague et impuissante philanthropie. Seuls, ceux qui ne tiennent par aucune parcelle de propriété à l'ordre capitaliste, ceux qui sont vraiment des prolétaires, peuvent concevoir d'un cerveau libre et préparer de tout cœur un ordre nouveau. Élever tous les travailleurs, tous les salariés de tout ordre, de l'ordre intellectuel comme

de l'ordre manuel, à la conscience de classe, au sentiment
de leur rôle historique, voilà l'œuvre du socialisme. Et elle
n'est point vaine. Déjà sont nombreux les simples ouvriers,
les pauvres salariés qui ont saisi la loi profonde de notre
temps. les contradictions insolubles dont le capitalisme va
mourir. et l'irrésistible évolution qui prépare une société nouvelle. Ces ignorants savent plus que beaucoup de prétendus
savants, car ils comprennent à la fois le monde capitaliste
d'où ils veulent sortir et le monde socialiste où ils veulent
entrer. Par le socialisme, la classe ouvrière est sur un sommet.
Elle domine du regard, avant de l'occuper, le vaste horizon.
C'est parce qu'elle a un haut et clair idéal qu'elle ne se laisse
pas tomber à l'antisémitisme ou à l'ignominieuse démagogie
césarienne et militaire. Ainsi, dès maintenant, le socialisme
est une force de civilisation et de lumière.

Mais le principe de la lutte des classes a d'autres effets
plus immédiats. Non seulement la classe salariée peut seule
susciter l'avenir socialiste, mais, sans son concours, il sera
impossible de pallier, par des réformes hardies, les pires
effets du régime capitaliste. Jamais les réformes d'impôt ou
les lois de protection ouvrière n'auront cette hardiesse qui
seule les rend efficaces si toutes les forces du prolétariat ne
pèsent pas sur les pouvoirs publics. Ce n'est donc pas seulement
pour accomplir notre idéal définitif, c'est encore pour réaliser un programme immédiat de réformes provisoires, que
nous faisons appel constamment à toutes les énergies de la
classe salariée. Ainsi, même dans la partie de notre action
parlementaire et législative qui parait se confondre avec
l'œuvre des autres partis, subsiste la marque propre du socialisme.

*
* *

Tout malentendu étant ainsi écarté, quel est donc le programme des socialistes français pour la prochaine législature ?
A vrai dire, toute action parlementaire nous paraîtrait inutile
ou même dangereuse si nous imaginions qu'il n'y a aucun
mouvement possible du capitalisme au socialisme, ou que
l'excès de la souffrance et du désordre ajoute aux chances
de révolution. Il n'en est rien : le socialisme est préparé par

le mouvement capitaliste, et plus la classe ouvrière sera saine, éclairée et robuste, mieux elle fera aboutir les germes de socialisme contenus dans le système capitaliste. Le programme de notre parti peut donc se résumer à deux grands traits : accroître l'intensité de la vie capitaliste ; — accroître la force, la liberté, le bien-être, la science du prolétariat.

Il s'agit donc d'abord de développer en France la puissance de la production, l'activité économique. Il le faut pour maintenir dans le monde l'influence morale de notre pays : la force morale des nations se mesure à leur force économique. Il le faut pour aider à la solution pacifique du problème social : les grandes transformations de justice sont plus aisées dans les pays qui ont un large fonds de richesse. Il le faut pour élever l'esprit et le courage de la classe ouvrière : le travail rare et les salaires chétifs resserrent la pensée et rapetissent le cœur. Il le faut, enfin, pour sauver notre pays des entreprises de la caste militaire : si l'Espagne est tombée sous la loi des généraux, c'est parce qu'elle n'avait pas une bourgeoisie industrielle agissante et forte. Tant que nous nous traînons dans le régime capitaliste, l'activité industrielle de la bourgeoisie est le frein nécessaire du militarisme.

Comment donc stimuler dans la période qui va s'ouvrir l'activité économique de la France ?

Je n'entends point discuter ici les effets de la politique douanière : la question est trop complexe et. d'ailleurs, il est probable que le régime douanier de la France ne sera pas, d'ici longtemps. profondément modifié. D'un côté, le protectionnisme commence à rencontrer des résistances. Il est visible qu'en plus d'un point il a touché aux limites qu'il ne saurait dépasser ; dans une discussion récente sur l'importation des viandes américaines. M. Méline lui-même a donné des signes de lassitude et des conseils de modération. Mais, d'autre part, le péril grandissant de la concurrence asiatique, la croissance économique du Japon et de l'Inde empêcheront certainement la France de se livrer sans réserve au mouvement du marché universel. Dans une ville qui avait été jusqu'ici comme la citadelle du libre échange, à Lyon, un mouvement protectionniste se dessine : les ouvriers tisseurs lyonnais, très éprouvés depuis le traité franco-suisse par la concurrence étrangère, con-

damnent les théories de la Chambre de commerce; ils préparent leur jonction avec les protectionnistes agricoles, avec
les sériciculteurs, et nous assisterons certainement dès le début
de la Chambre prochaine à la lutte passionnée de la protection et du libre-échange dans la région lyonnaise. Mais, dans
l'ensemble, notre régime douanier ne subira probablement
pas un changement décisif de direction. Entre la protection
et le libre-échange, qui sont deux modes capitalistes, la doctrine socialiste ne nous oblige pas à prendre parti; et les
résultats, dans les deux sens, sont trop mêlés et incertains
pour que nous nous jetions passionnément dans la lutte.
C'est ailleurs que doit se porter notre effort.

Il est temps de reprendre un vaste système de travaux
publics. L'Exposition universelle, le Métropolitain, la suppression des fortifications peuvent donner à Paris un admirable élan. Et le Conseil municipal de Paris a un grand rôle
économique à jouer. Trop souvent il a été paralysé par la
petite politique de quartier ou de clientèle. Il dépend de lui
maintenant, en abolissant tout l'octroi, en ouvrant largement
Paris, d'en faire un merveilleux entrepôt de marchandises et
d'hommes. A cette nouvelle ampleur industrielle et commerciale, Paris ne perdra rien de sa virile élégance.

Mais cette croissance de Paris serait illusoire ou dangereuse si
l'activité économique n'était pas répandue partout dans le pays.
Et, avant tout, c'est la richesse du sol qu'il faut accroître. Le
premier devoir d'un gouvernement est aujourd'hui de préparer
un plan Freycinet à base agricole. Il faut procéder avec plus de
rapidité et d'ensemble au reboisement des montagnes, exécuter
de vastes travaux d'irrigation et s'appliquer à l'amélioration
systématique du sol. A cet effet, les cultivateurs de chaque
canton, propriétaires grands et petits, fermiers, salariés,
devraient être invités à élire un Conseil de perfectionnement
agricole. Et l'État, de son côté, devrait instituer un corps d'ingénieurs agronomes chargés d'étudier dans chaque département, dans chaque canton, les moyens d'enrichir la terre et
de favoriser la culture : travaux de nivellement, de drainage,
de défonçage, d'arrosage ou de desséchement, amendement
énergique des terres pauvres. Quand la carte des progrès et
des travaux agricoles serait ainsi dressée par ordre d'impor-

tance et d'urgence, il y serait procédé dans les conditions suivantes. L'État avancerait, sur ressources d'emprunt, les fonds nécessaires, et il récupérerait une partie au moins de ses avances en demandant au propriétaire, par l'impôt successoral, la plus-value incorporée au sol par les travaux publics. Cet impôt serait très atténué ou même nul pour les propriétaires travaillant eux-mêmes leurs terres, pour ceux dont la propriété est en quelque sorte une propriété-outil.

Comme ces travaux seraient des travaux d'ensemble, s'étendant à tout un canton ou au delà, il serait impossible d'y procéder si le consentement de tous les possédants était nécessaire. Il suffira donc que la majorité de la population rurale, y compris les simples salariés, y consente. Or, les prolétaires du sol ont évidemment intérêt à ce que de grands travaux agricoles soient exécutés dans leur canton, car ils auraient ainsi travail et salaire, et ils verraient sans doute avec plaisir l'action bienfaisante de la communauté nationale se substituer au privilège exclusif et abusif de la propriété. Ils auront donc aisément raison de la résistance égoïste des grands propriétaires qui ne veulent point de l'intervention de l'État. Quant aux petits propriétaires, comment refuseraient-ils des améliorations sans lesquelles leur terre languit et que, faute de capitaux, ils ne peuvent entreprendre eux-mêmes ? Aussi il est probable qu'en bien des cantons les Conseils agricoles élus s'entendraient aisément avec les ingénieurs agronomes de l'État pour déterminer et exécuter les travaux. Les résistances de la routine ou de l'esprit étroit de propriété tomberaient peu à peu devant les bienfaits de l'action nationale combinée avec l'effort des groupes locaux.

Du même coup, le gouvernement républicain aurait fécondé la terre de France et élargi l'esprit du paysan. Il aurait donné à la production agricole et à la vie économique du pays une impulsion très forte, et il aurait arraché les cultivateurs aussi bien à l'individualisme misérable où ils s'étiolent, qu'à l'organisation réactionnaire et oligarchique des syndicats que propage et discipline la grande propriété. Les abondantes disponibilités de l'épargne rendent possible cette vaste entreprise d'emprunt et de travaux publics appliquée à la terre. Il a été démontré récemment que les grands établissements de crédit, qui centralisent de plus en plus, par les dépôts, l'épargne française, l'emploient en grande partie à subventionner et à commanditer, non des industries françaises, mais des industries étrangères. L'État, en fixant au sol de la France une partie au moins du capital créé par la France, ferait une grande œuvre nationale. De plus en plus, selon la loi d'essaimage du capital, les grands industriels français fondent à l'étranger des établissements rivaux des nôtres : les raffineurs de Paris ont créé des raffineries en Égypte, les grands patrons de Roubaix ont créé des tissages dans la Russie occidentale, les industriels lyonnais, eux aussi, exportent leur industrie. Il ne faut point se plaindre, sans réserve, de ce mouvement exorbitant des capitaux : c'est la loi d'expansion illimitée du capitalisme ; il appelle ainsi à la vie industrielle tous les peuples et toutes les races, et nous serons dédommagés plus tard en large progrès humain de cette sorte de détournement et de dispersion des énergies nationales. Mais il y faut de la mesure et un contrepoids. Il y a là une expropriation évidente de la main-d'œuvre française, et si, au moment où nos capitaux vont stimuler au loin, contre nous, la concurrence universelle, nous n'accroissions pas aussi notre force interne de production, il y aurait rupture d'équilibre : notre pays serait, si on me passe la comparaison, comme un homme qui se penche trop au dehors et qui risque de tomber par la fenêtre.

Plus le capital français est sollicité hors de nos frontières par une loi d'expansion et de profit, plus il importe d'assurer et d'accroître les énergies fondamentales, les richesses solides et indéracinables, celles du sol. Il n'y a pas là une étroite conception agrarienne. C'est au contraire pour que la civilisation industrielle et capitaliste puisse se développer sans péril que nous voulons lui donner le support d'une richesse agricole profonde et ample. Et si nous demandons que l'État suscite, par un vaste plan de travaux, toutes les vertus dormantes de la terre de France, c'est pour que Paris, plus audacieux, plus actif, plus largement ouvert, voie affluer en lui les éléments de production et d'échange. C'est entre ces deux pôles, une capitale audacieuse, active, entreprenante, et une force rurale organisée et croissante, que doit se mouvoir la vie économique du pays. Pendant que les travaux de l'Exposition s'accompliront, pendant que les premières lignes du Métropolitain se marqueront, pendant que le Conseil municipal, animé d'une virile pensée socialiste, affranchira les hommes et les choses des misérables entraves de l'octroi, pendant que les études sur la navigabilité de la Seine seront poussées et que Paris s'animera au pressentiment d'une vie plus active et plus large, nous déposerons à la Chambre, dès le début de la législature, une motion invitant le gouvernement à préparer un plan d'ensemble pour la mise en valeur du sol de France par l'intervention financière et technique de la nation. L'économie résultant des conversions prochaines pourrait gager un premier grand emprunt public de production agricole. C'est d'une France éveillée, active, hardie que nous attendons l'œuvre de justice.

*
* *

En même temps qu'il s'emploiera ainsi à stimuler la production et la richesse générale, le parti socialiste demandera énergiquement des lois protectrices pour les salariés, ouvriers industriels ou agricoles.

— Mais quoi! disent nos adversaires économistes: est-ce qu'il n'y a pas là une contradiction? Est-il possible d'accroître la production nationale et de lui donner essor si on l'appesantit par la réglementation multiple et étroite du travail, ou si l'on surcharge d'impôts pseudo-démocratiques le capital et le revenu?

A cela nous faisons deux réponses. D'abord, s'il était vrai qu'on ne pût, aujourd'hui, sans tarir la production, défendre les salariés contre une exploitation épuisante ou contre l'impôt spoliateur, il faudrait renverser sans délai le système capitaliste. En second lieu, il y a là une erreur de fait. Les réformes de transition qui allègent un peu le fardeau de misère et de travail du prolétariat ne peuvent qu'ajouter à la force de la production nationale. Réduire largement les impôts d'alimentation et accroître ainsi la faculté de consommation et d'achat de la classe ouvrière, c'est ouvrir à l'industrie un vaste débouché intérieur. Prévenir, par la limitation légale de la journée de travail, le gaspillage et l'épuisement des forces musculaires et nerveuses du prolétariat, c'est ménager, c'est fortifier le ressort central de la production, le ressort humain. Protéger la classe ouvrière contre les suites de l'accident, de la maladie, de la vieillesse, c'est lui restituer sa liberté d'esprit ; or cette vigueur morale accrue, cette sécurité allègre se convertissent en vives énergies de travail. Enfin, associer les salariés à la puissance économique, à l'élaboration des règlements d'atelier, au contrôle de l'hygiène industrielle et des lois du travail, admettre leurs délégués, au moins à titre consultatif, dans les conseils d'administration des grandes industries, c'est les solidariser avec le mouvement industriel, et ils éviteront tout ce qui peut compromettre ou immobiliser une force de production dont leur classe est, dès maintenant, l'héritière désignée.

C'est pourquoi le parti socialiste, dès le commencement de la législature, et sans s'attarder à des débats théoriques inutiles désormais au Parlement, demandera la mise à l'ordre du jour des réformes fiscales et des lois sociales.

Au point de vue fiscal, il est urgent et il est possible d'opérer un déplacement d'environ un milliard d'impôts. Il faut abolir les quatre contributions directes qui grèvent très maladroitement la petite propriété, la petite et moyenne industrie, le petit et moyen commerce. Il faut abolir ou réduire presque à rien les frais de justice. Enfin, il faut supprimer tous les droits sur les vins, bières et cidres, et tout l'impôt sur le sucre. Ainsi la grande industrie vinicole du Midi et la grande industrie sucrière et betteravière du Nord pourront se développer largement, en même temps que la classe ouvrière sera soulagée. Pour faire face à ces dégrèvements d'un milliard environ, l'application vigoureuse de l'impôt général et progressif sur le revenu et de l'impôt progressif sur les successions est inévitable. Sans doute aussi, pour ne pas fausser par une charge trop lourde le mécanisme capitaliste, sera-t-il bon de constituer ou pour l'alcool, ou pour les assurances, ou pour les raffineries, des monopoles fiscaux qui convertissent en ressources budgétaires une part au moins des bénéfices de deux ou trois industries très concentrées. Dans ces limites et par ces moyens, la réforme fiscale est à la fois possible et bienfaisante. Au delà, on risquerait peut-être de gêner la production, le système capitaliste étant si débile à cause de son anarchie, et si pauvre. En deçà, la réforme serait tout à fait inefficace : elle inquiéterait et molesterait les classes privilégiées sans apporter aux classes exploitées un peu de bien-être et de réconfort.

A cet égard, on ne peut qu'être inquiet des atténuations progressives que subit dans le programme radical l'idée de l'impôt sur le revenu. M. Doumer avait proposé un projet incomplet, et dont le seul péril était d'être incomplet. Il est clair, en effet, que la déclaration obligatoire du revenu heurte la bourgeoisie possédante, et la heurtera quelque temps encore, même si le taux de l'impôt est très faible. Ainsi, avec une première application timide de l'impôt sur le revenu, la résistance des classes possédantes est, d'emblée, à peu près au maximum, et, au contraire, le faible bénéfice immédiat qu'une réforme insuffisante apporte aux petits producteurs et au prolétariat, n'y détermine pas ces vifs mouvements qui emportent toutes les résistances. Si M. Doumer, au lieu de remplacer seulement la contribution personnelle–mobilière et l'impôt des portes et fenêtres, avait aboli la patente et l'impôt foncier et quelques impôts de consommation, il eût été invincible : pour que le coup porte, il faut mettre d'emblée toute la charge de poudre. Mais, du moins, M. Doumer, par la déclaration contrôlée, avait-il construit un mécanisme vigoureux et dont rapidement l'effet utile eût pu s'accroître. Dans le nouveau projet de M. Cavaignac, dans les discours de M. Léon Bourgeois, l'idée de la déclaration, ou se réduit, ou s'efface. Dès lors, entre la conception radicale et l'impôt sur le revenu fondé sur les signes extérieurs, la différence va s'atténuant peu à peu, et si les radicaux n'y prennent garde, ils se borneront bientôt, comme le leur demande M. Deschanel, à un arrangement un peu plus symétrique des impôts actuels, et à certaines « élégances » fiscales, qui réjouiront les artistes de la bourgeoisie tempérée, mais qui ne troubleront guère le privilège des possédants. Ce jour-là, les radicaux seront prêts pour cette concentration où on les invite : en adoucissant encore un peu leur formule la plus aiguë, ils redeviendront des hommes « de gouvernement » contre le socialisme. Mais nous croyons, nous, que si la démocratie tient à la réforme fiscale, c'est

parce qu'elle en espère un premier redressement des inéga-
lités sociales. A coup sûr, cette voie. même largement ouverte,
ne saurait mener le peuple très loin, et la portée sociale de
l'impôt est médiocre, puisqu'il ne touche pas au principe
même de l'iniquité, c'est-à-dire à l'appropriation exclusive
des moyens de production par une minorité privilégiée.
Encore faut-il demander à la réforme de l'impôt tout l'effet
de justice qu'elle peut donner, et ne pas leurrer l'opinion
par de molles et superficielles tentatives.

De même, les lois dites « sociales », les lois de protection
ouvrière, ne peuvent en aucun cas transformer le capitalisme
en socialisme, et voilà pourquoi il n'est pas absurde d'en
espérer le vote d'une majorité capitaliste, en lui supposant
quelque humanité et quelque bon sens. Mais, si l'on veut
vraiment qu'elles produisent quelque effet, il faut leur donner d'emblée précision, décision et vigueur. Pour la loi sur
les accidents, il est visible que le gouvernement, la Chambre.
le Sénat reculent devant l'assurance obligatoire des patrons.
Il paraît que c'est du socialisme d'État, et, comme les majorités conservatrices s'imaginent. par la plus plaisante confusion, que le socialisme d'État c'est déjà du collectivisme, elles
sont butées. La Chambre a du moins, par un détour, assuré
dans tous les cas le paiement des indemnités dues aux ouvriers: les patrons ne seraient pas tenus à s'assurer; mais l'État
substituait sa responsabilité à celle des non assurés et couvrait ses risques par un impôt spécial. Cette garantie est tombée
d'abord, en première lecture. devant le Sénat, et il y avait là
double danger : danger pour les ouvriers, qui auraient perdu
peut-être leur indemnité; danger pour les petits et moyens patrons, qui, n'étant pas obligatoirement couverts par l'assurance,
pouvaient succomber au premier accident grave. Mais, en
deuxième lecture, le Sénat a adopté l'essentiel du projet de la
Chambre; les petits patrons sont encore très exposés, faute
d'un système d'assurance : mais du moins les ouvriers sont
garantis. Ainsi, à force de ténacité, peut-on dès aujourd'hui
espérer quelques réformes partielles.

De même enfin, pour la grande question des retraites, la
majorité de la Chambre, même dans sa fraction radicale, n'a
pas osé aller au but. Le projet préparé par la Commission de

prévoyance, que préside M. Léon Bourgeois, est tout à fait équivoque et inefficace. Il est équivoque, car il n'ose pas fonder les retraites ouvrières sur le principe de l'obligation ; mais il introduit de biais une sorte d'obligation conditionnelle et indirecte. L'État n'obligera pas les salariés à prélever sur leur salaire une petite somme en vue de la vieillesse ; il n'obligera pas les employeurs à contribuer par un versement égal ou supérieur. Il ne s'en reconnaît pas le droit, et ce serait aller, paraît-il, contre la liberté de la personne humaine. Mais, si un patron fait des versements pour ses ouvriers, l'État obligera les ouvriers à faire un versement égal ; et réciproquement, si les ouvriers prennent l'initiative d'un versement, les patrons seront obligés à une contribution égale. Ainsi, ce droit de prévoyance contraignante et de solidarité légale que l'État ne se reconnaît pas le droit d'exercer directement, il le délègue à des individus. Par respect pour la personne humaine, ce sont des individus qui reçoivent de l'État le droit d'obliger d'autres individus. Bien mieux, c'est l'initiative des salariés qui contraindra les patrons ; c'est l'initiative des patrons qui contraindra les salariés, et, par une singulière inconséquence, cette bourgeoisie radicale, qui nie contre nous l'existence des classes, charge les deux classes antagonistes de se contraindre réciproquement. Elle subordonne le droit public à l'initiative, à l'action des classes sociales opposées. Équivoque, ce projet est, par surcroît, inefficace. Car, en ce qui touche l'initiative des patrons, il ne change rien à l'état présent des choses. Ils ont, dès maintenant, en fait, quand ils font un versement pour la retraite de leurs ouvriers, le moyen de contraindre leurs ouvriers à un versement égal ou supérieur ; la puissance légale n'ajoutera rien à leur puissance sociale ; or, les effets de celle-ci sont très limités. Quant aux ouvriers, comment oseront-ils faire un versement si, par là, ils contraignent à un sacrifice égal le patron dont ils dépendent ? Il y a là, non un stimulant, mais un frein à la prévoyance ouvrière. Il faudra donc, si nous voulons faire œuvre utile, sortir de ces limbes où, seules, les contradictions ont quelque corps et où les idées ont juste assez de réalité pour se heurter. Le parti socialiste a déposé un projet très étudié et très net qui organise, pour toutes les catégories de travailleurs, ouvriers et paysans, la retraite, par un prélèvement légal sur les salaires, par un versement obligatoire des employeurs et par une contribution de l'État. Comme nous avons limité la réforme fiscale à moins d'un tiers du budget des recettes, l'impôt progressif sur le revenu et sur les successions et les monopoles fiscaux permettront à l'État d'acquitter envers les travailleurs usés par l'âge cette dette vraiment sacrée.

*
* *

Mais ce ne sont pas seulement l'accident, la maladie, la vieillesse qui sont des crises redoutables pour les travailleurs. On peut dire qu'aujourd'hui, pour le prolétariat, toute la vie de travail est une crise continue marquée par l'alternance du surmenage et du chômage. Contre cette crise permanente, contre cette souffrance chronique, il n'est, en régime capitaliste, qu'un remède : c'est la limitation légale de la journée de travail, pour les ouvriers adultes comme pour les ouvrières et les enfants. Je n'insiste point sur cette réforme, quoiqu'elle soit la plus profonde, la plus vaste et la plus décisive que le régime capitaliste comporte. Elle ménagera dans l'ouvrier la force de travail, de vie et de joie, elle répartira mieux le travail disponible, elle réservera à la classe salariée les loisirs nécessaires pour la culture, pour l'état d'humanité. Et elle incitera à de nouveaux progrès techniques l'industrie qui a jusqu'ici gaspillé les forces humaines par ignorance et routine autant que par avidité. Mais cette grande réforme de la journée de huit heures, qui est le premier mot d'ordre du prolétariat universel, a été trop souvent affirmée par la classe ouvrière, trop souvent justifiée par les plus fortes études théoriques et les plus belles expériences industrielles pour qu'il soit utile d'y appuyer ici. Elle est pour nous et elle doit être au premier plan.

Au demeurant, des progrès immenses, quoique peu aperçus, ont été faits dans le sens de la pensée socialiste. Le principe même de la limitation légale de la journée de travail n'est plus sérieusement contesté, et des commissions parlementaires ont admis, pour les ouvriers adultes, la journée légale de dix heures. L'effort du parti socialiste, son souci passionné, doit être de désagréger par une infatigable propagande les dernières résistances. et de faire passer à l'acte, dans une législation précise et hardie, les tendances encore incertaines des majorités confuses. Peut-être la bourgeoisie capitaliste elle-même, sous la pression du prolétariat, comprendra-t-elle que son intérêt profond est de mettre le régime du travail en harmonie avec les conditions nouvelles de la grande production mécanique et intensifiée. La nation industrielle qui laisserait son prolétariat sombrer sous la masse des sans-travail et qui toucherait au nerf de vitalité et de vaillance de la classe ouvrière irait bientôt aux abîmes. Les conservateurs d'un haut esprit aussi bien que les socialistes militants doivent attacher un très grand prix à cette réforme. Car, tout en aidant à la préparation d'un ordre nouveau. elle ennoblira le capitalisme finissant et le préservera d'une basse agonie, discordante et convulsive. Le parti qui amènera à la journée de huit heures le système actuel de production aura rempli la plus haute fonction civilisatrice qui se puisse concevoir sous la loi générale de la société bourgeoise, loi de désordre et d'inhumanité.

Enfin, il faut arracher le prolétariat à l'absolue passivité économique où le tient le capital. Sans doute, tant que durera le système actuel de propriété, les salariés, bien qu'ils soient le nombre et la force créatrice, ne pourront prétendre à la direction de la production. Là, en effet, où est la propriété, là est la souveraineté. Aujourd'hui, la souveraineté de la nation est illusoire, car elle n'a pas la propriété, et, même sous les régimes démocratiques, ce sont les classes possédantes qui gouvernent. De même, la souveraineté des travailleurs est impossible, car ils sont, dans l'ordre économique, les hommes d'autres hommes. Seul le socialisme, instituant à la fois, en un système infiniment riche et complexe, la propriété de la nation et la propriété des travailleurs, assurera la souveraineté effective de la nation et des travailleurs. Jusque-là, c'est la classe capitaliste qui gardera la maîtrise économique, malgré le mensonge d'égalité du pseudo-contrat de travail. Il est possible pourtant et il est nécessaire d'éveiller dès maintenant la classe salariée à la vie. à l'action, à la responsabilité. On peut d'abord étendre à toute l'industrie l'ins-

titution actuelle des délégués mineurs. Il faut que des inspecteurs du travail, élus par les ouvriers, veillent sur les conditions de sécurité et d'hygiène. Il faut aussi que le Conseil
supérieur du travail. qui est appelé à donner son avis sur les
projets de réformes, comprenne des représentants des salariés
élus par le prolétariat ouvrier et paysan. Enfin, il faut que
les ouvriers, qui font à l'industrie, pour traduire les faits en
langage capitaliste, un apport de travail, soient considérés
comme des associés de fait. Comment n'auraient-ils pas le
droit d'être tenus au courant, par leurs délégués, de la marche
et des résultats annuels de l'industrie à laquelle ils collaborent?
Et, par exemple, les grandes industries anonymes seraient-elles
compromises si des représentants du travail siégeaient dans les
Conseils d'administration à côté des représentants du capital?

J'entends bien que dans le système actuel, c'est au
capital que reste nécessairement le dernier mot : et nous
ne voulons pas aller, en période capitaliste, contre la nature
même du capitalisme. Mais que les salariés, sans pouvoir
exercer une action prépondérante, soient admis cependant
aux Conseils de l'industrie, que le travail ne soit pas tenu
à l'état d'ignorance complète et de complète passivité,
aucun démocrate. aucun républicain ne s'en offensera. A la
période de préparation et de transition où nous sommes
conviennent des institutions de préparation et de transition.
Et la culture socialiste de la classe ouvrière est assez profonde aujourd'hui pour que l'industrie n'ait rien à redouter
de l'intervention des salariés. Avant d'être socialistes, les
ouvriers brisaient aveuglément les machines, instruments de
souffrance et de progrès. Socialistes, ils respectent, ils glori-
fient même la machine qui multiplie les prises de l'homme
sur la nature. mais ils préparent un état social où la
machine, au lieu de fonctionner en pleine anarchie économique et au bénéfice d'une minorité, créera, dans la propriété commune, le bonheur commun. Socialistes, les
ouvriers n'entreront pas dans les Conseils de l'industrie avec
une hostilité sournoise et paralysante. Ils connaissent les
nécessités du régime capitaliste et n'en forceront pas les ressorts : ils sont des révolutionnaires, ils ne sont pas des
révoltés. et ils seront d'autant moins tentés de compromettre

et de gêner la production, qu'ils aspirent à prendre. dans un ordre nouveau, la suite des affaires du capitalisme.

Dans cette participation première à la puissance économique, ils verront avant tout un moyen d'éducation, et les hommes d'État prévoyants, les patriotes réfléchis devraient tenir beaucoup à la préparation économique de la classe qui arrivera demain au pouvoir social. M. Waldeck–Rousseau disait, dans un discours récent, « qu'il ne fallait pas laisser les syndicats ouvriers s'agiter à vide, qu'il fallait, en leur conférant la propriété, leur donner à gérer des intérêts substantiels ». Je ne cherche point les arrière-pensées de cette politique ; il se peut qu'on veuille rendre la classe ouvrière plus vulnérable aux coups de justice en lui donnant une surface de propriété. Mais peu nous importe ! Je suis bien sûr que même ainsi on n'arrêtera pas le grand élan de la classe ouvrière ; ceux qui croient alourdir d'un corps de propriété l'esprit socialiste de la classe ouvrière se trompent. De même qu'elle a su animer peu à peu de la pensée socialiste les coopératives dirigées d'abord contre le socialisme, elle saura échauffer de sa flamme et assimiler au socialisme la propriété compacte sous laquelle on espère l'amortir. Mais si M. Waldeck-Rousseau veut faire de la propriété corporative un moyen de conservation et d'éducation. pourquoi fait-il de cette propriété, si je puis dire, une propriété à côté ? Pourquoi laisse-t-il les syndicats en dehors du fonctionnement industriel et capitaliste ? C'est s'ils sont représentés par une part définie de droit et d'influence, c'est-à-dire de propriété, dans les conseils de l'industrie, qu'ils s'éduqueront réellement au contact de la vie vraie : le reste n'est qu'un enfantillage et qu'un leurre.

Par toutes ces mesures et d'autres que je ne puis qu'indiquer à peine (comme la série des prix dans tous les travaux publics), la classe prolétarienne sera non seulement protégée, mais associée peu à peu à la vie économique du pays ; et je suis convaincu que celle-ci en serait stimulée. Il ne s'agit pas, suivant la formule d'Auguste Comte, « d'incorporer le prolétariat à la civilisation ». Si l'on entend par là la civilisation capitaliste, cette incorporation n'est ni possible, ni désirable, car la classe ouvrière doit garder l'esprit libre pour une société plus haute et de plus hauts destins. Mais elle a intérêt dès

maintenant à sauvegarder et à accroître, dans la civilisation
capitaliste, son patrimoine de demain. Le capitalisme aurait
donc tort de refuser la collaboration économique du prolétariat : un esprit plus vaillant et plus hardi animerait toutes les
entreprises, et aucune solution de continuité ne serait à
craindre dans la vie nationale ; la classe ouvrière serait prête,
le jour venu, à remplir le rôle nouveau que lui destine la loi
d'évolution et de justice.

* *

Mais, hors des questions de travail et d'organisation économiques, il reste au parti socialiste, pour la prochaine législature, trois grands problèmes à aborder : l'École, le Suffrage
universel et les Pouvoirs publics, l'Armée. Je ne puis qu'indiquer d'un mot nos solutions, sans les justifier.

Pour l'École, c'est avant tout une question de politique générale, de politique républicaine : il s'agit de savoir si le vivant
esprit de raison et de liberté continuera à animer l'enseignement public. J'ai à peine besoin de dire que le parti socialiste refoulera énergiquement toutes les tentatives déclarées
ou sournoises du parti clérical. Et nous réclamerons, en outre,
pour les maîtres, pour tous les maîtres, des garanties de
liberté intellectuelle. Il ne faut pas qu'ils soient à la merci des
préfets et des agents politiques. Nous réclamerons aussi pour
le prolétariat de plus larges accès à une éducation plus haute.

Le suffrage universel, contre lequel se préparent de louches entreprises, devra être défendu. Et, de plus, il devra
être délivré de toute entrave et organisé. La revision que
proposent les radicaux et qui se borne à limiter les pouvoirs
du Sénat est bien étroite et bien superficielle. Non seulement
le Sénat doit être éliminé, mais le suffrage universel doit être
appelé à la plénitude de la vie et de l'action. D'abord, il
faudra assurer, par le vote vraiment secret, la liberté du
vote. Il faudra adoucir aussi les conditions de domicile qui
excluent, en fait, du droit de suffrage la partie flottante
du prolétariat, déraciné par tant de crises. Enfin le droit
de suffrage doit être étendu aux femmes : les nouvelles conditions de la vie économique l'exigent ; l'ouvrière doit entrer
comme l'ouvrier dans la cité politique puisqu'elle entre dans

la cité industrielle. Et on a bien tort de redouter que le suffrage des femmes soit une puissance de réaction. C'est par
leur passivité et leur servitude qu'elles pèsent sur le progrès
humain : c'est l'humanité complète qui doit agir, penser et
vivre. En outre, par le droit d'initiative et par le referendum,
le suffrage universel devra être appelé à se prononcer sur les
questions les plus graves. Ainsi il y aura contre-poids aux
volontés arbitraires des délégués sans que la souveraineté
nationale soit atteinte. Et l'éducation politique du peuple
appelé à résoudre directement les grands problèmes, progres-
sera vite. Peu nous importe que les premières décisions
soient conservatrices ou rétrogrades ; elles ne le seront que
d'apparence, car tout éveil des initiatives et des intelligences
est un gain pour la liberté et pour le progrès. Ainsi se pré-
parera l'ordre socialiste où toute la communauté sera appelée
à régler sa vie : les organes de l'autorité centrale ne serviront, en effet, dans l'ordre socialiste qu'à coordonner les
libres volontés, toujours excitées, toujours agissantes, des
individus et des groupes. Il y aura harmonie et magnifique
effort d'ensemble. sans qu'une bureaucratie pesante se substitue
à la vivante spontanéité des volontés individuelles. Le suffrage
universel, ainsi élargi et approfondi, sera une éducation
admirable de la nation tout entière. Cela va plus loin qu'un
simple remaniement du mécanisme constitutionnel. Et, comme
dès maintenant le referendum municipal commence à s'essayer
dans notre pays ; comme dans les grandes grèves ouvrières
l'usage s'introduit de plus en plus de procéder à des votes
réguliers ; comme les porteurs de titres, disséminés dans tout
le pays, songent à s'organiser pour leur défense commune,
on peut dire que de tous côtés les premiers germes de l'initiative et du referendum populaire s'éveillent. Cette grande
réforme sera donc dans le sens des faits et de la vie : elle est
vaste et belle, sans être utopique.

Enfin. il faut mettre l'armée en harmonie avec l'esprit et
les institutions de la démocratie républicaine et avec la grande
transformation sociale qui se prépare. Pour cela il faut
d'abord l'arracher à l'esprit de coterie et de caste ; il faut
aussi l'affranchir des influences ocultes de l'Église. Un républicain modéré me disait ces jours-ci : « Ce n'était rien de laï-

ciser l'école : il faut laïciser l'armée. » Ce sera le devoir
essentiel d'un gouvernement républicain et vigoureux. Il faudra, par un système spécial de bourses, acheminer vers Saint-
Cyr et l'École polytechnique les fils du peuple et de la petite
bourgeoisie, ouvrir à l'esprit du siècle nos grandes écoles
militaires, rapprocher les futurs officiers, dans l'Université de
Paris, par certaines études communes et par la camaraderie,
des jeunes gens qui se destinent aux carrières civiles, respecter chez tous les officiers la liberté de l'étude et de la pensée, l'esprit d'examen n'étant nullement inconciliable avec
la vraie discipline. Et, quant à la loi de recrutement, il faudra
développer les germes d'armée vraiment populaire et nationale que contient la législation actuelle. Les dispositions de
la loi de 1889, qui prescrivent l'éducation militaire sur place
des jeunes gens de dix-sept à vingt ans, sont restées lettre
morte. Il faut leur donner vie. Les grandes manœuvres qui
mettent en mouvement tous les éléments de l'armée sans la
séparer de la nation doivent prendre une place plus grande ;
et par là, la durée de l'encasernement pourra être fortement
réduite, à deux ans d'abord, à un an ensuite. Ce sera d'autant plus aisé qu'on aura mis un terme au ridicule gaspillage
de temps et d'hommes qui vicie aujourd'hui la vie de caserne, et aux habitudes de domesticité militaire qui détournent
tant d'hommes, au régiment, de leur métier de soldat, et de
leur dignité d'hommes.

Enfin, le code militaire doit être débarrassé de tout ce qu'il
contient de sauvage. Par cet ensemble de réformes, l'armée,
toute pénétrée du vivant esprit de la République et du peuple,
sera une force pour la patrie : elle ne sera jamais un danger
pour la liberté et pour le droit. Et la grande révolution sociale, qu'annoncent tant de signes, et que tant de forces profondes préparent, pourra s'accomplir sans secousse, par l'action aisée de tous les organes de la République. C'est à cette
aurore nationale et humaine que, dans le Parlement et hors
du Parlement, le parti socialiste s'est voué tout entier.

JEAN JAURÈS

SAINT-CENDRE[1]

— MŒURS DU XVIᵉ SIÈCLE —

XI

M. de Lanelet ne fut point longtemps sans apprendre que son neveu avait quitté le Breuil, et il en prit avantage pour humilier Croisigny sur son ignorance des choses de la vie pratique.

— Mon pauvre Gaspard, — lui déclara-t-il un matin, — ton amour pour les spéculations philosophiques te rend de plus en plus impropre à l'action. Avec ta toise et tes plans, tu me fais tout l'effet de ces gens qui s'en vont par les campagnes, armés d'une baguette et consultant un grimoire, pensant découvrir des trésors cachés. Toutes les dépenses à quoi je me condamne pour rectifier les ouvrages de mon château, sous ta savante direction, sont autant d'argent perdu. Tu me ruinerais, si je n'y mettais bon ordre. Comme tu le comprends très bien, malgré ta fâcheuse obstination, Saint-Cendre est allé se faire pendre ailleurs. J'ai imposé, par mon attitude ferme et décidée, à ce fendeur de naseaux, et nous voici, pour jamais, débarrassés de sa sinistre et disgracieuse personne.

1. Voir la *Revue* des 15 Janvier, 1ᵉʳ et 15 février, 1ᵉʳ et 15 mars.

— Vous vous trompez, monsieur, insistait Croisigny. Il s'est éloigné momentanément, si j'ose dire, et d'une façon transitoire. Le marquis, comme les grands chevaux, prend de la carrière pour mieux et plus loin sauter. Vous allez, au premier jour, le voir arriver avec quelques centaines de compagnons qui vous enfumeront dans votre logis. C'est pourquoi il nous convient d'être prêts à le recevoir.

— Qui peut te pousser, mon enfant, vers de telles rêveries ? Ne saurais-tu donc une bonne fois reconnaître que ta sagesse infaillible se trouve en défaut ? Et ne cesseras-tu jamais de vouloir, quand même, avoir raison ?

Et, comme M. de Croisigny lui faisait remarquer que les troubles allaient croissant à Scissat, que Dartigois avait fortifié le Breuil dont les murailles terrassées pouvaient défier des forces considérables, Lanelet s'écria, triomphant :

— Mais tu ne vois donc pas, malheureux, que Dartigois s'est mis en sûreté parce qu'il considère tout comme perdu ! Abandonné aujourd'hui de tous, il se tient en défense. Patience ! je le retrouverai, et plus tôt qu'il ne le croit !

M. de Lanelet se félicita pour sa sagesse. Il avait tout prévu. Bientôt, avec M. de la Bastoigne, il s'en ira't punir les gens de Scissat et incendier le Breuil. Mais sa colère éclata lorsque Croisigny lui dénonça La Bastoigne comme suspect. Aux yeux de Gaspard, le châtelain de Vaucreuse abondait en mauvaises intentions.

— Oui, c'est entendu ! Tout le monde trahit ici et il n'y a que toi de pur !... Heureusement, mon garçon, que je n'ai pas été assez simple pour t'écouter. Si j'avais suivi les conseils, j'aurais sottement rendu Gabrielle à ton Saint-Cendre, et je me serais ainsi exposé à l'opprobre, au mépris de mes pairs, à la colère du Roy. J'aurais fait là une belle besogne !

— Meilleure que vous ne le supposez, — interrompit Croisigny froidement. — Et il est encore temps de la faire. Je vous le déclare, Lanelet, vous êtes, comme nous tous, en grand danger. Avant qu'il soit dix jours, Saint-Cendre sera ici avec les gens d'Odet de Clérambon et peut-être deux cents reîtres. Je me suis tenu, jour par jour, au courant de ses démarches. Si vous n'en venez pas à un accord raisonnable, vous serez tué dans votre place, que le marquis et son ami, homme qui ne rit jamais, mettront à sac et incendieront sans aucun regret.

Mais M. de Lanclet, haussant les épaules, sortit de sa chambre en claquant la porte, et s'en fut retrouver Gilonne. Elle le menait, depuis peu, à la baguette, définitivement. Maîtresse absolue du château, la jeune fille n'attendait point son mariage pour faire peser sur tous une autorité sous quoi chacun pliait. Silencieuse, prudente et molle, Gabrielle vivait complètement retirée. Elle ne cherchait même plus à provoquer une explication avec son oncle. Sa confiance entière dans la force de son mari suffisait à la rassurer. D'ailleurs Dartigois, soucieux de rentrer dans ses bonnes grâces, l'avait fait prévenir adroitement que le marquis de Saint-Cendre reparaîtrait. plus tôt qu'on ne l'attendait, et qu'il entrerait en maître à la Haute-Ganne. La présence de l'Amiral et de ses troupes dans le Poitou rendait courage à ceux de la Religion. Et Gabrielle se disait que la doctrine lui importait peu, en somme. Si Louis-Alexandre le jugeait convenable, elle prierait Dieu en français, comme ses cousines de Soubise. C'était à son mari de lui dicter, en cela comme en tout, sa conduite. Et elle négligeait le Père Chaussade.

L'oncle Christophe, dans la matinée du 6 octobre, se crut décidément victorieux. Un courrier venait de lui apporter la grosse nouvelle : le duc d'Anjou et Tavannes avaient, trois jours auparavant, mis en déconfiture complète les huguenots de M. l'Amiral et celui-ci avait reçu un coup de pistolet dans la figure. S'il n'était pas mort, il n'en valait guère mieux. De ses gens de pied, plus des trois quarts étaient restés le nez dans l'herbe, à Moncontour ; et les cavaliers s'étaient dispersés comme les feuilles emportées par le vent d'automne. Pour cette fois. c'en était fait du Parti.

Gaspard de Croisigny ne partagea point ces prévisions optimistes. Son langage froid glaça l'enthousiasme de M. de Lanelet, et un petit frisson passa dans le dos des dames qui achevaient de dîner.

— Cette circonstance, affirma-t-il, est des plus fâcheuses pour nous. Chacun sait que ce Coligny, et je l'aime peu en mon particulier, n'est jamais plus redoutable qu'au lendemain d'une défaite. C'est alors qu'il déploie les ressources dont

abonde son esprit rompu à toutes les pratiques de la politique.
Les Allemands et les gentilshommes huguenots vont inonder
le pays, et M. de Saint-Cendre trouvera en eux de naturels
alliés. Au lieu d'avoir affaire à quatre ou cinq cents hommes
de Clérambon, nous aurons à lutter contre mille ou quinze
cents, sinon plus. Croyez—moi, monsieur de Lanelet, il nous
faudra doubler la garnison, ici, en faisant rentrer tous les
gardes, sergents, gruyers et verdiers, tous les valets de labour,
tous les hommes enfin sur qui nous pouvons compter. Je ne
vous donne pas dix jours avant que le pays soit couvert par
les sauterelles protestantes.

Gilonne s'écria. en accentuant son mépris, qu'une semblable racaille ne serait jamais capable d'insulter les murailles de son château. Car, maintenant, en tout. la fiancée
de l'oncle Christophe affirmait une attitude possessive. Elle
déversa son dédain sur ceux de la Religion, en disant que ce
n'étaient pas quelques gueux et bandouliers qui l'empêcheraient d'aller se marier à Bellac. Mademoiselle de Bonisse
avait laissé entendre à M. de Lanelet que ce serait du meilleur effet pour tout le Richemont que d'honorer l'église de
Bellac par ces noces magnifiques, qui se termineraie it au château de la Haute-Ganne devant un concours énorme de peuple.
Pour avoir la jeune fille. le vieillard eût consenti à l'épouser
sur la girouette de son plus haut toit. Tout ce qui venait de
Gilonne lui semblait admirable et grand.

Par esprit de courtisans, tous désapprouvèrent Croisigny
dont on sentait péricliter l'influence. On but à la confusion de
l'Amiral. à la gloire de monseigneur le duc d'Anjou, dont la
radieuse jeunesse s'enflammait glorieuse dans l'éclat des
armes, suivant l'expression de M. de la Touaille. Celui-ci
poussait sa femme, en toutes occasions. vers le vieux châtelain. Mais cette blonde fanée, délicate, un peu sur le retour,
dont la chevelure teinte en rouge était. en tout temps, couverte de poudre violette, ne semblait point se soucier de servir son mari en cette occurrence.

Sous la réprobation de tous, Gaspard de Croisigny ne
courba pas la tête. Il but comme les autres à Monsieur, au
maréchal de Tavannes. après avoir porté la santé du Roy,
tout d'abord. ce que les autres n'avaient pas fait. Chacun res-

sentit le blâme. M. de Croisigny commençait à déplaire à tout
le monde, comme ceux, d'ailleurs, qui ne nourrissent pas ces
minces pensées et ne couvent pas ces petits intérêts par quoi
l'on se rattache au commerce des hommes.

— Si vous m'en croyez, mon maître, nous nous rendrons
ce tantôt à Seissat. Il s'y passe des choses singulières, et nous
verrons ensemble si la nouvelle de la journée de Moncontour
a fait rentrer les cornes à nos ennemis.

M. de Lanelet répondit à Croisigny qu'il irait certainement.
Il espérait que, semblable à ce Saint Thomas dont il partageait l'incrédulité robuste, son ami Gaspard reconnaîtrait ses
erreurs quand il les toucherait du doigt. M. de la Touaille proposa de faire une grande promenade où l'on emmènerait les
dames, et on aurait une escorte de gens armés. Mais M. de
Croisigny combattit le projet : il le trouvait en tout mal
séant, imprudent ; et cette bravade ne rimait à rien d'utile.

Dans l'après-midi, le vieux châtelain et son ami arrivèrent
à Seissat avec une petite troupe de valets munis d'épées et
de pistolets. Sur leur route, ils n'avaient rien vu de notable.
Le domaine de Dartigois montrait ses flanquements mornes,
soigneusement terrassés, entourés de fossés où croupissait l'eau
des mares, partout maintenant taries. Croisigny loua le caractère pratique de la fortification. A l'hôtellerie de Seissat, les
deux seigneurs furent reçus par le patron Antoine Jacquemart qui vint à leur rencontre et leur tint l'étrier. Partagé
entre des intérêts contraires, l'hôtelier se demandait alors
vers quel parti il devait pencher ; son influence contre-balan-
çait, pour l'heure, celle du boucher Dindaux-Perrinet qui tenait, disait-on, pour les catholiques. Croisigny, qui connaissait les affaires profondes de Seissat, où il entretenait des
espions, avait bien recommandé à l'oncle Christophe de ménager l'hôtelier.

Mais M. de Lanelet ne se put retenir de faire une plaisanterie facile. Avec une bienveillante ironie, il demanda à maître
Jacquemart si le marquis de Saint-Cendre lui rendrait bientôt sa femme dont on disait partout tant de bien. Et, par surcroît, le comte fit cette question avec une voix de tête qui
s'entendit jusque dans la grande salle où nombre de gens
buvaient et mangeaient attablés. Antoine Jacquemart, malgré

son teint haut en couleur entretenu par les bons vins et la flambée de la cheminée monumentale où rôtissaient, de conserve, jusqu'à trente chapons, en rougit sous son bonnet blanc. Sans tenir compte d'une toux opiniâtre de M. de Croisigny qui traînait ses bottes sur le sable des carreaux, menant grand bruit, M. de Lanelet continua :

— Oui! il paraît que ce beau Monsieur vous a enlevé votre demoiselle Isabeau, la plus sage des femmes! Enfin, pour tout dire, il vous a accommodés tous, ici, comme ce valeureux Dartigois...

— Il y a, monseigneur, exagération dans ces dires, répondit Jacquemart. Et mon épouse a été attachée à la maison du marquis de Saint-Cendre, votre neveu, comme dame gouvernante. A tout propos les méchantes langues se donnent de l'occupation. Veuillez entrer ici. Je vais faire goûter à ces messieurs un certain muscat. dont je suis sûr qu'ils achèteront plus d'un tonneau.

Quand ils furent assis dans une petite pièce du rez-de-chaussée, Croisigny annonça à Lanelet que sa belle plaisanterie lui coûterait l'alliance des gens de Scissat, qu'il caressait depuis quelques jours.

— Si Dartigois s'était de fortune trouvé dans la salle basse, avec tous ces buveurs, nous étions tués sur la place. Jacquemart, lui, ne nous donnera pas un coup de couteau, mais il vous mettra tout le village à dos.

— Va, Gaspard, mon ami ! — fit M. de Lanelet sur un ton magnanime. — Prends, comme d'habitude, fait et cause pour mes ennemis !

A ce moment passa dans la rue une jeune femme. Juchée sur de hauts patins de bois brun incrustés de nacre, elle s'avançait à pas comptés en dandinant ses flancs où se bombait une jupe en cloche retombant par raides plis symétriques. Elle relevait, de sa main droite, cette robe de velours couleur vert de gris, dont une large bande de pareille étoffe noire et jaune cerclait la circonférence à un pied environ de l'ourlet. Et elle découvrait un jupon de camocas brodé, à images bleu passé, sur un fond cendré, gouttelé d'or. Ses manches énormes. à égaler trois fois la largeur de son buste, étaient divisées en partitions rattachées de place en place par des aiguillettes ormuz ferrées d'argent. Et dans les crevés de la peluche brune, comme glacée d'écarlate, bouffaient les coques de la doublure en damas blanc. Son corsage à petite empiéçure, très court, n'épaississait point la taille ronde, greffée harmonieusement sur le galbe allongé des hanches. Lacé par devant, il découvrait carrément, très bas, les épaules et la gorge, qu'abritait une pèlerine à haut col, épanoui au ras des oreilles, faite de baudequin capucine, tigrée de larges galons de soie brochée ayant des luisants d'émeraude. Par l'ouverture de ce petit manteau qui n'atteignait pas les coudes, la chair rose marquait une tache claire où se modelaient les seins menus qui reposaient, comme deux jumeaux, en un même berceau, pressés dans la blancheur brodée de la guimpe. Entre leurs pointes se couchait un cœur de vermeil terminant la longue pendeloque d'un jaseron d'émaux qui scintillait sur le tour de cou en velours noir.

La tête petite, et très jeune, était comme drapée dans une épaisse chevelure fauve où les rayons du soleil faisaient miroiter des floches ambrées, dorées, ardentes comme un métal qui fuit du creuset. Ébouriffée sur le front, cette crinière rejoignait presque les sourcils, tracés comme au pinceau, et se fondait dans l'ombre d'un grand chapeau de soie et de bièvre dont les larges bords tailladés ployaient sous les enseignes, les joyaux, les chaînes d'or et les petites images de plomb colorié. Un panache d'autruche vert, frisé d'orange, s'enfuyait par derrière, descendant de deux pieds jusqu'aux reins où les barbes des plumes se mêlaient à l'or des cheveux épandus sur le dos.

Cette femme avait l'air d'une jeune fille, presque d'une enfant ; mais elle marchait sans embarras ni audace. Ses yeux aux larges paupières baissées semblaient palpiter sous la peau diaphane, réticulée de fines veines bleuâtres, frangée de cils noirs fournis et serrés, se relevant en courbe flexueuse. La bouche, de ses lèvres un peu fortes, faisait une petite moue dédaigneuse où brillaient les dents égales et polies comme celles d'une bête de proie.

Ainsi elle s'avançait, et chacun lui trouvait l'air très convenable. Et on enviait sa richesse : car, par les fentes sans nombre de ses gants musqués, on voyait luire les bagues qui chargeaient ses doigts.

Elle était suivie d'un laquais qui portait un singe sur l'épaule et qui tenait en laisse un barbet. Un nègre more avait un gros livre sous le bras gauche, un perroquet sur le poing droit. et un bouffon habillé de drap rouge et de taffetas orange courait derrière. en chantant des vers licencieux sur un air de musique d'église.

Mais, quand cette petite procession passa, dans sa singulière ordonnance. sous la fenêtre de la salle où MM. de Lanclet et de Croisigny s'entretenaient avec l'hôtelier du *Saumon d'Argent*, le vieux seigneur demanda d'où venait une aussi ridicule et scandaleuse mascarade. Avec plusieurs coups de bonnet, destinés sans doute à la dame, le patron Jacquemart répondit :

— Vous voyez là, monseigneur, une demoiselle, maîtresse d'un rittmestre saxon, M. de Bernstein, qui est logé ici, chez Jacques Ernoul, derrière la cure.

— Une pareille coquine — déclara Lanclet avec une majesté sévère — devrait être enfermée étroitement. Et, en tout autre temps, j'y mettrais bon ordre. Volontiers je la ferais arrêter par mes gens et fouetter sur l'heure.

— On pourrait certainement mieux en faire. — essaya M. de Croisigny.

— Comment ! — s'écria Lanclet sans lui répondre. avec un ton de subite inquiétude, — y a-t-il donc des reîtres dans le pays? Et cela sans que j'en aie été informé !

— Ils sont arrivés ce matin, fit l'hôtelier riant sous cape, au nombre d'une soixantaine, je pense. M. Dartigois les a logés dans sa métairie de Pierrefite.

— Bien ! pesta Lanclet. Des beaux fuyards de Moncontour !

— Je ne crois pas. monseigneur : on dit ici que ces pistoliers allemands viennent du pays de Combrailles et qu'ils se sont détachés d'un parti qui a pris son campement au château de La Roche-Thulon. chez M. de Clérambon.

— C'est parfait ! grogna Lanclet. Croisigny, tu t'occuperas de ces vauriens et tu veilleras à ce qu'ils ne puissent nous nuire. Mais j'en reviens à cet injurieux bouffon et à la déplorable catin qu'il escorte, vêtue comme une Hérodiade de comédie, sur les tréteaux de la foire.

— Votre rigorisme m'afflige, mon maître, — dit Croisigny

avec un accent railleur. — Voyez comme elle est fraîche et
vermeille. Considérez-la sans colère, tandis qu'elle distribue
quelques blancs à des malheureux... Elle repart, maintenant.
Voyez encore comme elle choisit gentiment les places où il y
a le moins de crotte pour y poser ses petits patins. Sa chevelure fauve caresse amoureusement ses joues veloutées
comme une pêche mûre.

— Je ne sais ce que tu as aujourd'hui dans la tête avec tes
sottes histoires, Gaspard! Une gueuse de cet acabit...

Mais l'hôte intervint en faveur de la belle enfant, qui s'éloi-
gnait en faisant claquer ses patins sur les dalles : elle n'avait
point passé seize ans !

— Et c'est grand dommage, monsieur, continua Jacquemard, quand on pense que c'est une demoiselle de bonne
famille. Les coureurs de M. de Clérambon l'ont prise, avec
sa mère et ses sœurs, au château de Peyrat-la-Nonière, où
ils ont tout saccagé et brûlé. Il paraît que dans certaines
salles on marchait parmi le cristal brisé à y cacher ses éperons ! Cette mignonne a été donnée au rittmestre par M. de
Clérambon, qui, dans toutes les places prises, répartit sans
exception les femmes entre les gens qui ont marché à l'assaut,
tant ce seigneur a l'habitude de tout régler suivant une exacte
justice. M. de Bernstein entretient mademoiselle Henriette
magnifiquement, à la mode de son pays.

— Encore qu'un peu fluette, — déclara Croisigny d'un air
détaché. — elle paraît pourtant remplir très agréablement ses
vertugadins ; et son corsage est en fleur. Elle ressemble même
à mademoiselle Gilonne...

Mais M. de Lanelet l'interrompit sèchement, bien que
M. de Croisigny eût pris le temps d'ajouter :

— Comme la lune ressemble au soleil !

Et, tout au soin de ramener le mécontent Jacquemard, il
le regarda en clignant de l'œil, trinqua avec lui en heurtant
son hanap, suivant la coutume des Allemands.

M. de Lanelet n'admettait point qu'on pût établir une comparaison, voire quelconque, entre cette fille de harnais noirs
et sa pupille. Il blâma Croisigny sans mesure: C'était pro-
faner le nom de la charmante enfant dont il était heureux et
fier de porter les couleurs et qui l'avait agréé pour époux...

Alors M. de Croisigny s'écria, impatienté sans doute de regarder la jarretière rose et or avec ses bouts frangés à cannetilles qui battaient la botte fauve du bonhomme :

— Allez, c'est bien ! Vous en êtes tous amoureux à en devenir stupides, si ce n'était déjà fait... Jacquemart, envoyez-moi un pot de vin muscat !... Oui, tous, entendez-vous, mon maître, jusqu'à ce capitaine Neygeaud que j'avais toujours pris pour un sage ; tous, depuis cet imbécile de La Bastoigne jusqu'aux porte-écuelles des chemins ! Je crois, Dieu me damne, avoir aperçu hier un sergent blavier gravant le chiffre de mademoiselle de Bonisse sur l'écorce d'un hêtre ! Au reste, elle se moque de nous tous et je suis porté, pour ma part, à lui donner là-dessus raison.

Et, se laissant aller à la révolte ouverte contre Lanclet qui l'exaspérait, mécontent de se sentir lui-même subjugué par le charme de Gilonne, il ajouta, avec cet âpre plaisir que certains éprouvent à insulter la femme qu'ils aiment, comme s'ils prenaient en cela une revanche sur leur intime misère :

— N'empêche que Saint-Cendre seul n'a point été sa dupe. Il lui a levé les jupes et il l'a fessée comme une petite bourgeoise peut l'être par monsieur son papa ! Rare et magnifique spectacle !

M. de Lanclet, outré, ne resta point maître de sa colère. Tandis que M. de Croisigny humait paisiblement le pot, il frappa violemment le plancher de son épée, qu'il tenait comme une canne, et un des tranchants sortit à travers le velours élimé.

— Voici une gaine qui vient certainement d'Allemagne — opina, railleur et conciliant, M. de Croisigny qui, au bruit, posa son pot. — Passez-moi donc votre estocade ; je gagerais que c'est là du frêne frauduleusement monté avec du papier en lieu et place de veau. On ne sait plus, par le temps qui court...

Mais M. de Lanclet lui coupa la parole par un juron, et jeta son épée sous la table. Le souvenir de l'affront infligé à Gilonne par le marquis de Saint-Cendre venait de le souffleter.

— Saint-Cendre, clama-t-il, est une brute et un bandit, la racaille des routes ! J'aurai sa peau quelque jour ! Stupide et grossier, accessible aux seuls sentiments qui nous dégradent, ce soudard est fait pour finir au bout d'une corde neuve. Et c'est moi qui la fournirai !

— Bah ! vous vous calomniez, et lui avec ! Il est de meilleure maison que nous, notre Villebrune. N'oubliez pas ce point, qui est important. Et puis, n'en déplaise à votre auguste personne, c'est. avec Nemours, l'homme de France que les femmes ont le plus aimé. Et on dit qu'elles continuent de le faire, au moins dans ce pays. Il est encore. mon maître, très beau compagnon...

Ici, le vieux châtelain objecta que la patte d'oie de Saint-Cendre faisait proverbe aux environs et que sa gravelle n'était ignorée de personne.

— Il l'a, comme vous, comme moi ! — continua l'impitoyable Croisigny. — Et il n'est pas obligé, comme vous, de porter son épée à la manière d'un sergent, par crainte d'une ceinture qui vous coupe les reins, ni comme moi de s'en aller parfois à la guerre en simple collet de buffle, pour éviter la pression de la cuirasse. Vous êtes jaloux de votre neveu et vous le dénigrez sans cesse. En cela vous avez tort. C'est souvent rendre un grand service à ses ennemis que de les traîner dans la boue. A leur profit, l'exagération éclate, et, à défaut de mieux, ils bénéficient de la pitié. Il convient de s'y prendre à deux fois avant de faire des martyrs. Et puis, après tout, si votre neveu a caressé un peu vivement votre Gilonne, ç'a été d'une façon particulière et qui emprunte de sa violence modérée un caractère absolument paternel. Enfin, il n'a pas plus de quarante ans, je pense...

Mais Lanelet l'interrompit :

— Oh! pour cela, s'écria-t-il, tu te trompes; comme sur tout, du reste. Saint-Cendre est né, je le sais, en 1523, j'ai des preuves...

— Et moi je gagerais une grosse somme que, quoique étrillée, votre divine Gilonne en tient un peu pour ce grand destructeur de vertus...

Mais M. de Lanelet éclata :

— Brisons là. Croisigny ! Sur mon âme, je crois que c'est une plaisanterie, et non point des meilleures. Aussi bien elle a assez duré. Si tu ne veux pas avoir affaire à moi...

— Paix là, mon maître ! — dit tranquillement Croisigny

satisfait d'avoir épanché sa bile. — Je n'ai point voulu vous offenser. Et il ne faut pas donner, quoi qu'il arrive, le spectacle de nos petites discordes. L'objet en est trop pauvre. Mais mon esprit se tourne naturellement, en mon for intérieur, vers le côté plaisant des choses. Et je pensais, tout à l'heure, en voyant passer cette belle demoiselle à la mode d'Allemagne, si richement coiffée et enjuponnée, aux hasards où nous tient la vie de cette terre. Ils sont souvent singuliers et ils prêtent toujours à la réflexion.

Et, comme l'hôtelier rentrait dans la salle, Croisigny le renvoya :

— Jacquemart, ne pourriez-vous nous chercher un plus grand pot de vin muscat?

Quand le patron au bonnet blanc fut parti, Gaspard continua :

— Je songeais donc à la figure que nous aurions, vous particulièrement, si notre Saint-Cendre, s'emparant quelque jour du château de Votre Seigneurie, prenait mademoiselle Gilonne de Bonisse comme personnelle part de butin et la faisait promener, par les rues de ce bourg, dans l'équipage de la petite mignonne que nous avons vue, il n'y a pas une heure, fouler les dalles de ses patins.

— C'est un spectacle que tu auras peut-être. Pour moi, je ne le verrai point, — appuya M. de Lanclet avec un accent déterminé et tragique. — Le jour où une pareille honte se produirait au soleil...

— Oh! — intervint froidement M. de Croisigny, — cette honte pourrait tout aussi bien se déployer à la clarté de la lune, voire même à la lueur des flambeaux.

— C'est à ton choix. Si un pareil malheur arrivait, je serais couché le nez par terre, étalé tout du long dans mon sang. Et toi avec moi, Gaspard, qui parles aujourd'hui comme tu ne l'as jamais fait, et, sans doute, pour éprouver ma patience. Gilonne est trop pure et trop fière pour ne pas préférer la mort à un aussi abominable esclavage.

— Euh! euh! on ne sait jamais. J'attends encore de voir une femme se tuer en pareilles circonstances. Rappelez vos souvenirs, mon maître, ou laissez-moi vous y aider. Avez-vous oublié ce château près de Coni que nous mîmes à sac avec tous ses faubourgs? C'était du temps de M. d'Anguien avec qui on pouvait gagner à la guerre. Je vous ai vu entre deux demoiselles qui étaient sans doute très pures et très fières, mais qui avaient une horreur naturelle pour les violences et les coups... tout comme madame leur mère que vous m'aviez cédée, connaissant mes goûts qui me portaient alors vers les beautés mûres, un peu froides. Cette dame noble ressemblait à Junon et je garderai toujours de ses bras bonne mémoire, comme aussi du reste qui valait bien la blessure de pertuisane dont, avec un courage supérieur à celui de son sexe, elle m'avait honoré quand, hissé sur vos épaules, je forçais les volets de sa maison. Enfin, pour tout dire, c'étaient des femmes de haut lieu, et pourtant nous en avons abusé avec une extrême, licence jusqu'à ce que leur seigneur époux et père eût payé pour les racheter une grosse rançon qui nous servit à racheter nos chevaux que nous avions sottement perdus au jeu. Aujourd'hui j'abomine ces injustes excès qu'autorise la loi de guerre. Mais je regrette ma jeunesse : il y avait alors du beau temps !

M. de Lanelct, sans remarquer combien M. de Croisigny parlait d'une façon ironique et amère, entra en une violente colère qu'il se vit obligé de réprimer pour ne pas tomber dans le ridicule : car l'hôtelier avait reparu avec un barrau d'argent plein du muscat vermeil. Mais, irrité, il mordillait sa moustache, ce qui en délavait la teinture et la faisait paraître bordée de blanc. Ces histoires lui déplaisaient, d'autant qu'il ne pouvait en controuver même les détails : Croisigny avait une mémoire étrangement précise et meublée ; cependant le vieillard trouvait odieuses ces choses passées qui revenaient comme pour flétrir l'amour où rajeunissait son cœur.

Et, avec son visage ruiné, sa barbe d'un ton plus triste, sous sa peinture, que la neige naturelle des ans, les chaînes d'or qui encerclaient son col, les bagues sous lesquelles disparaissaient ses doigts aux jointures nouées par la goutte, il faisait à Croisigny l'effet d'une vieille courtisane frisée et fardée.

Il y eut un long silence, Accoudé sur la table de chêne ciré, le comte Gaspard faisait tomber de son bocal tori quel-

ques gouttes de vin qui se détachaient comme des perles
d'ambre du bord luisant et allaient s'aplatir sur le carreau ou
sur la pointe de sa botte. Et il réfléchissait, en regardant ces
globules où le soleil se jouait comme à travers des topazes
rondes, à la vanité de tout, aux circonstances de la vie, toujours en soi misérables. Considérant M. de Lanelet qui s'assoupissait les mains croisées sur son ventre où elles étincelaient comme deux écrins de pierreries, il flétrissait la naïveté
incurable des vieillards qui croient pouvoir inspirer l'amour.
Puis il envia ceux qui ne doutent pas d'eux-mêmes.

Et, avec son sens aigu, profond et douloureux des choses,
il méprisait Gilonne pour son avidité, sa coquetterie sans
frein, sa sècheresse de cœur. Il la méprisait parce qu'il la
voyait monter, par soif d'argent, dans la couche de ce vieillard peinturluré, mais puissamment riche. Et elle ne cessait
cependant d'être adorée par tous ceux qui s'approchaient
d'elle, heureuse de régenter ses amoureux, comme une petite
gardeuse mène ses oies, à la baguette. Gabrielle, elle-même,
était la dupe de Gilonne, sans doute : elle ne voulait pas comprendre que tous ses maux avaient pour cause la haineuse
politique menée par mademoiselle de Bonisse.

Pour lui, Gaspard ne se faisait point d'illusions sur soi-
même. Et, s'il aimait Gilonne, c'était par un naturel penchant
où la raison n'avait rien à voir, n'avait pas à s'incliner pour
glisser. Il l'avait pesée, cette belle, et son estime était basse.
Mais peut-être la chérissait-il pour ses vices mêmes, car
l'amour ne tend pas à simplifier les sentiments chez les sages.
Gaspard l'était trop pour penser que cette jeune fille pût
jamais le distinguer ou lui permettre seulement de l'aimer. Il considérait en ricanant ses manèges, alors qu'il criait d'angoisse
au fond de son être. Sachant mieux que personne ce que
l'âme de mademoiselle de Bonisse possédait de féroce égoïsme
et combien ses moindres démarches étaient calculées, il souriait, dans le silence de la pièce, en regardant les gouttes de
son vin tomber.

Le bruit d'une porte, battue violemment par le vent, ré-
veilla en sursaut M. de Lanelet, qui reprocha à Gaspard le
temps que l'on passait inutilement dans cette auberge :

— Il faut, mon ami, forger le fer pendant qu'il est chaud,

c'est-à-dire visiter les gens influents du village. Le boucher Dindaux-Perrinet sera, certainement, très fier de nous voir chez lui.

Mais Croisigny dissuada le vieillard d'une pareille entreprise. Elle n'était bonne, à son sens, que pour déconsidérer le châtelain. L'arrivée des reîtres, avant-coureurs sans doute des bandes de Clérambon, avait dû rendre courage aux meneurs du parti huguenot.

— Tous ces drôles ont maintenant repris du poil de la bête : il ne serait pas expédient de les flatter ; leur orgueil en augmenterait d'autant. Croyez-moi, monsieur, rentrons sans plus tarder chez nous. C'est déjà très beau de nous être montrés à Scissat.

Dans le fond, Croisigny redoutait quelque nouvelle et sotte incartade du châtelain. Il suffisait d'une parole en l'air pour s'attirer quelque mauvaise histoire où l'on succomberait sans profit comme sans gloire. Gaspard comprenait bien que, lui disparu, c'en serait fait de la Haute-Ganne, tandis qu'il pensait, en cas d'investissement, pouvoir prolonger la défense et donner à des secours le temps d'arriver. Il espérait, tout au moins, obtenir des conditions raisonnables. A la vérité, il croyait peu à ces secours, car toutes les forces du Poitou devaient être aux trousses de Coligny, et il ignorait encore, quelle que fût la diligence de ses espions, vers quel point se dirigerait l'Amiral, qui semblait hésiter dans son plan de retraite.

Et M. de Croisigny entraîna Lancelot qui, pendant le chemin, ne cessa point de le taxer de mollesse. Il fallait qu'il nourrît en lui une bien robuste foi pour ne pas être convaincu, comme les autres, que Gaspard pactisait avec ses ennemis. L'oncle Christophe ne pardonnait pas à cet homme de confiance l'opinion où il s'enfonçait, de jour en jour plus avant, et qui était pour le châtelain de la Haute-Ganne l'obligation de rendre Gabrielle à son mari.

— Non, mille fois non, Croisigny, je ne ferai pas cette sottise, quand je verrais quatre ou cinq mille gueux sous mes murs assemblés !

Contemplant avec satisfaction la masse imposante de son château qui dominait le long plateau dont ses murailles crénelées circonscrivaient la surface. M. de Lanclet déclara que l'armée du Roy elle-même ne viendrait pas facilement à bout de ces fortifications régulièrement appareillées.

Dégagé des végétations, des taillis, des ronces, qui en dissimulaient. sous leurs masses serrées, habituellement les approches. mais que M. de Croisigny avait fait raser et brûler, le logis de la Haute-Ganne apparaissait uniformément enclos par une chemise à merlons dont le contour présentait la forme singulière d'une mandore. Car l'enceinte du parc se renflait en un ovale presque parfait. puis reprenait les parois du château lui-même. tracé en carré barlong. De cette maçonnerie puissante. flanquée de six tours, les communs continuaient, de l'ouest à l'est. l'alignement régulier. Un fossé large et profond entourait toute la Haute-Ganne jusqu'à rejoindre la courtine du parc où il s'enfonçait par deux défauts. au nord et au sud. munis de herses de fer. et rangeait une enceinte intérieure où étaient contenus les jardins. La continuité des douves, remplies maintenant d'eau par le drainage des puits. ne s'arrêtait qu'au pied de la tour du Maréchal. Partout elles étaient aménagées à fond de cuve. et leur largeur dépassait quatre toises. Et par endroits les murs ne plongeaient pas à pic. mais ils prenaient du fruit par un talus cimenté. pour aider aux ricochets des pierres que l'on précipiterait par les embrasures ou les larges archères pareillement inclinées.

Le parc, immense. regorgeait de gibier. On y pouvait tuer des cerfs et des lapins pour nourrir tout un petit peuple. Et il s'y trouvait jusqu'à six fermes dont les colombiers fortifiés servaient de bastions et commandaient la courtine. Les portes avec leurs mâchicoulis. leurs grilles. leurs barbacanes, leurs ponts volants, pouvaient chacune soutenir un siège. Ainsi couchée sur le plateau. orientée de l'est au couchant sur son plus long sens. la Haute-Ganne semblait une bête puissante reposant. formidable et tranquille. Tout autour d'elle le coteau s'abaissait. déclive. Mais. au sud. une sorte de falaise escarpée se dressait à pic: et sur elle s'élevait la tour du Maréchal. énorme ouvrage haut de cent vingt pieds qui surplombait. comme perché dans le vide.

Et. entre ce point inaccessible et la ferme de la Villotière. le logis terrassé des Lucottes. maison habituelle des gardes marteaux, défendait un sentier abrupte et aussi la route neuve, établie pour les carrosses du château. et qui se continuait dans le parc pour aboutir à la cour d'honneur où descendaient les trente degrés de marbre rose du perron de la grande entrée. A la porte de l'ouest on accédait par un chemin qui traversait le bois de la Tourette, et s'en allait dans la direction de Mortemart Huit petits châteaux défendaient le passage, et les guichets de l'avant-cour étaient flanqués de deux tourelles cornières. Et les avancées étaient établies de telle sorte qu'à deux cents toises leurs huit fauconneaux balayaient les approches. Une douzaine de pièces d'artillerie, de tous calibres, défendaient les autres points ; et dans chacune des six tours, des verdiers et des gruyers. choisis parmi les meilleurs tireurs, veillaient armés d'arquebuses butières qui portaient à une distance de huit cents pieds.

— Et tu crois, mon pauvre Gaspard, — disait M. de Lanelet, qui venait de faire le tour de son logis dont il admirait les profils dorés par les feux du soleil couchant, — tu crois que Saint-Cendre pourra emporter cette bastille? Tu as l'entêtement immodéré et sauvage! Là dedans, mon enfant, même dénué de ta science d'ingénieur, je me chargerais de tenir trois mois contre les bandes de M. de Strozzi!...

Mais il se reprit, trouvant la comparaison fâcheuse, car il se rappelait la fameuse journée de Bassac, où le maréchal s'était laissé battre et emmener prisonnier.

—Je veux dire l'armée de Monsieur et de notre ami Tavannes.

Croisigny, sans douter de l'excellence de ce château fortifié, craignait quelque accident ou surprise. Si l'attaque se donnait du côté du parc, si l'ennemi parvenait à s'y loger, il pourrait peut-être, dans une affaire de nuit, jeter un pont sur le fossé et pénétrer par les jardins. C'est pourquoi il avait fait élever huit terrasses en forme de cavaliers d'où l'on pût dominer la douve intérieure qui représentait la seconde ligne de défense.

— Et c'était bien inutile, Gaspard! soupira Lanelet. Tu as gâté mes plus belles plates-bandes où j'entretiens à grands frais ces plantes rares que l'on m'apporte des Grandes-Indes, et tu as fait enlever deux superbes et riches statues de marbre dont une a perdu le bras pendant le trajet.

M. de Croisigny fit remarquer que les balles des mousquets casseraient bien plus sûrement les membres des dieux et des déesses, et qu'il était prudent de mettre - ces figures en sûreté.

Au moment où ils rentraient dans le parc, les deux gentilshommes virent un grand gaillard qui s'en allait avec ses outils sur l'épaule et qui salua avec beaucoup de politesse, le bonnet à la main.

— Ah! c'est toi, Leychanaud! dit Croisigny. Voici, monsieur de Lanelet, un homme précieux entre tous, et le meilleur des maçons. Ce maître Jean a travaillé déjà aux remblais de la tour du Maréchal, et il en connaît toutes les particularités. C'est pourquoi je l'ai embauché depuis huit jours... Que penses-tu, mon ami. de la solidité de cet ouvrage?

L'obscurité croissante ne permit pas de voir la lueur qui enflamma l'œil du maître maçon. Il répondit lentement :

— C'est, monsieur, le point le plus fort de tout le château. La Haute-Ganne pourrait être ruinée de fond en comble que la tour du Maréchal resterait debout. Ses pierres sont cimentées sans qu'on voie les joints, comme dans ces beaux ouvrages du temps passé que nous ne savons plus faire. M'est avis, du reste, qu'aucune attaque ne saurait réussir de ce côté, tant l'assaillant serait à découvert. Mais, sauf votre respect, messieurs, il faudrait, je crois, rejoindre par une levée de terre le logis des Lucottes à la petite bastille de la porte du Sud, puis la prolonger jusqu'au pied du coteau, en contre-bas. Et je vous prierais, monsieur de Croisigny, de vouloir bien en établir le tracé.

Gaspard promit de venir le lendemain avec ses pionniers et il s'éloigna avec M. de Lanclet qui gémissait :

— En quels temps vivons-nous, grand Dieu? Par la vertu-saint-Quenest, il est choquant de voir ce petit artisan, bâtard de la Bastoigne qui l'a fait à une gardeuse d'oies et l'abandonne présentement à une profession mécanique, donner des conseils à ses seigneurs !

Leychanaud. marchant sur le chemin de la Villotière, murmurait, le poing tendu vers la Haute-Ganne, dont les fenêtres éclairées brillaient comme les yeux d'un monstre accroupi :

— Va. ma fille! ma petite Gilonne! D'ici quelques jours

tu ne riras pas comme je t'entendais le faire tout à l'heure en jouant à la raquette dans ton parc!

Un sifflement longuement modulé, parti d'un bouquet d'arbres, arrêta le maçon dans sa rêverie de vengeance et de luxure. Le bruit venait d'un creux situé au-dessous du logis des Lucottes, et qu'on appelait le bois Guiraud. Leychanaud répondit par un pareil appel et Dartigois parut sur la lisière :

— Eh bien, mon garçon, — fit le maître du Breuil qui tenait une courte arquebuse à la main, — que fais-tu de bon dans ce château? Prépares-tu quelque trou par où nous entrerons comme un rat dans un fromage de Hollande? Pour moi, j'éprouve un gros regret. J'ai, ce tantôt, manqué l'occasion unique, celle de prendre le vieux Lanelet qui est venu, audacieusement, se promener à Seissat!

— Je le quitte à l'instant, répondit Jean. Mais rassurez-vous, mon maître, et attendez tranquillement le marquis de Saint-Cendre. Dès que le château sera entouré, je jetterai cette tour-ci, — et il montrait la silhouette énorme, marquée en noir sur le ciel verdâtre, — cette bonne tour, par terre, comme une quille, et nous pénétrerons dans la Haute-Ganne.

— Oui, mon garçon! Et nous n'y perdrons pas notre temps en vaines paroles, car nous avons bien de l'argent à rattraper. Je te recommande sur toutes choses de ne mettre personne au courant de ta merveilleuse découverte, — M. le Marquis m'en a fait part, — et aussi de ne pas briser ta tour en morceaux un jour où M. de Clérambon commandera, car il ne badine pas sur le partage du butin. Mais si tu fais cette besogne utile quand M. de Saint-Cendre sera de semaine, nous pourrons faire notre main, et il y aura gros à gagner quand ça ne serait qu'en lui remettant madame sa femme saine et sauve. Je te quitte, car il faut, ce soir, que je dirige une assemblée importante à Seissat. Ne te montre nulle part, jusqu'à ce que monseigneur soit arrivé, et continue à piocher ton souterrain. Adieu, Jean!

Et Dartigois s'en fut souper chez son compère Jacquemard qui l'avait fait prévenir, aussi vite que cela lui avait été possible, de la visite du châtelain. Il lui raconta le mauvais succès de sa poursuite : la vie de M. de Lanclet n'avait tenu qu'à une avance d'un quart d'heure. Mais le cabaret se rem-

plissait, et bientôt la salle fut pleine. L'hôtelier donna l'ordre
de ne plus laisser entrer personne, car il avait reconnu que
tous les partisans du nouvel ordre de choses se trouvaient
au complet.

Dartigois, au milieu d'un profond silence, prit la parole :

— Aussi vrai, messieurs, que les bons chaudronniers
sont à Dinant, les bons huguenots se voient ici réunis.
Entre nous, nous pouvons parler librement de nos affaires.
Mais ne vous formalisez pas de l'incohérence de mon discours : car, encore que j'aie été cuistre, jadis, au collège de
Navarre. je me suis toujours mieux entendu à donner des
coups que de belles paroles. Voici, en deux mots la chose.
Tous ici, vous avez connu M. Gillot. Vous savez comment ce
seigneur arrivé en fugitif au Breuil ne tarda pas à devenir
parmi vous un personnage. Dans les soirées, il brillait d'un
éclat particulier : nul conteur ne fut mieux écouté. Tous, à
l'ouïr, vous demeuriez oreilles tendues et bouches bées ; les
quenouilles cessaient de tourner sur les flancs, et les amoureux en laissaient leurs bâtons brûler sans écrire leurs noms
sur la cheminée.

Ici un murmure flatteur coupa le discours de Dartigois.
Chacun se rappelait les histoires que contait M. Gillot, vives
et gaillardes à tel point que les demoiselles mirent souvent
leurs masques. que d'autres s'en allèrent, pour revenir peu
après, du reste. Parmi celles-ci se faisaient remarquer Isabeau Chesneau et Julie Thouron. la femme de Dindaux-Perrinet, qui. pour l'heure. assis à côté du barbier Antoine
Sebiaux. buvait une mesure d'hydromel. Mais une inquiétude gagnait certains. Cet éloge de M. Gillot était-il pour
précéder la nouvelle de sa mort?

— Oui, messieurs, notre ami excellait là comme ailleurs,
continua Dartigois. A notre beau bal du mois de septembre,
M. Gillot ravissait tous les cœurs par sa façon de danser tout
à la fois cavalière et courtoise. Et il le faisait bon voir
lorsque, les poings sur les hanches, il avançait gracieusement. en comptant ses pas. et saluait les femmes, qui sentaient
leur cœur sauter. C'est lui, pas un autre, qui a remporté
le prix du coq en menant le branle avec votre fille Jacqueline. monsieur Jacques Ernoul ! Qu'il vous en souvienne !

Eh bien, messieurs, ce M. Gillot qui, parmi vous, s'ébattait avec tant de simplicité et de bienveillance, fut célèbre à la cour! Il y était réputé, avant les troubles, pour ses belles et nobles qualités, et on dit que madame la reine d'Écosse l'a aimé. Pour tout dire, sous ce nom d'emprunt, se cachait parmi nous l'illustre marquis de Saint-Cendre.

Des cris d'enthousiasme s'élevèrent. On avait toujours été sûr que M. Gillot n'appartenait pas au commun des hommes. Mais pourquoi ces accents de regret? Et fallait-il qu'on apprît la véritable qualité du marquis pour recevoir en même temps la fâcheuse nouvelle de sa fin? Et tous criaient :

— Dites. parlez-nous, Dartigois ! Est-il vivant? Est-il mort?

— Ah ! mes bons amis, mon admirable maître est vivant comme vous et moi ! Aussi vrai qu'il n'est bons pots et godets qu'à Savigny, ainsi que vous le savez ! Et j'ajoute que monseigneur le marquis sera ici dans une petite semaine avec foison de reîtres et gens de pied. Et tout cela pour vous rendre la liberté et le droit de prier Dieu à votre idée.

Mais cette annonce trouva les auditeurs divisés. On parla de Moncontour, du ravage probable que feraient les reîtres. Et beaucoup tremblèrent pour leur peau, pour leur argent, pour la vertu de leurs femmes.

Dartigois, vivement, répondit aux interrupteurs :

« La bataille de Moncontour était une méchante affaire et dont les catholiques grossissaient l'intérêt avec leur habituelle mauvaise foi. Quant aux reîtres, ils auraient bien assez à faire de piller les biens des papistes... » Et Dartigois se targua d'empêcher les rapines : « Le marquis de Saint-Cendre avait promis que le village de Seissat serait dispensé de loger les gens de guerre. Toute l'entreprise était dirigée contre le château de la Haute-Ganne, dont le seigneur. M. de Lanclet, foulait cruellement le pays, comme chacun savait. » Dartigois s'étendit sur la tyrannie de cet « oncle Christophe », sur sa superbe et, surtout. son injustice : « Car, non content d'avoir dépouillé son neveu le marquis, de lui. avoir ravi sa femme. ce vieillard avaricieux et rctors attendait le triomphe définitif du parti catholique pour exercer ses vengeances. Dès qu'il se sentirait le plus fort. il battrait tout le Richemont avec ses gens, et il ne resterait pas un écu vaillant, non plus qu'une fille pucelle, dans les maisons. Si on ne voulait pas se voir détruit d'ici quelques semaines, on devait prendre l'offensive, sans plus tarder. »

Le patron Jacquemart, pendant une pause de Dartigois, fit circuler les pots d'étain où moussait le vin cuit. Les têtes s'échauffaient dans les vapeurs bleuâtres que perçaient à peine les flammes rougeâtres des chandelles fichées sur les croix de bois suspendues au plafond, où elles semblaient autant d'étoiles palpitant dans un halo indécis.

— La Haute-Ganne enlevée, reprit Dartigois, toute tyrannie disparaît. Et le butin sera tel que, réparti équitablement, il nous fera riches pour longtemps. Derrière ces vilaines murailles sont accumulées des richesses dont vous ne pouvez vous faire une idée, non plus que des jolies filles qu'on y garde à foison. En prendra qui voudra.

Au milieu des rires épais, les plaisanteries obscènes s'entrecroisaient, et tous écoutaient extrêmement intéressés.

— Et, messieurs, continuait l'orateur, je ne veux pas que vous puissiez m'accuser de vous tromper par des paroles en l'air. Voyez ce seigneur qui se tient ici près de moi : ce n'est autre que le baron de Bernstein, illustre rittmestre venu d'Allemagne avec des cavaliers noirs qui sont, au nombre de plus de cent, logés dans ma métairie de Pierrefite. Buvons, messieurs, à la santé de ce soldat vertueux, représentant de la nation amie, et dont la modestie égale les mérites !

Les verres et les pots se haussèrent, s'entrechoquèrent. Beaucoup, parmi les auditeurs, souhaitaient que le rittmestre parlât.

— Ce noble seigneur, messieurs, mes amis, objecta Dartigois, ne sait malheureusement pas la langue de notre pays. Mais son cœur bat à l'unisson des nôtres.

Et le lourd et taciturne Allemand, sommeillant à moitié, engoncé dans son manteau en cloche de velours vert fourré de renard gris, buvait de l'eau-de-vie brûlée, à défaut de bière, et regardait son hanap d'argent sans s'occuper en rien de l'assemblée.

— Les instructions que m'a laissées mon excellent maître monseigneur le marquis de Saint-Cendre, poursuivit Darti-

gois, avaient prévu l'arrivée de ce héros d'Allemagne. Et
admirez avec moi, mes amis, les obscurs décrets de la Providence. J'ai lu dans un vieil almanach une prédiction singulière qui disait que le château de M. de Lanelet serait pris
à la venue de cavaliers venus de l'Orient, et aussi que le pays
y gagnerait sa liberté. Cet étonnant horoscope m'est tantôt
revenu à l'esprit. Quelque jour, je retrouverai le petit livre
où 'il est consigné, et je vous le montrerai. Mais, aujour-
d'hui, il convient d'aller au plus pressé et de nous conformer
au proverbe : «Mieux vaut tenir que courir.» C'est pourquoi
je crois que nous devons, sans plus tarder, nous former
en milice armée et nous tenir prêts à combattre le bon combat aux côtés de monseigneur le marquis. Je voudrais que,
quand monseigneur se présentera, nous soyons tous ici rangés
sur la place, et en bel ordre, pour le recevoir.

Des cris de joie approuvèrent la motion. Et, d'un commun
accord, tous clamèrent qu'ils voulaient être commandés par
M. Dartigois, que son antérieure existence de soldat avait le .
mieux préparé aux grandes actions de la guerre.

Dartigois se défendit d'accepter. Il ne pouvait se charger
d'un commandement de cette importance, car sa présence
était indispensable au Breuil, où il avait réuni près de soixante
compagnons, tant de pied que de cheval, et qui vivaient
militairement dans la maison fortifiée. C'était un véritable
avant-poste menacé sans trêve par M. de Croisigny. Parmi
les catholiques du Richemont, celui-ci apparaissait comme le
plus dangereux, et ses perfides intrigues avaient semé la
discorde jusqu'aux moulins de Cheliveau où les Vinchat
demeuraient incertains et flottaient entre les deux partis. Et,
pour conclure, Dartigois proposa à l'assemblée d'élire pour
chef de la milice le généreux M. Dindaux-Perrinet.

Rouge d'émotion contenue, d'orgueil, échauffé par le vin
qu'il avait absorbé sans mesure, le boucher se leva et remercia le maître du Breuil. « Il se croyait en tout indigne d'une
pareille confiance. » Au fond, il se sentait très flatté, mais
craignait de s'engager, timide devant les suites possibles de
l'aventure, comme aussi devant les reproches de sa femme.
Il n'était venu là qu'en se cachant. Et, au milieu des clameurs qui l'entouraient, il balbutiait, hésitant. Enfin il accepta,

annonça·son intention de mener les choses avec autorité et
rondeur. et conclut en déclarant qu'il ne regarderait pas à la
dépense. Il parlait lentement, en tournant sa grosse tête
pesante qui semblait celle d'un bœuf, et il aperçut, dans un
coin. un homme gras et blafard, vêtu de noir. enveloppé
dans un manteau à haut col. et qui. le bonnet enfoncé jusqu'aux yeux, ne levait pas le nez de dessus son verre.

— Mais, s'écria le boucher, voici, corne Dieu ! M. le curé
lui-même qui hume le pot sans donner son avis. Prenez la
parole, monsieur de Belarbre, et dites-nous, s'il vous plaît, ce
que vous pensez de cette affaire.

Se glissant le long des murailles, le curé tirait vers la
porte, il en avait saisi le loquet. On lui barra le passage et
on l'amena près de Dartigois, on lui prodigua tout à la fois
des menaces et des caresses. Et l'hôtelier. ayant rétabli le
silence en frappant sur une table avec un broc d'étain, le curé
prit la parole, assis sur la chaise que Dartigois lui abandonna
avec beaucoup de politesse, mais le rittmestre. avec une sourde
malédiction qui se termina en « *Teufel !* » porta la main sur
le pommeau de son épée : car, chaque fois qu'il voyait un
prêtre, il s'empressait de toucher du fer.

— Mes chers amis. mon opinion est que vous avez, comme
tout le monde : le droit de prier Dieu à votre manière: le
principal est de le servir et de l'honorer dans son cœur; peu
importent les moyens. Si votre conscience vous dicte, en ce
ce jour, ou pour mieux dire, en cette nuit, le devoir de faire
vos oraisons en français, je n'y vois pas d'inconvénient pour
ma part, car Dieu. qui a créé les langues à l'occasion de
Babel, les comprend naturellement toutes.

Ce discours extraordinaire remplit tous les assistants de
joie.

— Voilà qui est parler ! dirent-ils en se regardant pleins
d'admiration.

Tous se découvrirent et s'écrièrent d'une seule et même voix :

— Monsieur le Curé, faites-nous donc un office à la mode
de Genève, et vous nous donnerez votre bénédiction pour
finir !

M. de Belarbre répondit qu'il était prêt à le faire. Mais on
ne pouvait, même dans le nouveau culte, transformer un

cabaret en chapelle, voire en lieu d'assemblée religieuse et réformée :

— Suivez-moi donc à l'église ! Là je vous donnerai la parole de Dieu.

Dartigois et quelques fortes têtes du parti entrèrent en défiance de ce prêtre à mine avisée. Ils l'accusaient de vouloir détourner à son profit le mouvement d'indépendance qui allait mettre en armes les gens de Seissat. Ils essayèrent quelques objections bourrues. Mais le curé répondit avec adresse. Il s'engageait à livrer les clefs et le trésor de l'église, bien indivis du village, aux membres du consistoire, dès qu'ils seraient élus. Jusqu'à ce jour, il demandait à en être simplement constitué gardien. Et il termina en disant que, dès le lendemain matin, le temple du Seigneur serait affecté au culte réformé, et qu'il y remplirait les fonctions de ministre. On séculariserait la cure. Par ses paroles mesurées, M. de Belarbre prit et conserva l'avantage.

Tout le monde le suivit jusqu'à l'église. Le sacristain épouvanté alluma les cierges, le curé monta en chaire, et, tirant un livre qui était sous son petit banc, il l'ouvrit comme au hasard, et lut :

— « *Nolite arbitrari quia pacem venerim mittere in hanc terram. Non veni pacem mittere sed gladium.* »

La voix de Dartigois s'éleva dans les ténèbres de la nef, reprochant au prêtre de parler latin, au contraire de ses promesses. Mais le curé répondit :

— Mes amis, je vous ai lu ces quelques mots de l'apôtre Mathieu parce qu'ils sont les premiers qui me soient tombés sous les yeux, et le saint livre est écrit en latin. Je vais vous les traduire en français. Plus tard, quand vous aurez pu vous procurer les bonnes bibles de Genève, nous suivrons tous l'office dans notre langue.

Et, sous le murmure d'approbation, suivi bientôt d'un profond silence, le prêtre reprit :

— « Ne pensez pas, dit le Christ, que je sois venu apporter la paix sur la terre. Je suis venu apporter non la paix, mais l'épée ». Ces paroles, mes frères, n'ont pas besoin d'une de ces interprétations ingénieuses où se complaît l'Église de Rome. Elles nous donnent simplement à entendre qu'au lieu d'un

Dieu de bonté, la nouvelle loi nous faisait pressentir un Dieu de justice. Et c'est là le sens exact du mot « épée », cette arme représentant l'idée absolue de justice, la force de cette justice, et son immédiate sanction. Quand le Seigneur continue en vous disant qu'il apportera la division entre le fils et le père, entre la mère et la fille, il prétend vous montrer que les intérêts humains ne sont rien auprès de la recherche de la vérité stricte. La vérité et la justice sont une, et elles ne peuvent prévaloir que par la force. C'est pourquoi le Christ est venu avec l'épée.

Et le curé prêcha pendant deux heures dans l'église sombre où brillaient les quelques cierges dressés au-dessus de l'autel, dont certains détestaient les images. A voir cette lueur animer les vitraux, beaucoup de gens s'étaient levés, dans le village, et l'église fut bientôt pleine d'hommes, de femmes et d'enfants, dont la plupart se demandaient ce que signifiait ce discours. Quand tout fut fini et chacun rentré chez soi, une impression de terreur, d'anxiété et de tristesse pesait sur tous. Ainsi la religion réformée s'imposa-t-elle à Scissat.

Quand, le 14 octobre, arrivèrent les premiers cavaliers du marquis de Saint-Cendre, les huguenots avaient pris définitivement le meilleur, rançonné deux couvents, dispersé les moines et les nonnes qui avaient regagné Bellac, non sans grandes vexations. Des partis armés avaient même commis quelques rapines sur les terres de M. de Lanelot. L'entrée de de M. de Saint-Cendre à Seissat se fit en grande cérémonie. Tout le village vint le recevoir, en armes, dans la principale rue, et les reîtres de M. de Bernstein, les soudoyers de Dartigois faisaient la haie depuis les abreuvoirs jusqu'à l'hôtellerie du *Saumon d'Argent*, ce dont certains prirent ombrage. Car on redoutait toujours que ces bandes ne pillassent dans les maisons. Les habitants de Seissat, cuirassés, casqués, portant des piques, des espontons, des bâtons de toutes sortes, voire des hallebardes, se pressaient au milieu de la place. Sous l'orme était préparée une magnifique collation où reluisait une argenterie que chacun gardait jalousement des yeux. S'avançant entre ses deux filles, Julie Thouron présenta un bouquet, des dragées, du vin, au marquis. Il les embrassa toutes les trois avec une gracieuseté qui enchanta tout le monde. Mais, comme il est partout des esprits chagrins, d'aucuns prétendirent par la suite que les lèvres de la belle épouse du boucher furent mordues jusqu'au sang dans cette accolade, et que la demoiselle ne fit rien pour se détourner d'une étreinte qui dura un peu plus que le temps habituellement consacré à ces caresses conventionnelles et publiques.

Sanglé dans un corps d'armure blanc à bandes gravées et dorées, vêtu de velours minime et de taffetas couleur de Judas, ceint d'une épée bâtarde et d'une dague à oreilles, M. Dindaux-Perrinet s'avança sous les plis d'une enseigne écarlate où étaient brodés en vives couleurs divers emblèmes antipapistes dont le plus immodeste montrait une sorte de lansquenet occupé à mettre à mal une béguine au pied d'un gibet. A cette potence était suspendu un abbé crossé et mitré qui les bénissait avec ses semelles. Et, pareil à un gros searabée luisant, le boucher parla ainsi :

— Monseigneur, parmi les jours que Dieu fit, nul ne nous semble plus beau que celui-ci qui vous ramène parmi nous. David, vainqueur, ne fut pas reçu avec plus de joie par les demoiselles de Sion, et il ne se trouve pas ici de Saül pour jalouser votre gloire. Sous vos ordres, nous brûlons tous de marcher, et la victoire est certaine. Si, par malheur, car on ne fait pas d'omelette sans casser des œufs, nous recevons quelques blessures ou contusions, notre barbier, Antoine Sebiaux, sera là de sa personne, pour nous panser aussi bien que le ferait ce fameux Barthélemy de Aguire, émule de M. Ambroise Paré. Et, comme eux, il s'entend à guérir les plaies d'armes à feu. Bien équipés, ainsi que vous pouvez le voir, nous avancerons en bel ordre...

Tout en écoutant distraitement le magnanime boucher, Saint-Cendre regardait avec intérêt mademoiselle Julie Thouron, dont la beauté blonde apparaissait, largement découverte, sous le col évasé de sa pèlerine en velours bleu. Sournoisement, sous l'ombre propice de sa bourguignote, il mirait le galbe arrondi de sa gorge dressée, la blancheur laiteuse de sa peau, la fraîcheur rosée de son teint, l'éclat de ses cheveux dorés. Pareils à de fins écheveaux de soie grège, ils se relevaient en racines droites qui se recourbaient, formaient un bourrelet arqué, dont le sommet se divisait sous la pointe d'un bonnet de velours noir surmonté d'un léger plumet :

— ... Comme les murailles de Jéricho, celles de la bicoque de monsieur votre oncle, — déclamait le boucher, — tomberont... Vous rentrerez dans votre héritage...

Saint-Cendre détaillait Julie Thouron. Malgré sa superbe, elle rougissait sous le regard qui la déshabillait sans hâte. Et il se demandait comment il pourrait mettre la main sur cette belle femme dont les jambes, si peu qu'elles montrassent les pieds menus, devaient être fermes et merveilleusement tournées. Il louait la finesse de sa taille ronde, la splendeur de ses hanches.

— Il y aura plus d'un mort! — clamait Dindaux-Perrinet dont le geste large semblait vouloir saisir le ciel, — mais ce sera du côté des ennemis! Au nom du Christ et de la sainte religion, nous immolerons les impies, et leurs filles seront punies, je vous laisse à deviner comment, pour la faute de leurs pères...

Prenant courage des rires qui accompagnèrent sa phrase, le boucher cria :

— Oui, le Livre nous dicte la conduite à tenir. On ne doit pas faire de quartier aux Philistins!... Non, monseigneur, vous n'arrêterez pas la colère des justes. Le Dieu d'Abraham...

« Cette jolie femme, se disait Saint-Cendre, ferait très belle mine entre deux draps... »

— Et comme le Seigneur ordonna pour les Amalécites...

« Elle est encore mieux tournée qu'Héliette de Vignes, moins lourde, et comme elle, encore que beaucoup plus jeune, tranquillement magnifique. »

— Tu ruineras de fond en comble les maisons de Bélial...

« Les bras sont certainement polis comme l'ivoire. Les épaules... »

Au milieu des applaudissements, M. Dindaux-Perrinet avait terminé sa harangue. Le marquis lui répondit. Se levant de la chaise où il était assis, seul, sous un dais de velours, il se dressa dans sa haute et élégante stature, emprisonné sous l'acier noirci du hallecret strié d'or. Et tous admirèrent sa distinction, son air martial, et les femmes se troublaient à sentir les yeux du grand seigneur qui les caressaient dans un bienveillant sourire. Fascinées, elles contemplaient sa longue et noble figure dont la barbe en pointe reposait, noire et lustrée, sur les délicats tuyaux de sa fraise. Les chuchotements respectueux s'arrêtèrent quand Saint-Cendre parla :

— Les sentiments généreux que vous exprimez avec tant de force, monsieur Dindaux-Perrinet, me répondent de votre loyauté et de vos bons services. Vous parlez d'or, et les braves gens qui vous entourent me semblent autant de petits Macchabées prêts à combattre le vilain Antiochus qu'est M. de Lanelet. Mais, sans douter un seul instant de votre courage, que je crois, messieurs, égal aux plus grands que l'histoire nous ait jamais signalés... (Je ne finirai jamais ma phrase, se disait-il, distrait par les yeux de Julie Thouron, qui le considéraient avec une fixité railleuse.) Oui, messieurs, je viens vous dire que je veux mettre votre valeur à l'épreuve pour le bien de la religion. Dès demain, je vous mènerai, au delà du Breuil, enlever la ferme des Charmettes où je vous ferai prendre vos logis. Là, en première ligne, vous entendrez, pour l'amour de Dieu, siffler des balles et vous les recevrez, je pense, avec autant de sang-froid que si c'étaient des pains à cacheter.

La comparaison déplut. Et beaucoup trouvaient que le marquis traitait avec une coupable légèreté cette grave question qui est d'aller se faire tuer. On avait pensé que les reîtres et le personnel de Dartigois étaient là pour ça. Et plus d'un, parmi ceux de Seissat, cherchait à se forger quelque bonne excuse pour ne pas marcher dans l'affaire du lendemain.

— La victoire vous suivra partout, messieurs, mes amis. Pour l'arrêter, il vous suffira d'un léger effort. Avec des lions déchaînés, tels que vous, le difficile sera de retenir votre bouillante ardeur. Car vous n'êtes pas de ceux, et c'est ma conviction intime, qui attendent qu'un homme soit porté à terre par un autre, pour lui couper la gorge, ou qui viennent, comme les corbeaux, après la mêlée, pour dépouiller les morts. Je suis sûr que, si l'on vous laissait faire, vous vous en iriez tirer le Grand Turc par la barbe, au milieu de son armée.

Étanchant de son mouchoir brodé le sang qui perlait à sa lèvre, Julie Thouron regardait Saint-Cendre avec une expression singulière où ses prunelles brunes, éclairées de tons fauves, s'adoucissaient. Sous la fine pièce de lin elle dissimulait son sourire, heureuse de voir combien le marquis se moquait de tous, sans retenue. Beaucoup de gens ne se montraient qu'à moitié contents de ce discours, mais la péroraison satisfit tout le monde. Car M. de Saint-Cendre laissa entendre que le pillage serait sans frein, que l'on mesurerait l'or au boisseau, et que l'on caresserait les filles de la Haute-Ganne avec la même facilité que l'on trouve, partout ailleurs, à plumer des chapons dans un poulailler. Et certains proposèrent de porter monseigneur de Saint-Cendre en triomphe autour de la place.

Il se déroba à ces honneurs et repartit pour le Breuil. Mais quand il salua Julie Thouron, celle-ci s'inclina devant lui, déjà soumise. Tel un cygne qui, fasciné, se blottit dans les roseaux d'un lac, en voyant se resserrer les cercles pressés d'un gerfaut.

M. de Clérambon rejoignit, le 15 octobre. Avec tout son monde il entra dans Scissat pour dîner, et, le soir même, il se rendait, en compagnie du marquis de Saint-Cendre, chez M. de la Bastoigne. L'entretien que les trois seigneurs eurent après souper ne fut connu de personne : et les espions de M. de Croisigny, en lui annonçant toutes les nouvelles grosses de mauvaises promesses, ne purent rien lui apprendre sur ce point. Mais, le surlendemain, des incendies éclatèrent partout, et M. de Lanclet, du haut de ses tours, put voir les cavaliers noirs battre le pays jusque sous les murs de son château. Il vit ainsi flamber les logis des Vacqueurs, La Paloterie, les granges de La Borderie, les maisons des Brouilles, dont les habitants venaient demander asile à la Haute-Ganne.

Sous le feu des murailles qui tenait les huguenots à distance, la retraite des gens et des bestiaux se continua pendant deux journées, et des châteaux voisins arrivaient des familles qui n'osaient point se diriger sur Bellac par crainte de se laisser couper le chemin. Le vieux baron de Chauverne-Neyre qui, vu l'absence de dents, se nourrissait de purée de châtaignes, fit son entrée dans des brancards, avec sa fille Valentine et quelques serviteurs armés. Derrière lui, les flammes rougissaient l'horizon où s'abîmait son domaine de Francœur. Puis ce furent M. et madame de Monsergues et leur cousin M. de Villevialle. qui depuis quinze années, ne les avait pas quittés d'une semelle, et le fameux bailli de Tourtencieux, un des derniers survivants de la bataille d'Agnadel. La Haute-Ganne reçut tout, derrière ses hauts remparts couronnés de domestiques, de gardes, de piqueurs armés d'arquebuses et de mousquets. Trois reîtres furent abattus d'un coup de canon parti de la tour du Maréchal, et de grands cris de joie accueillirent leur chute. Mademoiselle Gilonne applaudit quand elle vit. sous le boulet. rouler les chevaux et les hommes. Mais une décharge partie du bois Guiraud salua les créneaux de la plateforme, un éclat de pierre blessa deux canonniers, et mademoiselle de Bonisse eut sa robe couverte de plâtre. Il fallut que M. de Lanelet intervînt pour qu'elle se décidât à descendre; et quand elle quitta la place, tous les assistants, émus par son courage, lui jurèrent de se faire tuer pour elle, tous, et jusqu'au dernier.

Deux jours ne s'étaient pas écoulés que la Haute-Ganne se trouvait complètement investie, sans remède. M. de Clérambon avait pris ses quartiers à la Villotière, autour de quoi il fit table rase. Et il menaçait le logis fortifié des Lucottes, étendant ses lignes sur tout le flanc sud de la Haute-Ganne, tandis que M. de Saint-Cendre menaçait la grande entrée de l'ouest et les enceintes du sud que les gens de Seissat avaient mission de surveiller étroitement.

Mais on s'aperçut que ces villageois n'étaient pas dignes de confiance. A plusieurs reprises, ils laissèrent passer les émissaires de M. de Croisigny; et, dans une sortie que celui-ci mena pour incendier les écuries des reîtres à la ferme des Charmettes, ils abandonnèrent M. de Saint-Cendre qui les conduisait à la charge et s'enfuirent jusqu'à Seissat, jetant leurs armes pour courir plus vite. Le marquis, engagé sous son cheval, faillit demeurer captif. Déjà il s'était rendu à Croisigny. qui avait reçu son gant, lorsque M. de la Touaille vint par derrière et lui déchargea son pistolet dans la tête, à bout portant. Sans la trempe excellente de sa bourguignote d'acier doublé, Saint-Cendre eût trouvé là la fin de ses aventures. Deux escadrons de reîtres, commandés par M. de Taubadel. le dégagèrent à temps, et M. de Croisigny fut entouré avec son prisonnier. Mais Saint-Cendre ne voulut pas demeurer en reste de générosité avec cet ennemi qu'il chérissait entre tous, il le remit en liberté, malgré les conseils de M. de Clérambon qui revenait de nettoyer le bois de La Couture-Renon. avec deux manches de mousquetaires.

M. de Croisigny rentra à la Haute-Ganne aux premières heures du soir, alors que M. de la Touaille racontait sa mort et celle du marquis, qu'il se vantait d'avoir tué de sa main. M. de Lanelet chantait déjà victoire, et Gilonne se préparait à apprendre à Gabrielle que, cette fois, elle devenait veuve pour tout de bon. L'arrivée de Gaspard traversait trop de projets pour être accueillie avec faveur : Lanelet lui reprocha amèrement sa conduite, et surtout de ne pas avoir mis Saint-Cendre à mort, dès le premier moment. Il se refusa à entendre les paroles de paix qu'adressaient MM. de Clérambon et de Saint-Cendre ; et, le lendemain matin, il ne voulut pas même recevoir le trompette que les deux associés lui envoyaient pour le sommer. Le trompette laissa une lettre que Gaspard remit à l'oncle Christophe. Il y était dit, entre autres choses utiles, que M. de Clérambon réclamait des explications et une indemnité pour le meurtre de son parent Gaston d'Aultry, et la punition des assassins, quels qu'ils fussent, voire mademoiselle Gilonne de Bonisse, inculpée de faux. M. de Saint-Cendre appuyait ces exigences et mettait Lanelet en demeure de lui rendre sa femme, madame Gabrielle de Vignes, avant le coucher du soleil. Faute de remplir ces conditions, le seigneur de la Haute-Ganne s'y verrait contraint par toutes les mesures de force, et, si la place était enlevée, on ne prendrait personne à merci.

M. de Lanelet déchira l'insolente missive. Furieux de ce que Croisigny refusait de faire tirer sur le trompette, il s'emporta en malédictions, et Gilonne, qui survint au cours de l'entretien, dénonça la mollesse de Gaspard. « Il était vendu à l'ennemi, peut-être. En tout cas, il ménageait la chèvre et le chou et, tôt ou tard, il trahirait ceux-là mêmes qu'il s'était engagé à défendre... » Et M. de la Touaille approuva, car il espérait qu'on lui confierait le commandement du château.

Et Gaspard de Croisigny regretta de ne pas être resté par terre à la fin de cette méchante escarmouche. Il supplia le vieux Lanelet de le relever de ses fonctions, annonça sa ferme intention de quitter le château. Mais l'oncle Christophe, comme s'il eût entrevu tout à coup la grandeur du danger, trouva le courage d'imposer silence à mademoiselle de Bonisse. Il pria Gaspard d'oublier les paroles injurieuses, et lui donna, en présence de toute sa garnison réunie, le suprême pouvoir. Croisigny rétablit l'ordre en faisant emprisonner M. de la Touaille, dont la rébellion sournoise excitait une partie des défenseurs du château à contester l'autorité du chef choisi. Comme lieutenant, il prit M. de Villevialle, qu'il avait connu capitaine dans les bandes du Piémont. Il obligea les deux cent cinquante hommes dont il pouvait disposer à observer une stricte et exacte discipline. Il dut, pour l'exemple, condamner cinq mutins à être pendus, mais il fit demander leur grâce par Gabrielle, et s'empressa de l'accorder. Et, par d'autres moyens, il tendit à remplacer l'influence de Cilonne par celle de la marquise. Il parqua les femmes dans l'aile nord du château, sans excepter mademoiselle de Bonisse de la commune mesure. Et, pour obéir à M. de Lanelet, il tripla les gardes autour de l'étage où demeurait Gabrielle, car elle avait dû abandonner son appartement du sud, dont les fenêtres donnaient sur les quartiers de M. de Clérambon.

Le 20 octobre, celui-ci enleva l'ensemble fortifié des Lucottes, où il laissa trente hommes de sa bande le nez dans l'herbe ; mais il tua vingt des gens de Lanelet et en fit pendre quinze qui furent pris dedans. Puis il y établit cent arquebusiers choisis qui rendirent intenable la plateforme de la tour du Maréchal. M. de Saint—Cendre, après trois assauts où il fut soutenu par les reîtres, réussit à faire une brèche dans l'enceinte du parc, au moyen d'un pétard. En une nuit il abattit cinquante toises de la courtine, et les cavaliers de M. de Taubadel s'installèrent dans le parc, de telle sorte que l'oncle Christophe perdit du coup ses meilleurs magasins de ravitaillement avec ses six petites fermes ; et il se trouva resserré entre ses seuls fossés.

Dans tout le pays les ravages continuèrent, systématiques

et complets, A deux lieues à la ronde, tout fut saccagé et pillé, le butin fut énorme. Et pour punir les gens de Seissat de leur trahison, M. de Clérambon fit enlever de nuit le village, qui fut incendié, après un assez grand massacre. On sauva seulement quelques femmes, parmi lesquelles l'épouse de Dindaux-Perrinet et ses deux filles. M. de Saint-Cendre se fit livrer mademoiselle Julie Thouron qu'il garda dans son quartier de Doumerie, où il vivait en grand luxe avec Macée Labourlade et la demoiselle de Chypre, qui se faisait servir par douze petites filles vêtues de drap d'or. Et tous les soldats vénéraient le marquis comme une sorte de Grand-Turc, car on le voyait aller et venir avec les trois belles qui le suivaient partout à cheval, parées magnifiquement et reluisant sous les joyaux comme des châsses. Julie Thouron, sans plus s'occuper de son mari le boucher, s'abandonna à son sort. Et ses filles furent mises sous la protection de M. de la Bastoigne, où les conduisit Dartigois lui-même. En échange des deux tendrons, le généreux seigneur de Vaucreuse donna un millier de poudre, et aussi trois petits canons avec lesquels M. de Saint-Cendre commença à battre les ouvrages de la porte de l'ouest. Il la ruina en quatre jours à n'en pas laisser une pierre en place. Et elles semblaient fondre comme du sucre dans l'eau. Ce malgré quoi l'oncle Christophe déclara qu'il aimerait mieux mourir que de rendre Gabrielle à son coquin de neveu. Et il écrivit à Monsieur, frère du Roy, une belle lettre qu'un piqueur emporta de nuit, en passant adroitement dans les lignes de M. de Saint-Cendre. Car, vu la quantité de femmes qui se trouvaient dans les abris pour le divertissement de tous, les abords étaient assez mal gardés.

Quant à Jean Leychanaud, indifférent aux choses de la surface, il menait l'existence d'un ver de terre. Armé d'un pic et d'une sonde, il vivait dans les massifs de chênes rabougris qui s'épandaient en broussaille épaisse sous l'énorme rocher où se dressait la tour du Maréchal. Indifférent à la pluie du plomb et aux détonations, aux balles qui sifflaient au-dessus de sa tête, il s'enfonçait dans la fissure et continuait de creuser son trou.

XII

M. de Saint-Cendre menait dans son quartier de Doumerie une existence agréable. Après avoir souffert, aux premiers jours du siège, des préoccupations inhérentes au commandement, il avait laissé la semaine à M. de Clérambon qui
conduisait les travaux d'approche. Ayant établi sa tête de
sape à ranger le glacis au-dessus du logis des Lucottes, celui-ci
avait continué ses parallèles avec méthode et lenteur. Les terrasses gabionnées battaient la courtine du sud avec les canons
de M. de la Bastoigne, que Saint-Cendre avait envoyés après
s'être convaincu de l'inutilité d'attaquer de vive force les
défenses de l'avant-cour de l'Ouest. M. de Clérambon taxait
Saint-Cendre de mollesse, bien que le marquis eût, la veille
encore, roulé sous son roussin poil de loup occis par un boulet.
On s'accordait à reconnaître que ce coup, parti de la tour
cornière de l'est, dite La Berquinière, avait été dirigé avec
une rare justesse, et pointé par M. de Lanelet lui-même ;
et, à ce moment, mademoiselle Gilonne se tenait près de lui.
De grands cris de joie avaient éclaté sur la plateforme, au
spectacle du marquis porté par terre. Mais M. de Saint-Cendre
s'était relevé, avait pris une arquebuse et tué raide un homme
qui, aux côtés de l'oncle Christophe, se penchait au-dessus
d'un merlon. M. de Clérambon reprochait au marquis de
s'exposer inutilement, et de ne pas se consacrer avec une suffisante assiduité à la besogne quotidienne d'ingénieur. La
dissension n'avait pas encore éclaté entre les alliés, mais on
pouvait prévoir, à certains signes, que la bonne entente
serait rompue dès le premier échec.

C'est pourquoi, sans compter beaucoup sur Jean Leychanaud, Saint-Cendre laissait au temps le soin de lui dicter un
bon conseil. Pareil au Miramolin, il vivait dans le présent,
entre ses femmes, et se délassait des soucis et des travaux de
la guerre.

Assis à la table où il avait dîné avec Julie Thouron, sa
favorite du jour, le marquis parcourait d'un œil distrait

des papiers qu'il tirait d'un grand portefeuille. Une lettre appela son attention. Mais ce sentiment prit vite sa fin, tant la prose de Catherine Dartigois apparaissait sans préparation et sans charme.

« Qu'est-ce, se disait Saint-Cendre, que ces expressions vulgaires et toujours lamentables, dont pas une ne rime à quelque souvenir agréable non plus qu'à une solution utile ?

J'ai retrouvé dans un coffre une épingle qui vient de vous, monseigneur, je voudrais m'en servir pour attacher votre cœur au mien afin qu'il ne puisse plus le quitter.

» Outre que la phrase est entortillée, pauvre et vide de sens, je n'y rencontre rien de particulièrement plaisant. Et, qu'est-ce encore que ceci :

Je ne pense jour et nuit à autre chose qu'à vous et aux moyens de nous pouvoir réunir !

» Catherine devrait être assez raisonnable pour comprendre que je me trouve aux prises avec des difficultés importantes, et qui ne me permettent pas de me livrer à d'aussi futiles distractions. Qu'elle se tienne en paix à Bellac ! »

Et, s'adressant à la belle Julie qui, à l'appel, s'approcha doucement et allongea sa tête froide et soigneusement coiffée sur l'épaule du marquis :

— Voyons, ma mie, que te semblerait, si tu étais homme, d'une femme qui t'écrirait de pareilles fadaises :

Je ne désire et n'aime que vous... Il n'y a rien au monde de beau ni d'aimable que vous... Vous en connaîtrez de plus belles...

Saisissant mademoiselle Thouron par la taille, Saint-Cendre lui dit dans le cou :

— Elle est toute connue, ce semble.

L'expression haineuse qui contractait la figure de Julie disparut dans un épanouissement de joie, d'insolence et d'orgueil. Sous ses longues paupières baissées un éclair brilla, et ses lèvres cherchèrent la bouche de M. de Saint-Cendre

qui les baisa avec une condescendante distraction. Et il continua :

— ... et de plus riches ; non qui vous aiment d'un aussi profond
amour.

» Cetté Catherine ne saura jamais tourner une phrase.
Julie, ma belle, vois comme cela est sottement dit. Et surtout,
mon âme, ne finis jamais une lettre ainsi :

Si vous m'abandonnez, je sens que j'en mourrai ; tant, sans vous,
monseigneur, je fais peu de cas de la vie.

» Ce sont là, mon cœur, des paroles en l'air. Jamais on
ne vit une caillette aussi rose mourir en se consumant de
chagrin.

Et, encouragé par le mauvais rire de Julie Thouron, M. de
Saint—Cendre fit une pelote de la lettre et la lança dans les
flammes, parmi les bûches du foyer de la haute cheminée. La
triomphante Julie fit quelques déclarations calomnieuses touchant Catherine Gillot, femme de Juste Dartigois, tandis que
le marquis, tenant la demoiselle sur ses genoux, caressait
sans retenue les rondeurs découvertes de sa poitrine.

« Si, d'aventure, — se disait Julie Thouron, en s'abandonnant avec une facilité discrète, — madame Gabrielle était
tuée, lors de l'assaut de la Haute—Ganne, j'aurais bien des
chances pour devenir marquise de Courtemer et de Saint—
Cendre. Depuis que mon mari a disparu, meurtri sans doute
à Seissat, je représente le plus riche parti du pays de Bellac.
Et je suis assez belle, M. de Saint—Cendre a même assez
aujourd'hui le goût de ma chair pour que je puisse, sans
présomption, nourrir un pareil dessein. Il suffirait d'une
balle égarée... »

Mais un homme gratta à la porte, puis entra, et, dans
un grand désordre, Julie s'enfuit vers la table, où, sans
s'occuper de ses vêtements très largement ouverts, elle
saisit vivement son masque ; elle l'appliqua sur son visage,
serra entre ses dents le bouton de verre. Ainsi Jean Leychanaud, survenu à l'improviste, eut la vue pleine et entière de
la gorge superbe de la demoiselle sans reconnaître son visage.
Sans s'arrêter à ce spectacle, il s'adressa au marquis, en

s'excusant de le déranger, peut-être ? Il s'agissait d'affaires d'importance.

— Monseigneur, nous sommes aujourd'hui au 24 et il est une heure de l'après midi. Si vous le jugez convenable, la tour du Maréchal sera par terre à trois heures. J'attends vos ordres pour mettre le feu aux fourneaux, les étançons sont reliés au pétard principal, de telle manière que l'ouvrage tout entier s'abîmera en contre-bas. Il faudrait seulement faire évacuer la redoute des Lucottes, dont plusieurs parties seront sans doute ruinées par la chute des pierres.

— Fais pour le mieux, mon ami, — répondit le marquis avec sa bienveillance auguste. — Prends garde seulement de ne pas te faire écraser par ton propre artifice. Ces sortes d'accidents sont fréquents parmi les mineurs ; et les taupins succombent trop souvent sous la terre qu'ils ont remuée sans prudence. Rappelle-toi ce que je t'ai dit du trépas de ces Bourguignons qui furent, au château de Coucy, déconfits victimes de la descente inopinée d'une tour, nommée du Maître Odon, au temps de mon cousin Saint-Pol, il y a quelque cent cinquante ans. Je te renouvelle mes promesses, Gilonne de Bonisse te sera remise à la prise du château.

Et, cependant que Saint-Cendre écrivait une lettre pour avertir M. de Clérambon de l'opération qu'allait mener Jean Leychanaud, le grand maçon, regardant sournoisement Julie qui rajustait très lentement son corps busqué, se disait que, peut-être, au soir, il dégraferait la pupille de M. de Lanclet.

Muni de son papier, Leychanaud se préparait à partir. Mais Julie Thouron, qui ignorait les mesures prises par Gaspard de Croisigny, songeait, radieuse, aux particularités qu'elle connaissait de la Haute-Ganne :

« C'est, se disait-elle, à la tour du Maréchal que tiennent les murailles et les encorbellements de l'appartement de madame Gabrielle. Ce coup va me faire probablement marquise de Saint-Cendre. »

Elle appela le maçon d'un signe, emplit un verre de cristal avec du vin vieux, l'obligea à boire. Et, se sentant déjà grande dame, elle releva sa manche, lui donna son bras à baiser, tandis que le marquis, paternel, se remettait à examiner ses papiers.

Maintenant. il lisait une lettre de madame de Follenbrais et sa face s'éclairait d'un sourire. La femme du commissaire des guerres avait trouvé moyen de faire passer cet avis par le valet Geoffroy Lubert, car La Solive s'était finalement enfui de la Haute-Ganne pour rejoindre Dartigois. Diane suppliait le marquis de Saint-Cendre de la mettre à l'abri des violences, elle se constituait, dès aujourd'hui, sa captive. Elle l'adjurait d'avoir égard à sa jeunesse, qu'elle exagérait, et à sa beauté représentée par un petit médaillon de cire peinte qu'elle avait joint à l'épître. Et M. de Saint-Cendre regarda le portrait avec plaisir. Madame Diane s'annonçait comme décidée à servir le glorieux marquis de toutes manières, s'il voulait bien lui faire la grâce de la distinguer. Elle terminait en promettant de lui faire payer une riche rançon, mais elle demandait humblement à ne pas être livrée au redoutable et triste M. de Clérambon.

« Voici, se dit Saint-Cendre, quelque chose d'admirable, et en tout fait pour plaire à notre mélancolique Odet !... Leychanand, mon garçon, tu remettras cette lettre à M. de Clérambon, avec l'autre, et tu lui diras que j'ai pensé à ses particuliers soucis ! »

Mais, sans avoir confessé à son amie Madeleine de la Touaille, la grande prudence qui l'avait poussée à écrire au marquis, madame de Follenbrais gagnait, — à cette même heure où Saint-Cendre examinait sa mine modelée dans un petit cadre d'or, — par un couloir détourné, un berceau du jardin. Depuis que la Haute-Ganne était investie, c'était dans ce cabinet de verdure que les deux jeunes femmes se retrouvaient. Là, elles pouvaient parler sans témoins et jouir d'un rayon de soleil, car, en temps ordinaire, on les gardait dans un appartement sombre et dont les fenêtres avaient été aveuglées avec des matelas et des hourds, par crainte des balles.

Après s'être glissée adroitement par le manège et la basse cour du Nord, Diane de Follenbrais atteignit le petit coin retiré où se dressait un Hermaphrodite de marbre. La divinité androgyne portait les ailes d'Eros et la peau de biche de Bacchus ; sur une stèle était gravée une variante de l'épigramme faite par le Rhodien Simmias : « Je n'emploie pas la violence, mais la douce persuasion ; tout m'obéit, et la terre, et le ciel. Je dicte ma loi aux hommes et aussi aux Dieux ».

Madame de Follenbrais admira, suivant sa quotidienne coutume, la statue entièrement nue. Sous le voile qui cachait sa chevelure et découvrait ses traits nobles et purs, un peu mous, l'image paraissait sommeiller doucement et palpiter comme les figures des songes. On s'accordait à voir en elle une admirable réplique de l'Hermaphrodite de Polyclète tel que le décrivit le Romain Pline. et elle retenait encore dans les plis de sa nébride des traces de la peinture passée. M. de Lanelet la tenait en grande estime, tout comme madame de Follenbrais, mais c'était pour d'autres causes : car il l'avait acheté pour la somme de vingt mille livres à M. de la Bastoigne. Et celui-ci laissait dire qu'elle venait de Rome en droite ligne et qu'elle avait été volée lors du sac de 1527.

Diane, pensive, regardait toujours l'Hermaphrodite dont la gorge de vierge se bombait sur des pectoraux mâles, et le galbe resserré des hanches exagérait la nature virile que démentaient la chute des épaules, la délicatesse des membres.

— Voici la belle amoureuse d'un Dieu et qui regrette de n'être pas faite à son image ! — dit une voix chaude et rieuse.

Et Madeleine de la Touaille, saisissant son amie, l'embrassa au défaut de sa fraise de linon.

Depuis des jours, elles étaient obligées de coucher, dans une même chambre, avec d'autres dames qui, comme Valentine de Chauverne-Neyre ou Marguerite de Monsergues avaient des mines sottes et naïves ; Lucie de Monsergues passait son temps avec un chapelet, la plupart manquaient de linge, toutes ignoraient les élégances les moins compliquées.

« Faudrait-il rester longtemps encore enfermées dans ces salles tristes où ne venait que la lumière affaiblie des cours, et où l'on se trouvait à l'étroit, victimes de promiscuités insupportables, dans un va-et-vient de portes, de gens et de femmes de service ? »

— Ah ! crois-moi, ma chère. gémit Diane, nous aurions

dû, au premier jour, aller nous promener du côté de Scissat et nous laisser prendre par Dartigois. Nous nous serions mises sous la protection de M. de Saint-Cendre. Il est galant homme et très dévoué aux dames. Sans doute nous aurait-il bien traitées ?

— Tu n'y penses pas, Diane ! — répondit Madeleine avec une moue sournoise. — Il nous aurait demandé, bon gré, mal gré peut-être... ?

— Hélas, ma petite, ce sera tout comme, quand il aura pris le château ; et nous n'aurons plus à choisir !... Asseyons-nous sur ce banc et parlons un peu raison. si possible. Tout me porte à craindre la ruine prochaine de la Haute-Ganne. J'ai surpris un bout de conversation entre des hommes, hier. Et j'ai cru comprendre que depuis la trahison de cet abominable La Bastoigne, notre confusion ne faisait plus question. C'est affaire d'heures.

— Pauvres de nous ! — dit Madeleine avec des pleurs dans la voix, — quel sera notre sort si la place vient à être enlevée de vive force ?

— C'est là, ma mie, une chose grave. Ah ! la guerre est une belle invention !... J'ai écrit, il y a déjà des semaines, une lettre à une de mes plus vieilles parentes, chanoinesse d'un chapitre de Poitiers, pour lui demander conseil sur la conduite que je devrais tenir dans ces circonstances difficiles...

Mais subitement Diane cessa de parler : une sourde détonation ébranlait tout autour des deux femmes stupides d'épouvante ; les arbres, les statues parurent danser. Un terme de pierre s'abattit dans l'herbe et une main de l'Hermaphrodite tomba dans le giron de madame de la Touaille qui poussa un cri perçant. Tremblantes, percluses d'effroi, dans l'air qui semblait vibrer sous leurs yeux, Madeleine et Diane demeuraient sur le banc comme si on leur eût coupé les jarrets. Elles ne sentaient plus leurs jambes. Au nord, une fumée épaisse montait dans un nuage de poudre. Des clameurs confuses s'élevaient. Puis un grand silence se fit.

Sans force, claquant des dents, Diane de Follenbrais dit d'une voix basse, et entrecoupée de hoquets, à Madeleine de la Touaille plus blanche qu'une hostie et qui frissonnait sans pouvoir quitter le siège de marbre :

— Regarde ! c'est la tour du nord, la tour du Maréchal, qui vient de tomber ! On ne la voit plus en place !,..

Madeleine trouva la force de se lever :

— Il faut nous sauver. gémit-elle, sans quoi nous ne pourrons plus rentrer au château. Sans doute les ennemis vont-ils monter à l'assaut !...

Et dolentes. désespérées, mortes de peur, pleurant d'angoisse, toutes deux s'écrièrent dans un mutuel reproche et un commun aveu de lâcheté :

— Voilà ce que c'est ! M. de Croisigny nous avait pourtant bien défendu de venir par là !

Cependant, à ouïr cette explosion formidable, M. de Saint-Cendre. s'était dégagé des bras de Julie Thouron, et il s'écria en regardant sa montre :

— Quelle est cette nouvelle histoire ? Leychanaud avait annoncé que la tour du Maréchal sauterait à trois heures : il n'en est que deux. Voici qui est contraire à cette régularité militaire que chérit entre toutes autres choses le méticuleux Clérambon.

Mais Dartigois entra. radieux. Couvert de débris, de cendres, de poussière. le nez à moitié enfoncé dans son chapeau de fer, le maître du Breuil déclara qu'il n'avait jamais rien vu de plus admirable, et que le château de l'oncle Christophe présentait une brèche par où l'on voyait tout ce qui se passait au dedans.

— Ah ! monseigneur ! Venez, par grâce, et jouissez d'un si beau spectacle ! La tour est tombée dans le fossé qui s'est crevé et tout le bois Guiraud est comblé par l'avalanche de pierres et d'eau. On dirait un lac de bouc ! Je voudrais que votre Bernard Palissy contemplât la ruine de ses douves suspendues ! Cet ingénieur a eu là une belle idée ! Aussi vrai qu'il n'est bons bonnets que de Mantoue, il faut qu'un homme n'embrasse pas plusieurs professions. Sans quoi, il ne fait rien qui vaille. Les forces humaines ont leurs bornes, et, comme dit l'autre, au bout de l'aune finit le drap...

— Tu as pleinement raison, mon ami, — approuva Saint-Cendre avec une patience parfaite.

— Ah, monseigneur ! C'est à en rire aux larmes. Toute la muraille du nord est par terre et les appartements des étages laissent tomber les meubles à travers leurs planchers éventrés. A dire vrai, la brèche est large de vingt toises.

— C'est bien. Qu'on m'arme sur l'heure, car je ne veux pas arriver le dernier pour monter à l'assaut.

Mais, tandis qu'on le sanglait dans son armure, M. de Saint-Cendre reçut une communication de M. de Clérambon qui lui mandait de demeurer à son quartier de Doumerie avec son monde en bon ordre : car il redoutait une sortie. Pour lui, il allait s'occuper de rendre la brèche praticable, il passerait la nuit à ce travail, et on tâcherait de faire l'escalade le lendemain, au matin.

— Tu vas voir, — dit mélancoliquement Saint-Cendre à Dartigois, — que cet homme ponctuel va nous faire manquer l'occasion utile. Croisigny fera élever un retranchement, à la hâte, d'où il nous arquebusera à loisir quand nous monterons sur les éboulis. Enfin ! Clérambon est de semaine et c'est lui qui commande. Il convient de respecter la discipline.

— Ah ! A propos, monseigneur, annonça Dartigois, Leychanand avait si mal calculé sa longueur de mèche que le coup de mine est arrivé subitement, et notre imbécile est resté sous les décombres avec une douzaine de terrassiers et de pionniers.

« C'est singulier, — songeait Saint-Cendre, — tous les gens qui ont eu affaire de près ou de loin avec cette Gilonne de Bonisse semblent condamnés à des morts singulières et tragiques. Il faudra que je me débarrasse de ce petit serpent à la première heure de la prise. »

Et, baissant la voix pour que Julie Thouron n'entendît pas ses paroles, il dit à Dartigois :

— Mon garçon, quoi qu'il arrive. demain matin, pendant la bataille finale, veille bien sur ma femme et aussi à ce que mademoiselle de Bonisse ne soit pas épargnée. Étrangle-la dans quelque coin, sans scandale. Pour les autres femmes, prends les ordres de M. de Clérambon.

Quand M. de Lanelet vit sa tour par terre, ses fossés vides. l'eau, qui s'était précipitée en contre-bas, il donna l'ordre à Croisigny d'aviser à réparer le dégât, et il lui déclara que cet accident sans importance n'était pas fait pour changer ses déterminations.

— Monsieur, — lui répondit Gaspard, avec gravité et tristesse, — nous serons tous tués demain. C'est chose naturelle et nous sommes là pour ça. Mais songez, je vous prie, à toutes ces femmes et à tous ces enfants dont vous avez la garde et la charge. Ne voudriez-vous pas que je stipule quelque arrangement pacifique avec M. de Saint-Cendre, afin qu'ils puissent sortir ?

— Gaspard, mon ami, mêle-toi de ce qui te regarde ! Fais ce que je te dis, et ne t'occupe pas du reste. Les gens qui prendront la Haute-Canne ne sont pas encore de ce monde. Pour moi, je ne suis pas né d'hier, mon enfant, et j'en ai vu d'autres, bien longtemps avant que ta mère eût été seulement sevrée !

Sans répliquer, M. de Croisigny fit terrasser le couronnement du vide où s'était abîmée la tour. La nuit entière fut occupée à ce travail. Et, en contre-bas, on entendait les hommes de M. de Clérambon qui travaillaient, de leur côté, à rendre la voie praticable. Le soleil se leva, et l'obscurité moite, qui cachait l'appareil de meurtre, se dissipa lentement.

Debout sur le parapet du grand ouvrage où sa silhouette se détachait sur le ciel grisâtre, M. de Croisigny se dressait seul, tenant dans ses mains une épée bâtarde, et sa tête était coiffée d'un casquet. Sous lui, la brèche s'ouvrait, large et béante, découvrant la chemise en ruine : des poutres calcinées tombaient en tas de cendres fines, grises et noires, d'où montaient droites, dans le calme du matin, des spirales de fumée bleuâtre. Du pied du mur au logis des Lucottes, un talus de débris s'épandait en éboulis de moellons et de briques jonchant vers l'est le fond boueux de la douve. Du rempart éventré les pierres sortaient comme les dents inégalement espacées des monstres gigantesques qui se montrent parfois à la surface de la mer.

Et Gaspard de Croisigny pensait, en avant de ses arquebusiers couchés à plat ventre, que ce serait là la dernière journée, celle de la tuerie finale. Peu lui en souciait, à cette heure. Et, d'ailleurs, il préférait qu'il en fût ainsi. La guerre ne lui avait jamais semblé plus misérable. Il en haïssait la violence et l'injustice, la pauvreté de moyens. Et la petitesse des hommes lui apparaissait plus pitoyable, qui sacrifiaient leur existence dans des entreprises où le résultat, incertain et précaire, était toujours sans valeur. Car ni l'or ni la chair des femmes ne méritaient, à son regard, d'aussi pénibles efforts. Et il avait chassé Gilonne de son esprit

Il était six heures du matin, et les contours des choses restaient encore rongés en partie par l'ombre. Le brouillard sembla se fondre : comme un voile léger, il disparaissait dans les grands nuages blancs, floconneux, pressés en troupeaux de moutons que chassait ou réunissait le vent, sautant du nord à l'ouest. Et les sentinelles arpentaient la banquette avec l'allure de pantins mus par des fils invisibles. Au-dessous des Lucottes, on apercevait une pareille procession de fantômes. Les gens de pied de Clérambon allaient et venaient, embossés dans leurs manteaux ; et les points brillants que faisaient les mèches de leurs arquebuses oscillaient comme un vol de lucioles ou se traînaient plus près de terre comme une suite de vers luisants.

Lorsqu'on se vit au grand jour, le son grêle des fifres et le roulement sec des tambours s'élevèrent, des deux côtés, en même temps qu'un coup de canon prolongeait son grondement répercuté par l'écho des collines. Un morceau de terre dure sauta dans un nuage de poussière. près de la tranchée comblée. Puis les détonations se succédèrent, tandis que, derrière les levées gabionnées, se formaient les colonnes d'attaque. Les masses profondes fourmillèrent, fléchissant sous le choc des projectiles qui y faisaient des trouées. Les rangs se resserraient, sans cesse. Le terrain découvert fut franchi, et les hommes de M. de Clérambon, prêtant pour un moment le flanc dans leur marche oblique, filèrent vers l'éboulis en essuyant le feu des deux tours du nord et de celle du Manège. Les ouvrages de l'avant-cour, démantelés, fendus, lézardés par la force des pétards qu'on y avait attachés pendant la nuit, furent attaqués par Dartigois et ses arquebusiers. M. de Saint-Cendre menait les reîtres démontés sur la grande brèche où M. de Clérambon poussait déjà ses hommes de pied.

Mais ceux du château s'empressaient, et M. de Lanelet dirigeait les meilleurs vers l'avant-cour. C'était là, selon

lui, qu'aurait lieu la forte escalade : car il avait, durant toute
la nuit, vu faire aux alentours de grands charrois d'échelles
et de chariots à orgues. L'oncle Christophe crut que le corps
de Dartigois. destiné à faire une simple et accessoire diver-
sion, était le gros de l'armée ennemie. Gaspard de Croisigny
n'avait pu le ramener au raisonnable avis que c'était par la
brèche du nord que se produirait la grande poussée. Ainsi
fut-il privé d'une partie de ses forces, et il eut à lutter encore contre M. de Villevialle qui, perdant tout sang-froid,
semblait, avec sa petite barbe blanche, un rat qui eût maraudé
dans la farine, tant sa mine apparaissait blême. Et ce tremblant gentilhomme voulait qu'on se retirât dans la tour Berquinière avec les dames et le trésor pour s'y retrancher
comme dans un réduit.

M. de Clérambon avait prévu ce désordre. C'est pourquoi,
négligeant toute autre précaution que de faire garder le pour-
tour de l'enceinte par les reîtres de M. de Bernstein. il lança
son monde sur la brèche, en pavant le chemin avec les
cadavres de ses gens. Mais, excités par l'espoir du pillage,
obéissant à la voix de mademoiselle Julie Thouron qui, super-
bement vêtue. leur criait qu'ils auraient de belles femmes à
foison. tous se pressaient. sans crainte. Et les mousquetaires,
toujours courant, tiraient et rechargeaient leurs armes.

Pendant plus de deux heures, on se disputa le couronnement de l'ouvrage, d'où les envahisseurs plongeaient, par instants, dans les cours du château. Croisigny, voyant tomber
ses hommes, envoya demander du renfort à M. de Lanclet.
Comme si trop tard il reconnaissait son erreur, celui-ci accou-
rut dans son armure dorée, à la tête de cinquante piques.
Mais, au moment où il accédait à la brèche, il chut en avant,
les bras étendus, lâchant sa pertuisane : une balle de mousquet
l'avait atteint en pleine face. Car le vieux comte, pour l'amour
de mademoiselle de Bonisse, combattait la face nue. Sa chute
fut suivie d'un temps d'arrêt, d'une hésitation, pendant quoi
les deux troupes en présence s'observèrent, haletantes, exté-
nuées. Et la sueur ruisselait des fronts sur les visages noirs
de poudre.

M. de Saint-Cendre s'était avancé dans l'espace demeuré
vide. Un mouchoir blanc flottait à la lame de son épée : à

côté de lui marchait un trompette. Et beaucoup blâmaient le marquis de s'exposer ainsi, après avoir enlevé le masque de sa bourguignote. Mais le trompette emboucha son clairon, sa sonnerie annonçait un parlementaire. Et Saint-Cendre parla :

— Par la croix du Dieu juste ! Croisigny, faites cesser ce massacre inutile. Au nom de M. de Clérambon comme au mien, je vous offre composition.

Mais on ne se pressait pas de répondre. et des deux côtés on craignait un piège. Gaspard de Croisigny avait entendu la voix de Saint-Cendre. Commandant à ses gens de baisser leurs armes, il s'approcha :

— Faites-nous bonne guerre, monsieur de Saint-Cendre, et nous accepterons vos conditions, pourvu qu'elles soient raisonnables. Je crois que M. de Lanclet est encore vivant S'il est tué, cependant, je puis traiter en toute autorité. Veuillez me dire ce qu'il en est, exactement.

On reconnut que le comte de Lanelet était mort. M. de Croisigny fit alors battre la chamade, car le marquis de Saint-Cendre lui avait promis bonne guerre et M. de Clérambon avait consenti à prendre la garnison à quartier, ce que certains trouvaient débonnaire et du plus mauvais exemple. Mais il ne s'engageait pas à autre chose qu'à respecter la vie de chacun. Il refusa de stipuler quoi que ce fût en faveur des femmes. Seule, la marquise de Saint-Cendre demeurait libre à la Haute-Ganne où elle était désormais dame et maîtresse. Et Dartigois, accompagné de quarante hommes choisis, entra dans le château avec ordre de la mettre en sûreté.

— Tu diras, mon ami, à ma femme, que je viendrai dîner et coucher chez elle, ce tantôt. Annonce-lui que je suis sain et sauf et que je lui baise les mains,

Puis, s'adressant à Croisigny, Saint-Cendre continua :

— Je veux, Gaspard, que tu sois ici mon particulier prisonnier. C'est dire que tu es mon homme et que tu es libre, ami. Et, s'il te plaît de me demander une grâce, foi de Villebrune, elle t'est, sur l'heure accordée !

M. de Croisigny hésita un instant; puis, brusquement :

— Il faut qu'on respecte mademoiselle de Bonisse.

Et comme Saint-Cendre, fuyant son regard, semblait refuser :

— Ai-je votre parole ? continua-t-il. Sinon, faites-moi sauter la cervelle et le casque, j'aime mieux cela.

Un moment, le marquis se demanda s'il n'allait pas le faire.

— Tu as ma parole, fit-il enfin. Mademoiselle Gilonne est ton bien, je te la donne. Je prends l'affaire sur moi et la réglerai avec M. de Clérambon.

Et, haussant les épaules, il ajouta, mécontent :

— Puisses-tu avoir bien du plaisir ! Au reste, viens avec moi, nous allons parler à Clérambon.

Mais, soit oubli, soit intention mauvaise, Saint-Cendre ne révoqua pas les ordres qu'il avait intimés à Dartigois...

Il fut convenu que tous les défenseurs de la Haute-Ganne, comme tous ses habitants, quitteraient le château dans la journée, et que les troupes victorieuses ne l'occuperaient qu'ensuite. Mais tous devaient se retirer avec un bâton blanc pour tout bien, et les riches payeraient rançon suivant leur condition, faute de quoi on les garderait prisonniers. Ils se rendraient ensuite à Bellac, ou partout ailleurs, en toute liberté. On s'engageait à ne les molester en rien. Le château serait pillé et tous les fruits du butin partagés selon la coutume.

A demi-morte de peur, les dames de la Haute-Ganne avaient entendu les roulements de l'artillerie et les cris de la mêlée ; les arquebusades perdues brisaient les vitraux, faussaient les balcons de fer : une chambrière fut blessée dans un placard. Quand tout se tut, elles éprouvèrent un soulagement immense, comme si leurs maux eussent par cela même pris leur fin. Mais des filles de service envoyées à la découverte revinrent bientôt. Et leurs visages bouleversés disaient leurs alarmes nouvelles. Une manquait, et les autres déclarèrent que des hommes armés l'avaient entraînée dans une soupente, d'où elles l'entendaient crier. Du reste, le château était pris et les vainqueurs allaient entrer en maîtres.

Diane de Follenbrais et Madeleine de la Touaille s'étaient jetées, en pleurant très haut, sur un lit dont elles avaient attaché les rideaux avec des épingles. D'autres dames cherchaient à se cacher dans des armoires. A ce moment arriva Dartigois avec ses garnisaires, dont les armes sonnaient. Ce fut une fuite, une confusion de jupes par l'appartement. Avec des cris lamentables, toutes, voyant le chemin barré, tombèrent à genoux, se prosternèrent aux pieds de ces gens bardés de fer. Et beaucoup se cachaient le visage dans leurs manches, tant elles leur trouvaient de mauvaises figures.

Mais Dartigois, sans bienveillance, déclara qu'il venait ici pour mettre les dames et les demoiselles en sûreté, et que son plus grand désir était de voir madame la marquise de Saint—Cendre. Et, sans en entendre davantage, toutes résolurent de livrer Gabrielle. pour obtenir meilleur traitement. La marquise avait entendu tout le bruit. Ouvrant la porte de sa chambre, elle se présenta devant Dartigois. L'écuyer s'agenouilla et baisa la main qu'elle tendit. Et, respectueusement, il lui apprit les volontés du maître, les principales nouvelles, la mort de Lanelet. Derrière madame de Saint-Cendre se montra le visage hautain et effaré de Gilonne. Avec peu de ménagements, Dartigois dénonça son intention de l'arrêter tout de suite, car tel était l'ordre du marquis.

Gabrielle signifia à l'écuyer qu'il eût à se retirer :

— Tu diras à ton maître que je garde cette enfant près de moi. S'il m'aime encore, il ne voudra pas me faire le chagrin de me séparer de cette affligée : c'est une pauvre et tendre veuve, en quelque sorte. Prends, Dartigois, cette bague, et garde-la comme particulier souvenir de moi.

Dartigois, satisfait de cet anneau où étaient sertis trois saphirs, bomba son dos, en témoignage de déférence. Et il dit avec componction.

— J'accepte, madame, votre admirable cadeau, et j'en suis touché jusqu'aux larmes. Mais, comme on dit qu'il n'est bon drap vermeil que de Malines, il n'est de bon accord qu'écrit. Voudriez-vous, madame la marquise, me donner décharge de mademoiselle de Bonisse, et vous engager à la garder fidèlement ?

— Relève-toi, Dartigois, et attends mes commandements. Je vais te donner une lettre pour mon mari.

Gabrielle rentra dans la chambre, et Dartigois, d'un ton qu'il cherchait à rendre bienveillant et amène, déclara aux

dames qu'il les priait de rejoindre chacune leurs logements
habituels où elles seraient mises sous clef avec leurs filles de
service et gardées par des sentinelles.

« Ces précautions, — ajouta-t-il pour conclure, — n'étaient
prises qu'en vue de protéger leur vertu. »

Mais les actes de ses hommes démentaient ses paroles, car
ils ne se faisaient pas faute de dépouiller toutes les filles et les
femmes de leurs bijoux, de leur bourse et même de leurs vêtements. De telle sorte que certaines, à moitié nues, n'ayant
plus que la chemise, subirent des caresses immodestes sans
oser trop se révolter. Diane, appelant Dartigois à travers les
rideaux entre bâillés, lui mit dans la main trente écus d'or,
toute sa fortune et celle de Madeleine, avec ses pendants
d'oreilles et son collier, sa chaîne de cou. Aussi, après un bref
échange de mots, traita-t-il les deux dames avec égards, et il
les conduisit à leurs chambres, pendant que La Charité houspillait ouvertement Anne de Champoisel, au grand scandale
des demoiselles de Monsergues. Jamais elles n'auraient
pensé que la licence des gens de guerre pût aller si loin
après une capitulation observée.

Après avoir enfermé toutes les femmes soigneusement, mis
des arquebusiers, armes chargées, à leurs portes, Dartigois
réunit les clefs en un seul trousseau et retourna prendre la
réponse de madame Gabrielle de Vignes. Et il s'en fut, laissant dans l'antichambre vingt hommes choisis parmi lesquels
brillaient les Trois Vertus Théologales. Sous leurs halecrets
d'acier noirci et leurs chapeaux de fer, les trois valets de
guerre s'entretenaient de choses utiles. Et La Foi expliquait
comment il s'était muni d'un crochet avec quoi il pouvait
ouvrir les portes les mieux munies de serrures.

Émue au delà de ce qu'elle aurait pu croire, Gabrielle,
tremblante, restait assise sur sa chaise, accoudée à la table où
elle avait écrit à Louis-Alexandre.

C'était donc vrai, elle allait le revoir! Encore deux heures,
peut-être, et elle serait dans ses bras. L'émotion montait de
son cœur à sa tête. Elle se laissait gagner par l'ivresse.
Étourdie par le bonheur, il lui semblait que les années
vécues loin de son mari ne comptaient plus, qu'elle avait
dormi pendant ce temps comme les voyants qui s'assoupis-

sent dans les cavernes. Aujourd'hui, seulement, elle revenait à la vie.

Puis une crainte la saisit, la précipita vers son miroir.

N'avait-elle pas vieilli, et était-elle toujours aussi belle?

« Je ne le serai jamais trop, — se disait-elle. — Je veux
paraître devant lui plus désirable que je ne sus jamais l'être
aux plus douces heures de notre union! »

Et, avisant Gilonne qui, abîmée dans un grand siège profond, la considérait avec une fixité sournoise, elle se sentit
prise d'une pitié qu'augmentait son intime bonheur. Baisant
doucement la jeune fille sur le front, d'un geste maternel elle
arrangea sa coiffure, rajusta les boucles :

— Pauvre enfant, ne crains rien de mon mari, je saurai
te protéger contre lui. Mais, pourquoi te voudrait-il du mal?
Cette journée est terrible entre toutes. Si le marquis veut te
voir, ma Gilonne, ne sois ni orgueilleuse ni dure. Évite les
paroles inutiles. Remets-t'en à moi, ta meilleure amie sur
cette terre. du soin de te faire la vie possible et heureuse...
Va, mignonne, laisse-moi, et dis à Peyrusse qu'elle vienne
m'habiller. Nous parlerons plus longuement quand j'aurai vu
M. de Saint-Cendre.

Pâle, raide comme une statue, la jeune fille sembla glisser
sur les tapis, et ses paupières baissées ne laissèrent point voir
le feu de ses prunelles ; ses traits contractés disaient sa rage,
sa terreur et son désespoir. Silencieuse, elle disparut dans la
pièce voisine. Comme une morte, douée de mouvement, entrerait dans le tombeau, laissant derrière elle les joies et les
gloires de la vie, Gilonne n'emportait que la colère impuissante
et la ruine de ses espérances. Mais Gabrielle ne remarqua pas
que mademoiselle de Bonisse avait pris, en passant, une dague
dorée qui brillait dans un tiroir ouvert, et qu'elle l'avait
cachée dans une de ses manches.

Silencieuse, attentive à sa besogne, Peyrusse coiffa Gabrielle
de Vignes, s'attarda à de minutieux détails de toilette. Car la
marquise ne trouvait aucune pièce de linge assez fine, aucune
chemise assez riche, ni brodée avec un art suffisant. Et elle
recherchait le parfum jadis familier où Louis-Alexandre pût
retrouver ces souvenirs sensuels qui, pareils aux anneaux
d'une longue chaîne continue, l'attachaient sans doute encore

à Gabrielle. Elle pensait que, tout comme elle-même, Louis-
Alexandre avait vécu dans ces souvenirs et qu'il n'avait rien
oublié des choses passées. Tout entière à la crainte de ne pas
être retrouvée telle qu'aux beaux temps de son mariage, Gabrielle s'ingéniait à reconstituer sa primitive beauté, sans
s'apercevoir, peut-être, qu'à cette heure elle s'épanouissait
dans toute la gloire de sa chair. Consultant son miroir, elle
s'étudiait à y retrouver l'image de cette Gabrielle de Vignes,
au jour où, dans la grâce de sa première jeunesse, elle avait
reçu le marquis de Saint-Cendre dans son lit nuptial.

Drapée dans une grande robe de velours, la marquise se
mirait, anxieuse, plongeant ses yeux dans ceux de la femme
reflétée sur la glace. Et malgré sa sévérité méticuleuse, elle
trouvait cette femme très belle. Peyrusse, dans la chambre
voisine, cherchait les bijoux, sans doute, et elle ne revenait pas.

Tout à coup, Gabrielle se sentit saisir à la taille. Se retournant brusquement, elle se trouva face à face avec Gilonne qui
l'enserra d'une âpre violence et la ploya, frémissante, entre
ses bras. Cabrée, elle repoussa la jeune fille, qui revint à la
charge et la renversa à moitié sur le lit. Perdant l'équilibre,
elle s'aperçut que la porte avait été fermée au verrou sur Peyrusse :

— Au nom du ciel, Gilonne, — cria-t-elle tremblante et
suffoquée de colère, — es-tu folle?

Puis, se raidissant par un effort de courage, toute secouée
par un frisson d'épouvante, elle repoussa encore une fois
Gilonne, qui tomba sur ses genoux.

— Malheureuse!...

Mais Gilonne, haletante :

— Ah! je suis plus forte que toi...

Et, d'un élan furieux, elle roula jusqu'au milieu du lit avec
la marquise, dans le désordre des courtepointes et des couettes
où Gabrielle, molle, désespérée, se débattait sous la main qui
s'appliquait, crispée, à sa bouche.

Mordant cette main qui la bâillonnait, Gabrielle tordit le
bras de Gilonne et s'échappa. Tout de suite elle fut sur ses
pieds, tirant vers la porte; et le sang de la jeune fille
tachait sa bouche, son menton, sa gorge. Mademoiselle de
Bonisse bondit et lui barra le chemin. Et Gabrielle resta

stupide, saisie d'horreur, devant ce masque défiguré par la haine.

— Ah! tu te fardais comme une courtisane, tu apprêtais ta peau pour ton misérable Saint-Cendre! Eh bien! ma belle, tu va mourir avec moi!... Je ne t'aurais jamais laissée, entends-tu, moi vivante, t'unir avec lui! Tiens! voilà l'amant que je te choisis!

Et, brandissant la dague dorée qui brilla, elle chargea Gabrielle.

— Gilonne! ne me tue pas! Par grâce..., — râla la marquise défaillante.

Ses jambes fléchirent, elle s'abattit sur le lit.

Sous le sein gauche disparut la lame luisante, et madame Gabrielle s'affaissa avec la plainte lamentable d'une bête blessée. Un faible murmure agita ses lèvres :

— Mon Dieu! vous me punissez sans mesure... Prenez pitié de moi!

Elle avait reconnu la dague de François de Champoisel, qu'elle gardait parmi des manches, des lacets et des gants, dans un tiroir. Ses yeux béants d'horreur se distendirent comme s'ils voyaient un spectre, et la tête retomba sur les draps foulés dans le désordre de la chevelure qui s'épandit comme une large tache d'encre...

— Au secours! A l'aide! — criait la désespérée Peyrusse. — On tue madame la marquise!

Des coups sourds ébranlaient les deux portes, sous l'effort de Peyrusse, sous le poing des hommes de Dartigois, qui ne pouvaient forcer les serrures.

Écartant le corsage de sa robe, Gilonne s'agenouilla sur le lit. Et, par deux fois elle se frappa de la dague, puis elle s'étendit auprès de Gabrielle. Des deux bouches voisines le sang se mêla, ruisselant et vermeil; il filtrait des poitrines trouées et trempait la couche.

Dans les couloirs, c'était une fuite de gens courant à la recherche de Dartigois, car il avait emporté les clefs des chambres. Le marquis de Saint-Cendre arrivait alors, suivi de son fidèle écuyer. Derrière lui se pressaient des valets chargés de plateaux, de paniers, de bouteilles et de nappes. Quand il arriva devant la porte, un grand silence se fit. On n'entendait que la plainte de Peyrusse qui s'élevait exaspérée dans le bruit des ais martelés par coups pressés. Mais personne n'osait dire ce qu'il avait entendu. Et beaucoup craignaient de se rendre ridicules pour s'être laissés aller à une inquiétude à propos de quelque scène de femme.

Dartigois fit tourner la clef dans la serrure, poussa les vantaux. et M. de Saint-Cendre eut la vue pleine et entière des deux femmes mortes qui. encore chaudes à en paraître vivantes, gisaient, unies dans le sang, sur le lit dont les rideaux de satin couleur d'or étaient éclaboussés de taches vermeilles.

M. de Saint-Cendre s'arrêta à contempler ce spectacle. Nul ne sut ce qui se passa dans son âme : car. de cette aventure, il ne dit jamais rien à personne. Seuls les sourcils froncés indiquèrent le trouble et le désordre de ses sens. Songeur, il demeura longtemps à regarder les deux mortes. Un sourire de mépris. à la fin. plissa ses lèvres, releva sa moustache tordue en crochet. Il tourna le dos, et dit à Dartigois qui, sur le pas de la porte, la face tournée vers l'antichambre, écartait du geste les soldats qui se pressaient curieux :

— Dartigois, mon ami, Clérambon a raison de dire que je suis malencontreux dans ce que j'entreprends. Aujourd'hui je suis doublement ruiné, et par la mort de Lanclet dont l'héritage ne peut me revenir, et par celle de ma femme de qui la fortune m'échappe pareillement à cette heure. J'avais raison, d'autre part, de me défier de mademoiselle Gilonne de Bonisse, et c'est de ta faute si cette péronnelle injurieuse et néfaste a tué ma femme... Tu veilleras à ce que la marquise de Saint-Cendre soit honorablement enterrée, suivant son rang. Je ne veux plus m'occuper de ces choses et j'entends qu'il n'en soit jamais parlé... Maintenant, pour rentrer dans l'utile, fais porter mon dîner chez cette dame de Follenbrais dont on m'a dit du bien, et tu l'avertiras que je la prie de me recevoir dans sa chambre.

Or. à ce moment précis où M. de Saint-Cendre donnait ses instructions à son écuyer, le 25 octobre 1569, à midi, Catherine Gillot, épouse de Juste Dartigois, agonisait à Bellac chez le vieux Gillot des Chazeaux. Depuis quinze jours, environ, on annonçait sa fin prochaine.

Étendue, sous la robe brune des filles de saint François, dans le grand lit drapé où elle avait reçu les sacrements de l'Église, Catherine demanda faiblement que l'on ouvrît la fenêtre. Le soleil d'automne entra, dorant de ses rayons le visage amaigri de la jeune femme, diaphane et d'une blancheur de cire. Sa sœur Jacqueline releva sa tête sur des oreillers étagés, et la mourante, étendant ses mains frêles et tremblantes, comme si elle voyait venir quelqu'un impatiemment attendu, sourit avec une expression radieuse. Et, au grand scandale de tous, elle parla :

— « Si tu l'avais connu, petite, tu serais tombée à genoux devant lui... A Dreux, il a rompu quatre bois de lance à ses couleurs ; et moi, je galopais derrière lui, toujours prêt à en fournir une nouvelle. A Saint-Denis, je l'ai vu passer comme un tourbillon noir et doré, au milieu des coups, le panache de son armet planant au-dessus de lui comme un grand oiseau rouge !... »

Et souriante, comme en extase, elle expira doucement.

MAURICE MAINDRON

VUES POLITIQUES

« Il viendra certainement un jour où la politique, ramenée
à son véritable rôle, ayant cessé d'être la ressource des habiles
et des intrigants, renonçant aux manœuvres déloyales et perfides, à l'esprit de corruption, à toute cette stratégie de dissi-
mulations et de subterfuges, deviendra ce qu'elle doit être,
une science morale, expression de tous les rapports des intérêts, des faits et des mœurs, où elle s'imposera aussi bien
aux consciences qu'aux esprits et dictera les règles du droit
des sociétés humaines ». Tel était, en 1873, l'espoir de
Gambetta[1] ; et il n'apparaît guère qu'en 1898, après un quart
de siècle, la politique soit devenue une science morale, capable
de s'imposer aux esprits, ni surtout digne de s'imposer aux
consciences. Elle ne semble pas s'être définitivement affranchie des « intrigues » et des « habiletés » ; elle a, à plusieurs
reprises, cédé sans pudeur à l' « esprit de corruption », et,
forcée de ramper au milieu des « manœuvres déloyales et
perfides », elle a été jusqu'ici fort empêchée de s'élever à la

1. La *Philosophie positive*, revue dirigée par E. Littré et G. Wyrouboff, t. X, 1873,
p. 305, et la *Sociologie* d'Auguste Comte, résumé par Rigolage. Préface.

hauteur d'une doctrine générale. Il est permis de penser que, mal comprises et travesties, certaines idées de Gambetta n'ont pas été tout à fait étrangères à cette humiliante destinée de la politique et qu'à vouloir se garder des illusions de la métaphysique sociale, l'opportunisme est trop souvent tombé dans l'incertitude de la méthode et dans la médiocrité des expédients. Gambetta professait que la théorie, pour permettre une prévision rationnelle des faits futurs, doit reposer sur une observation prudente des faits présents ou passés ; il considérait, avec raison, que les lois des phénomènes politiques sont relatives et résultent des conditions variables des temps et des civilisations. Mais cette conception, qui n'est autre que celle de la philosophie positive, ou même plus simplement celle du bon sens, a été cruellement abaissée, depuis quelques années surtout, jusqu'à l'abandon de tout principe directeur et jusqu'à la pratique aventureuse d'un empirisme aveugle et incohérent. Tout le monde comprend, ou plutôt tout le monde sent que cette décadence de la politique est un commencement de péril national. Les inquiétudes communes se traduisent en formules vagues ou banales : « Il faut que cela cesse. Il y a quelque chose de cassé. Cela ne peut plus marcher ainsi. » Mais, obéissant à des tendances contraires et également naturelles, les hommes de gouvernement s'accoutument à vivre avec un mal qu'ils connaissent mieux que personne ; les hommes d'opposition en dénaturent le caractère et en exagèrent la gravité. Les uns ont, de temps en temps, dans la lueur brutale d'un éclair, la perception nette de la désorganisation croissante ; mais ils se reprennent vite à une sorte de confiance superstitieuse en je ne sais quelle force latente de cohésion sociale ; les autres attribuent partialement à la faute de quelques-uns ce qui, étant la faute de tous, n'est, en réalité, reprochable à personne ; ils veulent tourner au profit de leurs passions politiques une situation qu'ils ont, autant et plus que leurs adversaires, contribué à créer ; ils proposent, en manière de solutions, des formules et des apparences. Et c'est ainsi que « cela ne cesse point », que « cela continue de marcher » au petit bonheur et que le « quelque chose de cassé » se brise tous les jours davantage, — insensiblement.

*
* *

Depuis que les Constitutions de 1791 et de 1793 ont proclamé que la souveraineté appartient à la nation et qu'elle est une, indivisible, imprescriptible et inaliénable, ce principe a reçu plus d'une atteinte. La souveraineté a été successivement aliénée à des individus ou prescrite par des assemblées envahissantes. La République a été fondée pour affranchir le peuple des abus de l'autorité personnelle ; elle a voulu organiser le gouvernement libre en donnant à la démocratie le droit de se faire représenter par des mandataires ; et, pour que ces mandataires ne fussent pas exposés à la tentation de se substituer à leurs mandants, elle leur a confié des pouvoirs partiels, distincts et séparés. Mais peu à peu la confusion la plus lamentable s'est introduite dans l'exercice de ces divers mandats. Chaque commis s'est imaginé qu'il était commettant ; chaque serviteur s'est pris pour le maître ; chaque député a cru qu'il personnifiait le peuple. On en est ainsi arrivé à mélanger, dans un effroyable désordre, tous les rôles et toutes les responsabilités. Si bien qu'à l'heure présente. il n'y a plus rien qui ne soit faussé dans l'État, ni la puissance exécutive, ni la législative, ni la judiciaire. et que. sans congrès, sans revision, les mauvaises habitudes se sont chargées de bouleverser les éléments essentiels de la Constitution républicaine.

Aux termes de cette Constitution, il y avait un président et des ministres, c'est-à-dire un gouvernement ; une Chambre et un Sénat, c'est-à-dire un parlement. Le Président devait avoir l'initiative des lois, concurremment avec les membres des deux Chambres, disposer de la force armée, nommer à à tous les emplois civils et militaires, présider aux solennités nationales (art. 3 de la loi des 25-28 février 1875). Il pouvait. sur l'avis conforme du Sénat. dissoudre la Chambre des députés avant l'expiration légale de son mandat (art. 5). Il avait le droit de demander aux Chambres, dans le délai fixé pour la promulgation. une nouvelle délibération sur les lois votées (art. 7 de la loi des 16-18 juillet 1875). Il négociait et ratifiait les traités (art. 8). De toutes ces attributions, il a gardé à peu près intacte la dernière de celles que prévoyait l'article 3 de la loi de février : la présidence des solennités nationales.

Il devait y avoir, à côté du président, des ministres solidairement responsables devant les chambres de la politique générale du gouvernement et individuellement de leurs actes personnels (art. 6 de la loi de février). Après comme avant 1875, nous avons eu, en effet, beaucoup de ministères ; nous avons eu peut-être un peu moins de gouvernements ; et je me demande, en vérité, quand et comment les ministres seraient maîtres de gouverner. Depuis le temps où J.-J. Weiss décrivait, avec une si spirituelle exactitude, une journée ministérielle, on n'a guère ménagé de nouveaux loisirs à ces hauts prisonniers d'État. Ils tiennent, dit-on, conseil trois fois par semaine et ils traitent, sans doute, dans ces conversations officielles, de la politique générale et des grands intérêts publics. Ils ne peuvent pas ne pas avoir le sentiment très élevé de la mission que leur ont confiée les hasards des combinaisons parlementaires. Ils sont placés assez haut pour avoir des vues d'ensemble ; assez près cependant de la démocratie pour entendre sa voix. Demandez à l'officier qui porte le drapeau du régiment si, lorsque sa main tient la hampe, il ne sent pas s'accumuler en lui une sorte de valeur collective et de courage multiplié. Ces ministres savent qu'ils sont les interprètes suprêmes des volontés nationales : ils vont évidemment, chaque fois qu'ils se rencontreront, examiner de concert ce que leurs ancêtres appelaient les grandes affaires et diriger, avec la force d'impulsion d'une pensée commune, l'action intérieure et extérieure du gouvernement de la France. Détrompez-vous. Les grandes affaires les occuperont demain; mais ce matin il y a tant de petites choses à régler ! Tel député, mécontent d'une nomination de receveur buraliste, doit interpeller l'après-midi ; il faut prévoir les incidents qui se produiront au cours des débats et les ordres du jour qui seront présentés. Tel autre député réclame pour un protégé une présidence de tribunal qu'un sénateur sollicite pour un autre candidat. Grave conflit. A qui donner satisfaction ? Le sénateur est fidèle ; le

député inconstant. On délibère et. comme il convient, c'est le
député qui l'emporte. Dix heures sonnent, dix heures et
demie. onze heures. Le ministre des affaires étrangères a reçu
d'importantes nouvelles qu'il désire communiquer au conseil;
le ministre des finances est porteur de grandes réformes qui
exigeraient une étude prolongée. Que faire? Il est tard; le
ministre de l'intérieur est attendu par les journalistes venus
aux renseignements. Il faut partir. Du reste, le ministre des
affaires étrangères ne sait-il pas mieux que personne le parti
qu'il doit prendre? Le ministre des finances n'est-il pas, par
ses fonctions mêmes, le plus compétent dans les questions
financières? Le mieux est de leur laisser carte blanche. On
parlera, un autre jour. de la politique générale; un autre jour,
on parlera de la France.

*
* *

Voilà le pouvoir exécutif; et voici le législatif. La séance
est ouverte: le Président annonce, suivant l'expression réglementaire, le projet dont « l'ordre du jour appelle » la discussion. L'ordre du jour « appelle » le budget; il l'appelle vainement. La Chambre répond par un impromptu. Une fantaisie
a traversé, avec un bourdonnement d'ailes. un cerveau parlementaire : un député a demandé la parole. C'est son droit.
Il dépose une proposition de loi. C'est son droit. Il réclame
l'urgence et la discussion immédiate. C'est son droit. Il lit
l'exposé des motifs. C'est son droit. Le gouvernement est
sommé de donner son avis. Il ignore ce dont il s'agit. Le
scrutin est ouvert. Les députés courent à leurs pupitres :
« Qu'est-ce que c'est? Sur quoi vote-t-on? » Le scrutin est
clos ; le Président fait connaître le résultat du dépouillement
et rappelle le budget oublié : sa voix trouve. enfin un écho
tardif. Sur le chapitre auquel on est resté la veille, quatre
amendements ont été déposés, dont deux au début de la
séance. Ni le gouvernement ni la commission ne sont prévenus. On discute; on se dispute; on vote. Les crédits sont
augmentés d'un million. Gouvernement et commission sau-

ront y pourvoir. Ils auront, s'il le faut, recours à un de ces jeux d'écritures qui permettent de fixer momentanément l'équilibre sur le papier, jusqu'à ce que le Sénat essaie de le rétablir dans la réalité. Le soir, si la séance est levée sans qu'aient été dévorés quelques autres millions, commission et gouvernement poussent un soupir de soulagement.

Le plus soulagé encore, c'est le gouvernement. Il n'a pas perdu sa journée, puisqu'il l'a passée sans interpellation. Mais demain la bataille sera plus rude : l'ordre du jour « appellera » la soixantième interpellation adressée au cabinet depuis six mois. Les billets de galerie font prime. Le registre des inscriptions ne contient que des noms obscurs ; mais on sait que ces noms sont là pour en masquer d'autres et que tous les chefs de groupes se proposent de parler. Il y aura grande joute oratoire. Chaque parti développera son programme en belle langue française ; chacun dira sa raison d'être, sa méthode, son idéal ; ce sera le rendez-vous des opinions diverses et des sentiments variés qui circulent dans le pays sans en troubler l'unité profonde... Hélas ! c'est le rendez-vous des ambitions, des appétits et des rancunes ; c'est la fièvre et la folie d'une réunion publique ; c'est la fête des médiocrités audacieuses et le deuil résigné des esprits délicats. Trop heureux ministère, s'il n'est pas, sur la fin de la séance, honteusement piétiné par sa majorité débridée !

Il a résisté pourtant ; il a vaincu ; et maintenant il faut payer la victoire. Les députés mendient la récompense de leur sagesse provisoire. Ils entendent mettre la main sur le gouvernement. Il leur appartient, puisqu'ils ne l'ont pas abandonné. Les administrations, dépendant du gouvernement, sont, en bonne logique, leur conquête et leur chose. Préfets, magistrats, ingénieurs, professeurs de tous ordres, il n'y a pas un fonctionnaire qui, dans chaque arrondissement de France, ne doive être à la dévotion et à la merci du député. La Révolution avait proclamé qu'aucune section du peuple ni aucun individu ne pouvait s'attribuer l'exercice de la souveraineté. Quelques centaines d'individus se l'attribuent cependant sans fausse modestie, et chacun d'eux, en se voyant dans son miroir, croit y découvrir l'image de la nation.

*
* *

Le mal n'est ni nouveau, ni limité à la France. Il y a dix-huit ans, Minghetti l'avait déjà signalé, en Italie, dans un discours retentissant qui lui a valu des menaces de mise en accusation [1]. La Grande-Bretagne elle-même n'échappe plus à la contagion. Le régime parlementaire traverse partout une crise redoutable, mais nulle part, sauf en Autriche, où elle se complique d'une lutte entre nationalités rivales, elle n'a autant d'intensité et de violence que dans la République française. Si nous ne voulons pas que, par une de ces oscillations dont il a donné tant d'exemples, le pays, désabusé et découragé, retourne au despotisme, comme à une solution normale et rassurante ; si nous avons le souci de nous épargner les tristesses et les dangers d'une nouvelle abdication nationale ; si nous sommes décidés à défendre, avec le renom des institutions libres, les intérêts vitaux et permanents de la démocratie, il n'y a pas une minute à perdre : il faut remettre à neuf un mécanisme détraqué ; il faut, à la contrefaçon frauduleuse du régime parlementaire, substituer un système nouveau et mieux coordonné.

L'extrême-gauche propose de reviser totalement la constitution ; le radicalisme opportuniste se contenterait d'une revision partielle. Mais, avant de reviser la constitution, on pourrait peut-être essayer de l'appliquer. Il ne sert à rien d'avoir des lois fondamentales, destinées à régler les rapports des pouvoirs publics, si, en fait, ces lois sont violées ou tombent en désuétude. Ce ne sont pas les écrits qu'il y a lieu de reviser, puisque les écrits sont lettres mortes ; ce sont les mœurs et les pratiques.

Tâche difficile, mais non pas impossible. Il dépend du suffrage universel de l'indiquer nettement à ses élus ; il dépendra d'eux de l'accomplir. La première condition, pour qu'ils réussissent, est qu'ils ne se méprennent pas sur l'étendue de

---

1. Cf. Le Gouvernement dans la démocratie, par E. de Laveleye, livre X, chapitre Ier, et le livre de Minghetti : I partiti politici e la loro ingerenza nella justizia e nell' amministrazione.

leur mandat et qu'ils se pénètrent autant de leurs devoirs que de leurs droits. Ils seront des législateurs ; ils ne seront ni des administrateurs, ni des juges. Ils se consoleront de ne pas nommer des gardes forestiers et s'honoreront de ne constituer qu'une assemblée délibérante.

Cette assemblée, avant de se mettre au travail, adoptera une méthode qui, au lieu de favoriser l'éparpillement et l'impuissance des efforts personnels, les régularise et les concentre. La crainte très justifiée des comités conventionnels a amené sans raison le fractionnement indéfini des commissions parlementaires. C'est à peine si, de temps à autre, par exception, une proposition est renvoyée à une commission déjà nommée. La Chambre est émiettée en une multitude de petits organes qui se neutralisent ou se contrarient. L'insuffisance et le désordre de la préparation fournissent des prétextes à la furie des amendements. Des projets fragiles et mal bâtis sont renversés par des improvisations de séance. Rien n'empêcherait de faire un classement rationnel des matières législatives et de confier toujours aux mêmes délégués l'élaboration des projets similaires. On l'a essayé dans cette législature ; on a formé de grandes commissions qui n'avaient rien de commun avec les comités révolutionnaires : les commissions de l'armée, des douanes, de la marine, des chemins de fer, du travail, de la prévoyance sociale. Mais là tentative est restée incomplète et l'incohérence a persisté dans l'ensemble de la production parlementaire.

Beaucoup d'autres réformes réglementaires sont indispensables. Ce ne serait pas supprimer, ce ne serait même pas restreindre le droit d'amendement, que d'en limiter l'exercice, dans les questions budgétaires tout au moins, à une certaine période de temps après le dépôt des rapports et avant la discussion publique. Les relèvements de crédits proposés seraient ainsi connus d'avance, et on ne discuterait en séance que des modifications déjà examinées par une commission compétente.

Les interpellations détournées, les résolutions inopinées, les ordres du jour jetés à la traverse dans les discussions financières, économiques ou autres, devraient être rigoureusement interdits. Chaque fois qu'éclate un incident de ce genre, le

Président de la Chambre le déplore et adresse à ses collègues des remontrances paternelles; mais il est désarmé par le règlement et par l'usage. Hâtons-nous donc de changer l'usage et le règlement[1].

***

Il ne suffit pas à une assemblée législative d'avoir une bonne méthode de travail; il faut qu'elle s'en serve pour délibérer et non pour essayer de gouverner. Gouverner, ce n'est pas seulement administrer, surveiller et diriger les grands services publics, maintenir l'ordre matériel, exercer des fonctions régulatrices ou répressives. C'est, aussi et surtout, participer, par une action soutenue, au développement de la vie sociale. Un gouvernement est l'expression des volontés générales d'un parti : il doit réaliser l'ensemble des efforts individuels additionnés en lui et dégager de la coopération de sa majorité une force agissante et féconde. Mais, pour qu'il ait la liberté de dépenser utilement les énergies qu'il a concentrées, il est indispensable que le parti dont il émane n'entreprenne pas sans cesse de les lui retirer et de les gaspiller en initiatives éparses et impuissantes.

Les empiètements législatifs sont aujourd'hui d'autant plus fréquents que les Chambres, ayant pris l'habitude de siéger perpétuellement, ont trouvé dans cette permanence, tout à fait contraire à l'esprit de la Constitution, l'illusion de pouvoirs illimités. Les sessions extraordinaires et facultatives sont devenues ordinaires et obligatoires. Les députés vivent, neuf ou dix mois sur douze, dans une intimité querelleuse avec le gouvernement et les administrations centrales; et, dans ce mariage indissoluble du législatif et de l'exécutif, il n'y a, pour calmer des humeurs souvent incompatibles, que la courte trêve des vacances d'été. Les deux parties restent ainsi, l'une vis-à-vis de l'autre, sur un qui-vive inquiet et énervant; et le gouvernement, sentant sa stabilité toujours menacée, renonce à tout projet d'avenir et monnaye en bonnes inten-

1. Voir une intéressante étude sur les règlements des divers Parlements européens, par le baron J. d'Anethan, dans le *Bulletin* de la Société de Législation comparée, des mois d'octobre, novembre, décembre 1897, p. 607.

tions quotidiennes les grands desseins qu'il a pu concevoir.
Ajoutez que la continuité ininterrompue du travail parlementaire, ou de ce qui en tient lieu, a l'inconvénient grave de
transformer la députation en un métier qui accapare tout
l'homme et d'écarter, par conséquent, de la vie politique
beaucoup d'activités, d'intelligences et de valeurs. La nécessité s'impose donc, comme le pense M. P. Deschanel, comme
le pense M. L. Barthou, comme nous le pensons tous, d'abréger la durée des sessions et de la ramener aux limites consti-
tutionnelles.

Il est bien désirable de pouvoir également diminuer le
nombre des députés. « Toute assemblée nombreuse est foule »,
écrivait lord Chesterfield à son fils en 1751 ; et en effet, la
psychologie parlementaire n'est plus autre que la psychologie
des foules. Les lois de l'imitation instinctive et de la contagion morale centuplent dans les Chambres l'effet des passions
et des courants nerveux ; et le produit de ces multiplications
est plus souvent la folie que la sagesse[1]. D'ailleurs, si riche
en hommes que soit un pays, il n'en trouve jamais, parmi
ceux qui sont capables de gérer les affaires publiques, des
milliers qui soient disposés à s'en occuper ; et la quantité des
assemblées ne se maintient qu'aux dépens de la qualité. Il
peut paraître difficile de demander à une Chambre de s'am-
puter elle-même et ce serait une tentative téméraire que de
vouloir lui imposer ce sacrifice au cours d'une trop lente agonie. Mais le jour où, sous la poussée vigoureuse de quelques
opinions personnelles nettement exprimées, le suffrage universel aura signifié à de nouveaux élus sa volonté réforma-
trice, il faudra bien que les députés s'exécutent. Menacés du
mécontentement populaire, ils auront, sans doute, le courage
de la peur : et s'ils l'ont en temps utile, ils mériteront encore
un remerciement.

*
* *

Dans cette Assemblée, protégée par son règlement, par sa
méthode, par la durée de ses sessions, par le nombre de ses

_____

[1] F. Marion, *De la Solidarité morale*, ch. II.

membres. contre les tentations du désordre et de la paresse.
il appartient au pays d'envoyer une majorité gouvernementale. Il ne l'enverra que s'il se décide à s'affranchir, dans les
élections. des considérations subalternes et des questions d'intérêt local. pour s'attacher à quelques principes généraux et
directeurs. Ce n'est pas sans raison que Röhmer et Bluntschli
considèrent l'existence des partis comme nécessaire au fonctionnement des institutions libres[1] et que Macaulay dit que
l'histoire des whigs et des tories se confond avec celle de
l'Angleterre. Sans partis politiques solidement constitués autour de quelques idées d'importance supérieure, un pays perd
sa force intime. s'épuise et s'atrophie. Lorsque les républicains sont arrivés au pouvoir. ils y ont apporté avec eux un
patrimoine d'idées communes dès longtemps amassé : suprématie de la société civile. libertés essentielles, enseignement
gratuit et obligatoire. C'étaient des points de repère fixes et
précis pour un grand parti politique. Aujourd'hui, au tournant auquel les républicains sont parvenus, il semble qu'ils
hésitent sur la route à suivre et qu'il n'y ait plus, dans
l'opinion publique, qu'incertitude et désarroi. Des groupes
se forment. non point de vrais partis. Les seules démar-
cations nettes sont celles qu'on peut tracer, d'une part, entre
monarchistes et républicains ; d'autre part, entre républicains et collectivistes. La première ligne frontière sépare
deux provinces politiques ennemies ; la seconde, deux sociétés
de forme distincte et d'esprit opposé : la cité de la propriété
privée et celle des biens socialisés. celle de la liberté et celle
des réglementations outrancières, celle du progrès et celle du
rêve. Mais monarchistes et collectivistes ne présentent, en général, au suffrage universel que des programmes édulcorés, et
leur prudence a pour effet de créer. entre eux et l'ensemble des
républicains. des partis tampons, amorphes et inconsistants,
qui sont la bordure variable des régions politiques extrêmes.
Dans l'immense intervalle qui s'étend entre les deux domaines
opposés. il y aurait théoriquement place pour deux vastes
partis. qui seraient l'un et l'autre également respectueux des

---

1. *Lehre von den politischen Parteien.* — *Character und Geist der politischen
Parteien.* — De Laveleye, *op. cit.*

croyances religieuses et des prérogatives de la société civile et qui, loin de vouloir remettre à la communauté sociale le monopole des moyens de production. chercheraient tous deux dans la liberté du travail et dans la diffusion de la propriété individuelle le développement de la civilisation et l'amélioration du sort de la démocratie. L'un, plus attaché aux traditions, plus conservateur, ferait prédominer l'idée d'ordre sur celle de progrès. L'autre, plus novateur, plus hardi, sacrifierait plus volontiers la première à la seconde. A défaut de cette grande division, qui ne s'est jamais produite en France, il serait possible de se figurer, entre les extrémités contraires, un seul parti central, très large, mais encore homogène, qui, considérant l'ordre et le progrès comme les deux aspects complémentaires et inséparables d'un même principe et voyant, suivant les mots célèbres, dans l'ordre le progrès en puissance et dans le progrès l'ordre en mouvement, travaillerait à la conciliation pratique de ces deux notions corrélatives. Mais ce n'est pas non plus de cette seconde manière que se sont groupées depuis quelques années les forces politiques, et les partis semblent s'être classés, ou plutôt déclassés, dans le jeu de l'intrigue et du hasard. Il est impossible, à l'heure présente, de dégager du fouillis des mots et de l'obscurité des faits les doctrines opposées ; les radicaux n'en paraissent avoir aucune; les monarchistes cachent généralement les leurs ; les socialistes en ont une ou plusieurs qu'ils tempèrent et adoucissent dans la veillée des luttes électorales; les républicains de gouvernement manquent de discipline intellectuelle et de cohésion politique. Il est temps que le pays vienne briser, de sa main puissante. les cadres des classifications factices et jeter au vent les étiquettes trompeuses.

✳
✳ ✳

Il y a. pour nos amis. une devise qui ne trompe pas : ni réaction ni révolution ; et entre ces deux négations tient tout un programme positif de réformes républicaines.

Au premier rang, celle de l'éducation nationale. Car, pendant que les spectateurs s'enthousiasment dans le cirque pour

l'une ou l'autre des couleurs rivales, les barbares sont aux
portes de la ville : politiciens affamés, émeutiers en disponi-
bilité, aventuriers cosmopolites en quête d'affaires suspectes,
condottieri de la basse presse, tous les effrontés, tous les
déclassés, tous les maîtres des sociétés qui s'abandonnent. La
France est dans une sorte d'état passif et léthargique que
nous avons le devoir de secouer. Mieux vaudrait presque, dans
le pays, une mauvaise direction de l'énergie que cette absence
totale d'aspirations, ce manque de vouloir, cette inertie générale, cette navrante apathie de l'opinion publique. Nous
sommes déprimés comme si les cruels souvenirs de la défaite
avaient ébranlé la confiance que la France, pour rester la
France, a besoin d'avoir en elle. Nous allons des exaltations
déraisonnables aux découragements absurdes. Défaut d'équilibre et de santé. Une régénération morale est nécessaire :
elle est possible, mais elle ne se fera que par l'influence d'une
éducation fortifiante.

Éducation par l'exemple. Je vois beaucoup d'égoïsme à
corriger d'un côté, beaucoup d'envie à calmer de l'autre.
Entre ces très vilaines passions, le champ s'ouvre à la justice
et au progrès. Si la bourgeoisie française ne veut pas renier
sa mission héréditaire, elle a autre chose à faire que se retirer
sous sa tente et s'endormir. Qu'elle sache, comme le lui
demandait ces jours-ci M. Jules Lemaître, agir et apprendre
l'effort ; qu'elle se lève et se montre ; qu'elle enseigne à tous
le travail, le désintéressement, la bonté.

Éducation par la parole, par la presse, par le livre. Que
tous ceux qui pensent daignent parler ou écrire ; que les
députés, au lieu de s'abaisser aux flatteries électorales, se
considèrent, chacun dans sa circonscription et tous dans l'ensemble du pays, comme chargés d'éclairer les esprits et de
retremper les caractères ; que les républicains de gouvernement, au lieu de se lamenter sans cesse sur les excès trop
certains de la presse, s'accommodent franchement des libertés
existantes et sachent en user au profit de leurs idées : qu'ils
aient, au grand jour, ouvertement, leurs journaux de doctrine
et leurs journaux de combat ; qu'ils aident ainsi les partis
à se classer, l'opinion publique à se reconnaître, la vérité à
triompher. Et, sans doute, ce ne sont pas là les éléments

d'une table des matières législatives. C'est plus et mieux. Un grand parti doit tenir à honneur, non seulement de voter de bonnes lois, mais encore et surtout d'améliorer la coutume ; et cette tâche primordiale n'exige, pour être heureusement accomplie, que l'action concertée d'un certain nombre d'hommes résolus.

Éducation par l'école, par le collège, par l'université. La République a beaucoup fait ; il lui reste beaucoup à faire. Supprimer les murailles de Chine qui séparent les trois ordres d'enseignement ; poursuivre. en faveur des jeunes gens et des adultes, l'œuvre commencée autrefois par Duruy, reprise depuis trois ou quatre ans. mais à peine encore ébauchée ; faire pénétrer dans notre enseignement secondaire le souffle et la chaleur de la vie ; rompre ce cercle vicieux d'une instruction qui tourne sur elle-même et qui paraît destinée à ne former, par l'école, que des instituteurs et, par le lycée, que des professeurs ; établir, à côté de la culture gréco-latine respectée et maintenue, un enseignement qui, sans cesser d'être classique et général, soit moderne, non seulement de nom, mais d'inspiration, de direction et d'effet ; consentir à faire aux jeunes Français cette révélation que leur langue n'est pas la seule qui soit parlée dans le monde ; ne pas enfermer plus longtemps l'intelligence nationale dans une façon de ligne douanière, infranchissable et prohibitive ; tirer parti de la loi récente sur les universités pour donner à l'enseignement supérieur plus de puissance et de variété, pour ranimer, dans les régions refroidies, des foyers littéraires et scientifiques. pour faire un peu refluer sur la province le sang qui congestionne Paris ; stimuler les recherches libres et désintéressées. sans dédaigner les applications industrielles ; faire, en un mot, de l'instruction publique à tous les degrés, quelque chose de plus large et de plus viril, de plus éducateur et de plus moral. de plus français et de plus social ; voilà un programme assez généreux pour tenter un parti de gouvernement et assez vaste pour réclamer beaucoup de persévérance et de suite. Il est possible qu'il y ait à insérer dans les professions de foi des promesses plus séduisantes ; il n'y a pas, pour les bons citoyens, de devoir plus urgent à remplir.

*
* *

En second lieu, les questions budgétaires et fiscales. On
les discute passionnément depuis quelques années, mais elles
sont déplorablement obscurcies par les préoccupations électorales. Notre situation financière, sans être immédiatement
périlleuse, est médiocre et commande une extrême prudence.
Au lieu de l'améliorer par une gestion économe, par des ré-
ductions successives de dépenses, par des simplifications
administratives, on l'empire par l'imprévoyance, par la suren-
chère, par la rage des appétits croissants. Dans l'impatience
maladroite de donner aux contribuables des apparences de
satisfaction, on perd de vue les difficultés du lendemain ;
tous les partis, à l'envi, augmentent le déficit par des dégrèvements téméraires et, dès qu'il s'agit de trouver les ressources compensatrices, on s'épuise en tentatives discordantes,
et de guerre lasse, à la dernière heure, on se borne à relever
dans les prévisions les évaluations de recettes. Pour apercevoir le fond de la faiblesse humaine, il n'y a pas de meilleur observatoire que les postes de président ou de rapporteur
général de la commission du budget.

Après le pillage des crédits, vient la discussion des plans
de réformes fiscales ; et c'est ici le triomphe de la logomachie.
Il y a trois ans, MM. Cavaignac et Doumer, dans une collaboration parfois un peu troublée, crurent découvrir une formule magique d'impôt. Cette formule était, en effet, tellement
magique que les contribuables y attachèrent les espérances les
plus diverses : les uns s'imaginèrent qu'ils allaient être libérés
de toutes charges fiscales ; d'autres pensèrent que les rentes
sur l'État allaient dorénavant échapper à l'immunité légale ;
chacun interpréta au gré de ses désirs ou de ses illusions ces
mots sacramentels : impôt sur le revenu. Et c'est ainsi que
les mots pouvant contenir des idées différentes, certains
hommes politiques estiment que la valeur des mots est, pour
la direction de l'esprit public, sensiblement supérieure à celle
des idées. En réalité, l'impôt « sur le revenu global », tel
qu'il était présenté, devait contraindre le redevable à une dé-

claration générale de ses biens et de ses moyens d'existence ou l'exposer à une taxation forcément aveugle et oppressive. Il avait, en outre, ce défaut grave, excellemment souligné par M. Méline, de n'établir aucune distinction entre les revenus du travail et ceux du capital, et de frapper, dans des proportions égales, la fortune amassée et la richesse en formation. L'esprit, très souple et très fin, de M. Léon Bourgeois recueillit ces objections; et à en juger par les récents discours de Belfort et de Tours, il semblerait que la bataille entre les radicaux et nous n'eût été livrée que sur des malentendus. Il n'y avait pas que des malentendus; il y avait des dissentiments. Nous ne voulions pas d'un impôt dont le mode d'assiette et la méthode de perception nous paraissaient répugner à l'esprit français. On en arrive à nous proposer aujourd'hui, sous le même titre d'impôt sur le revenu, une contribution mobilière réformée, tenant compte des signes extérieurs et apparents du revenu, et modérée suivant l'importance des charges de famille. A peine, pour ne pas renoncer entièrement à la déclaration, nous parle-t-on d'une déclaration rectificative que le contribuable surchargé aurait la faculté et non l'obligation de faire. Mais, si l'on décore maintenant du nom d'impôt sur le revenu cette conception fiscale qui a été, à peu de chose près, celle de MM. Dauphin. Burdeau, Ribot et G. Cochery, que deviennent, dans les questions financières, les traits distinctifs du parti radical? Il n'est pas seul à professer que notre système d'impôts, établi sous l'empire de nécessités successives, n'est pas toujours très justement proportionné aux ressources des contribuables; il n'est pas seul à en demander la correction; il n'a pas été seul à voter, sur les successions, une réforme que le gouvernement actuel a défendue au Sénat et dont sir Charles Dilke constatait récemment, ici même, le succès auprès des conservateurs comme auprès des libéraux anglais; il n'a pas été seul à adopter, il y a quelques semaines, une réforme des octrois; il n'est pas seul à dire que, pour rétablir. dans l'ensemble des contributions payées par un citoyen, la proportionnalité faussée par certaines d'entre elles, le législateur est fondé à instituer des impôts de redressement, avec allègements gradués. Où donc sont les caractères qui, dans l'ordre des problèmes financiers, différencient réelle-

ment les partis politiques? Il y a, à vrai dire, trois doctrines
en présence. La première admet qu'en matière d'impôts, les
approximations de justice humaine étant toujours très iusuf-
fisantes. le mieux est de ne pas heurter l'habitude, « cette
royne et emperière du monde ». La seconde reconnaît la
possibilité et proclame la nécessité d'améliorations financières
dans l'intérêt de la démocratie. La troisième ne se contente
pas de vouloir, dans le régime fiscal, égaliser les charges :
elle entend se servir de ce régime pour égaliser les fortunes.
La première a quelques représentants sincères, mais, comme
elle ne semble pas en faveur auprès de l'opinion, elle a surtout des adeptes timides et hypocrites qui acceptent les réformes en bloc et les repoussent en détail. La troisième. qui
est celle des socialistes, se projette parfois, par voisinage, sur
le parti radical. La seconde, qui est celle du progrès patient
et volontaire, doit être celle des républicains de gouvernement.

*
* *

Les questions sociales. La Révolution a brisé les liens dans
lesquels l'ancien régime avait enchaîné l'individu ; et depuis
lors se poursuit, avec plus d'ardeur encore qu'auparavant,
entre économistes et sociologues, entre libéraux et socialistes,
l'éternelle querelle sur les rapports de l'homme et de la société. Nous trouvons en lutte, ici encore, trois doctrines essentielles. L'une a dans l'action individuelle une foi illimitée et
considère que le progrès résulte, en quelque sorte fatalement,
du libre jeu des volontés abandonnées à elles-mêmes. La
seconde, tout en déclarant que le respect de l'individu est la
condition première de toute organisation sociale progressive,
envisage cependant l'homme sous la catégorie de société et
demande à la cité de favoriser, par une solidarité active et,
au besoin. de seconder, dans le sens du bien commun, les
initiatives personnelles. La troisième, tombant, à l'autre extrémité. dans un déterminisme égal à celui de la première, ne
voit dans l'individu que la cellule de l'organisme collectif et
attribue à la société une force inconsciente et infaillible d'évo-

lution vers des fins meilleures. Entre ces trois théories, notre choix est fait : c'est la seconde qui est la nôtre. Nous croyons que la liberté humaine n'a pas, en elle-même, une vertu miraculeuse et qu'elle doit être utilisée pour la justice. Nous croyons, d'autre part, que la naissance d'un monde plus heureux ne résultera pas nécessairement de la marche naturelle des choses sociales et qu'il ne dépend que des volontés, tournées vers le mieux, de se rapprocher, tous les jours davantage, de l'idéal entrevu. Nous croyons que, dans cette lente et pénible ascension, les hommes ont à se prêter un mutuel appui. L'individu isolé, l'association libre, les associations légales qui s'appellent la commune, le département, l'État, doivent exercer, dans ce mouvement général, des actions simultanées, parallèles et de même signe. Le socialisme tend à substituer les associations légales et obligatoires aux associations libres ; nous cherchons, au contraire, tout en utilisant celles-là, à encourager celles-ci, à les stimuler, à les rendre plus actives et plus prospères.

De ces trois êtres moraux organisés par la loi : l'État, le département, la commune, le premier s'enfle tous les jours exagérément aux dépens des deux derniers, qui s'anémient et s'affaiblissent. Un plan réfléchi de rénovation nationale doit tendre à mieux répartir les courants vitaux du pays, à décharger l'État des fardeaux inutiles, à donner aux assemblées locales, non point certes des droits politiques ni une part quelconque de souveraineté, mais des attributions administratives un peu larges, et surtout l'habitude et le goût de les mettre en pratique. Même dans les limites restreintes des lois de 1871 et de 1884, les conseils généraux et les conseils municipaux auraient, s'ils sortaient de la torpeur où un trop grand nombre s'immobilisent, le moyen d'exercer une influence salutaire et vivifiante. C'est ici, une fois de plus, question d'éducation, de mœurs, d'acclimatation.

Quant aux associations libres, elles ont été, depuis un siècle, l'objet d'un régime de défiance. Pour affranchir l'individu, la Révolution a été forcée de détruire tous les organes corporatifs ; mais les circonstances historiques ont changé, et, dans une société maîtresse d'elle-même, la multiplication des forces individuelles par l'association, loin de nuire à la puis-

sance collective. la consolide et l'augmente par un surcroît
de mouvement et de prospérité. La législation française a posé
en principe que les associations libres ne pourraient obtenir
l'existence légale et la personnalité civile que d'une déléga-
tion des pouvoirs publics. Les Codes napoléoniens n'avaient
même pas osé donner expressément cette unité juridique aux
sociétés civiles ; ils l'avaient timidement reconnue à des
sociétés commerciales de forme déterminée ; les autres associations ne pouvaient la tenir que d'un décret rendu en Conseil
d'État. Peu à peu cependant, on a compris que la crainte de la
mainmorte n'était pas le commencement et la fin de la sagesse
politique. La loi de 1865 a conféré la personnalité civile à
certains syndicats de travaux agricoles ; la loi de 1867 a
permis aux capitaux de se grouper librement sous la forme
de sociétés anonymes ; la loi de 1884 a autorisé les associations de personnes à s'organiser pour la défense des intérêts
professionnels. Mais combien de restrictions encore dans ces
libertés nouvelles ! La loi de 1867, même amendée en 1893,
contient des dispositions qui se ressentent du vieil esprit
oppresseur. et qui sont une entrave pour le développement
économique. La loi de 1884 est sortie incomplète des efforts
de M. Waldeck-Rousseau : il est le premier aujourd'hui
à demander que la réforme dont il a été l'initiateur ne reste
pas inachevée et que les syndicats professionnels obtiennent
enfin la capacité industrielle et commerciale. Aux républicains d'aider et d'encourager. par une législation libérale. les
associations de capitaux et celles de personnes. L'union ne
fait pas seulement la force ; elle fait le mieux moral et matériel. Le syndicat agricole. devenu un être vivant et investi
des droits civils, sera. dans nos campagnes. un auxiliaire
précieux des améliorations culturales ; il offrira aux travailleurs de la terre un point d'appui et un centre d'action ; il
contribuera à régler au profit du paysan les questions de
prévoyance et de crédit. Le syndicat ouvrier puisera, dans
l'exercice de ces mêmes droits, des habitudes de prudence et
des leçons de pondération ; et. sans présenter aucun danger
pour l'ordre social. il collaborera aux œuvres d'arbitrage et
d'assurance. à l'institution des caisses de retraites. à la conciliation nécessaire du capital et du travail.

***

Ce programme pourrait être longuement exposé dans le détail des projets législatifs qui se déduisent des idées géné- rales dont il est inspiré. Mais il tient tout entier en deux mots : rendre à la nation, par le réveil des énergies indivi- duelles, une conscience plus claire de sa force et de son unité.

Ranimer à l'intérieur tous les éléments de vitalité, ce sera restituer à la France dans le monde la plénitude de son autò- rité morale. Avec le concours de tous, la République s'est, depuis sa fondation, consacrée à la réfection de notre outil- lage militaire, à la réorganisation de notre armée, au relève- ment de la patrie démembrée. Pourtant, le même malaise et la même langueur qui pèsent sur le pays ralentissent la marche de nos affaires maritimes, troublent nos échanges internationaux, se prolongent jusque dans notre gestion colo- niale et dans notre politique extérieure. Nous avons en Asie, au Soudan, au Congo, à Madagascar, d'immenses domaines à mettre en valeur ; nous laissons dormir toutes ces richesses lointaines parce que nous restons toujours repliés sur nous- mêmes ou parce que nous ne savons sortir de France que sous des uniformes plus ou moins galonnés et avec la dépri- mante garantie d'appointements réguliers. Voilà encore le fruit de notre éducation casanière ; voilà le contre-coup de l'affais- sement des caractères et de la maladie sourde qui mine nos volontés.

Notre situation extérieure s'était fort améliorée dans ces dernières années. Elle est restée assez bonne ; mais elle devrait être très bonne, et elle le serait si un gouvernement pouvait toujours parler au nom d'une opinion moins fébrile et avec la sécurité du lendemain. Des nuages se lèvent sur plusieurs points de l'horizon. Les difficultés ne sont qu'assou- pies en Orient ; l'équilibre des grandes puissances en Extrême- Orient menace de se rompre à l'improviste ; l'Angleterre paraît, par moments, accentuer vis-à-vis de nous sa rivalité traditionnelle ; le conflit des nationalités s'envenime en Bohême et en Hongrie ; la paix, en Amérique, dépendra demain peut-être de la sagesse et de la fermeté d'un seul homme. De tous côtés, sans être inquiétant, l'avenir, et l'avenir le plus proche, est assez obscur pour que nous ne laissions pas absorber notre attention par des futilités et que nous surveillions avec vigilance toutes les choses du dehors. L'alliance avec la Russie a été l'occasion, à Saint-Pétersbourg et à Paris, d'heureuses démonstrations gouvernementales et de belles manifestations populaires. Pour qu'elle serve avec égalité la politique des deux grandes nations amies, il faut que nos ministres, désormais assurés de pouvoir gouverner, empruntent à une opinion ambiante renouvelée et réchauffée un redoublement de vigueur et un sentiment toujours précis de nos vrais intérêts nationaux. Dans notre diplomatie, comme dans notre politique intérieure, la possibilité d'une action plus forte et plus soutenue est subordonnée à la reconstitution d'un parti discipliné et surtout à la réformation morale du pays. La France seule peut donner aux pouvoirs publics le renouveau de sève dont ils ont besoin... Elle a des ressources vitales assez profondes pour qu'il ne soit permis à personne de désespérer d'elle. A tous les Français de vouloir et d'agir.

R. POINCARÉ

LES ALLEMANDS

CONSTANTINOPLE

II

En Allemagne, on appelle « conquête pacifique » la prise de possession progressive de la Turquie. Ni le mot, ni l'idée ne datent de notre temps. Roscher déjà disait, parlant de la péninsule des Balkans et de l'Asie Mineure : « C'est là que, par la voie des *conquêtes pacifiques*, on pourrait créer une nouvelle Allemagne qui l'emporterait en grandeur, en population, en richesse sur l'Allemagne ancienne, et qui formerait le boulevard le plus sûr contre la Russie et le panslavisme. » En 1850, Ludwig Ross, dans *Asie Mineure et Allemagne*, écrivait : « Le torrent de l'émigration va à l'Ouest, dans les deux Amériques et en Australie. Rares sont les personnes qui pensent à l'Orient, si rapproché de nous. Quant à moi, je crois utile de faire une nouvelle tentative pour fixer l'attention publique sur la pensée de fonder des établissements allemands en Asie Mineure. »

L'idée se précisa dans l'Allemagne unifiée. En 1875, l'ingénieur Pressel, qui devait être plus tard le promoteur des

---

1. Voir la *Revue* du 15 mars. — J'ai dit, page 350, que le maréchal Kámphœvener-Pacha, cief de la mission militaire allemande, avait approuvé par écrit la conduite des troupes turques pendant les massacres d'août 1896. J'apprends de source sûre que, tout au contraire, il refusa ainsi que le général Lecoq de signer le rapport favorable rédigé au palais. Je reconnais bien volontiers mon erreur. — G. G.

grandes concessions et des grandes constructions de chemins
de fer, exposa, dans une brochure intitulée : *Transformation
de l'Anatolie par l'organisation du travail national*, le plan
d'une société dont la tâche serait d'ouvrir les voies ferrées,
d'établir le cadastre et d'organiser des colonies allemandes. La
« Société commerciale et industrielle » fondée à Berlin, vers
1880, au capital de cinquante millions de marks, parut
répondre à cet appel. Elle organisa en 1881 la croisière scientifique du *Lucifer*. A bord du vapeur autrichien, se trouvaient le
docteur Lœhnis, professeur d'économie politique à l'université
de Bonn et président de la Société, M. Heimann, directeur
général des chemins de fer de la Prusse Rhénane, des négociants, des fabricants, quelques ingénieurs des ports, des mines
et des forêts, et un médecin pour les études climatologiques.

La mission rapporta de son voyage un volumineux mémoire : *Beiträge für das Kenntniss des Levantes*, qui eut un
grand retentissement en Allemagne. Les rêves des économistes faisaient place à des projets positifs. Le gouvernement
allemand allait comprendre qu'avant de diriger le courant de
l'émigration sur des contrées mal connues, il fallait étudier
le terrain, il fallait surtout y ouvrir des voies de pénétration.
Pour l'une et l'autre de ces tâches préliminaires, on escomp-
tait la bonne volonté du Sultan, qui n'était pas douteuse.
Grâce à elle, le géographe Kiepert put faire la carte de l'Asie-
Mineure. Il circula librement de la mer Égée au golfe Persique
et à la mer Noire, sans être jamais interrompu dans son travail ni inquiété en aucune façon. Tandis que, sur les côtes
de Syrie, un paisible archéologue français était signalé comme
officier du génie suspect de préparer un débarquement, le
géographe officiel de l'empereur Guillaume trouva toutes les
autorités zélées à le servir. — Et grâce à elle, les Allemands
obtinrent la précieuse concession des lignes de chemins de fer.

Le capital allemand a ouvert deux grandes voies ferrées dans
l'empire turc. L'une, celle de Salonique à Monastir, devait
primitivement se souder d'un côté aux lignes grecques de
Thessalie et, de l'autre, aux lignes de navigation de l'Adriatique, par Durazzo et Avlona. Des difficultés de construction
et les événements politiques de ces dernières années semblent
en avoir arrêté le développement. Mais, reliée aux voies de

la grande Compagnie autrichienne des chemins Orientaux, confondue avec elles dans une exploitation commune, elle est du moins un bon véhicule commercial au service du *Drang nach Osten*. La guerre de Grèce en a montré aussi l'importance stratégique. Mais elle reste encore sans utilité pour la colonisation : il ne faut pas encore songer à des établissements durables dans ces pays macédoniens, champ clos des nationalités indigènes. — L'autre voie, de beaucoup la plus importante de la Turquie, part de la rive asiatique du Bosphore et se dirige vers Angora où elle s'arrête provisoirement, tendue vers Césarée, Diarbékir, Bagdad et le golfe Persique, instrument futur de l'entreprise colossale qui mettra quelque jour les Indes et l'Europe en communication terrestre. D'Eskicheïr, un embranchement descend au Sud vers la Caramanie et attend à Koniah le prolongement promis.

Les Allemands convoitaient depuis longtemps, la concession de ces lignes, qui traversent quelques-uns des plus beaux pays de production et desservent la chaîne d'étapes commerciales la plus serrée de l'empire. Mais, en raison des droits antérieurement établis par d'autres, il fallut que le Sultan leur vînt en aide par un acte arbitraire. En 1879, un groupe anglo-grec s'était chargé de l'exploitation de la ligne Haïdar-Pacha à Ismidt, construite par le gouvernement. Ce groupe avait obtenu en même temps le droit de la prolonger jusqu'à Angora. Les études, déposées à la Sublime-Porte et approuvées par elle, ne reçurent jamais la sanction personnelle du souverain qui, sous mille prétextes, fit durer l'instance pendant des années. Entre temps, une nouvelle société franco-anglaise s'était formée pour construire cette même ligne d'Angora. Comme le groupe anglo-grec, la Société franco-anglaise fut appuyée par tous les départements de l'État et, plus heureuse, jouit d'une certaine faveur au Palais. Des ingénieurs français, autorisés à entreprendre l'étude détaillée du tracé, partirent pour l'Anatolie. Ils n'y étaient pas depuis deux mois, quand le Sultan proclama tout à coup la déchéance des premiers concessionnaires, et, par un firman du 4 octobre 1888, mit en possession de tous leurs droits M. Kaulla, représentant de la Deutsche Bank. La diplomatie allemande avait bien manœuvré, et un appui lui était venu de sir William Wight, tout plein d'arrières-pensées politiques en toute cette affaire. Les concessionnaires anglais, abandonnés par leur ambassade, se firent expulser par la force publique; on leur donna 130 000 livres de dédommagement; mais la ligne était définivement soustraite à toute influence franco-anglaise.

Les Allemands obtinrent des conditions exceptionnelles. Outre la garantie de recette brute, le Sultan leur accorda, fait inouï dans les annales industrielles, une garantie d'intérêt à quatre pour cent des sommes dépensées pendant la période de construction. Puis, en 1893, la Société du chemin de fer ottoman d'Anatolie obtint de nouvelles concessions pour la construction des lignes d'Eskicheïr à Koniah, d'Angora à Césarée et éventuellement d'Angora à Sivas[1]. La Compagnie anglaise d'Aïdin proposait au même moment de remonter à Eskicheïr, sans exiger de garantie de recette. Le Sultan, fidèle à son système politique, préféra les Allemands, et la concession qu'ils réclamaient, et la garantie qu'ils exigeaient. La construction de ces lignes allemandes fut menée avec une intelligence, une rapidité et une économie que les spécialistes se plaisent à admirer: l'exploitation est dirigée par un homme de premier ordre et donne, pour la ligne d'Angora, des résultats financiers inespérés.

C'est là, le long de ses mille kilomètres de voies ferrées, que l'Allemagne prépare, selon l'expression d'un de ses écrivains, « une grande colonie agricole bien à elle ». De nombreux voyageurs l'ont visitée, et en ont rapporté de beaux espoirs d'avenir. Dans le premier train d'inauguration, le général von der Goltz songeait « aux nombreux paysans allemands qui vont au delà des mers à la rencontre d'un sort incertain... Ils pourraient ici, près des grandes routes commerciales, trouver un champ étendu et fécond, s'ils venaient assez nombreux, et s'ils savaient s'organiser en commun et maintenir entre eux l'union et la paix ». Peu après, le géographe Naumann, chargé par un syndicat d'une exploration générale, des rives de la Corne d'Or aux sources de l'Euphrate, parle des colons allemands en Amérique, « qui ne peuvent que devenir tout à fait étrangers à la vieille Alle-

1. Jusqu'à ce jour une seule de ces trois lignes a été construite, celle de Koniah.

magne, tandis que les colons allemands en Orient conserve-
raient leurs liens avec la mère–patrie, et établiraient avec elle
des relations régulières et un échange commercial actif ».
D'autres écrivains précisent davantage, esquissent des projets définitifs. Le docteur Karl Krüger, entre autres, pré-
conise une colonisation réglementée, sous la direction d'une
puissante société de capitaux. Il désigne spécialement la
contrée du lac de Sabandja, avec la vallée du Sakaria pour la
culture des olives, les hauteurs qui l'environnent pour les vignes
et pour les mûriers, les plaines d'Eskicheïr à Kutahia et la
vallée de Poursak pour les blés. La société du chemin de fer
prendrait la haute main sur l'entreprise, et le gouvernement
se chargerait d'obtenir du Sultan toutes sortes d'avantages :
libération de l'impôt, garantie de la propriété et bien d'autres
choses encore. Que pourrait refuser le Sultan ? Le colon allemand est le futur sauveur de la Turquie. « Que peut-il adve-
nir de l'Anatolie ? demande M. R. Menz. Seules quelques mesures administratives en faveur des colons allemands, seuls
quelques fonctionnaires européens énergiques et cultivés, avec
un pouvoir solidement établi, feront renaître dans ces pays,
comme aux anciens temps, une culture florissante, et protè-
geront bien plus efficacement l'État turc que son opiniâtreté
dans des coutumes surannées. » Enfin, dans une conférence
faite à Francfort en 1895, M. Herrmann, agronome de la
Compagnie des chemins de fer, exposa que la colonisation
allemande ne pourrait se faire dans des conditions favorables
qu'à partir du jour où l'on obtiendrait du gouvernement turc
une garantie absolue de la propriété des colons. Il ajoutait
que les établissements, par petits groupes de six à huit individus, étaient seuls permis, car « la politique interdit l'immigration en masse ».

C'est assez dire que l'invasion allemande a trouvé la route
barrée, non seulement par la jalousie des puissances, mais
encore par le mauvais vouloir des autorités. En 1893, lors
du second firman donné aux chemins de fer d'Anatolie, un
incident survint, qui modifia les projets de l'Allemagne.
La Compagnie, soutenue par l'Ambassade, demandait de
grandes concessions de terrain le long de la voie et une
exonération totale d'impôts pour les occupants de ce vaste

domaine. Le Sultan, aveuglé par ses sympathies, ne vit pas le piège tendu à sa souveraineté. Il avait consenti, et allait accorder tout ce qu'on voulait, lorsqu'un patriote parvint à renverser l'intrigue de palais intéressée aux affaires allemandes. Sous les yeux du souverain l'on fit passer un mémoire dans lequel était signalé le danger d'une petite Allemagne installée en Anatolie. Abd-ul-Hamid comprit que, derrière le haut fonctionnaire assez dévoué pour oser le mettre en garde contre lui-même, il y avait une opinion islamique intransigeante : il refusa les concessions demandées. Tout dernièrement encore, un grand journal anglais ayant signalé l'envahissement des provinces d'Asie, il a ordonné aux *valis* de faire le recensement des Allemands établis en Turquie, et de n'admettre les nouveaux venus que sur une demande de leur consulat. Il est vrai que, sous une autre impression, il a transformé en biens *mulk* les propriétés *vakouf* des colons allemands de Syrie, faisant passer ainsi au domaine civil des biens religieux inaliénables. Dans la situation qu'ont aujourd'hui les Allemands auprès de lui, ils peuvent tout espérer, même de lui voir favoriser la colonisation de l'Anatolie.

En attendant, la Compagnie des chemins de fer, pour le plus grand bien de son exploitation, et probablement aussi dans un intérêt supérieur, prépare le terrain le long de ses lignes. Son inspecteur agronome public annuellement un rapport où sont étudiées les conditions de culture autour de chaque station, les meilleures méthodes de labourage et de plantation, les devis d'établissement des pépinières d'arbres fruitiers, des couches pour semis et des petites exploitations. La Compagnie installe aussi, à ses frais, des écoles allemandes où elle envoie, usant d'autorité, les enfants de ses employés, même lorsque par hasard ils ne sont pas Allemands. L'école d'Angora est installée pour quatre cent soixante élèves. « L'Allemagne, disait M. Herrmann dans sa conférence de Francfort, a fait des progrès dans l'intérieur de l'Asie Mineure. A Eskichéïr, par exemple, on entend beaucoup parler allemand dans les rues. Il y existe déjà deux brasseries allemandes et un restaurant sous cette enseigne : *Locanda zum letzten Groschen.* »

L'initiative privée n'a pas attendu l'achèvement des longs

préparatifs de la politique. Les premières tentatives ont porté sur les contrées les plus abordables. Le nombre des établissements allemands sur la côte de Syrie est considérable. La Société de géographie commerciale de Berlin, l'Association allemande pour l'exploration de la Palestine et plusieurs autres groupes ont couvert l'Orient de leurs émissaires, et fondé un peu partout des petits centres nationaux. Les Allemands n'ont reculé devant aucun effort pour acquérir la connaissance du Levant. On cite un ingénieur qui entra à l'école commerciale grecque de Constantinople et y passa trois ans comme professeur de gymnastique. Là, tout en contribuant à l'éducation physique des jeunes Hellènes, il apprit les langues, les mœurs et les usages commerciaux du pays. Lorsqu'il y fut suffisamment préparé, il se révéla délégué d'une société berlinoise et fonda près de Smyrne une grande exploitation agricole dont le nombreux personnel fut recruté en Allemagne, les éléments indigènes étant éliminés avec soin.

La pénétration devient plus visible partout, dans les villes surtout, où elle augmente jour par jour, lentement et sûrement. Avant la guerre turco-grecque, il débarquait tout au plus cinquante Allemands chaque mois ; maintenant, ils débarquent cinq cents. Les sympathies politiques les attirent à peu près autant que le soleil. Leurs pères allaient en Italie, eux vont en Orient, ce qui, en tenant compte du progrès dans les moyens de locomotion, est évidemment tout aussi facile. Le type se retrouve ici du *Wandersmann* et du *Handwerksbursch* — mots intraduisibles, l'espèce n'existant plus en France depuis longtemps. C'est la vraie bohème de l'ouvrier artiste, de l'apprenti libéré, partant à pied, sans un liard en poche, pour voir du pays, persuadé que le monde entier lui doit le tribut du vivre et de la place au foyer.

L'Allemagne importe ainsi en Orient une race que ni la France ni l'Angleterre n'ont jamais pu lui fournir, celle des petits boutiquiers. A Constantinople, les Allemands possédaient en mars dernier — c'est-à-dire avant le gros arrivage qui a suivi la victoire du Sultan et de l'Empereur — cent treize maisons de détail, tandis que les Français en avaient vingt-huit. A Eskicheïr, où sont les ateliers de la société des

chemins de fer d'Anatolie, une ville allemande s'est greffée
sur la ville turque ; l'économie serrée des gagne-petit étrangers a triomphé de la frugalité orientale, et les marchands
indigènes ne peuvent pas lutter contre l'avilissement des
prix.

D'après une récente statistique annuelle :

35 sujets allemands ont vendu des propriétés pour la
somme de 893 676 piastres et 78 en ont acheté pour
2 148 654 piastres.

109 sujets français ont vendu pour 5 292 600 piastres et
128 ont acheté pour 4 188 330 piastres.

La propriété allemande a donc augmenté de 1 254 978
piastres, tandis que la propriété française diminuait de
1 104 270 piastres.

Pour le commerce et l'industrie, même spectacle. Depuis
longtemps la diplomatie avait pris les devants, entraînant sur
ses pas une industrie officielle dont elle a fait réussir les
entreprises. C'est ainsi qu'elle imposa à Abd-ul-Hamid des
bateaux dont il n'avait pas envie et un fusil dont il n'avait
pas besoin. La première commande de torpilleurs turcs
remonte à 1885. Elle fut faite à un établissement français,
les Forges et Chantiers de la Seyne. Une autre suivit de près,
dont bénéficièrent les constructeurs anglais. Les Allemands
eurent tout le reste. Dix-sept des vingt-sept bâtiments de la
flottille sortent des ateliers de Kiel et d'Elbing. Quant aux
fusils, le général von der Goltz n'envisageait d'abord que
les intérêts de l'armée ottomane : « Vous avez, disait-il, un
très bon fusil, le Martini-Henry, que tout le monde connaît
en Turquie. Gardez-le, et vous verrez plus tard à le perfectionner, lorsque vos troupes seront mieux instruites. Il
importe avant tout de réorganiser votre armée. On ne peut
lui enseigner à la fois de nouveaux règlements et le maniement d'une arme nouvelle. » Le ministre se serait peut-
être laissé convaincre si von der Goltz-Pacha n'avait pas
reçu de Berlin l'ordre de soutenir l'industrie allemande.

On fit en 1887 une première commande à la maison
Mauser, de Carlsruhe. Au moment où toutes les armées
modernes cherchaient à résoudre le problème du petit calibre,
le Sultan se chargea d'un stock de trois cent mille fusils de

$9^{mm},5$, compliqués, et d'un emploi tactique médiocre. Il en
avait si bien compris l'inutilité qu'il ne les fit pas distribuer
à la troupe. Par contre, il les paya fort cher, à trois livres
soixante, soit plus de quatre-vingts francs la pièce. Une horde
s'était abattue sur Constantinople pour servir d'intermédiaire
entre le gouvernement turc et l'industrie allemande. Le
prix de chaque arme avait été majoré de quinze francs au
profit de la commission européenne et du bakchich turc.
Mauser, ruiné par ces honnêtes courtiers et par toutes sortes
de frais, dut hypothéquer sa fabrique. Il rentra dans ses
pertes. En 1889, le fusil turc de 1887 parut démodé à Berlin ·
on inventa pour le Sultan une arme de petit calibre à $7^{mm},65$,
dont il prit un lot de trois cent mille pièces, qui s'est fortement accru depuis lors.

L'ambassade veillait sur la régularité des paiements. Jamais
le ministère ottoman des finances ne fut mis à une plus rude
épreuve. On exigea de lui un dépôt de garantie de vingt-
huit mille livres et de l'argent comptant au fur et à mesure
des livraisons. Des bateaux allemands sont restés vingt jours
en rade avant de débarquer leurs caisses d'armes et de munitions, parce que le trésor était à sec. La dernière guerre
eut pour premier résultat d'amener à Mauser de nouvelles
commandes. D'autres usines veulent maintenant leur part.
Le Sultan est sollicité de restaurer sa vieille marine par
ceux-là mêmes qui l'ont réconcilié avec elle. Sans défense
contre les bons conseils de son nouvel ami, il a dû se féliciter
de l'entrée en scène de l'industrie anglaise et du gouvernement russe, l'un s'opposant, au nom de ses droits de créancier, à des œuvres de guerre dont l'autre réclamait obstinément sa part. On croit, à Constantinople, que l'Empereur
amènera M. Krupp dans son prochain voyage et vaincra
toutes les résistances. L'industrie officielle a donc conservé
de beaux espoirs d'avenir.

La haute finance, engagée dans les chemins de fer, conserve aussi les siens. On parle beaucoup de la fusion des
compagnies ottomanes. Nous la verrons peut-être s'accomplir
dans la Turquie d'Europe; mais, en Asie, il serait bien surprenant que la nation pourvue d'une influence souveraine entrât
en composition avec d'autres, sauf pour les absorber. Il y a

quelques semaines, l'Allemagne prenait assez maladroitement
l'offensive contre l'Angleterre, en réclamant un droit de priorité sur la prolongation de la ligne de Smyrne à Aïdin. Ce
n'est pas la preuve de dispositions très conciliantes, et l'inquiétude des puisssances rivales peut avoir ses effets. L'avenir peut
être à la France ou à l'Angleterre aussi bien qu'à l'Allemagne.
Si l'Allemagne possède 1 242 kilomètres de voies construites,
représentant un capital de 3oo millions de francs, la France a
1 3oo kilomètres pour 336 millions et demi. Il y a autant de
projets français et autant de projets anglais que de projets
allemands pour la construction de la ligne de Bagdad, qui
sera peut-être la grande œuvre du siècle prochain, et qui est
dès à présent d'un intérêt capital pour notre siècle.

*
* *

Mais cette campagne officielle n'est rien au regard des
efforts individuels. Le petit commerce allemand a conquis en
très peu de temps une position considérable sur le marché
du Levant. Il la fortifie chaque jour, tandis que les deux
gros fournisseurs de la Turquie se contentent de lutter avec
plus ou moins de succès pour conserver la leur. Dans ce combat commercial, l'Allemagne poursuit l'offensive, l'Angleterre
reste sur la défensive, et la France commence à capituler.
Avant de prouver la chose par des chiffres, il faut faire des
réserves au sujet des statistiques ottomanes. Elles ne sont pu-
bliées qu'avec un retard d'au moins trois années, et présentent
des lacunes dont la plus grande provient de la classification des
produits importés par ports d'embarquement et non par pays de
provenance. L'Allemagne faisant encore, malgré sa ligne de navigation directe, le plus clair de ses expéditions par Trieste et par
Anvers, la Belgique et l'Autriche bénéficient, sur les tableaux
ottomans, d'une forte proportion des affaires allemandes. Une
autre erreur découle du fait que seules les importations soumises
aux droits figurent dans les statistiques. Or, les commandes
de l'État à l'industrie allemande, bateaux, canons, fusils, munitions, entrent en franchise, ainsi que les matériaux de construction des chemins de fer allemands et d'autres lignes
étrangères, clientes de l'Allemagne. Les consulats allemands

pourraient nous renseigner, mais la discrétion des autorités allemandes en ces matières est proverbiale : les preuves palpables des immenses progrès allemands restent enfouies dans les bureaux.

Il y a cependant des chiffres dont on ne peut douter et qui sont d'une irrésistible éloquence. Voici deux tableaux qu'il èst utile de considérer parallèlement. Le premier, émanant de la douane française, est celui des importations de la France en Turquie :

1892	Fr.	176 699 497
1893	—	142 308 886
1894	—	138 570 533
1895	—	134 184 649
1896	—	106 323 790

Le second, dressé par la douane ottomane, est celui des importations directes de l'Allemagne :

1888. . .	2 1/2	millions de piastres.
1889. . .	2 1/2	— —
1891. . .	18	— —
1892. . .	28	— —
1893. . .	28	— —

Il ne s'agit ici, je le répète, que des importations *directes*, donc d'une faible part des affaires de l'Allemagne avec la Turquie. On ne peut produire le total de ces affaires, l'Allemagne se présentant indissolublement liée à l'Autriche et à la Belgique. Il ne faut donc pas méconnaître la signification des chiffres que voici :

En 1878, l'Angleterre faisait les 43,80 p. cent des importations, la France les 13,45 p. cent, l'Autriche, l'Allemagne et la Belgique réunies le 18,25 p. cent.

En 1893, l'Angleterre a fait 37,53 p. cent, la France 11,45 p. cent, l'Autriche, l'Allemagne et la Belgique 25.32 p. cent.

Notre premier tableau indique que, depuis, la France a encore perdu du terrain ; d'après d'autres documents, l'Angleterre est restée à peu près stationnaire ; enfin, une observation attentive du marché oriental prouve que l'Allemagne a

pris la grosse part dans la communauté où elle figure, et
qu'elle n'est pas loin d'égaler la France, peut-être même de
passer devant elle à la seconde place. Les causes de cette
rapide extension commerciale sont multiples. L'ambassade
allemande ne s'est pas contentée de protéger les grosses
affaires; elle a donné son appui aux plus petites, sans craindre
d'assumer d'humbles tâches. On vit des secrétaires d'ambassade allant demander en confidence à un négociant de Galata
des renseignements sur la valeur d'une raison sociale ou sur la
solvabilité d'un marchand. Les consulats travaillent pour leur
part et renseignent, paraît-il, admirablement le ministre du
commerce à Berlin, qui tient à son tour les vendeurs allemands au courant des exigences du marché et des points
faibles de la concurrence. Tout se fait avec une opiniâtreté et une suite tout à fait remarquables. On prétend avoir
vu, dans les magasins de Péra, une ambassadrice d'Allemagne
s'informant, avant d'acheter, si les objets de son choix étaient
bien de la seule bonne provenance.

Les derniers événements ont grandement servi ce petit
commerce allemand. Une quantité d'intermédiaires arméniens,
clients des maisons anglaises, ont été paralysés par les mesures arbitraires qui leur interdisent de circuler en Anatolie.
Ils se sont transportés en Europe avec de très petits capitaux.
Cherchant partout de la même marchandise à très bas prix,
ils ont trouvé, dans les villes industrielles allemandes, des
stocks de rebut qu'ils déversent aujourd'hui en grande quantité sur l'Orient. En outre, la fermeture de certains marchés
européens, et plus encore celle du marché américain, par le
protectionnisme, a dirigé vers le Levant les forces expansives
de l'Allemagne. Sa jeune industrie a créé des outillages spéciaux ; elle fournit l'article réclamé, au lieu d'imposer l'article
démodé, comme fait trop souvent l'industrie française,
embarrassée de ses vieux usages et de ses vieilles machines. La France était le bon fabricant de l'Orient ancien,
l'Allemagne après l'Angleterre est celui de l'Orient moderne.

Le *Bulletin de la Chambre de commerce française de
Constantinople* — que tous les industriels devraient lire —
fait en ces termes l'historique de la situation : « Au
XVIIe siècle, la France était le principal fournisseur de la

Turquie et, à peu près, son unique acheteur. L'Angleterre vint ensuite nous disputer la clientèle ottomane. Elle s'empara d'un certain nombre de gros articles. Mais on peut dire qu'en règle générale, Français et Anglais, ayant chacun un rayon d'activité, se faisaient autrefois bien peu de concurrence dans le Levant. Après la guerre de Crimée... la France et l'Angleterre se partageaient la presque totalité des transactions de l'Empire ottoman. » Avant 1870, les acheteurs indigènes priaient humblement les négociants français de leur faire venir des marchandises. « On ne donnait à chaque client qu'une partie de ce qu'il avait demandé, et les acheteurs se disputaient entre eux pour avoir une large part des arrivages. Il en était de même pour les marchandises anglaises. » La concurrence n'était pas à craindre, aussi était-on un peu dur pour la clientèle. « Tout à coup, des industries nouvelles, dont on ne prévoyait pas la création, ont surgi. Les usines se sont multipliées en Allemagne... » Les nouveaux venus profitèrent de l'expérience des anciens et se trouvèrent mieux outillés pour certaines fabrications. « Ces rivaux étaient jeunes et courageux. Ils n'ont pas attendu le client; ils sont venus le solliciter. Des nuées de commis-voyageurs allemands qui parlaient français se sont abattus sur les marchés ottomans; ils ont offert des articles moins bons que les nôtres, mais ayant un assez joli aspect et d'un prix beaucoup plus réduit; ils ont accordé de grandes facilités de paiement; ils se sont montrés aimables, prévenants, ponctuels, et ont enlevé les ordres. »

L'Allemagne, offrant l'article anglais et français bien imités et à très bas prix, attaque tout le monde dans tous les genres et chacun dans sa spécialité; elle offre tout ce qui se vend et elle fabrique au rabais tout ce qu'on demande. Un Turc m'a fait à sa manière l'exposé de la situation : « Mon grand-père a acheté une sacoche à un Français; il l'a payée deux livres; elle était en cuir. Mon père l'a achetée à un Anglais; il l'a payée une livre; elle était en toile cirée. Moi, je l'ai achetée à un Allemand; je l'ai payée deux medjidiés (huit francs); elle est en carton verni. » C'est toujours la même sacoche en apparence; ni la forme ni la couleur n'en a changé, mais bien le prix et conséquemment la qualité. Or, la Tur—

quie s'appauvrit et ne se civilise pas. Le souverain seul fait
fortune dans son empire. Si quelques-uns de ses pachas
jonglent avec les millions, c'est la bohème dorée. La bourgeoisie est fonctionnaire, donc payée irrégulièrement; c'est la
bohème douloureuse. Le paysan peine sous les impôts. Nul ne
veut ni ne peut donner d'une sacoche ce que donnait son
grand-père. Les goûts restent à peu près les mêmes; on désire
des objets similaires, mais à meilleur compte. L'intermédiaire
indigène, lui, a besoin surtout des facilités de paiement, et
l'Allemand, qui fait ici des offres à 40 p. cent de réduction
sur celles de son concurrent, ajoute encore volontiers des crédits de neuf mois, tandis que la patience du Français va jusqu'à
quatre-vingt-dix jours au plus.

Qu'importe après cela la qualité du produit ? Parmi les
populations clientes. le Turc se laisse prendre aux belles
paroles; quand l'objet lui est présenté, il ne suppose pas un
instant qu'on le trompe sur sa valeur. Probablement cet incor-
rigible enfant gâté s'imagine que les prix ont baissé depuis
vingt ans, parce qu'il est moins riche que son père. Le Grec
et l'Arménien sont des madrés qui ne prendraient pas du carton verni pour du vrai cuir; mais ils apprécient le bon marché,
et gardent l'espoir de faire durer leur sacoche autant que celles
des anciennes générations. Dans les petites colonies européennes des grandes villes et des ports, le mal d'argent est
incurable : on vit d'apparences plutôt que de réalités; les
besoins sont abondants; on veut acheter beaucoup avec de
faibles ressources. et peu importe que ce soit du doublé, pourvu
que cela brille. La loi du bon marché est donc devenue générale, et la marchandise allemande règne en maîtresse dans
tous les comptoirs : les magasins français de Constantinople
eux-mêmes se fournissent en Allemagne.

Pour plaire à la Turquie conservatrice qui aime les vieilles formes, l'Allemagne prend ses modèles en France et en Angleterre.
Mais. l'imitation ne pouvant triompher de certaines marques
anglaises et françaises. l'industrie allemande s'est mise à en faire
la contrefaçon. Les manufactures de Sheffield ont dû engager
de gros procès contre des maisons de coutellerie allemandes.
Elles les ont gagnés en Égypte ; mais, en Turquie, les tribunaux
se montrent moins disposés à leur donner raison. On voit des

pièces de drap allemand qui portent sur la bordure l'inscription « drap d'Elbeuf » ou « drap de Sedan », et des flots de champagne ou de cognac nous arrivent de Hambourg. La moralité dans les transactions n'a pas gagné en Turquie à cette entrée de l'Allemagne dans la lutte. D'Andrinople, la Chambre de commerce française écrit : « Depuis qu'à l'honnêteté commerciale a succédé la tromperie, la méfiance est devenue la base des transactions, ce qui n'est pas fait pour faciliter les affaires. Il doit cependant y avoir des maisons allemandes correctes en affaires; mais ici, nous n'en voyons pas beaucoup. » La correction, si rare à Andrinople, existe pourtant dans la généralité des cas. On se croit très armé par la supériorité du produit français contre la pacotille des Allemands. Mais si mauvaise que soit cette marchandise, elle ne coûte pas plus qu'elle ne vaut. L'acheteur n'accuse pas les Allemands de mauvaise foi. Ils se contentent de très petits profits, et on leur en sait gré. C'est le premier secret de leur popularité croissante.

Le second est peut-être un pouvoir d'adaptation particulier, un respect des goûts et même des sentiments de leur clientèle. La Turquie étant encore imprégnée de sympathies françaises et parlant le français comme une autre langue nationale, les Allemands fournissent ses bazars de soldats de plomb en pantalons rouges, de drapeaux tricolores et d'alphabets français. Notre *Bulletin* rend hommage à leur *amabilité*, leur *prévenance,* leur *ponctualité.* Ils savent livrer exactement la quantité et la qualité demandées, au jour dit. C'est beaucoup. Ils devancent les désirs de leur clientèle, ce qui est mieux encore. Faut-il des emballages d'une certaine nature ou d'une dimension particulière, ils les font en conséquence, sans invoquer, comme d'autres, les vieux usages ou les routines de la maison. On m'a cité le cas d'une grosse fourniture faite par des Français sur une route de caravanes. Depuis des années, les chameliers réclamaient des caisses plus petites, plus faciles à charger sur leur bêtes. On ne leur répondait même pas : voit-on que des convoyeurs du désert changent quelque chose aux habitudes séculaires d'une maison de France ! Les Allemands survinrent, prirent les mesures en long, en large et en hauteur, et se conformèrent exactement aux vœux des caravaniers ; on leur repassa la commande.

Autre supériorité : l'Allemand n'hésite pas devant les sacrifices nécessaires. « Les premières commandes, dit ce même *Bulletin*, étaient peu nombreuses ; pour les obtenir, il a fallu accorder de longs termes à des acheteurs de second ordre et subir bien des déboires. Si l'Allemagne faisait le compte exact des sommes qu'elle a perdues en Turquie, au début de ses relations avec ce pays, elle arriverait à un joli chiffre. Mais l'industrie germanique a jugé que ces sacrifices étaient nécessaires, elle ne s'est pas découragée. Aujourd'hui, elle recueille le prix de son initiative et de sa persévérance. » Ajoutons encore l'esprit de méthode tout allemand et la forte organisation d'un caractère très neuf. Tandis que le commerce français s'est fondé sur les Latins, le commerce anglais sur les Arméniens, et qu'en règle générale ni l'un ni l'autre ne vont sans intermédiaires indigènes, le commerce allemand a voulu manœuvrer par ses propres moyens. En supprimant les intermédiaires, il diminuait les charges de la marchandise et restait fidèle à son principe du minimum de profit. Tout d'abord, il poussa devant lui les juifs autrichiens, ses représentants directs, qui ouvrirent les voies jusqu'au fond de l'Asie turque. Derrière eux marchaient les Allemands eux-mêmes. Les chefs de maison firent en personne des voyages de reconnaissance. Puis ils installèrent des hommes à eux, d'une fidélité éprouvée ; ils eurent partout des représentants allemands. Par contre, « les négociants français, qui voyagent peu, traitent par des intermédiaires. Pour arriver au lieu de consommation, en importation ou en exportation, une marchandise passe par plusieurs mains, ce qui augmente son prix de revient de 20 à 50 p. cent en moyenne ».

L'Allemand apprend à voyager et à faire voyager. Les représentants de commerce allemands pullulent le long des côtes et vont très loin dans l'intérieur. Ils font très rapidement connaissance avec le pays et, avant d'apprendre le turc et le grec, savent tous le français. Comme leurs chefs de maison, ils se contentent souvent de gains minimes, et l'on en voit qui offrent des articles insignifiants... Un des dignitaires de la Chambre de commerce française, consulté par un riche syndicat de province, répondit par des encouragements, mais, n'étant pas de la partie, conseilla l'envoi d'un spécialiste.

C'était la moindre des choses : on s'en tirerait avec mille francs. Le syndicat bouda ce compatriote, l'accusant d'indifférence envers son pays, et mit en doute l'utilité de sa charge. Un commis voyageur allemand en « tirants de bottines » était alors à Constantinople : en trois semaines, il avait fait assez d'affaires pour couvrir les frais de son séjour.

La France n'a pas de bateaux qui fassent le tour de ses côtes et viennent de Dunkerque à Constantinople : ses industries du Nord, pour éviter les transbordements, dirigent leurs marchandises sur Anvers, où les compagnies belges, anglaises et allemandes les recueillent. L'Allemagne a fondé la *Deutsche Levant Linie,* de Hambourg à Odessa, avec escales à Anvers, Malte, Alexandrie, Syra, Pirée, Smyrne, Salonique et Constantinople. Les conditions de fret sont très favorables et la nouvelle compagnie, qui est en grand progrès, ne recule devant aucun effort pour donner de l'extension à ses affaires. Par contre, le commerce français souffre et se plaint de l'esprit fonctionnaire et anticommercial de la compagnie subventionnée des *Messageries maritimes.* Ses paquebots qui font, depuis le printemps dernier, des escales de plusieurs heures dans la baie de la Sude, pour le service des courriers et du matériel de la flotte, refusent d'y débarquer le moindre colis civil. Les marchandises expédiées de Marseille étant ainsi grevées de frais de transbordement au Pirée, il n'y a pas chez les négociants français de la Canée une épingle qui ne vienne de Trieste ou de Constantinople. Le *Lloyd autrichien,* les petites compagnies grecques, les fabricants allemands et autrichiens profitent de l'aubaine, mais les *Messageries maritimes* sauvent un principe administratif : la Crète ne figure pas sur leurs itinéraires réguliers.

Par contre, l'Allemagne, dont le pavillon ne paraissait pour ainsi dire pas dans les eaux ottomanes avant 1890, est entrée l'année dernière dans le port de Constantinople avec plus de 160, près de 200 vapeurs. C'est peu à côté des 6 000 anglais, mais cela commence à compter auprès des 260 français.

Voilà une longue suite de constatations assez tristes. Et pourtant, il faudrait si peu de chose pour sauver la fortune que des mains françaises tiennent encore et qu'elles gaspillent ! Un courageux retour sur soi-même vaudrait mieux

qu'une étude déta'llée des forces de son adversaire. Comme
le dit M. Giraud, secrétaire de la Chambre de commerce de
Constantinople et rédacteur du *Bulletin* que nous avons plusieurs fois cité, « le *danger allemand* n'est rien, bien plus
grave est le *danger français* ! »

* *
*

« Lorsque la Prusse aura fait sa fortune, elle pourra se
donner des airs de bonne foi », écrivait, au siècle dernier, le
spirituel auteur d'un testament fort peu connu du grand Frédéric. Cette maxime semble se vérifier aujourd'hui en Turquie. Fortune politique, fortune industrielle et commerciale,
la Prusse a tout acquis avec une rapidité foudroyante, et elle
prétend aimer le Sultan pour lui-même, le Levant pour son
soleil et ses mers bleues, l'Islam pour la gloire de ses armes.
Les Turcs ne s'y laissent pas prendre tous ; plusieurs déplo-
rent cette sorte de main-mise humiliante pour l'amour-propre
national. « A Constantinople, me disait l'un d'eux, quand
une maison brûle, on s'empresse de fermer les portes sur la
rue par crainte des pompiers volontaires qui saccagent tout
dans les appartements. Puis on travaille soi-même ? éteindre
l'incendie en attendant l'arrivée des secours réguliers. Notre
souverain a pris le parti opposé : au jour du danger, il a
laissé entrer les plus rapaces, et les autres sont restés dans
la rue. »

C'est sur le Sultan, et sur lui seul, que repose l'influence politique de l'Allemagne en Orient. Il y a bien
encore un parti militaire ; mais il perdra son importance le
jour de l'évacuation de la Thessalie, à moins que des événements imprévus ne viennent bouleverser toute la logique et
toute la tactique du règne d'Abd-ul-Hamid. Hors de là, il y
a peu de sympathies dans le monde politique et une véritable
hostilité dans certaines classes religieuses. Le peuple ne
considère les étrangers que lorsqu'ils laissent de l'argent sur
leur passage ; il commence à se plaindre des fréquents arrivages d'Allemands besogneux. Donc, si l'Allemagne a conquis
par le travail une grande place qu'elle conservera, on entrevoit, en revanche, un terme à son hégémonie politique, qui
durera ce que peut durer l'échange de deux fantaisies de

souverains. En ce moment, cette hégémonie s'exerce pleinement, et le bon Turc se soumet, sans conviction, aux amitiés
imposées par le padichah. On voit, depuis la récente guerre,
nombre d'employés de l'État entêtés à vaincre les difficultés
de la langue allemande, que von der Goltz n'avait pas pu
introduire à l'École militaire. La *Burgschule* de Constantinople gagne beaucoup d'élèves grecs et arméniens, dont les ·
parents sont de bons flaireurs du vent. L'école de médecine
appelle des professeurs allemands. On veut des Allemands partout. Lorsque l'empereur Guillaume reviendra à Constantinople, il pourra contempler la grandeur de l'édifice dont il
jeta les bases, il y a huit ans, et s'admirer dans son œuvre.

Cependant les points faibles commencent à paraître très
visiblement. L'Allemagne s'est trop isolée avec le Sultan ; elle
a été ingrate envers des puissances qui la croyaient plus
reconnaissante. Jadis, un ambassadeur d'Angleterre guida ses
premiers pas, voulant opposer à la Russie une force nouvelle ;
mais le temps déjoua ses calculs. Dans une période qui s'est
close hier, la Russie tenta de capter cette force à son profit
et lui donna les moyens de s'accroître. A un Français qui
s'étonnait de l'indifférence moscovite en face du danger allemand en Turquie, un diplomate russe répondit l'année
dernière : « Nous n'avons pas de financiers et pas encore
d'expansion commerciale à l'extérieur ; ce qui se fait en
Turquie nous paraît acceptable de la part de l'Allemagne qui
ne travaille que pour elle, mais non de la part de la France,
dont les affaires sont soutenues par l'argent anglais et
donnent à l'Angleterre des moyens d'action sur le pays. »
L'Allemagne a si bien travaillé pour elle-même que la Russie
n'y trouve plus son compte et que la résistance russe menace
d'être, dans les temps prochains, le « clou » de la politique
orientale.

Une autre cause de faiblesse provient de ce que l'Allemagne
n'a pas de clientèle parmi les peuples de l'Orient. A ceux qui
négligeraient la leur, on devrait signaler son ardent désir de
s'en former une. Depuis longtemps, elle essaie d'avoir une
politique religieuse. Les œuvres pies de Frédéric-Guillaume IV,
jadis, n'ont servi qu'à l'Angleterre qui s'est fait un monopole de protestantisme. La formule était, du reste, sans

grande vertu, et M. de Bismarck en trouva une meilleure. Il
joignit ses efforts à ceux de l'Autriche et de l'Italie contre le
protectorat français, et dirigea sur la Turquie un certain
nombre de missionnaires catholiques allemands, assurés de
l'appui de l'Empire au même titre que les protestants. Ces
essais n'ont pas donné de résultat bien grand, mais l'Allemagne reste en expectative et cache son jeu. S'il est un sujet
sur lequel elle se renseigne et se documente, c'est bien
celui-là. A tous les Pères Salvator mal vengés et à toutes les
distractions de la France, elle marque les points avec joie.
Elle a eu pour cela successivement trois ambassadeurs catholiques à Constantinople pendant quinze ans. Avant eux, le
prince Radziwill, venu en mission avec une nombreuse suite,
avait beaucoup fréquenté chez les évêques et avait eu les honneurs d'une messe solennelle dans la cathédrale des Arméniens-
unis.

Dans quelques mois, Guillaume II ira aux Lieux-Saints.
On lui prépare un accueil magnifique, et le Sultan parle de
lui donner l'emplacement du Cénacle, que toutes les com-
munautés chrétiennes convoitaient depuis si longtemps. Il
y a dix ans, l'Europe aurait pris les armes pour moins que
cela. Ce pèlerinage sera-t-il protestant ou catholique? Si,
après avoir inauguré la chapelle luthérienne qu'il a fait
construire sur l'ancien domaine des chevaliers de Saint-Jean
de Bethléem, l'empereur y installe des religieux catholiques
allemands, comme on le prédit, il faudra peut-être se rendre
à l'évidence. Les deux grands monarques qui règnent l'un au
centre et l'autre à la pointe méridionale de l'Europe — comme
disent les journaux turcs, oubliant qu'il y a dans le monde
d'autres empires — ont engagé une partie formidable contre les
grandes puissances intéressées en Orient. Leur union, fondée sur
l'admiration mutuelle, suppose un perpétuel échange d'avantages. C'est, d'une part, des concessions, des privilèges et une
sorte d'abandon de souveraineté sur un domaine d'influence
qui s'accroît chaque jour. De l'autre, c'est la perpétuelle
flagornerie, la complaisance jusque dans les massacres. A ce
sujet, deux opinions règnent en Allemagne ; celle de l'empereur qui est tout, et une autre qui ne compte pas. Sur le
Bosphore, il y a un orphelinat allemand qui reçoit les

enfants arméniens et une ambassade d'Allemagne qui s'oppose à l'installation des Arméniens dans des colonies agricoles. C'est l'image de la situation.

Si, comme je le crois, il naît des révoltes dans l'âme de certains Allemands contre cette politique de complicité et d'intérêt, elles ont trouvé leur expression la plus noble dans un récent article de von der Goltz-Pacha, redevenu général prussien [1]. Jamais on n'avait plus justement et plus froidement dressé le réquisitoire du régime de torture morale sous lequel la Turquie est écrasée; jamais le peuple turc n'avait trouvé d'avocat plus généreux et plus savant à la fois. Von der Goltz parle en historien placé devant un des problèmes sociaux les plus cruels, en soldat froissé par de viles intrigues, et en voyageur ayant vécu de la vie de ceux qu'il entreprend de défendre. Comme le professeur Vambéry, il s'est pris d'affection pour le peuple patient et sain. Dans ses élèves, il a vu poindre un patriotisme ardent, non pas l'amour « du sol de Sa Majesté » qui est seul autorisé par la police, mais celui de la vraie patrie. Pour le peuple et pour la jeune génération turque, von der Goltz réclame des mesures de soulagement provisoires et, entre autres, le retour à la constitution de Midhat. Il conseille au Sultan de reconnaître sa faiblesse pour sauver son empire, de renoncer à l'orgueil de jouer en Europe le rôle de grande puissance. Il lui conseille de se tourner vers ses possessions d'Asie, trop négligées, et, comme il le croit incapable de prendre un si sage parti, il appelle de ses vœux le réformateur hardi « annoncé par le grand Fuad ».

Ces idées d'un général allemand valent la peine d'être relevées, au jour où la mégalomanie du pouvoir turc ne trouve plus d'autres encouragements que ceux de Guillaume II. Pour l'avenir politique de l'Allemagne, on est tenté de donner raison à l'officier supérieur contre son souverain. Jusqu'ici, ceux qui ont voulu jouer un grand rôle en Turquie, y poursuivre des buts de longue haleine et non pas seulement des intérêts immédiats, ne se sont pas entièrement fiés au pouvoir personnel éphémère. Ils ont pris, comme von der Goltz, la

1. *Deutsche Rundchau*, octobre 1897 : *Stärke und Schwäche des türkischen Reiches, von C.* Freiherrn von der Goltz.

cause des pensées généreuses apportées avec la civilisation, et leur ont donné les moyens de se développer. Le libéralisme turc n'est pas le fruit de l'éducation allemande ; aussi, captif aujourd'hui, libre demain peut–être, n'est–ce pas de l'Allemagne qu'il se réclame. Les idées de Midhat venaient de France ; elles ont été enseignées par des Français à un peuple qui n'oublie jamais. C'est encore, entre les mains de la France, un dépôt aussi précieux que la garde d'une religion léguée par le passé, et ceci mérite réflexion. Les traditions de la vieille France et les idées de la France nouvelle peuvent se prêter un mutuel concours sur ce terrain de la politique levantine ; libéralisme et protectorat catholique peuvent et doivent se défendre ensemble de la même façon ; car, en Orient, ils sont l'un et l'autre des principes de liberté et des gages d'affranchissement, et le jour où, définitivement, la France d'aujourd'hui, pour des convenances éphémères, aurait abandonné l'une ou l'autre de ces causes, ce n'est pas seulement un devoir qu'elle aurait déserté, ce sont encore d'énormes intérêts qu'elle aurait définitivement compromis ou ruinés.

GEORGES GAULIS

Constantinople, janvier.

L' dministrateur Gérant : LOUIS SCHOUÉ

LE ROI DE ROME

PROLOGUE

PREMIÈRE HEURE

I

1814. — Le 29 mars. — A Paris.

La nuit est tombée. Entre les façades à demi éclairées de la rue et le grand fantôme obscur des Tuileries, la place et la cour du Carrousel se creusent en un lac d'ombre, d'où émerge l'arc de triomphe, récif de pierre animé par des chevaux grêles qui se cabrent.

Des passants se hâtent le long de la grille, des dames en redingotes d'hommes, des messieurs en habits couleur de romance, des militaires sanglés, bottés, les épaules plus larges sous l'épaisseur du manteau.

Tout ce monde est inquiet. Colère ou peur, l'émotion dénature les gestes, les paroles. Et, brusquement, les pas s'arrêtent, les voix se taisent. On attend, on écoute. Les regards fouillent les ténèbres, les oreilles scrutent le silence. Une sonnerie de clairons au lointain, une fenêtre qui s'éclaire au palais, un galon qui brille, un éperon qui tinte, tout se tourner les têtes, tressaillir les visages. Des propos s'échangent, des attroupements se forment, un cercle d'affairés se penche, le dos rond, vers un nouvelliste qui pérore. Et, à peine formé, l'attroupement se disperse ; les uns vers le quai, les autres vers la rue Saint-Honoré, les passants reprennent leur route.

Ils disparaissent, et d'autres arrivent, se croisent, disparaissent à

15 Avril 1898.

leur tour. Onde après onde, le long de la grille, sous l'œil des soldats de pierre, gardiens de l'arc triomphal, devant la maison séculaire
où s'accomplit l'Histoire, le double fleuve coule, et pêle-mêle, avec
lui, l'Espion, le Curieux, le Patriote, le Traître.

Sept heures viennent de sonner à l'horloge de Saint-Germain-
l'Auxerrois. En même temps arrive de loin, à peine distincte, une
cadence de tambours en marche. Interrompu un moment, le bruit
repart, se rapproche. Étouffé par le fracas de la rue Saint-Honoré,
il renaît plus distinct, et le voici qui éclate, multiplié, sous la voûte
du guichet, qui remplit la cour, qui vibre, immédiat, aux échos des
Tuileries.

C'est une compagnie de la garde nationale qui vient relever les
postes.

Les tambours se taisent, des commandements parlent, des crosses
de fusils battent le pavé. Et tout de suite des pas se hâtent dans
la cour, on échange des mots d'ordre, on place des factionnaires. Puis,
en sens inverse, le roulement des tambours s'allume, s'enfle sous la
voûte, décroît et meurt vers le jardin.

La garde descendante est partie ; la garde montante s'installe.

Sans armes, les mains aux poches, deux légionnaires, un caporal,
quittent le corps de garde. Ils flânent. Ils longent la façade du palais,
ils musent au guichet de l'Échelle, ils suivent la grille, ils s'arrêtent
enfin à l'abri de l'arc de triomphe, sous la clarté dansante des lanternes.

Un des deux gardes,

M. SIZES,

tire sa montre. C'est un gros homme, une paisible figure de bourgeois, importante et débonnaire. Il calcule :

Plus que onze heures et demie à souffrir. Pourvu que ce
soit notre dernière nuit de garde !

Il bâille, et s'interrompt de bâiller pour s'intéresser à une femme
qui passe, un visage jeune, plus jeune sous l'auvent de la cornette,
qui lui fait comme un déguisement de vieille.

Le caporal,

M. LOISEAU,

regarde M. Sizes de travers. Pas commode, celui-là ! une tête d'inquiétude et de bataille, les joues creuses, le front obscur, barré de rides,
et, sous la moustache en brosse, une lèvre ricaneuse. Il riposte :

Il vous tarde que les Cosaques viennent vous remplacer,
pas vrai, monsieur Sizes ?

M . SIZES

fait la grimace. Recevoir des leçons d'un caporal, lui, le grand bijoutier de la rue Vivienne, le fournisseur de la Cour, c'est trop fort !
Il réplique :

Les **Cosaques** ? ce n'est pas nous qui **les** arrêterons en tout
cas, monsieur Loiseau ; que voulez-vous qu'on fasse sans
armes ? Nos compagnies du centre n'ont encore **que** de **mauvaises** piques !

M . MICHOU

approuve, timidement, avec une voix de tête :

Nos fusils ne valent guère mieux : **des** flingots de rebut qui
nous éclateraient dans les doigts !

M . SIZES.

C'est comme les **fortifications**... parlons—en ! Un mur d'octroi pour arrêter **une** armée de trois cent mille hommes ! Ça
fait pitié, je vous dis.

M . LOISEAU

a pris son air méchant :

C'est vous qui me faites pitié ; oui. vous ! Mauvais fusils,
mauvais soldats.

Il fait demi-tour, s'écarte, revient droit sur ses contradicteurs.

Ah ! c'est une **fichue** idée qu'a eue l'Empereur de vous
donner à garder sa femme **et** son mioche. Il aurait mieux fait
de s'adresser aux ouvriers, aux crève-la-faim des faubourgs.
Ceux-là auraient marché, ceux-là se seraient fait trouer la peau
de bon cœur ! L'Empereur a eu tort.

M . SIZES.

Le tort qu'a eu l'Empereur, je vais vous le dire, moi. Ç'a
été de ne pas faire fusiller les Talleyrand, les Dalberg, les de
Pradt, tous ces renégats, tous ces vendus qui travaillent à sa
perte. La France est à l'encan ; Paris est livré aux traîtres !...
Des traîtres ? il en pleut au Sénat, au Conseil d'État, au Corps
législatif. En cherchant bien, vous en trouveriez dans les bureaux des ministères, et jusque dans la peau des ministres,
peut-être. N'ai-je pas raison, monsieur Loiseau ? Et il faudrait
nous faire tuer, nous autres, pendant que nos chefs complotent avec l'ennemi ?

M. Loiseau baisse la tête.

M. MICHOU.

Nous faire tuer? Pas si bêtes! Nous n'avons rien refusé à
l'Empereur depuis quinze ans, rien; ni notre argent, ni notre
vie... c'est-à-dire celle de nos remplaçants. Tant que les affaires
ont marché, nous avons été avec lui. Maintenant que ça ne
va plus, bonsoir!... Les affaires avant tout!

L'idée de perdre son argent met hors de lui M. Michou. Sa voix
se hausse, son geste s'amplifie. C'est presque de l'éloquence. Des
passants se retournent, amorcés. On s'attroupe.

M. SIZES.

C'est vrai, on n'en peut plus. Trois conscriptions dans un
an! La France n'a plus une goutte de sang dans les veines. Il
faut que ça finisse.

M. LOISEAU.

Ça finira, oui, et nous avec. Prenez garde, mes amis. Ce
qui est en jeu, ce n'est pas l'Empire seulement, c'est la France,
notre France à nous, celle que nous avons faite : la France
de la Révolution !... Vous avez donc bien envie de voir revenir
la bande des ci-devant, des émigrés aux dents longues?...
C'était pas la peine alors de motionner au club, comme
vous l'avez fait, monsieur Sizes, ni de prendre la pique ou
le fusil, quand le tambour nous appelait aux sections. Et
ces arbres de la Liberté que nous avons plantés, ici même, en
pleine cour du Carrousel, vous en souvenez-vous, monsieur
Michou? Vous y étiez pourtant, mon cher, et vous aussi, monsieur Sizes. Vous avez dansé, vous avez chanté le *Ça ira* comme
les camarades. Et vous renaclez maintenant? Moi, pas. Je
suis pour garder ce que nous avons. Tant que l'Empereur tiendra, tant que sa femme et son enfant seront là, je serai leur
homme. Qu'on me donne un fusil ou une fourche, je mar-
cherai pour eux !

II

A mesure qu'il parle, l'émotion gagne le caporal; elle allume ses
yeux gris d'émouchet, crispe sa lèvre, enrauque sa voix qui tremble.
Et cette flamme se communique aux passants, aux écouteurs attroupés.
M. Sizes lui-même et M. Michou reçoivent l'étincelle. L'idée de pa-

trie remue en eux, les jette pour une minute hors de leurs limites. Ils comprennent la nécessité d'agir, la gloire de lutter, la possibilité de vaincre.

Des trompettes de cavalerie sonnent en même temps, toutes proches. Dans le déchirement des cuivres, dans le cahotement des chariots bondissant sur le pavé, une batterie de canons arrive, débouche sur la place du Carrousel. Une rumeur la précède : bruit de peuple, où se mêlent des cris d'enfants, des jurons, des refrains patriotiques.

La *Marseillaise* assoupie, morte au lointain des années héroïques, vient de ressusciter, plus vibrante. La clameur roule ; torrent d'enthousiasme, ses ondes vont battre les murs silencieux des Tuileries. Et les murs s'émeuvent ; des fenêtres s'ouvrent, tandis qu'en bas, sur la place, la foule se porte à la rencontre des artilleurs.

DES VOIX

s'élèvent :

— C'est l'École polytechnique !
— Vive l'École polytechnique !

La batterie passe. Servants et conducteurs improvisés, avec des figures enfantines écrasées sous l'ampleur du shako, ils vont chantant, comme à un rendez-vous d'amour, à leur poste de bataille. De longues acclamations les saluent. La foule crie, et, au premier rang, bicornes en l'air,

LES TROIS GARDES NATIONAUX

s'égosillent :

— Vive l'École !

Shakos en l'air, du haut des caissons,

LES POLYTECHNICIENS

ripostent :

— Vive la garde nationale !

C'est fini. La nuit se referme sur la petite troupe, vite disparue ; la *Marseillaise* n'est bientôt plus qu'un son perdu dans le grondement du Paris nocturne.

Seul,

M. LOISEAU

vibre encore :

Vous le voyez, il y a de l'espoir. La jeunesse donne. Que l'Empereur revienne à temps pour se mettre à notre tête, et on marchera. Le gros ventru n'est pas encore installé aux Tuileries.

λ. SIZES

hausse les épaules :

L'Empereur ? Il est loin ; et si ce qu'on dit est vrai, l'Impératrice et le Roi de Rome doivent partir cette nuit même. C'est le bruit qui court. Nous allons bien voir, d'ailleurs. Ici, nous sommes aux premières places. Si le Conseil de régence se réunit, nous assisterons à l'entrée des ministres.

Quelques minutes sont à peine écoulées, un équipage de gala traverse la place, entre dans la cour du Carrousel. Et, presque tout de suite après celui-là, un autre. Tout le Conseil va défiler. M. Sizes bat des mains :

Les voilà ! Venez, à l'entrée, sous la lanterne. nous reconnaîtrons les têtes.

III

Les gardes nationaux s'adossent au pilier de la grille. Des curieux se joignent à eux, forment bientôt la haie.

Arrive

UN GAMIN,

un pâlot, ébouriffé, avec des yeux de malice. Il se faufile en jouant des coudes :

Pardon, citoyen ! Excusez-moi, madame !

UNE VOIX

s'impatiente :

Doucement, animal !

UNE AUTRE VOIX.

Prenez garde. imbécile !

LE GAMIN.

De quoi ? Monsieur se fâche ? Si monsieur n'est pas content, monsieur n'a qu'à s'en aller ; on lui rendra l'argent à la sortie. Moi, je suis de la troupe, je fais l'explication des figures... Attention, mesdames et messieurs, regardez bien. C'est pour la dernière représentation. Ce soir, clôture définitive.

UNE VOIX.

Ce n'est pas trop tôt. A bas l'Empereur !

Du vide se fait autour du cri séditieux. On s'écarte,

À . LOISEAU

intervient :

Qui a crié : « A bas l'Empereur! »

DES VOIX

s'ameutent aussitôt :

Enlevez-le !

— Faites-le passer!

— A l'eau ! à l'eau !

— A la lanterne !

L'homme se trouble, balbutie ; son geste, commencé en défi, s'écourte en parade. Très pâle, il rabat son chapeau sur les yeux. La foule va l'assaillir, poings levés, menaçante. Il fuit, il détale à travers les voitures. Il disparaît. Un moment alertée, la haie des curieux se reforme, atttentive.

LE GAMIN,

reprend son boniment interrompu :

Le rideau est levé. Silence au parterre !

Un carrosse arrive, laquais devant, laquais derrière, et dans l'intérieur, au milieu des capitons et des dorures, une tête hautaine, impassible.

Le montreur la désigne :

Tenez, ce grand empaillé-là, ce paquet de dentelles et de plumes, c'est monseigneur l'archichancelier, le premier gourmand de France ; un monsieur qui se soigne. Dis donc, vieux, quand est-ce que tu m'invites ?

La voiture s'éloigne, et le gamin :

Bon ! Vlà que j'ai pas eu le temps de lui donner mon adresse !

On rit, et, presque aussitôt, un autre personnage arrive : une apparition grêle dans l'ampleur des coussins, une grimace inquiétante de vieil enfant vicieux, de page impertinent et flétri. L'apparition flotte un moment, oscille comme envoyée par une lanterne magique. Et le gamin fait l'annonce :

Regardez bien celui-là, mesdames et messieurs : le prince de Bénévent, cette canaille de Talleyrand, si vous aimez mieux !

Un cahot du pavé secoue l'image qui s'éloigne :

Eh ! Judas, quand veux-tu que je vienne te servir la messe?

LA FOULE

applaudit le gamin :

— Bien envoyé, petit !

— Attrape, monseigneur !

Mais déjà la lanterne a changé de verre.

LE GAMIN

salue gravement l'entrée d'un nouveau dignitaire : une figure sévère en habit de velours noir.

Le duc de Plaisance, **architrésorier**; l'empereur des écus, quoi ! Une place qui vous irait, hein ? Et à moi donc ! Un quart d'heure d'exercice seulement, et je me retire de la vie publique !

L'architrésorier passe, escorté des révérences du petit homme :

Bonjour, gros cousu d'or ! Salut, monsieur de la Sacoche ! Dis, monseigneur, veux-tu changer de porte-monnaie ?

Le carrosse s'éloigne, va se ranger à la suite des autres, à gauche de la voûte, devant le palais. Le défilé s'arrête. Plus de voitures. Les minutes s'en vont et personne n'arrive. Le gamin s'impatiente :

Déjà dix minutes. C'est trop. J'ai failli attendre ! Et on m'attend. Une dame du monde. Chut !

Là-dessus, le gamin prend son élan, fait la roue; et, en se relevant, la bouche en cœur, un baiser au bout des doigts :

Bonsoir, vous autres !

Le gamin est parti et les curieux demeurent, insatiables. Mais on ferme la grille. Le spectacle est fini.

M. SIZES.

Les voilà tous à leur poste, là-haut. La parlotte va commencer. Si nous rentrions ? Un bol de punch, une partie de nain jaune, autour du poêle, est-ce que ça ne vous dit rien ?

M. MICHOU.

C'est ça ! et M. Loiseau, qui sait tout le Caveau par cœur, nous en chantera une un peu raide. Pas vrai, caporal ? Tenez, voici pour vous éclaircir la voix.

Il ouvre sa bonbonnière, offre de la réglisse.

Allons, venez-vous ?

Bras dessus, bras dessous, M. Sizes et M. Michou rentrent au corps de garde.

J. LOISEAU

se décide à les suivre. En passant, il lève les yeux vers les Tuileries :
Pourvu que les gens de là-haut ne trahissent pas !

IV

Le va-et-vient de la foule continue, moins pressé cependant, le long
de la grille et, de l'autre côté, dans la cour, la promenade à pas
comptés du factionnaire.

Inégaux d'âge et d'allure, deux passants se dirigent ensemble vers
la rue Saint-Honoré : l'aîné, une figure fatiguée, inquiète ; l'autre,
un air de fièvre joyeuse, l'œil ardent, le pas délibéré, la canne en
moulinet.

LE PLUS AGÉ

se penche vers le plus jeune. Il désigne la cocarde blanche que son
camarade porte au chapeau :

Je vous en prie, mon ami, enlevez-moi ça. Le bel avantage, quand vous vous serez fait arrêter !

LE PLUS JEUNE.

Tout le monde la portera demain ; laissez-moi l'élégance
de l'arborer le premier.

LE PLUS AGÉ.

Ici, en pleine place du Carrousel, c'est fou !

LE PLUS JEUNE.

Eh ! justement, ici, devant la maison de Louis XVI et de
Marie-Antoinette... Quels souvenirs, mon ami ! Mais la
revanche est proche. Demain, demain ! Oh ! que cette nuit
est longue !

Il désigne le Palais :

Qui sait ce que font ces gens-là ?

LE PLUS AGÉ.

Le Conseil de régence délibère. On met aux voix le départ
de Marie-Louise et du Roi de Rome.

LE PLUS JEUNE.

Je le plains, celui-là. Pauvre petit roi pour rire... pour

pleurer, peut-être! Il dort sans doute, pendant que notre ami Talleyrand... Fais dodo, petit! Tu ne sais pas ce qui t'attend au réveil!

Les deux amis ont dépassé l'arc de triomphe, ils arrivent devant la guérite du factionnaire, Le factionnaire est loin, le trottoir est à peu près désert. Le plus jeune des deux amis s'arrête, tire un papier imprimé de sa poche, le cloue avec son épingle de cravate, au bois de la guérite.

LE PLUS AGÉ,

qui avait continué à marcher, se retourne :

Que faites-vous?

LE PLUS JEUNE.

Vous le voyez! j'affiche. Quand les ministres sortiront du Conseil, ils pourront lire la proclamation du comte de Provence.

LE PLUS AGÉ.

Inutile!... ils la savent par cœur.

LE PLUS JEUNE.

Ce sera donc pour le factionnaire.

Ils s'éloignent, font quelques pas, observent. Le garde national aperçoit l'affiche, chausse ses lunettes, déchiffre. Au moment où il va finir, l'afficheur lève son chapeau en l'air. Il crie :

Vive le Roi!

LE FACTIONNAIRE

ôte ses lunettes, commande :

Au large!

LES DEUX AMIS

répliquent d'un vigoureux :

Vive la garde nationale!

DEUXIÈME HEURE

I

L'antichambre du cabinet de l'Empereur. Une pièce solennelle et vide. Pas de meubles : une console entre les croisées, des banquettes le

long des murs; la porte enfin, la porte redoutable qui donne accès
au Destin! Le Grand Conseil délibère à côté L'huissier et le portier sont
seuls. Déjà ils se sont mis à l'aise, se sont allégés de leurs attributs:
le portier a déposé sa hallebarde; l'huissier a renoncé au prestige
de la masse en vermeil. Basques écartées pour ménager la dorure
de l'habit, ces messieurs bavardent, étalés sur une banquette.

LE PORTIER.

Nous sommes au complet, je crois.

L'HUISSIER.

Manquent Bassano et Vicence; mais on ne les attend pas:
ils sont à l'armée, auprès de l'Empereur.

LE PORTIER.

avec une moue de mépris:

Ils ne sont déjà que trop là dedans. L'Empereur, à lui tout
seul, aurait mieux fait la besogne.

L'HUISSIER

hoche la tête:

L'Empereur? Ah bien, oui! Qui sait où il est, à cette heure?
Peut-être en fuite; mort peut-être. Vingt ans que la mitraille
le guette; elle finira bien par le mordre. Depuis six jours —
six jours, entendez-vous? — on est sans nouvelles de l'armée.
Mauvais signe! Ah! mon pauvre monsieur Chabre, ça va mal,
très mal.

LE PORTIER,

un sanguin à tête doguine, ne se laisse pas démonter:

Moi, j'ai confiance, monsieur Fontan. Souvenez-vous...
Après la campagne de Russie... Tout était perdu, l'Impératrice
ne faisait que pleurer. Un soir, le petit homme arrive; j'étais
de service; il passa devant moi tout fourré, tout botté, rond
comme une boule. Il lui tardait d'embrasser sa Marie-Louise.
Le lendemain, la France était d'aplomb.

Le portier se tait, puis reprend, ayant songé un peu:

S'il arrivait ce soir, hein? S'il entrait maintenant? C'est ça
qui serait drôle! Si vous ouvriez cette porte à deux battants
en annonçant: « Sa Majesté l'Empereur! » Quel coup de
théâtre! Talleyrand n'en mènerait pas large!

L'HUISSIER

secoue la tête :

Oui ; mais il ne reviendra pas. Reviendrait-il, d'ailleurs, il n'irait pas loin, le Patron.

LE PORTIER.

Qu'est-ce que vous racontez là, monsieur Fontan?

L'HUISSIER.

La vérité. L'Empereur est malade...

Il baisse la voix :

C'est M. Constant qui me l'a dit. Il a mal dans le foie. Dame ! Il en fait trop, aussi ! Toute la journée à cheval ou dans ses écritures. Il ne prend seulement pas le temps de manger ni de dormir. Un quart d'heure à table, et encore ! Pas la peine d'être empereur pour se nourrir si mal. Ah ! si j'étais à sa place !...

II

Un bruit de pas monte l'escalier. Le portier reprend sa hallebarde, l'huissier sa masse. L'intrus se présente. C'est

M. LOISEAU,

le caporal de la garde nationale. Il salue militairement :

Pardon, messieurs, je venais...

LE PORTIER.

Oui, que veniez-vous faire? Expliquez-vous.

L'HUISSIER,

très digne :

Croyez-vous qu'on entre ici comme dans un moulin?

M. LOISEAU.

Ne faites donc pas tant d'histoires ! Antichambre ou moulin, nous sommes tous chez nous ici. L'Empereur n'est que le locataire de la nation.

LE PORTIER.

De quoi? Qu'est-ce que vous me chantez là? Allons, l'ami, videz-moi le plancher, s'il vous plaît !

Il va joindre le geste à la parole.

M. LOISEAU.

Doucement! Je ne suis pas votre ami d'abord, je suis caporal de la garde nationale. Tâchez de respecter un peu mes
galons. Et puis ne vous fâchez pas. Je suis monté... pas de
mal à ça : y a un escalier, c'est pour qu'on monte. Je flâ-
nais, histoire de me renseigner un brin. On est patriote, et,
dans ce moment-ci...

Il montre la porte de la salle du Conseil :

Savez-vous ce qu'ils trafiquent, là dedans?

L'HUISSIER.

Vous êtes bien curieux, caporal! Ce qu'ils trafiquent! Eh!
mais, vous le saurez demain, comme tout le monde, quand
vous lirez votre journal. En attendant, faites-moi le plaisir
de descendre, je vous prie. La consigne est sévère, et je n'ai
pas envie d'avoir des ennuis à cause de vous.

M. LOISEAU.

C'est bien, je m'en vais.

Il fait un pas, se retourne, et, lorgnant la porte :

Dommage qu'on ne puisse pas mettre un peu l'oreille à la
serrure... savoir seulement si l'Impératrice va partir.

LE PORTIER.

Pas gêné, dites donc! Monsieur voudrait écouter aux
portes !

Il reconduit le caporal jusqu'au palier.

M. LOISEAU.

Sans adieu, camarade! Je reviendrai tantôt, quand ces
messieurs du Conseil auront fini de jaboter. On causera.

III

LE PORTIER.

En voilà. un farceur !

Il fait quelques pas vers la porte du Conseil, écoute.

Le fait est que ce serait intéressant de savoir ce qui se passe là derrière. On discute ferme. Rapport à ce départ de l'Impératrice, sans doute. Partira! partira pas!...

Il se tourne vers l'huissier:

Dites donc, si vous ouvriez la porte matelassée? On entendrait peut-être quelque chose.

Il se gratte la tête.

Le caporal avait un peu raison: ce sont nos affaires qu'on discute, après tout: les affaires du pays!

L'HUISSIER.

C'est vrai.

Il ouvre la porte matelassée, colle l'oreille à la serrure de la seconde porte:

Tiens! On se fâche... Qui ça? Un avocat, bien sûr. J'y suis. Boulay de la Meurthe. Quel gueuloir!

Il applique l'oreille de nouveau:

Bon, cela! Il ne veut pas que l'Impératrice parte...

LE FORTIER.

Parbleu! Si l'Impératrice nous quitte avec le roi de Rome, nous sommes nettoyés. Demain, les Cosaques camperont aux Tuileries.

L'HUISSIER.

Chut! Maintenant, c'est Rovigo qui parle. Il est du même avis que l'autre... farceur! Pas plus tard qu'hier il a fait filer son mobilier neuf de la rue Cérutti en province, dans sa famille. Enfin! ça fait toujours deux voix contre le départ... Moi. d'abord, je vous en préviens, si on veut nous emmener, je demande un congé; je reste. J'ai assez trimé pour m'arranger un petit chez-moi, je n'ai pas envie de laisser les Alliés barboter dans mes meubles? Et puis...

Il s'arrête. hésite un moment.

Et puis, si les Bourbons reviennent. — je ne le souhaite pas, mais enfin, tout est possible, — si le comte de Provence s'installe ici. faudra bien quelqu'un pour annoncer. Autant moi qu'un autre.

Il parle et il continue à écouter:

Encore un qui vote avec nous: le duc de Massa. Et de trois!

LE FORTIER.

Nous aurons peut-être la majorité.

L'HUISSIER.

Sapristi ! je n'entends plus rien. Il ne parle pas, celui-là ;
on dirait qu'il siffle. Ça doit être Talleyrand...

LE FORTIER.

Il est pour qu'on s'en aille, celui-là. Pas la peine d'écouter.

L'HUISSIER.

Vous vous trompez, mon cher. Il vote contre.

LE FORTIER.

Il triche. alors. S'il vote non, c'est qu'il pense oui.

L'HUISSIER.

Attention ! l'Impératrice s'explique... Pauvre petite ! Qu'est-
ce qu'elle peut y faire, à tout ça ? Faut être juste ; sa position
n'est pas commode : son papa d'un côté, son homme de
l'autre. Elle ne peut pourtant pas se couper en deux ! Ah ! si
ç'avait été la première, Joséphine, ça aurait marché d'une
autre façon. Mais cette régente de vingt ans !... Eh bien !
c'est une brave femme tout de même. Elle ne demande
qu'à rester, si c'est l'avis du Conseil.

LE PORTIER

se frotte les mains :

Bravo ! on restera !

L'HUISSIER.

Attendez ! V'là que ça recommence. Monsieur l'Aîné, Sa
Majesté le roi Joseph, lit une lettre de l'Empereur.

LE PORTIER.

Enfoncé, le Grand Conseil ! Quand l'Empereur parle, il n'y
a qu'à se taire... Mais que dit-il, l'Empereur ? que veut-il ?
Écoutez bien, monsieur Fontan !

L'HUISSIER.

Il veut que l'Impératrice et le roi de Rome déguerpissent.

L'oreille à la serrure, il écoute et répète à mesure, mot pour
mot :

« Quant à mon opinion, je préférerais qu'on égorgeât mon

fils, plutôt que de le voir élevé à Vienne, comme un prince autrichien. Je n'ai jamais vu jouer Andromaque, que je n'aie plaint le sort d'Astyanax, survivant à sa maison. C'est la destinée la plus malheureuse de l'histoire. »

LE PORTIER.

C'est tapé, hein? qu'en dites-vous? « Je préférerais qu'on égorgeât mon fils... » C'est pas vous, ni moi, qui aurions eu cette idée-là. L'Empereur, voyez-vous, c'est pas un homme! « ... qu'on égorgeât mon fils!... » Il l'égorgerait de sa main, si sa mort devait sauver le pays. Ah! quand il prend son air méchant, quand il se met à vous regarder comme ça... brrr! ça vous fait froid dans le dos, rien que d'y penser.

Après un silence :

Est-ce que vous avez vu jouer *Andromaque*, monsieur Fontan? La première fois que j'aurai des billets, je vous emmène... rapport à Astyanax.

L'HUISSIER

fait signe à M. Chabre de se taire :

Il faudrait pourtant bien savoir ce qu'on décide.

Il écoute :

Cette fois, ça y est. L'Impératrice et le Roi de Rome partiront demain matin pour Rambouillet. L'archichancelier et M. de Lacépède les accompagnent.

LE PORTIER.

Est-ce bien sûr, au moins?

L'HUISSIER.

Tout ce qu'il y a de plus sûr. La séance est levée.

LE PORTIER.

Diantre! Moi qui ai donné des ordres à la hausse! La rente va faire un joli plongeon... Dès que ce monde-là sera parti, je me sauve; je vais donner contre-ordre.

Un coup de timbre appelle de l'intérieur.

L'HUISSIER

ouvre la porte à deux battants; il annonce :

La voiture de Son Altesse le Prince de Bénévent!

LE PORTIER

répète l'ordre, du haut de l'escalier :

La voiture de Son Altesse le Prince de Bénévent !

TROISIÈME HEURE

I

L'appartement de l'Impératrice. Une enfilade, portes ouvertes, de boudoirs et de salons.

La nuit va finir. Les bougies, qui achèvent de se consumer aux candélabres, mêlent leur clarté de veillée mortuaire aux pâleurs de l'aube qui pointe aux carreaux. Ombres agitées ou silencieuses, les dames du palais, les fonctionnaires désignés pour le voyage errent à pas distraits dans les salons, ou s'affalent prostrés, les yeux lourds de sommeil, sur les canapés, sur les fauteuils. De brusques secousses, des sautes de pensées décomposent les physionomies, trivialisent les attitudes. Une jeune femme assujettit son chignon, debout devant une glace, une autre défripe sa jupe, s'assure de la gibecière où elle a serré ses bijoux, dans la bousculade du départ. Et, à côté d'elles, les hommes, oublieux des galanteries coutumières, — tels les voyageurs d'une malle-poste en détresse, arrêtée par les brigands, — tâtent leur portefeuille, secrets d'État ou valeurs de banque, qui fait bosse sous leur habit, ou manient la crosse de leurs pistolets dans la poche du carrick.

Cependant Leurs Majestés Impériales, l'Impératrice-Régente, le Roi de Rome, tiennent leur cour dans le grand salon. Marie-Louise est vêtue, par-dessus la robe, d'une pelisse de soie mauve pâle, doublée d'hermine ; une haute collerette à doubles créneaux sertit à la façon d'un bouquet sa tête d'enfant boudeuse. Le Roi de Rome porte une veste et un pantalon de casimir blanc boutonnés à la hussarde ; la croix de la Légion d'honneur est pendue à son côté. Il s'ennuie. Habillé avant l'heure, séparé de ses pages, privé de ses amusements, il tourne dans le salon, promène son désœuvrement des genoux de sa mère aux jupes de madame de Montesquiou, sa gouvernante.

Le Roi de Rome s'ennuie et l'Impératrice travaille. Spectatrice de sa vie, étonnée et docile, elle emploie ses doigts à faire de la charpie. C'est son passe-temps quotidien, depuis que la campagne est commencée. Ce sera son dernier geste de Parisienne, de Française.

Sa dame d'honneur, madame de Montebello, puise avec elle dans la corbeille aux chiffons.

MARIE-LOUISE

a recours à madame de Montebello :

Voulez-vous remplir cette corbeille, je vous prie ?

Et, pendant que la dame d'honneur exécute son ordre, elle s'adresse à la gouvernante de son fils :

C'est peu, ce que nous faisons ; mais quand les mains besognent, la pensée est plus calme. On voudrait tant être bonne à quelque chose ! Et que pouvons-nous faire de mieux en attendant que le duc de Feltre nous donne le signal de partir ?

MADAME DE MONTEBELLO

replace la corbeille sur le guéridon, devant l'Impératrice :

Est-elle assez garnie, madame ?

MARIE-LOUISE.

distraite :

Merci.

Elle attire à elle le Roi de Rome qui fourrage à pleines mains dans les chiffons de batiste.

Et vous, mon fils, n'avez-vous pas envie de travailler comme nous ?

LE ROI DE ROME,

brusquement :

Je veux pas travailler comme une fille ; je veux m'amuser, moi !

Plus doux, presque câlin, il implore sa gouvernante :

Maman Quiou, dites qu'on me porte mes jouets, je vous prie : ma chèvre et le Turc qui joue de la guitare... le tombereau aussi. Je m'ennuie. Si papa était là, il me ferait jouer au soldat avec lui. Quand reviendra-t-il, mon papa ?

MARIE-LOUISE.

Ton papa reviendra bientôt, mon enfant.

Elle soupire. Des images rapides se forment, passent devant elle : un camp, une troupe en marche, un tumulte d'armes... l'Empereur est là. Elle le voit sous la tente, déchiffrant une carte... seul, en tête

de son escorte... au galop, chargeant l'ennemi. Puis, la vision s'efface.
la vie recommence.

Marie-Louise interroge le comte de Gontaut, debout à l'entrée du
salon, appuyé au chambranle de la porte :

Monsieur de Gontaut, savez-vous exactement la distance de
Doulevant à Paris ?

M. DE GONTAUT.

Trois jours en poste, madame. Mais deux jours suffiraient
à Sa Majesté l'Empereur.

MARIE-LOUISE.

Deux jours ! Il y en a plus de trois que nous sommes sans
nouvelles...

M. DE GONTAUT.

L'Empereur est peut-être en route depuis hier...

MARIE-LOUISE.

Que Dieu vous entende ! Sa Majesté m'a laissé une bien
lourde charge !

Après un silence :

Que va-t-on penser de mon départ, à Paris ?

M. DE GONTAUT.

Paris comprendra la nécessité politique à laquelle Votre
Majesté est forcée d'obéir... Paris, n'en doutez pas, madame,
est tout dévoué à Votre Majesté.

MARIE-LOUISE.

Je voudrais le croire. Mais nous ne sommes plus aux fêtes
de mon mariage, mon cher monsieur de Gontaut. Il y a
beau temps que les lampions sont éteints... Je crains des
troubles dans la rue. On dit que la misère est grande chez
le peuple, et la garde nationale est si mal armée ! Que
deviendrions-nous, si les faubourgs marchaient ?... Les brigands du 20 juin et du 10 août ne sont pas tous morts...
Pauvre reine ! pauvre chère victime ! Elles avaient été bril-
lautes aussi, les fêtes de son arrivée en France. Et, quelques
années plus tard !...

Marie-Louise se tait. Le passé lui revient. Elle voit les journées de
la Révolution, l'assaut de la populace, envahissant la cour, escaladant
le palais, forçant les portes des appartements. Elle entend les cris

de mort, les blasphèmes ; elle assiste à l'agonie de la reine, au défilé des insultes, au corps à corps des bourreaux et des martyrs.

Et pendant que se déroule l'horrible spectacle, voici une rumeur de foule qui vient, subite, du fond des corridors ; des voix montent, se rapprochent. Le peuple est là...

Marie-Louise se trouble...

Les brigands ! au secours !

II

Mais, au lieu des faces redoutables des émeutiers, c'est la figure rassurante de

M. DE BAUSSET,

le préfet du palais, qui se présente au seuil de la porte :

Madame, une députation de la garde nationale sollicite la faveur d'être admise auprès de Votre Majesté et de Sa Majesté le roi de Rome...

MARIE-LOUISE.

Que me veulent-ils ? Dites-leur que je ne suis plus rien ici. J'ai remis mes pouvoirs au roi d'Espagne. Qu'ils s'adressent à lui, plutôt.

M. DE BAUSSET.

Si Votre Majesté veut bien me permettre de lui donner un conseil, je crois qu'il serait bon de recevoir ces braves gens. La garde nationale, c'est Paris, et l'opinion de Paris demande à être ménagée.

MARIE-LOUISE.

Vous le croyez ? Qu'ils entrent donc.

Et voici s'avancer, à travers les groupes indifférents ou distraits, la députation des gardes nationaux : un capitaine, un sergent, le caporal Loiseau et quelques légionnaires. Glorieux et timides, ils emboîtent le pas à M. de Bausset, qui les présente à l'Impératrice.

LE CAPITAINE

s'est chargé de la harangue. Il s'incline :

Que Votre Majesté veuille bien excuser l'irrégularité de notre démarche. Mais c'est à nous, c'est à la garde nationale de Paris, que l'Empereur vous a confiée en partant. Nous venons revendiquer l'honneur de ce dépôt sacré. Notre mission ne sera remplie que le jour où nous vous aurons remise aux mains de l'Empereur. Si vous songez à quitter Paris, c'est que vous nous jugez inférieurs à notre tâche. Est-ce bien vrai? On nous l'a dit; nous ne voulons pas le croire. Au nom de la garde nationale tout entière, nous protestons de notre attachement à Votre Majesté et à Sa Majesté le roi de Rome.

Le capitaine a fini. Dévotieusement, la main sur le cœur, il s'incline de nouveau, se recule, s'incline encore .

Mais le caporal,

M . LOISEAU,

fait un pas vers l'Impératrice :

Pardonnez-moi, Majesté... Madame... c'est ça, mais ça n'est pas tout à fait ça. Le capitaine a bien parlé, mais il n'a pas tout dit. Permettez que je complète... Eh bien, nous sommes vexés, voilà la vérité, nous sommes furieux qu'on vous ait conseillé d'abandonner Paris. Ceux qui vous ont soufflé ça, ceux qui vous ont engagée à fuir devant l'ennemi, ceux-là sont de mauvais Français, ce sont des traîtres.

M . DE BAUSSET

pose la main sur la manche du caporal :

Arrêtez, je vous en prie... un pareil langage...

LE CAPITAINE.

Je vous en prie, caporal...

M . LOISEAU

ne se laisse pas intimider; il écarte M. de Bausset, il cligne de l'œil au capitaine :

Si ces conseillers de malheur sont là, tant pis! je ne retire pas le mot. Quand les canons des Alliés sont braqués sur Paris, quand un tas de braves gens comme moi, dont ce n'est pas le métier, sont prêts à se faire crever la peau pour Votre Majesté, on n'a pas le droit de se défiler... Ah! madame! si vous vouliez, si vous osiez sortir, vous montrer dans les rues avec l'enfant, avec ce joli petit homme qui est là, vous verriez quel élan! Nous culbuterions tout. Dans nos bras, sur nos épaules, nous vous porterions, à travers l'ennemi, jusqu'à l'Empereur.

LE ROI DE ROME

a levé la tête, attentif. Il bat des mains :

C'est ça, partons ! Allons trouver papa !

Il prend sa mère par la main, essaie de la faire lever, en la tirant à lui.

MARIE-LOUISE

résiste doucement, l'embrasse :

Messieurs... mes amis, je suis touchée ; je voudrais... je ne puis pas. L'Empereur, votre maître et le mien, a donné ses ordres. Vous en défendant Paris, moi en le quittant, nous ferons notre devoir... Adieu, messieurs, dites bien à vos camarades que l'Impératrice les remercie de leur dévouement.

Le capitaine se retire.

M. LOISEAU

à l'Impératrice :

C'est dommage, tout de même. Si vous étiez restée avec nous, on aurait fait de la bonne besogne !

LE ROI DE ROME

tend la main au caporal :

Bonjour, toi !

M. LOISEAU

à madame de Montesquiou :

Vous permettez ? Au cas où je ne le reverrais plus...

Sans attendre la permission, il prend le roi de Rome, le soulève, l'embrasse, et le posant à terre :

Mâtin ! il a du sang, le petit !

III

La députation sort.

MARIE-LOUISE

a repris son travail. Elle l'interrompt au bout d'un moment, regarde l'heure à la pendule :

Bientôt neuf heures !

Et, s'adressant à M. de Gontaut :

Le duc de Feltre devait me faire savoir ce matin si la route de Rambouillet était libre. Il n'a rien envoyé encore ? Vous n'avez rien su ?

M. DE GONTAUT.

Rien, madame.

MARIE-LOUISE

soupire :

Quelle agonie ! Toute la nuit sur pied...

Elle se tourne vers madame de Montebello :

Et pas pour danser, cette fois !

Madame de Montebello n'a pas entendu. Ses yeux se ferment à moitié, ses doigts s'ouvrent, laissent tomber la charpie. Elle s'éveille presque aussitôt, s'excuse en souriant.

Marie-Louise sourit aussi ; elle reprend :

C'est ma faute. Je vous ai fait lever trop tôt. Ah ! la triste matinée ! Et ce n'est pas fini. Vous allez vous ennuyer à Rambouillet, j'en ai peur. Rien de prêt là-bas...

Elle réfléchit, puis vivement :

Ma boîte de reversis... pourvu qu'on l'ait emballée ! voulez-vous voir, madame ?

La boîte est emballée. L'Impératrice ne manquera pas sa partie de chaque soir.

La conversation cesse. Le silence gagne de proche en proche. Après l'agitation des premières minutes, c'est la torpeur maintenant, une attente lassée, sommeillante.

Mais voici le tambour qui bat le long du quai ; le bruit croît, diminue, reprend et décroît encore : bataillon après bataillon, c'est un régiment qui passe, puis un autre.

Et Marie-Louise s'inquiète :

Encore un rassemblement de troupes. La bataille est commencée, peut-être. Voulez-vous aller aux nouvelles, monsieur de Gontaut ?

M. de Gontaut sort, et, presque aussitôt, les vitres tintent aux croisées, les portes tremblent. C'est à deux pas, dans la cour, un roulement de chariots, un cliquetis de sabres : de l'artillerie, sans doute, une batterie qui prend position dans le Carrousel.

L'Impératrice se trouble.

M. de Gontaut qui rentre, la rassure : le bruit vient des fourgons et des voitures qui arrivent ; le carrosse du sacre, les berlines de voyage se rangent dans la cour ; un escadron de grenadiers de la garde les escorte.

Nouveau silence, nouvelle alerte.

Une galopade à fond de train brûle le pavé, s'arrête devant le palais. Des portes s'ouvrent, des pas se précipitent.

DES VOIX

crient :

— L'Empereur ! l'Empereur !

L'Impératrice se dresse, frémissante... Hélas ! ce n'est pas l'Empereur. C'est

UN AIDE DE CAMP

qui fait son entrée.

Au plus vite, sans laisser à M. de Bausset le temps de le présenter, il va vers la Régente et lui remet une lettre :

De la part de Son Excellence le duc de Feltre.

MARIE-LOUISE

se hâte de lire :

« Votre Majesté n'a pas un instant à perdre. La route de Rambouillet est encore libre, mais elle ne le sera plus dans quelques heures. Les reconnaissances de l'ennemi s'étendent de minute en minute. D'ici à ce soir, l'investissement de Paris sera complet. »

L'Impératrice, à l'aide de camp :

C'est bien, monsieur, vous pouvez dire au duc de Feltre que nous nous mettons en route.

Au prince Aldobrandini :

Prince, voulez-vous donner des ordres pour faire avancer les voitures ?

LE PRINCE ALDOBRANDINI.

La voiture de Votre Majesté est déjà sous la voûte.

MARIE-LOUISE

aux dames du Palais :

Allons, mesdames !

Elle jette un regard autour d'elle :

Oh ! j'ai le cœur gros de partir. J'ai été heureuse, ici !

Elle se tourne vers le Roi de Rome :

Allons, mon fils !

LE ROI DE ROME.

Où nous allons?

MARIE-LOUISE.

A Rambouillet, mon chéri.

LE ROI DE ROME

inquiet :

A Rambouillet? Pourquoi? Nous sommes bien ici. J'ai mes jouets, ma voiture en or, ma chèvre. Je reste, moi.

MARIE-LOUISE.

L'ennemi arrive ; il prendra vos jouets, si vous restez.

LE ROI DE ROME

résolument :

L'Ennemi? Papa le battra. J'ai pas peur.

MADAME DE MONTESQUIOU.

Vous avez raison de ne rien craindre, monseigneur ; mais vous auriez tort de désobéir à vos parents. Il faut partir

LE ROI DE ROME

se mutine, frappe du pied :

Veux pas! Veux pas!

Marie-Louise fait un signe à M. de Canisy, écuyer du Prince. Elle sort.

M. DE CANISY

prend l'enfant par la main, l'entraîne de force :

Venez, monseigneur! Venez donc!

LE ROI DE ROME

résiste; il s'accroche aux meubles, aux rideaux :

Veux pas! Veux pas!

M. de Canisy le soulève dans ses bras, l'emporte.

Les salons se vident.

Demeuré seul.

L'HUISSIER

sort à son tour, assiste au départ du roi de Rome. Il s'avance jusqu'à l'entrée de la voûte.

Dans la matinée grise, sous le brouillard qui coule, les berlines s'en vont à la file, et, à leur suite, les fourgons de bagages et les carrosses de gala. Derrière la grille du Carrousel, la foule silencieuse regarde passer ce cortège de déroute.

L'huissier observe les voitures, observe la foule :

Pas une acclamation, pas un cri! On salue comme on saluerait un corbillard... Ça me fait quelque chose, tout de même. Ils n'étaient pas méchants, ces gens-là! Qui sait s'ils reviendront? Le petit avait raison de ne pas vouloir s'en aller. Les enfants, des fois, ça se rend compte...

PREMIÈRE JOURNÉE

PREMIÈRE HEURE

I

A Vienne, en 1831, une nuit de mars.

On danse à l'hôtel de l'Ambassade anglaise.

L'Europe est là, brodée, galonnée, en parade; les uniformes de toutes les ambassades, les couleurs de toutes les armées voisinent, fraternisent. La rouge Angleterre coudoie la blanche Russie, et, sur la chamarrure espagnole ou italienne, sur la simplicité française, éclate l'arc-en-ciel autrichien : un bouquet de couleurs tendres, délicates, comme un reflet adouci de l'écrin oriental.

L'aristocratie est venue en foule. La cohue dorée des magnats, des hauts barons, des grands dignitaires de la cour, des archiducs et des princes encombre les salons.

Debout, dans l'embrasure d'une baie qui donne accès du grand salon dans le jardin d'hiver, un invité, une invitée regardent passer le flot. On valse. L'invitée est une débutante, une jeune fille de province qui n'a pas encore été présentée à la Cour; l'invité, un tout jeune, un sous-lieutenant de hussards : elle, en mousseline blanche garnie de rose, avec des nœuds roses dans les cheveux nattés très haut; lui, en uniforme vert tendre soutaché d'or vert. Appuyés légèrement l'un à l'autre, ils se balancent un moment en marquant le pas, puis se mettent à tourner en mesure.

Et, en tournant, ils causent.

> L'INVITÉE.

Savez-vous si l'Empereur doit assister au bal?

> L'INVITÉ.

N'avez-vous pas entendu l'hymne? Il vient d'arriver tout à l'heure. L'Empereur ne manque jamais de paraître au premier bal de l'Ambassade anglaise.

> L'INVITÉE.

Montrez-le-moi donc, je vous prie.

L'INVITÉ.

Là, devant vous, en tenue de maréchal, blanc et or. Il cause avec l'archiduc Jean.

L'INVITÉE.

Merci. Et ce grand jeune homme, qui vient de nous coudoyer?

L'INVITÉ.

Comment! vous ne le connaissez pas? Vous n'étiez donc pas encore venue à Vienne? C'est le duc de Reichstadt.

L'INVITÉE.

Le fils de Napoléon? Oh! je vous en prie, tâchons de le rattraper; je voudrais le voir de plus près.

II

Le couple s'éloigne, cherchant dans la foule la tête bouclée du jeune prince. Arrivent un valseur, une valseuse. Ils quittent la danse, s'arrêtent au seuil du jardin d'hiver. La valseuse, une jeune femme en gris perle décolletée droit, avec une aigrette de bleuets au chignon et, sur son front, le poids d'une ferronnière, se penche vers son danseur, un jeune fat, qui se dandine, le mollet bien cambré dans un pantalon collant de casimir, le pouce dans l'entournure du gilet noir, la barbe en collier, très courte, plongeant dans la haute cravate de satin blanc.

LA VALSEUSE.

Laissez-moi respirer un moment, voulez-vous? Le temps de jeter un coup d'œil. Quand je valse, je ne vois personne, je ne sais plus où je suis.

LE VALSEUR.

Voilà qui n'est pas encourageant pour moi.

LA VALSEUSE.

Plus que vous ne croyez, peut-être! La danse m'enivre... Mais, dites-moi donc, mon cher, vous qui connaissez tout le monde, nommez-moi, je vous prie, la délicieuse personne qui valse avec le duc de Reichstadt. Quels yeux! quel teint! Neige et azur! Une Slave, n'est-ce pas?

LE VALSEUR,

souriant :

La première conquête de Napoléon II, la belle Olga de Melk, une petite bourgeoise de Saatz, cueillie en passant par notre vieux maître des cérémonies, qui a fait la folie de l'épouser. Le prince l'a rencontrée, cet automne, à un pique-nique chez les Esterhazy, et, depuis, je crois qu'il n'a pas perdu son temps. Que vous en semble?

LA VALSEUSE.

Le fait est qu'elle a l'air de le boire, la petite colombe !... Et lui? Regardez-les ! Oh ! la jolie chose, l'amour !

LE VALSEUR.

C'est que toutes les femmes ne sont pas aussi intraitables que vous, ma chère !

LA VALSEUSE,

avec un léger coup de son éventail sur les doigts du valseur :

Dites que tous les hommes ne sont pas aussi séduisants que le duc de Reichstadt, mon cher !

Elle appuie la main à l'épaule de son cavalier.

Encore un tour, voulez-vous?

Ils s'éloignent en valsant.

III

Entrent le prince de Metternich et le comte de Dietrichstein, gou-verneur du duc de Reichstadt.

LE PRINCE DE METTERNICH

est en frac noir, brodé d'or, culottes blanches et bas blancs : haute figure de race, au nez impérieux, aux yeux bleus largement fendus ; la lèvre inférieure jaillit, en imitation de la lèvre des Habsbourg, les sourcils drus, sinueux, se relèvent en une pointe inquiétante vers les tempes.

Il continue une conversation commencée avec le comte de Die-trichstein, gouverneur du duc de Reichstadt :

Mes compliments, mon cher comte. Votre élève vous fait honneur : de l'aisance, de la repartie, du brillant dans la con-versation, de la dignité dans le silence. Le duc de Reichstadt a grand air.

LE COMTE DE DIETRICHSTEIN.

Votre Excellence me comble. J'ai fait de mon mieux. Le duc est très intelligent. Son orthographe, malheureusement, reste défectueuse.

LE PRINCE DE METTERNICH.

Vraiment? Voyez cela!

LE COMTE DE DIETRICHSTEIN.

Il y a l'orthographe et aussi la tenue... cette légèreté que j'ai eu occasion de vous signaler chez mon élève... Il se moque, il persifle. J'ai bien peur que nous ne réussissions pas à corriger ce défaut.

LE PRINCE DE METTERNICH.

Légèreté française!

Et, après un silence :

Le prince me déteste, n'est-ce pas? On me l'a dit.

LE COMTE DE DIETRICHSTEIN.

bouleversé :

Oh! Excellence! Comment pouvez-vous supposer? Je n'aurais jamais permis... Monseigneur a des sentiments trop élevés, pour ne pas vous rendre justice.

LE PRINCE DE METTERNICH.

souriant :

Vous croyez? Je ne voudrais pas vous enlever vos illusions sur votre élève, monsieur le gouverneur; mais je suis mieux renseigné que vous. Le prince me hait; il me considère comme son plus grand ennemi. Voilà la vérité... Est-ce qu'il ne s'est jamais ouvert à vous de ses projets, du rôle qu'il espérait jouer en France?...

LE COMTE DE DIETRICHSTEIN.

Il ne m'en a jamais parlé!...

LE PRINCE DE METTERNICH.

Il y pense, pourtant. Son ami Prokesch lui monte la tête. Je ne sais pas au juste ce qu'ils complotent; mais, si on les laissait faire, ils finiraient par se jeter, tous les deux, dans quelque sotte aventure... C'est dans l'intérêt du prince que je vous avertis. Vous l'aimez, n'est-ce pas?

LE COMTE DE DIETRICHSTEIN.

Je me suis attaché à lui, je l'avoue : c'est une âme ardente et généreuse…

LE PRINCE DE METTERNICH.

Généreuse et folle… Méfiez—vous! le prince est en mains sûres, nous le savons, et la police ne le perd pas de vue. N'importe! Redoublez de précautions.

LE COMTE DE DIETRICHSTEIN.

Votre Excellence peut être tranquille; je ferai bonne garde,

LE PRINCE DE METTERNICH.

Le prince est soupçonneux; tâchez de ne pas lui donner l'éveil.

Le prince serre la main au comte, qui s'incline.

IV

Le duc de Reichstadt et son ami, le comte de Prokesch-Osten, se promènent bras dessus, bras dessous dans le jardin d'hiver. Le duc porte l'uniforme du régiment de Gyulay : bicorne à plumes blanches, pantalon bleu soutaché d'argent, tunique blanche à parements et à col verts. décorée des plaques de Marie-Thérèse et de Saint-Étienne. Il est long et mince, avec des épaules étroites, et une tête de chérubin pensif, à peine ombrée de favoris en duvet.

LE DUC DE REICHSTADT

signale à son ami le prince de Metternich qui s'éloigne :

Nous faisons fuir le prince. Bon voyage! Et salut à monsieur mon gouverneur! Le voyez-vous, là-bas? Il me surveille du coin de l'œil, avec la mine orgueilleuse et un peu inquiète de la mère qui produit sa fille dans le monde. Le brave homme! il meurt d'envie de me semoncer, j'en suis sûr.

Il fait quelques pas vers le comte de Dietrichstein, lui tend la main :

Eh bien! monsieur, êtes-vous satisfait de votre élève? Lui donnerez-vous quelques bons points aujourd'hui?

LE COMTE DE DIETRICHSTEIN.

Beaucoup de bons points, certes, monseigneur; et quelques

mauvais, si vous le permettez. Oh ! rien de grave ; je ne vous reprocherai qu'un certain manque de sérieux, trop de laisser aller quelquefois. Je vous l'ai dit souvent, monseigneur, dans la situation où vous êtes, la familiarité va contre son but. En descendant au niveau de vos inférieurs, vous les obligez à s'abaisser eux-mêmes davantage, afin de rétablir les degrés.

LE DUC DE REICHSTADT.

Bien dit, monsieur le comte. Voilà une réflexion qui mériterait d'être imprimée en tête du manuel du parfait archiduc, si l'idée vous venait jamais de nous donner cet ouvrage. Merci, monsieur. Désormais, je mettrai votre avis à profit ; je saurai tenir les importuns à distance.

Il salue de la main le comte de Dietrichstein, qui s'incline ; puis il va s'asseoir sur un canapé, au bord d'un massif d'arbustes, dans un angle du jardin d'hiver.

Il invite d'un geste le comte de Prokesch à se placer près de lui.

V

LE COMTE DE PROKESCH.

Vous venez peut-être de vous faire un ennemi de plus, monseigneur. Quelle idée de mortifier ce bonhomme ! Trouvez-vous que votre position à la cour soit déjà si commode ?

LE DUC DE REICHSTADT.

Je serais aux regrets d'avoir blessé mon gouverneur. Rassurez-vous : il n'a pas compris. Quant à l'opinion des courtisans, si prévenus qu'ils puissent être sur mon compte, je défie ces gens-là de me rendre la monnaie de mon dédain. A quoi bon les ménager, d'ailleurs ? Mon avenir ne dépend pas d'eux, — si j'ai un avenir...

LE COMTE DE PROKESCH.

Monseigneur !

LE DUC DE REICHSTADT.

Oui, je le sais, vous y croyez encore, vous, mon ami. Moi, je commence à en douter. Vous rappelez-vous nos enthousiasmes d'il y a un an ? Votre belle flamme m'avait incendié le cœur. J'espérais. Un jour à dîner, à Gratz, — ma mère était là, l'Impératrice aussi, et l'Empereur, — il fut question du trône de Grèce. encore vacant à cette époque. Il vous plut de poser ma candidature. L'Impératrice disait oui, l'Empereur ne disait pas non. Si notre table de famille avait été le tapis vert d'un congrès, j'étais intronisé du coup. Quel enfantillage! Je me voyais déjà, couronne en tête, avec le sceptre d'ivoire de quelque roitelet de l'Iliade. Et vous étiez mon Mentor.

LE COMTE DE PROKESCH.

C'était sérieux, monseigneur; et, si la diplomatie antrichienne avait fait son devoir...

LE DUC DE REICHSTADT.

Plus tard, ce fut la Pologne insurgée qui me tendait les bras, et j'étais prêt à m'y jeter. C'étaient, en réalité, les bras de la bonne princesse, de cette aimable folle qui s'était constituée l'ambassadrice de la Révolution à Vienne. Il y eut alors dans quelques cercles de la cour une belle campagne de cotillons en ma faveur; on intrigua ferme, on aima, pour me donner des partisans. Ce fut une fureur! De défaite en défaite, ces dames me conduisaient à la victoire. Quelques amants de plus, et j'étais roi!

LE COMTE DE PROKESCH.

Quel plaisir trouvez-vous, monseigneur, à bafouer ainsi vos plus beaux rêves? Ne raillez pas; vous l'aimiez, cette chevaleresque Pologne, cette amie fidèle de votre père. Si elle vous avait appelé, vous n'auriez pas hésité à vous faire tuer pour elle!

LE DUC DE REICHSTADT.

C'est vrai. Mais on se lasse, à la fin, de ces dévouements inemployés, de ces faux départs pour la croisade. Les illusions mortes retombent lourdement sur le cœur. Roi de Pologne, roi de Grèce, roi de Rome. — toutes ces couronnes se valent! J'ai bien peur de ne régner jamais que sur des songes, mon pauvre ami!

LE COMTE DE PROKESCH.

Et la France? Vous n'y pensez donc plus, monseigneur?

LE DUC DE REICHSTADT

pâlit tout à coup; son regard change. sa lèvre se crispe. Il pose la main sur le bras du comte :

Laissons cela. voulez-vous? Chez moi, seul à seul, tant

qu'il vous plaira ; mais ici, en pays anglais, chez les ennemis
de ma race, chez les bourreaux de mon père ? Laissons ; je
me trahirais, je ne serais pas le maître de mes nerfs. A
quoi bon parler, d'ailleurs, quand l'action ne peut pas
suivre la parole ! Et n'avons-nous pas dit tout ce qu'il y avait
à dire sur ce triste sujet ? L'Empereur m'a laissé entendre,
voilà bientôt un an, que l'Autriche appuierait peut-être ma
candidature à la couronne. C'était au lendemain des journées
de Juillet. Depuis, je ne vois rien venir. L'Empereur règne,
mais c'est Metternich qui gouverne. Je suis définitivement écarté.

LE COMTE DE PROKESCH.

Vous l'étiez hier ; mais le vent a tourné ; la chance vous
revient. Les Tuileries sont en froid avec la Burg. L'Autriche,
menacée par la révolution italienne, est décidée à intervenir ;
la France s'y oppose. C'est la brouille aujourd'hui, demain
cela peut être la guerre. Vous êtes un atout dans le jen de Metternich. Faites vos conditions, monseigneur. Agissez, mena-
cez, tout au moins, d'agir pour votre compte, si l'on ne se
décide pas à travailler pour vous...

LE DUC DE REICHSTADT.

Agir, menacer ? Hélas ! que puis-je ? et à qui ferais-je peur ?...
Ah ! si je savais seulement ce qu'on pense de moi à Paris, si
je savais où en est la France impérialiste !...

LE COMTE DE PROKESCH.

Je ne vois qu'un homme en état de vous renseigner. Mais
le voudra-t-il ? et, s'il parle, jusqu'à quel point peut-on se fier
à ses paroles ? Il est ici, cet homme ; il vous fuit et il vous
cherche ; il vous redoute et il meurt d'envie de vous être présenté. C'est le triste héros d'Essonnes, le vaincu de Juillet,
Marmont, le défaiseur de rois.

LE DUC DE REICHSTADT,
avec un brusque élan :

Quoi ! Marmont est ici, Marmont, l'ami de mon père... Oh !
je vous en prie, amenez-le-moi !

LE COMTE DE PROKESCH.

N'oubliez pas qu'il vous a fait perdre la couronne, et qu'il
est en coquetterie avec la Burg !

Le comte de Prokesch sort.

VI

LE DUC DE REICHSTADT

marche à pas distraits ; un murmure de flatterie l'accompagne ; des épaules nues le frôlent, des regards de femmes cherchent son regard.

Il songe.

Marmont !... C'est la gloire elle-même qui vient à ma rencontre. Elle est là ; les victoires m'entourent ; j'entends, sur ma tête, le bourdonnement de leurs ailes d'or... Oh ! mon père ! mon père !

LE COMTE DE PROKESCH

vient à lui, présente un vieillard à tête grise :

Le duc de **Raguse**, monseigneur !

Le comte de Prokesch se retire.

La tête grise s'incline. Et le duc s'étonne des grandes choses accomplies par cet homme sans prestige, qui se tient là devant lui, en posture de courtisan.

LE MARÉCHAL MARMONT.

Je souhaitais depuis longtemps vous connaître, monseigneur ; je n'osais pas. La calomnie, **qui** a dénaturé l'acte le plus douloureux, mais le plus loyal de ma vie, aurait pu vous indisposer contre moi...

LE DUC DE REICHSTADT

tend la main à Marmont :

Vous n'êtes, vous ne serez jamais pour moi que le frère d'armes de mon père. Parlez-moi de lui, maréchal. On dit que je lui ressemble. Est-ce vrai ?

LE MARÉCHAL MARMONT

dévisage longuement le duc :

Vous avez ses yeux, monseigneur, son regard surtout, ce regard qui agenouillait les hommes. Dans le front **aussi** et dans le menton, il y a quelque chose... Mais vous êtes plus grand... je vous regardais danser tout à l'heure. Vous avez la tête de plus que Napoléon.

LE DUC DE REICHSTADT.

Vous oubliez que sa tête à lui dépassait, et de combien ! la taille humaine. Grands ou petits, vous étiez tous des géants alors. N'est-ce pas vous, maréchal, qui avez dompté le Saint-Bernard? vous qui, dans Alexandrie assiégée, avez défié la famine et la peste? A Marengo, nous faiblissions; votre canonnade a ouvert la brèche à Kellermann : vous avez montré le chemin à la victoire.

Il serre de nouveau la main de Marmont. Une pitié lui vient maintenant pour ce victorieux, pour ce puissant d'hier, condamné à errer en suppliant sur les grands chemins d'Europe...

Ah! maréchal, vous n'imaginez pas ce que j'éprouve en serrant cette main qui a serré la main de mon père!

LE MARÉCHAL MARMONT.

Et vous, monseigneur, vous n'imaginez pas mon émotion, en retrouvant ici, sur la terre d'exil, le fils de mon ami, l'héritier de mon maître. Mais j'ai tort de vous parler d'exil. Plus heureux que moi, plus heureux que votre père, vous avez trouvé à Vienne une seconde famille, une seconde patrie.

LE DUC DE REICHSTADT.

Assez, maréchal. Le fils de Napoléon ne peut avoir qu'une patrie. J'aime mon aïeul, mais je n'oublie pas le testament de mon père. Je vivrai, je mourrai en prince français.

LE MARÉCIAL MARMONT.

Bravo, monseigneur! Ah! si la France vous connaissait!... Mais la France a bien changé depuis vingt ans. Notre malheureuse France est devenue la proie des intrigants et des bavards. La renommée n'est plus, comme du temps de votre père, au plus intelligent ou au plus brave; elle est au plus riche. Marchand de paroles ou marchand d'écus, c'est lui qui règne. Qu'iriez-vous faire, vous le fils de Napoléon, vous le jeune homme au cœur pur, dans cette caverne de voleurs?

LE DUC DE REICHSTADT.

Ne désespérons pas de la France, maréchal. Non, ce n'est pas possible; la flamme sacrée n'est pas éteinte dans tous les cœurs; la tradition napoléonienne n'est pas morte.

LE MARÉCIAL MARMONT

secoue la tête :

Ce qui fait la force d'un parti, ce ne sont pas les idées seulement, ce sont les hommes. Ces hommes, où sont-ils, chez les bonapartistes? Le roi d'Espagne voyage en Amérique, le prince de Canino fait jouer la tragédie dans son palais de Bologne, le roi de Hollande traduit l'*Avare* en vers blancs. Proscrits de la couronne ou démissionnaires de la gloire, ils vivent tous à l'ombre des lauriers plantés par votre père. Seuls, les fils de la reine Hortense n'ont pas oublié le sang qui coule dans leurs veines. Mais l'aîné est mort insurgé dans les Romagnes; le survivant n'est plus qu'un conspirateur désarmé.

LE DUC DE REICHSTADT

réfléchit un moment, puis, brusquement décidé :

Mais, ce chef qui manque aux bonapartistes, si je le leur donnais, moi? Si je faisais appel au peuple, à l'armée?

LE MARÉCHAL MARMONT,

froidement :

L'aventure pourrait mal finir, monseigneur. Ce n'est pas moi qui vous conseillerai de la tenter.

LE DUC DE REICHSTADT.

Quoi! si je me présentais à la frontière, si je criais mon nom aux soldats, aux officiers, vous croyez que ce nom resterait sans écho?

VII

Le maréchal n'a pas le temps de lui répondre.

UNE JEUNE FEMME,

qui était venue s'asseoir près d'eux, dissimulée derrière un écran de camélias en fleur, surgit brusquement, figure pâle, au regard enthousiaste. C'est elle qui donne la réplique au duc de Reichstadt :

Les soldats crieraient : « Vive l'Empereur! » et la France entière vous acclamerait avec eux, monseigneur !

LE DUC DE REICHSTADT,

étonné, presque sévère :

Qu'en savez-vous, madame?

LA JEUNE FEMME

va droit au prince, s'incline gravement en une révérence de cour.

Veuillez excuser mon indiscrétion, monseigneur; je suis Française : la comtesse Napoleone Camerata, fille d'Elisa Bac-

ciocchi, princesse de Lucques et de Piombino, la cousine ger-
maine et l'humble sujette de Votre Majesté.

Elle s'incline de nouveau.

LE MARÉCHAL MARMONT

se lève, salue :

Permettez-moi de me retirer, monseigneur.

LE DUC DE REICHSTADT

lui répond d'un geste gracieux et froid :

Au revoir, maréchal.

Il se tourne vers la comtesse Camérata, la regarde longuement :
Veuillez vous asseoir, madame.

LA COMTESSE CAMÉRATA.

Pardonnez-moi, monseigneur ! Mais il fallait que je vous
parle. On m'a envoyée vers vous. La France ne vous oublie
pas ; la France vous attend. N'écoutez pas le traître qui osait
vous engager tout à l'heure à déserter votre devoir. Que faites-
vous à Vienne, chez les ennemis de votre père ? Pensez à la
gloire, monseigneur ; pensez à la patrie !

LE DUC DE REICHSTADT.

Mais je ne suis pas libre, madame...

LA COMTESSE CAMÉRATA :

Affranchissez-vons, évadez-vous ! Écoutez-moi, monsei-
gueur. Dès demain, la police autrichienne, instruite de notre
entrevue, m'aura fait jeter à la frontière. Je ne serai plus là
pour vous aider à fuir ; mais je vous laisse en mains sûres.

Elle déchire une page de son carnet, écrit quelques mots :

Tenez ; l'homme dont voici l'adresse est prêt à sacrifier
sa vie pour vous. Faites-lui signe, et, sur l'heure, il vous
donnera le moyen de passer en France...

Elle s'arrête, émue, enveloppe le prince d'un regard fier et attendri :

Et maintenant, ma mission est remplie. Adieu, Sire !

Plus bas, elle ajoute :

Au revoir, mon cousin, aux Tuileries !

LE DUC DE REICHSTADT.

Au revoir, ma cousine.

Il lui tend la main. Elle s'incline et la porte à ses lèvres. Elle quitte
le jardin d'hiver.

Le duc la suit des yeux, un moment. Puis, allongé sur le canapé, la tête appuyée au coussin, les bras ballants, il songe :

Étrange rencontre !... Que me disait-elle? « Sire! » « Majesté! » Mots tentateurs... Rien que des mots, pourtant. Et la réalité est si loin !... Ah ! quand l'enthousiasme populaire vient, jeté en vivats par des milliers de poitrines, battre, comme une onde généreuse, jusqu'à votre cœur, ce doit être divin !

Il secoue les épaules.

Bah ! folies, tout cela.

Il réfléchit.

Mensonges peut-être. Qui me dit que ces beaux sentiments ne cachent pas un piège, une invention de Metternich pour me brouiller avec l'Empereur?... Comtesse Camerata ! Une aventurière ! Et le nom écrit par elle sur cette feuille : « Signor Giusti... », le nom d'un espion ! Heureusement, je ne me suis engagé à rien. J'ai le temps de m'informer, d'étudier le terrain.

Il réfléchit encore.

Oui !... et quand j'aurai bien arrêté mon plan, le moment d'agir sera passé. Combien de minutes mon père a-t-il demandées à Barras, avant de se décider à prendre le commandement des troupes de la Convention, en vendémiaire?

L'orchestre attaque le prélude d'une valse, une phrase lente, presque grave, une plainte soupirée par les hautbois, reprise en sourdine par les cors. Le prince écoute, distrait, loin du bal, perdu dans son rêve. Il se met sur pied tout à coup :

J'ai failli oublier Olga. A demain la politique ! Allons danser, allons aimer un peu. Pauvre âme inquiète, libère-toi. donne-toi au plaisir qui passe, au désir qui t'invite !...

Il quitte le jardin d'hiver.

VIII

Entrent presque aussitôt le prince de Metternich et le maréchal Maison, ambassadeur de France. Le bruit des conversations s'atténue à leur approche, un cercle de silence les isole.

LE MARÉCHAL MAISON.

Vous nous en demandez trop, monsieur le Chancelier. Après avoir proclamé le principe de la non-intervention à la face de l'Europe, comment voulez-vous que nous vous laissions libres d'agir en Italie?

LE PRINCE DE METTERNICH.

Nos intérêts sont les mêmes, monsieur l'Ambassadeur. Je vous l'ai déjà dit, je vous en donnerai des preuves quand vous le voudrez, le mouvement italien est moins un mouvement libéral qu'un mouvement bonapartiste. Avez-vous envie de voir introniser un Napoléon en Italie? Songez que nous avons ici des émissaires de la Révolution qui nous demandent de leur donner le duc de Reichstadt pour en faire un roi. Vous arrangeriez-vous de ce voisinage? Donnant, donnant, mon cher maréchal. Si l'Empereur vous sacrifie ses affections de famille, s'il abandonne la cause de son petit-fils, vous pouvez bien nous livrer quelques centaines de factieux.

Ils passent.

IX

Le duc de Reichstadt et Olga de Melk quittent la danse, gagnent le jardin d'hiver. Olga se hâte de franchir le défilé des curiosités braquées sur elle.

LE DUC DE REICHSTADT

l'accompagne jusqu'à un canapé, s'assoit près d'elle :

Déjà lasse? Lasse de moi, peut-être?

OLGA DE MELK

rougit derrière son éventail :

C'est la troisième valse que nous dansons ensemble ; j'ai peur d'être remarquée.

LE DUC DE REICHSTADT

sourit :

M. de Melk me ferait-il l'honneur d'être jaloux? Bah! vous saurez bien inventer quelque histoire. Les femmes, en pareil cas, ne sont pas embarrassées.

OLGA DE MELK.

« Les femmes »? Comment me jugez-vous, monseigneur?

LE DUC DE REICHSTADT.

Je ne vous juge pas, chère, puisque je vous aime...

OLGA DE MELK.

Et moi, j'ai eu tort, je le vois bien, de vous laisser voir mon amitié. J'ai été trop franche, trop faible...

LE DUC DE REICHSTADT.

N'y changez rien : vous êtes délicieuse ainsi. Je vous souhaiterais seulement plus prompte. Vous en êtes encore à l'amitié avec moi. Si vous allez de ce train-là, nous ne pourrons jamais nous joindre. Je vous aime, moi, entendez-vous? Je vous aime à la passion.

OLGA DE MELK,

avec une nuance de tristesse :

A la passion? En êtes-vous bien sûr, monseigneur? Il me semble, à moi, que la passion doit s'accompagner d'un peu plus de mystère. Une pudeur vous retient; les mots hésitent au bord des lèvres...

LE DUC DE REICHSTADT.

Charmant tableau! Mais qui vous a si bien instruite, je vous prie?

OLGA DE MELK.

Personne, monseigneur, personne...

LE DUC DE REICHSTADT.

Vous n'aviez donc pas de fiancé, pas de cousin sentimental et rêveur, pas de professeur de guitare qui pressât tendrement vos doigts en les posant sur les cordes? Est-ce possible? Vous seriez arrivée à votre âge sans avoir reçu un billet doux, sans avoir donné un rendez-vous, le soir, à la porte du jardin? Vous êtes une créature tout à fait surprenante, ma chère. Eh bien, j'en suis fâché, mais j'ai été amoureux, moi, avant de vous connaître. Voulez-vous savoir de qui? voulez-vous voir son portrait?

Il tire une bague de son doigt, une intaille avec une monture ancienne :

Tenez, regardez la figure gravée sur cette pierre. C'est elle. Jolie fille, n'est-ce pas?... Rassurez-vous, ce n'est qu'un symbole : la Gloire. Avant vous, je n'ai aimé qu'elle. J'espère que vous n'en êtes pas jalouse !

OLGA DE MELK.

Vous l'avez aimée; vous l'aimez encore. Qui sait si, un

jour ou l'autre, elle ne me disputera pas votre cœur? Et
alors?... Je vous en avertis, monseigneur, si jamais la fantaisie me venait d'être aimée, je ne me contenterais pas d'être
aimée à moitié.

LE DUC DE REICHSTADT,
riant :

Qu'à cela ne tienne, ma chère, je ne demande pas mieux
que de vous aimer tout à fait.

OLGA DE MELK,
un peu fâchée :

Taisez-vous, c'est mal de jouer ainsi avec mon cœur.
Je suis si peu de chose à côté de vous! En vérité, vous n'auriez pas grand mérite à vous divertir aux dépens d'une petite
provinciale. Songez à la vie étroite et obscure que je menais
chez mes parents.

LE DUC DE REICHSTADT.

Vous étiez heureuse, n'est-ce pas?

OLGA DE MELK.

Oh! très heureuse! J'aidais ma mère au jardin, au ménage ; j'arrosais les fleurs, je surveillais le pot-au-feu. Après
souper, le soir, on lisait, on faisait de la musique. Aimez-
vous les mélodies de Schubert, monseigneur? *Le Désir du
Printemps*? C'était ma romance favorite. Oh! la douce vie! si
douce! Des journées bleues et grises, entre le devoir et le rêve!

LE DUC DE REICHSTADT.

Et maintenant?

OLGA DE MELK
soupire :

Oh! maintenant, depuis que je vous ai vu, je ne sais plus
ce que je suis, ni si je suis heureuse ou malheureuse. Hélas!
je ne sais qu'une chose, c'est que je ne puis plus me passer
de vous.

Elle soupire encore.

Et vous, mon ami?

LE DUC DE REICHSTADT.

Moi? Oh! si vous saviez combien vide, combien misérable
a été ma vie jusqu'au jour où je vous ai connue... Ah! les
titres, les honneurs! Cendre et fumée, ma chère. Je ne suis

qu'un orphelin, Olga, le plus triste, le plus dénué des orphelins. Plaignez-moi ; aimez-moi. Jurez-moi de ne m'abandonner jamais.

OLGA DE ,'ELK.

Oh ! monseigneur !

LE DUC DE REICHSTADT.

Je ne suis pas monseigneur ; je suis Franz, votre Franz.
Il se penche vers elle, effleure ses cheveux d'un baiser.

OLGA DE)ELK

se recule :

Prenez garde, mon ami, on nous observe. Oh ! qu'ai-je
fait ? Je n'aurais pas dû vous écouter. Il est trop tard, maintenant ; je suis folle : je vous aime, Franz, je vous aime !

LE DUC DE REICI STADT.

Chère âme ! Quand nous reverrons-nous ?

OLGA DE)ELK.

Quand ?

LE DUC DE REICHSTADT.

Chez vous, cette fois ?

OLGA DE)ELK.

Mais, mon ami...

LE DUC DE REICHSTADT.

avec un regard de supplication ardente :

Olga !

OLGA DE)ELK.

Demain, alors. Ma porte sera consignée ; je vous attendrai
toute l'après-midi.

LE DUC DE REICHSTADT.

Que les heures vont me paraître lentes !

OLGA DE)ELK.

A demain, Franz !

LE DUC DE REICI STADT.

A demain !

Il presse la main d'Olga en la reconduisant vers la galerie des
fêtes.

X

LE COMTE DE PROKESCH
aperçoit le duc, l'aborde en souriant :

Si je ne suis pas trop curieux, quelle est donc la belle vassale qui vous a baisé la main tout à l'heure ? Il n'est question dans le bal que de cette aventure.

LE DUC DE REICHSTADT.

La comtesse Camerata, ma cousine; une enthousiaste... ou une aventurière. Elle m'a offert la couronne. Il ne s'agit que de la prendre...

LE COMTE DE PROKESCH.

Comment est-elle arrivée à s'introduire ici ? Votre entrevue va faire un beau tapage. L'ambassade française ne sera pas contente. Vous savez que l'accord entre Metternich et le maréchal Maison n'est pas fait. Gentz me le disait tantôt : « Au point où en sont les choses, il faut que ça se raccommode tout de suite, ou que ça casse ». Ce serait le moment de tenter une nouvelle démarche auprès de l'Empereur. Il est irrité contre Louis-Philippe; il vous aime. Peut-être le décideriez-vous à prendre vos intérêts en mains.

LE DUC DE REICHSTADT
hausse les épaules :

Je n'y compte guère, mon ami. J'essaierai cependant, je lui demanderai une audience.

XI

Un mouvement se fait dans les salons; un silence précède l'entrée de l'Empereur dans le jardin d'hiver. Les invités forment la haie sur son passage. En uniforme de maréchal autrichien, la Toison d'or au cou, il s'avance, suivi d'un cortège de généraux et de dignitaires. Les fronts s'inclinent devant lui, les échines ploient, les épaules nues des femmes plongent en de profondes révérences. Très las, avec un clignotement de ses yeux bleus mouillés et une moue de sa lèvre

tombante, l'impérial vieillard distribue des sourires sans âme et des poignées de main distraites.

Mais, arrivé devant le duc de Reichstadt,

L'EMPEREUR

s'arrête, dévisage son petit-fils :

Je vous cherchais, Franz ! Voyons, laissez-moi vous admirer un peu. Ah ! le bel officier, et comme l'uniforme vous va bien ! L'air content, avec cela ; c'est parfait. La gaieté est la parure naturelle de la jeunesse. Toutes mes félicitations, mon enfant !

L'Empereur serre la main du prince ; il va passer.

LE DUC DE REICHSTADT

sort du rang, fait un pas vers lui :

Sire, je sollicite de Votre Majesté la faveur d'une audience prochaine.

L'EMPEREUR.

Une audience ?... De vous à moi, c'est bien solennel ! Avez-vous donc oublié l'époque où nous habitions la même chambre ? Vous ne faisiez pas tant de façons, alors. Une audience ? ce n'est pas la peine. Eh ! mon Dieu ! j'imagine bien à peu près ce que vous avez à me demander. Les épaulettes de colonel vous tentent peut-être. Vous les aurez bientôt. Vos chefs sont contents de vous, mon cher Franz ; l'armée vous aime. Vous serez un jour, je l'espère, le plus solide appui de mon trône, après avoir été le plus brillant ornement de ma Cour.

LE DUC DE REICHSTADT

s'incline, remercie :

Je ne sollicite pas d'avancement, Sire.

L'EMPEREUR.

Quoi donc, alors ? Un supplément de pension ? Vos finances sont à court ? Parlez. Dans quelques mois, à votre majorité, vous entrerez en possession de vos apanages. Jusque-là, nous ferons bourse commune.

LE DUC DE REICHSTADT

secoue la tête :

Ma pension me suffit, Sire ; je n'ai pas besoin d'argent.

L'EMPEREUR.

Est-ce que votre cœur serait pris, Franz ? Auriez-vous choisi une fiancée ? Dans ce cas, il faudra consulter l'Impératrice.

LE DUC DE REICHSTADT.

Je voudrais vous parler en particulier, Sire.

L'EMPEREUR.

Impossible ici; mais venez me trouver demain en sortant
de la caserne. Et dormez tranquille en attendant : l'Empereur
est votre ami.

L'Empereur s'éloigne lentement ; arrivé au seuil du jardin d'hiver,
il se retourne, envoie un salut de la main au duc de Reichstadt :

A demain !

DEUXIEME HEURE

I

Le cabinet de travail de l'Empereur, à la Burg. Mobilier bourgeois :
du noyer, de l'acajou, à peine rehaussés de cuivres, quelques chaises,
un canapé, de formes grêles, deux armoires-bibliothèques, un
bureau, étriqués, sans parure ; des souvenirs aux murs, des portraits
de famille, un trophée de chasse, un cartel. Dans la croisée unique
s'encadre, en perspective, la cour intérieure de la Burg, des murailles
sévères, et, en bas, le corps de garde, avec le drapeau planté sur
le seuil, le Drapeau héréditaire timbré de l'aigle noir des Habsbourg...

L'Empereur est à son bureau ; il écrit,

Entre le duc de Reichstadt.

L'EMPEREUR

lui tend la main, l'invite à s'asseoir :

Je vous écoute, mon fils.

LE DUC DE REICHSTADT,

à voix lente, étouffée :

Je suis malheureux, mon père.

L'EMPEREUR.

Malheureux !... est-ce bien possible ? que vous a-t-on fait ?
de quoi vous plaignez-vous, mon cher Franz ?

LE DUC DE REICHSTADT.

Je ne me plains de rien, Sire, que de ma destinée. Ma vie
est en désaccord avec mes rêves.

L'EMPEREUR.

Quels rêves? quelle destinée? Je ne vous comprends pas,
mon enfant. A votre âge, avec une épée au côté et le plus
bel avenir devant vous, que pouvez-vous souhaiter encore?

LE DUC DE REICHSTADT.

Pardonnez-moi. J'ai peut-être tort de souffrir ; mais je
souffre. Pourquoi ne m'avez-vous pas laissé ignorer ce que
j'ai été, de qui je viens? Pourquoi ne m'avez-vous pas ense-
veli vivant dans la robe d'un moine, comme on vous le conseillait autrefois? Votre générosité m'a perdu. Si vous voulez
le savoir, mon père, c'est le roi de Rome qui empêche le duc
de Reichstadt de dormir. Mon mal ne date pas d'hier. Adolescent, enfant même, le passé faisait ombre sur ma vie. Je
regrettais, j'attendais... Je regrette, j'attends encore. Je n'ai
jamais cessé, je ne cesserai jamais de penser à la France.
Vous-même. Sire, m'y avez encouragé. Au lendemain des
journées de Juillet, vous m'avez permis d'espérer que la
France, dégoûtée de cette monarchie bâtarde, de ce gouvernement d'insurgés et de traîtres. me rappellerait aux Tuileries.
Puis-je espérer encore? Puis-je compter sur votre appui?

L'EMPEREUR.

S'il n'avait dépendu que de moi, mon cher enfant, je ne
me serais pas contenté de parler, j'aurais agi; j'aurais posé
moi-même sur votre tête cette couronne dont je vous crois
digne. Mais, dès que la politique est en jeu, le grand-père
s'efface, il ne reste plus que l'Empereur. On vous a raconté,
sans doute. vous avez su que nos relations avec les Tuileries ne sont pas des plus cordiales. C'est vrai ; mais ces
difficultés s'aplaniront peut-être : Metternich négocie. Seul, il
pourrait vous dire où en sont vos chances. Il est là, ou il va
être là ; il devait venir travailler avec moi ce matin. Voulez-
vous que je le fasse appeler?

LE DUC DE REICHSTADT.

Le prince de Metternich a été l'ennemi le plus acharné de
mon père. Je ne peux pas l'oublier, Sire...

L'EMPEREUR.

Le prince a toujours été, il est encore le serviteur le plus dévoué
de ma couronne. Vous voudrez bien vous en souvenir, Franz !

L'Empereur sonne, dit un mot à l'huissier, qui introduit presque aussitôt le prince de Metternich. Le chancelier serre la main que lui tend l'Empereur, salue le prince.

L'EMPEREUR.

Nous avons un service à vous demander, mon petit-fils et moi. Il s'agirait de faire quelque chose pour ce grand garçon. Il s'ennuie à Vienne ; Paris le tente. Le duc de Reichstadt espère en nous et en la diplomatie autrichienne pour lui faciliter le chemin des Tuileries.

LE PRINCE DE METTERNICH,
souriant :

Conquérir un trône est une entreprise moins aisée que de tourner la tête à une jolie femme ou de caracoler au carrousel. Et pourtant... bien hardi qui oserait nommer d'avance le successeur de Louis-Philippe !

Il se tourne vers le duc de Reichstadt :

Mais sa succession n'est pas ouverte, monseigneur. Vous auriez tort d'ajouter foi au témoignage intéressé que vous portait hier, au bal de l'Ambassade, une personne envoyée vers vous par une famille besogneuse, qui n'hésiterait pas à mettre l'Europe à feu et à sang pour ressaisir ses dotations et ses trônes. La France n'est pas avec les ambitieux ou les sectaires, dont les prises d'armes ensanglantent chaque jour le pavé de Paris. La France est lasse du désordre : elle est avec l'autorité contre les factieux de tous les partis.

LE DUC DE REICHSTADT.

Mais ne pensez-vous pas, monsieur, que l'autorité serait plus solide aux mains d'un Napoléon que d'un Louis-Philippe?

LE PRINCE DE METTERNICH.

Ce que je pense, vous le savez déjà, monseigneur. J'ai eu l'occasion de vous exposer mes idées, autrefois, quand votre auguste aïeul m'avait chargé de vous raconter l'histoire de votre père... Personne ne l'a admiré plus que moi ; personne aussi ne s'est fait moins d'illusions sur la durée de son empire. Quel que soit le nom de l'usurpateur, la révolution couronnée, c'est encore la révolution, c'est-à-dire le néant.

LE DUC DE REICHSTADT.

Je comprends, monsieur. En style diplomatique, cela revient à dire qu'il n'y a plus de place pour un Napoléon en Europe?

LE PRINCE DE METTERNICH.

Croyez, monseigneur...

Il s'incline avec un geste d'excuse.

LE DUC DE REICHSTADT.

Pas de protestation, je vous prie : la vérité. Ma candidature au trône de France est écartée, n'est-ce pas? écartée pour toujours?

Le prince de Metternich ne répond pas ; le duc s'adresse alors à l'Empereur :

Est-ce aussi l'avis de Votre Majesté?

L'EMPEREUR.

Il n'y a rien de définitif en politique, mon cher Franz. Ajournée hier, votre candidature peut s'imposer demain. Faites comme moi, laissez agir le prince de Metternich, donnez-lui le temps de vous préparer les voies. Votre esprit mûrira en attendant, l'expérience achèvera l'œuvre de vos maîtres.

LE DUC DE REICHSTADT.

Pardonnez-moi, Sire, mais le temps presse. Le prince de Metternich a trop à faire pour s'occuper de moi. Je serai mon propre chancelier. Je vois bien que je ne dois plus penser au concours de la diplomatie autrichienne. Eh bien, soit! j'agirai seul, à mes risques et périls... Je renoncerai, s'il le faut, à mes titres et à mes apanages ; je quitterai la cour, je m'exilerai de vos États...

L'EMPEREUR.

Vous nous quitteriez, Franz! quelle folie!

LE DUC DE METTERNICH, très calme :

Son Altesse oublie qu'elle n'est pas libre. La situation du prince a été réglée par l'Europe en 1814 et en 1815. Elle est consignée dans des traités qui demeurent en vigueur. L'Autriche répond de l'héritier de Napoléon devant les puissances étrangères. C'est un dépôt qui nous a été confié, et dont on aurait le droit de nous demander compte.

L'EMPEREUR.

Vous l'avez entendu, Franz. Ce que ma prudence paternelle m'interdirait de vous accorder, vous est également défendu par les traités. Que prétendez-vous faire, seul, contre toute l'Europe? Vous ne pouvez pas nous quitter, mon pauvre enfant! Notre tendresse est votre unique refuge.

LE DUC DE REICHSTADT

repousse la main que lui tend l'Empereur :

Je ne suis plus votre enfant, Sire. Je ne suis qu'un prisonnier d'état déguisé en prince autrichien.

L'EMPEREUR.

Vous me prenez donc pour un geolier? Voyons, calmez-vous, réfléchissez un peu. A défaut de votre affection, j'ai droit à votre justice. Je suis un prisonnier, moi aussi, prisonnier de mon devoir, esclave de ma fonction. Je ne m'appartiens pas.

LE PRINCE DE METTERNICH.

L'Empereur a raison. Ni lui, ni vous, n'êtes des hommes comme les autres, monseigneur. Les canons des Invalides ont notifié votre naissance à l'Europe; toutes les capitales ont illuminé en votre honneur; vous avez dormi votre premier sommeil dans un berceau en vermeil, couronné par la Victoire. Cela se paie. Le malheur est un héritage comme la gloire.

LE DUC DE REICHSTADT

se lève, fait tête au prince de Metternich; ses mains frémissent, impatientes; ses regards se plantent dans les yeux du chancelier :

Sachez-le bien, monsieur, je ne le répudie pas, cet héritage! je le revendique tout entier. La seule faveur que je vous demande, c'est l'exil. Et vous refuseriez de me laissez partir! Mais que vous ai-je fait? qu'avez-vous à vous acharner contre moi? Vous m'avez pris mon nom, mes titres, ma patrie. Vous m'avez séparé de mon père, séparé de ma mère. Mon père? vous l'avez tué, tué lentement, lâchement, vous l'avez livré aux insulteurs et aux bourreaux. Ma mère? C'est plus odieux encore! Vous l'avez autorisée, encouragée peut-être, à souffleter la mémoire du grand homme, en contractant un second mariage indigne d'elle, indigne de moi. Après m'avoir écarté de sa vie, vous avez voulu m'effacer de son cœur. Vous me l'avez prise deux fois. Et vous prétendez m'enchaîner encore. M'enchaîner! Par quoi? par ces épaulettes, par ces insignes! Misérables hochets!

Il arrache ses épaulettes.

Je suis Français, entendez-vous?

Il marche, le poing fermé, sur le prince de Metternich, l'apostrophe en plein visage :

Je suis Français!

Il porte tout à coup la main à son cœur; un spasme l'étouffe, ses bras battent l'air; défaillant, il se laisse aller sur la poitrine de son grand-père, qui s'est mis entre lui et Metternich. Son grand-père l'allonge sur un canapé. Il revient à lui peu à peu, ses yeux se rouvrent; il se soulève, et sa colère tombe; la tête cachée dans ses mains, il sanglote.

L'EMPEREUR

l'attire à lui, le presse sur sa poitrine :

Franz! mon pauvre Franz!

LE PRINCE DE METTERNICH

assiste en spectateur aux menaces et aux larmes.

Il songe :

Le louveteau a mis les dents; mais il ne sait pas mordre. Colère d'enfant, d'enfant malade! Le docteur Malfatti a raison. Ce candidat au trône pourrait bien être un candidat à la tombe!

ÉMILE POUVILLON

(La fin au prochain numéro.)

IMPRESSIONS DE THÉATRE[1]

Pour S. M. la Reine Nathalie.

Au fond d'une baignoire d'avant–scène, dans la demi-obscurité que l'on connaît, j'attends que le rideau se lève sur un spectacle qui, d'avance, me cause une inquiétude vague. Je vais voir là quelque chose qui sera comme la matérialisation d'un de mes rêves, — ou plutôt comme la déformation en des cerveaux étrangers d'un de mes anciens et encore douloureux souvenirs... Mon Dieu ! pourquoi ai-je permis que cela fût joué? Je n'avais pas réfléchi, évidemment, lorsque je donnai, il y a déjà plusieurs années, cette autorisation–là, je n'avais pas réfléchi qu'un soir finirait par arriver qui serait le soir de cette « première ».

Cela commence... Dans la rumeur finissante de la foule, l'orchestre prélude. Quelque chose de doux et d'étrange s'envole des archets, une musique venue d'*ailleurs*, dirait-on, enveloppée de brumes de passé et de lointain...

Mais le rideau se lève, le banal rideau rouge, et, du coup,

1. On sait que l'Opéra-Comique a représenté récemment un ouvrage inspiré du *Mariage de Loti* : — *l'Ile du Rêve*, idylle polynésienne en trois actes, paroles de MM. André Alexandre et G. Hartmann, musique de M. Reynaldo Hahn.

pour moi le charme qui déjà semblait monter s'évanouit et
tombe. Le décor est beau pourtant ; il est même ce que l'on
pouvait faire de mieux avec les misérables moyens du théâtre,
un peu de toile, un peu de peinture, et des lampes en guise
de soleil ou de lune. Maintenant, je souris en regardant les
Tahitiennes qui. au premier abord, me donnent l'impression
d'une mascarade de hasard : c'est à peu près cela, je l'accorde ; mais un rien leur manque, qui était essentiel.

Cependant voici, avec sa pâleur bistrée et le cerne bleuâtre
de ses yeux. la jeune fille qui représente Rarahu ; elle traîne
sa robe légère, et porte dans sa chevelure une fleur d'hibiscus rouge, piquée au-dessus de l'oreille, à la mode de là-bas…
Tout de suite, je la prends au sérieux. celle-ci : quelle profonde
artiste est donc cette petite fille. qui n'a pas vingt ans, pour
s'être composé ce je ne sais quoi d'exotique, ce voile de mystère et de langueur !… Et l'orchestre continue son incantation
lointaine, qui peu à peu, de plus en plus. transforme les
toiles peintes en des visions de rêve…

Entrée de la princesse Oréna et des femmes de la cour,
accompagnées par des officiers de marine en tenue. Alors je
sursaute de gêne et d'impatience : cela, je ne l'avais pas
prévu. Avec mes idées militaires, — ridicules et surannées,
si l'on veut, — je trouve que c'est choquant et je me révolte.
Et puis, j'avais un instant oublié, moi, dans le bercement
exquis de la musique, j'avais oublié que depuis ce matin je
n'en fais plus partie, de cette marine que j'ai tant aimée ;
devant l'apparition de ces uniformes, tout à coup je me souviens : il m'est douloureux infiniment de voir ces vestes
blanches galonnées d'or, qui me rappellent le service aux
colonies, ou bien le service à terre dans la vieille caserne
paisible de mon port durant les chaudes journées des étés de
France ; tout un passé de jeunesse et de soleil s'évoque en
moi à l'aspect de ces costumes blancs, tout un passé évanoui
à jamais, irrévocablement évanoui comme dans la mort…
Et je me retire. me dissimule davantage au fond d'un recoin
sombre, — derrière la souveraine qui m'a fait l'honneur de
m'admettre dans sa loge et par qui ma subite angoisse est
devinée et comprise…

A présent, sur la scène, la lumière baisse et le décor

semble gagner en profondeur. Par la magie de la musique,
un mystère de *là-bas* continue de s'épandre au milieu de ces
toiles peintes qui veulent imiter la forêt polynésienne. Le
cortège de la princesse **Oréna** s'en est allé. Les filles de
Tahiti, qui font davantage illusion dans la pénombre, entourent un aspirant de marine qu'elles ont retenu seul au milieu
d'elles et *que je sens devenir vaguement moi,* — un moi d'il y
a plus de vingt ans. C'est la « scène du baptême », et la
musique en est si languissamment charmeuse que j'en arrive à
entendre, presque sans éprouver de gêne, la voix de la jeune
fille aux fleurs d'hibiscus prononcer pour la première fois mon
nom... Alors je ferme les yeux pour revoir en moi–même —
oh! avec quelle mélancolie qui ne se peut exprimer! — la
vraie scène de ce baptême, là–bas, au delà des mers, très
loin au fond de l'espace et déjà très loin au fond du temps.
Et c'est comme sous des couches de cendre que je retrouve
tout cela, les figures, les formes, les senteurs, l'enivrement
étonné de ma prime jeunesse, à minuit, parmi les orangers,
au scintillement des étoiles australes...

Mes yeux rouverts, il me faut un moment pour laisser agir
le charme de la musique et pour pouvoir admettre de nouveau tout le factice étalé devant moi. Ce que je perçois
d'abord, c'est un mouvement d'ensemble chez les choristes
qui jouent les filles de Tahiti : elles s'en vont ; dans l'illusoire
crépuscule des lampes, leurs traînes et leurs couronnes de
fleurs s'éloignent et disparaissent ; à ce départ, on ne distingue
plus leurs visages, auxquels on n'avait pu donner l'expression
maorie, et voici qu'elles recommencent d'avoir les silhouettes
qu'il faut pour me tromper un peu. Sous la puissance
enchantée de la musique, un sentiment de Polynésie persiste,
s'accentue même, et de temps à autre me fait tristement frémir...

Ils restent seuls tous deux, dans la forêt où la nuit tombe,
enlacés, éperdus, l'aspirant qui vient d'être baptisé Loti —
et la petite fille aux fleurs d'hibiscus, à la chaude pâleur, aux
yeux cernés. Et leurs deux voix jeunes se mêlent en un duo
d'amour qui ne me révolte plus, tant l'harmonie en est délicieuse...

***

Le deuxième acte passe sans m'émouvoir, dans un décor très beau. mais insuffisamment exact pour moi. *Ce n'est pas cela.* Et puis, il faut subir les pirouettes d'un Chinois de paravent. — qui chante à ravir. je le veux bien. mais dont la présence rabaisse momentanément l'œuvre aux proportions de l'opérette. Et, durant cet acte–là. chaque fois que mon nom est prononcé. il me fait sourire, ou bien il m'exaspère au point que le sang me monte au visage. Mon Dieu ! comment n'ai-je pas songé à prier les aimables librettistes, qui certainement auraient accédé à ma demande, de changer ce nom en quelque autre ?

Quand c'est fini, me sentant redevenu tout à fait étranger à la pièce qui se joue, gardant seulement, du premier acte et des événements imprévus qui viennent de changer ma vie, une sorte de pénible stupeur, je vais féliciter dans leurs loges. d'une façon quelconque et moins qu'ils ne le méritent assurément, les artistes qui ont si bien chanté ; mais pour l'instant ils ne figurent à mes yeux plus rien des personnages de mon souvenir et, de même, ce n'est plus moi qui leur parle.

***

Maintenant le troisième acte s'annonce et. de nouveau. le recueillement se fait dans la salle.

En même temps qu'on prélude à l'orchestre, on prélude aussi cette fois sur la scène avant qu'elle soit visible ; à travers la toile, qui reste baissée. s'entend un chœur tahitien, un vrai, celui-ci, un chant d'enfantine barbarie, venu de là–bas, rapporté de l'île ombreuse, — donnant dès l'abord l'impression qu'il y a de l'Océanie, par là. derrière... Cela encore. l'effet de ce chant sur moi. au soir d'un pareil jour, je ne l'avais pas prévu. et je sens passer. dans l'air frelaté du théâtre, comme un grand frisson triste.

Le rideau. le toujours banal rideau rouge se lève enfin : une nuit de lune dans des jardins encombrés de palmes ; au

milieu de la scène, la véranda d'un palais tahitien qu'éclairent
en rose des lanternes chinoises. C'est joli, mais une fois de
plus ce n'est pas cela — et, au premier aspect de ces choses,
ma furtive émotion s'envole.

Cependant, sous cette véranda ouverte, des groupes
s'agitent, entre les colonnades de bois des îles : des Tahitiennes
en costume de fête, plus étranges et plus ressemblantes que
celles du premier acte, sous leurs folles coiffures de roseaux
et de fleurs; et, surtout, des officiers de marine en grande
tenue, habit brodé et épaulettes... Oh! alors, je demande
permission à la souveraine qui est là de me retirer un
instant de sa loge, honteux de ce que mon émotion va devenir
visible et de ce que mes yeux se voilent... Il semble, en vérité,
que par quelque ironie voulue et cruelle j'aie été amené à ce
spectacle, à cette reconstitution essayée de mes premiers
souvenirs de marin, précisément en ce jour de funérailles où
je quitte mes épaulettes pour jamais...

* *
*

J'ai réagi et je suis rentré. La pièce va finir. La véranda
s'est vidée de ses groupes joyeux d'officiers et de femmes.

Et voici la princesse Oréna qui reparaît seule sous la
colonnade de son palais, si exotique et charmante dans ce
dernier costume, avec sa couronne de grands lis et de roses.
Lentement elle va descendre dans les jardins où tombent des
rayons de lune et, sur les marches, elle s'arrête pour appeler :
« Loti! »

Son appel, cette fois, me trouble comme s'il s'adressait à
moi-même, du fond des temps ensevelis. Il me trouble, mais
il ne me choque ni ne m'étonne plus, tant la puissance
inexpliquée de la musique m'a transporté *ailleurs*, dans le
recul des années — et en dehors des conventions, des couve-
nances mondaines.

Un autre que moi y répond, à cet appel; un autre qui porte
des épaulettes de théâtre, et qui était là dans l'irréel jardin,
à la lueur d'une fausse lune : sorte de fantôme de moi-même
qui, malgré son talent et sa jolie voix, me demeure intolérable... Le sentiment du ridicule qui se dégage pour moi de

tout ce factice, si séduisant qu'on soit parvenu à le rendre, me tient, depuis le commencement de la pièce, flottant entre la tristesse infinie et l'envie de sourire.

Mais, à partir de ce moment jusqu'aux dernières mesures chantées, c'est la tristesse, autant dire l'angoisse, qui domine.

> Ne plus jamais vous voir, enchantement des nuits
> De Polynésie...,

murmure celui qui porte mon nom et qui va pour toujours, comme je la quittai jadis, quitter l'île délicieuse... Oh! dans les circonstances que je traverse, entendre cette phrase, très mystérieusement agrandie par la musique!...

> O pays de Bora-Bora,
> Grand morne bercé par le flot sonore,

prononce avec une lenteur d'agonie la petite fille en qui Rarahu s'est un instant réveillée...

Et, pour finir, le chœur tahitien, le chant d'enfantine barbarie qui m'avait donné le frisson tout à l'heure, reprend comme un grand adieu, derrière les arbres et les rayons de lune, dans les lointains du théâtre à la fois sourds et vibrants; les harmonies de l'orchestre lui donnent une profondeur insondable, et, tandis que le rideau tombe, il continue avec obstination, ne s'éteint que par degrés, impitoyablement évocateur.

PIERRE LOTI

LES PAYS DE FRANCE

— PROJET DE FÉDÉRALISME ADMINISTRATIF —

> « Un plan de division d'un grand
> empire est presque à lui seul la consti-
> tution. » — THOURET
> *(Assemblée constituante, 3 novembre 1789).*

I

Chacun s'en va répétant que la France est malade. Ne
serait-elle pas plutôt en travail? C'est l'attente d'une France
nouvelle qui nous tient tous en suspens, et notre angoisse
résulte d'une contradiction entre l'idéal que nous rêvons et
la réalité des choses présentes. Une des antinomies les plus
graves est la survivance d'une centralisation étouffante avec
le besoin d'air libre, de mouvement, de vie autonome que
ressent tout le corps social. Il faut choisir entre deux systèmes. Le premier est le système centralisateur décrit par
Tocqueville. Le second est le système décentralisateur. Mais
cette expression est mal faite, car personne ne songe à supprimer le centre de la France (ce serait la frapper au cœur):
employons plutôt le mot de Fédéralisme, et tâchons d'en préciser le sens.

Il y a deux sortes de Fédéralisme : le Fédéralisme politique et le Fédéralisme administratif. Le Fédéralisme politique
assemble en une confédération plusieurs États indépendants et
souverains. Le Fédéralisme administratif groupe sous un
même gouvernement national des unités administratives autonomes. Tous deux sont fondés sur la liberté. Ils ont des carac-

tères communs. Dans l'un comme dans l'autre, l'État gouverne par des lois générales ; il respecte l'énergie spontanée des citoyens et leur droit à s'associer librement ; il se substitue le moins possible à l'initiative privée, qu'il souhaite au contraire et qu'il encourage ; il admet l'indépendance des administrations provinciales pour toutes les affaires de la province, des administrations locales pour toutes les affaires locales ; il n'attribue au pouvoir central que les affaires nationales. Il y a une différence essentielle entre les deux genres de fédéralisme. A l'autorité communale, à l'autorité provinciale, à l'autorité nationale qui existent dans un système comme dans l'autre, le Fédéralisme politique superpose l'autorité fédérale qui n'a pas de raison d'être dans le Fédéralisme administratif. L'Union Américaine du Nord offre le type le plus parfait de Fédéralisme politique. Les Anglais pratiquent chez eux le Fédéralisme administratif. Fédéralisme politique, Fédéralisme administratif sont le régime des États les plus libres et les plus civilisés, et ils paraissent de plus en plus s'annoncer comme les formules de l'avenir : le premier servant de cadre aux vastes agglomérations de peuples, le second s'adaptant aux nations dont l'unité morale est faite.

Examinons de plus près notre époque. Quelques idées maîtresses semblent présider à son évolution : — l'idée de *liberté* appliquée à la personne humaine et celle de *nationalité* qui en est le corollaire pour les peuples : — l'idée d'*égalité*, mère de la démocratie ; — l'idée de *fraternité* qui, jointe à celle de *solidarité*, est l'origine du socialisme. Ces idées déterminent des tendances. Or, non seulement le système fédéraraliste n'est en contradiction avec aucune de ces tendances, mais seul il permet, croyons-nous, d'en maintenir la rectitude et d'en entreprendre la conciliation.

La liberté est l'essence même du Fédéralisme, il est superflu de le démontrer. — Le nationalisme peut faire illusion : il semble tout d'abord que son action soit exclusivement unitaire. Mais on n'a pas assez remarqué qu'après avoir concentré, en les émancipant, les grandes nationalités, il travaille aussi à la renaissance des petites : Finlandais en Russie ; Irlandais et Gallois dans l'État britannique ; Tchèques, Croates, etc., dans l'Autriche-Hongrie ; Albanais en Turquie d'Europe ;

et tous les peuples de la péninsule des Balkans, et bien d'autres encore. N'est-ce pas là justement le propre du Fédéralisme, et le Fédéralisme n'offre-t-il pas en effet le seul moyen équitable et pratique de départager les aspirations les plus diverses et les plus contraires, et de les concilier dans une harmonie supérieure? Sans lui le nationalisme verse dans l'oppression, et il n'est pas d'oppression moins justifiable que celle d'un peuple par un autre. — De même la démocratie, qui est l'avènement de tous à la souveraineté et au gouvernement, n'atteint ses conséquences logiques que si tous participent à la gestion, non seulement des affaires nationales, mais encore des affaires provinciales et communales. Cela aussi est du Fédéralisme, et seul il peut préserver la démocratie d'une déviation morbide vers le césarisme. — Le socialisme enfin, en ce qu'il a de noble et d'éternel, est né d'une pitié profonde pour les malheureux, et de cette pensée que les hommes sont tous frères, ont tous des droits égaux au développement harmonique de leurs facultés. Il a été amené en outre à constater scientifiquement que par leurs vertus ou leurs vices, leur tempérament héréditaire, leurs moindres actes, les hommes réagissent les uns sur les autres, qu'ils sont étroitement solidaires, et que ce n'est pas trop de tout leur effort combiné pour triompher progressivement des fatalités qui les oppriment. Par là le socialisme aboutit directement à l'association, à toutes les formes et à tous les degrés de l'association. Cela encore est du Fédéralisme, et ce Fédéralisme pourra seul empêcher le socialisme inspiré par l'amour et fondé sur la justice de glisser aux bassesses de la haine et aux iniquités de la force brutale.

Est-ce une illusion, ou ne semble-t-il pas que même en France commence à poindre une réaction contre le système centralisateur? Non seulement cette réaction salutaire s'est traduite en projets divers et en actes législatifs dont le plus important est la loi sur les conseils généraux, mais elle s'aperçoit en deux tendances nouvelles jaillies du fond même du corps social. Depuis la cruelle leçon reçue il y a vingt-sept ans, notre génération assiste au réveil de l'initiative privée ou librement collective. Sociétés patriotiques, sociétés d'instruction, de science ou d'art, sociétés ouvrières, sociétés de

charité, d'assurance et de prévoyance, sociétés de propagande
de tout genre et de toute couleur se multiplient à l'envi, par
une éclosion analogue à celle des ordres religieux au moyen
âge. Elles ne cessent de grandir, alliées ou suppléantes de
l'État. N'est-ce pas là du Fédéralisme inconscient et spontané?

Une autre tendance digne d'observation est le mouvement
particulariste. Les deux derniers siècles avaient surtout vécu
d'abstractions et de généralités; l'esprit classique et l'esprit
monarchique régnaient de conserve. Mais voici que la méthode analytique appliquée à l'histoire, à la géographie, aux
sciences naturelles, les a renouvelées, a décelé dans le présent
comme dans le passé de notre pays quantité de faits inaper-
çus ou dédaignés. De son côté le Romantisme a remis l'individu en honneur; le Réalisme a réhabilité, interprété les
formes, les âmes innombrables des choses. Et alors savants
et touristes, écrivains et artistes sont partis en découverte,
ont entrepris leur tour de France. Michelet, en des pages
inoubliables, avait peint à larges touches d'un coloris superbe
le tableau de nos vieilles provinces; de tous côtés on entreprend de compléter, d'illustrer l'œuvre du maître.

Les idiomes particuliers sont exhumés, et ils refleurissent.
Les moindres bourgs veulent pieusement élever une statue à
leur grand homme. Les petites patries ont leurs chantres,
leurs cigaliers, leurs félibres. Le Berri avait madame Sand;
la Bretagne, Brizeux; l'Agenais, Jasmin; la Normandie a
André Lemoyne; la Bresse, Gabriel Vicaire; le Quercy,
Léon Cladel: le Barrois, Theuriet; les Cévennes du Sud,
Ferdinand Fabre: la Franche-Comté, Grandmougin et
Bataille; le Rouergue, Fabié; la Provence, avec Aubanel,
Roumanille et Mistral, Jean Aicard et Alphonse Daudet. La
grande école paysagiste française fondée vers 1850 par Corot,
Rousseau, Millet, a suivi l'exemple des romanciers et des
poètes, si plutôt elle ne les a devancés. Que Lebrun et David
sont loin de nous! Daubigny dans l'Ile-de-France et le Morvan. Troyon dans le Limousin. Courbet dans la Franche-
Comté, Rosa Bonheur dans le Nivernais, Jules Breton dans
l'Artois, Harpignies dans le Bourbonnais et l'Auvergne, ont
célébré pour le charme de nos yeux, dans leur multiplicité
infinie, les gloires concrètes de la nature française, en ont

traduit les divers aspects, nous en ont révélé les harmonies particulières. Sous la triple influence de la science, de la littérature, de l'art, le patriotisme local et provincial tiré de sa léthargie se ranime et s'agite. Et qui sait si de cette fermentation encore confuse ne sortira pas quelque mouvement comparable à l'essor communal du xiie siècle?

Ainsi l'observation des courants politiques et sociaux qui entraînent les peuples civilisés, l'exemple de ceux de ces peuples qui semblent parvenus à l'organisation la plus parfaite, les indications tirées des tendances qui se manifestent en France même, tout cela n'annonce-t-il pas que décidément le vent souffle du côté du Fédéralisme? — Qu'importe? va-t-on nous dire. le Fédéralisme n'est pas fait pour nous, Français : nous sommes une république unitaire. — Hélas! oui. Mais cette formule ne nous absout pas, ne nous guérit pas. ne nous ensevelit pas non plus irrévocablement dans l'impénitence finale : elle n'est autre chose que la constatation de notre mal. Et pourtant notre histoire, nos traditions, notre tempérament ne nous condamnaient point et ne nous ont pas voués, croyons-nous, sans rémission, au despotisme de l'État. Ni les Gaulois, ni les Francs n'étaient précisément d'humeur centralisatrice. Si Rome, fort habilement, n'avait accordé aux cités gallo-romaines une très large liberté municipale, il n'est pas sûr qu'elle eût dompté facilement la Gaule. L'avènement de la Féodalité chrétienne, l'émancipation des communes ont été chez nous l'essai original et puissant d'un régime de liberté fédérative qui a duré cinq siècles, à qui nous devons nos véritables origines, notre langue, notre premier rayonnement dans le monde. Quels qu'aient été par la suite les bienfaits de la monarchie, c'est elle qui a faussé la direction naturelle de notre génie. La centralisation inventée par ses légistes est une institution relativement très récente chez nous. bien que byzantine à sa source, et dont l'établissement progressif a rencontré jusqu'en plein xviie siècle les plus vives résistances. La Révolution n'a pas su, ni peut-être voulu abattre cette centralisation abusive. La Convention l'a aggravée par mesure de salut public. Napoléon se l'est appropriée en la perfectionnant. Tous les régimes suivants s'en sont volontiers aecommodés. Demain, survienne César ou Cartouche, la machine est montée, elle est aveugle, elle est obéissante ; avec quelque hardiesse, le premier venu peut la prendre et s'en servir. Il faut choisir entre le Fédéralisme et la centralisation.

Il est clair que la France, une depuis des siècles et bien autrement homogène que la plupart des autres États européens, ne pourrait sans déraison tenter l'expérience du Fédéralisme politique. Mais si elle entend rester une république et un pays libre, pourvu d'institutions fondées sur la liberté. il est grand temps qu'elle renonce au régime de la centralisation pour adopter celui du Fédéralisme administratif.

II

L'application du Fédéralisme administratif à la France suppose avant tout une réforme dans la répartition de ses divisions territoriales. Essayons d'examiner quelle pourrait être cette réforme, et d'abord quels sont les vices de l'organisation actuelle.

Les divisions territoriales de la France sont de deux sortes. Les départements ont remplacé les anciennes provinces ; ils nous tiennent lieu d'*unités provinciales*. Les communes, héritières à la fois des paroisses rurales, des bourgs et des villes de l'ancien régime, sont nos *unités locales*. Quant aux arrondissements, ils ne sont que des subdivisions accessoires des départements : et les cantons, des circonscriptions électorales et judiciaires ; ni les arrondissements, ni les cantons ne jouissent de la personnalité civile accordée, sous certaines conditions, aux départements et aux communes.

Il y a 36 170 communes. Elles sont très inégales en superficie comme en population. Les unes sont des territoires minuscules ; d'autres sont plus vastes que des cantons. La superficie moyenne d'une commune est de 14 ou 15 kilomètres carrés ; celle d'un canton, de 186 : celle d'un arrondissement. de 1 477. Or. plusieurs communes n'ont pas même 1 kilomètre carré. Celle de Bressieux (Isère), par exemple, ne compte que 89 hectares. Celle d'Arles, au contraire, approche de la moyenne d'un arrondissement, avec 1 230 kilomètres carrés.

Les communes ne sont pas moins dissemblables par le chiffre de leur population. Tandis que la moyenne générale des communes est d'un millier d'habitants et que la moyenne d'une commune rurale est de 700 âmes, un certain nombre (509) sont des villes de 5 000 à 300 000 âmes, mais quantité d'autres sont de simples bourgades de 150, 100 ou 50 habitants. On en trouve même de moins peuplées, par exemple Morteau (Haute-Marne) et La Tartre-Gaudran (Seine-et-Oise) qui n'ont que 14 et 17 habitants. Près de la moitié (16 500) ne dépassent pas 500 habitants.

L'extrême inégalité des communes françaises a de graves inconvénients. Elle obscurcit le langage administratif, puisque ce terme de commune peut désigner à la fois un misérable village ou quelque puissante cité comme Bordeaux. Marseille ou Lyon (sans parler de Paris) ; elle rend fort difficile l'application de règles quelque peu uniformes à des unités si disparates ; ou, si cette application se fait quand même, elle en fausse d'avance les résultats. La faiblesse de presque toutes les communes est le vice capital de notre organisation administrative.

Le centralisme bureaucratique divise pour mieux régner ; il multiplie à dessein les divisions territoriales afin d'avoir moins de résistance à vaincre en chacune d'elles ; il les veut insignifiantes, inertes et passives : elles ne sont à ses yeux que des rouages mécaniques destinés à la transmission de sa volonté. Le Fédéralisme administratif au contraire n'est possible que par la coordination d'unités locales très résistantes et très actives que l'on pourrait comparer aux cellules d'un organisme robuste où le sang circule partout d'un mouvement régulier. Dans ce système, bien que les unités locales restent subordonnées à l'unité provinciale dont elles font partie, il faut qu'elles y conservent leur personnalité : et, bien que soumises au pouvoir central, il faut qu'elles lui fassent en quelque sorte équilibre, il faut en un mot qu'elles soient vivantes.

Rien de tel chez nous. De nos 36 000 communes les trois quarts comptent à peine un milliers d'habitants (200 électeurs environ). Qu'est-ce que des unités locales aussi chétives et aussi menues ? De la poussière. Un édifice construit avec de tels matériaux ne saurait se soutenir seul. Il lui faut l'étai d'une armature extérieure, d'une grande machine comme notre vieux système de concentration monarchique, impériale et bureaucratique. L'État d'un côté, la commune de l'autre, c'est la montagne et le grain de sable. La commune est petite, elle est misérable, elle dispose d'infimes ressources, elle est incapable d'entreprendre à elle seule quelque œuvre de longue haleine. Réduite à ses propres forces, c'est un atome presque inerte. Aussi la plupart du temps ne peut-elle compter que sur la charité de l'État. et elle mendie. La commune contre l'État, c'est l'histoire du pot de terre contre le pot de fer.

Considérez la carte politique de la France. La grande toile d'araignée aux 36 000 fils est un admirable tissu fabriqué tout exprès pour le despotisme. L'araignée est au centre, et de ce centre souverain elle tient en respect ses 36 000 communes. prises comme des moucherons dans la glu gouvernementale. On se demande pourquoi le régime républicain fonctionne mal chez nous. Le plus surprenant, c'est qu'il vive, ayant conservé pour habitation le grand palais solennel, étouffant et triste, l'Escurial français que lui ont légué la Monarchie et l'Empire. Notre république ne se trouve pas là chez elle ; quoi qu'elle fasse. elle n'y est qu'une locataire, qu'une intruse, toujours menacée d'éviction par les ombres du passé. ce formidable revenant.

III

Arrivons aux unités provinciales ou régionales. En réalité la France n'a ni provinces ni régions. Elle a. il est vrai. des circonscriptions ecclésiastiques, judiciaires. universitaires, militaires. etc. ; mais, au point de vue de l'administration générale, elle n'a ni régions ni provinces ; elle est divisée en 86 départements. ce qui est tout autre chose. En 1789 l'œuvre de la centralisation était déjà fort avancée. La division du royaume en gouvernements tombait en désuétude ; les véritables agents de l'administration étaient les intendants. ancêtres de nos préfets, et les intendances ou généralités étaient déjà de grands départements analogues à nos préfectures. Les pays d'États seuls avaient échappé au morcellement qui avait découpé en circonscriptions financières les vieilles provinces ou pays d'élection. A la veille de la Révolution, il semble que l'opinion publique réclamât trois choses : la suppression des intendants ; celle des assemblées provinciales récemment instituées, qui paraissaient une concession insuffisante arrachée à « l'oppression ministérielle » ; enfin l'extension à tout le royaume des États provinciaux. C'est ainsi que la Révolution avait commencé par la réunion spontanée à Vizille des États du Dauphiné.

La Constituante, ayant à détruire les abus de l'ancien régime et se heurtant à des résistances locales et provinciales qu'elle n'avait pas prévues, adopta bientôt une politique assez contraire aux vœux primitifs de ses commettants. « Il faut, déclarait Mirabeau le 3 novembre 1789, changer la division actuelle des provinces, parce que, après avoir aboli les prétentions et les privilèges, il serait imprudent de laisser subsister une administration qui pourrait offrir des moyens de les réclamer et de les reprendre. » Toutefois l'assemblée protestait de son respect pour les provinces. Il s'agissait de « diviser, non le royaume, mais les provinces », de les diviser, non de les détruire. « Des divisions territoriales sont nécessaires pour faciliter l'action des divers pouvoirs, disait Thouret, président du comité de constitution, mais... les affections d'unité provinciale (c'est-à-dire le patriotisme provincial) ne seront pas même attaquées, puisque les provinces ne cesseront pas d'exister en provinces. » Et comme des propositions plus radicales commençaient à se produire, Mirabeau protestait dans la même séance contre l'idée de former les départements « des démembrements de plusieurs provinces ». Et il ajoutait : « Je sais bien qu'on ne couperait ni des maisons ni des clochers ; mais on diviserait ce qui est encore plus inséparable. on trancherait tous les liens que resserrent depuis si longtemps les mœurs, les coutumes, les productions et le langage. Dans ce démembrement universel chacun croirait perdre une partie de son existence et, s'il faut en juger par les rapports qui nous viennent des provinces, l'opinion publique n'a point encore assez préparé ce grand changement pour oser le tenter avec succès. »

En effet, le Dauphiné, le Languedoc, la Bretagne, les provinces restées les plus vivantes demandaient à conserver leur unité. Pour ménager les transitions, comme l'insinuait Mirabeau, il fut convenu qu'on respecterait les provinces, tout en les partageant en un certain nombre de départements. Au fond, beaucoup pensaient déjà que c'étaient là des scrupules exagérés. Quatre jours après seulement, le 7 novembre, Thouret se laissait aller, peut-être avec préméditation, à un aveu significatif. Après avoir répété que le Comité ne songeait pas à anéantir les provinces : « Et quand cela serait? s'écriat-il... Ne serait-il pas désirable que l'Assemblée pût faire ce mal imaginaire qu'on reproche au plan du Comité... pour détruire l'esprit de province qui n'est dans l'État qu'un esprit individuel, ennemi du véritable esprit national? »

C'est ainsi que la Constituante fut peu à peu entraînée. Elle alla jusqu'au bout de son entreprise. Elle crut habile d'emprunter à l'ancien régime ses propres armes pour le mieux vaincre: elle acheva la centralisation commencée dès Richelieu. Son excuse est d'avoir voulu avant toute chose l'unité nationale. « Surtout ne faites pas de provinces qui puissent devenir des républiques », écrivait La Fayette. Peut-être fut-elle dupe d'une peur chimérique. En tout cas on vit clairement en cette circonstance combien les choses influent sur les principes, et les divisions territoriales sur la nature du gouvernement. « Un plan de division d'un grand empire est déjà presque à lui seul la constitution », avait dit Thouret. Il ne croyait pas si bien dire. La Constituante eut beau prendre ses précautions pour empêcher que le pouvoir central ne s'emparât des moyens d'action nouveaux qu'elle lui ménageait en instituant les départements. En vain elle supprima les intendants, mit à leur place des conseils élus, remplaça dans toutes les fonctions publiques les agents du bon plaisir royal par les mandataires du peuple. Précautions inutiles ! Les départements trompèrent sa prudence, ils furent plus forts que ses libérales intentions. Ils étaient nés d'une pensée de centralisation ; ils restèrent des organes centralistes, des instruments du despotisme de l'État; ils sont encore aujourd'hui, quoi qu'on fasse, des institutions de combat contre la liberté. Pourquoi cela? D'abord, parce qu'ils sont trop petits, trop faibles. Comment en serait-il autrement puisqu'ils ne sont que les fragments d'anciennes divisions historiques ou administratives ? Leur étroitesse n'a même fait qu'empirer depuis un siècle, avec la facilité croissante des communications. Eussent-ils·répondu pleinement en 1789 aux conditions de la vie politique et sociale, qu'ils retardent sur l'époque actuelle à peu près autant que les diligences et les coches. Eussent-ils été nécessaires il y a cent ans, que maintenant la dépense de quatre–vingt–six administrations préfectorales est devenue un luxe inutile, et qu'en supprimer les deux tiers peut être envisagé comme une appréciable et judicieuse économie.

Un inconvénient plus grave des départements est de ne pas correspondre. sauf exceptions, à des régions naturelles. Nous nous sommes livré à ce sujet à une enquête. Nous avons examiné avec soin chaque département au point de vue : 1.º de la géologie et de la géographie physique; 2º de l'ethnographie et des divisions historiques; 3ᵘ des productions agricoles et industrielles et des relations commerciales; 4º du groupement autour d'un centre prépondérant. Sur quatre-vingt-neuf départements (y compris ceux d'Alsace-Lorraine), nous avons trouvé trente départements plus ou moins homogènes, et cinquante-neuf, soit les deux tiers, incohérents à divers degrés.

Veut–on des exemples? Un type de département vraiment homogène (il n'y en a que six de cette espèce) est le département du Lot. Il correspond à un ensemble de causses oolithiques, région de maigre culture, où paissent des moutons, à la cité gallo–romaine des Carduques, au diocèse du Quercy; il se groupe autour de Cahors, ville historique, de beaucoup la plus populeuse, située au seuil de la plus riche vallée (à cause de ses vignobles) et au croisement de deux importantes voies ferrées. — Un département en grande partie homogène (nous en avons compté treize de cette catégorie) est celui d'Indre-et-Loire, ancienne cité des Turons, diocèse de Tours. Il y a peu de rapports entre les plateaux tertiaires infertiles du nord de la Loire et les opulentes « varennes » du Val, entre la riante « Champeigne » peuplée de châteaux. et. le morne plateau de Sainte–Maure ou les landes. et les marécages de la Brenne Tourangelle. Mais la grande ville de Tours a une force d'attraction matérielle et morale suffisante pour grouper en faisceau toutes ces contrées disparates, soudées en outre par la convergence des vallées, des cours d'eau, des routes, unies par la pureté de la langue et la douceur du climat. — Enfin, un département médiocrement homogène (onze mériteraient cette épithète) est celui des Côtes-du-Nord. Assurément il ne saurait se composer de contrées fort dissemblables, puisqu'il est à peu près calqué sur l'ancienne cité des Curiosolites, puisqu'il a été découpé dans la Bretagne et que tous les pays bretons ont un air de famille. Néanmoins, il assemble dans des limites peu naturelles trois ou quatre petites régions assez particulières et contradictoires : dans la Haute-Bretagne, Dinan et la vallée de la Rance qui regarde plutôt Rennes ou Saint-Malo que Saint-Brieuc ; dans la Basse-Bretagne et sur le versant méridional, Loudéac, avec ses champs maigres, ses forêts et ses loups ; dans l'ancien Penthièvre, Lamballe, Saint-Brieuc, Guingamp, qui jalonnent la voie la plus fréquentée de la péninsule, et cette « ceinture dorée » qui borde la côte septentrionale ; dans l'ancien Trégorais, Paimpol, Tréguier, Lannion, région maritime entre toutes, hérissée de môles granitiques, patrie d'intrépides pêcheurs. On n'aperçoit pas d'unité vraie entre les parties de ce tout artificiel, vaguement homogène.

Parmi les départements incohérents, nous n'avons que l'embarras du choix. Suivons l'ordre alphabétique. Le département de l'Aisne juxtapose des lambeaux de la Picardie (Vermandois et Thiérache), de l'Ile-de-France (Laonnais, Soissonnais, Valois, Tardenois) et de la Champagne (Brie champenoise). Il est découpé comme en tranches par quatre vallées parallèles, traversé par trois grandes voies ferrées, presque parallèles aussi dans leur orientation de l'ouest à l'est ou du sud-ouest au nord-est ; il oscille entre des attractions contraires ; il n'a pas de capitale prépondérante. Celui des Alpes-Maritimes unit à l'ancien comté de Nice un ex-arrondissement du Var ; celui des Ardennes, la montagne schisteuse et verdoyante à la plaine crayeuse ; celui de l'Ariège, la vallée toulousaine de Foix et Pamiers au Salat saint-gironnais et gascon. Dans les Bouches-du-Rhône, Arles, avec son fleuve, sa Crau et sa Camargue, a une vie particulière ; Aix et Marseille tournent le dos à leur voisin et ne peuvent s'entendre entre elles. Dans la Corrèze, Tulle et Brive sont naturellement rivales. On s'étonne de trouver ensemble : dans l'Eure, Véliocasses et Eburovices, Vexin de rive droite et Evrecinde rive gauche, avec parcelles de Roumois et de Lieuvin, région de culture industrielle et région d'élevage intensif ; dans le Finistère, Osismiens et Vénètes, nord et sud de la péninsule, cultures savantes et campagnes patriarcales, Brest et Quimper ; dans la Haute-Garonne, Convenais et Tolosates, Comminges et Toulousains, montagne et fleuve ; dans les Landes, promontoire de Chalosse et mer sablonneuse des pignadas landais ; dans la Haute-Loire, vallée de l'Allier et vallée de la Loire, Vellaves et portion d'Arvernes, Velay et Brioudais.

Parmi bien d'autres, notons encore comme incohérents : le département de la Meuse, qui assemble la vallée militaire du Verdunois, encadrée par l'Argonne et située sur la route de Paris à Metz, avec la vallée industrielle de l'Ornain et du Barrois, traversée par la route de Paris à Strasbourg ; le Nord, qui se compose de cinq régions différentes : Flandre maritime, Flandre flamingante, Flandre wallonne, Cambrésis, Hainaut ; l'Orne, qui comprend à la fois la Normandie méridionale et une partie du Perche ; le Pas-de-Calais, qui essaie d'unir le Boulonnais et l'Artois séparés à tous égards jusqu'en 1790 ; les Basses-Pyrénées, où Bayonne et son commerce, le pays Basque et ses pâturages, le Béarn et ses cultures ont des intérêts séparés ; la Seine-Inférieure, qui s'efforce vainement d'accorder Rouen et le Havre ; les Deux-Sèvres, dont le nom seul indique la dualité ; le Var, enfermant dans un large hémicycle jurassique deux noyaux de terrains primaires et de roches éruptives qui forment les petites régions si particulières des Maures et de l'Esterel ; l'Yonne, assemblage composite du Sénonais champenois et de l'Auxerrois bourguignon, avec des lambeaux de Puisaye et de Morvan. — Les départements sont donc pour la plupart hétérogènes, et, loin de pouvoir servir d'unités régionales, ils ne sont que des débris de provinces. De l'aveu de leurs auteurs, ils ont été institués pour combattre l'esprit provincial ; ils ont fait pis, ils ont tué la vie provinciale.

IV

Il y a en France 2 899 cantons ; il y en avait plus du double
en 1790, exactement 6 840. Le canton groupe en moyenne
une douzaine de communes. C'est une circonscription judiciaire, électorale et militaire : elle a son utilité, son opportunité partielle. mais elle est factice; ce n'est pas, à proprement parler, une division administrative. Elle a eu cependant un caractère administratif déterminé, mais pendant
un laps de temps assez court. Les auteurs de la Constitution de l'an III, ayant supprimé les 544 districts de la
Constituante, essayèrent de grouper ses 44 000 communes
en *municipalités cantonales* (Loi du 22 août 1795.) L'expérience de ce système ne dura pas un lustre. Le Premier
Consul rétablit les districts sous le nom *d'arrondissements
communaux* (362 au lieu de 544), et rendit les communes à
leur morcellement et à leur impuissance, tout en diminuant
quelque peu leur nombre (36 000 au lieu de 44 000).

Il semble que les communes aient accueilli avec faveur cette
loi du 17 février 1800, qu'elles aient rompu volontiers les
liens qui les avaient rattachées un instant au centre cantonal.
C'est peut-être qu'elles partagèrent l'enthousiasme de leur
temps pour Bonaparte ; qu'étant habituées depuis des siècles à
leur petitesse, à leur égoïsme de clocher et à leur dépendance, elles n'avaient pu, en cinq années, changer de tempérament. Peut-être aussi les cantons, divisions territoriales
arbitraires et médiocres, ne répondaient-ils à aucune
donnée naturelle, leurs chefs-lieux, sans grande importance
pour la plupart, n'exerçaient-ils pas sur les communes une
attraction suffisante. En tout cas, un fait mérite ici d'être
noté : c'est qu'à peine avait-on expérimenté l'œuvre de la
Constituante, qu'on sentait le besoin de donner aux municipalités plus de force et plus de cohésion, qu'on en venait
ainsi à une ébauche de Fédéralisme administratif, qu'on cherchait enfin, comme à tâtons et sans les trouver, les *unités
locales* de la France. Les partisans du Fédéralisme les ont
réclamées depuis lors bien des fois. Existent-elles ?

V

Les unités locales de la France ne seraient autre chose, selon nous, que ces petites régions naturelles qui partout ont conservé le nom clair et net de *pays*. Que la langue française est donc limpide, quand son pur cristal n'est pas troublé par la phraséologie! Que le bon sens du peuple français est un guide sûr lorsqu'on se donne la peine de l'interroger! Parlez de « pays » à un paysan : il est de la maison, il vous entend aussitôt. Vous l'étonneriez en lui disant que le pays est l'ancien *pagus* gaulois. Peu lui importe ; mais, étant plus près que nous de la nature, il en a gardé le sens et, plus conservateur que nous, il est resté attaché à la tradition du vieux langage français. Cela suffit pour que le terme de *pays* ait à son oreille une signification très précise. C'est en vain qu'ont passé sur la Gaule tant de dominations étrangères, tant de régimes politiques ; c'est en vain que la carte de France a été grattée et regrattée, obscurcie de surcharges et de ratures. Le pays a survécu à tout ; comme ces vieilles monnaies retirées de bonne heure de la circulation, il subsiste dans tout l'éclat encore neuf de son ancienneté. Sous les caprices des délimitations les plus contradictoires, il a maintenu ses frontières presque aussi visibles qu'aux anciens âges. Il s'appelle ici la Maurienne, ailleurs le pays de Caux, là le Velay, la Bresse, la Thiérache, le Gâtinais, la Cerdagne. Il continue sous nos yeux ces petites contrées naturelles que le climat, la géologie, le relief, etc., avaient distribuées comme berceaux aux peuplades antiques de la Gaule.

Cette persistance des pays avait frappé plusieurs historiens pénétrants, tels que Guérard, qui en a dressé la liste. Les savantes études de M. Longnon, sa belle carte des pays de la Gaule au xe siècle, ont jeté une lumière nouvelle sur la question encore controversée de l'origine des pays. Peut-être ne s'est-on pas assez arrêté à ce texte de l'historien Josèphe, affirmant l'existence de 305 peuples en Gaule, au temps d'Auguste. S'il faut prendre ce texte au pied de la lettre, Rome, en créant une centaine de *cités* gallo-romaines. aurait fait chez nous (ce qui est, d'ailleurs, bien conforme à son génie) un premier essai de centralisation, sans doute ébauché par les Gaulois eux-mêmes. Les *pagi majores* et *minores* ne seraient autres que les habitants des peuplades primitives groupées en cités. Mais, sans pousser plus loin cette hypothèse historique, bornons-nous à constater et à retenir que M. Longnon de son côté énumère environ 300 pays ; que si l'on compulse le recueil des belles cartes de l'ancienne France conservées à la Bibliothèque nationale, on y relève pour le moins 350 dénominations de pays, et que ces divers chiffres sont assez concordants.

Sans doute, et nous ne l'ignorons point, il y a plusieurs sortes de pays. Les uns, comme la Double, la Brenne, la Sologne, ont un caractère nettement géographique ; d'autres, comme le Narbonnais ou le Fréjurès, désignent le territoire d'une ville ancienne ; quelques-uns, comme le Rouergue, le Quercy, le Velay, se confondent avec le territoire entier d'une cité gallo-romaine ; d'autres encore, tels que le Menpsick ou l'Ostrevant, sont d'origine germanique ; enfin, l'établissement des archidiaconés dans les diocèses primitifs, des bailliages, des sénéchaussées, des élections par la monarchie a pu susciter la renaissance, la dislocation ou le démembrement de pays dont le nom a été changé. Nous savons que rien n'est immuable, que les limites des pays ne remontent pas toutes à Vercingétorix et que, si elles ont une tendance à suivre toujours les lignes d'ancienne fracture, elles n'ont pu échapper dans une certaine mesure à l'action du temps. Notre thèse ne nous paraît à nous-même exacte que dans sa teneur générale.

Nous savons aussi que de nouvelles conditions économiques transforment jusqu'à un certain point un pays. Assurément, plus l'homme progresse, plus il s'affranchit de la nature, mais sans jamais échapper entièrement à ses lois. Alors même que la civilisation paraît innover, elle se borne le plus souvent à améliorer ce qui était, ou à dégager les conséquences de faits préexistants. Les routes, les canaux, les chemins de fer amoindrissent les distances, sans les supprimer. La croissance extraordinaire d'une ville, comme Saint-Étienne par exemple, n'est au fond que la résultante d'une donnée géologique : le bassin houiller du Forez en explique l'origine et la fortune. Qu'y a-t-il de changé dans le Forez depuis un siècle? Il a une autre capitale, ses habitants qui ne travaillaient que la terre travaillent aussi maintenant la houille, le fer, la soie. Quant au Forez lui-même, il a conservé dans l'ensemble sa constitution et sa physionomie, et. s'il sert de cadre à une activité nouvelle, il tenait en réserve la source même de cette activité. Ainsi ni les pays, ni leurs limites ne sont immuables; ils n'en existent pas moins et persistent.

L'important est de constater qu'il y a en France environ trois cents ou trois cent cinquante pays, n'ayant aucune existence officielle, mais qui sont d'origine ancienne, dont les frontières et les noms sont consacrés par l'usage, et qui correspondent à de petites régions naturelles. Nous laissons au lecteur le soin de tirer lui-même la conclusion de ces faits irrécusables. Cette conclusion. à coup sûr inattendue et qui nous a beaucoup surpris nous-même tout d'abord, c'est que les circonscriptions administratives qui par leur nombre ont le plus de rapport avec les pays, sont nos trois cent soixante-deux arrondissements. A maintes reprises on a parlé de supprimer les arrondissements. Voyons-les de près avant de les condamner à mort.

Nous les avons examinés un à un, nous les avons confrontés avec les pays, et voici le résumé de nos observations : — 1º Un certain nombre d'arrondissements (et c'est la minorité) sont plus petits que les pays. En Bretagne, par exemple, la plupart des pays engloberaient plusieurs arrondissements. Il en est de même en Franche-Comté. — 2º D'autres arrondissements au contraire, mais en nombre médiocre aussi, se composent de plusieurs petits pays; notamment dans l'Ile-de-France où le sol a été très morcelé, et dans les Pyrénées où presque chaque vallée avait conservé son autonomie et sa physionomie propre. — 3º Sauf ces deux genres d'exceptions. dans la grande majorité des cas, il est assez facile d'identifier *grosso modo* les arrondissements aux pays [1].

---

1. De ce nombre sont par exemple : le Cambrésis, le Boulonnais, le Vermandois (arrondissement de Saint-Quentin), la Thiérache (Vervins), le Vexin normand (Les Andelys), l'Evrecin, le Bessin, l'Avranchin, le Haut-Perche (Mortagne), le Rémois, le Chalonge (Châlons-sur-Marne), le Porcien (Rethel); même en Bretagne : l'Ach (Brest), le Poher (Châteaulin); le Saumurois, le Vendômois, le Blésois (Blois), le Sancerrois, le Bois-Chaud (La Châtre), la Brenne (Le Blanc), le Morvan (Château-Chinon), l'Avallonnais. l'Auxerrois, l'Autunois, le Charollais, le

Ce n'est pas à dire que la concordance soit partout
complète ; mais, en tenant compte tout d'abord des exceptions que nous venons d'énoncer et aussi de l'inexactitude
relative de certaines identifications, on peut affirmer d'une
manière générale que la division territoriale la plus voisine
du pays est l'arrondissement. On peut même ajouter qu'en
beaucoup de cas l'arrondissement est une sorte de pays
rectifié, mieux adapté aux conditions nouvelles de l'existence.
On peut dire enfin que les unités locales vainement cherchées
jusqu'ici ne sont guère autre chose que les arrondissements.
Bonaparte eut-il donc une vue géniale lorsqu'il les institua ?
Peut-être. Inutile d'ajouter que les arrondissements n'étaient
dans sa pensée que des rouages dociles appelés à se mouvoir
dans le cercle étroit de chaque département, et qu'il eut grand
soin de ne les doter d'aucun organe leur permettant de vivre
d'une vie propre. Il n'en est pas moins piquant de constater
que, le 28 pluviôse an VIII, le terrible despote se trompa dans
ses calculs et que, ce jour-là, il fut sans le savoir un fédéraliste.

VI

Il nous reste à rechercher les *unités provinciales* ou régions
administratives de la France. Combien existe-t-il de régions
en France ? Quelles sont-elles ? Cette question est une des
plus délicates, des plus embarrassantes qu'on puisse poser à
un géographe. Il y a en effet régions et régions. Ne perdons
pas de vue que notre but précis en ce moment est de
rechercher non pas tant des régions naturelles pures que des
provinces ou régions administratives *qui soient naturelles,* ce

Mâconnais, la Bresse (Bourg), la Dombes (Trévoux), le Verdunois, le Barrois, le
pays Messin, le Toulois, le Saunois (Château-Salins), le Soulessois (Neufchâteau),
le Suntgau (Belfort), le Beaujolais (Villefranche), le Roannais, la Maurienne, la
Tarentaise (Moutiers), le Faucigny (Bonneville), le Chablais (Thonon), le Grési-
vaudan (Grenoble), le Diois, le Gapençais, l'Embrunois, le Briançonnais, le Briou-
dois, la Champagne charentaise (Cognac), le Marais charentais (Marennes), le
Médoc (Lesparre), le Bazadois, le Nontronnais, le Sarladais, l'Albret (Nérac), le
Condomois, la Lomagne (Lectoure), la Chalosse (Saint-Sever), le Labourd (Bayonne),
le Nébouzan (Saint-Gaudens), le Couserans (Saint-Girons), le Castrais, le Carcas-
sez, le Rasez (Limoux), le Narbonnais, le Biterrois (Béziers), le Némosès (Nimes),
l'Uzège (Uzès), le Marseillais, l'Avignonnais, l'Arletès, l'Aiguès (Aix), le Toulon
nais, le Fréjurès, le Dignès, le Glandève (Puget-Théniers), le Nicès.

qui n'est pas tout à fait la même chose. Sous une autre forme la question se pose ainsi : Quelles sont les régions qui conviendraient à la France actuelle sous le régime du Fédéralisme administratif ? — Il nous semble que ces régions devraient répondre aux conditions suivantes : 1° ces régions seraient homogènes. c'est-à-dire qu'elles grouperaient des pays semblables par le climat, la constitution géologique, le relief, l'orientation. les productions naturelles, la race, les mœurs et l'histoire ; 2° elles se rapprocheraient des anciennes divisions régionales[1] qui étaient les trente-trois provinces ou gouvernements : 3° on tiendrait compte dans leur répartition de la nature et de l'étendue des groupements actuels de la population agricole et industrielle, de la direction des grandes voies ferrées, des courants commerciaux ; 4° on les déterminerait de façon à les rendre fortes, compactes et vivantes, sans toutefois leur accorder des dimensions qui pussent éveiller un seul instant l'idée d'un démembrement possible du territoire ; 5° par la superficie, par la population, on les ferait équivalentes, analogues entre elles, sans s'attacher d'ailleurs à une rigoureuse égalité qui n'existe jamais dans la nature, même entre choses semblables ; 6° on s'attacherait enfin à ne mécontenter inutilement personne, à respecter les situations acquises, à satisfaire les amours-propres, à intéresser le plus grand nombre au succès de la réforme. — Telles sont les règles que nous avons essayé de suivre dans la recherche et la détermination des unités provinciales ou régions administratives de la France.

La carte de France, telle que la dessinent la géologie et le relief, quand on l'envisage dans ses traits essentiels, présente, on le sait : premièrement, trois massifs primitifs principaux : le massif armoricain, le massif central et celui des Vosges ; en second lieu, trois dépressions de l'époque tertiaire fort inégales : le vaste bassin de Paris, celui d'Aquitaine dominé par la chaîne des Pyrénées, celui de Saône-et-Rhône que commande le système des Alpes et du Jura. Dans le bassin de Paris et ses dépendances nous avons trouvé douze régions ; — dans le massif armoricain trois ; le bassin d'Aquitaine

---

1. C'étaient en effet des régions historiques et en grande partie naturelles.

trois ; les Pyrénées une ; le massif central quatre ; total : onze ; — dans les Alpes et le bassin du Rhône (avec la Corse) quatre ; dans le Jura et le bassin de la Saône trois ; dans les Vosges (et le plateau lorrain) deux ; total : neuf. En tout, trente-deux régions que nous allons passer rapidement en revue, nous réservant d'insister, à titre d'exemples, sur les régions dont la détermination présente quelque difficulté.

Le bassin de Paris peut être partagé, avons-nous dit, en une douzaine de régions. C'est d'abord Paris [1] qui sera aisément à lui seul la plus peuplée, la plus dense, la plus riche, la plus vivante de toutes les régions. Autour de Paris, le fond de la cuvette dont il est le centre est occupé par l'Ile-de-France ou région parisienne [2] qui pourrait avoir pour chef-lieu Versailles. La Flandre ou région du Nord [3] a pour tête Lille. La Picardie qu'on pourrait aussi nommer région de Somme-et-Liane [4] se groupe autour d'Amiens. La Haute-Champagne ou région de l'Aisne-et-Marne [5] aurait pour métropole Reims. Quant à la Basse-Champagne ou région de la Haute-Seine [6] elle paraît avoir une capitale toute désignée, Troyes, centre intelligent et actif, principale étape sur la ligne de Paris à Bâle et grand croisement de voies ferrées. La Haute-Normandie ou région de la Seine occidentale [7] formerait avec Rouen la septième région. La huitième serait la Basse-Normandie ou région d'Orne-et-Vire [8], sa capitale serait Caen.

Au sud du Bocage Normand le sol se relève, la colline bientôt ressemble à une montagne et les bouquets d'arbres se groupent en forêts. Là commence une contrée qui a pour ossature le granit des Marches. C'est une Suisse en miniature, prolongée à l'est par le Perche, un massif boisé et gazonné qui se prête à l'élevage des fortes races de chevaux,

1. Département de la Seine, 3 340 000 habitants.
2. Seine-et-Oise, Seine-et-Marne, Oise, 1 432 000 habitants
3. Département du Nord, 1 800 000 habitants.
4. Somme et Pas-de-Calais, 1 449 000 habitants.
5. Marne, Aisne, Ardennes, 1 300 000 habitants.
6. Aube, Haute-Marne et Yonne, 816 000 habitants.
7. Eure et Seine-Inférieure, 1 178 000 habitants.
8. Calvados et Manche, 917 000 habitants.

un réservoir d'eaux qui s'écoulent en sens divergents : Orne, Sarthe, Mayenne. Sur la pente méridionale, les larges haies, les pommiers disséminés dans les seigles et les sarrasins, les ramées impénétrables des chemins creux ressemblent de loin à une forêt continue. Tel est l'horizon que regarde le noir château de Laval et que sur sa montagne domine Le Mans, le centre le plus actif et le plus rapidement progressif de toute la région. Cette neuvième région, flanc occidental du bassin de Paris, qui d'une manière générale correspond aux anciennes provinces de Maine et Perche[1] et à qui le nom de Sarthe et Mayenne conviendrait également, aurait donc pour capitale Le Mans, carrefour de voies ferrées, sur la ligne de Bretagne.

La région de l'Orléanais ou de la moyenne Loire[2] a pour chef-lieu naturel Orléans. Mais au sud de l'Orléanais la plaine n'est pas finie et n'a pas encore atteint la bordure jurassique de l'ancien golfe de Paris. Elle se prolonge au delà du Cher et de l'Indre jusqu'aux chapelets d'étangs de la Brenne et aux plateaux où la Creuse descend d'un profond sillon ; elle remonte à travers les pâturages et les vignobles de la Champagne berrichonne qu'inspecte de loin Sancerre du haut de sa butte et où la vieille cité de Bourges marque à peu près l'ombilic de la Terre de France ; elle s'élève par les vallées du Cher, de l'Allier, de la Loire jusqu'aux premiers talus du massif central, aux herbages et aux houillères du Bourbonnais, et, par les prairies Nivernaises où paissent les grands bœufs blancs, elle s'adosse aux croupes granitiques du Morvan. Cette région composite mais cohérente du Centre[3] pourrait avoir comme chef-lieu Bourges, ville historique, cœur militaire de la défense nationale, reliée par six voies ferrées à toutes les contrées environnantes et aux centres industriels de Vierzon, de Montluçon et du Nivernais.

Si maintenant nous revenons vers l'ouest en suivant la pente de la Loire, nous rencontrerons la Touraine, heureux verger au ciel clair et doux, parc aux allées ombreuses et aux molles rivières, parterre de châteaux, et tout à côté l'Anjou, zone de transition entre le bassin de Paris et le

1. Orne, Mayenne et Sarthe, 1 085 000 habitants.
2. Loiret, Eure-et-Loir et Loir-et-Cher, 929 000 habitants.
3. Cher, Indre, Allier et Nièvre, 1 395 000 habitants.

massif armoricain, mais que rattachent à la Touraine de
frappantes similitudes. Avec plus d'humidité le climat est
aussi tiède, aussi égal ; la terre est plus riche encore de plus
larges alluvions, la campagne aussi fleurie : les vins sont
aussi gais et aussi délicats : aux trois affluents de gauche que
recueille la Loire en Touraine correspondent par la Maine
les trois affluents de droite qu'elle reçoit en Anjou. La région
est fluviale par excellence. Les deux villes Angers et Tours
ont les mêmes traditions d'élégance, mais des deux provinces
sœurs unies par la Loire, Tours est vraiment la capitale par
sa situation plus centrale, par sa langue plus pure, par
son rôle historique plus marqué, par sa plus haute importance administrative. La région d'Anjou–Touraine [1] ou de
Loire et Maine aurait donc Tours pour chef-lieu. Tel est le
bassin de Paris dans sa plus large extension et avec l'ample
ceinture de hauteurs et de plateaux qui l'enveloppe. Telles
sont ses douze régions.

Arrivons au massif armoricain, dont nous avons déjà détaché toute une frange orientale. Ce qu'il en reste est la Bretagne proprement dite, avec son annexe naturelle la Vendée.
schisteuse et granitique comme elle. On y peut distinguer
trois régions. La Haute–Bretagne, qui pourrait aussi recevoir le nom d'Ille–et–Trieux [2], aurait pour capitale Rennes.
Brest commanderait à la région d'Aulne–et–Blavet ou de
Basse–Bretagne [3].

Une troisième Armorique très distincte des deux autres,
est celle qui commence à l'embouchure de la Vilaine et se
prolonge jusqu'à la Sèvre-Niortaise, au sud de la Loire. Avant
même de pénétrer dans l'estuaire du large fleuve, les plages
hospitalières, les vignes, les jardins annoncent une douce
contrée. La riche et populeuse cité de Nantes ne dément pas
cette impression. Elle a toujours eu une destinée à part en
Bretagne, elle exerce autour d'elle une visible attraction qui
s'étend au delà des limites de la province : par ses voies ferrées elle rayonne en Vendée, et le bocage, la plaine et le
marais prolongent naturellement au sud la verdure mouillée,

---

1. Maine-et-Loire et Indre-et-Loire, 851 000 habitants
2. Ille-et-Vilaine et Côtes-du-Nord, 1 238 000 habitants
3. Finistère et Morbihan, 1 291 000 habitants

la tranquille solitude et la tiédeur moite de la campagne nantaise. Cette région de la Basse-Loire[1] se grouperait donc autour de Nantes.

Entre le bassin de Paris et le bassin d'Aquitaine, entre le plateau armoricain de Gâtine et le massif central. s'étend une région intermédiaire où le calcaire domine. Ce seuil peu élevé qui s'abaisse vers l'Océan par des terres à blé, des vignobles. des prairies d'élevage, des rivages bourbeux d'une horizontalité parfaite. comprend le Poitou oriental et central. l'Angoumois, la Saintonge et l'Aunis. La Vienne et le Clain aux eaux claires conduisent à la Charente cristalline. C'est le grand chemin de Paris à Bordeaux, où se heurtèrent maintes fois les hommes du nord et du midi. Angoulême et Poitiers, postées l'une et l'autre au bord de la route, chacune sur sa montagne, sont d'importance matérielle à peu près égale. Mais Poitiers l'emporte par l'éclat des souvenirs historiques, par l'ancienneté de sa prépondérance, par sa situation plus rapprochée du centre qui la rend tête de ligne vers Paris, non seulement d'Angoulême mais de Niort et de la Rochelle. Poitiers serait donc la métropole de la région de l'Ouest[2].

Dans le bassin d'Aquitaine il est facile de distinguer dès l'abord trois régions correspondant à trois centres prépondérants : celle de la Garonne Inférieure ou Basse–Aquitaine[3] avec Bordeaux ; celle de la Garonne Supérieure ou Haute–Aquitaine[4] avec Toulouse ; celle des Pyrénées occidentales avec Pau[5]. Ces trois régions s'appelaient jadis : la Guienne. le haut Languedoc et la Gascogne avec le Béarn.

Au nord du bassin d'Aquitaine domine le massif central. Ce grand corps inorganique, la plus vaste des anciennes provinces romaines, était naguère encore difficilement accessible. Il est traversé maintenant en divers sens par des voies ferrées qui le désagrègent en quelque sorte et en détachent des lambeaux tendant à se souder aux contrées voisines. Il se restreint de plus en plus à un îlot primitif, granitique et volcanique. Les

---

1. Loire-Inférieure et Vendée, 1 087 000.
2. Vienne, Deux-Sèvres, Charente et Charente-Inférieure,. 1 494 000 habitants.
3. Gironde, Dordogne et Lot-et-Garonne, 1 561 000 habitants.
4. Haute-Garonne, Tarn, Tarn-et-Garonne, Lot et Ariège, 1 459 000 habitants.
5. Basses-Pyrénées, Hautes-Pyrénées, Gers et Landes, 1 185 000 habitants.

granits dominent dans le Limousin, le basalte et les laves en
Auvergne. Les vents pluvieux qui viennent de l'Océan arro-
sent surtout l'ouest du massif et y entretiennent une humidité
et une verdure intenses : châtaigneraies du bas Limousin,
croupes spongieuses du plateau de Millevache, bois touffus de
la Marche. rocs moussus et suintants, rivières froides et brunes.
Limoges, étape à mi-route sur la ligne de Paris à Toulouse,
est le centre agricole et industriel de toute cette région de
Creuse et Vienne ou de Marche et Limousin[1]. L'Allier est
l'artère maîtresse du massif central ; il coule au cœur de l'Auvergne[2]. la province dominante ; il a ouvert passage à la
principale voie ferrée du massif, à celle qui par Clermont met
Paris en communication avec le Languedoc méditerranéen.
Peu de régions obéissent mieux à un centre commun d'attraction. On pourrait lui réserver l'appellation spéciale de Région
du Massif central.

Au pied de ce massif et au bord de la Méditerranée, une
marche mixte sert de trait-d'union entre les deux bassins
Garonnais et Rhodanien. Elle correspond dans son ensemble
à l'antique première Narbonnaise et à l'ancienne Septimanie.
Elle peut elle-même se diviser en deux régions, l'une plutôt
maritime, l'autre plutôt continentale. La première comprendrait toute la zone littorale jusqu'aux Pyrénées. Sur l'autre
versant des Garrigues et de l'Espinoise s'étendent les tristes
causses du Larzac et les larges croupes granitiques du Rouergue.
Cette partie excentrique de l'ancienne Guienne est directement rattachée aujourd'hui au rivage méditerranéen par la
voie ferrée de Millau-Béziers. La métropole naturelle de toute
cette région du Sud[3] est la ville savante, active et belle de
Montpellier. Nîmes, sa voisine et sa rivale. fière de son
antiquité et de ses monuments romains. la dépasse en importance industrielle. Elle est la tête des lignes ferrées du Bourbonnais et de la rive droite du Rhône ; elle est le débouché
du bassin houiller d'Alais et de toute cette masse épaisse de
montagnes qui méritent particulièrement le nom de Cévennes.
qui se prolongent au nord dans le Vivarais et le Gévaudan

1. Haute-Vienne, Creuse et Corrèze, 997 000 habitants.
2. Puy-de-Dôme, Cantal et Haute-Loire, 1 106 000 habitants.
3. Hérault. Aude. Pyrénées-Orientales et Aveyron, 1 378 000 habitants.

et dont le mont Lozère est la cime, vers les sources diver-
gentes de la Loire et de l'Allier, du Lot et du Tarn, de
l'Hérault, du Gard et de l'Ardèche. Cette région des Cévennes[1]
serait ainsi formée de contrées diverses. mais ayant toutes
appartenu jadis au Bas-Languedoc, et unies entre elles non
seulement par le réseau des chemins de fer. mais par la communauté des intérêts, des souvenirs et de la langue.

Nous voici parvenus au bassin tertiaire de Saône-et-Rhône.
Cette longue avenue, ouverte du sud au nord, tantôt sensiblement élargie, tantôt fort resserrée est dominée dans sa
partie Rhodanienne par l'énorme massif alpestre ; elle est
bordée de chaque côté de la Saône par des hauteurs juras-
siques. Impossible d'isoler ce bassin de son encadrement. Le
massif alpestre français se partage en trois zones inégales :
provençale, dauphinoise, savoisienne. La Provence ou région
du Sud-Est[2] a pour souveraine incontestée la grande cité de
Marseille. La Corse[3] pourrait être rattachée à la Provence.
mais par sa situation insulaire et son éloignement relatif elle
forme nécessairement une région à part, dont le chef-lieu
serait Ajaccio. La région dauphinoise ou des Alpes[4] a pour
centre naturel Grenoble. Enfin la Savoie[5], avec Chambéry,
sa capitale traditionnelle, mérite par sa réunion plus récente
à la France et le maintien presque intact de son unité, de
former une région à part, bien que sa population soit inférieure à celle des autres régions.

Lyon n'occupe point le centre d'un large bassin, c'est plutôt un confluent de grandes routes, de très grandes routes.
Par cette situation incomparable vers le point de rencontre
de la France avec les pays allemands et italiens, Lyon, de
très bonne heure, a été une capitale. Elle est aujourd'hui la
première ville de la France provinciale. le cœur de la défense
du sud-est, la métropole de toute une région industrielle, le
marché universel des soieries. un second Paris enfin par le

1. Gard, Lozère et Ardèche, 911 000 habitants.

2. Bouches-du-Rhône, Vaucluse, Basses-Alpes, Var et Alpes-Maritimes,
1 366 000 habitants.

3. Corse, 290 000 habitants.

4. Isère, Drôme et Hautes-Alpes, 985 000 habitants

5. Savoie et Haute-Savoie, 525 000 habitants.

déploiement de son activité intellectuelle. S'il fallait attribuer
à la région lyonnaise[1] toutes les contrées qui sont dans sa
dépendance économique, elle irait de Montluçon à Grenoble,
Avignon et Nîmes. En la bornant à l'ancien Lyonnais (qui
comprenait le Forez) on lui fait encore une part assez belle,
sinon par l'ampleur du domaine, au moins par la densité de
la population et par la fécondité du travail producteur. Elle
comprendrait les houillères de la Loire, les usines de Rive-
de-Gier, de Saint-Chamond, de Saint-Étienne, de Tarare et
de Roanne. Le reste du bassin de la Saône se partage entre
deux anciennes régions historiques, les duché et comté de
Bourgogne, la région bourguignonne[2] ou de la Saône avec
Dijon, la Franche-Comté ou région jurassienne[3] avec Besançon.

Le Jura nous conduit au massif des Vosges et au plateau
qui en est le socle. Ce nord-est de la France qui en complétait harmonieusement l'hexagone n'est plus intact. Cruelle
mutilation! Réparable peut-être puisqu'elle n'est que le résultat d'un accident humain et qu'elle n'a rien changé à la nature
des choses. Nos chères Vosges continuent à regarder à leurs
pieds la plaine d'Alsace qui a le Rhin pour écharpe et de
l'autre côté le plateau lorrain. Ce double horizon dessine
deux régions : la région lorraine ou du nord-est[4] avec
Nancy, l'Alsace[5] enfin avec Strasbourg.

Ainsi, en ajoutant aux douze régions du bassin de Paris et
aux onze régions de l'ouest et du sud, ces huit ou neuf
régions de la France orientale, voilà fixé à trente et une ou
trente-deux le nombre total des régions entre lesquelles pourrait se partager le territoire. Ces régions répondent-elles à
toutes les conditions désirables? Nous n'oserions l'espérer.
Peut-être avons-nous fait voir tout au moins qu'une division
de la France en régions est possible et n'a rien de chimérique.

1. Rhône et Loire, 1 464 000 habitants.

2. Côte-d'Or, Saône-et-Loire et Ain, 1 340 000 habitants.

3. Doubs, Jura et Haute-Saône, 939 000.

4. Meurthe-et-Moselle, Meurthe et Vosges, 1 178 000 habitants (avec la Lorraine annexée, 1 600 000 habitants).

5. Haut et Bas-Rhin, 1 094 000 habitants (avec l'arrondissement de Belfort
1 580 000)

VII

Nous avons essayé de montrer, en regard des données rationnelles du Fédéralisme administratif, l'insuffisance de la plupart des communes actuelles comme unités locales. Ce sont des parcelles et non des centres de vie. Nos 362 arrondissements sont tout autres. Ils représentent des divisions naturelles, les pays, dont ils pourraient reprendre les noms. Ils possèdent chacun en moyenne 140 ou 150 000 hectares, avec environ 100 000 habitants. Ils comprennent chacun une centaine de communes. De ces petites communes faites de simples sections ; de l'arrondissement faites une grande commune ou plutôt un syndicat de communes. Vous aurez alors des unités locales homogènes, riches, fortes et vivantes. Le chef-lieu sera une ville, tantôt modeste, tantôt très importante, en tout cas une véritable ville, rarement inférieure à 5 000 âmes. Il existe déjà dans chacune de ces villes, au moins un collège, presque toujours une bibliothèque, assez souvent un musée, un théâtre, une société d'études. Ajoutez à cela un édifice assez vaste pour servir de réunion aux quelques milliers d'électeurs de tout le pays. Ce palais communal permettra de pratiquer dans une certaine mesure le gouvernement direct. Il servira aussi à donner des conférences pour l'éducation des adultes et pour la propagation de l'enseignement populaire supérieur, à tenir des congrès locaux agricoles ou industriels. Il sera dans l'ordre laïque l'équivalent de la vieille cathédrale ogivale, la « cathédrale moderne », appropriée aux temps nouveaux, œuvre du peuple comme l'autre et faite pour lui.

Le pays ainsi reconstitué autour de son centre étant un domaine naturel, aura son histoire propre dans la grande histoire nationale ; il aura le culte de ses traditions, de ses hommes célèbres, de ses « saints », il aura, il a déjà ses poètes . Il se sentira une personne pensante, délibérante et agissante. Son assemblée locale, formée des délégués de cent communes, sera autre chose qu'un conseil municipal rural, autre chose aussi qu'un conseil d'arrondis-

sement quasi officiel ; il représentera non seulement des
intérêts spéciaux mais des idées originales, il administrera
librement les affaires locales, et cette administration sur
place, contrôlée seulement par un représentant du pouvoir
central[1], sera moins dispendieuse, mieux informée, plus
simple et plus expéditive que celle des bureaux d'une préfecture et de plusieurs ministères.

Quant aux départements. nous avons constaté qu'ils n'ont
pas le caractère de véritables unités régionales et nous avons
proposé de les grouper en provinces ou régions administra-
tivement autonomes. Chacune de ces trente et une régions[2]
comprendrait suivant les cas deux, trois ou quatre départements.
Il y aurait donc un seul conseil régional, au lieu de deux, trois
quatre conseils généraux, un seul préfet[3] régional au lieu de
deux, trois. quatre préfets départementaux[4]. Enfin chaque
région serait divisée directement en une douzaine de pays.
Cette nouvelle distribution de nos circonscriptions administratives n'entraînerait pas d'ailleurs nécessairement la suppression du département. Il pourrait subsister, tant qu'on le
jugerait utile (de même que le canton) pour toutes les branches
des services publics autres que l'administration proprement dite.

Ce système procurerait une notable économie par la suppression de 55 préfectures sur 86. Il mettrait l'administration
civile de la France en harmonie avec les inventions modernes,
chemins de fer, tramways. vélocipèdes, télégraphes et télé-
phones qui ont rendu si faciles, si rapides et si économiques
les relations d'un lieu à un autre. Il ne reconstituerait pas
les anciennes provinces qui étaient trop inégales ; mais, en
groupant les petites. en fractionnant les plus vastes, en con-
servant les autres à peu près intactes, il créerait des régions
naturelles capables comme les pays d'une vie spontanée et
personnelle.

Les conseils régionaux formés des délégués de tous les pays

1. Ce magistrat pourrait s'appeler, de son vrai nom, un contrôleur de pays.

2. En ne comptant pas l'Alsace.

3 Peut-être jugerait-on opportun d'abolir ce nom de préfet rappelant les institutions du Consulat et de l'Empire, et d'y substituer par exemple celui de contrôleur régional.

4. Il n'y aurait que deux régions formées d'un seul département, Paris et le
Nord, et deux formées de cinq départements, le Haut-Languedoc et la Provence.

de la région, ayant un horizon plus étendu et des attributions plus larges que les conseils généraux actuels, seraient de petits parlements administratifs dont les débats seraient suivis toujours avec intérêt et souvent avec passion. Ils éveilleraient les vocations ; ils achèveraient l'éducation des hommes politiques déjà distingués dans les assemblées de pays.

On remarquera que la population de chaque région varierait entre 800 000 et 1 800 000 âmes [1] ; ce chiffre paraîtra sans doute suffisant pour assurer l'importance des régions sans éveiller l'idée d'un démembrement possible de la France. On voudra bien noter aussi que parmi les capitales des régions nous avons fait figurer : 1° toutes les villes, ou peu s'en faut, dont la population dépasse 50 000 âmes [2] ; — 2° tous les chefs-lieux de corps d'armée sans exception ; — 3° presque tous les chefs-lieux de cour d'appel [3] ; — 4° tous les chefs-lieux académiques et sièges d'université [4] ; — 5° presque tous les sièges d'archevêché [5]. En un mot, toutes les villes principales de France. toutes les villes notables à un titre quelconque seraient les chefs-lieux de nos trente et une régions.

Le rôle de ces capitales pourrait être considérable. Elles seraient à la fois des centres d'attraction et des points de résistance, des clous solidement plantés dans le sol national. Attraction vis-à-vis des pays ; résistance du côté de Paris. Un de leurs premiers soins serait de se mettre en communication directe et rapide avec chaque pays. Paris a son grand rayonnement de lignes ferrées vers toutes les extrémités du territoire. Nos capitales auraient de même (elles ont déjà en partie) leur étoile de voies régionales. La transformation

1. Sauf Paris qui dépasse cette moyenne, et deux provinces spéciales qui restent au-dessous, la Corse et la Savoie.

2. Sauf Roubaix et Tourcoing qui se confondent avec Lille, Le Havre trop voisin de Rouen pour commander une région particulière, Saint-Étienne trop voisin de Lyon, Angers trop voisin de Tours, Toulon et Nice manifestement compris dans la région de Marseille. Les seules capitales inférieures à 50 000 âmes sont les villes historiques de Poitiers et Chambéry, et Ajaccio, chef-lieu de la Corse.

3. Sauf Agen (région de Bordeaux), Aix (région de Marseille), Angers (région de Tours), Bastia (région de Corse), Douai (région de Lille), Riom (région de Clermont).

4. Sauf Aix dont l'université porte d'ailleurs le titre d'Aix-Marseille.

5. Sauf Aix et Avignon (région de Marseille), Albi (région de Toulouse), Auch (région de Pau), Cambrai (région de Lille), Sens (région de Troyes).

matérielle de la plupart des villes est un fait aux trois quarts accompli : on a percé des rues et des boulevards, aligné de hautes maisons[1], ouvert de vastes magasins, élevé des monuments, créé des jardins et des squares. Soit ! c'est une transformation morale qui s'impose aujourd'hui. Il s'agit d'empêcher l'écoulement incessant de la province vers Paris, l'engorgement de ce cœur énorme et l'atrophie du corps entier. Pour modérer l'émigration des hommes de talent hors de leur petite patrie, il faut les encourager à y dépenser leur activité, il faut leur fournir des occasions de s'y produire, leur y offrir un public capable de les entendre et de les applaudir. C'est à quoi serviront nos capitales. Déjà la création des Universités est un pas décisif vers le Fédéralisme intellectuel. Toutes nos capitales ne posséderont pas des Universités et il n'est nullement souhaitable qu'elles en possèdent toutes ; mais les moins favorisées pourraient avoir, à l'exemple de Nantes ou de Chambéry, des écoles supérieures avec cours appropriés aux milieux régionaux. Toutes pourront améliorer leurs collections, développer dans le sens régional leurs institutions d'art ou de science.

Pour la dénomination des régions, on a le choix entre trois nomenclatures. Les noms des anciennes provinces ont l'avantage d'être clairs pour tous. Les expressions purement géographiques, analogues à celles qui désignent les départements, seraient de nature à contenter ceux à qui répugne tout souvenir antérieur à 1789. On pourrait enfin donner tout simplement à chaque région le nom de son chef-lieu.

L'application du nouveau système comporte deux méthodes : la méthode d'approximation, la méthode scientifique. Dans la première on se bornerait à distribuer, comme nous l'avons dit plus haut, les quatre-vingt-six départements en trente et une régions, sans toucher en rien aux limites actuelles de ces départements. Ce serait très simple. Mais qui ne voit que cette simplicité manque de rigueur ? Les régions ne seront vraiment homogènes en effet que si on rectifie leurs frontières d'après des données positives. Le département du Pas-de-Calais, par exemple, est partagé visiblement entre

---

1. Nous faisons d'ailleurs toutes nos réserves sur la façon dont a été conçue et entreprise la transformation matérielle des villes.

deux centres d'attraction, Amiens et Lille; sa dislocation serait nécessaire, d'après la direction des deux grandes voies ferrées de Boulogne-Amiens et de Calais-Lille-Arras. Ainsi encore dans le département de la Haute-Loire, Brioude, sur l'Allier, appartient à l'Auvergne, tandis que le Puy en Velay se rattacherait, soit à son ancienne province de Languedoc, soit plutôt, par la pente même de la vallée de la Loire et par sa voie ferrée, à Saint-Étienne et à Lyon.

Même observation pour les pays. Assurément on pourrait s'en tenir à considérer purement et simplement l'arrondissement comme l'unité locale, et ce serait déjà un grand progrès que d'avoir réuni ainsi en faisceaux toutes les communes de chaque arrondissement, mais il est préférable, sinon plus court, de reviser rationnellement les limites des pays et de rendre ces circonscriptions plus complètement historiques, naturelles et pratiques. Il faudrait en même temps entreprendre une description méthodique des pays, afin de pouvoir leur présenter à eux-mêmes un miroir où chacun d'eux se reconnaisse et prenne conscience de sa personnalité. C'est un gros travail, très séduisant, qui nous a tenté bien des fois et dont nous comptons quelque jour risquer l'essai. Il nous suffit aujourd'hui d'avoir exposé ce que nous entendons par Fédéralisme administratif, et d'avoir indiqué les grandes lignes géographiques d'un projet de réforme qui depuis longtemps nous obsédait.

P. FONCIN

LETTRES A « L'ETRANGÈRE »[1]

XXVII

A MADAME HANSKA, A WIERZCHOWNIA (UKRAINE)

Chaillot, vendredi 20 — Jeudi 26 oct•bre 1837.
Vendredi 20.

Les maudits bâtisseurs me demandent tout le mois de novembre pour arranger une cabane à Sèvres. et je vais être ici au moins quinze jours pour les épreuves de *la Maison Nucingen*. Je suis extraordinairement content du troisième dixain. Mais vous savez combien cette littérature est proscrite : elle est accusée de tant d'obscénité que je ne serais pas étonné d'un tollé général, à propos de ce livre. Les manies anglaises nous gagnent, et c'est à faire adorer le catholicisme.

Massimilla Doni, autre œuvre qui sera bien incomprise, me donne d'énormes travaux par ses difficultés ; mais je n'ai rien tant caressé que cette page mythique, parce que le mythe est bien profondément enfoui sous la réalité. Vous avez sans doute en ce moment, dans la *Revue* de Pétersbourg, *Gambara*, car ces bons contrefacteurs n'auront pas oublié cette œuvre-là, qui a coûté six grands mois de travaux.

1. Voir la *Revue* des 1er et 15 octobre 1896, 15 mars 1898.

J'ai vu le musée de Versailles, et c'est une bonne action, car il a sauvé le Palais ; mais c'est la plus ignoble et la plus sotte chose que je connaisse, tant tout y est mauvais comme art, et parcimonieux comme exécution. Quand vous verrez cela, vous serez ravie, et quand je vous expliquerai ce qui est à Louis XIV, Louis XV et Louis XVI, et à Napoléon, vous trouverez le reste horriblement bourgeois et mesquin. Votre tante Leczinska y est une dizaine de fois, dans les portraits de famille, et je me suis plu à la regarder, et je me suis dit en riant : « Mieux vaut *empereur* debout que *goujat enterré* », car vous êtes une reine de beauté et elle un goujat de laideur ; il faut que ce soit la faute des peintres, car elle était fort belle. Chose extraordinaire, il n'y a pas un portrait qui se res-semble ; autant de portraits, autant de femmes différentes. Elle était sans doute journalière. Ce qui, par exemple, est beau comme Titien, et tout ce qu'il y a de beau en peinture, c'est *le Sacre de Napoléon* et *le Couronnement de Joséphine,* c'est *la Bénédiction des Aigles,* c'est *Napoléon faisant grâce à des Arabes,* de David et de Guérin. Quel grand peintre que David ! C'est colossal. Je n'avais jamais vu ces trois ta-bleaux–là.

On a réservé l'annonce de notre grande affaire pour le mo-ment des élections générales, époque à laquelle les journaux seront très lus, et la première livraison paraîtra vraisembla-blement le 15 novembre. Ce sera pour moi Austerlitz ou Waterloo.

Vous m'avez parlé des obstacles matériels à votre présence aux manœuvres de Wierzchownia ; mais j'avoue que, si vous comprenez peu mes obstacles matériels, je conçois encore moins les vôtres et je ne saurais *inventer* la dépense au fond d'une steppe. Faites-moi votre intendant, et vous verrez que, qui a fait Grandet se connaît en économie domestique. Et j'ai-merais mieux être votre intendant que d'être Lord Byron. Lord Byron n'était pas heureux, et je serais très heureux.

Plus je vais, et plus les moments d'abattement et de déses-pérance sont fréquents. Cette solitude et ce constant travail, sans dédommagements, me tuent. Chaque jour, je me reporte à ces jours où la personne dont je vous ai parlé venait m'ap-provisionner de courage et partager mes travaux. Quelle im-

mense perte! Qui peut la combler? **Une image?** **Mais** cette
image est muette, et ne me regarde même pas. Quoi qu'elle
soit, et malgré les imperfections du souvenir, elle dore ma
solitude et je puis dire qu'elle l'éclaire.

Vous ne sauriez croire combien j'ai eu de chagrins noirs à
la suite du coup qui m'a privé de madame de B... D'abord,
les réparations tardives de tous les miens, qui ne l'aimaient
pas, et qui ont répété la scène de *Clarisse Harlowe*. Puis,
toutes ces petites choses de cœur qui doivent être brûlées ou
demeurer communes ; son fils n'a rien compris à cela et **ne**
m'a rien rendu. Je n'ose pas les redemander. Aussi **moi** que
ni le travail, ni les chagrins, ni quoi que ce soit **n'entame**
comme santé, je fais des dispositions comme si je devais mourir demain, afin de n'affliger le cœur de personne.

Je voudrais bien que vous me donnassiez quelques nouvelles
de vous-même. Je voudrais savoir si votre santé reste la même,
si vous êtes contente de vous, si vous engraissez ou maigris-
sez, si vous avez des palpitations, si vous toussez, si la blancheur de votre teint ne dément pas vos cheveux noirs. Vous
êtes trop sobre de ces petits détails. Rendez-moi cette justice
que je vous initie aux secrets de mes cheveux blancs et à la
destruction croissante de l'individu que vous avez rencontré
sur le *crêt*, et auquel je ressemble très peu. Ne croyez pas à la
teinte des cheveux que Boulanger m'a conservés ; ne croyez
qu'à l'ardeur de l'œil, encore moins ardent que le cœur !

J'ai entendu hier votre chère *Norma*. Mais Rubini était
remplacé par un méchant ténor, et l'on a passé des morceaux. Je suis sorti au moment où Norma déclare sa passion
aux Druides. Il y avait le plus étrange monde dans les loges,
car personne n'est encore revenu de ses terres : la vendange a
été tardive cette année et nous avons un temps superbe. Le
prince Ed. Schonburg occupait la loge des Appony, qui sont
encore absents. Mais point de princesse.

N'avais-je pas raison quand je vous disais, à Vienne, que
la quinzaine que j'y ai passée était comme une oasis dans ma
vie? car, depuis ce moment, **je n'ai** eu ni un jour ni une
heure de repos. J'ai voyagé pour trouver une trêve à cette vie
et, sans doute, le mois ou les quelques mois que je pourrai
encore aller prendre, et où tout ce qui est Paris sera com-

plètement oublié, seront une autre oasis. Mais le pourrai-je ? Il
y a des jours où il me prend une féroce envie de tout planter
là. Et j'eusse été sage de faire cette folie, car elle seule me
permettra de rapporter quelque pièce de théâtre, car, ici, je
suis trop poursuivi par mes obligations. Vous ne sauriez imaginer comme vos lettres m'y portent, et combien celles qui
peuvent vous paraître longues, diffuses, sont précieuses pour
moi. Là où il y a du cœur et de la constance, il ne faut plus
songer au mérite et à la grâce qui signent chaque détail ;
mais je vous assure qu'elles me rendent bien difficile. Il y a
des heures pesantes et particulièrement sombres où il me suffit de relire une page ancienne, au hasard, pour me soulager
l'âme ; c'est comme si je sortais d'un cachot pour jeter les
yeux sur un beau pays. Seulement, il y a beaucoup de choses
tristes ou plutôt attristantes : par exemple, que vous croyez,
sur la foi de votre sœur Caroline, que vous ne sauriez que
faire dans Wierzchownia d'un *Parisien*, d'un *bel esprit*, qui a
besoin de Paris, et qui s'ennuierait. Cela prouve qu'on ne peut
me connaître en cent lettres, et en quarante-cinq jours que
nous nous sommes entrevus. J'avoue que je ne suis pas triste,
mais humilié, de la tirade de cette charmante créature.

A propos du troisième dixain, je souhaiterais vivement que
vous ne le lussiez point sans que M. de Hanski y eût d'abord
passé, car, s'il devait me nuire dans votre esprit, j'aimerais
mieux qu'il n'entrât jamais dans votre bibliothèque. C'est spécialement un livre d'hommes, et je souffre quand cette douce
et inoffensive plaisanterie est mal prise ou incomprise.

Que me parlez-vous d'un journal dont je suis actionnaire ?
Journal vous-même, comme disent les écoliers. Vous croyez
aux annonces ! Vous croyez que l'on respecte nos noms ! On
les prend pour étiquettes du faux Macassar, du faux parfum ;
et, qui attaquerait cette singulière contrefaçon se ferait moquer
de lui. Je ne ferai jamais de commerce ni de journal, car chat
échaudé craint l'eau froide.

J'ai un persécuteur qui voudrait pouvoir me mettre en prison (toujours l'affaire de Werdet, qui a son concordat, et se
promène dans Paris sans créanciers). Jules Sandeau était
brouillé avec cet homme qu'il méprisait pour son compte personnel. Eh bien, il s'est raccommodé avec lui et a dîné chez

lui. J'ai été un père pour Jules. Je me suis écrié : « Voilà
encore un homme rayé du nombre des vivants pour moi ! »
Croyez-vous cependant que cela fasse aimer Paris?

Adieu pour aujourd'hui. Je vous écrirai encore quelques
lignes avant de fermer ma lettre. Je vais m'appliquer à *la
Maison Nucingen*, et, comme Sisyphe, rouler mon rocher !

Lundi 23.

Je ne sais rien de plus lassant que d'être resté pendant
toute une nuit, depuis minuit jusqu'à huit heures, sous la
lueur d'un garde-vue, devant son papier blanc, sans rien
trouver, en entendant le bruit du feu et celui des voitures, qui
retentit aux vitres et vient de la barrière des Bons-Hommes
et du quai ! C'est ce qu'a fait votre serviteur depuis cinq
nuits, sans pouvoir trouver ce moment où je ne sais quelle
voix intérieure vous dit : « Marche ! » Les fatigues inutiles
ne comptent auprès de personne.

Jeudi 26.

Voici trois jours pendant lesquels je n'ai rien pu faire qui
vaille, que me tourmenter.

Il faut que mon cerveau soit fatigué par les épreuves des
Contes drôlatiques et par celles de *Massimilla Doni*, car il y
règne une impuissance complète pour ce que j'ai à faire :
la Maison Nucingen. J'ai souvent eu de ces contrariétés, mais
elles ne duraient pas aussi longtemps.

Il faut vous dire adieu et vous envoyer cette lettre qui, par
la bienheureuse invention du *bon roy Loys le unzième*, sera
dans vos mains dans une vingtaine de jours. Voici l'hiver qui
va commencer : ainsi toute chance d'aller vous voir est remise
au printemps, quoique les chasse-neiges ne m'épouvantent
pas plus que les loups, car les gens très malheureux n'ont
jamais aucun accident à craindre. Ce sont les *oints du malheur*.
La mort les respecte.

Je puis vous avouer que, quand je me suis trouvé si malade
à Saché, j'avais une sorte de tranquillité voluptueuse à ressentir
mes sourdes douleurs, car *je ne vis que par devoir*.

Je vais faire deux grands essais de fortune : l'affaire par
tontine et ma comédie. Après, je me laisserai aller au courant,

et verrai ce qu'il en adviendra. Croyez qu'après une lutte de dix-huit années, et un combat acharné de sept ans, une fois la campagne de France achevée, il faut, bon gré mal gré, trouver Sainte-Hélène. D'ici au mois d'avril, tout sera décidé. L'affaire aura manqué, *le Mariage de mademoiselle Prudhomme* aura été sifflé, et je me serai jeté dans une diligence de Lubeck à Berlin, pour venir chercher un repos bien nécessaire. Vous verrez le soldat littéraire couvert de blessures à panser; mais il ne sera pas difficile de l'amuser, *quoi qu'on die*.

Allons, adieu. Écrivez-moi plus souvent, et ne m'oubliez pas auprès des membres de votre colonie. Dites à M. de Hanski que je crois avoir trouvé le moyen de faire pousser la garance en Russie; cela le réveillera. Mille caressantes choses à votre chère Anna. Dites-moi confidentiellement ce qu'il lui ferait plaisir d'avoir de Paris, et trouvez ici les hommages de mon attachement et les plus gracieuses fleurs d'un cœur qui ne sera jamais fané en elles.

XXVIII

A MADAME HANSKA, A WIERZCHOWNIA (UKRAINE)

Chaillot, 7-14 novembre 1837.
7 novembre.

J'ai décidément commencé ma comédie; mais, après en avoir dessiné les principales lignes, j'aperçois les difficultés, et cela donne une profonde admiration pour les grands génies qui ont laissé leurs œuvres au théâtre.

Hier, je suis allé entendre la *Symphonie en ut mineur* de Beethoven. Beethoven est le seul homme qui me fasse connaître la jalousie. J'aurais voulu être plutôt Beethoven que Rossini et que Mozart. Il y a dans cet homme une puissance divine. Dans son *finale*, il semble qu'un enchanteur vous enlève dans un monde merveilleux, au milieu des plus beaux palais qui réunissent les merveilles de tous les arts, et là, à son commandement, des portes, semblables à celles du Baptistère, tournent sur leurs gonds et vous laissent apercevoir des beautés d'un genre inconnu, les fées de la fantaisie. Ce sont des créatures qui voltigent avec les beautés de la femme et les ailes diaprées de l'ange, et vous êtes inondé de l'air supérieur, de cet air qui, selon Swedenborg, chante et répand des parfums, qui a la couleur et le sentiment, et qui afflue, et qui vous béatifie !

Non, l'esprit de l'écrivain ne donne pas de pareilles jouissances, parce que ce que nous peignons est fini, déterminé, et que ce que vous jette Beethoven est infini ! Comprenez-vous que je ne connaisse encore que la *Symphonie en ut mineur* et le petit bout de la *Symphonie pastorale*, que nous avons été entendre racler à Genève, dans un second étage, et où je n'ai rien entendu parce qu'à deux pas de vous un jeune homme m'a demandé, les yeux écarquillés et l'air pétrifié, si je savais qui était cette belle étrangère, laquelle était vous, et que j'étais fier comme si j'eusse été femme, jeune, belle et vaniteuse ?

Je suis en ce moment plongé dans une misère risible, en ce sens que j'ai chez moi tous les agréments de la richesse. Mon *fidèle* Auguste doute de ma fortune, et me quitte, en alléguant une certaine volonté paternelle, qui veut lui faire quitter la domesticité pour le commerce ; mais le vrai de cette fuite est l'incrédulité qu'il a sur mon opulence future, et une espèce de certitude de ma détresse présente qui durera, et qui l'empêchera de faire ses petites affaires. Je le laisse aller, et je gémis d'avoir à reprendre d'autres fripons. J'aime mieux ceux que je connais, quoique celui-ci se moque autant de moi que de l'an Ier de la République. Il ne fait attention à rien ; il m'a laissé, malade au lit, un jour entier sans m'apporter à boire, et quand il a été malade, je lui ai donné une garde, et, cette année, j'ai payé mille francs pour l'exempter de la conscription. Il m'était devenu insupportable par sa négligence, et son ingratitude m'arrange.

Figurez-vous que j'ai depuis trois ans au moins sur les bras une miss irlandaise nommée Patrickson, qui s'est ingérée de traduire mes œuvres et de les propager en Angleterre. L'histoire est drôle. Madame de C..., furieuse contre moi à plusieurs titres, l'avait prise pour apprendre l'anglais à R..., et elle s'était inventé de me jouer un mauvais tour. Elle me fait

écrire une lettre d'amour par cette miss, qui signe : *lady Nevil*.
Je prends l'*Almanach* anglais, et n'y trouve ni lord ni sir
Nevil. La lettre était d'ailleurs fort louche. Vous savez que,
quand ces choses-là sont feintes, il y a trop ou trop peu, et
j'avais reconnu ce qu'il en était. Je réponds avec ardeur. On
me donne un rendez-vous à l'Opéra, et, ce jour-là, je vais
chez madame de C..., qui me fait rester à dîner avec elle. Mais
j'allègue que j'ai affaire à l'Opéra. Elle me dit : « Eh bien, je
vous y conduirai ». Cela dit, elle ne peut s'empêcher d'échanger un regard avec sa demoiselle de compagnie, et le regard
me suffit. Je devine tout, qu'elle me tend un piège, qu'elle
veut me ridiculiser à tout jamais. Je vais à l'Opéra. Personne.
Enfin, j'écris une lettre qui amène chez moi cette miss, vieille,
horrible, des dents affreuses, mais pleine de remords de son
rôle et pénétrée d'une affection pour moi, d'une horreur et
d'un mépris sans égal pour la marquise. Quoique mes lettres
fussent profondément ironiques et faites pour faire rougir une
femme travestie en fausse lady, elle les avait reprises. J'avais
barre sur madame de C... Elle a fini par deviner que, dans
cette intrigue, elle avait eu le dessous. Elle m'a voué de ce
jour une haine qui ne s'éteindra qu'avec la vie. Encore, peut-
être se relèvera-t-elle de son tombeau pour me calomnier. Elle
n'a jamais ouvert *Séraphita*, à cause de la dédicace, et sa jalousie est telle que, si elle pouvait anéantir le livre, elle en
pleurerait de joie.

Enfin, cette horrible, vieille et dentue miss Patrickson, se
croyant obligée à des réparations, ne vit que pour ma traduction. Je rencontre à Poissy une madame Saint-Clair, fille de
je ne sais quel amiral anglais, sœur de madame Delmar, qui
s'engoue aussi de ma traduction et me propose un traité lu-
cratif avec les revues anglaises; je ne dis ni oui, ni non, à
cause de ma Patrickson. Mais, comme voilà trois ans que la
pauvre créature lutte et que c'est sa vie, j'imagine qu'elle profitera de cette aide. J'y vais un mercredi soir; elle demeure à
un cinquième étage, mais moi je ne sais rien de plus grandiose que le malheur. Je monte et j'arrive !... Je trouve cette
pauvre créature grise comme un suisse ! Jamais de ma vie je
n'ai été dans un pareil embarras; elle parlait entre les dents,
elle ne comprenait pas ce que je disais ; enfin, quand elle en-

tend qu'il s'agit d'une collaboration pour la traduction, elle
fond en larmes, elle me dit que si cette besogne ne lui reste
pas entière, elle se tuera, que c'est sa vie et sa gloire ; et elle
me dit ses malheurs. Je n'ai rien entendu de plus épouvantable, et je m'en suis allé glacé de terreur, ne sachant pas si
elle buvait par goût ou pour s'ôter le sentiment de la misère.
J'ai donc refusé madame Saint-Clair. Vous ne sauriez imaginer
la saleté, le taudis, l'effroyable désordre où vit cette fille ! Elle
a surpassé sa laideur. Voilà l'épisode le plus saillant de ma
semaine.

Dans le désert de sa vie, cette fille s'est accrochée à mon
œuvre comme à un palmier nourrissant, et il sera toujours
infertile, et je n'ai pas d'argent pour la secourir. Cependant,
hier, je suis allé par hasard rue Neuve-du-Luxembourg, où il
y a un pâtissier anglais, qui fait de délicieux pâtés aux huî-
tres, et je donnais le bras à une Anglaise [1]. Qui trouvai-je ?
Ma Patrickson attablée, et mangeant et buvant. Certes, je ne
suis ni capucin, ni niais, et je comprends que, plus on est
malheureux, plus il faut chercher des compensations, et l'on
est heureux d'en trouver chez les pâtissiers ! Mais la personne
à qui je donnais le bras m'a dit qu'elle était sûre que cette
malheureuse *buvait du gin*, qu'elle avait tous les caractères
des personnes vouées au *gin*. Je ne lui avais rien dit de ma
miss aux traductions. Mais, qu'elle boive ou non du *gin*,
elle n'en est pas moins dans la plus profonde misère. Reste à
savoir si elle est dans la misère parce qu'elle boit du *gin*, ou
si elle boit du *gin* parce qu'elle est misérable. Moi, la misère
des autres me serre le cœur. Je ne juge jamais le malheureux. Je suis stoïque avec mon infortune, et je donnerais
mon pain, mourant de faim. Cela m'est arrivé déjà plusieurs
fois, et ceux que j'ai obligés ne me l'ont pas rendu. Exemple :
Jules Sandeau, qui, depuis deux mois, n'est pas venu me
voir une seule fois, et qui ne viendrait pas si j'étais à l'agonie. Eh bien, quoique je sache cela, je n'acquiers pas d'expérience. Si je me marie, il faut que ma femme gouverne ma
fortune et s'interpose entre moi et le monde entier, car j'épui-
serais les trésors d'Aladin pour les autres. Heureusement que

---

1. La comtesse Guidoboni-Visconti.

je n'ai rien. Quand j'aurai quelque chose, il faudra me faire fictivement avare.

J'ai conduit ma mère à Poissy, dans une pension fort agréable, et je l'ai conduite par le chemin de fer, où l'on va très peu vite. Le cœur me saignait de la conduire là, moi qui rêve de lui faire une belle fin de vie, avec une belle fortune, et qui avance si peu, car la misère est devenue bouffonne, comme je vous le disais. Il m'a fallu plus de diplomatie pour avoir du bois à brûler pour un mois, que pour signer quelque traité de paix dans dix ans d'ici entre la France et la puissance que voudrez. Et puis, la comédie ira lentement. Elle ira comme mon portrait. J'ai su hier qu'il était arrivé cependant; mais l'expéditeur ne sait pas en quelle ville. J'espère que c'est à Brody. On a d'ailleurs écrit pour savoir où, et, quand j'aurai une réponse, vous me direz sans doute que vous l'avez. Dieu veuille qu'il en soit ainsi de la comédie ! Ce que j'aperçois en ce moment, c'est l'immense jugement qu'il faut au poète comique. Il faut que chaque mot soit un arrêt prononcé sur les mœurs de l'époque. Il ne faut pas choisir les sujets minces ni mesquins. Il faut entrer dans le fond des choses, en sorte qu'il faut constamment embrasser l'état social et le juger sous une forme plaisante, Il y a mille choses à dire, et il ne faut dire que la bonne, en sorte qu'il y a mille pensées rebutées sous une expression qui demeure. Ce travail me confond. Il va sans dire que j'entends parler d'une œuvre de génie, car, pour les trente mille pièces qu'on nous a données depuis quarante ans, rien n'est plus facile à faire. Je suis très envahi par cette comédie ; je ne pense qu'à cela, et chaque pensée en étend les difficultés. Ce ne sera rien que de la faire; il faudra la faire représenter, et elle peut tomber. Je suis au désespoir de ne pas avoir été m'enfermer à Wierzchownia pendant cet hiver, pour garder cette œuvre au milieu de votre vie cénobitique. J'aurais fait comme Beaumarchais, qui accourait lire. scène à scène, à des femmes, et qui refaisait sur leurs avis.

Je suis dans un moment de profonde tristesse. Le café ne me fait rien ; il ne fait pas surgir l'homme intérieur qui reste dans sa prison de chair et d'os. Ma sœur est malade, et quand Laure est malade l'univers me semble dérangé. Ma sœur est

tout dans ma pauvre existence ! Je ne travaille pas avec facilité. Je ne crois pas à ce qu'on appelle mon talent. Je passe
les nuits à me désespérer.

La Maison Nucingen est là en épreuves devant moi, et je
ne puis y toucher, et cependant c'est le dernier anneau de la
chaîne, et, avec trois jours de travaux, il serait brisé. Le cerveau ne bouge pas. J'ai pris deux tasses de café à l'eau ; c'est
comme si j'avais bu de l'eau. Je vais essayer d'un changement
de lieu et aller en Berry chez madame Carraud qui m'attend
depuis deux ans, et à qui, tous les trois mois, j'ai dit que
j'allais la voir. Ma maisonnette ne sera prête que dans le mois
de décembre, et les ouvriers la garderont d'ici mon retour.

Pour comble de malheur, je n'ai point de lettres de vous.
Vous pourriez m'écrire toutes les semaines, et vous m'écrivez
à peine tous les quinze jours. Vous avez beaucoup plus de
temps que je n'en ai, dans votre steppe, où il n'y a ni symphonie de Beethoven, ni boulevards en bitume, ni Italiens,
ni gazettes à faire, ni livres à écrire, ni épreuves à corriger, ni
misères, et où vous avez des forêts de cent mille arpents.
Dieu ! si vous aviez cela auprès de Paris, vous auriez juste
deux millions de rente, et votre forêt vaudrait cinquante
millions ! Tout est juxtaposition ; je suis ici et vous êtes là-bas.

12 novembre.

Réparation à la pauvre miss. Elle ne boit que de l'eau et
c'était ma visite inespérée qui l'avait littéralement grisée.

Je vais partir pour Marseille, aller en Corse et de là en
Sardaigne, et tâcher d'être revenu pour les premiers jours
de décembre. C'est une affaire de fortune de la plus haute
importance qui m'y conduit et je ne pourrai vous la dire que
si elle manque, car, si elle réussit, je ne pourrai vous la conter
que dans le tuyau de l'oreille. Voici trois semaines que je
pense à ce voyage ; mais l'argent pour le faire me manque,
et je ne sais où le trouver. Il faut environ douze cents francs,
ou cent vingt ducats, pour aller savoir un oui ou un non sur
la fortune, mais la fortune rapide, en quelques mois !

Addio, cara. Voici trois lettres que je vous écris contre vous
une. Je n'ai jamais vu la Provence ni Marseille, et je me
promets un peu de distraction de cette course. J'irai par la

malle-poste jusqu'à la mer, et le reste se fera par bateau à vapeur, en sorte que j'espère avoir fini en quinze jours, car il ne faut pas qu'on s'aperçoive de mon absence. Mes éditeurs grogneraient.

La tontine est retirée ; mon œuvre paraîtra purement et simplement par livraisons, avec les gravures sur acier comprises dans le texte. Ainsi, nous retombons dans l'ornière des publications qui se sont faites depuis cent ans en France.

13 novembre.

Ma comédie en a engendré une préliminaire. Il m'est impossible de faire *Prudhomme parvenu* avant d'avoir montré *Prudhomme se mariant,* d'autant plus que *le Mariage de Prudhomme* est une comédie excellente, et pleine de situations comiques. Ainsi, me voilà avec huit actes sur les bras au lieu de cinq.

14 novembre,

Adieu. Il faut se jeter dans un travail inopiné, qui peut me donner une *arachnitis.* On offre vingt mille francs de *César Birotteau* s'il est prêt pour le 10 décembre : j'ai un volume et demi à faire, et la misère m'a fait promettre. Il faut travailler pendant vingt-cinq nuits et vingt-cinq jours. Ainsi, mille tendres choses. Je cours à Sèvres chercher les manuscrits commencés et les épreuves de cet ouvrage. Il n'y a que neuf feuilles de faites ; il en faut quarante-six ; reste trente-cinq. Il n'y a pas une minute à perdre.

Adieu. Je serai ces vingt-cinq jours sans pouvoir vous écrire.

XXIX

A MADAME HANSKA, A WIERZCHOWNIA (UKRAINE)

Chaillot, 20 décembre 1837.

Je viens de terminer en vingt-deux jours, comme je l'avais promis et comme je vous l'écrivais brusquement en terminant ma dernière lettre, *César Birotteau.* J'ai fait en même temps la *Maison Nucingen*, pour *la Presse*. C'est assez vous dire que je suis abattu, dans un état d'anéantissement inexprimable. Il faut un certain effort pour vous écrire, et je le fais sous l'inspiration d'une crainte et d'une inquiétude horribles. Je n'ai rien reçu de vous depuis votre numéro trente-quatre, daté du 6 octobre. Vous ne m'avez jamais laissé si longtemps sans nouvelles et vous ne sauriez croire combien, à travers mes travaux, ce silence m'a effrayé, car je sais que ce n'est pas sans raison que vous manquez à m'écrire.

Aujourd'hui, je ne puis que vous écrire à la hâte et pour vous dire que je ne suis pas mort de fatigue, ni d'inflammation au cerveau; que *César Birotteau*, et le troisième dixain ont paru; que vous avez de nouveaux volumes dans votre bibliothèque d'épreuves; que *la Maison Nucingen*, finie depuis un mois, va paraître, et que j'achève *Massimilla Doni;* que l'édition intitulée: *Balzac illustré*, va paraître, et qu'elle est une surprenante chose de typographie et de gravure; que, pendant cinquante jours, je n'ai dormi que quelques heures; que j'ai été bien souvent à un cheveu de l'apoplexie et que je ne recommencerai plus pareil tour de force; que ma cabane est à peu près bâtie à Sèvres, et que vous pouvez toujours adresser vos lettres *à madame veuve Durand, 13, rue des Batailles*, parce que je suis encore obligé d'y rester pour achever quelques œuvres pressées, qui veulent une communication constante entre l'imprimerie et moi. Ma maison ne sera prête qu'au 15 de février, au plus tôt.

Mon portrait me fait tourner la tête. Je ne sais pas précisément où il est, et vous pourriez, en tout cas, écrire à M. Halperine, qui doit l'avoir, ou qui peut le réclamer sur la route de Brody à Strasbourg. Je suis au désespoir à ce sujet. M. de Hanski ne sait pas que la maison Rothschild ne fait pas d'affaires avec les Halperine, et que leurs courriers ne se seraient pas d'ailleurs chargés d'une chose aussi volumineuse. Il a fallu se servir du roulage accéléré.

Je suis dans la plus vive et la plus ardente inquiétude; elle est devenue d'autant plus grande que je n'ai plus le travail pour m'en distraire, et je vous supplie de m'écrire un petit mot, ou de me le faire écrire, si vous êtes malade.

Adieu. Trouvez ici l'expression d'une vieille amitié à toute épreuve, et les effusions d'une affection qui ne ressemble à aucune autre. Je ne puis vous en écrire davantage, car je suis dans un tel état d'abattement que rien ne prouve mieux mon attachement que cette lettre même, et cependant il va falloir, dans quelques jours, reprendre le collier de misère. Alors, je pourrai vous écrire plus au long et vous dire tout ce que je garde dans le cœur.

Votre dévoué, NORÉ.

L'autographe ci-joint est précieux [1].

XXX

A MADAME HANSKA, A WIERZCHOWNIA (UKRAINE)

Frapesle, par Issoudun, 10 février 1838.

Je suis bien heureux de me savoir en peinture à Berditcheff, car, dans mon inquiétude sur cette misérable toile, j'allais actionner définitivement l'expéditeur. Je suis assez curieux de savoir ce que vous penserez de cette œuvre. Il est aujourd'hui constant que Boulanger n'a pas rendu la finesse cachée sous la rondeur des formes, qu'il a outré le caractère de ma force assez tranquille, et qu'il m'a donné l'air soudard et matamore. Voilà ce que des sculpteurs et des peintres m'ont dit, quelques jours avant mon départ, à un dîner que j'ai fait chez M. de Castellane, qui fait jouer chez lui des pièces de théâtre. Le mérite de Boulanger est dans le feu de l'œil et dans la vérité matérielle des contours, dans une riche couleur. Malgré les critiques, qui ne concernent que la ressemblance

---

1.   *Note jointe à l'autographe.*

Rien n'est plus précieux, en fait d'autographes, que ceci, quoiqu'il n'y ait pas de signature.

Ces trois feuillets viennent du livre avec lequel Jean-Jacques Rousseau allait herboriser autour de l'Ermitage, et en se rendant à Eaubonne chez madame d'Houdetot. Le feuillet écrit est de lui.

Cela vient de la bibliothèque de Junot, et me fut donné par madame d'Abrantès.

J'en avais tout un volume ; tout le monde m'en a pris. Il ne m'est resté que cela.

DE BALZAC.

morale, si unie à la ressemblance physique, tous ont dit que c'était un des grands morceaux de l'école, depuis dix ans, et j'ai pensé qu'au moins vous n'auriez pas une croûte dans votre galerie. Nous verrons ce que vous m'en direz[1].

Je suis arrivé ici épuisé de fatigue; le corps s'y est détendu. Je viens y faire, si je puis, la pièce préliminaire de celle dont je vous ai parlée, et la seconde partie des *Illusions perdues*, dont la première vous a tant plu. Je resterai, jusqu'à la mi-mars en Berry.

On m'écrit de Paris que *César Birotteau*, après deux mois d'*incognito*, obtient un succès d'enthousiasme, et que malgré le silence de la plupart des journaux et les mauvaises bontés de quelques autres, on le porte aux nues, au-dessus d'*Eugénie Grandet*, avec laquelle on a assassiné tant de choses de moi. Je vous dis cette niaiserie des Parisiens, parce que vous regardez cela bénignement comme des événements.

Maintenant, que je vois que ce que j'invente pour vous donner quelques petites jouissances vous arrive, écrivez-moi donc ce qui ferait plaisir à Anna pour le jour de sa fête : j'ai une occasion pour Riga. Riga n'est pas loin de chez vous, et je vous dirais chez quel négociant le bijou de votre idole serait déposé. Si vous vouliez des aiguilles milanaises en filigrane d'argent, etc., si vous vouliez quelque chose du goût parisien, etc., enfin, si à notre exposition de tableaux M. de Hanski voulait un ou deux bons morceaux, bien choisis, pour augmenter sa collection, une de ces choses qui deviennent de grande valeur, qu'il sache bien que je suis à ses ordres, et aux vôtres également.

Vous ne sauriez croire combien j'ai songé à vous en traversant la Beauce et le Berry, car c'est votre Ukraine, sur une plus petite échelle, et toutes les fois que je les parcours, ma pensée se fixe sur Wierzchownia. Ce sont deux plateaux très élevés, car, à Issoudun, nous sommes à six cents pieds au-dessus de la mer, et il n'y a que du grain, de la vigne aussi, des bois. Mais, en Beauce, le terrain est si précieux qu'on ne plante pas un arbre. Vous verrez ces tristes campagnes quel-

---

1. Balzac revit ce portrait plus tard, à Wierzchownia, et l'on connaît la fâcheuse impression qu'il lui fit alors, par sa lettre à sa sœur, datée du 22 mars 1849, imprimée dans sa *Correspondance*.

que jour, quand vous viendrez en France, et peut-être, de même que moi, ne partagerez-vous pas les sentiments qu'elles inspirent aux voyageurs vulgaires.

Je ne sais si l'on m'a dit vrai, ou si l'on a dit vrai à qui me l'a redit, mais mes éditeurs se vantent de cinq mille exemplaires de vente du *Balzac illustré*, ce qui ferait croire que, le temps et les amis aidant, nous aurions bientôt une vente de dix mille. Alors, toutes mes infortunes financières cesseraient en 1839. Dieu le veuille !

Ne faites pas la coquette, avec votre trente-troisième anniversaire ; vous savez bien tout ce que je pense sur l'âge des femmes, et si vous voulez me faire faire de nouvelles éditions de ces pensées, je vous croirai très friande de compliments. Il y a des femmes qui seront toujours jeunes, et vous êtes de ce nombre : la jeunesse vient de l'âme. Ne perdez jamais cette innocente gaîté, qui est un de vos plus grands charmes et qui fait que vous pouvez penser tout haut avec tout le monde, et vous serez longtemps jeune. Malgré vous, je crois qu'il y a peu de nuages au-dessus du lac de vos pensées, mais l'infini d'un ciel bleu !

Si vous faites un cadre à ma toile, et il en faudra un, faites-en faire un en velours noir. C'est économique, c'est beau, et ce sera particulièrement favorable à la couleur et aux tons de Boulanger.

Sachez que rien ne mène à la maladie de lady X... comme les élans mystiques dont vous me parlez chez la sœur de Séverine, et croyez-moi, car c'est ainsi qu'est devenue folle la sublime et pure jeune enfant de la pauvre madame de B..., qui en est morte de douleur, ainsi que de la mort de son fils. Que ne m'a-t-elle pas dit sur l'absurdité de nos mœurs, au paroxysme de sa douleur ! Et quelles épouvantables clameurs de mère !

Je vous en prie aussi, ne me dites jamais dans une lettre : « Si je mourais ». J'ai assez de causes de mélancolie, et d'ennuis, et de sombres dragons noirs, sans y ajouter les vagues d'amertume que le sang apporte au cœur sous l'éblouissement que me cause cette phrase !

Je relis à l'instant la sotte pièce de vers avec laquelle j'enveloppe ma lettre, et je vous envoie en souriant l'hom-

mage d'un pauvre lycéen, sans doute. car le papier réglé
annonce dix-sept ans et des illusions !

XXXI

Frapesle, 2 mars 1838.

Cara Contessina, je suis ici sans avoir rien fait qui vaille ;
je suis un **peu** remis, voilà tout. J'ai été malade d'une maladie dont l'amour a horreur, et qui était causée par la qualité
des eaux qui contiennent du calcaire en dissolution : de là,
dissolution complète de mes forces cérébrales, mises en
pleine déroute par la licence excessive de mes tubes. Pauvres
nous ! A quoi tient la gloire, les créations de la pensée !
Madame Carraud a prétendu que j'évitais une maladie, mais,
à coup sûr, j'ai évité de faire une comédie ou un mauvais
roman.

J'ai appris que George Sand était à sa terre de Nohant, à
quelques pas de Frapesle, et je suis allé lui faire une visite :
aussi aurez-vous vos deux autographes souhaités, et, aujourd-
'hui, je vous envoie du George Sand ; à ma première lettre
vous en aurez un autre, signé Aurore Dudevant. Ainsi, vous
aurez l'animal curieux sous ses deux faces. Mais il en est une
troisième : c'est son surnom d'amitié, le docteur Piffoël.
Quand il m'adviendra, je vous l'enverrai. Comme vous êtes
une éminentissime curieuse ou une curieuse éminentissime,
je vais vous raconter ma visite.

J'ai abordé le château de Nohant le samedi gras vers sept
heures et demie du soir, et j'ai trouvé le camarade George
Sand dans sa robe de chambre, fumant un cigare après le
dîner, au coin de son feu, dans une immense chambre solitaire. Elle avait de jolies pantoufles jaunes ornées d'effilés,
des bas coquets et un pantalon rouge. Voilà pour le moral.
Au physique, elle avait doublé son menton comme un chanoine. Elle n'a pas un seul cheveu blanc, malgré ses effroyables
malheurs : son teint bistré n'a pas varié ; ses beaux yeux sont

tout aussi éclatants; elle a l'air tout aussi bête quand elle pense, car, comme je lui ai dit après l'avoir étudiée, toute sa physionomie est dans l'œil. Elle est à Nohant depuis un an fort triste, et travaillant énormément. Elle mène à peu près ma vie. Elle se couche à six heures du matin et se lève à midi; moi, je me couche à six heures du soir et me lève à minuit. Mais, naturellement, je me suis conformé à ses habitudes, et nous avons, pendant trois jours, bavardé depuis cinq heures du soir, après le dîner, jusqu'à cinq heures du matin, en sorte que je l'ai plus connue, et réciproquement, dans ces trois causeries, que pendant les quatre années précédentes où elle venait chez moi, quand elle aimait Jules Sandeau, et que quand elle a été liée avec Musset. Elle me rencontrait seulement, vu que j'allais chez elle de loin en loin.

Il était assez utile que je la visse, car nous nous sommes fait nos mutuelles confidences sur Jules Sandeau. Moi, le dernier de ceux qui la blâmaient sur cet abandon, aujourd'hui je n'ai que la plus profonde compassion pour elle, comme vous en aurez une profonde pour moi quand vous saurez à qui nous avons eu affaire, elle, en amour, moi, en amitié.

Elle a cependant été encore plus malheureuse avec Musset, et la voilà dans une profonde retraite, condamnant à la fois le mariage et l'amour, parce que, dans l'un et l'autre état, elle n'a eu que déceptions.

Son mâle était rare, voilà tout. Il le sera d'autant plus qu'elle n'est point aimable, et, par conséquent, elle ne sera que très difficilement aimée. Elle est garçon, elle est artiste, elle est grande, généreuse, dévouée, *chaste;* elle a les grands traits de l'homme : *ergo*, elle n'est pas femme. Je ne me suis pas plus senti qu'autrefois près d'elle, en causant penpant trois jours à cœur ouvert, atteint de cette galanterie d'épiderme que l'on doit déployer en France et en Pologne pour toute espèce de femme.

Je causais avec un camarade. Elle a de hautes vertus, de ces vertus que la société prend au rebours. Nous avons discuté avec un sérieux, une bonne foi, une candeur, une conscience, dignes des grands bergers qui mènent les troupeaux d'hommes, les grandes questions du mariage et de la liberté.

Car, comme elle le disait avec une immense fierté (je n'aurais pas osé le penser de moi-même) : « Puisque par nos écrits nous préparons une révolution pour les mœurs futures, je suis non moins frappée des inconvénients de l'un que de ceux de l'autre ».

Et nous avons causé toute une nuit sur ce grand problème. Je suis tout à fait pour la liberté de la jeune fille et l'esclavage de la femme, c'est-à-dire que je veux qu'avant le mariage elle sache à quoi elle s'engage, qu'elle ait étudié tout, puis que, quand elle a signé le contrat, après en avoir expérimenté les chances, elle y soit fidèle. J'ai beaucoup gagné en faisant reconnaître à madame Dudevant la nécessité du mariage, mais elle y croira, j'en suis sûr, et je crois avoir fait du bien en le lui prouvant.

Elle est excellente mère, adorée de ses enfants, mais elle met sa fille Solange en petit garçon, et ce n'est pas bien.

Elle est comme un homme de vingt ans, *moralement*, car elle est *chaste, prude,* et n'est artiste qu'à l'extérieur. Elle fume démesurément, elle joue peut-être un peu trop à la princesse, et je suis convaincu qu'elle s'est peinte fidèlement dans la princesse du *Secrétaire intime*. Elle sait et dit d'elle-même ce que j'en pense, sans que je le lui aie dit : qu'elle n'a ni la force de conception, ni le don de construire des plans, ni la faculté d'arriver au vrai, ni l'art du pathétique, mais que, sans savoir la langue française, elle a *le style;* c'est vrai.

Elle prend assez, comme moi, sa gloire en raillerie, a un profond mépris pour le public, qu'elle appelle *Jumento*.

Je vous raconterai les immenses et secrets dévouements de cette femme pour ces deux hommes, et vous vous direz qu'il n'y a rien de commun entre les anges et les démons. Toutes les sottises qu'elle a faites sont des titres de gloire aux yeux des âmes belles et grandes. Elle a été dupe de la Dorval, de Bocage, de Lamennais, etc., etc. : par le même sentiment, elle est dupe de Liszt et de madame d'Agoult; mais elle vient de le voir pour ce couple comme pour la Dorval, car elle est de ces esprits qui sont puissants dans le cabinet, dans l'intelligence, et fort attrapables sur le terrain des réalités.

C'est à propos de Liszt et de madame d'Agoult qu'elle m'a donné le sujet des *Galériens* ou des *Amours forcés*, que je vais

faire, car, dans sa position, elle ne le peut pas. Gardez bien
ce secret-là. Enfin, c'est un homme, et d'autant plus un
homme qu'elle veut l'être, qu'elle est sortie du rôle de femme,
et qu'elle n'est pas femme. La femme attire, et elle repousse,
et, comme je suis très homme, si elle me fait cet effet-là, elle
doit le produire sur les hommes qui me sont similaires ; elle
sera toujours malheureuse. Ainsi, elle aime maintenant un
homme qui lui est inférieur, et, dans ce contrat-là, il n'y a
que désenchantement et déception pour une femme qui a une
belle âme ; il faut qu'une femme aime toujours un homme
qui lui soit supérieur, ou qu'elle y soit si bien trompée que
ce soit comme si ça était.

Je n'ai pas été impunément à Nohant ; j'en ai rapporté un
énorme vice : elle m'a fait fumer un *houka* et du latakieh ;
c'est devenu tout à coup un besoin pour moi. Cette transition
me permettra de quitter le café, de varier les excitants dont
j'ai besoin pour le travail, et j'ai pensé à vous. Il me faut un
bel et bon *houka*, avec des capsules ou cheminées de rechange,
et, si vous êtes bien aimable, vous vous en procurerez un à
Moscou, car c'est là, ou à Constantinople, que se trouvent
les meilleurs, et soyez assez amie pour écrire tout de suite
à Moscou, afin que j'aie le moins de retard possible dans
l'envoi. Mais c'est à condition que vous me direz ce que vous
voulez de Paris, afin que je n'aie mon *houka* que par voie
d'échange ; si vous trouvez du vrai latakieh à Moscou, envoyez
m'en aussi une assez grande quantité, comme cinq à six
livres, car les occasions que je pourrai avoir de m'en procurer
de Constantinople seront assez rares. Oserai-je vous prier
aussi de ne pas oublier le *thé de caravane* que vous m'aviez
promis ? Puisque j'en suis sur les envois, je crois que, si les
renseignements sont bons, l'un des neveux de madame Delan-
noy, ma seconde mère, déposera chez un négociant à Riga
tous mes manuscrits pour vous. Une fois entrés là, vous
pourrez les faire venir facilement ; mais je ne saurai cela qu'à
mon retour à Paris, et j'y pars demain.

Je suis très enfant, vous le savez. S'il est possible que les
ornements du *houka* soient des turquoises, cela me fera d'autant plus de plaisir que j'y compte faire adapter, au bout du
tuyau, la pomme de ma canne, que l'on m'a empêché de

porter, par la célébrité qu'on lui a donnée. Si vous voulez, je vous enverrai une parure de perles de Paris que vous souhaitiez, et dont la monture sera si artiste que, quoique ce soient des perles de Paris, vous aurez une œuvre d'art. Hein? Dites oui, *si vous m'aimez*. Oui, n'est-ce pas?

De Paris, je vous écrirai un petit mot, car il faut aller en Sardaigne, et priez bien Dieu que je réussisse, car, si je réussis, ma joie me portera jusqu'à Wierzchownia. J'aurai la liberté, plus de soucis, plus d'ennuis matériels ; je serai riche!

Allons, *addio, cara contessina*, car la poste a des heures volontaires et impérieuses. Pensez que je voguerai dans quinze jours sur la Méditerranée. Ah! de là à Odessa, il y a tout mer, — comme on dit à Paris : c'est tout pavé, — et d'Odessa à Berditcheff, il n'y a qu'un pas.

Je vous envoie mes mille tendresses, mille amitiés à M. de Hanski et mille gracieusetés à vos petites compagnes. Vous devez être, au moment où je vous écris, en pleine jouissance du Boulanger, et j'attends avec impatience votre *sacro sainct dict* sur l'œuvre du peintre.

Allons, sachez que si je prie, c'est pour vous; que si je demande à Dieu quelque chose, mon capuchon rabattu[1]. c'est pour vous, et que ce gros moine est toujours le moujik de votre haute et puissante intelligence.

Avez-vous lu *César Birotteau*? Après ce livre, je fais décidément *la Première Demoiselle*[2], puis un livre d'amour très coquet, *les Amours forcés*. C'est à ceux qui ont la douceur adorable d'aimer selon les lois de leur cœur à plaindre les galériens de l'amour.

IJ. DE BALZAC

---

1. On sait que Boulanger avait peint Balzac en costume de moine.
2. Pièce devenue *l'École des Ménages*.

LA RANÇON D'ÈVE[1]

VII

Comment Ève Madeley pouvait-elle se permettre une telle
existence d'oisiveté et de plaisir ? Cette question s'éveilla le
matin dans l'esprit de Hilliard, mais il n'y put trouver aucune
réponse plausible.

Était-elle fiancée à l'homme qu'elle avait rencontré à l'Exposition ? Ses manières rendaient l'hypothèse absolument invraisemblable ; pourtant il devait y avoir entre eux plus qu'une
liaison banale et des relations passagères.

Patty Ringrose ne pourrait-elle ou ne voudrait-elle pas lui
donner le mot de l'énigme ? Mais où demeurait Patty ? Il
l'ignorait absolument. Il se rappelait son exclamation dans
Gower Street : « Tu ne te gênes plus, Ève ! » Et cela faisait
naître en lui de misérables soupçons ; cependant, malgré
tout, il ne pouvait se résoudre à croire que la jeune fille
menait une vie de dissipation coupable. Son regard, son
langage le rassuraient, non moins que l'amitié qui l'unissait à la candide Patty. En apprenant qu'il demeurait vis-à-vis
de chez elle, son visage n'avait trahi aucune émotion qui
eût pu passer pour l'indice d'une conscience troublée.

1. Voir la *Revue* du 1er avril.

En tout cas, le contraste entre son existence présente et celle dont avait parlé Mrs. Brewer était au moins étrange. Il y avait là, pour Hilliard, un problème dont l'intérêt ne serait pas épuisé de sitôt. Mais il devait chercher l'explication de ce mystère en observant strictement les lois de l'honneur et de la bienséance ; il était résolu à ne plus jouer à l'avenir le rôle d'espion. Ève avait eu raison de le dire, il était probable qu'ils se rencontreraient avant qu'il fût longtemps ; si sa patience était mise à une trop rude épreuve, il lui restait toujours la ressource d'écrire.

Quatre jours se passèrent sans qu'il la vît, mais, l'après-midi du cinquième jour, comme il retournait chez lui, il se trouva tout à coup face à face avec elle dans Gower Street. Elle s'arrêta et lui tendit amicalement la main.

— Me permettez-vous de vous accompagner un moment? demanda-t-il.

— Volontiers. Je vais de ce pas changer un livre chez Mudie.

Elle tenait à la main un petit ridicule.

— Vous avez sans doute exploré Londres, ces jours-ci? Les rues ne vous semblent-elles pas ravissantes, à cette époque de l'année?

— Ravissantes? J'avoue, pour ma part, n'être que médiocrement ravi.

— Vraiment? Moi, j'adore Londres. Le rêve de toute ma vie a été de venir y demeurer, et j'ai tant fait que j'y suis.

Sa voix avait en ce moment-là un timbre clair et sonore qui semblait être l'écho d'une émotion agréable. Hilliard remarqua une lueur dans ses yeux et sur sa joue une teinte rosée, qui lui donnaient un air mieux portant que lors de leur première entrevue.

— Vous n'allez jamais à la campagne? — dit-il, incapable de se mettre à l'unisson d'un sentiment que, pourtant, il comprenait fort bien : — l'enthousiasme pour la grande ville.

— Je m'aventure quelquefois jusqu'à Hampstead Heath, répondit Ève en souriant. S'il fait beau, nous irons là-bas dimanche prochain, Patty et moi.

Hilliard saisit la balle au bond : « Lui serait-il permis de se

joindre à elles, de les retrouver à Hampstead ? » Sans ombre
d'embarras ou d'affectation. Ève répondit que la chose lui
serait fort agréable : elle fixa l'heure et le lieu du rendez--
vous.

Il l'accompagna au cabinet de lecture, puis revint avec elle
jusqu'à Gower Place. Cette conversation eut pour résultat de
rendre plus violent encore le conflit d'impressions qu'Ève
avait excité en lui. L'amabilité de la jeune fille ne lui procurait
pas une satisfaction véritable ; sa vivacité, en dépit de son
irrésistible charme, le troublait, laissait subsister le soupçon.
Rien de ce qu'elle disait n'avait un accent de sincérité parfait ;
cependant il semblait de plus en plus difficile de croire
qu'elle jouât un rôle si peu d'accord avec son caractère.

Aucune parole tombée de ses lèvres ne jetait la moindre
lumière sur sa situation actuelle et il n'osait faire directement
allusion à ce sujet délicat. Il avait appris avec surprise qu'elle
était une abonnée de Mudie. Le volume qu'elle avait emporté
était un roman nouveau, et les quelques mots qu'ils avaient
échangés, au sujet des livres alors en vogue pendant leur attente
dans le magasin, prouvaient chez elle une connaissance surprenante de la littérature du jour. Il n'était que trop sensible
aux lacunes de sa science personnelle à cet égard et il commença à être persuadé d'une infériorité que rien, jusque-là,
n'aurait pu lui faire présumer, bien au contraire.

Le lendemain matin, il alla chez Mudie pour son propre
compte, et fit choix de volumes parmi ceux qui se trouvaient
sur le comptoir. Il était las d'errer par la ville, et il se disait
qu'autant valait passer le temps à lire.

Le dimanche venu, il se mit à la recherche de l'endroit
désigné, et, après une heure de faction, il vit arriver les deux
amies. Ève n'avait plus rien de l'humeur enjouée de l'autre
jour ; même le radieux soleil et la brise fraîche sur la bruyère
n'eurent pas le pouvoir de l'égayer ; elle parlait par mono-
syllabes et montrait une réserve inexplicable. Hilliard dut se
résigner à converser avec Patty, plus gaie et plus pétillante
que jamais. Au cours de leur bavardage amical, il apprit que
miss Ringrose était employée chez son oncle, un marchand
de musique : elle faisait valoir les dernières nouveautés en fait de
romances et d'airs de danse en « tapotant » sur le piano les

morceaux que le client désirait entendre avant de se décider
à acheter. Il était difficile de comprendre comment une
intimité aussi étroite s'était formée entre ces deux jeunes filles,
car elles semblaient n'avoir aucun point de ressemblance.
Comparée à Ève Madeley, Patty était une petite personne
insignifiante; mais, plus Hilliard la faisait causer, plus il était
convaincu d'avoir affaire à une nature loyale et honnête, et
cela même entrait en ligne de compte dans le jugement favorable qu'il portait sur Ève.

Quelques jours se passèrent de nouveau sans incident remarquable. Mais le mercredi soir, vers neuf heures, comme
il était chez lui absorbé dans la lecture, son hôtesse entra dans
sa chambre; elle lui apportait une nouvelle des plus surprenantes :

— Une demoiselle est là qui désire vous voir, monsieur.
Elle m'a dit : annoncez miss Ringrose.

Hilliard se leva vivement.

— Priez cette demoiselle d'entrer.

— Elle voudrait vous parler à la porte, monsieur, si ça ne
vous fait rien.

L'hôtesse le dévisageait d'une façon particulière, mais il était
trop ému pour le remarquer. Il se hâta de descendre. La porte
de la rue était ouverte et la lumière d'un réverbère éclairait
en plein les traits de Patty. Il y lut aussitôt l'annonce d'un
événement fâcheux.

— Monsieur Hilliard... je ne connaissais pas exactement le
numéro, j'ai été m'informer dans plus de dix maisons...

— Qu'y a-t-il ? demanda le jeune homme en s'avançant
jusque sur le seuil.

— Je viens de chez Ève et... je ne sais pas ce que cela veut
dire, mais elle est partie... La dame dit qu'elle est partie ce
matin avec ses bagages... partie pour tout de bon. Et elle ne
m'en a rien dit! Je n'y comprends rien... Je voulais vous demander si vous saviez...

Hilliard regardait fixement la maison d'en face.

— Moi? Non, je ne sais absolument rien. Mais entrez donc
et dites-moi...

— Si ça vous était égal de sortir un moment...

— Bien ! bien ! le temps de prendre mon chapeau.

Il rejoignit la jeune fille et tous deux se dirigèrent vers Euston Square, à cette heure presque désert.

— Je n'ai pu m'empêcher de venir vous trouver, monsieur Hilliard, fit Patty dont les manières trahissaient la plus vive anxiété. Cela m'a porté un coup !... Je ne l'ai pas revue depuis dimanche... Je suis accourue ce soir, sitôt que j'ai pu, parce que je n'avais pas l'esprit en repos sur son compte.

— Pourquoi étiez-vous inquiète ? Que s'est-il passé ?

Il la dévisageait d'un œil inquisiteur, mais Patty tourna la tête, garda quelques instants le silence, puis, dans un de ces accès de confiance expansive qui lui étaient habituels, elle dit d'un air agité :

— C'est une chose que je ne puis expliquer. Mais vous, qui étiez son ami...

Un homme vint à passer, et Patty s'interrompit brusquement.

VIII

Hilliard attendait qu'elle continuât, mais Patty resta les yeux baissés et ne parut pas disposée à en dire davantage.

— Me croyiez-vous donc dans la confidence de miss Madeley ? demanda-t-il enfin.

— Vous vous connaissez depuis très longtemps, n'est-ce pas ?

Cette preuve flagrante qu'Ève usait, avec son amie, de réticences, peut-être même de mensonges formels, étonna Hilliard. Il répondit évasivement qu'il était fort peu au courant des affaires de miss Madeley et ajouta :

— Ne se peut-il pas tout simplement qu'elle ait changé de domicile ?

— Mais pourquoi ainsi... brusquement... sans m'en avertir ?

— Et l'hôtesse n'a rien pu vous dire ?

— Elle a entendu donner au cocher l'adresse de Mudie... vous savez, le cabinet de lecture...

— Eh bien, dit Hilliard, cela signifie peut-être qu'elle voulait rendre un livre avant de quitter Londres. Faut-il supposer qu'elle est retournée chez elle... à Dudley? Peut-être son père est-il malade et l'a-t-on rappelée...

Patty voulut bien admettre cette hypothèse, mais elle ne paraissait pas du tout convaincue.

— L'hôtesse m'a dit qu'elle avait reçu une lettre ce matin.

— Voyez-vous! De Dudley, sans doute... Mais vous la connaissez beaucoup mieux que moi. Je ne veux certes pas vous engager à commettre la moindre indiscrétion; pourtant, si vous croyez que je puisse vous être utile en quelque chose...

— Non, je ne le crois pas; je suis venue simplement parce que ça m'a toute retournée quand j'ai su qu'elle était partie. Je me suis rappelé que vous demeuriez quelque part dans Gower Place et j'ai pensé que vous pouviez l'avoir vue depuis dimanche.

— Je ne l'ai pas vue. Mais sûrement vous aurez bientôt de ses nouvelles; il se peut même qu'une lettre vous arrive ce soir ou demain matin.

Une lueur d'espoir illumina les yeux de Patty:

— C'est vrai, il y a encore une distribution ce soir. Je vais retourner à la maison sans perdre un instant.

— Je vous accompagnerai, dit Hilliard. De cette façon vous pourrez me donner des nouvelles, s'il y en a.

Ils s'en retournèrent donc et descendirent vers Hampstead Road, où ils comptaient prendre le tramway jusqu'au logis de Patty situé dans Iligh Street, Camden Town. Soutenue par l'espoir de trouver une lettre en arrivant là-bas, miss Ringrose recouvra son entrain habituel.

— Vous avez dû vous demander ce qui me passait par la tête pour venir ainsi chez vous, monsieur Hilliard! J'ai été au moins dans dix maisons avant de tomber juste. Maintenant, je me dis que j'aurais dû d'abord un peu réfléchir; mais c'est toujours comme ça: je vais, je vais... et puis je me dis: « Ma petite, tu as encore fait une bêtise!... » Ève est ma meilleure amie, voyez-vous; c'est pourquoi je suis si inquiète.

— Depuis combien de temps la connaissez-vous?

— Oh! depuis très longtemps... un an environ.

Hilliard ne put résister à la tentation de poser une question encore:

— Où est-elle employée?

Patty le regarda avec surprise :

— Comment, vous ne savez pas? Maintenant elle n'est plus employée : les gens chez qui elle était ont fait faillite, et elle est sans place depuis plus d'un mois.

— Elle n'a pu trouver d'autre occupation?

— Elle n'a pas encore cherché. Elle prend des vacances. Croyez-vous que c'est amusant d'aligner des chiffres toute la journée? Moi je sais bien que ça me rendrait folle subito. Je crois qu'elle pourrait trouver mieux, si elle voulait.

Miss Ringrose continua à parler de son amie tout le long du chemin, jusqu'à Camden-Town ; mais les renseignements que put saisir Hilliard ne lui expliquèrent nullement le véritable caractère d'Ève. La petite cachait un détail important, on le devinait sans peine ; son babillage s'était plus d'une fois arrêté au seuil même d'une indiscrétion. Hilliard était persuadé que le mystère concernait l'homme aperçu à Earl's Court. Si Ève disparaissait réellement, il ne se ferait aucun scrupule d'arracher à Patty tout ce qu'elle savait; mais il voulait voir d'abord si Ève avait l'intention de rester en rapport avec son amie.

A High Street, Patty entra dans un petit magasin qu'on était en train de fermer pour la nuit.

Hilliard l'attendit à quelques pas de là ; quand elle revint, il vit tout de suite que son attente avait été déçue.

— Il n'y a rien !

— Ce sera sans doute pour demain matin. Je serais curieux de savoir si, oui ou non, elle donnera signe de vie...

— Est-ce que High Street est tout à fait hors de votre chemin? demanda Patty. Je suis seule au magasin, généralement, de une heure et demie à deux et demie. Il est bien rare qu'il vienne du monde alors.

— Eh bien, je viendrai demain.

— Oh oui, venez! Si je ne reçois rien je serai dans tous mes états...

Là-dessus, ils se dirent au revoir.

Le lendemain, à l'heure fixée, Hilliard était de nouveau dans High Street. En approchant du magasin il entendit les accords sautillants d'un piano. A travers la porte vitrée, close à ce moment, il aperçut miss Ringrose jouant pour son propre agrément. Il entra, et Patty se précipita à sa rencontre avec un sourire de bienvenue.

— J'ai eu une lettre ce matin !... Elle est à Dudley.

— Ah !... je suis bien aise de l'apprendre. Donne-t-elle une raison de son départ précipité ?

— Rien de particulier, répondit la jeune fille, en frappant une note au hasard. Elle a cru qu'elle ferait bien d'aller passer une quinzaine de jours là-bas avant d'entrer dans une nouvelle place. On lui a indiqué quelque chose à Holborn.

— Ainsi donc vos craintes n'étaient pas fondées ?

— Oh ! je n'ai pas eu de craintes véritables, monsieur Hilliard... Non, non, rien de sérieux, je vous assure. Mais je suis si sotte, quelquefois...

L'air et le ton de Patty démentaient ces paroles rassurantes. Évidemment, la lettre avait mis un terme à son inquiétude, mais il était évident aussi qu'elle tenait à ne pas expliquer pourquoi elle avait été inquiète. Hilliard se mit à examiner le magasin ; et Patty, avec son espièglerie habituelle, passa aussitôt à un autre sujet :

— Mon oncle sort toujours une heure ou deux, dans la journée, pour jouer au billard. Quand il revient, je puis dire à coup sûr s'il a gagné ou perdu rien qu'au nez qu'il fait... Il prend la chose tellement à cœur, le vieux fou !... Jouez-vous aussi au billard ?

Le jeune homme secoua la tête.

— C'est bien ce que je pensais. Vous avez l'air sérieux !

Hilliard ne goûta pas le compliment. Il s'imaginait avoir rejeté loin de lui toute mélancolie : il désirait avoir l'air d'un homme qui prend le temps comme il vient. Soudain un corps devant la porte vitrée obstrua la lumière et quelqu'un jeta un coup d'œil dans le magasin. Alors la porte s'ouvrit et l'on vit entrer un jeune homme à tournure de commis qui darda sur miss Ringrose puis sur son visiteur un regard extrêmement sévère. Patty rougit un peu.

— Que faites-vous dans ces parages à cette heure-ci ? demanda-t-elle familièrement.

— Les affaires... une course dans les environs... croyais pouvoir vous dire un mot en passant...

Hilliard s'écarta discrètement.

— Qui a ouvert ce nouveau magasin en face ? ajouta le jeune homme en faisant un geste mystérieux et en évoluant vers le seuil de la porte.

On n'aurait pu imaginer manège plus maladroit pour attirer Patty au dehors ; mais elle se prêta volontiers à la chose et suivit le nouveau venu. La porte se referma sur eux. Quelques minutes après, Patty revint seule, le teint rosé et la lèvre mutine.

— Je suis vraiment fâché de m'être trouvé là si mal à propos !

— Mais pas du tout ; c'est sa faute, à lui... Un garçon que je connais. Il a du bon sens quand il veut... mais quand il commence ses bêtises il n'y a plus moyen... Connaissez-vous la nouvelle valse, *la Reine du bal* ?

Elle s'assit et exécuta ce chef-d'œuvre.

— Merci mille fois, dit Hilliard. Vous jouez très bien.

— Oh ! comme tout le monde... Ce n'est rien du tout.

— Miss Madeley est-elle musicienne ?

— Non. Elle dit toujours qu'elle voudrait l'être, mais moi je lui dis : « A quoi bon ? » Elle sait tant de choses que je ne sais pas, et que j'aimerais mieux savoir !

— Elle lit beaucoup, n'est-ce pas ?

— Si elle lit !... elle dévore, oui ! Et elle parle le français.

— Vraiment ? Comment l'a-t-elle appris ?

— Dans la maison où elle tenait les livres, il y avait une jeune Parisienne ; elles habitaient le même logement et Ève a appris avec elle. Puis son amie est retournée à Paris ; Ève aurait bien voulu l'accompagner, mais cela ne lui a pas été possible. Car — ajouta-t-elle en riant — Ève est toujours occupée à combiner des choses extravagantes.

Huit jours après, Hilliard repassa au magasin de musique et causa une demi-heure avec miss Ringrose qui n'avait pas reçu d'autres nouvelles d'Ève. Ses visites se répétèrent ainsi, à quelques jours d'intervalle, et enfin, vers les derniers jours de juillet, il apprit que miss Madeley se disposait à revenir à Londres ; elle entrait décidément dans cette maison de commerce de Holborn dont Patty avait parlé.

— Et reprendra-t-elle son ancien logement ? demanda-t-il.

Patty secoua la tête.

— Elle restera avec moi. Il y a longtemps que je le lui ai proposé, mais elle ne voulait pas. A présent elle a changé d'avis, et j'en suis bien contente.

Hilliard hésitait à poser la question qu'il avait sur les lèvres.

— Êtes-vous encore **inquiète** ?

Leurs yeux se rencontrèrent un instant.

— Non ; à présent tout va bien.

— Il y a une chose que je voudrais savoir de **vous**... s'il vous est permis de me la dire.

— A propos de miss Madeley ?

— Je ne crois pas **que** vous commettiez une **indiscrétion** **en** répondant oui ou non. Est—elle fiancée ?

Patty répondit avec une certaine vivacité :

— Non ! certainement non ! Et elle ne l'a jamais été.

— Merci ! — Hilliard poussa un soupir de soulagement. — **Je** suis tout heureux d'être fixé...

— Je le vois bien ! répondit Patty en souriant.

Comme toujours après une de ses boutades elle se tourna et frappa quelques accords sur le piano. Hilliard demeura songeur jusqu'à ce que sa compagne prît de nouveau la parole :

— Vous la verrez bientôt, sans doute ?

— Peut-être. Je ne sais pas.

— En tout cas, vous tâcherez de la revoir.

— C'est très probable.

— Voulez-vous me promettre une chose ?

— Je ne puis m'engager sans savoir. ..

— C'est **seulement**... vous me feriez tant de plaisir en ne disant pas **que** je suis allée vous trouver à Gower **Place**... **le** soir que vous savez.

— Je n'en dirai rien.

— Bien sûr ?

— Vous pouvez y compter. Voulez-vous même qu'elle croie que je **ne** vous ai pas vue du tout ?

— Oh ! il n'y a pas de mal à ça. D'ailleurs, je suis sûre que ça sortirait un jour. Je dirai que nous nous sommes rencontrés par hasard.

— Bien. Mais j'ai fort envie de vous demander une promesse **en** échange.

Patty resta immobile devant lui, les mains derrière le dos, les yeux grands ouverts par la curiosité.

— Voici, continua-t-il, baissant la voix : si jamais vous êtes de nouveau inquiète au sujet d'Ève, promettez-moi de m'avertir.

La réponse fut lente à venir; elle vint enfin sous forme d'un signe de tête indécis. Alors Hilliard serra la main de Patty et ils se séparèrent.

Il savait le jour exact de l'arrivée d'Ève à Londres : depuis le matin jusqu'à la nuit. un malaise fiévreux le força d'errer par les rues. Le lendemain il ne se sentit guère plus calme et, durant plusieurs jours, il n'eut dans l'esprit que des idées angoissantes. Il ne cessait d'arpenter Holborn, se demandant où Ève pouvait avoir trouvé une place, mais il évita Camden Town.

Un matin arriva chez lui une carte postale sur laquelle étaient griffonnés ces mots : « Nous allons au Savoy samedi soir. Balcon. » Ni signature, ni adresse, mais évidemment l'écriture était celle de Patty Ringrose. En pensée, il la remercia avec ferveur, et, le samedi soir, environ une heure avant l'ouverture des portes, il montait les degrés de pierre qui mènent aux places de balcon. Deux ou trois personnes attendaient déjà, — des inconnus. Il s'adossa à la muraille et lut un journal du soir. Au moindre bruit de pas, ses yeux se levaient avec une impatience qu'il s'efforçait en vain de réprimer. Enfin il entendit un éclat de rire au bas des degrés et reconnut la voix de Patty; en effet celle-ci ne tarda pas à paraître au tournant de l'escalier, suivie d'Ève Madeley. Miss Ringrose eut un sourire satisfait quand elle aperçut le visage qu'elle s'était attendue à voir, mais pendant quelques minutes encore Ève ne se douta de rien. Hilliard eut donc le temps de l'examiner à l'aise et il trouva qu'elle avait fort mauvaise mine : elle paraissait lasse, démoralisée, et ne faisait nulle attention aux personnes qui l'entouraient. Sa toilette était beaucoup plus simple que celle qu'elle portait un mois auparavant.

Il vit Patty murmurer quelques mots à l'oreille de sa compagne, et aussitôt Ève tourna les yeux vers lui. Leurs regards se rencontrèrent et il ne lui fut pas difficile de descendre deux ou trois marches pour la rejoindre. Elle l'accueillit avec une indifférence polie. Hilliard ne fit pas de remarque sur le prétendu hasard de cette rencontre ni d'allusion à l'absence prolongée de la jeune fille. Ils causèrent, autant qu'une causerie était possible en pareil endroit, du théâtre et de choses analogues. Ève était-elle heureuse ou mécontente de l'avoir rencontré, qui l'aurait su dire? Mais peu à peu sa physionomie s'éclaira et elle poussa une exclamation joyeuse quand l'ouverture des portes fut suivie d'un mouvement en avant.

— Vous avez été absente, — dit-il quand ils furent assis, lui d'un côté d'Ève, Patty de l'autre.

— Oui, j'ai été à Dudley.

— Vous avez vu Mrs. Brewer?

— Souvent. Elle n'a pas encore d'autre locataire et voudrait vous voir revenir. Elle ne tarit pas d'éloges sur votre compte.

Il y avait là une pointe de satire.

— Et certes je les mérite pleinement! répondit Hilliard.

Ève le regarda, eut un sourire énigmatique et se tourna pour parler à Patty Ringrose. Pendant le reste de la soirée il ne fut plus question de Dudley. Eve se laissait vraiment arracher les paroles et, quand le spectacle fut fini, elle prit congé de lui dans le théâtre même, avec intention. Mais, tandis qu'il serrait la main à Patty, il lut dans les yeux de la petite une expression joyeuse, à laquelle il répondit par un sourire de reconnaissance.

IX

Une après-midi, dans les premiers jours de juillet, fatigué d'une longue flânerie à la recherche de vieilles églises, — car sa passion pour l'architecture était toujours vivace, — Hilliard entra, sûr d'y trouver le calme et la fraîcheur désirés, dans une antique et vénérable taverne de Fleet Street. Il y avait longtemps qu'il ne s'était plus permis la moindre extravagance ; ce jour-là, son palais réclamait du vin et il lui donna satisfaction. Lorsqu'il sortit et se replongea dans le vacarme de la rue, tous les objets se présentèrent à lui baignés d'une lumière plus douce ; les bruits de Fleet Street se fondaient pour lui en une musique grandiose ; il regardait tous les passants avec sympathie, et nulle part il ne découvrit une physionomie en désaccord avec l'humeur optimiste de l'heure présente.

Frais et dispos maintenant, il se dirigea vers l'ouest de la ville, goûtant une béatitude de tous les instants. « Oui, se disait-il, voilà ce qui peut vraiment s'appeler la joie de vivre. Le passé et l'avenir sont également sans empire sur moi ; je vis dans la radieuse lumière de ce jour d'été, ayant au cœur la bénédiction de ce vin généreux... O noble vin ! ami de l'homme sans amis, compagnon du solitaire, toi qui relèves les cœurs abattus, qui inspires un courage nouveau aux mortels succombant sous le poids de l'existence, ô vin, inestimable trésor, merci à toi ! »

La vitrine d'un libraire attira son attention. Là, exposé aux regards du premier venu, se trouvait un volume dont la vue fit courir en lui un frisson de ravissement : un in-folio richement illustré, un traité sur les cathédrales françaises. Le prix marqué était de cinq guinées. Après un moment d'hésitation, — à écouter la voix de l'ignoble esprit d'économie que le vin n'avait pu réduire complètement au silence, — il entra dans la boutique et acheta l'ouvrage. Il aurait bien voulu l'emporter, mais il était, ce jour-là, de si bonne composition qu'il se rendit sans résistance à l'avis du marchand et donna son adresse pour que le pesant volume lui fût envoyé.

C'était d'un bon marché inouï... Cinq guinées pour tant d'heures ravissantes, tant de délices esthétiques qu'il goûtait à l'avance !

Il resta longtemps assis sur un des bancs de Trafalgar Square, contemplant les fontaines et, de temps en temps, levant les yeux vers les grands nuages d'un blanc pur qui se détachaient sur l'azur profond. Des gamins déguenillés jouaient auprès de lui ; il fouilla dans sa poche, en tira quelque menue monnaie, et avec un joyeux : « Hé ! là ! tas de petites fripouilles ! » il répandit autour de lui avec la poignée de gros sous, d'abord l'étonnement, puis le plaisir sauvage des batailles.

L'horloge de Saint-Martin l'avertit qu'il était six heures. Alors un projet qui depuis un moment flottait dans son cerveau comme un brouillard doré prit forme et consistance. Il se dirigea vers Holborn et flâna aux abords d'une certaine maison de commerce dont il ne perdait pas la porte de vue. Son attente ne fut pas longue : une personne bien connue sortit et il eut tôt fait de la rejoindre.

Ève Madeley, à sa vue, ne manifesta aucune surprise.

— Oui, dit-il, c'est encore moi. Si ma présence vous est désagréable, vous n'avez qu'à parler et aussitôt je passerai mon chemin.

— Je n'ai nullement l'intention de vous chasser, — répondit-elle avec un paisible sourire ; — pourtant je crois que vous feriez sagement de vous en aller.

— Oh ! si le choix m'est laissé !... Vous avez l'air fatiguée aujourd'hui. J'ai quelque chose à vous dire ; entrons un moment dans cette rue.

— Non, non... allons tout droit.

— Je vous en prie !... écoutez... un seul mot ! Je vais dîner au restaurant, ce soir. D'ordinaire, je dîne chez moi... un méchant dîner dans une chambre funèbre. Par une soirée aussi belle, je ne puis retourner au logis et apaiser ma faim de cette façon bestiale. Mais, au restaurant, je serai seul encore. Rien de plus triste que de voir autour de soi des gens qui rient et causent, et de n'avoir soi-même d'autre compagnie que son assiette. Il y a un temps infini que je n'ai plus eu pour vis-à-vis à dîner, un visage humain. Voulez-vous dîner avec moi ?

— Je ne peux pas !

— Où est l'impossibilité ?

— Je ne veux pas !

— Mais vous serait-il donc si désagréable d'être assise à table et de causer ? Tenez, je ne vous demande pas même de parler ; laissez-moi seulement vous parler. Donnez-moi une heure ou deux de votre temps... C'est tout ce que je demande. Qu'importe pour vous ? et pour moi il importe tant !

Ève continua de marcher en silence ; les prières d'Hilliard devenaient de plus en plus pressantes. Enfin elle s'arrêta.

— En somme, cela m'est égal. Si vous le désirez...

— Merci ! oh ! si vous saviez le plaisir que vous me faites !

Ils rebroussèrent chemin vers Holborn, et Hilliard. tout en causant de choses et d'autres, la fit entrer dans une grande salle où un certain nombre de personnes étaient déjà attablées. Il choisit un coin à l'écart, donna au garçon le menu d'un repas simple, mais de bon goût, et, de sa place, en face d'Ève, il lui sourit avec délices tandis qu'elle se laissait aller en arrière sur les coussins de peluche. Nullement éblouie par le luxe déployé autour d'elle, la jeune fille réfléchissait, et ses réflexions semblaient n'être pas sans douceur.

— N'est-on pas mieux ici que dans l'omnibus de Camden Town ?

— Assurément.

— Voilà ce que j'aime en vous : vous avez le courage de dire la vérité. Quand vous prétendiez que vous ne pouviez pas venir, vous en étiez vraiment persuadée. A présent que vous avez reconnu votre erreur, vous l'avouez franchement.

— Je ne serais pas venue. si je n'avais compris qu'accepter ou refuser, c'était absolument indifférent.

— Absolument indifférent, à votre point de vue ! Eh bien. je suis content que vous pensiez de la sorte ; cela me met à l'aise et je n'ai plus rien à me reprocher... Mais comme c'est bon d'être assis là et de causer !

— Ne connaissez-vous personne qui voudrait vous tenir compagnie ? Vous n'avez fait aucune connaissance ?

— Aucune. Vous et miss Ringrose êtes les seules personnes que je connaisse à Londres.

— Mais pourquoi donc vivre dans une solitude qui vous pèse ?

— Où et comment voulez-vous que je fasse des connaissances ? C'est encore plus difficile que de gagner de l'argent... ce que je n'ai jamais su faire, et ce dont je serai toujours incapable, je le crains.

Ève détourna le regard et parut retomber dans sa méditation.

— Je vais vous dire, poursuivit le jeune homme, de quelle façon m'est venu cet argent qui me fournit mes moyens d'existence temporaires. Cela remplira les quelques moments d'attente.

Il fit de l'aventure un récit amusant, et il arrivait à la conclusion quand on servit le potage. Ève écoutait avec un réel
intérêt et un sourire de franche gaieté. Il y eut alors une pause
dans la conversation. Hilliard attaqua le repas avec appétit et
brio ; sa compagne, après quelques cuillerées, laissa le reste
et promena le regard sur la salle.

— A ma place, qu'auriez-vous fait? demanda enfin Hilliard.

— Il me serait difficile de me mettre à votre place.

— Vraiment si difficile?... Eh bien, je vais vous en dire un
peu plus long sur mon compte. Il paraît que Mrs. Brewer
vous a donné sur moi d'excellents renseignements?

— Je ne vous aurais certes pas reconnu d'après le portrait
qu'elle a fait de vous.

Hilliard rit de bon cœur.

— Je vous semble donc un bien triste sire?

— Pas précisément, — répondit Ève, pensive. — Mais vous
me semblez une personne toute différente de celle que vous
êtes à ses yeux.

— Oui, je comprends. Et cela me fournit l'occasion de
vous dire, miss Madeley, que la surprise est réciproque... c'est-
à-dire que vous êtes aussi différente que possible de l'idée
conçue par moi d'après les renseignements de Mrs. Brewer.

— Des renseignements, sur moi? Je serais curieuse de les
connaître.

On vint changer les assiettes, il y eut un moment de
silence. Hilliard but un verre de vin, la jeune fille leva aussi
son verre, mais elle y trempa à peine les lèvres.

— Vous les connaîtrez..., mais pas maintenant. Je veux
vous mettre à même de me juger, et, si j'expose les détails
de l'affaire au cours du dîner, ce sera moins ennuyeux que si
je commençais solennellement à vous conter ma vie, comme
les personnages de roman.

S'il pécha. ce fut par un laconisme excessif ; toutefois, pendant le quart d'heure qui suivit, Ève put tirer de son récit
sans prétention — il évita surtout avec soin la note pathétique — une notion assez exacte de ce qu'avait été sa vie à
partir des années d'enfance ; et cela compléta ce qu'il lui avait
dit lors de leur première entrevue. A mesure qu'il parlait,

elle devenait plus attentive, et parfois ses yeux rencontrèrent ceux du narrateur.

— Vous êtes la seconde personne que je mets dans la confidence, — fit-il en terminant. — La première est un de mes amis, un nommé Narramore, de Birmingham. Quand j'eus reçu l'argent de Dengate, j'allai trouver Narramore et je lui dis l'usage que je comptais faire de ma fortune.

— C'est ce que vous ne m'avez pas encore dit.

— J'y arrive, maintenant que vous pouvez me comprendre. Je formai la résolution de fuir sans retard les objets et les bruits détestés et de mener une vie d'homme tant que j'aurais de l'argent.

— Qu'entendez-vous par « une vie d'homme » ?

— Une vie de plaisir, au lieu d'une vie d'esclavage et d'abrutissement. Cette soirée en fait partie. J'ai eu de bonnes heures depuis mon départ de Dudley, mais aucune qui soit comparable à celle-ci. Et comme je vous la dois, je me souviendrai de vous avec reconnaissance aussi longtemps que je me souviendrai de quelque chose au monde.

— C'est une erreur, dit Ève. Vous devez le plaisir, quel qu'il soit, à votre argent, et non à moi.

— Vous préférez voir la chose sous ce jour-là? Soit !... J'ai passé un mois délicieux à Paris, mais j'en ai été chassé par la solitude. Ah ! si vous aviez été là ! Si j'avais pu vous voir chaque soir pendant une heure ou deux, dîner avec vous au restaurant, causer avec vous de ce que j'avais vu dans la journée !... Mais c'eût été le bonheur parfait. et je n'ai jamais espéré qu'un plaisir modéré, moyen... ce que le commun des mortels regarde comme un droit.

— Qu'avez-vous fait à Paris?

— Vu des choses que je désirais voir depuis quinze ans et davantage; appris un peu de français; tâché de combler quelques lacunes de mon éducation.

— Dudley ne vous semblait-il pas bien loin, quand vous vous êtes vu là-bas? demanda Ève, distraite.

— Dans une autre planète, absolument... Vous avez songé, un jour à aller à Paris, m'a dit miss Ringrose.

La figure d'Ève se rembrunit, et elle ne répondit pas.

X

Lorsqu'on eut servi les fruits, Hilliard, tout en épluchant une banane, se sentit en veine de sentencieuses réflexions :

— Quelle différence entre la vie de l'homme qui dîne et celle de l'homme qui ne dîne pas ! commença-t-il. Ce n'est pas le simple plaisir de manger, ni la qualité de la nourriture, bien que cela doive avoir une grande influence sur l'esprit et le caractère. Mais être assis chaque soir une heure ou deux, tranquille, content, insoucieux, entouré de jolies choses, parlant de tout ce qui plaît et intéresse... comme cela civilise ! Avant ces trois derniers mois, jamais je ne dînais, et je sais quel changement le régime nouveau a opéré en moi.

— Ce soir, je dîne pour la première fois de ma vie, dit Ève.

— Peut-être est-ce aussi la première fois que vous entrez dans un restaurant ?

— Pour y dîner... oui !

Hilliard entendit cet aveu avec surprise et avec joie. En somme, il ne devait pas exister une intimité bien grande entre elle et l'homme qu'elle avait rencontré à l'Exposition.

— Quand je reprendrai mon boulet de forçat, continua-t-il, je le traînerai avec plus de philosophie. Les travaux forcés allaient m'abrutir sans retour ; je crois que maintenant ce danger est passé. Le souvenir de la liberté vivra dans mon esprit. Je me rappellerai qu'un jour je menai une vie civilisée, et cela me soutiendra.

Ève le regarda avec curiosité.

— N'y a-t-il point d'autre expectative possible, demanda-t-elle. Pendant que vous avez encore de l'argent, ne pourriez-vous trouver un emploi plus dans vos goûts ?

— J'y ai pensé, parfois, mais tout cela est bien vague. Il n'y a qu'une chose pour laquelle j'aurais eu du goût, c'est l'architecture. Je l'ai étudiée pour mon agrément, et je crois, pour ce qui concerne cet art, ne plus faire partie du *profanum vulgus*, mais, avant de gagner de l'argent dans la partie, ce serait long. Je pourrais sans doute, après un certain apprentissage, obtenir une place de dessinateur chez un archi-

tecte, et cela m'irait tout autant que de dessiner des machines ;
mais...

— Pourquoi donc ne pas vous mettre à l'œuvre ? Vous
ne seriez plus, alors, obligé de vivre dans d'horribles endroits
comme par le passé.

— Après tout, l'avantage serait-il bien grand ? Si j'avais
d'autres idées, je ne dis pas... l'idée de me marier, par
exemple...

Il disait cela sur le ton de la plaisanterie. Ève détourna les
yeux, sans paraître se soucier de l'allusion.

— Mais je n'ai aucune intention matrimoniale. J'ai trop
souvent vu le mariage et la misère loger à la même enseigne.

— Moi aussi, dit sa compagne avec une tranquille énergie.

— Et lorsqu'un homme est absolument sûr de ne jamais
arriver à plus de quatre mille francs par an...

— Il est criminel à lui de vouloir associer une femme à
son sort, ajouta Ève froidement.

— Je suis de votre avis. Le verdict est donc rendu à l'unanimité... Pour en revenir à l'architecture, j'ai acheté, cette
après-midi, un énorme bouquin.

Il raconta son emplette et en indiqua le prix.

— Mais, objecta Ève, si vous allez de ce train-là, vos
jours d'esclavage reviendront bientôt !

— Oh ! il est si rare que je fasse une grosse dépense ! La
plupart du temps, le sentiment de la liberté me suffit et je vis
aussi pauvrement qu'autrefois... Cependant ne vous figurez pas
que je veuille faire durer l'argent le plus longtemps possible.
Il pourrait m'arriver de le dépenser en un jour jusqu'au dernier sou et de m'en féliciter. La seule question que je me pose
est celle-ci : « Qu'est-ce qui me procurera le plus de plaisir ? »
Le meilleur de la vie peut être compris dans les limites d'un
seul jour ; je crois même que c'est là le cas le plus fréquent.

— J'en doute... Quoi qu'il en soit, je sens que je ne pourrais pas agir ainsi...

— Eh bien, voyons ! Quel est votre idéal dans la vie ? fit
Hilliard en souriant.

— Être assurée ! répondit-elle vivement.

— Être assurée... contre quoi ?

— Contre la nécessité de lutter sans cesse pour vivre.

— Une assurance pour la vie, alors? Voir Gresham ou Mutual Life.

Cette boutade pas bien méchante, mais inattendue, arracha à Ève un franc éclat de rire auquel Hilliard fit écho.

— Ne serait-il pas temps de partir? dit-elle, redevenue sérieuse.

— Oui, promenons-nous tranquillement. Il fait bon flâner par les rues après le coucher du soleil.

En se levant de table, après avoir payé l'addition, Hilliard se vit dans une glace. Son teint était animé et ses cheveux quelque peu en désordre; par le contraste, la pâleur d'Ève donnait à sa physionomie quelque chose de bachique, mais il ne s'en fit pas un grief, au contraire.

Ils traversèrent Holborn et remontèrent vers Southampton Row, sans échanger une parole jusqu'à ce qu'ils fussent en vue de Russell Square.

— J'aime cette partie de Londres, — dit enfin Hilliard désignant la place devant lui. — J'erre souvent autour des squares bien tard dans la nuit. Tout est tranquille et les arbres répandent dans l'air une senteur si fraîche!

— C'est aussi ce que je faisais, parfois, quand je demeurais dans Gower Place.

— N'êtes-vous pas frappée par certains points de ressemblance entre nous?

— Oh si! répondit Ève avec franchise. J'ai remarqué cela comme vous.

— N'est-ce pas? Même dans la vie que nous avons menée, il y a une certaine analogie.

— Oui, je puis m'en rendre compte, maintenant.

Dans Russell Square ils marchèrent lentement le long de la grille.

— Quel dommage que Patty ne soit pas venue avec nous! dit tout à coup Ève. Elle se serait divinement amusée, la petite folle!

— Divinement est le mot. Eh bien, rien ne nous empêche de recommencer la partie et d'inviter Patty. Mais les restaurants de Londres ne valent pas ceux de Paris. Je regrette presque que vous ayez retrouvé un emploi. Savez-vous ce que je vous aurais proposé?

Elle le regarda, attendant la suite.

— Pourquoi n'aurions-nous pas été tous les trois à Paris passer un petit congé ? Patty et vous auriez demeuré ensemble et je vous aurais vues tous les jours.

Ève se mit à rire.

— Pourquoi ? oui ! Patty et moi. nous avons toutes les deux de l'argent à jeter par les fenêtres.

— De l'argent ? La question n'est pas là : j'ai de l'argent, moi !

Elle rit de plus belle, ce qui déconcerta un peu Hilliard.

— Ce que vous dites n'a pas de bon sens. Abstraction faite de toute autre considération, que penserait M. Dally d'une telle escapade ?

— Qui est M. Dally ?

— Comment vous ne savez pas ? Patty ne vous a donc pas dit qu'elle était fiancée ?

— Non, elle ne me l'a pas dit, mais je crois avoir vu le prétendu, un jour, dans le magasin de l'oncle, marchand de musique. Vous croyez que c'est sérieux ?

— Sérieux, oui ; sensé, c'est une autre question... mais cela peut le devenir. Il est employé chez un courtier et, sans doute, il aura un jour de beaux appointements.

Ils marchèrent longtemps en silence et gagnèrent Woodburn Square.

La nuit éteignait les derniers feux du couchant, et les réverbères jetaient leurs lueurs rougeâtres sur le feuillage poussiéreux. Dans l'une des maisons autour du petit square une fête mondaine s'annonçait : des voitures faisaient halte à la porte devant laquelle était étendu un tapis rouge ; à l'intérieur résonnait déjà la musique.

— Ces sortes de choses excitent-elles votre envie ? — demanda Hilliard, s'arrêtant à quelques pas d'une voiture d'où descendaient des invités.

— Peut-être ; en tout cas, elles me rendent mécontente de mon sort.

— Moi j'en fais bon marché ; je regarde et j'admire comme au théâtre. Ces gens ont de la vie une toute autre idée que moi ; je ne pourrais m'amuser au milieu d'eux... Vous vous amuseriez, je crois.

— C'est probable, répondit Ève. distraite.

Et, se détournant, elle marcha vers l'autre côté du square.

— A propos, vous avez une amie à Paris. Vous donne-t-elle de temps en temps de ses nouvelles?

— Elle m'a écrit deux ou trois fois depuis son départ ; mais à présent nous avons cessé de correspondre.

— Cependant vous pourriez la retrouver si vous étiez là-bas?

Ève hésita d'abord, puis avec impatience :

— A quoi bon toujours revenir là-dessus? fit-elle. Depuis des mois je lutte pour tâcher d'oublier ce que je désire par-dessus tout. Parlez de vous, et j'écouterai avec plaisir ; mais ne me parlez jamais de moi.

— Cette loi est bien dure à observer. J'ai une telle envie de vous entendre parler de vous ! Je vous connais à peine et je ne vous connaîtrai jamais à moins que...

— Et qu'avez-vous besoin de me connaître? interrompit-elle d'une voix irritée.

— Tout simplement parce que c'est mon plus ardent désir depuis le jour où j'ai vu votre portrait.

— Oh ! ce maudit portrait ! Je serais fâchée qu'il fût le moins du monde ressemblant.

— Il est ressemblant et il ne l'est pas, dit Hilliard, et dans votre physionomie, ce qui me plaît surtout, ce sont les traits remarqués tout d'abord dans la photographie.

— Et cette photographie est aussi peu moi que possible.

— Je veux le croire. Et pourtant en êtes-vous bien sûre? D'après ce portrait, je m'étais fait de vous une certaine idée. Quand je vous ai vue, je me dis que je m'étais absolument trompé ; aujourd'hui je n'en suis plus aussi convaincu.

— Vous voudriez savoir ce qui a fait de moi tout autre chose que l'enfant que j'étais encore à Dudley, ce qui m'a radicalement changée?

— Êtes-vous changée?

— Sinon radicalement, du moins en bien des points. C'est aussi votre avis, n'est-ce pas?

— Que vous dirai-je? un jour. vous montrerez en moi plus de confiance.

— N'y comptez pas trop. Nous sommes devenus amis ou,

plutôt, nous nous sommes connus, pourquoi? Parce qu'il s'est trouvé que nous étions tous les deux du même endroit et que nous connaissions les mêmes gens. Mais...

— Mais quoi? Expliquez-vous!

— Enfin ce que je veux dire, c'est qu'il est absolument inutile que nous pensions beaucoup l'un à l'autre.

— Je ne vous demande pas de penser à moi. Mais je penserai à vous, sinon toujours, du moins longtemps encore.

— C'est ce que je voudrais empêcher.

— Pourquoi?

— Parce que, à la fin, cela pourrait me causer de l'ennui.

Hilliard garda quelque temps le silence, puis il se mit à rire. Ensuite, quand l'entretien reprit, il roula sur des choses indifférentes.

XI

Le plus paresseux des hommes et le plus médiocre des correspondants, Robert Narramore n'avait pas encore répondu aux lettres par lesquelles Hilliard l'informait de ses pérégrinations à Londres et à l'étranger; pourtant, à la fin de juillet, il daigna, par manière d'acquit, envoyer un griffonnage en style télégraphique :

« Excuses, pas écrit plus tôt, mais après la besogne, par cette satanée chaleur, mort! Fortune de l'oncle pas trop mal: Cent vingt-cinq mille francs; mis dans les lits de cuivre. Pourrai pas quitter avant fin août. Te verrai alors. »

Hilliard rêva avec envie aux oncles à héritage et aux lits de cuivre.

En passant un jour par Camden Town, il trouva Patty agitée et furieuse à cause d'un événement qui jetait le désarroi dans son existence. L'oncle marchand de musique, un veuf frisant la cinquantaine, lui avait annoncé son intention de se remarier et, qui pis est, de quitter les affaires.

— C'est la patronne du cabaret où il joue au billard! dit Patty avec un rire méprisant; une grande grosse femme. Et il va devenir cabaretier... Et ma tante et moi, il va falloir nous en tirer comme nous pourrons.

Cette tante était la sœur du futur cabaretier, et jusque-là elle avait tenu le ménage du veuf.

— Il a promis de lui faire une rente, dit Patty ; une misère ! Ce n'est pas que je sois embarrassée pour moi-même ; il y a quantité de magasins où je pourrai trouver de l'emploi. Mais ce ne sera plus la même chose : ici, j'étais chez moi, j'y suis arrivée gamine... Les idées qui passent pourtant par la tête des hommes ! Je ne me suis pas gênée pour lui dire qu'il devrait être honteux, et la tante a répété la même chose sur tous les tons. Et le plus drôle, c'est qu'il est vraiment honteux ! Ne trouvez-vous pas ça répugnant, un mariage pareil ?

Hilliard éluda une réponse, toujours délicate en cette matière.

— Je serais bien étonné si cela ne hâtait pas un autre mariage, dit-il en souriant.

— Je comprends... mais il y des chances, au contraire, pour que ce mariage ne se fasse pas du tout. Je commence à être dégoûtée des hommes : ils sont si égoïstes et si fous ! Je ne parle pas de vous, monsieur Hilliard, mais... enfin ! vous savez ce que je veux dire !

— M. Dally a encouru votre disgrâce ?

— Je vous en prie, ne me parlez pas de lui ! S'il croit qu'il pourra me faire la loi, il se trompe, et mieux vaut qu'il s'en aperçoive maintenant, n'est-ce pas ?

Ils furent interrompus par l'arrivée de l'oncle amoureux : il avait quitté le billard plus tôt que de coutume. Il regarda de travers cet étranger, mais il ne risqua aucune observation. Hilliard demanda brièvement des nouvelles d'Ève, puis il s'en alla.

La semaine d'après, le hasard voulut qu'il s'absentât une journée entière, et, en rentrant, il fut surpris de trouver un télégramme sur la table. Patty Ringrose lui demandait de venir lui parler sans faute au magasin entre une heure et deux, ce jour même. Il était alors près de dix heures du soir ; la dépêche était arrivée à onze heures du matin.

Sans perdre une minute, il courut à la recherche d'un fiacre, et se fit conduire à High Street. Naturellement, il trouva le magasin fermé, mais il était trop tôt pour que tout le monde fût couché dans la maison. Au risque d'être indiscret, il allait sonner, quand la porte s'ouvrit et Patty parut.

— Ah ! c'est vous, monsieur Hilliard ! s'écria-t-elle d'une voix troublée. J'ai entendu s'arrêter le cab, et j'ai pensé que ce devait être... Mais entrez, d'abord... vite !

Il la suivit dans la boutique, où un mince filet de gaz jetait une clarté douteuse.

— Écoutez, — reprit-elle, parlant vite et très bas ; — si Ève vient, — elle rentrera avec le passe-partout, — vous ne bougerez pas. J'éteindrai le gaz, et je vous ferai sortir quand elle sera montée... Vous n'avez pas pu venir plus tôt ?

Hilliard expliqua son retard et pria Patty de lui apprendre ce qui se passait. Mais elle ne répondit que par de pressantes recommandations.

— L'oncle ne rentrera pas avant minuit, donc rien à craindre. La tante est allée se coucher... elle était toute sens dessus dessous à force de quereller l'oncle sur son mariage... Vous vous rappellerez bien : ne bougez pas quand Ève passera par le magasin. Parlez bas : il faut que j'entende le moindre bruit à la porte.

— Mais qu'y a-t-il ? Où est Ève ?

— Je n'en sais rien. La nuit dernière, elle est rentrée très tard, et je ne savais pas où elle était. Vous vous rappelez ce que vous m'avez demandé de promettre ?

— Si vous étiez inquiète au sujet d'Ève, de me le dire aussitôt ?

— Eh bien, je suis inquiète. Elle court un danger. J'espère, seulement...

— Quoi ?

— Je ne veux pas vous dire tout ce que je sais : ce ne serait peut-être pas bien de ma part. Mais j'ai si peur pour Ève !

— Je n'imagine qu'une espèce de danger...

— Oui... eh bien, c'est cela... vous savez ce que je veux dire... mais c'est plus grave que vous ne pouvez vous imaginer.

— Répondez franchement : qu'est-ce qui vous a alarmée ?

— Quand l'avez-vous vue pour la dernière fois ? demanda Patty.

— Il y a plus d'une semaine : deux ou trois jours avant de venir ici.

— Avez-vous remarqué quelque chose?

— Rien d'extraordinaire.

— Je n'avais rien remarqué non plus jusqu'à lundi soir. Alors j'ai senti qu'il y avait de l'orage dans l'air... Chut!

Elle lui saisit le bras, et ils écoutèrent. Mais tout restait silencieux.

— Et depuis lors, poursuivit Patty avec un trouble croissant, depuis lors elle est toute drôle. Je sais qu'elle ne dort pas la nuit, elle est malade, et elle reçoit des lettres de... de quelqu'un avec qui elle ne devrait pas avoir affaire.

— Vous m'en avez trop dit pour ne pas tout me dire! s'écria Hilliard impatienté.

Une sueur froide perlait sur son front et son cœur battait avec violence.

— Non. Je ne peux pas. Tout ce que je peux faire, c'est de vous avertir.

— A quoi sert-il de m'avertir si vous ne me renseignez qu'à demi? Comment lui viendrais-je en aide?

— Je ne sais pas! — répondit la jeune fille avec un soupir de découragement. — Elle court un grand danger, c'est tout ce que je peux vous dire.

— Patty, ne faites pas l'enfant. Il faut parler. Qui est cet homme? Est-ce quelqu'un que vous connaissez?

— Je ne peux pas dire que je le connais. Je l'ai vu, voilà tout.

— Est-ce?... a-t-il l'air d'un homme comme il faut?

— Oh! oui : très comme il faut, et vous ne diriez jamais en le voyant qu'il est capable de mauvaises choses!

— Et pourquoi supposez-vous qu'il en est capable?

Patty ne répondit pas. Une bande de braillards avinés passait en ce moment dans la rue, et, l'un d'eux étant venu tomber de tout son poids contre la porte de la boutique, la jeune fille sursauta et poussa un cri. On entendit alors des jurons et des paroles obscènes, puis le vacarme alla se perdant au loin.

— Voyons, dit Hilliard, vous me faites bouillir! Ève aime-t-elle cet homme?

— J'en ai peur. Elle l'aimait, du moins.

— Avant son départ, voulez-vous dire. Et, sans doute, son départ même a eu pour cause...

— Oui.

Hilliard posa sa main sur l'épaule de Patty.

— Vous allez me dire la vérité, et tout de suite. Vous ne paraissez pas vous douter de ce que je souffre en ce moment. Je suis presque tenté de croire que vous avez voulu vous moquer de moi et qu'il n'y a rien de vrai dans tout cela, sinon que... Mais ce serait déjà terrible pour moi.

— Eh bien, je vais tout vous dire. Elle est partie parce qu'elle a appris que cet homme était marié.

— Marié? — Sa gorge aride lui permettait à peine d'émettre les sons. — C'est elle qui vous l'a dit?

— Oui, peu de temps après son retour. Elle a ajouté, naturellement, qu'elle ne voulait plus avoir affaire à lui. Elle le voyait assez souvent...

— Un mot encore! Comment a-t-elle fait sa connaissance?

— Par hasard. Elle l'a rencontré je ne sais où.

— Je comprends, fit sèchement Hilliard. Continuez.

— Sa femme le fit espionner; on découvrit qu'il donnait des rendez-vous à Ève, et cette harpie tomba sur eux comme ils se promenaient ensemble, et Ève apprit tout. Il ne vivait plus avec sa femme depuis longtemps déjà.

— Que fait-il?

— Il est dans le commerce et paraît gagner beaucoup d'argent, mais je ne sais pas au juste ce qu'il fait.

— Vous craignez donc qu'Ève ne soit sur le point de reprendre ses relations avec lui? -

— J'en suis sûre... et c'est terrible!

— Ce que je voudrais savoir, s'écria brutalement Hilliard, c'est si elle se soucie de lui ou seulement de son argent?

— Oh! mais c'est affreux ce que vous dites là! Je ne vous aurais jamais cru capable de penser une chose pareille!...

— C'est possible. En tout cas, je maintiens la question. Je n'ai pas la prétention de connaître Ève Madeley, et je crains fort que vous ne soyez pas plus avancée que moi sur ce chapitre.

— Je ne la connais pas? Comment pouvez-vous parler ainsi, monsieur Hilliard?

— Eh bien, alors, que pensez-vous d'elle? A-t-elle du cœur, enfin, ou...

— Ou quoi ? Sans doute elle a du cœur. Les hommes !...
au fond, ils sont tous les mêmes.

— Les femmes sont si loin d'être toutes les mêmes que
l'une d'elles peut s'imaginer en comprendre une autre et se
tromper du tout au tout. Ève vous a évidemment montré ce
qu'il y a de meilleur en elle. Avec moi elle n'a pas pris cette
peine, et si...

— Chut !

Cette fois, l'alarme était justifiée. Une clef tourna dans la
serrure, la porte s'ouvrit, et prestement Patty éteignit la
lumière.

— C'est mon oncle, murmura-t-elle avec terreur. Attendez-
moi sans bouger !...,

XII

Un lourd bruit de pas résonna dans le vestibule, et Hilliard,
dont l'émotion se doubla alors d'un sentiment de honte comique, entendit Patty dire à son oncle :

— Il ne faut pas mettre le verrou, Ève n'est pas rentrée.

— Où est-elle ?

— Je ne sais pas. Au théâtre, sans doute, avec des amis.

— Si nous étions restés ensemble, cette jeune personne
aurait eu à se loger ailleurs. Il y a quelque chose en elle qui
me déplaît, et si vous voulez m'écouter, Patty, vous romprez
avec elle. Ce n'est pas une bonne compagnie pour vous, ma
fille.

Ils passèrent tous deux dans l'arrière-boutique et, bien
que le murmure de leur voix arrivât jusqu'à lui, Hilliard ne
put suivre plus longtemps la conversation. Il resta immobile
à l'endroit même où Patty l'avait laissé, une main appuyée
sur la tablette du piano, et il lui parut qu'une demi-heure au
moins s'écoula ainsi. Alors un son tout près de lui le fit tressaillir ; c'était une corde de violon qui sautait ; la note résonna
dans le silence du magasin. Mais, sur ces entrefaites, le murmure de l'entretien avait cessé, et Hilliard espéra que l'oncle
de Patty était monté se coucher.

Il ne se trompait pas. Bientôt la porte s'ouvrit et une voix l'appela tout bas. Il se rendit à l'appel et, non sans trébucher, suivit Patty au dehors.

— Elle n'est pas encore rentrée.

— Quelle heure est-il?

— Onze heures et demie. Je l'attendrai. Vous avez entendu ce que disait mon oncle? Il ne faut rien en croire : c'est sa marotte de critiquer tout le monde.

— Pensez-vous qu'elle rentrera de la nuit?

— Mais sûrement, qu'elle rentrera!

— Je monterai la garde dans la rue. Ne restez pas ici. Bonne nuit.

— Vous ne lui direz pas que je vous ai raconté tout ça? fit Patty, retenant sa main.

— Non. Pas un mot. Si elle ne rentre pas, je viendrai vous voir demain.

Il partit et la porte se referma.

Il y avait encore beaucoup de mouvement dans la rue. Ne sachant de quel côté Ève reviendrait, — si toutefois elle revenait — Hilliard ne s'éloigna que de quelques pas. Il était à son poste d'observation depuis environ un quart d'heure, quand son œil aux aguets distingua une forme bien connue s'approchant à pas précipités. Il s'élança à sa poursuite ; Ève s'arrêta avant qu'il l'eût tout à fait rejointe.

— Où avez-vous été ce soir? — telles furent ses premières paroles, prononcées d'un ton plus âpre qu'il n'aurait voulu.

— Je désirais vous parler, répliqua-t-elle. J'ai passé devant chez vous et je n'ai pas vu de lumière à la fenêtre : alors, je ne suis pas entrée.

Le son de sa voix était étrange, et elle paraissait fort agitée ; Hilliard la regarda jusqu'à ce qu'elle rompît de nouveau le silence.

— Vous m'avez attendue ici?

— Oui, Patty m'a dit que vous n'étiez pas au logis.

— Pourquoi êtes-vous venu?

— Pourquoi suis-je toujours venu vers vous?

— Nous ne pouvons pas causer ici, — dit Ève en se détournant. — Cherchons un endroit plus tranquille.

Ils marchèrent en silence jusqu'au bas de High Street, puis

ils quittèrent cette rue pour s'avancer dans la solitude obscure de Norwington Crescent. Ève ralentit sa marche et, tout à coup :

— J'ai à vous demander quelque chose.

— De quoi s'agit-il?

— Maintenant qu'il faut le dire, je... je n'ose plus. Et cependant, si je vous avais demandé cela le soir où nous avons dîné au restaurant...

— De quoi s'agit-il? répéta Hilliard d'un ton bourru.

— Ce n'est pas là votre façon ordinaire de me parler.

— Voulez-vous me dire où vous avez été ce soir?

— Nulle part... je me suis promenée.

— Vous promenez-vous souvent par les rues jusqu'à minuit?

— Non, pas souvent.

La réponse le surprit par son humilité : la voix d'Ève s'était brisée en prononçant ces mots. Il scruta sa physionomie autant que le permettait la lumière blafarde, et il lui sembla qu'elle avait les yeux rouges, comme si elle avait pleuré.

— Vous n'étiez pas seule?

— Non, j'étais avec un ami.

— Bien, je n'ai sur vous aucun droit. Peu m'importent les amis que vous fréquentez. Qu'alliez-vous me demander ?

— Vous avez changé si soudainement! Je ne pensais pas que vous pourriez jamais me parler sur ce ton-là!

— Mon intention n'était pas de vous blesser, fit Hilliard. J'ai perdu tout empire sur moi-même, voilà tout. Mais vous pouvez dire ce que vous avez à dire, absolument comme vous l'auriez fait au restaurant. Je suis resté ce que j'étais alors.

Ève continua de marcher, mais il ne la suivit pas ; elle revint vers lui. Un agent de police, qui passait, la regarda de travers.

— Ce n'est pas la peine de demander, — reprit-elle, les yeux baissés ; — vous ne voudrez pas.

— Que puis-je vous répondre avant de savoir de quoi il est question ? Il est peu de choses en mon pouvoir que je ne voudrais faire pour vous.

— Je voulais vous demander de l'argent.

— De l'argent? Tout dépend de l'usage que vous prétendez

en faire. S'il peut vous être utile, tout l'argent que je possède est à vous, vous le savez bien. Mais l'emploi de cet argent, je dois le connaître.

— Je ne puis le dire. Je ne vous demande pas de me donner... seulement de me prêter. La somme vous sera rendue, mais il m'est impossible de fixer exactement l'époque. Si vous étiez comme je vous ai toujours vu, la demande m'aurait été facile ; mais ce soir je ne vous reconnais pas : il me semble que je parle à un étranger. Qu'est-ce qui a pu vous changer ainsi ?

— Je vous ai attendue longtemps, voilà tout, — répondit Hilliard, s'efforçant de reprendre le ton de bonne amitié sur lequel il lui parlait autrefois. — Cela m'a rendu nerveux et irritable. J'étais inquiet. Maintenant, c'est fini. Marchons un peu. Vous voulez de l'argent : j'ai sept mille francs, davantage même. Ce qui est à moi est à vous. Mais je dois être assuré que vous n'allez pas faire une folie. Sans doute, je ne vous demande pas de tout me dire : je n'ai pas le droit d'exiger cela. Je ne me suis, d'ailleurs, jamais fait illusion : je savais de prime abord... eh parbleu ! il est bien certain qu'une jeune fille de votre âge, et jolie, ne vit pas seule à Londres sans avoir d'aventures. Je n'ai pas plus envie de vous conter les miennes que de connaître les vôtres. Il y a quelque chose qui n'est pas dans l'ordre : je le sens, j'en suis sûr. Je crois m'apercevoir que vous avez pleuré ; ce n'est, certes, pas pour une bagatelle. A présent, vous venez me demander de l'argent. Je le répète : s'il peut vous être utile, prenez, tout est à votre disposition. Mais je pressens un malheur et, d'avance, j'en souffre.

— Pourquoi ne pas agir avec moi comme vous le feriez avec un homme, votre ami ? Je suis d'âge à savoir me conduire.

— Vous le croyez, mais j'ai un peu plus d'expérience que vous. Voyons. Combien vous faut-il ?

— Huit cent soixante-quinze francs.

— Exactement huit cent soixante-quinze ? Et ce n'est pas pour vous, personnellement ?

— Je ne puis vous en dire davantage. J'ai besoin de cette somme, absolument besoin, et si vous voulez me la prêter, je vous en aurai une vive reconnaissance.

— Je n'en désire point ; je ne désire rien de vous, Ève, sauf ce que vous ne pouvez pas me donner. Je me figure aisément un homme dans ma situation vous donnant de l'argent avec l'espoir qu'il vous perdra, oui, afin de vous voir abaissée, humiliée. Au fond de chacun de nous il y a toujours un reptile venimeux. Mais je ne me sens pas cette envie de vous perdre.

— Pourquoi la sentiriez-vous ? — demanda-t-elle avec une certaine amertume. — Quel mal vous ai-je fait ?

— Aucun, et peut-être m'avez-vous fait beaucoup de bien. Je vous le jure ici, solennellement, je ne vous veux que du bien. Si je pouvais supposer que le don de tout ce que je possède aplanirait le chemin devant vous, ferait de vous la femme heureuse d'un autre homme, je n'hésiterais pas. Souvent on a dit cela sans le penser ; moi, je ne demande qu'à être pris au mot. J'ai toujours éprouvé plus de plaisir à donner qu'à recevoir : ce n'est pas que j'aie en cela un mérite quelconque, je tiens ça du père. Prouvez-moi que cet argent vous procurera un avantage personnel, et vous aurez le chèque quand vous voudrez.

— Il me procurera un avantage en ce sens qu'il me délivrera d'une mortelle inquiétude.

— C'est-à-dire, en termes plus clairs, qu'il tirera quelqu'un d'autre d'une mauvaise passe.

— Je ne puis parler que de moi. C'est à moi que le service sera rendu.

— Cela ne me suffit pas. Voyons : il y a, par hypothèse, quelqu'un à l'arrière-plan ; disons un de vos amis. Je ne puis savoir pourquoi cet ami a besoin d'argent, mais le fait est là. Vous n'objectez rien à tout ceci ?

Ève resta muette et la tête baissée.

— Mais, dans l'avenir, qu'arrivera-t-il ? Êtes-vous liée à cet ami d'une façon irrévocable ?

— Je ne suis pas liée, répondit-elle avec émotion.

— Il n'y a rien entre vous que... appelons cela de l'amitié.

— Il n'y a rien... rien !

— Jusqu'ici, c'est parfait. — Il fixa sur elle un regard pénétrant. — Mais, encore une fois, dans l'avenir ?

— Il n'y aura rien de plus... Il ne pourrait rien y avoir.

— Prenons que vous pensiez ainsi aujourd'hui. Au fond, je n'en suis pas bien sûr. Je dois évidemment me désintéresser de la chose, puisque vous ne m'admettez pas dans votre confidence. Je ne suis pas votre tuteur. Vous recommander la prudence serait impertinent de ma part. Mais l'argent, c'est une autre affaire. Je ne veux pas vous pousser à l'abîme.

— Mais vous me tirerez de l'abîme ! s'écria Ève.

— Oui, pour le moment. Faisons un marché, voulez-vous ?

Ève le regarda d'un air effaré.

— Vous aurez vos huit cent soixante-quinze francs, à condition que vous irez à Paris et y resterez aussi longtemps que je le jugerai bon. Il faudra avoir quitté Londres dans deux jours au plus tard. Patty vous accompagnera : son oncle n'a plus besoin d'elle et elle m'a l'air de s'être querellée avec son prétendu. La dépense me regarde. J'irai moi-même à Paris et j'y séjournerai aussi longtemps que vous, mais vous ne me verrez qu'autant qu'il vous plaira. Voilà mes conditions.

— Je ne puis croire que ce soit sérieux, dit Ève.

— Pour vous en convaincre, je vais vous expliquer mon idée de derrière la tête. Souvent j'ai songé à vous ; je dirai même que depuis notre première entrevue ma principale préoccupation a été de songer à vous. Or, je suis arrivé à la conclusion que vous souffrez d'une maladie causée par les années de dur labeur et de misère. Nous avons reconnu, vous vous le rappelez, qu'il y a beaucoup de points de ressemblance entre votre vie et la mienne. Eh bien, moi aussi, quand je me suis échappé de cet enfer de Dudley, j'étais dangereusement malade, malade de corps et d'âme. Ma seule chance de guérison était dans un changement radical d'existence... Il s'agissait de secouer le fardeau de ma vie passée, d'apprendre ce que c'était que le repos, les jouissances intellectuelles, même les plaisirs des sens. Je vous prescris le même régime. Je suis votre médecin et j'entreprends votre cure ; si vous refusez, tout est fini entre nous : cette nuit, je vous dis adieu, et demain je pars pour l'étranger...

— Puis-je ainsi quitter ma place du jour au lendemain ?

— Au diable votre place !... elle est la cause première de tout le mal !

— Et puis... vivre à vos dépens !

— L'objection ne tient pas debout. Oh ! si vous êtes trop fière, dites-le, et n'en parlons plus. Vous me connaissez suffisamment pour me croire, quand je vous affirme que vous conserverez vis-à-vis de moi votre indépendance absolue. Je dépenserai mon argent d'une manière qui me sera agréable : jamais je ne considérerai l'affaire à un autre point de vue. Appelez cela un second prêt, si cela peut calmer vos scrupules. Un jour vous me rembourserez. Ici, à Londres, vous vous étiolez ; là-bas, de l'autre côté de la Manche, la santé physique et la santé morale vous attendent, et vous vous laisseriez arrêter par la question d'argent ? Je ne sais qui me tient de vous dire des sottises !... Non, mais voyons, c'est par trop ridicule !

Eve ne répondit rien ; elle se détournait, évitant son regard.

— Sans doute, poursuivit-il, quitter Londres peut vous paraître dur. Peut-être le sacrifice est-il trop grand. Dans ce cas, je ferais bien de vous entraîner de vive force. Mais cela m'est impossible, malheureusement : il faut donc que je vous abandonne à votre sort, c'est-à-dire que je vous laisse courir à votre perte.

— Je suis toute disposée à partir, dit Ève à voix basse. Mais j'ai honte... être ainsi à votre charge !

— Mais enfin, vous ne me détestez pas ?

— Vous savez bien que non.

— Vous avez même une certaine sympathie pour moi. Je vous amuse ; je vous parais un être bizarre, ce qu'on appelle un type ; en somme, plutôt bon que mauvais. Enfin, vous ne vous défiez pas de moi ?

— J'ai en vous une confiance absolue.

— Et ce n'est pas comme si je vous demandais de partir seule ; Patty sera folle de joie quand vous lui ferez la proposition.

— Mais comment lui expliquer la chose ?

— Ne lui expliquez rien du tout. Laissez-la se casser la tête à deviner cette énigme. Dites-lui simplement que vous partez pour Paris et que, si elle veut vous accompagner, vous vous chargez de tous les frais.

— J'ai tant de peine à croire que vous parlez sérieusement !

— Il faut arriver à vous en convaincre, d'une façon ou d'une autre. Le chèque sera à votre disposition demain matin, vous le prendrez ou le refuserez, à votre choix. Si vous le prenez, vous vous engagez d'honneur à quitter l'Angleterre au plus tard... mettons jeudi. Je crois pouvoir me fier à vous comme vous vous fiez à moi.

— Je ne peux pas prendre une décision ce soir...

— Je ne peux vous donner que jusqu'à demain matin. Si je n'ai pas de réponse à midi, je pars.

— Vous aurez une réponse, en tout cas.

— A présent, ne vous attardez pas ici. Il est minuit passé, et Patty doit être inquiète. Non, je ne vous donnerai pas la main, pas avant que le marché soit conclu.

Ève fit mine de s'en aller, puis elle hésita et revint.

— Je ferai comme vous désirez... Je partirai.

— Parfait. Alors, parlez à Patty le plus tôt possible et transmettez-moi sa réponse demain matin... Nous nous verrons où et quand vous voudrez.

— A cette même place, à neuf heures.

— Convenu. J'apporterai le chèque.

— Mais je pourrai le toucher aussitôt?

— Naturellement. Il sera sur une banque de Londres. Je retirerai l'argent moi-même, si vous le désirez.

Ils se serrèrent la main et partirent dans des directions opposées.

XIII

Le lendemain soir, comme Hilliard venait d'allumer sa lampe, son attention fut attirée par un bruit singulier : on aurait dit que quelqu'un frappait à la fenêtre. Il se leva pour écouter, et le bruit se répéta. C'était bien un doigt frappant contre la vitre. L'instant d'après, il était dans la rue, où il aperçut Patty Ringrose.

— Pourquoi n'êtes-vous pas venu ce matin? demanda-t-elle avec agitation.

— Je craignais qu'elle ne fût là. Est-elle allée à son travail comme d'ordinaire?

— Oui... du moins, je le suppose. Elle est rentrée à l'heure habituelle. Je l'ai laissée là-bas : j'avais hâte de vous voir. Savez-vous ce qu'elle m'a dit la nuit dernière?

— Je crois le deviner.

Hilliard se mit à descendre la rue. Patty, marchant tout près de lui, le regardait avec une surprise naïve.

— Est-ce vrai que nous allons à Paris? Je n'ai pas pu bien comprendre si c'était ça qu'elle disait, et, ce matin. pas moyen de lui arracher une parole.

— Êtes-vous disposée à l'accompagner?

— Tous frais payés?

— Évidemment.

— Pour sûr, alors, que je suis disposée !... Mais je n'ose pas le dire à l'oncle et à la tante : ce seraient des histoires à n'en plus finir. Je conterai une baliverne quelconque à ma tante et je ferai transporter mes affaires à la gare pendant que mon oncle sera à sa partie de billard... C'est pour combien de temps?

— Impossible de fixer. Trois mois, six mois, je ne sais pas. Et M. Dally?

— Oh! tout est fini avec *celui-là !*

— Et vous êtes sûre de retrouver une place quand vous voudrez?

— Tout à fait sûre; de ce côté, pas besoin de se faire de bile. Je suis au mieux avec la tante, et elle me gardera aussi longtemps qu'il le faudra à mon retour; mais il est assez facile pour quelqu'un comme moi de trouver une place. J'ai eu deux ou trois propositions, tout dernièrement, de maisons très sérieuses qui avaient perdu leur employée. Nous nous marions toujours dans notre partie. et il faut combler les vides.

— Alors. tout va bien.

— Mais je voudrais savoir... je ne peux pas m'expliquer... Ève n'a pas voulu me dire comment elle faisait pour s'en aller. Est-ce vous qui payez?

— Nous n'aborderons pas cette question, Patty : elle s'en va : cela suffit.

— Vous l'avez persuadée, la nuit dernière?

— Je l'ai persuadée. Et, par le premier courrier, je saurai si elle compte partir demain ou jeudi. Elle fera ses malles avec vous ce soir, sans doute.

— Ça ne prend pas cette tournure-là. Elle s'est enfermée dans sa chambre.

— Je devine : elle est malade. C'est pour cela que je veux l'emmener loin de Londres. Attendez que nous soyons depuis quelques semaines à Paris et vous la verrez changer. A présent, elle est vraiment malade... malade à se mettre au lit et à se faire soigner, si cela pouvait être de quelque utilité. Votre rôle, pendant le voyage, consistera à veiller sur elle. Bien entendu, je ne vous demande pas d'être sa servante.

— Oh! je suis prête à tout faire pour elle.

— Oui, je sais, vous êtes une bonne fille. Vous serez à l'hôtel, et tout ce que vous aurez à faire c'est de tâcher qu'elle s'amuse. Ce sera peut-être d'abord assez difficile, mais vous verrez, au bout de quelque temps, nous arriverons à nos fins.

— Je n'aurais jamais cru qu'elle était malade.

— C'est possible, mais je la connais mieux que vous. Il va de soi que vous ne lui raconterez pas que je vous ai vue. Vous croirez que c'est un voyage qu'elle vous paie... et, somme toute, vous considérerez l'aventure comme une bonne plaisanterie. Sans doute, nous aurons parfois l'occasion de nous dire un mot seule à seul ; mais tout le reste du temps, nous causerons comme si rien de particulier ne s'était passé entre nous.

Patty se mit à réfléchir. La légèreté de son pas prouvait assez combien la perspective de l'expédition prochaine lui souriait.

— Croyez-vous, dit-elle enfin, que c'est fini, bien fini, cette affaire... dont je vous ai parlé?

— Oui, je le crois.

— Vous ne lui avez pas répété ce que je vous avais dit?...

— Soyez sans crainte. Et, comme je ne veux pas qu'elle sache que vous m'avez vu ce soir, vous ferez bien de ne pas rester ici plus longtemps. Elle aura certainement quelque chose à vous communiquer ce soir ou demain matin. Faites vos préparatifs et, au premier signal, en route! Quand Ève m'aura écrit je lui lancerai un télégramme. Il est probable que nous ne nous verrons plus jusqu'à ce que nous nous retrouvions tous les trois à Charing Cross. J'espère que ce sera demain ; en tout cas, jeudi, dernier délai.

Patty lui dit au revoir et, sautillante comme un oiseau, reprit le chemin du logis. Quant à Hilliard, il remonta dans sa chambre et se livra pendant quelque temps à des calculs comparatifs des monnaies anglaise et française. Vers minuit, il alla jusqu'à High Street et examina les fenêtres au-dessus du magasin. Tout était sombre.

Il se leva le lendemain, au point du jour, et, quand approcha l'heure de la première distribution, il arpenta la rue, enfiévré par l'angoisse de l'attente. Il épia le facteur, le suivit de maison en maison et le vit passer devant chez lui sans remettre aucune lettre. Le désappointement arracha de ses lèvres un juron effroyable.

— Voilà ce que c'est que de se fier à une femme !... Je me suis laissé berner encore une fois ! Après avoir obtenu ce qu'elle voulait, elle aura une excuse toute prête, et puis, va te promener !

Mais un télégramme, peut-être... Il prit un semblant de déjeuner, et pendant une heure marcha dans sa chambre comme un fauve en cage. Lorsque la monotonie du va-et-vient l'eut enfin abruti, il fut réveillé par un double coup frappé à la porte de la rue, signal annonçant un télégramme.

Encore de Patty : nouvelle prière de passer au magasin à midi.

— Ce que je prévoyais... excuses... renvoi aux calendes grecques. Quelle femme a jamais eu la notion de l'honneur ?

Pour tromper la longueur interminable de la matinée, il but, occupation toute naturelle, par cette chaleur torride, sous un ciel de feu. Le vin ne l'égaya pas, mais lui inspira un courage morne, une volonté féroce. C'est dans cet état d'esprit qu'il se présenta devant Patty Ringrose.

— Elle ne peut partir aujourd'hui, — dit Patty d'un air consterné. — Vous aviez raison : elle est vraiment malade.

— Est-elle sortie ?

— Non, elle est là-haut, et couchée. Elle dit qu'elle a un horrible mal de tête, et si vous la voyiez, vous la croiriez. Elle est dans un état à faire pitié. Voici la seconde nuit qu'elle n'a pas fermé l'œil.

Une jalousie terrible mordit Hilliard au cœur. De parti pris, il s'était abusé sur le caractère des relations entre Ève et cet inconnu, même après l'extraordinaire demande d'une somme d'argent qui, évidemment, lui était destinée. Il avait obstinément fermé les yeux sur la gravité d'une telle situation, se répétant qu'Ève n'était pas capable de ressentir une violente passion, ni l'homme qu'il avait vu, capable d'en inspirer une. Puis, tout d'un coup, lui vint la conviction bien nette qu'Ève s'était jouée de lui et avait menti.

— Dites-lui ceci. (Il regarda Patty d'un air qui la fit reculer, toute tremblante). Si elle n'est pas à Charing Cross demain matin, à onze heures moins le quart, tout est fini entre nous. Moi, j'y serai, et je partirai sans elle. C'est sa dernière chance de salut.

— Mais si vraiment elle ne peut pas?...

— Alors, c'est que sa destinée le veut ainsi... tant pis pour elle ! Elle partira demain ou pas du tout. Tâchez de lui faire comprendre cela.

— Je le lui dirai.

— Écoutez, Patty. Si vous l'amenez demain à la gare, je vous donne deux cents francs pour acheter à Paris ce qui vous fera plaisir.

La jeune fille rougit, honteuse et charmée tout à la fois.

— Je ne veux pas... ce n'est pas nécessaire... elle viendra.

— Bien ; au revoir jusqu'à demain, ou adieu pour toujours.

— Non, non ; elle viendra !

Il était en nage, et pourtant il marcha un mille ou deux à une allure folle. Alors une soif intense le poussa dans le premier endroit où l'on donnait à boire. A six heures, il se rappela qu'il n'avait pas mangé depuis le matin ; il fit un dîner extravagant, à la suite duquel il tomba endormi dans le fumoir du restaurant. Un garçon eut grand'peine à le réveiller et à le persuader d'essayer l'effet de l'air du soir. Une heure plus tard, il tombait, éreinté, sur un banc près du fleuve, et il dormit là, à poings fermés, jusqu'à ce qu'un policeman vînt le secouer.

— Quelle heure est-il donc? demanda-t-il tout d'abord en levant les yeux vers le ciel étoilé.

Il chercha sa montre : plus de montre. Elle avait disparu ainsi que la chaîne d'or.

— Mille diables ! on m'a volé !

L'agent compatit à sa peine comme homme. mais. en qualité de fonctionnaire, il l'admonesta :

— C'est embêtant!... Mais pourquoi c'est-il aussi que vous venez dormir sur les quais à des heures pareilles? Et votre argent?

Oui, l'argent aussi s'était envolé; par bonheur, une somme minime. C'était la perte de sa montre et de sa chaîne qu'il déplorait. Son père les avait portées de longues années, et, comme souvenir, elles avaient à ses yeux une réelle valeur.

Pour la forme, il fournit à la police la description détaillée des objets. Quant à les recouvrer jamais, il n'y fallait guère songer.

Tout à fait éveillé et dégrisé, il traversa la ville jusqu'à Gower Place, où il arriva à l'aube. Sans avoir le courage de se déshabiller, il se jeta sur le lit, et, par la fenêtre ouverte il suivit du regard au-dessus des maisons d'en face un grand nuage qui se colorait de teintes rosées.

Ève serait-elle aujourd'hui au rendez-vous? Il lui semblait à présent tout à fait indifférent qu'elle vînt ou qu'elle ne vînt pas; à vrai dire, il eût volontiers opté pour la négative. Il avait commis une folie sans nom : cette jeune fille appartenait à un autre, et, si même il n'en eût pas été ainsi, à quoi bon gaspiller ainsi son argent? Pouvait-il s'attendre à un dédommagement qui fût en rapport avec le sacrifice? Jamais elle ne l'aimerait, et il n'était pas en son pouvoir de compléter l'œuvre entreprise en la mettant à l'abri de la misère et en ouvrant devant elle un avenir de bien-être et de bonheur.

Mais elle ne viendrait pas, et tout serait pour le mieux. N'ayant plus à songer qu'à lui, il avait encore assez d'argent pour s'en aller au loin. Il verrait du pays, et, quant à l'avenir, la destinée y pourvoirait.

Il sommeilla pendant une heure ou deux.

Comme il déjeunait, arriva une lettre pour lui. Il ne reconnut pas l'écriture sur l'enveloppe, mais ce devait être celle d'Ève. Deux lignes :

« Je serai à la gare demain matin, à onze heures moins le quart. — E. M. »

GEORGE GISSING

(Traduit de l'anglais par G. Art.)

(A suivre.)

ALPHONSE DAUDET[1]

Je complimentais un jour mon père d'avoir *dressé* son imagination :

— Certes, répondit-il, je lui ai toujours imposé, comme limite, la vérité et la vraisemblance. Je connais son domaine fumeux, ces contrées étranges où la fantaisie emporte les plus grands poètes. Mais un romancier ne doit point se permettre les débauches mentales d'un lyrique. D'ailleurs, je tiens avant tout à l'émotion, et l'émotion se-perd, quand les proportions humaines sont dépassées.

Il me vantait constamment la justesse :

— C'est, si l'on veut, une qualité mineure, mais sans elle rien de sincère. Elle seule cause ce petit frisson qui parcourt le lecteur des pieds à la tête. Elle exige, parfois, de durs sacrifices. Il m'est arrivé de sabrer impitoyablement tel beau discours, tel brillant épisode, afin de rester dans la mesure... Et ce qui vaut mieux que l'application de n'importe quel principe, c'est le don. le goût de l'harmonie. Nous autres modernes, par la complexité de nos impressions, avons un peu perdu, semble-t-il, cette vue claire et limpide des anciens,

1. Voir la *Revue* des 15 mars et 1er avril.

N. B. — Copyright 1898 by Jean Boussod, Manzi, Joyant and C°.

cette réalisation d'un art sobre et parfait. Dans Rabelais. dans
Montaigne, chez qui l'humanisme se mêle à l'ivresse géniale,
éclôt tout à coup une célicate fleur au parfum latin ou grec,
par le miracle de la reviviscence. Avec quelles délices on la
respire alors! Comme elle éclaire la page!

*
* *

Où le « marchand de bonheur » se retrouvait, c'est dans
l'exposé des principes à l'aide desquels on évite l'aigreur,
l'amertume. plantes parasites du métier littéraire :

— Il est certain que, de mon temps. on ne dévorait pas,
comme aujourd'hui. les ancêtres. L'argent ne troublait point
encore les cervelles, non plus que l'appât des « gros tirages ».
C'est un fléau contemporain. On n'ambitionnait point cette
énorme diffusion et ce tapage qui paraissent les preuves du
succès. Le succès était, pour nous, bien plus dans l'appréciation de cinq ou six grands confrères vénérés, que dans l'envahissement des étalages...

Il revenait. à toutes occasions. sur cette « douceur d'admirer » dont le charme se perd.

Pour cette génération d'écrivains. les après-midi chez
Flaubert demeuraient le plus brillant. le plus précieux souvenir. « Bah! nous ne nous vendrons jamais, nous autres ».
disait Émile Zola avec mélancolie. Mais les regrets s'évanouissaient au bruit du *bon tonnerre* qui roulait. en toutes
discussions. un vacarme d'idées et de mots. Silencieux, « peu
lisible ». se tenait dans un coin Tourguenev, estimé de tous.
gardant ses opinions vraies pour lui seul. On ne devait les
connaître qu'après sa mort, et elles attristèrent. Déjà se montrait Maupassant timide. et Flaubert vantait ses premiers
essais. Il y avait aussi quelques savants : l'illustre Pouchet.
du Muséum. qui jouait. dans cette société. le rôle de Ber-
thelot au dîner Magny.

Souvent, j'entendis Goncourt et mon père regretter ces
cordiales réunions où le mot de « confraternité » prenait un
sens. où la philosophie des événements passait par l'épreuve
d'une demi-douzaine de cerveaux robustes qu'enfiévraient le
contact et l'ardeur à briller :

— Pour ces journées-là, nous gardions le meilleur de nous-mêmes. On songeait : « Je leur conterai cela, je leur lirai cette page et prendrai leur avis. » Aucune bassesse, aucune servilité. Ni élèves, ni maîtres... des camarades respectueux de leurs anciens. se chauffant au reflet de ces gloires, et prouvant, par leur choix, qu'il y a. dans notre métier, autre chose que l'argent ou la vanité.

Je me rappelais cela, au Père-Lachaise, sous le jour blafard et triste d'hiver, tandis qu'Émile Zola, en quelques mots superbes, disait adieu à son vieil ami. Que l'on discute tant qu'on voudra le romantisme ou le naturalisme, l'utilité ou le défaut des écoles, ce fut une belle heure littéraire, celle qui réunit, dans de mêmes enthousiasmes, Gustave Flaubert, Ivan Tourguenev, Émile Zola, Edmond de Goncourt, Alphonse Daudet, Guy de Maupassant, Gustave Toudouze et quelques autres. Ce n'était point là le *cénacle*, le groupement d'ambitions déçues. Et, quand Flaubert mourut, je revois leur douleur à tous ; quelques jours auparavant, il y avait à Croisset une réunion des fidèles, une petite partie littéraire d'où ils revinrent enchantés... Je vois, parallèlement, la semaine qui précéda la mort de mon père, le « dîner Balzac », organisé pour renouveler ces belles traditions. Lui, Zola, Barrès, Anatole France, Bourget... Ce fut cordial et charmant. Parmi tant de sujets, on parla de la mort. Bourget rappela que Taine avait demandé, pour ses derniers moments. la lecture d'une page de Sainte-Beuve, « afin d'entendre quelque chose de clair ».

Comme nous revenions en voiture, mon père, heureux et ému, me dit :

— Ces agapes sont indispensables. Elles fouettent l'esprit ; elles l'embellissent. Par les idées échangées, nous pénétrons réciproquement nos cervelles. Nous voyons le même fait. le même épisode apprécié de maintes façons d'après les caractères et les habitudes...

*
* *

D'après mon père, il n'y avait, pour arriver au bonheur, qu'nne seule route, celle de la justice.

Me voici au plus près du cœur que j'ai entrepris de raconter. Si le génie est fait de sentiments excessifs et qui s'accordent entre eux par le privilège d'une nature harmonieuse, si l'art d'écrire vient de ce que ces sentiments mettent en branle les mots vigoureux, pittoresques, mettent en œuvre une force verbale correspondante, si, entre les convictions que le cerveau coordonne et ces mouvements de la main qui fixent sur le papier leur formule, il est des voies directes et profondes, je puis affirmer que le sens de la justice fut, au talent de mon père, le stimulant le plus certain, le plus vif. Si les qualités morales imprègnent jusqu'à la manière, j'ajoute, sans crainte d'erreur, qu'il eut le style de la justice.

Les plus petits épisodes de la vie nous le montrent passionné pour ce qui est vrai, irréconciliable adversaire de ce qui est faux. Nul, plus que lui, ne reconnaît ses torts, nul n'avone mieux s'être trompé. Dans les débats de famille, on le prend pour arbitre. Il « s'assied sous le chêne », c'est-à-dire qu'avec une extrême patience, il écoute et pèse les griefs, tournant et retournant sa plume ou son monocle, le visage légèrement incliné ; parfois, dans son regard, un prompt sourire.

Une fois renseigné, il réfléchit quelques secondes ; puis, sans solennité, mais avec une douceur grave qui impressionne, il émet son avis et le développe. Il est bien rare qu'il ne convainque pas.

J'ai cherché à me rendre compte de son action immédiate sur un jeune homme violent tel que moi, qu'aveugle souvent le parti pris. J'ai trouvé deux raisons : l'une instinctive et l'autre morale. La première est le son de la voix ensorcelante et telle qu'on ne saurait l'imaginer. Je ne suis pas le seul à en subir le charme. Elle a tant d'inflexions, et si douces, qu'il semble que plusieurs personnes, qui toutes vous seraient chères, s'adressent à vous, chacune avec un accent particulier. La seconde cause est une souplesse qui lui permet d'entrer dans les vues de celui qu'il veut persuader, de se confondre avec sa nature et de l'amener au parti le plus sage par des chemins où l'on se retrouve. Cette qualité-là fait le grand romancier, le créateur de types. Au fond de tout génie, il y a de la séduction.

Ainsi, je m'explique l'horreur de la tribune qu'avait mon

père. Son action était ce qu'il y a de plus opposé à *l'art ora-toire*. Nul artifice, nulle hypocrisie. Il gagnait un esprit ; il n'eut pu gagner une foule. A celle-ci, il faut le discours d'Antoine, dans ce *Jules César* de Shakespeare que nous lûmes tant de fois sans épuiser notre admiration. A l'indi-vidu, un autre discours conviendrait mieux : celui, par exemple, que rapporte si magnifiquement Agrippa d'Aubigné, de l'amirale de Coligny à son hésitant époux, la nuit, cou-chés, tandis que retentit le tocsin des massacres.

Là encore, je retrouve la marque chrétienne. A l'éloquence antique, la religion du pardon et du sacrifice substitua, par le confessionnal, une autre forme d'action, mieux adaptée à cet individualisme dont on observe les traces dans la prédication de Jésus. D'être à être, sans public ni prestige, il s'agit de s'influencer, de se convaincre. La parole est d'autant plus vague qu'elle s'adresse à plus d'auditeurs. Par le petit nombre, elle se particularise et elle a chance d'être d'autant plus *juste*.

**
* **

Alphonse Daudet avait fait une étude approfondie de la vanité :

— Alors que l'orgueil est un levier de tout l'individu, la vanité diminue la conscience. L'orgueil, tension des forces vives, peut exaspérer la justice ou l'arracher brutalement du cœur ; la vanité la détruit sourdement. Insinuante et insai-sissable, elle se glisse dans les replis cachés, dans nos mobiles les moins distincts. Souvent, nous nous demandons pourquoi cet homme a agi contrairement à son caractère, avec une pareille maladresse. C'est qu'il a cédé au pouvoir vaniteux, le plus expert, le plus raffiné des maîtres.

Il n'était pas rare qu'un fait de la vie courante vînt corro-borer ces causeries morales, par la démonstration au tableau. Parmi ses connaissances, mon père avait le type du *Vaniteux* :

— Il doit venir aujourd'hui. Tâche d'être là. Nous le ferons *aller*. S'il est dans ses bons jours, nous pouvons espérer des mots admirables, de ces mots qui sortent involontairement de la passion dominante, comme Balzac en trouve pour ces moments dramatiques.

On sonnait : c'était « le Vaniteux ». Avant même de s'asseoir,
il commençait aussitôt par nous entretenir de « ses succès » ;
nous vanter sa famille et lui-même, faire ressortir les différences de situation, la « tristesse de la maladie qui contraint
les plus actifs à rester dans leur fauteuil, les prive d'une
gymnastique nécessaire au cerveau ». Mon père a souvent
fait la remarque que la vanité, l'orgueil excessifs, aboutissent
à la cruauté. Les « moitrinaires », comme il les appelait,
perdent toute notion sociale et morale, ne s'attendrissent plus
que sur eux-mêmes ; et ce qui, dans l'univers, offusque leur
débordante personne leur paraît mériter toutes les catastrophes.

Cependant, « le Vaniteux » continuait. Il en était à l'attendrissement, jouissant de sa propre santé par le spectacle de
l'ami malade. Mon père, alors, l'interrompait. Il affirmait ne
s'être jamais aussi bien porté :

— La gaîté me revient, je fume ma pipe, heureux symptôme, je travaille admirablement. Prochainement, j'irai à
Champrosay. Là, dans la verdure et le soleil, il est certain
que j'aurai terminé mon livre avant deux mois.

L'autre faisait la grimace. Tout à coup, sans transition et
le plus naturellement du monde, son malicieux interlocuteur
lui contait l'apologue suivant :

— Un rat, plein de suffisance, donc envieux, alla rendre
visite à un autre rat, lequel venait de s'empoisonner. L'infor-
tuné se tordait de coliques dans son magnifique domaine ; en
face de lui, le visiteur souffrait de tranchées plus épouvantables encore, causées par son désespoir devant de telles splendeurs... « Vous semblez jaune ? — Moi, non, ce n'est rien.
On est si bien ici ! Mais vous même ? — Oh ! moi, je me
porte à merveille, je vous assure... » Ils expiraient, assis en
face l'un de l'autre, et l'envieux mourait le premier.

Pendant ce récit, je m'amusais fort de la mine indécise du
visiteur qui ne comprenait qu'à moitié. Lui parti, mon père
riait de bon cœur :

— Le cher garçon souhaite ma mort... Son exclamation
habituelle est : « Comment, vous travaillez !... » Ne trouves-
tu pas que le *moi* est, chez lui, une véritable bosse ? Ah ! la
jolie étude, et gaie, et française, qu'il y aurait à écrire sur
ses pareils !... Un de ces damnés m'avouait un jour avec

une contraction de toute la face : « Vous ne savez pas comme
ça fait mal !... » Celui–là jouissait positivement du récit dé–
taillé de mes douleurs. Je m'en aperçus. Je l'en privai, et.
dès lors, il me prit en grippe. Il était à la tête d'une admi–
nistration très importante, une sorte d'autocrate. Ses em–
ployés et subalternes, connaissant sa manie, ne se présen–
taient devant lui que geignant, se lamentant, avouant des
souffrances illusoires, la figure traversée d'un bandeau...

Il observait attentivement la vanité chez les enfants et chez
les femmes. La naïveté de ce vice, en ces dernières, l'enchan–
tait :

— Elles sont comme des négresses avec leurs verroteries.

Il avait étiqueté jusqu'à la vanité des malades qui les porte
à exagérer leurs souffrances. Un petit infirme de Lamalou
lui avouait son contentement devant la sympathie provoquée,
la fierté de sa voiture. qui le faisait « différent des autres. »

— Pauvres comédiens que nous sommes et dupes de nos
comédies !

Il constatait combien sont rares les hommes simples et
sûrs d'eux–mêmes, tels en particulier qu'en public. que ne
trouble pas le fait de se sentir regardés. observés.

— Comment, nous. littérateurs, échapperions–nous à ce
cabotinage, lorsque nos moindres gestes sont épiés par une
presse bavarde, lorsqu'on semble rechercher notre avis sur les
sujets les plus éloignés de notre compétence !

Les acteurs (pensez à Delobelle) lui avaient été une mine
précieuse de renseignements sur la vanité :

— En ces miroirs grossissants, l'on retrouve les effets de
torse, de regard. d'attitude, habituels à tous les hommes.
mais déformés, amplifiés par l'optique de la scène. l'éclairage
d'en bas.

J'ajoute vite, afin de ne pas froisser la plus susceptible des
corporations, qu'Alphonse Daudet eut, pour plusieurs comé–
diens, une sympathie déclarée. Il faisait remarquer combien
« les méchants, les malhonnêtes, les fourbes sont rares dans ce
milieu, comme on s'entr'aide ».

— Ces êtres–là ont une existence factice. La réalité n'a
presque pas de prise sur eux. Entre les répétitions et les repré–

scutations, où trouveraient-ils le temps de se ressaisir, de se retrouver semblables aux autres? Un comédien, retombé dans la vie, m'avouait la douleur profonde de cette métamorphose, l'aveuglement ce hibou en plein midi, l'envie qu'il portait aux camarades demeurés de l'autre côté de la rampe, côté mystérieux, enchanté, où l'on incarne l'illusion humaine.

Pour certains comédiens, il eut une affection véritable. Je citerai, entre autres, Coquelin, Porel, et Lafontaine. Celui-ci l'émerveillait par sa vaste mémoire, les innombrables souvenirs de la grande époque, notamment sur Frédérick-Lemaître, roi du genre, type de la profession, chez qui les qualités et les défauts furent également poussés à l'extrême.

Quant aux comédiennes, mon père se montra toujours aimable et respectueux envers elles. Mais ce respect même était une façon d'éviter la familiarité de coulisses, le tutoiement banal qu'il avait en horreur comme tout ce qui n'est pas sincère. Il estimait que, si franches et si charmantes soient-elles, celles qui font métier de changer d'âme comme de costume, offrent peu de garanties à un cœur fidèle. Je ne pus jamais lui faire admettre que cette souplesse même fût leur charme. Il trouvait monstrueux que le désir d'un seul fût éveillé par le désir ce tous, que l'on admirât, chez une femme, l'admiration des autres hommes. Ce fut là une de nos querelles. Je persiste à croire que renseigné comme il l'était sur le monde des théâtres, il eut dû écrire, pour notre joie, une sorte de *Wilhelm Meister* moderne, où sa philosophie familière se fût rehaussée par maints épisodes de l'éternel roman comique.

⁎

Donc, si Alphonse Daudet aimait la justice, il n'estimait pas moins la justesse, et ce qui fausse le naturel lui plaisait peu. Les façons de voir s'enchaînent. La vanité, l'affectation sont de perpétuelles causes d'iniquité. Combien les fausses larmes l'émouvaient peu! Le changement de la voix, le moindre tressaillement du visage, tout embarras du geste suffisaient à l'avertir. Aussitôt, lui-même se métamorphosait, devenait cassant et dur. Il lui était insupportable qu'on escomptât sa bonhomie.

Il insistait sur ce qu'il appelait l'*injustice à rebours,* celle qui s'exerce au détriment des riches et des heureux, et qui, comme la *pitié russe,* limitée aux scélérats et prostituées, lui semblait une monstruosité sentimentale. Ce genre d'affectation, si fréquent aujourd'hui, lui était odieux, qui consiste à ne plaindre les malheureux qu'au-dessous de trois mille francs de rente, et à considérer comme méritées les catastrophes des millionnaires et des puisssants :

— Moi-même. disait-il, j'ai parfois à me défendre des sentiments de cet ordre. Ils sont détestables, comme tout ce qui crée des castes en face de la destinée. Est mauvais tout ce qui ajoute à l'injustice, fût-ce une exagération de la justice, un besoin mal compris de revanche sociale.

Quand brûla le Bazar de la Charité. il eut à constater d'illustres exemples de cette *injustice à rebours.* Beaucoup d'« amis du peuple » affectaient de ne pas plaindre des brûlées « à dix millions pièce » comme je l'entendis sauvagement proclamer. Mon père s'irritait :

— Cabotinage! opinions électorales bonnes pour les comptoirs de *chands-de-vin.* Ceux qui ont eu pitié et courage dans l'horreur des cris et des flammes furent à la fois ces humbles et des braves. Le peuple vaut mieux que ses représentants.

Parmi nos récents tartufes, le démagogue, le faux jacobin était l'objet de son mépris. A un tel ennemi des attitudes, quelle nausée donnait la vie politique! Heurté perpétuellement par le spectacle des parlementaires, son sens de la justice se transformait en colère. Ce qui l'exaspérait plus que tout, l'étalage de grands mots :

— Ces gaillards-là se figurent que les sentiments élevés ne sont que des attrape-nigauds, dont il suffit de faire les gestes. Je me demande comment un homme de la valeur ce Clemenceau a pu passer plusieurs années dans un pareil milieu.

J'allai au Congrès de Versailles, il y a quelques années, lors de l'élection du Président actuel. Je fis, au retour, le récit de ce que j'avais vu, cet abominable chaudron ce sorcières. ces faces terreuses, crispées, hypocrites, ces personnages noirs errant, quêtant, guettant, rôdant, clabaudant dans les galeries de statues pâles, ces airs d'importance, ces bras levés, ces

chuchotements. La plupart semblaient des magistrats véreux
et torves, mâchonnaient des mots tels que : « Constitutionnel,
anticonstitutionel au premier chef... » D'autres, au milieu d'un
groupe d'imbéciles ricanant, proféraient à voix basse d'épouvantables secrets. Il y avait chez toute cette canaille, transpi-
rant sur son masque composite et sournois, la vanité *d'en
être*, de disposer du sort de la pauvre France.

Comme j'achevais ce tableau, mon père, qui m'avait écouté
avec des yeux brillants, reprit :

— Oui, pauvre France ! Quand j'ai approché un de ces
hommes, j'ai toujours été stupéfait de sa non-valeur, de sa
prodigieuse niaiserie. Sauf de rares exceptions, on voit au
Parlement le rebut du pays, le médecin sans clientèle, l'avocat
sans cause, le vétérinaire dont se méfient les animaux... mais
ne se méfient pas les électeurs. Suivant l'expression vulgaire,
c'est « de la bouillie pour les chats ». Et cette bouillie nous
emplit la bouche. Les dislocations de ces tristes pantins sont
reproduites par la presse, colportées dans le monde entier.
Ah! si nous n'avions, pour nous représenter, que notre représentation nationale !

*
* *

Un type d'hommes fréquent et qui mettait mon père hors
de lui : ceux que j'appellerai, faute d'étiquette, les « niveleurs
d'opinions et d'événements ».

Alors que certains amplifient tout, voient dans cinq soldats
une armée, — dans un rassemblement, une émeute, etc., —
d'autres, volontairement, diminuent, annihilent, enlèvent aux
gens et aux choses leur nombre, leur vigueur. Ce tempérament ramène volontiers tout à une sorte de moyenne, à un
vague idéal neutre, à un « pas tant que ça » perpétuel. C'est
une des formes de la *prudhommie*. A cette catégorie se rattache
l'homme si démesurément orgueilleux que ce qui détourne
l'attention de ses faits et gestes, fût-ce une éclipse ou un tremblement de terre, l'exaspère, lui paraît de nulle importance :
« A ce point-là, vraiment, mon cher, vous croyez?... En
êtes-vous bien sûr? Ne cédez-vous pas à un emportement,
certes, légitime, mais qui..., etc. » A de telles raisons, mon
père murmurait :

— Tartarin à l'envers !...

Mais dès que l'autre, arrivé à une aventure personnelle, oubliait sa prudence, s'exaltait, s'enfiévrait, il lui resservait ses arguments :

— Calmez-vous, mon cher !... N'exagérez-vous pas ?... Où sont vos preuves ?

Cela, avec un œil étincelant de malice, de courtes bouffées de la petite pipe.

J'entre dans les détails, afin d'esquisser, autant que je le puis, un portrait véridique de cet homme singulier dans les familières comme dans les grandes circonstances de la vie, doué d'un sens comique supérieur.

Ce sens comique, il le jugeait indispensable au bonheur :

— L'ironie est le sel de l'existence. Elle fait tolérer les beaux sentiments qui, sans elle, seraient *trop beaux*. J'aime la vertu sans tunique, ni cothurnes, sans phrases, qui agit à la dérobée ; j'aime une bonté si discrète qu'elle ne se regarde pas elle-même, car le subtil orgueil se satisfait par des monologues devant la glace, aussi destructeurs de la simplicité qu'un discours à la tribune. J'aime une charité si obscure qu'on ne distingue jamais le visage du donateur, qu'il n'exige nulle reconnaissance. J'aime une pitié honteuse, sans le masque de la pitié, sans la volupté de la main tendue, sans cette arrière-pensée, si fréquente, qu'on est « heureux de n'en pas être là ». Celui qui pense aux malheureux sans gîte, la nuit, pendant la tempête, chaudement à l'abri lui-même entre ses draps, celui-ci n'est pas loin du sadisme qui renforce la jouissance personnelle par l'image de la douleur d'autrui... Je sais la grimace de la vertu, la vertu-alibi, le monsieur grisonnant qui, de deux à cinq, distribue beaucoup de sermons, quelques soupes aux petites ouvrières, et, vers six heures, s'assure qu'elles ont enfin le ventre chaud ; la dame du monde qui, ostensiblement, tricote un pantalon pour un vieillard pauvre, les yeux fixés sur la pendule et songeant à un jeune homme riche.

» Oh! le masque de la charité! Les visites à domicile! Le Berquin révolutionnaire!... L'ironie nous préserve de la sottise. Elle apprend au bienfaiteur qu'on ne met pas ce titre sur ses

cartes de visite ; à l'homme vertueux, qu'il faut se cacher de
la vertu plus encore que du vice ; à l'apitoyé, que la pitié, si
elle n'est discrète, est le plus grand levain des violences.. Vois.
aux époques révolutionnaires, cet étalage de beaux sentiments.
cette mode d'attitudes attendries, ce zèle pour la charité redon-
tante, l'aumône à métaphores, l'égalité et la fraternité en
latin. Les victimes soignent leurs mots. Les bourreaux sont
ivres de philosophie larmoyante. En de tels mélanges, on
chercherait vainement l'ironie. Elle a disparu avec la *mansuétude,* sa sœur. N'est-elle pas une tendance à sortir de toute
opinion extrême ? Les femmes ne l'aiment point, ni les enfants.
ni les sauvages, ni les gens du peuple, ni les héros.

Il souriait, les yeux perdus vers le passé, puis il poursuivait :

— Pendant le guerre de 1870, qui fut ma grande école, je
pus me rendre compte de la colère que provoque l'ironie chez
le peuple. Il fut question, dans notre compagnie, de remplacer le capitaine par voie élective. On me pria de prendre la
parole en ma qualité de « décoré », d'« ancien militaire ». Je cède.
Je monte sur une estrade, ce qui m'est odieux et me paralyse.
Je commence, je m'embrouille, je bafouille et je finis par
m'écrier : « Ah! après tout, je ne le connais pas plus que
vous. moi, ce capitaine! » Je descendis ce l'estrade dans un
silence glacial.

Il se déclarait capable. par une longue expérience, de venir
en aide aux plus susceptibles, sans « leur laisser un souvenir
odieux » :

— Un après-midi d'été, merveilleux. calme, tiède et
doré. assis dans les bois de Sénart. au carrefour du Gros-
Chêne. avec ta mère et les enfants, je vis à peu de distance
une « roulotte » misérable de bohémiens. des petits en
haillons. une femme aux traits curs et un homme sombre qui
épluchait des pommes de terre. Je pris le bras de Lucien et
m'avançai vers eux. (J'avais préparé mon aumône.) Ils nous
voyaient venir. La femme rougit. L'homme se faisait plus
morose. Je saisis au passage un galopin aux yeux ce braise
et je *collai* ma pièce dans sa petite main. Il se sauva… un
vrai chat sauvage : « Merci ». murmura la femme. L'homme
n'avait pas bronché. Mais je me rappellerai longtemps ce trajet

du « bienfaiteur » aux « obligés »... « Les obligés », quel affreux mot et qui justifie l'ingratitude ! »

*
* *

Ce chapitre n'aurait pas de fin si je ne résumais maintenant l'opinion d'Alphonse Daudet sur ce grand problème humain : la *recherche du bonheur.*

« Il y a autant de formes de bonheur qu'il y a de formes d'individus. Pour les atteindre et les enseigner, il faut donc *voir, et voir clair.*

» Il n'y a pas de bonheur, sans la forte notion du droit et de la justice. Un des leviers moraux du monde est cet axiome : *tout se paie.*

» Les apparentes déviations de la justice, même excessives et prolongées, ne sont qu'un défaut de notre observation. Tantôt celle-ci ne porte que sur un ensemble de faits trop restreints; tantôt, elle s'attache à un point particulier, qui lui obscurcit le reste. Tantôt elle se bute à une façade grossière et ne va pas au fond des choses.

» Il y a une science de la justice, qui n'est pas le Code, une *dynamique* de la justice, laquelle n'est qu'une recherche d'un équilibre moral perpétuel. L'homme ne peut, avant la quarantième année, avoir que des lueurs de cette science.

» L'*instinct* de la justice équivaut à la *science* de la justice : des natures très grossières peuvent porter, en elles, des lueurs vives et pures. C'est ce qu'a vu le christianisme.

» La *douleur* et la *pitié* sont des auxiliaires précieux de la *justice*, en tant qu'elles ne deviennent pas excessives, la justice demeurant toujours dans la moyenne. Extrême, la douleur endurcit, rend insensible au monde extérieur. Extrême, la pitié devient monstrueuse et perd de vue son principal objectif qui est le soulagement de l'homme. Extrême enfin, la justice entraîne aux conséquences les plus étranges, vers la beauté et le malheur.

» La recherche du bonheur, qui est un point capital, doit toujours s'appliquer à *autrui*, non à soi-même. L'homme ne doit échapper à aucune responsabilité morale, à aucune solidarité sociale.

» Le bonheur, dans la famille, est *traditionnel*. Le culte
des parents le règle et le transmet. En ce sens, le plus grand et
le seul irréparable malheur, c'est la perte de ceux qu'on aime.

» Il ne faut jamais désespérer.

» Celui qui a le don et le goût de l'*observation*, ou de
l'*imagination*, a, en lui, une capacité de bonheur plus grande
que les autres. *L'exercice continu de l'esprit* qui donne de la
souplesse aux idées, est une cause de bonheur, alors que le
travail pour le travail n'est qu'un moyen d'échapper à la vie.

» L'égoïsme est une cause de malheur. L'égotisme (qui
rapporte à soi l'origine de tous les sentiments, sans vouloir
d'ailleurs en bénéficier) est une cause de malheur.

» Une place spéciale dans la recherche du bonheur doit
être faite au *pardon* et au *sacrifice*.

L'intérêt de ces axiomes et d'autres, c'est qu'ils furent une
règle de conduite. Je les ai vus appliquer avec une constance
qui m'émerveille et me pousse à cette croyance que les mobiles
les plus généreux de nos actes font partie intégrante de nos
tissus, au plus profond de notre personnalité.

Je ne puis abandonner, sans y insister, la question du
pardon et du *sacrifice*. La vie, sans le pardon, paraissait à
mon père, intolérable :

— L'erreur et le vice sont, ici-bas, dans les champs les
meilleurs ; il ne suffit pas de les arracher, il faut encore oublier
leur emplacement.

Il m'expliquait un jour comment la plupart des facultés
morales ont des correspondances avec les facultés intellectuelles. C'est ainsi que le pardon est plus difficile à ceux qui
ont une mémoire excellente :

— J'ai dû faire quelquefois de prodigieux efforts sur moi-
même pour excuser la petite traîtrise d'un ami ou telle injure
à la reconnaissance. C'est que ma mémoire me représente les
phénomènes passés, avec une vivacité effroyable, *comme à la
lueur d'un grand sentiment*. Je me rappelle les choses autant
qu'un jaloux ou qu'un criminel.

La Petite Paroisse est une étude très « poussée » du pardon. Comme toujours, il avait pris ses modèles dans la vie :

— Les exécutions imaginaires de l'auteur sont un assez grand sacrifice à l'irréel... Que la source au moins soit humaine.

Comme toujours, il avait groupé, autour du *cas* central, une multitude d'exemples particuliers. Dans cet ouvrage, le pardon lutte précisément avec la jalousie. Aussi, combien est vraie cette autre parole de lui :

— Il est impossible à un auteur sincère de ne pas se mettre tout entier dans son œuvre. Cela ne signifie point qu'il raconte un épisode de sa propre existence. Mais il *anime ses façons de penser et de sentir,* il les habille, il en fait des personnages. Ce qui nous frappe dans le monde et ce que nous pénétrons le mieux, *c'est ce que nous devinons semblable à nous-mêmes.*

Et, comme il désirait tout éclairer par des exemples tirés de la réalité, et qu'il refusait de me suivre dans mes digressions méthaphysiques, il ajoutait :

— Imagine que tu sois sous le coup d'une ingratitude. D'abord, ta colère est vive et tu ne penses qu'à ce cas spécial. Calmé un peu, tu philosophes. Tu songes à tous les ingrats qui circulent par le monde. Te voilà vibrant à cette idée et à ses contradictoires, prêt à pleurer de reconnaissance, prêt à flairer dans les salons, dans la rue même, les rancuniers, les oublieux, les endettés, les mauvais amis, etc. C'est la *période des coïncidences :* c'est alors que tu remarques, que tu découvres partout des circonstances très voisines de la tienne. L'hallucination continue. Or, chez les romanciers, ces diverses associations atteignent au paroxysme. Le don consiste à leur prêter la vie, à les faire sortir de leurs régions abstraites et purement morales, pour les lancer dans le tumulte *mondain,* comme disaient les jansénistes.

» Ainsi nous comprenons ce qui nous environne à mesure que nous l'éprouvons. Nous vivons deux existences parallèles et qui se complètent : l'une d'émotion, l'autre d'observation. Donner la prééminence à l'une ou à l'autre de ces existences, c'est se vouer au malheur. Le bonheur est dans leur équilibre...

Plus j'avance dans mes souvenirs, plus il me paraît difficile de donner, à ceux qui me lisent, l'impression ce sincérité, de sérénité que laissait une de ses causeries. Songez que mon père, pour l'exposé de ses doctrines, choisissait toujours le

meilleur moment et le plus bel endroit. J'ai dans l'esprit,
grâce à lui, des paysages liés à de merveilleuses dissertations
morales et il prétendait, avec raison, que cette harmonie du
dedans et du dehors est ce qu'il y a de plus profitable à la
sensibilité et à la création poétique :

— Les conversations de Platon, celles de Socrate, plus près
de nous celles de Lamennais, témoignent d'un vif désir de ne
point séparer les deux natures : l'humaine et l'extérieure.
D'une part, les ciels, les aspects terrestres, leurs nuances mouvantes, deviennent autant d'images vigoureuses et profondes,
indélébiles ; d'autre part, de nobles songeries ajoutent leur
harmonie mystérieuse aux arbres, aux prairies, aux nuages,
aux ruisseaux, deviennent autant d'inscriptions, de signes et
de symboles. »

Et comme cet adroit philosophe saisissait le *point de fatigue,*
le moment où, si vaste et curieux que soit le sujet, il n'excite
plus le même enthousiasme ! Il s'interrompait alors brusquement, glissait à un de ces ravissants enfantillages, à un de
ces joyeux récits qui faisaient, près de lui, les heures si
brèves.

NORD ET MIDI

C'est à lui que revient le mérite d'avoir dressé, dans
une lumière éclatante, le type jusqu'alors seulement carica-
tural de « l'homme du Midi ».

Une pareille tentative exigeait un méridional, qui seul
connaît le fort et le faible de sa race, mais un méridional assez
subtil pour se dédoubler, s'observer soi-même, rechercher,
dans ses gestes et ses mobiles propres, ce qu'ils peuvent avoir
d'autochtone, de national, ce « différent ».

Entre tant de problèmes humains auxquels mon père s'attacha et se dévoua, il n'en est aucun peut-être dont il ait si
passionnément suivi les phases et les aspects divers.

— Cette question, disait-il, n'intéresse pas seulement la
France. Chaque pays a son *nord* et son *midi,* ceux pôles entre
lesquels oscillent les caractères et les tempéraments. Autant il

serait exagéré ce rapporter toutes les variantes morales à des
questions ce climat, autant il serait fou de ne pas tenir compte
ces divergences qu'amènent les degrés de latitude.

C'est dans son enquête à ce sujet que m'est apparue le
plus vivement une de ses caractéristiques : l'absence totale
de pédantisme.

Notre époque. qui se prétend libérale, est une ce celles où
l'on a peut-être invoqué le plus fréquemment le principe
d'autorité en matière intellectuelle. Les révolutionnaires n'aspirent qu'à fonder des écoles, à cresser un dogme, à styler
des fidèles. Les indépendants érigent tout de suite une bannière
sur laquelle le mot « Incépendance » se lit en caractères
gigantesques, et cébutent par dénier à leurs adversaires tout
bon sens et toute bonne foi. Une nouvelle forme d'hypocrisie,
« l'hypocrisie scientifique », vient d'être instaurée. A l'abri ce
termes obscurs. de consonances grecques et latines, une
multitude de notions inachevées et confuses sont devenues des
armes de guerre aux mains de cuistres insupportables qui les
brandissent en toutes occasions. Jamais je n'ai entendu mon
père employer un mot qui ne fût point de la langue usuelle.
Il avait, pour les néologismes, une horreur insurmontable
et justifiée, car la plupart sont des « monstres » formés en
dehors de toute règle, d'inquiétants exemples ce la « barbarie
civilisée ». Si ténue que fût la question, si enchevêtrée même
qu'elle apparût, il tenait. avant tout. *à rester clair*, et il appliquait la règle cartésienne qui est de commencer par les difficultés moindres pour aborder aux difficultés suprêmes.

J'ai répété maintes fois qu'il prenait son appui dans le réel.
qu'il tâtonnait pour s'assurer de cet appui, qu'il reconnaissait
à peu de *faits* et de phénomènes cette sûreté qui leur permet de devenir des bases. des points ce cépart.

Le sens de sa race lui connait une double certituce : intellectuelle et physique. Une seule intonation méricionale le
mettait en joie. L'apparition, vers le matin, à travers les
vitres embrumées du wagon. ces oliviers et des routes blanches.
le faisait chanter. Cette ivresse, que l'évicence mathématique communiquait à un Descartes et à un Pascal, Alphonse
Daudet, « imaginatif observant », l'éprouvait au contact de
son sol, de son *terroir*.

Et il aimait tous ceux qui, dans la littérature et dans l'art, se souviennent de leurs origines, embellissent, divinisent le coin où ils ont vécu. les endroits qu'ils ont fréquentés.

Certains. pour lesquels ce qui n'est pas triste ne saurait être profond. ont reproché aux « Tartarins » leur outrance. Mais cette exagération est dans le sang. Elle prend parfois la forme froide du Bompard de « Numa Roumestan »; elle n'en devient que plus comique. Il semble que l'arbre de la gaîté, poussant le long de la vallée du Rhône, jette encore deux branches vigoureuses vers la Touraine et la Normandie, un rameau ironique en Champagne, un autre vers l'Ile-de-France.

Mon père savait que la « belle humeur » convient à tous les degrés de l'esprit. Elle est une façon d'éclairage. Il dut à cette vertu d'échapper au courant pessimiste, il conserva sa nature intacte. Auprès de lui. les jeunes semblaient des vieillards. A tout moment de la journée. et malgré ses douleurs. il était prêt à rire, à s'amuser lui-même du vagabondage de son imagination.

« Vive le bon sens latin! » Que de fois cette phrase n'est-elle pas venue clore une discussion et résumer de longues théories. Je l'entends encore disant à un ami, après une dissertation philosophique où celui-ci s'était échappé :

— Voyez donc, mon cher, cette ligne de lumière rose, là-bas, au faîte des arbres, est-ce assez joli, assez net?... Nous sommes loin, je suis myope et je distingue chaque feuille. Je me croirais dans mon pays.

Dans ces *Quinze ans de Mariage* qu'il laisse inachevés, se trouve l'histoire d'un couple disparate, la lutte du « Nord et du Midi ». Œuvre assurément symbolique, car la vie de la France était, selon lui, déterminée, en grande partie, par le combat et les oppositions de ces deux éléments si divers.

— Ce n'est ni la même façon de sentir, ni la même façon de voir, ni la même façon de s'exprimer. Les Méridionaux sont quelquefois fermés comme des pierres. L'excès de leur imagination les fatigue. Ils tombent alors dans une torpeur assez semblable à celle des ivrognes dégrisés.

» Quant à leur fantaisie, elle diffère de celle des *Northmans*, en ce qu'elle ne mêle ni les éléments ni les genres et demeure lucide en ses transports. Chez nos esprits les plus complexes, on ne remarquera jamais cet enchevêtrement de directions, de rapports, de figures, qui caractérisent un Carlyle ou un Browning, ou un Poë, par exemple. Aussi l'homme du Nord reprochera toujours à l'homme du Midi l'absence d'arcanes et de ténèbres.

» Si l'on considère la passion humaine la plus violente, *l'amour*, on voit que le Méridional fait d'elle la grosse occupatiou de sa vie, mais ne se laisse point désorganiser. Il en aime le bavardage, le décor léger et changeant ; il en déteste la servitude : elle lui est un prétexte à sérénades, à dissertations fines et précieuses, à moqueries et à caresses. Il comprend difficilement l'alliance de l'amour et de la mort qui est au fond de toute âme septentrionale et jette, sur ces brèves délices, une brume de mélancolie.

Un point sur lequel il revenait sans cesse : la facilité avec laquelle l'homme du Midi se dupe à ses propres mirages, l'emballement *demi-sincère* auquel il se laisse aller, avec le correctif d'un sourire. On retrouve en son talent l'empreinte de cette émotion qui a la pudeur d'elle-même, qui craint de dépasser la mesure. Une partie du charme vient de là. C'est une sécurité, pour le lecteur délicat, de n'avoir point à rougir de ses larmes.

Il vantait aussi l'éloquence naturelle à ses compatriotes. Dans la moindre réunion rustique, on est surpris d'entendre un vibrant discours, prononcé d'une voix assurée :

— Je n'ai point hérité de ce-don-là. Ma langue s'embrouille, s'il me faut m'exprimer devant plus de dix personnes. Ma myopie y est pour quelque chose.

Un intarissable sujet de discussion était le problème du mensonge :

— Est-il juste de traiter de menteur un homme qui s'enivre avec son verbe, qui, sans but vil, sans instinct de tromperie, de ruse, de négoce, cherche à embellir sa propre existence et celle des autres, avec des récits qu'il sait illusoires, mais qu'il souhaiterait vrais ? Don Quichotte est-il un menteur ? Sont-ils ces menteurs, tous les poètes qui veulent nous arracher au réel, franchir la planète à grands coups d'ailes ?

» D'ailleurs, — insinuait-il, — entre méridionaux, on ne se fait pas d'illusions. Chacun à part soi rétablit les propor-

tions déplacées. C'est, comme dit Roumestan, une affaire de
mise au point.

Les compatriotes de mon père ne lui ont point gardé rancune de ses plaisanteries. Ils ont compris quel hommage
leur avait rendu l'écrivain, en glorifiant et généralisant, par
sa puissance. leurs tournures et façons d'être :

— J'aime tout de mon pays. jusqu'à la nourriture. Ne me
parlez pas de viandes lourdes, de pommes de terre, de pe-
sants rôtis. Un anchois écrasé sur du pain, des olives, des
figues, une aïoli, voilà mes préférences. J'envie le sort des
bergers, seuls, au milieu de leurs troupeaux, soit dans les
plaines de la campagne, soit sur les plateaux salés des Alpes,
entre les lacs et les étoiles.

Pour quiconque a vécu, dans un « mas » du Midi, de l'existence des *pacans* ou « gardiens de chevaux », *l'Arlésienne* est
une œuvre d'une vérité extraordinaire. On retrouve les principaux types. le « berger », le « baile » et la « bailesse ». Les
« innocents » ne sont pas rares. Il est alors curieux de voir
comment l'auteur a groupé tous ces éléments. tiré de leur
jonction une tragédie poignante. où sont ranimées la vigueur.
l'acuité, l'harmonie des poèmes antiques.

L'histoire d'un jeune Provençal qui se suicida par amour,
deux femmes s'appelant dans la vaste plaine, une voix aiguë.
une voix grave, telle est la genèse du drame. Mon père la
raconta souvent. Il aimait à rechercher, dans son souvenir,
les lignes directrices et il apportait là une extrême perspicacité :

— Comme ces deux voix de femme alternaient dans l'espace. au crépuscule, je sentis qu'elles me pénétraient d'une
manière étrange. et *l'Arlésienne* m'apparut ainsi qu'une hallucination rapide... De même, un soir, à la chute du jour,
devant les ruines roses et dorées des Tuileries, j'eus la vision
des *Rois en Exil* et la formule qui achève mon livre : « Une
grande vieille chose morte... »

Ce problème des origines d'une œuvre, de l'étincelle primordiale. nous occupa souvent. Mon père pensait que dans
son explication du *Corbeau*, Edgard Poë a forcé la note,
imaginé après coup :

— Je crois que chez les créateurs, il se fait, à leur insu, des accumulations de force sensible. Leurs nerfs surexcités enregistrent des visions, des couleurs, des formes, des odeurs, dans ces réservoirs demi-conscients qui sont les trésors des poètes. Tout à coup, sous une influence quelconque, une émotion, un accident de la pensée, ces impressions se rejoignent avec la brusquerie d'une combinaison chimique. Chez moi-même, cela se passait ainsi. Je restais des mois et ces mois à ordonner une pièce ou un livre qui surgissaient en une seconde, et dans leurs détails, devant mon esprit stupéfait. Plus l'imagination est ardente, plus ces tableaux sont brusques et soudains. L'œuvre entière de Balzac bat la fièvre de la découverte et de l'instantanéité.

Je lui faisais remarquer que c'est là un état de rêve « second », que, chez les poètes, la réalité et le souvenir, les vivants et les fantômes, se traversent et se déforment perpétuellement ne gardant en commun qu'une sorte de puissance lyrique, qui agrandit les traits, les paroles, les paysages et provoque l'enthousiasme.

Mon père ajoutait :

— Ce don lyrique, cette énergie intime, ne sont peut-être qu'un sens très profond de la race et des origines. Gœthe, c'est l'âme allemande entière. Il semble que le sang de lord Byron charrie en lui la fureur anglo-saxonne, les images exaspérées de tout un peuple. Aubanel est le miroir du Midi...

Après quelques minutes de réflexion, il continuait avec modestie :

— Descendons des grandes choses aux petites. Quand je veux me *monter* le cerveau, me *donner du ton*, c'est aux spectacles de ma jeunesse que j'ai recours. C'est une habitude de mon esprit de localiser tous ses sentiments. Les mots *amour*, *félicité, foi, désir* ne demeurent point, en moi, à l'état abstrait ; ils prennent ces figures, participent à des épisodes. *Or la lumière qui les environne est toujours celle de mon pays.* C'est sous le ciel de Provence que je place des traits d'héroïsme, d'abnégation, de générosité. Pour que je vienne en état de transe, d'inspiration, il me faut le soleil de là-bas, et, jusque dans l'extrême douleur, je me représente des routes chauffées à blanc, d'une intensité crue qui me désespère et me brûle.

Il célébrait la chaleur :

— Elle mène le tempérament à la fleur, au fruit, à l'éclosion. Elle donne à l'être son parfum intime, et aux sentiments leur véhémence. Accumulée dans l'individu et dans la race, elle agit comme un alcool plus subtil, comme un opium délicat ; elle transfigure, elle divinise. Elle n'enlève pas les nuances du caractère, elle les rend plus fines et presque fuyantes. La fainéantise méridionale a inventé le *cagnard*, le petit coin de roseaux de canne où l'on s'engourdit, où l'on se rôtit au soleil.

Puis son visage s'assombrissait :

— Ces sensations-là se paient plus tard. Le Nord homicide nous attaque, nous, les transplantés, avec ses brumes, son vert rhumatisme, ses pluies tristes et ses frimas, Détrempés au dehors, nous brûlons en dedans, sous l'action continuée de notre alcool, — le soleil, — en proie à une nature disparate. Alors, les impressions s'affinent. Le Nord, bien plus que le paresseux, le voluptueux Midi, est difficile sur le choix des mots, leur valeur et leur emplacement. C'est le supplice de Baudelaire qui connut. grâce au voyage, l'excessive nature, l'empire de la chaleur. et, revenu chez lui, chercha dans le vocabulaire, au prix de son cerveau. les prestiges évanouis :

> Le monde s'endort dans une chaude lumière...

Aussi ces « transplantés » avaient toute sa tendresse :

— Le mystère des origines est tel que parfois un voyageur. dans un pays lointain. retrouve sa race ignorée. son sang. tout ce qu'il aima et admira, dès le berceau. mais ne connut que par le rêve. Quelle ivresse. alors, de vivre au milieu du prodige réalisé. de respirer les parfums. de savourer les paysages qui semblaient réservés au royaume illusoire !.. La musique m'exalte ainsi. J'entre dans ces états de l'âme dont me séparaient mille portes closes. à travers lesquelles ne m'arrivaient que des murmures confus et vagues. Et, quand on revient de là. c'est une douleur de trouver le monde ordinaire. où la beauté est rare. où les transports sont fugitifs.

Je profitais de ces heureuses dispositions pour lui démon–

trer que la métaphysique est, elle aussi, une griserie voisine de la musique et peut donner des jouissances semblables.

Mais lui :

— Si je te comprends, ces jeux du raisonnement peuvent aboutir à un état que nous voyons d'ailleurs célébré dans le bouddhisme, état incolore, sans joie ni douleur, où passent, comme des étoiles, les rapides splendeurs de la pensée. Eh bien, l'homme du Midi est rebelle à ces paradis. La veine de la sensation vraie est, chez nous, franchement, perpétuellement, ouverte... mais *ouverte à la vie*... L'autre côté, celui qui tient à l'abstraction, à la logique, se perd, pour nous, dans les brumes.

« Violent et timide... » Ces mots reviennent plusieurs fois dans les Petits Cahiers. Mon père avait recueilli un grand nombre d'exemples de ces « sentiments accouplés » qui, expliquait-il, se contrebalancent dans le caractère et donnent aux actions un cachet souvent contradictoire :

— Le timide accumule lentement des impressions pénibles de toute sorte. Il est entré dans un magasin, n'a pas su demander ce qu'il voulait, ou bien, gêné par son accent méridional, s'est laissé fourrer dans les mains la moitié de l'étalage ; il a rencontré un ami dont la conversation l'a blessé, et à qui il n'a pas su le dire ; il aurait voulu prendre un fiacre, mais il n'a pas osé faire les gestes ou signaux nécessaires.

» Le voilà rentré chez lui, tranquille entre sa femme et ses petits. A la moindre observation, la chaudière éclate. Il s'emporte, jette les plats en l'air. La sauce dégouline, les enfants hurlent, les domestiques s'épouvantent. C'est la crise. Elle cesse aussi brusquement qu'elle avait commencé, dans des larmes, des regrets, des promesses, des transports de tendresse et d'amour. Parfois, notre homme se couche et demande un bouillon qui le remettra.

» Si l'homme et la femme sont du Midi, ce petit drame n'a que peu d'importance. Mais si la femme est du Nord, ou inversement, il se produit tantôt un phénomène de fatigue : la tendresse s'épuise, les époux se séparent ; tantôt un phénomène de contagion : ils deviennent violents tous les deux, et c'est la solution la meilleure.

Il mimait. le plus gaîment du monde. ces scènes de fureur
vite tombées. ces alternatives de douceur extrême et de rage
qui sont. dans le Midi. la menue monnaie conjugale. « La
tante Portal » de *Numa Roumestan* est. comme pas mal d'autres
personnages. un portrait de famille. L'emprise de la réalité
était si forte qu'il lui était impossible de rendre ces réminiscences méconnaissables :

— Oh! la force de la chose vue, observée! jusqu'à la couleur
des cheveux. à la forme du nez, à un tic. à une grimace, qui
semblent nécessaires. *indispensables* à la silhouette. La nature.
merveilleuse artiste. quand elle accentue un caractère, complète
le physique par le moral de telle sorte que la plus simple
modification a l'air d'une supercherie. L'individu, le type.
emporte avec lui son mobilier, ses vêtements. ses manies, tout
son cadre. Et celui qui n'est pas hanté par le besoin d'exactitude, par le détail vrai. le relief vrai. celui-là n'est pas un
romancier.

J'ajoute ici une remarque qui. fréquemment. revenait sur
ses lèvres :

— C'est une erreur fréquente des prosateurs de croire que
le don du style donne le pouvoir de créer ces types; ce sont
des moyens tout différents. En général. un homme de talent
peut se raconter lui-même. et. s'il est adroit, il donnera des
titres et des mobiles divers à diverses parties de son être. Il
se partagera en plusieurs morceaux. quelques-uns antithé-
tiques. lesquels batailleront. discuteront. agiront parfois avec
éloquence. mais sans nous procurer l'illusion de la vie. Ces
écrivains-là. je les appelle des *essaysts* et je préfère de beaucoup leurs études de morale ou de littérature à leurs tentatives
créatrices qui. le plus souvent. avortent. ou dévient. ou s'arrêtent à moitié chemin.

» Quant au romancier, c'est une autre affaire. L'*imagination*
lui est nécessaire, parce qu'il doit sans cesse reconstruire un
animal avec un os, forger un sentiment d'après un regard,
un mot, un geste. deviner. sur une attitude, une passion ou
un vice, donner à son récit cette harmonie et cette ampleur
qui généralisent un événement particulier, et, derrière les
personnages, tracent les signes de la fatalité sur le mur.

» La *justesse* lui est nécessaire, parce qu'il ne doit *désaccorder* ni ses héros ni ses héroïnes, qu'il doit leur conserver leur *son* logique et sentimental, que, sous peine d'éloigner le lecteur, il doit respecter les conditions de la vie et de la vraisemblance, parce qu'enfin, il lui faut sauvegarder, avant tout, l'architecture de son œuvre, et cette structure intime sans laquelle il n'y a que désordre et gâchis.

» L'*observation* lui est nécessaire, puisque c'est elle qui fera de chaque caractère un miroir où se reconnaîtra l'humanité, puisqu'elle enrichira le récit, l'émotion, et jusqu'au pathétique, de circonstances singulières et directes.

» Mais, plus que l'*imagination*, que la *justesse*, et que l'*observation*, une autre vertu est nécessaire qui n'a pas de nom, ni d'étiquette : cette faculté d'*hypocrisie* (prenons le mot dans son sens grec) qui permet à l'auteur de *se glisser dans la peau de ses personnages*, de s'approprier leur tournure d'esprit, leurs habitudes, leurs gestes, de parler selon leur formule ; cette faculté qui fait que Shakespeare est successivement Antoine et Cléopâtre, Desdémone et Polonius, que Balzac est Lucien de Rubempré, Vautrin, de Marsay ou, à quelques secondes d'intervalle, l'inoubliable *Fille aux yeux d'or*.

» Plus je réfléchis, — disait mon père avec force, — plus ce don me paraît primordial, indispensable. Sans lui, nous demeurons en dehors de nos créatures et celles-ci conservent quelque chose d'emprunté, de factice, à quoi le plus simple d'entre les lecteurs ne se trompe pas. Sans lui, l'on peut bien fixer, une fois, un type inoubliable, à condition que ce type soit celui de l'auteur lui-même, ou *son contraire*, ou une *parcelle grossie*, mais le miracle ne se renouvellera pas et la suite des œuvres ne sera qu'une succession de silhouettes, d'ébauches de moins en moins émouvantes.

» Celui qui a ce don de transformation peut manquer de style, se hâter. Il restera, dans son œuvre, une force particulière qui la fera vivre et durer, alors que d'autres plus soignées, irréprochables, auront passé depuis longtemps.

» Prenons, en face de Balzac, le plus grand lyrique du siècle : Victor Hugo ; — le plus grand lyrique, c'est-à-dire le plus gros *moi*, la personnalité la plus envahissante... Dans ses romans et dans ses drames, que voyons-nous ? Des êtres démesurés,

formés par des plissements et des déplissements du propre *moi*
de Victor Hugo. *moi* diversifié de mille manières. mais recon-
naissable sous ses vêtements d'emprunt, à son langage identique. à ses métaphores. à ses césures insolites, à ses antithèses.
Ce sont ces poèmes admirables; ils ne nous donnent pas
l'illusion de la vie. Javert, c'est la dureté de Victor Hugo;
Sœur Simplice. c'est son sentiment du devoir, c'est la générosité de Hugo; Jean Valjean, c'est tout Hugo, sa révolte, sa
magnificence et son égoïsme à la fois... Cette personnalité est
si débordante, si incapable de métamorphose, que dans ce
merveilleux livre d'observation, *Choses vues*, elle imprime sa
marque à tous les événements. se réserve les paroles sages.
les appréciations sensées, les solutions hardies, s'approprie
l'histoire avec une gravité, avec une certitude absolue.

Je me souviens qu'un jour, à la suite d'une de ces causeries. je lui demandai d'où vient ce pouvoir, cette aptitude à
entrer dans le cœur d'autrui et à revêtir sa manière.
Il me répondit :
— Je ne suis pas un métaphysicien, tu le sais. mais il m'apparaît, à travers tous les systèmes, que la philosophie, sagace
pour les problèmes de la raison et de l'intelligence. est rudi-
mentaire pour ce qui a trait à la sensibilité. Celle-ci est
demeurée mystérieuse. inexplorée. pleine d'abîmes. Tout
l'effort de Descartes et de Spinoza ne fut-il pas de la ramener
à la raison. de chercher aux problèmes passionnés des solutions logiques et froides?
» Je n'ai pour moi que mon expérience, soutenue par quelques rêveries. Mais l'expérience d'un seul est celle de tout le
monde.
» La sensibilité humaine m'apparaît ainsi qu'une sorte de
circuit où chaque élément serait une image abrégée de l'ensemble. La pitié individuelle. la douleur individuelle, la charité individuelle. ne sont que des reflets de la douleur, de la
pitié, de la charité universelles. Aussi. dans ce domaine. tout
est-il de transmission rapide et merveilleuse. et il n'est pas
rare que tout un peuple se passionne. jusqu'à la mort. pour
une idée de justice qui le laissait jusque-là indifférent.
» Nous autres romanciers. devons faire nos efforts pour rendre

plus fréquente cette communion sensible. Notre tâche idéale est de susciter des mouvements généreux. de maintenir les âmes en état de métamorphose. de connivence avec d'autres âmes.

» De là découlent certains devoirs, certaines règles. Nous sommes coupables de propager le mal ou la laideur par imprévoyance ou par lucre. Nous sommes coupables de ne pas réconforter, de désespérer. d'augmenter la souffrance ou la vilenie humaine.

Alors, revenait la question de race :

— S'il est un peuple chez qui le *don de métamorphose*. la transmission de la sensibilité existe, c'est bien le peuple du Midi. Quelqu'un. chez nous, dans un groupe, raconte un affreux accident. Les visages expriment le dégoût. Ils suivent le récit de l'orateur. Cette vivacité contraste avec l'attitude fermée, mystérieuse, d'une foule septentrionale.

» Moi-même, je me rappelle, tout petit, avoir passé une partie de la nuit à rechercher l'intonation douloureuse de mon père apprenant la mort de notre frère aîné. Je l'adorais, ce frère, mais la justesse et la force de l'accent, du geste accompagnant la rude voix angoissée, accaparaient mon organisme sensible, déjà prêt, tu le vois, au prodige de la transformation.

» Car c'est un véritable prodige, qui dépasse les fantômes et les tables tournantes. Balzac met en scène un personnage auquel il suppose certains vices. Il trouvera, pour chaque circonstance les mots typiques, ce : « Alors j'emmène la petite?» du baron Hulot, que l'on sent n'avoir pu ne pas être dit. Ce ne sont pas des réminiscences. Cela se reproduit à chaque page. C'est le *don suprême du romancier*.

» Or, j'ai entendu des paysans de chez nous, des *conteurs* qui possédaient ce don au plus haut point, avec un vrai génie de mimique. Ainsi qu'il arriva pour l'admirable Baptiste Bonnet, la nature était envers eux prodigue. Non seulement ils avaient l'émotion et le pouvoir de la susciter, mais ils avaient encore le *style*, une faculté de forme demi-traditionnelle. demi-spontanée, qu'a bien notée Bladé dans son recueil des *Contes de Gascogne* et que fait disparaître peu à peu l'éducation laïque et obligatoire.

» Transformé en chaleur et mouvement, furieux, irrésistible, le soleil se glisse dans les veines des Méridionaux. S'il les enivre, s'il les affole, en apparence, il n'attaque jamais leur raison qu'il rend, au contraire, plus ferme, profonde et lucide. Comme il leur permet en toute saison de se rencontrer sur les places ou dans les travaux des champs, il favorise *l'humanité*, les rapports sociaux qui vont de l'amour au civisme, qui créent les races fortes et durables. Le soleil amplifie le geste qui se découpe sur un fond clair. Il donne à la voix de la résonance. Il semble que son harmonie, la force rythmée de ses rayons, imprègnent l'élocution et le verbe. Comme il éteint les couleurs et les nuances, comme il met tout sur le même plan, il rend l'illusion facile; il ramasse l'individu dans le moment et lui simplifie l'avenir, doré comme lui, tiède comme lui, hérissé, comme lui, de sensations vives et bruyantes. En jets, en nappes, en gerbes, il projette les sentiments devant la conscience éblouie, les déploie en magnificence, les décuple en rapidité, et favorise cette frénésie où se mêlent la pudeur et l'héroïsme, la générosité et la crainte, la verve et la timidité, en une foule souvent ironique.

» Cette foule est celle de l'être lui-même. (Ici, mon père prend un regard particulier et appuie sur les mots comme lorsque son discours touche un point capital.) Certes, tout homme la sent, en soi, vivace et bruyante; on est stupéfait, aux heures passionnées, de la multitude qui s'agite dans les ténèbres de la conscience et où il semble que revive la cohorte oubliée des ancêtres. C'est un frisson, un chuchotement universel. Puis, une tendance se dessine et devient le *meneur* de la foule. La décision est l'acte de ce *meneur*. L'hésitation est un combat entre ces tiraillements héréditaires.

» Or, chez les Méridionaux, *la foule de l'être* apparaît dans une fulguration brève et cuisante comme une douleur. Le déclic instantané de la décision provoque ce désordre du visage et du geste, cette ardeur de colère ou d'amour qui paraît comique, si l'on n'est de cette race excessive.

Mon père réunissait avec soin, — on les trouvera dans ses notes, — tous les proverbes méridionaux, ceux surtout qui concernent la famille, le rôle de la femme dans la maison.

Il recherchait. dans sa mémoire. des silhouettes lointaines de
parents singuliers tels que les formait jadis la province, quand
une centralisation excessive n'émondait pas les caractères, ne
les ramenait pas à un type banal...

Lorsqu'il est en Provence, il fait causer chaque paysan,
écoutant avec joie ses explications forcenées, pittoresques,
mêlées de remarques sentencieuses qui révèlent le filon
romain :

— Je découvre ma jeunesse à chaque tournant de route,
dit-il. Faut-il croire à la parole du Dante? Est-ce un supplice
ou un soulagement que de se rappeler les heures de joie
parmi la peine et le regret?

Il pensait. comme il l'a écrit. qu'« en France, tout le
monde est un peu de Tarascon ». Il disait. sous une autre
forme, que « le Français qui s'exalte devient aisément Méridional ». C'est ainsi que, pendant la guerre de 1870, il avait
pu voir la propagation des fausses nouvelles. l'extrême enthousiasme joint à l'exagération du début. l'abattement propor-
tionnel des heures noires, les alternatives désordonnées qui
sont le mauvais côté de la « Race du Soleil ».

Il constatait aussi que « le Français a un père celte, une
mère latine », et que « les jeux de ces influences déterminent
les soubresauts de notre histoire ».

Tout jeune, il avait vu, dans sa ville natale, les dernières
luttes ouvertes des protestants et des catholiques :

— Je devine le huguenot, surtout méridional, à son
accent, à son geste, à son regard, à son raisonnement. Il
forme un être à part, beaucoup plus compassé, plus froid,
plus maître de lui que le catholique. Il y a, pour ces tempéraments, deux portes ainsi qu'aux cimetières de chez nous :
la « schismatique » et l'« orthodoxe ».

*
* *

Il n'est pas douteux qu'il appartînt, lui. au pôle catholique. Il avait la pitié, la pitié totale qui, du moment qu'elle
trouve son objet, fait abstraction de toute dialectique. Il avait
le goût du risque et de l'aventure. Je n'entends point par
làque les protestants manquent de bravoure : je leur crois.

au contraire. une énergie morale très vive, s'il s'agit de
leurs convictions et du sens immédiat de la justice. Mais
ils pèsent leurs actes et leurs paroles. Mon père était un
spontané. Dans le domaine de l'action. il se passait du
calcul ; sa générosité naturelle le mettait d'instinct dans la
voie héroïque.

Ces plis que la religion laisse au caractère faisaient l'objet
de nos fréquents entretiens. Il connaissait à merveille les
traits qu'imprime la foi dans les âmes. L'histoire de la
Réforme l'avait passionné en tant qu'opposition du Nord à
l'expansion toute méridionale de la Renaissance :

— Eh ! oui, je comprends que sous un ciel bas et dans les
brumes, ces papes voluptueux qui. suivant le mot admirable
de l'un d'eux, n'imaginaient pas que les hommes vécussent
« sans se duper les uns les autres ». ces papes à rubans, à
dentelles. à maîtresses. à peintres et à musique, devaient
révolter des âmes violemment rigoristes. C'est là qu'éclate
l'influence du climat... Dans nos campagnes encore, l'aspect
du village protestant diffère entièrement du village catholique.
Mais il n'est pas douteux que le catholicisme a pour lui le
sens du pardon. du sacrifice, ce beau dogme de la substitu_
tion et du rachat que l'on a tant de fois déformé et mal
interprété.

Les Évangiles lui mettaient les larmes aux yeux. Il aimait,
du culte, la pompe extérieure, l'ordonnance, les processions,
la blanche douceur des communiantes, les cloches surtout,
dont la voix grave l'emplissait de mélancolie. Jamais, de sa
bouche. n'est sortie une parole d'impiété. Était-il absolument
incroyant et sceptique ? Ce sont là des secrets que garde
jusqu'au bout la conscience. Il était heureux que ma
mère allât prier sur la tombe des siens. Il manifesta le
désir de nous voir baptisés, de nous voir communier. Il
était fils d'une mère dévote. Lui-même. dans sa toute
jeunesse. avait été d'une piété excessive. Par son sens de la
couleur. de la rude épreuve de la vie, il tenait étroitement à
cette religion qui a trouvé les plus beaux cris, les plus profonds apaisements. les renonciations les plus tragiques et les
plus subtiles. Je l'ai entendu parler du Christ avec une onction
vigoureuse qu'envierait tout prédicateur. quelque chose

d'exquis, d'embaumé, de familier, qui concordait aux horizons de Palestine, et qu'il tenait de la Provence. Souvent son
œil s'est éclairé à une parole de mystère, ou de miracle: il
s'exprimait sur la foi, les périodes de sécheresse, les tourments des croyants, avec une éloquence puisée aux sources
intimes de la sensibilité religieuse... Et pourtant, il vénérait
Montaigne, plus encore que Pascal; pourtant, lorsqu'on le
poussait sur ces problèmes, il avait des répliques d'un scepticisme aigu ou de longs silences de doute.

En résumé, je crois que cette empreinte de la race, si forte
en lui, avait déterminé les *formes morales* de la foi catholique;
je pense qu'il eût souhaité cette foi, que l'athéisme et le
matérialisme absolus lui étaient odieux, mais que son amour
puissant et doux de la vie pour la vie, de la justice sans
récompense et de la pitié qui s'ignore, lui remplaçaient les
conceptions étroites d'un monde ultérieur et mieux organisé.

Le plus souvent et lorsqu'on était plus de deux, il évitait
ce genre de causerie « où chacun n'apporte que ces paroles
vagues et déjà cent fois entendues ». Il s'étonnait même, je
me le rappelle, que les plus grands sujets de l'humanité fussent
précisément ceux sur lesquels on accumule le plus de sottises,
comme si, à un certain niveau, l'esprit s'engourdissait, perdait la vue nette et les images fécondes.

Un après-midi d'été, comme nous nous promenions, il me
dit :

— C'est une alternative douloureuse, quand la nature
nous apparaît méchante et homicide, mais c'en est une plus
sinistre encore que son indifférence, lorsqu'elle nous apparaît
séparée de nous par un infranchissable gouffre.

» Ainsi, je m'explique que les croyants ferment les yeux
au monde, se bouchent les oreilles et se renferment dans les
étranges palais de l'âme. Ils ne trouveraient au dehors que
périls, désert, et tentation. Et moi, dans le sang de qui se
combattent le doute et les souvenirs de croyance, j'ai un
aspect double de ce qui m'environne, de ce parc, du ciel et
des eaux : tantôt, cela vibre, cela m'atteint, me traverse et
m'enthousiasme ; tantôt, je demeure froid, et les endroits
familiers me sont des séjours inconnus, presque hostiles...

N'est-ce pas aussi la douleur qui me décolore mon petit domaine?

A la fois nomade, amoureux du changement et traditionnaliste, respectueux de la religion, scrupuleux et moqueur,
haïssant l'officialité, la coterie, les honneurs mensongers de
la société et toute convention, il m'apparaît comme le type
achevé, mais épuré, de « l'homme du Midi ».

Épuré ; car c'est dans l'action que le Méridional se dégrade.
Mon père ne l'ignorait point et jugeait sévèrement certains
politiciens célèbres, ses compatriotes :

— La morale lâche comme la ceinture, des rigoles de taches,
le verbe aussi facile que l'élan, que la promesse, que le par-
jure. Bien vite, s'il s'agit de l'affreuse politique, nos qualités
tournent au pire : l'enthousiasme devient hypocrisie, faconde
et boniment ; le scepticisme léger, escroquerie ; l'amour de ce
qui brille, fureur du lucre et du luxe à tout prix ; la sociabilité, le besoin de plaire, se font lâcheté, faiblesse et palinodie.
Hélas ! que de hautaines comédies ! le poing frappant la poitrine, la voix sourde, éraillée mais prenante, les larmes commodes, les adjurations, l'appel au patriotisme, aux sentiments
nobles. Sais-tu qu'au mot de Mirabeau : « Et nous ne sorti-
rons que par la force des baïonnettes », une légende peut-être
véridique ajoute ce correctif sournois, oblique, murmuré de
côté, avec l'œil qui cligne : « Et si elles viennent, nous f...
le camp !... »

L'amour de la solitude et de la réflexion, qui n'avait fait
que se développer chez lui, est aussi rarement une vertu
méridionale : « Tout en dehors » est une devise de cette
race « ce grillons bruns », changeante et bruyante ; le
« Quand je ne parle pas, je ne pense pas », de Roumestan,
est d'une vérité profonde. — Je remarque en passant combien de
formules, de métaphores, de bouts de phrases, de définitions
inventées et popularisées par mon père ont fait une fortune
rapide et sont employées couramment par quantité de gens
qui ignorent leur origine. C'est que formules et définitions
ont en elles la « vertu vivante », ce mystérieux attrait ce
pittoresque et d'application facile qui perpétue la tournure et
déforme quelquefois le sens primitif. Si peu vain qu'il fût de

son talent et de ses succès, il se réjouissait de ces survivances.
Il raconte quelque part comment son cœur se gonfle de fierté,
quand il entend dire : « C'est un Delobelle, un d'Argenton,
un Roumestan, un Tartarin. » N'est-ce pas la gloire des littérateurs de spécifier ainsi des caractères et des types qui se
confondaient avant eux, dans la foule indistincte des humains ?

— Il semble, lui disais-je, qu'une destinée de l'art soit de
différencier les éléments vitaux, personnages, paysages, objets
mêmes, de rendre, en ses moindres aspects, la beauté visible
et présente.

Il me répondait :

— Cette réflexion sort des lettres que tu m'écrivis de Hollande au sujet des grands peintres de la réalité, Rembrandt,
Frantz Hals et Van der Meer. J'ai toujours pensé de même.
Un trait de lumière sur un visage, un sentiment qui affleure, un
geste, un regard, ont une valeur propre, immédiate et immortelle qui les distinguent de tous rayons lumineux, sentiments,
gestes et regards possibles. Nous individualisons tout et nous
déclassons la nature.

Ce travail qu'il fit pour les Méridionaux, il eût souhaité
que chaque écrivain le fît pour les gens de sa race :

— C'est ainsi qu'on devient représentatif. Et ces études particulières, loin de nuire aux vues générales, les servent et
les nourrissent d'exemples.

De Mirabeau à Bonaparte, à Thiers, à Guizot, à Gambetta,
on lit dans les « Petits Cahiers » une suite de remarques bio-
graphiques, historiques, du plus haut intérêt et qui toutes
tendent à retrouver les origines dans les actes et les paroles,
sous cet amas de conventions hypocrites, de mensonges, qu'apportent aux hommes politiques le contact d'autres ambitions,
le goût de la lutte et le désir d'exercer leur influence.

Selon Alphonse Daudet, le roman étayait l'histoire. Il pouvait même l'éclairer par endroits et la justifier. Parmi les
œuvres des contemporains, le *Blanqui* de Gustave Geffroy est
un bel exemple à l'appui de cette thèse. A l'étude d'un
grand caractère, cet artiste consciencieux, ce poète du réel
qu'est Geffroy, a appliqué les procédés modernes d'investiga-
tion et de description. Il en résulte un travail rare et remar-

quable qui servira de type et de modèle à bien d'autres essais
du même genre.

Qu'on ne s'imagine point que mon père poussât jusqu'à la
manie ce goût de l'analyse au point de vue de la race. Son
« bon sens latin », son amour de la mesure, le préservaient
d'un tel excès. Il vénérait Michelet ; il le relisait constamment ;
il trouvait sans cesse, pour le sublime auteur de *l'Histoire de
France*, de *la Femme*, de *la Mer*, de *la Bible de l'Humanité*, de
nouvelles formes laudatives. Il admirait Taine, tout en se
méfiant de sa systématisation violente, et le trouvant trop dur
pour les héros, les exaltés. Cet amoureux de l'équilibre et de
l'harmonie, dans le domaine de la pensée, comprenait, excusait la frénésie dans le domaine de l'action. Et je crois bien
qu'aux *Origines de la France contemporaine* il préférait la *Littérature anglaise*.

Ce zèle pour l'histoire provoquait des dialogues dans le
genre de celui-ci :

MOI. — Comment n'as-tu pas encore écrit une grande étude
sur un de tes héros, ou telle période des guerres de religion
en ton pays, tel épisode de la Renaissance et de la Réforme,
que je te vois étudier avec acharnement?

LUI, *avec un soupir*. — Le littérateur ne va pas où il veut.
Un sujet l'entraîne et le détourne de ses projets. Tu trouverais dans mes notes un *Napoléon homme du Midi*, qu'a réalisé et au delà notre cher Frédéric Masson, une *Guerre des
Albigeois*, un *Soulèvement de l'Algérie*, une monographie de
Raousset-Boulbon et une de Rossel, etc., etc. Ils sont innombrables, les sujets de ce genre, à la lisière de l'histoire et du
roman, que j'aurais voulu approfondir, traiter d'après les
documents de la vie.

MOI. — Toujours des Méridionaux, ou ces épisodes de la
lutte entre le Nord et le Midi...

LUI. — Ne l'ai-je pas répété maintes fois, que ce qu'un
homme peut ajouter comme contribution à la vérité est infiniment faible. J'ai confiance dans l'avenir. La réalité a une
force incroyable et distincte de la force de vérité.

MOI. — N'est-ce pas la même chose?

LUI. — Nullement. La vérité est un jugement moral, porté

par les hommes sur la réalité : le jugement peut s'obscurcir, défaillir et sombrer. La vérité est d'une susceptibilité supérieure à celle de n'importe quel papier impressionnable. L'air la dégrade, et la lumière et le souffle et tout. La réalité, elle, persiste et demeure. Mais il faut un poète pour lui donner la force de réviviscence, de propagation et de durée. Michelet fut un *visionnaire du réel*...

*
* *

Rarement un esprit ose être ce qu'il est...

Ce vers, qui est, je crois, de Boileau, mon père le lançait tout à coup dans la conversation. Souvent il expliquait comment le *caractère* est le résultat d'un courage moral qui porte l'être à se développer dans son sens propre, à pousser en relief les vertus et les vices qui forment son patrimoine.

— De même, ajoutait-il, il est une *timidité intime* laquelle inhibe l'individu, l'empêche de réaliser son type, et nous donne cette multitude de médailles frustes, à demi effacées, sans intérêt, qui sont la masse.

» Un littérateur, qui traite de passions, a forcément affaire à ces silhouettes indistinctes. Car ce serait une convention fatigante de ne mettre en œuvre que des caractères. C'est dans ces demi-teintes. dans ces passages de clair obscur, que notre tâche devient le plus difficile. Un héros du non-héroïsme, voilà le tour de force qu'a réalisé Flaubert dans l'*Éducation sentimentale*.

» Or un homme d'une race différente où d'une époque différente devient, par cela même, typique. Dans une foule du Midi, Roumestan ou Tartarin ne se distinguent pas. C'est Paris qui les met en lumière. De même, nous fréquentons encore certains vieillards, ou certaines personnes vivant hors du monde qui ont conservé intacts les préjugés, les façons ce voir, les générosités, les ardeurs de 1848. Et c'est pour nous une joie, comme c'en est une, pour le numismate, de découvrir une médaille bien nette.

*
* *

Il est. dans un roman de Jean-Paul Richter, un person-

nage qui a passé son enfance sous terre et croit entrer dans
le paradis. le jour où. montant à la surface. il voit le ciel,
les fleurs. les eaux et les forêts. Une pareille impression est
réservée à quiconque. ayant vécu dans le Nord. découvre
brusquement le Midi, la joie de la lumière. Cette joie.
mon père l'avait conservée pieusement. Elle dominait, en son
âme. la souffrance et la mélancolie. Ce que l'observation lui
apportait de cruel. ce que l'imagination lui suggérait d'âpre,
de véhément, de terrible. était adouci, tempéré, par la tié-
ceur dorée de Provence. les horizons purs. harmonisé selon
ces lignes qui. depuis l'antiquité classique. furent directrices
de la sagesse humaine.

Ce sens merveilleux de la mesure est la sauvegarde de
l'esprit. Celui qui descend en soi-même, et que ne retient
point l'amour de l'harmonie, s'enfonce bientôt dans d'épaisses
ténèbres. Il est inintelligible. Il perd tout pouvoir d'enseignement. Ce fil conducteur est peu de chose ; il aurait rendu
immortelles des œuvres telles que le *Peer Gynt* d'Ibsen. La
multiplicité des interprétations est. à coup sûr, un signe de
faiblesse. Le poème devient une sorte de jeu, de labyrinthe,
où s'exerce la sagacité du lecteur. La brève excitation qu'il
procure ne vaut point un souvenir clair.

Sur ce sujet, mon père était tranquille. La pensée française,
selon lui, demeurait. en dépit de quelques rares écarts, amoureuse du limpide et du vrai. et fidèle à ses origines. Il admirait plusieurs pièces d'Ibsen. pas toutes, car il en est dont le
symbolisme lui semblait enfantin et trompeur. Dans le sar-
casme septentrional du *Canard sauvage* par exemple, il retrouvait « le rire de caoutchouc, le rire de Voltaire, conservé par
les frimas poméraniens ». Il avait un culte pour Tolstoï. le
Tolstoï de *Guerre et Paix*. d'*Anna Karénine*, des *Souvenirs de
Sébastopol* et des *Cosaques*. La *Sonate à Kreutzer* le révoltait
par certains endroits. Enfin le néo-mysticisme de l'auteur et
ses dernières œuvres évangéliques ne l'intéressaient guère.

— Tolstoï, disait-il. a. dans sa jeunesse. savouré de l'existence tout ce qu'elle a d'exquis. de luxueux. de brillant. Il a
aimé la chasse. les mascarades. les courses en traîneau, les
jolies femmes. les amis. les arts. Maintenant, il voudrait
interdire aux autres ces plaisirs que la vieillesse lui refuse.

Dans la conversion d'un septuagénaire, je me méfierai toujours du regret et de cette envie, oh! très sourde, lointaine et retorse, mais tenace, qui se lit à travers les rides.

La lecture de *Crime et Châtiment* avait été « une crise de son cerveau ». Ce livre l'avait empêché d'écrire l'ouvrage qu'il projetait sur Lebiez et Barré et l'action, sur la jeunesse pauvre, des doctrines darwiniennes mal comprises. Cette déviation des formules par les esprits, cette prolongation pratique des théories l'inquiétaient et l'on doit à cette inquiétude *la Lutte pour la Vie*, *la Petite Paroisse* et *Soutien de Famille*. Pour revenir à Dostoïevsky, il n'estimait pas moins les *Frères Karamazov* et la *Maison des Morts*, mais à la frénésie évocatrice, aux hallucinations vraies du Dickens russe, il préférait l'harmonieuse beauté d'*Anna Karénine*, la somptueuse ordonnance de *Guerre et Paix*.

On voit donc que son amour pour le Midi ne lui faisait point dédaigner la littérature septentrionale. Quant au climat lui-même, c'était une autre affaire et je le plaisantais souvent sur la contradiction qui existait entre son horreur pour la brume et le gel et son goût des expéditions arctiques...

* *

Ici se bornent les souvenirs moraux que je voulais réunir pour que ne disparût pas tout entière avec Alphonse Daudet son atmosphère de charme et de tendresse. Arrivé au bout de ma tâche, je m'aperçois combien elle était difficile. Certains me reprocheront d'avoir été trop sobre de « récits ». Je l'ai fait exprès, considérant qu'il est bon de montrer le cœur et l'esprit d'un homme tel que mon père plutôt que de les morceler en anecdotes. Qu'ajouterai-je? J'ai, d'après mon âme et ma mémoire, esquissé le portrait d'un *humain*, simple et complexe, sensible et clairvoyant, dans la force de son âge et de ses travaux. S'il m'est arrivé de défaillir, sa grande ombre me le pardonnera, car elle sait que je fus sincère, et elle me précède désormais, sur la route brève ou longue de la vie, comme jadis il guidait les pas de son enfant.

LÉON DAUDET

VERSAILLES

I

LE PARC ENCHANTÉ

Avec la symétrie antique des bosquets
Qui s'efface dans l'herbe et le feuillage épais,
L'eau morte des bassins au milieu des parterres.
La dentelle sans plis des ronds-points solitaires
Rayonnant vide et droite une fuite d'allées,
Le silence et la lente brume échevelée
Hors de l'heure et du lieu, comme par tous les temps,
En moi-même le parc séculaire s'étend.

Les dieux y surgissant des balustres de marbre,
La fontaine dorée et les hauts massifs d'arbres,
Et tout ce qu'avec soi traîne de majesté,
Sur le jardin pompeux et le parc enchanté,
Le passage latent de l'heure solennelle,
Ce grand songe à celui de mon âme se mêle.
Telle avenue, avec ses genêts et ses ronces,
Qui dans le bois troué d'azur lointain s'enfonce,
Tel sentier d'herbe haute et de muguet fleuri

Aux carrefours perdus de mon cœur aboutit.
Pas un coin du vivant décor où ne se dresse
Sur les socles moussus, dans les branches épaisses,
Ægipans ou héros par le métal étreints,
Le peuple frissonnant de mes rêves d'airain !
Et la vieille âme encor chantante du départ,
Malgré le lourd soleil chargé de cauchemars
Dont la torpeur l'avait engourdie à moitié,
Se réveille et foisonne avec les églantiers ;
Aux mouvements du frais feuillage prisonnière,
Elle tremble dans la verdure printanière,
Somnole parmi les massifs où l'été dort
Et flotte à l'horizon dans la poussière d'or
Que l'automne suspend par les calmes soirées
Sur l'immobile fond des cimes empourprées.

Avec le parc immense elle s'identifie ;
Et l'étale miroir des pièces d'eau verdies,
Où se dissout l'amas des feuilles violettes,
Unie au vague paysage, la reflète.
Promeneuse à jamais d'elle-même exilée,
Elle ne voit surgir au tournant de l'allée
Qu'elle-même à jamais dans le jardin désert !
Car les ombres, avec le long parfum de chair
Qui nage encore aux plis somptueux de leurs traînes,
Masques laurés de rois et doux masques de reines,
Habitantes du parc et du château passés,
Ont fui, troupe de brume aux profils effacés...
Et le lierre accroche une guirlande noire
A la stèle dressée au fond de la mémoire.

Les ombres de jadis se sont évanouies.

Il ne reste, imprégné de leur haute survie,
Qu'un mystère plus grave au silence d'accueil
Qui plane autour des ifs funéraires du seuil.
Mais sous l'herbe qui tremble et la mousse qui ronge,
Une âme dans le marbre et l'airain se prolonge.
Lorsque le vent se lève un souvenir bruit,

Et la brume est le pan d'une robe qui fuit.
D'un long branle mouvant les masses monotones.
Souffles tièdes d'avril, aigres bises d'automne.
Un éternel travail court en obscurs frissons
Au ras du tapis vert et dans les frondaisons.
La vie avec la mort poursuit l'immense rêve
Qui toujours se transforme et jamais ne s'achève.
Trame de matins gris et de soirs éclatants,
En un voile flottant de la couleur du temps
Qui palpite à travers la symétrie antique
Et le décor pompeux du parc emblématique.

II

UN SOIR D'ÉTÉ

Au bout du grand canal, entre les peupliers,
Termes sveltes au seuil de la plaine et des champs,
Poudroie et se répand sur le parc régulier
Un or tiède de gloire et de soleil couchant.

Pas un souffle ne court dans le sombre feuillage
Que baigne d'une lourde et paisible clarté
L'azur profond semé d'immobiles nuages :
C'est un des mille soirs de l'éternel été.

Le château qui s'accoude au bord de la terrasse
Regarde, avec ses yeux de vitres écarlates.
Le ciel rouge où dans l'or qui fume et qui s'efface
La muette splendeur de l'incendie éclate.

Et ce frisson de pourpre au loin réverbéré,
Le songe y va drapant triomphes et massacres
Qui passent, au néant des carreaux froids mirés,
En plis clairs de linceuls ou de manteaux ce sacre!

Les parterres brodés d'arbustes et de buis
Ont une odeur de miel et de siècles défunts,
Et les roses, sentant l'approche de la nuit
Exhalent dans l'air tiède un fade et long parfum.

Sur les socles alors se réveille et s'étire
La nymphe qui sursaute au bras qui la surprend;
Nue, elle se débat dans les mains du satyre,
Une mousse dorée aux creux du marbre blanc.

Et la flûte qui chante aux lèvres des statues
Dit la douceur d'errer parmi le crépuscule,
A cette heure apaisée où le soir perpétue,
De l'avenir en marche au passé qui recule,

Le cortège confus d'espoirs et de regrets
Qui gambade en avant et qui pleure en arrière,
Dans la sereine allée et dans les grands bosquets,
Sous les feuilles, aux jeux mourants de la lumière.

III

LES BARQUES

Le parc silencieux, avec les arbres noirs
Des quinconces dormant dans la fraîcheur du soir
Autour des pièces d'eau qui luisent une à une,
Tremble d'un long frisson au lever de la lune.
Elle monte baignant de sa pâle clarté
L'azur tiède et laiteux et le site argenté...

Et les taillis obscurs derrière les charmilles,
Le mystère effrayant qui dans l'ombre fourmille,
Toujours prêt à surgir des ténèbres vivantes
Aux yeux du promeneur agrandis d'épouvante,
Toute l'horreur sacrée et nocturne des bois,

Ne sont plus qu'un décor aux alignements droits
Où bleuit, au-dessus ces bassins dont l'eau fume,
Un magique réseau de lumière et de brume.

A travers l'ombre douce, immobiles et blancs,
Dans la gaine de pierre où se roidit leur flanc,
Le cercle des Hermès, les Nymphes et les Faunes,
Les vases bossués d'un combat d'Amazones
Se détachent, sur la profonde masse d'arbres.
Un pâle frisson court dans les veines du marbre ;
Le feuillage vivant du parc désert et vaste
En silence frémit sous le baiser de l'astre ;
Comme l'eau d'un miroir le grand canal reluit ;
Et le subtil parfum des roses dans la nuit
Exhale en souffles lents sa langueur pénétrante.

Les parterres confus sont pleins d'ombres errantes ;
Sur les balustres bleus par la lune éclairés
Elles se penchent ou descendent les degrés,
Et, vers le grand canal dont le miroir s'argente,
C'est un frissonnement dans la brise vivante.
Le cortège invisible avance doucement ;
L'eau clapote et murmure à la rame qui pend ;
La galère ventrue et les barques dorées
Se balancent sur les vaguelettes moirées...
Sans l'ébauche d'un geste ou l'éclat d'une voix
Appareillent les doux passagers d'autrefois ;
La voile s'enfle, et la flottille dans la brume
S'enfonce, déchirant d'un sillage d'écume
L'eau glacée et l'eau noire aux reflets de la lune.

Et jusqu'à l'heure où blanchira l'aube importune,
Dans le féerique clair-obscur dont peu à peu
Va s'effacer la brume et se foncer le bleu,
La flottille en silence erre par la nuit tiède.
A l'astre disparu les étoiles succèdent ;
Et l'ombre est si profonde et le silence tel
Qu'il manque une chanson lointaine sous le ciel...
Les barques cependant gonflent toujours leurs voiles,

Et muettes, dans l'eau noire pleine d'étoiles,
Avec de lourds brocarts à l'arrière traînants.
Vides, elles glissent mystérieusement.

IV

STATUE ÉQUESTRE

Pâle et faisant toujours bondir du piédestal
Dans le pompeux et noir hémicycle des arbres
L'immobile galop de son cheval de marbre,
Il s'érige hautain, solitaire et fatal.

Les deux genoux au flanc du coursier qui se cabre,
Et les talons léchés par des langues de feu.
Torse nu de héros et visage de dieu,
S'enlève le profil impérieux et glabre.

Dans l'ombre, la bruine et le silence épars,
Le roi qui se survit en la statue équestre
Tient le sceptre étendu d'un immuable geste :
Le court manteau qui flotte a des plis d'étendard.

Il contemple, les yeux fixes, le front lauré,
Les arbres que le vent de l'automne dénude,
L'immense parc brumeux empli de solitude
Et le matin pareil au soir triste et pourpré.

Et le sceptre dompteur d'invisibles armées
Plane sur le gazon jonché de feuilles d'or,
De feuillages pourris et de branchages morts,
Dans l'air humide et froid plein ce vaines fumées.

V

LES QUATRE SAISONS

Miroir d'eau.

Eau du calme bassin cerclé de marbre rouge !
L'Heure s'y penche. Pas une feuille ne bouge
Dans la charmille haute, autour du miroir clair
Où se doublent, trouant la ligne du mur vert,
Les sept Termes debout dans leurs gaines scellées
Au seuil mystérieux des sept fuites d'allées.
Le miroir est si pur, la glace si profonde,
Que les arbres avec l'eau morte se confondent :
Les herbes du bassin et celles des talus,
La berge et son reflet ne se distinguent plus ;
Et le grand paysage étageant en silence,
Selon la séculaire et pompeuse ordonnance,
Son immobile demi-cercle de gazons
Et de marbres parmi la glauque frondaison,
Dans l'eau luisante comme à travers l'air limpide
Sommeille sous l'azur qu'aucun souffle ne ride.
Une impalpable cendre estompe la clarté ;
Au miroir du bassin le tiède jour d'été
Renvoie, en l'embrumant de sa lumière blanche,
Le visage éclatant de l'Heure qui s'y penche.
On sent le pâle azur plein de frissons dormants.
C'est l'Heure qui respire et plisse par moments
L'eau claire que déchire un vol de libellule ;
Et dans le calme ciel, au fond du jour qui brûle,
Comme au fond du bassin lumineux, c'est toujours,
Avec ses yeux pareils à ceux de mon amour,
La même face qui surgit et qui s'efface,
Le visage éclatant que dans la pure glace
L'Heure silencieuse incline jusqu'au soir,
Amer comme le songe et doux comme l'espoir.

*
* *

Allée des Marmousets.

Mon rêve descendait la pente de l'allée.
La tristesse du jour par l'automne voilée.
Pénétrant l'air de brume et d'humide langueur.
Noyait du même gris le ciel vide et mon cœur :
Car les feuilles de rouille avec les feuilles d'or
Balancent lourdement le triomphe et la mort
Dont les cimes en deuil, par moments remuées.
— Un souffle froid, sous le passage des nuées, —
Suspendent le dais pourpre au-dessus de l'allée,
Dans le jardin désert et dans l'heure voilée.

Et des feuilles tombaient à travers le silence...

Seuls, groupés trois par trois de distance en distance,
Et de chaque côté de l'allée émergeant
Hors du bassin où l'eau dort en flaques d'argent.
Enfants. vous surgissiez le long des plates-bandes !
Vos bras d'airain liés par de noires guirlandes.
Mirant d'un geste gai, Satyres ou Tritons.
Votre danse immobile à l'eau des bassins roncs,
Vous portiez sur le cou de vos triples statues
Des vasques de porphyre à vos épaules nues :
Et sur le bronze vert de vos torses luisants.
Polis par le baiser invisible des ans.
L'eau triste dégouttait de la vasque fendue.
Une à une, dans l'eau vivante et corrompue,
Couleur d'or et ce rouille et d'herbes et de sang,
Sur le bassin ridé de cercles frémissants,
Les gouttes d'eau tombaient lourdes comme des larmes...
Et le bruit de leur chute avait pour moi le charme
D'un écho dont la plainte incertaine s'élève
Du fond de ma tristesse et du fond de mon rêve ;
Si bien que je crus voir, en m'approchant du bord,
Apparaître dans l'eau de ténèbres et d'or

15 Avril 1898.   13

Une face confuse identique à la mienne :
Car l'eau triste où tremblaient des feuilles anciennes
En remous ondoyants d'herbes et de soleil,
Gardait, dans son miroir à mon âme pareil,
Pleine des feux éteints de l'heure monotone,
L'antique songe épars aux frissons de l'automne !

***

Bassin des Enfants.

Le groupe d'Amours nus qui jouait dans l'eau claire,
La neige le recouvre et la glace l'enserre.
La guirlande noircie et les flambeaux éteints
Émergent à demi de l'opaque bassin.
L'arc de bronze rompu sommeille près des flèches.

Un vent froid s'est levé parmi les feuilles sèches,
Et les arbres pareils à des squelettes noirs
Regardent s'enrouler du matin jusqu'au soir
Les tourbillons d'hiver dans les grandes allées.
Sur le tapis craquant de la terre gelée,
Nuls vestiges d'oiseaux vers le soleil enfuis ;
Et le givre étincelle aux bordures de buis.
Par le silence blanc que la neige emmitoufle,
Les dieux de marbre se morfondent, le vent souffle,
Et dans le ciel ouaté s'éteignent tous les bruits.
L'aube grise et le soir se mêlent à la nuit ;
Le gui balance, au vent glacé, ses lourdes grappes ;
Le parc rêve, muet, sous l'éclatante nappe.

Dans l'opaque bassin qui s'est figé d'un bloc,
Où la neige est durcie et l'eau claire est de roc,
Guirlandes et flambeaux avec les flèches vaines
Et l'arc d'où s'envolaient les misères humaines,
Tout sommeille et se rouille au poing mort des Amours.

La brûlure du vent a raidi leurs doigts gourds :
Ils grelottent, penchés, dans l'immobile pose
Où leur jeu s'ébattait sous la lumière rose ;
Et la neige les fouette et la glace les mord.

Pour qu'aux flambeaux éteints crève la flamme d'or,
Pour que de l'arc sanglant s'envolent nos misères,
Reviens vite, Soleil, illuminer l'eau claire l
Et quand elle sera de la couleur du ciel.
Les Amours secoueront le deuil universel.
Car pour mener, joyeux, dans le bassin leurs danses,
Pour que le jeu cruel des flèches recommence,
Et pour qu'au tiède azur leurs songes soient pareils,
Les Amours ont besoin de ton prisme, Soleil !

*
* *

Bassin d'Apollon.

L'eau bouillonne et jaillit ; l'azur est déchiré.
Dans l'aube qui frissonne, hennissants et cabrés,
Bondissent les chevaux éclatants ce l'Aurore.
De leurs quatre poitrails qui ruissellent encore,
Ils fument, blancs d'écume et tout roses de jour.
L'onde antique a lustré l'airain de leur poil court...
De leurs sabots dorés ils martèlent l'eau claire,
Et leurs rouges naseaux ronflent de la lumière.
Derrière eux à jamais, cans le matin d'argent,
S'épanouit le char du Soleil émergeant
Avec le dieu penché qui fouaille et qui dirige
L'élan toujours cabré du glorieux. quadrige.
La pourpre de l'écharpe ondule cans l'air pur.
Et brusque rejaillit l'eau vive sous l'azur :
Dardée en diamants, elle retombe en perles.
Les vagues du bassin clapotent et déferlent

Et les cimes du parc et les massifs lointains
Bruissent à travers la fraîcheur du matin.

Avec le rêve réveillé, le jour se lève.
Dans les bourgeons luisants court l'éternelle sève,
C'est le printemps qui flotte au seuil de l'horizon !
Il courbe en l'argentant la pointe du gazon,
Tremble dans le frisson naissant des feuilles vertes,
Et sur les grands bosquets, les terrasses désertes,
Sur le parc et dans l'âme il éclate, pareil
Au groupe éblouissant des chevaux du Soleil !

Le ciel pâle est fleuri par des nuages roses.
A côté du muguet, les roses sont écloses,
Les papillons légers y voltigent déjà.
Et tandis que le parc mauve et blanc de lilas,
Au loin, sous le baiser de l'heureuse lumière,
Frémit avec le songe et l'âme tout entière,
Le quadrige divin emporte à plein galop,
Enivré par la course et lavé par le flot,
Mon désir éternel qui vers le but se penche,
A travers le ciel clair, l'aube et l'écume blanche !

VICTOR MARGUERITTE

LES AFFAIRES DU NIGER

Au printemps de 1893, le capitaine Binger[1] avait couvié ceux qui s'intéressent aux choses coloniales à visiter, dans des salles de l'École des Beaux-Arts, l'exposition des photographies rapportées par lui et par son compagnon, M. Marcel Monnier, de leur mission sur la frontière orientale de la Côte d'Ivoire. Parmi les visiteurs se trouvait lord Dufferin, ambassadeur d'Angleterre; il parcourut les salles, accompagné de quelques hauts fonctionnaires du ministère des Affaires étrangères et du ministère des Colonies. Il s'arrêta devant une photographie où se voyaient quelques huttes dans un paysage brûlé, sans végétation, sans vie. On lisait au dessous : « Bondoukou, mai 1892. » L'ambassadeur, se tournant vers les fonctionnaires qui lui faisaient cortège, dit, avec un sourire : « Et c'est pour cela que nous avons failli nous battre! »

Comme tous les mots, celui-ci forçait un peu la pensée de

1. Le gouverneur Binger, actuellement directeur de l'Afrique au ministère des Colonies, est l'un des représentants du gouvernement français dans la commission mixte chargée d'examiner les prétentions respectives de la France et de l'Angleterre dans la boucle du Niger.

l'auteur. L'incident avait eu, il est vrai, quelque gravité. Des Anglais avaient pris possession, en 1889, du village de Bondoukou, qui s'était placé peu de temps auparavant sous le protectorat français par un traité conclu avec MM. Binger et Treich-Laplène; ils avaient abattu le pavillon français qui flottait sur la case du chef du village, et l'avaient remplacé par le pavillon britannique. Le gouvernement de la République protesta; le cabinet de Londres répliqua; on discuta avec un peu d'aigreur, et, après avoir noirci beaucoup de papier, on s'entendit : les droits de la France furent reconnus par la convention du 26 juin 1891. De guerre, il n'avait pas été question. Mais l'ironique remarque de lord Dufferin marquait bien la disproportion, évidente parfois, entre la vivacité de notre entraînement et la valeur de l'objet qui le provoque.

Actuellement, entre la France et l'Angleterre, le litige est plus grave : des incidents répétés se sont produits sur plusieurs points de l'Afrique occidentale; d'autres sont à prévoir; les discussions s'embrouillent; chacun tient d'autant plus obstinément à ses prétentions qu'il les soutient depuis plus longtemps; l'opinion est inquiète. Qui sait si, parfois au cours de ces discussions où personne ne paraissait disposé à des concessions, la guerre n'a pas apparu à quelques-uns comme le terme fatal, plus ou moins prochain, d'une radicale incompatibilité d'humeur ? De la crainte d'une agression à une agression soi-disant préventive, parfois il n'y a pas loin. Sans doute, il faut compter sur le bon sens des deux nations et de leurs gouvernements; mais il semble bien qu'à Londres comme à Paris, un faux calcul d'habileté ait donné à la presse le mot d'ordre de hausser la voix pour intimider l'adversaire; ou peut-être, tout simplement, l'incapacité de dominer des manifestations d'opinion plus ou moins sincères et désintéressées, peut-être même la pensée de les exploiter au profit d'une mauvaise popularité, ont-elles amené ceux qui savaient la valeur réelle de l'objet du litige à la laisser exagérer.

Il nous semble opportun de mettre au point cette discussion, d'en dire l'origine, l'importance au point de vue des intérêts permanents de la France en Europe et en Afrique.

*
* *

De beaux voyages d'exploration et de hardis faits d'armes, encouragés également par la faveur de l'opinion publique et par les complaisances de l'administration coloniale et de la diplomatie, plus habituées l'une et l'autre à suivre l'opinion qu'à la diriger, nous ont acquis dans cette région de plus vastes territoires que n'en possède aucune autre nation.

Partie des rivages de la Sénégambie, la domination française s'est étendue vers l'est. L'œuvre a été conduite par quelques individualités puissantes, mais sans un programme exactement arrêté. Des incidents ont entraîné nos colonnes toujours plus loin, à la conquête de nouveaux territoires. Il ne s'agissait tout d'abord que de protéger contre des agressions menaçantes ou prévues les établissements voisins de la côte et les comptoirs fondés le long du fleuve. Puis on se demanda si ces conquêtes n'auraient pas en elles-mêmes leur justification ; mais, quelque désir qu'on eût de répondre affirmativement, et de croire à l'utilité des efforts accomplis, comment s'illusionner sur la valeur de tels territoires ? Évidemment, ce n'était pas la Terre promise ; on crut donc qu'elle était plus loin, et l'on continua de marcher.

Les pays qui bordent le Niger avaient une réputation ancienne de richesse : ils ne la devaient pas seulement à l'éblouissement éprouvé par des voyageurs qui les avaient visités après avoir traversé des déserts ou des contrées sauvages ; ils avaient un mouvement commercial d'une importance insuffisante peut-être pour alimenter beaucoup de trains de chemins de fer, mais qui fournissait du trafic à de nombreuses caravanes. Quelques-unes des villes de ces régions étaient célèbres par les trésors que leurs marchands ou leurs princes y avaient, dit-on, accumulés. Fameuses dès le moyen âge, elles avaient été, ou étaient encore, les capitales d'empires possédant des institutions régulières, une armée organisée, un système d'impôts, une cour soumise à l'étiquette. Les unes, comme Tombouctou, étaient les étapes nécessaires des caravanes, les points de rencontre des routes ; les autres, les cités du bas Niger, étaient au centre de régions réellement

fertiles et peuplées. Quelques voyageurs qui venaient de les
voir, Barth surtout (1851-1855), vantaient la richesse des
pays haoussas qui, de la rive gauche du bas Niger, s'étendent
jusqu'au lac Tchad et bien au delà de la Bénoué : Gando,
Sokoto. Bornou, Adamaoua. Sans avoir une égale renommée.
les pays du haut et du moyen Niger apparaissaient dans un
mirage lointain et mystérieux ; quelques noms étaient connus,
Ségou, Tombouctou, Gogo, Sinder ; et le fleuve promettait, à
tout le moins, de conduire vers des marchés bien achalandés.
Aussitôt que Faidherbe eut assuré la domination française
au Sénégal (1854-1859), il orienta vers le Niger l'effort de la
France ; dès 1863. il dirigea vers le fleuve deux explorateurs :
le lieutenant de vaisseau Mage et le docteur Quintin restèrent
de longs mois à Ségou. auprès du fils de El Hadj Omar.
Ahmadou. qui venait de succéder à son père.

Cependant Faidherbe ne pensait pas que tout notre effort
pût se porter sur les territoires compris entre le Sénégal et le
haut Niger ; en 1863. dans sa brochure sur l'*Avenir du Sahara
et du Soudan,* tout en recommandant de « fonder un établissement vers Bammakou », il déclarait nécessaire de « s'emparer de la navigation du Niger *par l'embouchure,* de concert
avec les Anglais ». Et Mage, en 1868, au retour de Ségou,
concluait de même : « Si la France veut intervenir d'une
manière efficace dans la politique du Soudan. il n'y a. suivant
moi, *qu'un moyen sérieux* : c'est de remonter le Niger avec
des bâtiments. soit, qu'on parvienne à leur faire franchir les
rapides de Boussa, soit qu'on les construise au-dessus de ce
barrage. Ma conviction est que l'opération est possible. »

La navigation du bas Niger, c'était en effet l'accès au vrai
Soudan. Les bouches du Niger. c'était la porte largement
ouverte sur le cours entier du fleuve. sur les riches pays
du Soudan central où nous nous efforçons aujourd'hui
de pénétrer par des routes moins aisées. et où nous trouvons les Anglais installés, alors qu'il nous eût été facile
ce les devancer. lorsque Mage nous conviait à l'action.
A cette époque. en effet, l'Angleterre. découragée par de
difficiles débuts. désespérait de l'avenir de ses possessions de
l'Afrique occidentale. En 1865. une grande commission de
la Chambre des communes. où siégeaient des hommes consi-

dérables, Cardwell, lord Stanley, Forster, avait adopté la résolution suivante : « Toute extension ultérieure ce territoire. toute acceptation de nouveaux traités offrant notre protection aux tribus indigènes. seraient inopportunes. Le but de notre politique doit être d'encourager chez les indigènes le développement de qualités qui nous permettent de leur transférer progressivement l'administration de leurs États. *en vue de notre retraite finale de toutes ces colonies,* excepté probablement de Sierra-Leone [1]. » Mais la France songeait si peu à profiter du découragement de l'Angleterre, qu'en 1875, les deux pays négociaient sérieusement sur les bases suivantes : cession de la Gambie à la France ; abandon par la France de tous droits sur les territoires situés au suc de la colonie de Sierra-Leone, c'est-à-dire sur les territoires où devaient plus tard naître et grandir nos trois belles et grandes colonies : Côte d'Ivoire, Dahomey et Congo.

*
* *

Si le gouvernement français eût été moins imprévoyant. d'heureuses initiatives individuelles lui eussent permis, de 1880 à 1884, de s'emparer des royaumes du bas Niger.

Il n'y a pas vingt ans, l'Afrique occidentale était encore presque entièrement inconnue. Les indigènes en étaient presque seuls maîtres, de la côte de l'Atlantique au lac Tchad, cu golfe de Guinée au Sahara. A peine les Européens avaient-ils, le long du littoral. fondé quelques comptoirs qui végétaient depuis deux siècles et dont l'abolition de la traite avait rencu l'existence fort précaire. Les marchands de Liverpool, de Marseille, de Bordeaux, continuaient à y faire leurs opérations commerciales suivant les mêmes procédés que leurs devanciers. Comme les contemporains de Colbert — pour ne pas dire comme les navigateurs dieppois cu xive siècle, les découvreurs portugais et les capitaines de la reine Elisabeth, — ils troquaient quelques produits de l'incustrie européenne contre les produits naturels que les noirs leur apportaient. Les gouvernements français et anglais se contentaient de la pos-

---

1. *Parliamentary Papers, Africa*, n° 7, 1892.

session de quelques forts, dont les faibles garnisons ne garantissaient pas toujours leurs ressortissants contre les mauvais traitements des roitelets indigènes. L'Angleterre n'attachait de prix qu'à Sierra–Leone, en raison de la valeur stratégique de cette station navale. Seul, notre Sénégal avait quelque importance économique ; des postes et des comptoirs s'échelonnaient le long du fleuve ; Saint–Louis et son gouverneur avaient, au loin, une réputation due au gouverneur Faidherbe ; mais, à vrai dire, notre influence réelle cessait à portée des canons des forts. La vente de la gomme apportée aux escales du Sénégal par les Maures, celle des graines oléagineuses et de l'huile de palme provenant des rives fertiles et malsaines de la Gambie, des Rivières du Sud et des lagunes qui bordent la côte de Guinée, enrichissaient quelques maisons ; et c'était tout.

Les établissements européens étaient séparés les uns des autres par des territoires rarement visités des marins. Quand on dépassait le Sénégal, puis les comptoirs anglais et français de la Gambie, les forts portugais de Guinée, nos factoreries des Rivières du Sud et la colonie britannique de Freetown (Sierra-Leone), on atteignait la côte de Graines, encore livrée à la barbarie. Des affranchis noirs venus des États–Unis y avaient fondé, sous le nom de République de Liberia, quelques villages mal bâtis, et les efforts faits, de 1843 à 1868, par les commandants de notre division navale pour y établir le protectorat français, n'avaient pas eu de résultats appréciables. Sur la côte d'Ivoire, végétaient nos stations d'Assinie et de Grand-Bassam. Sur la côte de l'Or, l'Angleterre, après avoir acquis les établissements danois et hollandais, avait assuré, il est vrai, la tranquillité de ses comptoirs par la destruction du féroce royaume des Achantis (1874), mais ses négociants ne cherchaient pas à pénétrer dans l'arrière–pays. Pas plus que les nôtres, ils ne paraissaient vouloir utiliser les révélations que quelques voyageurs, et surtout un Français, Bonnat, venaient d'apporter sur le grand marché de Salaga, accessible par la voie d'un fleuve important, la Volta. Venait ensuite la côte inhospitalière, à laquelle la traite avait valu jadis le nom de Côte des Esclaves et que la France a délivrée, il y a

quelques années à peine, de la sanglante domination des rois
du Dahomey. Quelques Européens, sans cesse exposés aux pires traitements, à la captivité et à des exactions
de toutes sortes, vivaient à Ouidah ; une maison française occupait un ancien fort, et un fort portugais était
gardé par des noirs. D'autres avaient des factoreries aux Po-
pos, à Porto-Novo, à Kotonou; mais la France avait renoncé
aux droits de protectorat acquis de 1865 à 1868. Les Anglais
de Lagos bornaient leur ambition à faire le troc dans les
lagunes littorales, sans ouvrir de relations avec les populations industrieuses établies entre le Dahomey et le cours inférieur du Niger, Egbas et Yoroubas. Ensuite, il n'y avait
guère, jusqu'au delà du Congo, d'autres Européens que les
Français de Libreville ; le Gabon est d'ailleurs resté une
simple station navale, jusqu'au jour où Compiègne, Marcha,
de Brazza et Ballay (1873-1882) eurent complété l'exploration
de l'Ogooué, et ouvert à l' « Ouest africain » la perspective
d'un développement inespéré.

C'étaient là cependant les territoires que l'Angleterre, l'Allemagne, la France allaient se disputer avec une ardeur qui a mis
parfois, depuis 1884, la paix européenne en péril. Qui eût entrevu, il y a quinze ans, la fortune rapide des pays qui devaient
former la zone d'influence de la Compagnie du Niger, le protectorat britannique de la côte du Niger, le Cameroun allemand et le Congo français? L'imagination la plus folle n'eût
pas prédit cette course au clocher qui a pris comme but les
rives, alors presque fantastiques, du Niger, ce la Bénoué, ou
lac Tchad. Personne ne songeait à utiliser les renseignements
que les voyageurs avaient recueillis sur les richesses naturelles
de ces régions : l'insalubrité des embouchures du grand fleuve
avait découragé toutes les tentatives.

C'est la France qui fit la première grande entreprise.
En 1880 un de nos compatriotes, le comte de Semallé, organisa une expédition commerciale sur le Niger. Établissant
le centre de ses opérations à Brass, il remonta le fleuve jusqu'à Egga, puis, revenant sur sa route, fonda des comptoirs à
Lokodja, Igbebé, Onitcha, Abo. Il s'était établi aussi à Loko
sur la Bénoué. Après la mort de ce précurseur trop oublié, la
Compagnie française de l'Afrique équatoriale (MM. Desprez et

Huchet) prit sa place. L'élan était donné. L'ancienne maison marseillaise Verminck, transformée en Compagnie du Sénégal et de la côte occidentale d'Afrique, installa à son tour des comptoirs sur le bas Niger. Gambetta s'était intéressé aux efforts de nos compatriotes ; le gouvernement de la République autorisa un officier, le capitaine Mattéi, à entrer au service de la Société française.

Les Anglais, dont les cinq comptoirs végétaient depuis trente ans, entamèrent contre leurs concurrents français une lutte vigoureuse. Leur âpre énergie ne recula pas devant les gros sacrifices nécessaires. Depuis 1879, ils s'étaient syndiqués pour constituer la *United African Company*, que dirigeait sir G. Taubman Goldie. En 1881, la Compagnie porta son capital à un million de livres sterling ; elle prit le nom de *National African Company*, et annonça l'intention d'ouvrir des relations directes avec les États de Sokoto et de Gando. Elle créa de nouvelles stations, acheta des bâtiments, et fit tout pour s'assurer la clientèle au détriment des Français.

L'apparition de deux Allemands à la cour du sultan de Sokoto, l'établissement du protectorat impérial sur plusieurs points de la côte occidentale, au Togo, au Cameroun, aux abords mêmes des bouches du Niger (1884), décidèrent le gouvernement britannique à conclure des traités avec les peuplades du Delta et avec celles qui, plus à l'ouest, habitent les bords des « Rivières d'huile ». La prise de possession de ces contrées commençait ; la France et l'Allemagne, alors unies dans une commune résistance aux prétentions de l'Angleterre, étaient encore maîtresses de limiter ses acquisitions.

La France était la plus fortement intéressée à sauvegarder les droits de ses commerçants. Sans doute, nos compatriotes avaient peine à trouver des capitaux pour soutenir une concurrence qui apparaissait comme ruineuse ; mais la situation n'était pas désespérée. Ils possédaient onze vapeurs et trente et un comptoirs ; les Anglais avaient douze vapeurs et trente comptoirs. Il eût fallu à nos nationaux un réconfort moral et un concours pécuniaire. Investi du titre d'agent consulaire, le capitaine Mattéi fit parvenir à Paris d'énergiques appels. On n'y répondit pas. Et quand, à la Conférence africaine de Berlin, nos représentants parlèrent d'appliquer au Niger le régime des fleuves internationaux en invoquant les intérêts français dans le bas fleuve, l'ambassadeur d'Angle_ terre, sir Edward Malet, répondit en notifiant à son collègue de France que les Compagnies françaises, abandonnant la lutte, avaient vendu leurs établissements à leurs concurrents anglais [1].

La Conférence élabora un règlement qui établissait sur le Niger la liberté de navigation ; mais un tel règlement devait rester lettre morte, du moment que l'Angleterre, politiquement maîtresse des territoires du bas Niger était chargée d'en appliquer les clauses. Le gouvernement britannique, il est vrai, n'assuma pas lui-même l'exercice des droits politiques dans cette partie de l'Afrique ; il les concéda, par une charte royale, en juillet 1886, à la *Royal Niger Company*, constituée l'année précé_ dente par la *National African Company*, et qui choisit lord Aberdare comme « gouverneur », et sir G. Taubman-Goldie comme « vice-gouverneur ». Cette compagnie se chargea d'organiser des obstacles à la liberté de la navigation, et toutes les réclamations adressées au gouvernement britan- nique demeurèrent inutiles. Les gouvernements allemand et français avaient cru, en renonçant à toute action politique, réserver les intérêts commerciaux ; en fait, l'accès du fleuve et des États riverains fut interdit à leurs négociants par une série de règlements vexatoires et de procédés abusifs.

On a dit bien des fois à la décharge du gouvernement de Jules Ferry, qu'engagés à la fois au Tonkin, à Madagascar. au Congo, nous étions excusables d'avoir laissé échapper le bas Niger. Mais il n'était pas question ici d'une active inter- vention militaire ou diplomatique. L'allocation d'un sub- side bien modeste — quelques centaines de mille francs. peut-être — aurait largement suffi pour permettre à nos compatriotes de résister jusqu'au jour où les conditions de la lutte seraient devenues normales. Mais l'appel de quelques simples particuliers au concours pécuniaire ce l'État parut étrange et compromettant ; il fut rejeté.

---

1. Le prix fut payé partie en argent, partie en titres de la Compagnie britannique, ce qui permet au directeur de celle-ci de s'enorgueillir. à l'occasion, d'avoir des Français parmi ses actionnaires.

Depuis, on n'a eu de blâme que pour les négociants français qui, ayant fait flotter notre pavillon sur le bas Niger et
la Bénoué, renoncèrent à la lutte, Une telle sévérité est-elle
équitable? Ces commerçants demandaient aide et protection à
leur patrie; leurs appels ne furent pas entendus. Puisqu'on
refusait de les considérer comme d'utiles instruments de la
politique française en Afrique, ils redevenaient de simples
marchands; le bilan commercial imposait la liquidation : ils
liquidèrent. Et le pavillon anglais remplaça nos trois couleurs
à Egga, Lokodja, Igbebé, Onitcha, Abo et Lokko.

Il est vrai qu'à l'autre extrémité du fleuve, une vaillante
petite colonne militaire, après plusieurs combats, avait planté
notre drapeau à Bammakou! Le bas Niger était perdu. Mais
le haut Niger était à nous, bien à nous.

*
* *

La conquête des pays compris entre le Sénégal et le Niger
commença à l'époque même où l'initiative de quelques particuliers tentait de nous ouvrir le bas Niger. C'est le projet de
chemin de fer transsaharien qui amena le gouvernement du
Sénégal à reprendre l'œuvre d'expansion arrêtée depuis le
départ de Faidherbe (1880). Une fois pris dans l'engrenage,
nous n'en sommes plus sortis; nous avons poursuivi chaque
jour plus loin des ennemis qui fuyaient devant nous, nous
avons pris l'offensive pour prévenir une agression possible.
C'est une œuvre sans fin et dont les profits n'apparaissent
pas ; car, au dire des observateurs les plus sûrs et, notamment, du général Gallieni, ces régions, naturellement peu
fertiles, et ravagées par des guerres continuelles, nourrissent
à grand'peine une population médiocrement dense.

Dans ces territoires où aucune rivalité étrangère ne nous
menaçait, où nous étions libres d'attendre notre heure, l'action
pacifique et économique aurait dû précéder l'action guerrière
qu'elle eût peut-être rendue inutile. Une pénétration militaire hâtive et presque indéfinie, poursuivie avec beaucoup
de vaillance et de ténacité, a absorbé toute notre activité,
et l'œuvre d'exploitation économique, qui d'ailleurs n'eût
peut-être jamais pris un grand développement, a été presque

négligée, Pour expliquer l'erreur profonde de cette politique, il faut se souvenir qu'on a agi au jour le jour. sans pouvoir ou sans oser s'arrêter. à l'exemple du joueur qui court après son argent. C'est en vain que. de loin en loin. quelques hommes prudents. Gallieni en 1890 [1]. M. Delcassé en 1893 [2]. ont voulu marquer un point d'arrêt. Il est plus facile de ne pas jouer que de limiter sa perte !

Cette politique eut pour premier objet d'assurer solidement notre autorité entre le haut Sénégal et le haut Niger. Ce fut l'œuvre des expéditions dirigées de 1881 à 1891 par Borgnis-Desbordes. Frey, Gallieni. Vallière. Archinard. Humbert. Elles aboutirent, au prix de cruels sacrifices. à déposséder les grands chefs indigènes, à nous rendre maîtres de Nioro et de Ségou. à nous donner le haut Niger.

Le Niger ne pouvait pas être une frontière pour nos con_quêtes. Le fleuve, c'était la tentation de la remontée vers ses sources inconnues. de la descente vers la mystérieuse Tombouctou. Les territoires de la rive opposée, c'était l'attrait de régions réputées fécondes et peuplées. Nos colonnes franchirent le Niger, pourchassèrent l'insaisissable Samory jusqu'aux confins de la colonie anglaise de Sierra-Leone et de la République de Liberia. Notre intervention militaire dans ces parages eut pour résultat d'emprisonner la colonie britannique et de lui interdire toute expansion. Le cabinet de Londres se résigna au fait accompli, pour Sierra-Leone comme pour la Gambie [3] ; la colonie portugaise de Guinée [4]. la république de Liberia [5] acceptèrent également de laisser borner assez étroitement leur arrière-pays. Notre colonie des Rivières du Sud (ou Guinée française) se trouvait dès lors assurée d'un développement facile et prospère.

Durant la même période, nous nous avancions vers les États de Tiéba, nous pénétrions au cœur de ces pays dont le capitaine Binger perçait le mystère (1887-1889) ; l'illustre ex-

---

1. Rapport d'une commission chargée par M. Étienne. sous-secrétaire d'État des colonies d'examiner la situation du Soudan français en vue d'arrêter un plan d'action.
2. Nomination d'un gouverneur civil (M. Grodet).
3. Traités du 10 août 1889 et du 26 janvier 1895.
4. Traité du 12 mai 1886.
5. Traité du 8 décembre 1892.

plorateur pénétrait le premier dans les territoires compris entre le haut Niger et la côte d'Ivoire, et la priorité des traités conclus par lui en assurait, en dépit de toute prétention des autres puissances, l'incorporation dans notre sphère d'influence. Nos possessions du haut Niger étaient reliées ainsi à nos comptoirs d'Assinie et de Grand-Bassam ; la colonie nouvelle de la côte d'Ivoire s'étendait bientôt le long de la côte jusqu'à Liberia, puis rejoignait le haut Niger derrière la frontière septentrionale de la République noire. Enfin, plus à l'est, nous entrevoyions des régions plus riches que notre Soudan, le Mossi, Salaga, les rives de la Volta. Un nouveau champ d'action s'ouvrait devant nous, libre encore. Après le haut Niger conquis, la boucle du Niger à conquérir! Les Anglais de la côte de l'Or, les Allemands du Togo la convoitaient aussi, il est vrai ; mais, comme nous les prenions à revers, nous paraissions en mesure d'arrêter leur marche non loin de la côte.

Mais sur ces entrefaites l'Angleterre et l'Allemagne, par l'accord du 1er juillet 1890, réglèrent les difficultés pendantes entre les deux pays sur le continent africain, et délimitèrent leurs sphères d'influence respectives. Elles les firent très vastes. puisqu'elles les étendirent jusqu'au nord de Salaga, bien que ce territoire eût été neutralisé par une convention précédente, et, d'autre part, jusqu'aux rives du lac Tchad. Le gouvernement britannique se réservait implicitement les grands États haoussas de la rive gauche du Niger, Noupé, Sokoto, Gando, encore indépendants de fait, bien que la Compagnie du Niger, dont la parole est si peu sûre. prétendit avoir conclu avec eux des traités de protectorat.

Quand arriva la nouvelle de l'accord anglo-allemand, l'émotion fut grande en France. Il est vrai, l'événement était prévu par tous ceux qui savaient les choses d'Afrique, comme la conséquence naturelle de nos défaillances de 1885. Il sembla pourtant que la gravité des fautes antérieures nous apparût pour la première fois ; et nous regrettâmes ces riches contrées que nous avions abandonnées.

S'il était trop tard pour réparer une fatale erreur, il était encore possible d'en limiter les conséquences : il convenait de poser des bornes aux ambitions territoriales de la Compagnie britannique qui menaçait de remonter le Niger jusqu'aux confins du Sahara, et de s'avancer au nord du Sokoto. Une heureuse chance voulut qu'au même moment l'Angleterre, pour établir son protectorat sur Zanzibar, fut obligée d'obtenir l'assentiment de la France, garante depuis 1862 de l'indépendance du sultan de cette île. L'opinion publique réclama, en échange de notre renonciation à cette garantie, d'importantes concessions Des négociations furent ouvertes. Les Anglais émirent des prétentions manifestement excessives ; ils considéraient comme acquis le protectorat britannique sur le Sokoto, alors qu'il n'en était rien. Au lieu de contester absolument. on marchanda. L'accord du 5 août 1890 reconnut comme dépendant de notre sphère d'influence les territoires situés dans l'arrière-pays de l'Algérie et de la Tunisie, au nord d'une ligne tirée de Say, sur le Niger, à Barroua sur le lac Tchad.

Il est très regrettable que les négociateurs français n'aient pas profité de l'occasion pour terminer les discussions relatives à la boucle du Niger. Ici, en effet, se présente la question capitale de l'accès du Niger pour les colonies anglaises et françaises de la côte. Il s'agit de déterminer l'extension de l'arrière pays de chacune d'elles dans la direction du fleuve.

Les négociateurs se contentèrent de prévoir la réunion d'une commission mixte chargée d'examiner les titres invoqués de part et d'autre. Une convention conclue l'année précédente (10 août 1889) avait commencé à établir une délimitation de l'arrière-pays des colonies françaises et anglaises. Elle l'avait conduite du golfe de Guinée jusqu'au 9° de latitude, entre Sierra-Leone et la Guinée française, entre Grand-Bassam et la côte de l'Or, entre nos établissements de la côte des Esclaves et la colonie britannique du Lagos[1]. La commission mixte. prévue par l'accord du 5 août 1890, devait compléter le travail. Elle ne parvint pas à l'achever. Les travaux de cette commission, où MM. Hanotaux et Haussmann représentalent le gouvernement français, aboutirent seulement. et non sans difficultés, à des conventions fixant les frontières orientale et septentrionale de la colonie anglaise de Sierra-Leone (21 jan-

---

[1]. La frontière de la Côte des Esclaves et du Togo allemand avait été déterminée jusqu'au 9° par le protocole du 24 décembre 1885.

vier 1895) etprécisant les limites orientales de la côte d'Or
britannique (26 juin 1891 et 12 juillet 1893). En 1895, elle
cessa de se réunir ; il restait à délimiter la côte d'Or britannique du côté du Soudan français ; puis à prolonger la frontière
séparant la colonie anglaise de Lagos des territoires réservés à
l'influence de la France dans le Dahomey, de manière à déterminer en quel point les parties respectives auraient accès
au cours du Niger ; à préciser enfin le tracé de la ligne Say-
Barroua. Le jour où ces questions, encore litigieuses, seront
résolues, le partage de l'Afrique occidentale entre les États
européens sera terminé.

* * *

L'accord du 5 août 1890 fut le point de départ d'une
série d'explorations méthodiquement organisées par le sous-
secrétaire d'État des Colonies, dont l'initiative et l'action
personnelle ne sauraient être oubliées, M. Étienne. Le
Comité de l'Afrique française, qui se constitua à ce moment,
seconda les efforts de l'administration coloniale par une active
propagande. Le Comité apporta un concours moral et pécuniaire aux expéditions officielles et en organisa d'autres. *A la
conquète du Tchad,* ce titre d'un livre de Harry Alis, saisit fortement les imaginations. L'idée de « la jonction des colonies
françaises de l'Afrique occidentale » du Congo à l'Atlantique
et à la Méditerranée devint populaire, et ces formules un peu
chimériques firent un chemin rapide dans les esprits.

Les expéditions qui, un mois après l'accord anglo-français,
partirent pour l'Afrique, avaient du moins un objet défini et
pratique : reconnaître la sphère d'influence qui nous était
réservée, y consolider nos droits, acquérir des titres à la possession ces territoires encore vacants. Monteil jalonna de
traités la route du haut Niger à Say, puis longea la ligne
Say-Barroua. Il constata que les tentatives faites par la Compagnie du Niger sur le Sokoto et le Bornou avaient échoué,
c'est-à-dire que les prétentions anglaises, légèrement admises
par nous, n'étaient pas fondées, puis il se dirigea vers la côte
de la Méditerranée en traversant le désert. Ménard, puis Bros-
selard-Faidherbe, Quiquandon, le docteur Crozat, Marchand,

étendirent notre influence dans la boucle du Niger. Mizon, puis Crampel, Brazza et ses lieutenants, Maistre enfin, réussirent à unir notre Congo au lac Tchad, d'une part, aux rives de la Bénoué, c'est-à-dire au bassin du Niger, d'autre part.

Pourtant il faut tout dire. En prenant, pour atteindre le lac Tchad, la route du Niger et de la Bénoué, Mizon usait, sans aucun doute, des droits de libre navigation constatés par l'Acte général de la Conférence de Berlin, et constamment méconnus par la Compagnie du Niger. Mais les incidents auxquels donna lieu sa magnifique expédition doivent être considérés comme regrettables par ceux-là mêmes qui, comme nous, estiment qu'il convenait de rappeler la Compagnie au respect des engagements internationaux. Il ne fallait pas mêler la question de la navigabilité du Niger à des prétentions territoriales qui eurent pour résultat d'irriter, sans résultat pratique, Anglais et Allemands menacés de se voir couper la route du lac Tchad. Nous disons sans résultat pratique, car les territoires que Mizon crut pouvoir annexer, le Mouri, l'Adamaoua, n'étaient facilement accessibles que par la voie de la Bénoué; pour y parvenir. il fallait partir des bouches du Niger et traverser les territoires de la Compagnie britannique. En supposant même que la Compagnie respectât scrupuleusement les droits stipulés par la Conférence de Berlin. comment faire concurrence aux marchands anglais dans ces conditions si peu favorables? D'autre part, si contestables que fussent les prétentions des Anglais sur le Mouri, nous nous donnions l'air, en les méconnaissant, de vouloir limiter le développement de leurs établissements dans une région bien plus proche de leurs centres d'action que des nôtres : ce n'était pas d'une bonne politique. Il ne fallait pas chercher, sans chances sérieuses de succès, à reprendre indirectement ce que nous avions, malheureusement, abandonné en 1885. Sur l'Adamaoua, ce riche royaume où Anglais et Allemands avaient tant ce peine à s'établir, nos prétentions ne se heurtaient pas aux mêmes objections; elles ne devaient cependant être énoncées que comme un maximum: car il était bien invraisemblable que nos rivaux renonçassent à parvenir à la rive méridonale du lac Tchad. qui hypnotisait alors les colonies européennes.

Menacés à la fois, Anglais et Allemands s'entendirent : par
le traité du 15 novembre 1893, ils prolongèrent jusqu'au lac
Tchad la ligne de démarcation du Cameroun allemand et des
territoires réservés à la Compagnie du Niger. C'était nous
exclure des contrées revendiquées par Mizon. Heureusement,
le traité franco-allemand, négocié à Berlin par M. Haussmann
et le commandant Monteil, limita du côté de l'est les prétentions allemandes et assura le développement de notre colonie
du Congo jusqu'au lac Tchad, tout en nous laissant libres
d'étendre au loin notre influence dans les régions mystérieuses
de l'Afrique centrale (4 février 1894). Un traité avec l'État
libre du Congo acheva de consolider notre situation dans
cette partie du continent (14 août 1894).

En fin de compte, nos aventureux et persévérants explorateurs n'avaient donc pas fait une œuvre inutile : les droits
qu'ils nous avaient acquis donnaient au Congo français une
vaste « réserve » de territoires. Le rêve de la jonction du
Congo à l'arrière-pays de nos possessions méditerranéennes
était réalisé... sur les cartes; une partie de la rive méridionale et de la rive septentrionale du lac Tchad était marquée
à nos couleurs. Mais les conséquences de l'abandon de 1885
persistaient; il ne pouvait être question de reprendre aux
Anglais les territoires qu'ils considéraient depuis plusieurs
années comme réservés à leur influence.

En revanche, dans la boucle du Niger, de vastes espérances
nous étaient permises; c'était à cette tâche que nous devions
nous attacher exclusivement. L'irritation provoquée par les
incidents nés de la mission de M. Mizon, et habilement entre-
tenue par la Compagnie du Niger, rendit cette tâche plus
difficile qu'on n'eût pu le croire. Exploitant de parti pris les
exagérations des polémiques de presse. nos adversaires nous
reprochèrent de joindre la mauvaise foi à une envieuse avidité. « Les Français, disaient-ils. désirent sans cesse agran-
dir des possessions qu'ils sont incapables d'exploiter. Pour
apprécier un territoire. ils attendent que d'autres y aient
acquis des droits ou l'aient fait rentrer dans leur sphère
d'influence naturelle. Ils ne se résignent jamais à un échec
et cherchent à reprendre ce qu'ils ont abandonné. Ils multiplient les chicanes et interprètent étroitement les documents

les plus clairs, comme si on pouvait appliquer un formalisme juridique à l'appropriation de vastes territoires où les possessions respectives ne peuvent s'enchevêtrer les unes dans les autres comme les enclaves des principautés allemandes ou comme les champs de particuliers. » Ces accusations, peu sincères, ont peu à peu convaincu une grande partie de l'opinion publique anglaise. C'est avec mauvaise humeur qu'on a abordé l'examen de questions délicates, mais dont la solution pouvait être prompte et aisée.

*
* *

Les explorations accomplies dans la boucle du Niger avaient montré que, parmi ces pays, de valeur inégale, mais tous singulièrement supérieurs à nos conquêtes du Soudan français, c'est-à-dire du pays entre Sénégal et Niger, il en était qui pourraient nous dédommager de nos sacrifices le jour où des voies de communication les uniraient à la côte. Exclusivement préoccupés d'affermir ou d'étendre notre domination politique, nous ne donnions malheureusement pas suite à l'étude des voies de pénétration proposées.

La conquête de Tombouctou (janvier 1894) fut plus glorieuse que profitable : ce marché tant vanté n'a guère de clients. Au point de vue stratégique, cette occupation avait cependant quelque importance, en vue d'une action ultérieure sur les Touareg. Elles nous facilitait aussi l'accès du moyen Niger : des bâtiments lancés dans le haut fleuve pouvaient désormais en descendre le cours jusqu'aux rapides de Boussa qui marquent la limite de la navigabilité du bas Niger.

D'autre part, la campagne du Dahomey (1892-1894) détruisit le plus barbare et le plus redoutable des royaumes noirs qui avaient si longtemps fermé aux colonies ce la côte l'accès du haut pays. Le Dahomey est un des plus riches pays de l'Afrique occidentale[1] ; par delà s'ouvraient devant nous d'autres régions non moins fertiles. Le long et étroit couloir qui constitue notre nouvelle colonie nous donnait un accès rapide et facile dans la boucle du Niger. Nous pouvions,

---

1. La colonie, grâce au développement de son commerce qui a triplé en trois ans, paie toutes ses dépenses civiles et militaires.

d'un côté, atteindre rapidement le fleuve, et, de l'autre, contourner les possessions allemandes du Togo et la côte d'Or anglaise pour atteindre. à travers des contrées qui ne sont pas sans avenir économique, l'arrière-pays de Grand-Bassam, Kong, et notre Soudan. Sous l'inspiration du ministre des Colonies. M. Delcassé. et du gouverneur du Dahomey, M. Ballot, plusieurs expéditions furent organisées dès 1894 pour nous assurer des droits au nord, au nord-ouest et au nord-est de notre récente conquête ; au cours des années suivantes. elles furent poursuivies ou reprises.

La mission du commandant Decœur part la première à l'automne de 1894. A notre insu, l'Angleterre charge le major Lugard, le *héros* de l'Ouganda, de couper la route à la mission française en la précédant au nord du Dahomey ; en même temps, l'Allemagne confie au docteur Grüner et au lieutenant de Carnap le soin d'assurer à sa colonie du Togo le *hinterland* qui lui est nécessaire. Ces trois groupes d'officiers se mettent à l'œuvre à la même heure : c'est aussitôt une course échevelée entre ces rivaux. Semeré, Nikki, Sansanné-Mango, Fada-Gourma, Say, Ilo, Boussa sont les principales étapes brillamment enlevées par la mission française.

Parallèlement à la mission Decœur, le chef de notre colonie. M. le gouverneur Ballot, se met en route pour étudier par lui-même le pays et rapporter à son gouvernement l'avis indépendant et éclairé d'un homme qui juge de haut. Il passe par Nikki, et pousse jusqu'au Niger à Boussa. Il établit, chemin faisant, que ce qu'on avait appelé jusqu'alors le Borgou n'était qu'une expression géographique. Loin de constituer un état unitaire allant du haut Dahomey au moyen Niger. cette région était divisée en plusieurs pays autonomes. Le roi de Nikki prenait encore le titre de roi de Borgou ; mais Boussa, Ilo, Kandi. Bouay, Kouandé. avaient ses chefs indépendants.

Le protectorat français fut accepté par les principaux chefs, qui traitèrent, à Nikki avec le commandant Decœur, puis avec l'administrateur Alby, — quelques jours seulement après la signature d'un traité anglais, — à Ilo avec Decœur, à Bouay et à Kandi avec l'administrateur Deville, à Kouandé avec MM. Portes et Molex. A Boussa, une convention fut passée par le commandant Tontée, au cours d'une exploration qui, complétant vers l'est le réseau de nos reconnaissances, avait pour but de pénétrer dans l'arrière-pays de Lagos. Par Tchaki, Kitchi, Kayoma, le commandant, que secondaient le capitaine Targe et le lieutenant de Pas, atteignit Yaouri sur le Niger en face de Badjibo, où il créa un poste dénommé Arenberg. Puis il remonta le fleuve jusqu'à Boussa, Say et Sinder. Cette belle et féconde mission avait achevé de circonscrire le théâtre de notre action du côté de l'est (octobre 1894-juin 1895).

Les lieutenants Baud et Vermeersch, se détachant de la mission Decœur, avaient été chargés d'opérer au nord-ouest du Dahomey pour arrêter les progrès des Anglais vers le Gourounsi et le Mossi. En trois mois (25 mars-12 juin 1895), non sans périls — car une partie de la région explorée était infestée par les fameux *Sofas* de Samory, — ils relièrent, en arrière des possessions côtières de l'Allemagne et de l'Angleterre, notre Dahomey à notre côte d'Ivoire, jalonnant leur route de traités, notamment à Gambakha, à Liaba et à Oua. Puis, c'est l'administrateur Alby qui, après une course effrénée jusqu'à Nikki, repart aussitôt vers le Mossi, qu'il atteint après avoir traité avec les chefs de Sansanné-Mango et de Djébiga.

Jonction du Soudan et de la côte d'Ivoire, jonction de la côte d'Ivoire et du Dahomey, jonction du Dahomey au Niger, ces rêves, décevants peut-être, mais à coup sûr grandioses, des africanistes français commençaient à devenir une réalité, du moins sur les cartes teintées à nos couleurs et où de petits pavillons tricolores jalonnaient le réseau des lignes idéales unissant ces territoires épars. Ces droits fondés sur ces traités indigènes, papiers n'ayant le plus souvent d'autre valeur que d'attester notre passage, le moment était venu de les consacrer par l'occupation effective. Les milices du Dahomey et les garnisons du Soudan en furent chargées. Du Soudan partit le commandant Destenave, qui occupa le Yatenga (mai 1895) et s'avança jusqu'aux abords de Ouagadougou. Puis les lieutenants Voulet et Chanoine s'installèrent dans le Gourounsi (septembre 1896) et s'emparèrent du Mossi presque sans coup férir (janvier 1897). Ils s'y rencontrèrent avec les capitaines Baud et Vermeersch, partis du Dahomey ; et les indigènes stu-

péfaits virent venir de deux points opposés de l'horizon ces
hommes qui arboraient les mêmes couleurs et qu'ils considéraient comme les frères les uns des autres.

Les capitaines Baud et Vermeersch venaient d'occuper le
Gourma. A la même époque. le commandant Ricour installait un détachement à Nikki et obtenait que le roi abandonnât
à notre profit ses droits de souveraineté, nous donnant la
domination de tout le pays Bariba. Parti comme eux du Dahomey, le lieutenant de vaisseau Bretonnet s'établissait solidement à Ilo et à Boussa (mai 1897) qui, depuis qu'Arenberg a
été évacué (1895), à la demande des Anglais et sur l'ordre
malheureusement donné par le ministre des Colonies,
M. Chautemps, constituent les postes français les plus rapprochés des embouchures.

Postes français à Say, à Ilo, à Boussa sur le moyen Niger
pour confiner à la *Royal Niger Company* établie sur la rive
gauche du fleuve ; postes français à Ouagadougou (Mossi), à
Sati (Gourounsi), faisant face aux postes anglais de Oua
et de Bouna, pour nous garantir contre l'extension de la
côte d'Or britannique ; enfin, poste français à Nikki, chef-lieu
du Bariba, pour limiter au Nord l'arrière-pays anglais de Lagos :
tels sont les résultats effectifs de notre activité et de nos efforts au
cours de ces dernières années ; tels sont. à l'appui de multiples
traités, les titres authentiques que nous opposons aux prétentions de l'Angleterre et sur lesquels roulent les négociations
ouvertes entre les deux pays.

.

*
* *

Aux revendications françaises, les Anglais opposent des
objections de médiocre valeur. mais qui. présentées à l'opinion publique sous une forme spécieuse, l'ont convaincue de
la mauvaise foi ce la France.

« C'est. disent-ils, du roi de Boussa. avec lequel la Compagnie du Niger a signé deux traités (12 novembre 1885 et
20 janvier 1890), que dépend tout le Borgou. c'est-à-dire
tout l'arrière-pays du Dahomey. En supposant que le Borgou
soit. comme l'affirme M. Ballot, une simple expression géographique. nos droits y sont assurés par le traité que le

major Lugard a conclu à Nikki, seize jours avant le commandant Decœur.

» Vous contestez ces traités ; mais ceux qui ont été conclus à Boussa ont précédé de plusieurs années vos prétentions ; ce n'est pas pour les besoins ce la cause qu'ils ont été invoqués. Que le major Lugard n'ait pas obtenu à Nikki, comme vous le dites, la signature cu souverain légitime, cela importe moins que l'antériorité incontestée de sa présence en cette localité. Le Dahomey ne peut donc avoir accès au Niger ; il doit s'arrêter au 9° latitude.

» Dans l'arrière-pays de la côte d'Or, Oua. Bouna, le Mossi ont conclu des traités avec un agent britannique, que vous appelez dédaigneusement le noir Fergusson. comme si vous n'aviez, vous, que des fonctionnaires au teint clair. Les signatures qu'il a obtenues consistent, il est vrai, en de simples cachets ce cire rouge apposés sur des imprimés rédigés en termes uniformes. Est-ce une raison pour les contester alors qu'un agent anglais (noir ou non, qu'importe !) en a affirmé la valeur. Nous n'entendons pas que notre côte d'Or soit étranglée comme l'ont été la Gambie et Sierra-Leone.

» Quant au Gourma, c'est une dépendance du Gando, qui lui-même dépend du Sokoto : Barth l'a déclaré ; si les derniers voyageurs allemands ont affirmé l'autonomie du Gourma, leurs assertions étaient intéressées et contraires à celle des agents anglais. Ne parlez donc plus de la jonction de la côte d'Ivoire au Dahomey et au Niger. »

Le gouvernement britannique a eu recours à un autre argument qui, à l'en croire, rendait inutile l'examen des droits respectifs au nord du Dahomey. Il a soutenu que la convention du 5 août 1890 lui a donné tout ce qui était au sud de la ligne Say-Barroua ; par là, il entend tout ce qui est situé entre les perpendiculaires tirées des extrémités de la ligne vers le sud.

Que telle ait été la pensée des négociateurs de 1890, cela ne paraît résulter ni du texte même de l'accord, ni des circonstances. Nous voulûmes en 1890 nous assurer l'arrière-pays de nos possessions méditerranéennes : nous obtînmes ce l'Angleterre, en échange de notre adhésion à l'établissement du protectorat britannique sur Zanzibar, qu'elle comprît dans notre sphère d'influence les pays situés au nord de cette ligne :

voilà tout. En droit strict, nous pourrions dire que, si une clause formelle lui attribue le Sokoto, nous ne sommes pas engagés à lui abandonner les autres pays compris au sud de la ligne Say-Barroua, notamment le Bornou. Sans doute, une telle interprétation serait quelque peu judaïque, mais il est certain, en tout cas, que, si les négociateurs de 1890 avaient eu la pensée d'attribuer à l'Angleterre tout ce qui est à l'est du méridien passant par Say, ils l'auraient dit ; ils auraient, tout au moins, expliqué comment la nouvelle ligne rejoignait la frontière orientale du Dahomey, telle qu'elle avait été fixée par l'accord de 1889 jusqu'au 9° latitude.

A partir du point où s'arrêta la délimitation de 1889, aucun acte international, à notre avis, n'a limité l'expansion du Dahomey ; nous avions le droit d'étendre l'arrière-pays, jusqu'au Niger, à condition de nous maintenir au nord des points où les Anglais auraient acquis des droits. Il eût été bien utile d'avoir accès au fleuve au-dessous des chutes de Boussa, dans cette localité même ou au fort Arenberg (appelé aujourd'hui fort Taubman-Goldie), de manière à pouvoir naviguer sur le bas fleuve. Après le déplorable abandon du fort Arenberg (1895), nous avons limité nos prétentions à Boussa même. Malheureusement la contestation des traités conclus à Boussa par la Compagnie du Niger est difficile. D'autre part, l'Angleterre ne saurait être admise à invoquer la soi-disant unité du Borgou, ni la prétendue suzeraineté du chef de Boussa dans le Bariba ; mais elle peut arguer des traités passés à Nikki. En somme, si l'on examine les conventions passées dans la région par la France, par l'Angleterre et par l'Allemagne, il saute aux yeux que l'enchevêtrement ces itinéraires rivaux a fait une mosaïque d'enclaves territoriales, et que, bon gré mal gré, cette œuvre hâtive doit être revisée.

Les discussions des deux gouvernements et les polémiques de presse s'aigrirent surtout lorsqu'après un simulacre de négociations, poursuivies puis interrompues au milieu de l'indifférence générale. les deux parties parurent disposées à recourir à des mesures plus énergiques, destinées à leur créer ce nouveaux droits sous prétexte de sauvegarder les anciens. C'est ce qui se produisit lors de l'interruption des travaux de la Commission réunie après la signature du protocole du 15 janvier. 1896.

Il avait semblé, au moment où cet acte fut conclu. que le cabinet de Londres fût décidé, au dire d'un ministre, d'ordinaire moins conciliant, à annuler « toutes les causes d'irritation vexatoire et mesquine entre la France et l'Angleterre, deux nations qui ont mieux à faire que ce se disputer quelques milles carrés de territoires [1] ». Ces espérances ne se réalisèrent pas. On assure que, des deux côtés, l'intransigeance des revendications fut extrême; que les commissaires des deux pays furent laissés à eux-mêmes, au lieu d'être dirigés par une diplomatie s'inspirant de vues générales. Ils examinèrent à la loupe, comme c'était leur devoir, le volumineux dossier des traités conclus, travaillèrent à en vérifier les dates et les signatures. en avoués acharnés à une chicane procédurière. La Commission, après avoir consacré beaucoup de temps à cette œuvre irritante, s'ajourna purement et simplement *sine die.* La rupture passa inaperçue; à Paris et à Londres on nia qu'elle se fût produite. Et chacun des deux gouvernements, reprenant sa liberté, résolut de modifier le *statu quo* à son profit en vue de pourparlers ultérieurs.

La *Royal Niger Company* se mit. la première, à l'œuvre. Sir G. Taubman-Goldie fit une rapide inspection des établissements du Niger, puis organisa une expédition militaire dont l'objet fut habilement tenu secret, de manière à provoquer en France une curiosité alarmée. De son côté, le gouvernement de la République se prépara à l'action : il apporta à cette œuvre une ardeur et une résolution bien rares; c'est alors qu'un réseau de postes fut installé de Boussa et d'Ilo, c'est-à-dire du moyen Niger, jusqu'au nord-est de la côte d'Ivoire, sous l'énergique direction du gouverneur Ballot et de ses vaillants collaborateurs. La conclusion d'une convention franco-allemande, tout en nous imposant quelques sacrifices, nous laissait, à la même époque. les mains libres dans le Gourma, le Mossi et le Gourounsi (23 juillet 1897).

Le cabinet de Londres, après l'occupation ce Badjibo et du fort Arenberg devenu le fort Taubman-Goldie, et après le suc-

---

1. Discours de M. Goschen, le 26 février 1896.

cès de l'expédition qui avait abouti à la conquête du Noupé, sur la rive gauche du Niger, s'était cru à l'abri d'une action effective des autorités coloniales françaises. Quand il s'aperçut de son erreur, il ne cacha ni son désappointement ni son désir de regagner sans retard le temps perdu, fût-ce par des mesures brutales et presque agressives. L'opinion publique l'exigeait impérieusement : des troupes, des canonnières, des munitions furent envoyées à la côte d'Or, à Lagos, dans le bas Niger ; les autorités coloniales reçurent des ordres dont le caractère inquiétant ne fut pas dissimulé : M. Chamberlain, secrétaire d'État des Colonies, n'a cessé de s'en faire gloire.

Un conflit local était à redouter : qui sait ce qui fût arrivé, si l'on avait appris en France que le colonel Lugard, ayant enlevé nos postes avec des forces supérieures, pénétrait dans l'arrière-pays du Dahomey? Actuellement, cette crainte est à peu près dissipée[1]. La dangereuse surexcitation des passions à Londres et à Paris a conduit les deux gouvernements à reprendre, au mois de novembre dernier, les négociations interrompues; et les pourparlers sont conduits dans un esprit tel qu'un conflit local, à supposer qu'il se produisît. ne serait plus qu'un regrettable incident. Les commissaires ont reçu mission de tirer au clair les prétentions rivales, de contrôler les affirmations contradictoires, de définir les droits acquis, « de débrouiller l'écheveau emmêlé des traités et des itinéraires entrecroisés », de délimiter le droit de chacun. Leur tâche achevée — et elle le sera peut-être prochainement — les deux gouvernements seront en mesure de déterminer les conditions possibles et nécessaires d'un accord qui s'impose, et qui ne peut résulter que de concessions mutuelles, et du sacrifice résolu des prétentions vaines.

* *

Nous avons indiqué avec impartialité l'objet du litige pendant entre l'Angleterre et la France. Dans l'arrière-pays de

---

1. Le passage à Argoungou et dans le Sokoto du capitaine Cazemajou, chargé de reconnaître la ligne Say-Barroua, a provoqué tout récemment de très vives réclamations en Angleterre; le gouvernement français a expliqué que cet incident ne saurait impliquer aucune prétention sur le Sokoto, la marche de la mission sur ce point ayant été commandée par des circonstances locales.

la côte d'Or, l'accord paraît facile, depuis que nous avons, par le traité franco-allemand, renoncé à pénétrer dans le territoire de Salaga neutralisé par un arrangement anglo-allemand de 1888. Le long de la rive droite du Niger, la question des droits revendiqués par la Compagnie britannique sur Boussa et son territoire en vertu du traité de 1890 est plus délicate et touche à des intérêts effectifs : il n'est pas indifférent que la colonie française accède au Niger en aval ou en amont du point où des rapides séparent les ceux biefs navigables de ce fleuve. En ce qui concerne la possession de Boussa même, la France a plus d'intérêt à la garder que l'Angleterre n'en a à l'obtenir.

C'est de concessions mutuelles que doit être fait l'accord. Il ne s'agit pas ici d'exactitude absolue et d'équivalence rigoureuse. Il faut tenir compte moins des droits stricts, que des situations respectives, prises dans leur ensemble; il faut que chacune des deux puissances soit maîtresse chez elle, qu'elle ait sa sphère naturelle d'action, que ses intérêts essentiels soient garantis. Or, ces sphères naturelles, les efforts aecomplis de part et d'autre les ont déterminées avec une précision suffisante pour ne laisser douteuses que des questions relativement secondaires, faciles à régler avec quelque bonne volonté. On pourrait dire que c'est actuellement un simple procès en bornage, et qu'à la rigueur un arbitrage ferait aisément un accord honorable pour les deux parties : mais nous avons peine à croire que l'Angleterre et la France ne puissent s'entendre directement. Il n'y a dans tout cela rien qui vaille ce compromettre la cordialité de leurs rapports, aussi nécessaire à la paix de l'Europe qu'au progrès de la civilisation en Afrique et dans le monde entier.

Il est désormais certain que l'accord à venir garantira, en somme, les intérêts essentiels des deux pays en Afrique. La France a conquis dans la boucle du Niger une situation prépondérante, et elle doit une reconnaissance profonde à ceux qui la lui ont assurée en quelques années. Les colonies étrangères de la côte ne peuvent prétendre à nous déloger; elles doivent prendre leur parti de voir notre domination établie de Saint-Louis au Dahomey, des Rivières du Sud au Mossi et au Gourma. Mais, de leur côté, leurs efforts n'ont pas été sans résultat : car la côte d'Or anglaise et le Togo allemand ne sont pas menacés du même sort que la Gambie, la Guinée portugaise et Sierra-Leone ; elles ont un développement suffisant pour assurer leur prospérité, et se sont notamment réservé la région de Salaga qui est riche par elle-même et où se concentre un grand mouvement de caravanes. Dans les territoires de la rive gauche du Niger, l'Angleterre (qui ne tardera pas à substituer son autorité directe à celle de la Compagnie, aussi détestée des commerçants anglais que des étrangers et des indigènes) est seule maîtresse. Il ne sert à rien pour nous de le regretter : c'est notre faute, mais, même après la faute commise et qu'il faut payer, notre part reste belle.

Les deux grandes sphères d'influence, anglaise et française, sont nettement marquées. Dans la région limitrophe, montrons-nous accommodants les uns et les autres : c'est la meilleure politique. Il se peut que tel point ait été occupé par l'une ou l'autre puissance à titre de valeur future d'échange ; réglons ces échanges sans nous exagérer le prix de l'objet contesté. N'oublions pas, en effet, que la valeur de l'arrière-pays est encore fort problématique. Actuellement, les colonies de la côte sont particulièrement appréciables, et une concession de quelques kilomètres faite sur le rivage compenserait l'abandon de vastes territoires lointains. L'Allemagne l'a compris, quand, lors du dernier arrangement avec la France, elle a abandonné ses prétentions sur le Gourma et l'accès au Niger moyennant une modeste rectification de la frontière dans le voisinage immédiat de la mer. L'intérieur n'est qu'une réserve pour l'avenir.

En somme, le partage de ces territoires est aisé entre deux grandes nations qui n'ont aucun motif sérieux de se haïr, et ne pourraient se faire la guerre sans se ruiner mutuellement au profit des autres. Celle de deux nations qui contraindrait l'autre à recourir aux armes pour le règlement de la question du Niger commettrait un acte inqualifiable. Mais il n'y a pas lieu d'envisager la possibilité d'une si criminelle sottise.

★★★

L'Administrateur-Gérant LOUIS SCHOUÉ

TABLE DU DEUXIÈME VOLUME

Mars-Avril 1898

LIVRAISON DU 1ᵉʳ AVRIL

LIVRAISON DU 15 AVRIL